大学赤本シリーズ

546

立命館大学

文系－全学統一方式・学部個別配点方式

立命館アジア太平洋大学

前期方式・

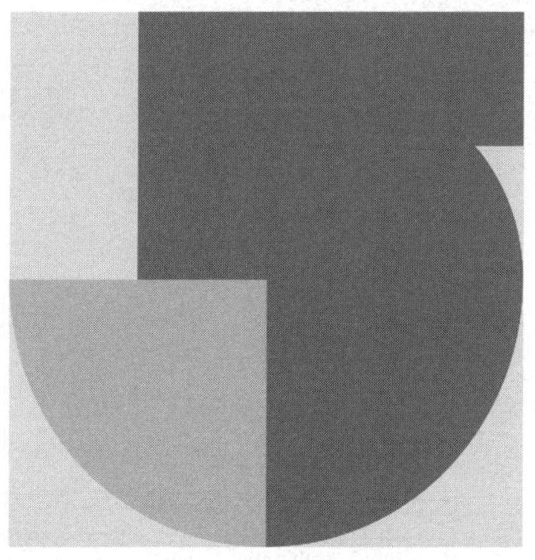

教学社

はしがき

おかげさまで，大学入試の「赤本」は，今年で創刊70周年を迎えました。

これまで，入試問題や資料をご提供いただいた大学関係者各位，掲載許可をいただいた著作権者の皆様，各科目の解答や対策の執筆にあたられた先生方，そして，赤本を使用してくださったすべての読者の皆様に，厚く御礼を申し上げます。

以下に，創刊初期の「赤本」のはしがきを引用します。これからも引き続き，受験生の目標の達成や，夢の実現を応援してまいります。

本書を活用して，入試本番では持てる力を存分に発揮されることを心より願っています。

編者しるす

＊　＊　＊

学問の塔にあこがれのまなざしをもって，それぞれの志望する大学の門をたたかんとしている受験生諸君！　人間として生まれてきた私たちは，自己の欲するままに，美しく，強く，そして何よりも人間らしく生きることをねがっている。しかし，一朝一夕にして，この純粋なのぞみが達せられることはない。私たちの行く手には，絶えずさまざまな試練がまちかまえている。この試練を克服していくところに，私たちのねがう真に人間的な世界がはじめて開かれてくるのである。

人生最初の最大の試練として，諸君の眼前に大学入試がある。この大学入試は，精神的にも身体的にも，大きな苦痛を感ぜしめるであろう。あるスポーツに熟達するには，たゆみなき，はげしい練習を積み重ねることが必要であるように，私たちは，計画的・持続的な努力を払うことによって，この試練を克服し，次の一歩を踏みだすことができる。厳しい試練を経たのちに，はじめて満足すべき成果を獲得できるのである。

本書は最近の入学試験の問題に，それぞれ解答を付し，さらに問題をふかく分析することによって，その大学独特の傾向や対策をさぐろうとした。本書を一般の参考書とあわせて使用し，まとはずれのない，効果的な受験勉強をされるよう期待したい。

（昭和35年版「赤本」はしがきより）

挑む人の、いちばんの味方

1954 年に大学入試の過去問題集を刊行してから 70 年。赤本は大学に入りたいと思う受験生を応援しつづけてきました。これからも，苦しいとき落ち込むときにそばで支える存在でいたいと思います。

そして，勉強をすること，自分で道を決めること，努力が実ること，これらの喜びを読者の皆さんが感じることができるよう，伴走をつづけます。

そもそも赤本とは…

受験生のための大学入試の過去問題集！

70年の歴史を誇る赤本は，500点を超える刊行点数で全都道府県の370大学以上を網羅しており，過去問の代名詞として受験生の必須アイテムとなっています。

なぜ受験に過去問が必要なのか？

大学入試は大学によって問題形式や頻出分野が大きく異なるからです。

赤本の掲載内容

傾向と対策

これまでの出題内容から，問題の「**傾向**」を分析し，来年度の入試に向けて具体的な「**対策**」の方法を紹介しています。

問題編・解答編

- 年度ごとに問題とその解答を掲載しています。
- 「**問題編**」ではその年度の試験概要を確認したうえで，実際に出題された過去問に取り組むことができます。
- 「**解答編**」には高校・予備校の先生方による解答が載っています。

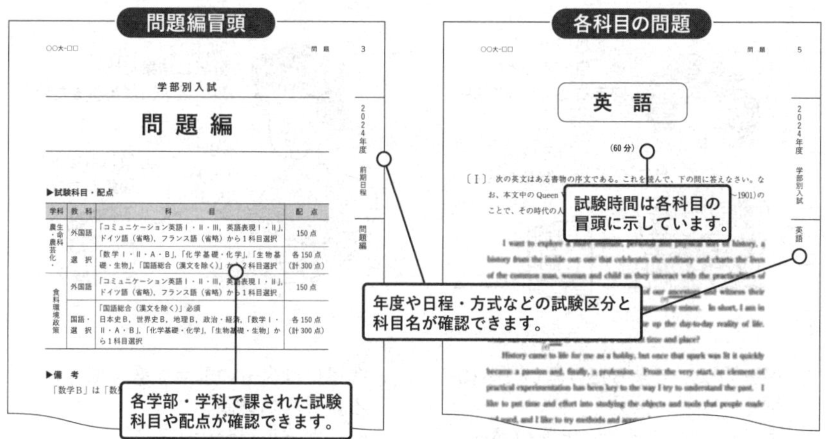

他にも，大学の基本情報や，先輩受験生の合格体験記，在学生からのメッセージなどが載っていることがあります。

掲載内容について

著作権上の理由やその他編集上の都合により問題や解答の一部を割愛している場合があります。なお，指定校推薦入試，社会人入試，編入学試験，帰国生入試などの特別入試，英語以外の外国語科目，商業・工業科目は，原則として掲載しておりません。また試験科目は変更される場合がありますので，あらかじめご了承ください。

受験勉強は

過去問に始まり,

STEP 1

なにはともあれ

まずは解いてみる

しずかに…
今，自分の心と
向き合ってるんだから

ムーン

それは
問題を解いて
からだホン!

過去問は，**できるだけ早いうちに解く**のがオススメ！
実際に解くことで，**出題の傾向，問題のレベル，今の自分の実力**がつかめます。

STEP 2

じっくり具体的に

弱点を分析する

分析の結果だけど
英・数・国が苦手みたい
スリー
必須科目だホン
頑張るホン

間違いは自分の弱点を教えてくれる**貴重な情報源**。
弱点から自己分析することで，**今の自分に足りない力や苦手な分野**が見えてくるはず！

合格者があかす赤本の使い方

傾向と対策を熟読

（Fさん／国立大合格）

大学の出題傾向を調べるために，赤本に載っている「傾向と対策」を熟読しました。

繰り返し解く

（Tさん／国立大合格）

1周目は問題のレベル確認，2周目は苦手や頻出分野の確認に，3周目は合格点を目指して，と過去問は繰り返し解くことが大切です。

赤本の使い方 解説

過去問に終わる。

STEP 3

志望校にあわせて

苦手分野の重点対策

明日からはみんなで頑張るよ！
参考書も！ 問題集も！
よろしくね！
呼んだ？
なにを!?
どこから!?
グッ
グッ

参考書や問題集を活用して，苦手分野の**重点対策**をしていきます。**過去問を指針**に，合格へ向けた具体的な学習計画を立てましょう！

STEP 1 ▶ 2 ▶ 3

サイクルが大事！

実践を繰り返す

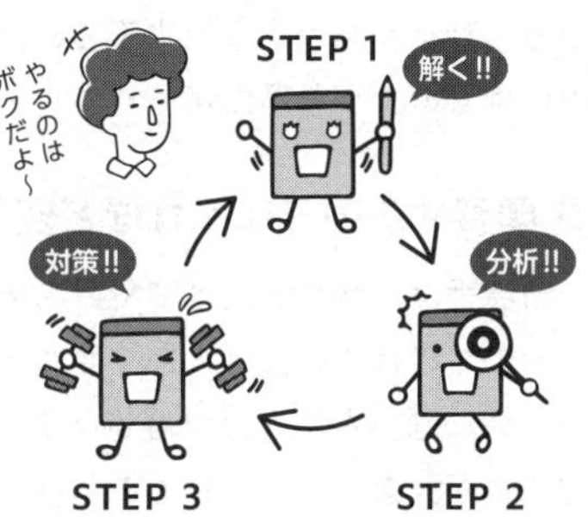
やるのはボクだよ～
STEP 1
解く!!
分析!!
対策!!
STEP 3
STEP 2

STEP 1～3を繰り返し，実力アップにつなげましょう！**出題形式に慣れること**や，**時間配分を考えること**も大切です。

目標点を決める
(Yさん／私立大合格)
赤本によっては合格者最低点が載っているので，それを見て目標点を決めるのもよいです。

時間配分を確認
(Kさん／私立大学合格)
赤本は時間配分や解く順番を決めるために使いました。

添削してもらう
(Sさん／私立大学合格)
記述式の問題は先生に添削してもらうことで自分の弱点に気づけると思います。

新課程入試Q&A

2022年度から新しい学習指導要領（新課程）での授業が始まり，2025年度の入試は，新課程に基づいて行われる最初の入試となります。ここでは，赤本での新課程入試の対策について，よくある疑問にお答えします。

Q1. 赤本は新課程入試の対策に使えますか？

A. もちろん使えます！

旧課程入試の過去問が新課程入試の対策に役に立つのか疑問に思う人もいるかもしれませんが，心配することはありません。旧課程入試の過去問が役立つのには次のような理由があります。

● 学習する内容はそれほど変わらない

新課程は旧課程と比べて科目名を中心とした変更はありますが，学習する内容そのものはそれほど大きく変わっていません。また，多くの大学で，既卒生が不利にならないよう「経過措置」がとられます（Q３参照）。したがって，出題内容が大きく変更されることは少ないとみられます。

● 大学ごとに出題の特徴がある

これまでに課程が変わったときも，各大学の出題の特徴は大きく変わらないことがほとんどでした。入試問題は各大学のアドミッション・ポリシーに沿って出題されており，過去問にはその特徴がよく表れています。過去問を研究してその大学に特有の傾向をつかめば，最適な対策をとることができます。

出題の特徴の例	・英作文問題の出題の有無 ・論述問題の出題（字数制限の有無や長さ） ・計算過程の記述の有無

新課程入試の対策も，赤本で過去問に取り組むところから始めましょう。

Q2. 赤本を使う上での注意点はありますか？

A. 志望大学の入試科目を確認しましょう。

過去問を解く前に，過去の出題科目（問題編冒頭の表）と 2025 年度の募集要項とを比べて，課される内容に変更がないかを確認しましょう。ポイントは以下のとおりです。科目名が変わっていても，実際は旧課程の内容とほとんど同様のものもあります。

英語・国語	科目名は変更されているが，実質的には変更なし。 ▶▶ **ただし，リスニングや古文・漢文の有無は要確認。**
地歴	科目名が変更され，「歴史総合」「地理総合」が新設。 ▶▶ **新設科目の有無に注意。ただし，「経過措置」（Q３参照）により内容は大きく変わらないことも多い。**
公民	「現代社会」が廃止され，「公共」が新設。 ▶▶ **「公共」は実質的には「現代社会」と大きく変わらない。**
数学	科目が再編され，「数学 C」が新設。 ▶▶ **「数学」全体としての内容は大きく変わらないが，出題科目と単元の変更に注意。**
理科	科目名も学習内容も大きな変更なし。

数学については，科目名だけでなく，どの単元が含まれているかも確認が必要です。例えば，出題科目が次のように変わったとします。

旧課程	「数学Ⅰ・数学Ⅱ・数学Ａ・数学Ｂ（数列・ベクトル）」
新課程	「数学Ⅰ・数学Ⅱ・数学Ａ・**数学Ｂ（数列）・数学Ｃ（ベクトル）**」

この場合，新課程では「数学C」が増えていますが，単元は「ベクトル」のみのため，実質的には旧課程とほぼ同じであり，過去問をそのまま役立てることができます。

Q3.「経過措置」とは何ですか？

A. 既卒の旧課程履修者への対応です。

多くの大学では，既卒の旧課程履修者が不利にならないように，出題において「経過措置」が実施されます。措置の有無や内容は大学によって異なるので，募集要項や大学のウェブサイトなどで確認しておきましょう。

◯旧課程履修者への経過措置の例

- 旧課程履修者にも配慮した出題を行う。
- 新・旧課程の共通の範囲から出題する。
- 新課程と旧課程の共通の内容を出題し，共通範囲のみでの出題が困難な場合は，旧課程の範囲からの問題を用意し，選択解答とする。

例えば，地歴の出題科目が次のように変わったとします。

旧課程	「日本史 B」「世界史 B」から１科目選択
新課程	「**歴史総合**，日本史探究」「**歴史総合**，世界史探究」から１科目選択※ ※旧課程履修者に不利益が生じることのないように配慮する。

「歴史総合」は新課程で新設された科目で，旧課程履修者には見慣れないものですが，上記のような経過措置がとられた場合，新課程入試でも旧課程と同様の学習内容で受験することができます。

新課程の情報はWEBもチェック！
より詳しい解説が赤本ウェブサイトで見られます。
https://akahon.net/shinkatei/

科目名が変更される教科・科目

	旧課程	新課程
国語	国語総合 国語表現 現代文A 現代文B 古典A 古典B	現代の国語 言語文化 論理国語 文学国語 国語表現 古典探究
地歴	日本史A 日本史B 世界史A 世界史B 地理A 地理B	歴史総合 日本史探究 世界史探究 地理総合 地理探究
公民	現代社会 倫理 政治・経済	公共 倫理 政治・経済
数学	数学Ⅰ 数学Ⅱ 数学Ⅲ 数学A 数学B 数学活用	数学Ⅰ 数学Ⅱ 数学Ⅲ 数学A 数学B 数学C
外国語	コミュニケーション英語基礎 コミュニケーション英語Ⅰ コミュニケーション英語Ⅱ コミュニケーション英語Ⅲ 英語表現Ⅰ 英語表現Ⅱ 英語会話	英語コミュニケーションⅠ 英語コミュニケーションⅡ 英語コミュニケーションⅢ 論理・表現Ⅰ 論理・表現Ⅱ 論理・表現Ⅲ
情報	社会と情報 情報の科学	情報Ⅰ 情報Ⅱ

目　次

2023年度 問題と解答

●全学統一方式（文系）
※ APU は前期方式（スタンダード 3 教科型）

●学部個別配点方式（文系型）
※ APU は英語重視方式

2022年度 問題と解答

●全学統一方式（文系）
※ APU は前期方式（スタンダード 3 教科型）

●学部個別配点方式（文系型）

※ APU は英語重視方式

解答用紙は，赤本オンラインに掲載しています。

https://akahon.net/kkm/rit/index.html

※掲載内容は，予告なしに変更・中止する場合があります。

掲載内容についてのお断り

- 全学統一方式は，4日程のうち2月2日実施分を掲載しています。
- 立命館大学の赤本には，ほかに下記があります。

『立命館大学（理系－全学統一方式・学部個別配点方式・理系型3教科方式・薬学方式）』
『立命館大学（英語〈全学統一方式3日程×3カ年〉）』
『立命館大学（国語〈全学統一方式3日程×3カ年〉）』
『立命館大学（文系選択科目〈全学統一方式2日程×3カ年〉）』
『立命館大学（IR方式〈英語資格試験利用型〉・共通テスト併用方式）／立命館アジア太平洋大学（共通テスト併用方式）』
『立命館大学（後期分割方式・「経営学部で学ぶ感性＋共通テスト」方式）／立命館アジア太平洋大学（後期方式）』
『立命館大の英語』（難関校過去問シリーズ）

立命館大学

基本情報

沿革

1869（明治 2）	西園寺公望（学祖）が私塾「立命館」を創始
1900（明治 33）	中川小十郎が私立京都法政学校を創立
1903（明治 36）	専門学校令により私立京都法政専門学校となる
1904（明治 37）	私立京都法政大学と改称
1913（大正 2）	私立立命館大学と改称
1922（大正 11）	大学令による大学として発足。法学部を設置
1948（昭和 23）	新制大学発足（法・経済・文の 3 学部）
1949（昭和 24）	理工学部を設置
1962（昭和 37）	経営学部を設置
1965（昭和 40）	産業社会学部を設置
	✎広小路キャンパスから衣笠キャンパスへの移転開始（1981 年まで）
1988（昭和 63）	国際関係学部を設置
1994（平成 6）	政策科学部を設置　✎びわこ・くさつキャンパス開設

2000（平成 12） 立命館創始 130 年・学園創立 100 周年
立命館アジア太平洋大学開学
2004（平成 16） 情報理工学部を設置
2007（平成 19） 映像学部を設置
2008（平成 20） 生命科学部・薬学部を設置
2010（平成 22） スポーツ健康科学部を設置
2015（平成 27） 大阪いばらきキャンパス開設
2016（平成 28） 総合心理学部を設置
2018（平成 30） 食マネジメント学部を設置
2019（平成 31） グローバル教養学部を設置

校章

1913（大正 2）年に学校の名を立命館大学と改称したのに伴って，「立命」の二文字を図案化した校章が制定されました。1935（昭和 10）年頃には「立命」の文字を金色とし，「大」の文字を銀色で表すものになりました。「立命」の文字に「大学」をあしらう現在の校章になったのは，1941（昭和 16）年頃のことだといわれています。

学部・学科の構成

大　学

●法学部　衣笠キャンパス
法学科（法政展開，司法特修，公務行政特修）

●産業社会学部　衣笠キャンパス
現代社会学科（現代社会専攻，メディア社会専攻，スポーツ社会専攻，子ども社会専攻，人間福祉専攻）

●国際関係学部　衣笠キャンパス
国際関係学科（国際関係学専攻〈国際秩序平和プログラム，国際協力開発プログラム，国際文化理解プログラム，国際公務プログラム〉，グローバル・スタディーズ専攻〈Governance and Peace Cluster, Development and Sustainability Cluster, Culture and Society Cluster〉）

アメリカン大学・立命館大学国際連携学科

●文学部　衣笠キャンパス

人文学科（人間研究学域〈哲学・倫理学専攻，教育人間学専攻〉，日本文学研究学域〈日本文学専攻，日本語情報学専攻〉，日本史研究学域〈日本史学専攻，考古学・文化遺産専攻〉，東アジア研究学域〈中国文学・思想専攻，東洋史学専攻，現代東アジア言語・文化専攻〉，国際文化学域〈英米文学専攻，ヨーロッパ・イスラーム史専攻，文化芸術専攻〉，地域研究学域〈地理学専攻，地域観光学専攻〉，国際コミュニケーション学域〈英語圏文化専攻，国際英語専攻〉，言語コミュニケーション学域〈コミュニケーション表現専攻，言語学・日本語教育専攻〉）

●経営学部　大阪いばらきキャンパス

国際経営学科

経営学科（組織コース，戦略コース，マーケティングコース，会計・ファイナンスコース）

●政策科学部　大阪いばらきキャンパス

政策科学科（政策科学専攻，Community and Regional Policy Studies 専攻）

●総合心理学部　大阪いばらきキャンパス

総合心理学科

●グローバル教養学部　大阪いばらきキャンパス，オーストラリア国立大学

グローバル教養学科

●映像学部　大阪いばらきキャンパス

映像学科

●情報理工学部　大阪いばらきキャンパス

情報理工学科（システムアーキテクトコース，セキュリティ・ネットワークコース，社会システムデザインコース，実世界情報コース，メディア情報コース，知能情報コース，Information Systems Science and Engineering Course)

●**経済学部**　びわこ・くさつキャンパス

経済学科（国際専攻，経済専攻）

●**スポーツ健康科学部**　びわこ・くさつキャンパス

スポーツ健康科学科

●**食マネジメント学部**　びわこ・くさつキャンパス

食マネジメント学科

●**理工学部**　びわこ・くさつキャンパス

数理科学科（数学コース，データサイエンスコース）

物理科学科

電気電子工学科

電子情報工学科

機械工学科

ロボティクス学科

環境都市工学科（都市システム工学コース，環境システム工学コース）

建築都市デザイン学科

●**生命科学部**　びわこ・くさつキャンパス

応用化学科

生物工学科

生命情報学科

生命医科学科

●**薬学部**　びわこ・くさつキャンパス

薬学科［6年制］

創薬科学科［4年制］

（備考）学科・専攻・コース等に分属する年次はそれぞれで異なる。

大学院

法学研究科／社会学研究科／国際関係研究科／文学研究科／経営学研究科／政策科学研究科／人間科学研究科／映像研究科／情報理工学研究科／経済学研究科／スポーツ健康科学研究科／食マネジメント研究科／理工学研究科／生命科学研究科／薬学研究科／言語教育情報研究科／先端総合学術研究科／テクノロジー・マネジメント研究科／法務研究科（法科大学院）／教職研究科（教職大学院）／経営管理研究科（ビジネススクール）

大学所在地

衣笠キャンパス

びわこ・くさつキャンパス

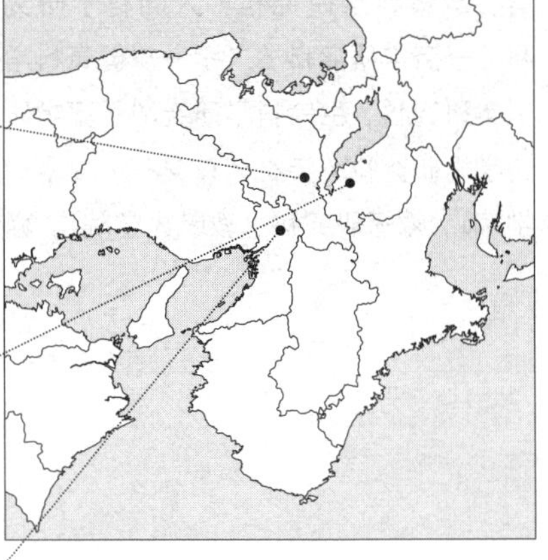

大阪いばらきキャンパス

衣笠キャンパス	〒 603-8577	京都市北区等持院北町 56-1
びわこ・くさつキャンパス	〒 525-8577	滋賀県草津市野路東 1-1-1
大阪いばらきキャンパス	〒 567-8570	大阪府茨木市岩倉町 2-150

入試データ

2024年度 一般選抜方式一覧

全学統一方式	文系学部は英語，国語，選択科目，理系学部は英語，数学，理科の合計点で判定される立命館大学のメイン入試。グローバル教養学部を除く全学部で実施。
学部個別配点方式	全学統一方式と同一の出題形式で，学部・学科・学域ごとに科目の指定や配点が異なる。グローバル教養学部を除く全学部で実施。 映像学部は文系型と理科1科目型を実施。 情報理工学部は理科1科目型を実施。 理工学部・生命科学部・薬学部は理科1科目型と理科2科目型を実施。
理系型3教科方式	総合心理学部・スポーツ健康科学部・食マネジメント学部で実施。全学統一方式（理系）と教科は同じだが，数学の出題範囲は「数学Ⅰ・Ⅱ・A・B」で実施。
薬学方式	薬学部で実施。全学統一方式（理系）と教科は同じだが，数学の出題範囲は「数学Ⅰ・Ⅱ・A・B」で実施。
IR方式 （英語資格試験利用型）	国際関係学部で実施。英語，国際関係に関する英文読解，英語外部資格試験（得点換算）による入試。
共通テスト方式	共通テストの得点のみで合否判定。個別試験は実施しない。グローバル教養学部を除く全学部で実施。 7科目型，5教科型（薬学部除く），3教科型を実施。 後期型は，5教科型（薬学部除く），4教科型（薬学部除く），3教科型を実施。
共通テスト併用方式	大学独自の試験科目と共通テスト（各学部が指定する科目）の総合点で合否判定をする入試。グローバル教養学部・薬学部を除く全学部で実施。
後期分割方式	グローバル教養学部を除く全学部で3月に実施。2教科型入試（法学部・経済学部・スポーツ健康科学部は共通テスト併用の3教科型）。
経営学部で学ぶ感性 ＋共通テスト方式	経営学部経営学科で3月に実施。発想力，構想力，文章表現力等を通じ，「感性」を評価する入試。
共通テスト＋面接 ISSE方式	情報理工学部 Information Systems Science and Engineering Course で3月に実施。共通テストと面接（英語）の得点の合計点で合否判定をする入試。

（注）2025年度入試については，要項等で必ずご確認ください。

入試状況（志願者数・競争率など）

2024 年度　一般選抜状況

○競争率は受験者数÷合格者数で算出。

○合格者数には，追加合格者を含む。

学部	学科/方式	方式/学科・専攻	2024年度				
			志願者数	受験者数	合格者数	競争率	最低点/配点(得点率%)
法学部	法学科［法政展開 司法特修 公務行政特修］	全学統一方式(文系)	2,600	2,514	954	2.6	209/320(65.3%)
		学部個別配点方式(文系型)	521	489	203	2.4	255/400(63.8%)
		共通テスト併用方式(3教科型)	443	409	142	2.9	305/400(76.3%)
		後期分割方式(共通テスト併用3教科型)	249	238	30	7.9	208/300(69.3%)
		共通テスト方式(7科目型)	916	915	584	1.6	640/900(71.1%)
		共通テスト方式(5教科型)	498	498	319	1.6	504/700(72.0%)
		共通テスト方式(3教科型)	715	713	255	2.8	473/600(78.8%)
		共通テスト方式(後期5教科型)	75	75	37	2.0	525/700(75.0%)
		共通テスト方式(後期4教科型)	63	63	35	1.8	456/600(76.0%)
		共通テスト方式(後期3教科型)	71	71	23	3.1	480/600(80.0%)
	学部合計		6,151	5,985	2,582	2.3	－
産業社会学部	現代社会学科 現代社会専攻	全学統一方式(文系)	1,879	1,834	640	2.9	200/320(62.5%)
		学部個別配点方式(文系型)	295	289	57	5.1	326/500(65.2%)
		共通テスト併用方式(3教科型)	532	506	153	3.3	294/400(73.5%)
		後期分割方式	301	282	15	18.8	142/220(64.5%)
		共通テスト方式(7科目型)	190	190	75	2.5	657/900(73.0%)
		共通テスト方式(5教科型)	126	126	46	2.7	525/700(75.0%)
		共通テスト方式(3教科型)	497	497	156	3.2	385/500(77.0%)
		共通テスト方式(後期5教科型)	19	19	8	2.4	535/700(76.4%)
		共通テスト方式(後期4教科型)	33	33	13	2.5	465/600(77.5%)
		共通テスト方式(後期3教科型)	69	69	27	2.6	392/500(78.4%)
		小計	3,941	3,845	1,190	3.2	－
	現代社会学科 メディア社会専攻	全学統一方式(文系)	956	939	315	3.0	202/320(63.1%)
		学部個別配点方式(文系型)	236	226	34	6.6	326/500(65.2%)
		共通テスト併用方式(3教科型)	436	417	127	3.3	294/400(73.5%)
		後期分割方式	123	117	7	16.7	144/220(65.5%)
		共通テスト方式(7科目型)	71	71	26	2.7	657/900(73.0%)
		共通テスト方式(5教科型)	45	45	14	3.2	525/700(75.0%)
		共通テスト方式(3教科型)	253	252	72	3.5	385/500(77.0%)
		共通テスト方式(後期5教科型)	11	11	4	2.8	535/700(76.4%)
		共通テスト方式(後期4教科型)	19	19	8	2.4	465/600(77.5%)
		共通テスト方式(後期3教科型)	21	21	11	1.9	392/500(78.4%)
		小計	2,171	2,118	618	3.4	－
	現代社会学科 スポーツ社会専攻	全学統一方式(文系)	348	346	102	3.4	193/320(60.3%)
		学部個別配点方式(文系型)	80	77	21	3.7	311/500(62.2%)
		共通テスト併用方式(3教科型)	146	141	100	1.4	260/400(65.0%)
		後期分割方式	168	156	3	52.0	143/220(65.0%)
		共通テスト方式(7科目型)	19	19	6	3.2	657/900(73.0%)
		共通テスト方式(5教科型)	25	25	4	6.3	525/700(75.0%)
		共通テスト方式(3教科型)	73	73	9	8.1	385/500(77.0%)
		共通テスト方式(後期5教科型)	1	1	0	－	535/700(76.4%)
		共通テスト方式(後期4教科型)	2	2	1	2.0	451/600(75.2%)
		共通テスト方式(後期3教科型)	9	9	1	9.0	379/500(75.8%)
		小計	871	849	247	3.4	－
	現代社会学科 子ども社会専攻	全学統一方式(文系)	164	159	64	2.5	194/320(60.6%)
		学部個別配点方式(文系型)	49	45	8	5.6	315/500(63.0%)
		共通テスト併用方式(3教科型)	84	80	38	2.1	272/400(68.0%)
		後期分割方式	13	13	2	6.5	123/220(55.9%)
		共通テスト方式(7科目型)	49	48	19	2.5	657/900(73.0%)
		共通テスト方式(5教科型)	28	28	9	3.1	525/700(75.0%)
		共通テスト方式(3教科型)	53	53	18	2.9	385/500(77.0%)
		共通テスト方式(後期5教科型)	3	3	2	1.5	535/700(76.4%)
		共通テスト方式(後期4教科型)	5	5	1	5.0	465/600(77.5%)
		共通テスト方式(後期3教科型)	12	12	3	4.0	392/500(78.4%)
		小計	460	446	164	2.7	－

（表つづく）

学部	学科/方式	方式/学科・専攻	2024年度				
			志願者数	受験者数	合格者数	競争率	最低点/配点(得点率%)
産業社会学部	現代社会学科 人間福祉専攻	全学統一方式(文系)	386	383	161	2.4	193/320(60.3%)
		学部個別配点方式(文系型)	79	78	25	3.1	304/500(60.8%)
		共通テスト併用方式(3教科型)	144	138	103	1.3	260/400(65.0%)
		後期分割方式	86	80	4	20.0	139/220(63.2%)
		共通テスト方式(7科目型)	25	24	11	2.2	657/900(73.0%)
		共通テスト方式(5教科型)	28	28	10	2.8	525/700(75.0%)
		共通テスト方式(3教科型)	78	77	29	2.7	385/500(77.0%)
		共通テスト方式(後期5教科型)	1	1	1	1.0	535/700(76.4%)
		共通テスト方式(後期4教科型)	4	4	0	-	465/600(77.5%)
		共通テスト方式(後期3教科型)	17	17	7	2.4	392/500(78.4%)
		小計	848	830	351	2.4	-
	学部合計		8,291	8,088	2,570	3.1	-
国際関係学部	国際関係学科 国際関係学専攻	全学統一方式(文系)	1,038	1,010	364	2.8	239/350(68.3%)
		学部個別配点方式(文系型)	110	106	38	2.8	199/300(66.3%)
		共通テスト併用方式(3教科型)	92	87	22	4.0	281/350(80.3%)
		IR方式(英語資格試験利用型)	256	250	77	3.2	224/300(74.7%)
		後期分割方式	151	134	5	26.8	161/220(73.2%)
		共通テスト方式(7科目型)	98	98	30	3.3	711/900(79.0%)
		共通テスト方式(5教科型)	82	82	30	2.7	571/700(81.6%)
		共通テスト方式(3教科型)	111	111	13	8.5	540/600(90.0%)
		共通テスト方式(後期5教科型)	13	13	2	6.5	586/700(83.7%)
		共通テスト方式(後期4教科型)	16	16	3	5.3	684/800(85.5%)
		共通テスト方式(後期3教科型)	26	26	3	8.7	544/600(90.7%)
		小計	1,993	1,933	587	3.3	-
	国際関係学科 グローバル・スタディーズ専攻	IR方式(英語資格試験利用型)	196	192	30	6.4	234/300(78.0%)
	学部合計		2,189	2,125	617	3.4	-

学部	学科・学域	方式	2024年度				
			志願者数	受験者数	合格者数	競争率	最低点/配点(得点率%)
文学部	人文学科 人間研究学域	全学統一方式(文系)	463	444	167	2.7	206/320(64.4%)
		学部個別配点方式(文系型)	117	110	39	2.8	244/400(61.0%)
		共通テスト併用方式(3教科型)	53	52	16	3.3	238/300(79.3%)
		後期分割方式	166	156	26	6.0	138/220(62.7%)
		共通テスト方式(7科目型)	76	76	35	2.2	688/900(76.4%)
		共通テスト方式(5教科型)	59	59	26	2.3	539/700(77.0%)
		共通テスト方式(3教科型)	114	113	33	3.4	502/600(83.7%)
		共通テスト方式(後期5教科型)	3	3	2	1.5	617/700(88.1%)
		共通テスト方式(後期4教科型)	3	3	2	1.5	489/600(81.5%)
		共通テスト方式(後期3教科型)	5	5	1	5.0	507/600(84.5%)
		小計	1,059	1,021	347	2.9	−
	人文学科 日本文学研究学域	全学統一方式(文系)	619	605	191	3.2	210/320(65.6%)
		学部個別配点方式(文系型)	185	179	60	3.0	260/400(65.0%)
		共通テスト併用方式(3教科型)	84	81	20	4.1	231/300(77.0%)
		後期分割方式	199	191	16	11.9	148/220(67.3%)
		共通テスト方式(7科目型)	99	99	36	2.8	693/900(77.0%)
		共通テスト方式(5教科型)	62	62	24	2.6	547/700(78.1%)
		共通テスト方式(3教科型)	157	157	32	4.9	494/600(82.3%)
		共通テスト方式(後期5教科型)	2	2	1	2.0	624/700(89.1%)
		共通テスト方式(後期4教科型)	4	4	1	4.0	473/600(78.8%)
		共通テスト方式(後期3教科型)	7	7	1	7.0	492/600(82.0%)
		小計	1,418	1,387	382	3.6	−
	人文学科 日本史研究学域	全学統一方式(文系)	890	869	277	3.1	215/320(67.2%)
		学部個別配点方式(文系型)	256	247	81	3.0	272/400(68.0%)
		共通テスト併用方式(3教科型)	121	119	30	4.0	234/300(78.0%)
		後期分割方式	91	86	8	10.8	143/220(65.0%)
		共通テスト方式(7科目型)	119	118	36	3.3	705/900(78.3%)
		共通テスト方式(5教科型)	87	87	26	3.3	560/700(80.0%)
		共通テスト方式(3教科型)	152	152	26	5.8	502/600(83.7%)
		共通テスト方式(後期5教科型)	6	6	2	3.0	600/700(85.7%)
		共通テスト方式(後期4教科型)	3	3	1	3.0	473/600(78.8%)
		共通テスト方式(後期3教科型)	9	9	3	3.0	519/600(86.5%)
		小計	1,734	1,696	490	3.5	−
	人文学科 東アジア研究学域	全学統一方式(文系)	218	214	98	2.2	204/320(63.8%)
		学部個別配点方式(文系型)	67	65	28	2.3	240/400(60.0%)
		共通テスト併用方式(3教科型)	53	49	16	3.1	234/300(78.0%)
		後期分割方式	84	78	9	8.7	142/220(64.5%)
		共通テスト方式(7科目型)	26	26	13	2.0	652/900(72.4%)
		共通テスト方式(5教科型)	28	28	16	1.8	530/700(75.7%)
		共通テスト方式(3教科型)	65	65	20	3.3	473/600(78.8%)
		共通テスト方式(後期5教科型)	2	2	2	1.0	486/700(69.4%)
		共通テスト方式(後期4教科型)	1	1	1	1.0	471/600(78.5%)
		共通テスト方式(後期3教科型)	2	2	2	1.0	437/600(72.8%)
		小計	546	530	205	2.6	−
	人文学科 国際文化学域	全学統一方式(文系)	774	757	316	2.4	226/350(64.6%)
		学部個別配点方式(文系型)	185	181	74	2.4	256/400(64.0%)
		共通テスト併用方式(3教科型)	88	86	31	2.8	233/300(77.7%)
		後期分割方式	247	228	16	14.3	154/220(70.0%)
		共通テスト方式(7科目型)	97	97	49	2.0	675/900(75.0%)
		共通テスト方式(5教科型)	117	117	53	2.2	542/700(77.4%)
		共通テスト方式(3教科型)	261	261	96	2.7	482/600(80.3%)
		共通テスト方式(後期5教科型)	6	6	1	6.0	594/700(84.9%)
		共通テスト方式(後期4教科型)	4	4	2	2.0	541/600(90.2%)
		共通テスト方式(後期3教科型)	4	4	1	4.0	478/600(79.7%)
		小計	1,783	1,741	639	2.7	−
	人文学科 地域研究学域	全学統一方式(文系)	418	411	130	3.2	208/320(65.0%)
		学部個別配点方式(文系型)	126	121	41	3.0	266/400(66.5%)
		共通テスト併用方式(3教科型)	54	51	18	2.8	232/300(77.3%)
		後期分割方式	194	184	8	23.0	147/220(66.8%)
		共通テスト方式(7科目型)	43	43	16	2.7	684/900(76.0%)
		共通テスト方式(5教科型)	39	39	10	3.9	541/700(77.3%)
		共通テスト方式(3教科型)	123	123	21	5.9	475/600(79.2%)
		共通テスト方式(後期5教科型)	4	4	1	4.0	544/700(77.7%)
		共通テスト方式(後期4教科型)	3	3	1	3.0	484/600(80.7%)
		共通テスト方式(後期3教科型)	7	7	1	7.0	487/600(81.2%)
		小計	1,011	986	247	4.0	−

（表つづく）

学部	学科・学域	方式	2024年度				
			志願者数	受験者数	合格者数	競争率	最低点/配点(得点率%)
文学部	人文学科 国際コミュニケーション学域	全学統一方式(文系)	556	544	254	2.1	218/350(62.3%)
		学部個別配点方式(文系型)	106	104	45	2.3	260/400(65.0%)
		共通テスト併用方式(3教科型)	60	57	25	2.3	225/300(75.0%)
		後期分割方式	191	180	6	30.0	161/220(73.2%)
		共通テスト方式(7科目型)	60	59	30	2.0	655/900(72.8%)
		共通テスト方式(5教科型)	79	79	43	1.8	529/700(75.6%)
		共通テスト方式(3教科型)	202	202	86	2.3	467/600(77.8%)
		共通テスト方式(後期5教科型)	10	10	2	5.0	577/700(82.4%)
		共通テスト方式(後期4教科型)	5	5	2	2.5	506/600(84.3%)
		共通テスト方式(後期3教科型)	6	6	2	3.0	498/600(83.0%)
		小計	1,275	1,246	495	2.5	−
	人文学科 言語コミュニケーション学域	全学統一方式(文系)	239	236	90	2.6	214/320(66.9%)
		学部個別配点方式(文系型)	56	55	21	2.6	257/400(64.3%)
		共通テスト併用方式(3教科型)	34	33	11	3.0	239/300(79.7%)
		後期分割方式	75	70	15	4.7	146/220(66.4%)
		共通テスト方式(7科目型)	31	31	20	1.6	697/900(77.4%)
		共通テスト方式(5教科型)	25	25	9	2.8	549/700(78.4%)
		共通テスト方式(3教科型)	57	57	15	3.8	480/600(80.0%)
		共通テスト方式(後期5教科型)	3	3	2	1.5	567/700(81.0%)
		共通テスト方式(後期4教科型)	1	1	1	1.0	493/600(82.2%)
		共通テスト方式(後期3教科型)	6	6	1	6.0	500/600(83.3%)
		小計	527	517	185	2.8	−
		学部合計	9,353	9,124	2,990	3.1	−

学部	学科・専攻	方式	2024年度				
			志願者数	受験者数	合格者数	競争率	最低点/配点(得点率%)
経営学部	国際経営学科	全学統一方式(文系)	1,619	1,560	244	6.4	224/320(70.0%)
		学部個別配点方式(文系型)	150	143	49	2.9	278/400(69.5%)
		共通テスト併用方式(3教科型)	180	167	18	9.3	240/300(80.0%)
		後期分割方式	58	53	5	10.6	159/220(72.3%)
		共通テスト方式(7科目型)	336	336	72	4.7	684/900(76.0%)
		共通テスト方式(5教科型)	191	191	38	5.0	546/700(78.0%)
		共通テスト方式(後期5教科型)	22	22	2	11.0	586/700(83.7%)
		小計	2,556	2,472	428	5.8	−
	経営学科	全学統一方式(文系)	4,259	4,145	741	5.6	223/320(69.7%)
		学部個別配点方式(文系型)	727	709	144	4.9	251/370(67.8%)
		共通テスト併用方式(3教科型)	497	477	52	9.2	243/300(81.0%)
		後期分割方式	234	213	5	42.6	158/220(71.8%)
		「経営学部で学ぶ感性＋共通テスト」方式	328	307	34	9.0	52/100(52.0%)
		共通テスト方式(7科目型)	1,603	1,601	412	3.9	689/900(76.6%)
		共通テスト方式(5教科型)	784	784	172	4.6	546/700(78.0%)
		共通テスト方式(3教科型)	530	529	60	8.8	510/600(85.0%)
		共通テスト方式(後期5教科型)	16	16	3	5.3	578/700(82.6%)
		共通テスト方式(後期4教科型)	30	30	3	10.0	516/600(86.0%)
		共通テスト方式(後期3教科型)	21	21	2	10.5	553/600(92.2%)
		小計	9,029	8,832	1,628	5.4	−
	学部合計		11,585	11,304	2,056	5.5	−
政策科学部	政策科学科 政策科学専攻	全学統一方式(文系)	2,447	2,411	639	3.8	209/320(65.3%)
		学部個別配点方式(文系型)	393	380	85	4.5	226/350(64.6%)
		共通テスト併用方式(3教科型)	373	355	52	6.8	235/300(78.3%)
		後期分割方式	241	226	14	16.1	143/220(65.0%)
		共通テスト方式(7科目型)	168	168	77	2.2	670/900(74.4%)
		共通テスト方式(5教科型)	143	143	51	2.8	545/700(77.9%)
		共通テスト方式(3教科型)	514	514	140	3.7	470/600(78.3%)
		共通テスト方式(後期5教科型)	18	18	1	18.0	599/700(85.6%)
		共通テスト方式(後期4教科型)	41	41	3	13.7	502/600(83.7%)
		共通テスト方式(後期3教科型)	16	16	1	16.0	526/600(87.7%)
	学部合計		4,354	4,272	1,063	4.0	−
総合心理学部	総合心理学科	全学統一方式(文系)	1,572	1,537	387	4.0	220/320(68.8%)
		学部個別配点方式(文系型)	324	314	89	3.5	271/400(67.8%)
		理系型3教科方式	146	143	61	2.3	262/400(65.5%)
		共通テスト併用方式(3教科型)	215	206	35	5.9	240/300(80.0%)
		後期分割方式	277	269	10	26.9	157/220(71.4%)
		共通テスト方式(7科目型)	263	261	108	2.4	692/900(76.9%)
		共通テスト方式(5教科型)	131	130	44	3.0	560/700(80.0%)
		共通テスト方式(3教科型)	291	291	64	4.5	499/600(83.2%)
		共通テスト方式(後期5教科型)	7	7	1	7.0	580/700(82.9%)
		共通テスト方式(後期4教科型)	14	14	5	2.8	513/600(85.5%)
		共通テスト方式(後期3教科型)	14	14	2	7.0	530/600(88.3%)
	学部合計		3,254	3,186	806	4.0	−
映像学部	映像学科	全学統一方式(文系)	1,074	1,035	306	3.4	205/320(64.1%)
		学部個別配点方式(文系型)	227	221	80	2.8	206/350(58.9%)
		学部個別配点方式(理科1科目型)	127	119	52	2.3	222/400(55.5%)
		共通テスト併用方式(3教科型)	214	210	85	2.5	213/300(71.0%)
		後期分割方式	87	81	3	27.0	146/220(66.4%)
		共通テスト方式(7科目型)	105	104	21	5.0	624/800(78.0%)
		共通テスト方式(5教科型)	131	131	61	2.1	423/600(70.5%)
		共通テスト方式(3教科型)	225	223	53	4.2	481/600(80.2%)
		共通テスト方式(後期5教科型)	1	1	0	−	410/600(68.3%)
		共通テスト方式(後期4教科型)	2	2	0	−	577/800(72.1%)
		共通テスト方式(後期3教科型)	11	11	1	11.0	530/600(88.3%)
	学部合計		2,204	2,138	662	3.2	−
経済学部	経済学科 国際専攻	全学統一方式(文系)	997	968	314	3.1	200/320(62.5%)
		共通テスト併用方式(5教科型)	82	77	20	3.9	285/400(71.3%)
		後期分割方式(共通テスト併用3教科型)	320	297	15	19.8	215/300(71.7%)
		小計	1,399	1,342	349	3.8	−
	経済学科 経済専攻	全学統一方式(文系)	3,179	3,098	1,128	2.7	197/320(61.6%)
		学部個別配点方式(文系型)	347	311	115	2.7	185/350(52.9%)
		共通テスト併用方式(5教科型)	247	232	74	3.1	282/400(70.5%)
		後期分割方式(共通テスト併用3教科型)	555	511	37	13.8	213/300(71.0%)
		共通テスト方式(7科目型)	1,750	1,745	1,024	1.7	609/900(67.7%)
		共通テスト方式(5教科型)	420	420	176	2.4	706/1000(70.6%)
		共通テスト方式(3教科型)	1,463	1,460	624	2.3	435/600(72.5%)
		共通テスト方式(後期5教科型)	89	89	35	2.5	743/1000(74.3%)
		共通テスト方式(後期4教科型)	154	154	35	4.4	451/600(75.2%)
		共通テスト方式(後期3教科型)	142	142	17	8.4	505/600(84.2%)
		小計	8,346	8,162	3,265	2.5	−
	学部合計		9,745	9,504	3,614	2.6	−

（表つづく）

学部	学科・専攻	方式	2024年度				
			志願者数	受験者数	合格者数	競争率	最低点/配点(得点率%)
スポーツ健康科学部	スポーツ健康科学科	全学統一方式(文系)	1,142	1,116	345	3.2	190/320(59.4%)
		学部個別配点方式(文系型)	166	160	34	4.7	236/400(59.0%)
		理系型3教科方式	120	117	33	3.5	242/400(60.5%)
		共通テスト併用方式(3教科型)	249	241	66	3.7	213/300(71.0%)
		後期分割方式(共通テスト併用3教科型)	111	106	11	9.6	193/300(64.3%)
		共通テスト方式(7科目型)	114	113	40	2.8	635/900(70.6%)
		共通テスト方式(5教科型)	135	133	39	3.4	510/700(72.9%)
		共通テスト方式(3教科型)	294	294	72	4.1	450/600(75.0%)
		共通テスト方式(後期5教科型)	11	11	7	1.6	512/700(73.1%)
		共通テスト方式(後期4教科型)	19	19	10	1.9	446/600(74.3%)
		共通テスト方式(後期3教科型)	25	25	12	2.1	450/600(75.0%)
	学部合計		2,386	2,335	669	3.5	－
食マネジメント学部	食マネジメント学科	全学統一方式(文系)	876	856	281	3.0	193/320(60.3%)
		学部個別配点方式(文系型)	262	258	107	2.4	229/400(57.3%)
		理系型3教科方式	172	166	57	2.9	203/320(63.4%)
		共通テスト併用方式(3教科型)	460	446	121	3.7	212/300(70.7%)
		後期分割方式	144	138	40	3.5	107/200(53.5%)
		共通テスト方式(7科目型)	156	156	86	1.8	629/900(69.9%)
		共通テスト方式(5教科型)	128	128	67	1.9	486/700(69.4%)
		共通テスト方式(3教科型)	261	261	90	2.9	446/600(74.3%)
		共通テスト方式(後期5教科型)	10	10	6	1.7	511/700(73.0%)
		共通テスト方式(後期4教科型)	8	8	5	1.6	420/600(70.0%)
		共通テスト方式(後期3教科型)	27	27	15	1.8	447/600(74.5%)
	学部合計		2,504	2,454	875	2.8	－

学部	学科	方式	2024年度				
			志願者数	受験者数	合格者数	競争率	最低点/配点(得点率%)
理工学部	数理科学科 数学コース	全学統一方式(理系)	276	264	77	3.4	193/300(64.3%)
		学部個別配点方式(理科1科目型)	128	122	41	3.0	237/400(59.3%)
		学部個別配点方式(理科2科目型)	28	27	8	3.4	343/450(76.2%)
		共通テスト併用方式(数学重視型)	24	24	11	2.2	289/400(72.3%)
		後期分割方式	53	48	2	24.0	160/200(80.0%)
		共通テスト方式(7科目型)	59	58	28	2.1	630/800(78.8%)
		共通テスト方式(5教科型)	41	41	16	2.6	554/700(79.1%)
		共通テスト方式(3教科型)	96	96	44	2.2	403/500(80.6%)
		共通テスト方式(後期5教科型)	4	4	2	2.0	563/700(80.4%)
		共通テスト方式(後期4教科型)	7	7	3	2.3	386/500(77.2%)
		共通テスト方式(後期3教科型)	7	7	3	2.3	445/500(89.0%)
		小計	723	698	235	3.0	−
	数理科学科 データサイエンスコース	全学統一方式(理系)	245	232	88	2.6	176/300(58.7%)
		学部個別配点方式(理科1科目型)	108	104	46	2.3	208/400(52.0%)
		学部個別配点方式(理科2科目型)	14	14	8	1.8	322/450(71.6%)
		共通テスト併用方式(数学重視型)	22	22	11	2.0	280/400(70.0%)
		後期分割方式	58	52	3	17.3	144/200(72.0%)
		共通テスト方式(7科目型)	46	44	22	2.0	602/800(75.3%)
		共通テスト方式(5教科型)	67	67	26	2.6	523/700(74.7%)
		共通テスト方式(3教科型)	74	74	33	2.2	385/500(77.0%)
		共通テスト方式(後期5教科型)	7	7	3	2.3	539/700(77.0%)
		共通テスト方式(後期4教科型)	8	8	2	4.0	382/500(76.4%)
		共通テスト方式(後期3教科型)	10	10	3	3.3	416/500(83.2%)
		小計	659	634	245	2.6	−
	物理科学科	全学統一方式(理系)	462	447	263	1.7	170/300(56.7%)
		学部個別配点方式(理科1科目型)	194	181	120	1.5	226/400(56.5%)
		学部個別配点方式(理科2科目型)	57	53	37	1.4	277/450(61.6%)
		共通テスト併用方式(数学重視型)	57	55	29	1.9	269/400(67.3%)
		後期分割方式	61	55	5	11.0	142/200(71.0%)
		共通テスト方式(7科目型)	179	179	121	1.5	604/800(75.5%)
		共通テスト方式(5教科型)	141	141	82	1.7	533/700(76.1%)
		共通テスト方式(3教科型)	183	182	101	1.8	394/500(78.8%)
		共通テスト方式(後期5教科型)	9	9	5	1.8	590/700(84.3%)
		共通テスト方式(後期4教科型)	3	3	2	1.5	393/500(78.6%)
		共通テスト方式(後期3教科型)	15	15	4	3.8	436/500(87.2%)
		小計	1,361	1,320	769	1.7	−
	電気電子工学科	全学統一方式(理系)	1,203	1,150	585	2.0	160/300(53.3%)
		学部個別配点方式(理科1科目型)	378	344	185	1.9	209/400(52.3%)
		学部個別配点方式(理科2科目型)	84	80	41	2.0	289/450(64.2%)
		共通テスト併用方式(数学重視型)	125	121	57	2.1	264/400(66.0%)
		後期分割方式	203	187	62	3.0	118/200(59.0%)
		共通テスト方式(7科目型)	530	527	304	1.7	576/800(72.0%)
		共通テスト方式(5教科型)	275	275	112	2.5	519/700(74.1%)
		共通テスト方式(3教科型)	330	330	138	2.4	378/500(75.6%)
		共通テスト方式(後期5教科型)	18	18	7	2.6	552/700(78.9%)
		共通テスト方式(後期4教科型)	8	8	3	2.7	375/500(75.0%)
		共通テスト方式(後期3教科型)	21	21	6	3.5	417/500(83.4%)
		小計	3,175	3,061	1,500	2.0	−
	電子情報工学科	全学統一方式(理系)	974	928	337	2.8	175/300(58.3%)
		学部個別配点方式(理科1科目型)	295	264	86	3.1	247/400(61.8%)
		学部個別配点方式(理科2科目型)	81	77	38	2.0	303/450(67.3%)
		共通テスト併用方式(数学重視型)	66	64	27	2.4	282/400(70.5%)
		後期分割方式	166	155	5	31.0	159/200(79.5%)
		共通テスト方式(7科目型)	177	177	78	2.3	622/800(77.8%)
		共通テスト方式(5教科型)	91	91	25	3.6	552/700(78.9%)
		共通テスト方式(3教科型)	145	145	54	2.7	401/500(80.2%)
		共通テスト方式(後期5教科型)	19	19	8	2.4	563/700(80.4%)
		共通テスト方式(後期4教科型)	12	12	3	4.0	388/500(77.6%)
		共通テスト方式(後期3教科型)	19	19	4	4.8	441/500(88.2%)
		小計	2,045	1,951	665	2.9	−
	機械工学科	全学統一方式(理系)	1,346	1,304	637	2.0	166/300(55.3%)
		学部個別配点方式(理科1科目型)	413	395	184	2.1	222/400(55.5%)
		学部個別配点方式(理科2科目型)	96	93	32	2.9	333/450(74.0%)
		共通テスト併用方式(数学重視型)	127	119	55	2.2	262/400(65.5%)
		後期分割方式	138	116	47	2.5	101/200(50.5%)
		共通テスト方式(7科目型)	322	322	176	1.8	599/800(74.9%)
		共通テスト方式(5教科型)	258	258	111	2.3	541/700(77.3%)
		共通テスト方式(3教科型)	364	364	167	2.2	385/500(77.0%)
		共通テスト方式(後期5教科型)	13	13	5	2.6	575/700(82.1%)
		共通テスト方式(後期4教科型)	13	13	4	3.3	374/500(74.8%)
		共通テスト方式(後期3教科型)	24	24	5	4.8	435/500(87.0%)
		小計	3,114	3,021	1,423	2.1	−

(表つづく)

学部	学科	方式	2024年度				
			志願者数	受験者数	合格者数	競争率	最低点/配点(得点率%)
理工学部	ロボティクス学科	全学統一方式(理系)	921	888	382	2.3	168/300(56.0%)
		学部個別配点方式(理科1科目型)	301	287	130	2.2	218/400(54.5%)
		学部個別配点方式(理科2科目型)	47	46	19	2.4	327/450(72.7%)
		共通テスト併用方式(数学重視型)	38	37	18	2.1	255/400(63.8%)
		後期分割方式	124	107	5	21.4	133/200(66.5%)
		共通テスト方式(7科目型)	87	87	42	2.1	610/800(76.3%)
		共通テスト方式(5教科型)	102	102	37	2.8	529/700(75.6%)
		共通テスト方式(3教科型)	132	132	48	2.8	383/500(76.6%)
		共通テスト方式(後期5教科型)	13	13	5	2.6	541/700(77.3%)
		共通テスト方式(後期4教科型)	22	22	7	3.1	373/500(74.6%)
		共通テスト方式(後期3教科型)	23	23	5	4.6	409/500(81.8%)
		小計	1,810	1,744	698	2.5	－
	環境都市工学科	全学統一方式(理系)	894	862	473	1.8	163/300(54.3%)
		学部個別配点方式(理科1科目型)	343	329	149	2.2	205/400(51.3%)
		学部個別配点方式(理科2科目型)	66	62	31	2.0	297/450(66.0%)
		共通テスト併用方式(数学重視型)	55	52	20	2.6	271/400(67.8%)
		後期分割方式	72	64	8	8.0	118/200(59.0%)
		共通テスト方式(7科目型)	206	206	128	1.6	583/800(72.9%)
		共通テスト方式(5教科型)	258	258	102	2.5	520/700(74.3%)
		共通テスト方式(3教科型)	195	195	79	2.5	383/500(76.6%)
		共通テスト方式(後期5教科型)	8	8	3	2.7	519/700(74.1%)
		共通テスト方式(後期4教科型)	11	11	3	3.7	380/500(76.0%)
		共通テスト方式(後期3教科型)	11	11	4	2.8	415/500(83.0%)
		小計	2,119	2,058	1,000	2.1	－
	建築都市デザイン学科	全学統一方式(理系)	928	897	233	3.8	196/300(65.3%)
		学部個別配点方式(理科1科目型)	294	281	68	4.1	257/400(64.3%)
		学部個別配点方式(理科2科目型)	61	56	19	2.9	338/450(75.1%)
		共通テスト併用方式(数学重視型)	102	93	24	3.9	294/400(73.5%)
		後期分割方式	79	72	5	14.4	142/200(71.0%)
		共通テスト方式(7科目型)	225	225	73	3.1	640/800(80.0%)
		共通テスト方式(5教科型)	174	174	39	4.5	563/700(80.4%)
		共通テスト方式(3教科型)	199	199	53	3.8	412/500(82.4%)
		共通テスト方式(後期5教科型)	12	12	3	4.0	563/700(80.4%)
		共通テスト方式(後期4教科型)	10	10	3	3.3	392/500(78.4%)
		共通テスト方式(後期3教科型)	9	9	3	3.0	433/500(86.6%)
		小計	2,093	2,028	523	3.9	－
	学部合計		17,099	16,515	7,058	2.3	－

学部	学科	方式	2024年度				
			志願者数	受験者数	合格者数	競争率	最低点/配点(得点率%)
情報理工学部	情報理工学科	全学統一方式(理系)	2,865	2,774	710	3.9	192/300(64.0%)
		学部個別配点方式(理科1科目型)	827	777	94	8.3	287/400(71.8%)
		共通テスト併用方式(情報理工学部型)	739	703	82	8.6	290/400(72.5%)
		「共通テスト＋面接」ISSE方式	3	3	1	3.0	345/400(86.3%)
		後期分割方式	293	265	53	5.0	129/200(64.5%)
		共通テスト方式(7科目型)	904	901	384	2.3	698/900(77.6%)
		共通テスト方式(5教科型)	514	514	148	3.5	632/800(79.0%)
		共通テスト方式(3教科型)	581	580	142	4.1	482/600(80.3%)
		共通テスト方式(後期5教科型)	51	51	4	12.8	710/800(88.8%)
		共通テスト方式(後期4教科型)	33	33	1	33.0	549/600(91.5%)
		共通テスト方式(後期3教科型)	24	24	1	24.0	564/600(94.0%)
	学部合計		6,834	6,625	1,620	4.1	−
生命科学部	応用化学科	全学統一方式(理系)	1,086	1,057	533	2.0	168/300(56.0%)
		学部個別配点方式(理科1科目型)	249	239	92	2.6	217/350(62.0%)
		学部個別配点方式(理科2科目型)	160	153	97	1.6	249/400(62.3%)
		共通テスト併用方式(数学重視型)	117	111	52	2.1	282/400(70.5%)
		後期分割方式	163	146	23	6.3	124/200(62.0%)
		共通テスト方式(7科目型)	466	465	212	2.2	682/900(75.8%)
		共通テスト方式(5教科型)	165	165	70	2.4	612/800(76.5%)
		共通テスト方式(3教科型)	166	166	46	3.6	404/500(80.8%)
		共通テスト方式(後期5教科型)	12	12	9	1.3	612/800(76.5%)
		共通テスト方式(後期4教科型)	5	5	1	5.0	394/500(78.8%)
		共通テスト方式(後期3教科型)	10	10	3	3.3	412/500(82.4%)
		小計	2,599	2,529	1,138	2.2	−
	生物工学科	全学統一方式(理系)	763	732	375	2.0	165/300(55.0%)
		学部個別配点方式(理科1科目型)	188	183	66	2.8	211/350(60.3%)
		学部個別配点方式(理科2科目型)	112	108	72	1.5	242/400(60.5%)
		共通テスト併用方式(数学重視型)	80	77	37	2.1	269/400(67.3%)
		後期分割方式	136	118	6	19.7	124/200(62.0%)
		共通テスト方式(7科目型)	344	344	143	2.4	672/900(74.7%)
		共通テスト方式(5教科型)	172	172	61	2.8	605/800(75.6%)
		共通テスト方式(3教科型)	115	115	24	4.8	398/500(79.6%)
		共通テスト方式(後期5教科型)	16	16	9	1.8	605/800(75.6%)
		共通テスト方式(後期4教科型)	3	3	1	3.0	388/500(77.6%)
		共通テスト方式(後期3教科型)	9	9	4	2.3	408/500(81.6%)
		小計	1,938	1,877	798	2.4	−
	生命情報学科	全学統一方式(理系)	638	613	315	1.9	161/300(53.7%)
		学部個別配点方式(理科1科目型)	182	173	60	2.9	210/350(60.0%)
		学部個別配点方式(理科2科目型)	71	68	45	1.5	237/400(59.3%)
		共通テスト併用方式(数学重視型)	97	90	47	1.9	264/400(66.0%)
		後期分割方式	99	93	19	4.9	117/200(58.5%)
		共通テスト方式(7科目型)	199	197	84	2.3	673/900(74.8%)
		共通テスト方式(5教科型)	89	89	29	3.1	606/800(75.8%)
		共通テスト方式(3教科型)	90	90	19	4.7	399/500(79.8%)
		共通テスト方式(後期5教科型)	19	19	10	1.9	606/800(75.8%)
		共通テスト方式(後期4教科型)	7	7	0	−	389/500(77.8%)
		共通テスト方式(後期3教科型)	10	10	3	3.3	409/500(81.8%)
		小計	1,501	1,449	631	2.3	−
	生命医科学科	全学統一方式(理系)	618	596	278	2.1	170/300(56.7%)
		学部個別配点方式(理科1科目型)	150	148	38	3.9	217/350(62.0%)
		学部個別配点方式(理科2科目型)	60	59	39	1.5	249/400(62.3%)
		共通テスト併用方式(数学重視型)	72	69	29	2.4	282/400(70.5%)
		後期分割方式	97	80	13	6.2	119/200(59.5%)
		共通テスト方式(7科目型)	279	278	129	2.2	681/900(75.7%)
		共通テスト方式(5教科型)	119	119	44	2.7	613/800(76.6%)
		共通テスト方式(3教科型)	94	93	27	3.4	405/500(81.0%)
		共通テスト方式(後期5教科型)	18	18	13	1.4	613/800(76.6%)
		共通テスト方式(後期4教科型)	7	7	2	3.5	395/500(79.0%)
		共通テスト方式(後期3教科型)	12	12	2	6.0	415/500(83.0%)
		小計	1,526	1,479	614	2.4	−
	学部合計		7,564	7,334	3,181	2.3	−
薬学部	薬学科	薬学方式	494	476	223	2.1	192/300(64.0%)
		全学統一方式(理系)	228	222	121	1.8	191/300(63.7%)
		学部個別配点方式(理科1科目型)	86	75	23	3.3	239/350(68.3%)
		学部個別配点方式(理科2科目型)	73	65	35	1.9	273/400(68.3%)
		後期分割方式	86	76	5	15.2	155/200(77.5%)
		共通テスト方式(7科目型)	312	311	142	2.2	700/900(77.8%)
		共通テスト方式(3教科型)	165	165	53	3.1	406/500(81.2%)
		共通テスト方式(後期3教科型)	23	23	9	2.6	420/500(84.0%)
		小計	1,467	1,413	611	2.3	−
	創薬科学科	薬学方式	328	315	156	2.0	182/300(60.7%)
		全学統一方式(理系)	161	159	98	1.6	178/300(59.3%)
		学部個別配点方式(理科1科目型)	26	25	11	2.3	225/350(64.3%)
		学部個別配点方式(理科2科目型)	24	22	13	1.7	258/400(64.5%)
		後期分割方式	34	34	10	3.4	108/200(54.0%)
		共通テスト方式(7科目型)	135	135	65	2.1	683/900(75.9%)
		共通テスト方式(3教科型)	83	83	34	2.4	387/500(77.4%)
		共通テスト方式(後期3教科型)	8	8	3	2.7	377/500(75.4%)
		小計	799	781	390	2.0	−
	学部合計		2,266	2,194	1,001	2.2	−

募集要項の入手方法

一般選抜はすべてインターネット出願となっています。詳細は大学ホームページでご確認ください。

問い合わせ先

立命館大学　入学センター
〒603-8577　京都市北区等持院北町 56-1
TEL 075-465-8351
（問い合わせ時間）
9：00～17：30（大学休業日を除く月～金曜日）
ホームページ　https://ritsnet.ritsumei.jp

立命館アジア太平洋大学

基本情報

沿革

2000（平成 12）	立命館アジア太平洋大学開学（アジア太平洋学部・アジア太平洋マネジメント学部）
2009（平成 21）	アジア太平洋マネジメント学部を国際経営学部に名称変更
2016（平成 28）	国際経営学部が国際認証「AACSB」取得
2018（平成 30）	アジア太平洋学部が国連世界観光機関（UNWTO）の観光教育認証「TedQual」取得
2020（令和 2）	経営管理研究科（GSM）が国際認証「AMBA」取得
2022（令和 4）	国際学生の出身国・地域が 100 を超える
2023（令和 5）	サステイナビリティ観光学部開設

シンボルロゴ

●シンボルマーク

海を越えた若々しい生命の連帯を象徴する 3 つの波形に，知力と活力を表現する高品位でダイナミックな書体を融合したデザインです。

●タグライン

数多くの国・地域から集う若者が，APU のキャンパスで互いに切磋琢磨し，個としての自分を探求，発見し，新たな世界を切り開く。そんないきいきとした学生の姿を「Shape your world」は表現しています。

Shape your world

Ritsumeikan
Asia Pacific University

学部・学科の構成

大　学

●アジア太平洋学部（APS）

文化・社会・メディア分野
国際関係分野
グローバル経済分野

●国際経営学部（APM）

経営戦略・リーダーシップ分野
マーケティング分野
会計・ファイナンス分野
アントレプレナーシップ・オペレーションマネジメント分野

●サステイナビリティ観光学部（ST）

環境学分野
資源マネジメント分野
国際開発分野
地域づくり分野
社会起業分野
データサイエンスと情報システム分野
観光学分野

ホスピタリティ産業分野
観光産業分野

大学院

アジア太平洋研究科 / 経営管理研究科

大学所在地

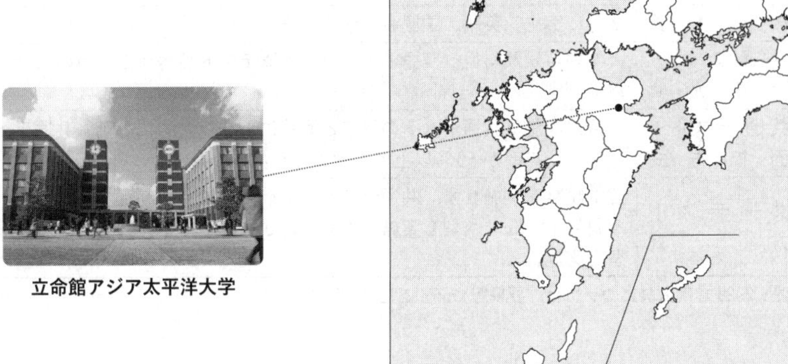
立命館アジア太平洋大学

〒874-8577　大分県別府市十文字原 1-1

入試データ

2024年度 一般選抜方式一覧

前期方式［スタンダード3教科型］	3教科で総合的に評価する，APUのスタンダード入試。出題教科は英語，国語，選択科目（公民，地理歴史，数学）。
英語重視方式	前期方式と同一の出題形式で，英語力が活かせる方式。英語・国語・選択科目の3教科を受験し，「英語の得点」+「国語または選択科目の高得点」の2教科で判定。
後期方式	3月に実施。英語，国語の2教科で実施。
共通テスト併用方式	大学独自試験科目（英語・国語）と共通テスト高得点1科目の合計点で判定。
共通テスト+面接方式	3月に実施。共通テストの得点と面接により総合的に評価。共通テストの得点率が60％以上であることが合格の条件。
共通テスト方式	個別試験を実施せず，共通テストの得点のみで合否判定。7科目型，5科目型，3教科型を実施。後期型は5科目型，4科目型，3教科型を実施。

（注）2025年度入試については，要項等で必ずご確認ください。

 入試状況（志願者数・競争率など）

2024 年度　一般選抜状況

○競争率は受験者数÷合格者数で算出。

○2024 年 4 月入学の結果であり，2023 年 9 月入学の結果は含まない。

●アジア太平洋学部

（　）内は女子内数

区分	入試方式		募集人数	志願者数	受験者数	合格者数	競争率	満点	合格最低点
独自試験	前　期　方　式		35	128(72)	112(66)	40(19)	2.8	320	197
	英 語 重 視 方 式		20	97(56)	88(51)	58(35)	1.5	250	165
	後　期　方　式		8	63(23)	62(23)	7(3)	8.9	220	139
共通テスト利用	共通テスト併用方式		20	68(46)	66(45)	52(35)	1.3	300	196
	共通テスト方式	3 教 科 型	35	127(75)	127(75)	88(54)	1.4	500	369
		5 科 目 型		22(14)	22(14)	13(9)	1.7	1,000	715
		7 科 目 型		20(10)	20(10)	17(9)	1.2	900	619
	共 通 テ ス ト + 面 接		2	4(2)	4(2)	3(2)	1.3	400	286
	共通テスト方式後期型	4 科 目 型	5	4(3)	4(3)	3(2)	1.3	800	522
		3 教 科 型		18(11)	18(11)	7(6)	2.6	500	384
		5 科 目 型		4(1)	4(1)	3(0)	1.3	1,000	724

●国際経営学部

（　）内は女子内数

区分	入試方式		募集人数	志願者数	受験者数	合格者数	競争率	満点	合格最低点
独自試験	前　期　方　式		25	166(41)	157(37)	47(15)	3.3	320	199
	英 語 重 視 方 式		15	79(26)	77(26)	42(15)	1.8	250	167
	後　期　方　式		8	72(19)	69(18)	2(2)	34.5	220	145
共通テスト利用	共通テスト併用方式		15	81(21)	77(21)	31(13)	2.5	300	214
	共通テスト方式	3 教 科 型	30	109(42)	109(42)	61(27)	1.8	500	354
		5 科 目 型		30(13)	30(13)	14(7)	2.1	1,000	688
		7 科 目 型		26(10)	26(10)	19(6)	1.4	900	616
	共 通 テ ス ト + 面 接		2	3(1)	2(1)	1(1)	2.0	400	287
	共通テスト方式後期型	4 科 目 型	5	7(4)	7(4)	2(2)	3.5	800	636
		3 教 科 型		13(4)	13(4)	2(1)	6.5	500	404
		5 科 目 型		3(0)	3(0)	1(0)	3.0	1,000	745

●サスティナビリティ観光学部

（　）内は女子内数

区分	入試方式		募集人数	志願者数	受験者数	合格者数	競争率	満点	合格最低点
独自試験	前期方式		20	170(60)	159(57)	47(15)	3.4	320	180
	英語重視方式		10	66(33)	57(30)	42(25)	1.4	250	153
	後期方式		8	84(26)	80(24)	14(6)	5.7	220	121
共通テスト利用	共通テスト併用方式		10	96(43)	91(40)	46(24)	2.0	300	191
	共通テスト方式	3教科型	30	132(67)	132(67)	80(40)	1.7	500	327
		5科目型		29(16)	29(16)	23(14)	1.3	1,000	627
		7科目型		21(11)	21(11)	15(9)	1.4	900	557
	共通テスト＋面接		2	4(3)	4(3)	2(1)	2.0	400	266
	共通テスト方式後期型	4科目型	5	7(3)	7(3)	3(1)	2.3	800	539
		3教科型		20(8)	20(8)	10(6)	2.0	500	328
		5科目型		3(1)	3(1)	3(1)	1.0	1,000	604

募集要項の入手方法

インターネット出願となっています。詳細は大学ホームページでご確認ください。

問い合わせ先

立命館アジア太平洋大学　アドミッションズ・オフィス
〒874-8577　大分県別府市十文字原 1-1
TEL　0977-78-1120
(問い合わせ時間)　9：00～17：30（土・日・祝除く）
ホームページ　https://www.apumate.net/

立命館アジア太平洋大学のテレメールによる資料請求方法

スマートフォンから　QRコードからアクセスしガイダンスに従ってご請求ください。
パソコンから　教学社 赤本ウェブサイト(akahon.net)から請求できます。

気になること、聞いてみました！

在学生メッセージ

大学ってどんなところ？ 大学生活ってどんな感じ？
ちょっと気になることを，在学生に聞いてみました。

以下の内容は 2020～2023 年度入学生のアンケート回答に基づくものです。ここで触れられている内容は今後変更となる場合もありますのでご注意ください。

メッセージを書いてくれた先輩　［文学部］N.O. さん　［政策科学部］Y.N. さん　S.Y. さん
［総合心理学部］N.K. さん　［食マネジメント学部］A.S. さん
［理工学部］宇井穂さん

大学生になったと実感！

高校では決められた授業に出席するだけでしたが，大学では授業を自分で選択できることです。言語科目の選択や制限はありますが，講義の選択個数も自由です。苦手だった科目を受けなくてよくなり，レポートは大変ですが興味のある分野の課題には楽しいものもあると思います。新たな専門的知識や自主的に学ぶ姿勢が養われると思います。（N.O. さん／文）

高校までとは違い，より専門的な内容についての勉強をしていること。私は総合心理学部だが，経営学や音楽学といった，専門外でも興味のある授業を選択して受講している。単に別の分野の知識を得られるだけでなく，心理学とのつながりを見出しながら勉強できるので，自分の学びの幅が広がっていると感じる。（N.K. さん／総合心理）

自分の取りたい授業を，取りたい時間に取れるようになったことが大きな変化だと思う。高校まではあまり興味のない授業も受けなければならなかったし，毎日朝から授業があった。しかし，大学では必修科目がすでに入っている場合を除き，時間割を自分で作っていく。たとえば１限目を入れない，１日全休などを作ることも可能である。そこが授業に関して，高校との変化を感じるところだと思う。（A.S. さん／食マネジメント）

大学生活に必要なもの

パソコン。レポートも授業内試験もほとんどパソコンを用いるので，パソコンがないと何もできない。また，講義資料（レジュメ）が PDF 形式で電子配布されるものもあるため，印刷するためのプリンターか iPad などのタブレット端末も持っていると便利だと思う。私は iPad を買い，電子配布されるレジュメをノートアプリにまとめるようにしている。レジュメへの記入や取り消しも簡単で，プリントの管理にも困ることがないのでおすすめ。（N.K. さん／総合心理）

春は，各学科で教科書などの準備が必要でした。建築都市デザイン学科では，製図板などの専門の道具を一から揃える必要があり，大変でした。大学生皆に共通することでは，スケジュール管理が重要になるので，今までスケジュール帳を使っていない人も，用意して使い始めるとよいと思います。一人暮らしをするつもりの人は，家具や家電の準備も必要です。（宇井さん／理工）

この授業がおもしろい！

哲学の講義がとてもおもしろいです。高校での勉強とは大きく異なり，講義では自発的に考えることや先生の話している内容を批判的に捉えること，私たちが普段考えもしないことを考えることなどを行います。内容も非常に興味深いですし，大学の講義っていう感じが強いです。（Y.N. さん／政策科）

歴史・地理分野から京都の個性や地域性を理解する京都学です。京都の大学ならではの講義で，講義で紹介された寺社や建物に実際に訪れてみると講義の内容が定着します。講義はリレー方式で，それぞれのテーマごとの専門の先生の講義を受けることができます。課題は毎回小レポートが出されるので大変ですが，寺社にも詳しくなり，京都に住んでいる実感が湧くのでおすすめです。（N.O. さん／文）

様々な国の言語について勉強する授業がおもしろいです。ネイティブの先生から，毎週１言語ずつ学びます。言語だけでなく，その国の料理や文化・歴史を学んだり国歌を聴いたりします。大教室で行う授業ですが，説明だけでなく，クイズが出題されて何人かの学生が当てられたりする授業方式なので，楽しみながら学ぶことができます。（S.Y. さん／政策科）

大学の学びで困ったこと＆対処法

エクセルなどといったコンピュータソフトの基礎知識がある前提で進む授業があることです。高校の授業でエクセルに関するものはなかったので非常に苦戦しました。また，コンピュータの授業以外でもパワーポイントで大量に資料を作ることがあり，慣れない最初のうちはスライドを１枚作るだけでもすごく時間がかかりました。対処法としては，コンピュータをよく理解している友達に教えてもらったり，大学に無料でパソコンの使い方を教えてくれるセミナーのようなものがあるのでそれに参加するなどして克服していきました。（S.Y. さん／政策科）

建築の学科なので，製図や模型などの時間のかかる課題と，数学や物理の課題をバランスよくやっていくことが本当に難しいです。時間の使い方がうまくなれるように，努力したいです。学習の難度が上がって，一つひとつのレポートに時間がかかります。ですが，「物理駆け込み寺」等の，質問できる機会も多いので，学習意欲があれば課題もこなしていけます。（宇井さん／理工）

部活・サークル活動

軽音サークルに所属しています。2カ月に1回ほどのペースで行われるサークルのライブで演奏します。バンドメンバーはライブごとに変わるので友達ができやすいです。バンドは同学年で組みますが，ライブ以外にもイベントなどがあるので先輩との交流もあり，バンドに関することだけでなく授業やゼミの情報などのリアルな声も聞かせてくれます。仲良くなった先輩は個人的に食事に連れて行ってくれたりもして，学年関係なく仲良く活動しています。（S.Y. さん／政策科）

交友関係は？

30名ほどで行う少人数クラスがあって，そこで友達がたくさんできました。お互いに知らない人ばかりなので，気楽に周りの席の人と話すのがいいと思います。先輩との関係は部活やサークルに入っていないと築くのが難しいと思います。「この先生の講義は大変だ」などの情報が得られるので，同じ学部の先輩がいると安心かもしれません。（Y.N. さん／政策科）

いま「これ」を頑張っています

大学での勉強や趣味に時間を注いでいます。講義とその課題を済ませれば，自由な時間がかなり多くあります。私は就職のことを考えて，良い成績を取れるように大学での勉強を頑張って，その他の時間は自分の趣味やアルバイトに費やしています。（Y.N. さん／政策科）

普段の生活で気をつけていることや心掛けていること

早寝早起きと体調管理です。単純なことだと思うかもしれませんが，一人暮らしで体調を崩すと買い物にも行けず，家事も滞り，本当に辛いです。授業にも出席できないため，後々，出席日数が足りずに課題が未提出となると本当に困ります。また，１回生のうちは１限に必修科目が多いため，早寝早起きは本当に大事だと思います。（N.O. さん／文）

おススメ・お気に入りスポット

清心館の１階にあるラーニング・コモンズというベンチやハイテーブルが多くあるところです。2020 年度に改修工事がされたばかりなので，とてもきれいで居心地がいいです。主に文学部の学生が，Zoom で授業を受けたり空きコマに課題をしたりするときに利用しています。パンの自動販売機も設置されているので，朝ご飯やお昼ご飯を食べている人も見かけます。（N.O. さん／文）

大阪いばらきキャンパスの図書館には，出入口前に１人用のソファーとテーブルがあって，そこがお気に入りです。課題をしたり昼寝をしたりしてリラックスできます。６席しかないので座れたらラッキーです。また，岩倉公園という大きな広場が大学に隣接しており，天気のいい日はみんなで昼ごはんを食べています。（Y.N. さん／政策科）

大阪いばらきキャンパスに隣接した岩倉公園には広い芝生があり，天気がいい日はランチをしたり球技をしたりする学生で賑わいます。遊具もあり，レストラン・スターバックスがある立命館いばらきフューチャープラザも隣接していて，周辺にある学校の子供や地域の人々が多く訪れるので，様々な人と交流することができるのも楽しいです。（S.Y. さん／政策科）

入学してよかった！

周りの学生の意識が高いことです。私の知っている立命館大学の学生はみんな，部活動やサークル，資格の勉強，アルバイトなど，常に何かにベクトルを向けて努力しています。そのため私もぼーっとしている暇はないと思って TOEIC の勉強をするようになりました。このように周りの意識が高いことに加えて，大学もこういった気持ちに応えてくれるように，豊富な部活動やサークル，快適な自習室，トレーニングルーム，英語力向上レッスンなどを用意してくれています。高い意識をもつ人たちが集まっていて，努力したい気持ちを支援してくれたり，モチベーションの上がる環境を整備してくれている立命館大学に入学できてよかったです。（S.Y. さん／政策科）

食マネジメント学部で学べること。日本で唯一の学部なので，学部自体が新しく，学んでいることも固定観念にとらわれない。また，食を幅広く学べること。食関係といえば大体が栄養士になりたい人向けになるが，食マネジメント学部は食ビジネスについてしっかり学べ，自分に合っている学部なのでよかったと思う。（A.S. さん／食マネジメント）

高校生のときに「これ」をやっておけばよかった

読書です。日本文学を学ぶうえで，授業で読んだことのない本をテーマにされるとグループワークの際に話についていけず，課題も本を読むところから始まるので大変な思いをしました。受験勉強で忙しいとは思いますが，大学で日本文学を学ぶ予定の人は，有名な文学作品や自分の好きな作家の作品だけでも読んでおくと入学前に差をつけられると思います。（N.O. さん／文）

数学の確率やデータ分野の勉強。総合心理学部では心理学統計法という授業があり，高校数学を発展させたものがしばしば出てくる。そのため，自分は文系だからとおざなりにするのではなく，ちゃんと理解しておいたほうがよかったなと思う。（N.K. さん／総合心理）

パソコンの基本的なスキルや用語を，もう少し学んでおけばよかったかもしれません。レポートを書いたり，発表資料のスライドを作ったりするときに，ちょっとしたパソコンスキルが作業効率につながるのだと実感しました。（宇井さん／理工）

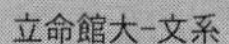

合格体験記

みごと合格を手にした先輩に，入試突破のためのカギを伺いました。入試までの限られた時間を有効に活用するために，ぜひ役立ててください。

（注）ここでの内容は，先輩方が受験された当時のものです。2025 年度入試では当てはまらないこともありますのでご注意ください。

・アドバイスをお寄せいただいた先輩・

T.K. さん　産業社会学部
学部個別配点方式 2024 年度合格，東京都出身

合格のポイントは，早くから始めて継続したことです。僕は高 1 の秋から毎日英単語・文法に取り組み，高 2 の夏頃には完璧にしました。特に英単語は少しだけでもよいので早くから始めましょう。どんなに忙しくても 1 日 30 分くらいの余裕はあるはずです。

その他の合格大学　関西学院大（総合政策）

H.D. さん　文学部
全学統一方式（文系），学部個別配点方式 2024 年度合格，大阪府出身

合格の最大のポイントは，自分を信じることです。本当に志望校に合格できるのか，成績は上がるのかなど，不安なことは尽きないと思います。ですが，積み重ねてきたことは裏切らないので，自信をもって頑張ってください！

その他の合格大学　近畿大（文芸）

A.M. さん　産業社会学部
全学統一方式（文系）2023 年度合格，愛知県出身

私が立命館大学に合格できたのは英語のおかげだと思っています。まずは英単語を完璧に覚えること，これが大切だと思います。いつでも単語帳などを持ち歩いて，電車の待ち時間や休憩時間など隙間時間があるときは必ず見ていました。英語を得意科目にすれば合格の確率がかなり上がると思うので頑張ってください！

その他の合格大学　愛知学院大（文）

N.O. さん　文学部
全学統一方式（文系），学部個別配点方式 2023 年度合格，山梨県出身

合格のポイントは，基礎の問題を取りこぼさないことだと思います。過去問を解いていて正解できないと不安になるかもしれませんが，難問は大半の受験生も解けていません。焦らず着実に基礎固めをして，最後まで諦めないことが合格のカギです！

その他の合格大学　駒澤大（経済〈共通テスト利用〉），近畿大（文芸）

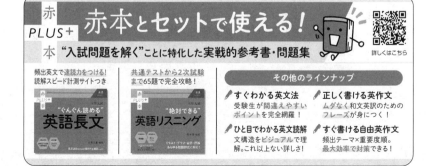

入試なんでもQ&A

受験生のみなさんからよく寄せられる，
入試に関する疑問・質問に答えていただきました。

「赤本」の効果的な使い方を教えてください。

A 出題傾向の確認と直前演習に使っていました。赤本は直前期にしか手を出さない人がいますが，前々から取り組むことで入試問題の傾向やそれに沿った対策が明確になります。時間無制限でもいいので，とりあえずやってみることをおすすめします。間違えた問題はただ解答・解説を読むだけではなく，参考書に戻り，間違えた箇所の周辺の知識も確認することで，深い理解につながります。また，直前期には時間厳守で解きました。

（T.K. さん／産業社会）

A 赤本は 7 月頃に買い，まずは力試しのために解きました。そこで出題される問題形式やその時点での実力，点数を上げるためにすべきことを確認しました。本格的に赤本を使い始めたのは 11 月頃で，12 月までは月に 3 回程度，1 月からは毎日解きました。最初からきっちり時間を計り，どの問題を何分で解くかを体に覚え込ませました。また，間違えた問題やうろ覚えだった知識などは，教科別の過去問ノートを作ってまとめていました。赤本の講評を読んで，近年の出題傾向をつかんだり，難問，難易度，注意すべき点を知るのもおすすめです。

（H.D. さん／文）

1年間のスケジュールはどのようなものでしたか？

A　高校1年生の秋から2年生の夏までは毎日1時間ほど英単語や文法などの基礎固めを行い，秋から3年生の夏までは長文読解の参考書や，古文・地理の単語などを中心に取り組みました。3年生の9月から11月までは加えて受験校の過去問に取り組みました。また，僕は国立が第一志望だったので12月は共通テストの対策に取り組み，3教科通しで50回ほどやりました。共通テストの後は私立の過去問演習に戻り，細かい知識を再確認しました。（T.K. さん／産業社会）

どのように学習計画を立て，受験勉強を進めていましたか？

A　模試ごとにやるべきことと目標を決め，それをもとに勉強計画を立てていました。例えば英語であれば，模試までに単語と文法を強化すると決め，それに沿って1日に覚える単語の数を設定したり，文法の問題集を何ページ解くかを決めたりしていました。また，ほかにも1週間ごとのノルマを定めて，そのノルマを達成するために1日にすることを考えたりもしました。ノルマはルーティン化するものと，その時々の不足を補うものを作り，頑張ったら達成できる量を設定していました。

（H.D. さん／文）

時間をうまく使うために，どのような工夫をしていましたか？

A　私は椅子に座って単語を暗記するのが苦手だったので，通学中やトイレの中，筋トレ中などに覚えるようにしていました。限られた時間しかない状況で単語を覚えるようにしたことで，だらだらせずに効率よく暗記することができたと思います。ほかにも，入浴中や通学準備中にラジオで英語の講座を聞くのもおすすめです。（H.D. さん／文）

立命館大学を攻略する上で，特に重要な科目は何ですか？

A　重要な科目は英語です。配点が大きいので，英語でどのくらい得点できるかが合否の鍵を握っていると言っても過言ではないと思います。重要なことは基礎的な問題を取りこぼさないことです。難問を間違えてしまっても他の受験生とあまり差はつきませんが，基礎問題でたくさん間違えてしまうと点数差が生まれるし，精神的にもしんどいです。それゆえ私は，基礎的な単語帳で単語を暗記したり，標準的な文法の問題集を解いたりしました。　(H.D. さん／文)

苦手な科目はどのように克服しましたか？

A　「早いうちから覚える」ことで克服しました。僕は古典が苦手で，特に読解問題となると壊滅的な点数ばかり取っていました。しかし，私立の問題は単純な知識を問う問題や，知識を組み合わせれば解ける問題もあるので，まずはそういった問題は取りこぼしのないようにしました。次に，空きコマを利用して他クラスの古典の授業を受けに行き，基本事項の定着を図りました。また，過去問演習を通じて出題のパターンを覚えることで，最終的には 7 割ほどは取れるようになりました。苦手科目から目を背けずに，点を取るための戦術を練り続けた結果だと思います。

(T.K. さん／産業社会)

スランプはありましたか？
また，どのように抜け出しましたか？

A　普段と変わらず勉強しているのに，突然英語の長文や現代文の内容がつかめなくなって焦ったり，やる気が全くなくなることが多々ありました。その時は不安に思いましたが，気楽に構え，単語を覚え直したり，少し勉強のペースを落としたりしていました。しばらく勉強するペースを落としていると，自然と焦りややる気が出てきます。ですから，勉

強するのに疲れてしまったときは，思い切って息抜きをしてみるのがおすすめです。 (H.D. さん／文)

 **模試の上手な活用法を教えてください。**

A 復習をし，今後の学習に役立てることです。間違えた問題は，いま自分がやるべきことを示している宝のようなものなので，できなかった問題の分野を中心に学習を進めましょう。模試は結果に一喜一憂しがちですが，模試の問題と入試の問題は別物です。一番の目標は入試で合格点を取ることです。あくまでも苦手分野を把握するための参考資料として扱いましょう。また，一度だけの復習では，わかった気になっているだけということもあるので，直前期にもう一度復習をすると理解が深まるでしょう。 (T.K. さん／産業社会)

Q 試験当日の試験場の雰囲気はどのようなものでしたか？緊張のほぐし方，交通事情，注意点等があれば教えてください。

A 試験当日は入室が可能になる時間くらいに会場に行き，雰囲気にのまれないようにしました。また，女子トイレは場所によって混み具合が全く違ったので，穴場のトイレを見つけておくことも重要だと思います。私が緊張をほぐすためにしていたのは，お気に入りの文章や，自作のまとめノートを読むことです。英語の長文や古文でそれぞれ準備しておけば，勉強にもなりますし，好きな文章なのでリラックスもできるしで，一石二鳥でした。 (H.D. さん／文)

Q 併願をする大学を決める上で重視したことは何ですか？また，注意すべき点があれば教えてください。

A 私が併願する大学を決める上で重視したことは，立命館大学より試験日程が早いことと試験の傾向が似ていることです。私は立命館大学が第一希望だったので，受験の雰囲気に慣れてから本番に挑めるように日程を組みました。そのおかげで立命館大学の本番ではあまり緊張せず自分の持っている力を発揮することができ，無事に合格することができたと思います。また，立命館大学の世界史は記述法なので，併願校も世界史が記述法の大学を選びました。これによって立命館大学以外の大学の赤本を解くときに，実質的に立命館大学の対策もできたのでよかったと思います。 （A.M. さん／産業社会）

受験生へアドバイスをお願いします。

A 受験勉強をしていると，なかなか成績が上がらず不安になることがあると思います。しかし，不安は受験生のほとんどが感じていることだと思います。そのなかでも諦めずにやり切った人が勝つはずです。今このメッセージを読んでいる皆さん，1日何時間勉強していますか？どんな日でも1日30分くらいは暇な時間があると思います。受験勉強を早くからやらない理由なんてどこにも見当たりません。日々積み重ねてきた努力，それが受験本番の圧倒的な自信につながります。今からでも遅くありません。自分の最大限の努力をしてみませんか。応援しています。

（T.K. さん／産業社会）

科目別攻略アドバイス

みごと入試を突破された先輩に，独自の攻略法や
おすすめの参考書・問題集を，科目ごとに紹介していただきました。

英　語

早くから英単語を覚えることがポイント。　(T.K. さん／産業社会)

おすすめ参考書　『英単語ターゲット 1900』（旺文社）
『英文法・語法 Vintage』（いいずな書店）

立命館大学の英語を攻略するには，文法と単語をしっかり勉強することが大切です。長文は，問題によってはとても読みにくいことがありますが，文法と語彙問題は比較的安定して得点しやすいです。また，英語の土台にあたる部分なので，文法と単語は疎かにしないほうがいいと思います。

(H.D. さん／文)

おすすめ参考書　『システム英単語』（駿台文庫）
『大学受験スーパーゼミ　全解説　入試頻出 英語標準問題 1100』（桐原書店）

日本史

用語を覚えるだけでなく，文章を読んで空欄に適する用語を判断しなければいけません。そのためには，一問一答や過去問で歴史用語に関する言い回しを多く知っておくことが必要です。選択問題ならわかる問題でも，記述式では漢字が書けないことがあります。また，難問に時間を割きすぎないことも大切です。　(N.O. さん／文)

おすすめ参考書　『日本史B　一問一答【完全版】』（ナガセ）

世界史

世界史は基礎的な知識を問われるものがほとんどですが，たまに教科書や普通の参考書には載っていない問題も出てきます。まずは世界史の教科書を秋までに完璧に覚え，異なる形式の問題をたくさん解くことをおすすめします。基礎的な知識が備わったら，一問一答の問題でアウトプットしつつ，細かい知識を入れていくとよいでしょう。（A.M. さん／産業社会）

おすすめ参考書　『世界史B　一問一答【完全版】』（ナガセ）

地　理

基礎事項を早くから覚えて問題をひたすら解くことがポイント。

（T.K. さん／産業社会）

おすすめ参考書　『大学入学共通テスト　地理Bの点数が面白いほどとれる本』（KADOKAWA）

『地理用語集』（山川出版社）

過去に出題された場所や語句が出たりするので，過去問をなるべく多く解くのがおすすめです。また，立命館大学の地理は地図がよく出るので，知らない地名・場所はその都度確認することが大切です。

（H.D. さん／文）

おすすめ参考書　『標準高等地図』（帝国書院）

国　語

本を読んだりして事前に読解力をつけてから受験勉強を始めることがポイント。（T.K. さん／産業社会）

おすすめ参考書　『**船口のゼロから読み解く最強の現代文**』（Gakken）

『**読んで見て聞いて覚える　重要古文単語315**』（桐原書店）

国語を攻略する鍵は古文にあると思います。古文単語はもちろんのこと，古典常識も勉強しておくのがよいです。また，源氏物語などの有名なものは一度読んでおくことをおすすめします。全く内容を知らないのと，少しでも知っているのとでは解きやすさが違ってきます！（H.D. さん／文）

おすすめ参考書　『**新明解古典5　源氏物語**』（三省堂）

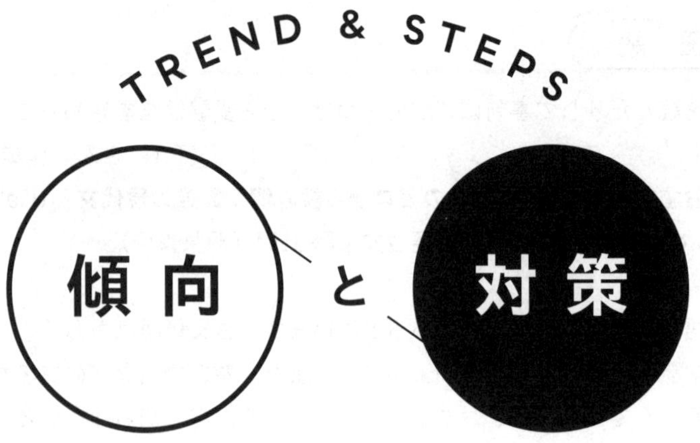

科目ごとに問題の「傾向」を分析し，具体的にどのような「対策」をすればよいか紹介しています。まずは出題内容をまとめた分析表を見て，試験の概要を把握しましょう。

注　意

「傾向と対策」で示している，出題科目・出題範囲・試験時間等については，2024 年度までに実施された入試の内容に基づいています。2025 年度入試の選抜方法については，各大学が発表する学生募集要項を必ずご確認ください。

立命館大学の全学統一方式は
試験日が異なっても出題傾向に大きな差はないから
過去問をたくさん解いて傾向を知ることが合格への近道

立命館大学の入試問題は，「**同じ入試方式であれば，学部を問わず統一の出題形式・問題傾向（英語は全日程・全学部問題傾向が同じ）で，学部ごとの対策は不要**」であると公式にアナウンスされています。また，同じ入試方式内であれば試験日が異なっても出題形式・問題傾向に大きな差はみられません。

受験する日程にかかわらず多くの過去問にあたり，苦手科目を克服し，得意科目を大きく伸ばすことが，立命館大学の合格への近道と言えます。

立命館大学の赤本ラインナップ

総合版　まずはこれで全体を把握！

✓『**立命館大学**（文系－全学統一方式・学部個別配点方式）／立命館アジア太平洋大学（前期方式・英語重視方式）』

✓『**立命館大学**（理系－全学統一方式・学部個別配点方式・理系型３教科方式・薬学方式）』

科目別版　苦手科目を集中的に対策！（総合版との重複なし）

✓『**立命館大学**（英語〈全学統一方式３日程×３カ年〉）』

✓『**立命館大学**（国語〈全学統一方式３日程×３カ年〉）』

✓『**立命館大学**（文系選択科目〈全学統一方式２日程×３カ年〉）』

難関校過去問シリーズ

最重要科目「英語」を出題形式別にとことん対策！

✓『**立命館大の英語**〔第10版〕』

英　語

『No. 548 立命館大学（英語〈全学統一方式3日程×3カ年〉）』に，本書に掲載していない日程の英語の問題・解答を3日程分収載しています。立命館大学の入試問題研究にあわせてご活用ください。

年度		番号	項目	内容
2024 ●	全学統一	〔1〕	読解	内容説明，内容真偽，主題
		〔2〕	読解	空所補充，内容説明
		〔3〕	会話文	空所補充
		〔4〕	文法・語彙	空所補充
		〔5〕	文法・語彙	空所補充，同意表現
	学部個別	〔1〕	読解	内容説明，内容真偽，主題
		〔2〕	読解	空所補充，内容説明
		〔3〕	会話文	空所補充
		〔4〕	文法・語彙	空所補充
		〔5〕	文法・語彙	空所補充，同意表現
2023 ●	全学統一	〔1〕	読解	内容説明，内容真偽，主題
		〔2〕	読解	空所補充，内容説明
		〔3〕	会話文	空所補充
		〔4〕	文法・語彙	空所補充
		〔5〕	文法・語彙	空所補充，同意表現
	学部個別	〔1〕	読解	内容説明，内容真偽，主題
		〔2〕	読解	空所補充，内容説明
		〔3〕	会話文	空所補充
		〔4〕	文法・語彙	空所補充
		〔5〕	文法・語彙	空所補充，同意表現

2022 ●	全学統一	〔1〕	読　　解	内容説明，内容真偽，主題
		〔2〕	読　　解	空所補充，内容説明
		〔3〕	会 話 文	空所補充
		〔4〕	文法・語彙	空所補充
		〔5〕	文法・語彙	空所補充，同意表現
	学部個別	〔1〕	読　　解	内容説明，内容真偽，主題
		〔2〕	読　　解	空所補充，内容説明
		〔3〕	会 話 文	空所補充
		〔4〕	文法・語彙	空所補充
		〔5〕	文法・語彙	空所補充，同意表現

（注）●印は全問，◑印は一部マークシート方式採用であることを表す。

読解英文の主題

年　度		番号	主　題
2024	全学統一	〔1〕	ジ・オーシャンレースが担う海洋科学への貢献
		〔2〕	都市部における持続可能な食生活を目指して
	学部個別	〔1〕	バナナを守れ：歴史的に奥深い遺伝子群を活用する
		〔2〕	シーフードの変遷：メニューから見た気候変動
2023	全学統一	〔1〕	アロラは開放型旅行会社の社長さん
		〔2〕	赤ん坊にはあるがコンピュータにはないもの
	学部個別	〔1〕	ウェタホテルが昆虫の保護に果たしている役割
		〔2〕	イヌの人との交流能力は生まれつき
2022	全学統一	〔1〕	二人の先駆的ルネサンスの画家の業績
		〔2〕	なぜ電話で待たされるといらつくのか
	学部個別	〔1〕	職場で仲良くなるのは難しいが，それだけの価値はある
		〔2〕	ロボット繁殖技術で人間は別世界に行けるか

長文読解中心の正統派
読解力と語彙力がキーポイント

01 出題形式は？

すべてマークシート方式である。例年，大問 5 題，小問数は 49 問。読解問題 2 題を中心に，会話文問題 1 題，文法・語彙問題 2 題が出題されている。試験時間は 80 分。

02 出題内容はどうか？

２題の**読解問題**は，論説文が中心。具体的で身近な親しみやすい話題が取り上げられ，主に環境，社会問題，認知科学，人間心理といった分野から出題されている。分量も，入試の読解問題として標準的であると言える。設問は，〔１〕は内容説明中心であるが，内容真偽問題には，通常とは異なり，「どちらとも判断しかねるもの」という選択肢もあることに注意。〔２〕は空所補充と下線部の指示・意味内容を問う問題である。空所補充は，単なる文法・語彙ではなく，論旨の把握にかかわる問題も多い。指示内容問題は，単なる対応箇所発見ではなく，本文の言い換えや，選択肢の読み取りを問われることが増えている。

会話文問題は，場面設定のある対話文２種である。一定の状況下で，対話の流れに沿って，適切な発言をあてはめていく空所補充形式となっている。使われない選択肢が多数あることが大きな特徴である。

文法・語彙問題では，大問ごとに文法的な知識を中心とするものと，語彙力を中心とするものに分かれる。〔４〕は文法問題８問で，すべて選択肢４つの空所補充形式。〔５〕は語彙問題で２部に分かれており，前半は空所補充，後半は同意語句選択で，それぞれ５問ずつ出題されている。〔５〕の前半の空所補充には難しい単語もみられるが，落ち着いて消去法で対応したい。後半の同意語句選択に関しては，『システム英単語』（駿台文庫）などで同意表現をマスターすることで対策できる。

03 難易度は？

読解問題の英文は，ほぼ標準的なレベルであり，語句注も多く，難解な構文などは含まれない。設問も内容真偽問題を含めてごく標準的な難易度である。ただし，選択肢はすべて英語なので，かなりてきぱきと解いていかないと時間の点で苦しくなることには要注意。

会話文問題については，標準レベル。

文法・語彙問題は，標準〜やや難レベルである。

全体として，80分という試験時間では，読解問題の英文量や設問数を考えると，標準〜やや難レベルと考えてよい。まずは会話文問題や文法・

語彙問題をミスを避けながら手早く解き，読解問題になるべく時間を割けるように時間配分を考えておこう。

01 長文問題対策

読解問題で着実に得点できる英語力を養うことが肝心である。内容理解中心の設問であるし，〔1〕の内容説明をはじめとして，選択肢はすべて英語なので，読みこなさなければならない英文量はかなり多い。十分な基礎力がついたら，標準レベルの問題集（問題文800語程度が望ましい）を使って，「内容理解力」を鍛えよう。内容説明では設問文を先に読み，答えを探すつもりで本文を読むと解答スピードも正答率も上がるだろう。また，指示語の内容は，読解のキーポイントである。指示対象の把握があいまいだと，文全体の理解があやふやになる。だから，「論旨」が把握できているか（本文が何を言おうとしているのか）を常に意識して，それがぼんやりしてきたら，そこでじっくり考える，という学習をしよう。内容真偽問題は立命館大学独特の形式なので，過去の出題例になるべくたくさんあたって，十分練習しておこう。

02 会話文問題対策

会話文問題に関しては，まず教科書レベルの定型表現をしっかり身につけよう。会話が長くなると，省略や代用表現が出てきやすい。そうした約束ごとを意識的に学ぶことが大切である。会話の流れをつかむ問題に関しては，話題をしっかりつかみ，その展開を的確にとらえる練習をしよう。会話文が苦手な人には，少し易しめの物語文を読むことを勧めたい。その中に出てくる会話によって，自然にそうした形式への慣れが生じることだろう。

03 文法力の養成

基礎的文法力は，読解力の基礎をなすので，十分な時間をかけて習得すること。構文の基礎となる重要文法項目，とりわけ準動詞，関係詞，比較などは，特に力を入れて学習しておこう。文法項目を体系的に学べる参考書を，必ず1冊仕上げよう。たとえば，受験生が間違いやすいポイントを完全網羅した総合英文法書『大学入試 すぐわかる英文法』（教学社）などを手元に置いて，調べながら学習すると効果アップにつながるだろう。ただし，細かい文法知識を暗記して，詰め込む必要はない。英語の文法の法則が理解できればよいのである。といっても，じっくり考えればできるが，うっかりミスが多いというレベルでは不十分。読解問題にたっぷり時間がかけられるように，文法問題に対して「反射的に」対応できるレベルまで達してほしい。そのためには，文法の問題集（文法項目別になっているものを選ぼう）を使って，しっかりと反復練習することが大切である。「毎週20題」を最低レベルの目標にしよう。

04 語彙力の養成

必要な語彙レベルに達しているかどうかを見分けるには，過去の入試の設問の語彙を見ればよい。設問に使われる単語に知らないものがないというのが，最終的な目標レベルである。それを目指して，単語集・熟語集などを使いながら効率よく学習を進めよう。自分の気に入ったものを使って，まず標準レベルを確実にクリアしよう。さらに意欲的に，少しでも上級レベルへと挑んでみてほしい。そうすることで，読解力にもよい影響が及ぶ。地道な努力を重ねていこう。

立命館大「英語」におすすめの参考書

✓『システム英単語』(駿大文庫)
✓『大学入試 すぐわかる英文法』(教学社)
✓『立命館大の英語』(教学社)

日本史

『No. 550 立命館大学（文系選択科目〈全学統一方式２日程×３カ年〉）』に，本書に掲載していない日程の日本史の問題・解答を２日程分収載しています。立命館大学の入試問題研究にあわせてご活用ください。

年度		番号	内容	形式
2024	全学統一	〔1〕	弥生～鎌倉時代の神祇信仰と仏教 ⊘**史料・視覚資料**	記述・選択
		〔2〕	中世後期～近世期の都市下層民衆 ⊘**史料**	記述・選択
		〔3〕	近現代の女性史 ⊘**史料**	記述・選択
	学部個別	〔1〕	原始の信仰	記述・選択
		〔2〕	古代の大陸文化の影響 ⊘**史料**	記述・選択
		〔3〕	「寛政異学の禁」「学制被仰出書」「国民精神作興に関する詔」「国民学校令」－近世～近代の教育 ⊘**史料**	記述・選択
2023	全学統一	〔1〕	宮廷の女性による仏教信仰 ⊘**視覚資料**	選択・記述
		〔2〕	中世～近世の政治 ⊘**史料**	記述・選択・正誤
		〔3〕	明治～大正時代前半の政治	記述・選択
	学部個別	〔1〕	弥生～江戸時代の農業	記述・選択
		〔2〕	「歎異抄」「立正安国論」「愚管抄」「大乗院寺社雑事記」「正法眼蔵随聞記」－中世の仏教 ⊘**史料**	記述・選択
		〔3〕	近世～近現代の日朝関係 ⊘**史料**	記述・選択
2022	全学統一	〔1〕	旧石器～縄文時代の遺跡と遺物 ⊘**視覚資料**	記述・選択
		〔2〕	室町時代～江戸時代前半の外交関係	記述・選択
		〔3〕	近世～近代の身分制 ⊘**史料**	記述・選択
	学部個別	〔1〕	遣唐使 ⊘**史料**	選択・記述・配列
		〔2〕	室町文化 ⊘**史料**	選択・記述
		〔3〕	近代の地方制度と近代都市東京の発展	記述・選択

視覚資料・史料問題が頻出 文化史・外交関係史・近代の社会運動史に注意

01 出題形式は？

大問 3 題で，解答個数 50 個が続いている。試験時間は 80 分。全体に占める記述法の割合は，近年 60～70％で定着している。選択法は用語・人物などの四者択一式か，正文・誤文の四者択一式であることが多い。ほかに配列法やX・Y 2 文の正誤法が出題されることもある。視覚資料や史料問題がよく出題されており，視覚資料では石器や土器などの原始・古代の道具が頻出である。2024 年度全学統一方式〔1〕では，僧形八幡神像など主に平安時代の仏像・絵画・建築物などが出題された。

なお，2025 年度は出題科目が「日本史探究」となる予定である（本書編集時点）。

02 出題内容はどうか？

時代別では，原始～現代まで全時代にわたって出題されている。おおよそ，原始・古代，中世・近世，近現代の区分で大問 3 題に割り当てられていることが多い。その中でも〔3〕は近現代からの出題が定番となっているが，近世とあわせて構成されることもある。2022 年度全学統一方式〔3〕では近世～近代の身分制が，2023 年度学部個別配点方式〔3〕では近世～近現代の日朝関係が出題され，2024 年度学部個別配点方式〔3〕では近世～近代の教育が出題された。また，現代史からの出題は全体的に少ないが，過去には大問で出題されることもあったので，今後も注意が必要である。さらに，原始～古墳時代の出題が他の大学に比べて多いのも特徴である。

分野別では，文化史に注意しよう。例年出題され，その形式もさまざまで，史料を利用した出題も多い。なかでも学問や宗教（特に仏教史）に関するものがよくみられる。また，近現代の思想・音楽・芸能史や戦後の社会科学など，文化史の中でも盲点になりやすいところが出題されている。2022 年度学部個別配点方式〔2〕では室町時代の文化が，2023 年度では両方式でそれぞれ古代仏教史，中世仏教史が出題された。2024 年度でも両方式でそれぞれ文化史の内容が数多く出題されている。なお，絵画などの美術史も頻出で，視覚資料を利用したものもみられるので注意しよう。

外交関係を機軸にした出題も目立っている。原始・古代の対外関係，明治～大正時代の外交，戦後の外交など幅広く出題されている。2022 年度全学統一方式〔2〕では室町時代～江戸時代前半の外交関係，2023 年度学部個別配点方式〔3〕では釜山をテーマに日朝関係史，2024 年度学部個別配点方式〔2〕では古代の大陸文化の影響が出題された。外交文書を利用したものもあり，史料問題が頻出しているだけに今後も注意が必要である。

また，労働関係史や中世～近世の産業・農村をテーマにした出題も目立っている。2024 年度全学統一方式〔3〕で近現代の女性史が出題されたように，社会運動史に関連して女性史の出題が目立っているので注意しておこう。なお，立命館大学創設に深く関わった西園寺公望もよく出題されており，大学に関係する人物などには今後も注意が必要である。

史料問題は，毎年いずれかの方式で出題されており，2023 年度学部個別配点方式〔2〕の多数の仏教史料や，2024 年度学部個別配点方式〔3〕の多数の教育関連の法令のように，リード文として使用されることもある。立命館大学定番の史料中の空所補充は難問で，教科書などでよく見る史料でもよほど読み込んでいないと正答できないものが多いが，史料内容や設問文などにヒントが隠されていることもある。また，過去に出題されたものが再度出題されることも多い。たとえば，戸籍を利用した類似の問題などは頻繁に出題されているので注意しよう。

03 難易度は？

教科書をベースに基礎的知識が問われており，全体的に良問である。一見難しいようでも，教科書で学習した内容が問われていることが多い。ただ，リード文や設問文からいくつかの用語を連想して正答を導くものも多く，また一部では詳細な知識が問われることもある。視覚資料や過去には地図も使用され，受験生が敬遠しがちなテーマを出題するなど工夫が凝らされており，全体的にみて，難度の高い問題と言えよう。史料の空所補充は基礎的知識で勝負できるものもあるが，その場合でも大半が記述式で，なかには史料文の読み取り能力や高度な漢字の書き取り能力を求められるものもあるので，高いレベルの学習が必要である。試験時間 80 分は妥当であるが，問題の難易を見極めて基礎的なものからスピーディーに解答し，難しい問題に十分な時間をかけられるよう時間配分を工夫しよう。

対策

01 教科書・史料集の熟読で基礎的知識の確立を

教科書学習を中心に基礎的知識の確立に努めてほしい。まずは，教科書の太字レベルの用語・人物を抽出し，その内容や背景，時代，関連人物・語句などをセットにして覚えよう。歴史的背景を理解するためには，太字前後の文章をしっかり読み込むことが大切である。また，用語の確認については，『日本史用語集』（山川出版社）などを利用するとよいだろう。『日本史用語集』の説明文が設問となっている場合もある。細かい部分は問題演習に取り組みながらつけ足していけばよい。なお，漢字を正確に書く力が重視されているので，その練習もしておこう。

また，教科書学習と並行して史料集にも目を通してほしい。その際，注釈などをチェックし，史料中のキーワードや人物，書かれた時代などを確認しておこう。さらに教科書の内容と照らし合わせる。そのようにして史料に慣れておけば，初見史料が出題されても対応できるようになる。

02 視覚資料・地図などの利用

視覚資料や地図の出題は定番である。教科書学習の際は図説（『山川 詳説日本史図録』山川出版社など）を大いに利用すること。普段の学習から使用して記憶に残しておくことが大切。そのためには，継続して使用することが必要である。なお，原始・古代の石器や土器などの遺物は頻出なので解説文も含め入念にチェックしておこう。2024 年度学部個別配点方式〔1〕では，「池上曽根遺跡」「出雲大社」などが近年の発掘調査の成果から判断するものであった。また同じく「高輪築堤」のように最近発掘された遺跡についても問われている。ニュースになった発見などは，ネットでも情報を得られるので意識しておこう。

03 文化史の攻略

頻出の文化史は受験生の苦手とするところだろう。しかし，その一方でしっかり学習できていれば有利になる分野でもある。学習に際してもまとめて攻略しやすいので，取り組み方ひとつで大きな得点源となる。教科書を熟読しながら作品・人物などをしっかり覚え，同時に美術作品などは図説などを利用して，視覚的に覚えておきたい。また，問題演習を通じて知識をアウトプットする練習を欠かさないことが大切である。

04 漢字の練習を欠かさない

歴史的名辞は漢字で書くことが原則である。しっかり練習しておかないと，答えがわかっているのに得点できないということになり，非常に悔しい思いをすることになる。学習に際してはとにかく書いて覚えるという習慣をつけておこう。なお，関西圏では同志社大学の問題に記述法が多いので同時に取り組むとよいだろう。

05 基礎問題集に取り組もう

普段の学習からアウトプットする習慣を身に付けよう。まずは『山川一問一答 日本史』（山川出版社）などで基礎的用語を繰り返し引き出す練習をすること。また同時に『体系日本史』（教学社）などもあわせて利用しよう。

06 過去問に取り組もう

出題形式・傾向・内容は，数年を通してみても一定している。本書を利用してできる限り多くの過去問に取り組んでおくこと。過去問を解いていくと，独自の出題傾向がわかり，出題内容の重複や類似問題が多いことにも気がつく。特に原始の石材，古墳時代，近現代の思想や社会運動に関する設問などは繰り返し出題されている。なお，過去問に取り組む前に以下の事項に注意してほしい。

1．完答は望まず，まず6～7割以上の正答を目指そう。詳細な知識は後回しにして基礎的知識の定着をはかってほしい。
2．史料の空所補充が正答できなくても，空所部分をむやみに暗記するより，まず史料を読んで法令や事件・人物などを想起できるようにすること。そうすれば初見史料にあたったときにも落ち着いて解答できるはずである。
3．解答の際には本書の解説を熟読するとともに，学習の基盤にしている教科書・史料集を再チェックし，同時に『日本史用語集』（山川出版社）などで細部にも目を通し，オリジナルノートを作って書き込むのもよいだろう。
4．時間のある限り何度も繰り返し，根気よく取り組んでほしい。設問部分だけでなくリード文も熟読しておけば，本番で必ず役立つはずである。

07 難問でも消去法で対処する

たとえ難問でも，選択法の問題であれば基礎的知識を使って消去法で対処できるものが多い。学習する際も細かい用語に気をとられず，基礎的知識の確立に努めよう。

世界史

『No. 550 立命館大学（文系選択科目〈全学統一方式 2 日程× 3 カ年〉）』に，本書に掲載していない日程の世界史の問題・解答を 2 日程分収載しています。立命館大学の入試問題研究にあわせてご活用ください。

年	度	番号	内　容	形　式
2024	全学統一	〔1〕	唐の宰相李泌	記　述
		〔2〕	1970 年代半ばにおける中国の変革	記　述
		〔3〕	メフメト 2 世関連史	記　述
		〔4〕	古代～現代における奴隷の歴史	記　述
	学部個別	〔1〕	秦～後漢における中国の反乱	記　述
		〔2〕	宋代の絵画関連史　**✓視覚資料・地図**	記述・選択
		〔3〕	中世ヨーロッパの「移動」	記　述
		〔4〕	アフガニスタンの歴史	記　述
2023	全学統一	〔1〕	古代～現代における宗族とその変遷	記　述
		〔2〕	朝鮮の暗殺事件と抗日運動	記　述
		〔3〕	イスラーム世界の学問の発展とその影響	記述・選択
		〔4〕	中世ヨーロッパにおける言語	記　述
	学部個別	〔1〕	中国の図書分類	記　述
		〔2〕	近代中国における著名な 5 人の人物	記　述
		〔3〕	中世～現代における西洋音楽関連史	記　述
		〔4〕	東アフリカに栄えた港町や王国	記述・選択
2022	全学統一	〔1〕	中国史料から見た古代の東南アジア	記　述
		〔2〕	北京に着目した契丹～現代の中国史	記　述
		〔3〕	食材から考える古代～現代初頭の地中海世界	記　述
		〔4〕	反差別運動の高揚から見たアメリカ近現代史　**✓視覚資料**	記述・選択
	学部個別	〔1〕	曹操の逸話から見た魏晋南北朝時代の中国　**✓史料**	記　述
		〔2〕	満州人の中国支配と清の中央機構・軍事制度	記　述
		〔3〕	ドイツを中心とした 16～19 世紀前半のヨーロッパ　**✓視覚資料**	記　述
		〔4〕	イスラーム改革運動から見た 18～20 世紀の中東	記述・選択

中国史重視＋記述法中心で漢字記述がポイント 中国以外のアジア史も要注意！

01 出題形式は？

大問 4 題，解答個数 50 個で統一され，試験時間は 80 分。ほとんどの設問が記述法であるが，選択法がごく少数出題されている。空所補充と下線部に対する設問形式が中心である。年度によっては視覚資料や地図を使った問題が出題されている。また，2022 年度学部個別配点方式では史料が引用されている。

なお，2025 年度は出題科目が「世界史探究」となる予定である（本書編集時点)。

02 出題内容はどうか？

地域別では，アジア地域 2 題，欧米地域 2 題の構成となることが多いが，他大学に比べるとややアジア地域重視である。2022 年度学部個別配点方式と 2023 年度全学統一方式，2024 年度全学統一方式・学部個別配点方式で，3 題がアジア史だった。アジア地域ではやはり中国史が中心であるが，例年，東南アジアや西アジアからも出題されているので，中国以外のアジア史も手が抜けない。ほとんどが記述法であるため，中国史用語の漢字記述がポイントであるが，中国以外の地域や国をおろそかにすると思わぬ失点をすることになる。欧米地域は，全体としては西欧やロシア・アメリカ合衆国といった主要国中心の問題となっているが，2022 年度全学統一方式〔3〕では地中海世界，2023 年度学部個別配点方式〔4〕ではアフリカの本格的な問題も出題された。

時代別では，古代から現代まで幅広く出題されている。第二次世界大戦後からの出題もよくみられ，2023 年度学部個別配点方式〔2〕や 2024 年度全学統一方式〔2〕では，中国の現代史が出題された。近現代史は出題率が高い上，難度も高いので注意が必要である。

分野別では，政治史が中心ではあるが，文化史もかなり重視されている。特に中国の文化史は頻出であるとともに難度も高いので，難しい人名や書名も正確な漢字で書けるようにしておきたい。2023年度学部個別配点方式では4題中2題が文化史だった。さらに，社会史・経済史分野の視点からの小問も散見され，現代世界の用語が出題されることもある。時事的な知識を理解しているかが問われている。

03 難易度は？

標準的な問題が多く，欧米地域は教科書中心の学習で対応できる内容が多いが，問い方に工夫が凝らされているため，その点で難度の高い問題が散見される。2023年度学部個別配点方式〔1〕で出題された図に関連する問題は，リード文の正確な読解が必要で思考力が求められた。また，2024年度学部個別配点方式〔2〕では都市の位置を地図上から選択させる問題が出題された。アジア地域，特に中国史は，かなり深く細かい知識を問う問題がみられる。しかも記述法であるため正確な漢字表記が求められ，いっそう難度を高めている。大問4題で80分の試験時間であるから，各大問15分程度で一通り解き，見直しの時間を十分に確保したい。特に，空所補充問題では空所の前後との対応にも気をつけて見直しをしよう。

対策

01 教科書＋用語集で裏付けのある知識を

中国史などで少なからず難問があるといっても，大部分は教科書の範囲内から出題されているので，まず教科書をくまなく熟読し，学習の手薄な時代や地域・分野をなくすように心がけたい。そして，問題演習を通して知識のアウトプットを行い，歴史事項の定着をはかろう。教科書を読みながら，あるいはその後問題演習を行う場合も『世界史用語集』（山川出版社）などを常に利用して，教科書中の語句の意味を完全に理解しておきたい。また，歴史上重要な国・都市・地域などは必ず歴史地図で確認し，文化に関する視覚資料についても図説などで確認しておこう。

02 漢字は書いて覚える努力を

選択法がごく少数みられるが，それ以外は例年，記述法である。2022 年度の「胡錦濤」，2023 年度の「欧陽脩」「段祺瑞」，2024 年度の「劉少奇」などの漢字を正確に書けるだろうか。このような中国史などに出てくる難しい人名・書名・地名・制度名などは，書いて覚える地道な努力を積み重ねてほしい。『合格へのトライ 世界史探究マスター問題集』（山川出版社）など，空所補充や一問一答を多く含む総合的な問題集に積極的に取り組もう。

03 近現代史の徹底理解

近現代史については，アヘン戦争以後の中国史は流れも複雑で覚えるべき事項も多い。特に辛亥革命から日中戦争にかけては難しいし，中華人民共和国の歴史も出題されるので，こうした中国近現代史は参考書を読んで理解を深めておくのもよいだろう。欧米地域では第二次世界大戦後の冷戦とその終結，ヨーロッパ統合，宗教・民族問題などのテーマに沿って出題されることが多いので，『体系世界史』（教学社）などのテーマ別の問題集で演習するのもよい方法である。また，ここ数年の間に起きた事件もリード文のテーマとして取り上げられることがあるため，新聞の社説などを読んだり，テレビの国際的な報道に注意したりして，現在起きている諸問題の背景を理解しておくことが必要だろう。

04 中国史はテーマ史学習も必要

中国史を第二次世界大戦後まで学習し終わったら，一度テーマ史学習に挑戦してほしい。北方民族史や土地制度・税制などの制度史などが代表的なテーマだが，文化史のテーマ学習も重要である。儒学史・道教史・仏教史・文学史・史学史・絵画書道史などで，各時代ごとの文化とともにこれらのテーマを自分で縦に整理してみると理解も深まるし，実際にそういった形で出題されることも多い。文化史だけを重点的に取りあげた『分野別世界史問題集 ⑤ 文化史』（山川出版社）などを活用したい。また，首都や地域とからめて社会や経済をまとめてみると，地図問題への対策にもなり効果的である。

05 過去問の研究

早い時期に過去の問題を演習し，出題形式やそのレベルに慣れておこう。特に中国史では詳細な知識が問われることもある。リード文自体も比較的専門的な内容なので，過去問演習の際に一読しておくと役に立つだろう。また，難問と言えるものも，過年度や別日程で出題されたものと一部重複している場合があるので，過去問の研究の際に疑問点を残さないように努めてほしい。

地　理

『No. 550 立命館大学（文系選択科目〈全学統一方式 2 日程× 3 カ年〉）』に，本書に掲載していない日程の地理の問題・解答を 2 日程分収載しています。立命館大学の入試問題研究にあわせてご活用ください。

年度		番号	内容	形式
2024	全学統一	〔1〕	富山県立山町付近の地形図読図 **⊘図・地形図・視覚資料**	記述・選択・正誤・論述
		〔2〕	中央アジアとカフカス地方の地誌 **⊘地図・統計表・視覚資料・グラフ**	記述・選択・正誤
		〔3〕	国際的な人の移動 **⊘統計表**	記述・選択
	学部個別	〔1〕	北海道釧路地域の地域調査 **⊘統計表・地形図・図・視覚資料**	記述・選択
		〔2〕	南アジアの地誌 **⊘地図・グラフ・統計表**	記述・選択
		〔3〕	河川と地形	記述・選択
2023	全学統一	〔1〕	地理情報と京都市付近の地理院地図読図 **⊘地形図・視覚資料・図・統計地図**	記述・選択・配列・計算・正誤
		〔2〕	アメリカ合衆国の自然と農業 **⊘地図・グラフ・統計表**	記述・選択
		〔3〕	交通と都市 **⊘図・統計表**	選択・記述
	学部個別	〔1〕	地図史と地図 **⊘地図**	記述・選択
		〔2〕	ヨーロッパの河川を中心とした地誌 **⊘地図・グラフ**	記述・選択・論述
		〔3〕	人口 **⊘グラフ**	記述・配列・選択・正誤
2022	全学統一	〔1〕	日本の地体構造と富士山周辺の地理院地図読図 **⊘地形図・視覚資料・図**	記述・選択
		〔2〕	アメリカ合衆国の地誌 **⊘統計表・地図**	選択・記述
		〔3〕	カカオ豆の生産地と国際流通 **⊘地図**	記述・選択
	学部個別	〔1〕	岐阜県揖斐郡付近の地形図読図 **⊘地形図**	記述・配列・計算・論述・正誤
		〔2〕	ヨーロッパの工業とその変遷 **⊘地図・統計表**	記述・選択
		〔3〕	中国の自然環境を中心とした地誌 **⊘地図**	選択・記述

基本事項の徹底と知識の拡充を 地形図の読図練習と地誌のまとめも大切

01 出題形式は？

例年，大問３題で，それぞれが多くの小問に分かれる。小問の形式はリード文の空所補充と，下線部に関連した事項についての設問が中心である。いずれの大問も，設問の多くは記述法と選択法で構成されるが，短文の論述法や，正誤法，計算法などが出題されることも多い。地形図や地理院地図のほか，統計表，グラフ，地図などの資料類を使った問題も目立っている。試験時間は 80 分。

なお，2025 年度は出題科目が「地理総合，地理探究」となる予定である（本書編集時点）。

02 出題内容はどうか？

第１の特徴は，地誌問題が比較的多いことである。アジア，ヨーロッパ，南北アメリカの割合が高く，いずれも，自然環境，国名や地名，産業を中心としながら，関連事項を含めて多角的に各地の特色を問う総合問題である。あるテーマに沿って地誌的内容が出題されることもある。地図が出されていなくても，地図による理解の必要な問題が多い。

第２の特徴として，自然環境・産業活動，国家，それに人口・集落などといった系統地理の問題が目立つことがあげられる。それらの多くは地理事象の特色を問う内容であるが，なかには詳細な用語や時事的な動きも含まれるほか，統計数値と結びつけたり，関連する事項や地名が出されて総合問題になったりと思考力が必要な場合も少なくない。

第３の特徴としては，現代の社会的関心事についての問題がみられることである。環境問題，資源問題，人口・移民・難民問題，民族問題，国家間の関係などがそれにあたり，この場合，やや詳細な統計資料を用いる問題もみられる。ほかに情報化と地域の関わり，消費活動や衣食住など生活文化に関する事柄が出されることもある。

最後に，地図を利用した問題や地図に関する問題が目立つことをあげておく。その一つは地形図や地理院地図等の読図問題で，地理的思考力を問うねらいから立命館大学では長く重視されてきたので，出題傾向の一つとして注意しておく必要がある。近年は地図の作成や利用に関係した問題もみられ，統計や地理事象の地図的処理であるGISも取り上げられている。

03 難易度は？

全体として，高校地理の学習内容に準拠した標準程度の問題であるが，一部では，やや難の設問が散見されるといった傾向がうかがえる。いずれも，地理の基本事項をもとに応用力を働かせれば十分に対応できる内容とはいえ，問われている内容を読み違えやすい設問もあることから思考のポイントを外さないことが大切である。標準の設問のなかに難問が混在するのでケアレスミスをしないことも重要。試験時間80分で大問3題であるから，難易度を見定めて時間配分しつつ，1題あたり20分程度で解いてしっかり見直しをするようにしたい。

対策

01 基本事項の完全な理解

問題の多くは高校地理の基本事項に関するものなので，まずは教科書を読みこなし，内容を完全に理解することが必要である。特に地理用語と地名を知ることが大切で，『地理用語集』（山川出版社）や地図帳を十分に活用した学習が望まれる。その上で，『新詳　地理資料COMPLETE』（帝国書院）のような副読本により知識の幅を広げておきたい。

02 地理的思考力をつける

いくつかの基本事項をもとに，地理的な思考をすることで解答がわかる問題も少なくない。複数の地理事象の関連を考えたり，事象を総合して地域の特色を判断したりする能力を養っておきたい。普段の学習時から，事象の仕組みや理由・背景を意識することに加え，過去問などを利用した問題演習を通じて，各事象についての知識・理解をどう問題に応用するのか，実践の中で体得することが重要である。

03 自然地理を土台に産業の学習を

出題頻度からは，農牧林業・鉱工業など産業関係に特に注目してほしいが，国家の領土や国家群といった時事的な諸問題も重要である。また自然地理分野の理解も必須である。産業や人口，都市・居住問題のいずれにおいても自然地理が土台にある上，頻出の自然環境分野においても地形や気候が必出の内容であり，きわめて重要であると言える。各地形の代表的な地名も押さえたい。環境問題，食料・資源問題，人口・移民・難民問題，紛争や民族問題，情報化，ヒトやモノの移動のような現代的課題についても，しっかりと理解を深めておこう。消費活動や衣食住などの生活文化も要注意である。

04 世界地誌のまとめは必須

系統的内容を地域別にまとめ，地誌としての学習をしっかりしておいてほしい。特にアジア・ヨーロッパ・南北アメリカが重要であるが，オーストラリアなどのほかの地域についても手を抜かないようにしたい。大陸別や国別のほか，海域や経済圏といった地域単元ごとに，山脈・河川・島嶼などの地名，国・州・主要都市，各種の地理事象，関連事項を必ず地図上での位置とあわせて整理しておこう。関係の深い国・都市・地域に関して，共通点や相違点をまとめてみる学習も必要である。

05 地図帳と統計書に親しむ

地名の位置や事象の分布がわからないと答えられない問題も多い。学習に際しては，必ず地図帳によって位置や分布などをこまめに確認しておこう。統計については，統計表，グラフ，統計地図などが頻出のほか，数的理解の必要な問題も出されることから，よく引用される『日本国勢図会』

『世界国勢図会』（いずれも矢野恒太記念会）や『データブック オブ・ザ・ワールド』（二宮書店）の活用が望まれる。基本的な統計は各分野の学習とあわせてあらかじめ理解しておき，細かい統計は問題演習を通じてその都度確認するとよい。

06 地形図や地図に強くなる

地形図や地理院地図の読図問題への備えも必須である。縮尺・等高線・地図記号といった地形図そのものの知識はもとより，地形や土地利用の判定，地域の暮らしとその変化など，かなり高度な読図力が求められることもあるので，読図練習を積み重ねておこう。地形図に関連して，地域調査も気をつけておいてほしい。地図に関しては，各種図法のほか GNSS, GIS，リモートセンシングなど新しい地図への理解も欠かせない。演習後の復習では，地理院地図ウェブサイトで出題地域の地図を確認することで理解が深まる。地形断面図や鳥瞰図の作成も可能である。

07 論述問題への対策も

短文の論述問題が出題されているので，15〜50 字くらいで地理用語の説明をしたり，地理事象の背景や地域の特色，図表から読み取った内容をまとめてみることなどが望まれる。事象の理由や変化を問う問題が多いため，普段の学習時からそうした点を意識して対策しておきたい。また，実際の問題考察にあたっては，「何が問われているのか」（理由・変化など）を確実に把握し，求められている要素を的確に論じることが重要である。過去問を中心に論述に取り組む機会を確保するとともに，地理の先生に添削指導を受けるとよいだろう。

政治・経済

『No. 550 立命館大学（文系選択科目〈全学統一方式 2 日程× 3 カ年〉）』に，本書に掲載していない日程の政治・経済の問題・解答を 2 日程分収載しています。立命館大学の入試問題研究にあわせてご活用ください。

年度		番号	内容		形式
2024	全学統一	〔1〕	日本国憲法と基本的人権		記述・選択
		〔2〕	日本の農業問題		記述・選択
		〔3〕	発展途上国の経済開発		記述・選択
	学部個別	〔1〕	日本の安全保障政策		記述・選択
		〔2〕	日本の中小企業と起業活動		記述・選択
		〔3〕	日本の少子高齢化問題		記述・選択
2023	全学統一	〔1〕	国連の専門機関と国際協力		記述・選択
		〔2〕	中小企業問題		記述・選択
		〔3〕	日本の財政制度		記述・選択
	学部個別	〔1〕	各国の政治体制		記述・選択
		〔2〕	日本の金融と金融改革		記述・選択・計算
		〔3〕	国連安全保障理事会と地域紛争		記述・選択
2022	全学統一	〔1〕	米ソ冷戦の展開		記述・選択
		〔2〕	市場メカニズム，市場の失敗	⊘グラフ	記述・選択
		〔3〕	情報社会における政治参加		選択・記述
	学部個別	〔1〕	日本の安全保障と日米外交		選択・記述
		〔2〕	日本の戦後復興と国際経済	⊘表	記述・選択・計算
		〔3〕	日本の社会保障制度とその歴史		記述・選択

基本事項の知識問題中心
教科書中心の学習が不可欠

01 出題形式は？

大問３題の構成となっている。例年，出題形式や難易度に大きな変化はない。リード文中の空所補充と関連事項の設問に記述法または選択法で答える形式である。計算法が出題されることもある。例年，解答個数は40個程度。試験時間は80分。

02 出題内容はどうか？

政治・経済を問わず国際分野からの出題が比較的多い。総合問題が出題されることもあるものの，多くの大問はテーマを絞ったオーソドックスな内容で，空所に入れる語句は大半が教科書に記載のある基本用語である。しかし，なかには統計数値や時事問題，判例，あるいは法律名や制度の名称，その成立・導入年度を問うなど詳細な知識を要する問題も出題されている。

03 難易度は？

大半が教科書の基本事項の知識・理解を問う内容である。記述法では文字（ひらがな，カタカナ，漢字，アルファベット等）・字数が指定される問題も多く，解答にあたっての大きなヒントになる。指示に従って解答するように注意したい。時事関連，統計データなどには少し突っ込んだ出題がなされているが，全体としては標準レベルである。問題量に対して試験時間80分は十分に余裕があると思われるので，一通り解答した後は見直しをしっかりとしておきたい。

対策

01 基本事項の正確な知識・理解

まずは教科書やベースとなる参考書を使って，基本事項や重要テーマに関して正確な知識と理解を深める必要がある。知識を習得する際には，一問一答形式の問題集を用いることも有用であろう。しかし，ただ単に暗記をするだけではなく，その重要語句の前後の内容にも注意を払いながらその語句の内容を理解することが大切である。その意味では，教科書や参考書は何度も熟読・通読しておきたい。また，政治・経済の全範囲から出題されることが多いので，全分野をくまなく学習するとともに，苦手分野の克服に力を入れてほしい。

02 用語集を活用しよう

教科書や参考書を通読する際に，『用語集 公共＋政治・経済 23～24 年版』（清水書院）などの用語集があるとより一層理解が深まる。用語集には重要語句の解説が簡潔に書かれている。これらの解説を読んでそれぞれの語句の意味を理解しよう。なお，記述法の比重が高く，文字・字数指定のある設問も多いので，重要語句は実際にノートなどに書いて正確に覚えるようにしたい。

03 日本国憲法の条文や重要判例に関する理解

日本国憲法の文言がそのまま空所補充となったり，重要判例の内容に関して正誤問題が出題されたりする場合がある。それらに対応するために，日頃から日本国憲法の条文や重要判例を読んで理解を深めておこう。

04 資料集やインターネットを活用しよう

教科書や参考書で基本事項を学びながら，『政治・経済資料 2024』（東京法令出版）などの資料集や『2024 年度版ニュース検定公式テキスト「時事力」発展編』（毎日新聞出版），インターネットなどのツールも活用しよう。これらのツールを用いることで，単に基本事項の習得確認だけでなく，時事的な内容も学習できる。現在の社会情勢についての文章を読むことで，そのテーマに関する理解も深まるであろう。またそれらのツールに掲載されている統計データにも目を通してほしい。たとえば，各国の GDP（国内総生産）の規模や経済成長率，さらには合計特殊出生率や国民負担率の推移など，比較的出題されやすいものには注意しておきたい。

05 演習力を磨こう

基本事項や時事的な内容などの知識を整理できたら，できるだけ多くの問題を解いて演習力を磨こう。多くの知識や情報を頭に入れた上で，それをアウトプットすることが大切である。過去問を解くことで，単に演習力を鍛えるにとどまらず，出題傾向も知ることができる。

数　学

『No. 550 立命館大学（文系選択科目〈全学統一方式 2 日程× 3 カ年〉）』に，本書に掲載していない日程の数学の問題・解答を 2 日程分収載しています。立命館大学の入試問題研究にあわせてご活用ください。

年度		番号	項目	内容
2024	全学統一	〔1〕	小問 3 問	(1)図形と計量　(2) n 進法，いろいろな数列　(3) 2 次関数の最大・最小
		〔2〕	図形と方程式	領域と最大・最小
		〔3〕	確率，数列	確率と漸化式
	学部個別	〔1〕	小問 3 問	(1)図形と計量　(2)放物線と直線の共有点　(3)放物線と直線が囲む面積
		〔2〕	図形と方程式	領域と最大・最小
		〔3〕	図形と計量，ベクトル	三角比の図形への応用，平面ベクトルと図形
2023	全学統一	〔1〕	小問 3 問	(1) 3 次方程式の解と係数の関係　(2)放物線と円，定積分と面積　(3)ベクトルの内積，円のベクトル方程式
		〔2〕	確率	サイコロ投げゲームにおける戦略への確率の応用
		〔3〕	指数・対数関数	指数・対数の方程式，2 次方程式
	学部個別	〔1〕	小問 3 問	(1)指数の計算，常用対数と桁数の問題，対数関数の最大・最小　(2)三角関数の計算　(3)データの平均値，分散，共分散，最小二乗法
		〔2〕	2 次関数	2 つの店が互いに相手の販売量を予想して自分の販売量を考える問題
		〔3〕	図形と計量	三角形の面積公式および外接円と内接円
2022	全学統一	〔1〕	小問 3 問	(1)集合，整数で割った余りによる整数の分類　(2) 3 次方程式　(3)ベクトルと図形，三角比
		〔2〕	2 次関数	ある飲食店の価格などの変数と利益との関係
		〔3〕	確率	最短経路の問題，確率，条件付き確率
	学部個別	〔1〕	小問 3 問	(1)平面ベクトル　(2) 3 次方程式　(3)素因数分解と約数の個数
		〔2〕	指数・対数関数	賃貸住宅物件の月額家賃を題材にした計算
		〔3〕	三角関数	三角関数と図形

出題範囲の変更

2025年度入試より，数学は新教育課程での実施となります。詳細については，大学から発表される募集要項等で必ずご確認ください（以下は本書編集時点の情報）。

2024年度（旧教育課程）	2025年度（新教育課程）
数学Ⅰ・Ⅱ・A・B（数列，ベクトル）	数学Ⅰ・Ⅱ・A・B（数列）・C（ベクトル）

旧教育課程履修者への経過措置

2025年度においては，旧教育課程履修者に不利にならないように配慮した出題を行う。

傾向　広範囲から出題，計算力と思考力の養成を

01 出題形式は？

出題数は例年大問3題。2題は空所補充問題で1題は記述式となっている。試験時間は80分で，解答用紙は，B4判1枚の表に空所補充問題2題，裏に記述式1題となっており，記述式の解答欄（A4判大程度）は適切なスペースである。

02 出題内容はどうか？

頻出と言える分野は特になく，どの分野からも満遍なく広範囲にわたって出題がなされている。〔1〕はまったく内容の異なる小問3問からなる。〔2〕は実用的・応用的な設定の問題がよく出題されている。データの分析からの出題もみられるので，苦手分野のないよう注意したい。〔3〕は例年記述式である。

03 難易度は？

全体的に基本ないし標準問題が中心である。ただし，計算力が試される問題も出題されるので準備しておきたい。3題で試験時間80分であるが，問題量が多いので，空所補充形式の2題を手際よく解くことがポイントである。また，時間のかかりそうな問題は後回しにして，確実に解けそうな問題を優先して解くなど，試験時間の使い方に注意が必要である。

01 基礎力を身につける

基本的・標準的な事項を組み合わせて解いていく問題が多いので，基礎力を十分に養っておくことが重要である。まず，教科書の内容をしっかり学習し，公式や定理は証明もできるように正しく理解すること。

02 空所補充に慣れる

空所補充の問題では，ケアレスミスは許されない。問題文をよく読んで，何を答えるべきかを理解し，速く正確な計算ができることが大切である。わかりやすい図やグラフを描くことにより，目標がみえてくることが多いので，日頃から空所補充の問題を演習して慣れておくとよい。ただし，空所補充とはいっても内容的には記述式よりレベルの高いものもあるので注意しておきたい。

03 応用力をつける

文系としてはレベルが高いものも出題されているので，受験用参考書・問題集を用いて十分練習を積み，さまざまな解法を学び，計算力・応用力をつけておきたい。また，毎年小問集合などで幅広く出題されているので，各分野を満遍なく学習し，苦手分野をなくしておきたい。参考書としては有名な『チャート式基礎からの数学』シリーズ（青チャート）（数研出版）などを反復練習しておくことが効果的である。

04 答案作成の練習

記述式の問題ではきちんとした答案が書けていないと，たとえ答えが合っていても減点されることがある。証明問題が出題されることも考えられるので，答案をきちんと作成できるように練習しておきたい。採点者にわかるよう簡潔にまとめ，読みやすい字で書き，自己満足で終わる答案にならないように心がけること。

05 過去問研究

どちらの方式も試験時間が 80 分であり，同一形式の問題で難易度もほとんど同じなので，できる限り多くの過去問を解いて慣れておきたい。弱点になりがちなデータの分析からの出題もあるので，この分野の習得も不可欠である。教科書でしっかり学習しておかなければならない。

国　語

『No. 549 立命館大学（国語〈全学統一方式3日程×3カ年〉）』に，本書に掲載していない日程の国語の問題・解答を3日程分収載しています。立命館大学の入試問題研究にあわせてご活用ください。

年度		番号	種類	類別	内容	出典
2024 ◑	全学統一	〔1〕	現代文	評論	選択：欠文挿入箇所，空所補充，内容説明，内容真偽 記述：読み，書き取り，箇所指摘	「江戸の宇宙論」池内了
		〔2〕	現代文	評論	選択：欠文挿入箇所，内容説明，空所補充，内容真偽	「言葉の形を読む」戸塚学
		〔3〕	古文	日記	選択：文法，空所補充，内容説明，内容真偽 記述：口語訳	「紫式部日記」
		〔4〕	漢文	詩話	選択：書き下し文，空所補充，内容真偽 記述：読み	「苕渓漁隠叢話」胡仔
	学部個別	〔1〕	現代文	評論	選択：空所補充，内容説明，内容真偽，文学史 記述：読み，書き取り，空所補充，箇所指摘	「ことばへの道」長谷川宏
		〔2〕	現代文	評論	選択：内容説明，四字熟語，空所補充，内容真偽	「野生の教養のために」岩野卓司
		〔3〕	古文	擬古物語	選択：和歌修辞，敬語，内容説明，空所補充，指示内容，内容真偽 記述：口語訳	「手枕」本居宣長
		〔4〕	漢文	説話	選択：空所補充，書き下し文，内容真偽 記述：読み	「見聞録」

年度	日程	番号	項目	種類	内容	出典
2023 ◑	全学統一	〔1〕	現代文	評論	選択：欠文挿入箇所，内容説明，空所補充，慣用表現，内容真偽，文学史 記述：書き取り，読み，箇所指摘	「民俗学入門」 菊地暁
		〔2〕	現代文	評論	選択：欠文挿入箇所，内容説明，空所補充，内容真偽	「戦争をよむ」 中川成美
		〔3〕	古　文	説話	選択：人物指摘，口語訳，文法，空所補充，内容真偽 記述：口語訳	「閑居友」 慶政上人
		〔4〕	漢　文	雑説	選択：空所補充，書き下し文，内容真偽 記述：読み	「却掃編」　徐度
	学部個別	〔1〕	現代文	評論	選択：指示内容，語意，空所補充，内容説明，主旨，文学史 記述：読み，書き取り，箇所指摘	「記憶の箱舟」 鶴ヶ谷真一
		〔2〕	現代文	評論	選択：内容説明，欠文挿入箇所，空所補充，内容真偽	「いつもの言葉を哲学する」 古田徹也
		〔3〕	古　文	軍記物語	選択：人物指摘，文法，内容説明，内容真偽，文学史 記述：口語訳	「保元物語」
		〔4〕	漢　文	思想	選択：書き下し文，空所補充，内容真偽 記述：読み	「荀子」　荀子
2022 ◑	全学統一	〔1〕	現代文	評論	選択：欠文挿入箇所，空所補充，内容説明，内容真偽 記述：読み，書き取り，箇所指摘	「ひとはなぜ『認められたい』のか」　山竹伸二
		〔2〕	現代文	評論	選択：内容説明，空所補充，内容真偽	「人間にとって教養とはなにか」 橋爪大三郎
		〔3〕	古　文	説話	選択：敬語，内容説明，内容真偽，文学史 記述：口語訳	「閑居友」 慶政上人
		〔4〕	漢　文	説話	選択：書き下し文，空所補充，内容真偽 記述：読み	「新序」　劉向
	学部個別	〔1〕	現代文	評論	選択：空所補充，欠文挿入箇所，内容説明，内容真偽，文学史 記述：読み，書き取り，空所補充	「もののけの日本史」　小山聡子
		〔2〕	現代文	評論	選択：内容説明，空所補充，内容真偽	「文学国語入門」 大塚英志
		〔3〕	古　文	説話	選択：文法，空所補充，人物指摘，内容説明，口語訳，内容真偽，文学史 記述：口語訳	「古今著聞集」 橘成季
		〔4〕	漢　文	説話	選択：書き下し文，空所補充，内容真偽 記述：読み	「恕軒遺稿」 信夫恕軒

（注）　●印は全問，◐印は一部マークシート方式採用であることを表す。
文学部は〔1〕〔2〕〔3〕または〔1〕〔3〕〔4〕を解答。その他の学部と APU は〔1〕〔2〕〔3〕を解答。

現・古・漢とも基礎力の充実を 漢字・文学史は得点源に

01 出題形式は？

文学部は現代文・古文・漢文各１題または現代文２題・古文１題のいずれかを選択，その他の学部と APU は現代文２題・古文１題の出題である。記述式とマークシート方式による選択式の併用だが，選択式の割合が大きい。解答用紙は記述式と選択式で１枚となっている。記述式の設問は，漢字の書き取りや読み，空所補充，箇所指摘，10 字程度の口語訳などで，自分で文章を組み立てなければならない説明問題は出されていない。試験時間は 80 分。

02 出題内容はどうか？

現代文は，評論が多いが，随筆的で軽妙な筆致の評論の場合もある。評論のジャンルでみると文化論・文学論が多い。文化論では現代社会の状況を扱ったもの，日本文化論などが出題されている。設問は書き取り，読み，空所補充，内容説明，内容真偽が必出である。空所補充は，接続詞や副詞的な語句のほか，文脈を読み取って適切な語を選ばせるもの，キーワードになるような抽象語を問うようなものが多い。その他，欠文挿入箇所，箇所指摘などが出題されている。文学史もよく出題されている。

古文は，中世の作品が多いが，2024 年度は中古と近世の作品であった。物語の系統に属する作品が多いが，長文の説話や日記，軍記物語なども出題されており，幅広いジャンルから出題されている。設問は 10 字程度の短い記述式の口語訳が必出で，選択式での口語訳も出題されている。人物指摘，内容説明や内容真偽など，本文全体の内容の把握を前提とした問いが多い。敬語や文法の問題が出題されることもある。

漢文は，比較的読みやすい内容のものが中心で，設問も標準的。漢字の読み，書き下し文が必出で，基本的な句法に関わる設問が多い。内容真偽などで全文の内容の把握が求められることも多い。

多彩な出典や設問となっているので，幅広くオールマイティーに対応できるようにしておくことが第一である。

03 難易度は？

現代文・古文・漢文ともに標準的な問題である。古文は年度によっては文章の量が多く比較的難しいこともあるが，いずれも基礎的な学習をしっかり積んでおくことが基本となる。設問によっては，やや難度の高いものも含まれているので，このような設問には時間を取られすぎないよう注意し，他の基本的な設問で確実に得点したい。

時間配分としては，文章量の多い〔1〕に十分な時間を使いたい。〔3〕を25分，〔2〕あるいは〔4〕を20分でそれぞれすませ，残りの時間を〔1〕と見直しにあてるとよいだろう。

対策

01 現代文

評論を中心に，随筆的な文章についても学習を進めるのがよいだろう。空所補充・箇所指摘・内容説明などの設問では，文中の他の箇所との関係や論理の流れを把握できているかどうかが問われている。その対策としては，以下の点に注意しながら問題演習をするのが効果的である。

①指示語・キーワードをマークする。
②段落相互の関係を考える。
③文章全体の流れ，論理の展開をつかむ。
④筆者の主張が読み取れる部分を確実に押さえる。
⑤筆者独特の言い回しやことばの用い方に注意する。

また，古文・漢文にも通じることであるが，選択式の問題は選択肢の内容などに応じて，短時間に正確に答えるコツを身につける必要がある。そのためには，過去問をはじめ，問題集に数多くあたり，練習を積むのが有効である。『大学入試 全レベル問題集 現代文 3 私大標準レベル』（旺文社）は，私大型のマーク問題に慣れるには最適である。なお，**04** **05** でも述べるが，文学史と漢字については，確実に得点できるよう，対策を講じておきたい。

02 古　文

基本的な文法知識は，助詞・助動詞を中心に完全にマスターする。敬語法も文中の人物関係を的確に把握するために必要なので，しっかり頭に入れておきたい。古語は，基本的なものは確実にわかるようにしておく。特に形容詞や形容動詞などは，単に訳語を覚えるだけでなく，例文などで語の表す微妙なニュアンスを確かめておくこと。参考書や問題集を利用して数多くの文章に触れることで，内容把握が確実にできるようにしておきたい。古文の場合は，現代とは違う当時の習慣や行動パターンを前提とした読み取りが必要になることも多く，ただ語意を覚えるだけでは文脈がとれないこともある。『読んで見て聞いて覚える古文攻略 マストアイテム 76』（桐原書店）などの古典常識の参考書で，そういった前提知識を身につけておきたい。また，『大学入試 知らなきゃ解けない古文常識・和歌』（教学社）を使って，古文常識や和歌を含む問題を多く解いておくと力がつくだろう。

03 漢文（文学部）

勉強の仕方しだいで，必ず得点源になるのが漢文である。基本的な知識，句法の学習に時間を割きたい。『共通テスト漢文 満点のコツ』（教学社）は要領よくポイントがまとめられているので，これを使って基本事項をマスターするのが効果的である。また，漢文特有の読み方についても勉強しておくことを勧める。

04 文学史

古典では，平安～鎌倉期を中心に主な作品について，作者はもちろん，作品の内容についての知識も必要。それが読解の助けになることもある。現代文では，作者と作品の知識，所属する流派など文学史的位置について頭に入れておくこと。過去には中国文学史，福沢諭吉の著作が問われるなど，通常の日本文学史の範囲から外れた出題もみられたので，日頃から一般常識・歴史の知識としても特に有名な著作物に関しては記憶にとどめておくとよいだろう。

05 漢　字

漢字は必出である。常用漢字を中心に，読みについては常用漢字表外の漢字にまで手を広げて知っておく必要がある。できるだけ早くから，一定の時間を割いて学習したい。故事成語・四字熟語などにも目を通しておくこと。ここで点を落とさないようにしたい。

立命館大「国語」におすすめの参考書

- ✓『大学入試 全レベル問題集 現代文 3 私大標準レベル』（旺文社）
- ✓『読んで見て聞いて覚える古文攻略 マストアイテム 76』（桐原書店）
- ✓『大学入試 知らなきゃ解けない古文常識・和歌』（教学社）
- ✓『共通テスト漢文 満点のコツ』（教学社）

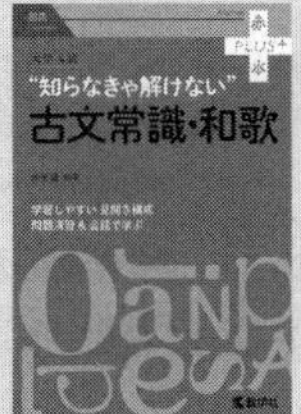

2024年度

問題と解答

全学統一方式（文系）
※ APU は前期方式（スタンダード 3 教科型）

問 題 編

▶試験科目

教 科	科 目
外国語	コミュニケーション英語Ⅰ・Ⅱ・Ⅲ，英語表現Ⅰ・Ⅱ
選 択	日本史Ｂ，世界史Ｂ，地理Ｂ，政治・経済，「数学Ⅰ・Ⅱ・Ａ・Ｂ」から１科目選択
国 語	〔文学部以外，APU〕 国語総合，現代文Ｂ，古典Ｂ（漢文の独立問題なし） 〔文学部〕 国語総合，現代文Ｂ，古典Ｂ（漢文の独立問題あり。ただし現代文１題との選択）

▶配 点

学 部		外国語	選 択	国 語	合 計
法・産業社会・経営・政策科・総合心理・映像・経済・スポーツ健康科・食マネジメント・APU		120	100	100	320
国際関係（国際関係学専攻）		150	100	100	350
文	国際文化学域・国際コミュニケーション学域	150	100	100	350
	その他の学域	120	100	100	320

▶備 考

- ２月２日実施分を掲載。
- 「数学Ｂ」は「数列，ベクトル」から出題。
- 文学部の国語において，選択の現代文と漢文の両方を解答した場合は高得点の方を採用する。

英　語

(80分)

I　次の文を読んで，問いに答えなさい。

The Southern Ocean is not somewhere most people choose to spend an hour, let alone a month. Circling the icy continent of Antarctica[1], it is the planet's wildest and most remote ocean. But in March, four sailing teams came through the area as part of a marathon race round the bottom of the Earth, from Cape Town in South Africa to Itajaí in Brazil. The Ocean Race is known as the toughest, and certainly the longest, professional sporting event in the world, attracting sailors of the highest level who form diverse crews. However, this year scientists have noticed an opportunity for their research to benefit as well.

Because the boats visit the most remote part of the ocean, which even scientific vessels struggle to access, this year the crews will put scientific instruments all around Antarctica. The aim is to measure 15 different types of environmental data, from ocean temperature to information about the atmosphere. Information from the devices will help scientists with everything from weather forecasting to the climate emergency. "The Southern Ocean is a very important driver[2] of climate on a global scale, but there is very little data," says German scientist Toste Tanhua. "Data from the sailing races in the Southern Ocean is very important for us to understand the uptake[3] of carbon dioxide (CO_2) by the ocean."

Each boat has weather sensors[4] on board that measure wind speed and direction in addition to air pressure and temperature. Each team will drop two kinds of buoys[5] which capture data. One type drifts[6] on the surface in order to provide data for scientists to study ocean currents and forecast extreme weather events, such as hurricanes and typhoons. A second type of buoy operates below the surface at depths of up to two kilometers, moving slowly with deep currents and sending information every ten days. The data is used for climate analysis as well as for long-range weather forecasts. Meanwhile, the crews will take regular water samples using other devices to measure the levels of carbon dioxide, oxygen, and salt, as well as temperature. This data is then analysed in Germany where the information can be seen while it is being collected out at sea.

Tanhua says this kind of data reveals new patterns. For example, it shows how carbon dioxide varies over a year — higher when the water warms up in summer and lower during a bloom, which is a sudden increase in the population of phytoplankton[7]. It also shows how the ocean takes carbon from the surface and transports it to the bottom. "In the Southern Ocean, you have three major systems where water is either going down vertically or coming up. Depending on the depth, the level of carbon differs. In addition, circular currents of water called eddies also transport carbon up and down," Tanhua says. Scientists will now be able to observe these systems and eddies up close, compare them with satellite data, and fill in the gaps.

The boats will also be taking samples of trace elements[8] which are essential for the growth of phytoplankton. Not only are phytoplankton the base of the food chain, but they are responsible for most of the transfer of CO_2 from the atmosphere to the ocean. "This data is extremely important," says Dr. Arne Bratkič, a scientist in Spain, who analyses the trace element results. "It is important to know how much food is available for animals that will feed on phytoplankton eventually, and how much CO_2 the phytoplankton are going to absorb from the atmosphere." Bratkič says that taking these kinds of samples normally requires special scientific voyages that are limited in number and are costly to operate. The Ocean Race is a way of testing investigations on non-scientific ships at sea. "We are paying attention to the design of the sampling devices — what works and what does not. It's really exciting."

To add to the phytoplankton study, the sailors have equipment that automatically records images and provides insights into the diversity of phytoplankton species. This helps scientists like Dr. Veronique Green, who are also studying oxygen. She says, "Boats sail through remote parts of the world ocean where observations are really scarce[9]. Getting more oxygen data is crucial[10] to get a better estimate of the amount of oxygen in the ocean and thus of the oceanic oxygen loss. The more data we have, the more accurately we can understand the ocean's capacity to cope with climate change and predict what will happen to the climate in future."

According to Dr. Katsiaryna Pabortsava, who helps with the analysis, "The Ocean Race will be delivering samples from places that otherwise we'd have difficulty getting data from. The other thing is the ease of collection of this information. You don't need trained staff, as you would have with research vessels." The hope is that this method for obtaining samples could eventually be used on other non-scientific ships, such as cruise or ferry boats. The sailors benefit, too. "It's a win-win situation, because six hours after dropping the buoys, the sailors will download a new weather forecast," using data from the buoys, says Martin Kramp, ship coordinator. "In areas where data is scarce, such as the Southern Ocean, that can make a significant difference — the forecast will be much better."

(Adapted from a work by Yvonne Gordon)

(注)

1．Antarctica　　南極大陸

2．driver　　影響を与える力（要因）

3．uptake　吸収

4．weather sensor　気温や湿度などを観測する機器

5．buoy　浮標（ブイ）

6．drift　漂う

7．phytoplankton　植物プランクトン

8．trace element　生物が生きていくために必要な微量元素

9．scarce　不十分な

10．crucial　極めて重要な

〔1〕本文の意味，内容にかかわる問い(A)～(D)それぞれの答えとして，本文にしたがってもっとも適当なものを(1)～(4)から一つ選び，その番号を解答欄にマークしなさい。

(A) What is the primary purpose of the journey from South Africa to Brazil?

(1) For experts to teach non-scientists about climate change

(2) For experienced sailors to compete in challenging ocean waters

(3) For professional crews to bring scientific vessels to remote parts of the ocean

(4) For scientists to take accurate measurements of the continent of Antarctica

(B) What is the difference between the two types of buoys?

(1) One operates on the surface of the water while the other operates below.

(2) One moves quickly with the ocean currents while the other moves slowly.

(3) One forecasts extreme weather while the other forecasts ocean temperature.

(4) One measures the uptake of carbon dioxide while the other

measures oxygen.

(C) According to the text, what is the connection between phytoplankton and climate change?

(1) Phytoplankton blooms are affected by eddies.

(2) Phytoplankton remove carbon dioxide from the air.

(3) Trace elements affect the food supply of phytoplankton.

(4) Pollution is removed naturally from the ocean by phytoplankton.

(D) According to the text, what is one reason that it has been challenging to conduct research in the Southern Ocean?

(1) There are too many ships sailing there.

(2) It is difficult and expensive to go there by boat.

(3) Scientists only have a chance to go there every few years.

(4) Not enough people are trained in the necessary data collection methods.

〔2〕次の(1)～(5)の文の中で，本文の内容と一致するものには1の番号を，一致しないものには2の番号を，また本文の内容からだけではどちらとも判断しかねるものには3の番号を解答欄にマークしなさい。

(1) Teams from Europe take part in the Ocean Race.

(2) Scientists will pay the sailors for their assistance.

(3) The water samples are used to measure the amount of phytoplankton in the water.

(4) Sailing teams have expressed an interest in collecting water samples from the ocean.

(5) Carbon is moved from the surface of the ocean to deeper below by eddies.

〔3〕本文の内容をもっともよく表しているものを(1)～(5)から一つ選び，その番号を解答欄にマークしなさい。

(1) Participants in a boat race help scientists collect data for their research.
(2) Sailing teams have improved their performance with the help of scientists.
(3) More scientific data about the ocean is needed to understand climate change.
(4) Sailors are using buoys to improve weather forecasting in the Southern Ocean.
(5) Scientists are taking measurements of carbon dioxide levels in the water near Antarctica.

Ⅱ 次の文を読んで，問いに答えなさい。

In 2013, Ethan Welty and Caleb Phillips launched Fallingfruit.org, a free online map that records edible[1] plants in cities around the globe to encourage foraging[2] within urban settings. They wanted a better tool to record locations and harvest schedules, recognizing the vast resource of food available [(A)] the sizable number of people interested in foraging. Welty and Phillips started by adding plant lists from governments and universities to the map. But they also designed the map to allow users to add locations and information about the plants to make it inclusive[3] and more valuable.

Since its inception[4], Falling Fruit — which currently features 1,533,034 locations around the world — has had over two million people visit the website. The site's diversity is evident in its available languages and its wide variety of plants around the globe. Foragers are finding oranges originally from China in Australia, berries native to Asia in South Africa, and rare tropical fruits in urban Brazil. Thanks to (あ) this knowledge gained, Welty says he now knows much more about which plants are edible and how to prepare them. [(B)], he's learned that the fruit of the cherry dogwood tree is popular in Iran, and can be preserved as jam, made into refreshing drinks, pickled in vinegar and mint, or simply lightly salted and eaten raw.

Welty sees great potential in Falling Fruit to reimagine cities as places [(C)] food for residents. "We share our cities with all kinds of food-bearing plants, almost accidentally," he says passionately. "There is a lot growing that we should be more aware and taking advantage of, and ideally building a sense of community around, so that in the future we can actually demand more and expect more from our city. Then we can imagine a more edible, urban future."

Welty views Falling Fruit as a sort of activism[5]. He notes that the project brings up questions of private property, who should have a voice in the future of cities, and how everyone can benefit. Foraging on private property can be [(D)]. Welty won't take a tree or plant off the map if an owner requests it because a user could easily put it back on. Instead, he asks that the description state that the plant is on private property, so foragers can ask owners if they can pick. Welty likes (い) this approach because it encourages people to talk to each other.

Welty believes that a new way of thinking is required to incorporate[6] foraging in planning cities, like creating areas to be harvested. He suggests reimagining spaces between buildings or tearing out roads, whatever will maximize the space's benefits to create opportunities to interact with plants in one's neighborhood. Billings, Montana, is one city that's experimenting with (う) this idea. As part of its waste reduction program, over 120 fruit trees were planted in parks near residents who do not have easy access to supermarkets. Then the trees were listed on

Falling Fruit. People pick fruit for themselves or to donate to food banks, reducing food waste and park maintenance. Churches and businesses with fruit trees on their property are encouraged [(E)] the map.

The complete Falling Fruit map includes over two thousand category tags, mostly for plants, but there are also some mushrooms and the occasional fishing or clam-digging spot. The tags cover a purposely wide range of foraging spots to expose people to foods outside of what's in a supermarket. These include dumpster[7] locations to bring attention to waste in the food system and also show a relatively fixed location [(F)] on some reliable schedule. Users like Lily Brown of Boston have added over fifty thousand locations to the map. Brown, who [(G)] her food through sustainable harvesting, has contributed approximately 20 locations around the city and says Falling Fruit "has been a wonderful way to keep track of the fruits and herbs I find." Her most unexpected find was wild mushrooms on a college campus. She also baked a tasty apple bread using some foraged apples and flour she made from acorns[8]. "It's the community input that really makes an app like this," says TJ Butler, who adds locations near him in Maryland. He's found apples, pears, and berries, and hopes the map will indicate harvest seasons in the future.

(え)Doing that is a goal of Welty's, who appreciates Falling Fruit's success, though like with many startups[9], he wishes he had time and money to develop it further. Falling Fruit is a non-profit with a volunteer staff, primarily Welty. He strongly believes [(H)] urban foragers to find food. He founded and is an advisory board[10] member of Community Fruit Rescue, an organization that harvests and saves excess urban fruit, and he hopes to bring about widespread change. "The kind of data analysis I'd really like to be doing," he adds, "is looking at where people are going, specifically what they're interacting with, what kind of species, and when they're harvesting from them, in order to influence the decisions being made about what to plant next and where. (お)That is the dream."

(Adapted from a work by Liz Susman Karp)

出典追記：This Website Reimagines Cities as Foraging Utopias, Atlas Obscura on April 5, 2023 by Liz Susman Karp

（注）

1．edible　食べられる
2．forage　食用として利用できる植物を探し求める
3．inclusive　誰もが参加できる
4．inception　始まり
5．activism　政治的な活動
6．incorporate　取り入れる
7．dumpster　大型ごみ収納器
8．acorn　どんぐり
9．startup　新規事業の立ち上げ
10．advisory board　諮問委員会

〔1〕本文の［(A)］～［(H)］それぞれに入れるのにもっとも適当なものを(1)～(4)から一つ選び，その番号を解答欄にマークしなさい。

(A)　(1) as well as　(2) despite
　(3) rather than　(4) without

(B)　(1) For example　(2) However
　(3) In spite of this　(4) Without a doubt

(C)　(1) that can provide　(2) that distribute
　(3) that sell　(4) where everybody gives

(D)　(1) accomplished by paying a fee
　(2) considered a delicate issue
　(3) impossible to do
　(4) similar to foraging on public land

(E) (1) to add themselves to

(2) to ask for donations for

(3) to design a new version of

(4) to help pay for

(F) (1) of food industries

(2) of worldwide users

(3) where it is expensive to operate

(4) where there is food available

(G) (1) doesn't understand how to get

(2) enjoys having a close connection to

(3) hesitates to search for

(4) relies on Welty for

(H) (1) it should be easy for

(2) major companies must help

(3) neighborhoods often ask

(4) people ought to pay

〔2〕下線部㋐～㋔それぞれの意味または内容として，もっとも適当なものを(1)～(4)から一つ選び，その番号を解答欄にマークしなさい。

㋐ this knowledge gained

(1) learning how to create an online map

(2) discovering the different types of food on the map

(3) recognizing the large number of map users worldwide

(4) understanding the multiple languages that the map users speak

㋑ this approach

(1) being interested in activism

(2) removing trees from the online map

(3) not removing trees on private property

(4) letting people make their own decisions

㋒ this idea

(1) adding more parks near supermarkets

(2) designing places for people to collect food

(3) planting more vegetables in home gardens

(4) changing the appearance of downtown buildings

㋓ Doing that

(1) Discovering more plant locations

(2) Finding all his food with the map

(3) Adding new information to the map

(4) Making a new smartphone application

㋔ That

(1) Hiring more staff members

(2) Creating another startup company

(3) Eliminating private property in urban areas

(4) Using insights to guide community development

III

〔1〕次の会話の㋐～㋓それぞれの空所に入れるのにもっとも適当な表現を(1)～(10)から一つ選び，その番号を解答欄にマークしなさい。

At a dentist's office

A：Good morning. Sorry to be a little late for my appointment.

B：Not at all. Please have a seat over here. When was the last time you had your teeth cleaned?

A：Oh, I don't recall. About two years ago, maybe? Is that important?

B：（　㋐　）It's better to have them cleaned every six months.

A：（　㋑　）I'm a little busy. I thought once a year would be enough.

B：Well, that's up to you. But as you get older, it's harder and harder to keep your teeth in good shape.

A：True. Although I have been trying to cut down on sweets.（　㋒　）

B：I'm glad to hear that. How many times a day do you brush your teeth?

A：Usually twice. Once in the morning and once after my evening bath. That's good, isn't it?

B：Three times would be better. But the most important thing is how you brush.

A：How to brush my teeth? Really? I learned how to do that when I was five!

B：（　㋓　）However, I can see now from a quick look that you missed a few spots. Here's a brush — time to practice!

(1) That often?

(2) I'm sure you did.

(3) I would certainly say so!

(4) They were cleaned last year.

(5) But I forgot to brush last night.

(6) How old were you at that time?

(7) All the appointments are booked.

(8) You must have had very strong teeth!

(9) And I don't eat anything late at night.

(10) I'm sure I cleaned them for you last year.

〔2〕次の会話の㋕～㋘それぞれの空所に入れるのにもっとも適当な表現を(1)～(10)から一つ選び，その番号を解答欄にマークしなさい。

At home

A：Hey, honey, I'm in the bathroom, and I think I hear the delivery truck on the street. Do you mind answering the door if the driver knocks? I'm still expecting a parcel to come.

B：Oh, really? Did you order another pair of shoes for the baby? I'm actually busy with her at the moment.

A：Don't worry, the baby'll be fine for a few seconds. (　㋕　) So, I'm a bit concerned.

B：Well, it might also be the neighbour and I really don't want to see him.

A：Oh, he already left really early this morning. Besides, you're much closer to the front door than I am, and I still have to take a shower and get dressed.

B：You know, it's already 8 a.m.! (　㋖　)

A：You're right, I do. Except for today because I didn't sleep very well last night. I think I'm really stressed about that parcel. I need it for my meeting today.

B：Yeah, I heard you around midnight watching TV.

A：Oh, did you? Sorry. (　㋗　) I thought TV might calm me down. Oh,

I just heard someone knock on the front door, and I really need that parcel before I leave the house this morning.

B：OK, let me check. (㋘) But you were right, it wasn't the neighbour. Fortunately, they left a delivery notice!

A：Oh, no! What am I going to do now?

(1) You're in luck.
(2) That wasn't me.
(3) I tried to be quiet.
(4) You're going to be late.
(5) I didn't hear a thing either.
(6) You're usually at work by now.
(7) That's the time you usually leave.
(8) It was supposed to arrive yesterday.
(9) Sorry, it seems they've already gone.
(10) The ones I ordered were the wrong size.

Ⅳ　次の(A)～(H)それぞれの文を完成させるのに，下線部の語法としてもっとも適当なものを(1)～(4)から一つ選び，その番号を解答欄にマークしなさい。

(A) The new smartphone can ______ applications faster than last year's model.

(1) download　(2) downloaded
(3) downloading　(4) downloads

(B) Neither my cats nor the dog ______ the food I provide for them.

(1) be liking　(2) like
(3) likes　(4) liking

(C) ______ the situation change, I will move to Tokyo.

(1) If　(2) Should
(3) Unless　(4) Would

(D) The students, ______ after class, met their friends in the hall.

(1) have waited patiently　(2) to wait patiently
(3) waited patiently　(4) waiting patiently

(E) The manager saw that the towels in the hotel room ______ by the guests.

(1) had been taken　(2) had taken
(3) to be taken　(4) was taken

(F) The couple had their bags ______ while they were travelling.

(1) being stolen　(2) stealing
(3) stolen　(4) to steal

(G) Given our budget, one hundred and fifty dollars _______ too much to spend on our one-night hotel stay.

(1) are　(2) be
(3) is　(4) to be

(H) _______ students who want to attend the conference should register by the end of the month.

(1) All　(2) Almost
(3) Each　(4) Every

V

〔1〕次の(A)～(E)それぞれの文を完成させるのに，下線部に入れる語としてもっとも適当なものを(1)～(4)から一つ選び，その番号を解答欄にマークしなさい。

(A) The weather was perfect, adding to the _______ of the day.

(1) brass　(2) enjoyment
(3) sheriff　(4) vinegar

(B) That was the loudest _______ I've ever heard!

(1) earache　(2) nail
(3) saucepan　(4) sneeze

(C) _______ between the companies were complicated.

(1) Bracelets　(2) Encyclopedias
(3) Knickers　(4) Negotiations

(D) In the forest, some animals rely on _______ trees to make their homes.

(1) economical　(2) hollow

(3) numerical　　(4) witty

(E) I was just about to ______ the magazine rack.

(1) betray　　(2) browse

(3) evacuate　　(4) startle

〔2〕次の(A)～(E)の文において，下線部の語にもっとも近い意味になる語を(1)～(4)から一つ選び，その番号を解答欄にマークしなさい。

(A) They discovered several bird <u>species</u>.

(1) habits　　(2) nests

(3) sanctuaries　　(4) varieties

(B) The scientist had to <u>substitute</u> equipment parts to make the experiment work.

(1) blend　　(2) eliminate

(3) harness　　(4) switch

(C) We received some <u>worthwhile</u> feedback.

(1) honest　　(2) vague

(3) valuable　　(4) written

(D) They <u>yearn</u> for freedom.

(1) battle　　(2) bid

(3) hunger　　(4) scheme

(E) The show was quite <u>breathtaking</u>.

(1) entertaining　　(2) exhausting

(3) satisfactory　　(4) stunning

日本史

（80分）

I　次の文章を読み，空欄［A］～［E］にもっとも適切な語句を記入し，かつ（a）～（j）の問いに答えよ。

中国の史書にその名が記された邪馬台国の女王・卑弥呼は「［A］を事とし，よく衆を惑はす」とされているように，呪術的祭祀を以てその務めとしていた。ヤマト政権の大王（天皇）も共通した性格を有し，百済から仏教の文物が伝わった際，その受容に反対する［B］氏は，「わが国家の天下に王たる者は，恒に天地社稷の百八十神を以て，春夏秋冬祭拝するを事とす」と，受容に反対する理由を主張している。

このような大王（天皇）の性格を反映して，律令制度が発足すると，太政官と並んで神祇官①が設置され，神祇祭祀②を掌った。多くの神社が朝廷の保護統制下に置かれたが，その中で，伊勢神宮は天皇の祖先神をまつる神社として特別の扱いを受けた。ここには，天武天皇の娘である大伯皇女③など，未婚の皇女が天皇の代理として派遣され，その祭祀に従事した。

奈良時代の天平年間に仏教の信仰が盛んになると，在来の神祇と外来の仏教が融合する動きが生じた。聖武天皇④が743年に発願した盧舎那大仏の造立の過程で，諸々の神祇を率いてこれを支援すると託宣した八幡神が平城京に勧請され，東大寺の鎮守としてその境内にまつられた。これに倣い，大安寺や薬師寺など他の官大寺でも八幡神がまつられた⑤。平安時代になると，宇佐から八幡神が勧請され，平安京の南西の方角に当たる淀川左岸に［C］が造営された。［C］は伊勢神宮に次ぐ皇室ゆかりの神社（宗廟）として崇められ，のちには源氏の氏神として，武士の崇敬を受けた⑥。

仏教では，教義の研鑽とともに山林修行が奨励されたことから，僧尼は一定期間山林での生活を送った⑦が，平安時代に密教が盛んになると，一層この修行が重視された。もとより山林は神聖な場であり，山は神の降臨する地として信仰の対象とさ⑧

れていたことから，山に対する信仰と仏教の修行とが結びつき，山林地域に，社とともに仏教の礼拝施設が設けられた。また，神祇信仰に密教や道教など外来の信仰・思想が融合する形で，⑨修験道という山岳信仰が成立した。11世紀に藤原明衡が著した，田中豊益という大名田堵が登場することで知られる『 D 』では，その修行者を「山臥修行者」（山伏）と呼んでいる。

このような動きの中で，在来の神は仏教の如来や菩薩が形を変えて現れたとする E 説が唱えられた。権現とよばれた神をまつる吉野や熊野が信仰の対象となったが，特に熊野は阿弥陀如来との関係が構想されたことから，浄土信仰の隆盛も相まって，平安中期以後，多くの参詣者を集めた。中には，⑩いくども熊野に参詣した上皇もあり，「蟻の熊野詣」とも言われるほど活況を呈した。

（a） 下線部①に関して，この時代に神祇官の長官である神祇伯を輩出した氏族として，もっとも適切なものを，下から一つ選び，記号で答えよ。

㋐ 大伴氏　㋑ 秦氏　㋒ 中臣氏　㋓ 葛城氏

（b） 下線部②に関して，神祇官が管轄した祭祀のうち，旧暦2月に行われた，その年の五穀豊穣を祈る祭祀を何というか。

（c） 下線部③に関して，この皇女の同母弟で，天武天皇の死後，謀反を企てたとして死に追いやられた皇子は誰か。

（d） 下線部④に関して，聖武天皇の病平癒を祈願して光明皇后により創建された，日本最古の十二神将像や一木造の薬師如来像で知られる寺院を何というか。

（e） 下線部⑤に関して，薬師寺の休ヶ岡八幡宮にまつられた八幡神像として，もっとも適切なものを，下から一つ選び，記号で答えよ。

ⓐ

ⓘ

ⓤ

ⓔ

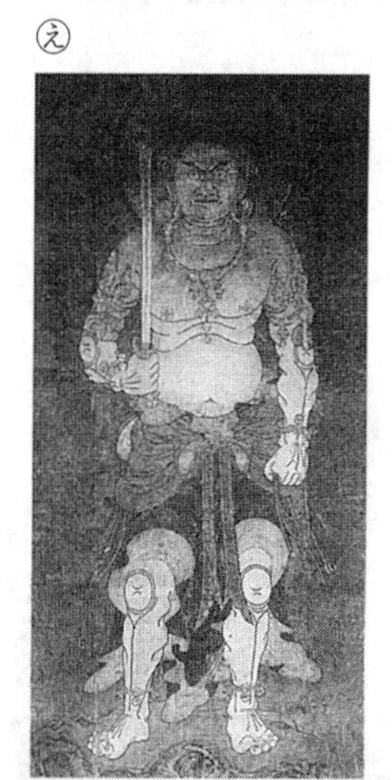

(f) 下線部⑥に関して，［C］で元服して八幡太郎と呼ばれた人物に関して述べた文章として，もっとも適切なものを，下から一つ選び，記号で答えよ。

ⓐ 陸奥守として清原氏の後継争いに干渉し，藤原（清原）清衡を支援して勝利に導いた。

ⓘ 平清盛とともに後白河天皇方で戦に臨み，崇徳上皇方に勝利した。

ⓤ 甲斐守在任時に関東に赴き，房総地域で反乱を起こした平忠常を降伏させ

た。

㋔ 武蔵の国司であった時に，平将門の反乱を朝廷に報告し，また西国に赴いて藤原純友の乱を平定した。

（g） 下線部⑦に関して，大和国宇陀郡に建立された山林寺院に伝わる仏像・建造物として，**適切でないもの**を下から一つ選び，記号で答えよ。

㋐

㋑

㋒

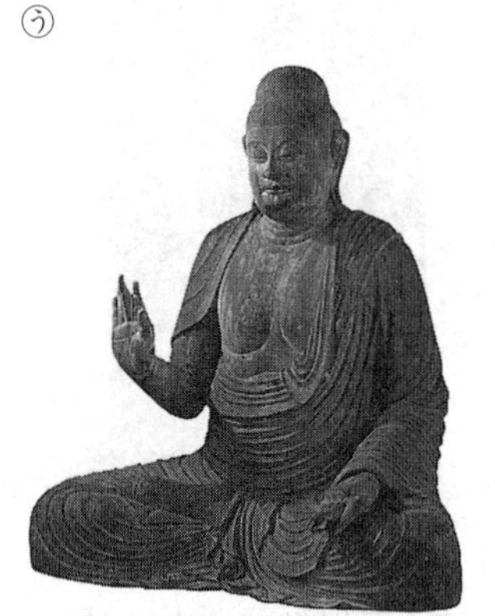

㋓

（h） 下線部⑧に関して，神の降臨する場としての山に対する認識から，山自体をご神体として崇め，本殿はなく拝殿のみ設営された，奈良県桜井市にある神社を何というか。

（ｉ）下線部⑨に関して述べた文章として，**適切でないもの**を下から一つ選び，記号で答えよ。

㋐　葛城山で修行し，呪術でその名が知られた役小角は，のちに修験道の祖として崇められた。

㋑　大和国吉野の金峯山は修験道の霊場としてさかえ，藤原道長はこの地に経筒を埋納した。

㋒　天台宗系の修験道の拠点である三井寺の修行者は，春日神社の神木を担いで強訴を行った。

㋓　平安末期～鎌倉初期の代表的な絵巻物である『鳥獣戯画』には，僧と験比べをする修験者の姿が描かれている。

（ｊ）下線部⑩に関して，こうした上皇たちの一人である後鳥羽院に仕え，その熊野詣にも随行した，『新古今和歌集』の撰者として知られる貴族が著した日記を何というか。

Ⅱ　中世後期～近世期における，都市下層民衆の排除と包摂に関する次の文章〔１〕～〔３〕を読み，（ａ）～（ｏ）の問いに答えよ。なお，史料は読みやすく改めてあるところがある。

〔１〕15世紀前半，４代将軍［　A　］の時代に起きた飢饉では，都市京都は壊滅状態に陥った。しかし，15世紀後半，将軍足利義政の時代に起きた寛正の飢饉で疲弊したのは地方の生産地であり，消費都市京都には，<u>窮民に施すことができるほどの食糧</u>①が保持されていた。そのため，食糧や雇用を求め，地方から多数の難民が京都に押し寄せた。つまり15世紀後半には，<u>物流にかかわる一大転換</u>②があったのである。

16世紀末，京都を洪水から守ること等を目的として築かれた土塁である［　B　］の構築や，大地震で倒壊した［　C　］城の再建などの普請事業によって，積極的に雇用を創出したのが豊臣秀吉である。ただし，労働環境は悪く，体調不良で仕事に出られないと飯米を得られず，乞食となる者が京中に増大した。このため秀吉は，一方では，これ以上農民が都市に流入して［　D　］となることを阻止すべく，［　D　］停止令も出した。秀吉はさらに，都市改造の過程で，清水寺に通じる五条橋を南に付け替え，人々を東山大仏という新名所へと誘導した。

（a） A に入るもっとも適切な人物の姓名を答えよ。

（b） 下線部①に関して，粥の炊出しが行われた町堂の一つで，華道池坊流ゆかりの寺堂名として，もっとも適切なものを下から一つ選び，記号で答えよ。

㋐ 三十三間堂　　㋑ 千本閻魔堂

㋒ 革堂　　㋓ 六角堂

（c） 下線部②に関して，15世紀後半の物流活性化を示す事象として，**適切でないもの**を下から一つ選び，記号で答えよ。

㋐ 博多における出土銭貨（洪武通宝など）数の増加。

㋑ 石見大森銀山で，灰吹法による銀の精錬に成功。

㋒ 京都における陶磁器の出土遺構数の増加。

㋓ 市場法，また市場の立つ社寺門前の保護法の発布数の増加。

（d） B に入るもっとも適切な語句は何か。漢字３文字で答えよ。

（e） C に入る語句は，当時，京都・大坂とならんで複都の一角を構成した地名でもある。漢字２文字で答えよ。

（f） D に入る語句は何か。もっとも適切なものを下から一つ選び，記号で答えよ。

㋐ 法華衆　　㋑ キリシタン　　㋒ 日用　　㋓ 足軽

〔２〕 18世紀前半，将軍徳川吉宗の時代に起きた享保の飢饉時には，次のような町触が出されている。

御救米の儀，名主どもへお渡し置かれ，飢人へとらせ候よう，仰せ渡され候ところ， E などへ相渡し置き，不吟味なる致し方の者もこれ有る由，不埒に候間，名主ども吟味仕り，困窮人へは無用いたし，飢人へばかりとらせ申すべく候。

（『江戸町触集成』）

これは「御救米」の給付対象となる人のボーダーラインを策定したものであ

り，ここに被災者認定を受けた「 F 」と，災害以前から存在する「 G 」との間には，はっきりと線引きがなされた。が，給付の現場では，給付すべきか否かをめぐる，悩ましい判断が求められることになり，京都では，いったんは対象外とされたボーダー付近の人を「黙止」できないとして，これを給付対象とする，第二次救済も行われた。

（g） E には，町内の事務を補佐，担当する役職名が入る。もっとも適切なものを下から一つ選び，記号で答えよ。

㋐ 年行事　㋑ 会合衆　㋒ 月行事　㋓ 町年寄

（h） F には引用された史料内の用語が入る。もっとも適切な語句を答えよ。

（i） G には引用された史料内の用語が入る。もっとも適切な語句を答えよ。

〔3〕 18世紀後半，老中 H の主導した寛政の改革では，半官半民と貯蓄を基調とする都市政策が展開された。まずは町入用節約額の一部を積立させる I の法を設け，ついで江戸の向柳原に米蔵を立て，その敷地内に設置された江戸 J は，江戸後期，都市民衆の救済機関として機能した。ただし，無宿など浮浪人への授産・更生施設として出発した K については，現実には治安維持のための収容所として機能する面もあった。

その後，天保期以降，幕末に至るまで江戸 J が飢饉・疫病や風邪流行などに際して臨時救済を行うことは事実上定例となった。困窮者対象の生活の手当てとして，「御救米」（10日分計算の米）を申請させ，町方人口の③6～8割にもあたる人々にこれを給付した。かつて享保改革期には，日常的に存在する G には配らないとされた「御救米」は，幕末の安政期にいたると，いまや誰もが G と称して憚ることなく給付の申請をすることが可能となっており，その申請は人別帳などの帳簿により町ごとに確認された。④市中のメディアも申請数を煽り立て，都市住人の申請行動を後押ししたのであった。

（j） H に入るもっとも適切な人名を答えよ。

（k）　I　に入るもっとも適切な語句を答えよ。

（l）　J　に入るもっとも適切な語句を答えよ。

（m）　K　に入るもっとも適切な語句を答えよ。

（n）　下線部③に関して，天保飢饉期以降，「御救米」を受給したおよその人数として，もっとも適切なものを下から一つ選び，記号で答えよ。

㋐　40000人　　㋑　80000人　　㋒　400000人　　㋓　800000人

（o）　下線部④に関して，安政コレラ流行時に江戸市中に流布した「頃痢流行記」の作者は，明治以降も『安愚楽鍋』や『いろは新聞』などの文筆活動で活躍した。その人物としてもっとも適切なものを下から一つ選び，記号で答えよ。

㋐　月岡芳年　　㋑　仮名垣魯文　　㋒　福地桜痴　　㋓　福沢諭吉

Ⅲ　次の文章〔1〕～〔4〕を読み，（a）～（t）の問いに答えよ。

〔1〕　1871年12月，　A　は，北海道開拓使が募集した官費女子留学生として渡米の途についた①。当時，最年少の女子留学生である。1882年の帰国までの約11年間に，アメリカで教育を受けた彼女は，卓越した英語力を身に付けた。帰国後は女学校（のちの女子学習院）で教鞭を執っていた②が，アメリカで高等教育を受けるべく1889年から再度留学し，このころ日本での女子高等教育開拓への志を立てたといわれる。この志は，1900年，日米の知人らからの協力を得て「女子英学塾」③として結実した。この学校は1904年には専門学校の認可を受け④，また翌年，無試験検定による英語教育免許状の授与権も与えられるなど，女子高等教育機関としての地位を確実なものにした。

（a）　空欄　A　に入る人名を答えよ。

（b）　下線部①に関して，このときの官費留学生の渡航は，条約改正の予備交渉のために派遣された使節団に随行する形式であった。この使節団の見聞記録として著された書物は何か。もっとも適切なものを下から一つ選び，記号で答えよ。

㋐　『西洋事情』　　㋑　『万国公法』

㋒ 『米欧回覧実記』　　　㋓ 『西国立志編』

（c） 下線部②に関して，彼女をこの職に推薦したのは，渡米時の使節団に同行していた政府高官であった。内閣総理大臣，韓国統監などを歴任したこの人物は誰か。

（d） 下線部③に関して，この女子英学塾の卒業生で，1921年に日本最初の社会主義女性団体を結成し，戦後は新設された労働省初代婦人少年局長を務めたのは誰か。

（e） 下線部④に関して，同年に専門学校の認可を受けた，成瀬仁蔵によって創設された女子高等教育機関は何か。もっとも適切なものを下から一つ選び，記号で答えよ。

㋐ 日本女子大学校　　　㋑ 神戸女学院

㋒ 女子高等師範学校　　　㋓ 東京女医学校

〔2〕 1895年，福岡の貧しい家に生まれた［B］は叔母を頼って上京し，上野高等女学校に学んだ。卒業後，⑤1911年に結成された女性の感性の解放をうたう文学団体に参加し，⑥婚姻制度や貞操観念批判，廃娼運動，⑦母性に関する社会意識への批判的議論を展開した。のち，無政府主義に傾倒して，大杉栄に接近し，また「婦人労働者の覚醒」などの執筆活動を続けるかたわら，同志らと社会主義女性団体を結成した。しかし，⑧関東大震災後の社会的混乱のなか，憲兵隊に連行され，殺害された。

（f） 空欄［B］に入る人名を答えよ。

（g） 下線部⑤に関して，この団体名を漢字3文字で答えよ。

（h） 下線部⑥に関して，婚姻した夫婦が同じ氏を称する夫婦同氏制度は，親族関係を定めた明治31年法律第9号で「戸主及ヒ家族ハ其ノ家ノ氏ヲ称スル」「妻ハ婚姻ニ因リテ夫ノ家ニ入ル」と定められたことにより制度化された。この法律の名称を漢字2文字で答えよ。

（i） 下線部⑦に関して，国家による母性の保護を否定し，母性中心主義を批判したある人物は，日露戦争に際して『明星』誌上に「君死にたまふことなかれ」を発表したことでも知られている。この人物の作品としてもっとも適切なものを下から一つ選び，記号で答えよ。

㋐　『放浪記』　㋑　『みだれ髪』

㋒　『貧しき人々の群』　㋓　『たけくらべ』

（ｊ）　下線部⑧に関して，関東大震災の混乱に乗じて平沢計七ら労働運動家10人が警察と軍隊によって殺された。この事件の名称として，もっとも適切なものを下から一つ選び，記号で答えよ。

㋐　虎の門事件　㋑　亀戸事件　㋒　横浜事件　㋓　三鷹事件

〔3〕　1893年に愛知県の農家に生まれた［　C　］は，小学校教員，新聞記者を務めていたが，大正デモクラシーの風潮のなか，女性問題に関心を深めて上京した。当時，⑨女性の政治参加は法律で禁じられており，［　C　］はこの条項の撤廃を求めて新婦人協会を結成した。運動の結果，1922年に女性の政治集会参加は認められるものの，女性の選挙権は認められず，［　C　］はその獲得をめざす運動を主導した。日中戦争以降に本格化した戦時体制下には，女性の国家への貢献を示すことで政治的権利の獲得を実現しようとする方針を取り，⑩大政翼賛会の調査委員や大日本言論報国会理事を務めるなど，戦争協力を行った。敗戦後の1947年～1950年までの3年10カ月間の⑪公職追放となったのもこのためであった。女性参政権が実現したのは，戦後直後の⑫衆議院議員選挙法改正によってであった。［　C　］は1953年の第3回参議院議員選挙に立候補して当選し，1981年に87歳で生涯を閉じるまで，通算5期25年間，参議院議員を務めた。

（ｋ）　空欄［　C　］に入る人名を答えよ。

（ｌ）　下線部⑨に関して，この法律の第5条で女子の政治結社・政治集会は禁止されていた。1900年に制定されたこの法律名を答えよ。

（ｍ）　下線部⑩に関して，大政翼賛会の最末端に位置付けられ，近隣数戸が単位となり，戦時下の住民動員や物資の配給，空襲時の避難活動などを担った組織の名称は何か。もっとも適切なものを下から一つ選び，記号で答えよ。

㋐　若者組　㋑　青年会

㋒　隣組　㋓　在郷軍人会

（n）　下線部⑪に関して，ＧＨＱの指令により，1948年までに戦争協力者・職業軍人・国家主義者ら20万人以上が公職から追放された。このなかには，満州総務庁次長，商工大臣を歴任し，追放解除後に政界に復帰して内閣総理大臣となった人物も含まれている。この人物は誰か。

（o）　下線部⑫に関して，女性の参政権が実現し，第22回衆議院議員総選挙では39名の女性議員が誕生した。この選挙が実施されたのは何年か。西暦で答えよ。

〔4〕　1920年，中国東北部で生まれた山口（大鷹）淑子は，南満州鉄道株式会社⑬で中国語を教えていた父の方針で，幼いときから中国語に親しんでいた。13歳で中国名「李香蘭」の名で歌手デビューし，18歳で満州映画協会から中国人映画女優としてデビューして人気を博した。日本の植民地であった朝鮮や台湾でも戦争動員を呼びかける映画に出演した。

敗戦直後の中国・上海で，日本や汪兆銘政権⑭への戦争協力が咎められ軍事裁判にかけられるが，日本人であることが判明し，国外追放となり帰国した⑮。戦後は本名で日本，アメリカ，香港などで数多くの映画⑯に出演した。引退後，1974年には参議院議員に当選し，３期を務め，後に元日本軍慰安婦への償い事業を行うことを目的とした民間基金「女性のためのアジア平和国民基金⑰」副理事長も務めた。

（p）　下線部⑬に関して，この会社の設立は何年か。西暦で答えよ。

（q）　下線部⑭に関して，この政権の所在地を答えよ。

（r）　下線部⑮に関して，これらを含む引揚事業は，戦時下に健民・健兵政策を推進した省庁が管轄していた。この省庁として，もっとも適切なものを下から一つ選び，記号で答えよ。

㋐　大蔵省　　㋑　厚生省　　㋒　外務省　　㋓　海軍省

（s）　下線部⑯に関して，台湾生まれの歌手で，1945年の松竹映画「そよかぜ」に主演し，その挿入歌「リンゴの唄」のヒットで知られる人物は誰か。

（t）　下線部⑰に関して，この基金が発足したのは，自由民主党・日本社会党・新党さきがけの連立政権のときであった。このとき，日本社会党委員長として，内閣総理大臣を務めた人物は誰か。

世界史

（80分）

I　次の文章を読んで空欄に最も適切な語句または数字を記入し，下線部についてあとの問いに答えよ。

皇帝政治が2000年続いた前近代中国において，臣下の頂点に立ち皇帝を支えたのは宰相である。300年近く続いた唐王朝では，中央官制の最高機関である［ A ］の長官たちを中心に構成される複数宰相制をとったこともあり，延べ373人の宰相が就任した。その顔ぶれは名宰相から無能宰相までバラエティに富むが，後世の評価が分かれ論議の的になった人物もいる。8世紀に玄宗・粛宗・代宗・徳宗4代の皇帝に仕えた李泌（りひつ）はその一人である。

彼は，534年に北魏王朝が東西に分裂した結果，長安を拠点として成立した［ B ］王朝の有力者の子孫で，いわゆる拓跋国家の人脈に連なる。幼少より秀才ぶりを発揮した彼を，7歳の時に玄宗が招いてその才能を喜んだと言われる。のちに宮中に召されて玄宗と皇太子（後の粛宗）の側近の学士となったが，玄宗の寵妃［ C ］の親族である宰相楊国忠や有力節度使を批判したため追放された。

755年，［ D ］の乱が勃発すると，皇太子は父玄宗と袂（たもと）を分かち，長安西方の朔方（さくほう）節度使の拠点である霊武（れいぶ）に赴き独断で帝位に即いた。これが第7代粛宗である。李泌はかつて仕えた皇太子の即位を聞くとそのもとに駆けつけるが，「自分は隠者である」と称して官位は固辞し，無位無冠の身分で参謀の任についたため兵士達から怪しまれた。その一方で，粛宗の長男である広平王を天下兵馬元帥に推し，元帥府の責任者となって奇策を提案するなど活躍した。しかし，粛宗の即位に尽力した妃（きさき）の張氏と宦官李輔国の両人に疎んじられたため，唐朝が長安を奪回すると，李泌は宮廷を去って隠者の生活に入った。

その後，広平王が皇位を継承して代宗として即位すると，李泌を官界に復帰させようとした。しかし，朝廷では横暴な宦官や専権宰相が熾烈な権力闘争を繰り返しており，彼らに警戒された李泌は地方官の職を転々とすることになった。

代宗を継いだ徳宗は，即位早々に従来の税制に代えて年 [E] 回に分けて徴税する新税制を施行するなど財政・政治の刷新に邁進した。徳宗は朝廷の意向に背く節度使も討伐しようとしたが，逆に節度使勢力の反乱によって窮地に陥った。そこで，徳宗は皇太子時代に教えを受け頼りにしていた李泌を呼び戻した。李泌はその期待に応えて業績を上げ，787年，ついに宰相に就任した。

当時の軍制は，国家が兵士に俸給を支給する傭兵によって軍を構成する [F] 制であったが，徳宗は辺境守備強化のため国初の府兵制復活を考えた。それに対して李泌は，派遣した兵士達に田地を支給して土着させるという，より現実的な政策を答申している。また，この頃，皇太子（後の順宗）と父徳宗との関係が悪化していたため，李泌は皇太子の庇護者としての役割も果たしていた。

李泌がとりわけ異彩を放ったのは外交政策においてである。[D] の乱後，唐王朝の最大の外敵はチベット高原にあった [G] であった。李泌は，北方のウイグル，雲南地方の [H] ，西方のイスラーム帝国，さらにはインドと連携して [G] を包囲する戦略を構想した。ところが，皇子時代にウイグルの牟羽(ぼうう)可汗によって幕僚を殺害されたことを怨んでいた徳宗は，ウイグルとの和親を頑として拒絶した。そこで李泌は，現在の可汗は牟羽可汗を倒した人物であるといって旧怨を捨てるよう説得に努め，ついに翻意させることに成功した。これ以降，ウイグルは唐朝との親善を保って [G] を牽制する勢力となり，9世紀の両国の和平に繋がる情勢をもたらした。

このように，対異民族政策を筆頭に卓越した業績を上げた李泌だが，その一方で，<u>隠者を気取り「私は著名な仙人たちと友達だ」とホラ話を吹聴した</u>ことなどで後世の悪評を招いている。五代十国時代の王朝で契丹（遼）に臣従した [I] の時に編纂された『旧唐書(くとうじょ)』では，「李泌の軽薄さは朝臣達から馬鹿にされ，宰相職にあって見るべき事績もない」と酷評されている。ところが，宋代に入ると歴史家達は小説史料を好んで用いるようになったこともあり，『新唐書』では李泌は政敵の攻撃をかわした知恵者であるとされている。また，『新唐書』と同じ宋代の『資治通鑑』では李泌の奇抜な献策が詳細に記載されていて，『資治通鑑』に注釈をつけた元代初期の歴史家胡三省(こさんせい)は李泌を類い希なる名宰相と称賛している。どうやら，漢族が異民族に対して劣勢となるに従い彼の評価が高まるようである。

〔問い〕 中国の伝統宗教である道教は，道家思想と不老長寿を求め仙人を目指す神秘思想とが結びついて形成された。この神秘思想を何と呼ぶか。

Ⅱ　次の文章を読んで空欄に最も適切な語句を記入せよ。

1970年代半ばの中国は，抗日と革命そして建国を担った第一世代の指導者がこの世を去り，様々な課題が次世代にバトンタッチされる時期になっていた。

1975年４月，戦後長らく中華民国総統の座にあった蔣介石が台北市の士林官邸において没した。日本で軍事学を学んだ彼は中国統一事業に臨み，これを完成したかに見えたが，直後から日本との戦争に直面した。更に抗日戦争後は［ A ］との内戦に敗れて大陸を追われることとなった。臨終の時には，国際連合の代表権も喪失し，また，冷戦下における自由主義陣営の同盟国的な存在であった［ B ］との外交関係も断絶するという苦境にあった。彼が悲願とした「大陸反攻」はならず，その柩(ひつぎ)は故郷の浙江省奉化県に埋葬されるのを今も待っている。

翌1976年には中華人民共和国の要人が相次いで没した。１月には，長く国務院総理として国政や外交に力を発揮して，珍しく一度も失脚を経験していない実務家肌の政治家［ C ］が死去した。７月初旬には，八路軍総司令や中国人民解放軍総司令として軍事方面で活躍した朱徳が続いて死去した。７月末の唐山大地震の混乱を経て，９月９日には遂に建国以来の最高権力者として君臨し続けた［ D ］が没し，巨星が相次いでこの世を去ったのである。

かかる交代劇は人間が持つ寿命の表れだと読む事も可能であろうが，中国現代史の場合は，第一世代の元老たちが築いた功績が様々な意味で揺らぎ綻(ほころ)んだ時期と重なる点が興味深い。例えば，建国当初，社会主義の兄貴分として密接な協力関係を構築し蜜月状態を誇ったソ連との関係は，1960年代前半以来，「中ソ対立」と呼ばれる実質的な絶縁状況に陥っていた。また，隣国で起きた［ E ］戦争に際しても，北［ E ］への支援を通じて米国との対決姿勢を強めた。中国は世界の二大国を敵に回すがごとき独自路線を採用したのである。こうした「孤立」は，中国がいつ戦争状態に巻き込まれても耐えられるような態勢の構築を加速させた。すなわち，戦前から一定の経済的基礎を持つ沿海部を避けて内陸部を重視し，かつ，民需ではなくて軍需に力点を置き，しかも，集中より分散を選択するという国家建設の方針であった。この方針のため，中国の採った独自路線はおよそ経済的合理性とは乖離した中身にならざるを得なかった。

内政面においても穏健路線を主張するグループは「走資派（実権派）」として徹

底的に排除された。その代表格とされた国家主席 F は，失脚後の1969年に獄死している。また， D の親密な戦友であり後継者として党規約に明記された左派軍人の林彪も，1971年のクーデタ未遂後，ソ連亡命の途中で墜落死したといわれる。

文化大革命と呼ばれた実質的内乱が続いた結果，中国は世界から「鉄のカーテン」ならぬ「竹のカーテン」の向こう側にある謎めいた大国といった印象すら持たれていた。しかし，1972年の米国大統領ニクソンの訪中や G 正常化などの動向からは，ソ連ではなく西側と接近することによって混迷から脱する契機をつかもうとしていた中国の姿勢を窺うことができる。ピンポンやパンダなどソフトな手段も用いたイメージ改善をしたたかに進めつつ，「ソ連社会帝国主義」論を掲げることで西側資本主義国に接近する大義名分を獲得し，宿敵とさえ手を結ぼうと試みたのである。

D の没後，その後継者となった H は，当初は従来の路線を継承するかのように思われたが，文化大革命の継続を目指す I 組と呼ばれた左派集団を逮捕・追放し，不倒翁のあだ名を持つ実務派の鄧小平を再度復活させた。かくて，中華人民共和国は農業・工業・国防・科学技術を柱とする近代化路線に大きく舵を切ることになる。

その後の紆余曲折はあるものの，革命第一世代の退場は現在の中国を生み出した始期と捉えることが可能だろう。だが，国内では文化大革命を継続しようとする動きにストップを掛けた段階に至ってもなお，国外での立ち位置は微妙だった。例えば，カンボジアで親米派から政権を奪取した J 率いるクメール=ルージュは，文化大革命の影響を受けて極端な共産主義的社会を確立せんとして，都市住民やインテリ層など100万人から170万人もの犠牲者を生んだ大虐殺を行なったが，彼らは中国による支援を受けた集団であった。その J 政権を打倒しようと E の支援を受けたヘン=サムリンが1979年にプノンペンを陥落させると，それに対する「懲罰」として E に戦争を仕掛けて撃退されるなど，中国はおよそ大国のイメージにふさわしくない姿も確認されるのである。

Ⅲ　次の文章を読んで空欄に最も適切な語句を記入し，下線部についてあとの問いに答えよ。

1402年に中央アジアから進軍してきたティムール朝に［ A ］の戦いで敗れたオスマン帝国は，約10年の空位時代を迎えた。バヤジット1世の遺された息子たちが王座をめぐって争い，分裂していたのである。1413年に王族間の争いを制して即位したメフメト1世は，失っていた旧領を回復したものの，内乱は鎮圧できないまま没した。その息子であるムラト2世は相次ぐ内乱に対し非凡な手腕でもって臨み，オスマン家の権威を再確立することに成功した。

このムラト2世と，<u>フランス</u>〔1〕系のキリスト教徒の奴隷とも言われる女性との間に生まれた子が，後に「征服王」と呼ばれるメフメト2世である。彼は，1432年，オスマン帝国の当時の首都であった［ B ］に生まれた。幼少期には当代一流のイスラーム学者・知識人（アラビア語で［ C ］という）に学び，君主としてふさわしい教養を身に付けた。トルコ語に加えてギリシア語やセルビア語も流暢に話したという。

成長したメフメト2世は，アナトリア西部のマニサの知事に任じられた。側近には，「王の奴隷」と呼ばれる元キリスト教徒の奴隷身分の人々が集っていた。メフメト2世の異母兄で王位を継承すると見られていたアラエッティンが側近によって殺害されると，悲嘆したムラト2世は生前退位し，メフメト2世が12歳で王位に就くこととなった。しかし，マジャール人によって建てられた［ D ］王国や<u>現在のルーマニアにあった公国</u>〔2〕がこれを好機と見て侵攻してきたため，この危機に対応すべく，時の宰相の要請に応じて1446年の夏にムラト2世は復位した。その5年後にムラト2世が死去すると，メフメト2世は再度即位した。

メフメト2世は即位して間もなくコンスタンティノープルの攻略に着手した。この都市の名前は，［ E ］金貨を発行したことで知られるローマ皇帝コンスタンティヌス1世の名にちなむ。コンスタンティノープルはビザンツ帝国の帝都として繁栄し，6世紀にはハギア=ソフィア大聖堂が建設された。15世紀にはビザンツ帝国は小国に過ぎなくなっていたものの，コンスタンティノープルを囲む三重の大城壁は外部からの侵略を難しいものとしていた。そのため，メフメト2世は<u>ボスフォラス海峡</u>〔3〕に砦を築いて黒海方面からの船の交通をコントロールするとともに，技術者に巨大な大砲をつくらせた。

1453年，コンスタンティノープルは総勢10万人といわれるオスマン軍により包囲された。包囲されること2か月，大砲によって城壁が破壊されると，デヴシルメ制によって徴集・訓練された歩兵常備軍である［F］が突入し，ついにコンスタンティノープルは陥落した。この都市は，その後徐々に，ギリシア語の「イスティンポリン（街へ)」に由来するとも言われる「イスタンブル」と呼び慣らわされるようになっていく。メフメト2世は荒廃していたイスタンブルを復興させるべく，人々をイスタンブルへ強制移住させたり，大規模なモスクや宮殿を建設したりして，帝都イスタンブルをつくりあげていった。ハギア=ソフィア大聖堂は，アヤ=ソフィア=モスクへ転用された。その後もメフメト2世は，征服王の名が示すように様々な軍事活動を展開し続け，30年に及ぶ治世のほとんどを戦場で過ごした。特に，「アドリア海の女王」と呼ばれたイタリアの都市国家［G］との戦いは16年にも及んだ。

メフメト2世は古代ギリシアの書物を愛読していたことでも知られる。その蔵書には，［H］が詠った『神統記』や［I］が著した『神学大全』のギリシア語訳があったと言われる。また，ルネサンス文化を愛好し，［G］の画家を招聘し自身の肖像画を描かせた。オスマン帝国の画家はこうしたイタリアの画家の影響を受けて，新しいモチーフと手法を取り入れた<u>絵</u>〔4〕を残している。もっとも，メフメト2世は公人としてはイスラームの帝王としてふるまい，イスラーム法にのっとった統治を行った。

1481年，進軍中であったメフメト2世はイスタンブルの近郊の現在のゲブゼ付近にて没した。病に倒れた彼を診察した医師は，アヘンによって痛みを和らげることしかできなかったと言われる。奇しくも，ここは，かつてザマの戦いでローマ軍に敗北したカルタゴの英雄［J］やローマ皇帝コンスタンティヌス1世が死去した地でもあった。

同時代の歴史家たちによるメフメト2世に対する評価は決して高くない。メフメト2世は，権力を有していた自由人のイスラーム教徒たちを解任して力を削ぎ，「王の奴隷」を政権運営の主体に据えて君主権力の絶対化を進めた。同時代の歴史家たちは既得権を奪われた側に属していたため，メフメト2世を低く評価したのは当然かもしれない。彼の評価が高くなったのは19世紀半ば以降のことであり，<u>トル</u>〔5〕

コ共和国においては今でもイスタンブル征服を記念する行事がたびたび行われている。

〔1〕 16世紀にはいると，オスマン帝国の君主はフランスをはじめとしたヨーロッパ諸国に通商上の恩恵的特権を与えた。この特権を何というか，カタカナで答えよ。

〔2〕 現在のルーマニアは，1859年にモルダヴィアともうひとつの公国が連合公国を形成することでつくられた。この公国を何というか。

〔3〕 19世紀のエジプト=トルコ戦争において，オスマン帝国を支援したロシアは，黒海と地中海を結ぶ水路の２つの海峡の独占的通行権の獲得を目指した。そのひとつはボスフォラス海峡だが，もうひとつは何海峡か。

〔4〕 ヨーロッパやイスラーム世界で発展した精密な技法で描かれる，写本の挿絵を何というか。

〔5〕 1923年に成立したトルコ共和国は連合国と講和条約を結び，現在のトルコ共和国とほぼ同じ領土を認められることとなった。その条約を何というか。

Ⅳ　次の文章を読んで空欄に最も適切な語句を記入し，下線部についてあとの問いに答えよ。

人間社会においては，古代から奴隷などの不自由身分の労働力が生産のために用いられてきた。ヨーロッパもその例外ではない。古代ギリシアにも奴隷制度が存在し，その多くは家内奴隷として家事や農作業などに従事した。有力都市国家の一つであったスパルタ〔1〕でも，被征服民を起源とする隷属農民である［　A　］が存在し，スパルタ市民の土地の耕作に従事していた。

古代ローマにおいても奴隷制度は存在し，征服戦争によって獲得された奴隷などが家内労働や農業，鉱山での労働に用いられた。その中には，［　B　］と呼ばれる古代ローマの大土地所有制の下で，富裕層の所領において果樹栽培などに従事させられる者もいた。一方，奴隷の中には闘技場において猛獣や人と戦わされる［　C　］となる者もいたが，紀元前73～71年にかけては，この［　C　］の一人でトラキア出身のスパルタクスを指導者とする大規模な奴隷反乱〔2〕が発生している。

中世のヨーロッパでは，荘園領主〔3〕の支配のもと新たな形態の不自由身分の労働力が用いられるようになった。土地や労働の面のみならず法的にも領主に隷属する［　D　］と呼ばれる身分の農民である。これらの人々には，結婚税や死亡税の支払い，領主の直営地などでの強制的労働である［　E　］の義務，さらには貢納の義務などが課せられた。しかし，13世紀末から14世紀にかけて，貨幣経済の浸透に伴い領主の持つ特権の撤廃や緩和が進み，西ヨーロッパでは［　D　］の解放が進んだ。

一方，ヨーロッパやアメリカの歴史に現われた不自由身分労働力に関する制度や出来事のうち，現代にいたるまで多大な影響を残しているのは，近世以降に発展した大西洋世界での奴隷制度およびそれに伴う奴隷貿易であろう。15世紀から，スペインはポルトガルとともにこの大西洋世界を含む海外への進出を本格化させていった。スペインはその過程で，1494年にポルトガルとの間に［　F　］条約を結んで，両国の海外領土の範囲を定めた。その後，スペインは主に中南米地域に植民地を拡張していく。スペイン王室は，これら中南米の植民地において，キリスト教への教化を条件に，先住民を労働力として用いることを植民者に認める［　G　］制を導入したが，これは鉱山や農場において植民者による先住民の酷使を招く結果となった。

酷使などによって人口が急減した先住民にかわって，スペイン領植民地で新たな労働力の一つとして導入されたのが，主に西アフリカや中央アフリカ西部から強制的に連行され奴隷にされた人々であった。これらの人々を労働力として用いるため，スペイン王室は［ H ］と呼ばれる独占的奴隷供給権をポルトガルやオランダなどの外国商人に与えて，スペイン領アメリカへの奴隷貿易を行わせた。このような奴隷貿易〔4〕は，その後，他のヨーロッパ諸国のアメリカ植民地に労働力を供給するためにも行われた。それらの植民地の奴隷たちは，［ I ］という大農園でサトウキビやタバコ，綿花などの商品作物の生産に従事させられた。しかし，このような奴隷制度は過酷な労働と支配を伴うものであったため，しばしば大規模な奴隷反乱が勃発した。その多くは失敗に終わったが，まれに成功するものもあった。カリブ海にあるフランスのサン=ドマング植民地（現ハイチ）で1791年に起こった蜂起〔5〕においては，反乱を起こした奴隷たちは，最終的に新たな国家を作り，フランス人の支配から独立することに成功している。

その後，19世紀に入ると奴隷貿易や奴隷制度は各地で順次廃止されていく。そして，19世紀末に，最後まで奴隷制度が残っていたブラジルとキューバ，プエルトリコで奴隷制度が廃止されたことで，大西洋世界における奴隷制度は終わりを告げた。しかし，この奴隷制度とも関わりの深い人種差別の問題〔6〕や，それに伴う貧困の問題はその後も残り続け，今なお大きな問題となっている。また，今日でも発展途上国のみならず先進国でも少なからぬ数の人々が実質的な隷属状態に置かれている。奴隷制度は決して過去の問題ではないのである。

〔1〕 スパルタは，被征服民の支配と軍事力の維持を目的として，少年期からの共同生活，土地の売買や他のポリスとの交易の禁止などの特徴を持つ軍国主義的な国制を有していた。このような国制を作ったとされるスパルタの伝説上の指導者は誰か。

〔2〕 この反乱の鎮圧に貢献し，のちにカエサルやポンペイウスとともに第1回三頭政治を成立させたローマの政治家・軍人は誰か。

〔3〕 中世ヨーロッパの荘園領主は国王の課税権や裁判権の行使を拒否する特権を持っていた。その特権を何というか。

〔4〕 この奴隷貿易には，ヨーロッパの商人とともにアフリカ現地の商人や政治権力も関わっていた。17世紀初頭から1894年にフランスの植民地となるまで，西

アフリカの現ベナンに存在した，ヨーロッパ人を相手に奴隷と武器弾薬の交換取引によって強大化した王国の名前を答えよ。

〔5〕 そのころフランス本国ではフランス革命の勃発後，1793年の国王の処刑をきっかけに，フランスと他のヨーロッパ諸国との間に緊張が高まり，同年にはイギリスやオーストリアを中心とする対仏軍事同盟が結成された。この軍事同盟の結成を呼びかけ，その成立に貢献したイギリスの首相は誰か。

〔6〕 かつてイギリス帝国内の自治領であった南アフリカでは，アパルトヘイトと呼ばれる人種差別的隔離政策が第二次世界大戦後に強化され，1991年に撤廃されるまで続いた。このアパルトヘイトに反対する運動の指導者で，1994年に南アフリカ共和国の大統領となった人物は誰か。

地　理

(80分)

I　次の5万分の1地形図をよく読んで，〔1〕～〔10〕の問いに答えよ。なお，この地形図は等倍であり，平成21年発行（平成14年図式）のものである。

〔1〕　地形図のように，地面の起伏や土地利用，行政界などの基本的な地理情報が，特定の主題に偏らずに描かれた地図は何と呼ばれるか，最も適切な名称を答えよ。

〔2〕　地形図を発行している，国土交通省の機関の名称を答えよ。

〔3〕　この地形図の作成に用いられた地図投影法は何か，最も適切な名称を答えよ。

〔解答欄〕　＿＿＿＿図法

〔4〕　この地形図中のX－Yの地形断面図として最も適切なものを，次のⓐ～ⓤの中から1つ選び，符号で答えよ。

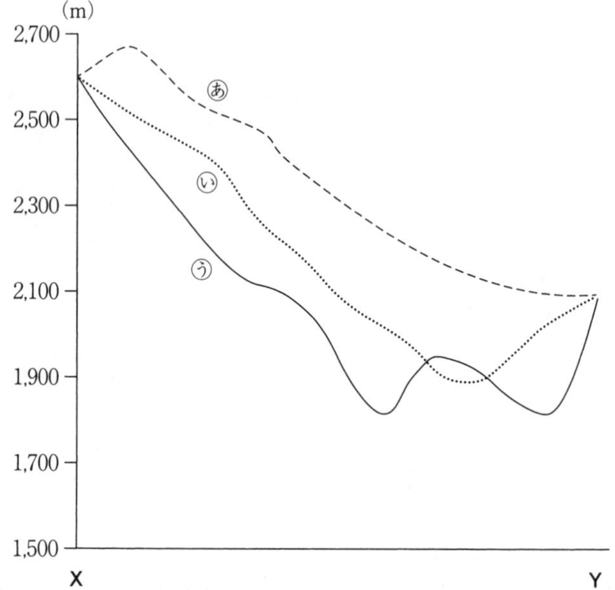

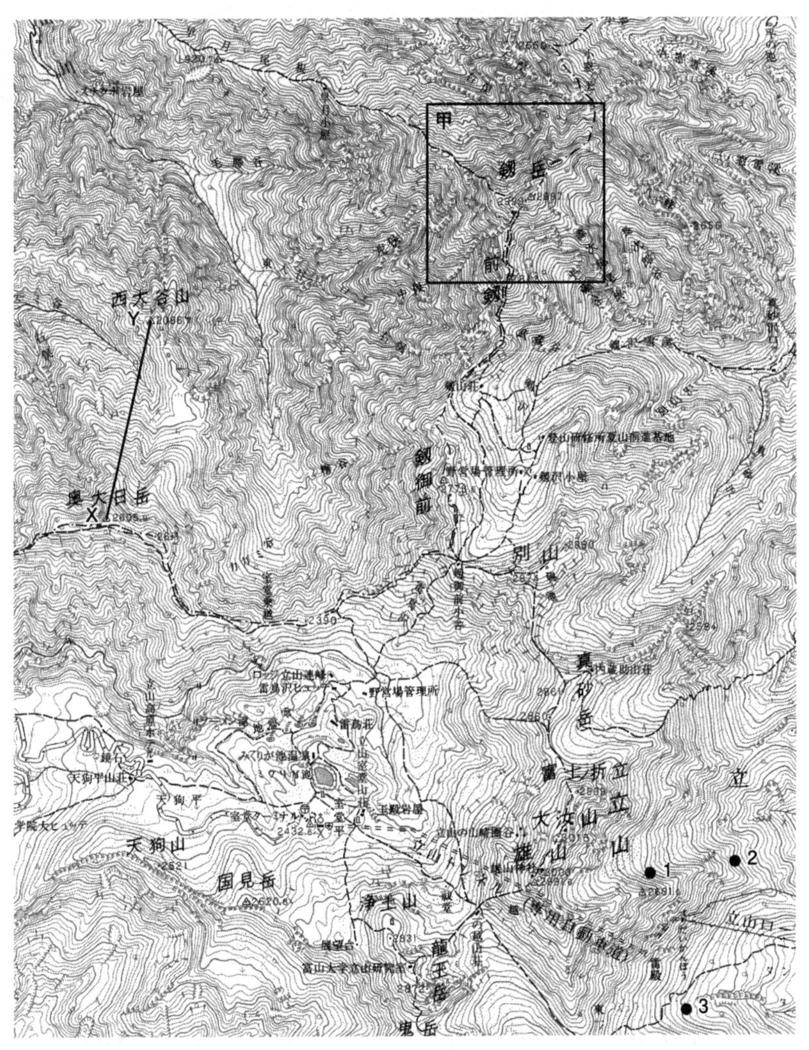

編集部注：実際の問題はカラー印刷
編集の都合上，80%に縮小

〔5〕　この地形図に関する次の(1)〜(3)の文で，正しいものには○印を，誤っているものには×印を記せ。

(1)　地形図の南西部にある「天狗山」から「国見岳」の稜線付近には，「岩崖」がみられる。

(2) 「ミクリガ池」の南西にある郵便局から「天狗平山荘」へと向かう道は，上り坂である。

(3) 「真砂岳」山頂近くの「内蔵助山荘」に降った雨は，「ミクリガ池」の北側を流れる川へと流れ込む。

〔6〕 この地形図の南東部に位置する「だいかんぼう」駅から周辺を見渡したとする。このとき，地形図中に示した●（**1**～**3**）のうち，「だいかんぼう」駅から見えると考えられる地点を１つ選び，数字で答えよ。

〔7〕 この地形図中の「室堂平」付近にある地図記号（ ）の名称は何か，答えよ。また，この施設はどのような方法で位置を測定しているか，簡潔に述べよ。

〔8〕 この地形図中の「天狗山」の北に位置する「天狗平山荘」の標高はおおよそ何メートルか，次の選択肢の中から１つ選び，符号で答えよ。

㋐　2,300 m　　㋑　2,400 m　　㋒　2,600 m　　㋓　2,700 m

〔9〕 この地形図中の「雄山」から「別山」の山頂をつなぐ稜線の東・西の斜面に関して，次の(1)・(2)に答えよ。

(1) 西側斜面にみられる「立山の山崎圏谷」はどのように形成された地形か，簡潔に述べよ。

(2) 東側斜面にみられる地図記号（ ）の名称は何か，次の選択肢の中から１つ選び，符号で答えよ。

㋐　荒地　　㋑　湿地

㋒　ハイマツ地　　㋓　万年雪

〔10〕 次の鳥瞰（かん）図は，この地形図中に**甲**で示された範囲を対象に，地理院地図を用いて空中写真を重ね合わせて作成されている。この鳥瞰図は，どの方角から「剱岳」の山頂を眺めたものであるか，四方位で答えよ。なお，鳥瞰図の垂直方向は，水平方向と等倍である。

編集部注：実際の問題はカラー印刷

Ⅱ　中央アジアとカフカス地方に関する次の地図と文をよく読んで，〔1〕～〔8〕の問いに答えよ。なお，地図中と文中の記号（A～F）は対応している。地図中の●は問いと関係する都市の位置を示し，それぞれに番号（1～5）を付している。また，この地図には標高が灰色の濃淡で，おもな水域が青色で示されている。

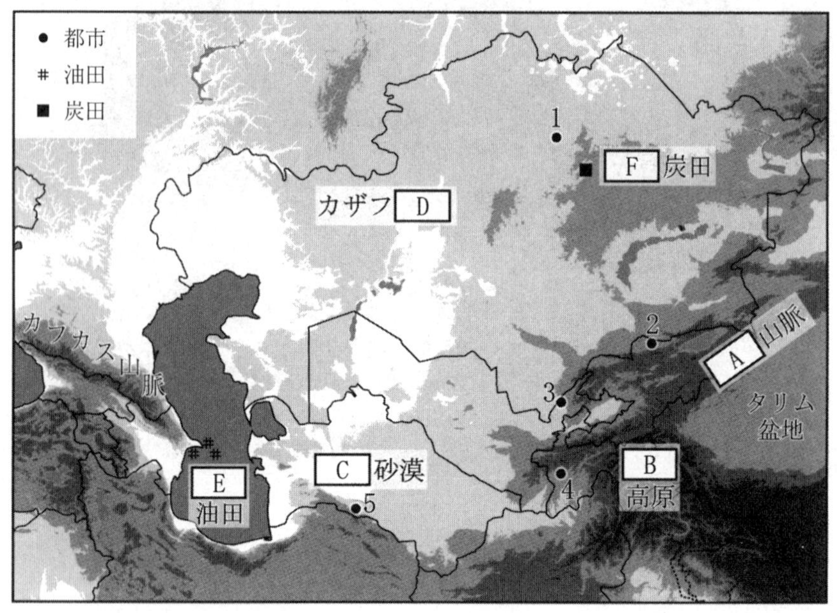

編集部注：実際の問題はカラー印刷。カラー図版は以下に掲載。
https://akahon.net/kkm/rit/rit_2024_0202_geo_q.pdf

中央アジアとカフカス地方は，［　A　］山脈から［　B　］高原，そしてカフカス山脈へと続く高い山々が連なる変動帯と，その北側で標高が低く起伏の緩やかな安定大陸からなる。中央アジアは，広範囲で年降水量が少なく乾燥しており，［　C　］砂漠などの砂漠やカザフ［　D　］と呼ばれる草原がひろがる。それに対して，カフカス地方では，温暖湿潤な気候もみられる。

中央アジアとカフカス地方には，地理的な条件に応じた農業(a)が各地に展開されている。順にみると，まず中央アジア北部は，ウクライナからロシア南西部にひろがる［　イ　］と呼ばれる肥沃な黒色土の分布範囲にあたり，ソ連時代の自然改造計画のもとで，小麦の大規模な生産がおこなわれるようになった。次に，乾燥地域やその周辺であっても，河川や湧水の利用できるところでは，オアシス農業などが営まれている。水量が豊富な場所には都市が発達し，タシケント(b)やサマルカンドは東西交易路の要衝として重要な役割をはたした。ソ連時代には，アラル海に流れ込む河川の流域(c)で灌漑(かんがい)開発が進められた結果，綿花の栽培面積が拡大した。その結果，河川からの過度な取水がアラル海の大幅な縮小をまねいたとされる。そして，中央アジアの他の乾燥地域では伝統的に遊牧がおこなわれてきたが，現在では，そうした遊牧生活をみることはほとんどない。その理由の1つに，ソ連時代に農業の集団化(d)が進められ，遊牧民が定住化したことが挙げられる。最後に，カフカス地方に目を向けると，温暖な気候を活かした柑橘(かんきつ)類やブドウのほか，茶やタバコの栽培がさかんである。

地図中の地域には，鉱産資源にめぐまれた国も多い。カスピ海沿岸には，アゼルバイジャンの東部に［ E ］油田が，カザフスタンの西部にテンギス油田などがある。さらに，そこで採掘された原油を輸送するために，複数のパイプラインが建設されている。アゼルバイジャンの首都から地中海の積出港までは，「［ ロ ］パイプライン」がつなぐ。またカザフスタンは，同国東部に［ F ］炭田などを有し，石炭の産出量で世界有数であるほか，日本が鉱山の共同開発に参加する［ X ］の産出量においては世界第1位（2019年）である。近年，このような鉱産資源の豊かな国々を中心に，着実な経済成長がみられる。

中央アジアとカフカス地方の発展は，ソ連からの体制移行の中で，混乱をともなうものでもあった。独立後に政治・経済が不安定化した国や，民族問題が表面化した国もある。たとえば，ロシア内のチェチェン共和国では，分離独立を求める民族運動に，イスラーム復興運動が重なり，激しい武力衝突へと発展した。ジョージアにおいては，南［ ハ ］自治州でロシアへの編入を求める動きがあり，そこには国の実効的な支配が及んでいない。(e)アルメニアとアゼルバイジャンとの間では，ナゴルノ・カラバフ自治州の帰属をめぐる紛争が続いてきた。

資源供給国の多角化を目指す日本は，中央アジアとカフカス地方に対して，ODA をはじめ多額の経済協力をおこない，農業・鉱業などへの技術支援やインフラ整備，地域の和平に向けた活動を実施してきた。日本にとっても，両地域における社会の安定や産業の発展が，今後も重要視されるといえよう。

〔1〕 文中の［A］～［F］に当てはまる最も適切な地名または名称を答えよ。

〔2〕 文中の［イ］～［ハ］に当てはまる最も適切な語句，名称，または地名を答えよ。

〔3〕 文中の［X］に当てはまる鉱産資源はどれか，最も適切なものを次の選択肢の中から１つ選び，符号で答えよ。

㋐ ウラン鉱　　㋑ コバルト鉱　　㋒ タングステン鉱

〔4〕 下線部(a)に関して，次の(1)・(2)に答えよ。

(1) 次の表中の㋐～㋒は，３か国における牛，羊，豚の家畜頭数（2020年）を示したものである。このうち羊に当てはまるものはどれか，表中の㋐～㋒の中から１つ選び，符号で答えよ。

（千頭）

国	㋐	㋑	㋒
カザフスタン	17,750	817	7,850
キルギス	5,508	29	1,716
ジョージア	842	156	870

『世界国勢図会 2022/23年版』により作成

(2) 次の表中の㋐～㋒は，生鮮ブドウ，干しブドウ，ワインについて，2019年におけるウズベキスタンからの輸出額上位５か国と輸出の総額に占める割合（％）を示したものである。このうち干しブドウに当てはまるものはどれか，表中の㋐～㋒の中から１つ選び，符号で答えよ。

順位	㋐		㋑		㋒	
	輸出先	割合(%)	輸出先	割合(%)	輸出先	割合(%)
1位	カザフスタン	52.7	ロシア	75.5	中国	19.2
2位	キルギス	27.0	カザフスタン	11.9	トルコ	13.9
3位	ロシア	18.2	キルギス	10.0	キルギス	12.1
4位	ベラルーシ	1.1	ベラルーシ	1.3	サウジアラビア	9.0
5位	ウクライナ	0.6	ドイツ	0.6	ドイツ	5.4
−	その他	0.4	その他	0.7	その他	40.4
	計	100.0	計	100.0	計	100.0

The Atlas of Economic Complexity により作成

〔5〕 下線部(b)に関して，次の(1)〜(3)に答えよ。

(1) タシケントの位置を，地図中の●（1〜5）の中から1つ選び，番号で答えよ。

(2) タシケントなどの中央アジアの都市では，オアシス都市の要素とソ連時代のヨーロッパ的な都市の要素が混在した市街地が形成されている。タシケントの市街地を撮影した衛星画像はどれか，㋐〜㋓の中から1つ選び，符号で答えよ。

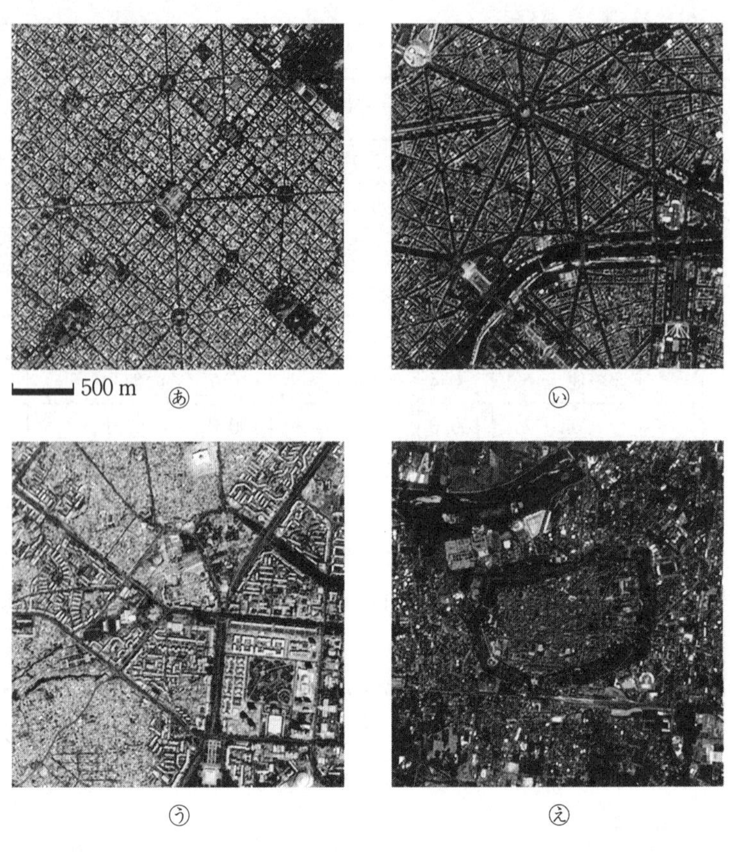

Sentinel－2の衛星画像（トゥルーカラー）により作成
縮尺はすべて同じ

編集部注：実際の問題はカラー印刷

(3)　次の雨温図は，タシケント，ニューヨーク，バルセロナ，ペキンのものである。タシケントの雨温図はどれか，ⓐ～ⓔの中から１つ選び，符号で答えよ。

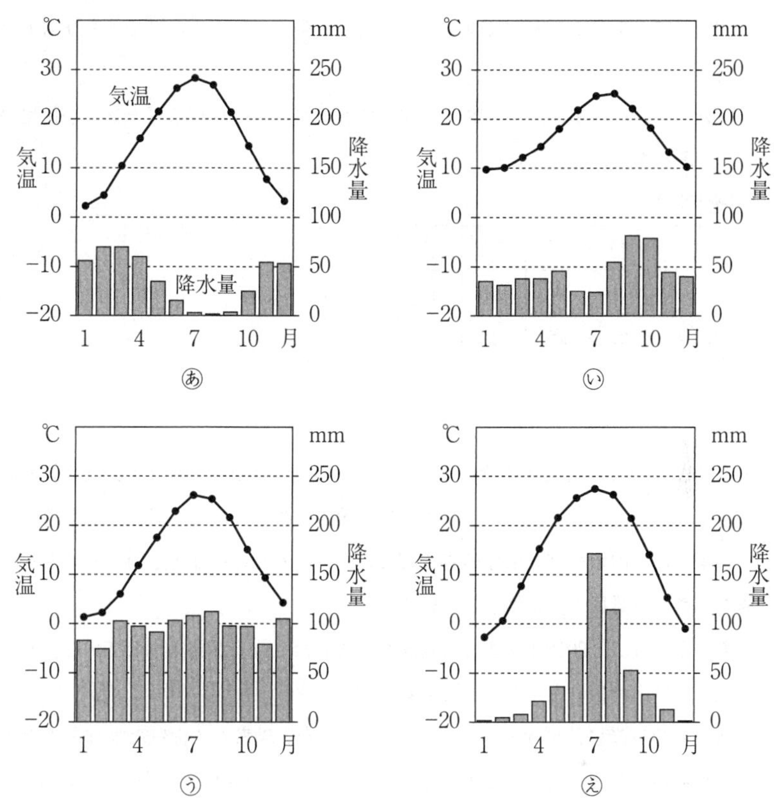

気象庁ウェブサイトのデータ（1991〜2020年の平年値）により作成

〔6〕 下線部(c)に関する説明として，正しいものを，次の選択肢の中から1つ選び，符号で答えよ。

ⓐ シルダリア川の取水を利用した世界最大級の運河が建設されている。

ⓘ 過剰な灌漑で土壌の溶脱が進み，表層に灰白色のポドゾルが分布する。

ⓤ 干上がった湖底から塩を含んだ砂が飛散し，住民に健康被害が生じた。

ⓔ 上流域では，電力需要の下がる冬季に，水力発電用ダムの放流量が増える。

〔7〕 下線部(d)に関して，ソ連時代の国営農場は何と呼ばれるか，最も適切な名称をカタカナで答えよ。

〔8〕 下線部(e)に関する次の説明文（甲）・（乙）について，正誤の組み合わせとして最も適切なものを，下の選択肢の中から1つ選び，符号で答えよ。

（甲）　アゼルバイジャンではムスリムが最も多く，アルメニアではキリスト教徒が最も多い。

（乙）　この自治州は，アルメニア国内にあるが，アゼルバイジャン人が住民の多数を占めている。

【選択肢】

	ⓐ	ⓘ	ⓤ	ⓔ
（甲）	正	正	誤	誤
（乙）	正	誤	正	誤

Ⅲ　国際的な人の移動に関する次の①～③の文と表をよく読んで，〔1〕～〔5〕の問いに答えよ。なお，①の文中のⓐ～ⓔには，第1表のA・Bと同じ国名が入る。

①　近年では，内戦や宗教的な迫害などのために，本来の居住地を離れることを余儀なくされる難民の数が増加している。

第1表のAは，2019年末までに難民が発生した上位6か国を示している。Bは，難民の受け入れ数の上位6か国である。

地中海の東岸に位置するⓐでは，「アラブの春」以来の政権側と反体制派との内戦が続いてきた。南アメリカ大陸の北部に位置し，OPECの原加盟国であったⓑでは，治安の悪化と過度なインフレーションで社会が大混乱に陥った。西アジアのⓒでは，あいつぐクーデターと外国の軍事介入，タリバンの台頭などで混乱が続いてきた。アフリカ大陸に位置し，石油資源にめぐまれるⓓは，その北隣りの国からの分離独立をはたしたが，内戦によって多くの難民が発生している。ⓔには，隣国であるⓐからの難民が多く流入している。

第1表

A

国	国外に出た難民数(2019年末時点)(人)
ⓐ	6,617,000
ⓑ	3,675,500
ⓒ	2,728,900
ⓓ	2,234,800
ミャンマー	1,078,300
ソマリア	905,100

B

国	受け入れた難民数(2019年末時点)(人)
ⓔ	3,579,500
コロンビア	1,771,900
パキスタン	1,419,600
ウガンダ	1,359,500
ドイツ	1,146,700
スーダン	1,055,500

国連難民高等弁務官事務所の資料により作成

② 受け入れ国に滞在して，教育を受けるための留学も，国際的な人の移動にほかならない。第2表は，2010年と2019年における，OECD加盟国が1年間に受け入れた留学生の構成比に関して，2010年の比率にもとづいて上位7か国までを示したものである。そのほかにNATOとEUの加盟状況，ならびに到着旅行者数もあわせて示している。

第2表

国	受け入れた留学生の比率（%）		NATO	EU	到着旅行者数（千人）	
	2010年	2019年	2022年	2022年	2010年	2019年
㊙	26	24	加盟	非加盟	60,010	79,442
㊁	15	12	加盟	非加盟	28,911	39,418
オーストラリア	10	13	非加盟	非加盟	5,790	9,466
㊂	9	6	加盟	加盟	76,647	90,914
ドイツ	8	8	加盟	加盟	26,875	39,563
日本	5	5	非加盟	非加盟	8,611	31,881
㊃	3	7	加盟	非加盟	16,219	22,145
OECD全加盟国	100	100	−	−	−	−

OECDの資料，ならびに『世界の統計 2023年版』により作成

③　OECD 加盟国の中で，オーストラリアは海外から多くの移民を受け入れてきた国の1つである。第3表は，オーストラリアにおける外国生まれの居住者数について上位6か国を示したものである。ここでの居住者とは，オーストラリアに12か月以上居住するものを指す。そのほか，第3表には，それらの国々のOECD 加盟状況，1人当たり名目 GNI（国民総所得），人口密度を示している。

第3表

国	居住者数（2021年推計値）（人）	OECD 加盟状況（2022年）	1人当たり名目 GNI（2020年，米ドルベース）	人口密度（2021年，人/km^2）
㋑	1,152,740	加盟	40,114	277
㋺	710,380	非加盟	1,910	428
㋩	595,630	非加盟	10,160	149
㊁	559,980	加盟	42,764	19
㋭	310,620	非加盟	3,553	380
ベトナム	268,170	非加盟	2,624	294

オーストラリア政府統計局ウェブサイト，『世界国勢図会 2022/23年版』により作成

〔1〕　第1表は，国連難民高等弁務官事務所の統計による。国連難民高等弁務官事務所は英語表記をもとにアルファベット5文字で略称され，最初の2文字はUN である。残り3文字を答えよ。

〔2〕　第1表のA・Bのⓐ～ⓔに当てはまる国名をそれぞれ答えよ。

〔3〕　第1表のAにあるミャンマーからの難民には，同国西部で暮らしてきた少数民族が含まれる。この少数民族の最も適切な名称を答えよ。また，この少数民族がおもに信仰する宗教は何か，最も適切な名称を答えよ。

（〔解答欄〕　＿＿＿＿教）

〔4〕　第2表の㊙～㊦に当てはまる国名をそれぞれ答えよ。

〔5〕　第3表の㋑～㋭に当てはまる国はどこか，次の選択肢の中から1つずつ選び，それぞれ符号で答えよ。

ⓐ　イギリス　　ⓘ　インド　　ⓤ　シンガポール
ⓔ　中国　　ⓞ　ドイツ　　㋕　ニュージーランド
㋖　バングラデシュ　　㋗　フィリピン

政治・経済

(80分)

I　次の文章を読んで，あとの問いに答えよ。

日本国憲法①においては，人間は生まれながらにして基本的人権をもつという，[A]権の考え方がとられている。そして，自由権的基本権（自由権）として，精神の自由②，身体の自由（人身の自由），[B]の自由という，大別して3つの自由を保障している。

このうち精神の自由に属するものとして日本国憲法第20条は「[C]の自由は，何人に対してもこれを保障する」と定めており，個人はどの宗教を信じてもよいとされている。そして，国に関しては，「いかなる宗教団体も，国から特権を受け，又は政治上の権力を行使してはならない」，「国及びその機関は，宗教教育その他いかなる宗教的活動もしてはならない」とされている。さらに第89条では，特定の宗教団体に対する公金の支出が禁止されている。日本国憲法では，これらの条文によって「[D]の原則」が定められている。

これに関連して最高裁判所は，戦没した兵士などを祀（まつ）る[E]への公金の支出を違憲とする判決を出している。[E]に関しては，現在も首相や閣僚などが参拝することに対して，戦争で被害を受けた近隣諸国からも批判がある。なお，第二次世界大戦前については，[F]が事実上，国の宗教とされていたとの指摘がある。

戦前の日本の憲法は大日本帝国憲法③であり，1889年に発布され，翌年に施行された。これは，近代的な法治国家④としての体裁を整えることで欧米列強に肩を並べ，不平等条約⑤の改正をめざすという外交上の必要性と，国内に起こった国会開設や憲法制定を要求する自由民権運動⑥に対処するという内政上の必要性からのものである。これらの必要性に迫られた明治政府は，[G]の憲法を模範とする草案を作成し，君主である天皇が国民に授ける欽定憲法⑦という形で大日本帝国憲法を制定した。

〔1〕 A ～ G にあてはまるもっとも適切な語句を記入せよ。なお，**A・B・C・Fは漢字2字，DとEは漢字4字，Gは国名をカタカナ5字**で答えよ。

〔2〕 下線部①に関して，日本国憲法は，戦前の日本における ＿＿ のような貴族制度を認めていない。空欄にあてはまる語句を**漢字2字**で答えよ。

〔3〕 下線部②の「精神の自由」に**あてはまらないもの**を下から一つ選び，記号で答えよ。

ⓐ 思想・良心の自由

ⓘ 集会・結社・表現の自由

ⓤ 学問の自由

ⓔ 奴隷的拘束および苦役からの自由

〔4〕 下線部③に関して，大日本帝国憲法のもとでは，天皇の諮問機関として，元老や行政経験者などによって構成される ＿＿ が設けられ，政党や議会政治を抑制する役割を果たした。空欄にあてはまる語句を**漢字3字**で答えよ。

〔5〕 下線部④に関して，法治国家とは，法治主義の原則を取り入れている国家のことである。この法治主義は法の形式を重視する原則であり，一定の形式や手続きが満たされてさえいれば，法の内容を問わず，その法に従うべきだという意味合いをもつことがある。これに対して，権力を制限する意味合いが強いのが イ であって，支配者が恣意的に権力を行使する ロ と対立する概念である。 イ と ロ にあてはまる語句の組み合わせとして，もっとも適切なものを下から一つ選び，記号で答えよ。

ⓐ イ：「民の支配」　ロ：「王の支配」

ⓘ イ：「法の支配」　ロ：「神の支配」

ⓤ イ：「民の支配」　ロ：「神の支配」

ⓔ イ：「法の支配」　ロ：「人の支配」

〔6〕 下線部⑤に関して，現在の日本で条約の締結に必要な承認を与えるのは下記のうちのどれか。もっとも適切なものを下から一つ選び，記号で答えよ。

ⓐ 外務省　ⓘ 内閣　ⓤ 国会　ⓔ 天皇

〔7〕 下線部⑥に関して，大日本帝国憲法とは別の，独自のものとして民間で起草された憲法案を何というか。もっとも適切なものを下から一つ選び，記号で答

えよ。

　㋐　私制憲法　　㋑　私擬憲法　　㋒　私議憲法　　㋓　私撰憲法

〔8〕 下線部⑦に関して，欽定憲法とは君主によって制定された憲法のことだが，これに対して国民によって制定された憲法のことを［　　］憲法という。空欄にあてはまる語句を**漢字2字**で答えよ。

Ⅱ　次の文章を読んで，あとの問いに答えよ。

第二次世界大戦前の日本は，［A］制によって地主が小作人から高額な小作料をとっていたため，小作人が生活に困窮していた。そこで，第二次世界大戦後に，GHQ（連合国軍総司令部）は対日占領政策として，経済民主化政策を実施することになった。自作農創設特別措置法によって農地改革が開始され，政府が地主から農地を強制的に買収し，小作人に安く売り渡した。この結果，［A］制は崩壊し，多くの自作農が創出された。また，［A］制の復活を防止するために，［B］年には農地法が制定され，農地の所有・賃貸・売買に厳しい制限が設けられた。その結果，農家の経営規模の拡大は進まず，狭い農地に多くの労働力や化学肥料・農薬を投下して収穫を増やそうとしたため，アメリカや中国などの農産物輸出国に比べて農産物価格が高くなってしまう問題があった。さらに，高度経済成長期には工業生産が著しく増え始め，工業所得の伸びが農業所得の伸びを上回るようになった。農業とそれ以外の産業の所得の格差は，<u>農村から都市への労働力移動や，農業から製造業もしくはサービス業などへ転出する人口を増加させ，農家戸数や農業就業人口が大幅に減少した</u>①。

そうした中で1961年に制定された［C］は，畜産・果実・野菜などへの選択的拡大を奨励し，機械化や経営規模拡大による自立経営農家の育成をめざした。しかし，畜産・果実・野菜などへの転換は進まず，自立経営農家は育たなかった。その理由は，多くの農家が機械化によって生じた自由な時間を農外所得の増加にあてたためであり，販売農家の中でも主業農家と準主業農家が減少し，［D］が増加した。さらに，［E］制度によって，米などの主要な作物について，国が価格や需給の調整，流通の規制をして農家からの買い上げを保障していたため，米以外の畜産・果実・野菜などへの転換が進まなかった。その後，国民の食生活の変化により過剰米が発生するようになったため，1970年から［ F ］政策によって作付制限を実施するようになった。

1990年代になると，日本の貿易黒字幅が大きかったため，外国産農産物に対して日本市場を開放することを要求する声が強くなった。1991年には牛肉と［ G ］の輸入が自由化され，［ H ］年にはＧＡＴＴ（関税および貿易に関する一般協定）のウルグアイ・ラウンドで米の部分的輸入自由化が合意された。その後，1999年には米の全面関税化が実施されている。さらに，同年には［ C ］をＷＴＯ（世界貿易機関）の農業協定に沿う内容に改めるため，食料・農業・農村基本法が制定された。この法律では，②食料の安定供給の確保，③災害防止や環境保全などの農業の多面的機能の発揮，農業の持続的発展，農村の振興の４つの政策理念がかかげられた。

〔1〕［ A ］～［ H ］にあてはまるもっとも適切な語句を記入せよ。なお，**AとEは漢字４字，BとHは西暦を算用数字，Cは法律名を漢字５字，Dは漢字５字，Fは漢字２字，Gはカタカナ４字**で答えよ。

〔2〕下線部①に関して，経済が発展するにつれて，第一次産業の比重が低下し，第二次産業や第三次産業の比重が高まる傾向にあることを，ペティ・［ イ ］の法則という。また，第二次産業や第三次産業を連動させながら第一次産業の振興をはかることを［ ロ ］次産業化という。［ イ ］と［ ロ ］にあてはまるもっとも適切な語句を記入せよ。なお，**イは人名の姓をカタカナ４字，ロは算用数字**で答えよ。

〔3〕下線部②に関して，紛争や地球環境の変化などによって食料の輸入が途絶えるおそれもあり，食料安全保障の観点から食料自給率の向上が求められている。また，［ ハ ］（遺伝子組み換え作物），ポストハーベスト（［ ニ ］），食品の偽装表示，［ ホ ］（牛海綿状脳症または狂牛病）など食の安全性の確保が課題となっている。［ ハ ］～［ ホ ］にあてはまるもっとも適切な語句を，下から一つずつ選び，記号で答えよ。

㋐ ＰＣＢ	㋑ ＢＩＳ	㋒ 有機農法
㋓ ＢＳＥ	㋔ 有害	㋕ 食品添加
㋖ ＧＭＯ	㋗ 環境ホルモン	㋘ 石綿
㋙ ダイオキシン	㋚ ハイテク汚染	㋛ 残留農薬

〔4〕 下線部③に関して，たとえば棚田は国土や環境の保全，美しい景観の形成などの多面的機能を有している。このように，ある経済主体の活動が市場を通さないで，ほかの経済主体に便益を与えることを［　　　］という。空欄にあてはまるもっとも適切な語句を**漢字４字**で答えよ。

Ⅲ　次の文章を読んで，あとの問いに答えよ。

かつて植民地支配下に置かれていた発展途上国のほとんどは，1960年代前半までに政治的独立を達成したが，現在も経済的自立が難しい国が多い。そのおもな要因は，植民地時代から続く一次産品の生産に特化した経済から抜け出せず，先進国主導のＩＭＦ①・ＧＡＴＴ体制のもとでつねに不利な状況に置かれていたことである。

この状況を改善するために1961年の国連総会は「国連開発の［　A　］年」を採択し，1964年にはＵＮＣＴＡＤ（［　B　］会議）が設立された。この年のＵＮＣＴＡＤ第一回総会に提出された［　C　］報告は，発展途上国の交易条件②が不利になる傾向を指摘した。報告は「援助よりも［　D　］を」をスローガンにかかげ，先進国が発展途上国からの輸入品に対して低い関税率を適用することで一方的に優遇する［　E　］や，価格安定化のための国際商品協定などが整備された。国連はＵＮＣＴＡＤを通じ，また先進国もＯＥＣＤ（経済協力開発機構）のＤＡＣ（開発援助委員会）を組織して，発展途上国への援助の促進や調整をはかっている。援助には，政府の行うＯＤＡ（政府開発援助）③と民間主体のものがあり，資金援助と技術援助がある。国連は，先進国のＯＤＡを対ＧＮＩ（国民総所得）比0.7%とすることを目標としている。

1970年代になると世界的に資源価格が高騰した。たとえば，［　F　］年にはＯＰＥＣ（石油輸出国機構）が原油公示価格を大幅に引き上げ，特定国への輸出制限などもあって，第一次石油危機が起こった。背景には自国資源に対する恒久的主権を求める資源［　G　］の動きもあり，これは1974年の［　H　］での，ＮＩＥＯ（新国際経済秩序）樹立をめざす宣言につながった。一方，原油などの資源価格の高騰は，発展途上国の中でも資源をもつ国と資源をもたない国との経済格差④をもたらした。1980年代には，第二次石油危機の影響もあって世界経済は低迷し，一次産品の国際価格も下がって「南」の経済は悪化した。メキシコやブラジルなどの中所得国⑤も無理な経済成長をめざす政策が行き詰まり，巨額の債務の返済が難しくなった。

〔1〕 A ～ H にあてはまるもっとも適切な語句を記入せよ。なお，**Aは算用数字，BとEは漢字6字，Cはカタカナ6字，Dは漢字2字，Fは西暦を算用数字，Gはカタカナ7字，Hは漢字8字**で答えよ。

〔2〕 下線部①に関する説明として，もっとも適切なものを下から一つ選び記号で答えよ。

㋐ ＩＭＦは，第二次世界大戦が終結する以前にアメリカが主導したブレトンウッズ会議で，その設立が合意された。

㋑ ＩＭＦは発展途上国への経済援助も行っており，ＩＢＲＤはＩＭＦの下部機関として発展途上国に対する融資を専門に行ってきた。

㋒ ＩＭＦは1990年代の「アジア通貨危機」の際には直接関与せず，代わって日本が危機に陥った国々への援助を拡大した。

㋓ ＩＭＦによって保証された金とドルの交換は，クリントン政権のもとで停止された。

〔3〕 下線部②に関する説明として，もっとも適切なものを下から一つ選び，記号で答えよ。

㋐ 一年間に外国との間で行った貨幣の受取りと支払いとの収支決算

㋑ 輸出品一単位で何単位の輸入品を入手できるかの比率

㋒ 発展途上国からの輸出品に対する関税と発展途上国への輸入品に対する関税の比率

㋓ 輸入する製品一単位当たりの価格の割引率

〔4〕 下線部③に関して，日本のＯＤＡについての記述として，もっとも適切なものを下から一つ選び，記号で答えよ。

㋐ 最大の援助額を受け取っている対象地域はアフリカである。

㋑ 専門家の派遣などの技術協力はＯＤＡには含まれない。

㋒ 有償資金援助（円借款）はＯＤＡには含まれない。

㋓ ＯＤＡ総額のＧＮＩに対する比率は，国連の目標を下回っている。

〔5〕 下線部④に関して，次の問いに答えよ。

（a） このような経済格差や，それにともなう発展途上国間の対立などの問題を ［　　］ という。空欄にあてはまる語句を**漢字4字**で答えよ。

（b） 貧しさや豊かさをめぐる問題に関して，国際機関によってＧＮＩに代わ

る指標として □ （人間開発指数）が策定され，人々の福祉水準の統計的把握がはかられている。空欄にあてはまる**英語略称をアルファベットの大文字３字**で答えよ。

〔６〕 下線部⑤に関して，中南米ＮＩＥＳといわれるこれらの国々は，アメリカの金融機関などから多額の融資を受けていたが，資源価格の下落とアメリカの金利上昇にともなう利払い負担が増加し，1980年代には累積債務問題が表面化して， □ （債務不履行）の危機が生じた。空欄にあてはまる語句を**カタカナ５字**で答えよ。

数　学

（80分）

次のⅠ，Ⅱ，Ⅲの設問について解答せよ。ただし，Ⅰ，Ⅱについては問題文中の［　　］にあてはまる適当なものを，解答用紙の所定の欄に記入せよ。なお，解答が分数になる場合は，すべて既約分数で答えること。

Ⅰ

〔1〕 四面体ABCDにおいて，AB = AC = AD = 7，BC = 5，CD = 7，DB = 8 とする。頂点Aから平面BCDに下ろした垂線をAHとする。

（1） ∠CBDの大きさは［ア］であり，△BCDの面積は［イ］である。

（2） 線分BHの長さは［ウ］である。

（3） 垂線AHの長さは［エ］である。四面体ABCDの体積は［オ］である。

〔2〕 3進法で表された数が順に並んでいる数列

$1_{(3)}$，$2_{(3)}$，$10_{(3)}$，$11_{(3)}$，$12_{(3)}$，$20_{(3)}$，$21_{(3)}$，$22_{(3)}$，$100_{(3)}$，$101_{(3)}$，$102_{(3)}$，$110_{(3)}$，$111_{(3)}$，$112_{(3)}$，$120_{(3)}$，……

を $\{a_n\}$ とする。また，3進法で表された数の桁数は，例えば，$12_{(3)}$の桁数は2桁，$110_{(3)}$の桁数は3桁，$1221_{(3)}$の桁数は4桁とする。

ここで，3進法で表記されていない数はすべて10進法で表されている。また，［ク］，［ケ］，［コ］，［サ］は10進法で答えよ。

（1） $\{a_n\}$ において，a_{25} = ［カ］$_{(3)}$，a_{50} = ［キ］$_{(3)}$ である。

（2） $\{a_n\}$ において，初めて桁数が6桁になるのは，第［ク］項である。

（3） kを自然数とする。$\{a_n\}$において，桁数がk桁である項は，$\boxed{\text{ケ}}$個ある。また，桁数がk桁である最後の項は，$\boxed{\text{コ}}$である。よって，これらk桁の数のすべての和を求めると，$\boxed{\text{サ}}$となる。

〔3〕 $t-1 \leqq x \leqq t$ における関数 $f(x)=(x+2)\left|x-4\right|$ の最小値を，$g(t)$ とする。

（1） 関数 $y=f(x)$ のグラフの概形として，最も適当なものは，$\boxed{\text{シ}}$である。$\boxed{\text{シ}}$は，次の選択肢から1つ選び記号で答えよ。

【選択肢】

(a)

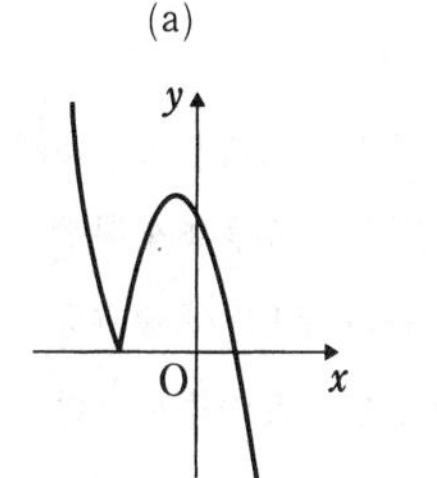

(b)

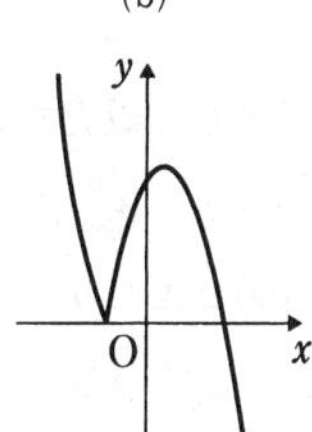

(c)

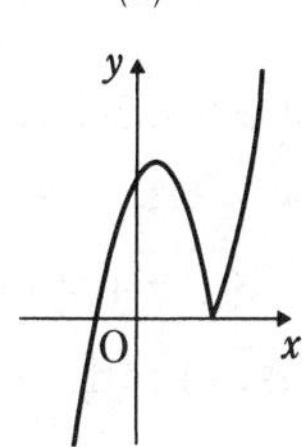

(d)

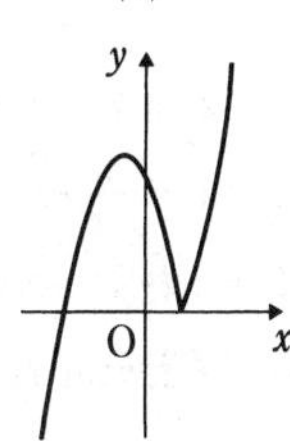

（2） tについての関数$g(t)$は，以下のように $t<\boxed{\text{ス}}$，$t=\boxed{\text{ス}}$，$\boxed{\text{ス}}<t \leqq 4$，$4<t \leqq \boxed{\text{セ}}$，$\boxed{\text{セ}}<t$ の5つの場合に分けて表される。

$$g(t)=\begin{cases} f\left(\boxed{\text{ソ}}\right) & \left(t<\boxed{\text{ス}}\text{ のとき}\right) \\ f\left(\boxed{\text{ス}}-1\right)=f\left(\boxed{\text{ス}}\right) & \left(t=\boxed{\text{ス}}\text{ のとき}\right) \\ f\left(\boxed{\text{タ}}\right) & \left(\boxed{\text{ス}}<t \leqq 4\text{ のとき}\right) \\ f(4) & \left(4<t \leqq \boxed{\text{セ}}\text{ のとき}\right) \\ f\left(\boxed{\text{チ}}\right) & \left(\boxed{\text{セ}}<t\text{ のとき}\right) \end{cases}$$

（3） 関数 $y=g(t)$ のグラフの概形として，最も適当なものは，$\boxed{\text{ツ}}$である。$\boxed{\text{ツ}}$は，次の選択肢から1つ選び記号で答えよ。

【選択肢】

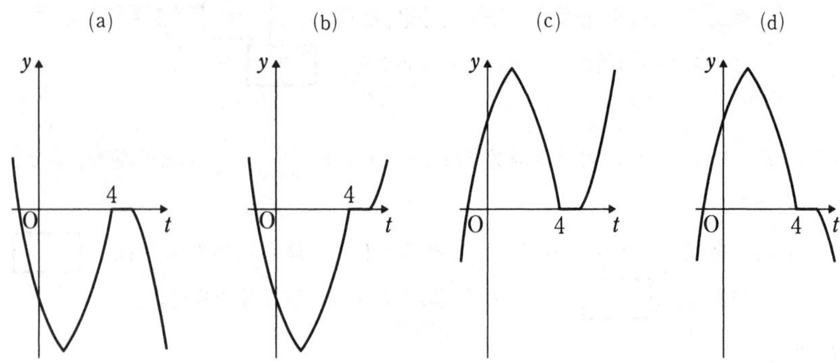

Ⅱ　ある企業がドライフルーツミックスを新商品として販売することを検討している。このドライフルーツミックスは，ドライフルーツA，B，およびCの3種類を混ぜて作られる。次の表は，各ドライフルーツの100 g当たりの栄養成分L，栄養成分M，栄養成分Nの含有量および仕入れ価格を示している。ただし，表の中のrは定数とする。

表

ドライフルーツ	栄養成分L (g/100 g)	栄養成分M (g/100 g)	栄養成分N (mg/100 g)	仕入れ価格 (円/100 g)
A	3	4	2.5	r
B	1	8	0.6	100
C	4	10	1.9	120

新商品100 gに含まれるA，B，Cの重さをそれぞれa g，b g，c gとし，新商品100 gに対する割合をそれぞれ

$$x = \frac{a}{100},\ y = \frac{b}{100},\ z = \frac{c}{100}$$

とする。ただし，定数a，b，cは$a \geqq 0$，$b \geqq 0$，$c \geqq 0$，$a + b + c = 100$を満たす。

〔1〕 $a:b:c=1:2:3$ とするとき，新商品100gの栄養成分Lの含有量は [ア] gとなる。

〔2〕 $y=\frac{1}{8}$ と定めるとき，新商品100gの栄養成分Nの含有量が2mg以上になるためには，x を [イ] 以上にする必要がある。

〔3〕 この企業は消費者の健康志向を考慮して，新商品100gに栄養成分Lを3g以上，栄養成分Mを s g以上含めたいと考えている。ただし，定数 s は $s>0$ とする。

（1） $r=80,\ s=7.5$ とするとき，$x+y+z=1$ が成り立つことにより，x と y が満たすべき条件は，次の5つの不等式

$x+$ [ウ] $y \leqq$ [エ]　（栄養成分Lが3g以上含まれる条件）

$12x+$ [オ] $y \leqq$ [カ]　（栄養成分Mが7.5g以上含まれる条件）

$x \geqq 0$

$y \geqq 0$

$x+y \leqq 1$

で表される。座標平面上にこれらの不等式を満たす領域を図示して考えると，ドライフルーツの合計仕入れ金額を最小にする割合は $x=$ [キ]，$y=$ [ク]，$z=$ [ケ] であることがわかる。このとき，新商品100g当たりのドライフルーツの合計仕入れ金額は [コ] 円である。

（2） $s=7.5$ とするとき，$x=$ [キ]，$y=$ [ク]，$z=$ [ケ] だけがドライフルーツの合計仕入れ金額を最小にする割合となるのは，r が [サ] $<r<$ [シ] の範囲の値をとるときである。

（3） $r=80$ とするとき，A，B，Cの3種類のドライフルーツをすべて含んでいる新商品100g当たりのドライフルーツの合計仕入れ金額が最小となるのは，s が [ス] $<s<$ [セ] の範囲の値をとるときである。

Ⅲ　一方の面が白，他方の面が黒く塗られたカードが4枚机の上にある。4枚のカードのうち2枚は表の面（見えている面）が白，残り2枚は表の面が黒である。4枚のカードのうち2枚のカードを無作為に選び裏返す。これを1回の試行とする。

この試行を n 回繰り返したとき，表の面が白であるカードと黒であるカードが2枚ずつとなる確率を a_n，表の面がすべて白となる確率を b_n，表の面がすべて黒となる確率を c_n とする。このとき，次の問いに答えよ。

〔1〕 a_1，b_1，c_1 を求めよ。

〔2〕 a_2，b_2，c_2 を求めよ。

〔3〕 a_{n+1} を a_n で表せ。

〔4〕 a_n を求めよ。

からこそ詠まれたと考えられる。

5　南唐の城は約一年間包囲されたが、春には宋の軍隊の士気が緩んだために李煜にも精神的な余裕が生まれ、春を詠じた美しい詞を作って楽しんでいた。

問2 傍線②の「今後主詞乃詠春景決非十一月城破時作」の書き下し文として、最も適当なものを、次のなかから選び、その番号をマークせよ。

1 今後主の詞は乃ち春景を詠じ、決して十一月の城破らるる時の作に非ず
2 今後主の詞は乃ち春景の決するを詠じ、十一月の城破らるる時の作に非ず
3 今後主の詞は乃ち春景の決して非なるを詠じ、十一月の城破らるる時の作ならん
4 今後主の詞なれば乃ち春を詠じ、景は決して十一月に非ず、城破らるる時の作なり
5 今後主の詞なれば乃ち春を詠じ、景は決して十一月の城破らるる時の作に非ざるなり
6 今後主の詞なれば乃ち春景を詠ずるも、決して十一月の城破らるる時の作に非ざらん

問3 [A] に入れるのに、最も適当なものを、次のなかから選び、その番号をマークせよ。

1 是　2 乱　3 非　4 宜　5 劣　6 善

問4 本文の内容に合うものを、次のなかから一つ選び、その番号をマークせよ。

1 『西清詩話』によると、李煜は南唐の城が包囲されていた時に、城から逃亡して詞を作ったが、息を整えないまま急いで書いたので筆使いが乱れていた。
2 李煜のような才能のある人物が南唐を治めていたのに、どうして南唐が滅んで李煜が捕虜になったのだろうと、宋の太祖はいぶかしく思っていたという。
3 『太祖実録』や『三朝正史』には、十一月に金陵が陥落したと記載されているが、李煜の春景色をうたった詞から考えるとそれは誤りとすべきであろう。
4 「桜桃」の詞は、城が囲まれていた約一年間のうちの春に作られたとは断定できないが、そうした困難な状況であった

年十月、詔シテ二曹彬（ひん）、潘（はん）美等ニ一、率ヰテレ師ヲ伐タシメ二江南ヲ一、八年十一月、抜ク二金陵ヲ一。②今後主詞乃詠春景決非十一月城破時作。『西清詩話』ニ云フハ下後主作リ二長短句ヲ一、未ダレシテ就ラ而城破ラルト上、其ノ言 A 也。然レドモ王師囲ムコト二金陵ヲ一凡ソ一年、後主③于二囲マレシレ城ヲ中ノ春間ニ一作ルハ二此ノ詞ヲ一、則チ不レ可カラレ知ル、是ノ時其ノ心豈ニ不ヤ二危窘ナラ一。于レ此ニ言フハレ之ヲ乃チ可也ト」。

（『苕渓漁隠叢話』による）

注　南唐後主＝南唐は五代十国時代の国の一つ。後主はその三代目の君主・李煜を指す。南唐は宋の太祖 趙匡胤（ちょうきょういん）に滅ぼされ、李煜は捕虜となった。　長短句＝韻文の一種。詞ともいう。　曲欄金箔＝金箔の飾りのついた欄干。
惆悵巻金泥＝悲しみにくれて金で装飾されたカーテンを巻き上げる。　門巷＝門に続く道。
望残＝胸を痛めて眺める。　煙草低迷＝遠くの草むらがぼんやりとかすんでいる。
点染晦昧＝文字が乱れている。　危窘＝あやうく苦しい。　苕渓漁隠＝本文の著者・胡仔（し）。
曹彬、潘美＝いずれも宋初の将軍。　師＝軍隊。　金陵＝地名。南唐の首都であった。現在の江蘇省南京市。

問1　傍線①の「若」、③の「于」の読み方を、送りがなも含めて、それぞれひらがなで書け。

5　移り気な人でも、人柄が素直で付き合いやすそうな人は、反感を持たれることがない。

6　心もちがゆったりと落着いていて見苦しいこともなく素直な人は、かえって物足りない。

四　次の文章を読んで、問いに答えよ（設問の都合上、訓点を省略した部分がある）。

『西清詩話』云、「南唐後主、囲城中作長短句、未就而城破。『桜桃落尽春帰去、蝶翻金粉双飛、子規啼月小楼西。曲欄金箔、惆悵巻金泥。門巷寂寥人去後、望残煙草低迷』。余嘗見残稿点染晦昧、心方危窘、不在書耳。太祖云、『李煜①若以作詞工夫治国事、豈為吾虜也』」。苕溪漁隠曰、「余観『太祖実録』及『三朝正史』云、『開宝七

問6　傍線㋔の「人よりけにむつましうなりにたる」の理由として、最も適当なものを、次のなかから選び、その番号をマークせよ。

1　気位が高いのに、ユーモアのセンスがあるから
2　教養が高いのに、態度がおっとりとしているから
3　有名で近寄りがたいはずなのに、優しい態度だから
4　引っ込み思案なのに、得意な歌なら積極的に詠むから
5　負けず嫌いなのに、他人をけっしておとしめないから

問7　傍線㋕の「恥ぢられたてまつる人」の説明として、最も適当なものを、次のなかから選び、その番号をマークせよ。

1　中宮からも一目おかれている人々
2　中宮の前ではつい遠慮しがちな人々
3　中宮に面会できるほどの高貴な人々
4　中宮の優れた人柄を尊敬している人々
5　中宮のそばにいるのを恥ずかしく思う人々

問8　本文の内容に合うものを、次のなかから二つ選び、その番号をマークせよ。

1　筆者は、あまり上手くもない琴を弾いて、わびしい暮らしをまぎらわしていた。
2　虫に食われた書物でも、和歌や物語ならば好んで読む筆者を女房たちは非難した。
3　筆者は、人と接するのが苦手であったので、それが分からないよう振舞ってきた。
4　何事も一流である人は自分に自信があるので、人に劣っていることも隠そうとしない。

6　完了＋打消意志　7　可能＋打消推量　8　完了＋存続　9　自発＋打消　10　過去＋完了

問2　［A］に入る語として、最も適当なものを、次のなかから一つ選び、その番号をマークせよ。

1　願文　2　絵詞　3　誓文　4　真名書　5　物語　6　仮名書

問3　傍線㋐の「思ひぐまなきやうなり、ことはたさもあり」の意味として、最も適当なものを、次のなかから選び、その番号をマークせよ。

1　その思いには隠しごとはないけれど、実際にはそうせざるを得ないのです。
2　まったく思慮が足りない上に、言っていることはおよそ意味のないことです。
3　深い思いやりがないようですし、言っていることもまさにその通りなのです。
4　思いやりには裏表がないようですし、その状態であるのも間違いないのです。
5　思慮深さに欠けていたようですが、一方では事実として受け止めるべきなのです。

問4　傍線㋑の「行ひがちに」を十字以内で、㋒の「うるさければ」を八字以内で、それぞれ現代語訳せよ。

問5　傍線㋓の「わが心とならひもてなしはべる有様」とは、筆者のどのような態度か。最も適当なものを、次のなかから選び、その番号をマークせよ。

1　気おくれして、遠慮がちに振る舞う態度
2　周囲に気をつけ、慎重そうに振る舞う態度
3　風流ぶって、近づきにくそうに振る舞う態度
4　ぼんやりとして、おろかしげに振る舞う態度
5　自信満々で、他人を無視するように振る舞う態度

おとさむものとなむ、みな人々いひ思ひつつにくみしを、見るには、あやしきまでおいらかに、こと人かとなむおぼゆる」とぞ、みないひはべるに、恥づかしく、人にかうおいらけものと見おとされにけるとは思ひはべれど、ただこれぞ㋓わが心とならひもてなしはべる有様、宮の御前も、「いとうちとけては見えじとなむ思ひしかど、㋔人よりけにむつましうなりにたるこそ」と、のたまはするをりをりはべり。くせぐせしく、やさしだち、㋕恥ぢられたてまつる人にも、そばめたてられではべらまし。

すべて人はおいらかに、すこし心おきてのどかに、おちゐぬるをもととしてこそ、ゆゑもよしも、をかしく心やすけれ。もしは、色めかしくあだあだしけれど、本性の人がらくせなく、かたはらのため見えにくきさませずだになりぬれば、にくうははべるまじ。われはと、くすしくならひもち、けしきことごとしくなりぬる人は、立居につけて、われ用意せらるるほども、その人には目とどまる。目をしとどめつれば、かならずものをいふ言葉の中にも、きてゐるふるまひ、立ちていくうしろでにも、かならず癖は見つけらるるわざにはべり。ものいひすこしうちあはずなりぬる人と、人のうへうちおとしめつる人とは、まして耳も目もたてらるるわざにこそはべるべけれ。人のくせなきかぎりは、いかで、はかなき言の葉をも聞こえじとつつみ、なげの情つくらまほしうはべり。

（『紫式部日記』による）

注　曹子＝部屋。　厨子一よろひ＝一揃いの置き棚。　書＝漢籍。　古き反古＝古くなった書物。
物もどき＝何かと非難すること。　おいらかに＝おっとりしている様子。　宮の御前＝中宮。

問1　傍線①の「にたる」、②の「にし」、③の「れじ」、④の「ざりき」の文法的意味として、最も適当なものを、それぞれ次のなかから選び、その番号をマークせよ。

1　受身＋打消推量　　2　受身＋打消意志　　3　打消＋過去　　4　打消＋完了　　5　完了＋過去

三　次の文章を読んで、問いに答えよ。

（夫に先立たれた筆者・紫式部が、過去を回顧しつつ述べた一節である。）

風の涼しき夕暮、聞きよからぬひとり琴をかき鳴らしては、「なげきくははる」と聞きしる人やあらむと、ゆゆしくなどおぼえはべるこそ、をこにもあはれにもはべりけれ。さるは、あやしう黒みすすけたる曹子(ざうし)に、大きなる厨子(づし)一よろひに、ひまもなく積みてはべるもの、ひとつにはふる歌、物語のえもいはず虫の巣に①なりにたる、むつかしくはひ散れば、あけて見る人もはべらず、片つかたに、書(ふみ)ども、わざと置き重ねし人もはべらずなり②にし後、手ふるる人もことになし。それらを、つれづれせめてあまりぬるとき、ひとつふたつひきいでて見はべるを、女房あつまりて、「おまへはかくおはすれば、御幸ひはすくなきなり。なでふ女か［A］は読む。むかしは経読むをだに人は制しき」と、しりうごちいふを聞きはべるにも、物忌みける人の、行末いのち長かめるよしども、見えぬためしなりと、いはまほしくはべれど、㋐思ひぐまなきやうなり、ことはたさもあり。

よろづのこと、人によりてことごとなり。誇りかにきららしく、心地よげに見ゆる人あり。よろづつれづれなる人の、まぎるることなきままに、古き反古(ほぐ)ひきさがし、㋑行ひがちに、口ひひらかし、数珠の音高きなど、いと心づきなく見ゆるわざなりと思ひたまへて、心にまかせつべきことをさへ、ただわがつかふ人の目にはばかり、心につつむ。まして人のなかにまじりては、いはまほしきこともはべれど、いでやと思ほえ、心得まじき人には、いひてやくなかるべし、物もどきうちし、われはと思へる人の前にては、㋒うるさければ、ものいふことももの憂くはべり。ことにいとしもののかたがた得たる人は難し。ただ、わが心の立てつるすぢをとらへて、人をばなきになすなめり。

それ、心よりほかのわが面影を恥づと見れど、えさらずさしむかひまじりゐたることだにあり、しかじかさへもどかれ③じと、恥づかしきにはあらねど、むつかしと思ひて、ほけしれたる人にいとどなりはててはべれば、「かうは推しはから④ざりき。いと艶(えん)に恥づかしく、人見えにくげに、そばそばしきさまして、物語このみ、よしめき、歌がちに、人を人とも思はず、ねたげに見

2 作品に登場する人間や物を重要視するのではなく、作者の視点に立ちその意図に沿って考えるということ
3 作品に登場する人間や物だけを見るのではなく、どのような視点に立って対象を見ているかということ
4 作品に描かれる登場人物の心情だけでなく、どのような場所や時間、状況で生きているかという視点に立つこと
5 作品に描かれる登場人物の視点だけに着目するのではなく、描かれた状況や風景、他の生き物にも注意を払うこと

問5 本文の内容に合うものを、次のなかから一つ選び、その番号をマークせよ。

1 物語を読み進めていくと、ストーリーが背景に後退していく瞬間があるが、語られていない空白を読み取ることでストーリーが明確化する。
2 物語は、その展開を重視して読み進めていくと、それを伝えた文字自体は透明な媒体となり、字というものの不思議な存在にはじめて気づかされるものである。
3 物語を受け入れる姿勢が、作品を読解するためには重要であり、その時に頭に浮かんださまざまな疑問点を解決することが読書にとって最も重要な点である。
4 横光利一は、都市空間の変容による新たな文化、人々の意識や内面の変化に応えることによって、作品における言葉の形に注目した新たな表現や形式を切り拓(ひら)いた。
5 横光利一は、言葉の形を意味の付属品とは考えず、小説『蠅』にみられるように宿場全体を俯瞰する視点で捉える表現によって、意味よりも形式の重要性を説いた。
6 横光利一は、大正末期から昭和初期の文学において、映画の技法を取り入れ、人間の意識や内面性の変化と連動させることで、映画と並ぶ新しいメディアを生み出した。

見えてくるのは、言葉それ自体です。

問2 傍線㋐に「楽しみのための普段の読書とは少し異なった読み方」とあるが、その説明として、最も適当なものを、次のなかから選び、その番号をマークせよ。

1　物語の前後関係に注意深く目を配り、作家情報に関心をもつ読み方
2　作品の文体に注目し、語句の選択や配列に基づく文法的な観点から鑑賞する読み方
3　物語の中で表現される文字の疑問点や不思議な点に問いを立てて解いていく読み方
4　作品を織りなす言葉の形や語り方に着目するなど、作品の形式や表現を意識した読み方
5　物語の糸を先へたぐっていくことによって、ストーリー展開や結末予想を楽しむ読み方

問3 [A]、[B]、[C] に入れるのに、最も適当な組み合わせを、次のなかから選び、その番号をマークせよ。

1　A＝カット　B＝ロングショット　C＝シーン
2　A＝クローズアップ　B＝カメラ・アイ　C＝シーン
3　A＝ロングショット　B＝カメラ・アイ　C＝クローズアップ
4　A＝カメラ・アイ　B＝クローズアップ　C＝シーン
5　A＝クローズアップ　B＝ロングショット　C＝カット
6　A＝ロングショット　B＝クローズアップ　C＝カット

問4 傍線㋑に「小説世界に何が登場するかではなく、それがどのように眺められているか」とあるが、その説明として、最も適当なものを、次のなかから選び、その番号をマークせよ。

1　作品に描かれる登場人物の内面を重視すると共に、どのような視点や距離感で語っているかということ

ちなみに、この場面で登場した蠅は、本作と映画との関わりをその身で体現するような存在です。蠅は、作中で映画を撮影するカメラのような役割を果たすのです。蠅には、「眼の大きな」という形容が冠され、見る機能を担っていることが示唆されます。小説末尾では、この蠅の目にだけ見えたはずのある印象的な光景が描かれる。いってみれば『蠅』という映画の中に、場面を撮影するカメラそのものが登場するかのようなのです。

馬の背にのぼった蠅が羽根を乾かしている間、宿場には乗合馬車の乗客たちが集まってきます。息子が危篤である老婆、駆け落ち中の男女二人、幼子を連れた母親、仲買で金儲(もう)けした田舎紳士が次々と広場に登場し、街へ行く乗合馬車の出発を待ちます。出発はいつかとやきもきしている乗客をよそに、御者は饅頭(まんじゅう)屋の饅頭が蒸し上がるのを待ってようやく出発します。蠅が背にとまった馬は馬車につなげられ、蠅は人々と同行することになります。道中、饅頭で腹がくちた御者は居眠りを始めますが、乗客はそのことに気づかない。馬は崖上で道を踏み外して馬車は谷底へ落下しますが、その瞬間に蠅は空に飛び立つ。

こうして、蠅は人々が宿場に集まってくるところから死に至る結末までの一部始終の傍らに存在し続け、全てを眼差(まなざ)しうる位置に置かれています。小説は、「眼の大きな蠅は、今や完全に休まったその羽根に力を籠めて、ただひとり、悠々と青空の中を飛んでいつた」と閉じられますが、この一文は人々の死を蠅が高みから見下ろしているような印象を与えます。このような本作における蠅の位置は、物語の結末において人物が退場した後の光景を撮り続ける映画のカメラの位置と似ています。カメラとしての蠅が登場することで、読み手は(イ)小説世界に何が登場するかではなく、それがどのように眺められているかに注意を向けざるをえなくなります。

（戸塚学「言葉の形を読む」による。なお一部を改めた）

問1　次の一文は、本文中の〈　1　〉～〈　6　〉のどこに入れるのが最も適当か。その番号をマークせよ。

横光が『蠅』で取り入れたのは、新たなメディアである映画の方法です。大正期は、浅草などの盛り場をはじめ、各地に常設の映画館が多く建ち始めた時期です。こうして新たな娯楽として広く享受されるようになった映画は、新時代の機械文明のスピード感やその中で生きる人々の感覚を表現するのに最適なメディアでした。横光に限らず、この時代の作家は映画の表現技法を文学作品に積極的に取り入れています。

技術革新にともなって新しいメディアが生まれると、旧いメディアがそれにより活性化することがあります。新しいメディアの方法が旧いメディアの方法に取り入れられ、新たな表現方法を生み出すのです。たとえば、映画では人物の表情などを大写しにするクローズアップという技法が用いられますが、これを小説の描写において模倣する試みがなされました。詩の分野でも、シナリオの形式を模倣して断片的な詩句をカットをつなぐようにつなぎ合わせる「シネ・ポエム」という形式が考案されています。小説や詩の言葉の形を映画という新たなメディアが変化させたわけです。〈 5 〉

次に引く横光の『蠅』の冒頭部は、カットとカットをつないで構成された映画のワンシーンのようです。いいかえれば、映画的な文体で書かれています。

> 真夏の宿場は空虚であつた。ただ眼の大きな一疋の蠅だけは、薄暗い厩の隅の蜘蛛の網にひつかかると、後肢で網を跳ねつつ暫くぶらぶらと揺れてゐた。と、豆のやうにぽたりと落つた。さうして、馬糞の重みに斜めに突き立つてゐる藁の端から、裸体にされた馬の背中まで這ひ上つた。

この情景描写は、舞台となる真夏の宿場の全体を俯瞰する［A］、厩の隅の蜘蛛の巣にかかった蠅の［B］、さらに網から逃れた蠅が馬の背中に上っていく一連の動きを追う［C］をつなぎ合わせるようにしてなされています。一文の単位で視点・視野や対象の動きが一つのまとまりをなし、次の文でそれが切り替わる。カメラの角度を切り替えながら撮影を行い、それらをつなぎ合わせて連続的な映像を作り上げる映画の方法が、言葉によってなぞられているかのようです。〈 6 〉

ぬものとなり、点や線の集合としての字形を主張し始めるようにです。

〈　3　〉ここでいう言葉の形とは、狭い意味では特定の語句や表現の多用、文の長さや構文の特色といった、語句の選択や配列に基づく文章の形態的な特徴を指します。しばしば文体と呼ばれるものです。また、広い意味では小説の形式も、言葉の形であるといえるでしょう。小説の形式とは、端的にいえば語り方のことです。物語は、語られているのか日記や手紙に書かれているのか。それは、いつどのような語り手・書き手によって語られ、あるいは書かれているのか。作中の空間は、誰のどのような目で見られているのか。何が語られるかだけでなく、いかに語られるかに注目して読む。それは、語られた言葉の集成である小説の形、すなわち小説の形式を見つめることを意味します。〈　4　〉

日本の近代において、作品を織りなす言葉の形に注目した作家として挙げられるのが、横光利一です。横光は、言葉の形を意味の付属品とは考えず、時には形こそが、小説の世界を決定的に左右すると考えました。モダニズムと称された同時期の文学は、言葉の形に対して意識と関心を向け、新たな表現や形式を切り拓きました。横光の小説も、そうした時代の文脈の中に位置づけられます。

ここでは、横光がそのような姿勢を明確に打ち出した初期の短篇小説『蠅』（一九二三）を取り上げ、言葉の形に着目して作品を読み解いていきます。その過程で、小説の言葉を「ぢつと眺め」、物語をただ受け入れるだけでなく問いを立てつつゆっくり読むという、人文学的な読みの一例を示してみようと思います。

横光のデビューした大正末期は、日本文学で新しさが重視された時期です。新人の作品には、常に新しさが求められるものですが、新しさが特に評価される時期があります。それは、社会の大きな変革期です。大正末期から昭和初期は、日本の文学にとって革新の時期であり、その大きなきっかけは都市空間の変容でした。空間の変化は新たな文化を生み出し、それが人々の意識や内面にも影響を及ぼす。そうした変化を新しい表現方法で描くことが求められ、横光もそれに応えていくわけです。

に高まる期待によってページをくる速度が速くなっていく。こうして、物語を跳ぶように追って読む時、小説の世界を立ち上げる文字はいわば透明な媒体となっていきます。意味へと変換された瞬間に、それを伝えた文字それ自体は忘れ去られる。〈　1　〉

しかし、人文学において小説を読むという場合、こうした㋐楽しみのための普段の読書とは少し異なった読み方を指すことがあります。そのためにはまず、物語をただ受け入れる姿勢を、いったん中断してみる必要があります。すると、ちょっと奇妙な瞬間が訪れます。ちょうど『門』の主人公宗助がいうように、「こりゃ変だと思つて疑ぐり出すと分らなくなる」、そんな瞬間です。物語を受け入れるとは、小説をわかろうとして読むことです。ですが、考えてみれば小説の中にはわかること以上に、わからないこともたくさんあります。ひとたびわからないことの側に注意を向けると、様々な疑問が頭に浮かんできます。

たとえば、語られていることの背後に、実は語られていない空白があるのではないか。作中に繰り返し出てくるモチーフは何を意味しているのか。語り手はなぜ過去を懐かしそうな姿勢で振り返るのか、あるいは随所で未来に起こる出来事について示唆するのか。『門』の右の一節を例にとれば、私にはこんな疑問が浮かびます。夫婦はなぜ相手の言葉を引き取るように、鸚鵡(おうむ)返しに話しているのか。文字をめぐる不安というこの会話のテーマは、この後の小説の展開と関係するのか。そもそも、一篇の小説の冒頭に置かれる会話として、この夫婦のやりとりはあまりに地味ではないだろうか……。

こんな風に問いを立て始めると、私たちの目は文字の上を行きつ戻りつし、ページをくる手はゆるやかになっていく。あるいはページをさかのぼり、すでに読んだ部分と今読んでいる部分とを比べ始めることにもなる。こうして、書かれている言葉をゆっくりと読んでいく時、ストーリーは背景に後退していきます。代わりに、それとは異なるものが私たちの意識の前面にせり出してくる。

〈　2　〉受動的に意味を受け入れることをやめるとき、文字という記号は、いわば不透明なものとして立ち現れる。そして、言葉の意味するところだけでなく、言葉の形が目につき始める。『門』の宗助にとって「近」や「今」という文字が突如見慣れ

二　次の文章を読んで、問いに答えよ。

文学作品を読むとは、どのような行為なのでしょうか。まずは、次に引く小説の一節を手がかりに、このことについて少し考えておきたいと思います。

「御米（およね）、近来（きんらい）の近（きん）の字はどう書いたつけね」と尋ねた。細君（さいくん）は別に呆（あき）れた様子もなく、若い女に特有なけたたましい笑声も立てず、

「近江（おほみ）のおほの字ぢやなくつて」と答へた。

「其近江のおほの字が分らないんだ」（……）

「何（ど）うも字と云ふものは不思議だよ」と始めて細君の顔を見た。

「何故」

「何故つて、幾何容易（いくらやさし）い字でも、こりや変だと思つて疑ぐり出すと分らなくなる。此間も今日（こんにち）の今（こん）の字で大変迷つた。紙の上へちやんと書いて見て、ぢつと眺めてゐると、何だか違つた様な気がする。仕舞（しまい）には見れば見る程今らしくなくなつて来る。──御前そんな事を経験した事はないかい」

右の引用は、夏目漱石の長篇小説『門』の冒頭に近い場面ですが、私たちは、夫と妻の間で交わされている話の内容を読むとともに、会話の後の夫婦についても、漠とした予期を抱きます。「字と云ふもの」の「不思議」について会話を交わす夫婦は、この後どうなっていくのか。こうした未来への期待に導かれ、物語（ストーリー）の糸を先へたぐっていくことに、読むという行為の楽しみがあるとひとまずはいえます。

ストーリーを先へ先へとたどるのは、与えられる情報をそのまま受け入れるような読み方です。記された文字の順序に沿って立ち上がる意味を、その流れにさからわないように受けとる。場面と場面、出来事と出来事とがつながりを生み出し、そのため

1　頭が回らなかった　2　口を出せなかった　3　手が届かなかった　4　足が地につかなかった
5　歯が立たなかった　6　目を通せなかった

問10　本文の内容に合うものを、次のなかから一つ選び、その番号をマークせよ。

1　江戸の暦算家や進歩的な儒家たちが世の人に先駆けて地動説を知るようになったのは、暦作成のための太陽や月などの観測データや望遠鏡による詳細な観察図が広く共有されはじめたことに起因する。

2　長崎通詞の本木良永は、通詞仲間との交流によって地動説が常識であると確信し、ジョージ・アダムスの本を翻訳して地動説を普及しようとしたが、幕府からのおとがめを恐れて翻訳を公刊することはなかった。

3　江漢が自伝『春波楼筆記』で提示した広大な宇宙に生きる小さな存在としての人間という宇宙像は、文学的で当時の人々に魅力的なものとして受け止められたが、その発想の根幹には科学的な思考がある。

4　日本でニュートン力学を紹介した先駆けは志筑忠雄だが、彼は地動説や当時における最新の無限宇宙論のモデルを紹介するだけではなく、科学的思考と創意に基づき太陽系形成のプロセスの仮説を提示した。

5　山片蟠桃は番頭職の傍ら志筑の『暦象新書』を熱心に読み込み、やがて『夢の代』を完成させたが、そこで提示された宇宙論の根拠は乏しく発想は評価されたものの学問的評価は低かった。

4　大槻玄沢から学んだ蘭語読解能力を駆使し長崎の通訳たちから紹介された物理学や宇宙論の書物を読み込むことで、科学のコミュニケーターとして地動説を日本で最初に紹介した。
5　前野良沢・大槻玄沢子弟の確執に苦悩しながらも、二人の力を得て完成させたエッチング技法は日本の美術史において斬新なものとなり銅版画の普及に影響を与えた。
6　『和蘭通舶』などの書物や最新のエッチング法を使った『地球図』などの銅版画の刊行といった旺盛な啓蒙活動によって、地動説や宇宙論を信じる人たちを急増させた。
7　江漢自らが学び開発・完成させたエッチング技法を活用し、『天球図』などの銅版画を出版することで、宇宙の構造や星々の世界に対する人々のイメージを広げる一助とした。

問7　傍線㋒に「幕府の政策や封建体質を非難することも吝かではなかった」とあるが、その説明として、最も適当なものを、次のなかから選び、その番号をマークせよ。

1　絵師としての評価よりも蘭学を官学化させたい一心で、幕府を批判する風潮をできるだけ排除しようと取り組んだ。
2　幕府に取り入ることで出世しようとする玄沢に対抗するために、必然的に幕府を批判せざるを得なくなった。
3　絵師として世間からは高く評価されるようになったが、幕府からは認められなかったため批判的な言動を繰り返した。
4　絵師として幕府の体制に束縛されることを嫌うばかりか、幕府の封建体質を批判することに積極的に力を注いだ。
5　野人として自由気ままに生きたいと渇望するようになり、封建的な幕府の政策を批判的に変革しようと努力した。

問8　［B］に入れるのに、最も適当な語を、次のなかから選び、その番号をマークせよ。

1　物真似　　2　橋渡し　　3　翻訳　　4　丸投げ　　5　論評　　6　受け売り

問9　［C］に入れるのに、最も適当な語を、次のなかから選び、その番号をマークせよ。

大名貸し＝大坂・江戸などの有力商人によって、大名に対して行われた金融。

問1 傍線①、③の読み方をひらがなで書け。

問2 傍線②、④のカタカナを漢字に改めよ。楷書で正確に書くこと。

問3 次の一文は、本文中の〈 1 〉～〈 6 〉のどこに入れるのが最も適当か。その番号をマークせよ。

これが日本において「窮理学」と呼ぶ「科学（理学）」の発端となったと言えるのではないか。

問4 [A] に入れるのに、最も適当なものを、次のなかから選び、その番号をマークせよ。

1 空想的　2 恣意的　3 常識的　4 科学的　5 先進的　6 普遍的

問5 傍線㋐の「地動説」が当時の人々にもたらしたものは何か。それを説明した、最も適当な箇所を、本文中から二十五字以内で抜き出して、始めと終わりの五字を書け。

問6 傍線㋑に「日本の歴史において重要な役割を演じている」とあるが、その説明として、適当なものを、次のなかから二つ選び、その番号をマークせよ。

1 長崎で交流した通訳仲間の知識を媒介として地動説を深く理解し、広大な宇宙から視ると地球も極小の存在であるという世界的に画期的な宇宙論を公開し普及させた。

2 当時蘭学界の大物であった大槻玄沢の力を借りてエッチング法を習得し、さらに狩野派や浮世絵などの全流派の画法をマッチングさせることで独自の画法を確立し世に広めた。

3 本木良永の写本を読むまでは地動説を認めていなかったが、読後は地動説の正当性を確信し、宇宙の構造などを人々に広めるとともに蘭学の面白さも分かりやすく啓蒙した。

も、力や速度や運動などという概念に不慣れな人間には　C　と思われるからだ。

では、蟠桃はどうかと言えば、おおよそは理解したが、完全に自信は持てないというところではなかったか、と思っている。そのように私が言う根拠は、以下の点にある。蟠桃が番頭職の合間合間に学習し思索して、自らの思想を書きとめて集大成した『夢の代』では、その最初に「天文第一」を掲げ、地動説から宇宙論に至る西洋天文学の知見を詳述している。その極めつきが、「宇宙には点々と恒星が分布し、恒星の周りにはさまざまなタイプの惑星が付属し、その惑星には人間が生きている星もたくさんある」という先進的な宇宙像を提示したことである。実際に宇宙人があちこちに生息しているとする、現在の私たちが抱いている宇宙の描像を当たり前のように図示しているのだ。ところが、そこに行きつく直前の根拠を示す段落では、ほとんど『暦象新書』を丸写しにした文章が並んでいる。つまり、蟠桃は志筑の論を下敷きにして論を立てたのだが、その理解が不十分であるかもしれないと心配して、わざわざ志筑の文章を詳しく引用しているのではないかと想像されるのだ。蟠桃は、おそるおそる自らの論を提示している風情なのである。自分の文章は多くの人が読むわけではないが、正確を期しておこうと考えたのだろう。とはいうものの、宇宙の至るところに人間が存在するという彼の宇宙論が色褪(いろあ)せるわけではない。

以上のように、江漢・志筑・蟠桃という三人の異なったタイプの人たちが、蘭学隆盛の時代に地動説から無限宇宙論へと想像力を膨らませたのであった。私はこれを「江戸の宇宙論」と呼んでいる。蘭学が移入されて日本において大きく花開き、一瞬とはいえ日本の宇宙論が世界の第一線に躍り出たことを高く評価したいと思う。

（池内了『江戸の宇宙論』による。なお一部を改めた）

注　長崎通詞＝江戸時代、外国貿易のために長崎出島に配置された公式の通訳。
ブラウ＝十七世紀オランダを代表する地図製作者。　エッチング＝銅版画の一技法で腐食液を利用して製版するもの。
カント・ラプラスの太陽系起源論＝一七五五年にカントが唱え、一七九六年にラプラスが補説した星雲説のこと。

う文章がある。広大な宇宙に生きる小さな存在としての人間を省察する、そんな哲学的な境地を正直に語っている。

曇天が多く、湿度が高い日本の気候では、星空は遠くまで見えにくいため、天はロマンの対象で「愛でる」対象でこそあれ、太陽系の運動や宇宙の全体構造までを論じる天文・宇宙にまで想像力を広げて「究める」ことがなかった。ところが、江漢が自ら開発したエッチングの腕を活かして『地球図』（一七九三年）、『天球図』（一七九六年）を披露するとともに、先に述べた著作による啓蒙活動を行ったことによって、地動説・宇宙論を受け入れる人たちが少しずつ増えていったのではないかと思われる。江漢は単に西洋の説の［B］をしたに過ぎないと言われ、事実そうなのだが、私はその背景にある彼の科学的空想力の豊かさを高く評価したいと思う。

同じ頃、長崎通詞の志筑（しづき）忠雄は、西洋の天文学・物理学入門の文献を『暦象新書』として翻訳して（一七九八〜一八〇二年）、ニュートン力学を日本に紹介した最初の人となった。志筑は、この『暦象新書』において、太陽系という小宇宙における地動説から広大な宇宙空間に星が点々と散らばっているとする無限宇宙のモデルまで、最新の宇宙像を紹介している。江漢は「芥子（けし）粒が点々と散らばる宇宙」とか「荒野に馬があちこちに散策しているような宇宙」を想像したが、志筑も極大の宇宙空間に生きる人間の小ささを述べている。さらに「附録」として付けた「混沌分判図説」において、自らの創意に基づいて宇宙における天体形成過程の仮説を提案していることは高く評価できる。この「附録」で彼が論じた太陽系の形成過程の仮説は、カント・ラプラスの太陽系起源論と④ソンショクがない。何より強調すべきなのは、志筑が翻訳によって紹介した無限宇宙論は、江漢のような文学的想像力によって空想したものではなく、ニュートン力学に基づいた科学的思考によって提起されたものだということである。

一方、この『暦象新書』の写本を真剣に読み込み、無限宇宙に思いを馳（は）せたのが大坂で大名貸しを営む升屋の番頭である山片蟠桃（ばんとう）であった。実は、『暦象新書』は写本でしか出回らなかった上に、せっかくそれを入手しても数理的素養のない者にとっては非常に難解で、理解できた人間は少なかっただろうと想像されている。いくらニュートン力学の「入門書」の翻訳とは言って

技法を学んで完成させたのであった（一七八三年）。この頃、蘭学者はまだ少なく、草創期の学問の徒として互いに助け合っていた。しかし、それから一〇年経った頃には、玄沢は蘭語の先駆者として蘭学界を背負って立つ大物となり、幕府に蘭学を認知させて官学化することによって、蘭学を日陰の存在から陽の当たる学問へと②ショウカクさせたいと考えるようになっていた。他方、江漢は絵師としての評価は上がったのだが、野人のまま自由に振る舞うことを望み、(ウ)幕府の政策や封建体質を非難することも吝かではなかった。そうなれば、当然ながら幕府擁護派の玄沢と幕府批判派の江漢の間には③軋轢が生じ、二人は衝突するようになり、江漢は蘭学仲間から追放に近い処分を受けた。この仲たがいが江漢にもう一つの重要な役割を演じさせる遠因となったのである。

そのもう一つの重要な役割とは、江漢が一七八八〜一七八九年に長崎を訪れ、耕牛や良永と交流を持って地動説を知ったことから、科学のコミュニケーターとして地動説を日本で最初に唱道したことである。良永の翻訳で地動説は日本に紹介されていたが、その訳書は幕府内に留め置かれ、一般には写本によってでしか知られなかった。江漢も、最初は地動説を奇異な説と受け取っていたのだが、この写本を見て地動説こそ正しいと確信して人々に宣伝することを自分に課すことにしたらしい。まず著書の『和蘭天説』（一七九六年）で地動説への理解を徐々に深めていく過程を正直に述べた上で、ついに『和蘭通舶』と『刻白爾天文図解』（一八〇九年）によって、地動説から宇宙の構造にまで空想を広げ、星々の世界の全体像を考える宇宙論を提示するに至ったのである。つまり地動説、そして宇宙論を人々に唱道した最初の日本人になったのだ。また窮理学としての蘭学の面白さをわかりやすく語った著作『おらんだ俗話』（一七九八年）も出版し、人々を啓蒙することに貢献したのであった。江漢は日本最初の科学コミュニケーター、と言っても過言ではないだろう。

彼が自伝のつもりで書いた回顧録『春波楼筆記』（一八一一年）には、「天は広大なもので、遠くから地球を視れば、一粒の粟のようなものである。人はその一粒の粟の中に生じて、微塵よりも小さい。あなたも私もその微塵の一つなのではないか」とい

ウの第一部天動説と第二部地動説を対照して記述した本を『天地二球用法』として抄訳した（天地二球とは太陽と地球の二つの球体のこと）。〈　4　〉ただ良永は、当時の学問の常識である朱子学が天動説の立場であり、世間の誰もが地球中心説を信じていたこともあって第二部を削除しており、地動説の立場を打ち出さなかったのである。

しかしながら、長崎の通詞仲間とは日常的に地動説のことを話していたようで、仲間内ではいわば常識となっていたらしい。〈　5　〉というのは、三浦梅園が一七七八年に長崎を訪れて吉雄耕牛などと交流したとき、太陽中心説が当たり前のように説かれ、梅園は天球儀（太陽を中心とした太陽系模型）を手に取って見ているからだ。おそらく良永は、コペルニクス説をきちんと紹介しておきたいとの気持ちが強くあったのだろう、幕府からの密命を受けて、イギリス人ジョージ・アダムスが書いた本を『星術本原太陽窮理了解新制天地二球用法記（太陽窮理了解説）』（一七九二〜一七九三年）として翻訳した。太陽が中心にあって、その周囲を回転する地球という描像の下で、私たちの世界を太陽系宇宙として客観視する視点に到達したのである。西洋から二五〇年遅れていたが、同書の翻訳は理を窮めることによって新しい知の地平に達する、その素晴らしさを体得していく契機となった。〈　6　〉幕府ご用達(ようたし)の通詞が出した訳本は公に広く刊行することはできなかったが、写本としてかなり広く伝わり、地動説が日本に受容されていったのである。

まさに、この写本を読んで地動説に魅せられたのが司馬江漢であった。彼は、狩野(かのう)派・浮世絵・唐画・洋風画という当時の絵画の全流派から画法を学んで自分のものとし、稀代(きたい)の絵師として歴史に名を残す人物であるが、それ以外にも(イ)日本の歴史において重要な役割を演じている。

一つは、日本で最初にエッチング法によって銅版画を制作したことである。蘭学が隆盛になり始めた頃に彼は前野良沢に弟子入りして蘭語を学び、エッチングの手法が書かれている本を読み解こうとした。しかし、良沢はよい先生ではなく、江漢もよい弟子ではなかったので、江漢は蘭語をモノにできなかった。そこで江漢は、若き大槻玄沢の蘭語読解力の助けを得てエッチング

の事象を畏れ敬う①心が強かったのではないかとも言われている。この傾向は平安末期から鎌倉時代にまで続き、七夕の歌は詠（うた）われてもそれは地上の恋の物語に焼きなおされているのである。しかし江戸時代になると、文芸の幅が和歌のみに留まらず、五七五の俳諧（はいかい）や川柳、五七調を基調とするさまざまな俗謡へと広がって、ようやく星空の美しさに感嘆した歌が多数詠われるようになった。星空を純粋に「愛（め）でる」気持ちを吐露するようになったのである。

それと軌を一にするように、江戸時代に入ってから、夜空に見えるあの星々はどのような運動をしているのか、そこに規則性はないのかを調べる人間、つまり「星空を究める」人間が登場した。麻田剛立（ごうりゅう）や天文方として雇用された高橋至時（よしとき）、それに加えて間重富（はざましげとみ）など、暦作成のための基礎データの測定を目的に太陽や月、そして惑星を観測し、その運動を計算する暦算家が登場するようになったのである。〈 1 〉併せて、岩橋善兵衛や国友一貫斎（くにともいっかんさい）などが望遠鏡を製作し、太陽黒点や月の表面などの詳細な観察図を残している。これは「星空を愛でる」そして「究める」姿勢の表れと言えるかもしれない。

しかしそれでも限界があった。暦算家は、恒星が張り付いている天球が日周運動で回転し、その天球上を太陽・月・諸惑星が地球を中心として逆行運動するという説で満足した。これに対して儒家たちは、すべてが同一方向に動いており、恒星・外惑星・太陽・月という順で回転が遅くなっているとの［ A ］な説で納得した。これらは天球や惑星の配置と動きが観測結果と矛盾しないよう工夫をした考察で、当時の「宇宙論」だとも言える。〈 2 〉しかし、いずれも太陽系の構造から積み上げた論理的な考察ではなく、いかにも間に合わせの議論でしかない。実生活においてはそれ以上を考える必要が認められなかったのである。

ところが、蘭学を通じて西洋の天文学の知識を学ぶうちに、自ら輝く太陽を中心として、地球を含めた太陽の光を反射する、当時確認されていた六つの惑星が太陽の周りを回っているとの説を知る者たちが現われるようになった。㋐地動説である。〈 3 〉日本で最初にコペルニクスの地動説の存在を知ったのは長崎通詞の本木良永で、彼は一七七四年に、オランダ人ブラ

国語

（八〇分）

解答に字数制限がある場合には、句読点・カッコも一マスとすること。
受験学部・受験方式によって、解答すべき問題を指定しているので注意すること。

方式	学部	解答すべき問題
全学統一方式（文系）	文学部以外	一 二 三
	文学部※	一 二 三 または 一 三 四
前期方式	APU	一 二 三

※文学部は二（現代文）と四（漢文）が選択問題。両方とも解答した場合は高得点の方を採用。

一　次の文章を読んで、問いに答えよ。

古代中国においては優れた景物として盛んに星を詩文に詠み込んでいるのだが、日本の最初の歌集である『万葉集』には星の歌がほとんどない。その理由として、古代の人々には、星は人の魂が天にのぼったもの、不吉なものと見なす思想があったのではないかという説がある。あるいは、天が地の異変を予言して天文現象として表れるとする占星術が信じられており、人々は天

解答編

英語

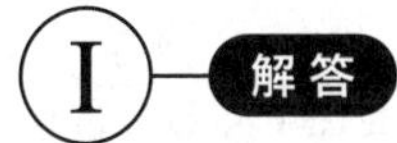

〔１〕 (A)―(2)　(B)―(1)　(C)―(2)　(D)―(2)

〔２〕 (1)―３　(2)―３　(3)―２　(4)―３　(5)―１

〔３〕―(1)

全訳

《ジ・オーシャンレースが担う海洋科学への貢献》

[1]　ほとんどの人々にとって，南氷洋は，１時間，ましてや１カ月も過ごしたい場所ではない。氷に覆われた南極大陸を取りまく南氷洋は，地球上で最も荒々しく，最も遠い海だ。しかしこの３月，南アフリカのケープタウンからブラジルのイタジャイまで，地球の底を一周する長距離レースの一環として，４つのセーリングチームがこの海域を通過した。ジ・オーシャンレースは，多様なクルーで編成する最高レベルのセーラーたちを魅了する，世界で最も過酷で，確実に最も長期にわたるプロスポーツ・イベントとして知られている。しかし今年は，科学者たちは彼らの研究に貢献する機会もそこにあることに気づいた。

[2]　参加艇は，科学船でさえたどり着くのに困難な最も隔絶した海域を通るため，今年，クルーは南極大陸沿岸のあちこちに科学機器を設置することになる。海水温から大気に関する情報まで，15 種類の異なるタイプの環境データを測定するのが目的だ。これらの機器から得られる情報は，天気予報から気候に関する緊急事態に至るまで，あらゆる面で科学者の助けとなるだろう。「南氷洋は地球規模の気候を左右する非常に重要な場所ですが，データがほとんどないのです」とドイツの科学者トステ=タンファは言う。「南氷洋でのセーリングレースのデータは，海洋による二酸化炭素 (CO_2) の吸収を理解する上で非常に重要なのです」

③　各艇には気象センサーが搭載されており，気圧と気温に加えて風速と風向きを測定する。それぞれのチームは，データを取得する２種類のブイを投下する。１つは，科学者が海流を研究し，ハリケーンや台風などの異常気象を予測するためのデータを提供するために，海面を漂流するタイプ。もう１つのタイプのブイは，水深2kmの海底を深層流に乗ってゆっくりと移動しながら，10日ごとに情報を送信する。このデータは気候分析や長期天気予報に利用される。一方，クルーは他の装置を使って定期的に水のサンプルを採取し，二酸化炭素，酸素，塩分のレベルや温度を測定する。このデータはドイツで分析され，海上で情報を収集しながら見ることができる。

④　タンファは，このようなデータから新しいパターンが見えてくると言う。たとえば，二酸化炭素（濃度）が１年の間にどのように変化するかを示す――夏季，海水が温かくなると高くなり，植物プランクトンの個体数が急激に増加するブルーム時には低くなる。また，海洋がどのように海面から二酸化炭素を取り込み，海底に運ぶのかをも示す。「南氷洋では，水が垂直に下降したり上昇したりする，３つの主要なシステムがあります。深さによって，二酸化炭素のレベルは異なります。さらに渦と呼ばれる円形の水流も二酸化炭素を上下に運びます」とタンファは言う。科学者はこれらのシステムと渦を間近で観察し，衛星データと比較し，欠けている部分を補完することができるようになるだろう。

⑤　各艇は，植物プランクトンの成長に不可欠な微量元素のサンプルも採取する。植物プランクトンは食物連鎖の基盤であるだけでなく，大気から海洋へのCO_2移動の大半を担っている。「このデータは極めて重要なのです」と，微量元素の結果を分析するスペインの科学者アルネ=ブラッキッチ博士は言う。「最終的に植物プランクトンを餌とする動物がどれだけの餌を利用できるのか，そして植物プランクトンが大気からどれだけのCO_2を吸収しようとしているのかを知ることが重要なのです」ブラッキッチによれば，この種のサンプルを採取するには，通常，特別な科学航海が必要で，その回数は限られており，実施には多額の費用が必要になるという。ジ・オーシャンレースは，科学とは無縁の船舶による海洋調査を実証する方法なのだ。「私たちはサンプリング装置の設計――何がうまくいって，何がうまくいかないか，に注目しています。実に興奮します」

6 植物プランクトン調査に加え，船員たちは自動的に画像を記録し，植物プランクトン種の多様性を考察する装置を持っている。これは，酸素の研究をしているヴェロニク=グリーン博士のような科学者にも役立つ。「参加艇は，観測のきわめて不十分な，世界でも隔絶された海域を航行します。より多くの酸素データを得ることは，海洋中の酸素量をより正確に推定し，海洋の酸素損失量を知るためにも極めて重要なのです。データが多ければ多いほど，気候変動に対応する海洋の能力をより正確に理解し，将来気候に何が起こるかを予測することができるのです」と彼女は言う。

7 分析に協力するカッツィア=パボーソヴァ博士によると，「ジ・オーシャンレースは，通常ならデータを得るのが難しい場所からサンプルを届けてくれます。もう1つ，この情報を簡単に収集できる方法をもたらします。調査船のように訓練を受けた乗組員は必要ありません」 このサンプル採取方法が，いずれはクルーズ船やフェリーなど，科学船以外の船でも使われることが期待されている。参加セーラーたちにもメリットがある。ブイからのデータを使って「ブイを投下してから6時間後には，セーラーたちは新しい天気予報をダウンロードするので双方にとって好都合なのです」と船舶コーディネーターのマーティン=クランプは言う。「南氷洋のようなデータが乏しい海域では，このことが大きな違いを生みます——予報がこれまでよりも格段に良いのです」

解説

〔1〕 (A) 「南アフリカからブラジルまでの航海の主たる目的は何か」

第1段第3・4文 (But in March, … who form diverse crews.) に「ジ・オーシャンレースは南アフリカからブラジルまでのレースで最高レベルのセーラーたちを魅了している」とある。選択肢はそれぞれ，

(1)「専門家が非科学者に気候変動について教えるため」

(2)「経験豊かな船乗りが，厳しい海域で競い合うため」

(3)「プロのクルーが科学船を遠洋に運ぶため」

(4)「科学者が南極大陸を正確に測定するため」

の意味だから，正解は(2)だとわかる。

(B) 「2種類のブイの違いは何か」

「2種類のブイ」に関しては第3段第3・4文 (One type drifts … every ten days.) に「1つは海面を漂流するタイプ，もう1つは，水深2

km の海底の深層流に乗ってゆっくりと移動する」とある。選択肢はそれぞれ，

(1)「一方は水面上で機能し，もう一方は水面下で機能する」

(2)「一方は海流に乗って素早く動き，もう一方はゆっくり動く」

(3)「一方は異常気象を予測し，もう一方は海水温を予測する」

(4)「一方は二酸化炭素の吸収を測定し，もう一方は酸素を測定する」

の意味だから，正解は(1)だとわかる。

(C)「本文によると，植物プランクトンと気候変動の関係はどのようなものか」

「植物プランクトンと気候変動」に関しては第5段第2文（Not only are …）に「植物プランクトンは大気から海洋への CO_2 移動を担っている」とある。選択肢はそれぞれ，

(1)「植物プランクトンの大量発生は渦の影響を受ける」

(2)「植物プランクトンは空気中の二酸化炭素を吸収する」

(3)「微量元素は植物プランクトンの食物供給に影響を与える」

(4)「汚染は植物プランクトンによって海洋から自然に除去される」

の意味だから，正解は(2)だとわかる。

(D)「本文によると，南氷洋での調査が困難である理由の1つは何か」

「調査の困難さ」に関しては第5段第5文（Bratkič says that …）に「サンプルを採取するには，通常，特別な科学航海が必要で，その回数は限られており，実施には多額の費用が必要になる」とある。選択肢はそれぞれ，

(1)「航行する船が多すぎる」

(2)「船で行くのは難しく，費用がかかる」

(3)「科学者が南氷洋に行く機会が数年に一度しかない」

(4)「必要なデータ収集方法の訓練を受けている人が少ない」

の意味だから，正解は(2)だとわかる。(3)は迷うところではあるが，本文では具体的な調査の頻度は明記されていないので不適切。

〔2〕 (1)「ヨーロッパのチームがジ・オーシャンレースに参加する」

第1段第4文（The Ocean Race …）に「多様なクルーで編成する最高レベルのセーラーたち」とはあるが，参加チームがどの国や地域に属しているかに関しては明確な言及がないため，判断しかねる。

(2)「科学者たちは船員たちに報酬を支払う」

第7段第5・6文（The sailors benefit, … ship coordinator.）に,「船員はブイからのデータを使って新しい天気予報を得ることができるというメリットがある」とはあるが，本文中に報酬の有無に関する明確な言及がないため，不明と言わざるを得ない。

(3)「水のサンプルは，水中の植物プランクトンの量を測定するために使われる」

第3段第6文（Meanwhile, the crews …）に，「採取されたサンプルは水中の二酸化炭素，酸素，塩分，水温を測定するために使用される」とあり，また，第5段第1文（The boats will …）に「各艇は，植物プランクトンの成長に不可欠な微量元素のサンプルも採取する」とはあるが，その中に植物プランクトンそのものは含まれていないため，不一致。

(4)「セーリングチームは海洋からの水サンプル採取に興味を示してきた」

第3段第6文（Meanwhile, the crews …）に，参加チームが水サンプルの採取をしていることは記述されているが，それに対して興味を示してきたか否かには明確な言及がないため，判断しかねる。

(5)「二酸化炭素は渦によって海面から海中深くに移動する」

第4段第6文（In addition, circular …）に「渦も二酸化炭素を上下に運ぶ役割を担っている」とあるので，一致。

〔3〕 本文は,「ジ・オーシャンレースが担う海洋科学への貢献」が話題であった。選択肢はそれぞれ,

(1)「ボートレースの参加チームは，科学者が研究のために使うデータを集めるのを助ける」

(2)「セーリングチームは科学者の助けを借りて成績を向上させてきた」

(3)「気候変動を理解するために，海洋に関するより多くの科学的データが必要である」

(4)「船員たちはブイを使って南氷洋の天気予報を改善している」

(5)「科学者たちは南極大陸付近の水中の二酸化炭素濃度を測定している」

の意味だから，本文の内容を最もよく表しているのは(1)だと判断できる。

Ⅱ 解答 〔1〕 (A)―(1)　(B)―(1)　(C)―(1)　(D)―(2)　(E)―(1)
(F)―(4)　(G)―(2)　(H)―(1)

〔2〕 ㋐―(2)　㋑―(4)　㋒―(2)　㋓―(3)　㋔―(4)

全訳

《都市部における持続可能な食生活を目指して》

1 2013年，イーサン=ウェルティとケイレブ=フィリップスはフォーリング・フルーツ機構を立ち上げた。フォーリング・フルーツ機構は，世界中の都市にある食用植物を記録した無料のオンラインマップであり，都市環境での採食を奨励している。彼らは，採食に興味を持つ多くの人々だけでなく，利用可能な食物の膨大な資源を認識し，場所と収穫スケジュールを記録するためのより良いツールを求めていた。ウェルティとフィリップスはまず，政府や大学が提供する植物リストをマップに加えることから始めた。しかし，彼らはまた，ユーザーが場所や植物に関する情報を追加できるようにマップを設計し，誰もが参加できてより価値のあるものにした。

2 立ち上げ以来，フォーリング・フルーツは現在，世界中の1,533,034の所在地を掲載し，200万人以上の人々がサイトを訪れている。このサイトの多様性は，利用可能な言語と世界中の多種多様な植物に表れている。オーストラリアで中国原産のオレンジを見つけたり，南アフリカでアジア原産のベリーを見つけたり，ブラジルの都市部で珍しいトロピカルフルーツを見つけたりする採集者たちがいる。こうして得た知識のおかげで，ウェルティはどの植物が食用になるのか，またどのように調理すればいいのか，かなり詳しくなったと言う。たとえば，イランではサクラハナミズキの果実が親しまれており，ジャムにして保存したり，さわやかな飲み物にしたり，酢やミントに漬けたり，単に軽く塩を振って生で食べたりできることを知った。

3 ウェルティはフォーリング・フルーツが，都市を住民に食料を供給できる場所として再構築する大きな可能性を見出している。「私たちは，ほとんど偶然に，多岐にわたる食用植物のある都市を共有しています。私たちがさらに意識し，利用し，理想的にはコミュニティ意識を高めれば，将来都市に実際に多くを求め，多くの還元を得ることができるのです。食料をさらに採取できる都会の未来を想像することができるのです」と彼は熱く語る。

4　ウェルティはフォーリング・フルーツを一種の政治的な活動としてとらえている。彼は，このプロジェクトが私有財産，都市の未来において誰が発言権を持つべきか，そして誰もが利益を得るにはどうすればいいかという問題を提起していると指摘する。私有地での採集は繊細な問題だ。ウェルティは，ユーザーが簡単に元に戻すことができるため，所有者から要求があったとしても，木や植物を地図から外すことはしない。その代わり，その植物が私有地にあることを明記し，採集者が所有者に採取の可否を尋ねられるようにすることを求めている。ウェルティがこの方法を気に入っているのは，人々が互いに話し合うことを促すからだ。

5　ウェルティは，採集可能な場所を生み出すなど，都市計画に採取を取り入れるには新しい考え方が必要だと考えている。彼は，建物と建物の間の隙間を再認識したり，道路どうしを引き離したりすることで，その空間の利点を最大限に生かし，近隣の植物と触れ合う機会を作ることを提言している。モンタナ州ビリングスは，この発想に基づいた試みを行っている都市のひとつだ。同市は廃棄物削減プログラムの一環として，スーパーに簡単に行けない住民の近くの公園に 120 本以上の果樹を植えた。そして，その木はフォーリング・フルーツに載せられた。人々が自分たちのために，あるいはフードバンクに寄付するために果実を摘むことで，食品廃棄物や公園の維持管理の手間も減少した。敷地内に果樹がある教会や企業は，マップに追加することが奨励されている。

6　フォーリング・フルーツの完全版マップには，2,000 以上のカテゴリータグがあり，そのほとんどが植物だが，キノコや，時には釣りや貝掘りのスポットも含まれる。タグは，スーパーに並んでいるもの以外の食品を人々に知ってもらうために，意図的に幅広い採集スポットをカバーしている。その中には，食料システムにおける廃棄物に注意を向けさせるための大きなゴミ箱の場所を含み，予定通りに食料が手に入る比較的決まった場所も示している。ボストンのリリー=ブラウンのようなユーザーは，マップに 5 万以上の場所を追加した。持続可能な収穫を通じて，食べ物と密接なつながりを持つことを好むブラウンは，市内の約 20 箇所を追加しており，フォーリング・フルーツは「私が見つけた果物やハーブを記録する素晴らしい方法になっています」と語っている。彼女が最も思いがけず見つけたのは，大学のキャンパスで見つけた野生のキノコだった。彼女はまた，採集したリンゴとドングリから作った粉を使っておいしいリンゴパンを焼いた。「コミュニティの意見があってこそ，このようなアプリが生まれるのです」とTJ＝バトラーは言う。彼はメリーランド州の自宅近くの場所を追加している。彼はリンゴ，ナシ，ベリーを見つけたが，将来的には地図に収穫期が示されることを期待している。

7　そうすることがウェルティの目標であり，彼はフォーリング・フルーツの成功を高く評価しているが，多くの新規事業の立ち上げと同様，さらに発展させるための時間と資金があればと願っている。フォーリング・フルーツは，ウェルティを中心としたボランティアスタッフによる非営利団体である。彼は，都市部の採食者たちが簡単に食料を入手できるようにすべきだと強く信じている。彼は，都市部の余剰果実を収穫して保管する組織，コミュニティ・フルーツ・レスキューを設立し，諮問委員会員を務めており，広く変化をもたらすことを望んでいる。「私が本当にやりたいデータ分析は，次に何をどこに植えるかという決定に影響を与えるために，人々がどこに行っているのか，具体的には，彼らが何と交流しているのか，どんな種類の物を，いつ収穫しているのかを調べることで，それが夢なんです」と彼はつけ加えて言う。

解説

〔1〕 (A)　空所を含む部分は「利用可能な膨大な食物資源（　　　）採食に関心を持つ多くの人々を認識すること」の意味。空所部分には「そして」といった意味の語句が入ると読み取れる。選択肢はそれぞれ，(1)「～と同様に」，(2)「～にもかかわらず」，(3)「～よりはむしろ」，(4)「～なしで」の意味であるから，それに最も近いのは(1)である。

(B)　空所を含む部分は「(　　　)，イランではサクラハナミズキの果実が親しまれており，ジャムにして保存したり，さわやかな飲み物にしたり，酢やミントに漬けたり，単に軽く塩を振って生で食べたりできることを知った」の意。空所部分には前述の記述の具体例を導く意味の語句が入ると読み取れる。選択肢はそれぞれ，(1)「たとえば」，(2)「しかしながら」，(3)「これにもかかわらず」，(4)「疑いなく」の意味であるから，それに最も近いのは(1)である。

(C)　空所を含む部分は「ウェルティはフォーリング・フルーツが，都市を住民に食料を（　　　）できる場所として再構築する大きな可能性を見出している」の意。空所部分には「与えること」といった意味の語が入ると読み取れる。選択肢はそれぞれ，(1)「供給できる」，(2)「配布する」，(3)「売る」，(4)「皆が与える」の意味であるが，対象者に前置詞 for を唯一とることができるのは(1)である。

(D)　空所を含む部分は「私有地での採集は（　　）だ」の意。空所部分には「微妙・繊細な」といった意味の語が入ると読み取れる。選択肢はそれぞれ，(1)「料金を払うことで成し遂げられる」，(2)「デリケートな問題だと考えられる」，(3)「不可能な」，(4)「公共の場での採取と似ている」の意味であるから，それに最も近いのは(2)である。

(E)　空所を含む部分は「敷地内に果樹がある教会や企業は，マップに（　　）ことが奨励されている」の意味。空所部分には「載せる」といった意味の語が入ると読み取れる。選択肢はそれぞれ，(1)「自分たち（の情報）を追加する」，(2)「寄付を求める」，(3)「新バージョンをデザインする」，(4)「支払いを支援する」の意味であるから，それに最も近いのは(1)である。

(F)　空所を含む部分は「予定通り（　　）比較的決まった場所を示している」の意味。空所部分には「食料が手に入る」といった意味の語が入ると読み取れる。選択肢はそれぞれ，(1)「食品産業のある」，(2)「世界中にユーザーがいる」，(3)「運営が高額な」，(4)「食料を得ることができる」の意味であるから，それに最も近いのは(4)である。

(G)　空所を含む部分は「持続可能な収穫を通じて食べ物（　　）ブラウンは，市内の約 20 箇所を追加している」の意。空所部分には「との関連性を好意的に見る」といった意味の語が入ると読み取れる。選択肢はそれぞれ，(1)「～の入手方法がわからない」，(2)「～と密接なつながりを持つことを好む」，(3)「～を見つけることに躊躇する」，(4)「～に関してウェルティに依存する」の意味であるから，それに最も近いのは(2)である。

(H)　空所を含む部分は「彼は，都市部の採食者たちが（　　）だと強く信じている」の意。空所部分には「容易に入手可能になるべき」といった意味の語が入ると読み取れる。選択肢はそれぞれ，(1)「簡単にできるようにすべき」，(2)「主要な企業が援助すべき」，(3)「近隣住民が頻繁に聞く」，(4)「人々が支払うべき」の意味であるから，それに最も近いのは(1)である。

〔2〕 **あ**　該当部分は「こうして得た知識」という意味だから，下線部㋐の指示対象は第 2 段第 3 文（Foragers are finding …）に記述された「オ

ーストラリアで中国原産のオレンジを見つけたり，南アフリカでアジア原産のベリーを見つけたり，ブラジルの都市部で珍しいトロピカルフルーツを見つけたりした採集者たちからの知識」である。選択肢はそれぞれ，

(1)「オンラインマップの作り方を学ぶこと」

(2)「様々な種類の食べ物を地図上で発見すること」

(3)「世界中に多くのマップ利用者がいることを認識すること」

(4)「マップ利用者が使用する複数の言語を理解すること」

という意味。よって，これらの中で上記の内容に合致しているのは(2)だとわかる。

い　該当部分は「この方法」という意味だから，下線部ⓘの指示対象は第4段第5文（Instead, he asks …）に記述された「その代わり，その植物が私有地にあることを明記し，採集者が所有者に採取の可否を尋ねられるようにすること」である。選択肢はそれぞれ，

(1)「社会運動に関心を持つこと」

(2)「オンラインマップから樹木を削除すること」

(3)「私有地の樹木を撤去しないこと」

(4)「人々に判断を委ねること」

という意味。よって，これらの中で上記の内容に合致しているのは(4)だとわかる。

う　該当部分は「この発想」という意味だから，下線部㋒の指示対象は第5段第2文（He suggests reimagining …）に記述された「建物と建物の間の隙間を再認識したり，道路どうしを引き離したりすることで，その空間の利点を最大限に生かし，近隣の植物と触れ合う機会を作ること」である。選択肢はそれぞれ，

(1)「スーパーの近くに公園を増やすこと」

(2)「人々が食料を調達できる場所を設計すること」

(3)「家庭菜園にもっと野菜を植えること」

(4)「都心の建物の外観を変えること」

という意味。よって，これらの中で上記の内容に合致しているのは(2)だとわかる。

え　該当部分は「そうすること」という意味だから，下線部㋓の指示対象は第6段最終文（He's found apples, …）に記述された「将来的には地図

上に収穫期も示されること」である。選択肢はそれぞれ，
(1)「より多くの植物の場所を発見すること」
(2)「その地図を使ってすべての食べ物を探すこと」
(3)「その地図に新しい情報を追加すること」
(4)「新しいスマートフォンアプリを作ること」
という意味。よって，これらの中で上記の内容に合致しているのは(3)だとわかる。

㋔　該当部分は「それ」という意味だから，下線部㋔の指示対象は最終段第5文（“The kind of data …”）に記述された「人々がどこに行き，何と交流し，どんな種類の物を，いつ収穫しているのかを調べること」である。選択肢はそれぞれ，
(1)「もっとスタッフを雇うこと」
(2)「別のスタートアップ企業を作ること」
(3)「都市部の私有地をなくすこと」
(4)「洞察力を地域開発に役立てること」
という意味。よって，これらの中で上記の内容に合致しているのは(4)だとわかる。

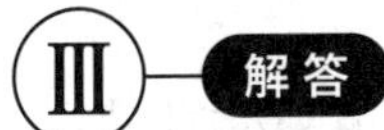

〔1〕 ㋐―(3)　㋑―(1)　㋒―(9)　㋓―(2)
〔2〕 ㋕―(8)　㋖―(7)　㋗―(3)　㋘―(9)

全訳

〔1〕《歯科医院にて》

A：「おはようございます。すみません，予約の時間を少し過ぎてしまいました」
B：「大丈夫ですよ。ここに腰かけてもらえますか。前回歯のクリーニングを行ったのはいつですか？」
A：「えっ，覚えてないなあ。2年前ぐらいですかね，たぶん。重要ですか？」
B：「もちろんです！　半年ごとにはやっておくべきですよ」
A：「そんなに頻繁に？　ちょっと忙しくて。年に1回やれば十分だと思ってました」
B：「まあ，あなた次第ですけどね。でも年をとるごとに歯の健康を保つ

のはどんどん難しくなりますし」

A：「そうですよね。でもお菓子を食べる量は控えようとしてます。夜遅くには何も食べないですし」

B：「安心しました。1日何回歯を磨いていますか？」

A：「通常2回です。朝に1回と夜お風呂の後に1回。それでいいんですよね？」

B：「3回磨けばさらにいいですね。でも一番大切なことは磨き方なんです」

A：「歯の磨き方？　本当に？　5歳のときに学びましたよ！」

B：「もちろんそうでしょう。でも，今見たところ，何カ所か磨き残しがありますねえ。歯ブラシをどうぞ――練習の時間ですよ！」

〔2〕《自宅にて》

A：「ハニー，今バスルームなんだけど，通りから配達のトラックの音が聞こえた気がするんだ。ドライバーがノックしたら見に行ってくれない？　来るはずの小包がまだなんだ」

B：「あら，そうなの？　また赤ちゃんの靴を注文したの？　いま彼女の世話で忙しいんだけどなあ」

A：「心配しないで，ほんのちょっとなら赤ちゃんは大丈夫だよ。昨日届くはずだったんだ。だからちょっと気になってて」

B：「うーん，お隣さんかもしれないし，彼には会いたくないんだけど」

A：「ああ，彼なら今朝はとても早くに家を出たよ。それに僕より君のほうが玄関に近いし，僕，これからシャワーを浴びて着替えないといけないんだよ」

B：「ねえ，もう8時だよ！　いつもならあなた，家を出てる時間よ」

A：「そうなんだ，わかってる。でも今日だけは特別，昨日よく眠れなかったんだ。たぶん小包のことでストレスが溜まってるんだよ。今日の会議に必要なんだ」

B：「ふーん，12時ごろテレビ見てたの聞こえてたんだけど」

A：「あ，聞こえてた？　ごめん。静かにしようとしたんだけど。テレビを見たら落ち着くと思ったんだ。ああ，誰かが玄関のドアをノックしたみたい，今朝家を出る前にあの小包が本当に必要なんだ」

B：「OK，見てくるね。残念，もう行ってしまったみたい。でもあなたが正解，お隣さんじゃなかったわ。ラッキー，不在通知を置いてくれていたよ！」

A：「うそー！　どうすればいいんだ？」

解説

〔1〕 ㋐　直前の「重要ですか？」に対する応答として最も自然なものは(3)「もちろんです！」である。ここでの so は think，suppose，believe など，話し手の気持ちを表す動詞とともに用いる様態の so。意味的には I would certainly say it is important. の意。

㋑　直前の「半年ごとにはやっておくべきですよ」という歯科医の意見に対する驚きを示す表現としてふさわしいのは(1)「そんなに頻繁に？」である。

㋒　直前にある「でもお菓子を食べる量は控えようとしてます」に加え直後にある歯科医の「安心しました」という表現から，空所内には歯のためにAが合わせて心がけていることが入ると予想される。したがって(9)「夜遅くには何も食べないですし」が適切。

㋓　直前にある「5歳のときに学びましたよ！」の learned を受ける代動詞 did を用いた，(2)「もちろんそうでしょう」が最も自然。

〔2〕 ㋕　直後の「だからちょっと気になってて」の直前の発言としてふさわしいのは(8)「昨日届くはずだったんだ」である。会話後半に会議に必要な小包を待っている旨を繰り返し述べていることから，(10)「注文したもののサイズが間違ってたんだ」は不適切。

㋖　直前の「ねえ，もう8時だよ！」から本来家を出ている時間であることがわかる。また直後に You're right, I do. と直前の一般動詞を受ける代動詞 do が用いられているため，(4)・(6)は不可。(7)「いつもならあなた，家を出てる時間よ」が適切。

㋗　先行する「12時ごろテレビ見てたの聞こえてたんだけど」への謝罪に続くものとしては(3)「静かにしていたつもりだったんだけど」が最も自然。

㋘　最後の「不在通知を置いてくれていたよ」という発言から，(9)「残念，もう行ってしまったみたい」がふさわしい。

Ⅳ　解答

(A)―(1)　(B)―(3)　(C)―(2)　(D)―(4)　(E)―(1)　(F)―(3)　(G)―(3)　(H)―(1)

解説

(A)「その新しいスマートフォンは昨年のモデルよりも速くアプリケーションをダウンロードできる」

助動詞 can に続くため，動詞の原形(1)が適切。

(B)「私の猫たちも犬もいずれも私があげる餌を好まない」

neither *A* nor *B* は述語動詞に近い *B* に一致させる。ここでは the dog と三人称単数がそれに該当するため(3)が適切。

(C)「もし状況が変われば，私は東京に引っ越すでしょう」

仮定法未来の If の省略による倒置の形。よって(2)が適切。安易に(1)としないこと。条件を表す副詞節中は未来のことでも現在形を用いるが，その場合，副詞節の主語が the situation であるため，動詞は changes となる必要がある。

(D)「放課後辛抱強く待っていた生徒たちは，ホールで友人たちと会った」

分詞構文で主節の主語が文頭におかれたパターン。よって(4)が適切。

(E)「支配人は客室のタオルが客によって持ち去られたことに気づいた」

述語動詞 saw よりも古い過去は大過去（過去完了形）で表す。よって(1)が適切。(4)は were taken の形ならば可能。

(F)「そのカップルは旅行中にカバンを奪われた」

目的語と目的格補語との関係の問題。ここでは目的語 their bags が受動的立場になるので過去分詞(3)が適切。

(G)「予算を考慮すると一泊 150 ドルのホテルに泊まるのは高すぎる」

「金額」は１つのまとまりと見なし単数扱い。よって(3)が正解。

(H)「その会合に参加を希望するすべての学生は今月末までに登録してください」

下線部直後に students とある。ここで複数扱いできるのは(1)のみ。

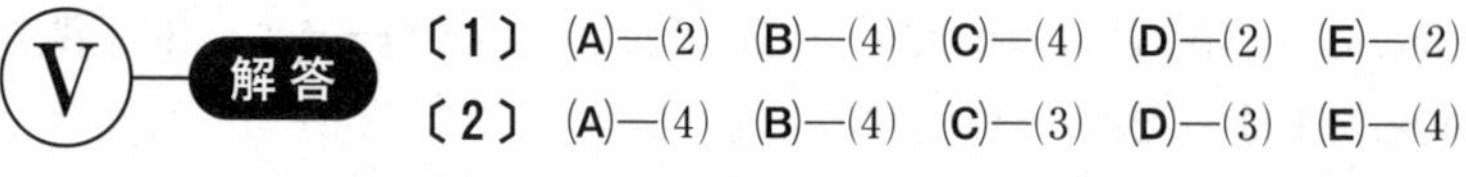

Ⅴ　解答

〔1〕(A)―(2)　(B)―(4)　(C)―(4)　(D)―(2)　(E)―(2)

〔2〕(A)―(4)　(B)―(4)　(C)―(3)　(D)―(3)　(E)―(4)

解説

〔1〕(A)「天気も申し分なく，一日の（　　　）を増やしてくれた」

選択肢はそれぞれ，(1)「真鍮」，(2)「楽しみ」，(3)「保安官」，(4)「酢」という意味。「天気も申し分なく」という表現から，最も正解にふさわしいのは(2)である。

(B)「それは私がこれまで聞いた最もうるさい（　　　）だった！」

選択肢はそれぞれ，(1)「耳の痛み，小言」，(2)「爪」，(3)「鍋，ソースパン」，(4)「くしゃみ」という意味。「これまでに聞いた最もうるさい」という表現から，最も正解としてふさわしいものは(4)である。

(C)「その会社間の（　　　）は複雑だった」

選択肢はそれぞれ，(1)「ブレスレット」，(2)「百科事典」，(3)「パンツ」，(4)「交渉」という意味。「会社間の」という表現から，最も正解としてふさわしいものは(4)である。

(D)「森の中では（　　　）木々を住処にしている動物たちがいる」

選択肢はそれぞれ，(1)「経済的な」，(2)「空洞の」，(3)「数値の」，(4)「機知にとんだ」という意味。「木々の」という表現から，最も正解としてふさわしいものは(2)である。

(E)「私はちょうど雑誌棚を（　　　）ところだった」

選択肢はそれぞれ，(1)「裏切る」，(2)「閲覧する，ざっと見る」，(3)「避難する」，(4)「あっと言わせる，おどかす」という意味。「雑誌棚」という表現から，最も正解としてふさわしいものは(2)である。

〔2〕(A)「彼らは数種の鳥類を発見した」

選択肢はそれぞれ，(1)「習慣」，(2)「巣」，(3)「保護区」，(4)「種類」という意味。これらの選択肢の中で「(生物の) 種」にふさわしいのは(4)である。

(B)「科学者たちは，実験を成功させるために装置の部品を代用しなければならなかった」

選択肢はそれぞれ，(1)「融合する」，(2)「削減する」，(3)「利用する」，(4)「交換する」という意味。これらの選択肢の中で「代用する」にふさわしいのは(4)である。

(C)「我々は有意義な感想をもらった」

選択肢はそれぞれ，(1)「正直な」，(2)「あいまいな」，(3)「価値のある」，(4)「記載された」という意味。これらの選択肢の中で「有意義な」にふさわしいのは(3)である。

(D)「彼らは自由を切望している」

選択肢はそれぞれ，(1)「戦う」，(2)「入札する」，(3)「飢えている」，(4)「計画する」という意味。これらの選択肢の中で「切望している」にふさわしいのは(3)である。

(E)「そのショーは息をのむほど素晴らしかった」

選択肢はそれぞれ，(1)「おもしろかった」，(2)「疲れるものだった」，(3)「満足のいくものだった」，(4)「見事だった」という意味。(1)・(3)は文脈上迷うところだが，これらの選択肢の中で唯一「息をのむほど素晴らしい」と言い換え可能な選択肢は(4)である。

講評

2024年度も出題傾向に変化はなく，長文読解問題2題，会話文1題，文法・語彙問題2題の出題であった。

Ⅰは「ジ・オーシャンレースが担う海洋科学への貢献」がテーマの英文である。設問数，難易度は例年並み。〔1〕の内容説明は本文の言い換えがポイントとなる。〔2〕の内容真偽は，まず，本文に明確に記載されている「1」か，明確に記載されていないといえる「2」を特定する。

Ⅱは「都市部における持続可能な食生活を目指して」がテーマの英文である。〔1〕では文脈からは判断できない細かな文法知識を問う問題も出題された。〔2〕は，指示代名詞や指示形容詞がどこを指しているかを正確に見極めることがカギとなる。下線部の後方にある場合もあるので注意が必要。

Ⅰ・Ⅱとも英文すべてを読んで「理解する」ことよりも，問われている問題を時間内に効率よく「解く」という意識を持つこと。高等学校で学ぶ基礎的な知識や，文脈から類推する受験生の力を見たい，という出題者の意図を感じる。

Ⅲは「歯科医院にて」「自宅にて」がテーマの会話文。〔2〕「自宅にて」は空所の前後だけでは根拠を判断できない問題や，代動詞に着目して解答しないと間違えてしまう問題もあった。A，Bの2人しか登場人物がいないため，事前に選択肢を分類することで，時間の短縮と正答率アップにつながるであろう。

Ⅳ・**Ⅴ**の文法・語彙問題は例年並みの難易度。基本的な文法・語法を早い段階で定着させること，計画的に単語を暗記していくことが重要。brass や knickers など受験生にとってなじみのない単語も出題されているが，内容を類推し，落ち着いて消去法で対応しよう。特に単語に関しては同意表現を早期からマスターする必要がある。

日本史

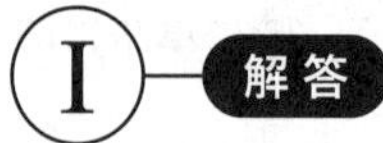

A．鬼道　B．物部
C．石清水八幡宮〔男山八幡宮〕　D．新猿楽記
E．本地垂迹
(a)―㋒　(b)祈年祭　(c)大津皇子　(d)新薬師寺　(e)―㋒　(f)―㋐　(g)―㋓
(h)大神神社　(i)―㋒　(j)明月記

解説

《弥生～鎌倉時代の神祇信仰と仏教》

B．「仏教」の「受容に反対する」がヒント。物部氏は大連として勢力を強めた有力豪族。仏教公伝の際には物部尾輿が崇仏派の蘇我稲目と受容をめぐって激しい崇仏論争を展開した。

C．「宇佐から八幡神が勧請」「平安京の南西の方角」「淀川左岸」などがヒント。石清水八幡宮（京都府八幡市）は9世紀半ばに宇佐八幡宮（大分県）から分霊を請い迎えて祀った（勧請）ことに始まる。特に源氏は氏神として尊崇した。

D．やや難問。「藤原明衡」「大名田堵が登場」がヒント。『新猿楽記』は11世紀半頃に著作された藤原明衡の随筆。流行していた猿楽を通じて多くの階層の人々の実態を描いており，平安時代後期の社会生活を知る好史料である。大学入試では大名田堵の農業経営を記した史料として利用されることが多い。

E．本地垂迹説は「在来の神は仏教の如来や菩薩が形を変えて現れた」とする神仏習合思想の一形態である。外来信仰である仏教が民衆教化のため，日本人の慣れ親しむ在来の神祇信仰を利用したことによって生じた。

(a)　㋒が正解。中臣氏は連姓の豪族で，忌（斎）部氏とともに朝廷の祭祀を司った。天智天皇から藤原姓を賜った鎌足の子孫は藤原氏を称したが，本系は中臣氏として神祇氏族の命脈を保った。

(b)　「旧暦2月に行われた」「五穀豊穣を祈る祭祀」なので毎年春に行われる祈年祭である。「国家之大事」と称された祭祀。その年の豊作を祈願するとともに，皇室の安泰や国家の繁栄を祈った。秋に収穫を感謝する新嘗祭と混同しないように注意しよう。

(c) 大津皇子は天武天皇の第3皇子で母は持統天皇の姉（大田皇女）である。文武に優れて人望も厚く国政に参与したが，草壁皇子との皇位継承問題で謀反の疑いをかけられ刑死（自殺）した。文才にも恵まれ『懐風藻』や『万葉集』に辞世の句などが収められている。

(d) 難問。「日本最古の十二神将像」（天平文化）「一木造の薬師如来像」（弘仁・貞観文化）がヒント。新薬師寺は光明皇后の発願で聖武天皇の病気平癒を祈り747年に建立された華厳宗の寺。平城京右京の薬師寺に対して「新薬師寺」と称された。「光明皇后により創建」から法華寺（2023年度全学統一方式で出題）と誤答しないように注意しよう。

(e) ㋒が正解。薬師寺僧形八幡神像（一木造）は神仏習合の影響から仏像彫刻にならった神像彫刻の代表作（弘仁・貞観文化)。㋐東大寺法華堂執金剛神像（天平文化)。㋑難問。浄瑠璃寺吉祥天像（京都府，鎌倉時代)。㋓曼殊院不動明王像（12世紀頃)。9世紀に作られた「園城寺不動明王像(黄不動)」を模写したもの。

(f) ㋐が正解。やや難問。「八幡太郎」がヒント。源氏と石清水八幡宮との関係は源頼信からといわれ，子頼義は前九年合戦後の帰途に鎌倉に勧請して源氏の氏神（鶴岡八幡宮の始まり）とし，その子義家は石清水八幡宮で元服したので「八幡太郎」と称した。㋐源義家が関与した後三年合戦（1083～87年）の説明である。㋑保元の乱（1156年）で勝利した源義朝の説明。㋒平忠常の乱（1028～31年）を鎮定した源頼信の説明。㋓藤原純友の乱（939～41年）を鎮定した源経基（清和源氏の祖）の説明。

(g) ㋓が正解。「大和国宇陀郡に建立された山林寺院」は室生寺（弘仁・貞観文化）である。㋓如意輪観音像（弘仁・貞観文化）は大阪府河内長野市の観心寺に所蔵されている密教彫刻の代表作である。㋐室生寺金堂，㋑室生寺五重塔，㋒室生寺弥勒堂釈迦如来像（翻波式の代表作)。

(h) やや難問。「山自体をご神体」「奈良県桜井市」がヒント。大神神社は三輪山をご神体とし，大物主神を祭神とする大和国一宮。本殿を設けず拝殿・鳥居からご神体の山を拝むという原始信仰のなごりを残す最古の神社である。

(i) ㋒が誤文。春日神社の神木を担いで強訴したのは興福寺の僧兵である。なお，㋑は藤原道長埋納経筒の説明である。浄土信仰をもつ道長は金峯山に参詣し，極楽往生を願って法華経や阿弥陀経をおさめた。日本最古の埋納用の経筒である。

(j)　難問。「後鳥羽院に仕え」「『新古今和歌集』の撰者として知られる貴族」は藤原定家である。新古今調の大成者で鎌倉初期の歌壇の中心人物であった。その日記は『明月記』である。鎌倉前期の朝廷の権力闘争や公武関係など，また和歌に没頭しようとする定家の心情なども綴られている。

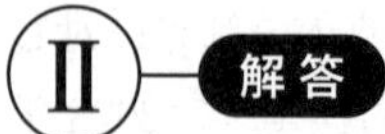

(a)足利義持　(b)―㋎　(c)―㋑　(d)御土居　(e)伏見　(f)―㋒　(g)―㋒　(h)飢人　(i)困窮人　(j)松平定信　(k)七分積金〔七分金積立〕　(l)町会所　(m)人足寄場　(n)―㋒　(o)―㋑

解説

《中世後期～近世期の都市下層民衆》

〔1〕(a)「4代将軍」なので足利義持である。「都市京都は壊滅状態に陥った」のは応永の飢饉（1420～21年）が原因である。父義満による南北朝の合体や有力守護大名の討伐によって政治的には安定期を迎えた時代であった。

(b)　難問。㋎が正解。「華道池坊流」がヒント。池坊流の発祥の地は京都市中の頂法寺である。本堂の形にちなんで「六角堂」と称され，その居宅の僧・池坊専慶（東山文化）が立花の手法を成立させた。

(c)　㋑が誤文。灰吹法の成功は1533年なので16世紀前半の出来事である。灰吹法は鉱石中の銀を抽出する精錬技術。博多の貿易商神谷寿禎（じゅてい）が朝鮮人技術者の協力により石見大森銀山で成功させ，以後銀精錬の定番となった。

(d)　難問。御土居（おどい）は豊臣秀吉が京都の周囲に築いた土塁。これで京都市内（洛中）と京都市外（洛外）を区分して市街地の整備を進めた。鴨川の洪水を防ぐ堤防や軍事的防衛などの役割があった。

(e)　伏見城は壮大で華麗な桃山時代の代表的城郭建築の一つ。豊臣秀吉が1594年邸宅として築城，死後に徳川家康が居城としたため，伏見は「複都の一角を構成」する城下町となった。なお，伏見城を倒壊させたのは1596年に発生した「慶長伏見地震」（伏見桃山地震）である。

(f)　㋒が正解。「農民が都市に流入」がヒント。日用（ひよう）（日傭）は正規の仕事をもたない日雇い労働者のこと。労働賃金を求めて没落農民が京中に集まり雑多な業務に従事した。

〔2〕(g)　難問。㋒が正解。「町内の事務を補佐」がヒント。月行事（がつぎょうじ・がちぎょうじ）は㋓町年寄（ちょうどしより）を補佐する町役人。家持（上層町人）などの五人組から月ごとの輪番で事務を務めた。㋐年行事は京都の町役人。町年寄の身分で年ごとに互選された。㋑会合衆は堺の町政を主導した豪商の組織。㋓町年寄は町奉行の下で町政を担った最上位の町役人。配下の町名主（ちょうなぬし）（史料の「名主」はこれに当たる）を指揮して触書の伝達・人別（戸籍）の集計などを行い，さらにその下で実務を担うのが㋒月行事である。江戸の町政は，町奉行→町年寄→町名主→月行事→一般の町人となる。

(h)　やや難問。史料内容から「飢人」か「困窮人」のどちらかが入ることがわかり，［　G　］が判断できれば解答できる。「［　F　］」は享保飢饉時に「御救米」の給付対象者として「飢人へとらせ候よう…」とあるので被災者認定を受けた「飢人」が入る。

(i)　やや難問。史料には「御救米」について「困窮人へは無用いたし，飢人へばかりとらせ申すべく候」とあり，またリード文〔3〕の後半（「日常的に存在する［　G　］には配らない」）も参考にすると，給付対象とならなかった「災害以前から存在する」「困窮人」が［　G　］に入る。

〔3〕(k)・(l)　やや難問。町会所（江戸町会所）は寛政改革で設置された貧民救済の金融機関。七分積金の管理・運営を行い，米の備荒貯蓄や低利の金融を行った。七分積金とともに江戸市民の救済機関として幕末まで存続した。

(n)　難問。㋒が正解。江戸の人口は約 100 万人で武士が約 50 万人，町人が約 50 万人であった。「町方人口の 6 ～ 8 割にもあたる人々」なので「御救米」の受給者は約 50 万人中の 6 ～ 8 割となる。よって 300000～400000 人，語群から該当する 400000 人を選べばよい。

(o)　㋑が正解。『安愚楽鍋』がヒント。仮名垣魯文は明治維新期の戯作者，また新聞記者として『いろは新聞』などでも活躍した。代表作の『安愚楽鍋』は文明開化期に流行した牛鍋屋の様子を風刺的に描いた作品。

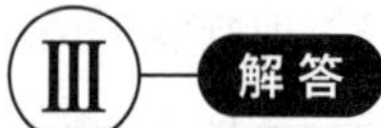

(a)津田梅子　(b)—㋒　(c)伊藤博文　(d)山川菊栄
(e)—㋐　(f)伊藤野枝　(g)青鞜社　(h)民法　(i)—㋑
(j)—㋑　(k)市川房枝　(l)治安警察法　(m)—㋒　(n)岸信介　(o) 1946
(p) 1906　(q)南京　(r)—㋑　(s)並木路子　(t)村山富市

解説

《近現代の女性史》

〔1〕(a)「最年少の女子留学生」「女子英学塾」などがヒント。津田梅子は開明的思想を持つ父津田仙（幕末の洋学者）の影響から「官費女子留学生」に応募，8 歳で渡米した。1900 年女子英学塾（現在の津田塾大学）を創設し，女子教育や英語教育の発展に尽力した。

(b)　㋒が正解。『米欧回覧実記』は『特命全権大使米欧回覧実記』ともいう。岩倉遣外使節に随行した久米邦武が著した見聞記録。なお，久米邦武は後に歴史学者として東大教授となり，論文「神道は祭天の古俗」を発表したが，神道家などから非難されて東大を辞職した。

(d)　やや難問。「日本最初の社会主義女性団体」「労働省初代婦人少年局長」がヒント。山川菊栄は日本共産党を結成した山川均の夫人。1921 年伊藤野枝らとともに「日本最初の社会主義女性団体」として赤瀾会を結成した。山川菊栄の「栄」を「枝」としないように注意しよう。

(e)　やや難問。㋐が正解。日本女子大学校は 1901 年（1904 年専門学校）に創立された日本最初の女子高等教育機関。成瀬仁蔵はキリスト教徒の教育者。否定されていた女子の高等教育機関設立など女子教育発展に努めた。

〔2〕(f)・(g)「関東大震災後の社会的混乱のなか，憲兵隊に連行され，殺害された」から甘粕事件を想起して解答しよう。伊藤野枝は 1911 年に結成された青鞜社に参加，1921 年に山川菊栄らと「社会主義女性団体」の赤瀾会を結成した。1923 年 9 月 1 日に発生した関東大震災の混乱の中で内縁の夫大杉栄とともに憲兵大尉甘粕正彦によって殺された。2022 年度学部個別配点方式でも出題されている。

(h)「夫婦同氏制度」「親族関係」などを定めた法律は民法である。ボアソナード（仏）の起草した個人主義的な民法は民法典論争により施行されず，1898 年（「明治 31 年」）に改正され，戸主権や家父長制的な家制度を規定した民法になった。

(i)　㋑が正解。『明星』や「君死にたまふことなかれ」から人物は与謝野晶子とわかる。『みだれ髪』(1901年) は女性の恋愛感情を官能的表現で大胆に歌い上げて注目を集めた。㋐『放浪記』は林芙美子の自伝的長編小説。㋒『貧しき人々の群』は宮本百合子が18歳で発表した作品。㋓『たけくらべ』は樋口一葉の作品。

(j)　㋑が正解。亀戸事件 (1923年) は関東大震災の混乱の中で労働運動家の平沢計七・川合義虎ら10名が東京亀戸署で警察と軍隊によって虐殺された事件。甘粕事件とともに震災による戒厳令を利用した左翼弾圧事件である。

〔3〕(k)　「新婦人協会を結成」「通算5期25年間，参議院議員を務めた」がヒント。市川房枝は1920年平塚らいてうらとともに新婦人協会を結成し，以後女性参政権運動や婦人労働運動にも活躍した。

(l)　女性の政治参加を禁じていたのは治安警察法 (1900年) である。新婦人協会はその第5条撤廃請願運動を展開し，その結果，1922年女性の政治集会参加が認められた。

(m)　㋒が正解。「大政翼賛会の最末端」がヒント。隣組は江戸時代の五人組などを継承し，約10戸単位で組織された。連帯責任制のもと戦時統制生活の末端として回覧板による伝達業務や米の配給などを担った。

(n)　やや難問。「追放解除後に政界に復帰して内閣総理大臣となった人物」がヒント。岸信介は「満州総務庁次長」として満州の軍事化を主導，東条英機内閣の「商工大臣」として戦時経済統制を推進した。戦後，A級戦犯として逮捕されたが不起訴となり政界に復帰，「内閣総理大臣」時には新安保条約の成立を強引に進め，安保闘争 (1960年) が起こった。なお，2022年7月に暗殺された安倍晋三の祖父である。

(o)　やや難問。「戦後直後の衆議院議員選挙法改正」は1945年12月，改正後初の総選挙は1946年4月である。

〔4〕(p)　南満州鉄道株式会社は1905年のポーツマス条約 (日露講和条約) で獲得した東清鉄道の南満州支線をもとに翌年 (1906年) 設立された。本社は大連に置かれ，初代総裁は後藤新平である。「南満州鉄道株式会社」は2023年度学部個別配点方式で出題されている。

(q)　汪兆銘は蔣介石と対立し，近衛声明に呼応して重慶を脱出，日本軍と結んで1940年に南京に新国民政府を樹立した。「親日反共」を唱えて勢力拡大に努めたが，民衆の支持は得られなかった。

(r)　ⓘが正解。「戦時下に健民・健兵政策を推進」がヒント。厚生省は1938年に設置された社会福祉・社会保障・公衆衛生などを担う官庁。戦時下では国民体力の増強・勤労者の保護・傷痍軍人や留守家族の援護など，また戦後は戦災・引揚・失業などで生活困窮に陥った者の援護を担った。2001年に現在の厚生労働省となった。

(s)　難問。並木路子は戦前から戦後に活躍した女優・歌手。空襲で母を失うなど暗い生活の中で松竹映画『そよかぜ』の主役に抜擢され，挿入歌「リンゴの唄」で日本全土を風靡した。ラジオから流れる軽快なリズムと明るい美声は復興に励む庶民の心を支えた。

(t)「日本社会党委員長として，内閣総理大臣を務めた」のは村山富市である。日本社会党の党首（委員長）が総理大臣を務めたのは片山哲内閣以来47年ぶりのことである。自由民主党・新党さきがけとの3党連立内閣であった（1994年6月～96年1月）。このとき日本社会党は安保体制・自衛隊を容認するなど，従来の革新的路線を大幅に変更した。また阪神・淡路大震災（1995年1月）やオウム真理教団による地下鉄サリン事件（1995年3月）が起こった。

講評

Ⅰ　弥生から鎌倉前期までの神祇信仰と仏教をテーマにした問題。2023年度に続き仏教信仰などをテーマにした文化史からの出題。立命館大学では定番の宗教史である。記述式のC「石清水八幡宮」，D「新猿楽記」，E「本地垂迹説」，(j)「明月記」などを正確に解答できるかがポイント。(c)「大津皇子」，(d)「新薬師寺」はやや難問である。視覚資料を使用した(e)や(g)で正確に選択するためには普段から図説を使用した学習が必要である。

Ⅱ　中世後期～近世期の都市下層民衆の排除と包摂をテーマにした問題。全体的に難問である。記述式の(d)「御土居」は過去に出題されたことがあるが難問。(h)「飢人」と(i)「困窮人」は共通テストの特徴がみられる問題で，史料とリード文の読み取りから正答を導き出せるかがポイント。選択式の(b)「六角堂」，(g)「月行事」，(n)「400000人」は難問である。

Ⅲ　津田梅子・伊藤野枝・市川房枝・山口淑子（李香蘭）の人物紹介をしながらの女性史の問題。社会運動を中心に文化史や政治史の内容も問われている。婦人解放など社会運動史は立命館大学では頻出の内容なので今後も注意しておこう。記述式の(d)「山川菊栄」，(f)「伊藤野枝」，(g)「青鞜社」，(k)「市川房枝」，(t)「村山富市」は誤字に注意して完答したいところ。また(h)「民法」，(n)「岸信介」は設問文から引き出せるかがポイント。(s)「並木路子」は難問である。なお，選択式では(e)「日本女子大学校」がやや難問であった。

世界史

I 解答

A．三省　B．西魏　C．楊貴妃　D．安史　E．2
F．募兵　G．吐蕃　H．南詔　I．後晋

〔問い〕神仙思想

解説

《唐の宰相李泌》

A． 三省は唐の中央官制の最高機関で，中書省・門下省・尚書省からなる。中書省は詔勅の草案を，門下省では詔勅の審議を行い，尚書省が詔勅に基づき政務を執行した。行政を司る六部は尚書省の下に置かれた。唐では三省の長官が宰相となり実権をにぎった。

B． 難問。李泌の出自が西魏にあることは受験世界史範囲外の知識であるため，「534 年に北魏王朝が東西に分裂した結果，長安を拠点として」という記述から西魏と判断したい。東魏の都は鄴である。

E． 両税法は，税制を原則銭納とする。均田制の崩壊により租調庸制が機能しなくなると，宰相楊炎の献策により 780 年に成立した。両税法では中国の二毛作に従い，夏と秋の 2 回に分けて徴税された。

G． 吐蕃は，チベット高原に興ったチベット系の国家である。ソンツェン=ガンポがラサに進出してチベットを統一し，7 世紀に建国された。安史の乱に際しては長安を占領し，以降も中国への介入を続けたが，9 世紀には唐と和平を結んで唐蕃会盟碑が建立された。

H． 南詔は，雲南地方に存在したチベット=ビルマ系の国である。9 世紀には唐と吐蕃の対立に乗じて最盛期を迎えた。本文の「雲南地方」という語句から南詔を連想しよう。

I． 後晋は，五代のうち 3 番目の王朝である。『旧唐書』が後晋の時代に編纂されたという知識は難しいため，この王朝が「契丹（遼）に臣従した」というリード文の文脈から類推しよう。後晋は建国援助の代償として契丹（遼）に燕雲十六州を割譲している。

〔問い〕 神仙思想とは，道教と結びついた中国の神秘思想である。春秋時代には斉の神仙観を基にして，不老長寿を求める神仙説に発展した。漢代には不死薬を調合する煉丹術となり，魏晋南北朝時代でもてはやされた。

A．中国共産党　B．日本　C．周恩来　D．毛沢東
E．ベトナム　F．劉少奇　G．日中国交
H．華国鋒　I．四人　J．ポル=ポト

解説

《1970 年代半ばにおける中国の変革》

A． 中国共産党は，第二次世界大戦後に中国国民党との国共内戦に勝利して，1949 年に中華人民共和国を建国した。単に「共産党」ではなく，正確に「中国共産党」と表記すること。

B・G． 日本は，1972 年に台湾の中華民国との国交を断絶した。同年のアメリカ大統領ニクソンの中華人民共和国訪問を受け，日本の田中角栄首相は中華人民共和国との国交正常化を実現したため，このあおりを受けた形で中華民国は日本との国交を失った。

E． 中華人民共和国はベトナム戦争に際して，社会主義陣営としてベトナム民主共和国を支援し，南ベトナムに傀儡政権を置いたアメリカとの対立姿勢を強めた。2 番目の空欄直前にある「北」という語句からベトナムを導こう。

F． 劉少奇は毛沢東国家主席辞任後の 1960 年代前半に調整政策を行い，中国の経済を立て直した。しかし，権力奪還をはかる毛沢東ら保守派により「走資派（実権派）」と断罪され失脚，文化大革命中に獄死した。

H・I． 華国鋒は文化大革命末期に国家主席に就任すると，文革を主導した四人組を逮捕し，文革を終了させた。鄧小平を復活させ近代化に舵を取ったが，改革派との政治抗争に敗れ失脚した。

J． ポル=ポトはカンボジアの政治家で，クメール=ルージュを率いて 1976 年に民主カンプチアを樹立した。その後，極端な毛沢東路線をとって多数の市民を虐殺した。

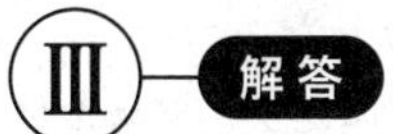

A．アンカラ　B．アドリアノープル〔エディルネ〕
C．ウラマー　D．ハンガリー　E．ソリドゥス
F．イェニチェリ　G．ヴェネツィア　H．ヘシオドス
I．トマス=アクィナス　J．ハンニバル

〔1〕カピチュレーション　〔2〕ワラキア公国　〔3〕ダーダネルス海峡
〔4〕細密画〔写本絵画〕　〔5〕ローザンヌ条約

解説

《メフメト２世関連史》

B.「1432 年」からムラト１世が 14 世紀後半に遷都したバルカン半島に位置するアドリアノープル（トルコ名エディルネ）が正解。この後，メフメト２世が 1453 年にビザンツ帝国を滅ぼしてイスタンブルに遷都する。

D. ハンガリーは，マジャール人によって建てられた王国。バルカン半島に拡大するオスマン帝国と激しく対立したが，最盛期のスレイマン１世とのモハーチの戦いに敗れ，以降オスマン帝国に支配された。

E. ソリドゥス金貨はコンスタンティヌス１世が作らせた金貨で，ビザンツ帝国ではノミスマと呼ばれた。信頼性の高い通貨で，古代から中世にかけて地中海地域で流通し，交易に用いられた。

G.「アドリア海の女王」と呼ばれたヴェネツィアは，イタリア北東部の海港国家。地中海交易によって強大化し，周辺の農村を併合して都市国家（コムーネ）を形成した。

H. ヘシオドスは，農耕生活や勤労の尊さを説いた『労働と日々』や，神々の系譜を描いた『神統記』が代表作。

I. トマス=アクィナスは，中世最大のスコラ学者である。キリスト教神学にアリストテレスの哲学を取りいれ，信仰と理性の調和に尽力しスコラ学を大成した。

〔1〕 カピチュレーションとは，オスマン帝国が領内の外国人に与えた通商上の特権である。領事裁判権や租税免除がその内容。16 世紀末にセリム２世がフランスに与えた特権が先例となり，諸国に与えられるようになった。18〜19 世紀にはカピチュレーションを足掛かりとして，欧米列強が西アジアへの進出を進めた。

〔2〕 難問。ワラキア公国は，ダキアに居住していたラテン系の人々が 14 世紀に建てた黒海沿岸の国家。15 世紀にオスマン帝国に服属したが，1859 年にモルダヴィア公国と連合し，ルーマニアが成立した。

〔3〕 地中海と黒海は２つの海峡でつながっているが，西にダーダネルス海峡，マルマラ海を挟んで，東にイスタンブルを臨むボスフォラス海峡がある。

〔5〕 ローザンヌ条約は，1923年にムスタファ=ケマルのアンカラ政府が戦勝国と締結した条約である。セーヴル条約が破棄され，イズミルの回復，治外法権や軍備縮小の撤廃が約された。

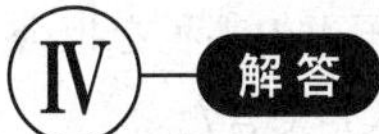

A. ヘイロータイ〔ヘロット〕
B. ラティフンディア〔ラティフンディウム〕
C. 剣闘士〔剣奴〕　D. 農奴　E. 賦役　F. トルデシリャス
G. エンコミエンダ　H. アシエント　I. プランテーション
〔1〕リュクルゴス　〔2〕クラッスス
〔3〕インムニテート〔不輸不入権〕〔4〕ダホメ王国
〔5〕ピット〔小ピット〕〔6〕マンデラ

解説

《古代～現代における奴隷の歴史》

A. ヘイロータイは，ドーリア人がペロポネソス半島に進出して以降，先住民を征服し農業奴隷としたもの。なおペリオイコイは周辺に住む半自由民で，スパルタ市民に代わり商工業に従事した。

D・E. 中世ヨーロッパの農奴は領主の荘園で使役され，領主直営地では強制的労働の賦役の義務を，農民保有地では領主に対する貢納の義務を負った。その他，農奴は結婚税や死亡税などが課せられ，教会には十分の一税を支払った。また，領主は荘園内の領主裁判権を保持した。

F. トルデシリャス条約は，1494年に結ばれたスペイン・ポルトガル間の植民地分割条約である。新大陸の領土境界をめぐるスペインとポルトガルの抗争をきっかけに前年に教皇子午線が取り決められたが，トルデシリャス条約では子午線をさらに西方へ移動した。この結果，ブラジルがその後ポルトガル領となった。

H. アシエントは奴隷供給請負契約のこと。入植者の酷使や疫病により先住民の人口が激減したことから，スペインはポルトガルやオランダなどと奴隷供給の契約を交わした。スペイン継承戦争後のユトレヒト条約（1713年）によって，イギリスはフランスからアシエントを獲得し，以降，イギリスが大西洋における黒人奴隷貿易を独占していくことになる。

I. エンコミエンダ制が衰退すると，先住民や黒人を使役して商品作物を栽培するプランテーションが普及した。単品の商品作物が栽培されたため，モノカルチャーの農業構造が地域経済に大きな影響を与えることになった。

〔2〕 クラッススは，スパルタクスの反乱を鎮圧し名声を上げ，ポンペイウス・カエサルとともに第1回三頭政治に参加したが，パルティアへの軍事遠征中に戦死した。

〔3〕 インムニテート（不輸不入権）によって領主は国王の課税を拒否（不輸）したり，国王の荘園内への立ち入りを拒否（不入）できた。

〔4〕 難問。ダホメ王国は，現ベナンに存在したギニア湾岸の王国。17世紀に成立し大西洋三角貿易の黒人奴隷交易で繁栄したが，19世紀末にフランスの植民地となった。同じく黒人奴隷交易で栄えたベニン王国は現ナイジェリアに位置したので混同しないようにしたい。

講評

Ⅰ　唐の宰相李泌をテーマとして，中国史が出題された。標準的なレベルであったが，Bの西魏やIの後晋はリード文の前後の文脈から類推する必要があり，特にBは難問であった。G・Hでは吐蕃や南詔など中国周辺地域の勢力が問われたが，こうした問題を確実に得点しておきたい。

Ⅱ　1970年代の中国を取り上げ，現代中国史の問題が出題された。現代史ではあるものの，出題のレベルは基礎〜標準的であった。Fの劉少奇やHの華国鋒のように人物の漢字表記はよく練習しておきたい。また，Bの日本やEのベトナムのように中国と周辺諸国の関係性を問う問題も出題された。現代中国の状況は外交面からもまとめておきたい。

Ⅲ　オスマン帝国のメフメト2世をテーマとして，15世紀から20世紀の西アジア史が問われた。標準的な難度の問題がほとんどであるが，〔2〕のワラキア公国が難問であった。Hのヘシオドス，Iのトマス=アクィナスなどヨーロッパ文化史は平易。〔3〕ダーダネルス海峡のような地名は，地図上でイメージできるようにしたい。

Ⅳ　奴隷の歴史を紐解きながら，古代から現代までヨーロッパを中心に出題された。一部にアフリカからの出題もあった。出題レベルは基礎的で，得点の取りこぼしがないようにしたい。〔4〕のダホメ王国はアフリカ史ということもあって難問であった。アフリカの王国についてはきちんとまとめておきたい。

地　理

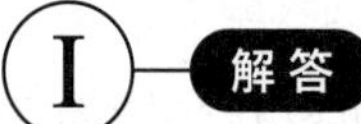
〔1〕一般図　〔2〕国土地理院
〔3〕ユニバーサル横メルカトル〔UTM〕(図法)
〔4〕―ⓘ　〔5〕(1)―○　(2)―×　(3)―×
〔6〕―3
〔7〕名称：電子基準点
方法：複数のGNSS衛星からの電波を受信して位置を測定する。
〔8〕―ⓐ
〔9〕(1)山岳氷河が流下して半椀状に侵食されて形成された。
(2)―ⓔ
〔10〕東

解説

《富山県立山町付近の地形図読図》

〔4〕　ⓘが正解。尾根と谷の起伏や，等高線が示す標高に注意する。X地点から尾根を進んだのち，谷に向けて下り続け，標高1,900m付近の谷を流れる河川を越え，その後はY地点まで上り続ける。

〔5〕(1)　正文。「天狗山」から「国見岳」の稜線付近に「岩崖」の地図記号が続いている。

(2)　誤文。「郵便局」の標高は，近接する「電子基準点」の標高より約2,430mである。標高2,300m付近に位置する「天狗平山荘」のほうが低いことから，「郵便局」から「天狗平山荘」に向かう道は下り坂となっている。

(3)　誤文。「内蔵助山荘」と「ミクリガ池」の北側を流れる河川との間に，「真砂岳」の山頂や，「真砂岳」と「別山」を結ぶ尾根が続く。したがって，「内蔵助山荘」に降った雨は尾根を越える西に流れることはできず，北東や南東の谷へと流れていく。

〔6〕　3が正解。「だいかんぼう」駅から尾根に遮られずに見ることができる地点は3のみである。1と2は，いずれも東西に続く尾根によって遮られ見ることはできない。

〔7〕 方法：電子基準点は，全国に1,300カ所以上設置されており，1つの電子基準点が，複数のGNSS衛星からの電波信号を受信することで，電子基準点の位置を特定する。GNSSは，Global Navigation Satellite Systemの略で，全球測位衛星システムとも呼ばれる。GNSS衛星からの電波（信号）を受信する旨を述べたい。

〔8〕 ㋐が正解。リード文より，地形図の縮尺は「5万分の1」であることから，計曲線1本の標高差は100mである。標高2,521mの「天狗山」から「天狗平山荘」付近の計曲線まで計曲線を3本数えることになるので，「天狗平山荘」の標高は，おおよそ2,300mである。

〔9〕(1) 圏谷はカールとも呼ばれ，山頂や稜線の近くで山岳氷河が流下する際，スプーンでえぐるように侵食して形成された半椀状のくぼ地である。地形図上では，等高線が山頂や稜線に向けて幅広の凸型となって表される。「(山岳) 氷河による侵食」や「半椀状」「すり鉢状」「くぼ地」などの形状について述べたい。

〔10〕 東が正解。鳥瞰図の手前側に，右奥から左手前に続く比較的大きい谷が2つみられる。地形図上では，標高の高い地点に向けて等高線が凸型になっている箇所が2カ所見られるはずであり，これに該当するのは，東から眺めたときである。

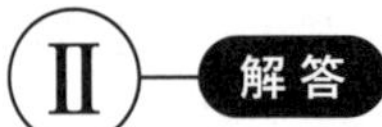

Ⅱ 解答

〔1〕A．テンシャン（天山）　B．パミール　C．カラクーム　D．ステップ　E．バクー　F．カラガンダ

〔2〕イ．チェルノーゼム〔チェルノゼム〕　ロ．BTC　ハ．オセチア

〔3〕—㋐　〔4〕(1)—㋐　(2)—㋒　〔5〕(1)—3　(2)—㋒　(3)—㋐

〔6〕—㋒　〔7〕ソフホーズ　〔8〕—㋑

解説

《中央アジアとカフカス地方の地誌》

〔1〕D．「カザフステップ」は，カザフスタン中央部の乾燥地域に広がる短草草原であり，ステップ気候の名前の由来となっている。

E．「バクー油田」は，カスピ海西岸に位置するアゼルバイジャンの首都バクー付近に分布する油田で，第二次世界大戦前には世界有数の産出量を誇っていた。

F.「カラガンダ炭田」は，カザフスタンの代表的な石炭産出地で，カラガンダでは鉄鋼業が盛んである。

〔2〕ロ.「BTC パイプライン」は，アゼルバイジャンの首都バクー（B），ジョージアの首都トビリシ（T），トルコ南東部の地中海沿岸に位置するジェイハン（C）を結ぶパイプラインである。

ハ. ジョージア領内でオセット人が多数を占める「南オセチア自治州」では，1991 年のソ連崩壊時から独立運動が続き，2008 年にはロシア軍の介入によりジョージアとの間で激しい戦闘に発展した。

〔3〕 ㋐が正解。カザフスタンは世界最大のウラン鉱産出国であり，世界の全産出量の 42.5％（2019 年）を占める。コバルト鉱の産出量 1 位はコンゴ民主共和国（2017 年），タングステン鉱の産出量の 1 位は中国（2018 年）である。

〔4〕⑴ ㋐が正解。内陸部で降水量が少ないカザフスタンやキルギスで多く飼育されていることから，耐乾性の強い羊である。㋑イスラーム圏のカザフスタンやキルギスで，他の家畜に比べて少ないことから，宗教的理由で忌避されている豚。残りの㋒が牛である。

⑵ ㋒が正解。生鮮ブドウは傷みやすく近隣諸国への輸出が中心であるため，隣国のカザフスタン・キルギスの割合が非常に高い㋐。厳格なイスラーム法に従うサウジアラビアではムスリムの飲酒は禁酒されており，㋒がワインであることは考えにくい。また，㋒の輸出先 1 位（2019 年）の中国では，西部でブドウの生産が盛んで，多くは干しブドウに加工されて消費量も多い。したがって，㋒が干しブドウ，残りの㋑がワインに該当する。

〔5〕⑴ 3 が正解。タシケントは，ウズベキスタン北東部に位置する同国の首都で，シルクロードの要衝として発展した。

⑵ ㋒が正解。設問文の「オアシス都市の要素」から，自然発生的に密集した家屋の配置や入り組んだ街路，「ヨーロッパ的な都市の要素」から，計画的に建設され，整然とした家屋の配置や直線的な街路の両方の都市形態がみられるはずである。これに該当するのは㋒であり，北西部と南西部に「オアシス都市の要素」，東半部に「ヨーロッパ的な都市の要素」が確認できる。

⑶ ㋐が正解。タシケントは内陸部に位置して隔海度が大きいことから，一年を通じて降水量が少なく，気温の年較差が大きいと考えられる。した

がって，年中降雨がみられる㋒や，夏季に多雨となる㋓は該当しない。また，年較差の小さい㋑も除外されるため，㋐がタシケントの雨温図となる。なお，タシケントは地中海性気候（Cs）に分類される。㋑は地中海性気候（Cs）のバルセロナ，㋒は温暖湿潤気候（Cfa）のニューヨーク，㋓はステップ気候（BS）のペキンに該当する。

〔6〕 ㋒が正文。

㋐誤文。運河としては世界有数の長さであるカラクーム運河は，アムダリア川の取水を目的として建設された。

㋑誤文。乾燥地域で過剰な灌漑を行うと，地表に塩類が集積する。ポドゾルは亜寒帯気候の地域に分布する。

㋓誤文。冬季は寒冷となるため，暖房用の電力需要が増大する。

〔7〕 ソ連時代の国営農場はソフホーズ，集団農場はコルホーズ。

〔8〕 ㋑が正解。（甲）正文。

（乙）誤文。ナゴルノ=カラバフ自治州は，ムスリムが多数を占めるアゼルバイジャン領内で，キリスト教徒のアルメニア人が多数を占める地区である。

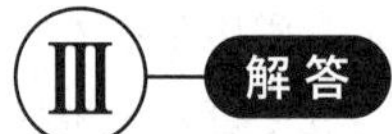

〔1〕（UN）HCR

〔2〕 ⓐシリア　ⓑベネズエラ　ⓒアフガニスタン　ⓓ南スーダン　ⓔトルコ

〔3〕 民族：ロヒンギャ　宗教：イスラム〔イスラーム〕（教）

〔4〕 甲アメリカ合衆国　乙イギリス　丙フランス　丁カナダ

〔5〕 イ―㋐　ロ―㋑　ハ―㋓　ニ―㋕　ホ―㋗

解説

《国際的な人の移動》

〔2〕 ⓐ　シリア。2010 年に始まった「アラブの春」が波及し，翌年内戦が勃発したため，2021 年時点で難民数が最大である。

ⓑ　ベネズエラ。独裁政権が続いてきた 2010 年代以降，政情不安やインフレにより，難民が増加した。

ⓒ　アフガニスタン。1990 年代にイスラーム主義組織のタリバンにより支配され，2001 年のアメリカ合衆国による侵攻でタリバン政権は崩壊した。しかし，2021 年にはタリバンが勢力を回復して政権を奪取するなど，

混乱が続いている。

ⓓ　南スーダン。2011 年スーダンから独立した。しかし，独立後に政権をめぐる内戦が勃発し，難民が流出した。

ⓔ　トルコ。隣接するシリアなどから多数の難民が流入し，2021 年時点で難民の受け入れ数は世界最大である。

〔3〕　仏教徒が多数を占めるミャンマーで，西部にはイスラム教（イスラーム）を信仰する少数民族のロヒンギャが居住していた。しかし，2017 年，ロヒンギャの居住地域がミャンマー軍によって攻撃され，隣国のバングラデシュなどに難民が流出した。

〔4〕　NATO（北大西洋条約機構）加盟国には，ヨーロッパ諸国のほか，アメリカ合衆国やカナダが含まれる点に気をつけたい。

㊙　アメリカ合衆国。英語圏であり，名門大学を多数擁するため「受け入れた留学生の比率」が最も高く（2019 年），「到着旅行者数」も多い。

㊡　イギリス。アメリカ合衆国と同様，英語圏かつ名門大学が多数あることから「受け入れた留学生の比率」が高い。2020 年に EU を離脱した。

㊢　フランス。NATO と EU の両方に加盟し，多くの観光地を有するため「到着旅行者数」が世界最大（2019 年）である。

㊣　カナダ。英語圏であり「受け入れた留学生の比率」が比較的高いがアメリカ合衆国よりは低い。

〔5〕　一般に OECD（経済協力開発機構）加盟国は先進国であるとみなされる。選択肢では，ⓐイギリス，ⓞドイツ，ⓚニュージーランドが該当する。「1 人当たり名目 GNI」や「人口密度」も手掛かりとしたい。

㋑　ⓐが正解。「居住者数」が最も多く，OECD 加盟国であることから，旧宗主国のイギリスである。

㋺　ⓘが正解。「居住者数」が比較的多く，「人口密度」が高い一方，「1 人当たり名目 GNI」が低いことから，英語人口が多い人口大国であるが，発展途上国のインドである。

㋩　ⓔが正解。OECD 非加盟国の中では「1 人当たり名目 GNI」が約 10,000 ドル（2020 年）と最も高いことから中国である。

㊁　ⓚが正解。OECD 加盟国であるので，ⓞかⓚのいずれかであるが，冷涼であるため「人口密度」が低い点，オーストラリアと近距離にある点からニュージーランドに該当する。

㋭　㋗が正解。「１人当たり名目 GNI」が低いので発展途上国である。しかし，㋖バングラデシュは，「人口密度」が 1,141 人/km^2（2021 年）と非常に高いことから当てはまらない。したがって，フィリピンが該当する。

講評

Ⅰ　富山県立山町付近の地形図の読図について，地形図の知識，地形断面図，地図記号，鳥瞰図，地形の形成過程などが幅広く出題された。縮尺５万分の１の地形図であることに気をつけたい。〔１〕～〔３〕の地形図の知識は頻出である。〔４〕の地形断面図，〔５〕(3)の流水方向，〔６〕の眺望可能な地点の特定，〔10〕の鳥瞰図などでは，等高線の形状から尾根と谷を理解することが求められている。〔７〕・〔９〕(1)では１行程度の論述問題が出題されたが，標準的な難易度であった。

Ⅱ　中央アジアとカフカス地方の地誌について，地形名，気候と植生・土壌，旧ソ連の農業，農業統計，エネルギー・資源，都市の形態，環境問題，民族問題など，さまざまな分野から出題された。難易度は標準的であるが，学習が手薄になりやすい地域で差がつきやすいと思われる。〔２〕ハと〔８〕の正誤問題では民族問題に関するやや詳細な知識が問われた。対立の理由などを整理して理解しておくことが必要である。〔４〕(2)はやや難問であるが，各品目の特徴を押さえて推測することも大切である。

Ⅲ　国際的な人の移動について，さまざまな資料をもとに出題された。主要統計，国際組織の名称や加盟国，紛争や民族問題の知識が問われている。〔２〕はリード文から解答を導くことが可能。〔４〕・〔５〕はやや難問であるが，国際組織の加盟状況や統計数値をもとに，消去法も利用しながら解答を導くことが大切である。

政治・経済

I　解答　〔1〕A．自然　B．経済　C．信教　D．政教分離　E．靖国神社　F．神道　G．プロイセン

〔2〕華族　〔3〕―㋓　〔4〕枢密院　〔5〕―㋓　〔6〕―㋒　〔7〕―㋑

〔8〕民定

解説

《日本国憲法と基本的人権》

〔1〕B． 日本国憲法では，居住・移転・職業選択の自由，外国移住の自由・国籍離脱の自由（第22条1号・2号）と財産権（第29条）が定められている。

D・E． 愛媛玉串料訴訟において1997年，最高裁判所は政教分離の原則（憲法第20条・89条）に反するとして違憲判決を下した。同訴訟は愛媛県知事が靖国神社や県内の護国神社に対して玉串料として公金を支出した行為に対し，市民団体が起こしたものである。なお，2番目のEの空欄直後に「現在も首相や閣僚などが参拝することに対して，……批判がある」とあるので護国神社は当てはまらない。なお，これ以外に最高裁判所が下した政教分離原則に関する違憲判決には，空知太神社訴訟違憲判決（2010年），孔子廟違憲判決（2021年）がある。

G． 大日本帝国憲法（明治憲法）は，君主権力の強いプロイセン（現ドイツ）の憲法を模範として1889年に公布（翌年施行）された。憲法制定にあたり，伊藤博文が欧州で立憲制を調査し，井上毅，金子堅太郎，伊東巳代治が秘密裏に起草した。

〔2〕 明治政府は華族令（1884年）を制定して，公家や武家に代わる身分として，公爵・侯爵・伯爵・子爵・男爵の5爵を設け，これに貴族院議員の資格などの特権を付与した。華族制度は第二次世界大戦後の1947年にGHQの命令により廃止された。

〔3〕 ㋓「奴隷的拘束及び苦役からの自由」（憲法第18条）は身体の自由（人身の自由）に分類される。

〔4〕 枢密院は大日本帝国憲法を制定する際に設置された天皇の最高諮問

機関である。元老たちが天皇の意見を聞き，重要な国務を審議する機関として，政党や議会政治を抑制する役割を果たした。

〔5〕「人の支配」とは権力者の恣意的な政治支配のことである。これを排する考え方として，ドイツで形成された「法治主義（法治国家論）」とイギリスで形成された「法の支配」がある。前者は議会制定法に従い政治を行えばよいという形式的な考え方であり，後者は政治権力者を自然法（あるいは憲法）により拘束して国民の権利や自由を確保しようとするものである。

〔6〕 憲法は内閣の職務として，「条約を締結すること。但し，事前に，時宜によつては事後に，国会の承認を経ることを必要とする」（日本国憲法第73条3号）と定めている。

〔7〕 私擬憲法は大日本帝国憲法の制定前に民間で起草された憲法案のことである。代表的なものとして植木枝盛の「東洋大日本国国憲按」がある。

〔1〕**A．**寄生地主　**B．**1952　**C．**農業基本法　**D．**副業的農家　**E．**食糧管理　**F．**減反　**G．**オレンジ　**H．**1993

〔2〕**イ．**クラーク　**ロ．**6　〔3〕**ハ**―㋖　**ニ**―㋛　**ホ**―㋓

〔4〕外部経済

解説

《日本の農業問題》

〔1〕**A．**寄生地主制とは，大土地地主が所有の農地を自らは耕作せず，小作人に貸し付けて小作料を徴収する農地制度のこと。農地改革が第二次世界大戦後の1946年からGHQの指令に基づき二次にわたり実施され，不在地主や在村地主の所有する農地が国によって買い上げられ，それが小作農に売り渡されたことにより自作農創設がなされた。これにより寄生地主制は解体された。

B．1952年に制定された農地法は，農地の所有・賃貸・売買に厳しい制限を加えることで自作農主義を維持しようとするものであった。しかし1970年代には，経営規模の拡大を目指すために農地法による土地移動規制が緩和され，2001年の改正では株式会社の農業への参入が認められた。

C．1961年制定の農業基本法は，自立経営農家の育成を目指すことを目的とするもので，そのために米作以外の畜産・果実・野菜など需要拡大が見込める作物への転換を図る選択的拡大が奨励された。なお，1999 年，農業基本法は食料・農業・農村基本法（新農業基本法）に改称・改正された。

D. 従来，経営形態別に分類された専業農家・第一種兼業農家・第二種兼業農家という区分が変更になり，1990 年からは販売農家・自給的農家になった。またそのうち販売農家は，1995 年から主業農家・準主業農家・副業的農家の 3 つに分類されるようになった。副業的農家は，年間 60 日以上農業に従事する 65 歳未満の者がいない農家のことである。

F. 減反とは，米の生産過剰と食糧管理特別会計の赤字化に対応するために米の生産調整を行う政策のことである。

H. GATT のウルグアイ・ラウンドにおいて 1993 年に米の部分的輸入自由化が合意された。そして翌 1994 年，ウルグアイ・ラウンドの終結宣言（マラケシュ宣言）が出された。

〔2〕ロ. 六次産業化とは，たとえば，リンゴ生産農家（一次産業）がそれを加工してリンゴジャムを作り（第二次産業），それを店舗やネットなどで販売する（第三次産業）など，第一次産業の振興を第二次・第三次産業と連動して図っていこうとする取り組みである（1×2×3=6）。

〔3〕ハ. 遺伝子組み換え作物の略称は GMO（Genetically Modified Organism）である。

ニ. ポストハーベストは貯蔵や輸送にあたり，防カビ，防腐，発芽防止などのために農薬を散布することである。日本では食品衛生法によりポストハーベストの使用は禁止されている。

ホ. 牛海綿状脳症の略称は BSE（Bovine Spongiform Encephalopathy）である。BSE は 1980 年代後半にイギリスで発見され，その後，日本をはじめ世界各地でも発見された。これがきっかけとなり，日本では 2003 年，牛に個体識別番号を付け，出生から牛肉として店頭に並ぶまでの経歴をたどることを可能にする牛トレーサビリティ法が制定された。

〔4〕 ある経済主体の活動が市場を経由せずに他の経済主体に影響を与えることを外部効果という。さらに，外部効果のうち便益を与えることを外部経済，不利益を与えることを外部不経済という。

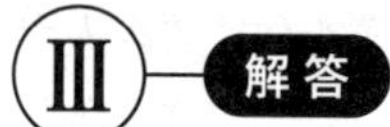

〔1〕A. 10　B. 国連貿易開発　C. プレビッシュ
D. 貿易　E. 一般特恵関税　F. 1973
G. ナショナリズム　H. 国連資源特別総会
〔2〕―㋐　〔3〕―㋑　〔4〕―㋓　〔5〕(a)南南問題　(b) HDI
〔6〕デフォルト

解説

《発展途上国の経済開発》

〔1〕A. 1961年，アメリカのケネディ大統領の提唱に基づき国連総会が採択したもので，発展途上国の経済成長や貧困問題に対する取り組みのために1960年代を「国連開発の10年」として取り組んだ。

B・C. UNCTADは1964年，発展途上国の要求により国連総会に設けられた国連貿易開発会議のこと。この第一回会議では，アルゼンチンの経済学者で事務局長でもあったプレビッシュが基調報告を行った（プレビッシュ報告）。

D・E. UNCTADでは発展途上国側の立場から先進国優位の国際経済秩序（多角・無差別貿易を基本理念とするGATTの自由貿易体制）に対する不満が表明された。こうしたことからプレビッシュ報告では，発展途上国側からの強い要望により「援助よりも貿易を」のスローガンが掲げられた。さらに同報告では，発展途上国の交易条件の改善のために一次産品の価格安定や一般特恵関税の供与などが掲げられた。一般特恵関税とは発展途上国の輸出拡大による経済発展を図るため，先進国が発展途上国からの輸入品に対し通常の関税よりも低い関税率をかけるか，または，無税にすることである。

G・H. 資源ナショナリズムとは，発展途上国が自国資源を自国の利益のために開発・利用しようとする考え方や運動のことである。この運動は1970年代に活発に展開され，その例として，1973年のOPEC（石油輸出国機構）による原油価格の大幅引き上げ，1974年の国連資源特別総会で採択された（天然資源の恒久主権原則や多国籍企業の活動規制を内容とする）NIEO（新国際経済秩序）樹立宣言がある。

〔2〕㋐適切。㋑不適切。IBRD（国際復興開発銀行：世界銀行）はIMF（国際通貨基金）の下部機関ではない。㋒不適切。IMFは1997年のアジア通貨危機に際し，タイ，インドネシア，韓国に対して通貨暴落回避のた

めのドル支援を行った。㋓不適切。1971年の金・ドルの交換停止はニクソン政権である。

〔4〕 ㋓適切。外務省のHPによると日本のODA総額のGNIに対する比率は0.39％（2022年）であり，国連目標値である0.7％を下回っている。㋐不適切。日本による援助の最大の地域はアフリカではなく，アジアである。㋑不適切。JICAなどによる技術協力もODAに含まれる。㋒不適切。無償資金援助だけではなく，有償資金援助（円借款）もODAに含まれる。

〔5〕 (b)　人間開発指数の略称はHDI（Human Development Index）である。これはインドの経済学者アマルティア=センが提案したもので，平均余命，教育，所得などを統合した値で，各国の人間の幸福や能力を測るために用いられる指標である。UNDP（国連開発計画）が毎年「人間開発報告書」を刊行して各国の値を発表している。

〔6〕 1980年代，南米では資源価格の下落やアメリカの高金利政策の影響を受けて対外債務の返済が困難となった（累積債務問題）。これに対して先進国による債務の削減，リスケジューリング（債務返済の繰り延べ）などの措置が採られたが，メキシコでは1982年，デフォルト（債務不履行）の危機に陥った。

講評

Ⅰ　日本国憲法における基本的人権の内容のうち，とくに精神の自由に関する問題が多く出題されている。教科書の標準的な知識があれば解答可能な問題がほとんどであり，とくに難問はなかった。〔1〕Gは旧ドイツの一部であるプロイセンが正解。カタカナ5字指定があるので判断できただろう。〔4〕の枢密院は大日本帝国憲法のもとで政党や議会政治を抑制する働きをした天皇の最高諮問機関である。

Ⅱ　第二次世界大戦以降の日本の農業政策について問う出題である。内容的には基礎的な農業問題に関する知識があれば容易に解答できる出題が大半であった。しかし，〔1〕Bの農地法の制定年や，Dの販売農家のうち「副業的農家」を解答する問題，また，〔3〕「食の安全性」に関連する問題は詳細な知識を要するものであった。

Ⅲ　発展途上国の経済開発に関する出題である。とくに1960～80年代における発展途上国の動向が問われており，内容的には教科書の知識で解答できる問題が大半である。ただ，この分野だけでなく，基本的な出来事についての年代が多く問われているので，歴史的事項については，テーマごとに年表を書いてみるなどして整理しておくのがよいだろう。

全体的には教科書の知識で解くことが可能であり，標準的な問題が大半を占めた。

数　学

I　解答

ア. $60°$　**イ.** $10\sqrt{3}$　**ウ.** $\dfrac{7\sqrt{3}}{3}$　**エ.** $\dfrac{7\sqrt{6}}{3}$

オ. $\dfrac{70\sqrt{2}}{3}$　**カ.** 221　**キ.** 1212　**ク.** 243　**ケ.** $2\cdot3^{k-1}$　**コ.** 3^k-1

サ. $3^{k-1}(4\cdot3^{k-1}-1)$　**シ**―(c)　**ス.** $\dfrac{3}{2}$　**セ.** 5　**ソ.** $t-1$　**タ.** t

チ. $t-1$　**ツ**―(c)

解説

《小問3問》

〔1〕(1)　三角形BCDに余弦定理を用いると

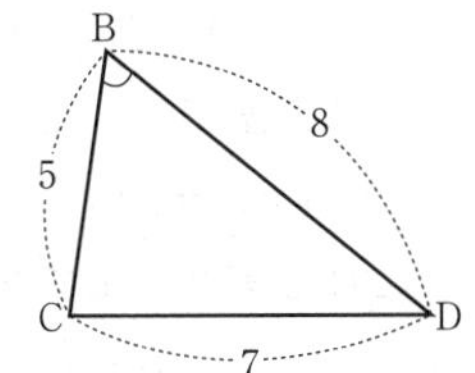

$$\cos\angle CBD=\frac{5^2+8^2-7^2}{2\cdot5\cdot8}$$

$$=\frac{40}{80}=\frac{1}{2}$$

よって

$\angle CBD=60°$　→ア

また，△BCDの面積は

$$\triangle BCD=\frac{1}{2}\cdot5\cdot8\sin60°=10\sqrt{3}$$　→イ

(2)　図より，3つの直角三角形について

$\triangle ABH\equiv\triangle ACH\equiv\triangle ADH$

が成り立つから

$BH=CH=DH$

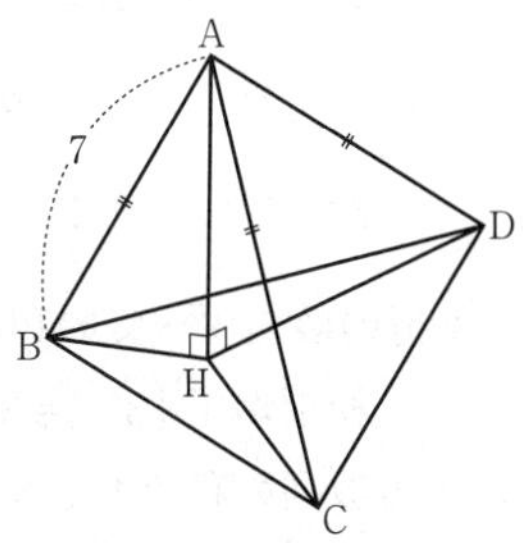

よって，垂線の足Hは△BCDの外心であり，線分BHの長さは△BCDの外接円の半径である。

そこで，$R=BH$とおいて，三角形BCDに正弦定理を用いると

$$\frac{7}{\sin60°}=2R$$

$$\therefore \quad R=\frac{7}{2\sin 60^\circ}=\frac{7}{\sqrt{3}}=\frac{7\sqrt{3}}{3} \quad \to ウ$$

(3)　三平方の定理より

$$\mathrm{AH}=\sqrt{7^2-\left(\frac{7\sqrt{3}}{3}\right)^2}=7\sqrt{\frac{6}{9}}=\frac{7\sqrt{6}}{3} \quad \to エ$$

よって，四面体 ABCD の体積は

$$\frac{1}{3}\times\triangle\mathrm{BCD}\times\mathrm{AH}=\frac{1}{3}\times 10\sqrt{3}\times\frac{7\sqrt{6}}{3}=\frac{70\sqrt{2}}{3} \quad \to オ$$

〔2〕(1)　定義により，a_n は自然数 n を 3 進法で表したものであるから

$$25=3^2\cdot 2+3^1\cdot 2+3^0\cdot 1$$

$$50=3^3\cdot 1+3^2\cdot 2+3^1\cdot 1+3^0\cdot 2$$

より

$$a_{25}=221_{(3)} \quad \to カ$$

$$a_{50}=1212_{(3)} \quad \to キ$$

(2)　3 進法で表したとき 6 桁である最小の数は $100000_{(3)}$ であるから

$$1\times 3^5=243$$

これは第 243 項である。 →ク

(3)　3 進法で表したとき桁数が k 桁である数は

- 最高位の数字は 1，2 の 2 通り
- それより下の位の数字は 0，1，2 の 3 通り

である。

したがって，求める個数は

$2\cdot 3^{k-1}$ 個　→ケ

また，桁数が k 桁である最後の項は

$$2\times 3^{k-1}+\cdots+2\times 3^2+2\times 3+2=\frac{2(1-3^k)}{1-3}=3^k-1 \quad \to コ$$

k 桁の数のすべての和は

初項が $1\times 3^{k-1}=3^{k-1}$，末項が 3^k-1，項数が $2\cdot 3^{k-1}$

の等差数列の和であるから

$$\frac{1}{2}\cdot 2\cdot 3^{k-1}\{3^{k-1}+(3^k-1)\}=3^{k-1}(4\cdot 3^{k-1}-1) \quad \to サ$$

〔3〕(1)

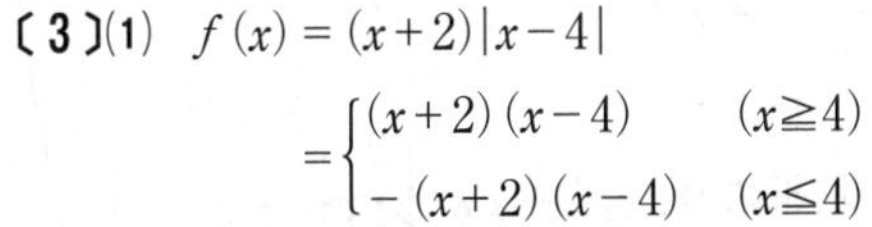

$$f(x)=(x+2)|x-4| = \begin{cases} (x+2)(x-4) & (x\geqq 4) \\ -(x+2)(x-4) & (x\leqq 4) \end{cases}$$

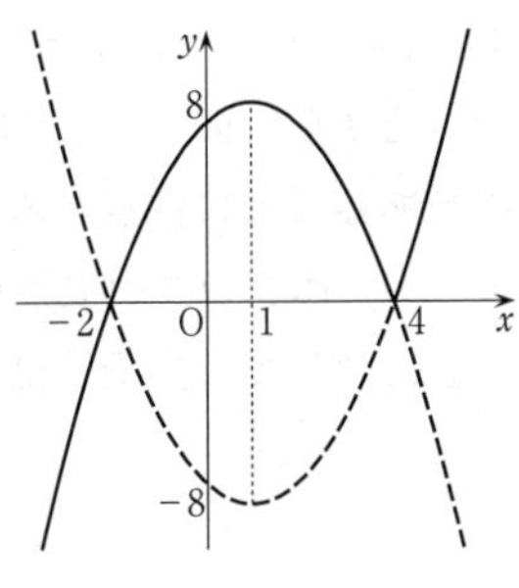

より，求めるグラフは右図となる。

　したがって，選択肢は　(c)　→シ

(2)　$t-1\leqq x\leqq t$ における $f(x)$ の最小値 $g(t)$ は以下の図のように５つの場合に分けて考えることができる。

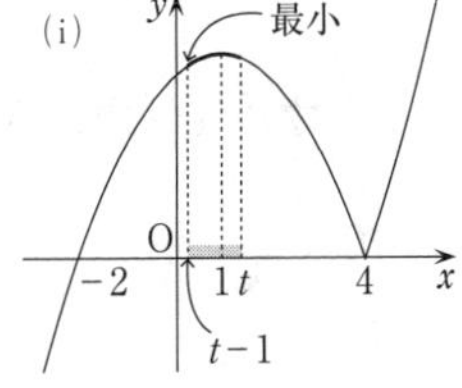

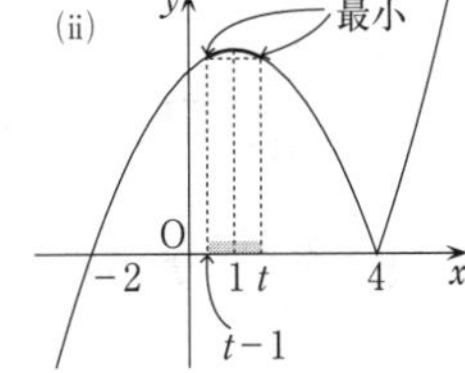

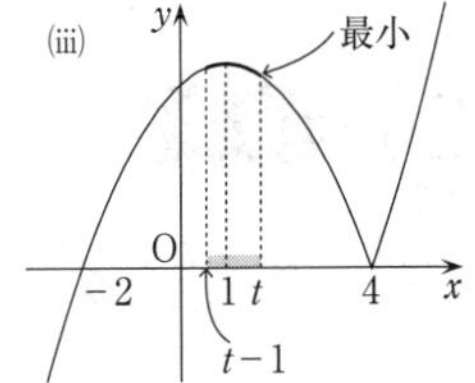

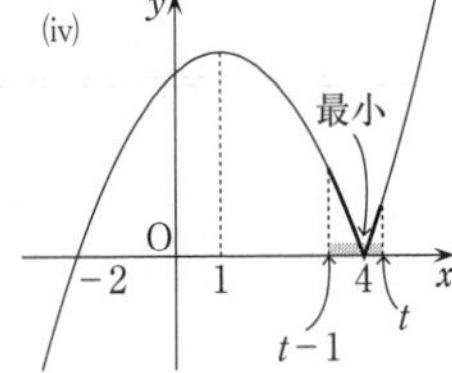

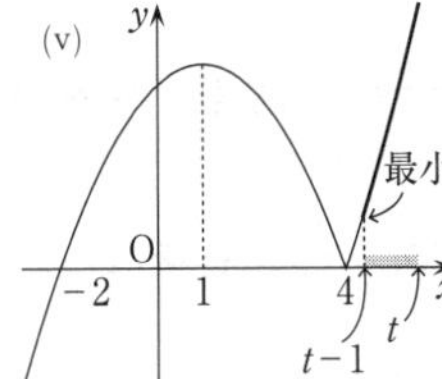

　(i)の場合と(ii)の場合の境界について

$$\frac{(t-1)+t}{2}=1 \quad より \quad t=\frac{3}{2}$$

であり，(iv)の場合と(v)の場合の境界は明らかに

$$t=5$$

であるから，上の場合分けの図より

$$g(t)=\begin{cases} f(t-1) & \left(t<\dfrac{3}{2}\right) \\ f\left(\dfrac{3}{2}-1\right)=f\left(\dfrac{3}{2}\right) & \left(t=\dfrac{3}{2}\right) \\ f(t) & \left(\dfrac{3}{2}<t\leqq 4\right) \\ f(4) & (4<t\leqq 5) \\ f(t-1) & (5<t) \end{cases}$$

→ス〜チ

⑶　$y=f(t-1)$ のグラフは $y=f(t)$ のグラフを t 軸方向に $+1$ だけ平行移動したものであることに注意すると，⑵の結果より，$y=g(t)$ のグラフは右図のようになる。

したがって，選択肢は　(c)　→ツ

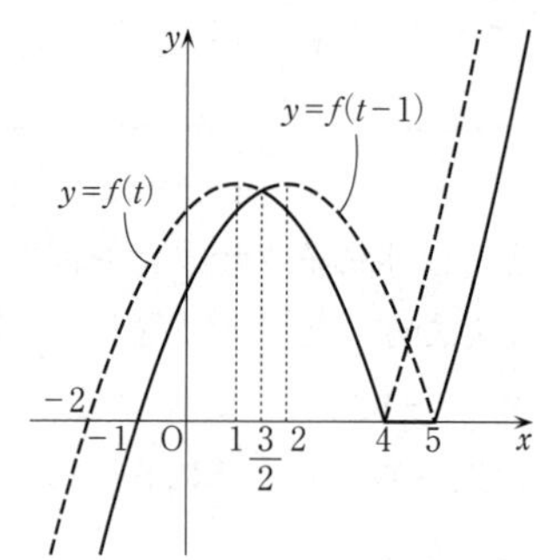

Ⅱ　解答　**ア.** $\frac{17}{6}$　**イ.** $\frac{7}{16}$　**ウ.** 3　**エ.** 1　**オ.** 4　**カ.** 5

キ. $\frac{11}{32}$　**ク.** $\frac{7}{32}$　**ケ.** $\frac{7}{16}$　**コ.** $\frac{815}{8}$　**サ.** 60　**シ.** $\frac{340}{3}$　**ス.** 4

セ. $\frac{28}{3}$

解説

《領域と最大・最小》

〔1〕　100g 当たりの栄養成分Lの含有量は

$$3\times\frac{1}{6}+1\times\frac{2}{6}+4\times\frac{3}{6}=\frac{17}{6}\,〔\mathrm{g}〕$$ →ア

〔2〕　100g 当たりの栄養成分Nの含有量が 2mg 以上となる条件は

$$2.5\times x+0.6\times\frac{1}{8}+1.9\times\left(1-x-\frac{1}{8}\right)\geqq 2$$

$\therefore\quad 200x+6+19(7-8x)\geqq 160$

これより　$x\geqq\frac{7}{16}$　→イ

〔3〕⑴　100g 当たりの栄養成分Lが 3g 以上含まれる条件は

$3\times x+1\times y+4\times(1-x-y)\geqq 3$

$\therefore\quad x+3y\leqq 1$　→ウ，エ

また，100g 当たりの栄養成分Mが 7.5g 以上含まれる条件は

$4\times x+8\times y+10\times(1-x-y)\geqq 7.5$

$6x+2y\leqq 2.5$

$\therefore\quad 12x+4y\leqq 5$　→オ，カ

次に，ドライフルーツの合計仕入れ金額の最小値を考える。

$x+3y \leqq 1$ より　　$y \leqq -\dfrac{1}{3}x+\dfrac{1}{3}$

$12x+4y \leqq 5$ より　　$y \leqq -3x+\dfrac{5}{4}$

2つの直線

$$y=-\frac{1}{3}x+\frac{1}{3},\ \ y=-3x+\frac{5}{4}$$

の交点の座標を求めると

$$\left(\frac{11}{32},\ \frac{7}{32}\right)$$

と求まり，点 $(x,\ y)$ の存在範囲は右図の網かけ部分（境界を含む）のようになる。

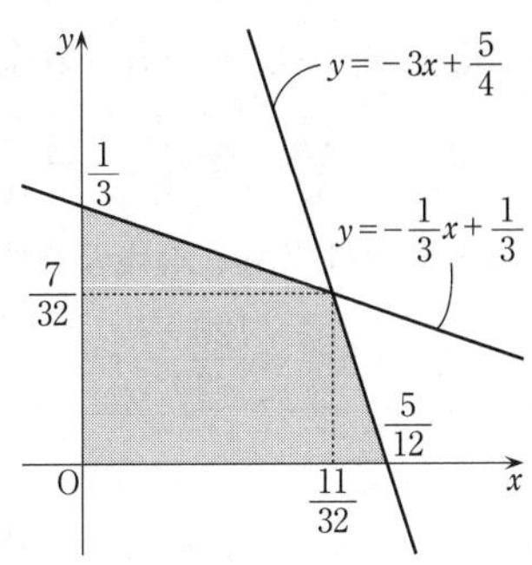

一方，合計仕入れ金額を P とすると，

$r=80$ より

$$P=80\times x+100\times y+120\times(1-x-y)$$
$$=120-40x-20y$$

であり

$$y=-2x+\frac{120-P}{20}$$

と変形できることから，P が最小，したがって，$\dfrac{120-P}{20}$ が最大となるのは

$$x=\frac{11}{32},\ \ y=\frac{7}{32}\quad \rightarrow キ，ク$$

のときである。このとき

$$z=1-\frac{11}{32}-\frac{7}{32}=\frac{14}{32}=\frac{7}{16}\quad \rightarrow ケ$$

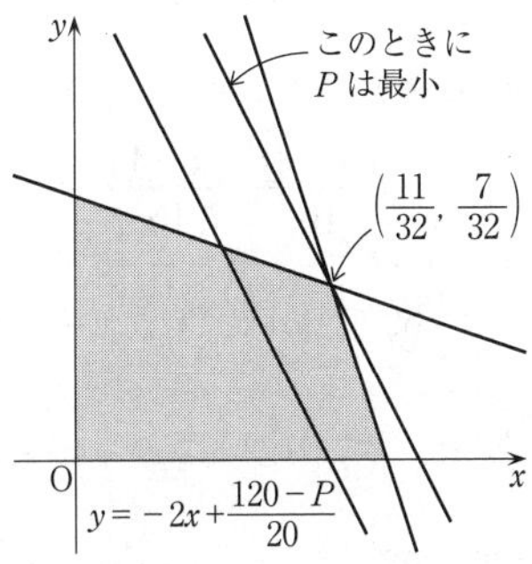

また，合計仕入れ金額の最小値は

$$P=120-40\times\frac{11}{32}-20\times\frac{7}{32}$$
$$=120-\frac{110}{8}-\frac{35}{8}=\frac{815}{8}\ 円\quad \rightarrow コ$$

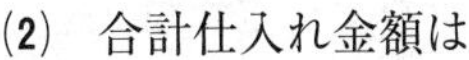
(2)　合計仕入れ金額は

$$P = r \times x + 100 \times y + 120 \times (1 - x - y)$$
$$= 120 - (120 - r)x - 20y$$

であるから

$$y = -\frac{120 - r}{20}x + \frac{120 - P}{20}$$

したがって，合計仕入れ金額が最小になるのが

$$x = \frac{11}{32},\ \ y = \frac{7}{32},\ \ z = \frac{7}{16}$$

のときだけであるための条件は

$$-3 < -\frac{120 - r}{20} < -\frac{1}{3}$$

（傾きに着目）

$$-60 < -120 + r < -\frac{20}{3}$$

$$\therefore\ \ 60 < r < \frac{340}{3}\ \ \to サ，シ$$

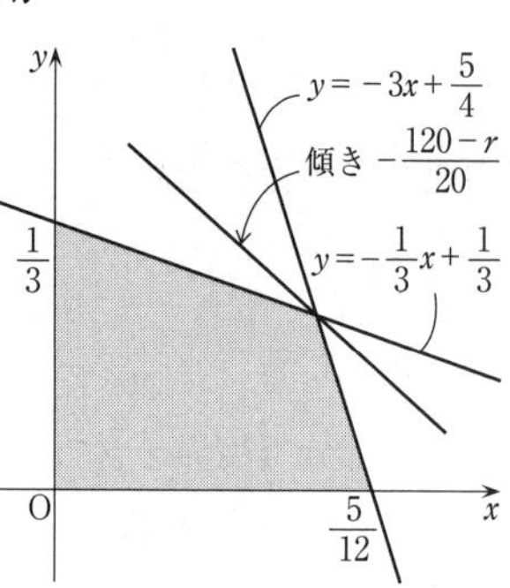

(3)　100g 当たりの栄養成分Mが s〔g〕以上含まれる条件は

$$4 \times x + 8 \times y + 10 \times (1 - x - y) \geqq s$$

となるから

$$10 - 6x - 2y \geqq s \qquad \therefore\ \ y \leqq -3x + \frac{10 - s}{2}$$

そこで，2つの直線

$$y = -\frac{1}{3}x + \frac{1}{3},\ \ y = -3x + \frac{10 - s}{2}$$

の交点を求めると

$$\left(\frac{28 - 3s}{16},\ \frac{s - 4}{16}\right)$$

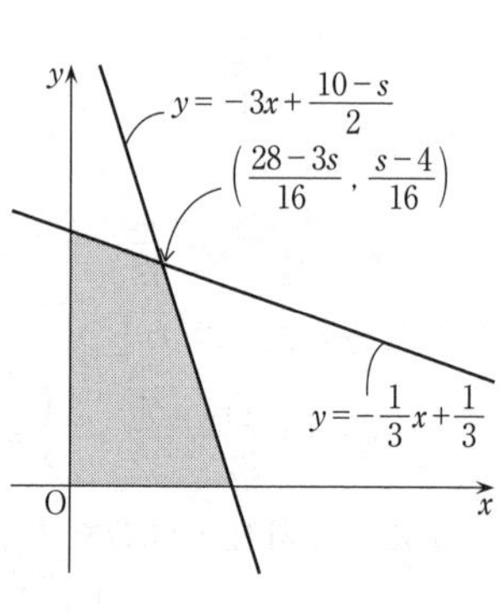

$r = 80$ であるから $y = -2x + \frac{120 - P}{20}$ であり，グラフより $y = -2x + \frac{120 - P}{20}$ が

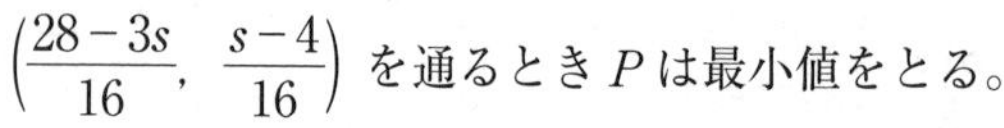
$\left(\frac{28 - 3s}{16},\ \frac{s - 4}{16}\right)$ を通るとき P は最小値をとる。

したがって，A，B，Cの３種類のドライフルーツをすべて含む（x，y，

z がすべて正の値）ときに，P が最小となる条件は

$$x=\frac{28-3s}{16}>0 \quad \cdots\cdots ①$$

$$y=\frac{s-4}{16}>0 \quad \cdots\cdots ②$$

さらに

$$z=1-\frac{28-3s}{16}-\frac{s-4}{16}>0 \quad \cdots\cdots ③$$

である。

①より　　$s<\frac{28}{3}$

②より　　$s>4$

③より　　$z=\frac{2s-8}{16}>0$

$\therefore \quad s>4$

以上より，求める s の範囲は

$$4<s<\frac{28}{3} \quad \rightarrow ス，セ$$

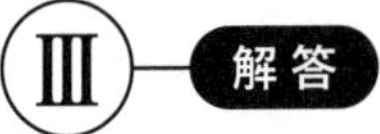

〔1〕 まず，1回の試行により，どのような状態に変化するかを整理する。

- 白2枚，黒2枚の状態から，1回の試行により次のように変化する。
  - (i)　白と黒を1枚ずつ選んだ場合：最初と同じ，白2枚，黒2枚
  - (ii)　黒を2枚選んだ場合：4枚すべてが白
  - (iii)　白を2枚選んだ場合：4枚すべてが黒
- すべて白あるいはすべて黒の状態から，1回の試行により必ず，白2枚，黒2枚の状態になる。

以上の注意のもと

$$a_1=\frac{{}_2C_1\cdot{}_2C_1}{{}_4C_2}=\frac{2\cdot2}{6}=\frac{2}{3} \quad \cdots\cdots(答)$$

$$b_1=\frac{{}_2C_2}{{}_4C_2}=\frac{1}{6} \quad \cdots\cdots(答)$$

$$c_1=\frac{{}_2C_2}{{}_4C_2}=\frac{1}{6} \quad \cdots\cdots(答)$$

〔2〕 はじめに注意したことと，〔1〕の結果より

$$a_2=a_1\times\frac{2}{3}+b_1\times1+c_1\times1=\frac{2}{3}\times\frac{2}{3}+\frac{1}{6}+\frac{1}{6}=\frac{7}{9}\quad\cdots\cdots(\text{答})$$

$$b_2=a_1\times\frac{1}{6}+b_1\times0+c_1\times0=\frac{2}{3}\times\frac{1}{6}+0+0=\frac{1}{9}\quad\cdots\cdots(\text{答})$$

$$c_2=a_1\times\frac{1}{6}+b_1\times0+c_1\times0=\frac{2}{3}\times\frac{1}{6}+0+0=\frac{1}{9}\quad\cdots\cdots(\text{答})$$

〔3〕 $a_1+b_1+c_1=1$ が成り立つことに注意して

$$a_{n+1}=a_n\times\frac{2}{3}+b_n\times1+c_n\times1$$

$$=\frac{2}{3}a_n+(1-a_n)=-\frac{1}{3}a_n+1$$

よって　$a_{n+1}=-\dfrac{1}{3}a_n+1$　……(答)

〔4〕 $a_{n+1}=-\dfrac{1}{3}a_n+1$

変形すると　$a_{n+1}-\dfrac{3}{4}=-\dfrac{1}{3}\left(a_n-\dfrac{3}{4}\right)$

$$\therefore\quad a_n-\frac{3}{4}=\left(a_1-\frac{3}{4}\right)\left(-\frac{1}{3}\right)^{n-1}=\left(\frac{2}{3}-\frac{3}{4}\right)\left(-\frac{1}{3}\right)^{n-1}=-\frac{1}{12}\left(-\frac{1}{3}\right)^{n-1}$$

$$=\frac{1}{4}\left(-\frac{1}{3}\right)^n$$

よって　$a_n=\dfrac{1}{4}\left(-\dfrac{1}{3}\right)^n+\dfrac{3}{4}$　……(答)

解説

《確率と漸化式》

〔1〕が最も大切と言ってもよい。すなわち，1回の試行によって，どのような状態に変化するかがわかれば簡単である。カードの状態は，白と黒が2枚ずつあるか，すべて白か，すべて黒の3通りしかないことに注意する。〔2〕は1回目の試行のあとどのような状態にあるかで場合分けして考えればよい。〔3〕は $a_n+b_n+c_n=1$ であることに注意しよう。〔4〕は単に，基本的な漸化式の解法の確認問題である。

講評

Ⅰは小問３問の形式である。〔１〕は四面体の計量に関する頻出問題である。必要に応じて正弦定理や余弦定理を使うが，難しいところはない。〔２〕は n 進法に関する問題で，計算の所々で等差数列や等比数列に関する公式も用いる。n 進法の理解が一番のポイントである。これが理解できていれば難しいところはない。〔３〕は２次関数（ただし，式に絶対値を含む）の「動く区間」における最小値の問題で，場合分けをしっかりと行って解く典型的な問題である。区間を動かしていきながら，いつ様子が変わるかに注意すれば場合分けは難しくないが，このような実験的な考察が苦手な人は要注意である。場合分けは非常に重要であるから，十分に練習を積んで慣れておきたい。

Ⅱは例年，生活に密着したような問題を数学的に考察するというタイプの出題である。2024 年度は，３種類の材料を混ぜて商品を作るとき，使う材料の割合と合計仕入れ金額との関係などを考察する問題である。数学の内容としては，領域と最大・最小の問題である。〔１〕と〔２〕は基本事項の確認であるが，〔３〕はやや難しい。難しさのポイントは，領域と最大・最小の問題の理解がどの程度できているかということである。ただし，試験時間を考えると，〔３〕を完璧に仕上げるのは厳しかったかもしれない。

Ⅲのみ記述式の問題である。2024 年度は確率と漸化式の問題で，漸化式を立てることも，それを解くことも，いずれも簡単な問題であった。この記述式問題はごく短時間で完答したい。

段の読書とは少し異なった読み方」もこれを指していることを的確に読み取りたい。問1・問2いずれも標準的。問3はカタカナの語彙力が試される。やや難。問5は本文全体から根拠を見出しながら、選択肢を吟味する必要がある。標準的。全体として標準レベル。

三の古文は、文章量も多く、解釈に戸惑う箇所も多々あり非常に難解。問1は基本的な助動詞の識別問題で、標準的。識別問題として頻出のものはまとめて覚えておきたい。問3・問6は直前の文脈を踏まえて解釈する。いずれもやや難。傍線部のみならず広く周囲を見渡し、理解できる部分だけでも訳出してみることが肝要。問8は本文全体から根拠を見出しながら、選択肢を吟味する必要がある。1・3で迷うだろう。やや難。全体を通してはやや難。

四の漢文は。複数の作品における記述をもとに、詩話における記述の正誤について述べた文章。難解な語彙はなく、読みやすい。問1の「若」の読みは頻出。「もし」のほかにも「ごとし」「しく」「なんぢ」の読みも覚えておきたい。標準的。問2の書き下し文は、「決非」は強調の否定表現であることに着目。標準的。問4は特に因果関係に注意したい。標準的。全体を通しては、標準レベル。

問3　問2でも触れたように、十一月に城を破られた時の作であると読み取れるような『西清詩話』中の「未ダレ就ラ而シテ城破ラル」という表現は、『太祖実録』や『三朝正史』によると誤りであるというのが苕渓漁隠の主張である。よって、誤りであるという意味の語である「非」を補うのが適当。

問4　最終二文で、李煜が城を囲まれている間の作であるかどうかについては「則チ不ルモレ可カラレ知ル」とあり、断定を避けているが、一方で「是ノ時其ノ心」が「危窘」であったことは認めており、それによって作られた詞であるとする苕渓漁隠の考えが紹介されている。したがって正解は4。1は「城から逃亡して詞を作ったが、息を整えないまま急いで書いたので」が誤り。2は問1の①とも関連するが、「若シ」の誤読。もし才能を発揮していれば李煜は捕虜にならなかっただろうというのが太祖の発言内容である。3は誤りの内容が逆。『太祖実録』や『三朝正史』を根拠に『西清詩話』の誤りを指摘しているのである。5は「精神的な余裕」「楽しんでいた」が誤り。

講評

一の現代文は、江戸時代に西欧の地動説を一般大衆に唱道した三人の人物がテーマであり、具体性のある内容であるので読みやすい。問3は指示語と「窮理学」という語に着目すれば平易。問5は「地動説」の実質的な換言箇所を素早く見つけたい。標準的。問6は特に直後二段落の内容の的確な読解と、精緻な正誤判定を要するため手間取った受験生も多かろう。やや難。問7は実質的に「吝かではない」の語意を問う問題。やや易。問10は本文全体から根拠を見出しながら、選択肢を吟味する必要がある。内容真偽では、極端な表現の選択肢はよく吟味し正誤を判定したい。標準的。全体として標準レベル。

二の現代文は、文学作品の、内容を楽しむ側面と文体や形式に着目する読み方という異なる観点を紹介した評論。具体例も多く読みやすい。問1の「言葉それ自体」は文体や形式のことを指しており、同様に問2の「楽しみのための普

（＝詞を作ったとき）のその心はどうして苦しい様子ではなかっただろうか（いや、苦しいものだったに違いない）。これによって（＝そのような困難な状況に置かれてたことによって）これを言う（＝この詞が作られたと解釈する）ことは可能である」と。

読み 『西清詩話』に云ふ、「南唐の後主、城を囲まれし中に長短句を作り、未だ就らずして城破らる。『桜桃は落り尽くして春は帰り去き、蝶は金粉を翻して双び飛び、子規は月に啼く小楼の西。曲欄金箔、惆悵として金泥を巻く。門巷は寂寥たり人去りし後、望残す煙草の低迷たるを』。余嘗て残稿を見るに点染晦昧たり、心方に危窘し、書に在らざるのみ。太祖云ふ、『李煜若し作詞の工夫を以て国事を治むれば、豈に吾が虜と為らんや』と」と。苕渓漁隠曰はく、「余『太祖実録』及び『三朝正史』を観るに云ふ、『開宝七年十月、曹彬、潘美等に詔して師を率ゐて江南を伐たしめ、八年十一月、金陵を抜く』と。今後主の詞は乃ち春景を詠じ、決して十一月の城破らるる時の作に非ず。『西清詩話』に後主長短句を作り、未だ就らずして城破らると云ふは、其の言非なり。然れども王師金陵を囲むこと凡そ一年、後主城を囲まれし中の春間に于いて此の詞を作るは、則ち知るべからざるも、是の時其の心豈に危窘ならずや。此に于いて之を言ふは乃ち可なり」と。

解説

問1 ①「若」は「もし」と読み、現代語と同様に仮定の副詞として用いられる。ほかにも「ごとし」「しく」「なんぢ」の読み・用法をもつ。ここでは直後の「治ムレバ」で仮定の用法であることがわかる。

③「于」は「おいて」と読む。置き字として、読まないことが多い。

問2 「決非」は現代語でも〝決して～ない〟と言うように、強調の否定表現である。ここで否定されているのは「十一月城破時作」であること、すなわちこの詞が十一月に城を破られたときに作られたものであるということである。この点では1のほかにも5も解釈として正しいが、そもそも「乃」を「れば乃ち」の形で訓読している点も不適。「ればすなはち」の形で訓読し、仮定の構文をつくるのは、「則」である。

四

出典　胡仔（こし）『苕渓漁隠叢話（ちょうけいぎょいんそうわ）』〈長短句〉

解答

問1　①もし　③おいて

問2　1

問3　3

問4　4

全訳

『西清詩話』にいうことには、「南唐の後主（＝李煜）が、城を囲まれた中で長短句を作り、まだ完成しないときに城を破られた。『桃や桜は散り尽くして春は過ぎ去り、蝶は金粉をなびかせながら並んで飛んで、ホトトギスは小さな楼の西で月に向かって鳴く。金箔の飾りのついた欄干（があり）、悲しみにくれて金で装飾されたカーテンを巻き上げる。門に続く道は人が去った後の寂寥感に包まれて、遠くの草むらがぼんやりとかすんでいるのを胸を痛めて眺める』。私はかつて残された原稿を見ると文字が乱れており、心は苦しい様子で、（心は）書にあらず（＝心を落ち着かせて書に集中できていない）という様子であるだけであった。太祖が言うことに、『李煜がもし作詞を工夫して国事を治めたならば、どうして私（＝太祖）の捕虜となっただろうか（いや、ならなかったであろう）』と」と。苕渓漁隠（＝胡仔）が言うことには、「私は『太祖実録』および『三朝正史』を読んだところ（そこに）書いてあったことには、『開宝七年十月、曹彬、潘美らに（皇帝の）命令が下り軍隊を率いて江南を征伐させ、八年十一月に、金陵を制圧した』と。（これを受けて）今（考えるに）後主の詞（＝『西清詩話』にあった李煜の長短句）はまさしく春の情景を詠んだものであり、決して十一月の城を破られたときに作られたものではない。『西清詩話』に後主が長短句を作り、まだ完成しないときに城を破られたと言ったのは、誤りである。そうではあるが王の軍勢が金陵を囲むことおよそ一年間（であったので）、後主が城を囲まれている春の間にこの詞を作ったかどうかは、それによって断定することはできないものの、（すくなくとも）このとき

とりしており、別人かと思われる〟とあるので、2が正解。

問7 傍線㋕「恥ぢられたてまつる」は、「恥ぢ」が〝気にかける〟の意味の動詞「恥づ」の未然形。「られ」が受身の助動詞「らる」の連用形。「たてまつる」は、「たてまつる」が謙譲語の補助動詞「たてまつる」の連体形である。謙譲語が含まれているため、「恥ぢられ」ている側より、「恥ぢ」ているほうの身分が高いと解釈できる。よって、「恥ぢ」ているのが中宮となる選択肢を選ぶ。その中宮が〝気にかける〟のは、傍線㋕の直前から、「くせぐせしく、やさしだち」、つまり〝一癖あって、優美な〟人、あるいは「恥づ」と同一語源の「恥づかし」から〝こちらが恥ずかしくなるほど立派な人〟を推測してもよい。よって正解は1。

問8 1は本文冒頭に合致する。夫を亡くしたわびしい暮らしの中で琴を弾いているのである。2は傍線①・②、空欄Aを含む二文の内容と合致しない。作者が手に取ったのは「和歌や物語」ではなく「書ども」、すなわち〝漢籍〟である。3は「人と接するのが苦手であったので」が不適。第二段落以降、筆者が人付き合いの中で周囲の人々から非難されないように気を配って過ごしていた様子は描かれているが、人付き合いを苦手だと言及する文はない。4は傍線㋒の直後の二文と合致しない。傍線㋒の後には、〈さまざまな方面に優れた人はめったにいない。一つのことに優れている人は、どんな話題でも自分の得意なことに引き寄せてしまう〉という内容のことが書かれているため、「人に劣っていることも隠そうとしない」が誤り。5は最終段落の二文目に合致する。「移り気な人」は本文の「色めかしくあだあだしけれど」に該当する。6は「かえって物足りない」が本文中に言及がなく誤り。最終段落一文目に「すべて人はおいらかに、すこし心おきてのどかに、おちゐぬるをもととしてこそ、ゆゑもよしも、をかしく心やすけれ」とある通り、「物足りない」のではなく、筆者は〝趣深く安心だ〟と言及している。

を十字以内で解釈すると、〝しきりに仏道修行して、勤行に身を入れて〟などとするのがよい。

㋒直前に「物もどきうちし、われはと思へる人の前にては」、つまり〝何かと非難し、私こそはと思っている人の前では〟とあるので、ここでの「うるさし」の意味は否定的な〝めんどうだ、わずらわしい〟である。「ものいふこともものの憂くはべり」、つまり〝何か言うこともおっくうです〟という内容に続く接続助詞「ば」の直前は、ク活用の形容詞「うるさし」の已然形「うるさけれ」であるので、原因・理由の意味の順接の確定条件であると判断できるため、傍線㋒「うるさければ」は、〝わずらわしいので〟と訳出する。

問5　「もてなし（もてなす）」は〝ふるまう〟の意味であり、傍線㊁は〝私の本心としてふるまいます様子〟のことである。傍線㊁の直前に「人にかうおいらけものと見おとされにけるとは思ひはべれど」とあるので、「おいらけもの」を注の「おいらかに」から推測して〝周囲の人々にこのようにおっとりしている者と見下されてしまったとは思いますが〟と解釈する。また、直前の会話文の前には、「ほけしれたる人にいとどなりはてはべれば」とあるように、紫式部が自らの意志でおっとりした愚か者であるかのように振る舞っていることがわかる。よって4が正解。

問6　傍線㋔「人よりけにむつましうなりにたる」は、中宮が紫式部と〝他の人より本当に仲睦まじくなったことよ〟と、現在の二人の関係性について述べた言葉である。一方、出会ったばかりの紫式部に対しての印象は、「いとうちとけては見えじとなむ思ひしかど」とあるように、〝打ち解けて会うことはできないだろう〟と思っていたとある。紫式部に対しての初めの印象については、傍線④を含む会話文にも言及があり、「いと艶に恥づかしく、人見えにくげに、そばそばしきさまして、物語このみ、よしめき、歌がちに、人を人とも思はず、ねたげに見おとさむものとなむ、みな人々いひ思ひつつにくみしを」と、散々な言われようである。この発言は紫式部の同僚の女房の発言であるが、同じ環境にいた中宮も似たような印象を持っていたと想定できるので、〈風流ぶって近づきがたく、物語を好み、事あるごとに和歌を詠み、人を見下す人だ〉という趣旨の内容から、1・2に絞る。一方、親しくなった後の紫式部への印象は、同じく女房の発言から、「あやしきまでおいらかに、こと人かとなむおぼゆる」、つまり〝不思議なほどおっ

③直前がカ行四段動詞「もどく」の未然形で、直後の「じ」は未然形接続であるため、「れ」は受身・可能・自発・尊敬の助動詞「る」の未然形。「じ」は打消推量・打消意志の助動詞である。二つの助動詞の意味を考えるため、直前の「もどか」が注にある「物もどき」の動詞形であると推察して〝非難する〟の意味であると解釈する。傍線③前後は、〈私（＝紫式部）は何事も自分の話に持っていくような人と向かい合って交流するときに、非難されないようにしようと行動する〉という内容になっており、「れじ」は受身＋打消意志であることがわかる。

④「ざり」の形をもつのは、打消の助動詞「ず」の連用形のみである。連用形接続の「き」は過去の助動詞である。

問2　空欄Aを含む文は〝どうして女が［A］を読むだろうか、いや、読むべきではない〟と解釈できる。空欄Aを含む会話文の直前の、傍線②を含む文とその次の文は、〈紫式部が夫の遺した「書ども」を退屈にまかせて手に取った〉という内容であるため、「書ども」と同意の語句が当てはまる。「書（ふみ）」とは〝漢籍〟の意味であるため、4「真名書」が適当。空欄Aを含む会話文に「むかしは経読むをだに人は制しき」とあるように、女が漢字・漢文を読むことが止められるような時代であったため、女房たちは紫式部を非難するのである。

問3　「思ひぐまなきやうなり」は「ぐまなき」が「くまなし」と同意で、〝陰りがない、あけひろげだ〟の意味であるが、この意味だけで選択肢を絞ることは難しい。「ことはたさもあり」の「こと」は〝言葉〟、「はた」は〝一方で〟、「さもあり」は〝その通りである、もっともである〟の意味。傍線㋐の直前は、「いはまほしくはべれど」が逆接であることに着目すると、〈縁起が悪いことを気にする人が、それで長命であったという話は聞いたことがないと、（陰口を言う女房たちに文句を）言いたいが〉という内容である。よって「ことはたさもあり」は〝（女房たちの漢籍を読むような女は幸せになれないという）言葉は一方でその通りである〟という意味であり、女房たちの発言を肯定しているため、3が適当。

問4　㋑「行ひ」は〝仏道修行する、勤行する〟の意味の動詞「行ふ」の連用形。「がち」は現代語と同様〝～することが多い、しきりに～する〟の意味。「に」は単純接続の接続助詞であり〝～と、～して〟などと訳出する。この三語

どおっとりして、別人かと思われる」と、皆言いますので、（私は）恥ずかしく、人にこのようなおっとり者と見下されてしまったとは思いますが、ただこれこそ私の心だ（＝意図したことだ）と慣れて振る舞っています態度で、中宮も、「（私はあなたと）とても打ち解けて会うことはないだろうと（はじめは）思いましたが、（今では他の）人より本当に仲睦まじくなったことよ」と、おっしゃる折々があります。癖あって、優美で、（中宮から）立派だと思われ申し上げる人（＝身分の高い女房）にも、横目で見られないでいましょう（＝目をつけられずにいよう）。

すべての人（＝女性）はおっとりと、少し心構えもゆったりとして、落ち着いていることを基本としてこそ、風情も情趣も、趣深く安心だ。もしくは、色っぽく浮気っぽいが、本来の性格は癖がなく（素直で）、周囲の（人の）ために付き合いにくい様子でいないようにさえなってしまえば、憎くはありますまい。我こそは（他人とは違う）と、堅苦しい様子で振る舞い続け、態度が大げさになってしまった人は、立ち居振る舞いにつけても、自分から自然と気を配るときも、その人には（周囲の人の）目が留まる。目を向け続けると、必ずものを言う言葉の中にも、来て座る振る舞い、立って行く後ろ姿にも、必ず癖は見つけられるものです。物言いが少し矛盾してしまった人と、人のことをおとしめてしまった人とは、まして耳も目もそばだてられることでございましょう。人の癖がない限りは、なんとかして、ちょっとした言葉をも申し上げまいと包み隠し、かりそめの好意をかけてあげたくなります。

解説

問1　①直前が動詞「なり」の連用形であるため、「に」は連用形接続である完了の「ぬ」の連用形。同じく直前が完了の「ぬ」の連用形であるため、「たる」は完了の「たり」の連体形。完了＋完了にはならないため、〝なってしまっていた〟と訳す「たり」が存続の意味だと解釈するのが適当。

②直前が動詞「なり」の連用形であるため、①と同様に「に」は完了・強意の「ぬ」の連用形。連用形接続の「し」は過去の「き」の連体形であり、「にし」の直後が体言「後」であるため矛盾がない。選択肢に強意＋過去がないように、完了の意味と過去の意味はともに用いられることが一般的である。

て見ますのを、女房が集まって、「ご主人（＝紫式部）はこのようでいらっしゃるので、お幸せが少ないのだ。どうして女が漢籍を読むのか（、いや、読むものではない）。昔は（女が）経を読むことさえも（周りの）人が制した（ものだ）」と、陰口を言うのを聞きますにも、縁起を担いだ人が、寿命が長いというようなことは、（実際には）見たためしがないと、言いたくございますが（＝漢籍などを読むから幸せになれないと陰口を言う女房たちに対する文句）、（女房たちに文句を言うのは）深い思いやりがないようだし、（一方で女房たちのそのような）言葉はその通りでもある。

さまざまなことが、人によって異なることだ。誇らしげで派手で、満足げに見える人もいる。いろいろなことが所在なく感じる人が、気がまぎれることがないままで、古くなった書物を探して引っ張り出し、しきりに仏道修行し、（経を）絶えず唱え、数珠の音（＝数珠を揉むときに出る音）が大きいなど、とても気に食わなく見えることだと思い申し上げて、（他者から見ると）きっと心にまかせたほうがよいことですら、ただ私の使っている人（＝女房たち）の目にはばかって、心に留め置く（＝せずにいる）。まして（宮仕えで）人の中にまざっては、言いたいこともありますが、いやはや（何も言うまい）と思えて、理解してもらえそうもない人には、言っても得がないだろうし、何かと人を非難し、我こそはと思っている人の前では、わずらわしいので、ものを言うこともおっくうでございます。特にすべてのことに精通している人はそれほどいない。（普通の人は）ただ、（相手の話の中で）自分の得意な方面のことをとり上げて、他人をないことにする（＝無視する）ようだ。

そのような（何事も自分の得意分野に話をもっていく）人は、本心ではない私（＝紫式部）の表情を見て「恥ずかしがっている」と（誤解）するが、避けられず向かい合って交流していたことさえあって、あれこれとすら非難されまいと、恥ずかしいわけではないが、面倒だと思って、呆（ほう）けた愚か者にますますなり果てますと（＝何も知らないふりをしてばかりいると）、「（あなたが）このよう（な人だ）とは思わなかった。とても優美で立派で、人が近づきにくい様子で、よそよそしい様子で、物語を好んで、由緒ありげに気取っていて、しきりに和歌を詠んで、人を人とも思わず、憎らしげに（人を）見下すような（人だ）と、（周りの）人々は皆思って噂しながら憎んでいたが、（あなたを）見ると、不思議なほ

ることで」が誤り。横光が文学に取り入れた映画の手法とは、文体や視点の置き方である。

三

出典　『紫式部日記』

解答

問1　①－8　②－5　③－2　④－3

問2　4

問3　3

問4　(イ)しきりに仏道修行して（十字以内）　(ウ)わずらわしいので（八字以内）

問5　4

問6　2

問7　1

問8　1・5

全訳

風が涼しい夕暮れ、（私は）聞き苦しい独奏の琴をかき鳴らして、「嘆きが加わる（「わび人の住むべき宿と見るなへに歎きくははる琴の音ぞする」という歌を踏まえている）」と（独奏の琴の音から女の一人暮らしの住居を）聞き知る人がいるだろうかと、忌まわしく思われますことは、愚かでも惨めでもございました。そのようなことは、みすぼらしく黒ずんですすけた部屋に、大きな置き棚一そろいに、隙間もなく積んでいますものは、ひとつには古歌、物語でいいようもなく虫の巣になってしまったものは、不快にも（虫が）這い（回り）散るので、開いて見る人もおりませんで、もう一方（の棚）に、漢籍などが、取り立てて置き重ねていた人（＝大切に所蔵していた夫）もいなくなりました（＝亡くなりました）後、手を触れる人も特にいない。それら（＝漢籍）を、所在なさが切実に満ちあふれたとき、一冊二冊と引き出し

問2　問1の解説とも関連するが、「楽しみのための普段の読書」とは傍線㋐を含む段落の前の二つの段落で紹介されているような、物語の内容に対する期待によって先へと読み進む楽しみを感じるような、ストーリーをたどる読み方のことである。これとは正反対の読み方とは傍線㋐を含む段落の次の段落にあるような、モチーフや語り手に関して着目する読み方のことである。これは〈　2　〉を含む段落で「言葉の形が目につき始める」と説明されている。さらに詳細には〈　3　〉を含む段落で言う「文体」「小説の形式」「語り方」とも言い換えられる。これに言及している4が正解。

問3　選択肢中の「カット」は〝映画の一場面〟、「クローズアップ」は〝接写〟、「カメラ・アイ」は〝カメラのように一瞬のできごとや情報を鮮明に記憶する能力〟、「ロングショット」は〝被写体を遠くから撮影すること、遠写し〟、「シーン」は〝場面〟をそれぞれ意味する。空欄Aは「俯瞰する」と同意内容を補充すべきであるので、「ロングショット」を補うのが適当。この時点で正解は3・6に絞られる。「カメラ・アイ」は意味的にいずれの空欄にも当てはまらないので3は消去できる。

問4　最終段落によると、横光の『蠅』における「蠅の位置は、物語の結末において人物が退場した後の光景を撮り続ける映画のカメラの位置と似ています」とあるので、読み手が意識させられるのは「視点」である。これに触れているのは1・2・3であるが、1は「人物の内面を重視すると共に」が誤り。2は「作者の視点」ではないため誤り。

問5　1は「空白を読み取ることでストーリーが明確化する」が本文中に言及がなく誤り。2は「その展開を重視して読み進めていくと」が逆。〈　2　〉を含む段落にあるように、むしろ形式を重視して読み進めた場合のことである。3は「疑問点を解決することが読書にとって最も重要な点である」が本文中に言及がなく誤り。4は〈　4　〉を含む段落の次の段落と、さらに二つ後の段落の内容を踏まえているのでこれが正解。5は「意味よりも形式の重要性を説いた」が誤り。確かに横光の小説においては文体や視点の置き方といった形式にこだわったと解釈できる部分があるが、横光自身がそのように「重要性を説いた」とは書かれていない。6は「人間の意識や内面性の変化と連動させ

ら二段落目で「彼の宇宙論が色褪せるわけではない」とあるので、学問的には評価できると言える。

出典　戸塚学「言葉の形を読む――横光利一『蠅』の形式と文体」（小森謙一郎、戸塚学、北村紗衣編『人文学のレッスン――文学・芸術・歴史』水声社）

解答

問1　2

問2　4

問3　6

問4　3

問5　4

要旨

文学を読む際に、未来への期待に導かれ、物語の糸を先にたぐっていくところに、読む行為の楽しみがある。一方、人文学において小説を「読む」と言うときには、文体や語り方といった小説の「形式」に目を向けた読み方が意識化される。そのような作家の代表は横光利一である。横光の『蠅』冒頭部では、映画的な文体が用いられている。本作中の蠅の位置は、映画におけるカメラの位置を想起させ、読み手に対して小説世界の内容ではなくそれがどのように眺められるかに注意を向けさせている。

解説

問1　〈　2　〉の直前に、「ストーリー」の「代わりに、それ（＝ストーリー）とは異なるものが私たちの意識の前面にせり出してくる」とある。脱文中の「言葉それ自体」というのが、ここで言う「ストーリー」とは「異なるもの」のことである。筆者は大まかに言えば「ストーリー」によって読み進める読み方と、文体や形式と言った言葉そのものに着目をする読み方とを区別している。

た5は「変革しようと努力した」が誤り。非難することにためらいがないだけで、それを変革するとまでは言っていない。

問8　空欄Bを含む段落の二つ前の段落によれば、江漢は地動説に対して初めはいぶかりつつも後に正しさを確信し「人々に宣伝することを自分に課す」ことにした人物であり、「地動説、そして宇宙論を人々に唱道した最初の日本人」だと紹介されている。それは、傍線㋑を含む段落によれば、〈この写本（＝地動説を紹介した訳本）を読んで地動説に魅せられた〉ことが契機となったと説明されている。すなわち、西欧の説に感化され、それをそのまま日本で紹介したに過ぎない、という否定的な言い方もできるということである。これを踏まえると、肯定的な意味の「橋渡し」よりも、〝ある人の学説をそのまま違う人に説くこと〟という意味の「受け売り」を補うのが適当。

問9　空欄Cを含む文の前の文で、「数理的素養のない者にとっては非常に難解で、理解できた人間は少なかっただろう」と述べられていることから、空欄Cにも同様に〝難解である〟〝理解できない〟といった意味合いの表現が入ると考えらえる。よって5「歯が立たなかった」が適当。3「手が届かなかった」は〝自力では目標に到達できない、金銭が足りずに購入できない〟といった意味なので、ここではやや不適。

問10　1は「地動説を知るようになったのは」が誤り。第二段落で江戸の暦算家などに関する話自体はなされていたが、第三段落では「暦算家は、恒星が張り付いている天球が…地球を中心として逆行運動するという説で満足した」と言っている。つまり、暦算家はむしろ天動説を支持していたということである。2は「幕府からのおとがめを恐れて」が誤り。訳本が広く刊行されなかった理由については本文では言及されていない。3は「その発想の根幹には科学的な思考がある」が本文中に言及がなく誤り。傍線④を含む段落で江漢の宇宙論は「文学的想像力によって空想したもの」だと述べられており、これは科学的思考とは相いれないものである。4は空欄Cを含む段落の内容と合致する。5は「根拠は乏しく発想は評価されたものの学問的評価は低かった」が誤り。空欄Cを含む段落の次の段落で「完全に自信は持てないというところ」だとされており、蟠桃が自らの論に自信を持てないことは言われていたが、最終か

て空想した江漢と異なり、志筑忠雄はニュートン力学に基づいた科学的思考によって西洋天文学を翻訳・紹介しており、その内容は難解だった。山片蟠桃はその写本を読み込み、下敷きとして自らの思想を書き留めた。これらのタイプの異なる三人による「江戸の宇宙論」で、一瞬とはいえ日本の宇宙論が世界の第一線に躍り出たことは評価できる。

解説

問3　脱文中の「窮理学」という語に着目すると、〈　6　〉の直前の「理を窮めることによって新しい知の地平に達する」という表現をまとめたものであると気づく。これを脱文では、「これが」という表現で指示している。

問4　空欄Aの直後で「工夫をした考察」「論理的な考察ではなく、いかにも間に合わせの議論でしかない」と説明されている。つまり、儒家たちの説は正確に論証されたものではなく、工夫してつくられたものであるということである。よって、〝論理的な必然性がない、自分勝手なさま〟という意味の「恣意的」を補うのが適当。

問5　傍線㋐を含む段落の次の段落の五行目に「太陽が中心にあって、その周囲を回転する地球」とあり、これが「地動説」のことを指しているので、その直後の「私たちの世界を太陽系宇宙として客観視する視点に到達した」が解答要素になる。問いは、「もたらしたものは何か」であるので、「到達した」の直前までを引用するとよい。

問6　傍線㋑の「重要な役割」とは〈地動説を広めるにあたっての重要な役割〉ということである。後の司馬江漢について述べた三つの段落の内容から、地動説を広めることに貢献した点について着目すると、適当なのは選択肢3・7。6については「地動説や宇宙論を信じる人たちを急増させた」とあるのが、空欄Bを含む段落に「地動説・宇宙論を受け入れる人たちが少しずつ増えていったのではないかと思われる」とあるのに合致しない。

問7　「吝かではない」は〝躊躇・物惜しみしないこと〟の意。ここではためらいもなく幕府の封建体質を非難したということを言っている。傍線㋒の直前に、「野人のまま自由に振る舞うことを望み」ともあるので、これについても言及されている選択肢は4。なお、選択肢冒頭「絵師として」という表現は本来不要でありやや気になるが、他に解答要素を含む選択肢がないためこれが正解。3は「幕府からは認められなかったため」が本文中に言及がなく誤り。ま

国語

一

出典　池内了『江戸の宇宙論』〈第一章　蘭学の時代〉（集英社新書）

解答

問1　①うやま　③あつれき

問2　②昇格　④遜色

問3　6

問4　2

問5　私たちの世〜視する視点

問6　3・7

問7　4

問8　6

問9　5

問10　4

要旨

江戸時代の暦算家や儒家と異なり、西洋の天文学を学んだ者たちは地動説を知る。本木良永によるイギリス人ジョージ・アダムスの訳本により地動説は広く世に知られ受容された。絵師として知られる司馬江漢は、エッチング法により銅版画を制作したことや、地動説、そして宇宙論を日本で最初に唱道した点で人々の啓蒙に貢献した。文学的想像力によっ

学部個別配点方式（文系型）※ APU は英語重視方式

問 題 編

▶**試験科目**

【法・産業社会・国際関係(国際関係学専攻)・文・経営・政策科・総合心理・映像(文系型)・スポーツ健康科・食マネジメント学部，APU(英語重視方式)】

教 科	科 目
外国語	コミュニケーション英語Ⅰ・Ⅱ・Ⅲ，英語表現Ⅰ・Ⅱ
選 択	日本史B，世界史B，地理B，政治・経済，「数学Ⅰ・Ⅱ・A・B」から1科目選択
国 語	〔文学部以外，APU〕 国語総合，現代文B，古典B（漢文の独立問題なし） 〔文学部〕 国語総合，現代文B，古典B（漢文の独立問題あり。ただし現代文1題との選択）

【経済(経済専攻)学部】

教 科	科 目
外国語	コミュニケーション英語Ⅰ・Ⅱ・Ⅲ，英語表現Ⅰ・Ⅱ
数 学	数学Ⅰ・Ⅱ・A・B
国 語	国語総合，現代文B，古典B（漢文の独立問題なし）

▶配　点

学　部		外国語	選　択	数　学	国　語	合　計
法・総合心理・スポーツ健康科		150	100		150	400
産業社会		150	200		150	500
国際関係（国際関係学専攻）		100	100		100	300
文	人間研究学域・日本文学研究学域・東アジア研究学域・言語コミュニケーション学域	100	100		200	400
文	日本史研究学域・国際文化学域・地域研究学域	100	200		100	400
文	国際コミュニケーション学域	200	100		100	400
政策科・映像（文系型）		100	150		100	350
経営	国際経営	200	100		100	400
経営	経　　営	120	150		100	370
経済（経済専攻）		100		150	100	350
食マネジメント		150	150		100	400
APU（英語重視方式）		150	(100)		(100)	250

▶備　考

- 「数学B」は「数列，ベクトル」から出題。
- 文学部の国語において，選択の現代文と漢文の両方を解答した場合は高得点の方を採用する。
- APUの英語重視方式は，英語・国語・選択科目の3教科すべてを受験し，「英語得点」+「国語または選択科目の高得点」の2教科で合否判定を行う。英語外部資格試験の得点を英語の得点に換算可能であり，独自試験の英語の点数といずれか高得点を採用し，合否判定に用いる。

英語

(80分)

I　次の文を読んで，問いに答えなさい。

People like to know where their food comes from, but even experts are unsure about the origins of the modern banana. A genetic analysis in a new study of more than 100 varieties of wild and cultivated bananas demonstrates the fruit's complicated history of domestication[1] and confirms the existence of three previously unknown, and possibly still living, ancestors. Banana experts want to track down those mysterious ancestors to see whether their genes might help keep modern banana crops healthy. "Banana domestication is much more complicated than I had realized previously," says Loren Rieseberg, a biologist who did not take part in the study.

About 7,000 years ago, bananas were not the seedless fruits we know today but were full of black seeds and almost impossible to eat. Instead, people ate the banana tree's flowers and roots and also made rope and clothes from other parts of the tree. Banana trees back then were "very different to those we see in people's fields today," says Julie Sardos, a genetic resources scientist who collects banana varieties for research purposes. Scientists do know that the banana's main wild ancestor is a species named *Musa acuminata*, which can be found from India to Australia. Today, there are more than 1,000 banana varieties. Over the course of their domestication, the modern bananas now available in supermarkets lost their seeds and became sweeter. Most researchers agree where domesticated bananas as we know them first appeared, but it's been hard to establish exactly how and when that domestication occurred. Complicating matters, some bananas have the usual two sets of chromosomes[2], whereas others have three sets or more. This suggests that at least some modern bananas are hybrids[3] that resulted from the interbreeding[4] of two or more varieties, or even different species.

There's good reason to try to make use of the modern banana's deep historical gene pool: The $8 billion banana industry, which produces 100 billion bananas annually, is threatened by diseases such as Panama disease. Banana breeders are trying to find ways to fight such diseases, particularly the ones that attack the Cavendish banana, which accounts for more than half of all the bananas exported to the United States and Europe. Some breeders are collecting wild relatives and rare varieties that are more resistant[5] to disease. Others are researching how the introduction of genes from distant ancestors could also help strengthen modern-day bananas. Genetic analyses can help put together the history of domestication and find living samples of those ancestral[6] fruits. Scientist Nabila Yahiaoui and colleagues previously compared DNA from 24 collected samples of wild and domesticated bananas. In a few of them, they found something unusual: DNA which did not match that from any of the other samples. Based on this, in 2020 they proposed that, in addition to *Musa acuminata* and other known wild relatives, two unknown species contributed DNA to the modern banana.

In the new study, Sardos and her colleagues expanded on that work, focusing on banana varieties with two sets of chromosomes, as they are likely to be more closely related to the first domesticated bananas, unlike the Cavendish, which has three sets. They sampled the DNA of 68 samples of wild relatives and of 154 types of cultivated bananas, including 25 varieties that Sardos's team collected in New Guinea. That's an impressive number of cultivated varieties, some of which can be hard to obtain, says Tim Denham, a scientist at Australian National University who was not involved with the work. The comparison provided evidence that bananas were originally cultivated on New Guinea and suggested a *Musa acuminata* subspecies[7] named *Banksia* was the first to be domesticated. The same subspecies later contributed to more widespread cultivated varieties, Sardos and colleagues reported in *Frontiers in Plant Science*. "This conclusion is significant," Denham says. "It confirms the results of previous studies in many fields." The samples also pointed to the existence of a third unknown source of banana genetic material, the team reported. Scientists have yet to identify the three species; their data suggest one came from New Guinea, one from Thailand, and the third from somewhere between northern Borneo and the Philippines.

In addition, Denham was surprised to learn that the modern banana varieties on New Guinea are more genetically diverse than their wild ancestor. "In contrast, most arguments within genetics suggest that initial domestication results in a bottleneck[8]," he says. He suspects that even as banana growers worked to improve their crop, there was interbreeding with wild varieties, leading to bunches of bananas with different genetic ancestries. "This work further confirms the importance of hybridization in the evolution of certain crops," says Rieseberg, whose work with sunflowers has demonstrated that interbreeding can be important for evolution. The field of banana research has many possibilities: Sardos and other banana experts are hoping to visit small farms and other sites in the ancestral bananas' homelands to see whether they can find other modern relatives. They, too, may produce a banana resistant to diseases that can be interbred with commercial bananas.

(Adapted from a work by Elizabeth Pennisi)

(注)

1．domestication　栽培（品種）化

2．chromosome　染色体

3．hybrid　雑種
4．interbreeding　異種交配
5．resistant　抵抗力のある
6．ancestral　祖先の
7．subspecies　亜種（生物分類上の種の下の階級）
8．bottleneck　瓶首効果（遺伝的多様性が低くなること）

〔1〕本文の意味，内容にかかわる問い(A)〜(D)それぞれの答えとして，本文にしたがってもっとも適当なものを(1)〜(4)から一つ選び，その番号を解答欄にマークしなさい。

(A) Why are researchers looking for the ancestors of modern bananas?
(1) To determine the source of Panama disease
(2) To find the location where bananas were first domesticated
(3) To find genetic material to safeguard the health of present-day bananas
(4) To determine the number of wild and domesticated banana varieties

(B) According to the article, which of the following did people in ancient times use as a food source?
(1) Banana seeds
(2) Flowers and roots
(3) The fruit of *Musa acuminata*
(4) Sweet bananas without seeds

(C) What did the study by Julie Sardos and her colleagues suggest about the first domesticated bananas?
(1) They had three sets of chromosomes.
(2) They had DNA from 68 different sources.

(3) They were from northern Borneo and the Philippines.

(4) They were likely a variety of banana from New Guinea.

(D) What result of Sardos's study did Tim Denham feel was unexpected?

(1) That hybridization of bananas is important

(2) That some bananas today have high genetic variety

(3) That *Banksia* was cultivated earlier than other bananas

(4) That local scientists have not identified all the species of bananas

〔2〕次の(1)～(5)の文の中で，本文の内容と一致するものには1の番号を，一致しないものには2の番号を，また本文の内容からだけではどちらとも判断しかねるものには3の番号を解答欄にマークしなさい。

(1) Modern bananas have thinner skins and are easier to peel than ancestral varieties.

(2) Three previously unknown banana ancestors have been located and identified.

(3) The domestication of modern bananas occurred over 1,000 years ago.

(4) Research into banana origins is important for economic reasons.

(5) More than 50% of bananas eaten in the world are of the Cavendish variety.

〔3〕本文の内容をもっともよく表しているものを(1)～(5)から一つ選び，その番号を解答欄にマークしなさい。

(1) Protecting the modern banana by researching the past

(2) How the banana tree does more than just produce fruit

(3) Studying modern-day bananas to develop a new super fruit

(4) How interbreeding has damaged the Cavendish banana population

(5) The importance of the banana industry to the United States and Europe

Ⅱ 次の文を読んで，問いに答えなさい。

Vancouver, British Columbia, is [(A)] a seafood paradise. Located at the mouth of the formerly salmon-rich Fraser River, the city overlooks Vancouver Island to the west, and beyond that, the Pacific Ocean. Long before it became a city, this was a rich fishing ground for various indigenous peoples[1] who still depend on its waters for cultural and spiritual sustenance[2] as much as for food. Today, tourists come from all over the world to taste local favorites like salmon and halibut[3] fresh from the water. But in the water, things are changing.

Climate change [(B)] the marine species that live near Vancouver and the people who depend on them. In a new study, a team from the University of British Columbia (UBC) shows one unexpected way that the effects of climate change are already appearing in people's daily lives. To find it, they looked at restaurant menus, rather than thermometers[4] or ice cores[5]. William Cheung, a scientist at UBC who studies fisheries[6], and one of the study's authors, explains that they chose these(あ) because they provide a record that indicates changes over time. Cheung has spent his career studying climate change and its negative effects on the world's oceans. He has previously contributed to several of the major reports of the United Nations Panel on Climate Change, but along with John-Paul Ng, a student at UBC, he wanted to find a different way to both study and communicate those changes(い). "Many people, especially in Vancouver, go out to restaurants and enjoy seafood, so we wanted to see whether climate change has affected the seafood that the restaurants serve," Cheung says.

Cheung and Ng gathered menus from hundreds of restaurants around the city, as well as from ones farther away in Anchorage, Alaska to the north and Los Angeles, California to the south. Current menus were easy to find, but researching the (C) of Vancouver's seafood proved a bit more difficult. It took help from local museums, historical societies, and even city hall — which the scientists were surprised to learn has records of restaurant menus going back over a century — to create the unusual data set. In all, they managed to discover menus dating back to the 1880s. Using the data they had collected, they (う) created an index called the Mean Temperature of Restaurant Seafood (MTRS), which reflects the average water temperature at which the species on the menu like to live. As expected, they found that the MTRS of Los Angeles was higher than that of Anchorage, with Vancouver falling in the middle. But by analyzing how the MTRS for Vancouver had changed, they found a significant trend of warmer-water species becoming (D) on restaurant menus. In the 1880s, the MTRS for Vancouver was roughly 10.7°C. Now, it is 13.8°C.

The researchers used modern and historical restaurant menus to track how the species we eat have changed (E) . One restaurant that became an important source of data in the study was the historic Hotel Vancouver, a 10-minute walk from the harbor's edge in the city's financial district. Cheung and Ng were able to find examples of the hotel's menus from the 1950s up to the present day. David Baarschers is Hotel Vancouver's head chef and grew up surrounded by the rich variety of British Columbia seafood. (F) , he has a passion for cooking with the local produce. While a chef does consider peoples' preferences, a menu is also a reflection of what's swimming nearby. Baarschers says that when he and the restaurant staff are deciding what seafood to order, they have to achieve a balance between customer taste and what is possible (え). "We usually have conversations with nearby suppliers," Baarschers explains. "Okay, what's coming into season? What are you going to be able to supply us in the amount that allows us to put this on our menu?"

As (G) increases, the species in high enough abundance to make it to menus are continuing to change. As Cheung and Ng's work predicts, local cool-water species like sockeye salmon may continue to decline on Vancouver menus. In 2019, British Columbia saw its lowest salmon catch in over 70 years. In their place, southern species are moving in. One of the most interesting of these new arrivals isn't a fish, but Humboldt squid[7], which have begun appearing both in fishers' nets and in restaurants across the city. From a chef's perspective, Baarschers sees the changes as a mixed bag[8]. New kinds of seafood are exciting to work with, but they come at the cost of beloved favorites. "You get to know and love certain species, and when they decline and you no longer see (H) , it is a bit sad because you just have such fond memories," he says. The changes could also damage Vancouver's tourist industry, as customers have come to expect (お)certain items on their plates. "Everyone waits for halibut season to come," Baarschers says. "And if you don't have halibut on the menu, people are asking why."

(Adapted from a work by Ian Rose)

〔注〕

1．indigenous people　先住民族
2．sustenance　拠り所
3．halibut　オヒョウ（カレイ科の魚類）
4．thermometer　温度計
5．ice core　氷床コア（氷河などから取り出された氷のサンプル）
6．fishery　漁業
7．Humboldt squid　アメリカオオアカイカ
8．a mixed bag　良い点もあれば悪い点もある状況

〔1〕本文の (A) ～ (H) それぞれに入れるのにもっとも適当なものを(1)～(4)から一つ選び，その番号を解答欄にマークしなさい。

出典追記：130-Year-Old Menus Show How Climate Change Is Already Affecting What We Eat, Hakai Magazine on June 27, 2022 by Ian Rose

(A)　(1) anything but　　(2) known as
　　(3) no longer　　(4) planning to become

(B)　(1) has created surprising benefits for
　　(2) has not yet influenced
　　(3) is a serious issue for
　　(4) will soon begin to affect

(C)　(1) economics　　(2) flavors
　　(3) history　　(4) popularity

(D)　(1) less popular　　(2) more common
　　(3) more expensive　　(4) quite rare

(E)　(1) due to culture　　(2) for the better
　　(3) our health　　(4) over time

(F)　(1) As a result　　(2) For instance
　　(3) However　　(4) In contrast

(G)　(1) cost　　(2) demand
　　(3) discussion　　(4) warming

(H)　(1) fish moving in from the south
　　(2) fish that are easy to cook
　　(3) new types of fish on the menu
　　(4) the same fish around

〔2〕下線部㋐～㋔それぞれの意味または内容として，もっとも適当なものを(1)～(4)から一つ選び，その番号を解答欄にマークしなさい。

㋐ these

(1) fisheries

(2) marine species

(3) restaurant menus

(4) thermometers and ice cores

㋑ those changes

(1) changes affecting profits in the fishing industry

(2) changes in the ocean caused by global warming

(3) changes in the research methods used in biology

(4) changes affecting the types of seafood that tourists want to eat

㋒ they

(1) the UBC research team

(2) scientists from Anchorage and Los Angeles

(3) the staff from local museums and city hall

(4) researchers working for the United Nations

㋓ what is possible

(1) what types of seafood can be bought locally

(2) what types of seafood the staff know how to cook

(3) what types of seafood the restaurant can afford to order

(4) what types of seafood are permitted in traditional cuisine

㋔ certain items

(1) original dishes the chef created

(2) species such as Humboldt squid

(3) food that is unique to Hotel Vancouver

(4) seafood traditionally eaten in Vancouver

Ⅲ

〔1〕次の会話の㋐～㋓それぞれの空所に入れるのにもっとも適当な表現を(1)～(10)から一つ選び，その番号を解答欄にマークしなさい。

Talking about the weekend

A：What are you going to do this weekend?

B：Nothing decided yet. It depends on the weather. I'm supposed to meet someone.

A：Sounds good, but I heard there's a 90% chance it will be stormy and rainy during the day on Saturday.（　㋐　）

B：Hmm. I was hoping to go sailing with my friend on Saturday. Maybe I should call her and see if we can switch it to Sunday afternoon. That is, if it's not too windy after the storm is over.

A：Too windy?（　㋑　）

B：A steady wind is great. But if the winds keep changing, it can be dangerous.

A：I hope it'll be OK for you on Sunday. Since Saturday will be too stormy, do you want to go to a movie in the afternoon?

B：Sure. But let me check with my friend first. Is it OK if I invite her as well?

A：（　㋒　）The more, the merrier.

B：OK, great. Let me send her a message and see what she says.

A：If she comes, see if she's interested in getting something to eat afterwards.

B：That's an excellent idea. Well, assuming the weather isn't too bad.

A：I guess we'll have to wait until Saturday.（　㋓　）

B：That's probably a good idea.

(1)　Absolutely!

(2) I'm not so sure it is.

(3) Let me check with her.

(4) I thought a good breeze was perfect for sailing.

(5) But I love going out for breakfast on weekends.

(6) How can you go sailing if there is no wind at all?

(7) But it's supposed to be nice by around noon on Sunday.

(8) Maybe I should just plan on calling you in the morning.

(9) I'll understand if you think we should cancel our sailing plans.

(10) It won't clear up until Sunday evening according to the forecast.

〔2〕次の会話の㋕～㋘それぞれの空所に入れるのにもっとも適当な表現を(1)～(10)から一つ選び，その番号を解答欄にマークしなさい。

At home

A：Oh, there you are. (㋕) I might go for a walk before we eat.

B：Why are you asking me? I thought it was your turn to cook today.

A：I don't think it is. Don't you remember? We agreed that you would cook on Wednesdays.

B：Well, you're right about that. But as today is Thursday, that means it's your turn.

A：Surely it can't be Thursday already? This week seems to have gone really quickly.

B：(㋖) I can't believe you've forgotten that.

A：Of course it was. Now I remember. I had online meetings from 9 to 5 on Saturday, so it didn't feel like a three-day weekend.

B：Really? I thought you spent Saturday watching the tennis.

A：(㋗) I was planning to, but I'd forgotten that my boss had scheduled all those meetings.

B：So that's why you were asleep on the sofa when I got home. I thought it must've been a boring match.

A：Maybe it was, but I didn't get the chance to find out. Anyway, I guess it's my turn to cook dinner after all. What do you feel like?

B：Anything is fine. (　㋘　)

A：Good point. I'll leave right now.

(1) I wish I could have.

(2) No, I don't even really like it.

(3) That was only in the morning.

(4) What are your plans this afternoon?

(5) It's hard to believe it's Friday tomorrow.

(6) What time are we having dinner tonight?

(7) That's because Monday was a national holiday.

(8) Or we could order pizza if you're too tired to cook.

(9) Time always passes quickly when you're enjoying yourself.

(10) But you'd better go to the supermarket now — it's 6 o'clock already.

Ⅳ　次の(A)～(H)それぞれの文を完成させるのに，下線部の語法としてもっとも適当なものを(1)～(4)から一つ選び，その番号を解答欄にマークしなさい。

(A) You can play outside _______ you finish your homework first.

(1) as long as　　(2) before
(3) even though　　(4) until

(B) They kept a guest _______ a long time at the reception.

(1) wait　　(2) waited
(3) waiting　　(4) waits

(C) It is surprising that people still use the shop, _______ that it raised prices so much.

(1) being given　　(2) gave
(3) given　　(4) giving

(D) I _______ the same book over and over when my friend finally suggested a new one.

(1) had been reading　　(2) have been reading
(3) have read　　(4) will have read

(E) _______ obstacles may appear, your determination will guide you to success.

(1) What　　(2) Whatever
(3) Whether　　(4) Which

(F) I don't know which of the two cameras to choose; _______ of them have good features.

(1) both　　(2) each
(3) either　　(4) every

(G) My parents travel _______ than they used to.

(1) far more often (2) far often

(3) most often (4) often

(H) If it hadn't rained, the plants _______.

(1) could die (2) had died

(3) will die (4) would have died

V

〔1〕次の(A)～(E)それぞれの文を完成させるのに，下線部に入れる語としてもっとも適当なものを(1)～(4)から一つ選び，その番号を解答欄にマークしなさい。

(A) Car accidents have decreased in _______ over recent years.

(1) frequency (2) glory

(3) oppression (4) radiation

(B) When you come to the _______, you need to call me.

(1) crossroad (2) currency

(3) fortnight (4) friendliness

(C) There was _______ evidence to say who stole the money.

(1) frugal (2) insufficient

(3) leisurely (4) oversized

(D) Some people thought he was a _______ for not taking the risk.

(1) cellist (2) coward

(3) rafter (4) ram

(E) Don't forget to cover your mouth when you cough so you won't spread

＿＿＿＿.

(1) germs　　(2) guidelines

(3) leaks　　(4) limbs

〔2〕次の(A)～(E)の文において，下線部の語にもっとも近い意味になる語を(1)～(4)から一つ選び，その番号を解答欄にマークしなさい。

(A) It is fortunate that you have such kind parents.

(1) curious　　(2) incredible

(3) lucky　　(4) unusual

(B) I think that could be a rational conclusion.

(1) a formal　　(2) a lasting

(3) a logical　　(4) an indirect

(C) Our proposals are faithful to the ideals of the party.

(1) contributing　　(2) loyal

(3) opposed　　(4) unrelated

(D) Professor Singh has been researching how mental faculties develop over time.

(1) calculations　　(2) functions

(3) impairments　　(4) institutions

(E) However hard I tried, I couldn't hide my irritation.

(1) contempt　　(2) frustration

(3) loneliness　　(4) uncertainty

日本史

(80分)

I　次の文章〔1〕・〔2〕を読み，空欄 A ～ C にもっとも適切な語句を記入し，かつ(a)～(l)の問いに答えよ。

〔1〕 モースによる大森貝塚①の発掘を契機に，日本でも本格的な考古学の研究が開始される。当初は A が築かれる時代の直前の時代は「石器時代」と呼ばれており，これは現在， B 時代と呼ばれている時代に相当する。明治後半から大正にかけての研究の結果，「石器時代」と A 時代との中間に C 時代が存在することが確実視されるようになった。この C 時代の「発見」は，日本の歴史を理解するうえで極めて重要な影響を与えた。

水稲耕作②や金属器③の生産・使用が始まる C 時代は，日本列島が朝鮮半島④や中国と社会的・政治的に関係を持つ時代であり，信仰や儀礼についてもその影響を受けているものがある⑤。ただし， B 時代から継続している文化的要素が見られる点にも注意する必要がある。信仰・儀礼に関しても，その継続性を指摘できるものとできないものがある⑥。

(a) 下線部①に関して，この貝塚は開通してまもない鉄道に乗ったモースが発見した。この鉄道に関する施設が2020年に発掘され，その翌年に史跡指定を受けているが，その施設の名称は何か。もっとも適切なものを下から一つ選び，記号で答えよ。

㋐ 高輪築堤　　㋑ 品川台場
㋒ 六郷川橋梁　　㋓ 横浜停車場

(b) 下線部②に関して，水稲耕作に使用する道具として，**不適切なもの**を下から一つ選び，記号で答えよ。

㋐ 石包丁　　㋑ えぶり　　㋒ 鉄鎌　　㋓ 石刃

(c) 下線部③に関して，本来長い柄につけて槍のように用いる金属器は何か。

もっとも適切なものを下から一つ選び，記号で答えよ。

Ⓐ 銅戈　　Ⓘ 銅矛　　Ⓤ 鉄鏃　　Ⓔ 鉄刀

（d） 下線部④に関して，この当時の朝鮮半島に存在した小国家群の中で，後に統一されて百済となる小国家群の名称は何か。もっとも適切なものを下から一つ選び，記号で答えよ。

Ⓐ 楽浪　　Ⓘ 辰韓　　Ⓤ 馬韓　　Ⓔ 帯方

（e） 下線部⑤に関して，農耕集落における稲作や祖霊に関する信仰に用いられたと考えられているものは何か。もっとも適切なものを下から一つ選び，記号で答えよ。

Ⓐ 土版　　Ⓘ 磨製石剣

Ⓤ 三角縁神獣鏡　　Ⓔ 鳥形木製品

（f） 下線部⑥に関して，当時の信仰・儀礼に関して正しい記述はどれか。もっとも適切なものを下から一つ選び，記号で答えよ。

Ⓐ 土偶は，関東地方では稲作に関する儀礼に使用された。

Ⓘ 銅鐸の絵に描かれる人物像は土偶を描いたものである。

Ⓤ 土偶と埴輪は異なる目的で製作・使用されたものである。

Ⓔ 日本列島における最古の土偶は約3万年前にさかのぼる。

〔2〕 [B] 時代には，貝を利用した腕輪が多く，⑦貝塚には大型の二枚貝や⑧南海産の貝を利用した腕輪を装着した人骨が埋葬されていることがある。[A] 時代になると，この⑨南海産の貝を利用した腕輪の形を金属や石で真似たものが製作され，[A] に遺体とともに埋納された。勾玉も [B] 時代から [A] 時代にかけて，また，それ以降も継続して利用されており，その素材として使用されることが多い⑩ヒスイも同様である。

巨木を利用した建築が [B] 時代に存在するが，[C] 時代にも⑪巨木を利用した建物が存在し，これらは儀礼や祭祀のために利用された可能性が高いと考えられている。これらは，⑫神社の神殿建築に影響を与えている可能性が指摘されている。

(g)　下線部⑦に関して，多数の埋葬人骨が発見された岡山県にある貝塚は何か。もっとも適切なものを下から一つ選び，記号で答えよ。

㋐　津雲貝塚　　㋑　鳥浜貝塚　　㋒　里浜貝塚　　㋓　平坂貝塚

(h)　下線部⑧に関して，南海産の貝で腕輪に**利用されていない**ものはどれか。下から一つ選び，記号で答えよ。

㋐　ゴホウラ　　㋑　オオツタノハ

㋒　イモガイ　　㋓　タカラガイ

(i)　下線部⑨に関して，南海産の貝を利用した腕輪の形を石で模したものの素材は何か。漢字2文字で答えよ。

(j)　下線部⑩に関して，ヒスイの産地として，もっとも適切なものを下から一つ選び，記号で答えよ。

㋐　福井県　　㋑　新潟県　　㋒　青森県　　㋓　島根県

(k)　下線部⑪に関して，巨木を利用した大型の建物が存在している遺跡として，もっとも適切なものを下から一つ選び，記号で答えよ。

㋐　池上曽根遺跡　　㋑　大塚遺跡

㋒　加茂岩倉遺跡　　㋓　登呂遺跡

(l)　下線部⑫に関して，3本の大木を束ねて総直径約3mもある柱を利用した建物跡が発掘された神社の名称を漢字4文字で答えよ。

Ⅱ　次の文章を読み，空欄［A］～［D］にもっとも適切な語句を記入し，かつ(a)～(k)の問いに答えよ。

古代の日本（倭。以下，日本で統一する）には，中国や朝鮮半島との交流により，さまざまな技術や文化が，主に渡来人たちにより伝えられた。その中の一つが，漢字であった。漢字を用いて外交文書やさまざまな記録の作成を担ったのは［A］と呼ばれる渡来人であった。「封国は偏遠にして，藩を外に作す」で始まる①倭王による上表文を作成したのも朝鮮半島からの渡来人と考えられている。

学術も朝鮮半島を経由し，日本へ伝わってきた。儒教は6世紀に百済から交代で派遣された［B］により伝えられ，医・易・暦などの学術も伝来している。推古朝になると，日本は大陸へ使者を派遣し，積極的に中国の文化を摂取しようとした。その中には，②小野妹子を大使とする608年派遣の使節とともに中国に渡り，帰国後には中大兄皇子や中臣鎌足らに周孔の教えを教授し，次世代の人材を育てた僧もいる。

8世紀になると，日本は約20年に1回の割合で遣唐使を派遣し，より一層の文物の導入に努めた。717年に派遣された遣唐使には，帰国時に五千巻もの仏教経典を持ち帰ったとされる玄昉や，のちに二度目の渡唐を果たし，最終的に右大臣にまで上り詰めた［C］が随行した。彼らは唐で多くの書物を収集し，日本への中国文化移入に貢献した。一方で，日本への帰国が叶わず，唐の地で客死した者もいた。2004年に中国西安市郊外で，「日本」国号が明記された③日本人の墓誌が発見された。墓誌によると彼は734年に36歳で死去したという。

彼ら使節団が日本にもたらした書物は，文学にも多大な影響を与えた。④天平勝宝年間に成立した現存最古の漢詩集『懐風藻』には，大友皇子や文武天皇など皇族のほか，貴族や⑤僧侶の詩も多数収載されているが，これらの詩には中国の影響が強くみられる。

その影響は平安時代になっても続いた。⑥弘仁期には，朝廷の儀式の衣服をはじめ，朝廷の門や建物の名称も唐風に変更されるなど，劇的に唐風化が進んだ。この時代は，⑦漢詩文など文芸を中心として国家を運営していく考え方が広まったのだが，これもまた中国南朝梁の昭明太子蕭統らが撰した『文選』に収載された魏の文帝のことばによるものであった。

894年，計画されていた遣唐使派遣が停止⑧となり，結局そのまま廃絶し，実質的な派遣は838年が最後となった⑨。しかし，これにより中国からの文物の輸入が途絶えたわけではなく，朝廷や貴族たちは，以前から活動が活発となっていた海商から書物や陶磁器などを輸入するようになっていった⑩。

とはいえ，9世紀後半から末になると，唐風化一辺倒であった文学・学術の世界にも変化が現れてきた。それまで公的には漢詩が中心であった文芸の世界に，改めて和歌が見出され，905年には醍醐天皇が勅命を下し，初めての勅撰和歌集が編まれたのである。この和歌集には漢字で書かれた真名序と，9世紀頃に生み出されたかな文字で書かれた仮名序⑪の二つの序文が付されており，かな文字利用の広がりがうかがわれる。

書の世界では，唐風の書に対して，和様と呼ばれる書風が発達し，小野道風・藤原行成・藤原佐理の［ D ］と呼ばれる書の名手も現れた。ただし，この和様の書も中国北宋の書家から見れば，唐風の影響下で書かれたものに過ぎなかったことが指摘されている。そのようなこともあり，果たして「国風文化」とは何か，ということが現在改めて問い直されているのである。

(a)　下線部①について，この上表文が載る中国の史料の名前を漢字5文字で答えよ。

(b)　下線部②について，この人物名を答えよ。

(c)　下線部③について，この墓誌にはその人物の名が中国風の名で書かれている。もっとも適切なものを下から一つ選び，記号で答えよ。

㋐　井真成　　㋑　朝衡　　㋒　河清　　㋓　蘇因高

(d)　下線部④に関連して，天平勝宝年間（749年～757年）の出来事**ではないもの**はどれか。下から一つ選び，記号で答えよ。

㋐　東大寺盧舎那仏の開眼供養会が行われ，開眼師としてインド僧が任じられた。

㋑　普照らの要請を受けた鑑真とその弟子たちが，唐から来日した。

㋒　聖武太上天皇の遺品が，光明皇太后により東大寺に寄進された。

㋓　称徳天皇の発願により，内部に陀羅尼経が納められた木造の百万基の小塔が造られた。

（e）　下線部⑤に関連して，渡唐後に，当時長安の僧であった恵果のもとで密教を本格的に学び帰国した人物による漢詩文集は何か。もっとも適切なものを下から一つ選び，記号で答えよ。

　㋐『顕戒論』　㋑『性霊集』　㋒『発心集』　㋓『愚管抄』

（f）　下線部⑥について，弘仁年間に漢詩文集『凌雲集』の編纂を命じた天皇は誰か。　〔解答欄〕　＿＿＿＿天皇

（g）　下線部⑦について，この考え方を何というか。漢字4文字で答えよ。

（h）　下線部⑧について，遣唐使派遣の可否の検討を訴えた「諸公卿をして遣唐使の進止を議定せしめむことを請ふの状」が収載された書物は何か。もっとも適切なものを下から一つ選び，記号で答えよ。

　㋐『本朝文粋』　㋑『朝野群載』　㋒『菅家文草』　㋓『都氏文集』

（i）　下線部⑨に関連して，この遣唐使に随行して渡唐し，その渡航記『入唐求法巡礼行記』を残した僧侶の事績として，もっとも適切なものを下から一つ選び，記号で答えよ。

　㋐　天台山国清寺・福州開元寺などで求法し，帰国後に天台座主となり，日本天台宗の密教化を推進し，寺門派の祖となった。

　㋑　天台山入りを望むも果たせず，代わりに五台山を巡礼するが，時の皇帝武宗による法難に遭うなど苦難の旅を続け，帰国後に天台座主となった。

　㋒　老齢になり渡海し，時の皇帝神宗に謁見し，天台山・五台山を巡礼したが，現地で死去した。生き別れた母は，彼との別れを嘆いた書物を残している。

　㋓　時の皇帝太宗に謁見し，天台山を巡礼した。彼が請来した釈迦如来像は現在京都の清凉寺の本尊として同寺に安置されている。

（j）　下線部⑩について，書物や陶磁器など海商によってもたらされた海外産物の総称として最も適切な語句を答えよ。

（k）　下線部⑪について，この「仮名序」を書いたのは誰か。

Ⅲ　次の史料〔1〕〜〔4〕を読み，(a)〜(t)の問いに答えよ。なお，史料は読みやすく改めてあるところがある。

〔1〕　林大学頭へ

朱学①の儀は，慶長以来御代々御信用の御事にて，已ニ其方家代々右学風維持の事仰せ付け置かれ候儀ニ候得共，油断無く［A］励，門人共取立申すべき筈ニ候。然処近来世上種々新規の説をなし，異学②流行，風俗を破り候類之有り，全く［A］衰微の故ニ候哉，甚だ相済まざる事ニて候。其方門人共の内にも右体の学術純正ならざるも，折節は之有る様ニも相聞え，如何ニ候。此度聖堂③御取締厳重に仰せ付けられ，柴野彦助，岡田清助④儀も右御用仰せ付けられ候事ニ候得ば，能々此旨申し談じ，急度門人共異学相禁じ，猶又，自門に限らず他門ニ申し合せ，［A］講窮致し，人材取立候様相心掛申すべく候事。

(a)　下線部①に関して，江戸時代の朱学（朱子学）興隆の礎を築いた人物は，慶長の役で捕虜として連行されてきた朝鮮の朱子学者姜沆から大きな影響を受けている。のちに京学の祖といわれるようになったこの人物は誰か。

(b)　下線部②に関して，このとき「異学」とされた学派は，主として古学派であったと考えられる。古学派の中で，蘐園塾を開き，古文辞学を提唱した人物は誰か。もっとも適切なものを下から一つ選び，記号で答えよ。

㋐　伊藤仁斎　　㋑　貝原益軒　　㋒　中江藤樹　　㋓　荻生徂徠

(c)　下線部③に関して，林家の家塾からはじまり，1797年に幕府直轄となる学問所を何というか。地名を付して答えよ。〔解答欄〕＿＿＿＿学問所

(d)　下線部④に関して，これらの人物ともう一人登用された人物は，最初の「寛政三博士」と称された。もう一人とは誰か。もっとも適切なものを下から一つ選び，記号で答えよ。

㋐　尾藤二洲　　㋑　佐藤一斎　　㋒　林信敬　　㋓　室鳩巣

(e)　空欄［A］に入るもっとも適切な語句を漢字2文字で答えよ。

〔2〕　人々自ら其身を立て，其産を治め，其業を昌にして其生を遂る所以のものは他なし，身を修め智を開き才芸を長ずるによるなり。而て其身を修め智を開き才芸を長ずるは，学にあらざれば能はず。是れ学校の設あるゆえんにして，日

用常行，言語，書算を初め，士官，農商，百工，技芸及び法律，政治，天文，医療等に至る迄，凡人の営むところの事，学にあらざるはなし。（中略）従来，学校の設ありてより年を歴ること久しと雖も，或ひは其の道を得ざるよりして，人其の方向を誤り，学問は士人以上の事とし，農工商及び婦女子に至っては，之を度外にをき，学問の何物たるを基たるを知らずして，或ひは⑤詞章記誦の末に趨り，空理虚談の途に陥り，其の論高尚に似たりと雖も，之を身に行ひ事に施すこと能はざるもの少からず。是れ即ち沿襲の習弊にして，文明普ねからず才芸の長ぜずして，貧乏破産喪家の徒多記所以なり。是れが故に人たるものは学ばずんば有るべからず。之を学ぶには宜しく其の旨を誤るべからず。之に依て，今般文部省に於て［ B ］を定め，追々教則をも改正し布告に及ぶべきにつき，自今以後，一般の人民華士族農工商及び婦女子必ず邑に不学の戸なく，家に不学の人無からしめん事を期す。（下略）

（f） これは，この年の太政官布告第214号に付された序文である。この太政官布告が出されたのはいつか。西暦で答えよ。　〔解答欄〕 ＿＿＿＿年

（g） この太政官布告に基づいて，全国一律の教育制度が整備されることとなるが，それはどこの国に範をとったものか。もっとも適切なものを下から一つ選び，記号で答えよ。

㋐ イギリス　　㋑ フランス　　㋒ アメリカ　　㋓ イタリア

（h） 下線部⑤に関して，これは江戸時代までの藩校・学塾などでの教育を批判したものだが，それはある啓蒙思想家の思想とも軌を一にするものである。のちに『時事新報』を創刊したことでも知られるこの思想家の名を答えよ。

（i） 空欄［ B ］に入るもっとも適切な語句を漢字2文字で答えよ。

（j） この太政官布告に基づく教育制度は，性急な集権的画一主義もあって，後には地方の実情に合わせた制度に改められるが，やがて小学校・中学校・師範学校・帝国大学などからなる学校体系に結実することとなる。この学校体系を整備した文部大臣は誰か。

〔3〕 朕惟フニ国家興隆ノ本ハ［ C ］ノ剛健ニ在リ之ヲ涵養シ之ヲ振作シテ以テ

国本ヲ固クセサルヘカラス是ヲ以テ先帝意ヲ教育ニ留メサセラレ国体ニ基キ淵源ニ遡リ皇祖皇宗ノ遺訓ヲ掲ケテ其ノ大綱ヲ昭示シタマヒ後又［D］ニ詔シテ忠実勤倹ヲ勧メ信義ノ訓ヲ申ネテ荒怠ノ誡ヲ垂レタマヘリ是レ皆道憶ヲ尊重シテ［C］ヲ涵養振作スル所以ノ洪謨ニ非サルナシ爾來趨向一定シテ効果大ニ著レ以テ国家ノ興隆ヲ致セリ朕即位以來夙夜兢兢トシテ常ニ紹述ヲ思ヒシニ俄ニ災変ニ遭ヒテ⑥憂悚交々至レリ

晩近学術益々開ケ人智日ニ進ム⑦然レトモ浮華放縦ノ習漸ク萠シ軽佻詭激ノ風モ亦生ス⑧今ニ及ヒテ時弊ヲ革メスムハ或ハ前緒ヲ失墜セムコトヲ恐ル（下略）

（k）この史料は1923年に公布された詔書である。この詔書は，一般的には「［C］作興に関する詔」といわれている。空欄［C］に入るもっとも適切な語句を下から一つ選び，記号で答えよ。

㋐　忠孝道徳　　㋑　国民精神　　㋒　帝国教育　　㋓　国体明徴

（l）空欄［D］には，君主国における国民の呼称として，大日本帝国憲法下では，しばしば用いられた語句が入る。それは何か。

（m）下線部⑥に関して，この詔書交付の直接的契機となった「災変」とは何か。

（n）下線部⑦に関して，この詔書公布に先立って，高等教育の拡充のために，専門大学の一部や私立大学を正式に大学として認めた法令を何というか。漢字3文字で答えよ。

（o）下線部⑧に関して，この詔書はまた当時盛んになっていた社会労働運動に対する政府の危機感もあって交付されたものといわれている。この詔書交付の前年に，堺利彦・山川均らによって非合法のうちに組織された政党名を答えよ。

〔4〕　第一条　［E］ハ皇国ノ道⑨ニ則リテ初等普通教育ヲ施シ国民ノ基礎的錬成ヲ為スヲ以テ目的トス

第二条　［E］ニ初等科及高等科ヲ置ク但シ土地ノ情況ニ依リ初等科又ハ高等科ノミヲ置クコトヲ得

第三条　⑩初等科ノ修業年限ハ六年トシ高等科ノ修業年限ハ二年トス

第四条　[E]ノ教科ハ初等科及高等科ヲ通ジ国民科，理数科，体錬科及芸能科トシ高等科ニ在リテハ実業科ヲ加フ

2　国民科ハ之ヲ分チテ修身，国語，国史及地理ノ科目トス

3　理数科ハ之ヲ分チテ算数及理科ノ科目トス

4　体錬科ハ之ヲ分チテ体操及[F]ノ科目トス但シ女児ニ付テハ[F]ヲ欠クコトヲ得

5　芸能科ハ之ヲ分チテ音楽，習字，図画及工作ノ科目トシ初等科ノ女児ニ付テハ裁縫ノ科目ヲ，高等科ノ女児ニ付テハ家事及裁縫ノ科目ヲ加フ

6　実業科ハ之ヲ分チテ農業，工業，商業又ハ水産ノ科目トス

7　前五項ニ掲グル科目ノ外高等科ニ於テハ外国語其ノ他必要ナル科目ヲ設クルコトヲ得

(p)　この史料は1941年に公布された勅令である。これにより，小学校はナチスドイツに倣って[E]と改称されることとなった。空欄[E]に入るもっとも適切な語句を答えよ。

(q)　この勅令が出されたときの内閣総理大臣は誰か。

(r)　下線部⑨に関して，「皇国の道」に基づく教化政策のために1941年に文部省教学局が発行し，国家奉仕を第一とする生活実践を説いた書物は何か。

(s)　下線部⑩に関して，合計8年間の修業年限が再び6年に改められ，中学校も合わせて義務教育9年の現行制度になったのは，1947年3月に公布された二つの法令によってであった。その法令は，学校教育法ともう一つは何か。

(t)　空欄[F]に入る語句として，もっとも適切なものを下から一つ選び，記号で答えよ。

㋐ 武道　　㋑ 水泳　　㋒ 登山　　㋓ 教練

世界史

(80分)

I　次の文章を読んで空欄に最も適切な語句を記入せよ。

世界の歴史をひもとくとしばしば「〇〇の乱」に出会う。中国史もその例に漏れないが，中国史については，王朝の成立→発展→政治腐敗→民衆反乱の発生→その中から頭角を現した人物による新王朝の創建，という図式でよく語られる。しかし，詳細に見ればそれぞれの乱の背景やその後の展開は異なっており，そこにも時代的特徴を窺うことができる。

中国古代の乱としてまず思い出されるのは，秦の始皇帝の死の翌年に起こった［A］の乱だろう。この乱は中国史上最初の農民反乱と呼ばれる。乱の10年ほど前，始皇帝によって中国国内は統一されたが，北方には［B］がおり秦の脅威となっていた。そこで，始皇帝は30万人の兵を動員して［B］を北に撃退し長城を整備した。乱の首謀者である二人は，長城を警備するために徴発された農民兵の引率リーダーだった。彼らは長城に赴く途中，大雨により足止めを食らってしまった。当時の秦の法では集合期限に遅れたら死刑に処せられることになっていたので，［A］は「どうせ死ぬなら一旗揚げて死んでも遅くない」と反乱を起こしたのである。二人は翌年には内部分裂のために殺害されるが，この乱をきっかけとして各地で反乱が発生し，その中から頭角を現した［C］によって秦は滅亡した。彼こそ，秦のあと400年にわたって中国を支配した漢帝国の創建者である。

漢帝国の統治制度は，秦討伐戦および項羽との戦いで功績を挙げた配下の武将を封建した諸侯王国が皇帝直轄領と併存していたので，郡国制と呼ばれる。これら武将出身の諸侯王は［C］存命中にほぼ粛清され，その後には皇帝の一族が封建された。諸侯王は形式的には皇帝の家臣ではあるが，諸侯王国は実質的には独立国であった。漢帝国の建国から半世紀を経過すると，皇帝との血縁関係が薄くなった諸侯王はその独立傾向を強めるようになった。皇帝に仕える［D］学的教養を身につけた官僚はそのことを問題視し，諸侯王が何か問題を起こした場合に領地削減などの制裁を加えるようになった。それに反発して起こったのが呉楚七国の乱である。乱鎮圧後，反乱への関与の有無に拘わらず全ての諸侯王の統治権が剥奪された結果，諸侯王国は秦漢時代の最大の地方行政単位である［ E ］と実質的に変わらなくなり，漢帝国の中央集権体制が確立することとなった。

呉楚七国の乱から170年ほど後には赤眉の乱が起こった。この乱の10年ほど前，王莽によって皇帝位が簒奪(さんだつ)され，国号は［ F ］に変わっていた。新たに皇帝となった王莽は自らの理想の国家体制を実現するため制度改革を矢継ぎ早に実施したが，その多くが現実的でなかったり，余りに早急であったりしたために，社会は混乱に陥った。このような社会の不安定化によって流民が大量に発生し，その中で起こった反乱の一つが赤眉の乱だったのである。赤眉をはじめとする反乱勢力を平定し漢帝国を再興した［ G ］もまた赤眉と同じく反王莽を掲げて蜂起した勢力だった。

［ G ］が再興した後漢王朝は第３代章帝の治世までは安定していたが，章帝の跡を継いでわずか10歳の和帝が即位して以降は不安定な状況が続くこととなった。幼少皇帝の後見人として権力を握った［ H ］と，成長した皇帝が権力奪回のために利用したことで朝廷内で権勢を振るうようになった［ I ］，さらには，彼らによる民衆搾取を批判する官僚の三者が朝廷内で権力闘争を繰り返したのである。［ H ］と［ I ］は地方にもその一族や仲間を長官として送り込み暴虐と搾取の限りを尽くした。そのような中で人々が救いを求めた先が宗教だった。［ J ］が創始した五斗米道と，後に黄巾の乱を起こす太平道である。五斗米道信者は陝西南部から四川北部にかけての地域に宗教王国ともいうべき別世界を建設し，そこで平穏に暮らした。一方，数十万人の信者を擁していた太平道は，184年，後漢王朝に代わる新たな国を自ら建設すべく一斉に蜂起した。この乱をきっかけに後漢王朝の統治力は失われ，群雄割拠の時代となった。『三国志』の主人公となる曹操・孫権・劉備は，いずれもその中で力をつけていったのである。

このように，中国史に見える反乱は，単に破壊や混乱を生み出しただけではなく，新たな時代の扉を開く力にもなっていたのである。

Ⅱ　次の文章を読んで空欄に最も適切な語句を記入し，あとの問いに答えよ。

以下に示した2つの図版は，北宋末の張択端によって描かれた［ A ］図から抜き出したものである。北宋の都へとつながる大運河や街道，その周辺にぎっしりと立ち並ぶ建築物や大勢の人々で賑わう様子があらわされている。［ A ］図は縦がこの問題冊子とほぼ同じ約25 cmで（編集部注：縮小して掲載），横は約530 cmにもおよぶ。問題冊子所載の図版はどちらも縦方向は切り詰めていないので，2つの図版を問題冊子分だけ縦に拡大するとおよそ実物大になる。限られた画面の中にどれだけ緻密に景観が描き込まれているか，おわかりいただけるだろう。

北宋の時代には，宮廷内に絵画制作機関である画院が設置されていた。この絵画を描いた張択端も画院の画家であったと考えられている。こうした画院における高い写実性を重んじた絵画は［ B ］と呼ばれている。北宋第8代皇帝の徽宗は自身も絵画制作を手がけ，また，［ C ］など古代の文物の収集にもいそしんだことから「［ D ］天子」とも称された。徽宗を初めとする北宋の歴代皇帝によって収集された古代文物や画院の画家による絵画は，定期的に宮中で公開されることで皇帝や宮廷の権威を示すものとなっていた。そうした展示鑑賞の場を皇帝と共にしたのは，科挙出身で学問的教養を身につけた政治指導者層である［ E ］であった。そもそも，獣面などの複雑な文様が表面に描かれた［ C ］は，殷や周の時代には祭祀用の酒器や食器という道具的役割を持って制作されたものであったが，北宋時代においては，それらを収集して宮中に展示し愛でるという新たな価値や意義づけが与えられるようになっていたのである。

以下に示した上側の図には，大勢の人々が行き交う湾曲した巨大な橋の下を大運河が流れる様子が描かれている。この運河は都へ通じる汴(べん)河であり，もとは［ F ］時代に建設された通済渠(つうさいきょ)である。北宋の時代には人口が1億人を突破していたとされ，南北の人口比率についても，8世紀半ばには45%だった南方の人口が11世紀後半には65%にまで上昇し，南北の逆転がおきていた。唐から北宋にかけて，江南では低湿地を堤防で囲んで干拓する［ G ］などによって農田の開発が進み，人口の増加とも相まって，江南地方の生産力は大幅に増加していた。その江南で生産された穀物を都に大量に輸送するための手段がこの絵に描かれている運河だった。一説によれば，汴河によって江南から運ばれる穀物は年間600万から700万石にも上っており，これらの大量の穀物は都の南東部に設置された倉に貯蔵された。北宋時代の文化的繁栄はこのような経済的安定がその背景にあったのである。

次に視野を広げて，皇帝や宮廷の権威を示す場としての絵画などの展示鑑賞が，どのように東アジア方面に広がっていったのかを考えてみよう。

北宋の第4代皇帝仁宗が晩年に傾倒した［H］宗は北魏末から中国で広まっていたが，北宋から南宋の時期には［E］にも支持されるようになっていた。こうして，［H］宗に関わる墨跡（書）や絵画も，北宋から南宋にかけて皇帝権力や宮廷とも関連しつつ制作され展示鑑賞されることとなる。このような政治支配者層による文物の展示鑑賞は，この後，明朝皇帝から日本国王に封じられた［I］によって始められた勘合貿易や，［H］宗の交流を通じて，墨跡や絵画などの文物とともに日本にも伝わった。日本では鎌倉時代以来，［H］宗の勢力が盛んで政治権力とも関わりつつ展開していた。それゆえに，そのような日本における展示鑑賞のモデルとなったのは，同時代の明ではなく，［H］宗が政治支配者層に深く根付いていた北宋後半から南宋および元のあり方だったのである。輸入された墨跡や絵画などの文物は将軍家の御物（ごもつ）として会所などで展示され，臣下とともに鑑賞されるようになっていった。支配者層の間で文物を愛でるというこのようなあり方が，室町文化のみならず，茶の湯をはじめとする日本文化の一部を形成することになるのである。

編集部注：実際の問題はカラー印刷
編集の都合上，縮小して掲載

〔問い〕 本文で言及される「都」の位置は下掲の地図中のア～クのどこか，記号で答えよ。

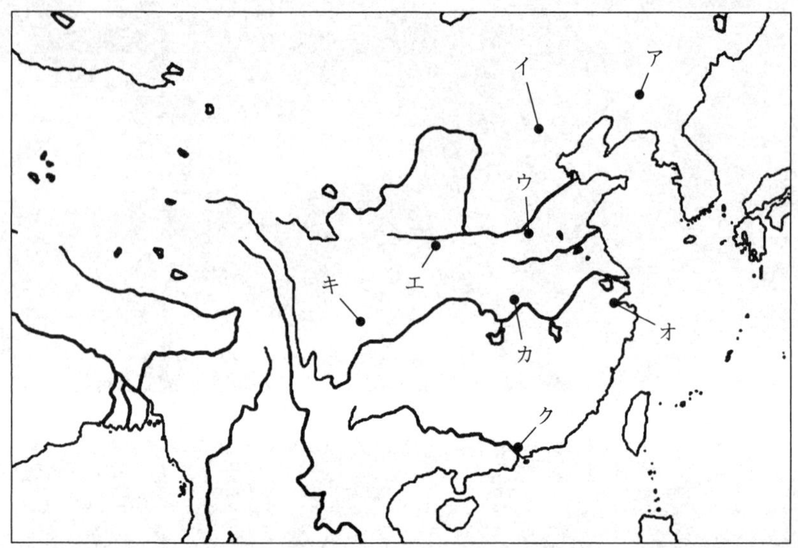

Ⅲ　次の文章を読んで空欄に最も適切な語句を記入し，下線部についてあとの問いに答えよ。

ヨーロッパにおいて中世という時代区分の始まりをどこに置くかについては議論があるが，一般的には「ゲルマン人の大移動」を古代と中世の転換点とすることが多い。そうだとすれば，ヨーロッパ中世は「移動」とともに幕を開けたと言ってもよいだろう。

「ゲルマン人の大移動」とは，ゲルマン人の一派である東ゴート人・西ゴート人が，4世紀後半に騎馬遊牧民の［ A ］人の軍勢に攻撃され，それぞれ黒海北部・西部地域を離れて移動を始めたことに端を発する〔1〕。その移動の波は東西ローマ帝国にも及んで両国を圧迫した。西ローマ帝国は，476年，ゲルマン人とされる傭兵隊長の［ B ］によって皇帝ロムルス=アウグストゥルスが廃位させられたことで滅んだ。

ゲルマン人たちがヨーロッパ各地に建てた諸王国は比較的短命であったが，フランク王国はその例外であったばかりでなく，その後の西ヨーロッパ世界の礎を築く存在となった。751年にカロリング朝を開いたピピン（小ピピン）はランゴバルド王国を攻め，ピピンの子［ C ］はこれを征服した。［ C ］はアヴァール人やザクセン人の地などへも遠征を行って西ヨーロッパの大部分を再統合し，800年には教皇からローマ皇帝の帝冠を授けられている。

［ C ］の死後，フランク王国は分裂するが，その後も「移動」の大きなうねりは続く。カロリング朝の衰退と時を同じくして，北方民族による遠征活動が活発になっていたのである。中でもノルマン人は，10世紀初め，現在のフランス北西部に移ってノルマンディー公国をつくり，さらにその分派は南下して，12世紀に南イタリアと［ D ］島にも王国を建てた。

東のビザンツ帝国（東ローマ帝国）〔2〕ではセルジューク朝がその領土を脅かしており，キリスト教徒が聖地イェルサレムへの巡礼〔3〕を行うことが困難になっていた。そこで，1095年に教皇ウルバヌス2世はイェルサレム奪還を提唱し，それに呼応した各国の王・諸侯・騎士らによる軍勢がイェルサレムへ向けて出征した。十字軍である。十字軍の遠征は計7回（数えかたによっては8回）行われたが，結局，聖地を完全に奪回するには至らなかった。

だが，十字軍という「移動」は，国王権力の伸張と人的交流の活発化という副産物を生んだ。その一方で，13世紀初頭のインノケンティウス３世を頂点として教皇権は衰退しはじめ，1303年の「アナーニ事件」を経て，<u>1309年，教皇庁が南仏のアヴィニョンに「移動」してフランス王の支配下に置かれる</u>〔4〕までになった。その後，教皇権は「教会大分裂（シスマ）」を経験し，さらに苦境を迎える。

さて，ここで支配階級でない人たちの生活にも目を向けてみよう。ヨーロッパでは11世紀頃から温暖期に入り，農機具の改良や<u>新しい農法</u>〔5〕の普及もあって農作物の生産性が向上した。その結果，農民や都市民の経済力が上昇し，商人の活動が活発化した。貨幣経済の広がりと共に，地中海の沿岸や北ドイツなどには遠隔地貿易によって繁栄する都市が現れた。特に北ドイツの諸都市はリューベックを盟主として［ E ］同盟を結び，政治的にも大きな力を持つようになった。遠隔地商業に携わる大商人たちは［ F ］と呼ばれる相互扶助組合をつくってまとまり，のちに手工業者たちも同職［ F ］を形成して，いずれも市政に参加した。

人の「移動」に伴って文化や学問・文芸も「移動」した。たとえば，1066年のノルマン人によるイングランド征服後，イングランドではノルマン人がもたらした建築様式が普及した。重厚な壁，小さな窓といった特徴を持つこの建築様式は［ G ］様式と呼ばれる。また，中世には大学の誕生と発展がみられたが，中でもイタリアの［ H ］大学は，11世紀に北アフリカ生まれの医師コンスタンティヌス＝アフリカヌスによってもたらされたイスラーム医学を取り入れ，医学の中心地として名を馳せた。

しかし，「移動」はしばしば望まれない事態も引き起こす。中世におけるその最たる例が14世紀におけるペスト（黒死病）の流行だろう。人々の移動に伴ってペストはヨーロッパ中に広がり，人口の３分の１がこの疫病により命を落としたと伝えられる。イタリアの作家［ I ］の著書『デカメロン』には，疫病の原因が人間の罪業に対する神の怒りによるものなのか何なのかわからず，不安を抱く人々の心情が描かれている。またこの頃からヨーロッパ諸国では［ J ］人への迫害が強まった。それはすでに13世紀より見られてはいたが，高利貸し業を営む者が多かった［ J ］人に対してキリスト教徒市民が抱いていた憎悪の感情が，社会的な不安によって増幅した可能性は否定できない。

スペインが［ J ］人に対して追放令を出したのと同じ1492年，この国の財政的支援を受けたコロンブスはパロス港から出航し，西に向かって航海を続けたのち「新大陸」に到達した。大航海時代の始まりである。この後，ヨーロッパ人の「移動」先はヨーロッパ以外の世界へも大きく広がることとなる。

〔1〕 これをきっかけに移動した民のうち，大ブリテン島（ブリタニア）に移住して，のちに七王国を建てた人々を何というか。

〔2〕 この国の皇帝で，6世紀にイタリア半島や北アフリカを含む地中海沿岸地域の多くを手中にしてローマ帝国の復興をはかったのは誰か。

〔3〕 イェルサレムに巡礼する人びとの保護・救護を行う騎士団（騎士修道会）が各地に結成され，団員は異教徒との戦闘にも従事した。三大騎士団と呼ばれる騎士団の中で，イェルサレムのソロモン神殿跡に本拠地を置いた騎士団を何というか。

〔4〕 約70年続いたこの状況は，古代の事例になぞらえて「教皇の［　　］」と呼ばれている。この空欄に入る言葉を答えよ。

〔5〕 農地を3つに分けて3年で一巡させる新農法を導入することにより収穫量が増大した。この新農法を何制と呼ぶか。

Ⅳ　次の文章を読んで空欄に最も適切な語句を記入し，下線部についてあとの問いに答えよ。

2021年８月15日，アフガニスタンの首都［A］は，イスラームを厳格に政治や社会，文化に適用すべきだと主張する組織である［B］の軍事力によって制圧された。この事件の背景には，アフガニスタンがたどってきた複雑な歴史があった。以下にその歴史をふり返ってみよう。

現在のアフガニスタンにあたる地域は，古来様々な人間集団の交錯する歴史の舞台となってきた。10世紀にはサーマーン朝の武将アルプテギンがこの地に［C］朝を創始し，インド方面への侵入を繰り返した。また，現在のアフガニスタン西部の都市［D］は15世紀にはティムール朝の下でイラン=イスラーム文化の中心となった。ティムール朝は16世紀初頭にシャイバーニー率いる遊牧［E］の勢力により滅ぼされるが，ティムール朝君主の血を引く［F］は［A］を拠点として北インドに侵入し，ムガル朝を建国した。16世紀以降，この地域はイランの<u>サファヴィー朝</u>〔1〕と南アジアのムガル朝，中央アジアの遊牧［E］による勢力争いの舞台となった。このため，アフガニスタンは18世紀に至るまで，古代の一時期を除き，一つの国家として統一された経験を持たない。

現在のアフガニスタンの支配的民族であるパシュトゥーン人が1747年に王朝を打ち立て独立したことで，アフガニスタンは一つの国家としての歩みを始めた。これ以降，アフガニスタンは，サファヴィー朝滅亡後のイラン高原の混乱を収拾して1796年に成立した［G］朝，南東の英領インド，北のロシアとのはざまで，困難に直面しつつも独立を維持した。イギリスとは19世紀に２度の戦争を経験し，［G］朝とも［D］をめぐって衝突している。

アフガニスタンが現在の領土を持つようになったのは，1880年に即位した国王アブドゥッラフマーン=ハーンの時代である。彼は，<u>イギリスに外交権をゆだねて保護国となる</u>〔2〕ことを受け入れる一方，近代化と国内支配の強化を進めていった。東南部では英領インドとの間で国境を画定し，また，北部では［E］人やトルクメン人といったトルコ系の人々が優勢な地域を征服し，ここにパシュトゥーン人を入植させて支配の強化を図った。

このような経緯から，アフガニスタンの民族・宗教分布は複雑なものとなった。アブドゥッラフマーン=ハーン時代の国境画定では，パシュトゥーン人地区のかなりの部分が英領インドの領土となった。このため，1947年にインドとともにイギリスから独立した［H］は現在もアフガニスタンより多いパシュトゥーン人人口を抱えている。また，北部には［E］人やトルクメン人，タジク人が多く居住するが，これらの人々が住む地域は，国名にそれぞれの民族名を含む国家と隣接している。言語的には，パシュトゥーン人とタジク人はそれぞれパシュトー語と［I］語を使用し，［E］人やトルクメン人はトルコ語系の言語を使用している。なお，［I］語は古代からイラン地域を中心に政治・文化の言語として広く使用され，現在のイランの公用語にもなっているが，様々な民族が居住するアフガニスタンでは，異なる民族間での意思疎通に用いられてきた。

第二次世界大戦後，アフガニスタンには次第に社会主義思想が流入するようになり，1978年には革命によって社会主義政権が成立したが，この政権に反発した人々は武装闘争を開始した。これに参加した人々は〔3〕ムジャーヒディーンと呼ばれ，おおむね民族集団ごとに組織を結成して闘争を行った。このような混乱を見て，ソ連は1964年から第一書記を務めていた［J］の下でアフガニスタンへの軍事介入を決定，〔4〕1979年12月に出兵した。これ以降のアフガニスタンでは，社会主義政権とそれを後押しするソ連軍がムジャーヒディーン諸勢力と戦うという形で内戦が展開していった。そして，アメリカはソ連との対立を背景として，［H］を通してムジャーヒディーン諸勢力に軍事援助を与えることで間接的に内戦に関与した。1989年にソ連軍がアフガニスタンから撤退し，1992年には社会主義政権が崩壊するが，今度は民族・宗派間の対立などを背景にムジャーヒディーン諸勢力が互いに争う状況となった。

1990年代半ばにパシュトゥーン人が中心となって結成された［B］は，この内戦に参加して比較的短期間でアフガニスタンの大部分を掌握，1996年には首都［A］を制圧して新たな政権を樹立した。彼らが施行した政策は，一般に厳格なイスラーム法解釈に基づくものであるとみなされることが多いが，実際には保守的なパシュトゥーン人たちの慣習や価値観をイスラームの名のもとに正当化し，政治・社会・文化の各分野に適用したものであった。

2001年9月にアメリカ同時多発テロ事件が発生すると，アメリカ大統領 K (子）は B が首謀者ウサーマ=ビン=ラーディンをかくまったとの理由でアフガニスタン攻撃を決定した。アメリカを中心とする多国籍軍の軍事行動の結果，同年末に B の政権は崩壊した。しかし，新たに樹立された政権の下では権力争いが頻発し，また汚職などの問題も山積するなど，政治状況は安定しなかった。この裏で，アフガニスタン東南部の山岳地帯に逃れた B の残存勢力は武装闘争を続け，次第にその勢力を回復させていった。そして，2021年8月には遂に A を奪還するに至ったのである。

〔1〕 首都をイスファハーンに移して中央集権化を進め，この王朝の最盛期を現出したとされる国王は誰か。

〔2〕 1882年にイギリスの軍事占領下におかれ，第一次世界大戦勃発直後に保護国とされた国はどこか。

〔3〕 この語は「聖戦を行う者」という意味を持つ。現在，一般にイスラーム共同体の防衛のための戦いを意味するアラビア語で，日本では「聖戦」と訳される語は何か，カタカナで答えよ。

〔4〕 この年にアフガニスタンの西に位置する隣国で革命が発生し，それまで同国を支配していたパフレヴィー朝が崩壊して新たな体制が成立した。この革命の指導者で，革命後は最高指導者としてイスラーム法に基づく統治を実現しようとした人物は誰か。

地理

(80分)

I　地域調査に関する次の文をよく読んで，〔1〕～〔13〕の問いに答えよ。

ある高校の探究学習の一環で，北海道釧路(くしろ)地域の地域調査をおこなうことになった。現地での野外調査(a)の前に，あらかじめ釧路地域の気候や地形，産業，人口などについて調べ，釧路地域の特性を整理した。その際，国や自治体のホームページのほか，国土地理院がウェブ上で公開している地理院地図などを活用(b)した。次の文は，こうした事前調査の結果をまとめたものである。

<事前調査の結果>

釧路地域は北海道の東部に位置し，釧路市，釧路町，厚岸(あっけし)町，浜中(はまなか)町，標茶(しべちゃ)町，弟子屈(てしかが)町，鶴居(つるい)村，白糠(しらぬか)町の８つの自治体で構成されている。釧路地方気象台で観測された月別の気温と降水量の平年値は，第１表のように整理できる(c)。札幌管区気象台で観測された値と比較してみると，釧路の最暖月（８月）の平均気温は4.1℃低い。このような夏季の気温の低さの要因の１つに，南からの暖かく湿った空気が寒流である親潮の上空で急激に冷やされて発生する海霧(うみぎり)が挙げられる。

第１表

	平均気温（℃）	降水量（mm）
1月	−4.8	40.4
2月	−4.3	24.8
3月	−0.4	55.9
4月	4.0	79.4
5月	8.6	115.7
6月	12.2	114.2
7月	16.1	120.3
8月	18.2	142.3
9月	16.5	153.0
10月	11.0	112.7
11月	4.7	64.7
12月	−1.9	56.6
全年	6.7	1,080.1

気象庁ホームページのデータ（1991～2020年の平年値）により作成

釧路地域には，日本を代表する自然景観がひろがっており，釧路地域の北部では阿寒摩周国立公園，中央部では釧路湿原国立公園，東部では厚岸霧多布昆布森(あっけしきりたっぷこんぶもり)国定公園の3つの自然公園が指定されている。たとえば，阿寒摩周国立公園では，(d)火山活動により形成された火口状の凹地(おうち)や，その凹地内に生じた複数の(e)湖沼，そしてこれらの地形の形成と深く関わりのある火山群がみられる。太平洋岸にひろがる厚岸霧多布昆布森国定公園には，沿岸に発達する海岸段丘や海食崖，湾，汽水湖，(f)陸繋島(りくけい)などの変化に富む地形と，複数の湿原およびその周囲の樹林で育まれた生態系が独特の景観を生み出している。釧路地域にあるいずれの自然公園においても，(g)国際的に重要な湿地とそこに生息・生育する動植物の保全を目的とした国際条約の登録湿地が含まれており，豊かな生態系が育まれている。このような行政による自然保護区域のほか，(h)賛同者からの寄付金によって後世に残すべき自然環境や歴史的環境をもつ土地を取得・管理・保全する運動により，保護されている土地もある。

これらの自然特性を活かし，農業では，牧草や飼料作物を栽培して乳牛を飼育し，生乳やバター，チーズなどの乳製品を生産する［　A　］がさかんである。水産業では，マイワシやスケトウダラの生産量が多いほか，シシャモやアサリ，ツブ，ホッキ貝などは，北海道全体の生産量に占める割合が高い。鉱工業をみると，釧路地域では全製造品出荷額における食料品製造業の割合が約5割と高く，釧路炭田においては北海道内の火力発電所や(i)製糖工場などに石炭を供給する石炭鉱業がみられる点も特徴である。

上記のような地域特性を活かした観光産業もさかんである。とくに釧路地域にある3つの自然公園内では，(j)地域の自然環境に配慮しつつ，自然や文化，歴史を体験し学ぶ観光がみられるほか，自然公園外においても(k)地域特有の景観や文化などが観光の対象となっている。

人口についてみると，(ℓ)2020年国勢調査による釧路地域の人口は222,613人であり，過去の国勢調査もあわせてみると，1980年を境に減少が続いていることがわかる。このような人口問題への対策の一環で，釧路地域では夏季の涼しい気候を活かした長期滞在・移住をすすめる取り組みもおこなわれている。

〔1〕 文中の A に当てはまる最も適切な語句を答えよ。

〔2〕 下線部(a)に関して，野外調査の別称は何か，最も適切な語句をカタカナで答えよ。

〔3〕 下線部(b)に関して，さまざまな地理情報をコンピュータの技術で地図化し，それらを重ね合わせて分析するシステムを何と呼ぶか，アルファベット3文字で答えよ。

〔4〕 下線部(c)に関して，次の(1)・(2)に答えよ。

(1) 第1表の値にもとづくと，釧路地方気象台付近はケッペンの気候区分のうち，どの気候区に分類されるか，次の選択肢の中から1つ選び，符号で答えよ。

㋐ 亜寒帯湿潤気候（Df）　　㋑ 亜寒帯冬季少雨気候（Dw）
㋒ 温暖湿潤気候（Cfa）　　㋓ 温暖冬季少雨気候（Cw）

(2) 次の気候表で，ケッペンの気候区分において釧路と同じ気候区に分類されるものを表中の㋐～㋓の中から1つ選び，符号で答えよ。

	㋐		㋑		㋒		㋓	
	気温（℃）	降水量（mm）	気温（℃）	降水量（mm）	気温（℃）	降水量（mm）	気温（℃）	降水量（mm）
1月	−11.4	5.8	−1.5	32.6	−6.2	53.2	−1.0	83.7
7月	24.9	167.0	19.7	82.3	19.7	83.8	23.5	81.9
全年	8.6	685.0	9.0	552.2	6.3	713.0	11.2	1099.1

『理科年表 2023』による

〔5〕 下線部(d)に関して，次の(1)・(2)に答えよ。

(1) 噴火にともなう爆発または陥没（かんぼつ）により形成され，直径1～2kmより大きく，ポルトガル語で大鍋（釜）を意味する地形は何と呼ばれるか，最も適切な名称を答えよ。

(2) 上記の(1)と同じ特徴を有する地形に水がたまり形成された湖を，次の選択肢の中から1つ選び，符号で答えよ。

㋐ 霞ヶ浦　　㋑ 支笏（しこつ）湖　　㋒ 浜名湖　　㋓ 琵琶湖

〔6〕 下線部(e)に関して，次の地図①は，地理院地図の標準地図を用いて屈斜路湖(くっしゃろ)の中央付近にある中島を表示（ズームレベル15）したものである。次の(1)・(2)に答えよ。

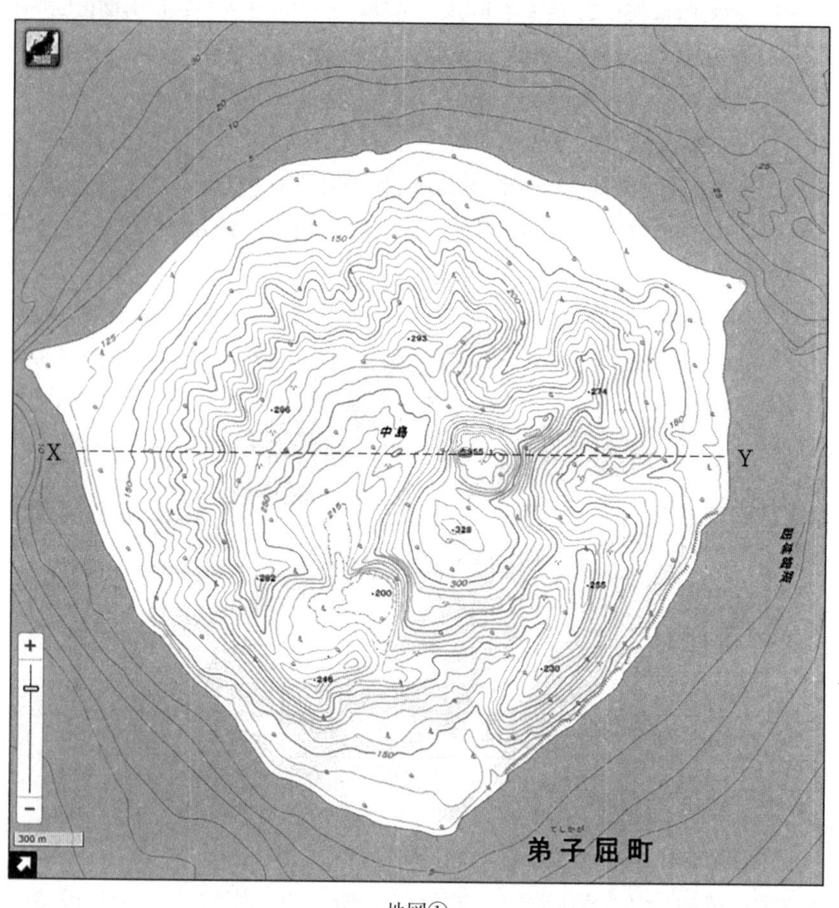

地図①

編集部注：実際の問題はカラー印刷

(1) 地図①の西－東（X－Y）の断面図はどれか，最も適切なものをⓐ～ⓔの中から１つ選び，符号で答えよ。なお，いずれの図も，地理院地図の「断面図」作成機能を利用して作成されたものである。

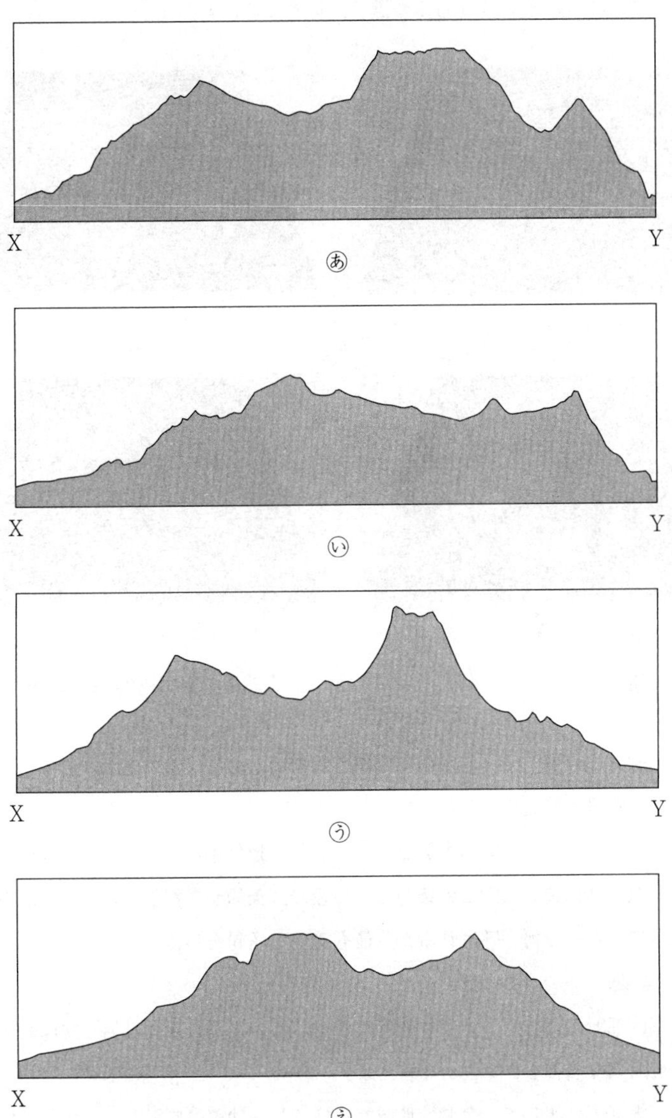

(2)　地図①の範囲で地理院地図の「シームレス空中写真」(ズームレベル15)を表示し，東西南北のそれぞれの方向から4枚の3次元地図を作成した（高さを3倍で表現した)。中島を真西からみた3次元地図はどれか，最も適切なものをⓐ～ⓔの中から1つ選び，符号で答えよ。

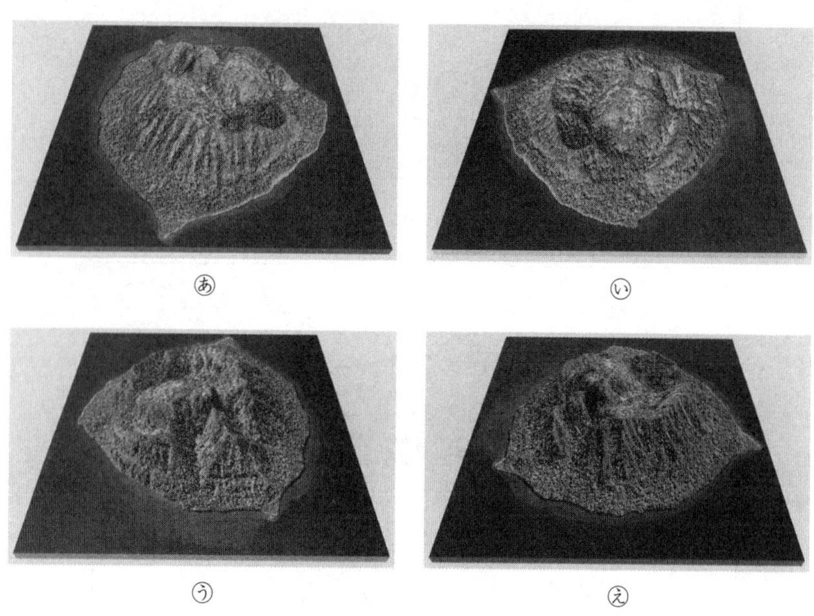

Ⓐ　Ⓘ　Ⓤ　Ⓔ

編集部注：実際の問題はカラー印刷

〔7〕　下線部(f)に関して，陸繋島に**分類されない**ものを，次の選択肢の中から1つ選び，符号で答えよ。

Ⓐ　潮岬　　Ⓘ　志賀島　　Ⓤ　野付半島　　Ⓔ　函館山

〔8〕　下線部(g)に関して，この条約は，一般に，条約が採択されたカスピ海沿岸の都市にちなんで何と呼ばれるか，最も適切な語句を答えよ。

〔解答欄〕　＿＿＿＿条約

〔9〕　下線部(h)に関して，イギリスにはじまるこのような運動は何と呼ばれるか，最も適切な名称をカタカナで答えよ。　〔解答欄〕　＿＿＿＿運動

〔10〕　下線部(i)に関して，冷温帯地域で栽培され，砂糖の原料となる根菜は何か，最も適切な名称を答えよ。

〔11〕 下線部(j)に関して，次の(1)・(2)に答えよ。

(1) このような特徴を有する観光は何と呼ばれるか，最も適切な名称を答えよ。

(2) 釧路地域の文化や歴史は，日本列島北部周辺，とりわけ北海道の先住民と深いかかわりをもっている。この先住民の最も適切な名称を答えよ。

〔12〕 下線部(k)に関して，明治時代に，北海道の開拓と防御のために設けられた格子状の地割が特徴の村落は何と呼ばれるか，最も適切な名称を答えよ。

〔13〕 下線部(ℓ)に関して，この国勢調査に**含まれていない**調査項目はどれか，次の選択肢の中から1つ選び，符号で答えよ。

Ⓐ 国籍　　Ⓘ 世帯員の数　　Ⓤ 通学地　　Ⓔ 世帯の所得

Ⅱ 南アジアに関する次の地図と文をよく読んで，〔1〕～〔6〕の問いに答えよ。なお，地図中と文中の記号（A～E）は対応している。また，この地図には，標高が灰色の濃淡，河川と海域が水色で示され，国境線は黒の実線か破線（未確定部分）で表わされている。

南アジアの地形は大きく3つに区分される。急峻（しゅん）なヒマラヤ山脈がはしる北部，大河川の堆積作用によるインダス平原や［A］平原が分布する中部，そして［B］高原がひろがる南部である。こうした地形にくわえ，モンスーン（季節風）の影響を受け，各地の気候は多様なものとなっている(a)。たとえば南西モンスーンが［C］山脈にぶつかることで，周辺地域の雨量には違いがもたらされる。また土壌も地域ごとに異なる特徴を有している。［A］平原は，ヒマラヤ山脈を源として［D］湾に注ぐガンジス川によって形成された，肥沃な沖積土からなる。［B］高原の西部には［甲］と呼ばれる玄武岩由来の肥沃な黒色土がひろがる。

このような自然環境を活かした農業では，第二次世界大戦後の技術革新による発展も基盤としつつ，世界有数の生産量である作物が多く栽培されている(b)。他の産業振興の取り組みも，さかんにおこなわれてきた。繊維工業や鉄鋼・機械工業，そして近年ではとくにインドにおいて先端技術産業も成長している。それら諸産業の重要な拠点となっている地域が多くみられる(c)。

また，南アジアではさまざまな宗教が信仰されており，それらに関連する聖地もみられる(d)。これらの宗教とも関連する民族の多様なあり方は，イギリスによる植民地支配などの歴史的事象も関係する中で，ときに内戦や国境をめぐる対立に発展してきた。たとえばスリランカにおいては，多数派の［　乙　］人と少数派民族との対立による内戦が続き，2009年にようやく終結した。また［　E　］地方においては，その帰属をめぐってインドとパキスタンの間での争いがあり，そこに中国も加わったかたちでの対立が，現在もなお続いている。

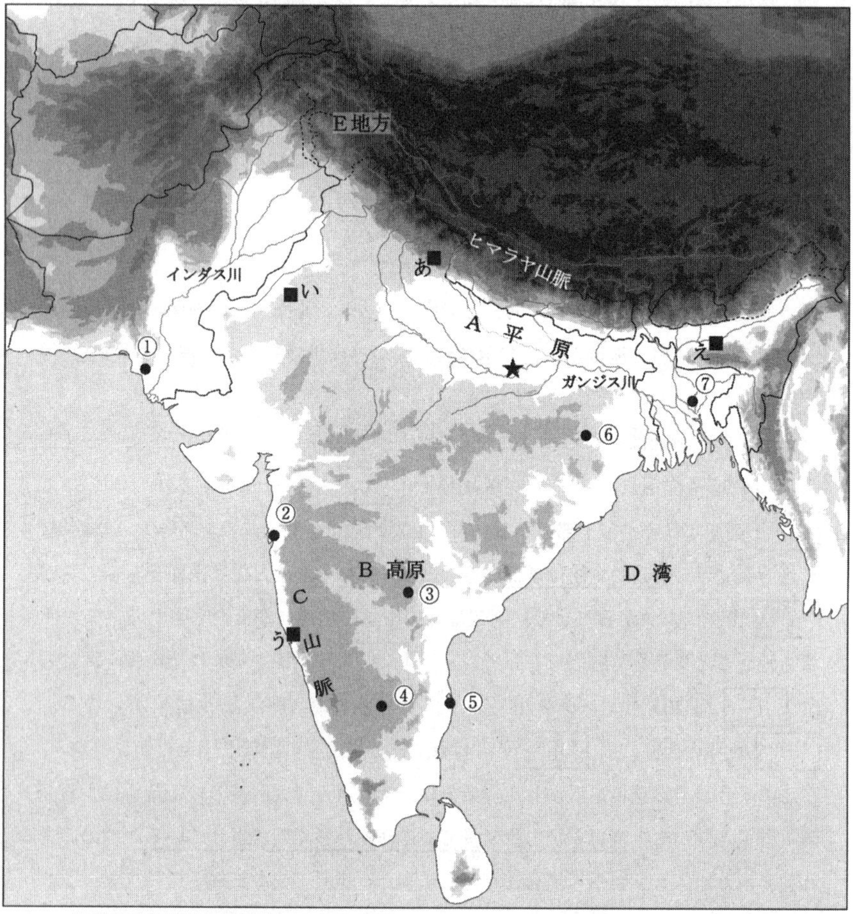

E地方
ヒマラヤ山脈
インダス川
あ
い
A 平 原
★
ガンジス川
え
①
⑦
⑥
②
B 高原
③
D 湾
C
う 山
脈
④
⑤

編集部注：実際の問題はカラー印刷。カラー図版は以下に掲載。
https://akahon.net/kkm/rit/rit_2024_0207_geo_q.pdf

〔1〕 文中の［　A　］～［　E　］に当てはまる最も適切な地名を答えよ。

〔2〕 文中の［　甲　］・［　乙　］に当てはまる最も適切な語句を答えよ。

〔3〕 下線部(a)に関して，次の雨温図①・②に当てはまる最も適切な都市を，地図中の■（あ～え）の中から1つずつ選び，それぞれ符号で答えよ。

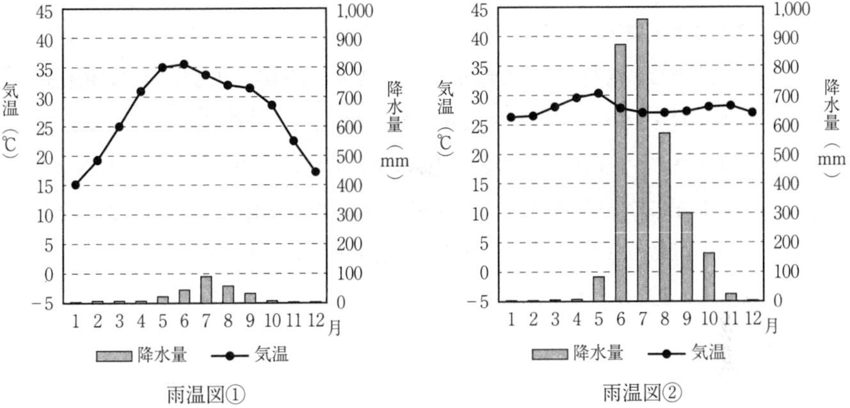

気象庁ウェブサイトのデータ（1991～2020年の平年値）により作成

〔4〕 下線部(b)に関して，次の表は，2020年における米，ジュート，茶の生産量上位5か国の世界に占める割合（%）を示したものである。ジュートはどれか，表中のⓐ～ⓤの中から1つ選び，符号で答えよ。

（%）

㋐		㋑		㋒	
インド	67.2	中国	28.0	中国	42.3
バングラデシュ	29.9	インド	23.6	インド	20.3
中国	1.4	バングラデシュ	7.3	ケニア	8.1
ウズベキスタン	0.7	インドネシア	7.2	アルゼンチン	4.8
ネパール	0.4	ベトナム	5.7	スリランカ	4.0

『世界の統計 2023年版』により作成

〔5〕 下線部(c)に関して，次の(1)～(4)の説明に当てはまる最も適切な都市について，都市名を下の選択肢ⓐ～ⓚの中から，その位置を地図中の①～⑦の中から1つずつ選び，それぞれ符号・番号で答えよ。

(1) 国内有数の鉄鋼業都市として知られる。20世紀初頭，タタ財閥により国内で最初の製鉄所が建設された。付近にある鉄鉱山と国内最大のダモダル炭田が結びついて鉄鋼業が発展した。

(2) 1959年まで首都であった港湾都市であり，現在も国内最大の人口を有する，経済・産業の中心都市である。国内有数の農産物の集散地・輸出港を擁し，また鉄鋼・機械・繊維などの工業も発達している。

(3) 国内有数の港湾・商工業都市であり，とくに1990年代に国の経済自由化政策の一翼を担い，外国資本の企業が多く進出した。首都デリーとともに，自動車産業の中心的都市である。旧称はマドラスで，1996年に改名された。

(4) 19世紀には植民地支配における軍事・行政の中心地であったが，20世紀中頃から国営の重工業，航空・宇宙・防衛産業の拠点となり，その後，先端技術やIT 産業の一大中心地に成長した。

【選択肢】

㋐ カラチ　　㋑ ジャムシェドプル　　㋒ ダッカ

㋓ チェンナイ　　㋔ ハイデラバード　　㋕ バンガロール

㋖ ムンバイ

〔6〕 下線部(d)に関して，次の(1)・(2)に答えよ。

(1) 次の表は，インド，スリランカ，ネパール，バングラデシュにおける宗教別人口の割合（%）の上位3位を示したものである。ネパールはどれか，表中の㋐～㋓の中から1つ選び，符号で答えよ。

（%）

㋐		㋑		㋒		㋓	
イスラーム	89.6	ヒンドゥー教	80.6	ヒンドゥー教	80.5	仏教	70.1
ヒンドゥー教	9.3	仏教	10.7	イスラーム	13.4	ヒンドゥー教	12.6
仏教	0.6	イスラーム	4.2	キリスト教	2.3	イスラーム	9.7

スリランカのみ2012年，ほかは2001年

United Nations Statistics Division の資料により作成

(2) 地図中の★は，複数の宗教の聖地として知られる宗教都市である。沐浴（もくよく）をおこない，祈りを捧げるヒンドゥー教徒がガンジス川沿岸に多く集うほか，郊外には釈迦（しゃか）が初めて説法をおこなったとされ，仏教四大聖地の1つとなっているサールナートも位置している。この都市の名称を答えよ。

Ⅲ　河川と地形に関する次の文をよく読んで，〔1〕～〔10〕の問いに答えよ。

世界には，大小さまざまな河川があり，流域に影響をあたえている。(a)侵食・運搬・堆積といった河川の作用でつくられる地形は，人間生活の営みにも深くかかわってきた。

「エジプトはナイルのたまもの」といわれるように，世界最長の(b)ナイル川が形成した巨大な三角州は，文明発祥の地の1つとなった。ナイル川は，アフリカ最大の湖である［A］湖周辺の(c)湿潤な地域から北へ向かって流れ，乾燥帯を経て地中海に注ぐ。流域では，灌漑(かんがい)農業がさかんである。

チベット高原を水源とし，ベトナム南部で南シナ海に注ぐ［B］川や，タイ中部を流れるチャオプラヤ川の河口部にも，広大な三角州がひろがっており，そこは世界有数の稲作地帯となっている。低湿な土地は稲作に適しているが，雨季には水没するほど増水し，生活に支障をきたしてきた。人々は，(d)運河や水路網を整備することで対応し，稲作をおこなっている。

他方，アメリカ合衆国南部のニューオーリンズは，中央平原を南下し，［C］湾に注ぐミシシッピ川河口部の三角州に形成された都市である。かつては河川交通が発達し，現在も重要な港湾都市となっているが，ハリケーンによる高潮の被害を受けることもある。

日本に目を向けると，小縮尺の世界地図に描かれるような大河川は流れていない。世界的にみて降水量の多い日本列島でも，扇状地や三角州が河川によって形成されている。(e)プレートの境界付近に位置する日本列島の山々は急峻(しゅん)であるため，大陸の河川に比べると，(f)勾配の急な河川が多い。こうした河川では，上流域での集中豪雨により，土石流が発生することもある。勾配のなだらかなところでは，(g)氾濫原がひろがり，河口には三角州が形成されてきた。

列島において比較的広い平野としては，日本最長の［D］川と阿賀野川が形成した越後平野や，北上川による仙台平野，筑後川による筑紫平野などがある。これらの平野では，稲作がさかんであるとともに，洪水に対する備えもみられる。濃尾平野を流れ，「木曽三川」として知られる木曽川・［E］川・揖斐(いび)川の下流域には，(h)洪水を避けるための工夫をほどこした集落がみられる。

日本の三角州には都市が立地することが多く，たとえば，中国山地を源とし，多くの支流を集めて流れる［F］川の河口部には，広島市の市街地がひろがっている。上流の中国山地で，かつて「たたら製鉄」がさかんにおこなわれていたこともあり，流出した土砂が河川を通じて運搬され，三角州が発達したのである。このように，(i)上流から流出する土砂の量は，沖積平野の形成に影響を及ぼすものである。

〔1〕 文中の A ～ F に当てはまる最も適切な地名を答えよ。

〔2〕 下線部(a)に関して，地形を形成する力のうち，侵食・運搬・堆積・風化などの作用を総称して何と呼ばれるか，最も適切な語句を答えよ。

〔3〕 下線部(b)に関して，ナイル川の河口部のように，大量の土砂と沿岸流の影響で，扇状に枝分かれした河口がアーチ状に連なった形状の三角州は何と呼ばれるか，最も適切な語句を答えよ。　〔解答欄〕 ＿＿＿＿状三角州

〔4〕 下線部(c)に関して，次の(1)・(2)に答えよ。

(1) 源流は湿潤な地域にあるものの，乾燥した地域を流れている河川は何と呼ばれるか，最も適切な語句を答えよ。　〔解答欄〕 ＿＿＿＿河川

(2) 上記(1)と同じ特徴を有する河川はどれか，次の選択肢の中から１つ選び，符号で答えよ。

㋐ アマゾン川　　㋑ 長江

㋒ テムズ川　　㋓ ユーフラテス川

〔5〕 下線部(d)に関して，灌漑・排水施設の整備が進んだことで，雨季だけではなく，乾季にも稲作が可能となった。このように，雨季と乾季で同じ作物を栽培することは何と呼ばれるか，最も適切な語句を答えよ。

〔6〕 下線部(e)に関する説明として，正しいものを，次の選択肢の中から１つ選び，符号で答えよ。

㋐ 日本列島は，太平洋プレートの動きによって，おもに南北方向からの圧縮張力を受けている。

㋑ 糸魚川・静岡構造線は，フォッサマグナの東端と考えられている。

㋒ 火山フロントは，海溝にほぼ並行して分布している。

〔7〕 下線部(f)に関して，国内を流れる次の河川のうち，平均勾配の最も急なものを１つ選び，符号で答えよ。

㋐ 石狩川　　㋑ 常願寺川　　㋒ 天竜川　　㋓ 吉野川

〔8〕 下線部(g)に関して，次の(1)・(2)に答えよ。

(1) 氾濫原でみられる地形に関する説明として，正しいものを，次の選択肢の中から1つ選び，符号で答えよ。

㋐ 自然堤防は水はけが悪い。

㋑ 三日月湖は旧河道である。

㋒ 天井川は河床を深く掘り下げた河川である。

(2) 地震が発生したとき，氾濫原のような軟弱な地盤では，地震の揺れにともなって水を含んだ層が流動化し，地表に水や砂が噴き出すことがある。このような地盤が流動化する現象は何と呼ばれるか，最も適切な語句を答えよ。

〔解答欄〕 ________現象

〔9〕 下線部(h)に関して，濃尾平野の西部では，周囲に堤防を築き，微高地を利用し，さらに盛土で造成した上に家屋を配置するなどした集落がみられる。このような集落は何と呼ばれるか，最も適切な語句を答えよ。

〔解答欄〕 ________集落

〔10〕 下線部(i)に関して，河川の運搬する土砂とは**関係のない**海岸地形はどれか，次の選択肢の中から1つ選び，符号で答えよ。

㋐ 海食崖　　㋑ 潟湖　　㋒ トンボロ　　㋓ 浜堤

政治・経済

(80 分)

I　次の文章を読んで，あとの問いに答えよ。

自衛隊①は，日本国憲法第 A 条によって「保持しない」と定められている「戦力」にあたるのかが議論されてきた。自衛隊の発足以来，「戦力」にあたるとする違憲論が唱えられてきた。しかし，政府は，1994年の衆議院での村山富市首相②答弁のように，「 B 防衛に徹し，自衛のための必要最小限度の実力組織である自衛隊は，憲法の認めるものであると認識する」との立場をとってきた。

憲法第 A 条にかかわって，さまざまな法整備や政策見直しがなされてきた。近年，北朝鮮の弾道ミサイル発射実験や核兵器開発問題，中国と台湾の対立など，日本を取り巻く安全保障環境の変化を背景として，個別的自衛権のみならず，集団的自衛権を行使することが認められるか否かについて，国会で激しい議論が戦わされた。この議論をへて， C 内閣は，2014年に憲法解釈を変更し③，「我が国と イ にある他国に対する武力攻撃が発生し，これにより我が国の ロ が脅かされ，国民の生命， ハ 及び幸福追求の権利が根底から覆（くつがえ）される明白な危険がある場合」にも，「必要最小限度の実力を行使すること」ができるとした。日米同盟④の深化という観点からこの解釈を支持する見解があるのに対して， B 防衛との関係から違憲であるとする見解もある。また，同年には，武器輸出政策の見直しもなされた。それまでは，武器などの輸出を対象国によって禁止または慎重に対処する武器輸出三原則が示されていた。しかし，防衛装備 D 三原則により，一定の場合を除いて武器の輸出が認められるようになった。

前段に述べた軍備による安全保障政策とは別のものとして，国連開発計画（ E ）は，地域の安定化や紛争終結後の社会再建も目的とした「 F の安全保障」という概念を打ち出した。軍備による安全保障の考え方では，貧困，爆発的な人口増加，地球環境の破壊，水や食料の不足などの問題に対応するのは限界があることから，非軍事的な分野での国際貢献を果たすという視点が求められている。

〔1〕 A ～ F にあてはまるもっとも適切な語句を記入せよ。なお，**A は算用数字，B・D・F は漢字2字，C は内閣総理大臣の氏名を漢字，E は英語略称をアルファベットの大文字**で答えよ。

〔2〕 イ ～ ハ にあてはまる語句の組み合わせとして，適切なものを下から一つ選び，記号で答えよ。

㋐　イ：密接な関係　　ロ：存立　　ハ：自由

㋑　イ：密接な関係　　ロ：主権　　ハ：平和

㋒　イ：共同防衛の関係　　ロ：存立　　ハ：平和

㋓　イ：共同防衛の関係　　ロ：主権　　ハ：自由

〔3〕 下線部①に関して，米ソ両国がそれぞれの同盟国や友好国を従え，軍事力やイデオロギーの優劣を競いあった，東西両陣営間の ニ 体制のもとでの対立が解消したころ，湾岸戦争が発生した。その戦争の終結後，海上自衛隊の ホ 艇が機雷除去などのためペルシャ湾に派遣された。 ニ と ホ にあてはまるもっとも適切な語句を**漢字2字**で答えよ。

〔4〕 下線部②に関して，村山内閣は，自由民主党，日本社会党，　　　で構成された連立内閣であった。空欄にあてはまる政党名を下から一つ選び，記号で答えよ。

㋐　新生党　　㋑　新党平和

㋒　新党さきがけ　　㋓　国民新党

〔5〕 下線部③に関する説明として，**適切でないもの**を下から一つ選び，記号で答えよ。

㋐　この憲法解釈の変更は，内閣による事実上の憲法改正ではないかとの批判がある。

㋑　この憲法解釈の変更により，緊急事態においては，国会の承認を経ることなく，海外の紛争地域に自衛隊を派遣することが認められた。

㋒　この憲法解釈の変更がなされるまで政府は，日本は集団的自衛権を有しているが，憲法はその行使を禁止しているという立場をとってきた。

㋓　この憲法解釈を変更する閣議決定の後，安全保障関連法制が整えられた。

〔6〕 下線部④に関して，日本は，多くの米軍基地を提供しており，そのうち普天

間飛行場については，2012年にヘリコプターのような垂直離着陸能力を持つ新型輸送機［ヘ］が配備されている。核兵器を持たない日本は，核保有国アメリカの核抑止力に依存しており，これを核の［ト］という。日米同盟にもとづいて，日本側は，いわゆる［チ］予算という形で，米軍駐留経費のかなりの部分を負担している。［ヘ］～［チ］にあてはまるもっとも適切な語句を記入せよ。なお，**へはカタカナ５字**，**トは漢字１字**，**チは４字**で答えよ。

Ⅱ　次の文章を読んで，あとの問いに答えよ。

経済学者シュンペーターは，①その著書の中で，新しい商品，生産方法，組織などを開発し，②経済発展を促す技術革新（［A］）を実現する者を起業家（企業家）と呼んだ。シュンペーターは，新たなビジネスを創造する主体として，経済発展における起業家の役割を高く評価している。

経済発展における起業家の役割が広く認知されるにいたったのが，1990年代以降，その活動が活発化したアメリカのカリフォルニア州にある，［B］と通称される地域の起業家群の事例である。［B］という呼称は，その発展初期に半導体産業が集積したことに由来するとされる。こうした起業家の中には，③急成長が見込める新興産業に着目し，④旺盛な起業家精神をもって，革新性に富んだ製品やサービスを生み出し，自らの会社を世界的企業にまで発展させた者もいる。従来の大企業主導の経済発展とは異なる事例となっている。

［B］の成功に呼応する形で，日本においては，1963年に制定された中小企業［C］法が1999年に改正され，「創業の促進」，「中小企業者の自主的な努力の助長」などが，その方針とされた。これは，日本における中小企業政策の転換となった。

一方，改正される以前の中小企業［C］法においては，⑤弱い立場に置かれた中小企業の保護や振興に軸足が置かれていた。一国の経済において前近代的な中小企業と少数の近代的な大企業が存在し，労働生産性，賃金，労働条件などで大きな格差があるとする「経済の［D］構造」を前提としたものであった。

2006年には［E］法が施行された。［E］法によって最低資本金の制限がなくなり，起業家が新しい事業を始めやすくなった。起業家の中には，需要の規模が小さかったり，潜在的であるために製品の供給やサービスの提供が行われにくい

[F] 市場で，大きなマーケットシェア⑥を獲得し成功を収める者もいる。

近年では，個別の企業に対する支援に加えて，特定の地域⑦に着目し，産業の枠を超えた新しいビジネス展開を後押しするなど，地域全体の活性化をめざす施策も見られる。

〔1〕 [A] ～ [F] にあてはまるもっとも適切な語句を記入せよ。なお，**AとBはカタカナ7字**，**C・D・Eは漢字2字**，**Fはカタカナ3字**で答えよ。

〔2〕 下線部①に関して，シュンペーターの著書としてもっとも適切なものを下から一つ選び，記号で答えよ。

㋐ 『選択の自由』　　㋑ 『経済学原理』

㋒ 『経済表』　　㋓ 『経済発展の理論』

〔3〕 下線部②に関して，画期的な技術革新や資源の大規模開発などによって起こるとされ，「長期波動」とも呼ばれる約50年を周期とする景気循環を，「[ ] の波」と呼ぶ。空欄にあてはまるもっとも適切な語句を**カタカナ7字**で答えよ。

〔4〕 下線部③に関して，アメリカでは，軍事目的の研究から生まれたコンピューター通信のネットワークである [イ] の急速な普及など情報通信技術（[ロ]）の進展によって，従来の産業とは異なる商品・サービスが多数生まれた。[イ] と [ロ] にあてはまる適切な語句を記入せよ。なお，**イはカタカナ7字**，**ロは英語略称をアルファベットの大文字3字**で答えよ。

〔5〕 下線部④に関して，こうした企業を [ ] 企業という。空欄にあてはまる語句を**カタカナ5字**で答えよ。

〔6〕 下線部⑤に関して，中小企業が大企業の製品に部品を供給したり，その生産工程の一部を担ったりすることを何というか。もっとも適切なものを下から一つ選び，記号で答えよ。

㋐ 派遣　　㋑ 下請け

㋒ かんばん　　㋓ のれんわけ

〔7〕 下線部⑥に関して，市場に生産物を供給する企業が数社しかなく，その数社の企業が市場を支配している状態を [ ] という。空欄にあてはまるもっとも適切な語句を**漢字2字**で答えよ。

〔8〕 下線部⑦に関して，京都の西陣織，今治のタオルなど，ある特定の土地に育ち地域社会と密接なかかわりをもった伝統ある産業を［　　］産業という。空欄にあてはまる語句を**漢字2字**で答えよ。

Ⅲ 次の文章を読んで，あとの問いに答えよ。

全人口に占める満65歳以上の高齢者人口の割合が［イ］%を超えた社会を高齢化社会という。全人口に占める満65歳以上の高齢者人口の割合が［ロ］%を超えた社会を高齢社会と呼び，［ハ］%を超えると超高齢社会という。日本の満65歳以上の高齢者人口の割合は1970年に［イ］%を，1994年に［ロ］%を，そして2007年に［ハ］%を超えている。

他方で，日本では少子化も進んでいる。一人の女性が一生に平均何人の子どもを出産するかを示す［A］が2.07を下回り続けるとその国の人口は減少し始めるといわれている。日本では1974年に2.05となり，2005年には過去最低の1.26を記録している。①さらに同年から出生数が死亡数を下回る［B］社会となっている。2017年の「日本の将来推計人口」によれば，2041年以降は毎年100万人以上の人口が減り続け，20［C］年代中には総人口が1億人を下回るという。

日本の少子化は1980年代以降急速に進行しているが，その理由として，未婚の人が増えたこと，［D］（初婚年齢の上昇）が進んだこと，出産年齢が高くなっていること，子育てや教育に対する経済的負担が重いことなどがあげられる。日本では出産・子育てを個人の問題とする考え方が強く，社会全体での子育て支援政策や子どもに対する社会保障給付が不十分なまま今日まできたからである。

それでも日本の社会保障関係費は，国の一般会計歳出で3分の1程度を占め，これ以上大きくすることは困難であるともいわれている。日本の社会保障給付費の約半分は，公的［E］給付である。これは遺族［E］なども含むが，そのおもな対象は大きな人口比を占める高齢者である。［E］の給付水準や受給開始年齢などの見直しも検討され続けているが，一方で子育て支援や若い世代に対する給付は少ないといった課題も指摘されている。またフランス，スウェーデン，ドイツといったヨーロッパ諸国は「［ニ］福祉［ホ］負担」であり，日本はそれらの国々に比して「［ヘ］福祉［ト］負担」であるといわれるように，対ＧＤＰでの社会保障給付費の比率は先進諸国の中では［ チ ］である。少子化対策のためにも若年者への社会保障給付は増やすべきであるが，その財源のために高齢者の生活水準を安易に切り下げるべきではない。世代間のバランスを考慮した社会保障給付の見直しが必要だとされるが，どのような配分にするべきなのかが課題である。

社会保障費の財源は［ F ］と税金②の二つに大きく分けられるが，それらを負担する中心は勤労世代である。人口構成の中の勤労世代が減少しているのにその負担をこれ以上重くすることができるのか，あるいは低所得者の多い高齢者世代にさらなる負担を求めるべきなのか，どのような負担の配分が望ましいのかも問われている。持続可能な社会保障を構築するためには，［ G ］，共助，自助の最適な組み合わせを追求する必要があるとされる。さらに，地域社会やボランティアなどによる相互扶助（互助）を重要視する考え方もある。少子高齢社会における社会保障に関する給付と負担のあり方が問われているのである。

〔1〕［ A ］～［ G ］にあてはまるもっとも適切な語句を記入せよ。なお，**Aは漢字7字，Bは漢字4字，Cは2桁の算用数字，Dは漢字3字，EとGは漢字2字，Fは漢字5字**で答えよ。

〔2〕［ イ ］～［ ハ ］にあてはまるもっとも適切な数字の組み合わせを下から一つ選び，記号で答えよ。

㋐　イ：7　ロ：14　ハ：21
㋑　イ：14　ロ：21　ハ：28
㋒　イ：5　ロ：10　ハ：20
㋓　イ：10　ロ：20　ハ：30
㋔　イ：15　ロ：25　ハ：35

〔3〕下線部①に関して，生産年齢人口と経済成長の相関関係を示す用語として「人口オーナス」というものがある。この意味として適切なものを下から一つ選び，記号で答えよ。

㋐　生産年齢人口の減少が経済成長にマイナスに影響すること
㋑　生産年齢人口の増加が経済成長にプラスに影響すること
㋒　生産年齢人口の減少が経済成長にプラスに影響すること
㋓　生産年齢人口の増加が経済成長にマイナスに影響すること

〔4〕 ニ ～ チ にあてはまるもっとも適切な語句の組み合わせを一つ選び，記号で答えよ。

㋐ ニ：高　ホ：高　ヘ：低　ト：低　チ：低いほう

㋑ ニ：高　ホ：低　ヘ：高　ト：低　チ：高いほう

㋒ ニ：高　ホ：高　ヘ：高　ト：低　チ：低いほう

㋓ ニ：高　ホ：低　ヘ：低　ト：高　チ：高いほう

〔5〕 下線部②に関して，社会保障における給付と負担のバランスが世代間で異なるという格差を縮小するために，年齢を問わず負担する リ 税が有用であるという意見がある。 リ 税は ヌ 年に導入され，その後3回税率が引き上げられた。ちなみに，納税者と担税者が同一と想定されるものを ル 税，両者が異なるものを ヲ 税というが， リ 税は後者にあたる。 リ ～ ヲ にあてはまるもっとも適切な語句を答えよ。なお**リ・ル・ヲは漢字2字**，**ヌは西暦を算用数字**で記入せよ。

数　学

（80 分）

次のⅠ，Ⅱ，Ⅲの設問について解答せよ。ただし，Ⅰ，Ⅱについては問題文中の □ にあてはまる適当なものを，解答用紙の所定の欄に記入せよ。なお，解答が分数になる場合は，すべて既約分数で答えること。

Ⅰ

〔1〕 △ABC において，頂点 A，B，C からそれぞれの対辺 BC，CA，AB に下ろした垂線を AE，BF，CD とする。$\mathrm{AE}=3\sqrt{3}$，$\mathrm{BF}=\dfrac{6\sqrt{21}}{7}$，$\mathrm{CD}=2\sqrt{3}$ であるとき，BC : CA : AB = [ア] : $\sqrt{7}$: [イ] であり，$\cos\angle\mathrm{ABC}$ = [ウ] である。これにより，BC = [エ]，CA = [オ]，AB = [カ] となる。次に，△ABC の面積は△BDE の面積の [キ] 倍である。また△ABC の内接円の半径は [ク] である。

〔2〕 a を正の定数とし，放物線 $y=x^2-x$ を C，関数 $y=|3x-a|$ のグラフを ℓ とする。

（1） $a=2$ のとき，原点を O とする座標平面上に C と ℓ をかくと，概形として最も適当なものは [ケ] である。[ケ] は次の選択肢のうち 1 つ選び番号で答えよ。ただし，図における点 A は放物線 C と x 軸との交点を表し，①においては点 A を，④においては原点 O を，C と ℓ が共有している。

【選択肢】

①
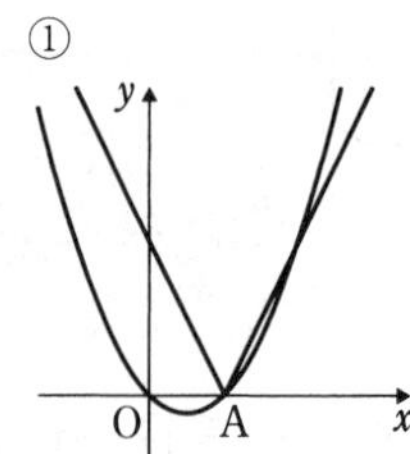

②
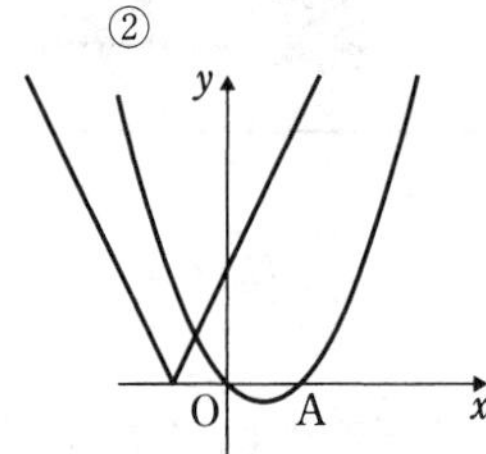

③
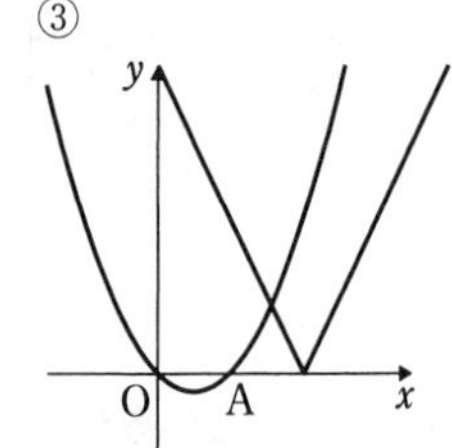

④
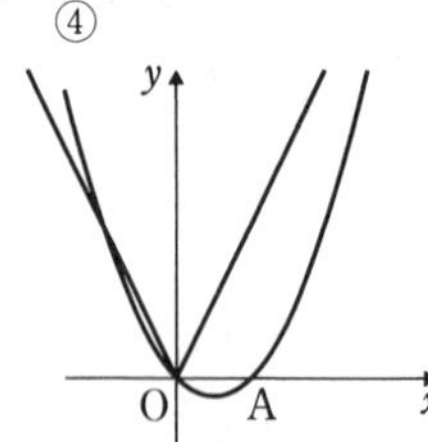

⑤
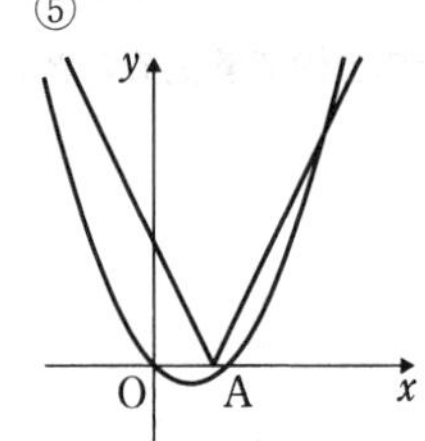

さらに，このときの C と ℓ の共有点の x 座標の値を求めると [コ] と [サ] である。ただし，[コ] ＜ [サ] とする。

（2） C と ℓ が異なる3点を共有点にもつとき，a の値は [シ] と [ス] である。ただし，[シ] ＜ [ス] とする。

（3） [シ] $< a <$ [ス] のとき，C と ℓ の共有点の x 座標の値をすべて加えると [セ] となる。

〔3〕 a，b は定数とし，放物線 $y = x^2 - 2ax + b$ がある。

（1） 放物線 $y = x^2 - 2ax + b$ が放物線 $y = \dfrac{x^2}{5}$ と1点で接するとき，b を a を用いて表すと $b =$ [ソ] である。

（2） 放物線 $y = x^2 - 2ax +$ [ソ] が直線 $y = x + \dfrac{11}{4}$ と異なる2点で交わるとき，a の値の範囲は [タ] $< a <$ [チ] である。また，このとき放物線 $y = x^2 - 2ax +$ [ソ] と直線 $y = x + \dfrac{11}{4}$ との交点の x 座標

は，$x=\frac{1}{2}\left(\boxed{\text{ツ}}\pm\sqrt{\boxed{\text{テ}}}\right)$である。

次に，放物線 $y=x^2-2ax+\boxed{\text{ソ}}$ と直線 $y=x+\frac{11}{4}$ で囲まれた部分の面積 S は $S=\frac{1}{6}\left(\boxed{\text{ト}}\right)^{\frac{3}{2}}$ である。このとき，S は，$a=\boxed{\text{ナ}}$ のとき最大値 $\boxed{\text{ニ}}$ をとる。

Ⅱ　ある工場では，モデルXとモデルYの2種類の製品を製造している。いずれの製品も，第1工程から第4工程までの4つの工程を経て，完成し，出荷する。各製品1台を製造するために要する人数，そしてそれぞれの工程において投入できる最大の総人数は下の表の通りである。

表

	①	②	③
第1工程	0	3	210
第2工程	5	15	1150
第3工程	3	6	540
第4工程	5	0	500

ただし，表中の①，②，③は次のことを表している。

①：1台のモデルXを製造するために要する人数

②：1台のモデルYを製造するために要する人数

③：投入できる最大の総人数

〔1〕　モデルXの製造台数を $x\,(x\geqq 0)$，モデルYの製造台数を $y\,(y\geqq 0)$ で表す。このとき，x と y が0以上であることと，上の表で与えられた条件から，x と y は次の6つの不等式を満たしている。

$x\geqq 0$，$y\geqq 0$

$y\leqq 70$

$x+\boxed{\text{ア}}\,y\leqq\boxed{\text{イ}}$

$x + 2y \leqq 180$

$x \leqq 100$

座標平面上に6つの不等式を満たす領域を図示して考えると，xとyの組$(x,\ y)$は，この領域に含まれ，xとyがともに整数である点の座標で示される。

〔2〕 モデルXとモデルYを製造，出荷することによって得られる金額（以下，これを工場の利益という）が，1台につきそれぞれ36万円と90万円の場合について考える。このとき，この工場の利益を最大にする製造台数の計画を立てるとすると，そのときの利益は， ウ 万円となり，それを実現する各モデルの製造台数は，モデルXについては エ 台であり，モデルYについては オ 台である。

〔3〕 工場の利益が，モデルXとモデルY1台につきそれぞれ36万円と108万円の場合について考える。このとき，この工場の利益を最大にする製造台数の計画を立てるとすると，そのときの利益は， カ 万円となり，それを実現する2つのモデルの製造台数の組$(x,\ y)$は， キ 個ある。このうち，最も多くのモデルXを製造する場合，そのときのモデルXの台数は ク であり，一方，最も多くのモデルYを製造する場合，そのときのモデルYの台数は ケ である。

〔4〕 工場の利益が，モデルXとモデルY1台につきそれぞれ45万円と90万円の場合について考える。そして，ここで生産技術の進歩により，第3工程を省略することが可能となったとする。このとき，この工場の利益を最大にする製造台数の計画を立てるとすると，そのときの利益は， コ 万円となり，それを実現する2つのモデルの製造台数の組$(x,\ y)$は， サ 個ある。

Ⅲ　△ABC において，BC = 4，CA = 5，∠ACB = 60°，外接円の中心を O とする。このとき，次の問いに答えよ。

〔1〕 辺 AB の長さと外接円の半径 R を求めよ。

〔2〕 内積 $\overrightarrow{OA}\cdot\overrightarrow{OB}$，$\overrightarrow{OB}\cdot\overrightarrow{OC}$ の値を求めよ。

〔3〕 $l\overrightarrow{OA}+m\overrightarrow{OB}+n\overrightarrow{OC}=\vec{0}$ が成り立つとき，l，m，n の値を求めよ。ただし，l，m，n は自然数で，それらの最大公約数は 1 である。

〔4〕 △ABC の重心を G とし，2 点 O，G を通る直線と辺 AC の交点を D とするとき，AD : DC を求めよ。

おかげで猫とともに無事に黄河を渡り終えた。

5　富人が黄河に沈んだ次の日、前日の夢の通り富人と猫の死体が天妃宮の軒下にならんでいるのを見た友人は、富人を棺に収め、また猫をそのそばに埋めてやった。

問1 傍線①の「因」、②の「如是」の読み方を、送りがなも含めて、それぞれひらがなで書け。

問2 [A] に入れるのに、最も適当なものを、次のなかから選び、その番号をマークせよ。

1 毎　2 即　3 益　4 甚　5 又　6 弥

問3 傍線③の「撈救不及猫亦投水与波倶汨」の書き下し文として、最も適当なものを、次のなかから選び、その番号をマークせよ。

1 撈（ろう）救するも、猫も亦た水に投じて波と倶に汨（しつ）むに及ばず
2 撈救するも、猫も亦た水に投ずるに及ばず、波と倶に汨む
3 撈救すること猫に及ばず、亦た水と波と倶に汨むに投ず
4 撈救せんとするも及ばず、猫も亦た水に投じて波と倶に汨む
5 撈救せんとするも及ばず、猫も亦た水と波とに投じて倶に汨む

問4 本文の内容に合うものを、次のなかから一つ選び、その番号をマークせよ。

1 貴人の子は、富人の飼い猫をどうしても手に入れたいと思い、強盗に襲わせて猫を手に入れたが、猫は貴人の子から逃げて無事に飼い主の元に戻ることができた。
2 広陵の巨商は、貴人の子に追われていた富人と猫を助けて黄河を渡らせたが、巨商も猫が欲しくなり、富人を黄河に突き落として溺れさせ、猫を自分のものとした。
3 富人の飼っていた猫は、飼い主に忠誠を尽くす賢い猫であり、黄河を渡るときに危うく溺れそうになった飼い主を天妃宮に連れていき、富人とともに幸せに暮らした。
4 自分を毒殺しようとした巨商から逃れ、富人は友人の舟で黄河を渡ったが、舟が転覆しそうになるたびに水神に祈り、

陵、依於巨商家。亦愛其猫、百計求之不得、以鴆酒毒之。其猫与人不離左右、鴆酒甫斟、猫 A 傾之。再斟再傾、②如是者三。富人覚而同猫宵遁。遇一故人、匿於舟後、渡黄河、失足溺水。猫見主人堕河、叫呼跳号。③撈救不及猫亦投水与波倶汨。是夕故人夢見富人云、「我与猫不死、倶在天妃宮中。」故人明日謁天妃宮、見富人屍与猫倶在神廡下、買棺瘞之、埋其猫於側。

（『見聞録』による）

注　山右＝地名。中国の山西省。　陥之盗＝強盗に押し入らせる。　広陵＝地名。現在の江蘇省揚州市。
鴆酒＝毒酒。毒を持つ鴆という鳥の羽を浸してつくる。　失足＝足を踏み外す。　跳号＝飛び跳ねて泣き叫ぶ。
撈救＝水中からすくい上げて助ける。　天妃宮＝水神をまつる建物。　神廡下＝天妃宮の軒下。

1　光源氏は、なかなか打ち解けない六条御息所の身分を考えると恐れ多く、最初は無理に言い寄ろうとはしなかった。
2　六条御息所は、来訪をいつもひそかに待ち望んでいたが、今日は気分が優れず会えないと中将を介して光源氏に伝えた。
3　六条御息所は、「あなたを恨み続ける」という光源氏の独り言が自分のすぐそばで聞こえたことから、気味悪く感じた。
4　六条御息所は、「あなたの心の乱れは私とは無縁のことです」という歌を小声で詠み、光源氏を近づかせまいと試みた。
5　御簾越しに六条御息所を見かけた光源氏は、これ幸いとばかり部屋に押し入り、強引に六条御息所の衣に手を掛けた。
6　光源氏は、和歌を返してきた六条御息所がすっかりその気になっているものと早合点し、言葉巧みに言い寄った。

四

次の文章を読んで、問いに答えよ（設問の都合上、訓点を省略した部分がある）。

山右ノ富人ノ所レ畜(やしな)フ之猫、形異ニシテ而霊且ツ義也。其ノ睛(ひとみ)ハ金、其ノ爪ハ碧、其ノ頂ハ朱、其ノ尾ハ黒、其ノ毛ハ白キコト如シレ雪ノ。富人畜ヒテレ之ヲ珍トスルコト甚ダシ。里ニ有リ二貴人ノ子一、見テ而愛スレ之ヲ。以テ二駿(しゅん)馬(め)ヲ一易(か)ヘントスルモ不レ与ヘ、以テ二愛妾(せふ)ヲ一換ヘントスルモ不レ与ヘ、以テ二千金ヲ一購(あがな)ハントスルモ不レ与ヘ、陥レ二之ヲ盗ニ一、破ルモ二其ノ家ヲ一、亦タ不レ与ヘ。①因 携ヘテレ猫ヲ逃ゲテ至リ二広

1　言い訳をして会おうともしない六条御息所の優柔不断さに対して、歯がゆく思う気持ち
2　告白のため簀子から部屋に入ろうとする光源氏の大胆さに対して、非常識と思う気持ち
3　光源氏に病をうつさぬよう距離をとる六条御息所の気遣いに対して、痛ましく思う気持ち
4　何度も通ってくれた光源氏を簀子に座らせておく失礼に対して、申し訳なく思う気持ち
5　御簾をかぶり簀子から部屋に入ろうとする光源氏の必死さに対して、滑稽に思う気持ち

問5　[A] に入れるのに、最も適当なものを、次のなかから選び、その番号をマークせよ。

1　芋環（をだまき）　2　露くさ（つゆ）　3　玉の緒（たまを）　4　玉梓（たまづさ）　5　下ひも（した）

問6　傍線㊁の「かく」の指し示す内容は何か。最も適当なものを、次のなかから選び、その番号をマークせよ。

1　六条御息所が、光源氏をよそよそしく扱うこと
2　六条御息所が、光源氏を見下し続けていること
3　六条御息所が、光源氏に心を開いてきたこと
4　六条御息所が、光源氏に無礼な言動をしたこと
5　六条御息所が、光源氏の誠意を試してみたこと

問7　傍線㊉の「え心強くももてなし給はず」の理由として、最も適当なものを、次のなかから選び、その番号をマークせよ。

1　六条御息所は、光源氏の強引な態度に恐怖を覚えるようになったから
2　光源氏は、六条御息所が心を開くには少し時間がかかると感じたから
3　六条御息所は、光源氏を憎からず思うようになってきてしまったから
4　光源氏は、六条御息所との恋の駆け引きをもう少し続けたかったから
5　六条御息所は、光源氏への意固地な態度を気恥ずかしく感じたから

問8　本文の内容に合うものを、次のなかから二つ選び、その番号をマークせよ。

（『手枕』による）

注　内わたり＝宮中。　御前＝前駆の者。　中将＝六条御息所の女房。　人々＝女房たち。　女君＝六条御息所。

「長くや人を」＝「逢はずしてこよひ明けなば春の日の長くや人をつらしと思はむ」（『古今和歌集』）による。

問1　傍線㋐の「うきひとにみせばやそでのなみだがはけふのながめにまさるふかさを」には、修辞の掛詞が用いられている。掛詞の組み合わせとして、最も適当なものを、次のなかから選び、その番号をマークせよ。

1　「人」と「火と」　2　「波」と「並み」　3　「川」と「側」
4　「今日」と「京」　5　「眺め」と「長雨」

問2　傍線㋑の「年ごろのかしこまり」を十字以内で、㋕の「気色どりて」を八字以内で、それぞれ現代語訳せよ。

問3　傍線①の「おはし」、②の「聞こえ」、③の「おぼし」、④の「させ給は」、⑤の「奉り」はそれぞれ誰に対する敬意をあらわしているか。最も適当な組み合わせを、次のなかから選び、その番号をマークせよ。

1　①＝六条御息所　②＝六条御息所　③＝六条御息所　④＝六条御息所　⑤＝光源氏
2　①＝光源氏　②＝光源氏　③＝六条御息所　④＝六条御息所　⑤＝光源氏
3　①＝六条御息所　②＝光源氏　③＝光源氏　④＝光源氏　⑤＝六条御息所
4　①＝光源氏　②＝六条御息所　③＝光源氏　④＝六条御息所　⑤＝六条御息所
5　①＝六条御息所　②＝光源氏　③＝六条御息所　④＝六条御息所　⑤＝光源氏
6　①＝光源氏　②＝光源氏　③＝六条御息所　④＝光源氏　⑤＝光源氏

問4　傍線㋒の「かたはらいたくも」とはどのような気持ちか。最も適当なものを、次のなかから選び、その番号をマークせよ。

なりけり。とかうかかづらひ入りつつ、障子のもとに忍び寄り給ひて、「いとかうしめやかなる夜のさまに、思ふこともうち出でば、人もよもあはれとおぼしぬべき折かな」とおぼすに、立ち帰らむ心地もし給はず。

「今宵だにあはれはかけよ明日はよも長らふべくもあらぬ　**A**
　恋死なば長くや人を」

とひとり言のやうにのたまふ気配の、いと気近きに、女君は、むくつけくなりぬれど、さすがによそながらも、年ごろ聞こえ馴れ給ひぬれば、むげに知らぬ人の入り来たらむやうに、気疎(けうと)くすずろはしくなどはあらねばにや、

「我にしもあやななかけそ絶えぬべき乱れやよそのあだの　**A**
　かごとがましや」

と忍びやかにのたまふともなきも、「いかに言ひつるぞ」とかたはらいたくて、やをらづつ引き入り給ふ気配なれば、障子をやをら押し開けて、ゐさり寄りつつ、御衣(おんぞ)の裾を引き留めて、「かたじけなけれど、御耳なれぬる年月もかさなりぬらむを、などかう、疎々しくよそにはもて離れ給はむ。おのづから聞こし召し合はするやうも侍りなむ。世の常のうちつけに心浅く、すきずきしき筋は、さらに思ひかけ侍らず。御許されなからむほどは、これよりおほけなき心は、さらにさらにつかひ侍らじ。ただ㋓かくながら、いたづらに朽ち果てなむ嘆きのほどを、片端(かたはし)聞こえさせむとばかりになむ」とて、いとのどやかに、さまよくもて静めて、ここら思ふ心の忍びがたくなりぬるさまを、いとよう聞こえ知らせ給ふ御気配のいひしらずなつかしう、あてになまめかしきに、女も、あはれとおぼし知る節々なきにしも、はたあらぬを、かうあやにくなる御気色に、㋔え心強くももてなし給はず。

風冷ややかにうち吹きて、夜いたう更けゆくほど、御格子もさながらにて、晴れゆく月影もはしたなきやうなれば、御傍らなる短き几帳をさし隔てて、かりそめなるやうにて添ひ臥し給へり。人々は、かうなりけりと㋕気色どりて、みなさし退きて、遠く臥しぬ。

三　次の文章を読んで、問いに答えよ。

（この物語は、『源氏物語』をもとに創作された作品である。夫を亡くした六条御息所を慰めに、光源氏はたびたびその屋敷に通うようになった。）

年かへりて、春立つ風にも、人の御心はうちとけがたく、つれなさのみまさりゆく。人の御ほどをおぼすにも、いとかたじけなくいとほしくて、えしひても聞こえおもむけ給はず。とざまかうさまにおもほし乱れ給ふ。内わたりのどやかなる春のつれづれに、雨さへ降り暮らして、日もいと長きに、いとど思ひ侘（わ）び給ひては、「春の物とて」などうちうめかれて、

　　㋐うきひとにみせばやそでのなみだがはけふのながめにまさるふかさを

今宵もかしこにぞ渡り給ふ。いたく忍び給へば、御前（ごぜん）などもことになく、うちやつしてぞ①おはしける。例の中将出でて、御消②息聞こえ伝ふ。「いとかうたびたびかたじけなく渡らせ給ふこと、年ごろありがたき御心ざしのほどは、あさましきまで思ひ給へ知りぬれど、今宵は乱り心地の堪へがたうて、端近うもえ身じろき侍らねば、みづからはえ聞こえさせぬを、すこしよろしき折も侍らば、㋑年ごろのかしこまりも、のどかに聞こえさせ侍らむ」と聞こえ出だし給ひて、対面し給はむことは、いとあるまじ③うおぼしたり。

「心うくも」と聞き給ひて、「この御簾の前にのみかくてさぶらふこそ、いとからきわざなりけれ。数ならねど、浅からぬ心ざしも、年ごろといふばかりになりにて侍れば、さりとも御覧じ知るらむを、そのほどの労（らう）数へ④させ給はば、かう物遠くのみもてなさせ給ふべき事にやは。人づてならで、ただあはれとばかりのたまはせばなむ、深き愁へも慰み侍りぬべきを、はしたなくかかることは、まだならはずこそ侍れ。心苦しくうけ給はる御心地の御とぶらひも、人づてならず聞こえさせむを」とて、御簾引き着て、半ら入り給ふ。人々、「げに、簀子（すのこ）は㋒かたはらいたくも」と思ひあつかひて、入れ⑤奉りぬ。

女君は、端近う、まだ御格子もまゐらで、雨雲の晴間の月の、あはれにうち霞みて艶なる空を、ながめ出だしておはするほど

1　インターネットが発展した今日、西欧由来の教養概念は限界をむかえており、我々は「アフリカ的段階」に立ち返り、ゆっくりとしたリズムで教養を身につけなければならない。

2　狩猟・採集の時代の人々は、あり合わせの材料を使ってその場にふさわしい罠をつくるように、現実の出来事や他の神話の構成要素を論理的に結びつけて神話を創作していたが、それこそが野生の教養である。

3　レヴィ＝ストロースが「具体の科学」と名付けた、概念的な思考によらないブリコラージュ的な思考は、従来の科学的思考とは全く異なる新しい野生の教養概念である。

4　科学における概念的な思考のなかにも、農耕が始まる以前のブリコラージュ的な思考は受け継がれており、複数の学問分野の知を組み合わせて教養をつくりあげていくことが重要である。

5　教養とは本来すぐれてブリコラージュ的なものなので、農耕文化を起源とする従来の科学的思考を廃して、「野生的」にデザインしていかなければならない。

4　文化・教養の概念を、「畑を耕すこと」から転じたものとしてしか考えていなかったから
5　西欧の教養の発想の根本は、野生を克服した種まき文化であり、農耕にあるから

問2　傍線㋑の「アフリカ的段階」の説明として、最も適当なものを、次のなかから選び、その番号をマークせよ。
1　吉本隆明がヘーゲルの考えるアフリカ観を批判したもので、アフリカを原始時代と古典古代社会をつなぐものとして捉える視点
2　吉本隆明がヘーゲル的な歴史の外に排除されていたアフリカを再評価したもので、歴史・地理上のアフリカに固有の特徴を見出す視点
3　吉本隆明が歴史の外に排除されていたアフリカをその内部に取り込んだもので、アフリカに狩猟・採集時代の世界普遍的な共通性を見出す視点
4　吉本隆明が高校で教えられている世界史に対して異を唱えたもので、「人類史の母型」をアフリカに見出し、アフリカを歴史の特異点とする視点
5　吉本隆明がヘーゲルとマルクスの主張したアフリカを再解釈したもので、アフリカを歴史の原点として解釈し、アフリカを起点に歴史を提示しようとする視点

問3　A　に入れるのに、最も適当な語を、次のなかから選び、その番号をマークせよ。
1　大胆不敵　2　神出鬼没　3　支離滅裂　4　傍若無人　5　荒唐無稽　6　天衣無縫

問4　B　に入れるのに、最も適当な語を、次のなかから選び、その番号をマークせよ。
1　演繹　2　帰納　3　止揚　4　証明　5　想起

問5　本文の内容に合うものを、次のなかから一つ選び、その番号をマークせよ。

ブリコラージュに近いことが指摘されている。科学における概念的な思考のなかにも、ブリコラージュ的な思考が受け継がれているのではないだろうか。

そうであるならば、教養はどう考えたらいいのだろうか。この場合、教養をデザインしていくことが重要なのではないだろうか。「デザインする」とは表面的に装飾を凝らすことではない。創意工夫を凝らしながら対象をつくりあげていくことなのだ。だから、「教養をデザインする」ということは、あらかじめ決められた教養のモデルやプログラムを適用するのではなく、教養をつくりあげていくことである。そうであるから、この教養のあり方は模範的にブリコラージュ的ではないのか。というのも、「教養をデザインする」ということは、複数の学問分野の知を組み合わせながら、それらの関連を見つけて新しい知を生み出していくことだからである。どの学問もそれぞれの領域と方法をもっている。それらを一度括弧に入れてもとのコンテキストから外して、他の学問分野と関連づけることで、新しい何かが発見できるだろう。教養はすぐれてブリコラージュ的なものなのだ。この意味で、教養は「野生的」であると言えるだろう。

（岩野卓司「野生の教養のために」による。なお一部を改めた）

注　ヘーゲル＝ドイツの哲学者。　吉本隆明＝日本の詩人、評論家。　マルクス＝ドイツの哲学者、経済学者。

問1　傍線㋐に「従来の文化＝教養の語源からは考えられない」とあるが、その理由として、最も適当なものを、次のなかから選び、その番号をマークせよ。

1　昔から教養という語の原点は、栽培されたものではなく、野生にあると考えられてきたから
2　狩猟・採集の時代にもかろうじて文化は存在したが、教養といえるものではなかったから
3　スピード感が求められる現在においては、西欧由来の教養概念が不可能になっているから

ランス語の動詞ブリコレに由来しており、「ボールが跳ね返る」「犬が迷う」「馬が障害物を避けて直線からそれる」ようなときに、この動詞は使われる。本来のあり方からたまたまそれてしまうことを指しているのだ。だから、ブリコラージュとは計画通りに準備されたことを行うことではなく、その場で限られたありあわせの道具や材料を用いてものを作ることである。例えば、冷蔵庫のなかにたまたま見つけたありあわせの食材を使って、即興的に料理を創作するとすれば、これはブリコラージュである。狩猟・採集の人びとの場合は、狩りのときに罠(わな)をしかけるのだが、行った先々の森や林の地形を利用して、木の枝を結んだり石を置いたりして罠をつくる。もちろん、設計図などはない。その場その場で、ありあわせの材料を使って罠をつくるのだ。

フランスの人類学者レヴィ＝ストロースは、『野生の思考』のなかでブリコラージュを神話の思考と結びつけている。神話には、現実にはありえない　A　な逸話が満載されている。神話は種々雑多な要素から成立しているが、どの要素も間に合わせでつなぎ合わされたものである。つまり、神話の創作では、現実の出来事や他の神話の構成要素をもとの文脈から切り離して新しい配列に組み込むことが行われているのだが、それはブリコラージュのやり方でなのだ。だから神話の思考は、概念、仮説、推論、証明の手続きを踏む科学的思考からは程遠いと言えるだろう。しかし、未開の人たちの神話を分析してみると、そこには法則があり構造が見出される。概念的な思考によらないひとつの思考である。レヴィ＝ストロースはこの思考を「具体の科学」と名付け、科学的思考とは異なる独自のあり方として高く評価している。

たしかにその通りである。ただ一点だけ留保をつけると、レヴィ＝ストロースはブリコラージュの思考と科学的思考をきれいに分けているが、科学的思考はつねに概念や推論を使って計画的に準備されたものと言えるだろうか。もちろん、そういう場合もある。例えば、公理や定理から何かを　B　する場合がそうである。しかし、たまたま得られた実験データから法則を発見する場合は、むしろブリコラージュに近い思考なのではないだろうか。科学の概念などを用いていても、そこにはブリコラージュ的発見の思考が介在しているのではないだろうか。実際、生物学、教育学、情報システム学の分野では、自分たちの方法が

ここでまず検討したいのが「アフリカ的段階」である。この言葉は、もともとヘーゲル『歴史哲学講義』のなかに登場するアフリカを、吉本隆明が再解釈したものである。よく知られているように、ヘーゲルの世界史は自由の実現の過程である。歴史は地理的に東から西に展開される。まず古代アジアでは専制君主一人が自由であり、次に奴隷以外の一部の人たちにしか自由が認められない古代ギリシアとローマを経て、最後にキリスト教ゲルマンで万人の自由が実現されていくのである。ところがよく見てみると、この世界史のなかにアフリカの場所はない。アフリカは世界史から完全に排除されているのである。ヘーゲルは、アフリカの黒人たちには文化もなければ発展することもないと考えている。今日から見れば、ヘーゲルの発言はアフリカの人たちへの偏見と差別に満ちたとんでもないものであるが、アフリカ排除の姿勢はマルクスにも見られる。『資本制生産に先行する諸形態』のなかで、彼は原始時代と古典古代社会をつなぐものとしてアジア社会を考えたが、アフリカはここでも蚊帳の外に置かれていた。私たちの習った高校の世界史にしても、エジプトなどの北アフリカを除けば、大航海時代にヨーロッパと接触してからしかアフリカは歴史の舞台には登場しない。私たちの世界史の見方は、なおもヘーゲル的な呪縛のもとにあるのではないだろうか。それに対して吉本隆明は、こういった世界史を反省し、歴史の外に排除されていたアフリカを歴史の内部に取り込み、しかも歴史の原点として解釈し直している。アフリカに「人類史の母型（母胎）」を見出し、それを起点に歴史を異なるかたちで提示しようとしているのだ。これが「アフリカ的段階」にほかならない。「段階」という言葉を使っているのは、アフリカに「未明社会の世界普遍的な共通性」を見出しているからである。つまり、「アフリカ的段階」は、歴史・地理上のアフリカに特有なものではない。アメリカ大陸の先住民、オーストラリアの先住民、日本でいえばアイヌの人びとなどである。歴史をさかのぼれば、縄文人もその範囲に入っている。吉本がここでかなり大雑把に指し示しているのは、農耕以前の狩猟・採集の人びとのことである。

「アフリカ的段階」にある狩猟・採集の人びとの思考法として、ブリコラージュが挙げられる。ブリコラージュはもともとフ

二　次の文章を読んで、問いに答えよ。

私たちが現在使っている教養という言葉は、西欧の伝統に由来する。「教養ある人」の教養は、英語のカルチャーである。この言葉は、農業（アグリカルチャー）とも密接な関係がある。両方とも「耕す（カルティヴェイト）」ことと関係しており、その語源にラテン語のコレーレ（耕す）がある。もともと「畑を耕すこと」であったものから転じて「心を耕すこと」になり、文化や教養の概念が形成されてきたのである。だから、「教養ある人」には、表面的な知識をただ寄せ集めただけの存在ではなく、耕された土地から育ったような知識をしっかりとものにしている人というイメージが伴っている。西欧の教養の発想の根本にあるのは、農耕なのである。大学でもゼミと呼ばれるものは、ドイツ語のゼミナールの略であり、種まきに由来している。ここでも農耕が、この教育形式の根本に存在している。これは講習会と見なされるセミナーの場合も同じである。ゼミナールもセミナーも起源をたどれば種まきなのである。

今、こういった西欧由来の教養概念は限界をむかえている。読書を通して時間をかけて知識を自分のものにし、それを通して人格も高めていくような古典的な教養の概念は、その力を失いつつあるのだ。大学教育が大衆化しそのレヴェルが低下し、ゆっくりとしたリズムの古典の読書に対する関心が失われて、インターネットで得られた膨大な情報をスピーディーに処理することが求められる今日、教養をどう考えたらよいのだろうか。教養はある種の曲がり角にさしかかっているのだ。

ここで私が提案したいのは、教養を農耕以前の状態にさかのぼって考えてみることである。人類の歴史では、農耕が始まる以前に狩猟・採集の時代があった。この時代に文化がないと考えるのなら、それはあまりに傲慢な見方であろう。むしろ、この時代にすでに文化、さらには教養の基盤が存在したと考えるべきではないだろうか。そう考えるならば、教養の原点は栽培されたものではなく、野生にあると言えるだろう。㋐従来の文化＝教養の語源からは考えられないことではあるが、教養概念が不可能になる地点から教養を考えることで、教養の西欧中心的な枠組みを突き破ることができるのではないだろうか。

問7　傍線㋒に「共同規範としてのことばは後景にしりぞく」とあるが、その説明として、最も適当なものを、次のなかから選び、その番号をマークせよ。

1　言語の共同規範から突出した表現を用いたために伝達不可能なものへと変化したこと
2　固有の文体をもった芸術表現によって共同規範としての言語が潜在化するということ
3　同時代に創出された芸術表現は共同規範としての日常語を没個性化させるということ
4　日常的な共同規範を超えた固有の表現によって言語の表現性が希薄化するということ
5　萩原朔太郎の文体が明治以来の近代詩の共同規範性を本質として隠しもつということ

問8　傍線㋓に「作品が孤立している」とあるが、そのことを最も端的に表している部分を、本文中から四十字以内でそのまま抜き出して、始めと終りの五字を書け。

問9　本文の内容に合うものを、次のなかから二つ選び、その番号をマークせよ。

1　徹底した模倣による独創は、既存のものを否定的に生かしつつ高次の段階に向かうことで新たな伝統を生む。
2　芸術家は、日常的な言語世界を超えることで、個人的な感情や観念を言語芸術に昇華させようと腐心する。
3　我々は、政治や社会などの現実とは全く別次元の言語芸術の世界を真に理解することは不可能である。
4　文学者には、日常の素材をそのまま表現しながら芸術的な作品を生むという独特の言語感覚がある。
5　ブランショの『文学空間』は、現実否定的な作者の孤独感を背景とした想像と幻視の力に満ちている。
6　虚構によって緊密に構成された作品は、作者から自立した作品そのものの存在感を有している。

問10　二葉亭四迷と活躍した時代が異なる作家を、次のなかから一人選び、その番号をマークせよ。

1　幸田露伴　2　坪内逍遙　3　森鷗外　4　尾崎紅葉　5　川端康成　6　樋口一葉

かから選び、その番号をマークせよ。

1　共同規範としての言語は、表現主体の姿勢が日常的であるか芸術的であるかに応じて、異なる様相のもとにあらわれるために、おなじ言語意識を維持することが困難だから

2　日常表現と文学表現の双方の共同規範にはさまれながら、独自の文体を追求することは、ことばの芸術性をめぐる格闘という前例のない試みであるから

3　表現者が文学作品を構成する際に用いる言語は、表現主体にとっては、単なる素材ではなく、豊かな内容をもった共同規範としての言語となり得るから

4　文学者は常に日常語を素材として文学作品を構成するが、共同規範としての言語は、表現主体の言語意識によって、異なった意味をもつものだから

5　表現者の言語に対する意識が日常を超えて芸術的なものになることで、目の前にある素材は共同規範としての言語として、表現上の価値が高められるから

問6　傍線㋑に「意識的な努力が要求されることになる」とあるが、その理由として、最も適当なものを、次のなかから選び、その番号をマークせよ。

1　独自の文体を創出するには、共同規範としての芸術言語によって、日常語の共同規範を超える必要があったから

2　独自の文体を創出するには、共同規範としての日常語をもとに、日常性と芸術性の要素を融合させる必要があったから

3　独自の文体を創出するには、表現主体の経験や思想を背景とした、日常語の共同規範を構築することが必要だったから

4　独自の文体を創出するには、共同規範としての日常語によって、文学言語の共同規範を超える必要があったから

5　独自の文体を創出するには、日常表現と芸術表現との意識の相違を、表現主体が常に自覚することが必要だったから

を放つ価値体としてあらわれ出るのだ。

世界を沈黙させるようにして存在する芸術作品の、孤独で非現実的なありようを作品の虚構性と名づければ、「世界に参加しまいとする主観的な情熱」は虚構性への情熱と名づけることができる。ことばが虚構性をひとつの世界として構成しえたとき、そこに一箇の芸術作品が生まれたといってよく、表現は、日常的な共同規範をも芸術的な共同規範をもぬけだした独自の文体へと結晶する。かくてわたしたちは、その作品世界の内部で、虚構の美しさや虚構のリアリティを問題としうるのである。

そういう虚構性が作品をくまなく支配するにいたるとき、作品は作者からも孤立するように見える。もともと芸術的な表現意識をもって〈ことば―人間―ことば〉の過程をたどる文学主体は、現実世界と観念世界の双方にまたがる分裂した存在として表現活動をいとなんでいるのだが、その表現活動が作品として完結すると、作品はあたかもみずからの力によって存在しているかのような自足性を手に入れるので、作者をその背後に想定することが余計なことに思えてくるのだ。

（長谷川宏『ことばへの道』による。なお一部を改めた）

注　モーリス・ブランショ＝フランスの哲学者・作家・批評家（一九〇七〜二〇〇三）。

問1　傍線①、④の読み方をひらがなで書け。

問2　傍線②、③のカタカナを漢字に改めよ。楷書で正確に書くこと。

問3　[A]に入れるのに、最も適当なものを、次のなかから選び、その番号をマークせよ。

1　矛盾　2　憶説　3　詭弁（きべん）　4　弁証　5　錯覚　6　逆説

問4　[B]に入れるのに、最も適当な語句を、本文中からそのまま抜き出して、三字で書け。

問5　傍線㋐に「日常語を不当に貧相なものとしてイメージしている」と筆者が考える理由として、最も適当なものを、次のな

芸術とは世界の沈黙のように見える。世界のなかにある実用的なもの、現実的なものの沈黙ないし中性化のように見える。イメージが対象の不在であるように。

芸術は世界に参加しまいとする主観的な情熱である。ここ、世界のなかでは、目的への服従、計量、まじめさ、秩序が、科学、技術、国家が、意味、価値の確信、善と真の理想が、支配している。芸術は《さかさまの世界》である。不服従、法外、くだらなさ、無知、悪、無意味などがすべてこの世界に属する。

作品は孤立している。といっても、それが伝達不可能なもの、読者をもたないものだというのではない。だが作品を読むものは作品の孤独を肯定する位置にひきずりこまれる。ちょうど、作品を書くものが、この孤独の危険に参与するように。

(エ)作品が孤立している、ということばは、文学作品の読書体験の本質を簡潔にいい当ててみごとだ。作品の孤立は、『文学空間』で主題的に取りあげられる、マラルメやリルケやカフカやヘルダーリンのような、作者が孤独な内面を切りきざむようにしてつくりあげた作品だけに見られる現象ではない。バルザックやトルストイの小説のような、虚構の力が全篇にみなぎる作品でも、作者の想像と幻視の力が現実の世界と見まがうばかりの、しかし現実世界とはあきらかに異質な作品世界を生みだしているので、ブランショのいうように、それらの作品を享受することは充実した孤立とでもいうべきものを肯定することにほかならない。現実世界にもいくらも存在する、不服従、法外、くだらなさ、無知、悪、無意味、などを、あえて芸術の世界に属するものだとブランショにいわせたものは、疑いもなく、世界を沈黙させるにたるほどの作品世界の存在感であって、その存在感に浸されたものにとっては、不服従、法外、くだらなさ、無知、悪、無意味は、現実世界にそれが存在するのとは質的に異なった、独自の④光芒

的に、さまざまな意味や価値のふくらみをもった共同規範としての言語だ。

素材として言語はおなじでも、共同規範としての言語は、日常表現と芸術表現の双方にとっておなじものだとはかぎらない。むしろ、共同規範としての言語は表現主体が日常的であるか芸術的であるかに応じて、異なった様相のもとにあらわれるのがふつうであって、たとえば、詩や小説を読んだり書いたりするときと、消息文を読んだり書いたりするときとでは、おなじ言語意識を維持することのほうがかえってむずかしい。だから、たとえば二葉亭四迷の言文一致の試みのように、芸術表現の領域で日常語の感覚に近づこうとするには、㋑意識的な努力が要求されることになる。二葉亭四迷は、いってみれば、日常語の共同規範に就くことによって文学言語の共同規範を突きくずそうとしたのである。日常表現における共同規範と文学表現における共同規範のあいだにはさまれつつ、みずからの文体を求めて苦しみぬくという事態は、ことばの芸術性をめぐってすぐれて文学的に格闘することだった。

文体は共同規範としてのことばを隠しもっている。たとえば萩原朔太郎の文体は、同時代の日常語の共同規範と明治以来の近代詩が③チクセキしてきた共同規範とを隠しもっている。が、隠しもたれた共同規範がそのまま文体の価値を構成するわけではない。それは文体の一般的な水準を規定するにすぎない。価値は文体が日常的な共同規範をも文学的な共同規範をも突出するところに集中してあらわれる。読者の立場からいえば、文学作品の表現上の価値を問うことは、その文体がことばの共同規範性をどのようにふまえ、それをどのように突出したかを問うことにほかならない。

突出したところに焦点を合わせれば、㋒共同規範としてのことばは後景にしりぞく。芸術的な表現が固有の文体をつくりだしているところでは、共同規範としてのことばは沈黙を守っているように見える。モーリス・ブランショの『文学空間』は、芸術作品のそのようなありようにさまざまな角度から丁寧に光を当てたものであった。芸術作品の現実否定的な契機を強調したことばを、任意にいくつかぬきだしてみよう。

術家のエイイ②を、言語表現の構造のうちにとらえようとするものにほかならない。

ことばをめぐる共同性の形成過程には言語主体の現実からの超出という契機が必然的にふくまれることは、言語の原理にかかわる事柄だ。ことばは、現実を超えることにおいて現実の表現であり、現実の表現であることにおいて現実を超えるような、そういう存在として、人間の共同的な関係をなりたたせるのだった。

芸術としての言語は、そういう言語的な B をいまいちど超えようとするものだ。自然的な世界を超えたところに日常的な言語世界が成立するとすれば、言語芸術の世界はその日常的な言語世界をさらに超えたところに成立する。芸術としての言語にとっては、自然的世界と日常言語の世界のふたつが、位相を異にしつつ、ともども対象的な現実としてあらわれる。芸術を表現の問題としてとらえようとするわたしたちは、共同規範的な現実として目のまえにある日常言語を、表現主体がどのように芸術表現へと克服していくかに照準を合わせて考察をすすめなければならない。

まず、日常言語といい芸術言語といっても、どちらもおなじことばからなりたっていることを確認するところからはじめよう。

木曽路はすべて山の中である。

という一文は、日常言語として表現することもできれば芸術言語として表現することもできる。そして日常表現なら日常的な価値を問題とすることができるし、芸術表現なら芸術的価値を問題としうる。そのとき、「キソジハスベテヤマノナカデアル」という音声と、「木曽路はすべて山の中である」という字義どおりの意味とを、素材としての言語と見なせば、日常表現も芸術表現もおなじ素材からなっているといってよかろう。むろん、素材としての言語とは分析のための理論的抽象物で、日常言語においても芸術言語においても、素材が素材のままで表現されたり理解されたりすることはありえない。文学者がときに、日常語を素材として文学作品を構成する、といういいかたをするとき、かれは㋐日常語を不当に貧相なものとしてイメージしている。日常の言語主体にとっても芸術的な言語主体にとっても、目のまえにあるのは素材としての言語ではなく、日常的に、あるいは芸術

創的と呼ぶに値する。伝統のおそろしさは、そういう模倣を強制し、また可能にするところにある。伝統を生かすということは、伝統を超えるというまさにその努力において伝統にふかく交わり、その交わりのなかであらたな伝統をつくりだしていくということとべつのことではない。いい加減な模倣からはいい加減な独創しか生まれず、いい加減な独創はいい加減な模倣に満足する、というのが古今に変わらぬ芸術上の真理で、そういう独創や模倣は、伝統を支えることもつくりかえることもなく、伝統のなかに埋もれていくだけだ。もっとも反伝統的に見えるものがもっとも伝統的であるという［A］は、芸術の世界ではめずらしいものではない。後期セザンヌの連作「サント・ヴィクトワール山」における独創は、印象派に一定の集約を見た絵画の伝統に身を浸し、それを技術的にも思想的にもくぐりぬけることによってはじめて得られたものだ。人間が時代の子だというヘーゲルの名言は、芸術にも、いや芸術だからこそいっそうよく、当てはまる。

詩や小説など、言語の芸術についても事情は変わらない。時代を超える詩や小説は時代にふかくかかわることによってしか生まれない。既存のものを真に超克するには、これを単純に否定するのではなく、自己のうちに否定的に生かしつつさらなる高次の段階にむかわねばならない、と力説したのはヘーゲルだったが、詩や小説は既往の文学的現実にたいし、まさにこれを否定的に生かしつつ、さらなる高次の段階にむかうことによって芸術的な自立性を獲得するのである。

芸術的な自立を志向する文学者たちは、みずからの言語表現のありようをふかく省察せざるをえない。現実を文学的に克服するとは、なによりもまず、表現にかかわる問題なのだから。言語表現が、ひろい意味での現実世界を超えた独自の価値を提起しうるか否か、もっといえば、独自の価値として存在しうるか否かが、文学が文学として自立しうるか否かの基本条件だといってよい。ここにあえて「ひろい意味での現実」とことわり書きをしなければならないのは、文学の対決する現実が、原則として、政治的・社会的な現実にとどまらず、日常の個人的な感情や観念や価値意識や美意識をもふくむ、物質的かつ精神的な世界の総体だからだ。ことばの芸術性をあきらかにする試みは、そのような総体としての世界に対決し拮抗①しこれを克服しようとする芸

国語

（八〇分）

解答に字数制限がある場合には、句読点・カッコも一マスとすること。
受験学部・受験方式によって、解答すべき問題を指定しているので注意すること。

方式		問題
学部個別配点方式	文学部以外	一 二 三
	文学部※	一 二 三　または　一 三 四
英語重視方式	APU	一 二 三

※文学部は**二**（現代文）と**四**（漢文）が選択問題。両方とも解答した場合は高得点の方を採用。

一　次の文章を読んで、問いに答えよ。

芸術は独創的なものだ、という。独創的でなければならぬ、ともいう。が、絵でも彫刻でも音楽でも舞踊でも演劇でも、なにからなにまですべて独創的だということはありえない。独創的なところが目につきやすいからそう思えるだけで、独創の反対概念が模倣だとすれば、独創は模倣のうえにしかなりたたない。模倣に徹しきることで既存のものを超えるような作品もまた、独

解 答 編

英　語

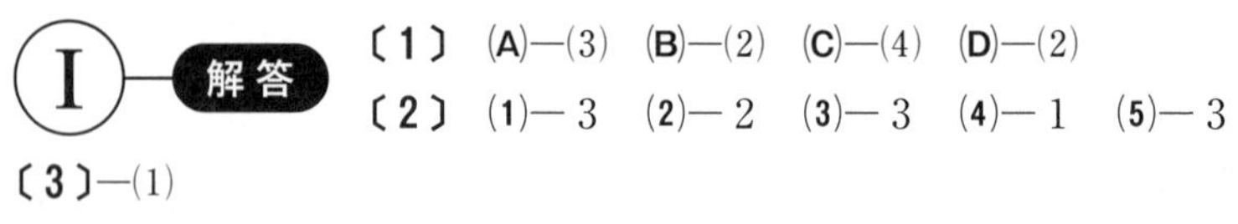

〔1〕　(A)―(3)　(B)―(2)　(C)―(4)　(D)―(2)

〔2〕　(1)―3　(2)―2　(3)―3　(4)―1　(5)―3

〔3〕―(1)

全訳

《バナナを守れ：歴史的に奥深い遺伝子群を活用する》

1　人は自分の食物の由来を知りたがるものだが，現代のバナナの起源については，専門家でさえよくわかっていない。100種類以上の野生バナナと栽培バナナの新たな研究における遺伝子解析から，バナナの複雑な栽培史が明らかになり，これまで知られていなかった現存しているかもしれない3つの祖先の存在が確認された。バナナの専門家たちは，それらの遺伝子が現代のバナナ作物の保全に役立っているかどうかを確かめるため，謎に包まれた祖先を追跡したいと考えている。「バナナの栽培は，私がこれまで思っていたよりもずっと複雑です」と，この研究には参加していない生物学者，ローレン=リーセバーグは言う。

2　約7,000年前のバナナは，今日，私たちが知っているような種のない果物ではなく，黒い種だらけでほとんど食べることができなかった。そのかわり，人々はバナナの木の花や根を食べ，木の他の部分からロープや衣服も作っていた。研究目的でバナナの品種を収集している遺伝資源科学者のジュリー=サルドスは，当時のバナナの木は，「今日私たちが農園で目にするものとはまったく違っていました」と言う。科学者たちは，バナナの主な野生の祖先がインドからオーストラリアにかけて分布するムサ・アクミナータという種であることを特定している。現在，バナナの品種は1,000以上ある。スーパーで売られている現代のバナナは，長い栽培の過程で種を失い，より甘くなった。私たちが知っているような農作物化されたバナナが最初に出現した場所については，ほとんどの研究者が同意しているが，その栽培方法と時期を正確に確定するのは難しい。問題をさらに複雑にしているのは，染色体が通常の２組のバナナもあれば，３組以上あるバナナもあるということだ。このことから，少なくとも現代のバナナの一部は，２つ以上の品種，あるいは異なる種の異種交配によって生まれた雑種であることが示唆される。

3　今日のバナナの歴史的に奥深い遺伝子群を活用しようとするのには，それなりの理由がある：年間1,000億本のバナナを生産する80億ドル規模のバナナ産業は，パナマ病などの病気によって脅かされている。バナナ育種家たちはこのような病気，特にアメリカやヨーロッパに輸出されるバナナの半分以上を占めるキャベンディッシュ・バナナを襲う病気に対抗する方法を見つけようとしている。育種家の中には，病気に強い野生種や希少品種を集めている者もいる。また，遠い祖先からの遺伝子の導入が，現代のバナナの強化に役立つ可能性を研究している者もいる。遺伝子解析は，栽培の歴史をまとめ，先祖代々の果実の生きた標本を見つけるのに役立つ。科学者のナビラ=ヤヒアウイと同僚たちは，以前，野生バナナと農作物化されたバナナの24の標本から採取したDNAを比較した。そのうちの数本で，彼らは特異なものを発見した：他のどのサンプルにもDNAが一致しなかったのだ。これに基づき，2020年，彼らはムサ・アクミナータと他の既存の野生近縁種に加え，２つの未知の種が現代のバナナにDNAをもたらしたと報告した。

4　新しい研究で，サルドスとその同僚はこの研究をさらに発展させ，染色体が３組あるキャベンディッシュ種とは違い，最初に栽培されたバナナにより近いと思われる２組の染色体を持つバナナ品種に焦点を当てた。彼らは，野生の近縁種68種と，サルドスのチームがニューギニアで収集した25種を含む154種の栽培バナナのDNAを採取した。オーストラリア国立大学の科学者で，この研究には参加していないティム=デナムによれば，これは注目に値する栽培品種数であり，中には入手困難な品種もあったという。この比較から，バナナがもともとニューギニアで栽培されていたことが証明され，バンクシアと名付けられたムサ・アクミナータ亜種が最初に栽培されたことが明らかになった。この亜種が後に，より広く栽培されるようになった品種につながった，とサルドスらは『Frontiers in Plant Science』誌で報告している。「この結果は極めて重大なもので，多くの分野におけるこれまでの研究結果を裏付けるものです」とデナムは言う。このサンプルから，バナナの遺伝物質の３つ目の未知の供給源の存在も指摘されたと，研究チームは報告している。科学者たちはこの３種をまだ特定できていないが，彼らのデータから，１種はニューギニア，１種はタイ，３種目はボルネオ島北部からフィリピンにかけてのどこかが起源であることが推測されている。

5　加えて，ニューギニアの現代バナナの品種が，野生の祖先よりも遺伝的に多様であることを知り，デナムは驚いた。「これとは対照的に，遺伝学のほとんどの論証は，初期品種改良がボトルネックになることを示唆しています」と彼は言う。彼は，バナナ生産者が作物の改良に取り組んでいる間でさえ，野生品種との異種交配は行われ続け，異なる遺伝的祖先を持つバナナの房が生まれたのではないかと考えている。「この研究によって，ある作物種の進化における交雑の重要性がさらに確認されました」と，ヒマワリの研究で，異種交配が進化にとって重要である可能性を実証してきたリーセバーグは言う。バナナ研究の分野は多くの可能性を秘めている：サルドスや他のバナナの専門家たちは，バナナの祖先の故郷にある小さな農園やその他の場所に行き，他の現代的な近縁種を見つけられるかどうかを確認したいと考えている。そして，それらもまた，商業用バナナと交雑可能な病気に強いバナナを作り出すかもしれない。

出典追記：Researchers have gone bananas over this fruit's complex ancestry, Science on October 14, 2022 by Elizabeth Pennisi, American Association for the Advancement of Science (AAAS)

解説

〔1〕 (A)「研究者が現代のバナナの祖先を探しているのはなぜか」

「バナナの祖先を探している理由」に関しては第１段第３文（Banana experts want …）に「バナナの専門家たちは，それらの遺伝子が現代のバナナ作物の保全に役立っているかどうかを確かめるため，謎に包まれた祖先を追跡したいと考えている」とある。選択肢はそれぞれ，

(1)「パナマ病の原因を特定するため」

(2)「バナナが最初に栽培された場所を見つけるため」

(3)「現代のバナナの健康を守るための遺伝子材料を見つけるため」

(4)「野生と栽培されたバナナの種類の数を特定するため」
の意味だから，正解は(3)だとわかる。

(B)「本文によると，古代人が食料として利用していたのは次のうちどれか」

「バナナのどの部分を古代人が食べていたか」に関しては第2段第2文（Instead, people ate …）に「人々はバナナの木の花や根を食べ，木の他の部分からロープや衣服も作っていた」とある。選択肢はそれぞれ，
(1)「バナナの種」
(2)「花と根」
(3)「ムサ・アクミナータの果実」
(4)「種のない甘いバナナ」
の意味だから，正解は(2)だとわかる。

(C)「ジュリー=サルドスとその同僚らによる研究は，はじめて栽培されたバナナについて何を示唆しているか」

「はじめて栽培されたバナナ」に関しては第4段第4文（The comparison provided …）に「バナナがもともとニューギニアで栽培されていたことが証明され，バンクシアと名付けられたムサ・アクミナータ亜種が最初に栽培されたことが明らかになった」とある。選択肢はそれぞれ，
(1)「3組の染色体を持っていた」
(2)「68の異なる起源からのDNAを持っていた」
(3)「原産地はボルネオ島北部とフィリピンである」
(4)「ニューギニアを起源とするバナナの一種である可能性が高い」
の意味だから，正解は(4)だとわかる。

(D)「ティム=デナムはサルドスの研究のどのような結果が予想外だったと感じたか」

「サルドスらの研究結果に対するデナムの驚き」に関しては最終段第1文（In addition, Denham …）に「ニューギニアの現代バナナの品種が，野生の祖先よりも遺伝的に多様であることを知り，デナムは驚いた」とある。選択肢はそれぞれ，
(1)「バナナの異種交配が重要であること」
(2)「今日のバナナの中には遺伝的多様性が高いものがあること」
(3)「バンクシアは他のバナナよりも早くから栽培されていたこと」

⑷「現地の科学者がバナナの全種を特定しているわけではないこと」の意味だから，正解は⑵だとわかる。

〔2〕 **⑴**「現代のバナナは祖先の品種よりも皮が薄く，むきやすい」

第2段第1文（About 7,000 years ago, …）に「約7,000年前のバナナは，今日，私たちが知っているような種のない果物ではなく，黒い種だらけでほとんど食べることができなかった」，また第2段第6文（Over the course of …）に「長い栽培の過程で種を失い，より甘くなった」とはあるが，皮の「厚さ」や「むきやすさ」に関する言及は本文にはない。よって不明と言わざるを得ない。

⑵「これまで知られていなかった3種類のバナナの祖先が突き止められ，特定された」

第4段最終文（Scientists have yet …）に「科学者たちはこの3種をまだ特定できていない」と明確にあるので，不一致。

⑶「現代バナナの栽培は1,000年以上前に行われた」

第2段第1・2文（About 7,000 years ago, … of the tree.）にはその「花と根」を食用としていたとあるが，「今日のバナナの栽培がいつからはじまったのか」に関する明確な言及はない。よって不明と言わざるを得ない。

⑷「バナナの起源に関する研究は経済的な理由から重要である」

第3段第1～3文（There's good reason to … resistant to disease.）に「現代バナナの歴史的に奥深い遺伝子群を活用しようとするのには，それなりの理由がある」と明確に書かれており，また「80億ドル規模のバナナ産業は，パナマ病などの病気によって脅かされており，特にアメリカやヨーロッパに輸出されるキャベンディッシュ・バナナを襲う病気に対抗する方法を見つけようとしている」とその言い換えを具体的に記述している。よって，一致。

⑸「世界で食べられているバナナの50％以上がキャベンディッシュ種である」

第3段第2文（Banana breeders are …）に「アメリカやヨーロッパに輸出されるバナナの半分以上を占めるキャベンディッシュ・バナナ」とはあるが，世界中で食べられているバナナの50％以上が同種であるという明確な言及は本文にはない。よって，不明としか言いようがない。

〔3〕 本文は，「バナナの品質を守るために歴史的に奥深い遺伝子群を活用すること」が話題であった。選択肢はそれぞれ，

(1)「過去を研究して現代のバナナを守る」

(2)「いかにバナナの木は実をつける以上のことをなすのか」

(3)「現代のバナナを研究して新しいスーパーフルーツを開発する」

(4)「異種交配がキャベンディッシュ・バナナの個体群に与えたダメージ」

(5)「アメリカとヨーロッパにおけるバナナ産業の重要性」

の意味だから，正解は(1)だと判断できる。

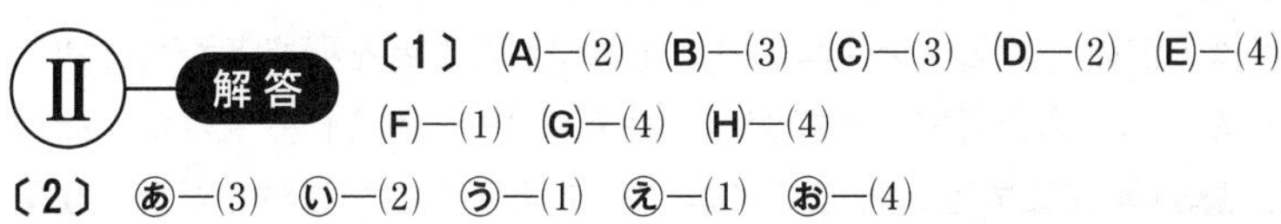

Ⅱ 解答

〔1〕 (A)―(2)　(B)―(3)　(C)―(3)　(D)―(2)　(E)―(4)　(F)―(1)　(G)―(4)　(H)―(4)

〔2〕 ㋐―(3)　㋑―(2)　㋒―(1)　㋓―(1)　㋔―(4)

全訳

《シーフードの変遷：メニューから見た気候変動》

1 ブリティッシュ・コロンビア州バンクーバーは，シーフード天国として知られている。かつて鮭が豊富だったフレーザー川の河口に位置し，西にはバンクーバー島，その向こうには太平洋が広がる。都市になるずっと以前から，ここは様々な先住民族にとって豊かな漁場であり，彼らは今でも食料と同様に文化的，精神的な拠り所としてその水に依存している。今日では，新鮮な鮭やオヒョウといった地元の名物を味わうために，世界中から観光客がやってくる。その一方で，水中の様相は変わりつつある。

2 気候変動は，バンクーバー近海に生息する海洋生物とそれに依存する人々にとって深刻な問題となっている。ブリティッシュ・コロンビア大学（UBC）の研究チームは新たな研究で，気候変動の影響がすでに人々の日常生活に現れていることを，ある意外な方法で示している。それを見つけるために，彼らは温度計や氷床コアではなく，レストランのメニューを調査した。UBC で漁業を研究する科学者であり，この研究の著者の一人であるウィリアム=チャンは，時とともに移り変わる状況を示す記録として，レストランのメニューを選んだのだと説明する。チャンは，気候変動とそれが世界の海に及ぼす悪影響の研究に自らのキャリアを費やしてきた。彼は以前，国連気候変動パネルの主要な報告書のいくつかに貢献しているが，UBC の学生であるジョン-ポール=ンとともに，それらの変化を研究し伝

える別の方法を見つけたいと考えていた。「特にバンクーバーでは，多くの人がレストランに出かけてシーフードを楽しみます。ですから，気候変動がレストランで提供されるシーフードに影響を及ぼしているかどうかを確かめたかったのです」とチャンは言う。

③　チャンとンは，バンクーバー市内の何百というレストランから，さらに北はアラスカ州アンカレッジから南はカリフォルニア州ロサンゼルスまで広範囲に及ぶレストランからメニューを集めた。現在のメニューは簡単に見つけることができたが，バンクーバーのシーフードの歴史を調べるのは少し難航した。地元の博物館や歴史協会，さらには市役所（市役所には100年以上前のレストランメニューの記録があることを研究者たちは知って驚いた）の協力を得て，一風変わったデータセットを作り上げた。その結果，1880年代までさかのぼるメニューを発見することができた。収集したデータを使って，彼らは「レストラン・シーフードの平均水温(MTRS)」と呼ばれる指標を作成した。それは，メニューにある種が，好んで生息する場所の平均水温を反映している。彼らの予想通り，ロサンゼルスのMTRSはアンカレッジよりも高く，バンクーバーはその中間だった。しかし，バンクーバーのMTRSがどのように変化したかを分析した結果，レストランのメニューには生息海水温度のより高い種が多くなってきているという有意な傾向が見られた。1880年代，バンクーバーのMTRSはおよそ10.7℃だった。現在は13.8℃である。

④　研究者たちは，現代と過去のレストランのメニューを使って，私たちが食べる種が時代とともにどのように変化してきたかを追跡した。この研究で重要なデータ源となったレストランのひとつが，港から徒歩10分の金融街にある歴史あるホテル・バンクーバーである。チャンとンは，1950年代から現在に至るまでの，このホテルのメニューの実例を見つけることができた。ホテル・バンクーバーの料理長を務めるデビッド=バーシャーは，ブリティッシュ・コロンビア州の豊富な海産物に囲まれて育った。結果，彼は地元の食材を使った料理に情熱を注ぐようになった。シェフというものは，人々の好みを考慮するものだが，メニューはその近海で泳いでいるものを反映するものでもある。バーシャーによれば，彼とレストランのスタッフが発注する海産物を決める際には，顧客の好みと入手可能なものとのバランスを取る必要があるという。「私たちは普通，近隣の卸業者

と話します」とバーシャーは説明する。「じゃあ，これから旬を迎えるものは？　メニューに載せられるような十分な量を我々に卸せるものは？」

5　温暖化が進むにつれ，メニューに載るほど豊富な種は変化し続けている。チャンとンの研究が予測するように，紅鮭のような地元産の冷水魚種はバンクーバーのメニューから減り続けるのかもしれない。2019 年，ブリティッシュ・コロンビア州の鮭の漁獲量は過去 70 年間で最低となった。それに代わって，南方系の種が増えつつある。これらの新入荷の中で最も注目すべきもののひとつは魚ではなく，アメリカオオアカイカで，漁師の網だけでなく街中のレストランにも登場し始めている。シェフの立場から，バーシャーはこの変化を良い点もあれば悪い点もある状況として受け止めている。新しい種類の魚介類は調理する上では刺激的だが，その代償として親しまれてきた魚介類がなくなってしまう。「ある魚を知り，愛するようになり，その魚が少なくなり，同じ魚を見かけなくなると，いい思い出なだけに少し悲しくなるんです」と彼は言う。顧客はお目当ての品が皿にのることを期待して来るので，この変化はバンクーバーの観光産業にもダメージを与える可能性がある。「誰もがオヒョウのシーズンが来るのを待っているんですよ」とバーシャーは言う。「そしてもしメニューにオヒョウがなければ，『なぜ？』と尋ねるでしょうね」

解説

〔1〕 (A)　空所を含む部分は「ブリティッシュ・コロンビア州バンクーバーは，シーフード天国（　　　）」の意。選択肢はそれぞれ，(1)「～では決してない」，(2)「～として知られている」，(3)「～ではもはやない」，(4)「～になろうと画策している」の意味である。第 1 段は最終文を除き，同地域は歴史的に海産物が豊富であることを示しているので，(2)が正解。

(B)　空所を含む部分は「気候変動は，バンクーバー近海に生息する海洋生物とそれに依存する人々にとって（　　　）」の意。空所部分には「大問題になっている」といった意味の語が入ると読み取れる。選択肢はそれぞれ，(1)「驚くべき恩恵をもたらしてきた」，(2)「いまだ影響を与えていない」，(3)「深刻な問題である」，(4)「間もなく影響を与えはじめる」の意味であるので正解は(3)である。(4)は後述からもわかるように，すでに影響は出ているので不適切。

(C)　空所を含む部分は「現在のメニューは簡単に見つけることができたが，

バンクーバーのシーフードの（　　　）を調べるのは少し難航した」の意。空所部分には「現在のメニュー」の対比となる「過去のメニュー」といった意味の語が入ると読み取れる。選択肢はそれぞれ，(1)「経済学」，(2)「味」，(3)「歴史」，(4)「人気」の意味であるから，それに最も近いのは(3)である。

(D)　空所を含む部分は「しかし，バンクーバーのMTRSがどのように変化したかを分析した結果，レストランのメニューには生息海水温度のより高い種が（　　　）という有意な傾向が見られた」の意。空所部分には温暖化傾向の結果，海水温の高い地域の種が「増えている」といった意味の語が入ると読み取れる。選択肢はそれぞれ，(1)「人気をなくす」，(2)「多くなっている」，(3)「高額になっている」，(4)「極めて珍しい」の意味であるから，それに最も近いのは(2)である。

(E)　空所を含む部分は「研究者たちは，現代と過去のレストランのメニューを使って，私たちが食べる種が（　　　）どのように変化してきたかを追跡した」の意。空所部分には「歴史的に」といった意味の語が入ると読み取れる。選択肢はそれぞれ，(1)「文化に起因して」，(2)「より良くするために」，(3)「我々の健康」，(4)「時間の経過とともに」の意味であるから，それに最も近いのは(4)である。

(F)　空所を含む部分は「（　　　），彼は地元の食材を使った料理に情熱を注ぐようになった」の意。空所部分には前文にある，バーシャーの豊かな海産物に囲まれて育ってきた成育歴の「おかげで」といった意味の語が入ると読み取れる。選択肢はそれぞれ，(1)「その結果」，(2)「たとえば」，(3)「しかしながら」，(4)「対照的に」の意味であるから，それに最も近いのは(1)である。

(G)　空所を含む部分は「（　　　）が進むにつれ，メニューに載るほど豊富な種は変化し続けている」の意。空所部分には前述の展開から「水温上昇」といった意味の語が入ると読み取れる。選択肢はそれぞれ，(1)「価格」，(2)「需要」，(3)「議論」，(4)「温暖化」の意味であるから，それに最も近いのは(4)である。

(H)　空所を含む部分は「『特定の魚種を知り，愛するようになり，その魚種が減少し，（　　　）を見かけなくなると，いい思い出なだけに少し悲しくなります』と彼は言う」の意。空所部分には「慣れ親しんだ魚」といった意味の語が入ると読み取れる。選択肢はそれぞれ，(1)「南方から移動してきた魚」，(2)「簡単に調理できる魚」，(3)「メニューに載る新しい魚」，(4)「同じ魚」の意味であるから，それに最も近いのは(4)である。

〔2〕 ㋐ 下線部㋐「これら」の指示対象は第2段第3文（To find it, …）に記述された「レストランのメニュー」である。選択肢はそれぞれ，

(1)「漁業」

(2)「海洋生物」

(3)「レストランのメニュー」

(4)「温度計と氷床コア」

という意味。よって，これらの中で上記の内容に合致しているのは(3)だとわかる。

㋑ 下線部㋑「それらの変化」の指示対象は第2段第4・5文（William Cheung, a … the world's oceans.）に記述された「温暖化により時間とともに移り変わる海洋の状況」である。選択肢はそれぞれ，

(1)「漁業の収益に影響を与える変化」

(2)「地球温暖化による海洋の変化」

(3)「生物学の研究方法の変化」

(4)「観光客が食べたいと思う魚介類の種類に影響する変化」

という意味。よって，これらの中で上記の内容に合致しているのは(2)だとわかる。

㋒ 該当部分の「彼ら」とは，この調査を実施しMTRSを作成したUBCのチェンとンである。選択肢はそれぞれ，

(1)「UBCの研究チーム」

(2)「アンカレッジとロサンゼルスの科学者たち」

(3)「地元の博物館や市役所の職員」

(4)「国連のために働く研究者」

という意味。よって，これらの中で上記の内容に合致しているのは(1)だとわかる。

㋓ 該当部分は「可能なこと」という意味で，下線部㋓の指示対象はその直後～第4段最終文（"We usually have … on our menu?"）に記述された「どの魚が旬になっているのか，またどの魚がメニューに載せられるほどの量を仕入れられるのか」との近隣の卸業者とのやり取りから推測でき

る。選択肢はそれぞれ，

(1)「どのような種類の魚介類が地元で購入できるか」

(2)「どのような種類の魚介類が，スタッフがその調理法を知っているか」

(3)「どのような種類の魚介類をレストランが注文することができるか」

(4)「どのような種類の魚介類が，伝統的な料理で認められているか」

という意味。よって，これらの中で上記の内容に合致しているのは(1)だとわかる。(3)は afford が「経済的，時間的余裕があることによって可能になる」という意味なのでここでは不適。

㋔　該当部分は観光客がそれを求めてバンクーバーを訪れる「とある一品」という意味。具体的には第１段第４文（Today, tourists come from …）さらには最終段最終２文（“Everyone waits for … are asking why.”）に記述された地元で愛されている「オヒョウ」を一例としている。選択肢はそれぞれ，

(1)「シェフが考案したオリジナル料理」

(2)「アメリカオオアカイカなどの魚種」

(3)「ホテル・バンクーバーならではの料理」

(4)「バンクーバーで伝統的に食べられているシーフード」

という意味。よって，これらの中で上記の内容に合致しているのは(4)だとわかる。

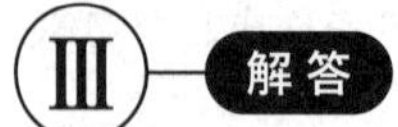

〔１〕　㋐―(7)　㋑―(4)　㋒―(1)　㋓―(8)

〔２〕　㋕―(6)　㋖―(7)　㋗―(1)　㋘―(10)

全訳

〔１〕《週末の話》

A：「今週末，何する予定？」

B：「まだ決まっていないんだ。天気次第。人と会う予定はあるよ」

A：「いいね，でも土曜日の昼間は嵐で雨が降る可能性が90％あるって聞いたよ。でも日曜日の正午頃にはよくなるみたい」

B：「うーん。土曜日に友達とセーリングに行く予定だったんだ。嵐が過ぎて風が強くなりすぎなければ，彼女に電話して日曜日の午後に変更することも考えてみるかなあ」

A：「風が強すぎる？　風はセーリングには最適だと思ってた」

B：「安定した風ならいいんだけど，風向きが変わり続けると危ないんだ」
A：「日曜日，大丈夫だといいね。土曜日は嵐で無理だったら，午後に映画に行かない？」
B：「もちろん。でもまず友達に確認させて。一緒に誘ってもいい？」
A：「もちろんだよ！　人が多いほうが楽しいもの」
B：「いいね。じゃあメッセージを送って返事を待ってみるよ」
A：「もし来るなら，後で何か食べる気があるか聞いてみて」
B：「それは素晴らしいアイデアだね。まあ，天気があまり悪くなければの話だけど」
A：「土曜日まで待つしかないね。もしかしたら土曜日の朝に電話するべきかもしれない」
B：「それは良い考えだね」

〔2〕《自宅にて》

A：「あ，ここにいたんだ。何時に夕食を食べる予定？　食べる前に散歩に行くかもしれない」
B：「なんで私に聞くの？　今日はあなたが料理をする番だと思ったけど」
A：「そうじゃないと思うけど。覚えてないの？　水曜日は君が料理することになったって」
B：「そうだね，そう決めたけど，今日は木曜日だから，あなたの番よ」
A：「まさかもう木曜日なの？　今週は本当に早く過ぎたみたい」
B：「それは月曜日が祝日だったからだよ。それを忘れてしまったなんて信じられない」
A：「本当だ。そうだった。土曜日は午前9時から午後5時までオンラインミーティングがあったから，週末3連休の感じがしなかった」
B：「そうだったの？　私は土曜日にテニスを見ていると思っていた」
A：「できれば見たかったんだけど。その予定だったんだけど，上司がミーティングを詰め込んでいたことを忘れてたんだ」
B：「だから私が帰宅したとき，ソファーで寝ていたのね。よほどつまらない試合だったんだろうと思っていたよ」
A：「そうだったかもしれないけど，それを確認することもできなかった。とにかく，結局私が今夜の夕食を作る番みたい。何が食べたい？」
B：「何でもいいよ。でも，もう6時だから，今すぐスーパーに行ったほうがいいよ」

A：「そうだね。今すぐ行くよ」

解説

〔1〕 ㋐　空所の直前のAの発言で，土曜日の昼間は高確率で嵐と降雨が予想されているとある。逆接の接続詞 But を用い，日曜日の正午には晴天になるという，(7)「でも日曜日の正午頃にはよくなるみたい」が最も自然。

㋑　Aは風さえあればセーリングには問題ないと考えており，「風が強すぎる？」と驚いた様子。空所直後のBの「安定した風がいい」という説明からも(4)「風はセーリングには最適だと思ってた」が適切。

㋒　空所直前のBの発言「一緒に誘ってもいい？」に対してAは空所の直後に「人が多いほうが楽しいもの」と表現している。つまり，Bが友人を誘うことに同意しており，(1)「もちろんだよ！」が最も自然。

㋓　空所があるAの発言，またその前のBの発言からも，土曜日の天候がどれほど悪くなるのか二人とも予想できていない様子。空所直後のAの「それは良い考えだね」からも，(8)「もしかしたら土曜日の朝に電話するべきかもしれない」が最適。

〔2〕 ㋕　話の流れから，木曜日であるにもかかわらず，Aはその日が水曜日だと勘違いしており，その日の食事当番をBだと思い込んでいることがわかる。空所直後の「食べる前に散歩に行くかもしれない」という発言から，食事時間をBに問う(6)「何時に夕食を食べる予定？」が最も自然。

㋖　空所直前のAの「まさかもう木曜日なの？」という発言，また空所の次の発言より，土曜日に仕事をしていたせいでAが曜日感覚をなくし月曜日を日曜日と勘違いしていたことが読み取れるため，(7)「それは月曜日が祝日だったからだよ」が最も自然。

㋗　空所の前のBの「テニスを見ていたと思った」主旨の発言に対して，仕事が入ったため見れなかったことを，仮定法過去完了を用いて伝えている(1)「できれば見たかったんだけど」が最も自然。

㋘　空所直後のAの「そうだね。今すぐ行くよ」との発言から，スーパーの閉店時間が迫っているため，早く行くようにAを促す(10)「でも，もう6時だから，今すぐスーパーに行ったほうがいいよ」が適切。

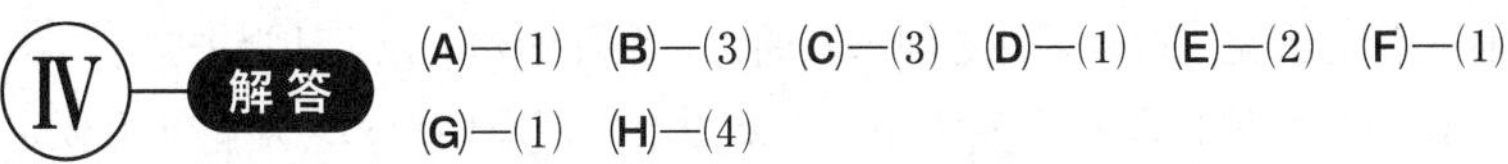
Ⅳ 解答 (A)—(1)　(B)—(3)　(C)—(3)　(D)—(1)　(E)—(2)　(F)—(1)　(G)—(1)　(H)—(4)

解説

(A)「宿題を先に終わらせていれば外で遊んでもいいよ」

接続詞 as long as ～の後には「条件」がきて，「～しさえすれば」の意味となる。したがって(1)が正解。

(B)「彼らは受付でゲストを長い間待たせた」

keep＋目的語＋現在分詞のパターン。目的語と目的格補語の関係が能動関係にあるため目的格補語は現在分詞を用いる。よって(3)が正解。

(C)「あれだけ値上げしたのに，未だにこの店を利用する人がいるのは驚きだ」

given (the fact) that ～は「～を考えると」という慣用的分詞構文。considering that ～と同意。よって(3)が正解。

(D)「私は同じ本を何度も読んでいたが，ついに友人が新しい本を勧めてくれた」

過去のある一点 (when my friend finally suggested a new one) までの動作の継続は過去完了進行形で表す。よって(1)が正解。

(E)「たとえどんな障害が現れても，あなたの決意があなたを成功に導く」

選択肢の中で副詞節を導けるのは(2)か(3)のみで，(3)は譲歩を表す接続詞として副詞節を導く場合，通常 Whether obstacles may appear or not, となる必要がある。本問のように or not がなくても用いられることはあるが，そうすると「障害が現れても，現れなくても」という意味になり後半とのつながりが不自然になる。よって複合関係形容詞の接続詞的用法 whatever を用いることが最も自然であり(2)が正解。

(F)「2台のカメラのうちどちらを選択すればよいのかわからない。どちらも良い特徴を持っている」

セミコロンの後の動詞に注目する。have となっているため，複数扱いとなる(1)以外は不可。よって(1)が正解。

(G)「私の両親は以前よりもはるかに頻繁に旅行する」

than に着目することで比較級を用いることがわかる。よって(1)が正解。比較級を強調する far が用いられていることにも注意。

(H)「雨が降らなかったら，植物は枯れていただろう」

仮定法過去完了の帰結節を埋める問題。条件節が，仮定法過去完了であり，かつ帰結節に現在を表す印（now など）がないため，帰結節も仮定法過去完了の形となる。よって，(4)が正解。

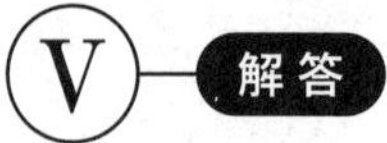

〔1〕 (A)―(1) (B)―(1) (C)―(2) (D)―(2) (E)―(1)
〔2〕 (A)―(3) (B)―(3) (C)―(2) (D)―(2) (E)―(2)

解説

〔1〕 (A) 「近年，交通事故の（　　　）は減っている」

選択肢はそれぞれ，(1)「頻度」，(2)「栄光」，(3)「抑圧」，(4)「放射（能）（線）」という意味。「交通事故」と関連性がある，(1)が最も自然。

(B) 「（　　　）に立ったら，必ず連絡してほしい」

選択肢はそれぞれ，(1)「岐路，分岐点」，(2)「通貨」，(3)「2週間」，(4)「親しみやすさ」という意味。空所の後の「必ず連絡してほしい」という表現からも，選択肢の中で(1)が最も自然。crossroad には文字通り，「交差点，分岐点」という意味もあれば，人生や重大な事柄に対する「岐路」という意味もある。

(C) 「誰がお金を盗んだかを示す証拠は（　　　）だった」

選択肢はそれぞれ，(1)「質素な」，(2)「不十分な」，(3)「悠長な」，(4)「特大の」という意味。「証拠」という表現から，選択肢の中で(2)が最も自然。

(D) 「リスクを冒さない彼を（　　　）だと思う人もいた」

選択肢はそれぞれ，(1)「チェロ奏者」，(2)「臆病者」，(3)「いかだ乗り」，(4)「雄羊」という意味。「リスクを起こさない彼」という表現から，選択肢の中で(2)が最も自然。

(E) 「咳をするときは（　　　）を広げないように口を覆うことを忘れないで」

選択肢はそれぞれ，(1)「ばい菌」，(2)「ガイドライン」，(3)「雨漏り」，(4)「（体の）四肢」という意味。「咳をするときには口を覆う」という表現から，選択肢の中で(1)が最も自然。

〔2〕 (A) 「あなたがそのような親切な両親を持っているのは幸せなことだ」

選択肢はそれぞれ，(1)「不思議な」，(2)「信じられない」，(3)「幸運な」，

(4)「珍しい」という意味。これらの選択肢の中で「幸せな」にふさわしいのは(3)である。

(B)「合理的な結論だと思う」

選択肢はそれぞれ，(1)「形式的な」，(2)「長続きする」，(3)「論理的な」，(4)「間接的な」という意味。これらの選択肢の中で「合理的」にふさわしいのは(3)である。

(C)「我々の提案は党の理想に忠実である」

選択肢はそれぞれ，(1)「貢献的な」，(2)「忠誠的な」，(3)「反対の」，(4)「無関係な」という意味。これらの選択肢の中で「忠実」にふさわしいのは(2)である。

(D)「シン教授は，精神機能が時間とともにどのように発達するかを研究している」

選択肢はそれぞれ，(1)「計算」，(2)「機能，能力」，(3)「障害」，(4)「機関」という意味。これらの選択肢の中で「機能」にふさわしいのは(2)である。

(E)「どんなに頑張っても，私は苛立ちを隠せなかった」

選択肢はそれぞれ，(1)「軽蔑」，(2)「苛立ち，挫折」，(3)「孤独」，(4)「不安」という意味。これらの選択肢の中で「苛立ち」にふさわしいのは(2)である。

講評

2024年度も出題傾向に変化はなく，長文読解問題2題，会話文1題，文法・語彙問題2題の出題であった。

Ⅰは「バナナを守れ：歴史的に奥深い遺伝子群を活用する」がテーマの英文である。設問数，難易度は例年並み。〔1〕の内容説明は本文の言い換えがポイントとなる。設問文を先に読んで，答えを探すつもりで本文を読んでいくとよい。〔2〕の内容真偽は，まず，本文に明確に記載されている「1」か，明確に記載されていないといえる「2」を特定する。

Ⅱは「シーフードの変遷：メニューから見た気候変動」がテーマの英文で，比較的読みやすかったのではないだろうか。〔1〕は適切な論理マーカーを入れる問題や単語，文法的な問題で，いずれも文脈から判断できる。〔2〕は指示代名詞，指示形容詞などをはじめとする下線部がどこを指しているか，明確に見極めること。㋓のように，下線部の後方に該当箇所がある場合もある。

Ⅰ・Ⅱとも英文すべてを読んで「理解する」ことよりも，問われている問題を時間内に効率よく「解く」という意識を持つこと。高等学校で学ぶ基礎的な知識や，文脈から類推する受験生の力を見たい，という出題者の意図を感じる。

Ⅲは「週末の話」「自宅にて」がテーマの会話文。難易度は例年並み。A，Bの2人しか登場人物がいないため，事前に選択肢がどちらの発言かを分類することで，時間の短縮と正答率アップにつながるであろう。

Ⅳ・**Ⅴ**の文法・語彙問題は例年並みの難易度。語彙問題では fortnight や frugal，rafter や ram など受験生にとってはなじみのないような単語も出題されているが，内容を読みとり，焦らずに消去法で対応すること。基本的な文法・語法を早い段階で定着させること，計画的に単語を暗記していくことが重要。特に単語に関しては同意表現をマスターする必要がある。

日本史

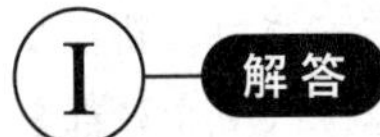

A. 古墳　B. 縄文　C. 弥生
(a)—㋐　(b)—㋓　(c)—㋑　(d)—㋒　(e)—㋓　(f)—㋒
(g)—㋐　(h)—㋓　(i)碧玉　(j)—㋑　(k)—㋐　(l)出雲大社

解説

《原始の信仰》

〔1〕 A.「[A]が築かれる」がヒント。また文脈から空欄Cは「弥生」時代とわかるので，その次の「古墳」時代となる。

B. 空欄Cが「弥生」なので，「[B]時代から継続している文化的要素が見られる」がヒントとなり，「縄文」時代となる。

(a) 難問。㋐が正解。高輪(たかなわ)築堤は現在の東京都港区南部にある鉄道構造物の遺跡。1872年日本初の鉄道として新橋・横浜間を開通させるとき，高輪海岸の海上約2.7kmにわたって堤を築いて，その上にレールを敷いた。明治末期からの埋め立て事業で消滅したが近年発掘され，2021年史跡指定を受けた。なお，㋑品川台場は1853年のペリー来航を契機に造られた砲台。㋒六郷川橋梁は新橋・横浜間の開通に合わせて多摩川下流（六郷川）に架けられた木造の橋である（1877年に鉄橋となる）。㋓横浜停車場は新橋・横浜間の鉄道開通でつくられた日本最初の駅。

(b) ㋓が正解。石刃はナイフ形石器や尖頭器などの石器の素材となった剝片(はくへん)石器（打製石器）の一種。切ったり削ったりする道具で旧石器時代後期に盛行した。㋐石包丁は穂首刈りをする道具。㋑えぶりは水田を平らにする代掻(しろか)き用の道具。㋒鉄鎌は根刈りをする道具。いずれも水稲耕作に使用する道具である。

(c) ㋑が正解。「長い柄につけて槍のように用いる」がヒント。銅矛は刃の部分のもとが筒状になり，長い柄を差し込んで使用した青銅製武器。㋐銅戈(どうか)は柄に対し刃を直角につけて使用した青銅製武器。㋐・㋑ともに実用性が失われ青銅製祭器となり，九州地方北部を中心に分布した。㋒鉄鏃は弥生時代から登場する鉄製の鏃，㋓鉄刀は弥生時代から登場する鉄製の刀。

(d) ㋒が正解。馬韓は古代朝鮮の三韓の一つ。2～3世紀頃に朝鮮半島南西部にあった50余の小国家群。帯方郡の支配下にあったが，4世紀頃に小国の一つ伯済国が政治的統一をはかり百済となった。㋐楽浪は前108年前漢の武帝が朝鮮半島支配のために郡を置いた場所（現在のピョンヤン付近)。㋑辰韓は馬韓・弁韓とともに古代朝鮮の三韓の一つ。2～3世紀頃に朝鮮半島南東部にあった12の小国家群で，4世紀に統一されて新羅となった。㋓帯方は3世紀初めに公孫氏が楽浪郡の南部を割いて新たに郡を置いた場所（現在のソウル付近)。3世紀には華北を統一した魏が朝鮮支配の拠点とした。

(e)　難問。㋓が正解。鳥形木製品は東アジアに見られる鳥杵習俗という農耕祭儀に由来する祭具と考えられている。杵頭(しょとう)（杵の先）に木製の鳥を取り付け，水田や集落又は祭場の境界にしたなどの説があり，神社の鳥居の源流とする考えもある。近畿や東海地方の弥生時代の遺跡から出土することが多い。㋐土版は縄文時代晩期に主に東日本でつくられた人面などを施した製品。㋑磨製石剣は弥生時代に使用された武器。㋒三角縁神獣鏡は古墳時代前期の代表的な副葬品である。

(f)　㋒正文。土偶は呪術を目的に，埴輪は古墳の周囲に土留め，聖域区画，装飾などのために製作され並べられたと考えられている。㋐誤文。土偶は縄文時代の呪術品なので「稲作に関する儀礼」が誤り。㋑誤文。銅鐸に描かれた人物像は弥生時代の人なので「土偶」ではない。㋓誤文。土偶がつくられた縄文時代は約1万5000年前からと考えられているので「約3万年前」は誤り。なお，「最古の土偶」は約1万3000年前の縄文時代草創期のものが粥見(かゆみ)井尻(いじり)遺跡（三重県）から発見されている。

〔2〕　(g)　難問。㋐津雲貝塚（岡山県）は縄文時代後期～晩期の遺跡。170体あまりの人骨が発見され，屈葬や抜歯の風習をみることができる。

㋑鳥浜貝塚は福井県にある縄文時代草創期から前期を主体とする遺跡。丸木舟などの木製品や漆製品が良好な形で保存されていることで有名。

㋒里浜貝塚は宮城県にある縄文時代早期から晩期にかけての遺跡。

㋓平坂貝塚は神奈川県にある縄文時代早期の遺跡。飢餓の痕跡が残る人骨が発見されたことで有名。

(h)　難問。㋓タカラガイは卵形の巻貝。古くは中国などで貨幣として用いられたが，腕輪には利用されていない。㋐ゴホウラ，㋑オオツタノハ，㋓イモガイなどの南海産の大型の巻貝類は切断するなどして腕輪（貝輪）として利用された。

(i)　難問。石製の腕輪として碧玉(へきぎょく)製腕飾りを想起できるかがポイント。碧玉は緑色の石英の一種で産地は島根県を中心に日本海側に分布する。鍬(くわ)形石(がたいし)，石釧(いしくしろ)，車輪石(しゃりんせき)などの種類があり，古墳時代前期の代表的な副葬品である。

(k)　難問。㋐池上曽根遺跡（大阪府和泉市・泉大津市）は弥生時代の代表的環濠集落の一つ。1995 年祭祀場（神殿）と考えられる巨大な高床建物跡が発見された。また祭具と考えられる(e)鳥形木製品も発見されている。㋑大塚遺跡（神奈川県）は弥生時代の代表的環濠集落である。㋒加茂岩倉遺跡（島根県）は銅鐸が 39 個発見された遺跡。㋓登呂遺跡（静岡県）は弥生時代後期の遺跡。広大な面積の水田跡のほか，高床倉庫跡，木製農耕具などが発見された。

(l)　やや難問。出雲大社では 2000 年の発掘調査の結果，「３本の大木を束ねて総直径約３ｍもある柱」が発見され，伝承されている高さ 48ｍの古代の本殿の存在が確実視された。

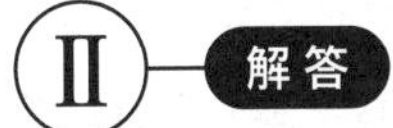

A. 史部　**B.** 五経博士　**C.** 吉備真備
D. 三跡〔三蹟〕

(a)宋書倭国伝　(b)南淵請安　(c)―㋐　(d)―㋓　(e)―㋑　(f)嵯峨
(g)文章経国　(h)―㋒　(i)―㋑　(j)唐物　(k)紀貫之

解説

《古代の大陸文化の影響》

A. 史部は渡来人の阿知使主を祖とする東漢氏や王仁を祖とする西文氏らに統率され，ヤマト政権の外交文書など様々な記録の作成を担当した部民。

B. 五経博士は儒教の経典である五経を講じる教授。五経とは『易経』『尚書』『詩経』『春秋』『礼記』の儒教経典の総称である。６世紀初めに百済の段楊爾(だんようじ)らが来日して儒教を伝えたのをはじまりとする。

C. 「玄昉」「二度目の渡唐」などがヒントで吉備真備とわかる。唐で儒学や天文などを学び，橘諸兄政権で玄昉とともに重用されたことが有名。

D. 「小野道風・藤原行成・藤原佐理」の名があるので三跡（三蹟）とわかる。嵯峨天皇・空海・橘逸勢ら唐風書道の三筆に対し，和様書道の能筆家たちである。小野道風は『秋萩帖』，藤原行成は『白氏詩巻』，藤原佐理は『離洛帖』の作品がある。

(b)　608年小野妹子の遣隋使に随行した高向玄理・旻・南淵請安を想起し，「次世代の人材を育てた僧」をヒントに解答しよう。高向玄理は留学生で僧ではなく，また旻と答えないように注意しよう。南淵請安は「中大兄皇子や中臣鎌足」に「周孔の教え」（儒教）を伝授するなど，大化改新のかげの功労者であった。旻・高向玄理が新政府の国博士に就任するが，南淵請安が参画した形跡はなく，直前に亡くなったと考えられている。

(c)　やや難問。(あ)が正解。井真成は717年の遣唐使の留学生として玄昉・吉備真備・阿倍仲麻呂らとともに入唐したと考えられ，唐朝に仕えたという。井真成は中国名で，姓の「井」から大阪府藤井寺市を本拠とする渡来系氏族の葛井氏または井上氏ではないかという説が有力である。(い)朝衡は唐朝に仕えた阿倍仲麻呂の中国名。(う)河清は752年の遣唐使として入唐し，唐朝に仕えた藤原清河の中国名。この人物も阿倍仲麻呂とともに帰国を果たせず唐で死去した。(え)蘇因高は隋が名づけた小野妹子の中国名。

(d)　(え)が誤文。称徳天皇による百万塔陀羅尼の製作は，764年恵美押勝の乱による戦没者慰霊を目的にはじめられたので「天平勝宝年間（749年～757年）」の出来事ではない。

(e)　(い)が正解。「密教を本格的に学び帰国した人物」から空海を想起して解答しよう。『性霊集』（『遍照発揮性霊集』）は空海の漢詩文で弟子の真済が編集した。(あ)『顕戒論』は天台宗を開いた最澄の，大乗戒壇の必要性を説いた天台教学論。(う)『発心集』は鴨長明の説話集。(え)『愚管抄』は慈円の歴史書。

(f)　「弘仁年間」がヒント。やや難問だが，弘仁格式の編纂で嵯峨天皇を覚えていれば解答できる。『凌雲集』は嵯峨天皇の命により814年ころ成立した最初の勅撰漢詩文集である。これを契機に『文華秀麗集』（嵯峨天皇の命，818年頃），『経国集』（淳和天皇の命，827年頃）と勅撰漢詩文集の編纂がつづいた。

(g)　文章経国の思想は，政治改革を推進する嵯峨天皇の時代に広がった。文芸は国家の隆盛を担うという考えで，唐風の儀礼や儒学などの学問が重視され，漢文学の発展をもたらした。宮廷では儀礼や文芸に精通した文人貴族が積極的に登用されるようになった。

(h)　やや難問。(う)が正解。「遣唐使派遣の可否の検討を訴えた」から菅原道真を想起し，その名をヒントに『菅家文草』を選ぼう。菅原道真の漢詩文集で 900 年に醍醐天皇に献上された。ⓐ『本朝文粋』（平安中期）は藤原明衡撰の漢詩文集。ⓘ『朝野群載』（平安後期）は三善為康の詩文や文書類を編集したもの。ⓔ『都氏文集』（平安前期）は都良香の漢文集。

(i)　やや難問。ⓘが正文。『入唐求法巡礼行記』から円仁を想起して解答しよう。円仁は最澄の弟子で天台宗の密教化に尽力し，第 3 世天台座主となり，天台宗山門派（延暦寺）の祖となった。

ⓐ誤文。「寺門派の祖」がヒントで円珍の説明である。円珍は 853 年新羅の商船に便乗して入唐，天台宗の密教化を発展させ，第 5 世天台座主となった。園城寺（三井寺）を拠点する寺門派の宗祖となった。

ⓤ誤文。成尋（じょうじん）の説明である。1072 年に 62 歳で宋に渡った天台宗の僧侶。母は離別の悲しみを述べた『成尋阿闍梨母集（じょうじんあじゃりはのしゅう）』を残している。

ⓔ誤文。奝然（ちょうねん）の説明である。奝然は平安時代中期の東大寺の僧侶。983 年に入宋し，中国の五台山などの霊場をめぐって仏像・経典などを持ち帰った。清凉寺に伝わる釈迦如来像は胎内に絹製の心臓や肺などの内臓が入っていたことで有名な仏像。

(j)　奈良時代以来，唐からの輸入品は高級文化財の基準となり，唐朝が滅んでからも中国からの輸入品を総称して「唐物」と表記し，和訓（日本読み）で「からもの」と呼んだ。なお，唐物は 2023 年度学部個別配点方式で読みが，2022 年度学部個別配点方式では同じく漢字の記述が求められた。

(k)　醍醐天皇の命により編纂された最初の勅撰和歌集は『古今和歌集』（905 年）である。その「仮名序」を書いたのは紀貫之。政治的には藤原氏に押されて衰退したが，文人貴族として命脈を保ち，歌壇の第一人者として活躍した。「仮名序」や『土佐日記』は仮名文学の発展に大きな影響を与えた。

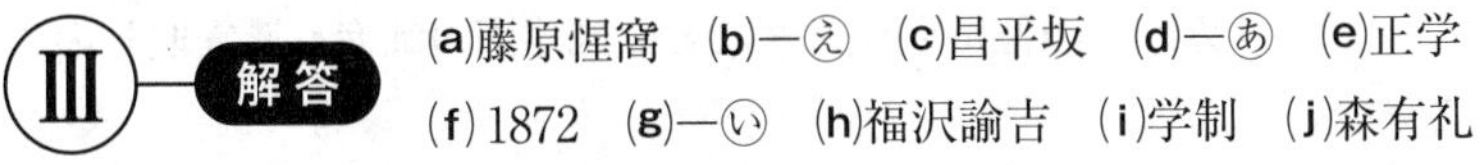

Ⅲ 解答

(a)藤原惺窩　(b)―ⓔ　(c)昌平坂　(d)―ⓐ　(e)正学　(f) 1872　(g)―ⓘ　(h)福沢諭吉　(i)学制　(j)森有礼　(k)―ⓘ　(l)臣民　(m)関東大震災　(n)大学令　(o)日本共産党　(p)国民学校　(q)近衛文麿　(r)臣民の道　(s)教育基本法　(t)―ⓐ

解説

《近世〜近代の教育》

〔1〕(a)　「京学の祖」がヒント。藤原惺窩は相国寺の臨済僧であったが儒学に傾倒，慶長の役で連行された朱子学者姜沆(きょうこう)と交流して学問を深めた。後に還俗して朱子学を独立させ京学派を形成し，弟子林羅山を徳川家康に推薦，朱子学が御用学問となるきっかけをつくった。「惺窩」の漢字を正確に書けるかがポイント。

(b)　㋓が正解。「蘐園(けんえん)塾」「古文辞学」がヒント。荻生徂徠は古文辞学の提唱者で，柳沢吉保の儒臣や徳川吉宗の政治顧問となるなど幕政にも影響を与えた。㋐伊藤仁斎は堀川（古義）学の祖。㋑貝原益軒は本草学者・儒学者。㋒中江藤樹は日本陽明学の祖。

(c)　「地名を付して」とあるので昌平坂学問所。林家の私塾として運営されていた聖堂学問所が，寛政異学の禁にともなって拡大整備された。敷地が昌平坂に面していたので「昌平坂学問所」，または「昌平黌」と呼ばれた。

(d)　㋐が正解。「寛政三博士」は「柴野彦助（柴野栗山），岡田清助（岡田寒泉）」と尾藤二洲である。なお，岡田寒泉が代官に転身すると，古賀精里が代わって三博士の一人となった。

(e)　史料中の「異学」は朱子学以外の儒学を指し，対して朱子学を「正学」とした。幕府は大義名分論を説く朱子学を御用学問とし，寛政異学の禁で「正学」と位置付けて官学化した。

〔2〕(f)　史料の太政官布告第214号は「学制被仰出書」。学制の趣意説明のための序文である。学制が発布されたのは1872年。史料末尾には「邑(むら)に不学の戸なく，家に不学の人無からしめん事」という国民皆学の理念が示されている。

(g)　㋑が正解。フランス法学に通じていた箕作麟祥(みつくりりんしょう)が学制取調掛の中心であったことから，学校設置の学区制はフランスを模倣した。なお，教育課程は㋒アメリカ，その他はオランダなど欧米諸国の制度も適宜取り入れている。

(h)　「『時事新報』を創刊」がヒント。学制は福沢諭吉の『学問のすゝめ』の影響を受け，立身出世主義や実学奨励の理念が盛り込まれている。なお，『時事新報』（1882年）は福沢が不偏不党（政治的中立）の立場で創刊した新聞である。

(j)　「小学校・中学校・師範学校・帝国大学などからなる学校体系」から学校令（総称）を想起して解答しよう。第1次伊藤博文内閣の文部大臣となった森有礼は，立憲体制の構築に合わせて学校令（1886 年）を制定した。

〔3〕(k)　難問。㋑が正解。史料は「国民精神作興に関する詔」(1923 年)。大正後期の享楽的・退廃的傾向，また社会・労働運動の激化や社会主義思想の急進化などに対し，「思想の善導」を目的に発布された。

(l)　「国民の呼称」「大日本国帝国憲法下」がヒント。天皇主権を基本原理とし，国民ではなく「臣民」と表記された。人権は天皇の裁可する法律の範囲内で保障される存在であった。

(m)　(k)の「この史料は 1923 年に公布」がヒント。「災変」は 1923 年 9 月 1 日に発生した関東大震災である。震災による人心の動揺や社会不安に対応する意味もあって同年 11 月 10 日に「国民精神作興に関する詔」が発布された。

(n)　大学令（1918 年）は原敬内閣により公布された。帝国大学以外の公立・私立大学などの設立が公式に認可され，それまで専門学校令（1903 年公布）による私立専門学校の多くが大学に昇格した。ちなみに 1900 年に創設された京都法政学校（現在の立命館大学）も，大学令の認可を得て 1922 年に正式な大学となった。

(o)　「堺利彦・山川均」「非合法」に組織された政党なので日本共産党である。ソ連のコミンテルン（世界革命の指導組織）の日本支部として 1922 年に結成された。天皇制廃止などを掲げた非合法な革命政党。なお，この時期には，労働運動組織としては階級闘争主義を掲げた日本労働総同盟（1921 年）が結成され，また小作争議を指導する日本農民組合（1922 年）なども組織された。

〔4〕(p)　太平洋戦争直前の 1941 年 3 月国民学校令により小学校は改称されて国民学校となった。初等教育機関として皇国民錬成を目的に心身一体の教育を目指し，義務教育年限を 6 年から 8 年とした。戦後，1947 年の学校教育法により小学校に戻った。

(q)　国民学校令は 1941 年 3 月に公布されているので第 2 次近衛文麿内閣のときである。近衛文麿は五摂家筆頭・近衛家出身の政治家。第 1 次内閣では日中戦争を契機に国家総動員法（1938年）を制定して戦時体制を整え，第2次内閣では新体制運動を掲げ，大政翼賛会（1940年）を結成して総力戦体制を構築した。国民学校令もその一環としての発令であった。

(r)　難問。『臣民の道』（1941年）は文部省教学局が発行した戦時下の日本人の心得。戦時下の教育理念として文部省が発行した『国体の本義』（1937年）に次いで刊行された。教育勅語以来の忠君愛国を強調し，天皇への奉仕こそ臣民の道であると説いた。

(t)　やや難問。ⓐが正解。「女児ニ付テハ」「欠クコトヲ得」がヒント。身体を鍛える「体錬科」で女子は「武道」を免除された。ⓔ「教練」から軍事教練を想起して誤答しないように注意しよう。教練（軍事教練）は軍事教育や訓練を行う授業で，1925年より中等学校以上の男子学校で行われた。

講評

Ⅰ　原始時代からの出題である。信仰をテーマにした問題で選択式が多く全体的に難問であった。選択式の(a)「高輪築堤」，(e)「鳥形木製品」，(g)「津雲貝塚」，(h)「タカラガイ」は難問である。(k)「池上曽根遺跡」は用語として知っていても設問の要求から選択できるかが勝負どころ。記述式では(i)「碧玉」，(i)「出雲大社」なども難問である。出雲大社は有名な神社であるが，これも設問の要求から引き出すのは難しい。

Ⅱ　古代の大陸文化の影響をテーマにした問題。遣唐使や文化史の内容が問われている。記述式の空所補充Ａ～Ｄは平易なので完答したい。(b)「南淵請安」，(f)「嵯峨天皇」は題意から引き出せるかがポイント。(g)「文章経国」も正答したいところ。なお，(j)「唐物」は読みを含めると3年連続の出題である。選択式は(i)が円仁を想起した上で解答するのでやや難問。

Ⅲ　近世～近代の教育をテーマにした問題。〔1〕「寛政異学の禁」，〔2〕「学制被仰出書」は教科書などにも掲載されているが，〔3〕「国民精神作興に関する詔」，〔4〕「国民学校令」は初見史料であろう。記述式の(a)「藤原惺窩」は漢字のミスをしないように注意したい。(l)「臣民」はやや難問。(r)『臣民の道』は難問である。選択式の(k)「国民精神作興に関する詔」は難問。(t)「武道」は史料の読み取りから判断できる。

世界史

Ⅰ 解答

A．陳勝・呉広　**B．**匈奴　**C．**劉邦　**D．**儒
E．郡　**F．**新　**G．**劉秀〔光武帝〕　**H．**外戚
I．宦官　**J．**張陵

解説

《秦～後漢における中国の反乱》

B．秦の北方にいた騎馬遊牧民族は匈奴である。彼らは農耕地帯を脅かしたため，始皇帝は長城を修築し，将軍蒙恬を派遣して匈奴を制圧した。

D．「皇帝との血縁関係が薄くなった諸侯王はその独立傾向を強めるようになった」「官僚はそのことを問題視し」という文脈から，宗族に基づく中国の伝統的な家族道徳を重視する儒学が適切である。

E．呉楚七国の乱の後，前漢は郡国制から実質上郡県制に移行した。その「最大の地方行政単位」は郡である。

F．新は，8年に漢の外戚王莽が建国した王朝である。都は長安。王莽は周への復古政治を行ったため人民の不満が高まり，赤眉の乱などの農民反乱が頻発して，23年に滅亡した。

G．劉秀（光武帝）は，地方豪族をまとめて新末に蜂起すると，25年に即位して漢を再興した（後漢）。都を洛陽に定め国内の反乱を鎮定し，王朝の安定に努めた。また倭の奴国に金印を授けたことでも有名である。

H．外戚とは，皇后や妃の一族を指す。彼らが重要官職を歴任するようになると，その専横が王朝を弱体化させることが多かった。

I．宦官とは，後宮に仕える去勢された役人で，皇帝に取り入ることで政治権力を握ることが多く，後漢では官僚との間で党錮の禁が起こった。

J．やや難。張陵は後漢末期に道教の源流となる五斗米道（天師道）を創始した。太平道を創始した張角とともに覚えておきたい。

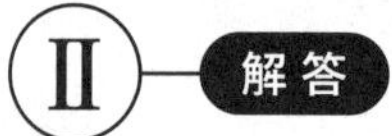

Ⅱ 解答

A．清明上河　**B．**院体画　**C．**青銅器　**D．**風流
E．士大夫　**F．**隋　**G．**囲田　**H．**禅
I．足利義満

〔問い〕 ウ

解説

《宋代の絵画関連史》

A. 清明上河図は，開封（汴州）の繁栄を描いた張択端による都市風俗画である。冬至から105日目の清明節（墓参に出かける行事）における街の賑わいが描かれている。

B. 院体画は，画院（翰林図画院）で描かれた宮廷様式の絵画のことである。山水や花鳥などの作品が多く，写実的な貴族趣味を反映している。

C. 2番目の空欄の前後に「獣面などの複雑な文様が表面に描かれた」「殷や周の時代には祭祀用の酒器や食器という道具的役割」とあることから青銅器と判断できる。青銅器は，銅とスズの合金から作られた金属器で，徽宗は古代の青銅器を熱心に収集した。

D. やや難。徽宗は芸術をこよなく愛したほか，自身も画家であったため，「風流天子」と呼ばれた。「鳩桃図」を描くなど，院体画の大家として有名である。

G. やや難。低湿地を堤防で囲んだことから囲田と呼ばれた。河岸や池を干拓した圩田，湖の一部を干拓した湖田も囲田の一種である。

H. やや難。日本の鎌倉時代以降，勢力が盛んになったこと，E．士大夫にも支持されたことから禅宗と判断できる。

〔問い〕 北宋の首都開封は，黄河の湾曲部と大運河の合流地点のウに位置する。

A. フン　**B.** オドアケル　**C.** カール大帝
D. シチリア　**E.** ハンザ　**F.** ギルド
G. ロマネスク　**H.** サレルノ　**I.** ボッカチオ　**J.** ユダヤ

〔1〕 アングロ=サクソン人　**〔2〕** ユスティニアヌス

〔3〕 テンプル騎士団　**〔4〕** バビロン捕囚　**〔5〕** 三圃制

解説

《中世ヨーロッパの「移動」》

A. フン人は，中央ユーラシアの騎馬遊牧民である。4世紀に南ロシア平原から黒海沿岸に進出すると，ゲルマン系の東ゴート人や西ゴート人を圧迫し，ゲルマン人の大移動を引き起こした。

D. ノルマン人は地中海まで進出すると，シチリア島とイタリア半島南部を中心として，1130年に両シチリア王国を建てた。

G. 「重厚な壁，小さな窓といった特徴」をもつのはロマネスク様式。イタリアのピサ大聖堂が代表的な建築物である。

H. サレルノ大学は，ナポリの南東に位置する中世最古の大学のひとつ。ノルマン支配の下，イスラーム医学を取り入れて，12世紀にヨーロッパ医学の頂点となった。

〔1〕 アングロ=サクソン人は，ユトランド半島のアングロ人，ジュート人，北西ドイツのサクソン人などからなるゲルマン人の一派である。5世紀に大ブリテン島に移動し，先住のケルト人を圧迫しながら定住した。のちにアングロ=サクソン七王国（ヘプターキー）を形成した。

〔2〕 ユスティニアヌスは，6世紀に東ローマ帝国（ビザンツ帝国）の最盛期を現出させた皇帝である。イタリア半島の東ゴート王国や北アフリカのヴァンダル王国などを征服した。彼の時期にガリアを除く地中海一帯を併合したため，古代ローマの「地中海帝国」が復活した。

〔3〕 やや難。テンプル騎士団は，十字軍により創設された宗教騎士団のひとつ。「イェルサレムのソロモン神殿跡に本拠地を置いた騎士団」がヒントになる。

〔4〕 ローマ教皇ボニファティウス8世の死後，フランス国王フィリップ4世は教皇を監視するため，1309年に教皇庁をローマから南フランスのアヴィニョンに移転させ，以降1377年までこの状態が続いた。この出来事は古代の新バビロニアによるヘブライ人の集団連行の事例になぞらえて，「教皇のバビロン捕囚」と呼ばれている。

〔5〕 ヨーロッパでは11世紀頃から温暖化が進むと農業効率が向上し，二圃制に代わって三圃制が北フランスを中心として普及していった。三圃制では，耕地を秋耕地・春耕地・休耕地にわけて3年で農地を一巡させた。

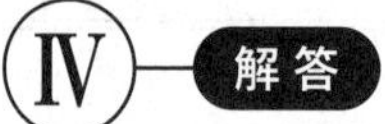

A. カーブル　**B.** ターリバーン　**C.** ガズナ
D. ヘラート　**E.** ウズベク　**F.** バーブル
G. カージャール　**H.** パキスタン　**I.** ペルシア　**J.** ブレジネフ
K. ブッシュ

〔1〕 アッバース1世　**〔2〕** エジプト　**〔3〕** ジハード　**〔4〕** ホメイニ

解説

《アフガニスタンの歴史》

A. やや難。アフガニスタンの首都カーブルは，アフガニスタン東部に位置する。カイバル峠にほど近く，中央ユーラシアの交通の要衝であった。

B・K. ターリバーンは，アフガニスタンを中心に活動するイスラーム原理主義組織である。1996 年に民衆の支持を受けてカーブルを制圧し，実権をにぎった。2001 年の同時多発テロに関与し，首謀者のウサーマ=ビン=ラーディンを匿ったとしてアメリカのブッシュ（子）政権の空爆を受け，政権は崩壊した。以降もアフガニスタン情勢は混迷を続けたが，2021 年ターリバーンが勢力を巻き返し，再びアフガニスタンを政治的・軍事的に掌握した。

C. ガズナ朝は，アフガニスタンに興ったイスラーム王朝である。中央アジアのサーマーン朝の武将アルプテギンが，アフガニスタンに侵入し建国した。ガズナ朝はカイバル峠からインド侵入をくり返し，インドのイスラーム化を促進した。

D. やや難。ティムール朝は，15 世紀に首都をサマルカンドからヘラートに遷都している。

E. 遊牧ウズベク（ウズベク人）は，中央アジアのトルコ系を中心とした民族である。16 世紀にティムール朝を滅ぼし，ブハラ=ハン国，ヒヴァ=ハン国，コーカンド=ハン国のウズベク 3 ハン国を形成した。

I. ペルシア語は，インド=ヨーロッパ語族に属する言語のひとつで，アケメネス朝からイランで用いられた。7 世紀にイランがイスラーム化してからは，アラビア語との融合により近世のペルシア語が形成された。イラン人が多くのイスラーム王朝で官僚として登用されると，ペルシア語が各地の政治・文化面で話されるようになり，中央アジアやアフガニスタンでも浸透し，インドのムガル帝国では公用語とされた。

J. ブレジネフは，1964 年に第一書記に就任すると，制限主権論を唱えて，東側諸国の民主化運動を封殺した。また 1979 年にはアフガニスタンに軍事侵攻を行い，米ソ関係が急激に悪化した（第 2 次冷戦，新冷戦）。

〔2〕 ウラービー運動鎮圧後，エジプトは「1882 年にイギリスの軍事占領下におかれ，第一次世界大戦勃発直後」の 1914 年にイギリスの正式な保護国とされた。

〔4〕 イランの政治指導者ホメイニは，シーア派の神学者であったが，パフレヴィー朝の西欧化政策に反対し，パリに亡命した。1979年のイラン革命を主導すると，イラン=イスラーム共和国の最高指導者となった。

講評

I　秦から後漢までの反乱をテーマに，古代の中国史が出題された。問題のレベルは基礎～標準レベルで対応しやすい問題が揃ったが，Ｊの張陵はやや難であった。

II　「清明上河図」を視覚資料として用いて宋代の絵画文化と関連事項が問われた。出題レベルはやや難といえる。Ｉでは足利義満が出題されている。Ｃの青銅器やＨの禅宗は複数の空欄から判断していきたい。またＤの風流天子やＧの囲田も難度が高かった。地図問題では開封の位置が問われたが，中国の各都市の場所は地図上で確認しておきたい。

III　「移動」をテーマに，中世のヨーロッパ史が出題された。出題レベルは基礎～標準であり，ここで高得点を狙っていこう。〔3〕のテンプル騎士団は設問文のヒントのみでは解答しづらいかもしれない。Ｇ・Ｈ・Ｉは文化史からの出題であったが基本的レベルで解答しやすかった。

IV　アフガニスタンの歴史をテーマとして，10世紀から現代の西アジア史を中心に問われた。見逃しがちな地域でもあり現代史からの出題も多く，得点差が生じやすい大問となった。Ａのカーブルや Ｄのヘラートなどの地名は地図でチェックしながら定着させよう。Ｂのターリバーン，Ｊのブレジネフ，Ｋのブッシュ，〔4〕ホメイニなどの現代史の基礎的学習を行っていれば十分対応できる。

地　理

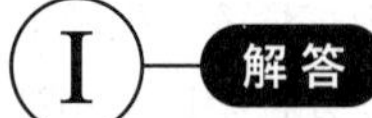

〔1〕酪農　〔2〕フィールドワーク　〔3〕GIS
〔4〕(1)—あ　(2)—う　〔5〕(1)カルデラ　(2)—い
〔6〕(1)—う　(2)—あ　〔7〕—う　〔8〕ラムサール
〔9〕ナショナルトラスト
〔10〕てんさい（甜菜）〔ビート，砂糖大根〕
〔11〕(1)エコツーリズム　(2)アイヌ　〔12〕屯田兵村　〔13〕—え

解説

《北海道釧路地域の地域調査》

〔3〕 GISはGeographic Information Systemの略であり，地理情報システムの訳語である。

〔4〕(1) あが正解。まず，気温に着目する。最暖月平均気温が10℃以上，最寒月平均気温が−3℃未満であることから，亜寒帯（D）である。次に，降水量に着目する。最少雨月降水量が2月の24.8mm，最多雨月降水量が9月の153.0mmであるので，f型かw型のいずれに該当するかを判定すると，最少雨月降水量の10倍の値を最多雨月降水量が下回るため，f型となる。したがって，亜寒帯湿潤気候（Df）に分類される。

(2) うが正解。まず，気温に注目する。いずれも7月の平均気温が10℃以上であるが，あとうは，1月の平均気温が−3℃未満であるため亜寒帯（D），いとえは，1月の平均気温が−3℃以上であるため温帯（C）に分類される。次に，あとうの降水量に注目する。あは，1月の降水量の10倍の値が7月の降水量を下回るため，w型となる。一方，うは1月の降水量の10倍の値が7月の降水量を上回るためf型となる。したがって，うが釧路と同じ亜寒帯湿潤気候（Df）である。

〔5〕(2) いが正解。あ霞ヶ浦は海跡湖，う浜名湖は海跡湖，え琵琶湖は断層湖に分類される。

〔6〕(1) うが正解。X地点から標高280m付近まで上り，その後，230m付近まで下りたあと，355.1mを示す三角点まで上り，その直後に350mの計曲線が閉じている地点を越え，Y地点まで下っていくものを選ぶ。

⑵　㋐が正解。X地点の北側にみえる海に突き出た地形に着目する。真西から眺めると，この地形が手前側の中央やや左寄りに見えるはずである。

〔7〕　㋒が正解。㋐潮岬，㋑志賀島，㋓函館山は陸繋島である。

〔10〕　てんさいは冷涼な気候で栽培され，根をしぼった汁を煮詰めて砂糖を製造する。ヨーロッパの混合農業地域で盛んに栽培されている。生産量上位3カ国は，1位ロシア，2位フランス，3位アメリカ合衆国（2021年）である。

〔12〕　屯田兵村では，アメリカ合衆国の開拓地で実施されたタウンシップ制をモデルとする格子状の地割がみられる。

〔13〕　㋓が正解。国勢調査の調査項目には，㋐国籍，㋑世帯員の数，㋒通学地のほか，従業地，従業地・通学地までの利用交通手段，就業の形態などが含まれるが，世帯の所得は含まれない。

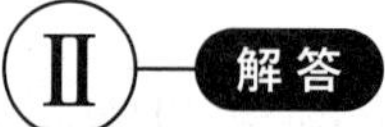

〔1〕**A.** ヒンドスタン　**B.** デカン　**C.** 西ガーツ　**D.** ベンガル　**E.** カシミール

〔2〕**甲.** レグール　**乙.** シンハラ〔シンハリ〕

〔3〕①―い　②―う　〔4〕―㋐

〔5〕⑴都市名：㋑　位置：⑥　⑵都市名：㋐　位置：①
⑶都市名：㋓　位置：⑤　⑷都市名：㋕　位置：④

〔6〕⑴―㋑　⑵ヴァラナシ

解説

《南アジアの地誌》

〔2〕**乙.** スリランカでは，多数派で仏教徒のシンハラ（シンハリ）人に対して，少数派でヒンドゥー教徒のタミル人による反政府運動が激化し，内戦に発展したが，2009年に終結した。

〔3〕①　いが正解。年中少雨で気温の年較差が大きく，夏季に高温となることから，インド西部の内陸部の都市い（ビカネル）に該当する。

②　うが正解。年中高温で年較差が小さいことから，低緯度側に位置し，かつ，夏季に湿った南西モンスーンの影響で多雨となる都市う（パナジ，ゴア）に該当する。

〔4〕　㋐が正解。ジュートは，高温多湿な地域で栽培され，特に，ガンジスデルタに位置するインドとバングラデシュの2カ国で世界の生産量の

97.1％を占める（2020年）。ケニアやスリランカが入る㋒が茶，残る㋑が米である。

〔5〕(1)　㋑・⑥。ジャムシェドプルはインド北東部に位置し，付近のシングブーム鉄山とダモダル炭田を結び付けて鉄鋼業が発達した。

(2)　㋐・①。カラチは，1959年までパキスタンの首都であり，現在もパキスタン最大の人口を擁する産業・経済の中心都市である。現在，パキスタンの首都は，北部の計画都市イスラマバードである。

(3)　㋓・⑤。チェンナイは，インド南東部に位置し，かつてはマドラスと呼ばれていた。しかし，マドラスは，旧宗主国イギリスによって付けられた名称であることから，1996年，タミル語のチェンナイに改称された。

(4)　㋕・④。バンガロール（ベンガルール）は，19世紀にはイギリスによる植民地支配の軍事・行政の拠点となった。近年，インドの先端技術産業やICT産業の中心地となり，インドのシリコンヴァレーと呼ばれている。

〔6〕(1)　㋑が正解。ヒンドゥー教の割合が最も高く仏教がそれに次ぐネパール。㋐は，イスラームの割合が最も高いバングラデシュ。㋒は，ヒンドゥー教の割合が最も高いがイスラーム圏のパキスタンやバングラデシュに近い地域ではムスリムも多くみられるインド。㋓は仏教の割合が最も高いスリランカ。

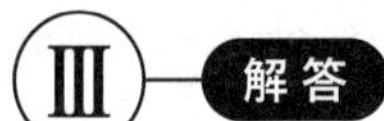

〔1〕A．ヴィクトリア　B．メコン　C．メキシコ　D．信濃　E．長良　F．太田

〔2〕外的営力　〔3〕円弧　〔4〕(1)外来　(2)―㋓　〔5〕二期作

〔6〕―㋒　〔7〕―㋑　〔8〕(1)―㋑　(2)液状化　〔9〕輪中　〔10〕―㋐

解説

《河川と地形》

〔3〕　ナイル川河口には，海岸線がアーチ状となった円弧状三角州が形成されている。一方，河川の堆積作用が活発なミシシッピ川河口には，海に向けて堆積物が伸長した鳥趾状三角州，沿岸流による侵食作用の影響が大きいイタリアのテヴェレ川河口には，海に向かって尖ったカスプ状三角州がみられる。

〔4〕(2)　㋓が正解。外来河川の代表例として，ティグリス川・ユーフラ

テス川・インダス川・ナイル川・ニジェール川などが挙げられる。

〔5〕　1年間に同一の農作物を同一の耕地で栽培することを二期作という。一方，1年間に2種類の農作物を同一の耕地で栽培することを二毛作という。

〔6〕　㋐誤文。太平洋プレートは東から西に移動し，その後，北アメリカプレートやフィリピン海プレートの下に沈み込むため，日本列島は，太平洋プレートからは東西方向に力を受けている。

㋑誤文。日本列島を東北日本と西南日本に分ける地溝帯であるフォッサマグナのうち，西縁の断層線を糸魚川・静岡構造線という。

㋒正文。海洋プレートが沈み込み，深さ100kmに達するとマグマが生じ，火山が列状に形成される。しかし，それよりも海溝側の地域ではプレートの境界面が浅いため，マグマが発生せず，火山の形成がみられない。このことから，火山が帯状に分布する地帯のうち海溝側の線を火山フロント（火山前線）といい，海溝にほぼ並行して分布している。

〔7〕　㋑が正解。常願寺川は飛驒山脈に源を発し，富山県の中部を北流して富山湾に注ぐ。幹川流路延長56kmで標高差2661mを流下するため，日本有数の急流である。他の河川の幹川流路延長は，㋐石狩川が268km，㋒天竜川が213km，㋓吉野川が194kmで，常願寺川より長いため，平均勾配は小さくなる。

〔8〕⑴　㋐誤文。自然堤防は水はけの良い微高地である。

㋑正文。三日月湖〔河跡湖〕は，蛇行河川が大雨時に短絡化した際，河川から切り離されてできた湖である。

㋒誤文。天井川は，上流からの土砂の供給量が多い扇状地などで，堤防で流路を固定化したことにより河床に土砂が堆積した結果，河床が周囲より高くなった河川である。

⑵　液状化現象は，後背湿地・旧河道・三角州・埋立地など，地下水を多く含む軟弱な地盤で発生しやすい。

〔10〕　㋐が正解。海食崖は波の侵食作用などで形成された崖であり，河川の運搬する土砂とは無関係である。㋑潟湖（ラグーン）と㋒トンボロ（陸繋砂州）は，河川によって海まで運搬された土砂が沿岸流によって別の場所に運ばれて堆積してできた地形である。㋓浜堤は，同様にして運ばれた土砂が波に打ち上げられることで海岸線に並行してできた微高地である。

講評

Ⅰ　北海道釧路地域の地域調査について，地形，気候，農業，環境問題，観光，都市，民族，地理情報，地理院地図の地形断面図や空中写真の読図，国勢調査など，幅広く出題された。〔3〕「GIS」や，地理院地図を用いた〔6〕は，立命館大学では頻出である。〔4〕では気温や降水量をもとにした気候区分の判定が問われた。〔5〕・〔7〕で問われた日本の地形について，対策を確実に行いたい。〔2〕「フィールドワーク」や，〔13〕国勢調査の調査項目など，やや細かい内容もみられた。

Ⅱ　南アジアの地誌について，地形名，気候・土壌，農業統計，工業都市，宗教・民族問題などが幅広く出題された。〔1〕Eや〔2〕乙は標準的な民族問題に関する設問である。〔5〕工業都市の特徴や位置を押さえたい。⑷はなじみのない内容だが，「IT 産業の一大中心地」がポイントとなる。

Ⅲ　河川と地形について，地形名，地形の成因，三角州の種類，外来河川，農業，集落，災害などが問われた。〔1〕や〔4〕⑵で問われた世界の地形名は基本的内容である一方，〔1〕F「太田川」や〔7〕「常願寺川」など，日本の地形も出題されており，Ⅰと同様，学習が手薄にならないようにしたい。〔10〕では，「河川の運搬する土砂とは関係のない海岸地形」が問われた。各地形の形成過程の理解に努めたい。

政治・経済

Ⅰ　解答

〔1〕A．9　B．専守　C．安倍晋三　D．移転
E．UNDP　F．人間
〔2〕―㋐　〔3〕ニ．冷戦　ホ．掃海　〔4〕―㋒　〔5〕―㋑
〔6〕ヘ．オスプレイ　ト．傘　チ．思いやり

解説

《日本の安全保障政策》

〔1〕A．日本国憲法の三原則は国民主権，基本的人権の尊重，平和主義の3つであり，そのうち平和主義の原則は前文と第9条で定められ，第9条には戦争の放棄・戦力の不保持・交戦権の否認が明記されている。

B．専守防衛は憲法に基づく日本の防衛戦略の基本方針を示すものであり，相手方の攻撃があった場合にのみ，必要最小限の防衛力を行使するという方針のことである。

C．2014年，安倍晋三内閣は閣議決定により従来の個別的自衛権だけを認めていた政府の憲法解釈を変更し，集団的自衛権の行使を容認した。この決定に基づき，翌2015年に安全保障法案が成立した。

D．2014年に閣議決定された防衛装備移転三原則は，防衛装備（武器）の海外移転に関する基本的な原則である。これは武器輸出を禁じていた従来の武器輸出三原則に代わるものであり，武器の輸出入を輸出禁止以外の場合に容認するものであった。

E・F．「人間の安全保障」は，1994年，国連開発計画（UNDP）が『人間開発報告』の中で初めて取り上げた考え方。紛争，人権侵害，貧困，感染症，環境破壊などが国境を越えて人間の生存や尊厳を脅かす存在となっている状況をなくし，人間一人ひとりの安全を保障しようとする試みとして提唱されたものである。

〔2〕「我が国と密接な関係にある他国に対する武力攻撃が発生し，これにより我が国の存立が脅かされ，国民の生命，自由及び幸福追求の権利が根底から覆される明白な危険がある場合」というのは，〔1〕のCで挙げた安全保障法制に含まれる事態対処法における存立危機事態のことを指して

いる。ここでの「我が国と密接な関係にある他国」とは，具体的には同盟国のアメリカである。そして，同法では，存立危機事態に陥り，国民を守るために他に手段がない場合において集団的自衛権の行使を認めた。

〔5〕 ㋑不適切。「国会の承認を経ることなく」は誤り。存立危機事態（緊急事態）において自衛隊の海外派遣を内閣が決定した場合，原則として国会に事前承認を求めなければならない。ただし国会閉会中の場合などは事後承認も可能である。

〔6〕へ. オスプレイは2012年に駐留米軍が沖縄の普天間飛行場に配備した。その後，陸上自衛隊も本土に部隊配備を行った。

ト.「核の傘」とは，非核保有国が核保有の同盟国の核戦力により安全を守ってもらうことをいう。

チ.「思いやり予算」とは，防衛予算に含まれる在日米軍の駐留経費負担金のことである。

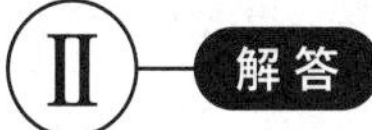

〔1〕A. イノベーション　**B.** シリコンバレー
C. 基本　**D.** 二重　**E.** 会社　**F.** ニッチ

〔2〕―㋓　**〔3〕**コンドラチェフ　**〔4〕イ.** インターネット　**ロ.** ICT
〔5〕ベンチャー　**〔6〕**―㋑　**〔7〕**寡占　**〔8〕**地場

解説

《日本の中小企業と起業活動》

〔1〕A. オーストリアの経済学者シュンペーターは主著『経済発展の理論』の中で，イノベーション（技術革新・新結合）について，新しい製品・財の生産だけでなく，新しい生産方式の導入，新しい販路の開拓，新しい組織の実現，原材料・部品の新しい供給源の獲得において起きる非連続的で急激な変化であると説いている。

B. シリコンバレーはアメリカのサンフランシスコ南部に位置する半導体・ソフトウェア・インターネット等のハイテク企業が多数集積している地域。現在，シリコンバレーに本社機能を置く企業には，Google，Apple，Intelなどがある。

D. 一国の中で生産性の高い大企業と生産性の低い中小企業が併存し，その間でさまざまな格差がある状態を「経済の二重構造」という。

E. 2006年に施行された会社法の内容は，(1)株式会社の最低資本金制度の廃止（資本金１円から株式会社設立可能），(2)有限会社の新設禁止，(3)合同会社の新設である。

F. ニッチは隙間（すきま）のこと。そこから需要が少ないために既存企業が進出しなかった新しい分野の市場をニッチ市場という。

〔2〕 ㋓が適切。その他の選択肢はそれぞれ，㋐『選択の自由』：フリードマン，㋑『経済学原理』：J.S.ミル，マーシャル，㋒『経済表』：ケネーの著作である。

〔4〕ロ. 情報通信技術の略称はICT（Information and Communication Technology）。なお，情報技術はIT，また，「モノのインターネット」はIoTが略称である。

〔5〕 ベンチャー企業はベンチャービジネスともいう。また，将来性のあるベンチャー企業に着目して資金提供する投資機関をベンチャーキャピタル，また個人投資家をエンジェルという。

〔7〕 設問に「数社の企業が市場を支配している状態」とあるので寡占が正解である。「一社」の場合は独占である。「二社」の場合を複占という場合もある。

〔8〕 地場産業は，地元資本の複数の中小企業によって成立している地域密着型の特産品を製造する産業である。

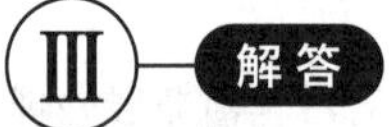

〔1〕A. 合計特殊出生率　**B.** 人口減少　**C.** 50
D. 晩婚化　**E.** 年金　**F.** 社会保険料　**G.** 公助

〔2〕—㋐　**〔3〕**—㋐　**〔4〕**—㋐

〔5〕リ. 消費　**ヌ.** 1989　**ル.** 直接　**ヲ.** 間接

解説

《日本の少子高齢化問題》

〔1〕A. 合計特殊出生率は，一人の女性が生涯を通じて平均何人の子どもを産むかを示す値である。日本の合計特殊出生率は2022年現在で1.26となっている。

B. 人口置換水準（人口を維持するために必要な合計特殊出生率）は2.07とされているので，現在の合計特殊出生率からすると，日本は継続的に人口が減少していく人口減少社会となっている。

E. 国立社会保障・人口問題研究所資料によると2020年の日本の社会保

障給付費の内訳は，総額132.2兆円のうち年金が42.1％，医療が32.3％，福祉その他（介護・少子化対策等）が25.6％を占めている。

F． 日本の社会保障制度は社会保険・公的扶助（生活保護制度）・社会福祉・公衆衛生の4つの分野からなっている。このうち社会保険の財源は社会保険料と租税であるが，その他3つの分野の財源は租税である。

G． 公助は政府や公的機関が支援すること，共助は地域社会が協力して助け合うこと，自助は自己責任により自分で解決することである。

〔2〕 65歳以上人口を老年人口あるいは高齢者人口というが，その全人口に対する割合が⑴7％超の場合：高齢化社会，⑵14％超の場合：高齢社会，⑶21％超の場合：超高齢社会という。

〔3〕 正解は㋐である。㋑は人口ボーナスについての記述である。オーナス（onus）はボーナス（bonus）の対義語であり，ボーナスが報酬や特典を意味するのに対し，オーナスは負担や重荷を意味する言葉である。人口オーナスとは，少子高齢化で生産年齢人口が相対的に少なくなり経済成長の負担になることである。

〔5〕リ・ヌ． 消費税は1989年，竹下登内閣のときに導入され，当初の税率は3％であった。その後，3回にわたり段階的に税率が引き上げられ，2019年に現行の10％（食料品や新聞は軽減税率が適用され従来通りの8％）となった。

ル・ヲ． 間接税は納税者と担税者が異なる税であり，消費税・酒税・たばこ税などがこれにあたる。一方，直接税は納税者と担税者が同一の税であり，所得税・法人税などがある。

講評

Ⅰ　日本国憲法第9条をめぐる政府解釈や安全保障政策の変遷に関する出題。2014年の安倍晋三内閣時の閣議決定による集団的自衛権行使の容認とそれを盛り込んだ2015年の安全保障関連法制（11法）は日本の防衛のあり方を転換するものであったが，そうした内容に関する理解度を試す出題となっている。〔2〕は集団的自衛権行使の要件となる存立危機事態の定義が問われており，やや難しい。〔3〕ホの掃海（艇），〔6〕へのオスプレイを解答する問題は詳細な知識を必要とするものであった。

Ⅱ　中小企業と起業活動をめぐる状況と動向について，基本的な知識を問う出題である。教科書の範囲を逸脱しない問題が大半を占めている。また，中小企業と関わりの深い〔1〕Fのニッチ（市場），〔5〕のベンチャー（企業），〔8〕の地場（産業）を解答する問題は頻出なので，その語句の意味や具体例についても押さえておきたい。

Ⅲ　日本の少子高齢化についての基礎的な知識と理解力を試す出題である。合計特殊出生率や高齢化社会・高齢社会・超高齢社会の定義を確認し，日本の少子高齢化の現状・課題を押さえておきたい。また，少子高齢化問題は年金や医療，介護など社会保障や財政問題と関連づけて出題される傾向が強く，こうしたことを念頭に置いて学習を進めたい。なお，〔3〕の人口オーナスについては近年，出題頻度が高くなっているので注意が必要。

全体を通して教科書の範囲を逸脱しない標準的な設問が大半を占めた。

数　学

I　解答

ア. 2　**イ.** 3　**ウ.** $\frac{1}{2}$　**エ.** 4　**オ.** $2\sqrt{7}$　**カ.** 6

キ. 4　**ク.** $\frac{5\sqrt{3}-\sqrt{21}}{3}$　**ケ**—⑤　**コ.** $-1-\sqrt{3}$　**サ.** $2+\sqrt{2}$　**シ.** 3

ス. 4　**セ.** 2　**ソ.** $\frac{5}{4}a^2$　**タ.** -2　**チ.** 6　**ツ.** $2a+1$

テ. $-a^2+4a+12$　**ト.** $-a^2+4a+12$　**ナ.** 2　**ニ.** $\frac{32}{3}$

解説

《小問3問》

〔1〕

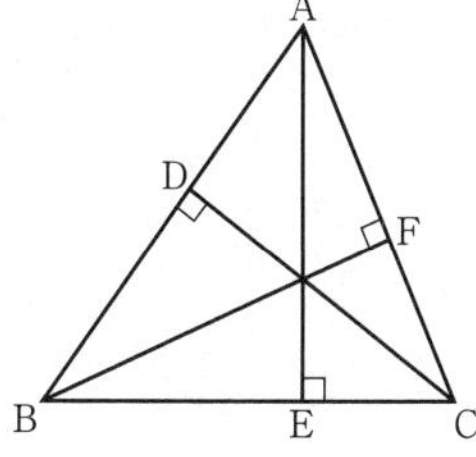

$AE=3\sqrt{3}$

$BF=\frac{6\sqrt{21}}{7}$

$CD=2\sqrt{3}$

△ABC の面積を S とすると

$$S=\frac{1}{2}\cdot BC\cdot AE \qquad \therefore\quad BC=\frac{2S}{AE}$$

$$S=\frac{1}{2}\cdot CA\cdot BF \qquad \therefore\quad CA=\frac{2S}{BF}$$

$$S=\frac{1}{2}\cdot AB\cdot CD \qquad \therefore\quad AB=\frac{2S}{CD}$$

よって

$$BC:CA:AB=\frac{1}{AE}:\frac{1}{BF}:\frac{1}{CD}=\frac{1}{3\sqrt{3}}:\frac{7}{6\sqrt{21}}:\frac{1}{2\sqrt{3}}$$

$$=2:\sqrt{7}:3 \quad \to ア，イ$$

そこで

$$BC=2k,\ CA=\sqrt{7}k,\ AB=3k \quad (k\text{ は正の定数})$$

とおくと，余弦定理より

$$\cos\angle \mathrm{ABC}=\frac{\mathrm{AB}^2+\mathrm{BC}^2-\mathrm{CA}^2}{2\cdot\mathrm{AB}\cdot\mathrm{BC}}$$

$$=\frac{(3k)^2+(2k)^2-(\sqrt{7}k)^2}{2\cdot3k\cdot2k}=\frac{9+4-7}{2\cdot3\cdot2}=\frac{1}{2}\quad\to ウ$$

よって　　$\angle \mathrm{ABC}=60°$

であるから

$$\frac{\mathrm{AE}}{\mathrm{AB}}=\sin\angle \mathrm{ABC}=\sin 60°=\frac{\sqrt{3}}{2}$$

$$\mathrm{AB}=\frac{2\mathrm{AE}}{\sqrt{3}}=\frac{2\cdot3\sqrt{3}}{\sqrt{3}}=6\qquad\therefore\quad k=2$$

したがって

$\mathrm{BC}=4$，$\mathrm{CA}=2\sqrt{7}$，$\mathrm{AB}=6$　→エ，オ，カ

ここで

$$\mathrm{BD}=\mathrm{BC}\cos\angle \mathrm{ABC}=4\cdot\frac{1}{2}=2$$

$$\mathrm{BE}=\mathrm{AB}\cos\angle \mathrm{ABC}=6\cdot\frac{1}{2}=3$$

であるから

$$\triangle \mathrm{ABC}=\triangle \mathrm{BDE}\times\frac{\mathrm{BA}}{\mathrm{BD}}\times\frac{\mathrm{BC}}{\mathrm{BE}}$$

$$=\triangle \mathrm{BDE}\times\frac{6}{2}\times\frac{4}{3}$$

$$=\triangle \mathrm{BDE}\times4\quad\to キ$$

最後に，$\triangle \mathrm{ABC}$ の内接円の半径を r とすると，内心を I として，面積について

$$\triangle \mathrm{IBC}+\triangle \mathrm{ICA}+\triangle \mathrm{IAB}=\triangle \mathrm{ABC}$$

の関係が成り立つから

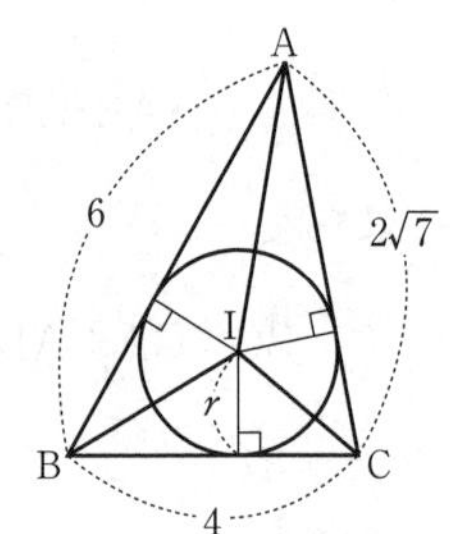

$$\frac{1}{2}\cdot4\cdot r+\frac{1}{2}\cdot2\sqrt{7}\cdot r+\frac{1}{2}\cdot6\cdot r=\frac{1}{2}\cdot6\cdot4\cdot\sin 60°$$

$\therefore\quad (5+\sqrt{7})r=6\sqrt{3}$

よって

$$r=\frac{6\sqrt{3}}{5+\sqrt{7}}=\frac{6\sqrt{3}(5-\sqrt{7})}{25-7}=\frac{5\sqrt{3}-\sqrt{21}}{3}\quad\to ク$$

〔2〕(1)　$C : y=x^2-x=x(x-1)$

$a=2$ のとき

$$l : y=|3x-2|=\left|3\left(x-\frac{2}{3}\right)\right|$$

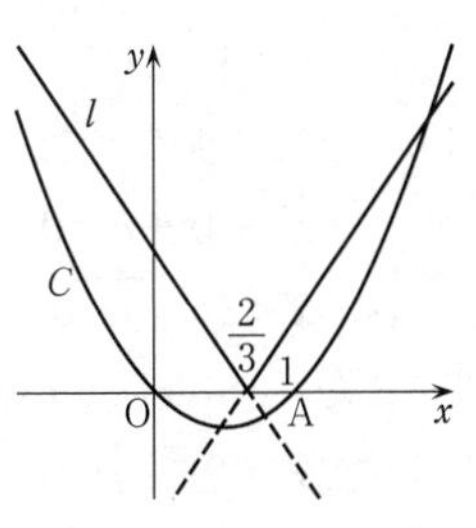

より，C と l のグラフは右のようになる。

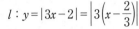

したがって，選択肢は　⑤　→ケ

次に，共有点について，$x^2-x=3x-2$ とおくと

$$x^2-4x+2=0 \qquad \therefore \quad x=2\pm\sqrt{2}$$

図より，このうち，共有点であるのは　$x=2+\sqrt{2}$

また，$x^2-x=-(3x-2)$ とおくと

$$x^2+2x-2=0 \qquad \therefore \quad x=-1\pm\sqrt{3}$$

図より，このうち，共有点であるのは　$x=-1-\sqrt{3}$

以上より，C と l の共有点の x 座標は

$-1-\sqrt{3}$ と $2+\sqrt{2}$　→コ，サ

(2)　C と $l : y=|3x-a|=\left|3\left(x-\frac{a}{3}\right)\right|$ が異なる3点を共有するのは

(i)　l が点 A(1, 0) を通るとき

(ii)　直線 $y=3x-a$ が C と接するとき

の2つの場合である。

(i)のとき

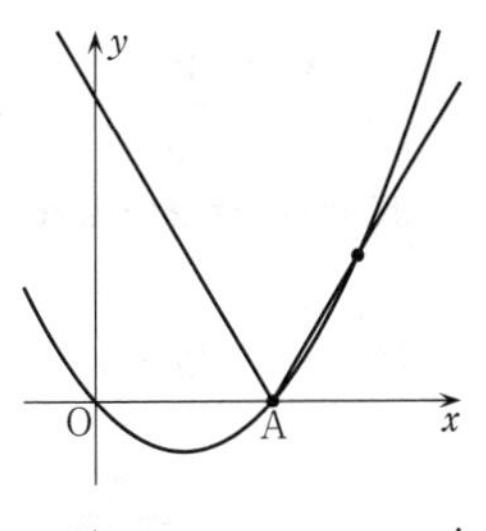

$\frac{a}{3}=1$ より

$a=3$　→シ

(ii)のとき

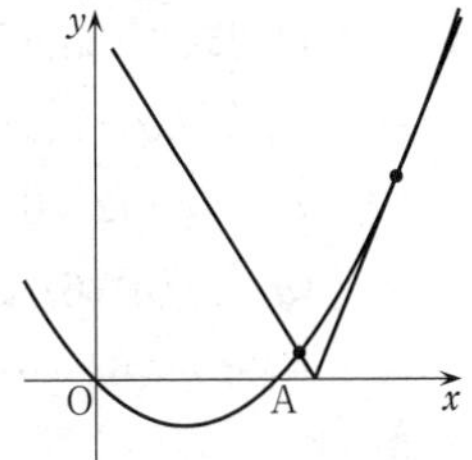

$x^2-x=3x-a$ とおくと

$$x^2-4x+a=0$$

これが重解をもてばよいから，判別式を D とすると

$$\frac{D}{4}=4-a=0$$

$\therefore\quad a=4$　→ス

(3)　$3<a<4$ のとき，$x^2-x=3x-a$ とおくと

$$x^2-4x+a=0$$

$\therefore\quad x=2\pm\sqrt{4-a}$

また，$x^2-x=-(3x-a)$ とおくと

$$x^2+2x-a=0$$

$\therefore\quad x=-1\pm\sqrt{1+a}$

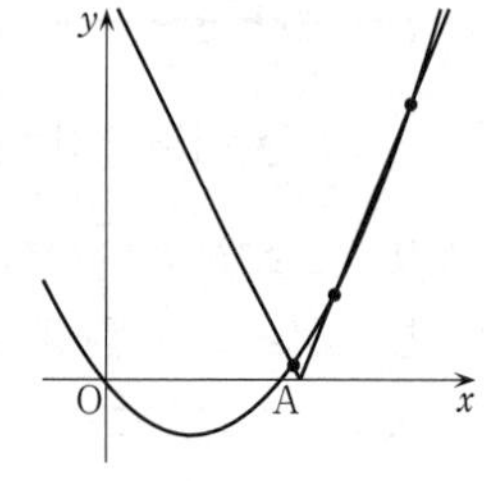

$3<a<4$ のとき，共有点は全部で4個あり，その x 座標の和は

$$(2+\sqrt{4-a})+(2-\sqrt{4-a})+(-1+\sqrt{1+a})+(-1-\sqrt{1+a})=2$$

→セ

〔3〕(1)　$x^2-2ax+b=\dfrac{x^2}{5}$ とすると

$$4x^2-10ax+5b=0$$

2つの放物線が接するのは，この2次方程式が重解をもつときである。そこで，判別式を D とおくと

$\dfrac{D}{4}=(-5a)^2-4\cdot5b=0\qquad\therefore\quad b=\dfrac{5}{4}a^2$　→ソ

(2)　$x^2-2ax+\dfrac{5}{4}a^2=x+\dfrac{11}{4}$ とすると

$$x^2-(2a+1)x+\frac{5a^2-11}{4}=0$$

放物線 $y=x^2-2ax+\dfrac{5}{4}a^2$ と直線 $y=x+\dfrac{11}{4}$ とが異なる2点で交わるためには，$x^2-(2a+1)x+\dfrac{5a^2-11}{4}=0$ が異なる2つの実数解をもてばよいから

判別式：$(2a+1)^2-(5a^2-11)>0$

$$-a^2+4a+12>0$$

$$a^2-4a-12<0$$

$$(a+2)(a-6)<0$$

$\therefore\quad -2<a<6$　→タ，チ

このとき，$x^2-(2a+1)x+\dfrac{5a^2-11}{4}=0$ の解は

$$x=\frac{2a+1\pm\sqrt{(2a+1)^2-(5a^2-11)}}{2}$$

$$=\frac{1}{2}(2a+1\pm\sqrt{-a^2+4a+12})\quad\to ツ，テ$$

次に，放物線 $y=x^2-2ax+\frac{5}{4}a^2$ と直線 $y=x+\frac{11}{4}$ で囲まれる面積 S を考える。

$$\alpha=\frac{1}{2}(2a+1-\sqrt{-a^2+4a+12}),\quad \beta=\frac{1}{2}(2a+1+\sqrt{-a^2+4a+12})$$

とおくと

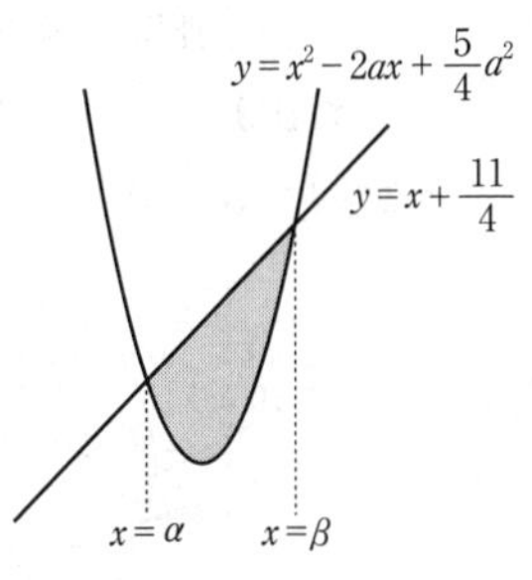

$$S=\int_\alpha^\beta\left\{\left(x+\frac{11}{4}\right)-\left(x^2-2ax+\frac{5}{4}a^2\right)\right\}dx$$

$$=-\int_\alpha^\beta\left\{x^2-(2a+1)x+\frac{5a^2-11}{4}\right\}dx$$

$$=-\int_\alpha^\beta(x-\alpha)(x-\beta)\,dx$$

$$=\frac{1}{6}(\beta-\alpha)^3$$

$$=\frac{1}{6}(\sqrt{-a^2+4a+12})^3$$

$$=\frac{1}{6}(-a^2+4a+12)^{\frac{3}{2}}\quad\to ト$$

$$=\frac{1}{6}\{-(a-2)^2+16\}^{\frac{3}{2}}$$

よって　　$a=2$　→ナ

のとき，次の最大値をとる。

$$\frac{1}{6}\cdot 16^{\frac{3}{2}}=\frac{4^3}{6}=\frac{32}{3}\quad\to ニ$$

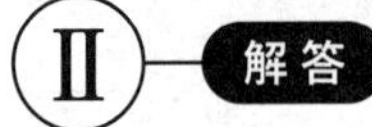

ア． 3　**イ．** 230　**ウ．** 7380　**エ．** 80　**オ．** 50　**カ．** 8280　**キ．** 21　**ク．** 80　**ケ．** 70　**コ．** 8370　**サ．** 2

解説

《領域と最大・最小》

〔1〕　第2工程に投入できる最大人数の条件より

$5x+15y\leqq 1150$

∴　$x+3y\leqq 230$　→ア，イ

〔2〕　まず，条件：

$x\geqq 0$，$y\geqq 0$

$y\leqq 70$　　　（第1工程に投入できる最大人数の条件より）

$x+3y\leqq 230$　（第2工程に投入できる最大人数の条件より）

$x+2y\leqq 180$　（第3工程に投入できる最大人数の条件より）

$x\leqq 100$　　　（第4工程に投入できる最大人数の条件より）

を満たす点 $(x,\ y)$ の存在範囲を図示すると，下図のようになる。

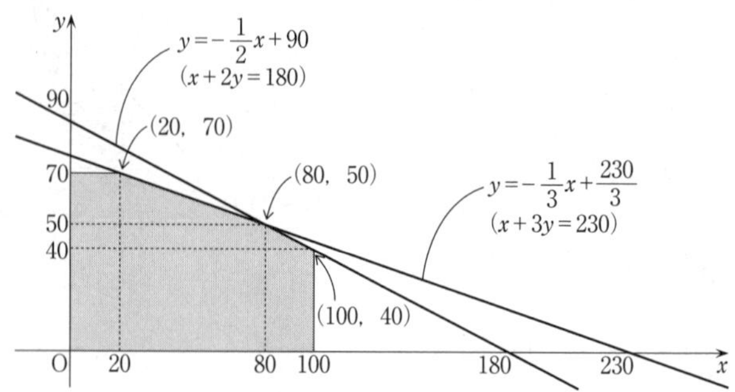

モデルXとモデルYの1台につき，それぞれ36万円と90万円の利益がが得られる場合の利益を P 万円とすると

$P=36x+90y$ 万円

∴　$y=-\frac{2}{5}x+\frac{P}{90}$

ここで　　$-\frac{1}{2}<-\frac{2}{5}<-\frac{1}{3}$

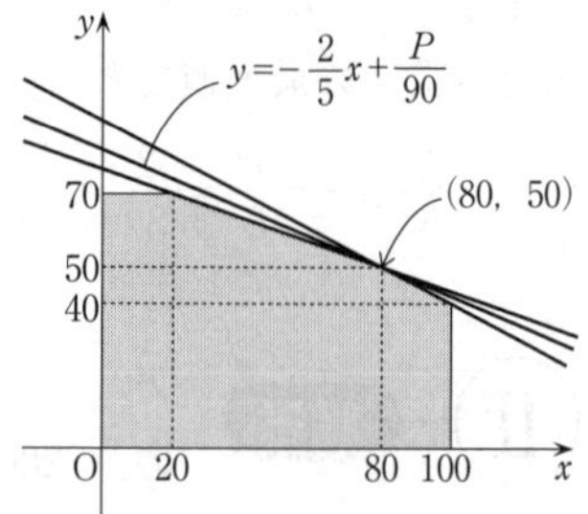

であることに注意すると，P が最大 $\left(\text{すなわち，}\frac{P}{90}\text{ が最大}\right)$ となるのは

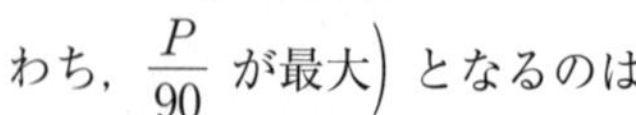

$x=80$ 台　→エ　　$y=50$ 台　→オ

のときで，このときの利益は

$$P=36\cdot 80+90\cdot 50=7380\text{ 万円}\quad \to ウ$$

である。

〔3〕 モデルXとモデルYの1台につき，それぞれ36万円と108万円の利益が得られる場合の利益を Q 万円とすると

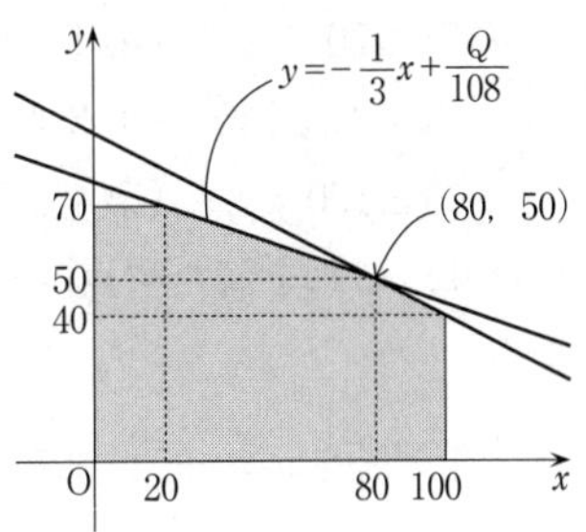

$$Q=36x+108y\text{ 万円}$$

$$\therefore\quad y=-\frac{1}{3}x+\frac{Q}{108}$$

利益 Q は　　$x=80,\ y=50$

のとき最大となり（$(x,\ y)$ は他にもある）

$$Q=36\cdot 80+108\cdot 50$$
$$=8280\text{ 万円}\quad \to カ$$

また，この最大の利益を実現する $(x,\ y)$ は線分

$$y=-\frac{1}{3}x+\frac{230}{3}=\frac{-x+230}{3}\quad (20\leqq x\leqq 80)$$

の上に存在する整数の組 $(x,\ y)$ である。

$x=-3y+230$　……① より

$$20\leqq -3y+230\leqq 80$$

$$\therefore\quad 50\leqq y\leqq 70$$

これを満たす整数は21個あり，①より y が整数のとき必ず x も整数となるから，利益を最大にする組 $(x,\ y)$ の個数は

21個　→キ

である。

また，図より，このうち

x が最大となるとき，$x=80$　→ク

y が最大となるとき，$y=70$　→ケ

である。

〔4〕 モデルXとモデルYの1台につき，それぞれ45万円と90万円の利益が得られる場合の利益を R 万円とすると

$$R=45x+90y\text{ 万円}$$

$$\therefore\quad y=-\frac{1}{2}x+\frac{R}{90}$$

また，第 3 工程が省略されたことから，$(x,\ y)$ が満たすべき条件は

$x \geqq 0,\ y \geqq 0$

$y \leqq 70$　　　（第 1 工程に投入できる最大人数の条件より）

$x + 3y \leqq 230$　（第 2 工程に投入できる最大人数の条件より）

$x \leqq 100$　　　（第 4 工程に投入できる最大人数の条件より）

となり，これを満たす点 $(x,\ y)$ の存在範囲を図示すると，下図のようになる。

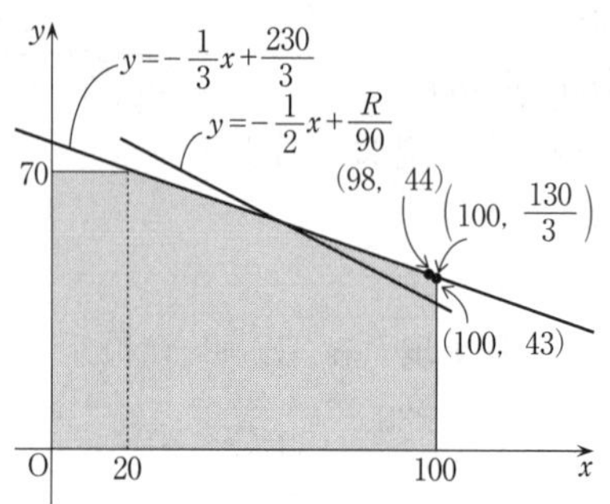

図より，利益 R を最大にする $(x,\ y)$ として

(98, 44)，(100, 43)

の 2 つが候補として考えられるが

$(x,\ y) = (98,\ 44)$ のとき：$R = 45 \cdot 98 + 90 \cdot 44 = 8370$ 万円

$(x,\ y) = (100,\ 43)$ のとき：$R = 45 \cdot 100 + 90 \cdot 43 = 8370$ 万円

であることから，この 2 つの場合で利益は最大となる。

以上より

利益の最大は　　$R = 8370$ 万円　→コ

それを実現する組 $(x,\ y)$ は　　2 個　→サ

〔1〕 余弦定理より

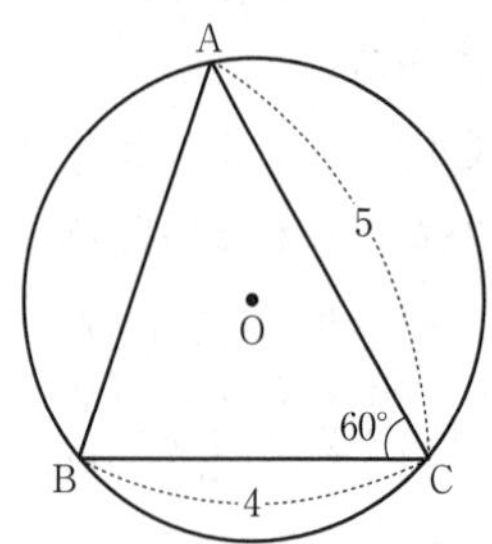

$$AB^2 = 4^2 + 5^2 - 2 \cdot 4 \cdot 5 \cos 60^\circ$$
$$= 16 + 25 - 20 = 21$$

$AB > 0$ より　　$AB = \sqrt{21}$　……(答)

正弦定理より

$$\frac{\mathrm{AB}}{\sin 60°}=2R$$

$$\therefore\quad R=\frac{\mathrm{AB}}{2\sin 60°}=\frac{\sqrt{21}}{\sqrt{3}}=\sqrt{7}\quad \cdots\cdots(\text{答})$$

〔2〕 $|\overrightarrow{\mathrm{AB}}|^2=|\overrightarrow{\mathrm{OB}}-\overrightarrow{\mathrm{OA}}|^2$ より

$$|\overrightarrow{\mathrm{AB}}|^2=|\overrightarrow{\mathrm{OB}}|^2-2\overrightarrow{\mathrm{OA}}\cdot\overrightarrow{\mathrm{OB}}+|\overrightarrow{\mathrm{OA}}|^2$$

$$(\sqrt{21})^2=(\sqrt{7})^2-2\overrightarrow{\mathrm{OA}}\cdot\overrightarrow{\mathrm{OB}}+(\sqrt{7})^2$$

$$21=7-2\overrightarrow{\mathrm{OA}}\cdot\overrightarrow{\mathrm{OB}}+7$$

よって　$\overrightarrow{\mathrm{OA}}\cdot\overrightarrow{\mathrm{OB}}=-\dfrac{7}{2}$　……(答)

同様に，$|\overrightarrow{\mathrm{BC}}|^2=|\overrightarrow{\mathrm{OC}}-\overrightarrow{\mathrm{OB}}|^2$ より

$$|\overrightarrow{\mathrm{BC}}|^2=|\overrightarrow{\mathrm{OC}}|^2-2\overrightarrow{\mathrm{OB}}\cdot\overrightarrow{\mathrm{OC}}+|\overrightarrow{\mathrm{OB}}|^2$$

$$4^2=(\sqrt{7})^2-2\overrightarrow{\mathrm{OB}}\cdot\overrightarrow{\mathrm{OC}}+(\sqrt{7})^2$$

$$16=7-2\overrightarrow{\mathrm{OB}}\cdot\overrightarrow{\mathrm{OC}}+7$$

よって　$\overrightarrow{\mathrm{OB}}\cdot\overrightarrow{\mathrm{OC}}=-1$　……(答)

〔3〕 〔2〕と同様に，$|\overrightarrow{\mathrm{CA}}|^2=|\overrightarrow{\mathrm{OA}}-\overrightarrow{\mathrm{OC}}|^2$ より

$$|\overrightarrow{\mathrm{CA}}|^2=|\overrightarrow{\mathrm{OA}}|^2-2\overrightarrow{\mathrm{OC}}\cdot\overrightarrow{\mathrm{OA}}+|\overrightarrow{\mathrm{OC}}|^2$$

$$5^2=(\sqrt{7})^2-2\overrightarrow{\mathrm{OC}}\cdot\overrightarrow{\mathrm{OA}}+(\sqrt{7})^2$$

$$25=7-2\overrightarrow{\mathrm{OC}}\cdot\overrightarrow{\mathrm{OA}}+7$$

よって　$\overrightarrow{\mathrm{OC}}\cdot\overrightarrow{\mathrm{OA}}=-\dfrac{11}{2}$

そこで

$$\overrightarrow{\mathrm{OB}}=\alpha\overrightarrow{\mathrm{OA}}+\beta\overrightarrow{\mathrm{OC}}\quad(\alpha,\ \beta\text{は実数})$$

とおく。

$\overrightarrow{\mathrm{OA}}\cdot\overrightarrow{\mathrm{OB}}=-\dfrac{7}{2}$ より

$$\overrightarrow{\mathrm{OA}}\cdot(\alpha\overrightarrow{\mathrm{OA}}+\beta\overrightarrow{\mathrm{OC}})=-\frac{7}{2}$$

$$\alpha|\overrightarrow{\mathrm{OA}}|^2+\beta\overrightarrow{\mathrm{OA}}\cdot\overrightarrow{\mathrm{OC}}=-\frac{7}{2}$$

$$7\alpha-\frac{11}{2}\beta=-\frac{7}{2}$$

$$\therefore\quad 14\alpha-11\beta=-7\quad\cdots\cdots①$$

同様に，$\overrightarrow{OB}\cdot\overrightarrow{OC}=-1$ より

$$(\alpha\overrightarrow{OA}+\beta\overrightarrow{OC})\cdot\overrightarrow{OC}=-1$$

$$\alpha\overrightarrow{OA}\cdot\overrightarrow{OC}+\beta|\overrightarrow{OC}|^2=-1$$

$$-\frac{11}{2}\alpha+7\beta=-1$$

$\therefore\quad -11\alpha+14\beta=-2\quad\cdots\cdots②$

①，②を解くと　　$\alpha=-\dfrac{8}{5},\ \beta=-\dfrac{7}{5}$

よって　　$\overrightarrow{OB}=-\dfrac{8}{5}\overrightarrow{OA}-\dfrac{7}{5}\overrightarrow{OC}$

$\therefore\quad 8\overrightarrow{OA}+5\overrightarrow{OB}+7\overrightarrow{OC}=\vec{0}$

すなわち　　$l=8,\ m=5,\ n=7$　……(答)

〔4〕〔3〕の計算より

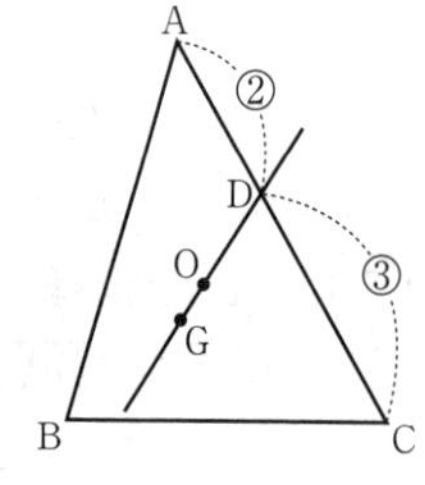

$$\overrightarrow{OG}=\frac{\overrightarrow{OA}+\overrightarrow{OB}+\overrightarrow{OC}}{3}$$

$$=\frac{\overrightarrow{OA}-\frac{8}{5}\overrightarrow{OA}-\frac{7}{5}\overrightarrow{OC}+\overrightarrow{OC}}{3}$$

$$=\frac{-3\overrightarrow{OA}-2\overrightarrow{OC}}{15}$$

$$=-\frac{1}{3}\cdot\frac{3\overrightarrow{OA}+2\overrightarrow{OC}}{5}$$

よって

$$\overrightarrow{OD}=\frac{3\overrightarrow{OA}+2\overrightarrow{OC}}{5}\quad \text{かつ}\quad \overrightarrow{OG}=-\frac{1}{3}\overrightarrow{OD}$$

したがって　　AD：DC＝2：3　……(答)

解説

《三角比の図形への応用，平面ベクトルと図形》

〔1〕は余弦定理と正弦定理の基本問題である。〔2〕は内積の計算を工夫すれば何でもないが，内積の定義に固執していると難しかったかもしれない。〔3〕はやや難しい。〔2〕をヒントに考えてみるとよい。困ったときは手前の問いにヒントがないか注意するのは鉄則である。〔4〕は〔3〕ができれば，その延長で難しいところはない。

講評

Ⅰは小問3問の形式である。〔1〕は三角比の図形への応用の典型的な標準問題である。〔2〕は放物線と絶対値付きの1次関数のグラフ（折れ線）との共有点に関する問題で，特に難しいところはない。〔3〕は放物線と直線の位置関係，放物線と直線とが囲む面積に関する問題で，典型的な基本問題である。

Ⅱは毎年恒例の，実生活に関係するような，領域と最大・最小の問題である。考え方そのものはこの項目の典型的な内容であるが，後半は格子点（座標がともに整数）の理解も関係してきて，やや難しめの問題となっている。

Ⅲのみ記述式の問題である。例年，記述式の問題のほうが易しい傾向にあるが，2024年度は例年に比べると難しめであった。〔1〕は三角比の図形への応用の基本問題であり，〔2〕はベクトルの内積の基本問題である。〔3〕はどのように手を付けてよいのかわからなかった受験生も多かったかもしれない。こういう場合は手前の問題をヒントにして考えるのが鉄則である。内積の結果をうまく利用して解くのがポイントである。〔4〕は〔3〕の結果をしっかりと読み取れるかどうかである。〔3〕の結果から点Dの位置ベクトルがわかる。

敬意の方向を問う問題。敬語動詞がそれぞれ尊敬語・謙譲語・丁寧語のいずれであるかの正確な把握が必須。地の文では筆者から、会話文では発話者からの敬意であり、尊敬語の場合は動作主、謙譲語の場合は動作の受け手、丁寧語の場合は地の文では読者、会話文では聞き手に対する敬意であることを覚えておこう。標準的。問5は「玉の緒」が命を表す歌語であることを知っておきたい。式子内親王「玉の緒よ絶えなば絶えねながらへば忍ぶることの弱りもぞする」が好例。やや難。問8は本文全体から根拠を見出しながら、選択肢を吟味する必要がある。標準的。全体を通しては、やや難。

四の漢文は、物語性があり読みやすい。問1の「因」、問2の選択肢の読みはすべて頻出。やや易。問3の書き下し文は傍線部を一読した段階では語意や意味内容が難解であるので、先に選択肢を一瞥し、内容を把捉するとよい。やや難。問4は本文全体から根拠を見出しながら、選択肢を吟味する必要がある。標準的。全体を通しては、標準的。

まれる。

問4　1は「強盗に襲わせて猫を手に入れたが」が誤り。強盗に襲わせたのは正しいが、猫は手に入れられなかった。2は巨商が「黄河を渡らせた」が誤り。巨商から逃げる際に黄河を渡ったのである。それ以降の部分も、巨商が舟に同乗しているとして解釈している点が全体的に誤り。3は結果的に富人と猫が死んでいないと解釈されているので誤り。4は後半が誤り。富人と猫は黄河を渡り切ることなく死んだ。5は傍線③以降の展開を正しく説明している。

講評

一の現代文は、非常に難解な文章で、手を焼いた受験生も多かったであろう。問3は「逆説」の特徴的な構文を覚えておきたい。「一見…だが、実は…」や「…した結果むしろ…」といった形をとることが多い。標準的。問6は選択肢をはじめに一瞥することで解答への手がかりが得られる。特にすべての選択肢が同一の始まり方をしている場合などに多いパターンである。やや難。問9は本文全体から根拠を見出しながら、選択肢を吟味する必要がある。やや難。問10は文学史の問題。例年、やや細かい文学史が出題されることが多い。便覧などで一定の知識を得ておくことはもちろん、時事的なニュースなどにも気を配り知識を蓄えておきたい。やや難。全体を通しては、やや難。

二の現代文は、「教養」に関して「アフリカ的段階」を検討すべきという筆者独自の主張が特徴。内容はさほど難解ではなく、問いは語彙に依存するものも多い。問3は四字熟語に関する問題。漢字の書き取りとともに覚えたい。標準的。問4で問われている「演繹」は対義語の「帰納」とともに現代文頻出の論理法である。特に哲学的な内容の文章で用いられることが多く、知っていれば文章全体が読み易くなる語でもある。標準的。全体を通しては、標準レベル。

三の古文は、和歌を通じた男女の気持ちの表明を読み解くことができるかがカギ。男女の恋愛に関わる古文常識は覚えておきたい。問1は基本的な掛詞。文法書や便覧などに載っている基本的な掛詞は覚えておきたい。やや易。問3は

酒を以て之を毒せんとす。其の猫人と左右を離れず、鴆酒甫めて斟むに、猫即ち之を傾く。再び斟めば再び傾け、是くのごとくする者三たびなり。富人覚りて猫と同に宵に遁ぐ。一故人に遇ひて、舟後に匿はれ、黄河を渡るに、失足して水に溺る。猫主人の河に堕つるを見、叫呼して跳号す。撈救せんとするも及ばず、猫も亦た水に投じて波と倶に汨む。是の夕べ故人夢に富人を見るに云はく、「我と猫と死せず、倶に天妃宮の中に在り」と。故人明日天妃宮に謁し、富人の屍と猫と倶に神廡の下に在るを見、棺を買ひて之を瘞め、其の猫を側に埋む。

解説

問1 ①「因」は「よりて」と読み、前文で述べたことを理由や根拠として、後文に続ける意味用法をもつ。

②「如是」は「かくのごとく」（終止形は「かくのごとし」）と読み、〝このような〟の意。「かくのごとき」という答えが考えられるが、「かく」は前文の「再び酌めば再び傾け」という動作を指すので、「かくのごとくする」という解答が最適となる。

問2 本文冒頭で、賢く忠義に厚い猫であることを紹介し、その具体的なエピソードとして紹介されている部分であるので、2「即（すなはち）」を補って、猫が毒酒にすぐさま気づき杯を倒して、飼い主に飲ませないようにしたと解釈するのが適当。一度目に毒酒を杯に注がれた時の猫の反応に関しての言及であるので、「ごとに」と読む1や「また」と読む5は意味的に誤り。

問3 1・2は「撈救するも」の時点で誤り。実際に救助することはできなかったわけであるから、「撈救する」と言い切ってしまうのは不適。「亦」は繰り返される行為に関して言及する際に用いられる副詞であるので、ここで「投水」という行為は一度「富人」が行った行為であることから、再度同様の行為を「猫」がしたものであると解釈ができる。すなわち「猫亦投水」とは、〝猫が（主人に続いて）また水に身を投げた〟といった意味だとわかる。これによって、「亦」の解釈を誤って、文を並列するような形になっている3は誤りであり、また猫が投水しなかったと解釈している2もやはり誤り。5は水と波を並列していることが不適。波は水の一部であり、「水」と言った時点で「波」も含

その爪は青色（緑色）、その頭は朱色、その尻尾は黒色、その毛は白くまるで雪のようだった。富人はこれを飼ってたいへん珍重した。里に貴人（＝高貴な人）の子がおり、これ（＝猫）を見て愛でた。（貴人は）駿馬を（差し出して、猫と）交換しようとしたが（富人は猫を）与えず、（貴人は）お気に入りの妾を（差し出して、猫と）交換しようとしたが（富人は猫を）与えず、（貴人は）千金で（猫を）購入しようとしたが（富人は猫を）与えず、（貴人は）これ（＝富人の家）に強盗に押し入らせて、その（＝富人の）家を破壊したが、それでも（富人は猫を）与えることはなかった。そのため（＝何度も猫を取られそうになったので）（富人は）猫を連れて逃げて広陵に至り、巨商（＝金持ちの商人）の家を頼った。またもや巨商はその猫を愛でて、あらゆるはかりごとをしてこれ（＝富人の猫）を求めたが手に入れることはできず、毒酒でこれ（＝富人）を毒殺しようとした。その猫は人（＝富人）のそばを離れず、最初に（杯に）毒酒を注ぐと、猫はすぐにこれ（＝毒酒の入った杯）を傾け（て中身をこぼし）た。再度（毒酒を）注ぐと再び（杯を）傾け（て中身をこぼし）、このようにすることが三度あった。富人は（身の危険を）悟って猫とともに宵に（まぎれて）逃げた。一人の旧友に会って、舟の後ろのほうにかくまわれて、黄河を渡ったときに、足を踏み外して水に（落ちて）溺れた。猫は主人が河に落ちるのを見て、大声をあげて飛び跳ね泣き叫ぶ。（富人を）すくい上げて助けようとするも及ばず、猫もまた水に（身を）投じて波とともに沈んだ。その夜友人（＝旧友）が夢で富人を見たときに（富人が）言うことには、「私と猫とは死んでおらず、ともに天妃宮（＝水神をまつる建物）の中にいる」と。友人は翌日天妃宮に詣で、富人の屍と猫（の屍）とがともに天妃宮の軒下にあるのを見て、棺を買ってこれ（＝富人の屍を収めた棺）を埋葬し、その猫を（富人の屍の入った棺の）そばに埋めた。

読み　山右の富人の畜ふ所の猫、形異にして霊且つ義なり。其の睛は金、其の爪は碧、其の頂は朱、其の尾は黒、其の毛は白きこと雪のごとし。富人之を畜ひて珍とすること甚だし。里に貴人の子有り、見て之を愛す。駿馬を以て易へんとするも与へず、愛妾を以て換へんとするも与へず、千金を以て購はんとするも与へず、之を盗に陥れ、其の家を破るも、亦た与へず。因りて猫を携へて逃げて広陵に至り、巨商の家に依る。亦た其の猫を愛し、百計もて之を求むるも得ず、鴆

前でも、長年気持ちを伝えながらもつれない対応をする御息所に対する恨みを述べた発言・歌があったように、ここでもこのまま御息所からよそよそしく扱われたままで朽ち果ててしまうことを言っている。

問7　長年気持ちを伝えてきた光源氏に対してつれなく接する御息所であったが、それに対する嘆きを語る光源氏の様子が上品で優美であったことから、強気に接することができなくなっているということである。少しずつ「あはれとおぼし知る節々（＝心惹かれる節々）」が生じつつあるのである。そのような光源氏の様子を、御息所は「あやにくなる御気色（＝予想外なご様子）」と言っている。

問8　1は第一段落一・二文目の内容に合致する。2は「来訪をいつもひそかに待ち望んでいた」が誤り。本文中にこのように読み取れる箇所はない。3は細かいが「独り言が」が誤り。本文では、「ひとり言のやうにのたまふ」とあるように、「ひとり言」というのは比喩であり、実際には御息所に向けられた歌である。4は光源氏に対する御息所の歌の内容を踏まえており、正しい。5は「御簾越しに六条御息所を見かけた」が誤り。そのような描写はない。6は全体的に誤り。光源氏は、御息所がその気になっているとは考えていない。

四

出典　『見聞録』

解答

問1　①よりて　②かくのごとくする

問2　2

問3　4

問4　5

全訳

山右の富人（＝裕福な人）が飼っている猫は、見た目が普通ではないが賢くてしかも忠義に厚かった。その瞳は金色、

（＝ゆっくりと申し上げましょう）」とあるので、これまで長年にわたって光源氏から気持ちを伝えられながらも丁寧な対応ができていないことに対する謝罪をしようとしているのだとわかる。

(カ)「気色どる」は〝様子を見て取る、機嫌を取る〟の意。ここでは女房たちが事の顛末を見届け、推察しているという文脈である。

問3 ①「おはす」は尊敬語。尊敬語は動作の主体に対する敬意を表しており、ここは、人目を忍んで目立たないようにしている光源氏に対する敬意である。②「聞こゆ」は謙譲語。謙譲語は動作の客体に対する敬意を表しており、ここは、伝言を伝えられる立場である光源氏に対する敬意である。③「おぼす」は尊敬語。ここは〝対面なさることはあるまい〟と思っている人物に対する敬意であるが、光源氏と御息所いずれとも解釈し得るため、保留して他で判定すべき。④「させ給ふ」は尊敬語。ここは、〝長年深い愛情をかけて来たことを考慮してくださるならば〟といった文脈であるので、〝考慮する〟という行為の動作主である御息所に対する敬意である。⑤補助動詞で用いる「奉る」は謙譲語。ここは、邸内に入ることを許された立場である光源氏に対する敬意である。以上から正解は2。

問4 「かたはらいたし」には、自己の言動について他人が見聞きするとどう思うかを意識する、〝きまり悪い〟という意味のほかにも、他人の言動に対して気に入らないことをいう〝みっともない〟や、傍にいる人を思いやる〝気の毒だ、心苦しい〟という意味がある。傍線(ウ)は「人々」すなわち御息所の女房たちの心中であり、直後の「と思ひあつかひて、入れ奉りぬ」に着目すると、傍線(ウ)が原因となって女房たちが光源氏を邸内に入れることにしたことがわかる。つまり、御息所からむげに扱われる光源氏のことを女房たちが気の毒に思って邸内に入れたということである。

問5 一つ目の空欄Aの直前に「長らふべくもあらぬ（＝生き永らえることはできない）」とあり、直後には「恋死なば（＝恋焦がれて死んだならば）」とあるので、〝命〟を意味する「玉の緒」を補うとよい。「玉」には「魂」が掛けられており、〝「魂」を肉体につなぎとめる緒〟の意からこの意味が生まれた。

問6 傍線(エ)を含む箇所である「ただかくながら、いたづらに朽ち果てなむ嘆き」とは、光源氏の嘆きである。これより

し開けて、座ったまま膝で進み寄りながら、（御息所の）お着物の裾を引っ張って、「恐縮ですが、（私の心を）聞き慣れてくださった年月も積み重なったでしょうに、どうしてこのように、よそよそしく他人行儀に（私を）遠ざけなさろうとするのか。自然にお聞きになっていることでございましょう。世間でよくあるような軽率で心浅い、好色なことは、少しも思ってございません。（御息所の）お許しがないうちは、これからは身分不相応な気持ちは、決して決して働かせません。ただこのまま（＝御息所からよそよそしく扱われた状態）で、いたずらに人生を終えてしまうだろう（私の）嘆きの深さを、一言申し上げようというだけのことです」と言って、たいそう穏やかに、品よく心を鎮めて、これほどに（御息所を）思う心が抑えがたくなってしまったさまを、きちんと伝え申し上げなさる（光源氏の）ご様子が言いようもなく心惹かれ、上品で優美であるので、女（＝御息所）も、心惹かれるとお思いになる節々が必ずしもないことも、またなかったが、このように（一途に御息所を思い、優美に語るという）予想外な（光源氏の）ご様子なので、（御息所は）強気に対応することもおできにならない。

風は冷ややかに吹いて、夜がたいそう更けてゆく時分、御格子もそのまま（＝上げたまま）で、（雲の間から）出る月の光も中途半端な様子（＝出るか出ないかどっちつかずな様子）なので、（御息所の）お側にある短い几帳を隔てて、仮寝のように添い寝をなさった。人々（＝女房たち）は、こういう成りゆきであったと事情を察して、皆引き下がって、（二人から）遠く離れたところで寝た。

解説

問1　眺め（物思いに耽る）と長雨（長く降り続く雨）の掛詞は非常に例が多い。小野小町「花の色は移りにけりないたづらに我が身世にふるながめせし間に」なども好例。掛詞においては、掛けられている語のいずれでも訳出できるか、縁語として訳出しないかのいずれかである。この和歌では、1～4のいずれもこの条件に当てはまらない。

問2　㋑「年ごろ」は〝長年、数年来〟の意。「かしこまり」は〝恐れ入ること、お礼、謝罪〟などの意味をもつ多義語。ここでは、「すこしよろしき折も侍らば（＝少し病状が悪くないときがありましたら）」「のどかに聞こえさせ侍らむ

のお見舞いも、人づてでなくて（私自身で）申し上げようと」と言って、御簾を引き被って、半分入りなさる。人々（＝御息所邸の女房たち）は、「本当に、簀子（＝寝殿造の縁側）（での対応）では気の毒で」と思って、（光源氏を邸内に）入れ申し上げた。

女君（＝御息所）は、（部屋の）端近くで、まだ御格子も（女房たちが）下げ申し上げていない状態で、雨雲の晴れ間に見える月が、情趣深い様子で霞みがかって風情がある空を、ぼんやりと見ていらっしゃる様子であった。（光源氏は）あれこれ手さぐりで（室内に）入り込み、（御息所のいる）障子のもとに忍び寄りなさって、「全くこのようにひっそりと静かな夜の様子の中で、（私が）思っていることを打ち明ければ、人（＝御息所）ももしかするとしみじみとお思いになるに違いない機会であるよ」とお思いになるので、（光源氏は、御息所邸から）引き返そうという思いもお持ちにならない。

「せめて今夜だけでも（私に）思いを寄せてください。（私は）明日は生き永らえることができないような命であるので。

（このまま）恋焦がれて死んだら末永く人（＝あなた）を（恨みます）」

と（光源氏が）独り言のようにおっしゃる気配が、とても近く感じられるので、女君（＝御息所）は、不気味に思ったが、そうはいっても間接的にとはいえ、長年（光源氏が）たびたび（お手紙を）差し上げなさっていたので、むげに知らない人が入ってきたかのように、気味悪く嫌な気分などにはならなかったからであろうか、

「私に道理をかけないで（＝責任を押し付けないで）ください。絶えてしまいそうな思い乱れとは無関係な（あなたの）命を。

恨みがましいですよ」

と（御息所が）小声で言うともなくおっしゃるが、（御息所ははっと我に返って）「何ということを言ってしまったのだ」と（光源氏のことが）心苦しくて、（御息所は）そっと（奥に）引っ込みなさる様子なので、（光源氏は）障子をそっと押

打ち解けがたく、そっけないことばかりが多くなる。（光源氏が）人（＝六条御息所）の（立派な）ご身分をお思いになるにつけても、たいそう恐れ多く（六条御息所が）気の毒で、無理に（好意があることを）申し上げて従わせることもおできにならない。（光源氏は）あれやこれやと思い乱れなさる。宮中ののどかな春の所在なさに、雨までも一日中降り続けて、日もたいそう長いので、ますます思い嘆きなさっては、「春のものを（＝「起きもせず寝もせで夜を明かしては春のものとてながめくらしつ」という和歌を踏まえた発言）」などと嘆息なさって、

つれないあの人に見せたいなあ。（私の）袖にできた涙川の、物思いにふけりながら見る今日の長雨にも勝る深さを。

今夜もあちら（＝御息所のところ）に通いなさる。たいそう人目を忍んでいらっしゃるので、先駆の者も特に連れず、目立たぬ姿にしていらっしゃった。いつものように（御息所の女房である）中将が出てきて、（御息所の）ご伝言を（光源氏に）伝え申し上げる。「たいそうこのように度々恐れ多くもお越しになること、長年めったにないご愛情のほどは、驚くほど思い知り申し上げたのですが、今夜は病状が悪くて耐えがたく、（客人に近い家の）端の近くにも身を運ぶわけにはいきませんので、自分からは（ご挨拶を）申し上げられませんが、（病状が）少し悪くないときもありましたら、数年来のおわびも、ゆっくりと申し上げましょう」と（中将を通して御息所が）申し上げなさって、（御息所が光源氏と）対面なさるようなことは、とてもあるまいと（御息所は）お思いになった。

（光源氏は）「情けなく（辛いことをおっしゃる）」と（思いながらご伝言を）お聞きになって、「この御簾の前にこのようにお控え申し上げるだけであるのは、たいそう辛いことであるよ。（私は）取るに足りない身ですが、浅くはない（御息所への）気持ちも、長年といっていいほどになってございますので、そのようだ（＝愛情が深い）ともご存知でいらっしゃるでしょうに、それだけの（これまで私が御息所にかけてきた）労を（御息所が）お考えになるならば、このように遠い場所で応対なさるのみであるべきことでしょうか（、いや、そうあるべきではありません）。人づてではなく、ただ（一言、光源氏のことが）かわいそうだとだけ（御息所が）おっしゃるならば、（私の）深い憂いもきっと慰みますでしょうに、このようにそっけないこと（＝対応）は、まだ経験したことがありません。ご気分が悪いとお聞きしているご病状

る。なお「演繹」の対義語は「帰納」であり、これは逆に個別具体的な事例の積み重ねによって一般法則を導く論理法を指す。

問5　1は「ゆっくりとしたリズムで」が誤り。筆者の言う「アフリカ的段階」とはリズムがゆっくりであることを指すものではない。2は「論理的に結びつけて」が誤り。空欄Aやその直後にもあるように、神話の思考は「荒唐無稽」で「間に合わせ」である。3は「概念的な思考によらない」が誤り。空欄Bを含む文の二文後の「科学の概念などを用いていても、そこにはブリコラージュ的発見の思考が介在している」に矛盾する。このことに言及した4は正しい。5は「『野生的』にデザインしていかなければならない」が誤り。

出典　本居宣長『手枕』

解答

問1　5

問2　㋑数年来のおわび（十字以内）　㋕様子を察して（八字以内）

問3　2

問4　4

問5　3

問6　1

問7　3

問8　1・4

全訳

年が明けて、（氷を溶かすという）立春の（あたたかい）風であっても、人（＝六条御息所）の（かたくなな）お心は

ラージュ的思考が受け継がれている中で、教養をデザインし、ブリコラージュ的に作り上げていくことが重要である。

解説

問1　傍線㋐は「教養」の原点が「栽培されたもの」ではなく「野生」であるという考え方は、語源からすると考えにくいという内容であるので、「教養」の語源に関して言及した箇所を探す。すると第一段落の後半に、「教養の発想の根本にあるのは、農耕なのである」とあることに気づく。すなわち、「教養」という語は農耕（栽培）が起源であると考えられているため、教養の起源を「野生」に求める考え方には違和感があるということである。これらを踏まえている4が正解。なお5は「野性を克服した」が本文中に言及がなく誤り。

問2　傍線㋑を含む段落の十一行目に「吉本隆明は、こういった世界史を反省し、歴史の外に排除されていたアフリカを歴史の内部に取り込み、しかも歴史の原点として解釈し直している」とある。さらに十三〜十五行目では、「『段階』という言葉を使っているのは、アフリカに『未明社会の世界普遍的な共通性』を見出しているから」「歴史・地理上のアフリカに特有なものではない」とある。ここでいう「共通性」とは、同段落の最後にもあるように「農耕以前の狩猟・採集の人びと」に共通するということである。これらを踏まえている3が正解。なお1は「批判」が誤り。「解釈し直している」だけであり、ヘーゲルによる歴史観そのものを批判しているとは書かれていない。2は「アフリカに固有」が誤り。十四行目の内容に矛盾する。4・5は細かい点での誤りもさることながら、「段階」に関する言及、すなわち「共通性」についての要素が不十分。

問3　「荒唐無稽」は〝あり得ないこと、現実味がないこと〟といった意味。空欄Aの直前に「現実にはありえない」とあるので、これが適当。

問4　「演繹」とは、既知の一般法則から特定の結論を導出する手法である。たとえば犬は「ワン」と鳴くという、一般的に知られている法則をもって、個別具体的な犬（ポチ、太郎…）にそれを当てはめ、ポチも「ワン」と鳴くだろう、といった形で推測することを言う。ここでは空欄Bの直前に「公理や定理から」とあるので、まさにこれが適当であ

立について取り上げたうえで、虚構の力がみなぎるような作品においても作者の想像と幻視の力が現実世界とは異なる異質な作品世界を作り出していると指摘している。6は傍線㋓を含む段落の内容に合致する。

問10　二葉亭四迷は一八六四～一九〇九年。1の幸田露伴は一八六七～一九四七年。2の坪内逍遙は一八五九～一九三五年。二葉亭四迷と交友があった。3の森鷗外は一八六二～一九二二年。二葉亭四迷は鷗外の『舞姫』の露訳も行ったことで知られる。4の尾崎紅葉は一八六八～一九〇三年。幸田露伴とともに「紅露時代」と呼ばれる。5の川端康成は一八九九～一九七二年。6の樋口一葉は一八七二～一八九六年。

出典　岩野卓司「野生の教養のために――未来のカニバリズムのためのブリコラージュ」（岩野卓司、丸川哲史編『野生の教養――飼いならされず、学び続ける』法政大学出版局）

解答

問1　4

問2　3

問3　5

問4　1

問5　4

要旨

西欧の「教養」の発想は、インターネットが発展した今、限界を迎えている。教養を農耕以前の状態にさかのぼって考えると、その原点は野生にあると言えるはずで、まずは「アフリカ的段階」を検討すべきである。吉本隆明が主張するように、歴史の外に排除されていたアフリカを歴史の内部に取り込み、歴史の原点として解釈し直すことが必要であり、またそれはアフリカ特有のものではなく、「農耕以前の狩猟・採集の人びと」を指す世界的普遍性をもった概念である。そこでは「ブリコラージュ」という、ありあわせで創作を行う思考法がとられる。科学における概念的思考の中にもブリコ

では、どのようにして「みずからの文体を求め」るのかと言うと、「日常語の共同規範に就くことによって文学言語の共同規範を突きくずそうと」すること、すなわち日常語によって文学言語の共同規範を超克するということである。日常と文学における言語が異なるからこそ、意識的に努力して日常の言語によって文学言語の共同規範を超え得るのである。

問7　「後景」とは〝背景〟の意。ここでは直後の「沈黙を守って」と同内容であり、共同規範としてのことばが、見えないところに隠れてしまうこと、姿を隠してしまうといったことを言っている。なお、傍線㋒の直前の「突出したところに焦点を合わせれば」とは、前段落を参考にすると、突出した固有の文体のことを指している。

問8　「作品が孤立している」とは、傍線㋓の直前の引用によれば、作品が「読者をもたない」ということではなく、「作品を書くもの」までもが参与するものである。このような、作品を書くもの、すなわち作者の参与に関して言及しているのは、最終段落である。一文目に「作品は作者からも孤立する」とあり、さらに最終文では「作品はあたかもみずからの力によって存在しているかのような自足性を手に入れるので、作者をその背後に想定することが余計なことに思えてくる」と説明されている。このうち、「作品はあたかもみずからの力によって存在しているかのような自足性を手に入れる」という部分が制限字数にも合うのでこれが正解。

問9　1は第一・二段落の内容に合致する。2は「個人的な感情や観念を言語芸術に昇華させようと腐心する」が誤り。芸術家が日常言語を超越しようとしていることについては空欄Bを含む段落で言及されていたが、「個人的な感情や観念を言語芸術に昇華」させるとは言っていない。3は「不可能である」が誤り。「政治や社会」については傍線①を含む段落で言及されているが、これは文学と対照的な現実の具体例であって、「理解することは不可能」なものだとは言っていない。4は「日常の素材をそのまま表現」が誤り。問5とも関連するが、芸術における言語というのは、素材としての言語ではなく意味や価値をもった共同規範としての言語を言う。5はブランショの『文学空間』自体が想像と幻視の力に満ちているとする点が誤り。傍線㋓を含む段落によると、ブランショの『文学空間』では作品の孤

作者から独立し自足性を獲得するということを意味する。

ている」と言ったとき、単に作品が読者をもたないことを意味するのではなく、作品が現実と観念にまたがるものとして、

語と芸術表現における言語は異なるものだが、これらの間で葛藤し自らの文体を追求した文学者もいる。「作品が孤立し

解説

問3　「逆説」とは〈パラドクス〉とも言い、一見真理に反するようでよく考えると真理を言い表していることを意味する。ここでは、一見「もっとも反伝統的」なものこそがむしろ「もっとも伝統的である」という点が、まさに逆説と言える。1「矛盾」も悪くはないが、6「逆説」のほうがより定義通りであると言える。

問4　空欄Bの直前に、「そういう言語的な」という指示語を含む表現があるので、その指示内容である前段落から探すとよい。前段落のうち「言語的な」に合うような部分は、一文目の「ことばをめぐる共同性」という表現である。よって「共同性」を補うのが適当。

問5　傍線㋐の主語である「かれは」が指すのは、直前の「文学者」である。つまり文学者が文学作品を創造する際に、その素材としての「日常語」をなぜ「不当に貧相なものとしてイメージ」するかを問うている。傍線㋐の直後で、芸術的な言語主体にとって素材としての言語ではなく、さまざまな意味や価値をもった共同規範としての言語を対象とすることが述べられている。すなわち、芸術家が用いるのはさまざまな意味や価値をもつ共同規範としての言語であり、逆に単なる素材としての言語にはそのような意味や価値がないということである。そのような無意味で無価値な言語を「貧相」と表現しているのである。

問6　傍線㋑を含む文の冒頭の「だから」に着目すると、直接的な理由は、傍線㋑を含む文の前の文の「共同規範としての言語は……かえってむずかしい」ということであるが、これに相当する選択肢が存在しないため、他の根拠箇所を探す。選択肢を一瞥するといずれも「独自の文体を創出するには」で始まっていることから、本文中からこれに相当する箇所を探す。すると、傍線㋑の二文後に「みずからの文体を求めて」とあるので、これが換言箇所だとわかる。

国語

一

出典 長谷川宏『ことばへの道――言語意識の存在論』〈第二章　表現の構成〉（勁草書房）

解答

問1 ①きっこう　④こうぼう

問2 ②営為　③蓄積

問3 6

問4 共同性

問5 3

問6 4

問7 2

問8 作品はあた～手に入れる

問9 1・6

問10 5

要旨

芸術において、既存のものを自己のうちに否定的に生かしつつさらに高次な段階に向かうことが求められる。これは言語の芸術でも同様である。言語には日常言語と、その先に成立する芸術としての言語とが存在し、いずれも同じことばから成り立ってはいるが、そこで言う「ことば」とは単なる素材ではなく多様な意味や価値をもつ共同規範である。日常言

/////////////////// · memo · ///////////////////

/////////////////// · memo · ///////////////////

2023年度

問題と解答

■全学統一方式(文系)　※ APU は前期方式(スタンダード3教科型)

問題編

▶試験科目

教　科	科　　目
外国語	コミュニケーション英語Ⅰ・Ⅱ・Ⅲ，英語表現Ⅰ・Ⅱ
選　択	日本史B，世界史B，地理B，政治・経済，「数学Ⅰ・Ⅱ・A・B」から1科目選択
国　語	〔文学部以外，APU〕　国語総合，現代文B，古典B（漢文の独立問題なし） 〔文学部〕　国語総合，現代文B，古典B（漢文の独立問題あり。ただし現代文1題との選択）

▶配　点

学　部		外国語	選　択	国　語	合　計
法・産業社会・映像・経営・政策科・総合心理・経済・スポーツ健康科・食マネジメント・APU		120	100	100	320
国際関係(国際関係学専攻)		150	100	100	350
文	国際文化学域・国際コミュニケーション学域	150	100	100	350
	その他の学域	120	100	100	320

▶備　考

- 2月2日実施分を掲載。
- 「数学B」は「数列，ベクトル」から出題。
- 文学部の国語において，選択の現代文と漢文の両方を解答した場合は高得点の方を採用する。

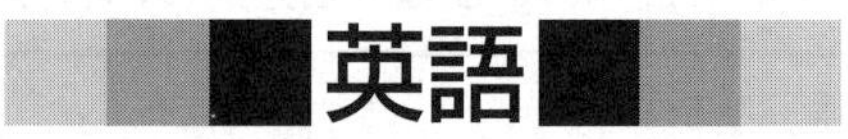

英語

(80 分)

I 次の文を読んで，問いに答えなさい。

When Neha Arora launched an inclusive[1] tour company almost five years ago, she was possibly the world's least-traveled owner of a travel agency. Besides a few weekend trips in her native India, she had never traveled far from home. As a child, Arora watched as her classmates went on family vacations and came home with stories of their adventures. Her outings were limited to school picnics or trips to see her grandparents. Family vacations never seemed like a real option because Arora's father is blind, and her mother uses a wheelchair.

After finishing her engineering degree, Arora moved to the capital city of New Delhi and began working at a telecommunications company. Eventually, she saved enough money for her family to take a 10-day trip through South India in 2009. Money, she hoped, might overcome the travel barriers her parents faced. She was wrong. "You travel over 3,000 kilometers only to realize that the place is not accessible or does not give you the kind of experience you would look forward to," Arora said.

After a particularly difficult incident on that South India trip, her parents gave up on travel and Arora started searching for solutions. There were travel companies that specialized in serving people with disabilities, but most of them focused on a single disability. Arora couldn't find anything that would allow her to travel comfortably and safely with both of her parents. "I started talking to more and more people, and either they were not traveling at all, or they were facing similar challenges," she said. “I had to start a travel company to travel.”

According to the World Health Organization, over one billion people — about 15% of the world’s population — live with some form of disability, from mobility[2] and cognitive[3] issues to being visually or hearing impaired[4]. In addition, more than two billion people, including partners, children, and caregivers[5], are directly affected by someone’s disability. Despite this, accessible tourism, where everyone can take full advantage of travel facilities and services regardless of their physical limitations, disabilities, or age, isn’t standard. Travel remains difficult for many people with disabilities due to a lack of information on accessible services, discrimination, or trouble finding hotels that meet their needs. One recent study found that even in countries with the highest level of adaptation[6] — generally countries with the highest levels of wealth — wheelchair accessibility[7] is provided in only 30% of the hotels analyzed and adaptations such as tactile[8] posters or audio guides are offered in 5% or less of cases.

Although Arora saw this gap early on, it wasn’t until 2016 that she felt ready to leave her job to start her own company, with the goal of making travel more accessible for people of all disabilities. Initially, the company provided day trips in New Delhi, but it has since expanded to offer accessible group tours and specially designed trips to over 40 destinations across Europe and Asia. What makes Arora’s travel company unique is that the experiences they provide are inclusive. “We mix people with various disabilities and nondisabled people to travel together,” Arora said. “So, disability is just a human feature — it’s not something that decides how you travel or where you travel.”

It can be tricky to consider adaptations for different disabilities, but Arora says her approach leads to some unexpected surprises. On one trip, a blind man created software to communicate with a deaf woman instead of relying on another person to help. On another tour, a nondisabled tourist told Arora that even though they'd been to that place four times before, they now saw it in a whole new light. This isn't uncommon, Arora says. Planning a route with wheelchair access or focusing on the tactile experience because of a blind traveler in the group, for instance, can help travelers notice details they might otherwise miss.

People in the company's groups have also stayed friends after the trips. "You realize, oh, this person is just like me, and they just happen to have a disability," Arora said, adding that sometimes nondisabled travelers will approach the company after their trips with questions about how to make their workplaces more accessible or how to hire a person with a disability. She has also expanded her company's scope, consulting with governments, tourism boards, hotels, NGOs, and others, to provide advice on how to make travel more inclusive and accessible.

In fact, a 2020 study found that the disability travel market is growing. During 2018 and 2019, more than 27 million travelers with disabilities took 81 million trips. To serve these customers, Arora's company has built a website to make its information about accessibility more widely available. As a result, people can plan their own trips and don't need to rely on travel companies, which can be expensive. In the end, Arora says the aim is to have every travel company and destination be accessible, which would actually make her work unnecessary. "Ultimately, you don't need a separate travel company for disabled people," Arora said. "You want the whole industry to become inclusive for everyone to travel."

(Adapted from a work by Juhie Bhatia)

(注)

1. inclusive　誰をも受け入れる

2. mobility　可動性

3. cognitive　認知の

4. impaired　障害のある
5. caregiver　世話をする人
6. adaptation　（障害者向けの）居住環境の整備
7. accessibility　（障害者にとっての）利用のしやすさ
8. tactile　触ってわかる

〔1〕本文の意味，内容にかかわる問い(A)～(D)それぞれの答えとして，本文にしたがってもっとも適当なものを(1)～(4)から一つ選び，その番号を解答欄にマークしなさい。

(A) Why was Neha Arora an unlikely person to start a travel company?

(1) She had never been to South India.
(2) She was earning a high salary at her job.
(3) Her parents did not support her business idea.
(4) She had visited few places outside her local area.

(B) According to the article, what is one reason that travel is inconvenient for disabled people?

(1) They need to travel with a companion.
(2) It is too expensive to travel internationally.
(3) There are not enough accessible places to visit.
(4) It takes a long time to move from place to place.

(C) How is Arora's company different from other travel agencies?

(1) They serve and welcome everyone.
(2) They employ people with disabilities.
(3) They provide audio guides for their travelers.
(4) They provide a variety of trips specifically for people who use wheelchairs.

(D) After taking a trip with Arora's travel company, what have some people done?

(1) They have encouraged elderly family members to travel more.

(2) They have reserved a tour to the same destination several times.

(3) They have become more interested in diversity at their workplaces.

(4) They have started volunteering to work with disabled people in their local areas.

〔2〕次の(1)～(5)の文の中で，本文の内容と一致するものには1の番号を，一致しないものには2の番号を，また本文の内容からだけではどちらとも判断しかねるものには3の番号を解答欄にマークしなさい。

(1) Existing travel companies did not meet Neha Arora's parents' needs, so she started her own company.

(2) When Arora started her company, it offered overnight trips to local destinations.

(3) After starting her company, Arora made many friends around the world.

(4) Governments and tourism centers recommend her company on their websites.

(5) Arora hopes that there will be future changes to the industry that will make inclusive travel the standard.

〔3〕本文の内容をもっともよく表しているものを(1)～(5)から一つ選び，その番号を解答欄にマークしなさい。

(1) A new company exclusively for travelers with disabilities

(2) A business owner who is making tourism more accessible

(3) The many people around the world who are affected by disabilities

(4) The increasing number of disabled travelers needing accessible

tours

(5) A travel company using technology to create positive changes in India

Ⅱ　次の文を読んで，問いに答えなさい。

Technology breakthroughs have enabled machines to recognize and respond to our voices, identify our faces, and even translate text written in another language. However, despite all the research funding that has been poured into these advances, artificial intelligence is still unable to deal easily with new situations and remains limited in its understanding of natural language. Psychologist Linda B. Smith believes machine learning could overcome some of these weaknesses by [(A)] the learning processes of babies and young children.

So what does a child have that a computer lacks? Smith described how the complex nature of human visual learning enables babies to grasp the names and categories of objects in ways that have thus far not been achieved in the world of artificial intelligence. [(B)], she used the example of a 2-year-old child seeing a tractor operating in a field for the first time. "If the child watches that tractor work and is repeatedly told 'It's a tractor,' it's highly likely that, from that time on, this 2-year-old will [(C)] all varieties of tractors but will not consider a tank or a crane to be a tractor," she said. In child psychology, this phenomenon is known as the shape bias[1] — the tendency to generalize[2] information about objects by their shapes rather than by their colors, sizes, or other physical characteristics. In the machine-learning literature[3], this is called one-shot category learning — the ability to take information about a single instance of a category and extrapolate[4] it to the whole category, although machines have not mastered this yet. Children are not born with this skill(あ); they learn it within their first 30 months of life. Smith is among researchers who have studied training exercises that can encourage the shape bias to (D) 6 to 10 months earlier than normally expected.

The exploration of early language development, Smith explained, centers on the two parts of the learning process: the training data and the mechanisms that do the learning. One of her best-known approaches to studying linguistic[5] development and object learning is the use of video cameras attached to the baby's head that follow the child's eye movements with motion sensors to record live images of what the child is actually looking at. (E) , the training images for machine learning are photographs taken by adults rather than the scenes that naturally happened. “The experience on which visual category learning occurs in babies is basically different from the experiences that are used in machine learning to train computer vision,” Smith said. Those differences(い), she said, may help explain why the human visual system is so advanced, and why babies “can learn object names in one attempt.”

The data collected until now by Smith's project show that babies learn a massive amount of information based on just a few faces, objects, and categories, with that learning changing at different points in time. They (F) their own data for learning based on how they move and position their bodies. In the first few months of life, when they possess little control of the head and body, they're mainly seeing the faces of their caregivers[6]. But as they approach their first birthday, they shift more of their attention on hands and objects.

The researchers focused their observation on hours of mealtime scenes, Smith explained. “We counted as mealtime any event that had food or dishes in it.” For example, mealtimes included dogs eating food and cereal on the floor. Although most scenes were cluttered[7], a few objects, such as chairs, spoons, and bottles, were the most frequent items in the child's visual experience. And with this approach(う), the researchers could identify when the children learned names for object categories and individual objects. Results showed that the first nouns the children learned centered on the objects they saw most frequently. "This (え) suggests to us that visual pervasiveness[8] itself — day in, day out, hours upon hours, from many different viewpoints — may be critical to visual learning about objects, to finding things in cluttered rooms, and to building strong visual memories so that you can eventually get a word attached to them," Smith said.

Her experiments also examine how babies' visual experiences change over time, and how engaging objects with their hands influences their object-name learning. By the time babies reach their first birthday, they're beginning to control what they see by [(G)] objects, not just looking at them. "By holding an object, looking at it, and parents naming it for them, young children create specific images of single objects that stand out in the scene," Smith said. "When parents name objects at those specific moments, the child is much more likely to learn the object name." Smith's research is now examining the roles that culture and socioeconomics[9] play in (お) these processes.

The research has left Smith [(H)] machines may indeed become one-shot category learners if they're simply fed baby's visual images. Understanding the roles of environment and visual experiences also could lead to new interventions[10] for children with conditions such as learning challenges, which are associated with language and visual learning difficulties.

(Adapted from a work by Barbara Tversky)

(注)

1．bias　　バイアス（思考や判断に特定の傾向をもたらす要因）

2．generalize　　一般化する

3．literature　　研究領域

4．extrapolate　　推定して当てはめる

出典追記：What Do Babies Have That Computers Don't?, APS : Observer, Volume 32, Issue 4, April 2019

5. linguistic 言語の
6. caregiver 世話をする人
7. cluttered 雑然とした
8. pervasiveness 浸透度
9. socioeconomics 社会経済学
10. intervention 教育的介入策

〔1〕本文の (A) ～ (H) それぞれに入れるのにもっとも適当なものを(1)～(4)から一つ選び，その番号を解答欄にマークしなさい。

(A) (1) changing (2) controlling
(3) imitating (4) rejecting

(B) (1) On hearing the result (2) Once again
(3) Similarly (4) To explain

(C) (1) confuse (2) forget
(3) recognize (4) request

(D) (1) come to rest (2) emerge
(3) fade away (4) return

(E) (1) In addition (2) In contrast
(3) In exchange (4) In fact

(F) (1) compromise (2) doubt
(3) generate (4) ignore

(G) (1) eating (2) handling
(3) imagining (4) wanting

(H) (1) confident that

(2) confused by the possibility that

(3) devastated at the thought that

(4) uncertain whether

〔2〕下線部Ⓐ～Ⓞそれぞれの意味または内容として，もっとも適当なものを(1)～(4)から一つ選び，その番号を解答欄にマークしなさい。

Ⓐ this skill

(1) the skill to recognize faces

(2) the skill to repeat the name of an object

(3) the skill to classify objects based on their physical form

(4) the skill to categorize objects by taking into account their colors and sizes

Ⓘ Those differences

(1) Different aspects of training data and learning mechanisms

(2) Different ways in which young children process what they see

(3) The differences in the learning mechanisms of young children and machines

(4) The differences between the human visual systems used by young children and adults

Ⓤ with this approach

(1) by observing when dogs ate on the floor

(2) by observing which food-related items appeared regularly

(3) by identifying how much mess young children made at mealtimes

(4) by identifying what kinds of foods and drinks the young children enjoyed most

㋓ This

(1) The children hearing nouns first

(2) The children learning what they see most often

(3) The children being confused by the cluttered room

(4) The children understanding the frequency of mealtimes

㋔ these processes

(1) the development of machine learning

(2) choosing which specific moments to focus on

(3) how children learn names by interacting with objects

(4) progressing from “one-shot” category to visual category learning

Ⅲ

〔1〕次の会話の㋐～㋓それぞれの空所に入れるのにもっとも適当な表現を(1)～(10)から一つ選び，その番号を解答欄にマークしなさい。

At the hospital

A：Hello, I'm interested in applying for the hospital's summer volunteer program.

B：That's great. We're always looking for new volunteers. For the summer program, our volunteers are usually older teens. (㋐) Just checking…

A：I'm in my last year of high school now, so that's no problem. Could you tell me about the application process?

B：Sure. Applications are being accepted until the 25th of this month. You need to fill out the form online and submit one recommendation letter from a teacher.

A：I see. (㋑)

B：You need to be available three days per week, from 9 a.m. to 5 p.m. During that time, most of our volunteers greet patients and give them directions.

A：That sounds interesting. I do have another question. (　ⓤ　) Would I be able to request time off?

B：I'm sorry. Volunteers must be available for the entire summer. (　ⓔ　)

A：OK, I understand. I'll think about it. Thank you for your time.

(1) Are you about that age?
(2) When do volunteers usually work?
(3) Is any previous experience required?
(4) Why are you interested in volunteering?
(5) I have good grades in my science classes.
(6) I'm going to take a first aid course in the evenings.
(7) The hospital is usually really busy on the weekends.
(8) Maybe you should consider applying next year instead.
(9) I recommend that you take more science courses to prepare.
(10) My family is planning to take a vacation for two weeks in August.

〔2〕次の会話の ㋕ ～ ㋘ それぞれの空所に入れるのにもっとも適当な表現を (1) ～ (10) から一つ選び，その番号を解答欄にマークしなさい。

At a bank

A：Wow, look at how long the line for the ATM is!

B：How about we come back later? Are you sure you really need to take out money today?

A：Actually, I really need to update my bank book.

B：Well, it may be easy to use the ATM, but there's no need to wait in line. (㋕) You've got a computer at home, don't you?

A：You mean, I can see how much is in my account on the internet?

B：Yeah. I do online banking all the time from home. (㋖) Back near the entrance there was some information on how to do it, so I got this for you.

A：Thanks! So, do I have to register online to get an ID?

B：Don't worry, I'll help you figure it out. You'll need to choose a personal password by yourself, though.

A：OK. Sounds simple enough. Wait! According to this information, the password is only four numbers long. (㋗)

B：No, that's the PIN. You know, the number you use for the ATM? The online password has to be at least eight numbers and symbols. Then you have to reply to an email to get access. It's all very safe.

A：Well, you might like it, but this sounds too complicated to me. (㋘)

B：Oh, well. In that case, I'll go get us some coffee.

(1) Also, you forgot it.
(2) Isn't that a little risky?
(3) I'll stick to waiting in lines.
(4) You can't remember that many.
(5) It's not as difficult as it sounds.
(6) How long have you waited in line?
(7) I don't understand these directions.
(8) Why don't you just check it online?
(9) Unfortunately, the bank will be closing soon.
(10) I wish I had a computer I could use for this.

Ⅳ　次の(A)～(H)それぞれの文を完成させるのに，下線部の語法としてもっとも適当なものを(1)～(4)から一つ選び，その番号を解答欄にマークしなさい。

(A)　I have never seen ______ building than this.

(1)　a more tall　　(2)　a taller

(3)　such as tall　　(4)　taller

(B)　One of the best ways to learn a language is ______ a little every day.

(1)　by speaking　　(2)　in speaking

(3)　speak　　(4)　spoken

(C)　The boss wants the dishes ______ washed before the end of our shift.

(1)　been　　(2)　being

(3)　to be　　(4)　to being

(D)　That was a very ______ game!

(1)　bore　　(2)　bored

(3)　boredom　　(4)　boring

(E)　I have enjoyed science ______ I was a child.

(1)　because　　(2)　for

(3)　since　　(4)　while

(F)　This is the very book ______ I have been looking for.

(1)　as　　(2)　that

(3)　what　　(4)　whose

(G)　The artist ______ the flowers in the display as we walked into the shop.

(1) had rearranged　　(2) is rearranging

(3) was rearranging　　(4) will rearrange

(H) Not only my parents but also I ______ invited.

(1) am　　(2) are

(3) had　　(4) have

V

〔1〕次の(A)～(E)それぞれの文を完成させるのに，下線部に入れる語としてもっとも適当なものを(1)～(4)から一つ選び，その番号を解答欄にマークしなさい。

(A) ______ is advised when entering the cave.

(1) Caution　　(2) Chaos

(3) Citizenship　　(4) Currency

(B) Buses run at an ______ of 20 minutes.

(1) inspection　　(2) insurance

(3) interval　　(4) isolation

(C) I love the smell of a freshly baked ______ of bread.

(1) lamb　　(2) loaf

(3) log　　(4) lung

(D) This trip is going to be extremely ______.

(1) corresponding　　(2) figurative

(3) intravenous　　(4) luxurious

(E) This is by far my favorite ______ of film.

(1) folly　　(2) genre
(3) linen　　(4) oath

〔2〕次の(A)～(E)の文において，下線部の語にもっとも近い意味になる語を(1)～(4)から一つ選び，その番号を解答欄にマークしなさい。

(A) It's best if you use <u>raw</u> tomatoes in this recipe.
(1) firm　　(2) fresh
(3) overseas　　(4) regular

(B) The <u>reflection</u> was extremely easy to see.
(1) idol　　(2) image
(3) invasion　　(4) irritation

(C) I was <u>occupied with</u> doing my duties at the time.
(1) concerned with　　(2) fond of
(3) forbidden from　　(4) overwhelmed with

(D) Although this is <u>an obligation</u>, I am happy to help.
(1) a catalog　　(2) a commission
(3) a guideline　　(4) a requirement

(E) I'm not sure that was <u>an impartial</u> decision.
(1) a caring　　(2) a contemporary
(3) a fair　　(4) an outrageous

日本史

(80分)

I　次の文章を読み，(ａ)～(ｏ)の問いに答えよ。

現存する古代の文化財には，女性天皇や皇后・妃といった，宮廷の女性による仏教信仰と関係のあるものが多く存在する。

斑鳩寺の金堂に安置された薬師如来像の光背銘によれば，この仏像は用明天皇の病の際に，天皇の意を受けた妹の「大王天皇」①と，子の「太子」により製作されたものであるという。同時代の工芸品として有名な天寿国繡帳は，「太子」の妃であった橘大郎女が「大王天皇」にお願いして製作したもので，現在「太子」の母・穴穂部間人皇女の宮に由来する寺院②に所蔵されている。一方，この時代に飛鳥寺③を建立した蘇我馬子は，「大王天皇」のために，丈六の銅像と繡像を製作したとされる。

壬申の乱に勝利して即位した天武天皇の治世，皇后（のちの持統天皇）が病になった際に，天皇はその平癒を祈願して寺院④を建立した。この寺院はのちに，舒明天皇の発願で建てられた百済大寺の後身である寺院とともに伽藍が整備され，藤原京下に位置する代表的な官寺として扱われた。平城京への遷都に伴い，この寺院も右京六条二坊の地に移ったが，現存する三重塔⑤はこの時代の代表的な建造物として知られている。また，この寺院には僧綱⑥が執務する僧綱所が置かれ，僧尼の教導や監督にあたった。

奈良時代の半ば，聖武天皇の皇后となった藤原光明子は，「太子」の功績の顕彰と斑鳩寺の整備につとめた。「太子」の宮の跡地に建てられた伽藍⑦には，八角形の堂が造立され，「太子」の等身仏とされる仏像⑧が本尊として安置された。この仏像は永らく秘仏とされていたが，明治維新後アメリカから来日し，日本の美術に関心をもった［　A　］によって調査が行われ，その姿が明らかになった。

熱心に仏教を信仰した光明子は，父・藤原不比等から受け継いで居所としていた皇后宮も，やがて寺院に転じた⑨。そして，夫・聖武太上天皇や娘の孝謙天皇とともに，来朝した唐僧⑩より戒律を受けた。聖武太上天皇が死去した後，その遺愛品を東大寺の盧舎那大仏に献じたが，現在も正倉院宝物⑪として多くの文化財が伝えられている。

聖武天皇と光明子の娘である孝謙天皇は，一旦位を退いた後，藤原仲麻呂との対立によって引き起こされた争乱の際に，四天王に戦勝を祈願し，再び皇位に即いた後，新たな官寺⑫を造営する。またこの争乱で落命した者の追善を目的に，［ B ］を製作して官寺に配布した。尼であった彼女が天皇となったことから，神仏習合の兆しが見られ，皇室の祖先神を祭る伊勢神宮の近隣にも仏教の施設が整備された⑬。

（a）下線部①の「大王天皇」の治世に成立した歴史書として，もっとも適切なものを下から一つ選び，記号で答えよ。

㋐ 帝紀　　㋑ 旧辞　　㋒ 天皇記　　㋓ 日本書紀

（b）下線部②の寺院の名称を答えよ。

（c）下線部③の「飛鳥寺」には，著名な僧侶が多数居住したが，高句麗より渡来し，「太子」の指導にも当たった僧の名を答えよ。

（d）下線部④の「寺院」の伽藍配置として，もっとも適切なものを，下から一つ選び，記号で答えよ。

㋐
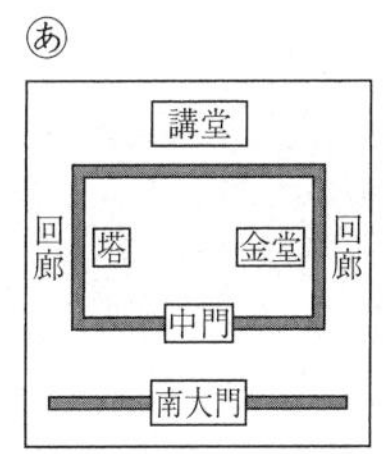

㋑
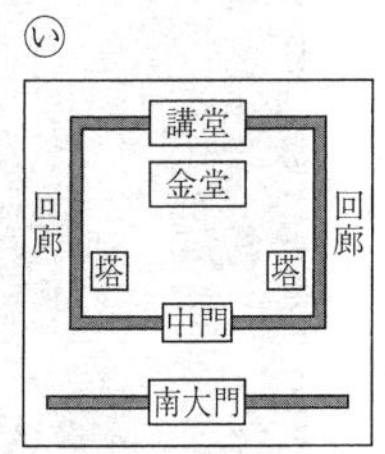

㋒
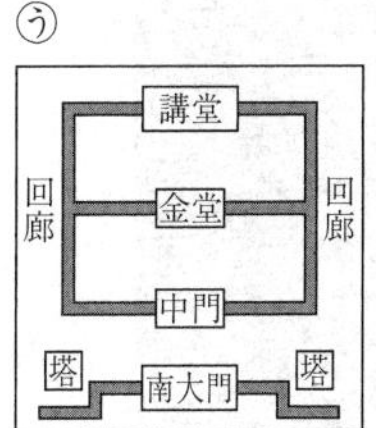

㋓
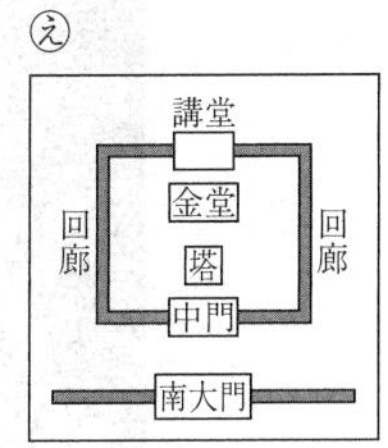

（e）下線部⑤の「三重塔」は，各層の軒の下に取り付けられた庇（ひさし）により六重のように見えるが，この庇を何というか。

（f）下線部⑥の「僧綱」に関連して，聖武天皇や光明子の信任を受け，僧綱の最高位に任じられたが，のち失脚して筑紫に配された僧は誰か。

（g）下線部⑦に関連して，この伽藍には，「太子」が著したとされる三つの経典の注釈書が収められたが，この注釈書として**適切でないもの**を，下から一つ選び，記号で答えよ。

㋐　法華経義疏　　㋑　華厳経義疏　　㋒　維摩経義疏　　㋓　勝鬘経義疏

（h）　下線部⑧の仏像としてもっとも適切なものを，下から一つ選び，記号で答えよ。

㋐

㋑

㋒

㋓

（i）　A　に該当する人名を答えよ。

（j）　下線部⑨の「寺院」の名称を答えよ。

(k)　下線部⑩の「唐僧」の伝記を著した人物で，奈良時代を代表する漢詩の作者として知られるのは誰か。

(l)　下線部⑪の「正倉院宝物」として**適切でないもの**を，下から一つ選び，記号で答えよ。

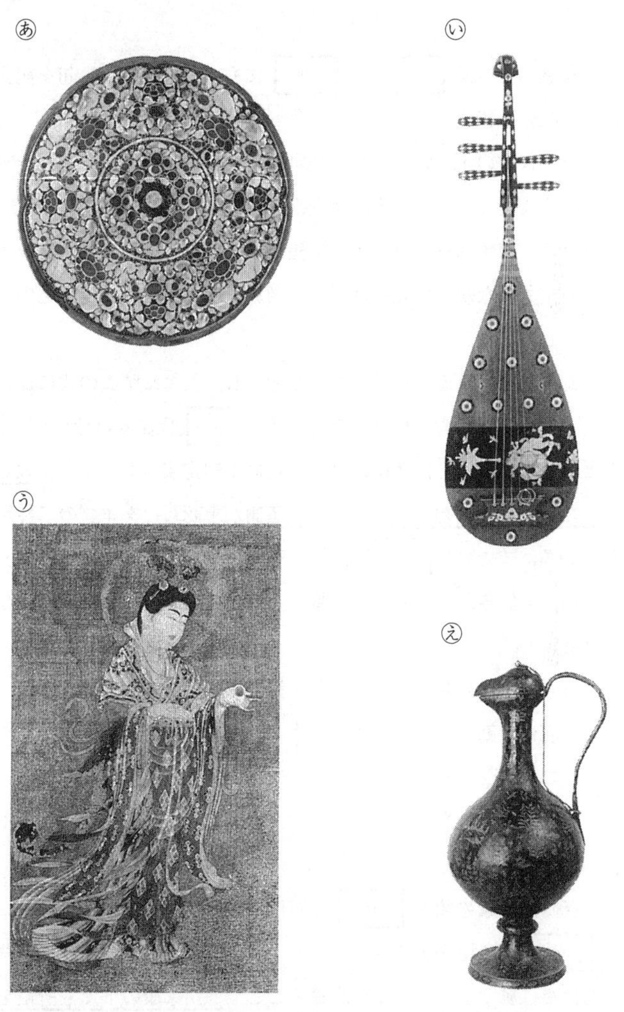

(m)　下線部⑫に関連して，鎌倉時代に衰退していたこの寺院を復興し，ここを拠点に真言律宗を興し，さまざまな社会事業を展開した僧の名を答えよ。

(n) [B] に該当する語句を答えよ。

(o) 下線部⑬に関連して，神社の近隣や境内に設けられた仏教の施設を何というか。漢字3文字で答えよ。

Ⅱ　次の文章を読み，空欄 [A] ～ [H] にもっとも適切な語句を記入し，かつ(a)～(g)の問いに答えよ。

肥後国球磨郡人吉の [A] 氏は，13世紀から19世紀に及んで同地を支配しつづけた稀有な存在である。この一族は藤原四家のうち，武智麻呂を祖とする [B] の流れとされる。鎌倉初期に〈　イ　〉追討の功績で人吉荘の地頭職を得た。子孫が周辺地域に定着したが，南北朝期以降に同族争いが激化し，15世紀中頃に長続が球磨郡を統一した。

長続の子為続は隣接する八代郡に勢力を伸ばし，長毎や晴広の代には戦国大名化を遂げた。この為続・長毎・晴広が制定した [A] 氏法度は分国法（戦国家法）の早い例として知られる。同法度には，大名側が制定するタイプと，①大名からある程度独立した家臣たちが起草したものを大名側が承認したタイプの二種類の混合が想定されている。また，「 [C] 宗之事，いよいよ法度たるべく候。すでに加賀の白山も（燃）え候事，説々顕然に候事」との規定から， [C] 一揆への警戒心が読み取れる。

晴広が活躍した前後の時代には，八代を拠点に海外貿易にも携わった。天文14年には，室町幕府から勘合貿易を任された [D] の船の警護が命じられている。この [D] はフランシスコ＝ザビエルに領内での宣教を許した人物としても有名である。また，ザビエルの影響で洗礼を受けた豊後の [E] を拠点とする大友義鎮（宗麟）は，晴広の子義陽と協力関係にあった。

しかし，義陽が薩摩の領主 [F] の軍門に下り，所領は球磨郡のみに縮小した。さらに， [F] が豊臣秀吉に降伏すると， [A] 氏もそれに従う。関ヶ原の戦いでは当初西軍に属するも，東軍に寝返ることで②徳川家康の下でも所領を安堵され，辛うじて近世大名として生き残った。

江戸時代には度々お家騒動が発生している。寛永17年，時の藩主頼寛は重臣の犬童頼兄の専横を幕府に訴え，江戸城龍の口の [G] において，老中と③三奉行が列席して対決が行われた。訴状を読み上げたのは林羅山と〈　ロ　〉の親子である。結果，頼兄の敗訴により，危機は去った。

人吉藩では特に江戸中期以降，領内の様々な法制を整えた④。天明8年には「諸人渡世憂なき為の［　H　］に候間，万一壱人罪に座し，仲間の糺油断に決せば，其罪組中に及ぶべく候」と規定するなど，百姓の相互監視を強化している。同じ頃，細井平洲⑤の弟子により，藩校の習教館が設立された。

(a)　空欄〈　イ　〉には，鎌倉初期の有力御家人のうち，幕政運営の合議を行う十三人に含まれていない人名が入る。もっとも適切なものを下から一つ選び，記号で答えよ。

㋐　畠山重忠　　㋑　三浦義澄　　㋒　和田義盛　　㋓　比企能員

(b)　下線部①に関連して，同様のタイプの分国法を制定した大名としてもっとも適切なものを下から一つ選び，記号で答えよ。

㋐　今川氏　　㋑　斎藤氏　　㋒　伊達氏　　㋓　六角氏

(c)　下線部②に関連して，当時の藩主は徳川氏への服従を示すために母や弟を江戸へ送ったが，その際に家康から宿駅間の貨客運送の助力を受けている。こうした制度を何と呼ぶか。漢字2文字で答えよ。

(d)　空欄〈　ロ　〉に当てはまる名前としてもっとも適切なものを下から一つ選び，記号で答えよ。

㋐　子平　　㋑　鳳岡　　㋒　鵞峰　　㋓　道春

(e)　下線部③に関して，三奉行の中に含まれる職は何か。もっとも適切なものを下から一つ選び，記号で答えよ。

㋐　京都町奉行　　㋑　江戸町奉行　　㋒　下田奉行　　㋓　長崎奉行

(f)　下線部④に関連して，幕府や藩の法令について述べたX，Yの文について，その正誤の組み合わせとして，もっとも適切なものを下から一つ選び，記号で答えよ。

X　生類憐みの令の一環で，捨牛馬の禁止令が幕府や藩から出された。

Y　幕府や藩の倹約令は江戸初期から出され，三大改革において特に徹底された。

㋐　X　正　Y　正　　　㋑　X　正　Y　誤

㋒　X　誤　Y　正　　　　　　　㋓　X　誤　Y　誤

(g)　下線部⑤に関連して，この人物は後に米沢藩へ招かれ，藩政改革を主導した藩主に教えを授けた。その藩主の名前を答えよ。

Ⅲ　次の文章〔1〕・〔2〕を読み，空欄 A ～ L にもっとも適切な語句・数字などを記入し，かつ(a)～(h)の問いに答えよ。

〔1〕　明治維新により発足した明治新政府は，大久保利通ら維新の元勲と呼ばれる人々が国政の主役を担った。しかしその多くが旧薩摩藩・旧長州藩出身の政治家であったため，やがて人々はこの元勲政治を「薩長藩閥政府」と呼び，自由民権に基づく政治を求め運動を開始した。いわゆる自由民権運動である。維新当初に新政府が出した A に「万機公論に決すべし」とうたわれていたように，①新政府の理念が公議尊重であったことから，この運動には論理的正当性があり，政府首脳も次第にその民意に抗しえなくなっていった。

このような状況の中で，いち早く立憲政体を樹立し，国会を開設しようとした長州出身の元勲が伊藤博文である。伊藤は B 年に内閣制度を導入し，井上毅， C ，金子堅太郎の三秘書と共に②大日本帝国憲法を起草した。そして③初期議会期に政府と民党が対立関係に陥ると，それを打開すべく政党との提携を模索した。その後自ら政党を樹立しようと考えた伊藤は， D 年に立憲政友会を設立して，本格的な政党政治の実現へと舵を切った。この路線は，やがて伊藤の腹心の部下であり，立憲政友会の第二代総裁となった西園寺公望に継承されていくこととなる。

一方こうした政党政治へ向かう路線に真っ向から反対したのが，同じ長州出身の元勲山県有朋である。山県は政党が政権に接近した際に必ずと言ってよいほど「猟官運動」を展開して多くの官僚ポストを奪うことに辟易し，1899年に E を改正し，政党員が官界に進出するのを防止した。こうした施策により，多くの官僚が山県に心を寄せ，結果として山県官僚閥と称される強大な勢力が形成され，④もともとの母体である陸軍と合わせ，山県の政治活動を支えた。この路線は，やがて山県の陸軍における配下である桂太郎に継承されていった。

明治憲法体制下では内閣総理大臣を決める権限は国会にはなく，それは唯一天皇のみが行い得た。しかしながら天皇自らが後継首班を決定した場合，失政があればその責任は任命権者である天皇に波及する。それを避けるために，天皇の諮問に参与して次の首相奏請の任に当たる政治顧問が必要となり，かつての元勲たちに，西園寺公望や桂太郎を加えた人々が，その役割を担うこととなった。これが元老⑤である。

（a） 下線部①に関連して，この公議理念に基づき，1869年に開設された，藩代表議会を何というか。もっとも適切なものを下から一つ選び，記号で答えよ。

㋐ 枢密院　㋑ 元老院　㋒ 右院　㋓ 公議所

（b） 下線部②に関連して，憲法をはじめとする諸法典の整備には，多くの外国人法学者がお雇い外国人として参与した。来日して諸法典整備に参与した人物として**適切でないもの**を下から一つ選び，記号で答えよ。

㋐ シュタイン　㋑ ボアソナード

㋒ モッセ　㋓ ロエスレル

（c） 下線部③に関して，当時の主要な政党の多くが民党として藩閥政府との対立姿勢を明確にする中で，1892年に佐々友房らの手によって組織され，吏党として政府を支えた政党は何か。もっとも適切なものを下から一つ選び，記号で答えよ。

㋐ 大成会　㋑ 帝国党　㋒ 対露同志会　㋓ 国民協会

（d） 下線部④に関連して，軍部に対する政党の影響力を排除するため，第二次山県有朋内閣が1900年に制定したものは何か。もっとも適切なものを下から一つ選び，記号で答えよ。

㋐ 治安警察法　㋑ 軍部大臣現役武官制

㋒ 憲兵警察制度　㋓ 帝国国防方針

（e） 下線部⑤に関連して，次の人物のうち，元老になった人物として**適切でないもの**を下から一つ選び，記号で答えよ。

㋐ 樺山資紀　㋑ 黒田清隆　㋒ 松方正義　㋓ 大山巌

〔2〕 明治後期の国政は，立憲政友会を基盤とする西園寺公望と陸軍・官僚閥を基盤とする桂太郎が交互に政権を担当したことから「桂園時代」と称された。

1901年に誕生した第一次桂太郎内閣は日露戦争を遂行する重要な役割を果たしたが，戦後ポーツマス条約に反対する人々の起こした［F］事件により総辞職した。次に誕生した第一次西園寺公望内閣は，鉄道国有法を成立させるなどして⑥日露戦後の長期不況に積極的に対処したが，財源の枯渇に苦しみ，［G］事件を契機として総辞職し，桂太郎に後を譲った。この第二次桂太郎内閣も財政の再建に悩まされ，［H］年に戊申詔書を発して国民に勤倹を説き，また地方行政を司る［I］省を中心に地方改良運動を展開した。次に誕生した⑦第二次西園寺公望内閣もまた財政運営に苦慮し，徹底した緊縮財政により乗り切ろうと努力したのであるが，陸軍が提出した2個師団増設案を否定したことから陸軍と対立し，［J］陸相の単独辞任により総辞職せざるを得なくなった。

これにより桂太郎がついに三度目の組閣を行うこととなったが，［K］に就任していた桂が組閣するのは「宮中・府中の別」を乱すものとして批判を浴び，⑧国民的な倒閣運動により崩壊に追いやられた。

その後を受けて誕生した第一次［L］内閣は，［E］を緩和して政党員の上級官僚への道を開くなどして，政党勢力との対立緩和に努めた。こうして時代は次第に本格的な政党政治へと移行していくことになる。

(f) 下線部⑥に関連して，この長期不況に対処するため財閥は企業集中を進めて巨大化していった。当時四大財閥と呼ばれた財閥として**適切でないもの**を下から一つ選び，記号で答えよ。

㋐ 安田財閥　㋑ 古河財閥　㋒ 三井財閥　㋓ 住友財閥

(g) 下線部⑦に関連して，この内閣で大蔵大臣となり，緊縮財政を推進した人物は誰か。もっとも適切なものを下から一つ選び，記号で答えよ。

㋐ 松方正義　㋑ 高橋是清　㋒ 井上準之助　㋓ 山本達雄

(h) 下線部⑧に関連して，この運動に対抗するために桂太郎が組織しようとした政党の名を答えよ。

世界史

(80分)

I　次の文章を読んで空欄に最も適切な語句または数字を記入せよ。

宗族(そうぞく)と呼ばれる親族集団は，伝統的に同姓祖先を祭祀したり，その系譜を記録した族譜を編纂してきた。こうした活動は，現在の中国・台湾あるいは世界各地の華僑・華人社会においても広く見出すことができる。

男系血縁を紐帯とする宗族の存在はすでに殷代に見られたが，周王朝の成立過程からは，政権が宗族をどのように取り込んでいったのかを読み取ることができる。殷を滅ぼした周の［ A ］王は統治制度を整えた際，同姓兄弟や血縁者を都の周辺地域に，異姓の功臣などを遠隔地に派遣した。こうして与えられた領地を封土と呼び，彼らは諸侯と称された。その後，彼らは代々嫡長子が祖先を祭祀しつつ封土を継承していく。ここに宗族を組織・維持する規範である［ B ］法が形成されたのである。

漢の高祖は，秦が宗族を重視しなかったことにより帝室を支える勢力を持ちえなかったと考え，同姓の一族を諸侯として封建した。その後，戦乱の少ない時期が続くなかで，地方では土地を買い集め農民を支配する豪族勢力の拡大がみられた。こうした豪族は魏晋南北朝以降，中央官職を世襲的に独占する［ C ］族となっていった。北魏の孝文帝は鮮卑族も含めた［ C ］族制の整備を行ったが，人々はこれを自己の宗族の地位と待遇に関わる問題として重視した。ただし，ここでの人々とは上層社会に生きた人々である。彼らは，自己の宗族を維持・発展させるための経済的基盤として，大土地所有による［ D ］を経営した。そこには宗族関係のない従属民も抱え込まれていたが，彼ら従属民にとって宗族というものはいまだ無縁なものであった。

しかし，唐末の度重なる戦乱により多くの［ C ］族が没落し，また，宋代に科挙が官吏登用試験として確立して以降，宗族は徐々に社会全般に広がっていった。科挙は一部を除きほぼすべての男子が受験することが可能であったが，その及第の資格は一代限りであったため，宗族を維持・発展させるためには，同族から継続的に科挙に合格して官僚になる者を輩出する必要があった。そのために同族で共有財産を持つことが行われるようになった。

例えば，宋代第一の名臣と呼ばれた范仲淹(はんちゅうえん)は，同族子孫から科挙及第者を輩出するためには，多くの同族が健全に生活できることが重要であると考え，同族の生存・救済あるいは教育のための共有財産である義荘を設け，同時にその運用規則を定めた。また，唐宋八大家のひとりで『新唐書』の編纂で著名な［ E ］は，同族の由来や祖先の経歴を記した系譜を編纂し，子孫にこれを継承させた。この系譜の編纂がその後の族譜へと繋がってゆく。このように，科挙制度はだれもが社会的に上昇できることを可能にしたが，そのための援助機能として宗族が中国社会へ広まっていったのである。

こうした科挙と宗族との関わりは，［ F ］代に成立する新しい儒学とも関連している。この新儒学すなわち朱子学では，君臣の関係に加えて，父子や夫婦・兄弟の関係といった家族道徳も重要視された。伝統中国における官僚が，現代的な意味とは異なり，道徳的・人格的に優れた人物でなければならないとされていた当時において，朱子学が提示した家族意識，つまり，宗族を理解し実践することは，科挙官僚に求められた素養だったと言ってもよいだろう。

その後，近世から近代へかけて宗族はさらに民衆化していき，地域社会との関わりを持つようになる。科挙及第者が自己の宗族を維持・発展させることと，郷里における指導者である［ G ］として地域社会を維持・発展させていくことは，同義的な意味合いを持つようになる。とりわけ，19世紀初頭の内陸地域の新開地で発生した反乱による社会不安のなかで，彼らが自衛のための武装集団である［ H ］を組織したことは，そのことを物語っている。なお，［ H ］に類する自衛武装集団としては，李鴻章などが組織した準正規軍的な組織である郷勇もあった。

しかし，近代以降の宗族はその時々の政治文化や思潮に翻弄されていく。中華民国という近代国家にふさわしい国民をいかに創成するかに苦心した孫文は，国民統合の紐帯として宗族にその可能性を求めた。その一方で，西洋文化の受容と，儒教に象徴される旧来道徳の打破を提唱して1910年代に起こった［ I ］運動においては，儒教と結びついた宗族は否定すべきものとされた。父系出自の継承に基礎を置く宗族がもたらすところの，家や父の意向による結婚と出産とを直接的に結びつけるような価値観が，自由な恋愛・結婚生活を希求する若者から批判されたのである。

抗日戦争を経て政権を獲得した中国共産党もまた封建時代の悪しき慣習として宗族を否定してきた。しかし，［ J ］年以降の改革・開放政策が進むなかで，中華文化の復興政策のひとつとして宗族の復興を容認したり，近年では，文化大革命によって散逸・破棄された族譜が再編纂されたりする状況がみられるようになっている。

Ⅱ　次の文章を読んで空欄に最も適切な語句を記入し，下線部についてあとの問いに答えよ。

権力者の暗殺は古くから世界各地で見られるものであり，その目的や動機はさまざまである。とりわけ，列強が世界各地に［ A ］の獲得を目指して互いに争った帝国主義の時代に入ると，［ A ］の独立運動の中では宗主国の統治に打撃を与えるために政府要人の暗殺が試みられた。近代以降，日本の帝国主義的膨張の過程で国権を侵奪されていった朝鮮においても，このような暗殺事件がしばしば起きている。

1909年10月に起こった伊藤博文暗殺事件はその代表的なものといえるだろう。この事件の犯人である安重根（アンジュングン）はもともと儒学者であり，カトリック（天主教）の信者でもあった。しかし，1905年の第2次［ B ］によって大韓帝国が日本の保護国となり，さらに1907年の第3次［ B ］締結後に韓国の軍隊が解散されると，安重根は［ C ］として抗日運動を行うようになった。日本からの弾圧が厳しくなるとロシアの沿海州にわたり，そこを拠点に抗日運動を続けた。その中で，安重根は，韓国［ D ］の職を辞任して枢密院議長に就任した伊藤博文がロシアの要人と会見するためにハルビンを訪問することを知った。安重根は1909年10月26日に〔1〕ハルビン駅で伊藤を待ち伏せ，ピストルで射殺した。安重根はその場で逮捕され，日本の租借地である関東州の旅順に送られて裁判を受け，1910年3月に死刑となった。

安重根は，裁判の過程で韓国の独立を訴え，〔2〕伊藤を暗殺した理由を15条にわたって陳述した。そのなかで安重根は，第2次および第3次［ B ］の強要，高宗皇帝の譲位強制，韓国軍隊の解散，政治・経済分野での搾取や言論の弾圧など，おもに伊藤が韓国[D]をつとめていた時に行われた日本の侵略行為を糾弾した。[C]闘争を日本からの独立戦争と認識していた朝鮮の独立運動家たちは，安重根を「民族の英雄」と称え，1910年の韓国併合後も日本の要人に対する暗殺を抗日独立運動の有効な手段とみなした。

一例をあげると，1919年の三・一独立運動後に中国へ亡命して，大韓民国[E]に参与した金九(キムグ)も，1931年に韓人愛国団という秘密組織を結成して，団員に日本要人の暗殺を指示した。同団員の尹奉吉(ユンボンギル)は，満州事変が飛び火して起こった[F]のさなかの1932年4月29日，天皇誕生日を祝うために同地で開かれた祝賀会において爆弾を投げつける事件を起こした。それによって，[F]に際して司令官として派遣されていた白川義則大将を含む日本軍人ら数名が死傷した。この暗殺事件で中国の抗日運動家から信頼を得た金九は，蔣介石の国民政府から支援を受けながら，1940年に重慶で大韓民国[E]の主席に就任し，韓国光復軍を組織して抗日運動を続けた。

1945年7月に米・英・中の三国首脳によって，日本に降伏を勧告する[G]が発表され，翌月に日本がこれを受諾して降伏すると，朝鮮半島は北緯38度線を境にアメリカとソ連によって分割占領された。金九はアメリカの軍政下にあった南朝鮮に帰還した後，南朝鮮単独政府の樹立を目指した李承晩(イスンマン)と対立した。金九は<u>1948年4月に平壌で開かれた南北連席会議に出席し</u>〔3〕，朝鮮半島の分断回避と統一の実現を訴えたが，1948年8月には大韓民国が成立し，李承晩が初代大統領に就任した。その翌年6月，金九は韓国陸軍の砲兵少尉によって自宅で暗殺された。

日本による[A]支配の中で，抗日独立運動の有効な手段とみなされた要人の暗殺という行為は，南北分断という新たな歴史状況の中で，対立する陣営の重要人物を排除するための手段になったのである。

〔1〕 ハルビン駅は，1896年に清がロシアに敷設権を与えた鉄道の中間点にある駅であった。この鉄道を何というか。

〔2〕 全15条にわたる暗殺理由の第1番目には，1895年に日本の守備隊，日本公使館員，大陸浪人らが朝鮮の王宮に侵入して王妃を暗殺したことがあげられている。この時に暗殺された王妃の姓を漢字で記せ。

〔3〕 この会議に北側代表として出席し，1948年9月に朝鮮民主主義人民共和国が創建された時，首相に就任した人物は誰か。

Ⅲ　次の文章を読んで空欄に最も適切な語句を記入し，下線部についてあとの問いに答えよ。

アラビア半島で台頭したアラブ=イスラーム勢力は，642年にササン朝ペルシアを破ると〔1〕，[A] 帝国からシリアやエジプトを奪取することに成功した。その後，シリア総督の [B] によって開かれたウマイヤ朝は，アラブ人ムスリムを優遇する政策を展開したため，イスラームへ改宗した非アラブ人である [C] の反発を受けた。預言者ムハンマドのおじの一族にあたるアッバース家による革命は，預言者ムハンマドの娘婿であるアリーと彼の子孫のみをイスラーム共同体の指導者と考える [D] 派など，ウマイヤ朝の統治に反対する人々の支持を受けた。その結果，750年，ウマイヤ朝に代わってアッバース朝が興った。

アッバース朝は，第2代カリフであるマンスールによって [E] 川西岸に造営された首都 [F] を中心として，500年にわたって存続した。様々な交通路の結節点として繁栄する [F] には，特に9世紀以降，バビロニアやギリシア，ペルシア，インドなどから数多くの文献が流入し，アラビア語に翻訳された。その結果，イスラーム世界において様々な学問が発展することとなった。

数学・天文学の分野では，エジプトのアレクサンドリアで2世紀に活躍したプトレマイオスの『アルマゲスト』がもたらされた。また，インドからは，巨大な数を計算することができる独自の計算法やそれにもとづいた天文学書が伝わった。インドでは，プトレマイオス以前のギリシア天文学の影響を大きく受けつつ，[G] 教の聖典『ヴェーダ』の補助学として天文学が独自に発展していたのである。イスラーム世界の学者は翻訳されたものを鵜呑みにするのではなく，支配者の庇護のもと，イスラーム世界の各地に天文台を設立し〔2〕，より精緻な観測を行った。

医学の分野では，西洋医学の祖と呼ばれる [H] やガレノスの著作がアラビア語に翻訳された。イスラーム世界においてギリシア医学は体系化され，臨床的知見をもとにさらに発展した。例えば，局部の癌が他所の癌を誘発することをはじめて観察したのは，理論と臨床的知見を集大成した『 [I] 』の著者として知られるイブン=シーナー（ラテン名アヴィケンナ）である。また，[J] （ラテン名アヴェロエス）は，天然痘などの伝染病にかかると生涯続く免疫性が獲得されることを12世紀に報告している。

哲学の分野では，『政治学』や『形而上学』の著作で知られるギリシアの哲学者[K]の思想が大きな影響力を持つに至った。前述のイブン=シーナーは，新プラトン主義の流出論を下敷きとした，イスラームの信仰とも融合する哲学的思惟を行った。彼の哲学は，ニザーミーヤ学院の教授として活躍し後に神秘主義を容認した[L]によって神学の立場から批判されたが，キリスト教神学の体系化を試みる西欧中世のスコラ学の展開に刺激を与えた。

1258年，モンゴル軍の侵攻の結果[F]は壊滅的な被害を受け，アッバース朝は滅亡した。しかし，これに先んじて12世紀にはすでにアラビア語やギリシア語で書かれた様々な文献が，西ゴート王国の首都でもあったイベリア半島の[M]などのヨーロッパの各地に伝えられラテン語に翻訳されていた。これにより，ヨーロッパ各地においても諸学問が展開しつつあった。こうした動きが，その後のヨーロッパ文明の独自な発展の基盤となったのである。

〔1〕 ササン朝の崩壊が決定的となったこの642年の戦いを何というか，次の中から1つ選び記号で答えよ。

ア．タラス河畔の戦い

イ．トゥール・ポワティエ間の戦い

ウ．ニハーヴァンドの戦い

エ．レヒフェルトの戦い

オ．ワーテルローの戦い

〔2〕 後にサファヴィー朝の首都となる都市にも天文台は建設された。その都市とはどこか，次の中から1つ選び記号で答えよ。

ア．アレッポ

イ．アンマン

ウ．イスタンブル

エ．イスファハーン

オ．テヘラン

Ⅳ　次の文章を読んで空欄に最も適切な語句を記入し，下線部についてあとの問いに答えよ。

中世ヨーロッパの大部分はローマ＝カトリック教会の影響下にあった。教会組織や文化の普及において重要な媒体となったのはラテン語である。ローマ帝国の遺産であるこの言語は，ヨーロッパの大半の地域に分布する［A］語族のうちイタリック語派に属している。ラテン語は教会の公用言語としてミサや祈り，説教などに中世を通して広く使用された。信仰の基盤を成した『聖書』も，4世紀末に聖ヒエロニムスによってラテン語に翻訳されていた。また，教会や修道院の付属学校に起源をもつ大学ではラテン語による講義が行われた。ちなみに，イギリスで最も古い大学はオクスフォード大学と，そこから分かれた［B］大学である。中世ヨーロッパを生きた聖職者や知識人にとって，ラテン語は国際的なコミュニケーションを可能とする一つの共通言語であった。ローマ＝カトリック教会はゲルマン人への布教活動や修道院運動〔1〕によって権威を築いたが，その背景としてラテン語という文字文化の浸透と理解が不可欠であった。

一方，5世紀後半に西ローマ帝国が滅亡〔2〕すると，各地域で用いられていたラテン語はそれぞれ独自の変化を遂げ，後のフランス語，スペイン語，イタリア語などの原型となった。これらはロマンス諸語と総称され，ラテン語はその生みの親にあたる。もともと「ロマンス」は「ローマ」と関連する表現であり，18世紀末に起こる民衆の声や民族文化を尊重する文芸思潮であるロマン主義〔3〕の語源でもある。

ヨーロッパの各地域で発達した言語から新たな文芸が生まれた。5世紀に建国されたフランク王国の影響をあまり受けなかった南フランスでは，文化的独自性が保持された。この地域では12世紀頃からトルバドゥール〔4〕と呼ばれる吟遊詩人が活躍し，彼らはオック語を用いて貴婦人への憧れや恋をうたった。このオック語もラテン語から派生した言語の一つである。また，13世紀イタリアの詩人ダンテは当時のイタリアの一方言であった［C］語を用いて執筆し，ラテン語のように新たに学ぶ言語ではなく生まれながらに覚える俗語の重要性を説いた。そのような地方の口語で書かれた代表作『神曲』はルネサンスの先駆的な著作となった。

ところで，今日では英語が国際語としての地位を確立しつつあるが，英語はもともと中世ヨーロッパの一言語に過ぎなかったし，その使用範囲もラテン語より限定的であった。

英語の起源は5世紀に大ブリテン島に渡来したゲルマン民族の一派であるアングロ＝サクソン人の言語に遡る。彼らは大ブリテン島に先住していたケルト系ブリトン人を周縁部に追いやった。この時，先住民側で活躍した伝説上の英雄が後に『 D 王物語』として花開き，騎士道文学の代表的な作品群となった。アングロ＝サクソン人は島の中・南部に七つの王国を建てたが，8世紀末から度重なるヴァイキングの襲撃をうけた。大ブリテン島にはデーン人も侵入を繰り返していたが，9世紀末には E 大王が一時撃退し，法律の整備や学問の復興を促した。しかし，1016年，デーン人のクヌートによってイングランドは征服され，デーン朝が開かれた。

その後，アングロ＝サクソン系の王家が復活したが，1066年の F の戦いでアングロ＝サクソン系のハロルドはノルマンディー公ウィリアムによって撃破された。ノルマン＝コンクェストと呼ばれるこの一連の出来事は，それまでのゲルマン的言語文化を根底から揺るがした。これ以後，島内の大部分はフランス出身の王侯貴族が統治し，フランス語が宮廷や法廷で用いられたのである。その結果，英語の社会的地位は低下したが，徐々に回復のきっかけをつかんでいった。

イングランド王エドワード3世がフランスの王位継承権を主張して，1339年 G 戦争が始まると，英語の積極的な使用への気運が高まった。14世紀の後半には H が英語で著作を記し，イギリスの国民文学としての色彩を明らかにした。彼の代表作『カンタベリ物語』は，イタリアのボッカチオが書いた黒死病を背景とする枠物語『 I 』の影響を受けている。

英語は大ブリテン島内で使用される言語に過ぎなかったが，大航海時代の幕開けとともに世界各地へ進出した。〔5〕北米へ入植した英語話者は，先住民の言語に加えオランダやフランスといった他の国々の入植者からも影響も受けた。その後，1783年の J 条約によってアメリカ合衆国の独立が承認されると，政治面だけでなく言語面での独立にも意識が向けられた。例えば，ノア＝ウェブスターはイギリスとは異なるアメリカ独自の綴りを提唱し，辞書編纂や言語改革を通して国家的アイデンティティを追求した。初代のジョージ＝ワシントンに次いで第2代大統領となったジョン＝アダムズは英語の世界的進出を予見した。果たして，英語の話者は特に19世紀から20世紀にかけて急激に増加したのである。

〔1〕 529年に，修道院運動の聖地とされるモンテ=カシノに開かれた修道会を何というか。

〔2〕 この出来事はゲルマン人の侵入が契機となったが，これに先んじて410年に西ゴート人を率いローマを略奪した王は誰か。

〔3〕 これに関して，19世紀にドイツで民話の発掘収集に努めた兄弟は誰か。

〔4〕 南フランスの貴族勢力やトルバドゥールの活動は，アルビジョワ十字軍によるカタリ派の討伐以降衰退したとされる。この十字軍を主導した教皇は誰か。

〔5〕 この中には宗教的弾圧から逃れたピューリタンも含まれていたが，1603年にイングランド王として即位し，その弾圧を行ったのは誰か。

地理

(80分)

I　地図に関する次の文をよく読んで，〔1〕〜〔8〕の問いに答えよ。

地図は，一般的に，地球表面の一部または全部の状態を一定の割合で縮め，文字や記号を用いて，2次元平面上に表したものである。なかでも日本の地形図は，地図記号などで地形を精細に表した中縮尺・大縮尺の地図(a)である。この地図では，土地の標高を等高線で表し，海岸線，川，崖などの地形が描かれている。さらに地表面にある，道路や建物などの人工物，植生の状態などが記されている。このような地図は，利用目的に応じて特定の主題を表現した主題図に対して，［　A　］図と呼ばれる。

これまで，地図は紙に描かれたものが主流であったが，ICTの発展により，デジタル地図も用いられるようになった。そのデジタル地図をコンピュータ上で可視化，分析するための技術がGIS(b)である。

［　B　］省国土地理院が作成する地形図(c)で描かれている情報は，ウェブ上で公開されている「地理院地図」からも閲覧可能である。「地理院地図」の中縮尺・大縮尺レベルの標準地図は電子国土基本図をベースに作成されている(d)。この「地理院地図」では，空中写真，標高，地形分類など，日本の国土の様子を発信し，新旧の空中写真(e)と地図を重ねて表示することができる。

また，国土地理院は，全国をカバーする数値標高モデルとして，10mメッシュ(標高)のデータを提供している。これは2万5千分の1地形図の等高線から作成されるもので，これを用いて地形断面図(f)や3次元地図を描くことができる。さらに，陰影処理によって地形の起伏を等高線とは異なった方法で表現することもできる。

このほか，統計局は，常住する人口および世帯に関して［　C　］年ごとに調べる国勢調査や，事業所および企業の経済活動の状態を調べる経済［　D　］などの統計データを，町丁目などの小地域や地域メッシュで提供している。

こうした国や自治体で作成されたデータのなかで，許可されたルールの範囲内でだれもが自由に複製や加工，頒布などができるものは［ E ］データと呼ばれ，ウェブを介して配信されている。これらのうち，位置に関するデータを，GISを用いてデジタル地図として可視化すれば，同一の投影図法と縮尺で重ね合わせることが可能となる。異なる事象を描いた地図の重ね合わせによって作成された新たな地図は，空間的な意思決定を必要とするさまざまな場面において利用されている。(g)

〔1〕 文中の［ A ］～［ E ］に当てはまる最も適切な語句および数字を答えよ。

〔2〕 下線部(a)に関して，大縮尺の地図はどれか，次の選択肢の中から2つ選び，符号で答えよ。

㋐ 航海図　　㋑ 住宅地図　　㋒ 世界全図
㋓ 都市計画図　　㋔ 都道府県地図　　㋕ 日本全図

〔3〕 下線部(b)に関して，GISは日本語で何と呼ばれるか，最も適切な名称を答えよ。

〔4〕 下線部(c)に関して，「平成25年2万5千分の1地形図図式」には**ない**地図記号はどれか，次の選択肢の中から2つ選び，符号で答えよ。

㋐ 枯れ川　　㋑ 桑畑　　㋒ コンビニエンスストア
㋓ 博物館　　㋔ 分離帯　　㋕ 老人ホーム

〔5〕 下線部(d)に関して，次の「地理院地図」の標準地図は，基盤地図情報の基本項目ごとの地図を重ねて作成されている。下の地図①はどの基本項目を表現した地図か，最も適切なものを次の選択肢の中から1つ選び，符号で答えよ。

㋐ 軌道の中心線　　㋑ 行政区画線　　㋒ 建築物の外周線
㋓ 町字界線　　㋔ 道路縁

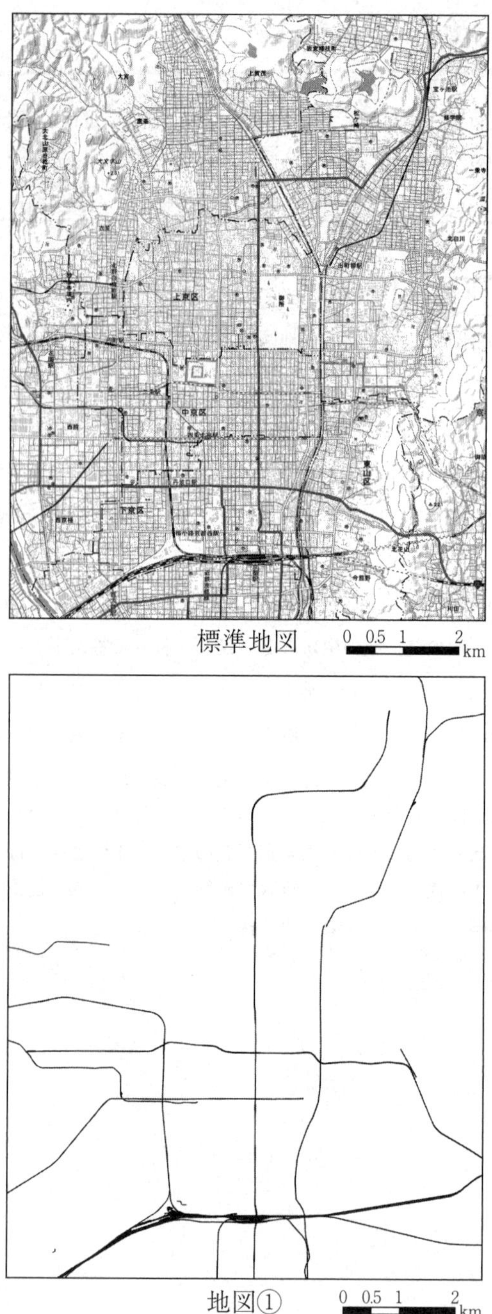

標準地図

地図①

「基盤地図情報」により作成

〔6〕 下線部(e)に関して，下の写真①～④は，「地理院地図」で閲覧可能な第二次世界大戦後に撮影された空中写真で，写真④が最新のものである。写真①～③について撮影時期の古い順に正しく並べたものを，次の選択肢の中から1つ選び，符号で答えよ。

Ⓐ ①→②→③　　Ⓘ ①→③→②　　Ⓤ ②→①→③

Ⓔ ②→③→①　　Ⓞ ③→①→②　　Ⓚ ③→②→①

写真①

写真②

写真③

写真④

「地理院地図」により作成

〔7〕 下線部(f)に関して，下の等高線図（20 m 間隔）をよく読んで，次の(1)・(2)に答えよ。

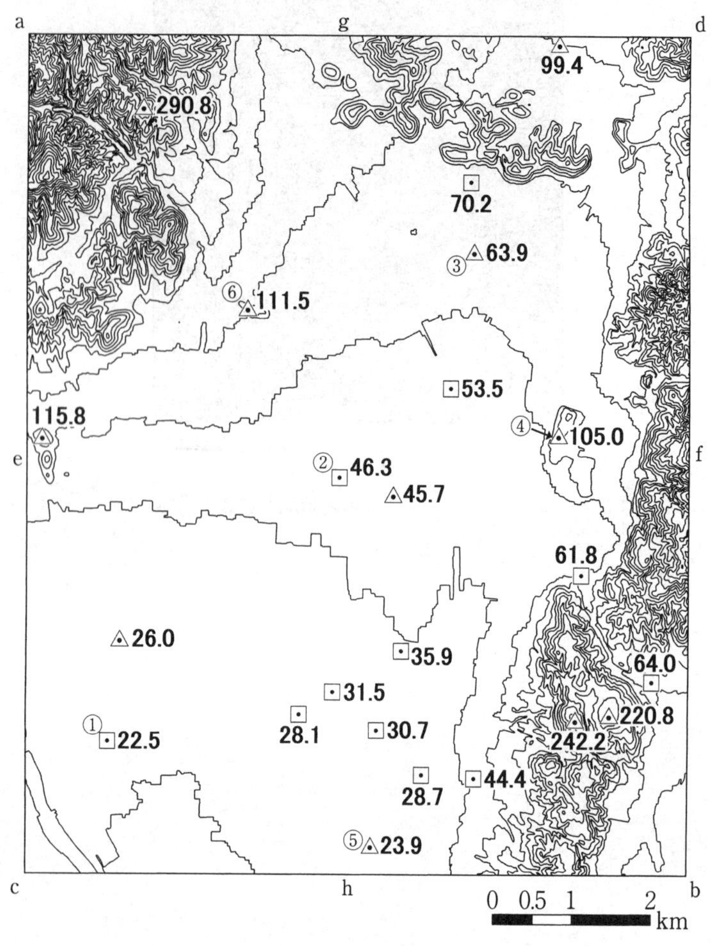

等高線図（20 m 間隔）

編集部注：編集の都合上，80%に縮小。

(1) 等高線図（20 m 間隔）の枠外に示す地点（a～h）のいずれか2点を結んだ線分の断面が下のグラフである。2地点の組み合わせとして正しいものを，次の選択肢（ⓐ～ⓚ）の中から1つ選び，符号で答えよ。なお，地形断面図の左端が始点で，右端が終点である。

ⓐ a→b　ⓘ b→a　ⓤ c→d　ⓔ d→c

ⓞ e→f　ⓚ f→e　ⓚ g→h　ⓚ h→g

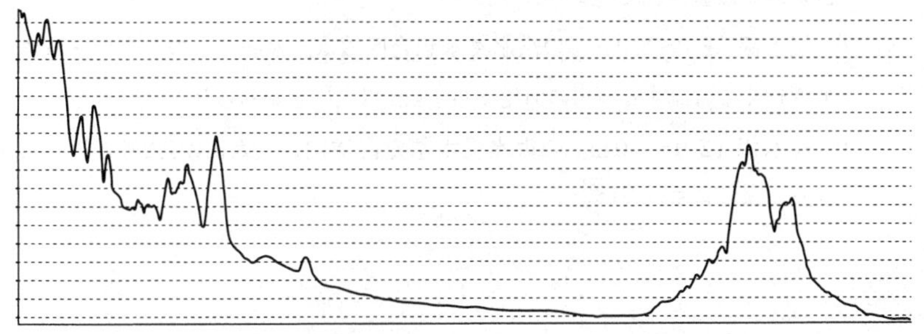

(2) 等高線図（20 m 間隔）には，三角点と水準点の標高（①～⑥）が示されている。次のX～Zの傾斜角を大きい順に正しく並べたものを1つ選び，符号（ⓐ～ⓚ）で答えよ。

X【①（22.5 m）と②（46.3 m）の線分（距離は約4.4 km）】

Y【③（63.9 m）と④（105.0 m）の線分（距離は約2.5 km）】

Z【⑤（23.9 m）と⑥（111.5 m）の線分（距離は約6.9 km）】

ⓐ X ＞ Y ＞ Z　ⓘ X ＞ Z ＞ Y　ⓤ Y ＞ X ＞ Z

ⓔ Y ＞ Z ＞ X　ⓞ Z ＞ X ＞ Y　ⓚ Z ＞ Y ＞ X

〔8〕 下線部(g)に関して，さまざまな地図を重ね合わせることで，防災計画の立案に役立つ情報が得られる。「地理院地図」の標準地図上に，水害ハザードマップ，人口地図，指定避難所の地図を重ね合わせて作成した地図①～③をよく読んで，次の(1)～(3)の文で正しいものには○印を，誤っているものには×印を記せ。

(1) 指定避難所は，浸水深「1.0～2.0 m」と「2.0～3.0 m」の洪水浸水想定区域内に設置されていない。

(2) 浸水深「2.0～3.0 m」の洪水浸水想定区域は，地図①上の北側から流れてA近くで合流する河川の河道から1 km 以内にしかみられない。

(3) 浸水深「2.0～3.0 m」の洪水浸水想定区域内に，人口が1,287人以上のメッシュは含まれない。

注）地図①～③は国土数値情報「洪水浸水想定区域データ」(ただし，京都府管理河川のみを対象としている)，「避難施設データ」，および平成27年国勢調査により作成

編集部注：地図①～③の実際の問題はカラー印刷。カラー図版は以下に掲載。
https://akahon.net/kkm/rit/rit_2023_0202_geo_q.pdf

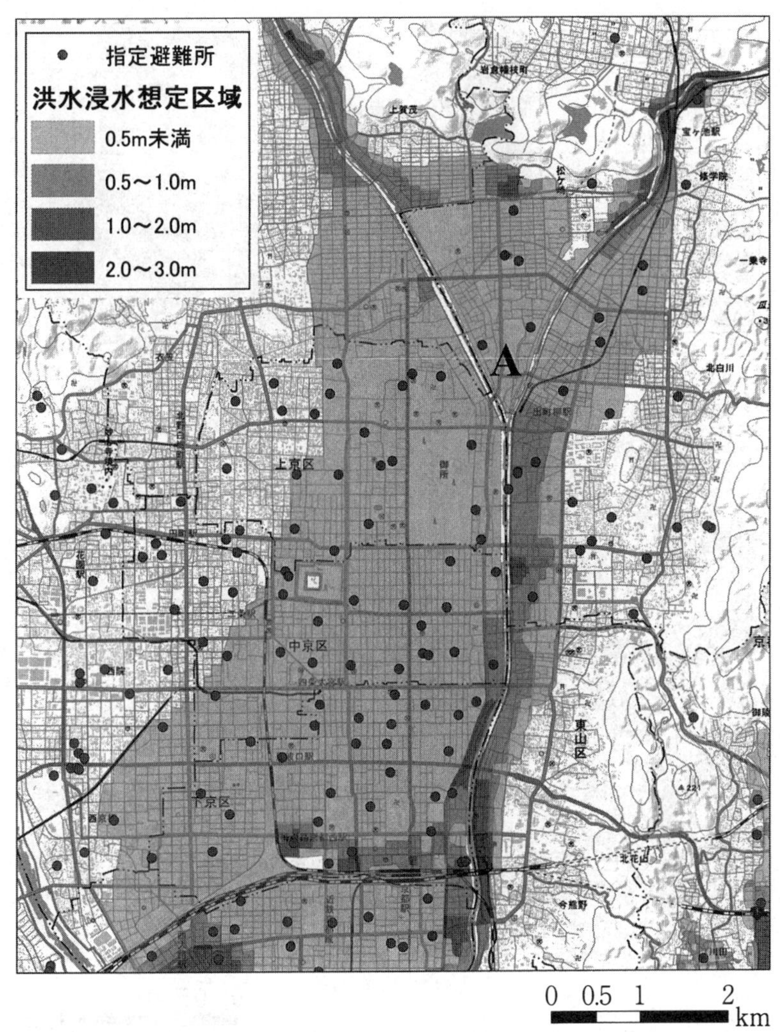

①　標準地図＋水害ハザードマップ＋指定避難所の地図

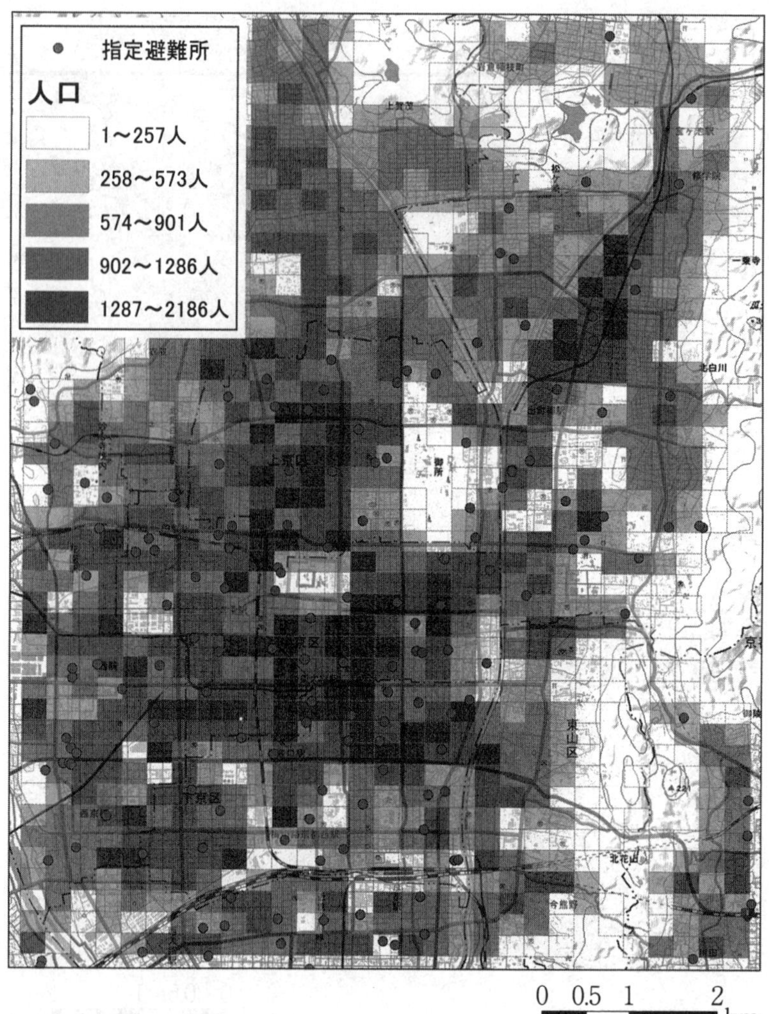

②　標準地図＋人口地図＋指定避難所の地図

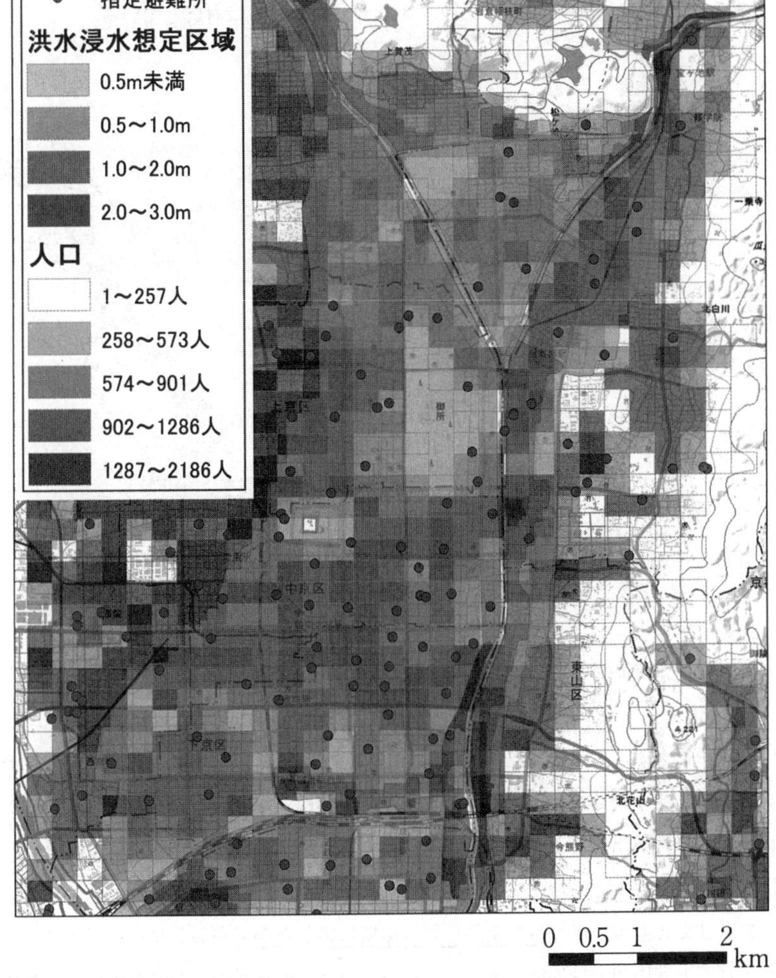

③　標準地図＋水害ハザードマップ＋人口地図＋指定避難所の地図

編集部注：地図①～③は，編集の都合上，80％に縮小。

Ⅱ アメリカ合衆国の自然と農業に関する次の地図と文をよく読んで,〔1〕〜〔7〕の問いに答えよ。なお,地図中と文中の記号（A〜D）は対応している。

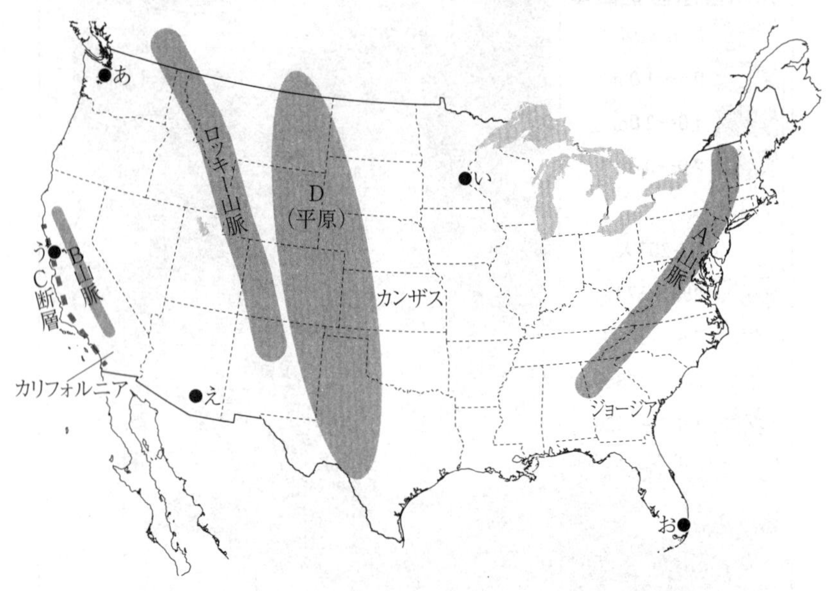

アメリカ合衆国の自然環境は東西で大きく異なる。地形に着目すると，東側の［ A ］山脈は，［ イ ］代の造山運動により形成され，なだらかな山地となっている。西側を南北に走るロッキー山脈や［ B ］山脈は，新期造山帯に特徴的である急峻な山並みが連なっている。また西の海岸側には［ C ］断層と呼ばれる横ずれ断層が一部露出しており，地震が多く発生する。<u>気候の面では，東西での違いのほか南北の差も大きい</u>(a)。

アメリカ合衆国では，<u>自然条件などの環境に応じた農業</u>(b)がおこなわれてきた。たとえば五大湖周辺では冷涼な気候と大都市への近接性を活かした酪農がおこなわれ，その南部では穀物の生産と家畜飼育を組み合わせる［ ロ ］農業がさかんとなった。この代表的な飼料作物にちなんで当該地域は［ ハ ］とも称されてきた。ロッキー山脈東麓の［ D ］と呼ばれる平原と，その東に広がる代表的な黒色土壌地帯としても知られる［ ニ ］は，有数の小麦生産地となってきた。また，アメリカ合衆国の南部では繊維の原料である［ ホ ］が栽培されてきた。

ただし，灌漑施設の整備，輸送交通の発達，そして工業化などにともない，(c)同国内の農牧業の地域的展開は変化してきた。たとえば［D］の中央部には，［ヘ］帯水層と呼ばれる地下の豊富な水資源を用いた大規模な灌漑農業が発展したことで，同地で新たな［ハ］が形成された。そこは，高速道路の建設や保冷装置の改良，そして(d)大規模な肥育施設の整備などにより，肉牛の一大生産地となった。このような，大規模で高度な企業的農業の影響で，(e)アメリカ合衆国の農業先進国としての存在感がますます高まっている。

〔1〕　文中の［A］～［D］に当てはまる最も適切な地名を答えよ。

〔2〕　文中の［イ］～［ヘ］に当てはまる最も適切な語句または地名を答えよ。

〔3〕　下線部(a)に関して，次の雨温図①・②に当てはまる最も適切な都市を，地図中の●（あ～お）の中から1つずつ選び，それぞれ符号で答えよ。

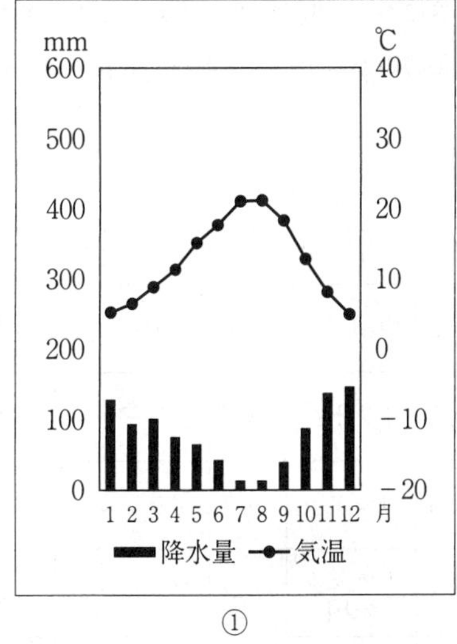

①

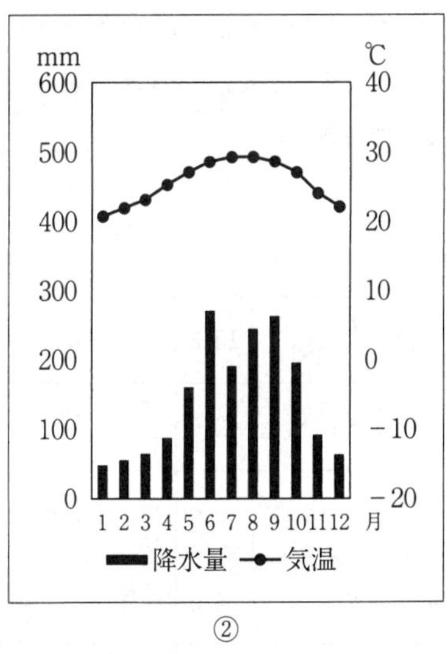

②

気象庁ＨＰのデータ（1991～2020年の平年値）により作成

〔4〕　下線部(b)に関して，このような生産のあり方は一般に何と呼ばれるか，最も適切な名称を漢字4文字で答えよ。

〔5〕　下線部(c)に関して，次の表は，地図中に示したカリフォルニア，カンザス，

ジョージア各州の2017年における農場数，平均農場面積，農作物販売額の農場平均を示したものである。カンザス州はどれか，表中のあ～うの中から1つ選び，符号で答えよ。

	あ	い	う
農場数	70,521	58,569	42,439
平均農場面積（エーカー）	348	781	235
農作物販売額の農場平均（千ドル）	640	321	226

USDA 2017 Census of Agriculture により作成

〔6〕 下線部(d)に関して，効率的に肉牛を肥育するためのこうした施設は何と呼ばれるか，最も適切な名称をカタカナで答えよ。

〔7〕 下線部(e)に関して，次の表は2019年における，牛乳，小麦，大豆，葉たばこの生産量上位5か国および生産量の世界に占める割合（%）を示したものである。牛乳と大豆はどれか，表中のあ～えの中から1つずつ選び，それぞれ符号で答えよ。

(%)

	あ		い		う		え	
1位	アメリカ合衆国	13.8	ブラジル	34.2	中国	17.4	中国	39.1
2位	インド	12.6	アメリカ合衆国	29.0	インド	13.5	インド	12.0
3位	ブラジル	5.0	アルゼンチン	16.6	ロシア	9.7	ブラジル	11.5
4位	ドイツ	4.6	中国	4.7	アメリカ合衆国	6.8	ジンバブエ	3.9
5位	中国	4.5	インド	4.0	フランス	5.3	アメリカ合衆国	3.2

『世界の統計2022年版』により作成

Ⅲ　交通と深く結びついた世界の都市に関する次の①～⑦の文をよく読んで，〔1〕～〔6〕の問いに答えよ。

①　11世紀にイスラーム王朝の都として築かれ，[A]砂漠を縦断する隊商の起終点として栄えた，モロッコの歴史的交易都市である。旧市街(a)には，大規模な市場や大道芸人などで大きな賑(にぎ)わいを見せるジャマエルフナ広場があり，この広場はユネスコの無形文化遺産となっている。

②　ウズベキスタン北東部に位置する同国の首都であり，中央アジア有数の商業都市である。ユーラシア大陸東西を結んだ交易ルートである[B]の要衝地として発展した。同国は，(b)かつてのソ連を構成していた国家の1つであり，この都市には第二次世界大戦後，ソ連に抑留された日本人が建設に携わったナヴォイ劇場がある。

③　オーストラリア南西に位置するウェスタンオーストラリア州の都市であり，周辺の農産物や内陸の鉱産資源の集積地として発達した。とくにこの都市の東方600 kmに位置するカルグーリーで，19世紀末に[C]の鉱脈が発見されたことが発展に大きく寄与した。またこの都市は，シドニーと大陸横断鉄道で結ばれ，西の起終点となっている。

④　中国にある自治区の中心都市であり，標高3,000 m以上に位置する高山都市である。[D]教と呼ばれるチベット仏教の聖地としても知られる。2006年に完成した[E]鉄道は，西部大開発の1つとして西寧とこの都市間に敷設されたものであり，世界でも有数の高原鉄道として知られる。

⑤　スカンディナヴィア半島北部，大西洋に面した国である[F]の港湾都市である。大西洋を北上する暖流の影響により，北緯68度の高緯度帯に位置しているが，冬季でも海面が凍らない不凍港を擁する。そのため，隣国[G]のキルナなどで産出される鉄鉱石の積出しは，夏季は[G]にある都市の港から，冬季にはこの都市の港からおこなわれている。

⑥　アラブ首長国連邦の都市であり，(c)多数の国や地域からの乗り継ぎ拠点である国際空港がある。1960年代の石油の発見以降，貿易拠点としての開発が進み，1980年代にはこの都市を本拠とする航空会社が設立された。とくに21世紀に入ってからは，金融特区の設置で国際金融都市として発展した。この都市には超高層ビル

が多数建設され，その沖合には観光資源としての活用を目的に「パーム・アイランド」と呼ばれる人工島群もつくられた。

⑦　アメリカ合衆国のアラスカ州南部の沿海部に位置し，航空交通(d)の要衝地として発展した。とくに1980年代までは航空機の航続距離の限界があった上に，冷戦によりソ連の上空を西側諸国の航空機は自由に飛行できなかったことから，ヨーロッパと東アジアを結ぶ旅客便の中継地として機能していた。

〔1〕　①～⑦の文に当てはまる都市を，次の選択肢の中から1つずつ選び，それぞれ符号で答えよ。

Ⓐ　アンカレジ	Ⓘ　ウラジオストク	Ⓤ　ダカール
Ⓔ　タシケント	Ⓞ　ドーハ	Ⓚ　ドバイ
Ⓚ　ナルヴィク	Ⓚ　パース	Ⓚ　ヒューストン
Ⓚ　ブリズベン	Ⓢ　ポカラ	Ⓢ　マラケシ
Ⓢ　ラサ		

〔2〕　文中の［A］～［G］に当てはまる最も適切な地名または語句を答えよ。

〔3〕　下線部(a)に関して，この旧市街の街路の形態に最も近いものは次の選択肢のうちどれか，符号で答えよ。

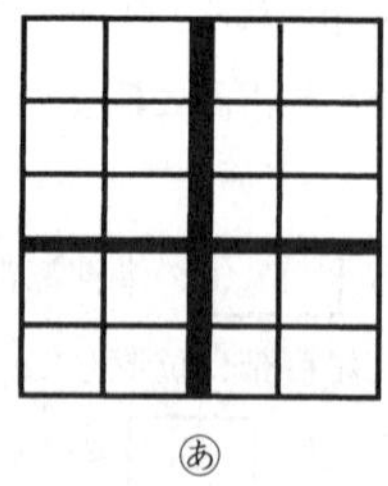
Ⓐ

Ⓘ

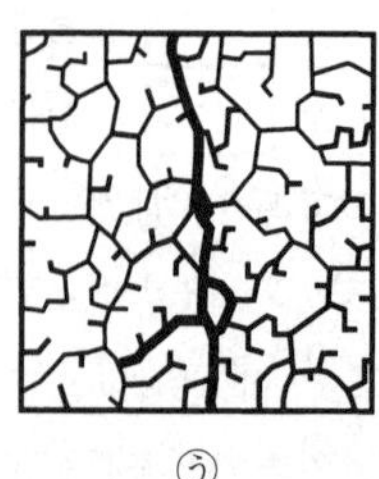
Ⓤ

〔4〕　下線部(b)に関して，これらの国家の一部によって1991年に創設された，経済・政治面の調整をおこなう連合体の略称として，最も適切なものをアルファベットで答えよ。

〔5〕　下線部(c)に関して，こうした空港は何と呼ばれるか，最も適切な名称を答えよ。

〔6〕　下線部(d)に関して，次の表はアメリカ合衆国，韓国，ドイツ，ブラジルにお

ける空港数（2018年）と航空輸送量（2015年）を示したものである。航空輸送量（旅客）はその中に占める国際線割合とともに示した。ドイツとブラジルはどれか，表中の㋐～㋓の中から１つずつ選び，それぞれ符号で答えよ。

国	空港数	航空輸送量	
		旅客 （100万人キロ）	国際線割合 （%）
㋐	402	1,451,694	30.1
㋑	114	122,868	26.1
㋒	28	244,664	95.9
㋓	15	119,739	93.8

空港数は2018年９月に定期運航で使用され，かつＩＡＴＡ（International Air Transport Association）の３桁コードを持つ空港のみを対象としている。
１人キロは旅客１人を１キロメートル輸送したことを指す単位
『世界の統計2022年版』，日本航空機開発協会資料により作成

政治・経済

(80分)

Ⅰ　次の文章を読んで，あとの問いに答えよ。

18世紀後半からイギリスで起こった［ A ］革命後の交通と通信の発達を背景に，各分野で主権国家間の協力が制度化され始めた。国際郵便の分野もその一つである。1840年にイギリスで世界初の郵便切手が発行された。1870年代に設立された［ B ］は，国境を越えた郵便の配達などのルールを共通化した。

平時の国家間の協力とは対極にある戦争の方法についても，合意が形成されていく。1899年と1907年にはオランダの［ C ］で会議が開催され，武力紛争での戦闘員，捕虜，休戦方法などに関する戦時国際法，後に国際［ D ］法とよばれる法体系が拡大することとなった。

国際社会の制度化①は，交通や通信といった協力しやすい分野，そして戦争という生命や財産に重くかかわる分野から，徐々に人々の権利や生活を守る分野にも広がってきた。1919年に設立された国際労働機関（ＩＬＯ）は，労働条件の改善を国際的に実現することを目標とし，日本政府もたびたび勧告を受けている②。また加盟各国の政府委員［ E ］名と労使代表各１名からなる国際労働会議が開催されている。

保健医療の分野では，世界保健機関（［ F ］）が国際的な感染症対策の協力を進めている。2019年に始まった新型コロナウイルス感染症の世界的大流行③に際してもその取組みが注目された。国際人権規約④では移動，居住及び出国の自由が定められているが，同時にそれが「公衆の健康」によって制限されることも記されている。人々の国際的移動の手段である航空機について，世界の空路のルールを決定しているのは，国連の専門機関の一つである国際［ G ］航空機関である。上記の感染症対策では国際線が大幅に減便され，本国に帰国できない人々が生じるなどの事態がもたらされた。さらに2022年２月に勃発したウクライナでの戦争によりロシアと一部の欧米諸国が相互に経済［ H ］の一環として航空機の発着禁止を決めたため，世界の空路は混乱した。

〔1〕 A ～ H にあてはまるもっとも適切な語句を記入せよ。なお，**A・D・G・Hは漢字2字，Bは漢字6字，Cは都市名をカタカナ3字，Eは算用数字，Fは英語略称をアルファベット（大文字）3字**で答えよ。

〔2〕 下線部①に関して，国際労働機関や世界保健機関の本部は， イ の ロ におかれている。**イは国名，ロは都市名をそれぞれカタカナ**で答えよ。

〔3〕 下線部②に関して，日本政府は，国際労働機関から公務員に対する労働基本権の付与を求める勧告をたびたび受けている。労働基本権を制約されている日本の国家公務員の労働条件について国会および内閣に勧告を行う，国の行政機関の名称は何か。**漢字3字**で答えよ。

〔4〕 下線部③に関して，感染症の世界的大流行を何と呼ぶか。**カタカナ6字**で答えよ。

〔5〕 下線部④に関して，1989年に国際人権規約の「市民的及び政治的権利に関する国際規約」の第二選択議定書が採択されたが，日本は加入・批准していない。第二選択議定書は，何を目的とするものか。もっとも適切なものを下から一つ選び，記号で答えよ。

　㋐ 死刑を廃止する。　　　　　㋑ 地雷を禁止する。
　㋒ 障害者の権利を促進する。　㋓ 請願権を促進する。
　㋔ 核兵器を廃絶する。

Ⅱ　次の文章を読んで，あとの問いに答えよ。

日本の高度経済成長は，大企業①やそこで働く従業員だけで成し遂げられたわけではない。日本では，大企業と中小企業との間で，資本装備率，生産性，収益性，従業員の賃金などの面で大きな格差があり，この格差は日本経済の二重構造と呼ばれている。

大企業と中小企業との間に存在する賃金や生産性の格差を解消することを目的として，［ A ］年に中小企業基本法②が制定された。

中小企業は，その特徴として，まず，家族経営が主体の零細企業（小規模企業）が多いことがあげられる。次に，役員派遣や株式保有などを通じて大企業の［ B ］企業となり，大企業から注文を受けて製品を製造する下請けが多いこと③があげられる。さらに，労働組合の組織率が大企業に比べて低いため，労働条件が劣りがちであることや，資本装備率が低く労働生産性が低いといった特徴がある。

高度経済成長期に生じた技術革新と労働力不足によって，大企業と中小企業の生産性や賃金の格差は改善されたが，1973年の第一次石油危機以降の実質経済成長率の低下により，大企業と中小企業の格差は再び拡大した。また，1980年代には，アメリカによる市場開放の要求④が強まり，経済摩擦が激化する中で，［ C ］年のプラザ合意以降の円高による国際競争力の低下と［ D ］（新興工業経済地域）との競争激化が，下請け企業や地場産業を苦境に追い込むことになった。さらに，バブル経済崩壊後，［ E ］年から始まった平成不況による金融機関の貸し渋りや貸しはがしで，倒産する中小企業が相次いだ。

しかし，中小企業の中には，大企業をしのぐ技術力をもつものもあれば，ニッチ産業⑤に進出して，新たな市場を開拓するベンチャー企業もある。そのため，［ F ］年に中小企業基本法が改正され，中小企業を保護の対象とする従来の方針から，創業を支援する方針へと中小企業政策が転換された。事業拡大のために必要な資金を調達したいベンチャー企業などを対象として［ イ ］が設置されるようになったり，異分野連携などの企業間の取組みが重視されるようになったりした。近年では，中小企業においてもさまざまな社会問題の解決をめざす［ G ］企業や，その中でも地域の資源を使って地域の課題に取り組む［ H ］・ビジネスが注目されている。

〔1〕 [A] ～ [H] にあてはまるもっとも適切な語句を記入せよ。なお，**A・C・E・Fは西暦を算用数字，Bは漢字2字，Dは英語略称をアルファベット4字，Gは漢字3字，Hはカタカナ6字**で答えよ。

〔2〕 下線部①に関して，[　　] は，戦前の財閥にかわって，商社や銀行を中核に形成されたグループである。空欄にあてはまるもっとも適切な語句を**漢字4字**で答えよ。

〔3〕 下線部②に関して，この法律では現在，卸売業においては [　　] が1億円以下，または従業員数が100人以下の企業を中小企業と定めている。空欄にあてはまる語句を**漢字3字**で答えよ。

〔4〕 下線部③に関して，トヨタ自動車と下請け企業との例で知られているように，[　　] 方式は，必要な物を，必要なときに，必要な量だけ，生産する方式のことである。空欄にあてはまるもっとも適切な語句を下から一つ選び，記号で答えよ。

㋐ ユビキタス　　㋑ かんばん　　㋒ 賦課
㋓ のれん　　㋔ ワンクリック

〔5〕 下線部④に関して，[　　] は，小規模な小売店の経営基盤を保護するために，デパートやスーパーマーケットの出店を規制する法律であり，2000年に廃止された。空欄にあてはまる語句を**漢字8字**で答えよ。

〔6〕 下線部⑤に関して，ニッチ産業とは，[　　] 産業とも呼ばれており，需要の規模が小さかったり，潜在的であるため，商品やサービスの供給や提供が行われにくい産業分野のことである。空欄にあてはまるもっとも適切な語句を下から一つ選び，記号で答えよ。

㋐ 斜陽　　㋑ 先端　　㋒ 隙間（すきま）
㋓ 成熟　　㋔ 主要

〔7〕 [イ] にあてはまるもっとも適切な語句を下から一つ選び，記号で答えよ。

㋐ 手形売買市場　　㋑ 外国為替市場
㋒ 完全競争市場　　㋓ 新興株式市場
㋔ インターバンク市場

Ⅲ　次の文章を読んで，あとの問いに答えよ。

日本の財政は，国家財政と地方財政に分けられる。これらは前もって予算として立案され，①国民の意思を反映させるため，国会または地方議会の審議・議決を経て決定・執行される。

国会の審議・議決を経て新年度から実施される予算が本予算（当初予算）となるが，成立が遅れる場合は，経過措置として暫定予算を組む。また，年度途中に追加や変更が必要になった場合は，［A］を組む。

国の予算は，租税や②国債の発行による収入などを財源として広範な目的に支出を行う一般会計のほか，特定の収入をもって特定の支出に充てる［B］，全額政府出資の企業用の予算である［C］予算がある。

一般会計の収入は租税，国債などであるが，これらのうち大きな割合を占めるのが租税である。③租税は，直接税と間接税に分類される。また，国におさめる国税のほか，地方公共団体におさめる地方税がある。

また，政府は，国債の発行による収入などを財源として特殊法人などへ財政投融資を行っている。予算編成と並行して④財政投融資計画が策定される。かつての財政投融資は，［D］や公的年金の積立金などを大蔵省資金運用部に強制的に預託させたものを原資とし，その規模の大きさから「第二の予算」ともいわれた。しかし，小泉政権が2001年に財政投融資改革を実施して，資金運用部が廃止され，預託制度も廃止された。そして，特殊法人は自ら市場から資金調達することになった。そのために発行されるのが［E］である。それでも不足する分は，政府発行の財投債で穴埋めするかたちとなっている。

国と地方財政との関係については，地方が国に財政的に依存し，国からのコントロールを受け入れるという関係にある。2000年代，小泉政権のもとでの「三位一体改革」では，「地方にできることは地方に」という理念のもと，国と地方公共団体に関する行財政システムの改革が行われ，［F］税の見直しや［G］支出金の削減，国から地方への税源の移譲が進められた。

〔1〕［A］～［G］にあてはまるもっとも適切な語句を記入せよ。なお，**A・B・D・Fは漢字4字，Cは漢字6字，Eは漢字5字，Gは漢字2字**で答えよ。

〔2〕 下線部①に関して，予算を国民の代表からなる国会を通じて議論し，政府に対して国民の意思を反映させることを［　　］という。空欄にあてはまるもっとも適切な語句を**漢字6字**で答えよ。

〔3〕 下線部②に関して，次の問いに答えよ。

(a) 国債費などの義務的な経費が増加し，現在や将来の政策経費を圧迫し，柔軟な財政政策ができにくくなることを財政の［　　］という。空欄にあてはまるもっとも適切な語句を**漢字3字**で答えよ。

(b) 政府が資金需要をまかなうために大量の国債を発行するとそれによって市中金利が上昇するため，民間の資金需要が抑制されることを［　　］という。空欄にあてはまるもっとも適切な語句を**カタカナ**で答えよ。

〔4〕 下線部③に関して，次の問いに答えよ。

(a) 直接税でありかつ国税であるものを下から**すべて選び**，記号で答えよ。

Ⓐ 法人税　　Ⓘ 関税　　Ⓤ 相続税
Ⓔ 自動車税　　Ⓞ 固定資産税

(b) 日本の税制と財政をめぐる記述として，**適切でないもの**を下から一つ選び，記号で答えよ。

Ⓐ 国の財政収支の状況を表す指標の一つに基礎的財政収支があるが，国債発行による収入を除いた税収などの収入が国債費を除いた支出より多ければ黒字となる。

Ⓘ 日本の所得税は，所得が高くなるほど税率が上昇する累進課税制度が取り入れられている。これは水平的公平の考え方によるものである。

Ⓤ 経済のグローバル化が進む中で，日本への企業誘致と企業の国際競争力を高める目的で1998年に，法人税率が34.5%から30%に引き下げられた。

Ⓔ 消費税の導入は，シャウプ勧告以来の直接税中心の日本の税制の転換点となった。

(c) 間接税のうち，消費税に関しては，生活必需品なども含め一律の税率を適用した場合，低所得者ほど所得に占める税負担の割合が重くなるという［　　］の問題がある。これを緩和するために軽減税率制度が導入されている。空欄にあてはまるもっとも適切な語句を**漢字3字**で答えよ。

〔5〕 下線部④について，2022年度当初の財政投融資計画額は［　　］であった。これは，一般会計当初予算の5分の1に近い金額である。空欄にあてはまるもっとも適切な金額を下から一つ選び，記号で答えよ。

㋐ 約20兆円　　㋑ 約50兆円

㋒ 約80兆円　　㋓ 約110兆円

数学

(80分)

次のⅠ，Ⅱ，Ⅲの設問について解答せよ。ただし，Ⅰ，Ⅱについては問題文中の □ にあてはまる適当なものを，解答用紙の所定の欄に記入せよ。なお，解答が分数になる場合は，すべて既約分数で答えること。

Ⅰ

〔1〕　3次方程式 $2x^3 + 2x^2 + 5x + 7 = 0$ の3つの解を α, β, γ とするとき，

$\alpha + \beta + \gamma =$ [ア]，$\alpha\beta + \beta\gamma + \gamma\alpha =$ [イ]，$\alpha\beta\gamma =$ [ウ] である。

このとき，次の式の値を求めよ。

(1)　$\alpha^2 + \beta^2 + \gamma^2 =$ [エ]

(2)　$(\alpha - 1)(\beta - 1)(\gamma - 1) =$ [オ]

(3)　$(\alpha + \beta)(\beta + \gamma)(\gamma + \alpha)\left(\frac{1}{\alpha\beta} + \frac{1}{\beta\gamma} + \frac{1}{\gamma\alpha}\right) =$ [カ]

(4)　$\alpha^3 + \beta^3 + \gamma^3 =$ [キ]

〔2〕　放物線 $y = -\frac{1}{2}x^2 + 3x - 1$ ……①　がある。

(1)　放物線①の接線の傾きが1となるような接点Aの座標は，

([ク] , [ケ]) であり，その接線の方程式は，

$y =$ [コ] ……②

である。また，接線②に垂直で点Aを通る直線の方程式は，

$y =$ [サ] ……③

である。

（2） 直線③と y 軸との交点をBとするとき，点Bを中心とする円と放物線①が，ただ1つの共有点をもつとき，この円の方程式は，

$$x^2 + \left(y - \boxed{\text{シ}}\right)^2 = \boxed{\text{ス}}$$

である。

（3） 連立不等式 $y \geqq -\dfrac{1}{2}x^2 + 3x - 1$，$x^2 + \left(y - \boxed{\text{シ}}\right)^2 \geqq \boxed{\text{ス}}$，$x \geqq 0$，$y \leqq \boxed{\text{ケ}}$ の表す領域の面積は $\boxed{\text{セ}}$ である。

※「セ」については，条件設定が不十分であったため，全員正解として扱うと大学から公表されている。

〔3〕 △OABにおいて，$|\overrightarrow{\mathrm{OA}}| = 2$，$|\overrightarrow{\mathrm{OB}}| = 3$，$|2\overrightarrow{\mathrm{OA}} - \overrightarrow{\mathrm{OB}}| = \sqrt{19}$ のとき，$\cos\angle\mathrm{AOB}$ の値は $\boxed{\text{ソ}}$，△OABの面積は $\boxed{\text{タ}}$ である。

次に，ベクトル方程式 $(\overrightarrow{\mathrm{OP}} - \overrightarrow{\mathrm{OA}})\cdot(\overrightarrow{\mathrm{OP}} + \overrightarrow{\mathrm{OB}}) = 0$ を満たす点Pの描く図形は円であり，その中心をCとする。$\overrightarrow{\mathrm{OC}}$ を $\overrightarrow{\mathrm{OA}}$，$\overrightarrow{\mathrm{OB}}$ を用いて表すと，$\overrightarrow{\mathrm{OC}} = \boxed{\text{チ}}$ であり，この円の半径の値は $\boxed{\text{ツ}}$ である。

また，この円と辺OBとの交点をDとすると，△AODの面積は $\boxed{\text{テ}}$ である。

Ⅱ　次のような赤い色と青い色の正二十面体のサイコロがある。

赤い色のサイコロ（以下，赤と呼ぶ）の面には，数字の80が書かれた面が12面，数字の160が書かれた面が8面ある。青い色のサイコロ（以下，青と呼ぶ）の面には，数字の90が書かれた面が16面，数字の200が書かれた面が4面ある。

どちらのサイコロについても，どの面が出るかについては同様に確からしいとする。以下，「面が出る」ことを「数字が出る」と表すことにする。例えば，「80が書かれた面が出る」ことを「80が出る」と表す。

〔1〕　赤を1回投げたとき，80が出る確率は［ア］，160が出る確率は［イ］である。また，青を1回投げたとき，90が出る確率は［ウ］，200が出る確率は［エ］である。

ここで，次のようなルールのゲームを考える。

①参加者は100ポイント（以下，ポイントをptと表す）をゲーム管理人に渡す。

②参加者は100 pt渡したときに，赤か青のどちらかを選択する。

③参加者が100人になった時点でゲーム管理人は赤と青の2つのサイコロを同時に投げる。

④参加者は自分が選択したサイコロの出た数字と同じptをもらう。

このゲームの参加者は，自分が選択した色のサイコロの出た数字が，選択しなかったサイコロの数字よりも小さいとき，自分の選択を後悔する。例えば，ある参加者が赤を選択したとき，赤の出た数字が80，青の出た数字が200であったとする。赤を選択した参加者は80 ptをもらえるが，青を選択していれば200 ptをもらえたのにと，自分の選択を後悔する。

赤，青2つの場合，参加者が赤を選択したことで後悔する確率は［オ］，青を選択したことで後悔する確率は［カ］になる。

次に，選択の好ましさの度合いを「効用」と呼び，それを数値で表す。効用の値が大きい方が好ましいと考える。

赤を選択した効用をV_R，青を選択した効用をV_Bで表すと，V_R，V_Bは次の式で与えられ，

$$V_R = 80 \times \boxed{\text{ア}} + 160 \times \boxed{\text{イ}} - 100 \times \boxed{\text{オ}} = \boxed{\text{キ}}$$

$$V_B = 90 \times \boxed{ウ} + 200 \times \boxed{エ} - 100 \times \boxed{カ} = \boxed{ク}$$

となる。このことより，効用が大きいのは，$\boxed{ケ}$ を選択したときである。ただし，$\boxed{ケ}$ には，赤，青のいずれかを答えること。

〔2〕 新たに白い色の正二十面体のサイコロを追加しゲームを続けることにした。白い色のサイコロ（以下，白と呼ぶ）の面には，数字の 95 が書かれた面が 18 面，数字の 205 と書かれた面が 2 面ある。この白についても，どの面が出るかについては同様に確からしいとする。

この白を 1 回投げたとき，95 が出る確率は $\boxed{コ}$，205 が出る確率は $\boxed{サ}$ である。

ここで，ゲーム管理人は，白を追加したことによりゲームのルールの①と④は変更せず，②と③については，次のように変更した。

❷参加者は 100 pt 渡したときに，赤か青か白のいずれか 1 つを選択する。

❸参加者が 100 人になった時点でゲームの管理人が赤，青，白の 3 つのサイコロを同時に投げる。

〔1〕の場合と同様に，このゲームの参加者は自分が選択したサイコロの出た数字が，選択しなかったサイコロの数字よりも小さいとき，自分の選択を後悔する。例えば，ある参加者が赤を選択したとき，赤の出た数字が 160，青の出た数字が 90，白の出た数字が 205 であったとすると，赤を選択した参加者は 160 pt をもらえるが，白を選択していれば 205 pt をもらえたのにと，自分の選択を後悔する。

赤，青，白 3 つの場合，参加者が赤を選択したことで後悔する確率は $\boxed{シ}$，青を選択したことで後悔する確率は $\boxed{ス}$，白を選択したことで後悔する確率は $\boxed{セ}$ である。

ここで，赤を選択した効用を V'_R，青を選択した効用を V'_B，白を選択した効用を V'_W で表すと，V'_R，V'_B，V'_W は次の式で与えられ，

$$V'_R = 80 \times \boxed{ア} + 160 \times \boxed{イ} - 100 \times \boxed{シ} = \boxed{ソ}$$

$$V'_B = 90 \times \boxed{ウ} + 200 \times \boxed{エ} - 100 \times \boxed{ス} = \boxed{タ}$$

$$V'_W = 95 \times \boxed{コ} + 205 \times \boxed{サ} - 100 \times \boxed{セ} = \boxed{チ}$$

となる。このことより，効用が大きいのは，［ツ］を選択したときである。ただし，［ツ］には，赤，青，白のいずれか1つを答えること。

〔3〕 最後に白を追加したことによる参加者の後悔する確率の変化は次のようになる。ただし，［テ］，［ト］は下の選択肢から適切なものを1つ選び，番号で答えること。なお，同じ選択肢を複数回使ってもよい。

赤を選択した参加者が後悔する確率は，［オ］から［シ］に［テ］。

青を選択した参加者が後悔する確率は，［カ］から［ス］に［ト］。

【選択肢】 (1) 変化しない　(2) 高く（大きく）なる

(3) 低く（小さく）なる

次に，効用への影響については次のようになる。

V_R と V'_R の大小関係は，V_R ［ナ］ V'_R である。

V_B と V'_B の大小関係は，V_B ［ニ］ V'_B である。

ただし，［ナ］，［ニ］には記号＝，＜，＞のうちで適切なものを1つ選び答えること。なお，同じ記号を複数回使ってもよい。

Ⅲ 実数 a を定数とする。x の方程式 $4^x-(a-6)2^{x+1}+17-a=0$ ……① がある。次の問いに答えよ。

〔1〕 $a=9$ のとき，方程式①の2つの解を求めよ。

〔2〕（1） 方程式①が $x=0$ を解にもつとき，a の値を求めよ。

（2） a を（1）で求めた値とするとき，他の解を求めよ。

〔3〕 方程式①が実数解をもたないとき，a の値の範囲を求めよ。

〔4〕 方程式①の異なる2つの解の和が0であるとき，a の値を求めよ。また，そのとき2つの解を求めよ。

問4　本文の内容に合うものを、次のなかから一つ選び、その番号をマークせよ。

1　蘇東坡の詩や文章が士大夫の家に秘蔵されて流通しなくなったのは、将来は価値が上がって高く売れるという噂が流れたためである。

2　蘇東坡は罪を得て南方に流されたので、多くの士大夫たちからその人物や詩文が嫌われ、人々はすすんで東坡が書いた石碑を破壊した。

3　蘇東坡の石碑をどうしても破壊することができなかった当時の長官は、その文章の大部分を削ってから石碑を堀に投げ入れた。

4　蘇東坡の石碑は堀から地上に出されて拓本が作られたが、数千本を作ったとたんに壊れてしまい、苗仲先はその破片を高額で売った。

5　蘇東坡の拓本の価格が高騰するのを見越していた苗仲先は、拓本の元となる石碑を破壊し、後に都で拓本を売って大もうけした。

所レ獲ル不レ貲（はか）ラレ。

（『却掃編』による）

注　東坡＝北宋の文人蘇軾（そしょく）（一〇三七—一一〇一）の号。　既南竄＝蘇軾は晩年に罪を得て南方に流された。
子由＝蘇軾の弟である蘇轍（そてつ）（一〇三九—一一一二）の字。　守＝長官。　城濠＝都市の周囲や内部に設けられた堀。
宣和＝北宋徽宗朝の年号（一一一九—一一二五）。　貴遊＝上流階級の人々。　工人＝職人。　稍稍＝少しずつ。
摹＝拓本（石碑の文字を紙に刷（す）り写したもの）を作る。　僚属＝部下。　墨本＝拓本。　秩満＝任期が満了する。
京師＝都。

問1　傍線①の「悉」、②の「適」の読み方を、送りがなを含めて、それぞれひらがなで書け。

問2　［A］に入れるのに、最も適当なものを、次のなかから選び、その番号をマークせよ。

1　学　2　罰　3　礼　4　価　5　禍　6　禁

問3　傍線③の「蘇氏之学法禁尚在此石奈何独存」の書き下し文として、最も適当なものを、次のなかから選び、その番号をマークせよ。

1　蘇氏の学、法禁尚ほ在り、此の石奈何ぞ独り存せんと
2　蘇氏の学、法禁尚ほ此の石に在り、独り存するを奈何せんと
3　蘇氏の学、禁ずるを法として尚ほ此（ここ）に在り、石は奈何ぞ独り存せんと
4　蘇氏の学、法もて禁ぜらるるも尚ほ在り、此れ石に奈何ぞ独り存するやと
5　蘇氏の学、法もて禁ぜらるるは尚ほ此の石に在り、奈何せん独り存するをと

四　次の文章を読んで、問いに答えよ（設問の都合上、訓点を省略した部分がある）。

東坡既南竄、議者復請①悉除其所為之文、詔従之。於是士大夫家所蔵既莫敢出、而吏畏禍、所在石刻多見毀。徐州黄楼東坡所作、而子由為之賦、坡自書。時為守者独不忍毀、但投其石城濠中、而易楼名観風。宣和末年、［A］稍弛、而一時貴遊以蓄東坡之文相尚、鬻者大見售。故工人稍稍就濠中摹此刻。有苗仲先者②適為守、因命出之、日夜摹印、既得数千本。忽語僚属曰、「③蘇氏之学法禁尚在此石奈何独存。」立砕之。人聞石毀、墨本之価益増。仲先秩満、携至京師、尽鬻之、

問4 傍線㋑の「かかる濁りある心持たらむ者は、疎ましく覚ゆ」は、どのような意味か。最も適当なものを、次のなかから選び、その番号をマークせよ。

1 こんなけがれた心を持っているような者は、不愉快に感じる。
2 ここまでよごれた心を持っている者は、嫌われても仕方ない。
3 このようなすさんだ心を持つ者は、遠ざけられるべきだろう。
4 こんなにずる賢い心の持ち主は、とがめられてしかるべきだ。
5 ここまで情けない心を持っている者は、信用できないと思う。

問5 [A] にはある語が省略されているが、それは何か。最も適当なものを、次のなかから選び、その番号をマークせよ。

1 見る　2 語る　3 驚く　4 願ふ　5 行く

問6 傍線㋒の「あぢきなし」、㋓の「よにあらじ」を、それぞれ十字以内で現代語訳せよ。

問7 本文の内容に合うものを、次のなかから二つ選び、その番号をマークせよ。

1 娘は、一日に三つの笊器を竹で編み、それを売って生計を立てるつもりだったが、笊器はひとつも売れなかった。
2 発心し、一人家を出る決心を男が打ち明けると、妻と娘も、いっしょに家を出て、男に付いて行くことを望んだ。
3 高楼に登り、秋の月を眺めていた男は、人が寝静まった真夜中に、家畜と話すことができる不思議な能力を得た。
4 作者は、豊かな生活を捨て信仰の道に入った親子に比べれば、今の自身の信心などとても及ばないと深く反省した。
5 笊器が売れず、年老いた両親の命を心配した娘は、道に落ちていた銭一貫を拾い、かわりに九つの笊器を置いた。
6 日本では、唐土の昔の親子の肖像画を描き、来世には菩薩へと生まれ変わるように心の中で念じたということだ。

問1　傍線①の「侍り」、②の「あり」、③の「侍る」、⑥の「具し」の主体として、最も適当なものを、それぞれ次のなかから選び、その番号をマークせよ。

1　男　　2　馬　　3　娘　　4　妻と娘　　5　父と母　　6　作者

問2　傍線㋐の「財は身の敵にて侍るにこそ」は、どのような意味か。最も適当なものを、次のなかから選び、その番号をマークせよ。

1　財産は自分の周囲に敵対者を増やすもととなるでしょう。
2　財産は家族を危険に陥れるものとなるに違いありません。
3　財産は家畜と飼い主が敵対するもととなるでしょう。
4　財産は持ち主にとって害となるものに違いありません。
5　財産は人の心に深い恨みを生じさせる種となるでしょう。

問3　傍線④の「ぬ」、⑤の「ぬ」、⑦の「ける」、⑧の「たり」の文法的説明として、最も適当なものを、それぞれ次のなかから選び、その番号をマークせよ。

1　過去の助動詞の連用形
2　打消の助動詞の終止形
3　過去の助動詞の連体形
4　存続の助動詞の連用形
5　打消の助動詞の連体形
6　完了の助動詞の終止形

きて来にけり。

　さて、このよしを語りければ、父、大きに驚きていふやう、「何わざ営まむとて持ちたる銭にかありつらむ。親の物にてもありつらむ、主人の物にてもあるべし。たとひ取るにても、一つの笊器を置きて一つの価をこそ取るべけれ。いかなる者か、一人して笊器を九つ買ふ事あるべき。㋑かかる濁りある心持たらむ者は、疎ましく覚ゆ。はや、みな持て行きて、もとの銭に貫き具して、ただ笊器を取りて来よ」といふ。娘、行きて見るに、この銭なほありければ、もとのままにして、笊器を取りて来て見れば、父も母も、ともに手を合はせて、頭(かうべ)を垂れて死ににけり。「あな、悲しのわざや。我もありては何かせむ」とて、娘もそばに居て死ににけりとなむ［A］。

　これを聞き侍りしに、あはれ尽くしがたく侍りき。まことに、さやうの心を持ちてこそ、仏の道をも願ふべきに、我が身にはわづかに道を学ぶやうにすれども、心は常に濁りに染みたらむは、定めて三宝を欺く咎(とが)もあるべし。いかが侍るべからむと悲しく㋒あぢきなし。

　かの昔の三人、今いかなる菩薩にて、いづれの仏の御国(み)にかいまそかるらむ。「願はくは、我が心をあはれみて、念々に彼に等しからむと思ふ心をたまへ」と、心の中に念じ侍りき。

　さても、この人どもの姿をも、絵に描(か)きて売るとぞ語り侍りし。すべて、唐土は、かやうの事はいみじく情けありて、亡き後までも侍るにや。この日本(やまと)の国には、さやうの人の姿、買ふ者も㋓よにあらじ。描きて売らむとする人も、また、稀(まれ)なるべきにや。

(『閑居友』による)

注　杖目＝杖で打たれた傷あと。　笊器＝竹で編んだ籠。　一貫＝銭一千枚。銭の穴に縄を差して運ばれた。
三宝＝仏教で最も大事にすべき仏・法(仏の教え)・僧のこと。

三

次の文章を読んで、問いに答えよ。

唐土(もろこし)に①侍りし時、人の語り侍りしは、昔、この国に卑しからぬ男ありけり。その家極めて豊かなり。秋夜、高楼に登りて、月を眺めて②ありけるに、夜静まり、人寝さだまりて、音するものなし。かかりけるに、そこなりける馬と牛と、物語りをなむしける。馬のいふやう、「あな、悲し。わびし。いかなる罪の報ひにて、この人に使はれて、昼は日暮らしといふばかりに、かく使はれ居るらむ。夜も、心よくうち休むべきに、杖目(つゑめ)ことに痛くわびしく、あまり苦しくて、心のままにもえ休まず。明日また、いかさまに使はれむとすらむ。これを思ふにとにかくに寝(い)ねも安からず」といふ。また、牛のいふやう、「さればこそ。あはれ、悲しきものかな。我かかる身を受けたるとは思へども、さしあたりては、ただこの人の恨めしさ、するかたなく覚ゆる」といひけり。

これを聞くに、心もあられず悲しくて、妻と娘とにいふやう、「我は、今夜忍びてこの家を出でむと思ふ事あり。かかる事侍るぞや。今、あり経むままには、かやうの事ぞ積もるべき。(ア)財(たから)は身の敵(あた)にて侍るにこそ。この家をば捨てて、いづくともなく行きて、人もなからむ所の、静かならむに行きて、後世の事思ひてあらむずるなり。そこたちはここに留まるべし」といひければ、二人の人のいふやう、「誰を頼みてある身なればか、残りては③侍るべき。いづくにても、おはせむ方にこそ慕ひ聞こえめ」といふ。「さらば、さにこそは侍るなれ」とて、親子三人、忍びに出でにけり。

さて、遥かに行きて、思ひか④けぬ山のふもとに、庵(いほり)形のやうに構へて、笊器(さうき)といふ物を日に三つ作りて、この娘にて売りに出だしけり。かくて世を渡りけるほどに、ある時、この笊器を買ふ人なし。むなしくかへり⑤ぬ。また次の日の分、具して持て出でたれども、その日も買ふ者なし。また次の日の分⑥具して、九つの笊器を持て行きたりけれども、この日も買ふ者なし。娘、思ひ嘆きて、「かくてのみ日は重なる。我が父母の命も長らへがたかるべし。いかさまにせむ」と、煩⑦ひけるほどに、道に銭を一貫落と⑧したりけり。この娘、笊器をこの銭に結び付けて、笊器の価(あたひ)を数へて銭を取りて、残りの銭と笊器とをば、もとの所に置

1　文学は、その始まりから、戦争で打ち壊された家や町、荒らされた畑や牧場、家族や親しき人々との永遠の別れを描くことで、人間の内面へと踏み入って、人々を絶望と虚無の淵へ向かい合わせ、人間性そのものを否定してきた。

2　国家は、国民という共同体を維持していくために、他の国民や民族を暴力的に抑圧する必要がある。国民が幸福になりたいと思うとき、為政者は他国の領土を奪う戦争で勝利し、その昂揚感や充実感によって国民を幸福にしようとする。

3　文学は、そのすぐれた表現力により、一見、戦争とは関係もないところに、実は戦争の根となるものが秘匿されていることを見つけ語ることができる。従って近代以降の文学は、戦争の忌避を実現するためには、最もふさわしい装置である。

4　近代以前から文学は戦争を内包してきた。近代の文学においても、事前的に戦争が読み込まれている。それは近代の文学が、国家が生み出した一つの制度だからだ。国家と戦争、戦争と文学の関係は、文学の力を以てしても変えられない。

5　戦争を忌避しようとし、是が非でも平和を希求する場合、時にはそのことが戦争を生み出す原因となる。これを避けるためには、恒常的に戦争を再生産する国家システムを放棄し、自分の身を賭して共感する人間性を持つことが必要である。

2　近代国家は、国民の総意によって保証されなければならないが、それは、納税と兵役という国民の義務によって成り立つものだから

3　戦争に参加しなければ、それが犯罪になり社会的制裁を受ける理由となることを、教育やメディアのなかで繰り返し教え込まれているから

4　人間は根本的な感情として、常に平和な国家や幸せで安穏な生活を求めるものであり、それを妨害するものは、排除される必要があるから

5　国家は、ある意味で戦争のための装置であり、もともと近代国家の政治の根底には、戦争が制度として組み込まれており、拒否する理由がないから

問3　[A]に入れるのに、最も適当なものを、次のなかから選び、その番号をマークせよ。

1　共存　　2　利害　　3　対立　　4　共犯　　5　相関

問4　傍線㋑に「文学的想像力」とあるが、筆者はそれをどのようなものと考えているか。その説明として、最も適当なものを、次のなかから選び、その番号をマークせよ。

1　軍人の粗雑な感受性の鈍さを、恥ずかしいものと感じる力

2　他者を自分の問題として、自分の身体の奥底から理解する力

3　戦争に巻き込まれざるを得ないことを、運命として感受する力

4　世界中で起きた戦争の悲劇や犯罪を、余すところなく描写する力

5　立場を変えても、人間への信頼を共有していることに感動する力

問5　本文の内容に合うものを、次のなかから一つ選び、その番号をマークせよ。

こそは、最強の理解となる。ここに立脚することの現実での難しさは言うまでもないが、文学という虚構のシステムこそはこの受け皿と成り得るのだ。文学と戦争は抜き差しならないほどの **A** 関係を結んでいる。しかし、それを打ち破っていく可能性もまた、文学にはあるのだ。

戦争を否定することによって欲望する平和は、時にはその戦争を生み出す原因へと変貌を遂げてしまうかもしれない。自らが立つ場所への根本的な疑義、あるいは自ら自身に内在化された「国民化」への疑惑なくして、恒常的に戦争を再生産するこのシステムには対抗できない。その㋑文学的想像力こそが、今ある思索の困難を照らし出していくことになるであろう。

（中川成美『戦争をよむ』による。なお一部を改めた）

注　ハンナ・アーレント＝一九〇六―一九七五。ドイツ出身の哲学者。
ヴァルター・ベンヤミン＝一八九二―一九四〇。ドイツの文芸批評家。
西川長夫＝一九三四―二〇一三。立命館大学名誉教授。比較文化・国民国家を論じた。

問1　次の一文は、本文〈 1 〉～〈 6 〉のどこに入れるのが最も適当か。その番号をマークせよ。

だが、この抜き差しならない戦争と文学、国家と文学の紐帯（ちゅうたい）を断つことに、文学が力を発揮してきたことにもまた、気づかなければならないだろう。

問2　傍線㋐に「それだけが戦争に参加する理由のすべてであろうか」とあるが、筆者がそう考える理由として、最も適当なものを、次のなかから選び、その番号をマークせよ。

1　戦争に勝利する歓喜、同胞を殺害した敵兵への憎悪など、人間的なメンタリティによって、国家への同一化が果たされているから

はいかに反戦を訴え、平和を求めたとしても、結果として平和な「国家」とか、幸せな「家庭」とか、安穏な「市民」生活とかに回帰・回収される限りにおいて、この国家と戦争、戦争と文学の関係は変わらない。近代国家は戦争を内包している。だから近代の文学には、事前的に近代の戦争が読み込まれている。それは近代の文学が、近代の国家が生み出した一つの制度だからだ。〈　5　〉

一九四二年六月一八日、日比谷公会堂で日本文学報国会発足式が挙行された。中野重治は失意の中でこの会に赴く。当時、体制的な作家だけではなく、彼のようなプロレタリア作家までもが糾合される対象となっていた。もちろん、入会しないという選択はありえた。だが、それを主張したからといって何になるというのか。国家の成員であるということは、このような決断を迫られるものなのである。〈　6　〉

そこで中野は、壇上に並ぶ徳田秋声と武者小路実篤が笑いをこらえるようにたじろいで、うつむき加減に顔を見合わせる一瞬をとらえる。当日の主賓である東條英機が「由来文芸の仕事は天才者の仕事で」と訓示した瞬間のことであった。秋声は小説部会長に就任しているし、武者小路の戦争詩は文学者の戦争協力として戦後厳しく追及された。その二人が期せずして、東條の野蛮とも言うべき文学への無理解に対して、苦笑という同じ行為を起こしたのだ。二人の微苦笑は、東條の単純な無知への軽蔑ばかりではなかったであろう。軍人の持つ粗雑な感受性の鈍さへ対する身も世もないような恥ずかしさが、この二人の老大家に襲いかかったのだ。それを見た中野は「かすかな幸福」を感じる。そこにあるのは文学が持つ力への信頼であったであろうことを、私は確信する。わずかな裂け目のようなところに立ち現れた光景は、人間への信頼でもある。その人間を描いていくために文学があることの確認が、この戦時体制下の三人の文学者に、何も語ることなく共有されたことに、ある種の感動がある。

中野は「肉感的」という言葉をよく使う。それはおそらくは自分の身体の奥底から、自分の問題として他者を理解することはできるかという問いなのであろう。国家や社会や状況の判断によって導き出す理解ではなく、自分の身を賭して共感する人間性

間に、日本は対外戦争を戦うまでになった。国木田独歩は、従軍記者となって戦時の兵隊たちの日常をレポートした。文学者たちが戦争に赴いて状況を報告するという「伝統」は、この時から始まったと言えよう。〈 3 〉

近代の文学が、このように戦争とリンクしてしまうことの根底にあるのは、近代国民国家の基本概念である「国民」にある。「国民」の総意によって保障される国家は、一方で「国民」における義務によって成立する。納税と兵役によって国家はその存立を確立するのだ。この価値の圏域に属する限り、近代国家の政治の根底に埋め込まれた戦争から逃れることなど到底無理である。戦争をめぐる世界の小説を読んでいくとき、そこに共通するのは、戦争へ赴くことを、「運命」として感受するメンタリティがあることである。愛国心に燃えていようが、いやいやながら徴兵されようが、基本的に戦争には行くものだという前提条件は崩れない。もちろん、法律として徴兵忌避は重罪となっており、社会的にも制裁があるということは、戦争に行く理由となる。だが、(ア)それだけが戦争に参加する理由のすべてであろうか。〈 4 〉

西川長夫は「もし国家が戦争のための装置」であるとしたら、その国家の一つの制度となっている文学も無縁ではなく、「文学も文学者も初めから、すでに常に戦争にまきこまれている」と、近代の戦争と文学の関係について述べた。国家が要請するナショナリズムは、教育やメディアのなかで繰り返し教え込まれることによって、ほとんど自らの血肉となって、そのこと自体が異様なこととも思わなくなる。格段のナショナリストでなくとも、サッカーやオリンピックで自国の選手を応援し、国旗が掲揚されれば思わず粛々と見守ってしまうメンタリティは、教化された結果だけではなく、それを受け入れたいとどこかで願う欲動と直結して、身体的な経験として国家への同一化を果たす。戦争が勝利に終わったときの歓喜に満ちた興奮、外国の戦地で自国に似た風土に偶然に出合ったとき感じる郷愁、敵国の兵によって殺された同胞への哀惜と敵への憎しみなど、世界中あらゆるところで語られ描かれてきた戦争の描写を思い出してみれば、そうした感情の持ち方が決して特殊なものではなく、人間的な感受性として認知されてきたことが了解されよう。そしてそれらの感情は、文学が戦争を語るために用いられてきたのである。それ

めに新たな暴力を強制する。一般兵役義務はまさしくその暴力であると言う。「ミリタリズムは、暴力を国家目的のための手段として、全面的に適用することを強制する」とは、国民の個人レベルではいっさいの暴力を警察力などで奪い取りながら、一方に法の名のもとに〈暴力を強制する戦争〉を国民に強要して、なおその法維持を要請する矛盾を告発する言葉であり、疲弊したドイツの戦後に暮らす青年が発する戦争忌避への呼びかけだ。文学は、その言葉や呼びかけを具体的なものとしていく、もっとも適切な装置である。だから近代以降の文学は、より過大な責務を背負わされたとも言える。一見、戦争とは関係もないところに、実は戦争の根となるものが秘匿されていることまでも、見つめ、語らなければならないからだ。戦争が、自分の幸福な家庭を守りたいという願いや、快適な日常生活を求める心から発生してしまう矛盾を描くために、文学は前近代の語りから離れ、新たな語りの技法を見出さねばならなかった。その過程こそが、近代文学の歴史であったとも言えよう。〈　1　〉

西欧に近代国民国家が成立するのは、一八世紀から一九世紀にかけてであるが、ナポレオン戦争（一七九六―一八一五）は、その礎を築くための戦争であった。ヨーロッパ全土は戦火に見舞われ、スタンダールは『パルムの僧院』（一八三九）を著し、レフ・トルストイは『戦争と平和』（一八六五―一八六九）で、この戦争のあらゆる側面を活写した。一八四八年革命（諸国民の春）は、ヨーロッパにおける国民国家体制が樹立された瞬間とも言えよう。これはたちまちのうちに世界に波及した。国民国家とは、「国民主権」を標榜（ひょうぼう）する限りにおいて、王政でも共和政でも共産国家であったとしても、樹立することが可能だ。こうした汎用性に加えて、「国民」という名によって統合された人々が持たされるナショナリズムは、国家の管理機能にとって都合よく、特に軍隊の徴兵において有力な資源となる。国民主権とは、命が国家に担保されることでもある。〈　2　〉

一九世紀に世界に国民国家が次々と誕生したのは、その背景に植民地主義による西欧列強の非西欧圏への侵略があった。日本も、この潮流の中で明治維新を迎え、かろうじて独立国家の体裁を整えて、世界デビューした。一八七二年の学制発布と、翌年の徴兵令は、国民国家の枢要な条件である、教育と軍隊からの国民化の第一歩であった。そしてそれからわずか三〇年足らずの

二　次の文章を読んで、問いに答えよ。

『イーリアス』『オデュッセイア』や『古事記』を引くまでもなく、文学はその始まりから戦争を描いてきた。戦(いくさ)は人々の感情に直接的に語りかける。そこには漲(みなぎ)る勇気、正義への興奮、奉仕する満足などが混ざり合って、昂揚(こうよう)感や充実感に満たされ、緊張に満ちた異空間が現出するのである。しかし、戦争が終わり、打ち壊された家や町、荒らされた畑や牧場を過ぎ、家族や親しき人々との永遠の別れに逢着して、初めて人間は、人間性そのものへの懐疑へと導かれていく。勝利しても、敗北しても、残された者たちは、否が応でも絶望と虚無の淵(ふち)へ向かい合わなければならない。戦争はこうして人間の内面へと踏み入り、複雑に絡まりあった様々な感情を、語り出させていくのだ。もし文学が、人間を語る容れ物だとしたら、まさしく文学は戦争とともに歩んだのである。

しかし、近代以降の戦争は、そのような「叙事詩的」、あるいは「牧歌的」な語りを超えてしまった。政治思想史のハンナ・アーレントは、国家の独立が国民国家の最大存立条件である限り、戦争に取って代わるものが現れることなど考えられないと断じた。アーレントは明晰に「戦争こそが社会システムの基礎なのであって、そのなかで他の第二次的な社会組織が抗争したり共謀したりしているのだ」と言っている。戦争そのものが政治の基礎となって諸状況をつくっている以上、戦争は国際政治に組み込まれていると、アーレントは主張した。国家の存立を第一義にするのは、自由や独立を望むからだと説明される。だが、それは国民という共同体を維持していくために、他の国民や民族を暴力的に抑圧するとも言い換えられる。幸福になりたいと素朴に思う欲望は、玉突きのように不幸を他者に送り付ける。戦争はまさしくそうやって送り付けられた不幸の連鎖によって勃発する。しかも、その最大受益者である国民もまた、戦時下には様々な権利を剝奪されて、自由を抑圧されていくのだ。

第一次大戦直後、ドイツのヴァルター・ベンヤミンは、「戦争の暴力」には、「法を措定する性格が付随」していると書いている。他国から受けるであろう暴力への予感は怖れとなって、法をつくらずにはいられなくなる。法をつくればそれを維持するた

地にある程度滞在すれば理解できるのに対して、第三部は「心」の問題であるので他者は採集も観察も不可能であり、「同郷人」が心の中で「心意現象」を観察するしか方法がないこと

問8　[B]・[C]に入れるのに、最も適当な語を、次のなかからそれぞれ選び、その番号をマークせよ。

1　目　2　品　3　口　4　物　5　手　6　足

問9　本文の内容に合うものを、次のなかから一つ選び、その番号をマークせよ。

1　後世に伝わる資料としては、文字・モノ・記憶の三種に大別できるが、民俗学の「普通の人々」の「日々の暮らし」を考えるという目的からいうと文字資料が最適である。

2　柳田國男は、一揆に荒れ狂う近世農民という農民像は、その時代の支配階級が自分たちだけが読み書きできるのを幸いに事実を曲げてつくり出したものだと強く批判した。

3　私たちの「日々の暮らし」は、朝起きてから寝るまで無数の作法の組み合わせで成り立っており、当たり前の動作もその行為の背景には生物学的本能がかいま見えている。

4　柳田國男は、『蝸牛考』で「カタツムリ」を日本各地でどう呼んでいるかを調査して、その分布結果から京都に近いところほど古い言葉が残っていることを証明した。

5　「夜、爪を切ってはいけない」というのは「禁忌」という俗信もしくは心意現象であり、その土地で禁じられている行為であるので絶対に守らなければならない約束事である。

6　「民俗資料」とは私たちの暮らしそのものであるが、それを目・耳・心意の働きを中心にその土地と人との距離のありようでとらえたのが「三部分類」である。

問10　柳田國男の著作を、次のなかから一つ選び、その番号をマークせよ。

1　海上の道　2　高野聖　3　風の又三郎　4　武蔵野　5　夜明け前　6　無常といふ事

問7 傍線㋒に「心意の問題はこの両者に比してなお面倒である」とあるが、その説明として、最も適当なものを、次のなかから選び、その番号をマークせよ。

1　第一部の「有形文化」は旅人学とも呼ばれ通りすがりの者でも簡単に理解できるものであり、第二部の「言語芸術」は口碑と名付けられているように耳によって誰でも採集できるのに対して、第三部は「心」の問題であるので当事者しか理解できず主観的になり学問的な客観性に欠けてしまうということ

2　第一部は民俗資料の採訪の基本で目の働きを重視したものであり、第二部は目の次に重要視されている耳を働かせたものであるのに対して、第三部は「禁忌」に象徴されるように不発言・不行為の「心意現象」を観察するため目と耳の働きに加え心の働きを同郷人どうしで確認しなければならないこと

3　第一部の「有形文化」とは村落や衣服などわれわれの生活に現れてくるので意識しなくても採集でき、第二部の「言語芸術」はその土地の同国人であれば誰でも理解できるのに対して、第三部は「心意現象」の問題であり同郷人でなければ理解できず郷土研究の意義の根本とも考えられているということ

4　第一部は体碑と呼ばれ「暮らし」に刻み込まれて他者も容易に観察できるもので、第二部は口碑と名付けられているようにその土地の言語が無意識のうちにしみ出てくるもので理解しやすいのに対して、第三部は心碑であり、各自の心の中にしまい込まれた「心意現象」であるので確認する方法がないこと

5　第一部は旅人学でその土地に定着しなくても採集できる民俗資料であり、第二部は寄寓者の学と名付けられるようにその土地に溶け込み方言の機微を完全に理解することで採集できる資料であるのに対して、第三部はいわゆる俗信なども含まれ同郷人でなければ理解ができない「心意現象」であること

6　第一部の「有形文化」は物体として目に見える存在なので誰にでも採集が可能であり、第二部の「言語芸術」はその土

問4　傍線㋐に「柳田國男は、これに『否』と答えたのである」とあるが、その理由として、最も適当なものを、次のなかから選び、その番号をマークせよ。

1　文字資料はリテラシーのある者だけが書き記し伝承できるものであり、庶民が自身の生活を記録することは困難なことから、日常生活のリアルな再現ができないという制約があるから

2　文字資料は「普通の人々」の「日々の暮らし」の断片を写してはいるが、それは文字資料というフィルターを通した姿に過ぎず、全体像を把握するためには複数の文字資料が必要になるから

3　文字資料は基本的に歴史学で取り扱われる資料であり、近世の農民が「風水虫害」などで苦しみ一揆を起こすような「特別の出来事」を知るには最適だが、普通の暮らしのありようを窺(うかが)うことはできないから

4　文字資料は過去を知るための素材としては適したものであるが、その書き手は文字を読み書きできる支配階層にほぼ限定されており、必然的に彼らの意識が色濃く反映したものとならざるを得ないから

5　文字資料は私たちの生活を一〇〇年後に伝えることが可能であるという点で優れているが、過去の文字資料は書き手が上流階層であったり、資料が断片的で不完全なものと言わざるを得ないから

問5　[A]に入れるのに、最も適当なものを、次のなかから選び、その番号をマークせよ。

1　未来への指向　　2　文化的特異性　　3　歴史的深度
4　将来への展望　　5　過去への退行　　6　資料的可能性

問6　傍線㋑に「『歴史』を一体どうやって引き出すのか」とあるが、柳田國男はどのような方法でそれを可能にしたか。最も適当な部分を、解答欄に合うように本文中から二十二字で抜き出して、始めと終わりの五字を書け。

〔解答欄〕□□□□□～□□□□□方法

きた④トタン、学問的厳密さから遠ざかるように感じる向きもあるかもしれないが、ここで論じられているのは、あくまでサンプリングの技術的課題である。

どういうことか。たとえば、心意現象の一つに「禁忌」というものがある。「夜、爪を切ってはいけない」「山で『狼』と言ってはいけない」など、行為や発言の禁止という形で伝えられる民俗資料のことだ。これが一体いかにして観察・採集されるのか。というのも、モノや行為として可視化されるものなら、目によって採集されるが、「○○してはいけない」という不行為は、そのような観察ができない。口から語られる言葉なら、耳によって採集されるが、「○○と言ってはいけない」という不発言は、そのような聴取ができない。禁忌という営みは、行為で示されず、言葉でも語られないため、目や耳によるサンプリングが不可能なのだ。

では、これを一体誰が観察できるのか、というと、それは「○○してはいけない」「○○と言ってはいけない」と心の中で感じている当事者その人にほかならない。心に刻まれた民俗資料である「心意現象」は、それを心の中で感じて観察するほかなく、それができるのは当事者すなわち「同郷人」のみである、というわけだ。

このように、「民俗資料」すなわち私たちの日々の暮らしそのものを、その存在形態、感覚器官、採集主体の関連性に即して三つに大別し、データ収集のためのガイドラインとしたのが「三部分類」なのである。

（菊地暁『民俗学入門』による。なお一部を改めた）

問1　傍線①、④のカタカナを漢字に改めよ。楷書で正確に書くこと。

問2　傍線②、③の読み方をひらがなで書け。

問3　次の一文は、本文中の〈　1　〉～〈　6　〉のどこに入れるのが最も適当か。その番号をマークせよ。

ここで見いだされたのが「民俗資料」である。

柳田國男は、その方法論を開示した『民間伝承論』(一九三四年)において、次のように述べている。

自分はごく自然な順序に従うて案を立ててみた。すなわちまず目に映ずる資料を第一部とし、耳に聞える言語資料を第二部に置き、最も微妙な心意感覚に訴えて始めて理解できるものを第三部に入れるのである。目は採訪の最初から働き、遠くからも活動し得る。村落・住家・衣服、その他我々の研究資料で目によって採集せられるものははなはだ多い。目の次に働くのは耳であるが、これを働かせるには近よって行く必要がある。(ウ)心意の問題はこの両者に比してなお面倒である。自分は第一部を洒落(しゃれ)て旅人学と呼んでもよいといっている。通りすがりの旅人でも採集できる部門だからである。これに倣(なろ)うて第二部を寄寓者(きぐうしゃ)の学、第三部を同郷人の学ともいう。また第二部が口碑(こうひ)という語に当るところから第一部を体碑(たいひ)、第三部を心碑(しんひ)と呼んでもよいと思う。かく種々の名辞を附することができるが、各部をそれぞれその内容から考察することは必要なことである。第一部は、目に映じ、生活に現われる点から、有形文化とも生活技術誌あるいは生活諸相ともいい得る。[…]第二部は言語芸術あるいは口承文芸のすべてを網羅する。これは目の学問と違い、土地にある程度まで滞在して、その土地の言語に通じなければ理解できない部門である。[…]第三部にはいわゆる俗信なども含まれており、これは同郷人・同国人でなければ理解のできぬ部分で、自分が郷土研究の意義の根本はここにあるとしているところのものである。

ほぼ同じ内容を［　B　］を替え［　C　］を替え説明しているわけだが、整理すると以下のようになる。

第一部「有形文化」は、日々の暮らしの物質的な側面であり、物体として可視的に存在する故に、目によって観察され、旅人すなわち誰にでも採集が可能である。第二部「言語芸術」は、暮らしの中にある言葉の営みであり、口から語られ耳で聴きとられるものであるため、寄寓者すなわち当該言語理解者によって採集されなければならない。ここまでは、容易に了解されるだろう。

問題は、第三部「心意現象」である。心に刻まれ心で感じる資料、とは一体どういうことだろうか。「心」という言葉が出て

か、という難題である。なんとなれば、私たちに「歴史」が刻み込まれていようが、そのふるまいはどこまでも「現在」に属しているからだ。〈 6 〉

柳田國男は、その読み解きの可能性を『蝸牛考』（一九三〇年）で鮮やかに提示した。「蝸牛」とは、「♪デンデンムシムシ、カタツムリ」のカタツムリのこと。柳田は、このカタツムリを何と呼ぶか、全国各地の報告を取り集めて検討した。その結果、歴史的に日本文化の中心である京都とその周辺では「デンデンムシ（デデムシ）」が主流だが、東西にやや離れていくと「マイマイ」が、さらに離れていくと「カタツムリ」が、さらに離れていくと「ツブリ」が、最後に、東北のはしと南西のはしにいくと「ナメクジ」が用いられている、という分布傾向を見出した。そして柳田はいう。「若し日本が此様な細長い島で無かったら、方言は大凡近畿をぶんまわし［コンパス］の中心として、段々に幾つかの圏を描いたことであろう」（『蝸牛考（二）』一九二七年）。カタツムリの方言分布は、京都を中心とした同心円と見なし得るわけであり、そこから、水の波紋が中心から周辺へ広がっていく様になぞらえ、中心部がより新しく、周辺がより古いという時代差を読み取ることが可能となる。空間的差異から時間的経過を捉えることも不可能ではないわけだ。

「民俗資料」は、それ自体はどこまでも「現在」に属するものでありながら、必ず「歴史」が刻み込まれており、そして、その「歴史」は単体からは不可視だが、大量の比較を通じて空間差から時間差を抽出することが可能となる。ここに、「特別な人々」の「特別な出来事」の記録たる文字資料の不完全性を補完し得る、「普通の人々」の「日々の暮らし」そのものである「民俗資料」、すなわち、「私（たち）という資料」の可能性が立ち上がるわけだ。

単体からは見えない歴史を、膨大なデータの比較から可視化させる。民俗学という企図にとって、「比較」は不可避の手続きであり、その適切な遂行のためには、「採集」すなわちデータ・サンプリングは、学の根幹に関わる重要課題となる。サンプルに問題があると、それに基づく比較操作、そこから得られる分析結果が覚束ないものとなってしまう。そうした事態を避けるべく、資料の性質に相応しいサンプリング・メソッドとして提起されたのが、「三部分類」とよばれる民俗資料の分類法だ。

関心は年貢がきちんと上がってくること、もし何かアクシデントが生ずると、やれ「一揆嗷訴」だ「風水虫害」だと、大慌てで収入の危機を文字に記すこととなる。こうして残された文字資料から、「天災に苦しみ、一揆に荒れ狂う」農民像が出来上がる。しかしそれは、文字資料というフィルターを通した近世農民の一側面に過ぎず、その全体像ではない。なるほど文字は便利ではあるが、「特別な人々」による「特別な出来事」の記録という本質的制約をはらみ、ゆえに「普通の人々」の「日々の暮らし」を解き明かすリソースとしては、不完全といわざるをえないのだ。

「文字資料」だけに頼ることは限界がある。ならば、その限界を突破するために、新たな資料の沃野③が切り拓(ひら)かれなければなるまい。〈　4　〉それは何か。「普通の人々」の「日々の暮らし」そのものであり、極論すれば、そうした暮らしを営む私（たち）自身のことだ。

なにゆえ私たちが「資料」なのか。順を追って説明しよう。私たちは「日々の暮らし」を営んでいる。この日常生活は、無数の作法の組み合わせで出来上がっている。朝起きて、顔を洗って、歯をみがいて服を着る。こうした一連のふるまいは生物学的本能ではなく、後天的学習によって獲得される。しかも、こうした所作は、いま現在の行為でありながら、確実に「 A 」を有している。たとえば、「箸を使う」という日々繰り返す当たり前の所作も、決して今この瞬間に自ら発明したものではなく、周囲の年長者たちに教えられたものであり、その年長者たちもそのまた年長者たちに教えられたものであり、という具合に、はるか以前に遡ることができる。言葉もそうだ。〈　5　〉私たちは、いまこの瞬間に語りながらも、その大部分は自分ではない過去の人々が作り、使い、伝えてきたものだ。このように、私たちの日々のふるまいは、いま現在の出来事でありながら、本当に自らの発明発見である部分はごくわずかで、その大部分を過去の人々に依拠している。私たち自身が「歴史」を宿した「資料」であるというのは、このような意味においてのことだ。

ここで厄介なのが、私たちに「歴史」が刻み込まれているというのは良いとして、その①「歴史」を一体どうやって引き出すの

残っているというのは十分にありそうなことである。未来に伝えられる資料として、文字(記号)は第一に①オすべきものだ。

だが、それだけではない。私たちが使っている道具、施設といったモノも、私たちの生活を後世に伝える手がかりとなる。ほかにも、人々の脳裏に刻み込まれた記憶も、一〇〇年後に伝わるかもしれない。たとえ一人の人間が直接伝えることが困難でも、親から子へ、子から孫へと世代を超えて受け継がれ、後の世に伝えることが可能である。〈 1 〉

まとめると、時を超えて伝わる資料は、文字(記号)、モノ、(身体的)記憶の三種に大別できる。さらに先を急ぐと、文字(記号)を扱うのが文献史学(歴史学)、モノを扱うのが考古学、(身体的)記憶を扱うのが民俗学、ということもできる。

さてそれでは、さまざまな資料のうち、「普通の人々」の「日々の暮らし」を考えるのにふさわしいのはどれか、ということが問題となる。通常、歴史を調べる際に用いられるのは、史料すなわち文字資料だろう。なるほど文字資料は、文字を読むことで過去の出来事を知ることができ、しかも、往々にして年月日まで記され、過去を知るにはすこぶる便利な素材である。

〈 2 〉歴史学が実質的に文献史学すなわち文字資料の学であることも、故なきことではない。

だが、本当にそれだけで良いのか。そこから「普通の人々」の「日々の暮らし」を辿(たど)ることができるのか、というのがここでの問いだ。そして㋐柳田國男は、これに「否」と答えたのである。

「愛すべきわが邦(くに)の農民の歴史を、ただ一揆嗷訴(いっきごうそ)と風水虫害等の連続のごとくしてしまったのは、遠慮なく言うならば記録文書主義の罪である」(『国史と民俗学』一九四四年)。柳田はそう②喝破した。「天災に苦しみ、一揆に荒れ狂う」という農民像は、あくまで文字資料の産物に過ぎない。なぜか。文字は、リテラシーすなわち文字を読み書きする能力のある者のみが残せる資料であり、その能力は時代を遡れば遡るほど「特別な人々」に限られていく。しかも、書き記される内容は、当たり前に繰り返される「日々の暮らし」よりも、書き残そうとする意志のはたらく「特別な出来事」に傾いていく。〈 3 〉

農民像に即していうと、近世の農民について書き残すのは読み書き能力を有する支配階層がほとんどで、彼らにとって最大の

国語

（八〇分）

解答に字数制限がある場合には、句読点・カッコも一マスとすること。
受験学部・受験方式によって、解答すべき問題を指定しているので注意すること。

方式	学部	解答問題
全学統一方式（文系）	文学部以外	一　二　三
	文学部※	一　二　三　または　一　三　四
前期方式	ＡＰＵ	一　二　三

※文学部は二（現代文）と四（漢文）が選択問題。両方とも解答した場合は高得点の方を採用。

一　次の文章を読んで、問いに答えよ。

「普通の人々」の「日々の暮らし」、その来し方行く末を考えるのが民俗学の目的だとして、それはどのような対象に拠（よ）るべきだろうか。

試みに、いま、ここに生きている私たちの日々の暮らしが、一〇〇年後にどのような形で残されているのか、想像してみよう。まず、私たち自身が書き残した文字、私たちをめぐって書き記された文字（戸籍や成績表や源泉徴収票やら）が一〇〇年後も

解答編

英語

I **解答** 〔１〕 (A)―(4)　(B)―(3)　(C)―(1)　(D)―(3)
〔２〕 (1)―１　(2)―２　(3)―３　(4)―３　(5)―１
〔３〕―(2)

◆全　訳◆

≪アロラは開放型旅行会社の社長さん≫

５年ほど前に，誰をも受け入れる旅行会社を立ち上げたとき，ネハ=アロラ氏はことによると，世界で一番旅行したことのない旅行会社社主だったかもしれない。生まれ育ったインドで週末に数回旅をした以外，氏は家から遠いところに旅行したことはなかった。子どもの頃，アロラ氏は級友たちが家族で休暇に出かけ，帰宅して土産話をするのをじっと見つめていた。氏の外出は学校のピクニックか祖父母のところに遊びに行くかに限られていた。家族の休暇は現実的な選択肢だとは思えなかった。アロラ氏の父は目が不自由で，母は車椅子を使っているからである。

工学の学位課程を終えたあと，アロラ氏は首都ニューデリーに移り，電気通信会社に就職した。ついに 2009 年，家族で 10 日間のインド南部の旅をするのに十分な貯金ができた。お金で，両親が直面する旅行障壁を突破できたらいいと，氏は願った。それは間違っていた。「3,000 キロ以上旅をしても，そこには立ち入れないとか，期待していたような経験ができないということになってしまうのです」と，アロラ氏は語った。

そのインド南部の旅でとりわけ厄介な事件を経た後，両親は旅に見切りをつけてしまったので，アロラ氏は解決策を模索し始めた。障碍をもつ人々の役に立つのを専門にする旅行会社はあったけれど，その大半は一つだけの障碍に的を絞っていた。アロラ氏には，両親を連れて快適，安全に旅ができるようにしてくれるものは何も見つからなかった。「話をする人はますます増えていったのですが，その人たちは全く旅行しないか，同じような難題に直面しているかのどちらかでした」と，氏は語った。「自分で旅行会社を始めるしかなかったのです，旅をしようとすれば」

世界保健機関によれば，10億を超える人々，ということは世界の人口の約15％が，何らかの形の障碍とともに暮らしており，可動性や認知の問題から，視覚，聴覚に障碍があることにまで及ぶ。加えて，20億を超える人々が，連れ合い，子どもたち，世話をする人を含めて，誰かが障碍のあることで直接影響を受けている。にもかかわらず，誰もが，身体的な制約や，障碍，年齢にかかわらず，旅行施設やサービスをすべて利用することができる開放式観光は，一般的ではない。多くの障碍者にとって旅行は，難しいままである。利用しやすいサービスに関する情報がなく，差別があったり，必要を満たすホテルを見つけるのに手間がかかるためである。最近，一つの研究が明らかにしたのは，最高水準の居住環境整備がなされている国々，それは概ね最高水準の富裕度にある諸国であるが，そこでさえ，車椅子での利用のしやすさは，調査分析されたホテルの30％でしか得られず，触ってわかる掲示や音声ガイドといった居住環境整備がなされているのは，5％かそれに満たない事例だということだった。

アロラ氏はこの格差を早くから知っていたけれども，2016年になってはじめて，仕事を辞めて自分の会社を始める覚悟を決めたのであり，旅行をどんな障碍をもつ人にでも，もっと利用しやすくすることが目的であった。当初会社が提供したのは，ニューデリーでの日帰り旅行だったが，それ以降拡大を続け，欧州とアジア各地の40を超える目的地へ向けた開放型の団体旅行や特別仕様の旅を提供するまでになった。アロラ氏の旅行会社がどうして独特なのかといえば，それは，誰をも受け入れるかたちの経験が提供されるからである。「私たちは，様々な障碍をもつ人々と障碍のない人々を混ぜ合わせて，ともに旅してもらうのです」と，アロラ氏は語った。「だから，障碍はただの人間の特徴になるわけです。そんなものが，どのように旅をし，どこへ旅するかを決めたりはしないのですよ」

様々な障碍に対する居住環境整備を考慮することは，厄介なことになりかねないけれど，アロラ氏は自分のやり方が思いがけない驚きを生むと語る。ある旅行では，目の不自由な男の人がソフトウェアを作って，耳の不自由な女の人と交流し，他の人の手を借りたりはしなかった。別の旅行では，障碍のない観光客がアロラ氏に，自分は以前4回そこに来たことがあったけれど，今回は全く違って見えたと告げた。珍しいことではないのです，とアロラ氏は語る。たとえば，車椅子で行けるルートを計画したり，目の不自由な旅行者が団体にいるために触れて知るという経験を中心にしたりすることは，旅行者がそうなっていなければ見逃してしまいかねない細部を知る助けとなりうる。

同社の団体にいた人々は，旅行後も友人のままでいた。「ああ，この人も自分と同じなのだ，たまたま障碍があるだけなのだとわかるのです」と，アロラ氏は語り，ときには障碍のない旅行者が旅行後に，自分の職場をもっと障碍者に利用しやすくするにはどうすればいいかとか，障碍のある人を雇用するにはどうすればいいかといった問題を抱えて当社にやってくることもあると，言葉を継いだ。アロラ氏はまた，旅行をより包括的でアクセスしやすいものにする方法についてアドバイスを提供するために，政府，観光局，ホテル，NGOなどと相談して会社の範囲を拡大した。

実は，2020年の調査でわかったのだが，障碍者旅行市場は成長している。2018年から19年の間に，2,700万を超える障碍のある旅行者が，8,100万回旅行したのである。この顧客に応えるため，アロラ氏の会社はウェブサイトを作って，障碍者の利用しやすさにかかわる同社の情報が，より幅広く利用できるようにした。その結果，人々は独自の旅行計画を作ることができ，旅行会社に依存しなくなって，高くつくこともなくなりそうだ。お終いに，アロラ氏は，目的はあらゆる旅行会社と目的地が開放されることであり，そうなれば，自分の仕事は本当に不要になるだろうと語る。「最終的に，障碍者のための別の旅行会社は不要になります」と，アロラ氏は語った。「業界全体が誰をも受け入れるようになり，あらゆる人が旅行できるようにならないとね」

出典追記："I had to start a travel company to travel." Meet the woman making tourism more inclusive and accessible, Lonely Planet on December 3, 2021 by Juhie Bhatia

◀解　説▶

〔1〕 (A) 「なぜネハ=アロラ氏は旅行会社を始めそうにない人物だったのか」「会社を立ち上げそうにない理由」に関しては第1段第1文（When Neha Arora …）に「世界で一番旅行したことのない旅行会社社主」とある。選択肢はそれぞれ，

(1)「氏は南インドに行ったことがなかった」
(2)「氏は仕事でたっぷり稼いでいた」
(3)「氏の両親は氏の仕事の着想に賛成でなかった」
(4)「氏は地元外に，ほとんど行ったことがなかった」
の意味だから，正解は(4)だとわかる。

(B)「本文によれば，旅行が障碍者にとって不便である一つの理由とは何か」「不便な理由」に関しては第2段最終文（“You travel over …）に「そこには立ち入れないとか，期待していたような経験ができないということになってしまう」とある。選択肢はそれぞれ，
(1)「障碍者は付き添いする人とともに旅行しなければならない」
(2)「海外旅行をするのは，費用が高すぎる」
(3)「利用しやすい場所が十分にないので旅ができない」
(4)「場所を移動するごとに長時間かかる」
の意味だから，正解は(3)だとわかる。

(C)「アロラ氏の会社は他の旅行代理店とどう違うのか」「会社の違い」に関しては，第5段第3文（What makes Arora's …）に「アロラ氏の旅行会社がどうして独特なのかは，誰をも受け入れるかたちの経験が提供されるから」とある。第5段第1文（Although Arora saw …）末尾にも「旅行をどんな障碍をもつ人にでも，もっと利用しやすくする」とある。選択肢はそれぞれ，
(1)「その会社は，あらゆる人に役立ち，あらゆる人を歓迎する」
(2)「その会社は，障碍者を雇用する」
(3)「その会社は，旅行者に音声ガイドを提供する」
(4)「その会社は，とりわけ車椅子を利用する人に様々な旅行を提供する」
の意味だから，正解は(1)だとわかる。

(D)「アロラ氏の旅行会社の旅をした後，一部の人々は何をしてきたか」「旅行後の行動」に関しては終わりから2つ目の第7段第2文（“You realize, oh, …）に「自分の職場をもっと障碍者に利用しやすくするにはどうすればいいか…」などとある。選択肢はそれぞれ，
(1)「その人たちは，家族の高齢者にもっと旅するように奨励した」
(2)「その人たちは，同じ場所への旅を数回予約した」
(3)「その人たちは，自分の職場の多様性に関心をもつようになった」

(4)「その人たちは，地元で障碍者とともに進んで働くようになった」の意味だから，正解は(3)だと判断できる。

〔2〕(1)「既存の旅行会社はネハ=アロラ氏の両親の必要を満たしてくれなかったので，氏は自分で会社を立ち上げた」 第3段最終文（“I had to …）に「旅行会社を始めるしかなかったのです，旅をしようとすれば」とあるので，一致。

(2)「アロラ氏が自分の会社を立ち上げたとき，近場の目的地までの一泊旅行を提供した」 第5段第2文（Initially, the company …）に「当初，会社が提供したのは，ニューデリーでの日帰り旅行だった」とあるので，不一致。

(3)「会社を立ち上げた後で，アロラ氏は世界中に友人ができた」 第7段第1文（People in the …）に，同社のグループ旅行に参加した人々は，旅行後も友人のままでいた，とあるが，アロラ氏に世界中で友人ができたかについては，不明と言うしかない。

(4)「政府や観光センターはそのウェブサイトで氏の会社を推薦している」 最終段第3文（To serve these …）には「アロラ氏の会社はウェブサイトを作って，障碍者の利用しやすさにかかわる同社の情報が，より幅広く利用できるようにした」とあるだけで「政府などの活動」については，不明と言うしかない。

(5)「アロラ氏は将来，業界に変化が起きて，誰をも受け入れる旅行が一般的になればいいと望む」 最終段最終文（“You want the …）に「業界全体が誰をも受け入れるようになり，あらゆる人が旅行できるようにならないと」とあるので，一致。

〔3〕 本文は，「開放型旅行会社を立ち上げた人物の，障碍者と旅行業への貢献」が話題であった。選択肢はそれぞれ，

(1)「障碍をもつ旅行者専用の新会社」

(2)「観光を障碍者に利用しやすくしようとしている事業主」

(3)「障碍によって影響を受けている世界中の多数の人々」

(4)「利用可能な旅を必要とする障碍をもつ旅行者の増加」

(5)「テクノロジーを使ってインドにプラスの変化を生み出す旅行会社」

の意味だから，正解は(2)だと判断できる。

Ⅱ 解答

〔1〕 (A)—(3) (B)—(4) (C)—(3) (D)—(2) (E)—(2) (F)—(3) (G)—(2) (H)—(1)

〔2〕 ㋐—(3) ㋑—(3) ㋒—(2) ㋓—(2) ㋔—(3)

◆全 訳◆

≪赤ん坊にはあるがコンピュータにはないもの≫

科学技術の躍進によって，機械が私たちの声を識別して反応したり，顔を確認したり，違う言語で書かれた文を翻訳することさえ可能となった。しかし，こうした前進に注がれた研究資金すべてをもってしても，人工知能はいまだに新しい状況にすぐに対処することはできないし，自然言語を理解することも制限があるままである。心理学者のリンダ=B.スミス先生は，機械学習がこうした弱点を克服するには，赤ん坊と幼児の学習過程を模倣すればよいだろうと考えている。

では，子どもにあって，コンピュータにはないものは何だろう？ スミス先生は，人間の視覚学習の複雑な性質のおかげで，赤ん坊が物の名前や分類を，これまで人工知能の世界では達成できなかったやり方で，理解できるようになる様子を説明した。説明のために，先生は2歳児が初めて畑でトラクターが動いているのを目にする例を使った。「子どもがそのトラクターが動くのを見て，『トラクターだ』と繰り返し言われれば，おそらくは，それ以後，この2歳児はすべての種類のトラクターを識別できるようになるけれど，戦車やクレーンがトラクターだとは思わなくなるでしょう」と，先生は語った。児童心理学では，この現象は，形バイアスとして知られており，物に関する情報を，その色，大きさ，その他の物理的な特徴ではなく，形によって一般化する傾向をいう。機械学習の研究領域では，これはワンショットカテゴリー学習と呼ばれ，あるカテゴリーのただ一つの例についての情報を取り入れ，それをカテゴリー全体に推定して当てはめる能力のことである。もっとも，機械はまだそれができないでいるのだけれど。子どもは，この能力を生まれつきもっているわけではない。子どもはそれを生後30カ月以内に学習する。スミス先生は，形バイアスが通常の予想より6～10カ月早めに出現するように促す研修を調査する研究者の一人である。

初期の言語発達の探査は，スミス先生の説明では，学習過程の2つの部分を中心にする。それは，訓練データと学習を行う仕組みである。言語発達と物体学習を調べる著名な手法の一つは，赤ん坊の頭に装着したビデオカメラを使って，運動センサーを用いてその子の目の動きを追尾し，その子が実際に何を見ているかの生映像を記録する手法である。反対に，機械学習に使う訓練映像は，自然に生じた場面ではなく大人が撮影した写真である。「視覚的なカテゴリー学習が赤ん坊に生じる場合の経験は，コンピュータの視力を鍛えるために機械学習で使われている経験とは根本的に違っているのです」と，スミス先生は語った。そうした差異は，先生の言うことには，人間の視覚システムがなぜそれほどに高度なのか，赤ん坊がなぜ「一つの試行で物体の名称を学習できる」のかを説明するのに役立つかもしれない。

スミス先生の企画により，これまでに収集されたデータは，赤ん坊が大量の情報をほんのいくつかの顔，物体，カテゴリーに基づいて学習し，その学習は，様々な時点で変化することを示している。赤ん坊は，どのように自分の身体を動かしたり，配置したりするかに基づいて，学習用の独自のデータを生み出す。生後わずか数カ月間，自分の頭や体をほとんど操れないとき，赤ん坊は主に，自分の保護者の顔を見ている。しかし，一歳の誕生日が近づくにつれ，赤ん坊は手や物体のほうに関心を多く寄せるようになる。

研究者は食事の場面の時間に観察の中心を置いたと，スミス先生は説明した。「私たちは，食物や料理が含まれていれば，どんな出来事も食事時間とみなしたのです」 たとえば，食事時間には，犬が食物やシリアルを床で食べている場合も入っていた。大半の場面は雑然としていたとはいえ，いくつかの物体，たとえば，椅子やスプーン，ビンといった物は，子どもの視覚経験の最もありふれた品目であった。また，こうした手法によって，研究者はいつ子どもが物体のカテゴリーや個々の物体の名前を学習するかを確認することができた。結果は，子どもたちが最初に学習する名詞は，最も頻繁に目にした物体が中心だということだった。「このことが私たちに示唆しているのは，視覚的な浸透度は，来る日も来る日も，毎時間毎時間，幾多の多様な観点から生じるわけですが，それ自体が物体に関する視覚学習や，雑然とした部屋の中で物を見つけること，強力な視覚的な記憶を構築して，ついにはそれらと結びつく単語を獲得することにとって，決定的に重要であるかもしれないということなのです」と，スミス先生は語った。

先生の実験は，どのように赤ん坊の視覚経験が，時が経つにつれ変化していくのかや，物体を手の動きに従わせることが物体名の学習にどう影響するのかをも検証する。赤ん坊が一歳の誕生日に近づく頃までには，自分が目にしている物を手で触れることによって操り始め，ただ見ているだけではなくなる。「物を手で持ったり，目を向けたり，親がそれに名前をつけることによって，幼児はその場面で目につく一つ一つの物の具体的な映像を作り出すのです」と，スミス先生は語った。「親がそうした具体的な時点で物体に名付けると，その子は物体名を学習する可能性がはるかに大きくなるのです」 スミス先生の研究は今，文化や社会経済学が，こうした過程に果たす役割を検証している。

その研究によってスミス先生は，機械に赤ん坊の視覚映像を与えさえすれば，ワンショットカテゴリー学習を実際にするようになるかもしれないと確信するようになった。環境と視覚経験の役割を理解することは，新たな教育的介入に結びつき，学習に問題のある事態を抱える子どものためになる。そうした事態は言語と視覚学習に困難があることと関連しているからである。

◀解　説▶

〔1〕 (A)　空所を含む部分は「機械学習がこうした弱点を克服するには，赤ん坊と幼児の学習過程を（　　　）すればよいだろう」の意。空所部分には「取り入れる」といった意味の語が入ると読み取れる。選択肢はそれぞれ，(1)「変える」，(2)「支配する」，(3)「模倣する」，(4)「却下する」の意であるから，それに最も近いのは(3)である。

(B)　空所を含む部分は「(　　　)，先生は2歳児が初めて畑でトラクターが動いているのを目にする例を使った」の意。「例を挙げる」のは，例を挙げて論旨をわかりやすく説明するためであることが普通。選択肢はそれぞれ，(1)「結果を聞くやいなや」，(2)「再び」，(3)「同じく」，(4)「説明するために」の意であるから，そのような意味になっているのは(4)である。

(C)　空所を含む部分は「(子どもがそのトラクターが動くのを見て，『トラクターだ』と繰り返し言われれば，) それ以後，この2歳児はすべての種類のトラクターを（　　　）できるようになる」の意だから，空所には「認識できる」といった語が入るとわかる。選択肢はそれぞれ，(1)「混同する」，(2)「忘れる」，(3)「識別する」，(4)「要求する」の意であるから，正解は(3)に決まる。

(D) 空所を含む部分は「形バイアスが通常の予想より6～10カ月早めに(　　)するように促す」の意。スミス先生は，学習がどう形成されるかの研究をしているのだから，空所には「生じる」といった意味の語が入ると判断できる。選択肢はそれぞれ，(1)「休止する」，(2)「出現する」，(3)「消え失せる」，(4)「回帰する」の意であるから，正解は(2)だとわかる。

(E) 空所は，その前後の2文がどのような関係でつながっているかを示す語句が入る。前方には「子の目の動きを追尾し，その子が実際に何を見ているかの生映像を記録する」という赤ん坊の学習を調べる手法が記述され，後方には「自然に生じた場面ではなく大人が撮影した写真」を用いる機械学習の手法が提示されている。それらの関係は，「対照」である。選択肢はそれぞれ，(1)「加えて」，(2)「反対に」，(3)「代わりに」，(4)「実は」の意であるから，「対照」を示す(2)が正解。

(F) 空所を含む部分は「赤ん坊は，どのように自分の身体を動かしたり，配置したりするかに基づいて，学習用の独自のデータを(　　)する」の意。空所には「作成する」といった意味の語が入ると読み取れる。選択肢はそれぞれ，(1)「妥協する」，(2)「疑う」，(3)「生み出す」，(4)「無視する」の意であるから，正解は(3)だとわかる。

(G) 空所を含む部分は「赤ん坊が目にしている物を，物体を(　　)することによって操り始め，ただ見ているだけではなくなる」の意。空所には「いじる」といった意味の語を入れれば文意が通る。選択肢はそれぞれ，(1)「食べる」，(2)「手で触れる」，(3)「空想する」，(4)「欲する」の意であるから，正解は(2)に決まる。

(H) 空所を含む部分は「スミス先生は，機械に赤ん坊の視覚映像を与えさえすれば，ワンショットカテゴリー学習を実際にするようになるかもしれないと(　　)する」の意。よって，空所には「考える」といった意味の語が入ると読み取れる。選択肢はそれぞれ，(1)「確信する」，(2)「という可能性で混乱している」，(3)「という考えで打ちひしがれている」，(4)「かどうか確信がない」の意であるから，正解は(1)に決まる。

〔2〕 ㋐ 該当部分は「この能力」という意味だから，下線部㋐の指示対象は直前の第2段第5・6文（In child psychology, … mastered this yet.）に述べられた子どもに関する「形バイアス」，すなわち「物に関する情報を，その色，大きさ，その他の物理的な特徴ではなく，形によって一般化する能力」であるとわかる。選択肢はそれぞれ，

(1)「顔を識別する技能」
(2)「物の名前を連呼する技能」
(3)「物理的形態に基づいて物を分類する技能」
(4)「色彩や大きさを考慮に入れて物を分類する技能」

という意味。よって，これらの中で上記の内容に最もふさわしいものは(3)だとわかる。

㋑　該当部分は「そうした差異」という意味だから，下線部㋑の指示対象は直前の第3段第4文（“The experience on …）に記述された「赤ん坊と機械の間の学習経験の差異」だと読める。選択肢はそれぞれ，

(1)「訓練データと学習メカニズムの異なる側面」
(2)「幼児が目にしている物を処理する様々な手法」
(3)「幼児と機械の学習メカニズムの差異」
(4)「幼児と大人が用いる人間の視覚システムの間の差異」

という意味。よって，これらの中で上記の内容に最もふさわしいものは(3)だとわかる。

㋒　該当部分は「こうした手法によって」という意味。よって，下線部㋒の指示対象は第5段第1～4文（The researchers focused … child's visual experience.）の「食事関連の時間を観察の中心とする手法」であるとわかる。選択肢はそれぞれ，

(1)「いつ犬が床で食事をするかを観察することによって」
(2)「どの食事関連品目が規則的に出現するかを観察することによって」
(3)「どれだけの混乱を幼児が食事時に引き起こすかを確認することによって」
(4)「どんな種類の食品や飲料を幼児が一番喜ぶかを確認することによって」

という意味。これらの中で上記の理解に最もふさわしいのは(2)である。

㋓　下線部㋓の指示対象は，直前の第5段第6文（Results showed that …）に記述された「子どもたちが最初に学習する名詞は，最も頻繁に目にした物体が中心だということ」である。選択肢はそれぞれ，

⑴「子どもたちが名詞を最初に耳にすること」
⑵「子どもたちが最もよく目にした物を学習すること」
⑶「子どもたちが雑然とした部屋で混乱していること」
⑷「子どもたちが食事時間の頻度を理解すること」
という意味。よって，これらの中で上記の内容に合致しているのは⑵だとわかる。

㋔　該当部分の指示対象は，直前の第6段第1～4文（Her experiments also … the object name."）に述べられた「幼児が物体名を学習する過程」であると読み取れる。選択肢はそれぞれ，
⑴「機械学習の開発」
⑵「どの具体的時点に集中すればよいかを決めること」
⑶「どのように子どもたちが物と触れ合うことによって名称を学習するかということ」
⑷「『ワンショット』カテゴリーから視覚的なカテゴリー学習へと進歩すること」
という意味。よって，これらの中で上記の内容に最もふさわしいのは⑶である。

Ⅲ　解答

〔1〕　㋐―⑴　㋑―⑵　㋒―⑽　㋓―⑻
〔2〕　㋕―⑻　㋖―⑸　㋗―⑵　㋘―⑶

◆全　訳◆

〔1〕　≪病院で≫

A：「こんにちは，この病院の夏期ボランティア事業に応募しようかと思っているんですが」

B：「ありがたいです。新たなボランティアの方をいつも募集していますから。夏期事業では，ボランティアの方はたいがい10代後半なんです。年齢はそれくらいでしょうか？　ちょっと一応ね…」

A：「私，高校の最終学年ですから，問題ないです。応募の仕方を教えていただけませんか？」

B：「はい。応募は今月の25日まで受け付けています。ネット上で必要事項を記入していただき，先生からの推薦状を一通提出する必要があります」

A：「わかりました。ボランティアの勤務時間はどうなっていますか？」

B：「週に3日，午前9時から午後5時まで空けていただかないといけません。その間，ボランティアの方たちの大半は，患者さんを出迎えて，案内をすることになります」

A：「なるほど。実はもう一つ質問があります。8月に2週間家族で休暇を取る計画なんです。休暇をお願いすることはできるでしょうか？」

B：「すみません。ボランティアの方には夏中，予定を空けていただかないといけません。来年応募していただくほうがいいかもしれないですね」

A：「はい，わかりました。考えてみます。お時間を割いていただいて，ありがとうございました」

〔2〕《銀行で》

A：「わあ，見てよ。ATM に長〜い列！」

B：「また後で来ることにしたら？　本当に今日お金を引き出す必要があるの？」

A：「実は，通帳を更新しないといけなくて」

B：「うーん，ATM を使うのは楽かもしれないけど，列に並ばなくちゃいけないわけじゃないよ？　ネットで調べちゃえばいいんじゃない？　家にコンピュータ，あるよね」

A：「それって，口座にいくらあるのかネットでわかるってことかな？」

B：「そう。私はいつも家からインターネットバンキングしてる。言うほど難しくないよ。後ろの入り口近くにやり方のお知らせがあったから，これ，取っておいたよ」

A：「ありがとう！　ネットで登録して ID 取らなくちゃいけないのかな？」

B：「ご心配なく，私，解決するお手伝いするから。でも，自分のパスワードは自分で決めないといけないからね」

A：「わかった。すごく簡単そう。待った！　このお知らせによると，パスワードって，4文字しかないよ。それって，ちょっと危ないんじゃない？」

B：「違うよ。それ PIN。それって，ATM に使う数字でしょ？　ネットのパスワードは少なくとも数字と記号が8つ必要なんだから。それから，Ｅメールに返事しないとアクセスできないよ。まるっきり安全だね」

Ａ:「うーん，君にはいいだろうけど，私としては複雑すぎるような。列に並んで待つことにしようかなあ」

Ｂ:「そうですかあ。それなら，コーヒー，持ってくるよ」

◀解　説▶

〔1〕 ㋐ 「高校の最終学年」という返答にふさわしいのは，(1)「年齢はそれくらいでしょうか？」である。

㋑ 「週に3日，午前9時から午後5時まで空けて」という返答にふさわしい質問は，(2)「ボランティアの勤務時間はどうなっていますか？」である。

㋒ 「休暇をお願いすることはできるでしょうか？」という質問の前置きにふさわしいのは，(10)「8月に2週間家族で休暇を取る計画なんです」である。

㋓ 「休みは取れない」という情報を伝えた後に続く発言としては，(8)「来年応募していただくほうがいいかもしれないですね」がふさわしい。

残りの選択肢は，(3)「以前に経験がないといけませんか？」，(4)「どうしてボランティアに興味をお持ちになったのですか？」，(5)「理科の成績はいいです」，(6)「夕方に応急手当の講座を取るつもりです」，(7)「病院って，週末はたいてい本当に忙しいんですよ」，(9)「もっと科学の講座をいっぱい取って準備するといいですよ」の意。

〔2〕 ㋕ 「並ばなくてよい」に続くのは，(8)「ネットで調べちゃえばいいんじゃない？」であり，次の「コンピュータ，あるよね」にもうまくつながる。

㋖ 処理が難しそうな「インターネットバンキング」を勧めるにあたって続けるには，(5)「言うほど難しくないよ」がふさわしい。

㋗ 「パスワードがたった4文字」に続けるのにふさわしいのは，(2)「それって，ちょっと危ないんじゃない？」である。

㋘ 「複雑すぎる」に続くのは，インターネットバンキングはあきらめて，(3)「列に並んで待つことにしようかなあ」がふさわしい。

残りの選択肢は，(1)「それに，君はそれを忘れちゃった」，(4)「君はそんなにたくさん覚えられないよ」，(6)「どれだけ並んで待ったの？」，(7)「こんな指示書きわからないよ」，(9)「残念ながら，銀行はもうすぐ閉まります」，(10)「これに使えるコンピュータを持っていればなあ」の意。

Ⅳ 解答

(A)―(2)　(B)―(1)　(C)―(3)　(D)―(4)　(E)―(3)　(F)―(2)　(G)―(3)　(H)―(1)

◀解　説▶

(A)「こんなに高いビルは見たことがない」 than は比較級とともに用いる。tall の比較級は taller。ビルは単数形なので taller の前に冠詞 a がつく。よって，正解は(2)である。

(B)「言葉を学ぶ最善の方法の一つは，毎日少し話してみることである」主語が ways なので，述部には by … を用いる。よって，正解は(1)である。

(C)「上司はシフトの終わりまでに皿を洗ってほしいと思っている」want は目的語の後に不定詞が続く。よって，正解は(3)である。

(D)「その試合はとても退屈だった！」 game は bore の意味上の主語になるから，現在分詞になる。よって，正解は(4)である。

(E)「私は幼時から理科が楽しかった」 現在完了なので，起点を示す接続詞になる。よって，正解は(3)である。

(F)「これは私が探していた，まさにその本である」 for の目的語になる関係詞が入る。よって，正解は(2)である。

(G)「アーティストが展示されている花を活け直しているときに，私たちは店に入った」 全体の時制は過去。よって，正解は(3)である。

(H)「私の両親だけでなく，私も招待されている」 意味の中心は I なので，be 動詞は I に一致する。よって，正解は(1)である。

Ⅴ 解答

〔1〕 (A)―(1)　(B)―(3)　(C)―(2)　(D)―(4)　(E)―(2)

〔2〕 (A)―(2)　(B)―(2)　(C)―(1)　(D)―(4)　(E)―(3)

◀解　説▶

〔1〕(A)「洞窟に入るときは（　　　）が望ましい」 選択肢はそれぞれ，(1)「注意」，(2)「混沌」，(3)「公民権」，(4)「通貨」という意味。これらの中で「洞窟の中の行動」にふさわしいものは(1)である。

(B)「バスは20分（　　　）で出る」 選択肢はそれぞれ，(1)「検査」，(2)「保険」，(3)「間隔」，(4)「孤立」という意味。これらの中で「バスの出発」にふさわしいのは(3)である。

(C)「私は焼きたての（　　）のパンの匂いが好きだ」　選択肢はそれぞれ，(1)「子羊」，(2)「一斤」，(3)「丸太」，(4)「肺」という意味。これらの中で「パン」にふさわしいのは(2)である。

(D)「この旅は極端に（　　）になるだろう」　選択肢はそれぞれ，(1)「一致する」，(2)「比喩的な」，(3)「静脈内の」，(4)「贅沢な」という意味。これらの中で「旅」にふさわしい形容詞は(4)である。

(E)「この映画は私のとびきりお気に入りの（　　）だ」　選択肢はそれぞれ，(1)「愚行」，(2)「ジャンル」，(3)「リンネル，リネン」，(4)「誓い」という意味。これらの中で「映画」に結びつくものは(2)である。

〔2〕(A)「このレシピでは生のトマトを使うのがベストです」　選択肢はそれぞれ，(1)「固い」，(2)「新鮮な」，(3)「海外の」，(4)「通常の」という意味。これらの中で「生の」に近いのは(2)である。

(B)「映像はきわめて見やすかった」　選択肢はそれぞれ，(1)「偶像」，(2)「画像」，(3)「侵略」，(4)「立腹」という意味。これらの中で「映像，写像」に近いのは(2)である。

(C)「私は当時自分の務めを果たすことで頭がいっぱいだった」　選択肢はそれぞれ，(1)「関心がある」，(2)「好みである」，(3)「禁じられている」，(4)「圧倒されている」という意味。これらの中で「心を占める」に近いのは(1)である。

(D)「これは義務だとはいえ，私は喜んで手を貸す」　選択肢はそれぞれ，(1)「目録」，(2)「用件，手数料」，(3)「指針」，(4)「必要条件」という意味。これらの中で「やらなければいけないこと」という意味をもつのは(4)である。

(E)「その決断が公平だったかどうか，確信がない」　選択肢はそれぞれ，(1)「思いやりのある」，(2)「現代的な」，(3)「公正な」，(4)「ひどい」という意味。これらの中で「公平」に近いのは(3)である。

❖講　評

2023年度は，長文2題による「読解力」を中心に，「コミュニケーション」「文法」「語彙」の各分野が試された。一方，「英作文」分野に関しては，出題されていない。

Ⅰの読解問題は，論説文による内容理解を試す出題。障碍者の旅行を容易にする「開放型旅行を運営する会社」が論じられ，「すべての人に開かれた社会」の実現という現代的な課題を見据えた文章が用いられた。〔1〕は，素直な出題で，実力が反映される設問だった。〔2〕も設問形式の複雑さはさておき，取り組みやすかったであろう。〔3〕では，誤って(4)を選んだ受験生が多かったかもしれない。単なる英語力ではなく，論旨を把握する力が試されている。

Ⅱの読解問題は，やはり論説文が使われ，「幼児の発達と同じ仕組みを機械学習に応用」するという，社会にAIが組み込まれていくことを前提とする文章であり，まさに21世紀的な話題であった。〔1〕の空所補充問題では(G)に手こずった受験生が多かったであろう。実は直前の engaging objects with their hands の理解が問われていたのである。〔2〕では，㋐が指示対象をかいつまんで理解する必要があったので，迷いやすかったかもしれない。

Ⅲは，特定の状況を設定した会話文が素材。〔1〕は「病院ボランティア」の話題だった。後半の空所補充は会話というより形容詞 available の理解が中心の出題であり，ややハイレベル。〔2〕は「インターネットバンキング」の話題であり，受験生にとってほぼ未知の領分だったので，力量が試されたことだろう。㋘を正解するには，発想の転換が必要だった。

Ⅳは，基本的な文法・語法の力を試す出題である。(B)は，これが正しい英文だと理解するには相当の学力を要する問題。(H)は，主語と動詞の一致という受験生の盲点を突く出題であった。

Ⅴは，語彙力を試す問題であるが，とりわけ〔1〕(D)(3) intravenous [intra＋vein＋ous] は，高難度の語彙。(E)の(2) genre も，「ジャンル」という語を知っていても，それがフランス語由来だと知らないと，発音できない厳しい語彙。〔2〕(C)は，選択肢が紛らわしいので，受験生は迷っただろう。(D)も，上級問題で，受験生には厳しかったと思われる。

全体として，まず語学の基礎である文法・語彙の力をもとに，必要な情報を収集し，論旨をしっかり理解する読解力，場面に応じたコミュニケーション力を養成することが求められる出題であった。大学で学ぶための基礎になる総合的な英語力を身につけるように，という強いメッセージである。しっかり受け止めて，努力を重ねていこう。

日本史

I

解答　(a)—㋒　(b)中宮寺　(c)恵慈　(d)—㋑　(e)裳階　(f)玄昉　(g)—㋑　(h)—㋐　(i)フェノロサ　(j)法華寺　(k)淡海三船　(l)—㋒　(m)叡尊〔思円〕　(n)百万塔陀羅尼　(o)神宮寺

◀解　説▶

≪宮廷の女性による仏教信仰≫

(a)　㋒が正解。「大王天皇」は初の女性天皇である推古天皇。『天皇記』は，推古朝に聖徳太子や蘇我馬子によって編纂された歴史書であり，㋐「帝紀」に類する天皇の系譜や皇位継承をまとめたものと考えられる。同時に㋑「旧辞」(朝廷の伝承・説話）にあたる『国記』も編纂された。

(b)　「『太子』の母」がヒント。中宮寺は聖徳太子が母の菩提を弔うために建立した法隆寺に隣接する尼寺である。

(c)　難問。恵慈（高句麗僧）は595年に来日，615年に帰国するまで聖徳太子の師として，三経義疏の編纂に助言するなど仏教興隆に尽し，遣隋使派遣など外交政策にも影響を与えたと考えられている。

(d)　下線部④の寺院は薬師寺（白鳳文化）である。薬師寺の伽藍配置の特徴は回廊の内に東塔と西塔の2つの塔があること。回廊の外に塔がある㋒東大寺（天平文化）と混同しないように注意しよう。なお，㋐法隆寺（飛鳥文化），㋓四天王寺（飛鳥文化）である。

(e)　やや難問。「現存する三重塔」は薬師寺の東塔である（西塔は近年の再建)。裳階(もこし)（裳層）は建物を風雨から保護するために付けた庇であるが，屋根の軒との組み合わせが美しく，寺院建築に好んで使用されるようになった。

(f)　「聖武天皇」の時代，「失脚して筑紫に配された」がヒント。玄昉（法相宗の僧）は吉備真備らと共に遣唐使となり，帰国後は共に橘諸兄政権に参画して聖武天皇の仏教政策に影響を与えた。藤原仲麻呂が台頭すると失脚し筑紫観世音寺に左遷された。

(g)　㋑華厳経義疏が誤り。華厳宗が奈良時代に伝わり南都六宗の一つとして隆盛したことをヒントに選択しよう。華厳経は736年唐僧の道璿(どうせん)によって伝えられた。大仏（盧舎那仏）はその本尊であり，東大寺は華厳宗の総本山である。

(h)　㋐が正解。「斑鳩寺」は法隆寺のこと。「八角形の堂」は夢殿で，その本尊は救世観音像である。北魏様式でクスノキの一木造。秘仏だったため幾重もの布で覆われ，金箔などの残存状態が良好であった。なお，㋑飛鳥寺釈迦如来像，㋒中宮寺半跏思惟像，㋓法隆寺百済観音像は，いずれも飛鳥文化の代表作である。

(i)　法隆寺夢殿の救世観音像を開扉したことがヒント。フェノロサはアメリカの思想家で，1878 年に来日して東京大学で哲学を講義した御雇外国人。日本美術に関心を持ち，1887 年岡倉天心らと東京美術学校を設立して日本画復興に尽力した。

(j)　やや難問。「光明子」がヒント。法華寺は光明皇后が「父・藤原不比等」の邸宅跡に創建した尼寺。

(k)　難問。「唐僧」は鑑真のことで，その伝記は『唐大和上東征伝』である。著者の淡海三船は奈良時代に活躍した文人。漢詩文にすぐれ，日本最古の漢詩集『懐風藻』の撰者という説もある。

(l)　㋒が正解。薬師寺の吉祥天像である。正倉院鳥毛立女屛風と共に天平期を代表する絵画。㋐平螺鈿背（へいらでんはい）八角鏡，㋑螺鈿紫檀（らでんしたん）五弦琵琶，㋓漆胡瓶（しっこへい）は，いずれも正倉院宝物の代表作である。

(m)　下線部の「新たな官寺」は称徳天皇（孝謙天皇の重祚）が建立した西大寺である。叡尊は律宗の僧で民衆救済を掲げて西大寺（大和）を再興して戒律復興に尽し，後には北条時頼に招かれ鎌倉でも活躍した。

(n)　やや難問。百万塔陀羅尼は恵美押勝（藤原仲麻呂）の乱後，戦死者を供養するために道鏡の勧めで称徳天皇が発願して作製した。

(o)　神宮寺は神社の境内やその近隣に建立された寺院。外来宗教の仏教が伝統的な神祇信仰を包摂した神仏習合の実例で各地に建てられた。神宮寺は奈良時代初期から見られ，平安時代に入ると，ほとんどの神社に建てられるようになった。

II　解答

A．相良　B．南家　C．一向　D．大内義隆
E．府内　F．島津義久　G．評定所　H．五人組

(a)—㋐　(b)—㋓　(c)伝馬　(d)—㋒　(e)—㋑　(f)—㋐

(g)上杉治憲〔上杉鷹山〕

◀解　説▶

《中世～近世の政治》

A．やや難問。「肥後国」や分国法の「[A]氏法度」から連想して解答しよう。

B．藤原武智麻呂は南家の祖。藤原不比等の長男で仲麻呂の父。邸宅が弟房前（北家）の邸宅の南方にあったことに由来する。長屋王を斥け勢力を伸ばしたが，737 年天然痘で他の三兄弟とともに亡くなった。

C．「[C]宗」「加賀」「[C]一揆」とあるので加賀の一向一揆（1488年）などを想起して解答しよう。史料は相良氏法度の一向宗の禁止条項である。

D．「勘合貿易」「フランシスコ=ザビエル」などがヒント。大内義隆は周防を中心に中国・九州地方を支配した戦国大名。ザビエルに布教を許可して西洋文化の輸入をはかった。1551 年に家臣の陶晴賢の謀反により，自殺した。

E．府内（大分市）は大友氏の城下町。大友義鎮（宗麟）はザビエルを招いて布教を許可し，洗礼を受けて「フランシスコ」と称した。府内には宣教師の指導で病院・育児所・コレジオ（大学）などを建てた。

F．やや難問。「薩摩」「豊臣秀吉に降伏」がヒント。島津義久は豊後大友氏・肥前竜造寺氏・肥後の相良氏などを降伏させ，九州全土を平定した。1587 年豊臣秀吉の九州征伐によって降伏。

G．「老中と三奉行が列席」がヒント。評定所は江戸幕府の最高裁決機関で老中と三奉行を中心に構成され，大名や旗本からの訴訟など重要事項を裁断した。

H．史料中の「其罪組中に及ぶべく候」や「百姓の相互監視を強化」がヒント。五人組は本百姓や町人を対象にし，五戸を基準とした末端の行政単位。寛永年間に全国的規模で整備され，キリシタン禁制・相互検察・納税などを連帯責任とした。

(a)　㋐が正解。難問。畠山重忠は平氏追討，奥州征討の功労者。源頼朝の信頼が厚かったが，北条氏と対立し 1205 年に滅ぼされた。なお，十三人合議制のメンバーは公家出身の大江広元・三善康信・中原親能（ちかよし）・二階堂行政，有力御家人の北条時政・北条義時・三浦義澄（よしずみ）・八田知家（ともいえ）・和田義盛・

比企能員・安達盛長・足立遠元・梶原景時である。

(b)　㋓が正解。難問。『相良氏法度』(1493～1555年) は有力家臣 (国人など在地領主) らが決定した一揆契状を相良氏が承認したもので，同類の『六角氏式目』(近江国) は六角義治が1567年，国人領主ら重臣たちが要請した条項に起請文を書いて遵守を約定したものである。

(c)　難問。「宿駅間の貨客運送の助力」がヒント。伝馬は古代の律令制以来備えられた公用の馬のこと。戦国時代に大名らが領内の交通の便宜のため宿駅に常備し，江戸幕府もそれを踏襲して五街道に設けた。徳川家康は1601年に東海道・中山道などの宿駅に伝馬役を申し付け，一定数の馬を常備させた。

(d)　㋒が正解。林羅山の子なので鵞峰である。父羅山と共に『本朝通鑑』を編集したことを覚えていれば解答できる。㋐林子平は『海国兵談』で海防を説いたが寛政改革で処罰された仙台藩士。㋑林鳳岡 (信篤) は鵞峰の子。5代将軍綱吉の命で湯島聖堂を建立し，付属の聖堂学問所を統括する大学頭に任じられた。㋓道春は林羅山の法号 (法名) である。

(g)　「細井平洲」から想起するのは難しいが，設問文の「米沢藩 (山形県)」「藩政改革を主導した藩主」で解答できる。上杉治憲 (鷹山) は織物業などの殖産興業に努め，また藩校の興譲館を設立し，折衷学派の細井平洲を招いて文教政策を充実させた。

Ⅲ　解答

A．五箇条の誓文　B．1885　C．伊東巳代治
D．1900　E．文官任用令　F．日比谷焼打ち
G．赤旗　H．1908　I．内務　J．上原勇作　K．内大臣
L．山本権兵衛

(a)—㋓　(b)—㋐　(c)—㋓　(d)—㋑　(e)—㋐　(f)—㋑　(g)—㋓
(h)立憲同志会

◀解　説▶

≪明治～大正時代前半の政治≫

〔1〕C．伊東巳代治は憲法調査のために伊藤博文に随行して渡欧。帰国後は大日本帝国憲法の起草にあたった。後に枢密院顧問官として天皇制維持に尽力した。金融恐慌の際，台湾銀行救済の緊急勅令案を拒否して第1次若槻礼次郎内閣を倒壊させたことを覚えておこう。

E．政党の「猟官運動」の背景には，従来の文官任用令（1893年）では中下級官僚は文官高等試験合格者に限ったが，高級官僚（各省庁の次官・局長など）の採用は自由任用であったという事情がある。第2次山県有朋内閣は1899年高級官僚も文官高等試験合格者に限るように改正し，政党勢力の官界進出を防止した。

(a)　㋓が正解。難問。消去法で対処しよう。政体書（1868年）により立法機関を議政官として上局と下局に分け，1869年下局を「公議所」とし，さらに同年に集議院と改称した。㋐枢密院（1888年）は憲法草案の最終審議のために設置，憲法制定後は天皇の最高諮問機関として緊急勅令などを審議した。㋑元老院は1875年大阪会議によって設置された立法機関。㋒右院は太政官の三院制（1871年）によって置かれた各省の諮問機関。

(b)　㋐が正解。「来日して諸法典整備に参与」に注意。シュタインは伊藤博文が渡欧して学んだウィーン大学教授で来日していない。㋑ボアソナードは政府に招かれて刑法・民法などを起草したフランス人法学者。㋒モッセと㋓ロエスレルは共にドイツ人法学者で来日して憲法起草にあたり助言を行った。

(c)　㋓が正解。難問。国民協会は1892年品川弥二郎内相による大選挙干渉で当選した議員らによって創設された。その後，1899年㋑帝国党に合流した。なお，㋐大成会は1890年に第一議会で藩閥政府を支持した吏党（翌年解散)。㋒対露同志会（1903年）は会長近衛篤麿を中心に結成された日露開戦を扇動した国家主義団体。

(e)　㋐が正解。樺山資紀は薩摩出身の海軍の軍人。第1次松方正義内閣の海軍大臣になり，第二議会で「蛮勇演説」を行い議会を紛糾させた（1891年)。また1895年には初代台湾総督となり，島民の反乱を鎮定した。なお，主な元老は伊藤博文・黒田清隆・山県有朋・松方正義・井上馨・西郷従道・大山巖・西園寺公望などである。

〔2〕G．難問。赤旗事件（1908年）は社会主義運動の弾圧事件。社会主義者の大杉栄・堺利彦・荒畑寒村らが「無政府共産」と書いた赤旗（革命の象徴）を掲げて行進し検挙された。第1次西園寺公望内閣は日本社会党を承認（1906年）するなど，社会主義に対する規制緩和を行っており，それが危惧され，露呈した事件であった。

I．「地方行政を司る」がヒント。地方改良運動は第2次桂太郎内閣のもとで1909年から内務省が中心となり，国家機関の末端としての町村を強化・再編する目的で推進された。

K．内大臣は1885年内閣制度の導入時にそれまで太政大臣であった三条実美の処遇のために設置された。宮中にあって天皇の側近として常侍輔弼する任務で，桂太郎は大正天皇のもとで内大臣兼侍従長に就任していた。

(f)　ⓘが正解。古河財閥は，古河市兵衛が足尾銅山（栃木県）などの払い下げを受け，鉱山業を中心に成長した財閥。四大財閥はⓐ安田財閥，ⓤ三井財閥，ⓔ住友財閥，三菱財閥である。

(g)　ⓔが正解。難問。山本達雄は銀行家出身の政治家。第2次西園寺公望内閣で日本勧業銀行総裁から蔵相に就任，行財政整理に取り組んだ。

(h)　桂太郎首相は護憲運動に対し，政権維持と議会運営の基盤として立憲国民党の脱党者らを中心に立憲同志会の結成を宣言した。同党は桂の死後，加藤高明を総裁として正式に組織された。

❖講　評

Ⅰ．女性天皇など宮廷の女性による仏教信仰をテーマにした文化史からの出題。立命館大学では定番の仏教史である。記述式の(c)「恵慈」，(e)「裳階」，(k)「淡海三船」などはやや難問であろう。(m)「叡尊」，(n)「百万塔陀羅尼」なども正確に書けるかがポイントである。(d)薬師寺の伽藍配置を選択する問題も対策を怠っていると苦戦する。(h)・(l)など視覚資料を使用した出題も見られ，普段から図説を使用した学習が必要である。

Ⅱ．肥後の相良氏の歴史をテーマに中世から江戸時代までの様々な内容を扱った問題。記述式の空欄補充Aの「相良」氏は戦国大名としてもマイナーな人物なのでやや難問。分国法の『相良氏法度』を想起できるかがポイント。D「大内義隆」，F「島津義久」，(g)「上杉治憲」は難問ではないが，しっかり漢字で書けるかが勝負どころ。また，(c)「伝馬」は設問の角度から想起するのはやや困難であった。(b)『相良氏法度』と同類の『六角氏式目』を選択するのもやや難問である。

Ⅲ．明治から大正時代前半までの立憲政治の展開をテーマにした政治史の問題。B「1885年」，D「1900年」，H「1908年」の西暦年をクリアできるかが勝負どころ。G「赤旗事件」はほとんどの教科書に掲載されていないので難問である。選択式の(a)「公議所」，(g)「山本達雄」は難問だが消去法で対処できる。

世界史

I 解答

A．武　B．宗　C．貴　D．荘園　E．欧陽脩
F．南宋（宋も可）　G．郷紳　H．団練　I．新文化
J．1978

◀解　説▶

≪古代～現代における宗族とその変遷≫

A．やや難。武王は，放伐により殷の紂王を滅ぼして周を建国した。

C．魏の文帝が創始した九品中正により，中央に進出した豪族は上級官職を独占する貴族（門閥貴族）となり，貴族制を成立させることになった。こうした状況は「上品に寒門なく，下品に勢族なし」と風刺された。

D．東晋の成立以降，華北から江南への移民が増加すると貴族は彼らを小作人として収容し荘園を営んだ。

E．欧陽脩は『新唐書』『新五代史』を編纂した歴史学者。政治家としても活躍し，新法をめぐり王安石と対立したことでも有名である。

F．宋学（朱子学）は北宋の周敦頤にはじまり，南宋の朱熹（朱子）によって大成された。

G・H．「19世紀初頭の内陸地域の新開地で発生した反乱」とは白蓮教徒の乱（1796～1804年）を指しており，清の正規軍である八旗や緑営が鎮圧に苦しんだことから，地方の有力者である郷紳が農村の武装組織として団練を組織した。団練は難問。

J．やや難。1976年に「四人組」が逮捕された後に鄧小平が実権を握り，1978年には人民公社の解体や「経済特区」の設置などの改革・開放政策を提唱した。

II 解答

A．植民地　B．日韓協約　C．義兵　D．統監
E．臨時政府　F．上海事変　G．ポツダム宣言
〔1〕東清鉄道　〔2〕閔　〔3〕金日成

◀解　説▶

≪朝鮮の暗殺事件と抗日運動≫

B．第1次日韓協約（1904年）では，日本は韓国に対して，日本が推薦する財政や外交の顧問の任用を義務付け，第2次日韓協約（1905年）では，日本は韓国を保護国化した。第3次日韓協約（1907年）では，日本は韓国の内政権を掌握し，韓国軍の解散を行った。

C．1つ目の空欄では判断に悩むが，2つ目の空欄の直後に「闘争」という言葉があるため，ここから「義兵」と導ける。

E．大韓民国臨時政府は，三・一独立運動後上海に設立された。初代首班となったのが，後に大韓民国初代大統領に就任することになる李承晩である。

F．1931年に起こった満州事変に対して上海では排日運動が激化し，翌1932年日本人僧侶殴打事件を契機として日本軍は上海で中国軍と衝突した。これを上海事変と呼ぶ。

〔1〕三国干渉後の1896年に清は満州里から綏芬河を結ぶ東清鉄道の本線の敷設権をロシアに与えた。その後，1898年にこの中間地点にあるハルビンから南下して旅順・大連に至る支線の敷設権もロシアに与えている。

〔2〕閔妃は高宗の妃で，日清戦争で清が敗北するとロシアに接近を試みたが，日本公使の三浦梧楼の指揮した公使館守備隊，日本公使館員，大陸浪人らの王宮侵入によって暗殺された。姓が問われているので「閔」が正解である。

Ⅲ　解答

A．ビザンツ　B．ムアーウィヤ　C．マワーリー
D．シーア　E．ティグリス　F．バグダード
G．バラモン　H．ヒッポクラテス　I．医学典範
J．イブン=ルシュド　K．アリストテレス　L．ガザーリー
M．トレド
〔1〕―ウ　〔2〕―エ

◀解　説▶

≪イスラーム世界の学問の発展とその影響≫

A．正統カリフのウマルの時代にジハードが積極的に行われ，ヘラクレイオス1世時代のビザンツ帝国からシリアやエジプトを奪取した。

E・F．アッバース朝の第2代カリフのマンスールは，ティグリス川西岸に円形都市であるバグダードを建設した。バグダードでは第7代カリフのマームーンの時代に知恵の館と呼ばれる翻訳・研究機関が設置され，様々な文献がアラビア語に翻訳され研究が進んだ。

G．バラモン教の聖典『ヴェーダ』は複数あり，その最古のものが前1200～前1000年頃に成立した神々への賛歌集である『リグ=ヴェーダ』である。

L．ガザーリーは11～12世紀にセルジューク朝で活躍したイラン系イスラーム神学者。セルジューク朝の宰相ニザーム=アルムルクによって創始されたニザーミーヤ学院の教授として活躍し，神秘主義（スーフィズム）を取り入れたイスラーム思想を探究した。

M．イベリア半島のトレドやシチリア島のパレルモなどでアラビア語の文献がラテン語に翻訳され，古代ギリシア・ローマ文化が西ヨーロッパに逆輸入され，12世紀ルネサンスの背景となった。

〔1〕ウ．ニハーヴァンドの戦い（642年）で正統カリフ時代のイスラーム勢力に敗北したササン朝は，その後まもなく滅亡した（651年）。

〔2〕エ．サファヴィー朝は成立当初タブリーズを首都としたが，16世紀末，アッバース1世の時代にイスファハーンを首都とした。

Ⅳ　解答

A．インド=ヨーロッパ　B．ケンブリッジ
C．トスカナ　D．アーサー　E．アルフレッド
F．ヘースティングズ　G．百年　H．チョーサー　I．デカメロン
J．パリ
〔1〕ベネディクト修道会　〔2〕アラリック王　〔3〕グリム兄弟
〔4〕インノケンティウス3世　〔5〕ジェームズ1世

◀解　説▶

≪中世ヨーロッパにおける言語≫

B．12世紀後半，パリ大学を模範として，独自のカレッジ（学寮）制をとるオクスフォード大学が設立された。13世紀はじめには，オクスフォード大学から学生と教師が分かれてケンブリッジ大学が成立した。

C．ダンテの『神曲』はトスカナ地方の方言であるトスカナ語で書かれた。ダンテはトスカナ地方の中心都市フィレンツェの出身。

G．エドワード3世は，母がフランス国王フィリップ4世の娘であったことからフランスの王位継承権を主張し，百年戦争が開始した。

H・I．ボッカチオの『デカメロン』は，黒死病の流行から逃れた10人が1日1話語るという構成をとっている。チョーサーの『カンタベリ物語』はカンタベリ聖堂へ参詣する途上で人々が語った話を集めたという構成をとっており，『デカメロン』の影響を受けている。

〔2〕やや難。西ゴート人を率いたアラリック王は410年にローマを略奪した後，イタリア南部に向かったがそこで没している。その後，西ゴート人はガリア西南部からイベリア半島にかけて418年に西ゴート王国を建国した。

〔3〕グリム兄弟はドイツの言語学者で，『グリム童話集』や『ドイツ語辞典』を編集したことで知られる。

〔4〕インノケンティウス3世は教皇権絶頂期の教皇で，アルビジョワ十字軍を主導したほか，第4回十字軍の提唱，第4回ラテラノ公会議の開催，フランチェスコ修道会の事実上の認可などを行った。

❖講　評

Ⅰ．宗族をテーマとして中国の社会経済史を中心に問われた。文化に関する設問もあり，これらの学習をおろそかにしていた受験生は苦戦したかもしれない。Aの武王は見逃しやすい事項で，Eの欧陽脩は漢字表記に注意が必要である。Hの団練は細かい歴史用語で難問であった。Jの1978年も年代問題としては難度が高い。得点差が開きやすい大問であった。

Ⅱ．朝鮮における暗殺と抗日運動をテーマに，近代から現代までの朝鮮史を中心に問われた。政治史が中心で対応しやすい問題が多く，漢字表記も〔2〕閔を除いて標準レベルであった。

Ⅲ．イスラーム世界の学問をテーマとして，古代ギリシアやイスラームの文化史を中心に基本的知識が問われた。Eのティグリスは地理的知識の理解が試された。HからMまで文化史が出題されているため，文化史の対策をしているかどうかがポイントとなる大問であった。

Ⅳ．中世ヨーロッパにおける言語の中から，特にラテン語と英語をテーマとして中世から近世にかけてのヨーロッパ史が問われた。〔2〕のアラリック王はやや難であったが，それ以外は基本的な用語が占めていた。ここでも文化史が散見されたが，いずれも基礎的知識で十分対応できる問題であった。

地理

I 解答

〔1〕A．一般　B．国土交通　C．5　D．センサス　E．オープン
〔2〕―ⓘ・ⓔ　〔3〕地理情報システム　〔4〕―ⓘ・ⓤ　〔5〕―ⓐ
〔6〕―ⓚ　〔7〕(1)―ⓐ　(2)―ⓔ　〔8〕(1)―×　(2)―○　(3)―○

◀解　説▶

≪地理情報と京都市付近の地理院地図読図≫

〔1〕A．一般図は，地表の事物を網羅的に表現した地図で，多目的に用いられる。

D．センサスは，国や特定地域における人口や農業，工業などに関する統計調査のこと。

〔2〕大縮尺の地図は，縮尺の分母が小さい地図であり，狭い範囲を詳しく表現している。選択肢中，建物の配置や企業名などが記された住宅地図と，地方公共団体の都市計画に利用される都市計画図が該当する。

〔3〕GISは，Geographic Information System の略で，地理情報システムとも呼ばれる。ハザードマップやコンビニエンスストアの出店立案の作成など，幅広い分野で利用されている。

〔4〕桑畑の地図記号は，「平成14年図式」まで使用されていたが，養蚕業の衰退などを理由に「平成25年図式」で廃止された。コンビニエンスストアの地図記号は，地形図図式には存在しない。

〔5〕地図①の南側を東西に走る実線が，標準地図では▬▭▬▭のJR線（複線以上）で示されている。したがって，ⓐに該当する。軌道には，鉄道の線路が含まれる。

〔6〕最新の写真④では，北側を東西に幅の広い道路が走り，その道路につながるように，東側を南北に流れる河川に橋が架けられている。さらに，中心部には高層建物も多い。写真③では，北側の道路が狭く，橋も架けられておらず，高層建物も少ない。したがって，撮影時期が最も古い。一方，写真①では，北側の道路の拡幅が進み，橋も架けられているが，写真②では橋が架けられていない。したがって，写真①の方が，撮影時期が新しい。

〔7〕(1)　断面図は，始点付近が最も標高が高く，その後，谷を横切り再び高くなるが，中央部は比較的平坦な地形が続く。そして，終点付近で標高が高くなり，再び低くなっている。これに該当するのはⓐa→bである。

(2)　傾斜角が大きいことは，勾配が急であることと同義であると考え，「2地点の標高差÷水平距離」により勾配を求める。

X：(46.3m－22.5m)÷4400m≒0.005

Y：(105.0m－63.9m)÷2500m≒0.016

Z：(111.5m－23.9m)÷6900m≒0.013

したがって，Y>Z>Xとなる。

〔8〕(1)　誤文。北東部に位置する「宝ヶ池駅」付近では，浸水深「1.0～2.0m」の区域内に指定避難所が設置されている。

(2)　正文。問題文中に示されている河川は，地図①上のA地点で合流したのち，南に向かって流れている。浸水深「2.0～3.0m」の区域は，いずれも河川に隣接する位置にみられる。

(3)　正文。「京都駅」の東方に，浸水深「2.0～3.0m」と人口「902～1286人」のメッシュが重なる区域はみられるが，「1287～2186人」のメッシュと重なる区域はみられない。

Ⅱ　解答

〔1〕A．アパラチア　B．シエラネヴァダ
C．サンアンドレアス　D．グレートプレーンズ

〔2〕イ．古生　ロ．混合　ハ．コーンベルト　ニ．プレーリー
ホ．綿花　ヘ．オガララ

〔3〕①―あ　②―お　〔4〕適地適作　〔5〕―ⓘ

〔6〕フィードロット　〔7〕牛乳：ⓐ　大豆：ⓘ

◀解　説▶

≪アメリカ合衆国の自然と農業≫

〔1〕A・〔2〕イ．アパラチア山脈は，古生代の造山運動によって形成された古期造山帯に分類される。なだらかな山脈で，周辺では石炭の産出量が多い。

C．サンアンドレアス断層は，プレートのずれる境界の代表例である。

D．グレートプレーンズは台地状の平原であり，半乾燥気候のもと，小麦の栽培や肉牛の飼育がさかんである。

〔2〕ロ・ハ．コーンベルトでは，とうもろこしや大豆の栽培と，豚や肉牛の飼育を組み合わせる混合農業がさかんである。

ニ．長草草原のプレーリーには，肥沃な黒土であるプレーリー土が分布し，小麦やとうもろこしの栽培がさかんである。

ホ．アメリカ合衆国の南東部には，コットンベルトと呼ばれる綿花地帯が広がる。近年は栽培作物の多角化が進み，綿花栽培の中心はテキサス州などに移動している。

ヘ．グレートプレーンズでは，オガララ帯水層にある地下水の過剰なくみ上げが続き，地下水の枯渇が問題となっている。

〔3〕①夏季に降水量が少なく，冬季に降雨がみられることから地中海性気候の特徴を示しており，大陸西岸のあ（シアトル）・う（サンフランシスコ）のいずれかとなる。シアトルよりも低緯度に位置するサンフランシスコは，冬季も比較的温暖で，夏季に亜熱帯高圧帯（中緯度高圧帯）の影響を強く受け，6～9月にほとんど降雨がみられない。①の雨温図は，冬季は寒冷で，夏季にも多少の降雨がみられることから，あ に該当する。なお，サンフランシスコの1月の平均気温は10.7℃，6～9月の降水量の合計は6.7mm である。

②降水量が比較的多く，最寒月平均気温が18℃以上であることから，熱帯気候の特徴を示している。したがって，お に該当する。お はマイアミであり，熱帯モンスーン気候に分類される。

〔4〕適地適作は，土地の自然条件や社会条件に応じて作物を栽培することであり，生産コストを抑えた農業経営を可能にする。

〔5〕大規模に冬小麦が栽培され，平均農場面積が最大のⓘがカンザス州，農場数が最多であり，一部では集約的な野菜・果実の栽培が行われていることから，農作物販売額の農場平均が最大のあ⃝がカリフォルニア州，ⓤがジョージア州である。

〔6〕フィードロットでは，高密度で肉牛を飼育し，とうもろこしを中心とする高カロリーの濃厚飼料が与えられている。

〔7〕大豆は，南北アメリカで生産がさかんであるためⓘに該当する。主食として消費され，主に冷涼少雨の気候で栽培される小麦は，人口大国の中国・インドや，ヨーロッパのロシア・フランスが上位に入るⓤに該当する。葉たばこは，アフリカのジンバブエなど，温暖な気候が中心のⓔ，よ

って牛乳はⓐに該当する。

III 解答

〔1〕①―ⓛ　②―ⓔ　③―ⓚ　④―ⓢ　⑤―ⓚ　⑥―ⓚ　⑦―ⓐ

〔2〕A．サハラ　B．シルクロード　C．金　D．ラマ
E．チンツァン〔青蔵〕　F．ノルウェー　G．スウェーデン

〔3〕―ⓤ　〔4〕CIS　〔5〕ハブ（空港）

〔6〕ドイツ：ⓤ　ブラジル：ⓘ

◀解　説▶

≪交通と都市≫

〔1〕④ラサは，標高3,000m以上に位置する中国チベット自治区の中心都市で，チベット仏教の聖地でもある。政治と宗教の中心地であるポタラ宮は，世界文化遺産に登録されている。

⑥ドバイは，アラブ首長国連邦最大の都市である。石油産出量の多い首都のアブダビに対して，港湾，ハブ空港，オフィスビルなどの建設を進め，貿易，金融業，観光業などに力を入れている。

〔2〕C．カルグーリーは，オーストラリア南西部に位置する，同国有数の金鉱都市である。

D．ラマとは，チベット語で「宗教上の師」を表す。

E．チンハイ（青海）省の省都シーニン（西寧）とラサを結ぶチンツァン（青蔵）鉄道は，総延長の約半分が標高4,000m以上の高原地帯を通る。

〔3〕イスラーム圏の旧市街には，迷路型の街路が多くみられる。袋小路が多く，防御機能を備えているといわれている。

〔6〕一般に，国土面積が広い国では空港数が多い一方，国内線の利用が多いため，国際線割合は低くなる。また，人口が多く経済発展を遂げた国では航空輸送量が大きくなる。空港数と航空輸送量がともに最大のⓐが，国土面積が広く経済大国のアメリカ合衆国，次に空港数が多いⓘが，面積が広い一方，経済発展の途上にあるブラジルとなる。残るⓤとⓔを比較して，空港数が多く旅客輸送量が大きいⓤが，面積・人口ともに韓国を上回るドイツ，ⓔが韓国となる。

❖講　評

Ⅰ．地理情報と地図の知識に加え，京都市付近の地理院地図の読図について，地形断面図，ハザードマップの読み取りなどが出題された。経済センサスやオープンデータを問う〔1〕D・E，傾斜角を問う〔7〕(2)は，やや注意が必要であった。〔2〕は大縮尺の意味が理解できれば解答できる。〔5〕・〔6〕・〔8〕は慎重な読み取りを心がけたい。

Ⅱ．アメリカ合衆国の自然と農業について，自然地形名，農業区分，雨温図，農業統計などが出題された。〔3〕①の雨温図の判定は難問。あ・う2都市の緯度の違いを踏まえ，気温や降水量を具体的にイメージしよう。サンフランシスコの南方に位置するカリフォルニア半島は砂漠気候区に属していることを想起したい。カンザス州の農業統計を問う〔5〕は注意を要したが，その他は基本的事項が問われていた。

Ⅲ．交通と深く結びついた世界の都市にからめて，都市の形態，空港数と航空輸送量統計などについて出題された。カルグーリーの金鉱を問う〔2〕C，ラマ教を問う〔2〕Dでは，やや細かい知識が問われた。〔6〕は国土面積や人口を判断基準に用いれば解答できる。その他は標準的な設問であった。〔1〕④で問われたラサは，2022年度学部個別配点方式〔Ⅲ〕でも出題されていることから，過去問演習が肝要である。

地形や都市，統計の知識を問う設問が頻出であるので，日頃の学習から地図帳や統計集を活用したい。

政治・経済

I 解答

〔1〕A．産業　B．万国郵便連合（一般郵便連合も可）
C．ハーグ　D．人道　E．2　F．WHO　G．民間
H．制裁
〔2〕イ．スイス　ロ．ジュネーブ
〔3〕人事院　〔4〕パンデミック　〔5〕―ⓐ

◀解　説▶

≪国連の専門機関と国際協力≫

〔1〕B．万国郵便連合（UPU）は1874年，万国郵便条約によって設立された国連の専門機関。本部はスイスのベルンに置かれている。設立時は一般郵便連合と称したので，こちらでも可。

C．1899年と1907年に万国平和会議がオランダのハーグで開催され，戦時国際法であるハーグ条約が採択された。

D．文民，負傷者や病人，捕虜の保護について規定し，また，武力紛争に際して適用される原則・規則を定めたハーグ条約やジュネーブ条約（赤十字条約）などの人道を基本原則として掲げた戦時国際法を総称して国際人道法と呼ぶ。

F．世界保健機関（WHO）は世界の人々の健康の達成を目的として1948年に設立された国連の専門機関。本部はスイスのジュネーブに置かれている。

G．国際民間航空機関（ICAO）は国際航空運送の安全に関する規則やガイドラインの作成などを行っている。1944年の国際民間航空条約に基づき設立された国連の専門機関。

〔3〕人事院は，国家公務員の任免・給与などの人事行政を司る行政委員会であり，公正と中立を確保する観点から，内閣から独立して権限を行使する。公務員は「全体の奉仕者」であるという理由から，労働三権のうち団体交渉権と争議権（団体行動権）が制限・禁止されている。その代償措置として人事院勧告制度があり，人事院は国家公務員の給与等の労働条件に関する勧告を国会及び内閣に対して行える。

〔4〕パンデミックは感染症や伝染病が世界的規模で流行し，多くの感染者や患者が発生する事態を指す言葉である。

〔5〕1989年に採択された国際人権規約の「市民的及び政治的権利に関する国際規約（＝B規約）」の第二選択議定書は，いわゆる「死刑廃止条約」と呼ばれるものである。

Ⅱ　解答

〔1〕A．1963　B．系列　C．1985
D．NIES〔NIEs〕　E．1991　F．1999
G．社会的　H．コミュニティ
〔2〕企業集団　〔3〕資本金　〔4〕―㋑
〔5〕大規模小売店舗法　〔6〕―㋒　〔7〕―㋓

◀解　説▶

≪中小企業問題≫

〔1〕B．系列企業とは，親企業である大企業と，その傘下にある中小企業によって構成される企業のまとまりのこと。

D．NIES（NIEs）は発展途上国の中で急速な工業化で輸出競争力を強め，国際貿易で先進国と競合するようになった国や地域のことである。

E．1986年頃から続いたバブル経済は1991年に崩壊し，その後日本は不景気となり，平成不況と呼ばれた。

H．コミュニティ・ビジネスは地域の特産物，文化財，観光資源や人材などの資源を活用して地域の活性化や課題解決に取り組む企業のことである。

〔2〕企業集団は企業グループとも呼ばれ，高度経済成長期には，株式の相互持ち合い，融資関係，役員派遣などで緊密な関係を有する企業の集合体を形成していた。

〔3〕中小企業基本法では，卸売業の中小企業は資本金1億円以下または従業員数100人以下と定められている。製造業は同3億円以下または同300人以下，小売業は同5000万円以下または同50人以下，サービス業は同5000万円以下または同100人以下の企業が中小企業であると定義している。

〔4〕㋑が適切。トヨタ自動車が生産管理の方法として用いているかんばん方式は，必要な物を，必要なときに，必要な量だけ作るというジャスト・イン・タイム方式の一つである。

〔5〕大規模小売店舗法は中小の小売業者を保護するために大型スーパーなど大規模小売店の中心市街地への出店を規制するものであった。これに代わって，大規模小売店舗の出店規制緩和と周辺地域の生活環境維持を目的とする大規模小売店舗立地法が制定された。

〔7〕㋓が適切。新興株式市場はベンチャー企業が多く上場している株式市場のこと。世界ではNASDAQなどが有名。東京証券市場（東証）ではJASDAQや東証マザーズなどがあったが，2022年に市場再編が行われ消滅した。現在の区分では，グロース市場が該当する。

Ⅲ　解答

〔1〕A．補正予算　B．特別会計　C．政府関係機関　D．郵便貯金　E．財投機関債　F．地方交付　G．国庫

〔2〕財政民主主義

〔3〕(a)硬直化　(b)クラウディング・アウト

〔4〕(a)—㋐・㋒　(b)—㋑　(c)逆進性　〔5〕—㋐

◀解　説▶

≪日本の財政制度≫

〔1〕A．国の予算には本予算，補正予算，暫定予算があるが，このうち補正予算は当初予算の成立後に発生した事由によって予定より支出が増大しそうな場合に組まれる予算のことである。

C．政府関係機関は株式会社日本政策金融公庫のように特別法によって設立された全額政府出資の法人のこと。こうした法人などに対する予算を政府関係機関予算という。

F・G．2000年代，小泉政権下で実施された地方財政改革を三位一体改革と呼ぶ。それは，「地方交付税の見直し」，「国庫支出金の削減」，「国から地方への税源の移譲」の3つを同時に行うことにより，国からの依存財源を減らし，地方公共団体の自主財源を増やすというものであった。

〔2〕財政民主主義は，国の財政活動にあたり国民の代表で構成される国会での議決が必要であるという原則である。日本国憲法では「国の財政を処理する権限は，国会の議決に基いて，これを行使しなければならない」（第83条）と定められている。

〔3〕(b)　クラウディング・アウトとは，政府の大量国債発行によって金

融市場から資金が吸い上げられて金利が上昇し，民間投資が圧迫されることである。

〔4〕(a)　ⓐ・ⓤが適切。ⓘの関税は国税であるが間接税であり不適。ⓔ自動車税，ⓞ固定資産税は地方税で不適。

(b)　ⓘが不適切。「水平的公平」は垂直的公平の誤り。公平な租税負担の原則には水平的公平と垂直的公平がある。前者は同一所得の者に対して同一額の税を課すべきだという原則，後者は所得の高い人に（担税能力に応じて）高率の税を課すべきだという原則であり，累進課税制度は後者の考え方によっている。

(c)　消費税が生活必需品にかかる場合，税負担率が高所得者よりも低所得者の方が高くなるという逆進性が問題となる。2015年に消費税率が8％から10％に上げられた際には，軽減税率が適用され，食料品を含む生活必需品の税率は元の8％に据え置かれた。

〔5〕ⓐが適切。日本の一般会計予算は約110兆円（2022年度)。日本の経済規模に関する基礎的な数値を知っていれば，正答できる。

❖講　評

Ⅰ．国連経済社会理事会と連携して活動をしている専門機関についての出題であった。限られた範囲の出題であり，やや難しい問題が多く出題された。〔1〕〔2〕は，万国郵便連合（UPU)，国際労働機関（ILO)，世界保健機構（WHO)，国際民間航空機関（ICAO）について，名称，本部の地名，活動内容などが問われている。教科書で扱われていないものも多く，資料集を用いて教科書の内容を補完し，知識の幅を広めるなどの対策が必要となる。

Ⅱ．大企業と中小企業の二重構造問題，近年の中小企業の動向などが出題されている。〔1〕では，中小企業基本法制定・改正，プラザ合意，平成不況の始まりの年が問われている。いずれも重要な年なので知っておきたい。立命館大学ではこのような出題が多いので，重要な法律，出来事の年を覚えることで各分野の歴史的推移をつかむようにしたい。また，〔1〕Gの「社会的」企業，Hの「コミュニティ」・ビジネスを解答する問題は難しかった。

Ⅲ．予算，国債，財政投融資など日本の財政制度全般についての知識が問われている。ほとんどが教科書に準拠した基本的な知識を問うており，全体的には標準的な難易度になっている。しかし，〔1〕Dの「郵便貯金」やEの「財投機関債」を解答する問題はやや詳細な知識が必要であった。また，〔3〕(b)「クラウディング・アウト」は教科書ではあまり取り扱われていない専門用語なので難しかった。

数学

I **解答** ア．-1 イ．$\frac{5}{2}$ ウ．$-\frac{7}{2}$ エ．-4 オ．-8 カ．$\frac{2}{7}$

キ．-4 ク．2 ケ．3 コ．$x+1$ サ．$-x+5$ シ．5 ス．8

セ．※ ソ．$\frac{1}{4}$ タ．$\frac{3\sqrt{15}}{4}$ チ．$\frac{\overrightarrow{OA}-\overrightarrow{OB}}{2}$ ツ．2 テ．$\frac{\sqrt{15}}{8}$

※「セ」については，条件設定が不十分であったため，全員正解として扱うと大学から公表されている。

◀解　説▶

≪小問 3 問≫

〔1〕 3 次方程式の解と係数の関係より

$$\alpha+\beta+\gamma=-\frac{2}{2}=-1 \quad \to ア$$

$$\alpha\beta+\beta\gamma+\gamma\alpha=\frac{5}{2} \quad \to イ$$

$$\alpha\beta\gamma=-\frac{7}{2} \quad \to ウ$$

(1)
$$\alpha^2+\beta^2+\gamma^2=(\alpha+\beta+\gamma)^2-2(\alpha\beta+\beta\gamma+\gamma\alpha)$$
$$=(-1)^2-2\times\frac{5}{2}=-4 \quad \to エ$$

(2)
$$(\alpha-1)(\beta-1)(\gamma-1)=\alpha\beta\gamma-(\alpha\beta+\beta\gamma+\gamma\alpha)+(\alpha+\beta+\gamma)-1$$
$$=\left(-\frac{7}{2}\right)-\frac{5}{2}+(-1)-1=-8 \quad \to オ$$

(3) まず

$$(\alpha+\beta)(\beta+\gamma)(\gamma+\alpha)=(-1-\gamma)(-1-\alpha)(-1-\beta)$$
$$=-(1+\gamma)(1+\alpha)(1+\beta)$$
$$=-\{1+(\alpha+\beta+\gamma)+(\alpha\beta+\beta\gamma+\gamma\alpha)+\alpha\beta\gamma\}$$
$$=-\left\{1+(-1)+\frac{5}{2}+\left(-\frac{7}{2}\right)\right\}=1$$

次に

$$\frac{1}{\alpha\beta}+\frac{1}{\beta\gamma}+\frac{1}{\gamma\alpha}=\frac{\alpha+\beta+\gamma}{\alpha\beta\gamma}=\frac{-1}{-\frac{7}{2}}=\frac{2}{7}$$

よって

$$(\alpha+\beta)(\beta+\gamma)(\gamma+\alpha)\left(\frac{1}{\alpha\beta}+\frac{1}{\beta\gamma}+\frac{1}{\gamma\alpha}\right)=1\times\frac{2}{7}=\frac{2}{7}\quad\rightarrow カ$$

(4)　因数分解の公式

$$\alpha^3+\beta^3+\gamma^3-3\alpha\beta\gamma=(\alpha+\beta+\gamma)(\alpha^2+\beta^2+\gamma^2-\alpha\beta-\beta\gamma-\gamma\alpha)$$

より

$$\alpha^3+\beta^3+\gamma^3=(\alpha+\beta+\gamma)\{(\alpha^2+\beta^2+\gamma^2)-(\alpha\beta+\beta\gamma+\gamma\alpha)\}+3\alpha\beta\gamma$$

$$=(-1)\left\{(-4)-\frac{5}{2}\right\}+3\cdot\left(-\frac{7}{2}\right)=\frac{13}{2}-\frac{21}{2}=-4\quad\rightarrow キ$$

〔2〕 (1)　$y=-\frac{1}{2}x^2+3x-1$　……①

より　$y'=-x+3$

接点Aのx座標をaとすると

$-a+3=1$　$\therefore$　$a=2$

したがって，接点Aの座標は

A(2, 3)　→ク，ケ

であり，接線の方程式は

$y-3=1\cdot(x-2)$　$\therefore$　$y=x+1$　……②　→コ

また，接線②に垂直で点Aを通る直線の方程式は

$y-3=-1\cdot(x-2)$　$\therefore$　$y=-x+5$　……③　→サ

(2)　点Bの座標はB(0, 5)であるから，円の方程式は

$x^2+(y-5)^2=r^2$　(rは円の半径)

とおけて，これが放物線①とただ1つの共有点をもつとき，右図より

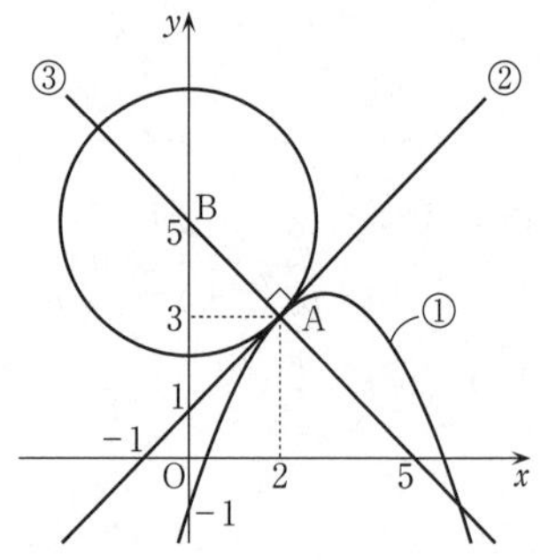

$r=\mathrm{AB}=2\sqrt{2}$

よって，求める円の方程式は

$x^2+(y-5)^2=8$　→シ，ス

〔3〕　$|2\overrightarrow{\mathrm{OA}}-\overrightarrow{\mathrm{OB}}|=\sqrt{19}$ より

$|2\overrightarrow{\mathrm{OA}}-\overrightarrow{\mathrm{OB}}|^2=19$

$$4|\overrightarrow{OA}|^2-4\overrightarrow{OA}\cdot\overrightarrow{OB}+|\overrightarrow{OB}|^2=19$$

$$4\cdot2^2-4\overrightarrow{OA}\cdot\overrightarrow{OB}+3^2=19$$

$$\overrightarrow{OA}\cdot\overrightarrow{OB}=\frac{6}{4}=\frac{3}{2}$$

よって，内積の定義より

$$\cos\angle AOB=\frac{\overrightarrow{OA}\cdot\overrightarrow{OB}}{|\overrightarrow{OA}||\overrightarrow{OB}|}=\frac{\frac{3}{2}}{2\cdot3}=\frac{1}{4}\quad\to ソ$$

また，△OAB の面積は，面積公式より

$$\frac{1}{2}\sqrt{|\overrightarrow{OA}|^2|\overrightarrow{OB}|^2-(\overrightarrow{OA}\cdot\overrightarrow{OB})^2}=\frac{1}{2}\sqrt{2^2\cdot3^2-\left(\frac{3}{2}\right)^2}=\frac{3\sqrt{15}}{4}\quad\to タ$$

別解　タ．三角比による面積公式を使うと

$$\frac{1}{2}OA\cdot OB\sin\angle AOB=\frac{1}{2}\cdot2\cdot3\sqrt{1-\left(\frac{1}{4}\right)^2}=\frac{3\sqrt{15}}{4}$$

次に，$(\overrightarrow{OP}-\overrightarrow{OA})\cdot(\overrightarrow{OP}+\overrightarrow{OB})=0$ より

$$(\overrightarrow{OP}-\overrightarrow{OA})\cdot\{\overrightarrow{OP}-(-\overrightarrow{OB})\}=0$$

であるから

$$\overrightarrow{OB'}=-\overrightarrow{OB}$$

を満たす点 B′ をとると，円の中心 C は線分 AB′ の中点であるから

$$\overrightarrow{OC}=\frac{\overrightarrow{OA}+\overrightarrow{OB'}}{2}=\frac{\overrightarrow{OA}-\overrightarrow{OB}}{2}\quad\to チ$$

また

$$\begin{aligned}|\overrightarrow{AB'}|^2&=|\overrightarrow{OB'}-\overrightarrow{OA}|^2\\&=|-\overrightarrow{OB}-\overrightarrow{OA}|^2\\&=|\overrightarrow{OB}|^2+2\overrightarrow{OA}\cdot\overrightarrow{OB}+|\overrightarrow{OA}|^2\\&=3^2+2\cdot\frac{3}{2}+2^2=16\end{aligned}$$

より

$$|\overrightarrow{AB'}|=\sqrt{16}=4$$

よって，円の半径は

$$\frac{|\overrightarrow{AB'}|}{2}=\frac{4}{2}=2\quad\to ツ$$

この円と辺 OB との交点 D について

$$\overrightarrow{OD}=k\overrightarrow{OB} \quad (0\leqq k\leqq 1)$$

とおき，円のベクトル方程式を満たすとすると

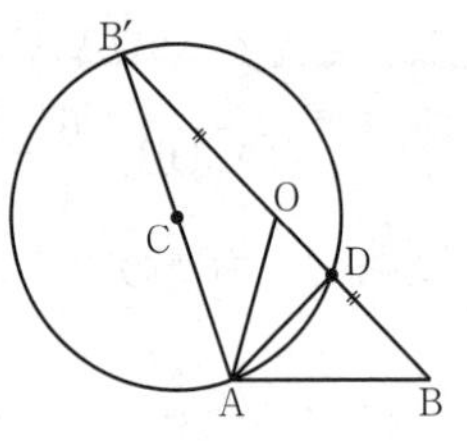

$$(\overrightarrow{OD}-\overrightarrow{OA})\cdot(\overrightarrow{OD}+\overrightarrow{OB})=0$$

$$(k\overrightarrow{OB}-\overrightarrow{OA})\cdot(k\overrightarrow{OB}+\overrightarrow{OB})=0$$

$$(k+1)(k\overrightarrow{OB}-\overrightarrow{OA})\cdot\overrightarrow{OB}=0$$

$k+1\neq 0$ であるから

$$k|\overrightarrow{OB}|^2-\overrightarrow{OA}\cdot\overrightarrow{OB}=0$$

$$k\cdot 3^2-\frac{3}{2}=0$$

よって　　$k=\dfrac{1}{6}$

これは $0\leqq k\leqq 1$ を満たす。

したがって，△AOD の面積は，△OAB の面積の 6 分の 1 で

$$\frac{3\sqrt{15}}{4}\times\frac{1}{6}=\frac{\sqrt{15}}{8} \quad \to テ$$

II

解答 ア．$\dfrac{3}{5}$　イ．$\dfrac{2}{5}$　ウ．$\dfrac{4}{5}$　エ．$\dfrac{1}{5}$　オ．$\dfrac{17}{25}$　カ．$\dfrac{8}{25}$

キ．44　ク．80　ケ．青　コ．$\dfrac{9}{10}$　サ．$\dfrac{1}{10}$　シ．$\dfrac{89}{125}$　ス．$\dfrac{41}{50}$

セ．$\dfrac{117}{250}$　ソ．$\dfrac{204}{5}$　タ．30　チ．$\dfrac{296}{5}$　ツ．白　テー(2)　トー(2)

ナ．＞　ニ．＞

◀解　説▶

≪サイコロ投げゲームにおける戦略への確率の応用≫

〔1〕 赤を 1 回投げたとき

- 80 が出る確率は　　$\dfrac{12}{20}=\dfrac{3}{5}$　→ア
- 160 が出る確率は　　$\dfrac{8}{20}=\dfrac{2}{5}$　→イ

青を 1 回投げたとき

- 90 が出る確率は　　$\dfrac{16}{20}=\dfrac{4}{5}$　→ウ

- 200 が出る確率は　$\dfrac{4}{20}=\dfrac{1}{5}$　→エ

赤を選択したことで後悔する場合を排反に場合分けすると

(i)　青の 200 が出る場合

(ii)　青の 90，赤の 80 が出る場合

であるから，赤を選択したことで後悔する確率は

$$\frac{1}{5}+\frac{4}{5}\times\frac{3}{5}=\frac{5+12}{25}=\frac{17}{25}\quad\to オ$$

青を選択したことで後悔する場合は

青の 90，赤の 160 が出る場合

であるから，青を選択したことで後悔する確率は

$$\frac{4}{5}\times\frac{2}{5}=\frac{8}{25}\quad\to カ$$

効用について

$$V_R=80\times\frac{3}{5}+160\times\frac{2}{5}-100\times\frac{17}{25}=48+64-68=44\quad\to キ$$

$$V_B=90\times\frac{4}{5}+200\times\frac{1}{5}-100\times\frac{8}{25}=72+40-32=80\quad\to ク$$

$V_R<V_B$ より，効用が大きいのは　青を選択したとき　→ケ

〔2〕　白を 1 回投げたとき

- 95 が出る確率は　$\dfrac{18}{20}=\dfrac{9}{10}$　→コ
- 205 が出る確率は　$\dfrac{2}{20}=\dfrac{1}{10}$　→サ

赤を選択したことで後悔する場合を排反に場合分けすると

(i)　白の 205 が出る場合

(ii)　白の 95，青の 200 が出る場合

(iii)　白の 95，青の 90，赤の 80 が出る場合

であるから，赤を選択したことで後悔する確率は

$$\frac{1}{10}+\frac{9}{10}\times\frac{1}{5}+\frac{9}{10}\times\frac{4}{5}\times\frac{3}{5}=\frac{25+45+108}{250}=\frac{178}{250}=\frac{89}{125}\quad\to シ$$

青を選択したことで後悔する場合を排反に場合分けすると

(i)　白の 205 が出る場合

(ii)　白の 95，青の 90 が出る場合

であるから，青を選択したことで後悔する確率は

$$\frac{1}{10}+\frac{9}{10}\times\frac{4}{5}=\frac{5+36}{50}=\frac{41}{50}\quad\rightarrow ス$$

白を選択したことで後悔する場合は

白の 95 が出て，青の 200 または赤の 160 が出る場合

であるから，白を選択したことで後悔する確率は

$$\frac{9}{10}\times\left(\frac{1}{5}+\frac{2}{5}-\frac{1}{5}\times\frac{2}{5}\right)=\frac{9}{10}\times\frac{5+10-2}{25}=\frac{117}{250}\quad\rightarrow セ$$

効用について

$$V'_R=80\times\frac{3}{5}+160\times\frac{2}{5}-100\times\frac{89}{125}=\frac{240+320-356}{5}=\frac{204}{5}\quad\rightarrow ソ$$

$$V'_B=90\times\frac{4}{5}+200\times\frac{1}{5}-100\times\frac{41}{50}=72+40-82=30\quad\rightarrow タ$$

$$V'_W=95\times\frac{9}{10}+205\times\frac{1}{10}-100\times\frac{117}{250}=\frac{855+205-468}{10}=\frac{592}{10}$$

$$=\frac{296}{5}\quad\rightarrow チ$$

$V'_W>V'_R>V'_B$ より，効用が大きいのは　白を選択したとき　→ツ

〔3〕　赤を選択した参加者が後悔する確率は

$\frac{17}{25}\left(=\frac{85}{125}\right)$ から $\frac{89}{125}$ に高く（大きく）なる。よって　(2)　→テ

青を選択した参加者が後悔する確率は

$\frac{8}{25}\left(=\frac{16}{50}\right)$ から $\frac{41}{50}$ に高く（大きく）なる。よって　(2)　→ト

効用への影響について

$V_R=44\left(=\frac{220}{5}\right)$，$V'_R=\frac{204}{5}$ より　$V_R>V'_R$　→ナ

$V_B=80$，$V'_B=30$　より　$V_B>V'_B$　→ニ

III

解答　〔1〕　$a=9$ のとき，方程式①は

$$4^x-3\cdot2^{x+1}+8=0$$

$(2^x)^2-6\cdot 2^x+8=0$

$(2^x-2)(2^x-4)=0$

$2^x=2,\ 4$

よって　　$x=1,\ 2$　……(答)

〔2〕 (1) 方程式①が $x=0$ を解にもつとすると

$1-2(a-6)+17-a=0$

$-3a+30=0$

よって　　$a=10$　……(答)

(2) $a=10$ のとき，方程式①は

$4^x-4\cdot 2^{x+1}+7=0$

$(2^x)^2-8\cdot 2^x+7=0$

$(2^x-1)(2^x-7)=0$

$2^x=1,\ 7$

よって　　$x=0,\ \log_2 7$

したがって，$x=0$ 以外の解は　　$x=\log_2 7$　……(答)

〔3〕 $2^x=t$ とおくと，方程式①は

$t^2-2(a-6)t+17-a=0$　……②

よって，方程式①が実数解をもたないための必要十分条件は

方程式②が正の解をもたない

ことである。そこで

$f(t)=t^2-2(a-6)t+17-a$

とおくと

$$f(t)=\{t-(a-6)\}^2-(a-6)^2+17-a$$
$$=\{t-(a-6)\}^2-a^2+11a-19$$

であるから，$y=f(t)$ のグラフは

軸の方程式は　　$t=a-6$

頂点の座標は　　$(a-6,\ -a^2+11a-19)$

である。

方程式 $f(t)=0$ が正の解をもたないための a の値の範囲を調べる。

(i) $a-6>0$ のとき（$a>6$ のとき）

$-a^2+11a-19>0$ であればよいから

$a^2-11a+19<0$

ここで，$a^2-11a+19=0$ を解くと

$$a=\frac{11\pm\sqrt{45}}{2}=\frac{11\pm3\sqrt{5}}{2}$$

であるから，不等式の解は

$$\frac{11-3\sqrt{5}}{2}<a<\frac{11+3\sqrt{5}}{2}$$

いま $a>6$ のときであるから

$$6<a<\frac{11+3\sqrt{5}}{2}$$

(ii)　$a-6\leqq0$ のとき（$a\leqq6$ のとき）

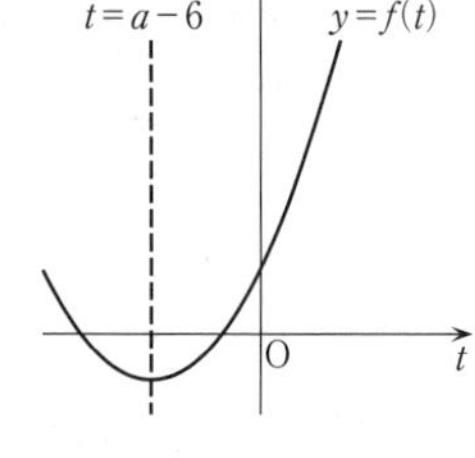

$f(0)=17-a\geqq0$ であればよいから

$$a\leqq17$$

いま $a\leqq6$ のときであるから　　$a\leqq6$

(i)，(ii)より，求める a の値の範囲は

$$a<\frac{11+3\sqrt{5}}{2}\quad\cdots\cdots(答)$$

〔4〕　方程式①の異なる 2 つの解を α，β とすると，2^α，2^β は方程式②の解であるから，解と係数の関係より

$$2^\alpha+2^\beta=2(a-6),\quad 2^\alpha\cdot2^\beta=17-a$$

条件より，$\alpha+\beta=0$ であるから

$$17-a=2^\alpha\cdot2^\beta=2^{\alpha+\beta}=2^0=1$$

よって　　$a=16$　……(答)

$a=16$ のとき，方程式①は

$$4^x-10\cdot2^{x+1}+1=0$$

$$(2^x)^2-20\cdot2^x+1=0$$

$$2^x=10\pm\sqrt{99}=10\pm3\sqrt{11}$$

よって　　$x=\log_2(10\pm3\sqrt{11})$　……(答)

◀解　説▶

≪指数・対数の方程式，２次方程式≫

〔1〕,〔2〕は機械的な計算である。〔3〕は $2^x=t$ などとおいて，２次方程式の問題に帰着させることがポイントである。本問で扱ったような２次方程式の解についての問題は非常に大切で，２次関数のグラフを活用する

ことが重要である。軸の位置での場合分けも 2 次関数の重要事項である。〔4〕は方程式①と方程式②の関係に注意して，2 次方程式の解と係数の関係を活用することがポイントである。

❖講　評

Ⅰは小問 3 問の形式である。〔1〕は 3 次方程式の解と係数の関係の問題で基本的な問題であるが，式の展開や因数分解のしっかりとした基礎が問われている。〔2〕は放物線と直線および円などの位置関係の問題，および微・積分法の内容として接線や面積を求める問題である。ごく易しい問題であるが，図を描いて考えることができるかどうかが問われている。〔3〕はベクトルの内積の基本的な計算と円のベクトル方程式の問題である。これも基本的な内容ではあるが，円のベクトル方程式などは弱点になりやすいので注意が必要である。

Ⅱは例年，生活に密着したような問題を数学的に考察するというタイプの出題である。2023 年度はサイコロ投げのゲームで，自分の選択を後悔しないための戦略を，確率を応用して考えるような内容である。問題文だけを見ると長文で一見難しそうに見えるが，一つ一つの問いはごく簡単な確率の計算問題で，見た目に惑わされないようにすることも大切である。とはいえ，確率の長文問題では問題になっているゲームの内容自体を理解するのが苦手という人も多いので，このような長文問題に慣れておく必要がある。

Ⅲのみ記述式の問題であるが，内容は指数・対数の方程式，2 次方程式の解の考察といったもので典型的な問題である。問われている内容はどれも基本事項であるから確実に解けるようにしておきたい。

肢はなく、標準的。本文は長いが、設問の難易度としては標準的。全体として、やや難。

三の古文は、二〇二二年度と同様に鎌倉初期の仏教説話集『閑居友』が出典。本文は長いが、類推しやすい文章。問一の主語指摘はわかりやすい。標準的。問2の内容説明としての口語訳は平易。問3の助動詞の文法的説明も平易。問4の選択の口語訳の設問は、婉曲の助動詞「む」、重要古語の「覚ゆ」の理解がカギ。標準的。問5は省略語を選ぶものので、本文の構成を把握していれば間違うことはない。標準的。問6は記述式口語訳の設問。㋒「あぢきなし」は訳しにくく、やや難。㋓は呼応の副詞「よに」の訳の知識を持つか否かがポイント。標準的。問7の内容真偽は5の間違いが指摘できるかどうかがポイント。二つとも正答するのはやや難。全体としては標準的。

四の漢文は『却掃編』が出典。本文を読み解くのに力が必要。問1の②「適」を「たまたま」と読むのは難しい。問2の空所補充も文中に入れて文意が通じるかの判断が必要。やや難。問3の書き下し文も、文脈の正確な把握があって初めて正解にたどり着く。やや難。問4の内容真偽は標準的。全体として標準からやや難のレベル。

禁じられているのに、この石碑がどうしてそのままあってよいのか、いやあってはならない〉となるので、「此の石」と読む1が正解となる。

問4　文中の「苗仲先」は「適」（＝たまたま、ちょうどその時）長官になり、拓本を「数千本」も作った。そして、問3にあるように「石碑」がそのまま現存するのはおかしいと理屈をつけ、「立砕之」と唯一無二の作品を破壊する。この意図は、自らの手に入れた拓本の価値をさらに上げるためであった。この文脈に沿ったものは5である。1は後半の「将来は……噂が流れた」が不可。2は、「多くの士大夫……人物や詩文が嫌われ」が間違い。官僚も役人も法令に抵触して自分が巻き込まれるのを避けたのである。3は、最後の「文章の大部分を削ってから」が間違い。「但投其石」とあり、のちに苗仲先が堀から出して拓本を作っている事実に矛盾する。4は「数千本を作ったとたんに壊れてしまい」が間違い。

❖講　評

一の現代文は、菊地暁『民俗学入門』が出典。民俗学における民俗資料の大切さとデータ収集のための「三部分類」を説く文章。論旨は明瞭。問3の欠文挿入箇所、問4の内容説明はいずれも平易。問5の空所補充は6の「資料」という語に反応すると3を見落とす。やや難。問6の箇所指摘は具体例から一般論を引き出す。標準的。問7の内容説明は、各選択肢が長いが、本文通りの記述で標準的。問9の内容真偽も紛らわしい選択肢がなく、標準的。問10の文学史は消去法で解く。やや難か。全体的には標準レベル。

二の現代文は、中川成美『戦争をよむ』が出典。文学が戦争と歩んだ経緯と、その可能性・責務を説いた文章。抽象的で文章も長い。問1の欠文挿入箇所は標準的。問2の内容説明は選択肢に紛らわしいものがなく、標準的。問3の空所補充の設問はやや難。文学と戦争の関係性を「抜き差しならない」と修飾する。問1の挿入文に同じ表現があると気づくことで解けるだろう。問4の内容説明は文脈を丁寧に追う必要があり、やや難。問5の内容真偽は紛らわしい選択

拓本を持って行き、すべてこれを売り、得たところ（金額）は計り知れない。

読み　東坡既に南に竄せられ、議する者復た悉く其の為る所の文を除かんことを請ひ、詔して之に従はしむ。是に於いて、士大夫の家に蔵する所既に敢へて出だす莫く、吏も禍を畏れ、在る所の石刻多く毀たる。徐州の黄楼は東坡の作る所にして、子由之が賦を為り、坡自ら書す。時に守たる者独り毀つに忍びず、但だ其の石を城濠の中に投じて、楼の名を観風に易ふるのみ。宣和の末年、禁稍く弛み、一時の貴遊東坡の文を蓄ふるを以て相尚び、鬻ぐ者大いに售はる。故に工人稍稍として濠中に就きて此の刻を摹す。苗仲先なる者有りて適守と為り、因りて命じて之を出だし、日夜摹印し、既に数千本を得たり。忽ち僚属に語げて曰はく、「蘇氏の学、法禁尚ほ在り、此の石奈何ぞ独り存せん」と。立ちどころに之を砕く。人石の毀たるるを聞きて墨本の価益増す。仲先秩満ち、携へて京師に至り、尽く之を鬻ぎ、獲る所貲られず。

▲解　説▼

「却掃編」は宋の徐度の作品。清の乾隆帝の勅命で編纂された中国最大の叢書である『四庫全書』に収められている。

問1　①「悉」は「ことごとく」と読み、〝残らず、すべて〟の意、文中にある「尽く」も同様である。②「適」は「たまたま」と読み、〝ちょうど〟の意。

問2　冒頭に蘇東坡（＝蘇軾）が罪を得て南方に流され、作品が廃棄されたことが示されている。一方で、「時為守者独不忍毀」というようにその作品の価値を知るものもいた。その中で「宣和末年」に「稍く弛」むものとして考えられるものは6の「禁」（＝差し止め）である。空欄Aの後の「貴遊……相尚」からも、上流階級の人たちが蘇東坡の文章に価値を見いだしたことがわかるように、「禁」が弛んできたのである。正解は6。

問3　「奈何」は「いかんぞ……ん（や）」と読み、〝どうして……か、いや……ない〟と訳す反語の用法。目的語がある場合には「奈＋目的語＋何」と間にはさむ形になり、「……をいかんせん」と読む。ここでは何もはさまっておらず、目的語を取らないので1、3、4に絞ることができる。3は「禁ずるを法として」が語順からも語意からもおかしい。4は「此石」は「奈何独存」の主語にあたるので「石に」とは読めない。そして、文脈として〈蘇氏の学は、法律で

2と4である。5がやや紛らわしいが、娘の「銭一貫を拾い、かわりに九つの笊器を置いた」が間違い。銭一貫のうち、〈笊器九つ分のお金を取り、残りのお金はそのまま置いていた〉が本当のところである。

四

出典　徐度『却掃編』

解答

問1　①ことごとく　②たまたま

問2　6

問3　1

問4　5

◆全　訳◆

東坡はもはや罪を得て南方に流され、（このことを）決めた者たちは繰り返し蘇東坡の作った文章をことごとく取り除くことを要求して、勅令を出して従わせた。そこで、官僚の家に所蔵するものはもうわざわざ出すものはなく、役人も禍を恐れて、（東坡の文を刻んだ）石碑が多く壊された。徐州の黄楼は蘇東坡の作った作品で、蘇東坡の弟の子由（蘇轍）がこの詩文を作り、蘇東坡自らが書を書いた。その当時長官だった者がただ壊すに忍びなく、ただ石を都市の周囲や内部に作られた堀に投げ入れて、楼の名前を観風に変えただけだった。宣和の末年に、禁がようやく弛んで、ある一時期上流階級の人々が蘇東坡の散文を蓄えて、互いに讃え、売る者は非常に繁盛した。そのため職人は少しずつ堀の中に入っていき、東坡の石碑の拓本を作った。苗仲先という者がちょうど長官となり、そこで命令してこの石碑を（堀から）出し、昼も夜も拓本を作り、ついには数千本となった。すぐに部下に告げて言うことには、「東坡の学び（＝作品）は、やはり法律で禁じられているのに、この石碑だけがどうしてそのままあってよいのだろうか、いやあってはならない」と。すぐに、これを壊してしまった。人々が石碑が壊されたことを聞いて、拓本の価格はますます上がった。仲先は任期を終え、都に

問2　傍線㋐の直前の文脈は、裕福な男が、馬と牛の会話を聞いて、いたたまれなくなったというものである。この男は、自分がこのままの生活を続けていると、仏道のうえでの罪業が積み重なると思ったのである。「身」は〝我が身〟、また、「敵」とは〝害、危害〟の意。〈財産が我が身に害になる〉という文脈は4が該当する。

問3　④「ぬ」は、直後に「山」という名詞が接続しているので連体形。連体形が「ぬ」の助動詞は、打消の「ず」で、正解は5。⑤「ぬ」は、活用形が終止形であることから完了の「ぬ」で、正解は6。⑦の「ける」は直後に「ほど」という名詞が接続するので、過去の助動詞「けり」の連体形で、3が正解。⑧の「たり」の意味には完了と存続の二つがあるが、ここでは活用形が連用形であることから、正解は4。

問4　父が娘を諭すために語った内容である。父は娘が自分たちの生活苦を考えるあまりに、笊器九つ分を落ちていたお金から取るような浅ましい心根を「かかる濁りある心」と言っているのである。「疎ましく覚ゆ」の「疎まし」は、現代語と同様、〝いやな感じだ、いとわしい〟という意、「覚ゆ」は重要古語で〝そのような気がする、自然に思われる〟意。これを正しく訳出できているのは1である。なお、「持たらむ」は「持てあり」または「持ちあり」が一語化した「持たり」未然形＋婉曲の助動詞「む」連体形で〝持っているような〟の意。

問5　空欄Aの直後に「これを聞き侍りしに」とあるのもヒントになるが、冒頭に「人の語り侍りしは」と「語り」の内容が呼応していることに気づく必要がある。正解は2。

問6　㋒「あぢきなし」とは〝道理に外れていてどうしようもない〟の意。この場面は、誠実に生き、赤貧のため亡くなった親子三人に比べて、自らの心根の「濁り」を嘆いている筆者を想像すること。悲しいけれども〝どうしようもない〟というのである。㋓「よにあらじ」の「よに」は呼応の副詞で、下部に打消を伴い、〝決して、全然〟の意。「あらじ」の「じ」は打消推量で〝決していないだろう、決していますまい〟と訳せばよい。

問7　2は第三段落「二人の人のいふやう、『誰を頼みて……おはせむ方にこそ慕ひ聞こえめ』」に合致している。4は後ろから三つめの段落の「これを聞き侍りしに……いかが侍るべからむと悲しくあぢきなし」と合致している。正解は

どんなことをしようとして持っていた銭だったのだろう。親のものであったかもしれない、主人のものであったかもしれない。たとえ取るとしても、一つの笊器を置いて一つ分の値段を取るべきだった。いったいどんな人が、一人で笊器を九つも買うことがあるだろうか。このようなけがれた心を持つような者は、疎ましく思える。さあ早く、(銭を)みんな持って行って、元の銭と一緒に貫き戻して、(かわりに)笊器だけを取ってきなさい」と言う。娘が、(その場所に)戻ってみると、この銭が前と同じ状態であったので、元通りにして、笊器を取って帰宅すると、父と母が、両方とも合掌して、頭を垂れて死んでいた。「ああ、悲しいことだ。私もこのまま生きていて何になろうか」と言って、娘もそばに座って死んでしまったとか(いうことだ)。

これを聞くにつけて、気の毒で筆舌に尽くしがたいものでした。本当に、そのような心を持って、仏の道を願うべきなのに、我が身にはわずかに仏道を学ぶようにしているのだが、心は常に濁りに染まっているというのは、きっと三宝を欺く罪があるのだろう。いったい(後世は)どうなるのだろうかと悲しくどうにもならない。

あの昔の三人は、今はどのような菩薩になって、どこの仏の御国に(生まれて)いらっしゃるのでしょうか。「願わくは、私の心を憐れんで、瞬間瞬間ごとに彼らと同じようであろうとする心をください」と、心の中で祈りました。

それにしても、この人たちの姿を、絵に描いて売るという話がありました。おおよそ、中国では、このようなことには大変思いやりがあり、亡くなった後までも続くのでしょうか。この日本の国には、そのような人の姿の絵を、買う人は決していますまい。描いて売ろうとする人も、また、稀であるだろうか。

▲解　説▼

問1　動作の主体を尋ねる設問。①の「侍り」は文章冒頭で、省略されているものとして考えられるのは、6「作者」である。②の「あり」の主語は、話題になっている「卑しからぬ男」である。正解は1「男」。③の「侍る」は、会話の主である「二人の人」で、具体的には4「妻と娘」を指す。正解は4。⑥の「具す」は、前にさかのぼると、そもそも「笊器」を売りに行っているのが、「この娘にて売りに出だしけり」とある通り、3「娘」だとわかる。

打たれた傷跡がことさらに痛く辛くて、あまりに苦しくて、思い通り休むこともできない。明日はまた、どんなふうに使われるというのだろう。このことを思うとともかくにも安らかに寝ることもできない」と言う。また、牛が言うことには、「そう、そのとおり。ああ、悲しいことだなあ。私が（前世の報いで）このような身（＝牛）に生まれたのだと思うけれども、さしあたっては、ただこの人への恨めしさは、どうしようもなく思われる」と言った。

このことを聞くと、（この男は）心の平静を保つこともできないくらいに悲しくて、妻と娘に言ったことには、「私は、今夜こっそりこの家を出ようと思うことがある。こんなこと（馬と牛の話を聞いたこと）があるのですよ。今から、このまま年月を重ねていくと、このようなことがもっと積もっていくのだろう。財産は自分にとって敵になるものに違いありません。この家を捨てて、どこへともなく行って、人のいないようなところの、静かな場所に行って、来世のことを思って暮らそうと思う。あなた方はここに留まるといい」と言ったところ、二人の人（＝妻と娘）が言ったことには、「（私たちは）誰を頼みにして生きている身だというので、（このまま）残っていることができるでしょうか、いやできません。どこへでも、（あなたが）いらっしゃる方に付いてまいります」と言う。「それならば、それがよいでしょう」と言って、親子三人は、こっそりと出て行ったのである。

そうして、はるか遠くに行って、思いもかけぬ山のふもとで、粗末な家を適当にこしらえて、笊器という竹で編んだ籠を一日に三つ作って、この娘に売りに行かせた。このようにして生計を立てていたが、あるとき、この笊器を買う人がいなかった。（娘は）むなしく帰宅した。また次の日の分（＝三つ）を、足して持って出たけれども、その日も買う人がいなかった。また次の日の分も加えて、（全部で）九つの笊器を持って行ったけれども、この日も買う人がいなかった。娘は、嘆いて、「もっぱらこうして（売れずに）日は過ぎる。私の父母の命も生きながらえるのが難しいだろう。どうしよう」と、思い悩んでいると、道に銭一千枚が落としてあった。この娘は、笊器をこの銭に結びつけて、笊器の値段を数えて、そこ（＝落ちていた銭）から取って、残りの銭と（九つの）笊器とを、元のところに置いてきたのである。

そうして（父母のもとに帰って）、このことを語ったところ、父は、大変驚いて言ったことには、「（その落とし主が）

問5　1は、最後の「人間性そのものを否定」が本文内容と乖離している。2は、「戦争」を通して「国民を幸福にしようとする」為政者を説く点が文脈と外れる。3は、第三段落後半の内容と符合しており、これが正解。4は、最後の「国家と戦争、……文学の力を以てしても変えられない」が本文に外れる。5は、「平和を希求」と「戦争を再生産する国家システム」の放棄とを結びつけている点が不可。

三

出典　慶政上人『閑居友』〈下七　唐土の人、馬・牛の物憂うる聞て発心する事〉

解答

問1　①−6　②−1　③−4　⑥−3

問2　4

問3　④−5　⑤−6　⑦−3　⑧−4

問4　1

問5　2

問6　㋒どうしようもない　㋓決していますすまい（㋒・㋓とも十字以内）

問7　2・4

◆全　訳◆

（私が）中国におりましたときに、（その土地の）人が語っていましたことには、昔、この国に身分の低くない男がいた。その家はとても豊かであった。

ある秋の夜、高い建物に登って、月を眺めていたときに、夜も静まり、人も寝静まって、音もしない。このようなときに、そこにいた馬と牛が、話をしていた。馬が言うには、「ああ、悲しい。辛い。どんな（前世の）罪の報いとして、この人に使われて、昼は一日中というほどに、このように使われているのだろう。夜も、気持ちよく休むはずなのに、杖で

後の「中野重治」が徳田秋声と武者小路実篤の微苦笑に「かすかな幸福」を感じたという文脈が挙げられる。筆者はこれを「文学が持つ力への信頼」と説く。正解は〈 5 〉である。

問2　傍線㋐の「それ」とは、「徴兵忌避は重罪」で「社会的にも制裁がある」ことを指している。筆者は「戦争に参加する理由」としては「社会的な制裁」だけではなく、〈他の要因〉があると考えている。それを次の段落（第七段落）で探る。筆者は、西川氏の説く「近代の戦争と文学の関係」の具体例として、「ナショナリズム」の「血肉」化を「異様なこととも思わなくなる」ことを示している。その事例として、第七段落三文目「格段のナショナリスト……メンタリティは、……それを受け入れたいとどこかで願う欲動と直結して、身体的な経験として国家への同一化を果たす」が挙げられる。この文脈に沿うのが、「人間的なメンタリティによって、国家への同一化が果たされている」と説く1である。

問3　空欄Aの直前は、「文学と戦争」との関係を「抜き差しならない」と説いている。「抜き差しならない」とは〝動きがとれない、どうしようもない〟意である。これは文学から戦争をみた時の関係性を示した語で、同じ表現が問1の挿入文に「抜き差しならない戦争と文学、国家と文学の紐帯」とある。「紐帯」とは、〝両者を結びつけるたいせつなもの。つながり〟の意である。文学が図らずも戦争に荷担してしまうという意味で、4「共犯」を選ぶ。

問4　問3で、「文学」が「戦争」と「共犯」関係を結ぶことを説いたが、「文学」が「戦争」との関係性を「打ち破っていく可能性」を持ち合わせることを、筆者は「文学的想像力」という言葉で説こうとしている。傍線㋑は直前に指示語「その」があり、「その」が指示するものは、直前の「自らが立つ場所への根本的な疑義」、あるいは「自ら自身に内在化された『国民化』への疑惑」である。これは前段落の中野重治の「肉感的」を説明した箇所の中で、「自分の身体の奥底から、自分の問題として他者を理解することはできるかという問い」と記されている。そして、これは「自分の身を賭して共感する人間性」と言い換えられて、それこそが「最強の理解」と記されている。これを説明した選択肢は2である。

問10　『海上の道』が柳田國男の著作で、正解は1。以下2『高野聖』は泉鏡花、3『風の又三郎』は宮沢賢治、4『武蔵野』は国木田独歩、5『夜明け前』は島崎藤村、6『無常といふ事』は小林秀雄がそれぞれ作者である。

二

出典　中川成美『戦争をよむ――70冊の小説案内』〈まえがき　文学は戦争とともに歩んだ〉(岩波新書)

解答

問1　5

問2　1

問3　4

問4　2

問5　3

◆要　旨◆

文学は戦争とともに歩んだ。近代になり、国民国家の最大存立条件が国家の独立となり、戦争が社会システム・政治の基礎となった。近代以降の文学は、戦争と関係のないところに戦争の根が秘匿されていることを見つめ、語るという過大な責務を負う。世界の戦争小説には戦争へ赴くことを「運命」として感受するメンタリティがあり、近代の文学は戦争とリンクせざるを得ない共犯関係があるが、それを打ち破る可能性も文学は持つ。文学的想像力で自らが立つ場所への疑義と自らに内在化された「国民化」への疑惑といった思索の困難を照らし出していく必要がある。

▲解　説▼

問1　挿入文の冒頭に「この」という指示語があることをヒントにして、「戦争」と「文学」という「抜き差しならない」関係を説いている箇所を探ればよい。この候補に挙がるのが、〈　3　〉と〈　5　〉である。その上で、挿入文の「国家と文学の紐帯を断つことに、文学が力を発揮してきた」という文脈に関連のある箇所としては、〈　5　〉のがその次の第十三段落の冒頭文で、「『歴史』は単体からは不可視だが、大量の比較を通じて空間差から時間差を抽出することが可能となる」の部分が「歴史」を引き出す（＝抽出する）方法に当たる。二十二字という制限字数もヒントになる。解答欄には、末尾に「方法」とあり、これに合うように「大量の比較〜を抽出する」を抜き出せばよい。

問7　「両者」とは、「目に映ずる資料」と「耳に聞える言語資料」である。これらと「心意の問題」の違いを考察する。「目に映ずる資料」は「通りすがりの旅人でも採集できる」部門で、「耳に聞える言語資料」は「その土地の言語に通じなければ理解できない」部門。この両者については採集・理解可能な部門だが、「心意現象」は、最後から二つ目の段落に説明されているように、「心の中で感じて観察するほかなく」、「観察できる」のは「当事者その人」すなわち「同郷人」のみである点が「面倒」なわけである。選択肢の5と6が紛らわしいが、「三部分類」が民俗資料の分類法であることから、「理解ができない」にとどまる5より「観察するしか方法がない」とする6の方が、「面倒」をよりよく説明している。

問8　慣用句の設問。「手を替え品を替え」とは、〝あの手この手と手法を変える〟様子。正解はBが5、Cが2である。

問9　各選択肢を吟味する。1は「民俗学」にとっての最適の資料を「文字資料」とした点が不可。傍線㋐に、柳田國男は「文字資料」が「普通の人々」の「日々の暮らし」を辿ることができるのかという問いに「否」と答えたとある。2は、「一揆に荒れ狂う近世農民という農民像」は「文字資料というフィルターを通した近世農民の一側面に過ぎず」と〈３〉の後の第八段落にあるが、その時代の支配階級が「事実を曲げてつくり出したものだ」という批判を柳田が行ったという内容はない。3は、当たり前の動作の背景にあるのが「生物学的本能」とするのが不可。「生物学的本能」ではなく、「後天的学習」と空欄Aの前文にある。4は、「京都に近いところほど古い言葉が残っている」が不可。〈６〉の後の第十二段落後ろから二つ目の文に「中心部がより新しく」とある。5は「心意現象」を「絶対に守らなければならない約束事」であるとする解釈は本文では示されていない。6は本文の最終段落と符合する内容であり、これが正解。

存在形態、感覚器官、採集主体の関連性に即して三つに大別し、データ収集のためのガイドラインとした。「三部分類」の中で、第三部の「心意現象」は、当事者による心に刻まれた現象であり、目や耳によるサンプリングができない。

◀解　説▶

問3　挿入文を読むと、直前の内容は「民俗資料」と対比された事柄が記されていると推察できる。本文を読み続けていくと、〈　4　〉のある第九段落で、〈　2　〉の段落以降に説明されている「文字資料」には限界があるとわかる。〈　4　〉に入れると、直後に「それ」が「『普通の人々』の『日々の暮らし』そのもの」と記されてあり、「民俗資料」に符合することがわかる。正解は〈　4　〉である。

問4　傍線㋐から、「文字資料」では「普通の人々」の「日々の暮らし」を辿れないことがわかる。そこで、「柳田國男」の言説を含む次の段落（第七段落）、それをまとめたその次の段落（第八段落）を考察していく。第七段落では「文字は、リテラシー……のある者のみが残せる資料」で、「特別な人々」による「特別な出来事」に傾くと記されている。同様の内容が、第八段落の最後の文に「文字は便利ではあるが、……『普通の人々』の『日々の暮らし』を解き明かすリソースとしては、不完全」とある。この内容に合致する選択肢は、4である。

問5　私たちの「日々の暮らし」の所作の性質を問うもの。空欄Aを説明するものとして、空欄の次の文に「箸を使う」という具体的な所作が「はるか以前に遡ることができる」ものとして挙げられている。また、一般論として同段落〈　5　〉の後に「私たちの日々のふるまい」が「その大部分を過去の人々に依拠している」と記されてもいる。ここから「私たちの日々のふるまい」が「資料」であることはわかるが、6の「資料的可能性」は「可能性」に違和感がある。一方で、続く傍線㋑の段落には、「私たち」のふるまいに「『歴史』が刻み込まれて」いると記されており、「資料」が3「歴史的深度」を有すると考える方が文脈として自然である。

問6　柳田國男の、〈「歴史」を引き出す方法〉を指摘する設問。傍線㋑の次の段落の具体的記述では、柳田が「カタツムリ」の呼び方を調査して、「空間的差異から時間的経過を捉え」たことを示している。これを一般論として説いたの

国語

一

出典　菊地暁『民俗学入門』〈終章　私（たち）が資料である。――民俗学の目的と方法〉（岩波新書）

解答

問1　①推　④途端
問2　②かっぱ　③よくや
問3　4
問4　4
問5　3
問6　大量の比較～を抽出する（方法）
問7　6
問8　B―5　C―2
問9　6
問10　1

◆要　旨◆

「普通の人々」の「日々の暮らし」の来し方行く末を考えるのが民俗学である。民俗学は身体的記憶を扱う。さまざまな資料のうち、民俗学の資料としてふさわしいものは、文字資料よりも「暮らしを営む私（たち）自身」を扱った民俗資料である。民俗資料を採集する際には、「三部分類」とよばれる分類法がある。柳田國男は日々の暮らしそのものをその

■学部個別配点方式(文系型)　※ APU は英語重視方式

問題編

▶試験科目

【法・産業社会・国際関係(国際関係学専攻)・文・映像(文系型)・経営・政策科・総合心理・スポーツ健康科・食マネジメント学部，APU(英語重視方式)】

教　科	科　　　　目
外国語	コミュニケーション英語Ⅰ・Ⅱ・Ⅲ，英語表現Ⅰ・Ⅱ
選　択	日本史B，世界史B，地理B，政治・経済，「数学Ⅰ・Ⅱ・A・B」から1科目選択
国　語	〔文学部以外，APU〕　国語総合，現代文B，古典B（漢文の独立問題なし） 〔文学部〕　国語総合，現代文B，古典B（漢文の独立問題あり。ただし現代文1題との選択）

【経済(経済専攻)学部】

教　科	科　　　　目
外国語	コミュニケーション英語Ⅰ・Ⅱ・Ⅲ，英語表現Ⅰ・Ⅱ
数　学	数学Ⅰ・Ⅱ・A・B
国　語	国語総合，現代文B，古典B（漢文の独立問題なし）

▶配　点

<table>
<tr><th colspan="2">学　　部</th><th>外国語</th><th>選　択</th><th>数　学</th><th>国　語</th><th>合　計</th></tr>
<tr><td colspan="2">法・総合心理・スポーツ健康科</td><td>150</td><td>100</td><td></td><td>150</td><td>400</td></tr>
<tr><td colspan="2">産業社会</td><td>150</td><td>200</td><td></td><td>150</td><td>500</td></tr>
<tr><td colspan="2">国際関係（国際関係学専攻）</td><td>100</td><td>100</td><td></td><td>100</td><td>300</td></tr>
<tr><td rowspan="3">文</td><td>人間研究学域・日本文学研究学域・東アジア研究学域・言語コミュニケーション学域</td><td>100</td><td>100</td><td></td><td>200</td><td>400</td></tr>
<tr><td>日本史研究学域・国際文化学域・地域研究学域</td><td>100</td><td>200</td><td></td><td>100</td><td>400</td></tr>
<tr><td>国際コミュニケーション学域</td><td>200</td><td>100</td><td></td><td>100</td><td>400</td></tr>
<tr><td colspan="2">映像(文系型)・政策科</td><td>100</td><td>150</td><td></td><td>100</td><td>350</td></tr>
<tr><td rowspan="2">経営</td><td>国際経営</td><td>200</td><td>100</td><td></td><td>100</td><td>400</td></tr>
<tr><td>経　　営</td><td>120</td><td>150</td><td></td><td>100</td><td>370</td></tr>
<tr><td colspan="2">経済（経済専攻）</td><td>100</td><td></td><td>150</td><td>100</td><td>350</td></tr>
<tr><td colspan="2">食マネジメント</td><td>150</td><td>150</td><td></td><td>100</td><td>400</td></tr>
<tr><td colspan="2">APU（英語重視方式）</td><td>150</td><td>(100)</td><td></td><td>(100)</td><td>250</td></tr>
</table>

▶備　考

- 「数学B」は「数列，ベクトル」から出題。
- 文学部の国語において，選択の現代文と漢文の両方を解答した場合は高得点の方を採用する。
- APUの英語重視方式は，英語・国語・選択科目の3教科すべてを受験し，「英語得点」+「国語または選択科目の高得点」の2教科で合否判定を行う。

英語

(80 分)

I　次の文を読んで，問いに答えなさい。

In a tiny hotel at the back of a Wellington garden, a group of "guests" with shiny cigar-shaped[1] bodies and spiny[2] legs is making themselves at home. Once a fortnight the hotel's owner, Holly Neill, briefly opens the door to look inside and check on her guests, each time experiencing the excitement of being able to spy on the shy, strange creatures inside. They are not paying guests nor are these ordinary hotels, but rather human-made houses for one insect, only found in New Zealand — the wētā. Increasingly, wētā hotels are appearing in gardens as New Zealanders begin to accept the bugs in their backyards — something that may also give the endangered species a chance at survival.

Forests, grasslands, caves, and mountains once were full of wētā, but their populations have suffered with the introduction of foreign pests[3] and loss of habitat due to dairy farming[4]. Sixteen of New Zealand's wētā species are at risk, and the rest are classified as threatened or endangered. The largest species, the giant wētā (or wētāpunga), once abundant across parts of the North Island of New Zealand, is now found only on Hauturu-o-Toi (Little Barrier Island), a pest-free wildlife sanctuary off the east coast. The Mahoenui giant wētā was feared extinct until it was rediscovered in 1962, and now only exists in a very small area on the west coast.

"I think people hold them in high regard, and it's almost a point of pride to have wētā in the garden," says Neill, a keen conservationist and wildlife photographer. "It adds another dimension of appreciation of nature if you're including the mysterious bugs that come out at night."

Wētā belong to the same group of insects as crickets and grasshoppers, and there are between 70 and 100 species of wētā local to New Zealand. They are wingless and nocturnal[5], and some, including the wētāpunga, are among the heaviest insects in the world — comparable to the weight of a small bird.

Neill installed two wētā hotels on native tree trunks at the back of her garden just over a year ago, after discovering the hotels at many different sanctuaries. Within three months, she had her first guests. At one point she opened a hotel to find a wētā, a native cockroach, and a bee in the same room. "I felt like I was interrupting a bug meeting," Neill laughs. When she first moved into the property, the garden was overgrown[6] with plants, where she found just three spiders hiding. She cleared the garden, set traps for predators, planted native trees, and installed the hotels. "I was shocked at how empty the garden was of life and then, since doing this, all the hotels became full. It was quite a rapid change."

The hotels are made of wood and are designed to have entrance and exit tunnels large enough for the wētā to crawl into but small enough to stop a mouse from entering. To attract wētā, they must be dark during the day. "If you were to split a log and look at what they naturally do, it's pretty similar to that," says Steve Rawson of Swiss Wood Technicians. He began making wētā homes in 2016 for the Department of Conservation and in 2018 started selling them independently to the public, becoming one of many small businesses or community groups now doing so. Sales had been stable, but leading up to last Christmas, they sold roughly 40 hotels — double that of the previous year.

"We've noticed a real increase in sales, especially in the Wellington area," something that Rawson says is due to education programmes at Wellington's urban wildlife sanctuary Zealandia. "Before that, I think a lot of people would look at wētā and think 'Yuck[7], I don't want to go near them,' but they are actually amazing creatures, and they are not that horrifying at all."

The hotels were originally developed as a research aid around 1994 by Massey University ecologist and wētā expert Steve Trewick. Trewick is a scientist who has been so dedicated to the insect that a tree wētā, the Hemideina trewicki, was named after him.

A growth in higher education and deepening awareness of conservation problems could be prompting more interest in wētā and how to care for them, says Warren Chinn, an ecologist at the Department of Conservation. "I would also say that social media and the internet have been very beneficial to awareness of conservation values. The insects don't know that the hotels are artificial. They just know they're suitable."

The hotels are definitely helpful for maintaining wētā populations, particularly in urban environments, Trewick adds, and the growth in understanding biodiversity[8] and caring for it has the added effect of helping other species. Wētā hotels in private gardens achieve more than just helping protect wētā populations; they also satisfy the curiosity of creepy-crawly[9] fans. "I think that the most useful thing about the hotels is that people see that there is much more to the biology of our planet than they would otherwise see. Most New Zealand biology is out and about[10] at night. It's a window to that world," Trewick says.

(Adapted from a work by Eva Corlett)

(注)

1. cigar-shaped　　葉巻のような形の
2. spiny　　とげだらけの
3. pest　　有害な虫や動物
4. dairy farming　　酪農
5. nocturnal　　夜行性の

6. be overgrown with～　～が一面に生い茂っている
7. yuck　気持ち悪い
8. biodiversity　生物多様性
9. creepy-crawly　這い回る虫
10. be out and about　動き回る

〔1〕本文の意味，内容にかかわる問い(A)～(D)それぞれの答えとして，本文にしたがってもっとも適当なものを(1)～(4)から一つ選び，その番号を解答欄にマークしなさい。

(A) What is one reason that the number of wētā is decreasing?

(1) Small birds compete for the same food supply.
(2) Their population grew too large to be sustainable.
(3) Dairy farmers kill them to protect their cows from disease.
(4) Animals from outside of New Zealand are invading their habitat.

(B) What does the article say about the design of wētā hotels?

(1) They were designed to have tunnels that protect the wētā.
(2) They were designed to be ecologically friendly Christmas presents.
(3) They were designed to allow plenty of light to enter the wētā hotel rooms.
(4) They were designed by the Department of Conservation in 2016 to be sold in stores by 2018.

(C) Why were wētā hotels first created?

(1) They were created for research.
(2) They were created to sell to the public.
(3) They were created to protect other insects.
(4) They were created as decorations for the garden.

(D) What benefit of wētā hotels is NOT mentioned in the article?

(1) They are reducing fear of the insects.

(2) They are helping other species of insects.

(3) They are encouraging more students to study biology.

(4) They are allowing wētā enthusiasts to satisfy their curiosity.

〔2〕次の(1)～(5)の文の中で，本文の内容と一致するものには1の番号を，一致しないものには2の番号を，また本文の内容からだけではどちらとも判断しかねるものには3の番号を解答欄にマークしなさい。

(1) Wētā are native to New Zealand.

(2) The Mahoenui giant wētā was first discovered in 1962.

(3) There has been an increase in property sales in the Wellington area.

(4) Ecologists think wētā hotels have become popular due to increasing interest in environmental issues.

(5) Wētā hotels are having little effect on preserving the species.

〔3〕本文の内容をもっともよく表しているものを(1)～(5)から一つ選び，その番号を解答欄にマークしなさい。

(1) How to build a wētā hotel in your garden

(2) Why wētā are an important species of insect for New Zealand

(3) How wētā hotels can help save other species of insects around the world

(4) The role that wētā hotels are playing in the protection of the insect

(5) The influence of higher education on people's interest in designing wētā homes

II 次の文を読んで，問いに答えなさい。

Dogs often seem uncannily shrewd about[1] what we're trying to tell them. Several recent studies offer surprising insights regarding the ways our canine[2] companions are born to communicate with people. "Dogs' communicative skills uniquely qualify them to play the role that they do (A) ," Emily Bray, a canine researcher at the University of Arizona, said, "Many of the tasks that they perform for us, now and in the past, such as herding, hunting, detecting, acting as service dogs, are made possible by their ability to understand our cues[3]." (B) Bray's most recent study, dogs can tell the difference between a clumsy[4] human who intends to give them a treat and a person who is withholding[5] that reward on purpose. The researchers set up an experiment: A person and a dog were separated by a plastic barrier, with a small gap in the middle just large enough for a hand to get through. It(あ) did not span the length of the room, however, so the dogs could go around it if they wanted. The human participants attempted to pass the dog a treat through the gap in three ways. First, they offered the treat but suddenly dropped it on their side of the barrier and said, "Oh no!" Next, they tried to pass the treat through the gap, but it was blocked. Lastly, they offered the treat but then pulled back their arm and laughed.

The experimenters tried this set-up on 51 dogs and timed how long it took each to walk around the barrier and bring back the treat. The results showed that the dogs waited much longer to retrieve[6] the treat when the experimenter had purposefully withheld it than when the experimenter dropped it or couldn't get it through the barrier. This(い) suggests dogs can understand the difference between humans' intended and unintended behavior and respond accordingly.

In an earlier study, Bray analyzed the (C) of 8-week-old puppies — 375 of them, to be precise. The puppies were being trained at Canine

Companions, a service-dog organization in California. They had grown up mostly with their litter mates[7], so they had little one-on-one contact with people. Bray's team put the puppies through a series of tasks that measured the animals' ability to interact with humans. They measured how long it took the puppies to follow an experimenter's finger as they were pointing at a hidden treat and how long they held eye contact with them. The team found that once an experimenter spoke to the dogs, saying, "Puppy, look!" and made eye contact, the puppies successfully reciprocated[8] that eye contact and could follow the gesture to locate the treats. "However, if you take away the eye contact and verbal cue and just give a gesture that looks the same, dogs are not as likely to understand it(う)," Bray said.

The researchers found that the puppies' performance on these tasks did not improve over the course of the experiment, suggesting this wasn't part of a learning process. (D) , the researchers believe dogs are born with the social skills they need to read people and understand our intentions. "We can assume that puppies started the task with the communicative ability necessary to be successful," Bray said. Furthermore, her team had access to each puppy's pedigree[9] so that they could (E) the 375 dogs were to one another. According to Bray, 40% of the variation in the puppies' performance could likely be explained by their genes, suggesting "genetics plays a large role in shaping an individual dog's understanding." She added, "Dogs' abilities can improve as they age, just as humans do." For example, in her study, she observed that some dogs tended to make eye contact with humans if they were unable to complete a task. While at first she believed the behavior was due to genetic factors, she quickly discovered that a higher proportion of adult dogs (え)exhibited this social skill in comparison to puppies.

Another research study (F) the idea that dogs are naturally programmed to be "human's best friend." This study compared 44 puppies raised with their litter mates at Canine Companions with little human interaction to 37 wolf puppies that received almost constant human care at a wildlife center in Minnesota, USA. The researchers tested how well the dogs and wolves could find a treat hidden in one of two covered bowls by following where the human participants were looking and at what they were pointing. The dog puppies were twice as likely as the wolf puppies to pick the right bowl, even though they'd spent [(G)] time around people. Many of the dog puppies got it right(お) on the first try, suggesting they didn't need training to follow those human gestures.

"Dogs have naturally better skills at understanding humans' cooperative communication than wolves do, even from when they are puppies," Hannah Salomons, an animal researcher at Duke University who co-authored the study stated. "I would say, [(H)] our results, that nature is definitely playing a greater role than nurture[10] in this regard."

(Adapted from a work by Aylin Woodward)

(注)

1. uncannily shrewd about〜　〜を不思議なほど理解する
2. canine　イヌ科の
3. cue　合図
4. clumsy　ぎこちない，不器用な
5. withhold　差し控える，与えない
6. retrieve　見つけて取ってくる
7. litter mate　同じ母親から同時に生まれた動物の兄弟姉妹
8. reciprocate　応える，交わす
9. pedigree　血統
10. nurture　育ち，しつけ

〔1〕本文の [(A)] 〜 [(H)] それぞれに入れるのにもっとも適当なものを(1)〜(4)から一つ選び，その番号を解答欄にマークしなさい。

出典追記：Recent discoveries reveal how dogs are hardwired to understand and communicate with people — even at birth, Insider on September 16, 2021 by Aylin Woodward

(A) (1) alongside humans　(2) as research subjects
(3) in the wild　(4) with other canines

(B) (1) According to　(2) Because of
(3) In place of　(4) Similar to

(C) (1) appearance　(2) behavior
(3) emotions　(4) health

(D) (1) Besides　(2) Ideally
(3) Instead　(4) Likewise

(E) (1) control how friendly　(2) influence how aggressive
(3) limit how attractive　(4) measure how related

(F) (1) completely rejected　(2) criticized
(3) further emphasized　(4) minimized

(G) (1) far less　(2) far more
(3) no amount of　(4) the same amount of

(H) (1) based on　(2) contrary to
(3) despite　(4) due to

〔2〕下線部Ⓐ～Ⓞそれぞれの意味または内容として，もっとも適当なものを(1)～(4)から一つ選び，その番号を解答欄にマークしなさい。

Ⓐ It
(1) The gap in the barrier
(2) The space on either side of the barrier

(3) The obstacle between the human and the dog

(4) The obstacle between the human and the treat

㋑ This

(1) The dog finding a way around the barrier

(2) The human dropping the treat by accident

(3) The dog not taking the treat from the human participant

(4) The dog waiting longer to take a treat when it was held back

㋒ it

(1) pointing at the treat

(2) saying, "Puppy, look!"

(3) looking at the location of the treat

(4) making eye contact with the puppy

㋓ exhibited this social skill

(1) made eye contact to ask for help

(2) followed the instructions of a human

(3) understood humans as a genetic ability

(4) signaled when they have completed a task

㋔ got it right

(1) found a hidden treat on their own

(2) found a hidden treat after training

(3) found a hidden treat with the help of a human

(4) found a hidden treat with the help of other dogs

Ⅲ

〔1〕次の会話の ㋐ ～ ㋓ それぞれの空所に入れるのにもっとも適当な表現を (1) ～ (10) から一つ選び，その番号を解答欄にマークしなさい。

In the classroom

A：Ms. Jacobs, can I talk to you about something?

B：Sure. (㋐)

A：No, I think I understand what I have to do. I'm thinking about studying abroad in the USA next year, and I'd like to ask for your advice.

B：(㋑) Sounds exciting. Where in the USA are you thinking of studying?

A：I want to study in California, but I'm not really sure where in California. I've never been there, but I've heard it's a very big state and each region is different.

B：Yes, that's true. I'm from Southern California, near Los Angeles. For me, Northern California is almost a different state.

A：Really? (㋒)

B：Well, the weather is very different, for one. Northern California gets more rain than Southern California. And, the industries are different. Silicon Valley in the north is the technology area, while the movie and music industries are in the south.

A：(㋓) Japan is a small country compared to the USA, but there are big differences between cities like Osaka and Tokyo.

B：Yes, like that. The good news is that both Southern and Northern California have several top universities. Also, there is so much to do in both places. I'm sure you'll enjoy yourself whichever you choose.

(1) In what way?

(2) That's great, Rumiko.

(3) What about the food?

(4) When do you want to go?

(5) I wouldn't recommend that.

(6) That's an interesting comparison.

(7) Why don't you study in Europe instead?

(8) Did you forget to bring your textbook again?

(9) Do you have a question about the homework?

(10) I liked Los Angeles better than San Francisco.

〔2〕次の会話の㋕～㋘それぞれの空所に入れるのにもっとも適当な表現を(1)～(10)から一つ選び，その番号を解答欄にマークしなさい。

Catching a shuttle bus

A：Excuse me. Do you know where I can catch a shuttle bus to the ABC Hotel?

B：All the hotel shuttle buses make the same stops along the airport terminal road. You have to cross the street and look for the shuttle bus sign.

A：Do you mean where those people are waiting over there?

B：No, that's a taxi stand. (㋕) The one for the shuttle bus is further down the road.

A：Thanks for your help. I'm sure I'll find it. Do you know how often the shuttle buses come?

B：(㋖) Does your hotel have a website? You can check when the next one is coming. The buses come at different times depending on the traffic.

A：I don't know if it does. I didn't even think about checking the website.

B：You can check on the airport website as well. Again, it's case by case depending on the hotel.

A：(㋗) I was just so busy getting ready for my flight.

B：How long will you be in town?

A：I'm just here for the weekend. I'm going to a friend's wedding. (㋘)

B：Actually, I live here. I'm waiting for a friend to pick me up. I hope you enjoy your trip.

A：I'm sure I will. Thanks for all of your help.

(1) How about you?
(2) Do you live here?
(3) It depends on the hotel.
(4) They come every 15 minutes.
(5) You need to sign in for the bus.
(6) You can catch the shuttle from there.
(7) It has a picture of a taxi on the sign.
(8) I need to be back at work on Monday morning.
(9) I guess I should have checked before I got here.
(10) OK, I'll look at the website after I get to the airport.

Ⅳ 次の(A)～(H)それぞれの文を完成させるのに，下線部の語法としてもっとも適当なものを(1)～(4)から一つ選び，その番号を解答欄にマークしなさい。

(A) I cannot speak Spanish, but I managed to make myself ______.

(1) to understand　(2) understand

(3) understanding　(4) understood

(B) Daniel was really satisfied with the local food ______ a visit to Europe.

(1) during　(2) in

(3) when　(4) while

(C) One problem with these plans ______ they are beyond our proposed budget.

(1) are that　(2) is that

(3) so that　(4) that

(D) The manager ordered that the food ______ to the office as soon as possible.

(1) be delivered　(2) delivering

(3) to be delivered　(4) was delivered

(E) That building is ______ the tallest building in the world at present.

(1) by far　(2) far

(3) most　(4) the most

(F) If you had started one hour earlier, you ______ your assignment by the deadline.

(1) will finish　(2) will have finished

(3) would finish　(4) would have finished

(G) My parents bought me two books, neither ______ I have read yet.

(1) at which　(2) for which
(3) of which　(4) to which

(H) It is ______ that I can hardly work.

(1) a very hot day　(2) not a hot day
(3) such a hot day　(4) too hot a day

V

〔1〕次の(A)～(E)それぞれの文を完成させるのに，下線部に入れる語としてもっとも適当なものを(1)～(4)から一つ選び，その番号を解答欄にマークしなさい。

(A) The student has a strong ______ to be a doctor and help sick children.

(1) admission　(2) determination
(3) possession　(4) proportion

(B) After losing some weight, the man had to ______ his belt.

(1) tease　(2) thump
(3) tighten　(4) tumble

(C) Japan's rainy season usually lasts about 45 days and causes extreme ______ to many people.

(1) apology　(2) authority
(3) devotion　(4) discomfort

(D) The farmer needed to ______ some of the water from the field.

(1) dismiss　(2) distract
(3) downsize　(4) drain

(E) The lawyer told Tom that the ________ against him was serious.

(1) adoption　　(2) allegation

(3) analogy　　(4) artistry

〔2〕次の(A)～(E)の文において，下線部の語にもっとも近い意味になる語を(1)～(4)から一つ選び，その番号を解答欄にマークしなさい。

(A) Her effort on the project was appreciated by her colleagues.

(1) admired　　(2) debated

(3) described　　(4) judged

(B) I spent a miserable weekend alone at home.

(1) a depressing　　(2) a memorable

(3) a typical　　(4) an abnormal

(C) I'm amazed by the quantity of information in this article.

(1) abundance　　(2) accuracy

(3) analysis　　(4) authority

(D) It would be misleading to argue that computer games have no effect on children.

(1) astonishing　　(2) deceptive

(3) pointless　　(4) preferable

(E) We had no quarrel with the company.

(1) alliance　　(2) dispute

(3) plot　　(4) purchase

日本史

(80分)

I　次の文章〔1〕・〔2〕を読み，空欄 A ～ E にもっとも適切な語句を記入し，かつ(a)～(j)の問いに答えよ。

〔1〕 日本列島に水稲農耕が伝わったのは縄文時代の終末である。水稲農耕は弥生時代に①北海道と②南西諸島を除く日本列島の各地に普及した。水田跡は静岡市の A 遺跡で初めて発掘されたが，その後，各地で見つかっている。水稲農耕に用いる各種の農具も普及し，当初は③木製や石製の農具主体であったが，弥生時代後期には鉄製農具の使用も進んだ。水稲農耕の普及とともに，農耕と関係する祭祀に使用されたと考えられる B など，新たな青銅製祭祀具が出現し，西日本を中心に普及する。 B には④農耕と関係する絵画が描かれるものも少なくない。古墳時代以降，農耕に関する祭祀は重要な位置を占め，律令制下では⑤天皇が執り行う重要な祭祀となった。

(a) 下線部①に関連して，弥生時代と同時代の北海道にみられる文化を何と呼ぶか。

(b) 下線部②に関連して，南西諸島では稲作が導入される12世紀頃から政治的・軍事的拠点が形成される。これを何と呼ぶか。もっとも適切なものを下から一つ選び，記号で答えよ。

㋐ グスク　　㋑ 按司　　㋒ 水城　　㋓ コタン

(c) 下線部③に関して，石包丁に代わって，イネの収穫具として登場する鉄製農具は何か。もっとも適切な語句を答えよ。

(d) 下線部④に関して， B に描かれた絵画に存在する作業の種類は何か。もっとも適切なものを下から一つ選び，記号で答えよ。

㋐ 田植え　　㋑ 稲刈り　　㋒ 脱穀　　㋓ 田起こし

(e) 下線部⑤に関して，毎年秋に行われる，穀物の収穫を感謝する宮中祭祀で，その日が現在「勤労感謝の日」として受け継がれているものを何と呼ぶか。

〔2〕 鎌倉時代後半から室町時代にかけて，⑥ C と呼ぶ，同じ耕地で１年間に２回異なる作物を作る耕作方法が普及していく。場合によっては，１年間に３回異なる作物を作ることも可能になった。同じ耕地で多くの作物を作るためには，耕地の施肥を増やす必要があり，刈り取った草葉を耕地に埋め，発酵させて肥料とする D と呼ばれる方法や，⑦下肥も普及していった。江戸時代にはいると，特産物の商品生産としても農業が奨励され，穀物などの食料以外に，⑧織物の原料となる作物も栽培された。肥料は，自給でなく購入して使用する場合もあり，⑨購入された肥料は E と呼ばれた。このような農業の発達に伴い，牛馬を利用した耕作法の普及や⑩農耕具の改良も進んだが，18世紀にはいると，天候不順による大規模な飢饉が繰り返された。

(f) 下線部⑥に関連して，鎌倉時代から江戸時代に，この耕作方法を用いて栽培された代表的な作物の組み合わせとして，もっとも適切なものを下から一つ選び，記号で答えよ。

㋐ 米と小豆　㋑ 米と粟　㋒ 米と大豆　㋓ 米と麦

(g) 下線部⑦に関して，下肥とは何か。もっとも適切なものを下から一つ選び，記号で答えよ。

㋐ 草木灰　㋑ 人糞尿　㋒ 厩肥　㋓ 油粕

(h) 下線部⑧に関連して，室町時代には朝鮮から輸入していたが，江戸時代から河内や尾張を主要産地として国内での生産が進んだ布は何か。もっとも適切なものを下から一つ選び，記号で答えよ。

㋐ 絹布　㋑ 麻布　㋒ 綿布　㋓ 亜麻布

(i) 下線部⑨に関して，江戸時代には海産物の加工品も肥料として大量に流通していた。房総の九十九里浜などで大量にとれた海産物を原料として商品化された肥料は何か。

(j) 下線部⑩に関連して，江戸時代に普及した，刃先が３～４本に分かれる深耕用の農具を何というか。

Ⅱ　次の史料〔1〕～〔5〕を読み，（a）～（o）の問いに答えよ。なお，史料は読みやすく改めている箇所がある。

〔1〕「自力作善の人は，ひとへに他力をたのむこころ欠けたるあひだ，弥陀の本願にあらず。しかれども，自力のこころをひるがへして，他力をたのみたてまつれば，真実報土の往生をとぐる①なり。煩悩具足のわれらは，いづれの行にても生死をはなるることあるべからざるを哀れみたまひて，願をおこしたまふ本意，悪人成仏のためなれば，他力をたのみたてまつる悪人，もとも往生の正因なり。よりて，［ A ］だにこそ往生すれ，まして悪人は」と仰せさふらひき。

〔2〕薬師経の七難の内，五難たちまちに起こり，二難なお残せり。いはゆる他国侵逼の難②，自界叛逆の難なり。大集経の三災の内，二災早く顕はれ一災未だ起こらず。いはゆる兵革の災なり。金光明経③の内，種種の災過（禍）一一起こるといへども，他方の怨賊国内を侵掠する。この災未だ露はれず，この難未だ来たらず。仁王経の七難の内，六難今盛にして一難未だ現ぜず。いはゆる四方の賊来って国を侵すの難なり。

〔3〕年ニソヘ，日ニソヘテハ，物ノ［ B ］ヲノミ思ツヅケテ，老ノネザメヲモナグサメツツ，イトド，年モカタブキマカルママニ，世中モヒサシクミテ侍レバ，昔ヨリウツリマカル［ B ］モアハレニオボエテ，神ノ御代ハシラズ，人代トナリテ神武天皇ノ御後百王トキコユル，スデニノコリスクナク，八十四代ニモ成ニケル中ニ，保元ノ乱イデキテノチノコトモ，マタ世継ガ物語④ト申モノカキツギタル人ナシ。

〔4〕明年，室町殿より唐船を渡らせらるべきの由，御沙汰に及び，大内左京大夫⑤に仰せ合せらると云々。楠葉入道，当年八十六歳なり。両度唐船に乗る者なり。今日これと相語れり。唐船の理（利）は生糸に過ぐべからざるなり。唐糸⑥一斤二百五十目なり。日本の代五貫文なり。西国の備前・備中に於いては，銅一駄の代は十貫文なり。唐土の明州・雲州に於いて糸ニこれを替へば，四十貫五十貫ニ成る者なりと云々。

〔5〕 示ニ云ハク，学道ノ最要ハ，［ C ］コレ第一ナリ。

大宋⑦ノ人，多ク得道スルコト，皆［ C ］ノ力ナリ。一文不通ニテ，無才愚鈍ノ人モ，［ C ］ヲ専ラニスレバ，多年ノ久学聡明ノ人ニモ勝レテ出来スル。シカレバ，学人祗管打坐シテ他ヲ管ズルコトナカレ。仏祖ノ道ハ只［ C ］也。他事ニ順ズベカラズ。

語群

あ　東大寺	い　興福寺	う　薬師寺	え　東寺
お　延暦寺	か　金剛峯寺	き　醍醐寺	く　知恩院
け　建仁寺	こ　永平寺	さ　本願寺	し　建長寺
す　久遠寺	せ　天竜寺	そ　相国寺	

(a) 下線部①に関連して，10世紀後半に，『池亭記』の著者が著した，最初の往生伝を何というか。

(b) ［ A ］にあてはまる，もっとも適切な語句を答えよ。

(c) 史料〔1〕に引用された言葉を発した人物をまつる堂が発展した寺院として，もっとも適当なものを語群から一つ選び，記号で答えよ。

(d) 下線部②に関連して，史料〔2〕が成立した14年後，「他国侵逼の難」が起こった。この事件を何というか，元号を付して答えよ。

(e) 下線部③に関連して，この経典に依拠して，奈良時代に建立された寺院を何というか。漢字3文字で答えよ。

(f) 史料〔2〕の著者が建立した寺院として，もっとも適切なものを語群から一つ選び，記号で答えよ。

(g) ［ B ］にあてはまる，もっとも適切な語句を答えよ。

(h) 下線部④の「世継ガ物語」が意味する，紀伝体の歴史物語を何というか。

(i) 史料〔3〕の著者が所属した寺院として，もっとも適切なものを語群から一つ選び，記号で答えよ。

(j) 下線部⑤に関連して，こののち大内氏と貿易の主導権を巡って争ったのは，何氏か。

（k）下線部⑥の「唐糸」など，この当時貿易で中国からもたらされた品々を総称して何とよんだか，**ひらがな**で答えよ。

（l）史料〔4〕の著者が所属した寺院として，もっとも適切なものを語群から一つ選び，記号で答えよ。

（m）［C］にあてはまる，もっとも適切な語句を答えよ。

（n）下線部⑦に関連して，「大宋」より来朝し，北条時頼の帰依を受けて，建長寺の開山となった僧は誰か。

（o）史料〔5〕の言葉を発した人物が開創した寺院として，もっとも適切なものを語群から一つ選び，記号で答えよ。

Ⅲ　次の文章〔1〕・〔2〕を読み，空欄［A］～［E］にもっとも適切な語句を記入し，かつ(a)～(o)の問いに答えよ。

〔1〕韓国南東部の国際貿易都市・釜山には，古代以来の歴史が深く刻まれている。ここでは15世紀以降の釜山の歴史から日本との関わりを見ていくことにする。

1419年，朝鮮が倭寇の根拠地とみなした対馬を襲撃した応永の外寇が終息して以降，日朝貿易はふたたび活発化した。対馬からほど近い釜山は倭船の入港地の一つとなり，15世紀末には450名ほどの日本人が住みついた。これらの入港地と首都漢城には，使節の接待や貿易のための施設として［A］が置かれた。釜山の［A］は，1510年に日本人居留民が起こした三浦の乱により一時閉鎖されるものの，豊臣秀吉の朝鮮侵略まで存続した唯一のものだった。

豊臣秀吉の朝鮮侵略では，釜山は最初の上陸地，戦場となった。このときの釜山鎮の攻防戦では，朝鮮軍約3,000名が戦死し，約500名が捕虜①となった。以後，朝鮮全土へ戦火を広げた7年にも及ぶ朝鮮侵略で，釜山は人的・物的補給基地としての役割を担わされることとなった。

その後，対馬藩の仲介により1607年に朝鮮使節が来日して国交が復活する②と，ふたたび釜山に［A］が設置され，江戸時代を通じて唯一の外交窓口となった。約11万坪の広大な敷地には対馬藩の役人③が派遣されて外交実務や漂流民送還業務にあたったほか，日朝貿易に携わる商人など，総勢500～700名が滞在しており，江戸時代最大の海外日本人居留地となった。朝鮮からの使節は1811年④

まで計12回におよんだが，朝鮮側では日本からの使節の首都漢城への入城を許さず，対馬藩を介した日本側との交渉は釜山のみで行われた。

(a)　下線部①に関して，朝鮮侵略で日本に連行された被虜人は数万人におよぶといわれるが，なかには陶工も含まれていた。かれらによって生産された陶磁器として**適切でないもの**を下から一つ選び，記号で答えよ。

㋐　萩焼　　㋑　薩摩焼　　㋒　瀬戸焼　　㋓　唐津焼

(b)　下線部②に関連して，この二年後，対馬の宗氏と朝鮮との間で締結され，対馬の外交・貿易上の特権を定めた約条の名称を干支で答えよ。

(c)　下線部③に関連して，1703年から1705年に対馬藩の役人として釜山に滞在して自ら朝鮮語を学び，のちには藩直営の朝鮮語通訳養成所を作った儒者は誰か。もっとも適切なものを下から一つ選び，記号で答えよ。

㋐　室鳩巣　　㋑　木下順庵　　㋒　雨森芳洲　　㋓　貝原益軒

(d)　下線部④に関連して，1811年以降も幕府では朝鮮使節の派遣要請を行おうとしていたが実現には至らなかった。このうち，第十二代将軍襲封にともない，経費削減のために大坂への使節招聘を提案していた老中は誰か。

〔2〕 1876年，朝鮮に開国を強要した［ B ］条規において「年来両国人民通商ノ地」であることを理由に釜山は開港地⑤となり，［ A ］が置かれた場所が日本人専管居留地に指定された。以後，公用・商用で渡航する日本人⑥が増え，開港直後は80名ほどであった居留民も，1910年には2万人を超える数となった。

居留民の増加につれて居留地の範囲も拡大し，裁判所，学校，病院，寺社，郵便局⑦などの施設がつくられていった。なかでも釜山駅は日露戦争⑧後の1908年に全面開通した，釜山と首都漢城とをつなぐ京釜鉄道⑨の起点となり，1906年に開通していた，漢城と開城・平壌・新義州とをつなぐ鉄道と合わせ，約950kmに及ぶ朝鮮半島を縦断する鉄道網の始点となった。これらは，同じく日露戦争時に建設された安東－奉天間の軍用鉄道⑩とともに，戦争遂行のための人的・物的輸送手段を確保するために建設が急がれたものだったが，のちには旅客輸送に拡大され，関釜連絡船⑪経由で日本－朝鮮半島－満州をつなぐ大動脈となった。

1910年，日本が大韓帝国を植民地にする⑫と，釜山居住の日本人も増加の一途をたどり，1942年には28万人を超えて，朝鮮総督府が置かれた京城を上回る，最大の日本人人口を有する都市となった。また釜山港埋立や絶影島大橋架橋などの土木工事や，沿岸部に建設された⑬紡織・ゴム工場に従事する朝鮮人労働者も流入し，京城，平壌に次ぐ第三の都市へと変貌を遂げていった。その中心となったのが旧居留地を拡張した日本人集住地区であり，朝鮮最大の土地所有者として営農・灌漑・金融を行った国策会社［C］会社の釜山支店もこの集住地区の中心部に建てられた。さらに釜山居住の日本人資本家は，北部の東莱や海岸部の海雲台，松島に温泉街や海水浴場を整備し，市街地は拡大していった。

他方，日本の植民地統治は当初，憲兵警察下での強権的支配の武断政治が行われたが，1919年，それに抵抗する⑭三・一独立運動が朝鮮全土で展開した。総督府は憲兵・軍隊を動員して厳しく弾圧し，釜山の憲兵警察も日本人集住地区に置かれていた。その後，統治方針が変更され，憲兵警察は廃止されたが，日本語教育の重視など同化政策が推進され，1930年代になると，日本語常用の徹底，神社参拝，創氏改名などを強要する［D］政策がとられた。

1945年，日本の敗戦とともに朝鮮は解放され，多くの日本人は釜山港から日本へ引き揚げることとなった。解放後の朝鮮半島では，1948年，ソ連軍占領地域に朝鮮民主主義人民共和国が，アメリカ軍占領地域に大韓民国がそれぞれ建国され，南北分断が決定的になった。⑮戦争が勃発すると，釜山には朝鮮全土からの避難民が押し寄せ，休戦後もこの地にとどまる人びとも多かった。離散家族にとって絶影島大橋は再会を約した場所でもあった。この間，日本との交流は途絶えたままだったが，1965年に大韓民国との間で［E］条約が締結され国交が回復すると，釜山－下関間の定期運航も復活し，ふたたび日本からの玄関口の一つとなった。

(e)　下線部⑤に関連して，釜山以外の開港地は同条約第五款で「京圻忠清全羅慶尚咸鏡五道ノ沿海ニテ通商ニ便利ナル港口二個所ヲ見立タル後地名ヲ指定スヘシ」とされた。この規定にもとづき元山，仁川が開港することとなったが，仁川の開港は，1882年に起こった親日派勢力に反対する軍隊の反乱によって，1883年まで延期となった。この事件の名称を答えよ。

(f)　下線部⑥に関連して，真宗大谷派僧侶の兄とともに，1897年に釜山経由で朝鮮に渡った奥村五百子は，帰国後の1901年，日清戦争の戦死者の遺族や傷病兵救済のための女性団体を結成した。1942年まで継続したこの女性団体の名称として，もっとも適切なものを下から一つ選び，記号で答えよ。

㋐　大日本国防婦人会　　　㋑　愛国婦人会

㋒　新婦人協会　　　㋓　大日本婦人会

(g)　下線部⑦に関連して，朝鮮には在朝鮮日本郵便局が設置されたが，釜山への月一回の日朝定期航路を最初に開通させ，郵便輸送を担当した郵便汽船三菱会社の創設者は誰か。

(h)　下線部⑧に関連して，戦争勃発直後の1904年，日本の軍事行動に必要な便宜の提供を大韓帝国政府に認めさせ，朝鮮半島の軍事基地化を図った取り決めの名称を答えよ。

(i)　下線部⑨に関連して，京釜鉄道株式会社創立委員長，取締役会長を歴任した人物は，第一国立銀行の創設者としても知られている。この実業家は誰か。

(j)　下線部⑩に関連して，この鉄道路線は日露戦争後の1906年に設立された半官半民会社に吸収された。この半官半民会社の正式名称を答えよ。

(k)　下線部⑪に関連して，京釜鉄道開通の年に運航が始まった関釜連絡船は，1906年の鉄道国有法により国有化された。この鉄道国有法を公布したときの内閣総理大臣は誰か。

(l)　下線部⑫に関連して，韓国併合に先立つ1907年，日本は協約を締結して内政権を掌握し，韓国軍隊の解散を約させたが，この契機となったのは韓国皇帝の国際会議への密使派遣が発覚したことであった。この国際会議の名称は何か。もっとも適切なものを下から一つ選び，記号で答えよ。

㋐　ワシントン会議　　　㋑　ハーグ万国平和会議

㋒　ジュネーブ国際会議　　　㋓　ヴェルサイユ会議

(m)　下線部⑬に関連して，1917年に朝鮮最初の紡績工場が釜山に設立されたが，日本で制定されていた労働者保護法は植民地に適用されず，劣悪な労働環境に置かれていた。1911年に制定された，この労働者保護法は何か。

(n)　下線部⑭に関連して，三・一独立運動直後，『中央公論』誌上に「対外的良心の発揮」を発表し，武断政治や同化主義を批判した，大正デモクラシーを主導した東京帝国大学教授は誰か。もっとも適切なものを下から一つ選び，記号で答えよ。

㋐　吉野作造　　　　㋑　河上肇

㋒　柳宗悦　　　　㋓　美濃部達吉

（o）　下線部⑮に関連して，このときの国連軍最高司令官は敗戦後の日本占領の責任者でもあったが，この人物は誰か。

世界史

(80分)

I 次の文章を読んで空欄に最も適切な語句を記入せよ。

日本の図書館に行くと，膨大な数の書籍が日本十進分類法（ＮＤＣ）の三桁の番号によって整理されている。分類表の123を例にすると，百の位の１が大区分「哲学」を，十の位の２が「哲学」の中の中区分「東洋思想」を，一の位の３が「東洋思想」の中の小区分「経書（儒学の基本文献）」を示すといった具合である。書物はいうなれば人の営みの記録であるから，図書の分類方法を見ることでその時代の学術や思想などの様子を窺うことができる。

ＮＤＣは十進分類とあるようにまず全体を10の大区分に分ける十部分類であるのに対して，中国の伝統的図書分類は当初六部分類で，その後の学術の展開をうけて唐代に四部分類となった。中国最古の図書目録は前１世紀末の『七略（しちりゃく）』である。『七略』自体は残っていないが，それを基本的に踏襲した［ A ］著の『漢書』の第三十巻芸文志（げいもんし）によってその概要がわかる。『漢書』芸文志の図書分類は，次ページの図のように，六つの大区分（「略」）にまず分けて，それをさらに小区分（「家」）に分けるものだった。ちなみに，『七略』は，六つの「略」に加えて総論に当たる「輯（しゅう）略」があったので「七」略なのである。

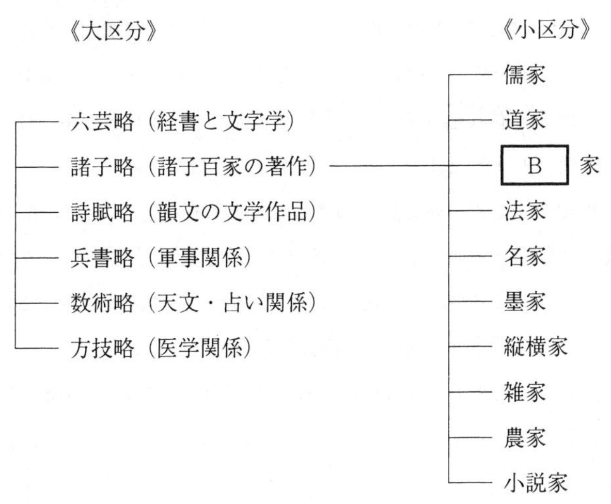

図：『漢書』芸文志の図書分類（小区分は諸子略以外は省略）

経書が六芸略として六部分類の筆頭になっているのは，儒学が漢王朝の官学とされたためである。また，いわゆる兵家に相当する兵書略が大区分の一つとして立てられているのも，七大国を中心に諸国が抗争した［ C ］時代における軍事重視の反映であろう。

この六部分類は三国時代の『中経新簿』では四部分類になっている。『漢書』芸文志の六芸略と詩賦略はそのまま甲部・乙部とされ，残る諸子略・兵書略・数術略・方技略が丁部としてひとまとめにされた上で，新たに歴史関係の大区分が丙部として新設された。秦漢帝国の出現によって行政制度が高度に発展し，それに関わる文書や記録が集積されていったことがその背景にある。［ D ］が記した『史記』は，『漢書』芸文志ではもと魯国の年代記であった『春秋』と同じ［ E ］略の春秋家に分類されていたが，ここにいたって丙部に分類されることになった。歴史書が四部分類の一つとなったということは，とりもなおさず歴史学が独立した学問として認知されたことを意味する。

ところが，この四部分類への変更は一気には進まず，南朝宋の『七志（しちし）』では『漢書』芸文志の六部分類に逆戻りしている。ただし，『漢書』芸文志の六芸略に相当する『七志』経典志の中には六芸・小学・史記（歴史書の意味）・雑伝という小区分が設定されていて，歴史学の独立は維持されている。『七志』で注目されるのは，

『漢書』芸文志の六部分類に加えて七つめの大区分として図譜志（地理関係）が新設されたことと，附録扱いではあるが道教と仏教が独自の区分として立てられたことである。この頃，酈道元の『 F 』を代表とする地理書が多く作られると共に，仏教と道教が人々の間に広まったことがその背景にある。

隋王朝の歴史を記した『隋書』の図書目録である経籍志では，経部（経書など），史部（史書，行政記録，地理など），子部（諸子百家など），集部（文学作品）の四部分類となった。ここに中国の伝統的な図書分類は一応の完成を見，これ以降に作成された図書目録は『隋書』経籍志の四部分類を継承する。

この後に作成された正史（最も権威のある各王朝の歴史書）の図書目録ではその時代の状況に応じて小区分に変化が見える。例えば，五代十国時代に編纂された『旧唐書』経籍志では乙部（史部）に G 類が新設されている。 G 体こそが歴史記録の原初的な形でありながら，ここまで歴史叙述の方式として独立した区分は設定されていなかった。しかし，この叙述方式が隋唐に至るまでの時期に再評価され，その方式で叙述された歴史書が増加したためだろう。その延長上に H 著の『資治通鑑』は登場したのである。清代に編纂された『明史』芸文志では，経類（経部）に I 類という小区分が新設された。 I とは朱熹が重視した書籍の総称で，元代に朱子学が科挙の試験科目として採用されたことをうけて関連書籍が多く出版されたのだろう。さらに，『隋書』経籍志で附録とされていた道教・仏教が，『明史』芸文志では子類（子部）に道家類・釈家類として立てられ，やっと四部分類の中に正規の位置を獲得した。

このような四部分類による書籍収集の集大成が，清代に完成した『 J 』に他ならない。

Ⅱ　次の1～5の各文章は，近代中国において著名な5人の人物について述べたものである。これらの文章を読んで空欄に最も適切な語句を記入せよ。

1. [A] は1865年に安徽省で生まれた。1887年に天津武備学堂を卒業した後，ドイツ留学などを経て，軍人・政治家としてのキャリアを歩んだ。清末に [B] の部下となり，辛亥革命後は陸軍総長に就任したが，帝政復活に反対して下野した。1916年に [B] が没すると，北京で内閣を組織して国務総理に就任し武力統一政策を進める一方，日本との連携を強化して，寺内内閣から巨額の西原借款を導入するなど日本に大きく依存する姿勢を強めた。1919年の [C] 運動では打倒の対象とされ第一線を退いたが，1924年に臨時執政に返り咲き，1926年には [D] によって「民国以来最も暗黒な日」と評された三・一八事件で [E] らが指導する学生運動を弾圧した。ただし，満州事変勃発後は日本人との交流を一切拒み，1936年に上海で没した。

2. [D] は1881年に紹興で生まれた。裕福だった家庭が没落した後に官費で日本に留学し仙台医学専門学校に学んだが，文学を志して中退した。1909年に帰国した彼は地元の中学校で生物科の教師となり，中華民国成立後は教育部事務官として北京に移り住んだ。民国初期の混迷期は彼にとっても「寂寞(せきばく)」の時代だったが，やがて [E] や [F] らが編集した雑誌『新青年』に『故郷』などの作品を発表し，鋭い社会・文化批評を通じて新思潮の担い手の一人となった。1930年代に到ると中国左翼作家連盟の指導的役割を果たす一方で，清水安三や内山完造らの日本人とも密接な交流を維持した。1936年に上海で病没した。

3. [G] は1887年に寧波で生まれた。1908年に日本の陸軍士官学校に留学し，卒業後は陸軍第十三師団高田野戦砲兵第十九連隊の士官候補生として大日本帝国陸軍で訓練を重ねた。この間，中国革命同盟会にも参加した。1911年の帰国後は辛亥革命に加わり，1923年には孫文の命を受けてソ連の軍制を視察し，翌年には [H] 軍官学校長に就任した。孫文没後は北伐軍総司令官として中国の武力統一を目指した。統一中国の出現を望まない日本は [I] 出兵を繰り返したが，1928年には北京を攻め落とし北伐を完了した。この前年，彼は宋美齢と結婚した。こうして名門宋家の婿として，また孫文の「義弟」としての名声を獲得した彼は，更に妻に倣ってメソジスト教会で洗礼を受け欧米からの宗教的な共感をも確保した。1937年からの日中戦争に際しては中華民国最高指導者として苦戦を耐え抜き勝利へ導いたが，戦後に共産党との内戦に敗北して台湾へ逃れた。台湾では1975年に死去するまで独裁体制を敷いた。

4. ［ E ］は1889年に河北省で生まれた。天津の北洋法政専門学堂在学中に今井嘉幸や吉野作造など日本人クリスチャン学者に感化され，1913年に来日して早稲田大学に留学し，社会的福音派の安部磯雄らに師事した。大隈重信内閣が［ B ］政権に突き付けた対華二十一ヶ条要求に抗議して帰国した後，［ F ］らとともに新文化運動を推進した。また，ロシア革命による庶民やボリシェビズムの勝利をも宣揚した。こうして，彼は活動の重心を啓発から実践へと次第に移し，コミンテルンの指導下で陳独秀らと連携して中国共産党を組織した。第一次国共合作に際しては，孫文の「連ソ・容共・扶助工農」政策を受けその推進に尽力したが，国共分裂後の1927年にソ連に内通した罪で張作霖によって処刑された。

5. ［ F ］は1891年に松江府で生まれ安徽省で育った。14歳の時に，厳復(げんぷく)が翻訳した『天演論』（原著はトーマス＝ハックスレー『進化と倫理』）にみられる「適者生存」の考えに感銘を受けたという。1910年に米国に留学し，まずコーネル大学で農学を，ついでジョン＝デューイの下でプラグマティズム哲学を学び，1917年にはコロンビア大学で哲学博士の学位を取得した。米国留学中の1917年，『新青年』に「文学改良芻議」を発表して口語体による文学を提唱した。帰国後，［ J ］大学教授に登用された。［ E ］たち同志が次第に無政府主義や共産主義に接近することに反発した彼は，中国史や伝統思想の研究へと向かい，また政治的改良主義を主張した。満州事変後は基本的に［ G ］に協力する姿勢を示しつつも，抗日を理由とした独裁強化を批判し，民衆の政治参加を説いた。日中戦争勃発後の1938年には駐米大使に任命され，民主派外交官として対中世論形成に影響を与えた。中華人民共和国の成立前夜に米国へ亡命したが，1958年以降は台湾に移住して学術界を中心に活躍し，1962年に没した。

Ⅲ　次の文章を読んで空欄に最も適切な語句を記入し，下線部についてあとの問いに答えよ。

今日，世界の音楽は，ドレミファで始まる音階と五線譜に書かれる楽譜を基本としている。これらは，西洋音楽が生み出し世界に広めたシステムである。

西洋音楽の出発点はグレゴリオ聖歌〔1〕にあると言われる。これは，ひとつの旋律によって歌われるカトリック教会のラテン語による聖歌であり，7世紀ごろに成立した。この聖歌は，9世紀にカール大帝のもと花開いた［　A　］=ルネサンス期に2つの旋律で歌われるようになり，さらに紙に書き記されるようになった。

中世における西洋音楽は，13世紀半ばにパリに完成した［　B　］建築の代表とされるノートルダム大聖堂を中心にその活動が展開されたため，ノートルダム楽派と呼ばれる。この時期，数多くの教会音楽が作曲され共有された。これらの教会音楽は「音を楽しむ」ものではなく，「神の国の秩序を音で表現する」ものであった。中世の大学の教養課程である［　C　］科の中で，音楽は幾何学，代数学，天文学と並ぶ数学的学問と位置付けられていたが，その源流は音楽を数学の一種と考えた古代ギリシア〔2〕にまで遡る。中世の教会音楽は三拍子系で作曲されていたが，それは父と子と聖霊を同質とみなす［　D　］説を具現したものだった。

このような音楽観が大きく変化するのが，14世紀にはじまるイタリア=ルネサンス期である。十字軍を契機として発展した［　E　］貿易は，イタリアの諸都市を富ませ，商人層の勢力を拡大させた。それを背景に起こった文芸，美術の世界における新たな潮流〔3〕は，音楽の世界にも現れた。14世紀前半に「高音と低音の数的比率」と説明されていた「ハルモニア（ハーモニー）」は，15世紀末には「美しい響き」と定義されるようになる。世俗の曲の旋律を教会音楽に組み入れることが流行し，「(神への）畏れ」よりも「(人生の）喜び」を感じさせる旋律が増加した。

17世紀から18世紀にかけての西洋音楽は［　F　］音楽と呼ばれるが，実はその現れ方はひとつではない。ブルボン家やハプスブルク家などの絶対王政下の国家では，王権を誇示する巨大な宮殿が建設され，王を賛美するため宮廷で奏でられる音楽が盛んに作られた。代表的な音楽家としては，エステルハージ家の宮廷からイギリス王室の宮廷に移って活躍した「水上の音楽」の作曲者［　G　］や，フランスのルイ14世に重用され，彼のために多くのオペラを作曲したフィレンツェ出身のリュリなどが挙げられる。その一方で，プロテスタント文化圏では教会を中心に神との結びつきを通した音楽共同体が形成されており，その中からバッハにより「神の秩序」を重んじる多くの教会音楽が生み出された。 F 音楽には，このように2つの方向性を見て取ることができる。

18世紀半ばから，ヨーロッパでは H 音楽が花開く。この時期，勢力を伸ばしていたブルジョワ市民層が音楽界に参入し，音楽家たちの活動に，宮廷や貴族のサロンに加えて演奏会（コンサート）という新しい場が加わった。演奏会というシステムが最初に広がったのは，他のヨーロッパ諸国に先駆けて市民革命を経験したイギリスであり，そこで成功を収めたのが「交響楽の父」と呼ばれるハイドンであった。同時代に活動したザルツブルク出身の I は，ヨーロッパ各地の宮廷，サロン，演奏会を旅してまわった。彼は「フィガロの結婚」のような貴族社会を風刺したオペラも制作している。 H 音楽を集大成したと言われる〔4〕ベートーヴェンは，貴族をパトロンに持ちつつ，宮廷に仕えることなく音楽活動を行った。19世紀前半には，演奏会の興隆に加え，楽譜を購入し家庭あるいは仲間内で演奏を楽しむ市民層が，楽譜の出版から楽器のレッスンまで大きな音楽市場を形成するようになっていた。

19世紀のヨーロッパではロマン主義音楽が展開されるが，これも当時の政治状況を反映し多様な現れ方を示した。19世紀前半には，ポーランド出身のショパンやハンガリー出身のリストがパリのサロンや演奏会で人気を競った一方，ドイツ語圏ではバッハの「マタイ受難曲」が100年ぶりに演奏され，ドイツの文化ナショナリズムの中にバッハとドイツ=ロマン主義が位置付けられた。イタリアではヴェルディがオペラで祖国への愛とイタリア統一を訴えた。また19世紀後半には，オーストリア=ハンガリー帝国の支配下にあったチェコ出身の J が，交響曲「わが祖国」に民謡の旋律を取り入れ祖国の独立を願った。同じくチェコ出身のドヴォルザークやフィンランド出身のグリークなども，民族独立を訴える「国民楽派」の一員に数えられる。

その一方で，19世紀後半のヴェルディのオペラ「アイーダ」，20世紀前半のプッチーニのオペラ「蝶々夫人」「トゥーランドット」など，〔5〕「オリエント（東洋）」を舞台としたオペラも作曲されている。これは，西洋音楽がヨーロッパ列強諸国による植民地拡大とともに世界各地に広がったことの反映でもある。カトリック教会から始まった西洋音楽は，社会の変化とともに王侯貴族・市民層へと広がり，ついには世界各地の固有の音楽をも飲み込んでいったのである。

〔1〕 グレゴリオ聖歌は，ゲルマン人への布教活動を推進したグレゴリウス1世が作ったという伝説がある。このゲルマン人のうちで，元々パンノニアを本拠地としていた部族を何というか。

〔2〕 万物の根源を「数」と考えた数学者ピタゴラスは，弦の長さを半分にすると音が1オクターブ高くなることを発見した音響学者でもあった。彼のように万物の根源は何かを探求することから始まった古代ギリシアの哲学を何というか。

〔3〕 ルネサンス期イタリアを代表するミケランジェロやラファエロは，現ヴァチカン市国にあるカトリック総本山の大聖堂再建にも携わっていた。その大聖堂を何というか。

〔4〕 ベートーヴェンはロマン主義の先駆者でもあった。彼が交流を持ったロマン主義初期の詩人・作家であり，ヴァイマル公国の宰相でもあった人物は誰か。

〔5〕 このような想像上の「オリエント（東洋)」を舞台にした芸術作品の中に潜む偏見を，著書『オリエンタリズム』で明らかにしたパレスチナ生まれのアメリカ人文学研究者は誰か。

Ⅳ 次の文章を読んで空欄に最も適切な語句を記入し，下線部についてあとの問いに答えよ。

東アフリカは，9世紀以降，ムスリム商人やユダヤ商人の到来によって，インド洋交易の拠点として発展していった。この一帯では，ショナ語を含む[A]諸語を用いる集団とイスラーム〔1〕を信仰するアラブ人などが入り混じり，スワヒリと呼ばれる独自の文化圏が形成されるに至った。以下，東アフリカに栄えた港町や王国を概観していこう。

モガディシュ（モガディシオ）は現ソマリアに位置する港町である。ある史料は，14世紀のモガディシュのスルタンがアフロ=アジア語族の[B]語系（派）に含まれるアラビア語を解し『クルアーン』を唱えていることを報告しており，同地がイスラーム化していたことを物語る。また，ユダヤ教やキリスト教，イスラームの聖地である[C]産の外衣などの輸入品が，インド洋交易を通じてモガディシュにもたらされていた。

現ケニアの港町である[D]についての最古の記録は，[E]人が築いたシチリア王国においてルッジェーロ2世の命令によって12世紀半ばにつくられた地理書と地図の中に見られる。ポルトガルの航海者[F]は，1498年にこの地を訪れてムスリムの水先案内人を雇い，インド西南岸〔2〕に到達し，インド航路の開拓に成功した。日本にキリスト教を伝えたことで知られる[G]会の宣教師フランシスコ=ザビエルもここに立ち寄り，船中で死亡した信者をポルトガル人墓地に埋葬している。

現在タンザニアに属している[H]島には，イランのシーラーズ〔3〕から七艘の船でやって来た七人の移住者のひとりがこの島に拠点を築いたという伝承が残されている。この地を拠点とした[H]王国は，象牙や奴隷，金〔4〕の交易で繁栄したが，ポルトガルの侵攻や内陸部の遊牧民の侵入によって16世紀に滅亡した。

ザンベジ川の南に広がる一帯には，ショナ人が建てた[I]王国が11世紀から15世紀にかけて栄えた。ショナ人は現在の[J]に巨大な石造建築遺跡を建設した。ユネスコの世界文化遺産に登録されているこの大[J]遺跡からは，インドのガラス玉や中国の陶磁器〔5〕が出土しており，内陸に位置するこの地もまたインド洋交易の影響を受けていたことがわかる。

19世紀以降，東アフリカはヨーロッパ列強によるアフリカ分割の対象地の一つとなった。モガディシュは，しばらくの間イタリアに領有されるに至り，ケニアや［ J ］はイギリスによって統治されるようになった。タンザニアの本土やルワンダ，ブルンジは，ドイツの東アフリカ植民地として第一次世界大戦を迎えることとなる。

〔1〕 イスラーム，特にスンナ派においては，ムスリムが信者として信じ行うべきことを六信五行と総称している。この六信に<u>含まれないもの</u>を次の中から1つ選び記号で答えよ。

ア．アッラー

イ．定命

ウ．天使

エ．預言者

オ．礼拝

〔2〕 インド西南岸に位置し，胡椒やインド綿織物の輸出で栄えた海港都市はどこか，次の中から1つ選び記号で答えよ。

ア．カリカット

イ．コルカタ

ウ．チェンナイ

エ．デリー

オ．ムンバイ

〔3〕 シーラーズは現在，イランのファールス州の州都である。同州内にはダレイオス1世によって建設され，アレクサンドロス大王によって破壊された都市の遺跡が残っている。その都市を何というか。

〔4〕 西アジアでは，金貨が鋳造された。特に初期イスラーム時代において，官僚や軍人に対して貨幣で支払われた俸給のことをアラビア語で何というか。

〔5〕 陶磁器を輸出した中国の国際貿易港の一つで，北宋期の1087年に市舶司が置かれ，元代には南海交易で栄えた現福建省の海港都市はどこか。

地理

(80分)

Ⅰ　地図史に関する次の文と地図をよく読んで，〔1〕〜〔9〕の問いに答えよ。なお，地図中と文中の記号（X・Y）は対応している。

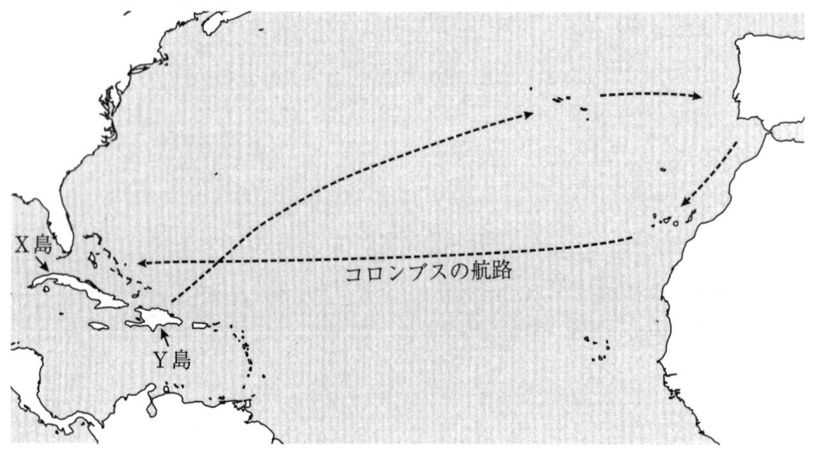

地図史に関して，ヨーロッパを中心に概観する。ヨーロッパでは，紀元前3世紀ごろのギリシャで地球球体説が提唱されるようになり，［A］や［B］が世界地図を作成した。［A］は，エジプトにおいて地球の円周を測ったことでも知られている。また天文学・地理学者であった［B］は，独自の地図投影法を考案し，$\underset{(a)}{\underline{\text{経線・緯線}}}$入りの世界地図を作成した。しかし，中世のヨーロッパでは，このような世界地図にかわって，当時，支配的であったキリスト教の世界観を反映した世界地図が主流となった。そうした世界地図は，キリスト教の聖地［イ］を中心に陸地と海洋を配置した円盤状の図像が特徴的で，［ロ］マップと呼ばれている。ただし，［B］の世界地図はイスラム世界に伝わっていたとされ，アラブ人の地理学者イドリーシーが12世紀半ばに作成した世界地図に，その影響が認められる。その後，イスラム世界との接触や東方との貿易などが盛んになったことをきっかけ

に，ヨーロッパで再び［　B　］の世界地図が知られるようになった。

15世紀のヨーロッパは大航海時代を迎え，地理的知識が一挙に拡大した。当初，ヨーロッパ大陸よりも西側については未知の部分が多かった。15世紀後半の天文学・地理学者であったトスカネリの地図やマルティン＝［　C　］が作成した現存する最古の地球儀をみても，海洋を挟んでヨーロッパの西側には「黄金の国」としてジパングはあるが，南北アメリカ大陸は描かれていなかった。コロンブスは，こうした世界地図に影響を受けて西回りでインドを目指したと考えられている。地図に示された，彼が率いた船団のおおよその航路をたどると，1492年8月にスペイン南部を出港し，まずアフリカ大陸北西部の沿岸を南流する［　ハ　］海流上にある島に寄港した。そこから大西洋を西進し，同年10月に西インド諸島に到着したとされる。彼は，(b)X島やY島などを探索し，この地域をアジアの一部と考え，スペインへの帰路についた。この航海をきっかけに南北アメリカ大陸の調査が重ねられ，世界地図に両大陸が描かれるようになった。

16世紀後半以降のヨーロッパでは，(c)メルカトル図法の世界地図をはじめ，(d)さまざまな投影法にもとづく地図が作成された。また，複数の地図を1冊の本に収録した地図帳の刊行も増加した。その後，近代的な測量が実施されるようになったことで，地図の精度が飛躍的に向上した。そして19世紀に入ると，主題図の地図表現についても進展がみられた。たとえば，コロプレスマップ（［　甲　］）や等値線図，(e)ドットマップなどを用いて，国や地方の人口・経済・社会現象にかかわる統計地図がフランスやイギリスなどで作成された。さらに20世紀後半になると，情報通信や航空宇宙技術の急速な発達によって地図作成の方法は大きく変わることになる。地球観測衛星による遠隔探査（［　乙　］），GPSなどの(f)全球測位衛星システムによる測量，そして地理情報システムの利用は，地図の更新を容易なものにした。現在は，地球上のさまざまな自然環境や社会経済の地域的な状況を観測し，得られた地理情報をオンラインで共有できるようになっている。

〔1〕　文中の［　A　］～［　C　］に当てはまる最も適切な人名を答えよ。

〔2〕　文中の［　イ　］～［　ハ　］に当てはまる最も適切な地名または語句を答えよ。

〔3〕　文中の［　甲　］・［　乙　］に当てはまる最も適切な別称を答えよ。

〔解答欄〕 甲：＿＿＿図
乙：＿＿＿センシング

〔4〕 下線部(a)に関して，次の(1)・(2)に答えよ。

(1) 夏至の時に太陽が真上を通過する緯線は何と呼ばれるか，最も適切な語句を答えよ。

(2) 旧グリニッジ天文台の対蹠（たいせき）点に最も近い国はどこか，国名を答えよ。

〔5〕 下線部(b)に関して，この2島には，植民地から独立した3か国がある（2022年4月現在)。このうち公用語がスペイン語の国は何か国あるか，数字で答えよ。

〔6〕 下線部(c)に関して，投影面の形状に基づき分類すると，どの図法に分類されるか，最も適切なものを次の選択肢の中から1つ選び，符号で答えよ。

Ⓐ 円錐図法　　Ⓘ 円筒図法　　Ⓤ 平面図法

〔7〕 下線部(d)に関して，正距方位図の説明として，**誤っているもの**を，次の選択肢の中から1つ選び，符号で答えよ。

Ⓐ 地図の周辺ほど，形のひずみが大きくなる。

Ⓘ 地図上の任意の2点間を結んだ直線は大圏航路を示す。

Ⓤ 北極点を中心に描いた地図が国際連合の旗に使用されている。

Ⓔ 地図の中心からみた方位は正しく描かれている。

〔8〕 下線部(e)に関して，ドットマップによって表現される内容として最も適切なものを，次の選択肢の中から1つ選び，符号で答えよ。

Ⓐ オーストラリアの牛と羊の分布

Ⓘ 北アメリカ大陸の年平均気温の分布

Ⓤ 都道府県別の人口密度

Ⓔ 世界三大宗教の伝播経路

〔9〕 下線部(f)に関して，次の(1)・(2)に答えよ。

(1) このシステムの略称をアルファベットで答えよ。

(2) 日本が独自に運用し，日本上空の軌道を通る測位衛星システムは何と呼ばれるか，最も適切な名称を答えよ。

Ⅱ　ヨーロッパの河川①～④に関する次の地図と文をよく読んで，〔1〕～〔6〕の問いに答えよ。なお，地図中と文中の記号（A～E）は対応している。

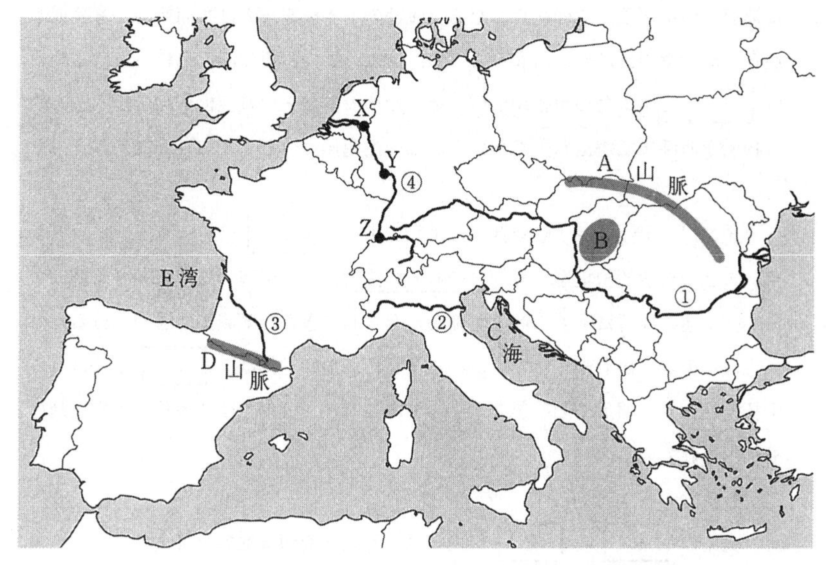

編集部注：実際の問題はカラー印刷。

①　ドイツ南西部に源を発するドナウ川は，アルプス山脈と［A］山脈との間を通過し，黒海へと注ぎ込む。(a)流域内において，粒の細かい土が風に運ばれ堆積した土壌が厚く分布する地域は小麦などの栽培に適している。とくにハンガリー平原の東側は［B］と呼ばれ，穀倉地帯となった。またこの河川は，複数の国々を流れ，内陸水運の大動脈として重要である。なお河口部のデルタには，大小の湖沼で構成される湿地が広がり，そうした自然環境は国際条約で保全の対象となっている。

②　ポー川は，(b)イタリア北部に広がるパダノ＝ヴェネタ平野を流れ，［C］海に注ぐ。パダノ＝ヴェネタ平野は，この河川が多くの土砂を運搬することで形成された［イ］平野であり，そこは肥沃な農業地帯となっている。また自動車企業の立地や水力発電による電力供給によって，流域に位置するいくつかの都市の工業化が進んだ。現在，これらの都市は，イギリス南西部からイタリア北部にいたる工業地帯の一角をなしている。

③ [D] 山脈からはじまるガロンヌ川は，フランス南西部を貫流し，その河口部でジロンド川と称され，[E] 湾に流入する。地中海とは17世紀に建設された運河でつながる。その起点となる上流部のトゥールーズは，商業的にも発展し，現在，航空機の生産拠点となっている。また，この河川の河口部にみられる地形は [ロ] であるため川幅が広い。そのため海外からの航空機部品を積み込んだ貨物船が河港まで遡上し，さらに上流部の生産拠点へとそうした部品が輸送されている。

④ ライン川の上流部は，断層運動によって生じた [ハ] 帯を流れ，ドイツとフランスとの自然的国境をなす。この河川の流域(c)には，周辺の鉱産資源とも結びついて，水運の要所に多くの商工業都市が発達してきた。下流部に目を向けると，大規模なデルタが形成されている。こうした低地の沿岸は，[ニ] と呼ばれる干拓地となり，酪農や園芸農業が盛んであるほか，近年では住宅地や工場用地にも利用されている。

〔1〕 文中の [A] ～ [E] に当てはまる最も適切な地名を答えよ。

〔2〕 文中の [イ] ～ [ニ] に当てはまる最も適切な語句を答えよ。

〔3〕 地図中の①～④の河川沿いに位置する都市として，最も適切なものを，次の選択肢（あ～え）の中から1つずつ選び，それぞれ符号で答えよ。

① あ　イスタンブール　　い　スコピエ
　 う　プラハ　　え　ベオグラード

② あ　ジェノヴァ　　い　タラント
　 う　トリノ　　え　フィレンツェ

③ あ　ナント　　い　ボルドー
　 う　マルセイユ　　え　ルアーヴル

④ あ　デュッセルドルフ　　い　ハノーファー
　 う　ハンブルク　　え　ミュンヘン

〔4〕 下線部(a)に関して，次の(1)・(2)に答えよ。

(1) このような土壌は何と呼ばれるか，最も適切な名称をカタカナで答えよ。

(2) この流域における粒の細かい砂のおもな供給源は何か，簡潔に述べよ。

〔5〕 下線部(b)に関して，次の(1)・(2)に答えよ。

(1) この平野でみられ**ない**ケッペンの気候区分は何か，次の選択肢の中から1つ選び，符号で答えよ。

㋐ Cs　　㋑ Cw　　㋒ Cfa　　㋓ Cfb

(2) この平野に関する説明として，正しいものを，次の選択肢の中から1つ選び，符号で答えよ。

㋐ 北緯40度線が通る。

㋑ ミストラルが吹く。

㋒ 稲作が行われている。

㋓ オリーブの主産地である。

〔6〕 下線部(c)に関して，次のグラフは地図中の●（X～Z）に示される観測地点における流量（m^3/秒）の各月の平均を年平均に対する比で表したものである。観測地点Zのグラフはどれか，㋐～㋒の中から1つ選び，符号で答えよ。

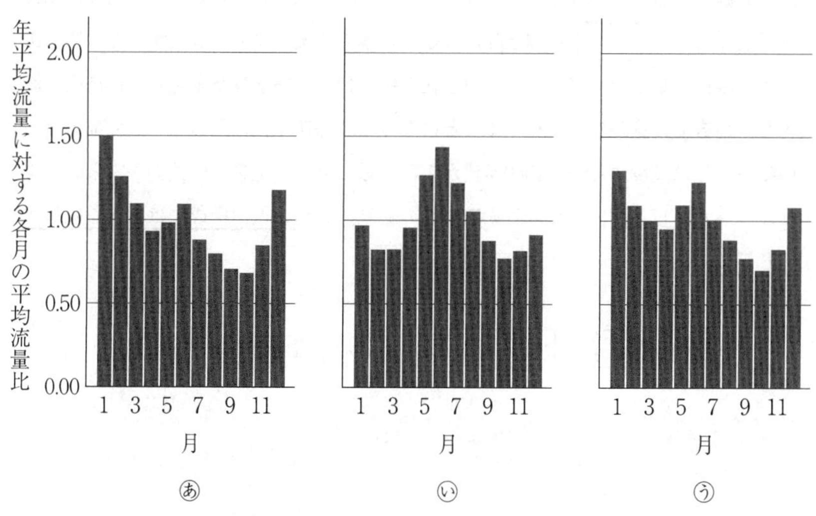

Global Runoff Data Centre の資料（過去10年間のデータ）をもとに作成

Ⅲ 人口に関する次の文をよく読んで，〔1〕～〔5〕の問いに答えよ。

人口が急増する現象を人口 A と呼び，それには産業革命期の欧米を中心としたものと，第二次世界大戦後の発展途上国を中心としたものがある。後者を詳しくみると，1950年時点では約25.3億人であった世界人口が，1985年には約48.7億人に，そして2020年には約77.9億人へと急増し，2055年には約99.6億人になると推計されている。こうした現象は，高い出生率が維持されたまま，医療や衛生状態の改善によって，死亡率が低下することによって起こる。このような人口の推移を一般化した人口 B モデルでは，出生率と死亡率の差である自然増加率に着目して，(a)多産多死型の第1段階，多産少死型の第2段階，少産少死型の第3段階，静止人口の第4段階が仮定されてきた。

上述の人口の自然動態を反映して，(b)世界の人口分布には空間的な差異が生じている。これに加えて，紛争あるいは飢餓で国を離れることを余儀なくされる C や，就労機会の多い国への移民などの(c)国際的な人口移動も，世界人口における地域差の原因である。このような人口移動による転入と転出の差による人口増加は，自然増加に対して D 増加と呼ばれる。日本の状況について確認すると，第二次世界大戦後，第1次ベビーブームの世代が中学校・高等学校卒業時に大都市圏に流入し，地方では過疎化が進行することになった。1970年代に入ると，三大都市圏への転入超過は減少するが，1980年代からは概して東京一極集中の傾向がみられるようになった。日本国内における人口移動の結果，(d)各地の人口構成には大きな差異が生じることになったのである。

〔1〕 文中の A ～ D に当てはまる最も適切な語句を答えよ。

〔2〕 下線部(a)に関して，次のグラフ㋑～㋥は，1950年，1985年，2020年，2055年の世界全体の人口ピラミッドである。これらを古いものから新しいものへと並べた場合に正しいものを，下の選択肢（㋐～㋕）の中から1つ選び，符号で答えよ。

(歳)　男　女
80 60 40 20 0
10 8 6 4 2 0 2 4 6 8 10(%)
㋑

(歳)　男　女
80 60 40 20 0
10 8 6 4 2 0 2 4 6 8 10(%)
㋺

(歳)　男　女
80 60 40 20 0
10 8 6 4 2 0 2 4 6 8 10(%)
㋩

(歳)　男　女
80 60 40 20 0
10 8 6 4 2 0 2 4 6 8 10(%)
㋥

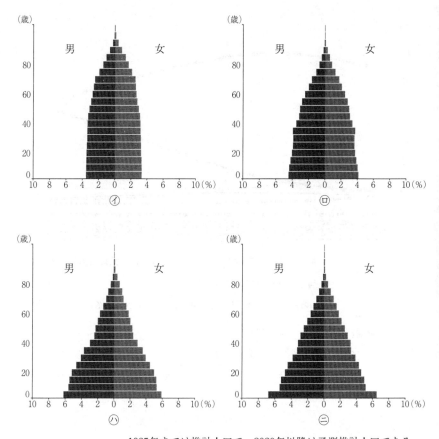

1985年までは推計人口で，2020年以降は予測推計人口である。

United Nations, *World Population Prospects 2019* により作成

㋐ ㋑→㋺→㋩→㋥　　㋑ ㋑→㋺→㋥→㋩　　㋒ ㋺→㋑→㋥→㋩

㋓ ㋺→㋑→㋩→㋥　　㋔ ㋥→㋩→㋺→㋑　　㋕ ㋥→㋩→㋑→㋺

〔３〕　下線部(b)に関して，次の(1)〜(3)に答えよ。

(1)　世界６州ごとの人口推移（世界総人口に占める割合）を表した次の折れ線グラフのうち，①・②はどの州のものか，下の選択肢（あ〜か）の中から最も適切なものをそれぞれ１つずつ選び，符号で答えよ。

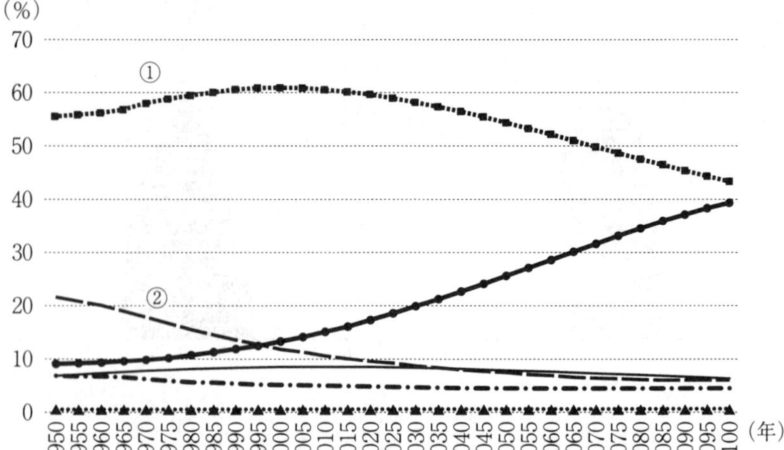

2019年までは推計人口で，2020年以降は予測推計人口である。
ヨーロッパはロシアを含む。

United Nations, *World Population Prospects 2019* により作成

選択肢

あ　アジア	い　アフリカ	う　オセアニア
え　アングロアメリカ	お　ラテンアメリカ	か　ヨーロッパ

(2) 次の表はアジアとアフリカにおける1950年，2020年，2090年の国別人口について，上位3か国を順に並べたものである。表中のあ～うに当てはまる最も適切な国名をそれぞれ答えよ。なお，国名は2020年時点のものである。

1950年

	第1位	第2位	第3位
アジア	中国	あ	日本
アフリカ	い	う	エチオピア

2020年

	第1位	第2位	第3位
アジア	中国	あ	インドネシア
アフリカ	い	エチオピア	う

2090年

	第1位	第2位	第3位
アジア	あ	中国	パキスタン
アフリカ	い	コンゴ民主共和国	エチオピア

1950年は推計人口で，2020年以降は予測推計人口である。

United Nations, *World Population Prospects 2019* により作成

(3) 次の9つのグラフは，アメリカ合衆国，エチオピア，フィリピンの3か国の1950年，1985年，2020年の人口ピラミッドである。エチオピアとフィリピンはどれか，最も適切なものを1つずつ選び，それぞれ符号（あ～う）で答えよ。

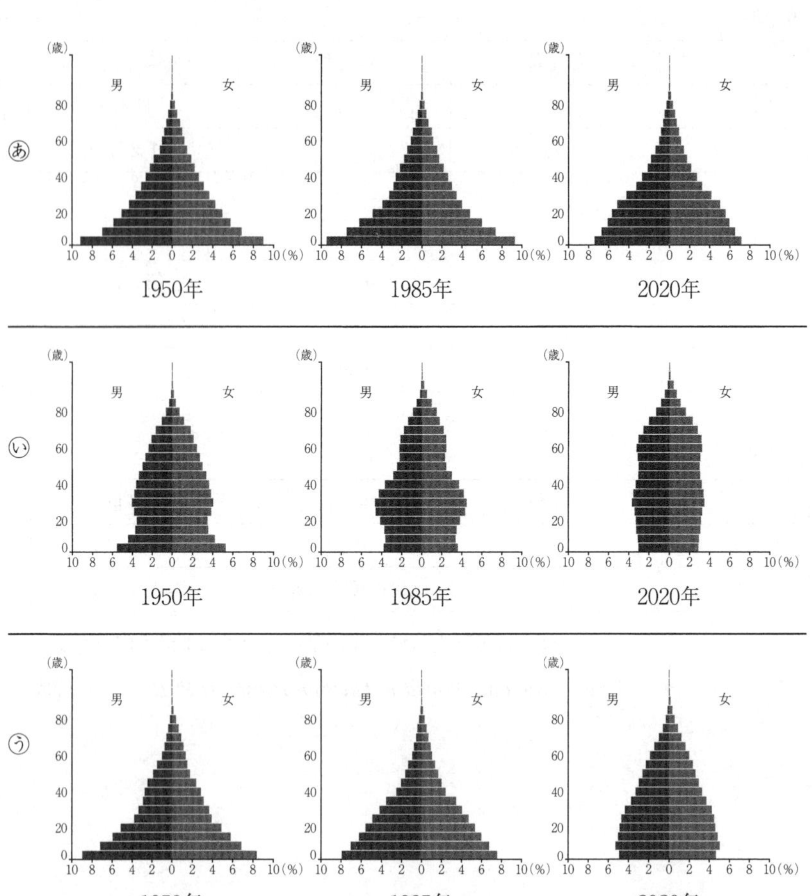

1985年までは推計人口で，2020年は予測推計人口である。

United Nations, *World Population Prospects 2019* により作成

〔4〕 下線部(c)に関して，国際人口移動に関する次の(1)～(3)の文で正しいものには○印を，誤っているものには×印を記せ。

(1) ハワイには日系人のコミュニティがある。

(2) ＥＵの拡大により，同域内での経済格差は減少し，労働力移動も縮小傾向にある。

(3) 2020年時点で，日本で最も多く働く外国人の国籍はブラジルである。

〔5〕 下線部(d)に関して，日本の人口に関する次の(1)～(3)の文で正しいものには○印を，誤っているものには×印を記せ。

(1) 国勢調査（2020年）によると，東京圏（東京都，神奈川県，埼玉県，千葉県）の人口は，全国の約５割を占めている。

(2) 国勢調査（2020年）によると，都道府県別の老年人口比率（％）の最大値と最小値の差は，40ポイント以上ある。

(3) 老年人口比率が50％を超え，社会的共同生活の維持が困難になっている集落は，限界集落と呼ばれる。

政治・経済

(80分)

Ⅰ　次の文章を読んで，あとの問いに答えよ。

国民の政治的な自由が保障され，競争的な選挙がある政治体制は一般に［A］体制（リベラル・デモクラシー）と呼ばれ，日本や欧米諸国などで採用されている。この体制は，大きく議院内閣制と大統領制とに分けることができる。

議院内閣制はイギリスで発展したもので，有権者が選挙を通じて議員を選出し，多くの場合，議会の過半数を占める政党ないし政党集団が内閣①を組織する。議院内閣制は，1742年に下院の不信任にしたがい総辞職した［B］内閣に由来するとされる。この体制では，内閣が議会を基盤にして作られることから，立法権と行政権は密接な関係にあるといわれる。

他方，大統領制は，行政府の長である大統領②と立法府の議員を有権者が別々に選ぶ仕組みであり，大統領と議会は相互に独立した関係③にある。たとえばアメリカ合衆国では，行政府の長である大統領は［C］を通した間接選挙で選ばれる。大統領は議会の解散権をもたず，議会も大統領への不信任決議権をもたないが，大統領に非行が認められた場合には，下院の訴追にもとづく上院の［D］決議で解任される。

だが，世界にはこうした政治体制をとらない国も多く存在している。たとえば社会主義④国である中国⑤では権力集中体制がとられており，［E］が最高の決定機関にあたる。このもとに行政を担当する［F］と，司法を担当する最高人民法院が置かれている。政党間の競争が存在せず，中国共産党が全人民の指導的な役割を担っている点に，欧米諸国との大きな違いがある。

また，第二次世界大戦後に独立したいくつかの国々では，経済開発を優先する政治体制が敷かれ，人々の自由や権利が著しく制限されていた。経済発展のために政治参加を抑制するこうした体制は［G］と呼ばれる。しかし，1980年代から1990年代にかけて，経済の発展に伴い，韓国やフィリピン，インドネシアなどでは，市民の政治的自由を求める運動がひろがり，民主化⑥が進められることになった。

〔1〕 A ～ G にあてはまるもっとも適切な語句を記入せよ。なお，**AとCは漢字6字，Bはカタカナ6字，Dは漢字2字，Eは漢字8字，Fは漢字3字，Gは漢字4字**で答えよ。

〔2〕 下線部①に関して，日本でも，国民が内閣総理大臣を直接選挙で選ぶべきだといった議論がある。こうした主張を　　　論という。空欄にあてはまるもっとも適切な語句を**漢字4字**で答えよ。

〔3〕 下線部②に関して，アメリカ合衆国の歴代大統領についての説明として，**適切でないもの**を下から一つ選び，記号で答えよ。

ⓐ 第45代大統領に就任したトランプは，パリ協定からの離脱を表明するなど，その過激な発言と自国第一主義的な態度が注目を集めた。

ⓘ レーガンは強いアメリカを再生するべく軍事力強化をはかった。また，規制緩和をすすめるその経済政策は「レーガノミクス」と呼ばれた。

ⓤ 第32代大統領のローズヴェルトは失業者救済策，農産物の価格支持などを含むニューディール政策を打ち出し，その経済政策は「修正資本主義」ともいわれ，「小さな政府」による不況の克服をめざした。

ⓔ トルーマンはヨーロッパやアジア諸国が共産主義化することを恐れ，「封じ込め政策」をとった。

〔4〕 下線部③に関して，三権分立を唱え，アメリカ合衆国憲法にも影響を与えたフランスの思想家の著書を下から一つ選び，記号で答えよ。

ⓐ 『法の精神』　　ⓘ 『リバイアサン』

ⓤ 『統治二論』(『市民政府二論』)　　ⓔ 『社会契約論』

〔5〕 下線部④に関して，マルクスやエンゲルスはオーエンやサン＝シモン，フーリエらの社会主義思想を「　　　」と批判し，「科学的社会主義」を確立した。空欄にあてはまるもっとも適切な語句を**漢字7字**で答えよ。

〔6〕 下線部⑤に関して， イ 特別行政区は1997年にイギリスから中国に返還された地域である。また， ロ 特別行政区は1999年にポルトガルから中国に返還された地域である。 イ と ロ にあてはまるもっとも適切な語句を記入せよ。なお，**イは漢字2字，ロはカタカナ3字**で答えよ。

〔7〕 下線部⑥に関して，2011年にチュニジアでは民衆が独裁政権を打倒し，この動きはアフリカや中東に広まっていった。この一連の民主化運動のことを

［　　］という。空欄にあてはまるもっとも適切な語句を**5字**で答えよ。

Ⅱ　次の文章を読んで，あとの問いに答えよ。

日本は，1980年代以降，金融の国際化に対応するため，護送船団方式と呼ばれてきた金融機関への保護政策を転換し，金融制度の規制緩和，「金融の自由化」を進めた。

1992年の金融制度改革関連法により，銀行業務と証券業務との間の業務分野の自由化が推進され，子会社を通じて相互の業務に参入できるようになった。1993年には定期性預金，1994年には流動性預金の金利も自由化された。そして，イギリスの［ A ］政権が行った証券制度改革を模範として，1990年代後半から［ B ］を推進した。1997年には外国為替管理法が改正され，外国為替業務や外貨両替業務の自由化が推進された。

「金融の自由化」を境に，公定歩合①の上下が銀行の貸出金利と連動しなくなった。金融政策の手法も大きく変わり，今日では公開市場操作②が主流となっている。

バブル崩壊後の金融不安を背景に，大量の回収困難な貸出金，すなわち［ C ］を抱えた銀行は，自己資本比率規制③もあり，融資に消極的になった。1998年制定の［ D ］法で金融機関の破綻処理と混乱期の預金者保護が行われた。

一方，1996年から［ E ］が凍結されていたが，金融システムが安定してきたこともあって2005年から全面解禁された。これによって，金融機関が破綻した場合の預金者の保護が，一つの金融機関につき預金元本［ F ］万円とその利子までに制限されることとなった。

日本銀行（日銀）は，1990年代末から続いたデフレからの脱却を目的に，政策金利としての「無担保［ G ］翌日物」金利をゼロにすることを誘導目標とするゼロ金利政策を実施した。その後，日本銀行当座預金（日銀当座預金）残高に誘導目標を変更し，［ H ］政策を実施した。さらに，2013年には消費者物価の対前年上昇率［ I ］％とする物価安定目標を掲げ，2016年にはマイナス金利政策④も導入した。

近年は銀行の余剰資金が低金利で貸し出され，民間の経済部門（金融機関を除く）が保有している［ J ］が増加する異次元金融緩和政策が進められている。一方，マネタリーベース（日銀が供給する通貨と金融機関が開設する日銀当座預金）

をもとに市中銀行は投資を行い，信用創造⑤によって預金額をさらに増やしている。

〔1〕 A ～ J にあてはまるもっとも適切な語句を記入せよ。なお，**Aは人名の姓をカタカナ，Bは10字，C・D・Hは漢字4字，E・G・Jはカタカナ，FとIは算用数字**で答えよ。

〔2〕 下線部①に関して，今日では，日銀は公定歩合を「　　　および基準貸付利率」と呼んでいる。空欄にあてはまるもっとも適切な語句を**漢字5字**で答えよ。

〔3〕 下線部②に関して，景気が悪い時の日銀のオペレーションについて，次の文の イ ， ロ にあてはまる語句の組み合わせとして，もっとも適切なものを下から一つ選び，記号で答えよ。

> 景気が悪くデフレーションの時は， イ 。その結果，短期金融市場での資金量が増加し，企業や個人への ロ 。

Ⓐ　イ　市中銀行が持っている国債などを買い入れる
　　ロ　貸出金利が上がる

Ⓘ　イ　市中銀行が持っている国債などを買い入れる
　　ロ　貸出金利が下がる

Ⓤ　イ　国債などを売却する
　　ロ　貸出金利が上がる

Ⓔ　イ　国債などを売却する
　　ロ　貸出金利が下がる

〔4〕 下線部③に関して，国際的な取引を行う銀行が守るべき国際的な基準を　　　規制という。空欄にあてはまるもっとも適切な語句を記入せよ。なお，**英語略称のアルファベット（大文字）3字**で答えよ。

〔5〕 下線部④に関して，**適切でないもの**を下から一つ選び，記号で答えよ。

Ⓐ　マイナス金利の導入によって，市中銀行の日銀当座預金の一部にマイナス金利が適用される。

Ⓘ　マイナス金利の導入によって，個人の預金の一部にマイナス金利が適用される。

ⓤ　マイナス金利政策のねらいは，市中銀行が貸出を増やすことで通貨量を増加させることにある。

ⓔ　マイナス金利政策が導入されるまでは，市中銀行は，日銀当座預金から収益を得ることができた。

〔6〕 下線部⑤に関して，支払準備率5％，最初の預金（本源的預金）100万円のとき，最大限を貸出に回した場合，信用創造額は［　　］万円になる。空欄にあてはまる値を**算用数字**で答えよ。

Ⅲ　次の文章を読んで，あとの問いに答えよ。

国際連合（国連）は6つの主要機関で構成されている。その中でも，国際平和と安全に責任を持つ安全保障理事会（安保理）は最も重要な役割と権限を有しており，①国連事務総長の任命を総会に勧告する任務も担っている。

安保理は，②膠着（こうちゃく）した戦争を停戦へと導くことがある。それとは裏腹に，③武力攻撃を容認することもある。

湾岸戦争は，安保理が武力攻撃を容認した事例である。湾岸戦争は，［A］への武力侵攻を行ったイラクを多国籍軍が撃退した戦争であった。

日本政府もこの戦争を支持し，巨額の資金提供を行った。けれども，人的貢献が不在であると批判された。そこで日本政府は，自衛隊の掃海艇を［B］湾に派遣し，機雷除去にあたらせた。［イ］年には国連平和維持活動協力法（ＰＫＯ協力法）を成立させた。この法律で，自衛隊が最初に派遣された国は［C］であった。

［ロ］年9月11日，アメリカ同時多発テロ事件が発生した。アメリカのブッシュ大統領はテロとの戦いを宣言した。国連安保理もこれを支持し，テロに対してあらゆる手段を用いて戦うことを容認した。④ブッシュ政権は同盟国とともに［D］を攻撃した。同年，日本政府はテロ対策特別措置法を制定し，アメリカが行う対テロ戦争で［X］を行った。

他方，国連安保理の存在意義が問われる事態が発生することもある。

［ハ］年，アメリカ軍とイギリス軍が国連安保理の決議がないままイラクを攻撃した。イラクが大量破壊兵器を隠しもっているというのが攻撃の理由であった。国際世論の中にはアメリカの⑤単独行動主義に対する批判もあったが，日本の小泉首

相は，いち早くブッシュ大統領への支持を表明した。だが，大量破壊兵器は発見されなかった。

〔1〕 イ ～ ハ にあてはまる**西暦を算用数字**で記入せよ。

〔2〕 A ～ D にあてはまる語句を記入せよ。なお，**Aは国名をカタカナ5字**，**Bはカタカナ4字**，**Cは国名をカタカナ**，**Dは国名をカタカナ7字**で答えよ。

〔3〕 下線部①に関して，2017年に就任した第9代事務総長を下から選び，記号で答えよ。

Ⓐ コフィー＝アナン　　Ⓘ アントニオ＝グテーレス

Ⓤ パン＝ギムン　　Ⓔ クルト＝ワルトハイム

〔4〕 下線部②の代表例として，1988年に安保理決議を受け入れて停戦が実現した ＿＿ ・イラク戦争をあげることができる。空欄にあてはまる**国名をカタカナ**で答えよ。

〔5〕 下線部③に関して，1950年に勃発した ＿＿ では，安保理決議を経て，アメリカを中心とする「国連軍」が派遣された。空欄にあてはまる語句を下から一つ選び，記号で答えよ。

Ⓐ アルジェリア戦争　　Ⓘ 中東戦争

Ⓤ 朝鮮戦争　　Ⓔ ベトナム戦争

〔6〕 下線部④に関して，当時， D を支配していたのはどの政権か。下から一つ選び，記号で答えよ。

Ⓐ アサド政権　　Ⓘ カダフィ政権

Ⓤ フセイン政権　　Ⓔ タリバン政権

〔7〕 X にあてはまるもっとも適切な語句を下から一つ選び，記号で答えよ。

Ⓐ 後方支援　　Ⓘ 先制攻撃　　Ⓤ 前線支援　　Ⓔ 停戦工作

〔8〕 下線部⑤に関して，単独行動主義の対義語は多国間主義である。多国間主義に相当する語句としてもっとも適切なものを下から一つ選び，記号で答えよ。

Ⓐ バイラテラリズム　　Ⓘ トライラテラリズム

Ⓤ マルチラテラリズム　　Ⓔ ユニラテラリズム

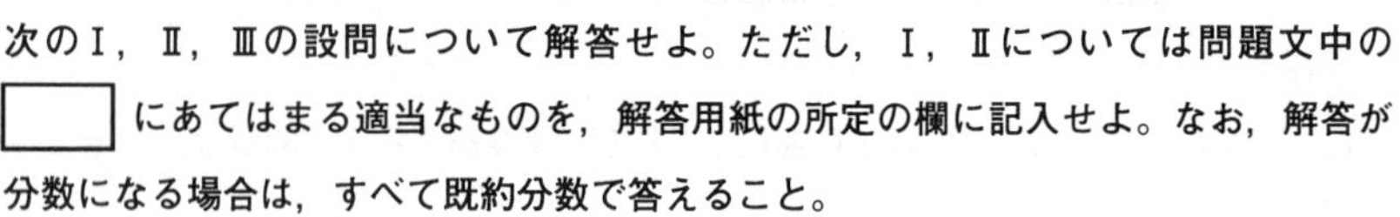

数学

(80 分)

次のⅠ，Ⅱ，Ⅲの設問について解答せよ。ただし，Ⅰ，Ⅱについては問題文中の［　　］にあてはまる適当なものを，解答用紙の所定の欄に記入せよ。なお，解答が分数になる場合は，すべて既約分数で答えること。

Ⅰ

〔1〕 次の問いに答えよ。

(1) $3^x + 16 \cdot 3^{-x} = 8$ であるとき，$27^x - 9^{x+1}$ の値は［ア］である。

(2) $\left(\frac{3}{5}\right)^{20}$ を小数で表すと，0でない数字が初めて現れるのは，小数第［イ］位である。ただし，$\log_{10}2 = 0.3010$，$\log_{10}3 = 0.4771$ とする。

(3) $x > 0$，$y > 0$ で，$2x + y = a$（a は定数）であるとき，$\log_2 x + \log_2 y$ は，$x =$［ウ］で最大値［エ］をとる。

〔2〕 θ を $0 \leqq \theta < \pi$ とする。$\cos\theta + \sin\theta = -\frac{\sqrt{2}}{2}$ であるとき，この式を満たす角 θ は［オ］の範囲にある。［オ］は次の選択肢から正しいものを1つ選び番号で答えよ。

【選択肢】 ① $0 \leqq \theta < \frac{1}{4}\pi$　② $\frac{1}{4}\pi \leqq \theta < \frac{1}{2}\pi$

③ $\frac{1}{2}\pi \leqq \theta < \frac{3}{4}\pi$　④ $\frac{3}{4}\pi \leqq \theta < \pi$

このとき，$\sin 2\theta$，$\cos 2\theta$ の値を求めると，$\sin 2\theta =$［カ］，$\cos 2\theta =$［キ］であり，$\theta =$［ク］となる。

また，次の式の値を求めると，

$\cos\theta - \sin\theta =$ ケ

$\cos^3\theta - \sin^3\theta =$ コ

$\cos^5\theta - \sin^5\theta =$ サ

である。

〔3〕 変量 x と変量 y のデータの組が表のように与えられている。k は $1 \leqq k \leqq 5$ を満たす整数とし，x を横軸，y を縦軸にとった座標平面上の点を $P_k = (x_k,\ y_k)$ で表す。例えば，$k = 3$ のとき，$P_3 = (90,\ 100)$ となる。

表

k	1	2	3	4	5
x	50	70	90	80	60
y	40	60	100	70	50

（1） x の平均値 $\overline{x}$ は シ ，分散 $s_x{}^2$ は ス である。

（2） x と y の共分散 s_{xy} は セ である。

（3） 座標平面上の5つの点 P_k にできるだけ合うように引いた直線が $y = ax + b$（a，b は定数）で表されるとする。この直線上の点は $Q_k = (x_k,\ ax_k + b)$ で表される。ここで，「できるだけ合うように」とは，以下の2つの条件を満たすことである。

条件1　この直線が x と y の平均値による点 $(\overline{x},\ \overline{y})$ を通る。

条件2　$L = P_1Q_1{}^2 + P_2Q_2{}^2 + P_3Q_3{}^2 + P_4Q_4{}^2 + P_5Q_5{}^2$ ……①

が最小となる。

ここで，座標平面上に P_k，Q_k，点 $(\overline{x},\ \overline{y})$ と $y = ax + b$ の関係を示すと，図のようになる。

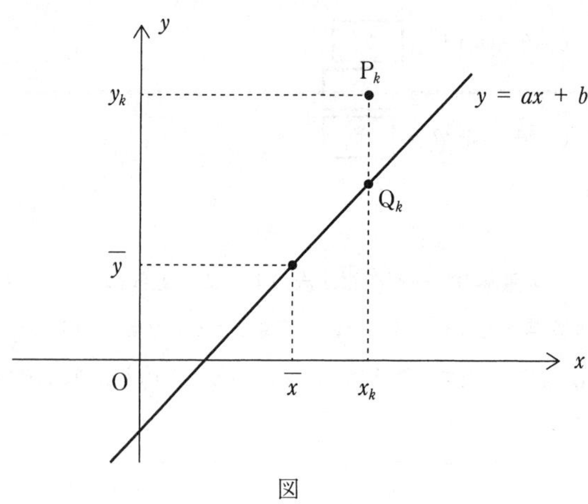

図

条件1より，$\overline{y} = a\overline{x} + b$ なので，$b = -a\overline{x} + \overline{y}$ ……②

となる。式②より，点 $Q_k = (x_k,\ a(x_k - \overline{x}) + \overline{y})$ である。よって，

$$P_kQ_k^{\ 2} = \left| y_k - \{a(x_k - \overline{x}) + \overline{y}\} \right|^2$$
$$= (y_k - \overline{y})^2 - 2a(x_k - \overline{x})(y_k - \overline{y}) + a^2(x_k - \overline{x})^2 \quad \cdots\cdots ③$$

となる。ここで，式①と式③から，数値を用いず，$s_x^{\ 2}$，s_{xy}，a，y の分散 $s_y^{\ 2}$ を用いて L を表すと，

$$L = 5\left(\boxed{\text{ソ}}\, a^2 - \boxed{\text{タ}}\, a + s_y^{\ 2} \right)$$

となる。

（4）　条件2より L が最小となるように a と b の値を求めると，

$a = \boxed{\text{チ}}$，$b = \boxed{\text{ツ}}$ となる。ただし，$\boxed{\text{チ}}$，$\boxed{\text{ツ}}$ は $s_x^{\ 2}$，$s_y^{\ 2}$，s_{xy} を用いず数値で答えよ。

Ⅱ　ある地域に2つのカレー店AとB（以下，店A，店Bとする）がある。店Aと店Bが自分の店の利益を最大にするためにそれぞれの販売量（皿数）を同時に決定する。店Aの販売量をx，店Bの販売量をyとするとき，いずれの店もカレー1皿当りの価格は，

$$1000-x-y$$

の式で与えられるものとする。カレーの販売により得られるそれぞれの店の売上高は，(売上高)＝(価格)×(販売量）で表される。また，カレーを販売するのにかかるすべての費用を総費用と呼ぶ。1皿当りの総費用は店Aが100であるのに対して，店Bは $100+z$ である（zは正の実数)。なお，価格と販売量は正の値とする。

〔1〕 $z=30$ のとき，店Aと店Bの販売量について考えよう。

まず，店Aの販売量に注目する。店Aの売上高は$(1000-x-y)x$，店Aの総費用は$100x$なので，店Aの利益は（売上高)－(総費用）で計算できる。よって，店Aの利益P_Aは

$$P_A=\left(\boxed{\text{ア}}-\boxed{\text{イ}}x-\boxed{\text{ウ}}y\right)x$$

となる。この式をxについて整理し平方完成すると，店Aの利益はxが

$$x=\frac{\boxed{\text{エ}}-\boxed{\text{オ}}y}{\boxed{\text{カ}}}\quad\cdots\cdots①$$

のときに最大となる（ここでxは小数第1位を四捨五入した整数値)。この式①は店Bの販売量yに対して，店Aの利益を最大にする店Aの販売量を表しており，「yに対する店Aの最適反応販売量」と呼ばれる。例えば，店Bの販売量が100皿のとき，店Aは $\boxed{\text{キ}}$ 皿販売することで利益を最大にできることを示している。

次に，店Bの利益P_Bを考えると，同様に「xに対する店Bの最適反応販売量」は，

$$y=\frac{\boxed{\text{ク}}-\boxed{\text{ケ}}x}{\boxed{\text{コ}}}\quad\cdots\cdots②$$

で示される。

店Aと店Bは同時に販売量を決めるため，互いに他店の販売量を確認したうえで自分の店の販売量を決めることはできないが，式②から店Aは店Bの最適反応販売量を正しく予想でき，同様に式①から店Bは店Aの最適反応販売量を正しく予想できる。このとき，式①と式②を同時に満たす販売量は，相手の最適反応販売量に対して互いが最適に反応した結果の販売量となり，店Aの販売量は［サ］皿，店Bの販売量は［シ］皿である。

〔2〕 $z = 180$ のとき，〔1〕と同様に考えると，互いが最適反応販売量を正しく予想しあうことができるので，店Aの販売量は［ス］皿，店Bの販売量は［セ］皿となる。

Ⅲ　△ABCにおいて，$\mathrm{AB} = 8$，$\mathrm{BC} = 5$，$\mathrm{CA} = 7$ である。辺AB上に点Pを，辺AC上に点Qを，△APQと△ABCの面積の比が1：2になるようにとる。ただし，点Pと点B，点Qと点Cは一致しない。このとき，次の問いに答えよ。

〔1〕 $\cos\angle\mathrm{BAC}$ の値および△ABCの面積 S を求めよ。

〔2〕 $\mathrm{AP} = x$，$\mathrm{AQ} = y$ とおくとき，xy の値を求めよ。

〔3〕 △APQの外接円の半径 R の最小値を求めよ。

〔4〕 △APQの外接円の半径 R が最小となるとき，△APQの内接円の半径 r を求めよ。

問4 本文の内容に合うものを、次のなかから一つ選び、その番号をマークせよ。

1 闘争する者の我が身を忘れた行為により、その家族に危害が及ぶことは、誰でも避けたいと思っているが、主君に仕える身では、しばしばそれが忘れられがちである。

2 国を治める者は、我が身や肉親よりも、主君としての立場を重んじ、刑法によって厳格に犯罪を取り締まるとともに、極力闘争を避けることが必要である。

3 闘争する者は、我が身ばかりか、肉親や主君までも忘れる者であり、自己を君子に、他人を小人と見なして、他人に危害を及ぼすという大きなまちがいを犯す。

4 幼いブタやイヌが親のもとを離れないことで危険を避けるように、人間も幼い頃は肉親によって守られていたことを知り、その恩を忘れないようにしなければならない。

5 闘争する者に不可欠な資質は、ふだんの鍛錬を怠ることなく、主君の命に従って、いつでも我が身を犠牲にして、国のために戦う意志をもっていることである。

君子ヲ一与二小人一相賊害スル也。下以テ忘レ二其ノ身一ヲ、内以テ忘レ二其ノ親一ヲ、上以テ忘ルルハ二其ノ君一ヲ、豈ニ不二過チノ甚シキモノナラ一矣や哉。

（『荀子』による）

注　少頃＝少しの間。　家室＝家族。　内＝ここでは「中」の意味。
　　乳彘＝幼いブタ。　乳狗＝幼いイヌ。　賊害＝危害を加える。

問1　傍線①の「行其少頃之怒而喪終身之軀」の書き下し文として、最も適当なものを、次のなかから選び、その番号をマークせよ。

1　其の少頃（けい）の怒りを行ひて終身の軀（からだ）を喪（うしな）ふ
2　行きて其れ少頃の怒りありて喪ふは終身の軀なり
3　其の少頃の怒りにして終身の軀を喪ふを行ふ
4　行きて其れ少頃の怒りありて終身の軀を喪ふ
5　行ふこと其れ少頃にして之れ怒りて終身の軀を喪ふ
6　其の少頃に行き之れ怒りて喪ふは終身の軀なり

問2　傍線②の「不若」、③の「自」の読み方を、送りがなを含めて、それぞれひらがなで書け。

問3　［A］、［B］に入れるのに、最も適当な組み合わせを、次のなかから選び、その番号をマークせよ。

1　A＝多　B＝寡　　2　A＝寡　B＝多　　3　A＝親　B＝疎　　4　A＝疎　B＝親
5　A＝是　B＝非　　6　A＝非　B＝是　　7　A＝美　B＝醜　　8　A＝醜　B＝美

四　次の文章を読んで、問いに答えよ（設問の都合上、訓点を省略した部分がある）。

闘フ者ハ、忘ルル㆓其ノ身ヲ㆒者也、忘ルル㆓其ノ親ヲ㆒者也、忘ルル㆓其ノ君ヲ㆒者也。①行其少頃之怒而喪終身之軀。然ルニ且ツ為サバ㆑之ヲ是レ忘ルル㆓其ノ身ヲ㆒也。家室立チドコロニ残(そこなハレ)、親戚不㆑免レ㆓乎刑戮(りくヨリ)㆒。然ルニ且ツ為サバ㆑之ヲ是レ忘ルル㆓其ノ親ヲ㆒也。君上之所ニシテ㆑悪ム也、刑法之所㆓大イニ禁ズル㆒也。然ルニ且ツ為サバ㆑之ヲ是レ忘ルル㆓其ノ君ヲ㆒也。下忘レ㆓其ノ身ヲ㆒、内忘レ㆓其ノ親ヲ㆒、上忘ルルハ㆓其ノ君ヲ㆒、是レ刑法之所ニシテ㆑不ル㆑舎(ゆるサ)也、聖王之所㆑不ル㆑畜(やしなハ)也。乳彘(てい)不㆑触レ㆑虎ニ、乳狗(こう)不ルハ㆓遠遊セ㆒、不レバ㆑忘レ㆓其ノ親ヲ㆒也。人也(や)、下忘レ㆓其ノ身ヲ㆒、内忘レ㆓其ノ親ヲ㆒、上忘ルレバ㆓其ノ君ヲ㆒、則チ是ノ人也(や)而曾(すなはチ)狗彘ニ之レ②不㆑若也。凡ソ闘フ者ハ、必ズ③自以テ為シ㆑[A]ト而以テ㆑人ヲ為ス㆑[B]ト也。己ハ誠ニ[A]ニシテ、人ハ誠ニ[B]ナレバ也、則チ是レ己ハ君子ニシテ而人ハ小人也。以テ㆓

5　命を捨てて子供を愛せよという仏の教えを重んじてきたが、親子の情愛に縛られると精進ができないと悟ったから

問4　傍線㋑の「つれなくながらへば」を十五字以内で、㋒の「あらましかば」を十二字以内で、それぞれ現代語訳せよ。

問5　傍線㋓の「各々、川の端に立ち並び、目も放ち奉らず」とはどういうことか。最も適当なものを、次のなかから選び、その番号をマークせよ。

1　京の宿所に急ぎ戻って家族を供養しようという母の決意に対して、乳母の女房たちが川辺で整列して称賛していた。

2　母が、亡くなった家族の供養を川辺で始めようとするので、乳母の女房たちが手順に誤りはないか見守っていた。

3　自分が死ぬと誰が家族を供養するのかと不安になった母に対して、乳母の女房たちが心配ないと安心させていた。

4　悲しみのあまりに母が後を追って入水することを未然に防ごうと、乳母の女房たちが川辺で並んで見張っていた。

5　仏の教えに背いた自分は罪を重ねて生きていくのだと悟った母を、乳母の女房たちが川辺に集まり注視していた。

問6　本文の内容に合うものを、次のなかから二つ選び、その番号をマークせよ。

1　ただ一人でも子供を連れて参詣していれば、たとえ敵から逃げられなくても子供と一緒に死ねたのにと、母は悔やんだ。

2　参詣や精進をしても意味がまったくなかったと母が八幡大菩薩を恨むことは、失礼で強く非難されるべきものだった。

3　供養のために嵯峨・太秦の寺を訪れた母は、寺の法師に取り入ろうとして容姿にも気を遣い、自ら髪を切り落とした。

4　罪が積もることを感じながら生きるより、無上道に入って供養しようと母は決意し、輿に乗らず歩いて帰ることにした。

5　ここで出家しても来世で家族と再会できなければ意味がないと気づいた母は、宿所に戻り家族を供養しようと決意した。

6　輿に乗るように見せかけて川に飛び込んだ母の体は、石を袂に入れていたために、ふたたび浮かび上がってこなかった。

問7　『保元物語』より成立の古い作品を、次のなかから一つ選び、その番号をマークせよ。

1　義経記　　2　将門記　　3　曾我物語　　4　太平記　　5　武家義理物語

精進＝心身を清め不浄を避けること。　乙若・天王＝子供の名。　仏神三宝＝ここではすべての神仏のこと。

無上道＝仏道。

問1　傍線①の「拾ひ入れ」、②の「参り」、③の「思ひ」、④の「始め」の主体の組み合わせとして、最も適当なものを、次のなかから選び、その番号をマークせよ。

1　①＝子供たち　②＝判官殿　③＝子供たち　④＝母
2　①＝母　②＝子供たち　③＝母　④＝子供たち
3　①＝母　②＝母　③＝子供たち　④＝八幡大菩薩
4　①＝母　②＝母　③＝子供たち　④＝母
5　①＝子供たち　②＝子供たち　③＝母　④＝母

問2　傍線⑤の「らむ」、⑥の「なり」、⑦の「し」、⑧の「るる」の文法的意味として、最も適当なものを、それぞれ次のなかから選び、その番号をマークせよ。

1　意志　2　受身　3　現在推量　4　完了　5　断定　6　過去

問3　傍線㋐の「愚かなれ」と考えた理由として、最も適当なものを、次のなかから選び、その番号をマークせよ。

1　一日中煩悩にとらわれて生きるのは辛く、煩悩を捨てて入水しようとしたが、実際は恐怖で体が動かないと知ったから
2　川原の石の数は家族の思い出の数に及ばないと気づいたが、それは仏の教えを理解していなかったためと納得したから
3　一昼夜の間でも無数の物思いがあるという仏の教えを以前は疑っていたが、家族を失った今はその通りだと思ったから
4　八幡詣でに子供を一緒に連れて行くのはやっかいと感じていたが、連れて行かなかった自分の判断を後悔したから

我が身の嘆きを数へむには、川原の石は尽くるとも、なほいかばかりか積もらまし。判官殿は六十三、七、八十まである人もあるぞかしと、思へば惜しき齢なり。いはむや、子供の行く末は、まだ遥かなる程ぞかし。憂き世に⑦つれなくながらへば、子供の年を数へても、今年はそれはいくつそれはいくつ、子供に似たる人を見ても、⑦あらましかばと恋しくは、斬りけむ者の恨めしさよ。斬らるる子供のいたはしさよ。思ひ続けて一時も、世にあるべしとも思えず。心に任せぬ世間のならひなれば、一日片時もつれなく命ながらへて、積もらむ罪こそ恐ろしけれ。されば、ただ、水の底へも入りなばやと思ふぞとよ。『この身の命を惜しまず、ただ無上道を願ふべし』とこそ、仏も説かせたまひたれ」など、うち口説き、泣く泣く宣ひて、とみにも輿に乗りたまはず。

乳母の女房より始めて、口々に申しけるは、「一方ならぬ御嘆き、さこそは思し召すらめども、古より今に至るまで、夫に後れ、子に別るるならひ、実に多しといへども、たちまちに命を捨つる事、惣じて、例なき事にこそ。それよりもただ疾う疾う御宿所へ帰らせたまひて、面々の御孝養をも営ませたまはめ。水の底へ思し召し入りなば、御身の罪障の深くおはしまさむのみにもあらず、判官殿・幼き人々の御菩提をば、誰かは弔ひ奉るべきや」など、さまざまに慰め申して、⑦各々、川の端に立ち並び、目も放ち奉らず。

母、うちうなづいて、「実に身を捨てたりとも、後の世にて行き会ふ事のなからむには、何かはせむ。さらば、京へ帰るにてこそあらめ」とて、輿に乗らむと立ち寄らせたまへば、皆心安くて立ち退き、川を渡らむとする紛れに、走り違ひて、岸より川へ飛び入りたまふ。乳母の女房、「あな、心憂や」とて、続きて川へぞ入りにける。石は袂に入れたまひぬ。二目とも見えず、水の底に沈みたまひけるこそ悲しけれ。

(『保元物語』による)

注　母＝為義の妻。　八幡＝石清水八幡宮。　この者ども＝為義と妻との間の子供たち。　家嫡＝本家の跡継ぎ。

三　次の文章を読んで、問いに答えよ。

（戦に敗れた判官源為義が処刑されたことを、為義の妻は石清水八幡宮へ参詣した帰りに知る。同時に、宿所にいた四人の子供も捕らえられ船岡山で処刑されたと聞き、船岡山に行きたいと嘆く。）

母、桂川の端に輿かき据ゑ、川を渡らむとしける装ひの紛れに、輿の内より這ひ出でて、人にも知られず、石を懐に①拾ひ入れて、泣く泣く宣ひけるは、「今朝、八幡へ参りつるに、この者ども慕ひつれども、皆具せば、伴の者もなし。一人二人はかたうらやみなりと思ひて、振り捨てて②参りつるをば、いかに恨めしと③思ひつらむ。かかるべしとだに知りたらば、皆具してぞ参らまし。せめては一人なりとも相具したらば、たとひ逃れは果てずとも、手を取り組みてもいかにもなりなまし。今朝を限りにてありけるよ。『幼き者どもの寝ねたる形を見て物へ出でず』と言ひならはせる諺は、実なりけるぞや。げにや、八幡大菩薩は、源氏の家に生まるるをば、末々までも守らむと誓はせたまふとこそ聞け。これは正しき家嫡なり。たとひ幼き者なりとも、捨てさせたまふ恨めしさよ。かくあるべしと知るならば、なじかは八幡へ参りけむ。この程、精進④始めしも、判官殿の御祈り、子供が祈りのためぞかし。今朝しも八幡へ参らずは、子供の最後の名残をば、いま一度は惜しみてまし。くやしかりける物詣でよ」と宣ひけるこそせめてなれ。

また、泣く泣く宣ひけるは、「船岡山へ行きてむ。空しき屍をも見ばやと思へども、今は、定めて、犬も烏も引き散らし⑤ぬらむ。かしこここより、かはゆげなる死骸どもを求め出だして、これは乙若よ、かれは天王よ、など見むも、目も当てられじなれば、泣く泣く行かじと思ふ⑥なり。はかなきためし、よその哀れと聞き⑦置きしは、船岡山の事なりけり。嵯峨・太秦に参りて、様を変へむと思へども、為義が妻の見目の良くて悪しくてなど、法師ばらの沙汰せむ事も心憂し」とて、輿かきが刀を乞ひて、自ら髪を切り落とし、あまたに結び分け、仏神三宝に手向け奉り、石を包み具して、川の中へぞ入れてける。

「『人一日一夜を経るにだに、八億四千の思ひあり』と、仏の説かせたまふを、何事にかはさまではと、思ひけるこそ㋐愚かなれ。

4 「感染爆発」に対し、急激な発生と破壊をともなう危険な状態となるとイメージすること
5 「患者集団」に対し、リンクが追える集団として確認できる陽性の集団であるとイメージすること

問4 A に入れるのに、最も適当な語を、次のなかから選び、その番号をマークせよ。

1 精神構造　2 言語活動　3 認知活動　4 社会活動　5 行動変容

問5 本文の内容に合うものを、次のなかから一つ選び、その番号をマークせよ。

1 これまでメディアはそのままカタカナ語を多用する傾向があったが、新型コロナ禍の中で感染拡大を防ぐための緊急性もあり、さらにカタカナ語は増えてしまった。
2 カタカナ語を用いることによって現れる意味の乖離は、人々の社会生活に害悪を生み出すことから、できるかぎり的確な漢字表記に言い換えるべきである。
3 新語であるカタカナ語は人により理解の偏りを生むといったデメリットがあり、メディアなどがこの言葉を用いる際には何を意味するのかを丁寧に説明すべきである。
4 欧米でも訳出に関する問題は日本と同様に起きており、例えば social distancing と physical distancing の定義が見直されて広まっている。
5 日本では「オーバーシュート」を「感染爆発」と訳さないことによって、多くの人々が陥るであろうパニックを完全に回避することができた。

さを皆で慎重に検討すべきであり、また導入後も、意味の手厚い説明を心がけるべきだろう。

（古田徹也『いつもの言葉を哲学する』による。なお一部を改めた）

問1 傍線㋐に「この指摘を安易に一般化すること」とあるが、その説明として、最も適当なものを、次のなかから選び、その番号をマークせよ。

1 「オーバーシュート」という言葉を旧来の漢字や平仮名語表記に言い換えること
2 言葉の印象は時間とともに変化するのに、現在の感覚に合わせてすぐに翻訳すること
3 疫学上の平仮名表記は特に分かりにくいので、漢字やカタカナを使った表記にすること
4 分野によって様々な意味をもつような新奇な言葉を使うよりも耳慣れた語に訳出すること
5 メディアが発信した新型コロナに関するカタカナ語をそのまま使い続けること

問2 次の一文は、本文中の〈 1 〉～〈 6 〉のどこに入れるのが最も適当か。その番号をマークせよ。

そうでなければ、新奇な言葉を人々に押しつけているだけであり、急に降って湧いた言葉に当惑する人を徒(いたずら)に増やすことになってしまう。

問3 傍線㋑に「特定のイメージ」とあるが、その具体的な説明として、最も適当なものを、次のなかから選び、その番号をマークせよ。

1 「濃厚接触」に対し、濃厚なスキンシップや親密な内容の会話であるとイメージすること
2 「社会的距離」に対し、人々の間に精神的距離や社会的な差が存在するとイメージすること
3 「都市封鎖」に対し、各国政府が外国人に対し全面的に出入国を禁止するとイメージすること

あけることを指すのに対して、social distancing の方は、外出を控えるとか、ミーティングをウェブ会議システムを使ってオンラインで行うなどの社会行動を指す、という具合である。〈 4 〉

ともあれ、ここまで確認してきたのは、ひとつには、耳慣れない言葉を馴染(なじ)みの言葉の組み合わせ――「濃厚接触」、「都市封鎖」、「社会的距離」等々――に安易に置き換えるのは危険だということである。カール・クラウスの指摘を借りるなら、馴染みの言葉は「すでにありとあらゆる仕事や関係に奉仕してきた」のであって、私たちに㋑特定のイメージを自ずと喚起するものだ。そして、そのイメージによって、私たちを誤った理解や行動へと導きかねないのである。〈 5 〉

ただ、かといって、「ロックダウン」や「クラスター」、あるいは「ソーシャルディスタンス」といったカタカナ語を無闇に生み出して、丁寧な説明もなく濫用するのも問題だ。それは、私たちの間に理解の偏りやコミュニケーション不全を生み、適切な行動をとれなくさせかねない。実際、二〇二一年九月に公開された文化庁「国語に関する世論調査」の結果を見ても、特にこれらのカタカナ語に関しては、世間に広まってから相当時間が経った後も、世代間で理解の程度や馴染み具合などに大きな開きがあることがうかがえる。

lockdown の訳語としては「都市封鎖」よりも「ロックダウン」の方が適当だろう、と先に述べたのは、「都市封鎖」というショッキングな言葉は人々に誤ったイメージを与え、混乱を呼び込む可能性があるからだ。その点では、先述の「オーバーシュート」という言葉の使用も、「感染爆発」という言葉が人々に引き起こしかねないパニックを避けつつ、落ち着いた［ A ］を促せたのだ、という見方もありうる。本当にそういう効果があったかどうかはともかくとして、カタカナ語にも一定のメリットを見出せることは確かだ。そして繰り返すように、一定のデメリットもやはり存在する。〈 6 〉

銘記すべきなのは、カタカナ語であれ何であれ、新語の導入には理解の偏りや誤解といった副作用がある、ということだ。だとすれば、副作用をできるだけ抑えられるように、公共性の高い領域において新語を導入する際には、はじめのうちにその適切

き去りになり、十分な理解に基づく適切な行動が阻害されたり、相互的なコミュニケーションに齟齬（そご）が生じるというのは、歓迎すべき状況ではない。

いま、「濃厚接触」や「都市封鎖」を問題のある訳語として取り上げたが、同様に訳語の選択がまずいものとしては、「社会的距離」も挙げられる。これは social distance（ソーシャルディスタンス）の訳語であり、疫学の分野では新型コロナ禍以前から、たとえば新型インフルエンザの流行を抑えるための非薬物的な介入手段を指す際などに用いられてきた。具体的には、人と人の間に一定の距離をあける（social distancing）という手段である。

しかし、「社会的距離」という日本語は、人とのそうした物理的な距離というよりも、社会において人々の間に存在する精神的な距離感、貧富の差、差別といったものを容易に連想させるだろう。実際、「社会的距離」という言葉自体は、二〇世紀前半にはすでに社会学上の概念として知られていたものだ。人間生態学や都市社会学の生みの親であるR・E・パーク（一八六四―一九四四）は、地元住民とよそ者、教師と生徒、ソーシャルワーカーと社会福祉支援を必要とする人など、個人間や集団間の理解の程度、あるいはそこに存在する親近感ないし敵対的感情の度合いを指すものとして、この「社会的距離（social distance）」概念を提唱し、社会調査などへの応用を図っている。

以上のことを踏まえるなら、ウイルスの感染拡大を防ぐ手段としての social distancing は、「社会的距離の確保」ではなく、「対人距離の確保」などと訳すのが適当であるはずだ。欧米でも、social distance ないし social distancing という言葉が人々の間の精神的な距離を連想させることが問題視されており、たとえば世界保健機関（WHO）では二〇二〇年三月頃から、social distancing を physical distancing（物理的距離、身体的距離）という言葉に置き換える動きが見られた。また、アメリカのジョンズ・ホプキンス大学のウェブサイトでは、感染抑制のための二種類の異なる手段として、social distancing と physical distancing をあらためて定義し直している。すなわち、後者の physical distancing が文字通り物理的に人との距離を

「濃厚接触」は、キスやハグなどのまさに「濃厚」な交わりやスキンシップを容易に連想させる言葉だ。他方、疫学上の専門用語としての「濃厚接触」は、同じ部屋のなかで一定時間会話を交わすことといった、文字通りの意味では触れてすらいないケースも指す。そして、この意味の乖離(かいり)は、実際に害悪をもたらしたと思われる。「濃厚接触」という言葉と、食卓を囲んだりおしゃべりをしたりといった営みは通常は結びつかない。それゆえ、危険と思わずにそうした営みを続けた人々が、少なくとも当初は多くいたことだろう。

専門用語の訳語をめぐる同様の問題は、「都市封鎖」にも当てはまる。これは英語の lockdown の訳語としてしばしばメディアなどで用いられる言葉だ。しかし、「封鎖」という強い言葉で私たちが連想する状況とは異なり、新型コロナ対策のために世界各国で実施されてきた lockdown は、広く住民の外出や都市の機能への制限を指す言葉であって、国や地域によって実施の形態はさまざまだ。たとえば、都市間の住民の移動を完全に禁止するのではなく、さまざまな例外を設けたり、夜間の外出を制限したりする程度の形態もある。したがって、個々の国や地域が lockdown の名の下に具体的に何をしているのかを追わなければ、この言葉が指すものも見えてはこない。〈　2　〉

その意味では、lockdown をそのままカタカナに変換した「ロックダウン」の方が、意味が不明瞭な分、むしろ適切な訳語だと言えるだろう。ただし、専門家や政治家、行政、メディアなどがこの言葉を用いる際には、折にふれて繰り返し、これが何を意味するのかを丁寧に説明しなければならない。〈　3　〉

「クラスター」という言葉も同様だ。原語である英語の cluster は、一般的な言葉としては、「(ブドウなどの)房」や「集団」、「群発」といったものを意味するが、疫学において disease cluster と呼ばれるものは、「リンクが追える集団として確認できた陽性者の一群」、またはそうした一群の発生自体を意味する。したがって「クラスター」というカタカナ語は、たんに「患者集団」という日本語に置き換えうるものではなく、その点では有益な言葉だと言える。

しかし、「クラスター」とは何なのかよく分からないという人は、私の身の回りにもまだ数多く存在する。そうした人々が置

二　次の文章を読んで、問いに答えよ。

二〇二〇年、新型コロナ禍が広がるなかで、「オーバーシュート」や「クラスター」、「ロックダウン」といった新しいカタカナ語が次々に登場し、メディアから洪水のように夥（おびただ）しく発信されたのは記憶に新しいところだ。

たとえば「オーバーシュート（overshoot）」は、「目標を外すこと」や「行き過ぎること」などを意味する英語の一般的な言葉だが、特に工学や経済学などにおいては、それぞれの分野に固有の意味をもつ専門用語としても用いられてきた。しかし、新型コロナ禍においてはある時期、専（もっぱ）らウイルスの感染者数が指数関数的に増加することを指す言葉として感染症対策の専門家が使用し、政治家、行政、メディアなども多用していた。

そうだとすれば、次のような指摘が当然出てくるだろう。なにもわざわざ「オーバーシュート」という分かりにくいカタカナ語——しかも、分野によって異なる意味をもつ言葉——など使わずとも、たんに「感染急増」や「感染爆発」などと言えばよかったではないか、と。

「オーバーシュート」という言葉に関しては、この指摘は正鵠（せいこく）を得ていると言えるだろう。ただ、㋐この指摘を安易に一般化することはできない。すなわち、新型コロナ禍がらみの新しいカタカナ語はすべて旧来の漢字や平仮名を用いた表記に言い換えればよい、という話になるわけではないのだ。〈　1　〉

たとえば、「濃厚接触」という言葉が、疫学上の専門用語であるclose contactの訳語として、やはり専門家や政治家、行政、メディアを通じ世間に流布した。しかし、「濃厚接触」と聞いて普通はどういうことを連想するだろうか。——現在では、この言葉は感染症にかかわる特殊な言葉としてよく知られているから、この言葉から受ける印象は以前とは相当変わったと言えるかもしれない。だが、二〇二〇年初頭の頃を思い出してほしい。メディアで「屋形船で濃厚接触」といった言葉が躍っていたとき、私たちは苦笑しながらそれを見聞きしていなかっただろうか。

4 ピラミッド 5 パッチワーク 6 コミュニケーション

問9 傍線㋔に「南郭は自分の資質にかなった道を選んで、詩人としての生涯をまっとうした」とあるが、南郭のこの選択に影響を与えたと思われる師徂徠の教えはどのようなものであったか。それを端的に述べている一文を抜きだして、その始めと終わりの五字を書け。

問10 本文の主旨として、最も適当なものを、次のなかから選び、その番号をマークせよ。

1 伊藤仁斎と荻生徂徠の儒学本然の回復の試みは、おのおの別の方法と道筋をたどりながら、結果的に同じ結論に達した。
2 伊藤仁斎と荻生徂徠の朱子学解読は、前者は古代中国の修辞の学習から始め、後者は人間の真実への深い省察に努めた。
3 伊藤仁斎と荻生徂徠の学問の可能性は、太宰春台の経義派、服部南郭の詩文へと継承され、近世の学術を豊かにした。
4 伊藤仁斎と荻生徂徠の朱子学批判は、人間本来の情や気質を肯定することによって、江戸の文運を促す機縁となった。
5 伊藤仁斎と荻生徂徠の本来の儒学追究の営みは、科学的な思考と柔軟な態度によって、近代を先取りすることになった。

問11 日常の卑俗や人情の真実を伝えること、世態風俗を描くのが文学の使命である、と説いた近代の小説家であり、評論家・劇作家・教育者・英文学者・翻訳家でもあった人物を、次のなかから一人選び、その番号をマークせよ。

1 二葉亭四迷 2 森鷗外 3 坪内逍遙 4 中江兆民 5 仮名垣魯文 6 尾崎紅葉

2　理論や学説を発展するものと見ず、そこに述べられている命題を不変の絶対的なものとする考え方や態度
3　現実世界では、悪が善よりも、苦が快よりも支配的であるというように、物事の悪い面ばかりを見る考え方や態度
4　少数の特権階級が支配者たることを認める主張で、転じて、少数の選良だけが文化に参与しうるとする考え方や態度
5　主義や理想にこだわらず現実に即して事を処理する傾向で、既成事実への屈服や、日和見主義にも通じる考え方や態度

問5　[A]、[B]に入れるのに、最も適当な四字熟語を、それぞれ次のなかから選び、その番号をマークせよ。

1　温故知新　2　写実主義　3　勧善懲悪　4　武断主義
5　悪人往生　6　復古主義　7　文芸復興　8　耽美主義

問6　傍線㋒に「仁斎の信念」とあるが、表現分野に活かされた伊藤仁斎の、ものの見方や考え方について、簡潔に表現している部分を、本文中から十字で抜きだして書け。

問7　傍線㋓に「流蛍は最後に漢の成帝のいます宮殿へと飛んでゆく」とあるが、「流蛍篇」の作者服部南郭の思いをくみとった筆者の解釈として、最も適当なものを、次のなかから選び、その番号をマークせよ。

1　涼しさを感じさせる季節にもかかわらず、帝の愛をえた元気な女性のように、蛍が秋風をものともせずに飛んでゆく。
2　この秋の夜、悲運の女性の化身のような蛍が、風に吹き流されて、揺らめきながら、恋しい帝のもとへと飛んでゆく。
3　秋冷の風情に満ちた夜景のなか、きらびやかな衣装の宮女たちが帝の宮殿へと急ぐように、蛍が乱舞して飛んでゆく。
4　秋の澄んだ空気のなか、帝をめぐる争いに疲れきった二人の女性のように、二匹の蛍がもつれあいながら飛んでゆく。
5　かすかに涼風が感じられる季節、一年ぶりで出会った牽牛と織女を想わせる蛍が、時を惜しむように大空を飛んでゆく。

問8　[C]に入れるのに、最も適当な語を、次のなかから選び、その番号をマークせよ。

1　デフォルメ　2　ファッション　3　チャンネル

資質にかなった道を選んで、詩人としての生涯をまっとうした。知識人たちの共感を得たことが、そのことを可能にしたといえるだろう。

（鶴ヶ谷真一『記憶の箱舟』による。なお一部を改めた）

注　朱子学＝南宋の朱子（朱熹）が大成した儒学の体系。江戸幕府に導入され、官学となった。
　荀子＝中国戦国時代の思想家。性悪説を唱えた。
　画屏＝絵の描いてあるついたて。　軽羅の小扇＝薄い絹布の小さい扇。
　太宰春台＝江戸中期の儒学者。経書・経済に通じていた。

問1　傍線①、③の読み方をひらがなで書け。

問2　傍線②、④のカタカナを漢字に改めよ。楷書で正確に書くこと。

問3　傍線㋐の「それ」の指示内容として、最も適当なものを、次のなかから選び、その番号をマークせよ。

1　朱子学が聖人の言葉を歪曲したこと
2　伊藤仁斎が朱子学から脱皮したこと
3　荻生徂徠が古代中国の言語に習熟したこと
4　伊藤仁斎と荻生徂徠が朱子学解読のために多くの試みをしたこと
5　伊藤仁斎と荻生徂徠が本来の儒学に回帰するために長い歳月を要したこと
6　伊藤仁斎と荻生徂徠が朱子学を解釈するためにさまざまな探求をしたこと

問4　傍線㋑の「教条主義」の意味として、最も適当なものを、次のなかから選び、その番号をマークせよ。

1　人格のすぐれた君主・為政者が徳をもって人民を教化し、仁政を施すべきであるとする考え方や態度

頭にこの詩があったと知られる。南郭は帝の寵愛を趙飛燕に奪われた班婕妤の立場から詠じているという(『江戸詩人選集』第三巻の注による)。一読して、これが現実にはない場景を描いた詩であることが明らかだろう。冒頭の「珠簾」は真珠をつづったすだれ、つづく「玉階」は玉をしきつめたきざはし。二句めに「秋蛍」とあるが、日本なら蛍は夏のものであるはず。㋓流蛍は最後に漢の成帝のいます宮殿へと飛んでゆく。いずれも中国の古典詩にみえる詩句をもちきたって、美しいイメージの C を作りあげている。南郭はまさに古文辞派の提唱する、唐詩の詩句を用いて偽唐詩をものすることに④シュワンを示した。

このような古文辞派の理想は矛盾をはらんでいた。盛唐の詩風がいかに美しく格調高いものであっても、その格調とは詩の本質である心情の自然な発露をさまたげる形式主義ではないのか……。当然ながら、やがてはこうした批判を受けることになるのだが、しかしそれはそれとして、疑いなく詩才にめぐまれた南郭のような詩人が、そのような詩篇の創作をなぜ生涯つづけたのか、つづけられたのか、という疑問が残る。

その生き方は、宝暦以後輩出する文人たちに一つの理想像を提供するものであった。古文辞派の文学活動——古語の使用を通じて想像の中で古人になるという営為——が、元文から宝暦にかけて「世ノ人其ノ説ヲ喜ンデ習フコト、信ニ狂スルガ如シト謂フベシ」(那波魯堂「学問源流」)と評されるまでに有した魅力、南郭が古文辞派最大の詩人への道を歩んだのは、資質に恵まれると同時に、彼こそが最も強くその魅力に惹かれ、それを必要としたからに相違ない。彼の文学活動には、古文辞派における文学の意味が凝集していることが予想されるのである。(日野龍夫「擬古主義とナルシシズム」)

徂徠没後、その門流は経義派と詩文派に分かれたが、太宰春台(一六八〇—一七四七)の継承した経義派はとだえ、南郭の詩文派が、芸術に流れた少なからぬ儒者たちの共感を得た。背景には、固定した体制に拘束され深い挫折感をかこつ知識人の存在があった。儒者の本分である「治国安天下」つまり国を治め天下を安んじることの実効性がすでに失われたとき、徂徠の志向した先王の道はとだえ、審美的な自己救済のイメージが詩を彩ることになった。ほかの可能性があったとしても、㋔南郭は自分の

されます。それから六経（六つの経書。易経・詩経・書経・礼記・楽経・春秋）をご覧になれば、誰彼の注のない本文ばかりでも十分に理解されるはずです。

荻生徂徠による古文辞派の場合、詩文における徂徠の後継者であった服部南郭（一六八三―一七五九）の活躍がめざましい。南郭の校訂による『唐詩選』が享保九（一七二四）年正月に刊行され、徂徠はその四年後に亡くなるが、古文辞派が模範と仰いだ盛唐詩のこの詩集は、十九世紀中葉までに六万部以上を売り上げたと推測され、その派の隆盛を示すことになる。

（徂徠によって）一たび詩文の道で自己を生かす喜びを覚え、しかも文業を知識人の営為として正当化する根拠を与えられた漢学書生たちは、享保から宝暦・明和・安永にかけて堰を切ったように詩文に③赴いた。漢詩の趣味が日本の社会に定着するのは実にこの時期からである。（日野龍夫「儒学から文学へ」）

古文辞派の創始者・徂徠が、古代中国の言語すなわち古文辞の学習によって先王の道に同化しようとしたように、南郭は李白や杜甫に代表される盛唐の詩風を模倣することによって、唐代の文人と自己を同一化しようとした。

流蛍篇

珠簾白露　玉階の光
秋蛍を添え得て　夜正に涼し
点点　風に随いて流れて定まらず
亦た高樹を追って昭陽に入る

（真珠のすだれ、白くひかる露、そして玉のきざはしに映る月光、さらに秋の蛍を加えて、秋の夜はまさに涼やかだ。点々と風に吹き流されてゆらめきながら、昭陽殿を包む高い樹々にゆらゆらと飛んでゆく。）

これは唐の詩人、王建の「宮詩二首」その二に「銀燭秋光　画屏に冷ややかなり、軽羅の小扇流蛍を撲つ、玉階の夜色　涼しきこと水の如し、臥して看る　牽牛織女星」とあり（『三体詩』七絶）、流蛍・玉階・涼の語が共通することから、南郭の念

えられ、父母から産みつけてもらった先天的なもので、その気質を個人の修養によって変化させる、などということは、宋儒（朱子学者）のくだらない妄説というもので、できないことを人に押しつける、無理の至りというものです。気質はどんなことをしても変化させることのできないものです。米はいつまでも米、豆はいつまでたっても豆です。ただその生まれついての気質をうまく養い育てて、そのものの持つ特性を十分に発揮できるようにするのが学問というものです。（中野三敏氏による現代語訳）

これを読むと、徂徠がなぜ世にもてはやされたのかがわかるような気がする。誰もがおそらく、規範に縛られたような気持が、思わずほっとゆるむのを感じたのだろう。この『答問書』には、読書についての助言も散見される。

とにかく、「学問は飛耳長目の道」と荀子(じゅんし)も言っております。この国にいながら、知らぬ他国のことどもを聞き及ぶのは、ちょうど耳に翼がはえて飛んで行くようなもので、現代に生まれて、数千年も昔のことを目に見るように知ることは、長い目を持ったようなものという意味です。ですから見聞があらゆる事実に広く行きわたっているのを学問と言うので、学問は歴史に極まることになります。その学識が古今和漢へ通じていないと、すべてにこの国の現代の風俗を基準にして物を見るだけのことで、それこそ本当に井の中の蛙です。

あるいは——

書物の中でわからないところがあると、退屈になってきます。そんな時は、わからないところはそのまま飛ばして先へ進むと、あとでわかってくるものです。

外国語の本を読むときの助言としても有効のようだ。取りつきにくい漢籍については——

それには、まず本文のみをざっと読むつもりで、『春秋左氏伝』『史記』『漢書』の類の、それほど深い意味のない書物ばかりをご覧になるのがよいかと思います。そのように学ぶうちに、文字というものに慣れ、文面の意味を取ることにも習熟な

いずれも五十歳前後であったことにも(ア)それはうかがわれる。

伊藤仁斎（一六二七―一七〇五）は朱子学にたいして三つの批判を表明する。第一は、本来は豊かで自由である人間の欲望を抑制し、「天理」とされる静止した状態を理想とする朱子学の理念を誤りとする。第二は、いわば世界を構造化するための基本原理である「理」によって人事の統制をはかるという抽象主義を非とし、思想は事実の裏付けをもって初めて正しいとする実証主義を主張。高遠な理念よりも日常的な常識を尊重するとともに、確かな事実に至るための博捜を重んじた。第三は、抽象論から生まれる朱子学の(イ)教条主義と厳格主義を批判。人間には「理」によっては割り切れない面があり、善・悪によって切り捨てるのではなく、それぞれの立場を認める②カンヨウさこそが孔子の教えであるとした。このように朱子学を批判し、儒学本然の回復を主張した仁斎の学説は古義学といわれ、［A］という朱子学の規定から文学を解放し、人情の表出と情の真実を伝えるのがすぐれた文学であるとの見解を示した。

日常卑俗の中にこそ人間の真実はあるというのが、(ウ)仁斎の信念であった。生前、全国に門弟三千といわれた伊藤仁斎の多大な影響についてはすでに言うまでもないとしても、それが西鶴、近松、芭蕉に代表される元禄期［B］の一因となったであろうことを考えると、その影響の大きさと深さが改めて思われる。朱子学によって卑俗とされた人情の表現を、ありのままこそが貴いとするその教えは多くの作者を励まし、やや大げさにいえば自由の高揚へと導いた。

仁斎よりも一世代ほど後の荻生徂徠（一六六六―一七二八）は、仁斎の朱子学批判を継承し、さらに敷衍（ふえん）して世に広めたといえる。先の仁斎についての説明と重なる部分の多い言葉をここにくり返すよりも、徂徠が庄内藩酒井家の家老の質問に答えた『答問書』を引用する。朱子学を信奉する家老に、徂徠は学問の要旨を懇切にわかりやすく説いている。現代語訳で――

ご自分の気質が悪いと、たいへん気に病んでおられるご様子きかせていただきました。自分の欠点を知るということはよいことではありますが、気質についてあまり気に病みすぎるのはかえってよくありません。人の気質というものは、天から与

国語

（八〇分）

解答に字数制限がある場合には、句読点・カッコも一マスとすること。
受験学部・受験方式によって、解答すべき問題を指定しているので注意すること。

学部個別配点方式	文学部以外	一　二　三
	文学部※	一　二　三　または　一　三　四
英語重視方式	APU	一　二　三

※文学部は二（現代文）と四（漢文）が選択問題。両方とも解答した場合は高得点の方を採用。

一　次の文章を読んで、問いに答えよ。

伊藤仁斎（いとうじんさい）と荻生徂徠（おぎゅうそらい）は、十三世紀宋代に成立した朱子学という思想体系を、十八世紀日本の現実において読み解く試みにいどんだ。それは朱子学によって「歪曲された」聖人の言葉に、本来の意味をよみがえらせようとする試みであり、すぐれた資質をもってしても思索に長い歳月を要する探究でもあった。仁斎が①煩悶をかさねた末に朱子学から脱皮し、徂徠が古文辞（古代の修辞）を学んで、つまり古代中国の言語の習熟を通して、古人の意識を追体験するがごとき半生の末に独自の解釈に至ったのが、

解答編

英語

I 解答　〔1〕 (A)—(4)　(B)—(1)　(C)—(1)　(D)—(3)
〔2〕 (1)—1　(2)—2　(3)—3　(4)—1　(5)—2
〔3〕—(4)

◆全　訳◆

≪ウェタホテルが昆虫の保護に果たしている役割≫

ウェリントンの庭の裏手にある小さなホテルで，ツヤのある葉巻状の胴体とトゲだらけの脚をもつ団体「客」がくつろいでいる。2週間に一度，ホテルの持ち主のホリー=ニール氏は，ほんの束の間扉を開けて中をのぞき，客を確認し，毎回，中にいる人見知りで風変わりな生き物をひそかに見ることができる興奮を味わう。客は支払いをしないし，このホテルも普通のホテルとは違って，ある昆虫の人工の収容所なのである。その虫はニュージーランドにしかいない，ウェタである。ウェタのホテルは庭の中にどんどん増えており，このところニュージーランド人たちはその虫を自宅の庭に受け入れるようになっているのである。絶滅に瀕する生物に生き延びる機会を与えることにもなりそうなわけである。

森林，草原，洞窟，山地はかつて，ウェタがあふれていたが，その個体群は外来の有害生物の導入と，酪農による生息地消失とで，害を被った。ニュージーランド産ウェタのうち16種が危機に瀕しており，それ以外も危機種，あるいは絶滅危惧種に分類されている。最大の種，ジャイアント・ウェタ（あるいはウェタプンガ）は，かつてニュージーランドの北島地域全体にたくさんいたが，今ではハウトゥル（リトルバリア島）でしか見られない。そこは，東岸沖の有害生物のいない野生生物保護地区である。マホエヌイジャイアント・ウェタは，絶滅が危惧されていたが，1962年に再発見され，現在西岸のごく狭い地域にしかいない。

「人々はウェタを大切にしていると思いますし，庭にウェタがいるのを，誇りに思っているくらいです」と語るニール氏は，熱心な保護活動家であり，野生生物写真家である。「異次元の自然理解が加わりますよ，もしも夜にやってくる謎の昆虫を仲間に入れるならね」

ウェタはコオロギやキリギリスと同じ昆虫群に属しており，ニュージーランドに特有のウェタは 70〜100 種いる。この虫は翼がなく，夜行性で，一部はウェタプンガを含めて，世界で最も重い昆虫の一つである。その重さは小型鳥類に匹敵する。

ニール氏はほんの一年ほど前にその庭の裏手の在来種の木の幹に，2 つのウェタホテルを設置した。たくさんの異なる保護地域でホテルを発見したからである。3 カ月もしないうちに最初の客を迎えた。ある箇所では，ホテルを開けてみたら，ウェタと，在来種のゴキブリ，ミツバチが同じ部屋にいたこともあった。「虫たちの会合を邪魔しているみたいな気がしました」とニール氏は笑う。その土地に初めて引っ越してきたとき，庭には植物が一面に生い茂っていて，そこでは 3 匹のクモが潜んでいるのを発見できただけだった。氏は，庭を刈り，捕食者を取る罠を仕掛け，在来樹木を植え，ホテルを設置した。「衝撃を受けました。庭には生物が空っぽだったのですから。それからすぐ，こんなふうにしてからは，ホテルは全部満杯になったのです。本当に急速の変化でした」

ホテルは木材でできていて，入り口と出口のトンネルは，ウェタが這い込めるくらいの広さはあるが，ハツカネズミが入るには狭すぎる大きさになっている。ウェタを引き寄せるには，日中は暗くないといけない。「丸太を割って中が本来どうなっているかを見たとしましょう。それに実にそっくりですよ」と，「スイス木工」のスティーブ=ローソン氏は語る。氏は 2016 年にウェタの住みかを環境保全省用に作り始め，2018 年に独自に一般向けにも販売し始め，それには多くの小企業や地域集団が加わり，今も続いている。販売は安定していたが，この前のクリスマスまでには，おおよそ 40 台も売れた。前年の 2 倍である。

「私たちが気付いたのは，特にウェリントン地区の販売の実際の増加です」。それは，ウェリントンの都市野生生物保護地域のジーランディアの教育事業のおかげだとローソン氏が語る事態である。「それ以前には，思うに，多くの人々がウェタを見て，『気持ちが悪い，近寄りたくない』と思っていたんですけれど，ウェタは実際はすばらしい生き物で，そんなに怖くなんか全然ありませんよ」

ホテルは1994年頃に，元々研究補助物としてマッセー大学の生態学者でウェタの専門家，スティーブ=トレウィック先生によって開発された。先生はその昆虫にあまりに没頭したため，ツリーウェタの学名Hemideina trewickiに，その名が入っているほどの科学者である。

高等教育の成長と，保護問題への意識の高まりによって，ウェタとその保護方法への関心が高まっていることがあると，環境保全省の生態学者，ウォレン=チン氏は語る。「ソーシャルメディアとインターネットが保護価値の認識に大変有益だったとも言えますね。昆虫はホテルが人の手によるものだとはわかりません。ただ，好ましいというのがわかるだけです」

ホテルはウェタの個体群を維持するのに，特に都市環境では，とても有益であり，生物多様性の理解とそれに対する配慮の増大は，他の生物を救うというさらなる効果もあると，トレウィック先生は付け加える。個人の庭のウェタホテルが成し遂げたことは，ウェタの個体群を保護するのに役立つだけにとどまらない。それは「這い回る虫ファン」たちの好奇心を満足させもする。「思うに，ホテルの一番有益なところは，地球の生物には，さもなければ，わからなかっただろうということがたくさんあることを人々が知ることですね。ニュージーランドの生物の大半は夜間に動き回ります。その世界への窓口になるわけですから」と，トレウィック先生は語る。

◀解　説▶

〔1〕 (A) 「ウェタが減っている一つの理由とは何か」「ウェタ減少」に関しては第2段第1文（Forests, grasslands, caves …）に「外来の有害生物の導入と，酪農による生息地消失」とある。選択肢はそれぞれ，

(1)「小さな鳥類が同じ食物源を巡って争う」

(2)「その個体群は大きくなりすぎて，維持できなかった」

(3)「酪農家が牛を病気から守るために虫を殺す」

(4)「ニュージーランドの外部から来た動物が生息地を侵害している」

の意味だから，正解は(4)だとわかる。

(B) 「本文はウェタホテルのデザインをどう述べているか」「ホテルデザイン」に関しては第6段に記述があり，第1文（The hotels are made …）に「入り口と出口のトンネルは，ウェタが這い込めるくらいの広さは

あるが，ハツカネズミが入るには狭すぎる大きさになっている」とある。選択肢はそれぞれ，

(1)「それらは，ウェタを守るトンネルがつくよう設計された」

(2)「それらは，環境に優しいクリスマスプレゼントになるよう設計された」

(3)「それらは，ウェタホテルの部屋にたっぷり光線が入るよう設計された」

(4)「それらは，2018年頃に店頭で販売されるよう，環境保全省によって2016年に設計された」

の意味だから，正解は(1)に決まる。

(C)「最初，ウェタホテルはなぜ製作されたのか」「最初のホテル」に関しては第8段第1文（The hotels were …）に「元々研究補助物として…開発された」とある。選択肢はそれぞれ，

(1)「それらは研究のために作成された」

(2)「それらは一般向けに販売するために作成された」

(3)「それらは他の昆虫を保護するために作成された」

(4)「それらは庭の飾りのために作成された」

の意味だから，正解は(1)だとわかる。

(D)「ウェタホテルの利点として本文に言及のないものはどれか」「ホテルの利点」に関しては第7段（“We've noticed a …）と最終段（The hotels are …）に記述されている。選択肢はそれぞれ，

(1)「それは，昆虫への恐怖心を減らしている」

(2)「それは，他の昆虫の助けになっている」

(3)「それは，より多くの学生が生物学を学ぶよう奨励している」

(4)「それは，ウェタファンがその好奇心を満足させられるようにしている」

の意味だから，本文に直接の記述がないのは(3)であると判断できる。

〔2〕 (1)「ウェタはニュージーランドの在来生物である」 第4段第1文（Wētā belong to …）に「ニュージーランドに特有のウェタは70～100種いる」とあるので，一致。

(2)「マホエヌイジャイアント・ウェタは1962年に初めて発見された」 第2段最終文（The Mahoenui giant wētā …）に「1962年に再発見され」

とあるので，不一致。

(3)「ウェリントン地域の不動産販売数は増加した」 第6段最終文（Sales had been …）の記述は，「ウェタホテル」の話なので，不動産販売については不明というしかない。

(4)「生態学者は，ウェタホテルは，環境問題への関心の高まりのおかげで，人気が出たと考えている」 終わりから2番目の第9段第1文（A growth in …）に「保護問題への意識の高まりによって，ウェタとその保護方法への関心が高まっている」とある。よって，一致。

(5)「ウェタホテルは生物を保護するのにほとんど影響を与えていない」 最終段第1文（The hotels are …）末尾に「他の生物を救うというさらなる効果もある」とあるので，不一致。

〔3〕 選択肢はそれぞれ，

(1)「庭にウェタホテルを作るには」

(2)「ウェタはなぜニュージーランドにとって重要な昆虫なのか」

(3)「ウェタホテルはどうして世界中の他の昆虫を救うのに役立つか」

(4)「ウェタホテルが昆虫の保護に果たしている役割」

(5)「人々がウェタの家を設計するのに関心を抱くことに及ぼす高等教育の影響」

の意味。本文は，ウェタホテルがウェタを守ること，ひいては環境を守ることにどう役立っているかを話題にしている。そうなっているのは，(4)である。

II 解答

〔1〕 (A)—(1) (B)—(1) (C)—(2) (D)—(3) (E)—(4) (F)—(3) (G)—(1) (H)—(1)

〔2〕 ㋐—(3) ㋑—(4) ㋒—(1) ㋓—(1) ㋔—(3)

◆全　訳◆

≪イヌの人との交流能力は生まれつき≫

イヌはよく，人が言おうとしていることを不思議なほど理解するように思われる。いくつかの最近の研究は，どうしてイヌ科の我が友人たちが生まれつき，人と意思伝達ができるのかに関して，驚くべき洞察を提供してくれる。「イヌの意思伝達能力は，イヌが人の隣で果たしている役割をするだけの資格を特別に与えてくれるのです」と，エミリー=ブレイ先生という，アリゾナ大学のイヌの研究者は語った。「今も昔も，人のためにイヌの果たす仕事の多く，たとえば，群れの番をしたり，狩りをしたり，探査したり，介助犬の務めをしたりといったことは，人の合図を理解する能力によって，可能となるのです」。ブレイ先生の最新研究によれば，イヌはご褒美をくれようとしているけれどそれが下手な人と，わざとその褒美を与えない人との違いがわかるそうだ。研究者は実験を行った。人とイヌとがプラスチックの仕切りで隔てられ，真ん中に片手がちょうど通るだけの隙間を開けておいた。しかし，仕切りは部屋全体には及んでおらず，イヌはそうしたければ，それを迂回することができた。人間の被験者はイヌにご褒美を隙間から3種の方法で渡そうとした。最初は，ご褒美を差し出したが，仕切りのこちら側で不意に落とし，「おっとっと！」と言った。次は，ご褒美を隙間から渡そうとするが，つっかえてしまった。最後は，ご褒美を差し出しはしたけれど，その後腕を引っ込めて，笑い声を上げげた。

実験者がこの設定を51頭のイヌで試し，それぞれが仕切りを迂回してご褒美を見つけて取ってくるのにかかった時間を計測した。結果は，イヌは実験者が意図的にご褒美を与えない場合は，実験者が落とした場合や，仕切りを通せなかった場合より，はるかに長い時間待ってから取ってきたことを示していた。このことが示唆しているのは，イヌは人の意図的行動と意図しない行動の間の違いを理解し，それに従って反応できるということである。

以前の研究では，ブレイ先生は8週齢の仔犬たちの行動を分析した。375頭の仔犬である，細かく言えば。仔犬は，ケイナイン・コンパニオンズという，カリフォルニア州の介助犬組織で訓練を受けていた。イヌはたいてい，同時に生まれたイヌとともに成犬になっていたので，人と一対一の接触をすることはほとんどなかった。ブレイ先生の研究チームは，仔犬に一連の課題をこなすように仕向けて，人間と関わる能力を測定した。実験者が隠されたご褒美を指したときに，仔犬が実験者の指を追うのにどれぐらい時間がかかるか，どれぐらい実験者と目を合わせるかを彼らは測った。チームは，実験者がイヌに話しかけ，「ワンちゃん，ほら！」と言い，目を合わせた途端，仔犬は首尾よく見つめ返して，ご褒美のありかを示す動作を追いかけることができることを発見した。「でも，目も合わせず，言葉の合図もせず，ただ見かけの同じ動作をしても，イヌはそれがわからないようなのです」と，ブレイ先生は語った。

研究者が見出したのは，こうした課題に関する仔犬の成績は，実験が進んでいくうちに向上することはなく，こうしたことは学習過程の一環ではないらしいということだった。それどころか，研究者の考えでは，イヌは生まれつき，人の言葉を読み取り，意図を理解するのに必要な社交技能をもっているのである。「仔犬が課題を始めたときに，うまくやれるだけのコミュニケーション能力をもっていたと考えられるのです」と，ブレイ先生は語った。そのうえ研究チームはそれぞれの仔犬の血統を知ることができたので，375頭のイヌが互いにどれだけ近縁なのかを知ることができた。ブレイ先生によれば，仔犬の成績の変動の40％が，おそらく遺伝子によって説明でき，「遺伝が個々のイヌの理解力を形成するのに大きな役割を果たしている」ことが示唆されている。「イヌの能力は年齢が進むにつれ，向上します。人とちょうど同じですね」と，先生は重ねて言う。たとえば，先生の研究では，一部のイヌは課題をやり遂げられないと人と目を合わせる傾向があることが観察された。はじめはその行動は遺伝的要因によると先生は考えたが，幼犬に比べ成犬が高い割合でこの社会的な技能を示すことを，先生はすぐさま発見したのだった。

もう一つの研究では，イヌは生まれつき「人の最良の友」になるようにプログラムされているという考え方をいっそう強調した。この研究では，同時に生まれた仔犬とともに，ほとんど人間との交流のないまま，ケイナイン・コンパニオンズで飼育された44頭の仔犬が，アメリカ・ミネソタ州の野生生物センターでほぼ常時人間による保育を受けた37頭の仔オオカミと比較された。研究者は，イヌとオオカミがどれだけうまく，ご褒美を発見できるかを検査した。ご褒美は中が見えない2つのボウルのうちのどちらかに隠されていて，人間の被験者がどこを見ているか，どれを指さしているかを追うことでわかるようにしたのである。仔犬は仔オオカミの2倍の確率で正しい方のボウルを選んだ。仔犬の方が人の周囲で過ごす時間は，はるかに少なかったのに，である。仔犬の多くは，最初の試行でうまくやったのであり，そうした人の動作を追うのに，訓練は必要ないことが示唆されたのだった。

「イヌはオオカミよりも生まれつき，仔犬の頃から人間の協調的な意思伝達を理解するのが上手なのです」と，ハンナ=サロモンズ先生は述べた。

先生はデューク大学の動物研究者であり，この研究論文の共著者である。「言ってみれば，私たちの成果に基づくと，この点では生まれは明らかに育ちより大きな役割を果たしているわけです」

◀解　説▶

〔1〕 (A) 空所を含む部分は「イヌの意思伝達能力は，イヌが（　　　）で果たしている役割をするだけの資格を特別に与えてくれる」の意。「イヌの人との意思伝達」が話題なのだから，人との関わりを示す表現がふさわしい。選択肢はそれぞれ，(1)「人の隣で」，(2)「研究対象として」，(3)「野生で」，(4)「他のイヌ科動物とともに」の意であるから，正解は(1)に決まる。

(B) 空所を含む部分は「ブレイ先生の最新研究（　　　）」の意。その後には，研究の成果の記述が続く。選択肢はそれぞれ，(1)「～によれば」，(2)「～のせいで」，(3)「～の代わりに」，(4)「～に似て」の意であるから，研究成果の導入にふさわしいのは(1)だとわかる。

(C) 空所を含む部分は「8 週齢の仔犬たちの（　　　）を分析した」の意。この段に記述される内容は，イヌが人との関係でどのような振る舞いをしたかである。選択肢はそれぞれ，(1)「外見」，(2)「行動」，(3)「情緒」，(4)「健康」の意であるから，正解は(2)だとわかる。

(D) 空所の前後の叙述の流れは，「こうしたことは学習過程の一環ではないのである。（　　　）イヌは生まれつき，…必要な社交技能をもっている」となる。選択肢はそれぞれ，(1)「加えて」，(2)「理想的には」，(3)「それどころか」，(4)「同様に」の意であるから，最もふさわしいのは(3)だとわかる。

(E) 空所を含む部分は「研究チームはそれぞれの仔犬の血統を知ることができたので，375 頭のイヌが互いに（　　　）ことができた」の意。選択肢はそれぞれ，(1)「どれだけ友好的かを左右する」，(2)「どれだけ攻撃的であるかに影響する」，(3)「どれだけ魅力的かを制約する」，(4)「どれだけ近縁かを知る」の意。「血統」からわかるのは「近縁性」であるから，正解は(4)である。

(F) 空所を含む部分は「もう一つの研究は，イヌは生まれつき『人の最良の友』になるようにプログラムされているという考え方を（　　　）」の意。選択肢はそれぞれ，(1)「完全に否定した」，(2)「批判した」，(3)「いっそう強調した」，(4)「最小化した」の意。この第5段最終文（Many of the …）の結論「人の動作を追うのに，訓練は必要ない」から，正解は(3)だとわかる。

(G)　空所を含む部分は「仔犬の方が人の周囲で過ごす時間は，（　　　）だったのに（仔犬は仔オオカミの2倍の確率で正しい方のボウルを選んだ)」の意。選択肢はそれぞれ，(1)「はるかに少ない」，(2)「はるかに多い」，(3)「全くない」，(4)「同じくらい」の意。「譲歩」の意味にふさわしいのは(1)だと判断できる。

(H)　空所を含む部分は「私たちの成果（　　　），この点では生まれは明らかに育ちより大きな役割を果たしている」の意。選択肢はそれぞれ，(1)「～に基づくと」，(2)「～とは反対に」，(3)「～にもかかわらず」，(4)「～のおかげで」の意。「育ちより生まれ」という結論は，「研究成果」に支えられているのだから，正解は(1)に決まる。

〔2〕　㋐　下線部㋐の指示対象は直前の第1段第5文（The researchers set …）にある barrier「(人とイヌとを隔てる）仕切り」である。選択肢はそれぞれ，

(1)「仕切りの隙間」

(2)「仕切りの両側の空間」

(3)「人とイヌの間の障害物」

(4)「人とご褒美の間の障害物」

という意味。よって，これらの中で barrier に最も ふさわしいのは(3)である。

㋑　下線部㋑の指示対象は直前の第2段第2文（The results showed …）に記述された「イヌの待ち時間の違い」である。選択肢はそれぞれ，

(1)「イヌが仕切りを迂回する通路を見つけること」

(2)「人がご褒美をたまたま落としたこと」

(3)「イヌが人間の被験者からご褒美を受け取らなかったこと」

(4)「イヌがご褒美を与えるのを控えられると，待ち時間が延びたこと」

という意味。よって，これらの中で「待ち時間が違うこと」を表しているのは(4)だとわかる。

㋒　該当部分は「ただ見かけの同じ動作をしても，イヌはそれがわからない」という意味だから，下線部㋒の指示対象は「同じ見かけの動作」であ

る。選択肢はそれぞれ,

(1)「ご褒美を指さすこと」

(2)「『ワンちゃん, ほら!』と言うこと」

(3)「ご褒美のありかの方を見ること」

(4)「仔犬と目を合わせること」

という意味。動作の内容は直前の第3段第6文（The team found …）に the gesture to locate the treats とある。よって, 正解は(1)に決まる。

㋓　該当部分は「この社会的な技能を示す」という意味。this の指示対象は直前の第4段第7文（For example, in …）に記述された「課題をやり遂げられないと, 人と目を合わせる」といった行動だとわかる。選択肢はそれぞれ,

(1)「助けを求めて目を合わせた」

(2)「人間の指示に従った」

(3)「人間の言うことを遺伝的な能力であると解した」

(4)「課題をやり遂げてしまうと信号を出した」

という意味。よって, これらの中で最もふさわしいものは(1)である。

㋔　該当部分は, 仔犬の多くは, 最初の試行で「うまくやった」という意味。第5段第3文（The researchers tested …）から, その試行とは「ご褒美の発見」であり, その方法は「人間がどこを見るか, どれを指さしているかを追うこと」である。選択肢はそれぞれ,

(1)「独力で隠されたご褒美を発見した」

(2)「訓練の後で隠されたご褒美を発見した」

(3)「人間の助けを借りて隠されたご褒美を発見した」

(4)「他のイヌの助けを借りて隠されたご褒美を発見した」

という意味。前述の検討から, 正解は(3)に決まる。

〔1〕　㋐—(9)　㋑—(2)　㋒—(1)　㋓—(6)

〔2〕　㋕—(7)　㋖—(3)　㋗—(9)　㋘—(1)

◆全　訳◆

〔1〕　≪教室で≫

A：「ジェイコブス先生, ちょっとお話があるんですけれど」

B：「ええ。宿題のことが聞きたいのかな？」

A：「いいえ，しなくてはいけないことはわかっていると思います。来年アメリカに留学しようかなと思っていて，先生にアドバイスをいただきたくて」

B：「ルミコさん，すばらしい。ワクワクするね。アメリカのどこに留学しようとしているのかしら？」

A：「カリフォルニア州で勉強したいです。でも，カリフォルニア州のどこかは，実ははっきりしてなくて。行ったことがないですし，でもとても大きな州で，地域それぞれ違うって聞いているので」

B：「そう，その通りです。私は南カリフォルニアの出身，ロサンジェルスの近く。私には，北カリフォルニアって，別の州みたいなものね」

A：「本当ですか？　どんなふうに，ですか？」

B：「えーと，気候は全然違う，が一つ。北カリフォルニアは南カリフォルニアより雨が多いし。産業も違うの。北のシリコンバレーはテクノロジー地区，でも映画と音楽産業は南部ね」

A：「そんな比較って，面白いです。日本って，アメリカに比べると狭いですけど，大阪と東京じゃ，ずいぶん違います」

B：「そうね，そのようなものかな。南カリフォルニアと北カリフォルニアは両方ともいくつか一流大学があるっていうのは，いい知らせかな。それに，両方の地区ともにできることは山ほどありますよ。楽しめること間違いなし，どっちを選んだにしてもね」

〔2〕 ≪シャトルバスに乗りに≫

A：「すみません。ABC ホテルに行くシャトルバスって，どこから出ているかわかりますか？」

B：「ホテルのシャトルバスは皆，空港ターミナル道沿いの同じところに停車するんです。道を渡って，シャトルバスの標識を探すといいです」

A：「あの人たちがあそこで待っているところのことですか？」

B：「いや，あそこはタクシー乗り場です。標識にタクシーの絵が描いてあるでしょ。シャトルバス乗り場は，道のもっと先です」

A：「どうもありがとうございます。わかると思います。シャトルバスって，どれくらい出ているかご存じですか？」

B：「ホテル次第ですね。ホテルにウェブサイトがあるのでは？　次がいつ来るのか調べてみては。バスは，道路の具合で来る時間が違いますから」

A：「あるかどうか，わかりません。ウェブサイトを調べるだなんて考えもしませんでした」

B：「空港のウェブサイトも調べるといいですよ。繰り返しになるけれど，ホテル次第，ケースバイケースです」

A：「ちゃんと調べてから来ればよかった。飛行機に乗る準備で手一杯だったもので」

B：「町にはどのくらいいるんですか？」

A：「ちょっと週末だけです。友人の結婚式に出ようとしてて。ところで，あなたは？」

B：「実は，ここの人間です。友人が迎えに来てくれるのを待ってるところです。楽しい旅行になるといいですね」

A：「はい，そうだといいですね。いろいろと，どうもありがとうございました」

◀解　説▶

〔1〕 ㋐ 次の「いいえ，しなくてはいけないことはわかっている」という返答にふさわしい質問は，(9)「宿題のことが聞きたいのかな？」である。

㋑ 「アメリカに留学しようかな」に対する，先生の返答としてふさわしいのは，(2)「ルミコさん，すばらしい」である。

㋒ 「気候は全然違う」という返答にふさわしい発言は，(1)「どんなふうに，ですか？」である。

㋓ 先行する「南北カリフォルニアの対比」に続くのにふさわしいのは，(6)「そんな比較って，面白いです」である。

残りの選択肢は，(3)「食べ物はどうですか？」，(4)「行きたいのはいつですか？」，(5)「それは勧めません」，(7)「代わりにヨーロッパに留学するのはどうですか？」，(8)「また教科書を持って来るの，忘れたの？」，(10)「私はロサンジェルスの方がサンフランシスコより気に入っていた」の意。

〔2〕 ㋕ 「あそこはタクシー乗り場」に続くのにふさわしいのは，(7)「標識にタクシーの絵が描いてあるでしょ」である。

㋖ 後の「ホテルのウェブサイトで調べる」と符合する発言は，(3)「ホテル次第ですね」である。

㋗ 「飛行機に乗る準備で手一杯だったもので」に先行するのは，(9)「ちゃんと調べてから来ればよかった」という反省の弁である。

㋘ 「実は，ここの人間です」という返答にふさわしい問は，(1)「ところで，あなたは？」である。

残りの選択肢は，(2)「こちらにお住まいですか？」，(4)「15分おきに出ます」，(5)「バスのことだと，サインインしないといけません」，(6)「そちらからシャトルに乗れます」，(8)「月曜の朝に仕事に戻らないといけません」，(10)「了解です，空港に着いたらウェブサイト，見ておきます」の意。

Ⅳ 解答

(A)―(4)　(B)―(1)　(C)―(2)　(D)―(1)　(E)―(1)　(F)―(4)
(G)―(3)　(H)―(3)

◀解　説▶

(A) 「私はスペイン語を話せないが，どうにか通じた」 can make *oneself* understood in X で「X で話が通じる」の意となる。よって，正解は(4)である。

(B) 「ダニエルはヨーロッパ訪問の間，地元の料理に本当に満足した」 続くのが名詞句なので，選択肢の中で「～の間に」という意味になる前置詞を探せばよい。それは(1)である。

(C) 「これらの計画の一つの問題は，提案した予算をオーバーすることである」 they are 以下が補語の名詞節になるようにすればよい。そうなっているのは(2)である。

(D) 「部長は料理をできる限り早く職場に配達するよう命じた」 order に続く that 節中の動詞は，仮定法現在＝原形になる。よって，正解は(1)である。

(E) 「その建物は，現在飛び抜けて世界で最も高い建物である」 最上級を修飾できるのは，選択肢の中では(1)のみである。

(F) 「一時間早く始めていれば，締め切りまでに宿題を片付けられただろうに」 仮定法過去完了の帰結節は，would have *done* となるので，正解は(4)である。

(G) 「うちの両親が本を2冊買ってくれたが，そのどちらもまだ読んでいない」 非制限関係詞だから，neither of which ≒ and neither of them と考えると，正解は(3)だとわかる。

(H) 「あまりに暑い一日だったので，とても勉強できない」 いわゆる such ～ that 構文を用いればよいとわかれば，正解は(3)に決まる。

V 解答

〔1〕 (A)―(2)　(B)―(3)　(C)―(4)　(D)―(4)　(E)―(2)

〔2〕 (A)―(1)　(B)―(1)　(C)―(1)　(D)―(2)　(E)―(2)

◀解　説▶

〔1〕 (A) 「その学生は，医者になって病気の子どもたちを助けたいという強い（　　　）をもっている」 選択肢はそれぞれ，(1)「入場許可」，(2)「決意」，(3)「所有」，(4)「比率」という意味。これらの中で文意に沿うのは(2)だとわかる。

(B) 「幾分やせた後，その男はベルトを（　　　）せねばならなかった」 選択肢はそれぞれ，(1)「いじめる」，(2)「ドンと殴る」，(3)「締める」，(4)「転がす」という意味。これらの中で「体重減」の結果にふさわしいのは(3)である。

(C) 「日本の梅雨はたいてい45日ほど続き，多くの人にとって大変な（　　　）を引き起こす」 選択肢はそれぞれ，(1)「弁解」，(2)「権威」，(3)「献身」，(4)「不快感」という意味。これらの中で「梅雨が引き起こす」のにふさわしいのは(4)である。

(D) 「農民は畑から一定の水を（　　　）する必要があった」 選択肢はそれぞれ，(1)「解雇する」，(2)「気を散らせる」，(3)「小型化する」，(4)「排水する」という意味。これらの中で「畑の水」に対して行うにふさわしいのは(4)である。

(E) 「弁護士はトムに，あなたに対する（　　　）は重大ですと告げた」 選択肢はそれぞれ，(1)「採用」，(2)「申し立て」，(3)「類比」，(4)「芸術家としての手腕」という意味。これらの中で「弁護士の話」にふさわしいのは(2)である。

〔2〕 (A) 「計画への彼女の尽力は，同僚から感謝された」 選択肢はそれぞれ，(1)「賞賛された」，(2)「議論された」，(3)「記述された」，(4)「判定された」という意味。これらの中で「感謝された」に近いのは(1)である。

(B) 「私は惨めな週末を自宅でひとりぼっちで過ごした」 選択肢はそれぞれ，(1)「滅入る」，(2)「記憶に残る」，(3)「よくある」，(4)「異常な」という意味。これらの中で「嫌な，ひどい」の意味に近いのは(1)である。

(C)「この記事の情報量には仰天です」 選択肢はそれぞれ，(1)「豊富」，(2)「正確」，(3)「分析」，(4)「権威」という意味。これらの中で「量の多さ」を表しているのは(1)である。

(D)「コンピュータゲームは子どもに影響がないと論じるのは，誤解を招くだろう」 選択肢はそれぞれ，(1)「驚くべき」，(2)「人をだますような」，(3)「無意味な」，(4)「好ましい」という意味。これらの中で「誤解を生む」に近いのは(2)である。

(E)「私たちはその会社に何の文句もなかった」 選択肢はそれぞれ，(1)「同盟」，(2)「争い」，(3)「筋書き」，(4)「購入」という意味。これらの中で「口論，苦情」に近いのは(2)である。

❖講　評

2023年度も，長文2題による「読解力」を中心に，「コミュニケーション」「文法」「語彙」の各分野の力が試された。一方で，英作文力を問う出題はない。

Ⅰの読解問題は，「ニュージーランドの昆虫保護」をめぐる論説文の内容理解を試す出題。現代の自然保護のあり方をユーモアを交えて論じる，英国の新聞記事だった。設問では〔1〕(B)が，本文の具体的な記述をまとめた選択肢を選ばせる問いになっていて，迷った受験生もいただろう。(D)は本文全体を読まねばならず，負担が重かっただろう。また〔2〕(4)が，本文の主旨の理解が問われる厳しい出題だった。

Ⅱの読解問題は，「イヌ」論だが，話題が身近な分，実験の細かい設定を読み取れるかによって，力の差が出やすかっただろう。設問では，〔1〕(D)は厳しい出題。(F)も，相当後まで読む必要があり，実力が問われた。〔2〕㋒と㋔は，内容理解を問う良問で，ここで差が開いたかもしれない。

Ⅲは，コミュニケーションの基礎力を試す出題である。〔1〕は「留学」の話題で，なじみのある話だったため，取り組みやすかっただろう。〔2〕は「空港」の話題で，こちらは，そもそもシャトルバスを知っていることが前提で，ややハードルが高かったかもしれない。㋖は，直前の疑問文につられて(4)にしやすい紛らわしい問題で，引っかかってしまった受験生も多かっただろう。

Ⅳは，基本的な文法・語法の力を試す出題である。準動詞や接続詞，仮定法，比較，関係詞といった，基本中の基本が問われた。文法学習の重要性を再認識するように，という声が聞こえてくるような出題だった。

Ⅴは，語彙力をみる問題であるが，読解問題の語彙レベルをはるかに超える出題であることに注意。〔1〕(B)はどの選択肢もかなり高レベル。(E)は，「高度な語彙は正解にならない」という俗説を打ち砕く出題。〔2〕(A)は，標準語彙の正確な理解が問われた良問で，差がついたかもしれない。

全体として，英文の内容をしっかりと読み取り，表現の意味内容まで理解する力が求められる出題であった。英作文以外の高校の履修範囲全般にわたって，十分な実力をつけることが求められていると言えるだろう。覚悟を決め，日々の努力をしっかり重ねよう。

日本史

I

解答　A．登呂　B．銅鐸　C．二毛作　D．刈敷　E．金肥

(a)続縄文文化　(b)—㋐　(c)鉄鎌　(d)—㋒　(e)新嘗祭　(f)—㋓　(g)—㋑　(h)—㋒　(i)干鰯　(j)備中鍬

◀解　説▶

≪弥生～江戸時代の農業≫

〔1〕A．「水田跡」「静岡市」がヒント。登呂遺跡は弥生後期の遺跡。1947～50年の発掘調査で杭や矢板で区画された広大な面積の水田跡のほか，高床倉庫跡，木製農耕具などが発見された。

(a)　水稲耕作がおよばなかった北海道では依然，サケ・マスなどの食料採集文化が7世紀頃まで続いた。それを続縄文文化という。なお，沖縄などの西南諸島でも水稲耕作はおよばず，漁労を中心とする食料採集生活が営まれ，こちらは貝塚文化（南島文化）と呼んでいる。

(b)　㋐が正解。グスク（城）は聖域などを取り込んだ城。沖縄本島では㋑按司と呼ばれる首長の城塞として発達した。㋒水城は白村江の敗戦後，唐・新羅の侵攻に備えて大宰府北方につくられた水をたたえた堤防。㋓コタンはアイヌの集落のこと。

(c)　弥生時代の中期までは石包丁による穂首刈りで収穫したが，弥生後期になり収量が増加すると鉄鎌が登場し，根刈りで収穫するようになった。

(d)　㋒が正解。銅鐸に描かれている農作業は竪杵と臼（木臼）で籾殻をすって粒を分ける「脱穀（精米）」の様子である。兵庫県桜ヶ丘遺跡出土の銅鐸の絵が有名。

(e)　「毎年秋に行われる」「勤労感謝の日」がヒント。新嘗祭は秋に収穫を感謝する祭。現在の11月23日勤労感謝の日の前身である。なお，春（旧暦2月4日）にその年の豊作を祈る祈年祭も覚えておこう。

〔2〕D．「刈り取った草葉を耕地に埋め」がヒント。刈敷は入会地で草葉を刈り取り，作物栽培の前に土中に敷き込んで肥料とした。また植物栽培に欠かせないカリウムを供給するため草木灰も普及した。

E．金肥は干鰯・油粕などの購入肥料。江戸時代に入ると，新田開発によ

る入会地の減少で刈敷などの自給肥料不足が生じたこと，また収益性の高い木綿などの商品作物の栽培がさかんになったことから，速効性の高い金肥が利用されるようになった。

(f)　㋓が正解。二毛作において米の裏作として栽培される代表的な作物は麦である。麦は古代より畑作で最も多く栽培された作物。中世以降の灌漑技術の発達が，水田の米と畑作の麦という二毛作を可能にした。

(g)　㋑が正解。下肥は人間の排泄物である「人糞尿」を腐熟させて使用する自給肥料。中世に入り京都や奈良など都市近郊の野菜生産地の増加にともない，速効性のある肥料として下肥の需要が高まった。なお，㋒厩肥は牛馬の糞尿を利用したものである。

(h)　㋒が正解。綿布は木綿糸で織った布。綿布は保温性・吸湿性などにすぐれて衣料として需要が高まり，戦国期に三河などで栽培されはじめ，近世では畿内や東海地方など全国に特産地が生まれた。

(i)　干鰯は鰯を日干しにした乾燥肥料。鰯漁がさかんな九十九里浜や三陸方面で金肥として商品化され，関西地方などの綿作の速効肥料として供給された。菜種などを絞った油粕，鰊などの魚を煮て油をしぼりとった〆粕も代表的な金肥として覚えておこう。

(j)　備中鍬は刃先が「3～4本に分かれる」フォーク状の鍬で，従来の風呂鍬（平鍬）よりも田の荒起しや肥料の鋤き込みに適し，深耕用農具として広く普及した。

Ⅱ　解答

(a)日本往生極楽記　(b)善人　(c)―さ　(d)文永の役
(e)国分寺　(f)―す　(g)道理　(h)大鏡　(i)―お　(j)細川氏
(k)からもの　(l)―い　(m)坐禅　(n)蘭溪道隆　(o)―こ

◀解　説▶

≪中世の仏教≫

(a)　やや難問。「最初の往生伝」をヒントに『日本往生極楽記』を想起しよう。『池亭記』（随筆）の著者は慶滋保胤（よししげのやすたね）である。『往生要集』の著者・源信とも交友があり，『日本往生極楽記』（985年頃成立）は空也・行基・聖徳太子ら45人の往生が記された往生伝の先駆的著書である。

(b)　史料〔1〕は親鸞の弟子・唯円が著した『歎異抄』の一節。悪人正機説を説いた部分である。「善人」は善行をつむ人のこと，一方の「悪人」は煩悩に苛まれる凡夫のことで，その悪人こそが阿弥陀仏の救済の対象であると説いている。

(c)　さの本願寺が正解。「引用された言葉（悪人正機説）を発した人物」は親鸞である。親鸞の死後，京都東山大谷の地に御影堂が建てられ，鎌倉末期より本願寺と称するようになり，浄土真宗の本山となった。

(d)　史料〔2〕は日蓮が著した『立正安国論』の一節である。1260年に北条時頼に献上した著書で，「他国侵逼の難」は蒙古襲来を予言したとして有名。「成立した14年後」は1274年，「元号を付して」とあるので最初の襲来である「文永の役」が正解。なお，二度目の襲来は1281年の弘安の役である。

(e)　やや難問。「金光明経」の正式名称は金光明最勝王経という。鎮護国家の思想を説いた経典で，これを読経すれば諸天善神が国土や民を守護すると説いた。これに依拠して発せられたのが国分寺建立の詔（741年）である。なお，国分寺の正式名称は金光明四天王護国之寺といった。

(g)　やや難問。史料〔3〕は慈円の『愚管抄』の一節である。「道理」とは歴史から見いだした必然的な道筋を表現した言葉。史料が『愚管抄』と推測でき，それが「道理」と末法思想による歴史哲学書であることを想起できれば解答できる。

(h)「世継ガ物語」(『世継物語』) は『大鏡』の別称である。『大鏡』は和文の紀伝体で書かれた歴史物語。大宅世継と夏山茂樹の対談形式によって藤原道長の栄華を批判的な視点で描いている。『今鏡』『水鏡』『増鏡』と続く四鏡の最初である。

(i)　難問。史料〔3〕『愚管抄』の筆者・慈円は天台座主であった。天台座主とは比叡山延暦寺の最高職。平安時代以降は皇族や公家出身者の子弟が補任されることが多く，慈円も関白藤原忠通の子で兄は摂政・関白・議奏公卿の九条兼実である。

(j)　細川氏は堺商人と結んで日明貿易を担った守護大名である。1523年に勘合を査証する港・寧波で大内氏に敗れて貿易から退いた（寧波の乱)。

(k)　日明貿易などで中国から輸入される品を一括して唐物と呼んだ。遣唐使が盛んに派遣された奈良時代以来，唐からの輸入品は高級文化財の基準となり，唐朝が滅んでからも中国からの輸入品を総称して「唐物」と表記し，和訓（日本読み）で「からもの」と呼んだ。

(l)　難問。いの興福寺が正解。史料〔4〕は『大乗院寺社雑事記』からの引用で筆者は尋尊（じんそん）（関白・一条兼良の子）である。尋尊は興福寺に所属する別坊（小寺院）・大乗院の門跡（住職）である。なお，『大乗院寺社雑事記』は山城の国一揆の内容がよく出題されるので注意しよう。

(m)　やや難問。史料〔5〕は『正法眼蔵随聞記』からの引用。曹洞宗の開祖・道元の語録を弟子の懐奘（えじょう）が筆録したもの。坐禅を修行の第一とすべきことが説かれている部分。史料中の「祗管打坐」（只管打坐）は「ひたすら坐禅」すること。道元は坐禅を通して高い悟りの境地に到達することを目指した。

(n)　蘭溪道隆は南宋の臨済宗の僧侶。北条時頼の帰依を受けて建長寺の開山となった。なお，北条時宗の招きで来日し，円覚寺の開山となった無学祖元と混同しないように注意しよう。

III　解答

A．倭館　B．日朝修好　C．東洋拓殖　D．皇民化
E．日韓基本

(a)—㋒　(b)己酉　(c)—㋒　(d)水野忠邦　(e)壬午事変〔壬午軍乱〕　(f)—㋑
(g)岩崎弥太郎　(h)日韓議定書　(i)渋沢栄一　(j)南満州鉄道株式会社
(k)西園寺公望　(l)—㋑　(m)工場法　(n)—㋐　(o)マッカーサー

◀解　説▶

≪近世～近現代の日朝関係≫

〔1〕A．倭館は室町時代に日朝貿易の拠点として朝鮮が設けた，日本人「使節の接待や貿易のための施設」である。富山浦（後の釜山）・塩浦・乃而浦（ないじほ）の三浦に置かれた。

(a)　㋒が正解。瀬戸焼は鎌倉時代に道元の関係者・加藤景正が入宋して学んだ技術で創始したと伝えられている。中世において日本で唯一の釉薬（うわぐすり）をかける焼き物。瀬戸焼は尾張国・愛知県瀬戸市が産地で，焼き物の代名詞「瀬戸物」の由来となった。

(c)　㋒が正解。雨森芳洲は木下順庵門下の朱子学者で対馬藩の外交官として活躍。新井白石（正徳の治）の通信使の聘礼改革において，国書の将軍の宛名を「日本国大君」から「日本国王」へ変更することに猛反対した。

(d)　「十二代将軍」「老中」がヒント。水野忠邦はもと浜松藩主。12 代将軍徳川家慶のもとで天保改革（1841～43 年）を推進。厳しい改革で反感

を買い，上知令の失敗により失脚した。

〔2〕B．日朝修好条規（1876 年）は前年の江華島事件をきっかけに結ばれ，釜山などの開港，日本の領事裁判権や関税免除の特権を朝鮮に認めさせた不平等条約である。

C．やや難問。「朝鮮最大の土地所有者」「国策会社」がヒント。東洋拓殖会社（東洋拓殖株式会社）は 1908 年に設立され，朝鮮総督府の土地調査事業と連動して土地収奪を行い，広大な農地を所有して小作制大農場の経営，その他水利事業・貸付事業などを展開し，植民地朝鮮の経済的支配を担った。

D．「日本語常用の徹底，神社参拝，創氏改名」がヒント。皇民化政策は天皇制のもと朝鮮人を同化させ戦争協力を強要した政策。1940 年より創氏改名を行い，朝鮮人固有の姓を日本式氏名に変更させた。

E．日韓基本条約は 1965 年に佐藤栄作内閣と朴正熙政権の間で調印された。韓国併合以前の諸条約の失効が取り決められ，大韓民国政府を朝鮮にある唯一の合法的な政府と確認し，国交が回復した。

(e)「1882 年に起こった親日派勢力に反対する軍隊の反乱」がヒント。壬午事変（壬午軍乱）は保守派の大院君が親日派の閔妃一派を斥けようとしたが清国の介入で失敗した事件。日本は朝鮮との間に済物浦条約を結び，賠償金の支払いや公使館護衛の軍隊駐留権を得た。

(f)　㋑が正解。難問。奥村五百子（いおこ）は北清事変（1900 年）に慰問使として従軍した経験から「戦死者の遺族や傷病兵救済」のために，女性団体として愛国婦人会（1901 年）を設立した。日露戦争の影響で会員は増大し，慰問袋の作成や兵士の送迎などで戦意を高揚させた。第二次世界大戦下に㋐大日本国防婦人会（1932 年結成）などと共に㋓大日本婦人会（1942 年）に統合された。なお，㋒新婦人協会（1920 年）は市川房枝らが結成した婦人参政権などを求める団体。

(g)「郵便汽船三菱会社」から三菱の創設者岩崎弥太郎を想起しよう。
土佐藩郷士出身の実業家で幕末の土佐藩の通商を担い，1873 年に海運会社の三菱商会を創設し，1875 年三菱汽船会社に拡張発展。台湾出兵・佐賀の乱・西南戦争などの軍事輸送で急成長した。

(h)　日韓議定書（1904 年）は日本の韓国の植民地化の第一歩となった協約。日露戦争勃発直後，韓国の厳正中立の立場を無視して漢城を占領し，軍事基地の提供などを認めさせた。

(j)　南満州鉄道株式会社はポーツマス条約で獲得した東清鉄道の南満州支線をもとに設立された（1906年)。初代総裁は後藤新平である。大連に本社を置いて設立され，鉄道のほか鉱山・製鉄業なども経営し満州支配に大きな影響をもった。

(k)　鉄道国有法（1906年）は第1次西園寺公望内閣が公布。主要幹線の私鉄17社を買収し，鉄道の90％を国有として統一的な路線網を確立した。

(l)　ⓘが正解。「韓国皇帝の国際会議への密使派遣が発覚」がヒント。第3次日韓協約の契機となったハーグ密使事件を想起しよう。第2次日韓協約で外交権を奪われた韓国皇帝は，1907年オランダのハーグで開催された万国平和会議に密使を派遣，日本の不当な支配を抗議したが列国に無視された。

❖講　評

Ⅰ．立命館大学定番の農業史で基礎的な内容で構成されているので全問正解も可能である。記述式は(e)「新嘗祭」，(i)「干鰯」など基礎的用語を誤字なく記述できるかがポイント。また選択式の(b)グスク，(d)脱穀などをクリアして完答を目指したい。

Ⅱ．〔1〕『歎異抄』，〔2〕『立正安国論』，〔3〕『愚管抄』，〔4〕『大乗院寺社雑事記』，〔5〕『正法眼蔵随聞記』を引用した問題。立命館大学では頻出の仏教史だが，〔3〕・〔4〕・〔5〕の引用部分は教科書や史料集にほとんど掲載されていないので苦戦する。記述式は(a)『池亭記』から慶滋保胤を，または「最初の往生伝」をヒントに想起できるか，(e)金光明経の名称から金光明四天王護国之寺＝「国分寺」と連想できるかがポイント。寺院名を選択する(i)「延暦寺」，(l)「興福寺」は難問で，史料や設問文から推測できるかがポイントである。全体的にやや難問で点差がつく問題である。

Ⅲ．朝鮮の釜山をテーマにした日朝関係史の問題。釜山をテーマにした特殊な構成だが，ほとんどが基礎的な内容なので高得点を目指したい。記述式のC「東洋拓殖会社」，(b)己酉約条などは誤字に注意。選択式の(f)愛国婦人会は難問。

世界史

I 解答

A．班固 B．陰陽 C．戦国 D．司馬遷 E．六芸 F．水経注 G．編年 H．司馬光 I．四書 J．四庫全書

◀解 説▶

≪中国の図書分類≫

A．『漢書』は後漢の班固が編纂した前漢の紀伝体の歴史書。

B．難問。諸子百家の中で《小区分》にあげられていないのは兵家と陰陽家だが，リード文に「いわゆる兵家に相当する兵書略が大区分の一つとして立てられている」とあり，兵家は図の《大区分》「兵書略（軍事関係）」に相当すると考えられる。このためBは陰陽家と判断したい。

E．難問。リード文に「『春秋』と同じ」とあり，『春秋』は「経書」のうち五経の一つである。図の《大区分》に「六芸略（経書と文字学）」とあるので，『春秋』は六芸略に分類されたと判断できる。

F．北魏の酈道元の『水経注』は，既存の地理書である『水経』（河川の地理書）に注釈を加えたものである。酈道元から判断することはやや難であるが，「地理書」という表現から判断したい。

G．最初の空欄で判断するのは難しいが，２つ目の空欄の直後「体」と，「その延長上に…『資治通鑑』は登場したのである」という表現から，『資治通鑑』が記された編年体と判断できる。

I．Gと同じく最初の空欄での判断は難しいが，２つ目の空欄の後の「朱熹が重視した書籍の総称」という表現から四書と判断できる。

II 解答

A．段祺瑞 B．袁世凱 C．五・四 D．魯迅 E．李大釗 F．胡適 G．蔣介石 H．黄埔 I．山東 J．北京

◀解 説▶

≪近代中国における著名な５人の人物≫

A・C．リード文の前半で判断するのは難しいが，「西原借款」「1919年

の［ C ］（五・四）運動では打倒の対象とされ」から，五・四運動の際の軍閥政府の指導者を問われていると気づけば，北洋軍閥安徽派の段祺瑞を導くことができる。

B．段祺瑞が袁世凱の部下であったことは細かいが，「帝政復活」という表現から袁世凱を想起しよう。またリード文4の「大隈重信内閣が［ B ］政権に突き付けた対華二十一ヶ条要求」という表現からも袁世凱と判断できる。

D．リード文1ではなく，リード文2の「『新青年』に『故郷』などの作品を発表」という表現から魯迅を導こう。

E．同じくリード文1から判断するのではなく，リード文4の「ロシア革命による庶民やボリシェビズムの勝利をも宣揚した」「陳独秀らと連携して中国共産党を組織した」という表現から，北京大学でマルクス主義の紹介を行った李大釗と判断できる。

F．これもリード文2ではなく，リード文5の「『新青年』に「文学改良芻議」を発表して口語体による文学を提唱した」という表現から，胡適と判断できる。

G．リード文3の「孫文没後は北伐軍総司令官として中国の武力統一を目指した」という表現から，蔣介石と判断できる。

J．北京大学は新文化運動や五・四運動の中心となった。胡適の他，陳独秀や李大釗も北京大学教授として活躍している。

Ⅲ　解答

A．カロリング　B．ゴシック　C．自由7
D．三位一体　E．東方〔レヴァント〕　F．バロック
G．ヘンデル　H．古典派　I．モーツァルト　J．スメタナ
〔1〕ランゴバルド〔ロンバルド〕人　〔2〕イオニア自然哲学
〔3〕サン=ピエトロ大聖堂　〔4〕ゲーテ　〔5〕サイード

◀解　説▶

≪中世～現代における西洋音楽関連史≫

C．自由7科（リベラル=アーツ）は，文法・修辞・弁証（論理）の初級3学科（言語的学問）と，算術・幾何学・天文・音楽の上級4学科（数学的学問）で構成された中世の大学の一般教養科目である。

D．ニケーア公会議（325年）で正統とされたアタナシウスの説は，コン

スタンティノープル公会議（381 年）で再確認され三位一体説として完成した。その後アウグスティヌスが理論化し，正統教義の基礎となった。

F・G．バロック音楽は，豪華・華麗な様式を特徴としており，「音楽の父」とされるバッハや，「水上の音楽」で有名なヘンデルがその代表である。

H・I．古典派音楽は，調和や形式美を特徴としており，「交響楽の父」とされるハイドンや，ヨーゼフ２世などの宮廷で活躍したモーツァルト，フランス革命期やナポレオン時代に活躍したベートーヴェンがその代表である。

J．国民楽派は，国家や民族のアイデンティティの表現を特徴としており，スメタナ，ドヴォルザーク，グリークの他，「展覧会の絵」で有名なロシアのムソルグスキーなどが知られる。

〔1〕難問。パンノニア（ドナウ川中流域）を元々本拠地としていたゲルマン人はランゴバルド人。グレゴリウス１世（位 590～604 年）は北イタリアにランゴバルド王国（568～774 年）を建てていたランゴバルド人に対して布教活動を行った。なお，ヴァンダル人も一時パンノニアに定住したことがあるが，グレゴリウス１世の時代にはすでに王国（ヴァンダル王国；429～534 年）は滅亡している。

〔4〕ゲーテは『ファウスト』『若きウェルテルの悩み』などを代表作とするロマン主義の先駆者。「ヴァイマル公国の宰相」からゲーテを想起するのはやや難であろう。

〔5〕難問。サイードは，『オリエンタリズム』で先進国の支配が後進国の文化をゆがめている状態を批判するポスト=コロニアル研究を行った。

Ⅳ　解答

A．バントゥー　B．セム　C．イェルサレム
D．マリンディ　E．ノルマン
F．ヴァスコ=ダ=ガマ　G．イエズス　H．キルワ　I．モノモタパ
J．ジンバブエ
〔1〕―オ　〔2〕―ア　〔3〕ペルセポリス　〔4〕アター　〔5〕泉州

◀解　説▶

≪東アフリカに栄えた港町や王国≫

A．スワヒリ語は，バントゥー諸語やアラビア語などの外来語を取り入れ

て成立した。

B．アフロ=アジア語族は，西アジアから北アフリカにかけて使われている言語系統の総称を指す。アラビア語を含むセム語系（派）のほか，エジプト語系（派）やチャド語系（派）が該当する。

D・F．リード文「1498 年にこの地を訪れて…インド西南岸に到達」という表現から，マリンディ経由でインド西岸のカリカットに到達したヴァスコ=ダ=ガマの業績を想起したい。

H．難問。「現在タンザニアに属している」「島」という表現から，東アフリカの海港都市のうち，キルワとザンジバルが島であることを思い出せばその 2 択までは絞れる。しかし「イランのシーラーズ…伝承が残されている」「16 世紀に滅亡した」からキルワを導くのは難しいだろう。

〔1〕オ．六信はアッラー・定命・天使・預言者・来世・啓典を指す。礼拝は五行の一つであり，残りは信仰告白・メッカ巡礼・断食・ザカート（喜捨）である。

〔4〕アッバース朝の衰退により俸給制であるアター制が機能しなくなると，ブワイフ朝は軍人に土地の徴税権を与えるイクター制を創始した。

〔5〕やや難。「北宋期の 1087 年に市舶司が置かれ」「現福建省」から泉州が正解。北宋期には明州（寧波）にも市舶司が設置されているが，設置は 999 年のことであり，また明州は現在の浙江省にあたるため不適となる。

❖講　評

Ⅰ．中国の図書分類をテーマとして中国の文化史が問われた。Bの陰陽家とEの六芸略はリード文や図を読み取る力が要求される問題で，難度が高かったと思われる。思考力が試される形式の出題であるため今後とも注意していきたい。Gの編年体やＩの四書は基本的知識であるが，複数ある空欄を検討する必要があった。

Ⅱ．近代中国における著名な 5 人の人物をテーマに，新文化運動期から北伐期までの中国史が問われた。同じ空欄が複数のリード文にまたがっているため，どの空欄から解く手掛かりを見つけられるかがカギとなる。Aの段祺瑞，Eの李大釗の漢字表記に注意が必要であった。

Ⅲ．西洋音楽をテーマとして，中世から現代までの西洋文化史が問われた。Fのバロックから J のスメタナまでは西洋音楽からの出題であったが，こうした音楽史は意外と見逃しやすい分野なので得点差が生じたと思われる。また，〔1〕ランゴバルド人や〔4〕ゲーテは基本的知識であるが，問われ方が難しい。〔5〕サイードは2003年に死去した研究者で，現代史を相当丁寧に学習していないと記述法で答えるのは難しい。

Ⅳ．東アフリカの海港都市や王国に関して広く問われた。アフリカをきちんと学習していないと対応できない問題がほとんどのため得点が伸びにくかったと思われる。また，Hのキルワと〔5〕の泉州も難しい。

地理

I

解答　〔1〕A．エラトステネス　B．プトレマイオス　C．ベハイム

〔2〕イ．エルサレム　ロ．TO〔OT〕　ハ．カナリア

〔3〕甲．階級区分（図）　乙．リモート（センシング）

〔4〕(1)北回帰線　(2)ニュージーランド

〔5〕2　〔6〕―㋑　〔7〕―㋑　〔8〕―㋐

〔9〕(1)GNSS　(2)みちびき

◀解　説▶

≪地図史と地図≫

〔1〕A．エラトステネスは，ギリシャの天文学者・地理学者であり，2地点間の距離と太陽の高度差を用いて地球の円周の長さを求めた。

B．プトレマイオスは，ギリシャの天文学者・地理学者であり，経緯線を用いた世界地図を円錐図法により作成した。

〔2〕イ・ロ．TO（OT）マップは，中世ヨーロッパに作成され，地球球体説を否定するキリスト教の世界観を反映した地図である。聖地エルサレムを中心として，水域を示す周辺部のOと中心部のTが組み合わされている。

ハ．カナリア海流は，大西洋東部の中・低緯度の海域を南下する寒流で，アフリカ大陸の北西に位置するスペイン領カナリア諸島付近を流れる。

〔3〕甲．コロプレスマップ（階級区分図）は，値をいくつかの階級に塗り分けて表現した地図であり，相対分布図に用いられる。

乙．遠隔探査（リモートセンシング）は，人工衛星などから地表面の様子を探査する技術のことで，植生，災害状況，環境の変化などを探査する。

〔4〕(1)　緯度が約23度26分で，太陽が1年に1度真上を通過する緯線を回帰線といい，夏至の時に太陽が真上を通過する緯線を北回帰線，冬至の時に太陽が真上を通過する緯線を南回帰線という。

(2)　旧グリニッジ天文台は経度0度・北緯51度付近に位置し，対蹠点は経度180度・南緯51度付近で，ニュージーランド付近の海域となる。

〔5〕X島は，キューバが位置するキューバ島，Y島は，ハイチとドミニカ共和国が位置するイスパニョーラ島である。いずれの国でも旧宗主国の言語が公用語に指定されており，キューバとドミニカ共和国ではスペイン語，ハイチではフランス語が公用語である。

〔6〕メルカトル図法は，円筒図法によって作成された正角図法に該当し，赤道が円筒に接していると仮定して投影されている。

〔7〕ⓘ誤文。正距方位図法は，中心から任意の点までの距離と方位が正しい図法である。この2点を結んだ直線は大圏航路と呼ばれ，2点間の最短経路を示す。

ⓤ正文。国際連合の旗は，北極点を中心に南緯60度までの範囲を正距方位図法で示した世界地図を，オリーブの葉が囲むデザインである。

〔8〕ドットマップは，数量を点で表し，点の粗密で分布を示した地図であり，ⓐを表現するのに用いられる。ⓘは等値線図，ⓤはコロプレスマップ（階級区分図），ⓔは流線図で表現される。

〔9〕(1)　GNSSは，Global Navigation Satellite Systemの略で，人工衛星の電波を受信することで地球上の位置を正しく求めるしくみの総称である。そのうち，アメリカ合衆国が運用するものをGPSという。

(2)　みちびきは，日本が2010年から運用している測位衛星システムである。日本付近の上空を周回し，GPSを補完している。

II　解答

〔1〕A．カルパティア〔カルパート〕　B．プスタ　C．アドリア　D．ピレネー　E．ビスケー

〔2〕イ．沖積（堆積も可）

ロ．エスチュアリー〔エスチュアリまたは三角江〕

ハ．地溝（ライン地溝も可）　ニ．ポルダー

〔3〕①―ⓔ　②―ⓤ　③―ⓘ　④―ⓐ

〔4〕(1)レス　(2)大陸氷河の末端に形成された堆積物。

〔5〕(1)―ⓘ　(2)―ⓤ　〔6〕―ⓘ

◀解　説▶

≪ヨーロッパの河川を中心とした地誌≫

〔1〕D．フランスとスペインの国境をなすのは，ピレネー山脈である。

〔2〕イ．河川によって運搬された土砂が堆積することで形成された平野

は，沖積平野である。扇状地，氾濫原，三角州などがみられる。
ロ．エスチュアリーは，河口部に海水が浸入してラッパ状となった入り江である。湾奥に広がる平野を後背地として，港湾都市が発達しやすい。
ニ．ポルダーはオランダの国土の約4分の1を占める干拓地のことである。
〔3〕①ベオグラード（㋓）は，セルビアの首都である。
②トリノ（㋒）は，イタリア北西部に位置し，自動車産業が発達している。
③ボルドー（㋑）は，フランス南西部に位置し，ワインの生産で有名。
④デュッセルドルフ（㋐）は，ドイツ有数の商工業都市であり，日本企業も多数進出している。
〔4〕氷河時代，ドイツ北部から東欧にかけて大陸氷河が広がり，末端部には氷河により削られた砂などが堆積した。その後，それらが風によって運ばれ堆積したものがレス〔黄土〕である。ハンガリー東部の長草草原であるプスタにはレスが堆積し，肥沃な土壌となっている。
〔5〕(1)　パダノ=ヴェネタ平野の北部にはCfb（西岸海洋性気候），南西部にはCs（地中海性気候）が分布している。さらに，南東部にはCfa（温暖湿潤気候）がみられ，イタリア北部から黒海沿岸にかけて広がっている。Cw（温暖冬季少雨気候）はみられない。
(2)　㋐誤文。北緯40度は，イタリア半島の南部を通過する。
㋑誤文。ミストラルは，フランス南部のローヌ河谷を吹く，寒冷な北風である。
㋒正文。パダノ=ヴェネタ平野は，Cfaの分布が示す通り夏に高温となるため，混合農業の一環として，ポー川の水を利用した稲作が行われる。
㋓誤文。オリーブは，イタリア半島南部，夏季に乾燥する地中海性気候の地域での栽培がさかんである。
〔6〕ライン川は，アルプス山脈を水源とし，北流して北海に注ぐ。Z（バーゼル）は3地点中で最も上流の，アルプス山脈の北側に位置することから，アルプス山脈での融雪に伴い，春に増水が顕著となる㋑に該当する。

Ⅲ　解答

〔1〕A．爆発　B．転換　C．難民　D．社会
〔2〕―㋔
〔3〕(1)①―㋐　②―㋕　(2)㋐インド　㋑ナイジェリア　㋒エジプト

(3)エチオピア：あ　フィリピン：う

〔4〕(1)—○　(2)—×　(3)—×　〔5〕(1)—×　(2)—×　(3)—○

◀解　説▶

≪人　口≫

〔2〕人口ピラミッドは，性別・年齢構成別の人口構成を示し，発展途上国の多産多死型の人口動態では，すそ野が広い富士山型となる。その後，経済発展に伴う年少人口割合の低下，老年人口割合の上昇により，すそ野の狭い富士山型（ピラミッド型），釣鐘型，つぼ型へと移行する。設問の図を比較すると，すそ野が最も広い㊁が1950年，次に広い㋩が1985年に該当し，最も年少人口割合が低く釣鐘型の㋑が2055年，残る㋺が2020年に該当する。

〔3〕(1)　① 2020年時点で世界人口の約60％を占めることから，人口大国の中国・インドなどを含むアジア（あ）に該当する。

② 1950年時点では人口が2番目に多い一方，その後は割合が低下していることから，産業革命期に人口が増加したものの，第二次世界大戦後に少子高齢化が進行するヨーロッパ（か）に該当する。

(2)　あ 2020年時点でアジア第2位（13.8億人）の人口を擁するインドに該当する。

い 2020年時点でアフリカ最大（2.1億人）の人口を擁するナイジェリアに該当する。

う 2020年時点でアフリカ第3位（1.0億人）の人口を擁するエジプトに該当する。

(3)　一般に，経済発展が遅れている国・地域ほど出生率が高く，年少人口割合が高くなる傾向にある。3カ国中，1人当たり国民総所得が最小であるエチオピア（836ドル）があに該当する。次に小さいフィリピン（3,553ドル）がう，最大のアメリカ合衆国（64,310ドル）がいに該当する（2020年）。

〔4〕(1)　正文。19世紀後半以降，サトウキビ農園の労働者として日本からハワイに多くの人々が移住した。現在，移民の子孫を中心に，日系人コミュニティが形成されている。

(2)　誤文。2000年代，EU加盟国が旧社会主義国である東欧諸国まで拡大したことで，経済格差は拡大するとともに，高水準の賃金を求める東欧諸国から西欧諸国への移住者も増加した。

(3)　誤文。日本で働く外国人労働者の国籍で，最も多いのはベトナムであり，全体の26.2％を占める（厚生労働省2020年）。

〔5〕(1)　誤文。東京圏の人口は約3,691万人であり，全国に占める割合は約29.3％である（2020年）。

(2)　誤文。老年人口比率が最も高い秋田県（37.5％）と最も低い沖縄県（22.6％）の差は，14.9ポイントである（2020年）。

(3)　正文。

❖講　評

Ⅰ．地図の歴史と地図の知識について，海流名，対蹠点，公用語，図法，統計地図，地理情報の活用などが幅広く出題された。〔5〕や〔9〕(2)では，やや細かい知識が求められたが，それ以外は標準的な設問であった。地図の歴史に関する人名は，学習が手薄になりやすいので対策に努めたい。

Ⅱ．ヨーロッパの河川にからめて，自然地形，都市，土壌，気候区分，河川流量などが出題された。〔3〕③は，紛らわしい選択肢も含まれているので，地図帳で位置を確認したい。〔4〕(2)の論述問題は標準的な知識で対応できる。〔5〕(1)はイタリア北部に分布する温暖湿潤気候に気付けるかがポイント。〔6〕は，北海道などと同様に春の融雪で河川が増水することを想起できなければ，消去法での判別は難しいであろう。その他は，標準的な設問である。

Ⅲ．人口について，人口ピラミッド，世界の州別人口推移，国際人口移動，日本の人口などが，多くの図表を用いて出題された。ただし，基本的事項を問う設問が中心である。〔5〕(1)は，東京都の人口が1,400万人（2020年）であることから，東京圏で全国の5割を占めるとは考えにくい。(2)は，正文ならば，老年人口比率が10％と50％の都道府県が存在することになると考えて，誤文と判定したい。

地形や都市，統計の知識を問う設問が頻出であるので，日頃の学習から地図帳や統計集を活用したい。

政治・経済

I 解答

〔1〕A．自由民主主義 B．ウォルポール
C．大統領選挙人 D．弾劾 E．全国人民代表大会
F．国務院 G．開発独裁
〔2〕首相公選（論）〔3〕—㋒ 〔4〕—㋐ 〔5〕空想的社会主義
〔6〕イ．香港 ロ．マカオ 〔7〕アラブの春

◀解 説▶

≪各国の政治体制≫

〔1〕A．空欄の直後に「リベラル・デモクラシー」とあるので，自由民主主義が正解となる。

B．ウォルポール内閣は下院による不信任決議にしたがって総辞職し，これ以来，内閣は議会（特に下院）の信任の下に組織されるという議院内閣制が定着した。

C．アメリカの大統領は4年ごとに間接選挙で選出される。各州で有権者により選出された大統領選挙人（一部の州を除き1票でも多く得た候補がその州の大統領選挙人をすべて獲得するという勝者総取り方式が採用されている）が大統領を選出するという方法で，合計538人の大統領選挙人の過半数を獲得した候補者が大統領になる。

E・F．中国では毎年一回開催される全国人民代表大会（全人代）が国家の最高決定機関。常設機関として常務委員会が置かれ，憲法改正，法律の制定，国家主席の選出，国民総理（首相）などの権限を有している。全人代の下におかれる国務院は最高行政機関であり，他国での内閣にあたる。また，最高司法機関として最高人民法院が置かれている。

G．韓国の朴正熙政権，フィリピンのマルコス政権，インドネシアのスハルト政権などは経済開発を優先して国民の自由を弾圧する強権的な政治を行った。こうした政治体制は開発独裁と呼ばれる。

〔2〕国民が内閣総理大臣を直接選挙で選ぶべきだという考え方は首相公選論と呼ばれる。日本の場合は憲法で「内閣総理大臣は，国会議員の中から国会の議決で，これを指名する」（第67条1項）と定められているので，

実現には憲法改正が必要となる。

〔3〕㋒が不適切。「小さな政府」は大きな政府の誤り。「修正資本主義」は政府が積極的に市場に介入する経済政策である。

〔4〕㋐が適切。三権分立を説いたのはモンテスキュー。その著書は㋐『法の精神』である。

〔5〕資本主義の科学的分析に基づき社会主義への必然的移行を説いた科学的社会主義と対比し，サン=シモンやフーリエなどの社会主義を空想的社会主義と呼んで批判した。

〔7〕「アラブの春」はアラブ，北アフリカにおける長期独裁政権を崩壊に導いた民主化運動のこと。2011年のチュニジアのベンアリ政権が打倒されたこと（ジャスミン革命）が発端となり，その後，エジプト・ムバラク政権，リビア・カダフィ政権が倒された。

Ⅱ　解答

〔1〕A．サッチャー　B．日本版金融ビッグバン　C．不良債権　D．金融再生　E．ペイオフ　F．1000　G．コール　H．量的緩和　I．2　J．マネーストック

〔2〕基準割引率　〔3〕—㋑　〔4〕BIS　〔5〕—㋑　〔6〕1900（万円）

◀解　説▶

≪日本の金融と金融改革≫

〔1〕A・B．イギリスでは1980年代にサッチャー首相により市場の規制緩和や国営化政策が断行され（サッチャリズム），その一つとして金融大改革（金融ビッグバン）が実施された。これを模範として日本では1997年，橋本龍太郎内閣が（金融市場の）フリー，フェア，グローバルをスローガンとする日本版金融ビッグバンを打ち出した。

C・D．バブル崩壊により不良債権（回収困難な貸出金）を抱えて破綻した金融機関に対して円滑な破綻処理を実施するため，1998年に金融再生法が制定された。

E・F．ペイオフは，金融機関が破綻した場合，預金者に一定額の払い戻しをする制度。1996年から凍結されていたが，2005年から全面解禁され，一金融機関の預金につき1000万円とその利子までが保護されることになった。

G・H．無担保コール翌日物金利は，インターバンク市場（金融機関どう

しの資金市場）の一つであるコール市場における，一日で満期を迎える超短期の担保を預けずに行う取引の金利である。日本銀行は政策金利（誘導目標金利）であるこの金利をゼロに誘導するゼロ金利政策を実施したが，景気の悪化とデフレの進行が止まらないため，誘導目標を日本銀行当座預金勘定残高に変更した（量的緩和策）。

I．2013年に消費者物価上昇率を2％とする物価安定目標が掲げられた。このように政府や中央銀行が物価上昇率に対して一定の目標を定め，金融政策を行うことをインフレ・ターゲットという。

〔3〕㋑が適切。景気が悪くデフレーションの時は，資金を市場に供給するために買いオペ（資金供給オペレーション）が行われる。したがって，イは「市中銀行が持っている国債などを買い入れる」が正しい。また，買いオペによりインターバンク市場に資金が供給されると政策金利が低下し，それとともに企業や個人への「貸出金利が下がる」ことになる。

〔4〕BISはスイスのバーゼルに本部がある国際決済銀行のことで，BIS規制とは，国際業務を行う銀行は自己資本比率が8％以上でないといけないというBISが定めたルールのことである。

〔5〕　㋑が不適切。日本銀行は「銀行の銀行」と呼ばれているように，金融機関を対象として銀行業務を行っている。したがって「個人の預金の一部にマイナス金利が適用される」というのは誤り。マイナス金利は「市中銀行の日銀当座預金の一部に」適用されている。

〔6〕支払準備率＝r，本源的預金＝Cとしたとき，信用創造額＝$C \div r - C$で計算される。したがって，100万円÷0.05－100万円＝1900万円となる。

III　解答

〔1〕イ．1992　ロ．2001　ハ．2003

〔2〕A．クウェート　B．ペルシャ　C．カンボジア　D．アフガニスタン

〔3〕―㋑　〔4〕イラン　〔5〕―㋒　〔6〕―㋓　〔7〕―㋐　〔8〕―㋒

◀解　説▶

≪国連安全保障理事会と地域紛争≫

〔2〕A・B．1991年に始まった湾岸戦争はイラクによるクウェート侵攻をきっかけにして起きた。この戦争に際し，日本は巨額な資金提供を行ったが自衛隊派遣など人的貢献を行わなかったことでアメリカから批判を受

けた。こうしたことから日本政府は，湾岸戦争後の 1991 年に自衛隊法を根拠に掃海艇をペルシャ湾に派遣した。また，翌 1992 年，自衛隊の海外派遣を認めた PKO（国連平和維持活動）協力法を制定した。

C．PKO 協力法に基づき自衛隊が最初に海外派遣されたのは，カンボジアであり，カンボジア暫定統治機構（UNTAC）という PKO に参加した。

D．2001 年に起きたアメリカ同時多発テロ事件を受け，アメリカのブッシュ大統領は「テロとの戦い」を宣言し，同年，タリバン政権が支配するアフガニスタンを攻撃し，アフガニスタン戦争が起こった。続いて 2003 年にイラク・フセイン政権の保有するとされる大量破壊兵器破棄を理由にアメリカはイギリスとともに国連安全保障理事会の決議を得ないまま攻撃を加え，イラク戦争が起こった。

〔4〕1980 年のイラクによるイランへの奇襲攻撃をきっかけにイラン・イラク戦争が勃発した。しかし，1988 年に安全保障理事会の決議を受け入れる形で停戦が実現した。

〔5〕㋒が適切。朝鮮戦争において派遣された「国連軍」は，国連憲章第 7 章に基づいた安全保障理事会が指揮する正式な国連軍ではないが，国際連合は決議でその名称の使用を認めている。

〔6〕㋓が適切。タリバン政権への軍事攻撃からはじまったアフガニスタン戦争は 2021 年まで 20 年間続いた。その後タリバンが復権し，イスラム原理主義に基づく統治が行われ，現在，女性の就学・就労を制限するなど人権問題が深刻化している。

〔7〕㋐が適切。テロ対策特別措置法は，アメリカの対テロ戦争であるアフガニスタン戦争を後方支援するために制定された。これによりインド洋に自衛隊の給油艦が派遣された。

〔8〕㋒が適切。単独行動主義はユニラテラリズム，多国間主義はマルチラテラリズムである。

❖講　評

Ⅰ．イギリスの議院内閣制，アメリカの大統領制，中国の権力集中体制，発展途上国に見られた開発独裁など各国の政治体制に関する出題である。問題の大半は教科書レベルの標準的な内容であったが，〔1〕A の「自由民主主義」，B の「ウォルポール」，〔5〕「空想的社会主義」を解答する問題はやや難しかった。ただ，Aは空欄直後に「リベラル・デモクラシー」とあるので解答は推察できただろう。

Ⅱ．日本の金融制度，1990年代以降の金融の自由化，2013年以降の日本銀行による金融政策が出題されている。教科書に記載されていない事項も少なからず出題され，やや難しい内容となっている。特に〔1〕Bの「日本版金融ビッグバン」，Dの「金融再生」法，Hの「量的緩和」政策，Jの「マネーストック」を記述する問題は，詳細な知識がないと解答できず，深い学習が必要だった。また，〔6〕信用創造額の計算問題は頻出傾向なので計算式は知っておかなければならない。

Ⅲ．国連安全保障理事会の役割と活動をテーマにして湾岸戦争，アフガニスタン戦争，イラク戦争に関する知識が問われている。内容的には教科書レベルの標準的な問題が多いが，各戦争が起こった年・原因・経過・日本の対応（PKO協力法・テロ対策特別措置法・イラク復興特別措置法による自衛隊派遣）などをまとめ，理解するようにしたい。〔2〕Dと〔6〕については，2021年のアフガニスタンからの米軍撤退，その後のタリバンの復権による女性への人権弾圧のニュースが報じられることも多く，こうした時事問題に関心を持って学習していれば容易に解答できただろう。

数学

I

解答　ア．-80　イ．5　ウ．$\frac{a}{4}$　エ．$2\log_2 a-3$　オ－④

カ．$-\frac{1}{2}$　キ．$\frac{\sqrt{3}}{2}$　ク．$\frac{11}{12}\pi$　ケ．$-\frac{\sqrt{6}}{2}$　コ．$-\frac{3\sqrt{6}}{8}$　サ．$-\frac{11\sqrt{6}}{32}$

シ．70　ス．200　セ．280　ソ．$s_x{}^2$　タ．$2s_{xy}$　チ．$\frac{7}{5}$　ツ．-34

◀解　説▶

≪小問3問≫

〔1〕 (1)　$3^x+16\cdot 3^{-x}=8$ より

$$(3^x)^2-8\cdot 3^x+16=0$$

$$(3^x-4)^2=0 \qquad \therefore \quad 3^x=4$$

よって

$$27^x-9^{x+1}=(3^x)^3-9\cdot(3^x)^2$$

$$=4^3-9\cdot 4^2=(4-9)\cdot 4^2=-80 \quad \rightarrow ア$$

(2)　$\left(\frac{3}{5}\right)^{20}$ を小数で表すと，0でない数字が初めて現れるのが小数第 n 位だとすると

$$\frac{1}{10^n}\leqq\left(\frac{3}{5}\right)^{20}<\frac{1}{10^{n-1}}$$

$$\log_{10}\frac{1}{10^n}\leqq\log_{10}\left(\frac{3}{5}\right)^{20}<\log_{10}\frac{1}{10^{n-1}}$$

$$-n\leqq 20\log_{10}\frac{3}{5}<-(n-1)$$

ここで

$$20\log_{10}\frac{3}{5}=20\log_{10}\frac{6}{10}$$

$$=20(\log_{10}2+\log_{10}3-1)$$

$$=20(0.3010+0.4771-1)=-4.438$$

であるから

$$-n \leqq -4.438 < -(n-1)$$

$$n \geqq 4.438 > n-1$$

よって　　$n=5$　→イ

(3)　　$\log_2 x + \log_2 y = \log_2 xy$

底2（>1）であるから，$\log_2 xy$ が最大となるのは xy が最大となるときである。

ここで，$2x+y=a$ より

$$xy = x(a-2x)$$
$$= -2x^2 + ax$$
$$= -2\left(x-\frac{a}{4}\right)^2 + \frac{a^2}{8}$$

また，$x>0$，$y>0$，$2x+y=a$ より

$$0 < x < \frac{a}{2}$$

であるから，$\log_2 x + \log_2 y = \log_2 xy$ は

$$x = \frac{a}{4}　→ウ$$

のとき，最大値

$$\log_2 \frac{a^2}{8} = 2\log_2 a - 3　→エ$$

をとる。

〔2〕　$\cos\theta + \sin\theta = -\dfrac{\sqrt{2}}{2}$ より

$$\sqrt{2}\sin\left(\theta + \frac{1}{4}\pi\right) = -\frac{\sqrt{2}}{2}$$

$$\sin\left(\theta + \frac{1}{4}\pi\right) = -\frac{1}{2}　……①$$

$0 \leqq \theta < \pi$ より　　$\dfrac{1}{4}\pi \leqq \theta + \dfrac{1}{4}\pi < \dfrac{5}{4}\pi$　……②

①，②より　　$\theta + \dfrac{1}{4}\pi = \dfrac{7}{6}\pi$

よって　　$\theta = \dfrac{7}{6}\pi - \dfrac{1}{4}\pi = \dfrac{11}{12}\pi$　→ク

したがって，角 θ のある範囲は

④：$\dfrac{3}{4}\pi \leqq \theta < \pi$　→オ

このとき

$$\sin 2\theta = \sin\frac{11}{6}\pi = -\frac{1}{2} \quad →カ$$

$$\cos 2\theta = \cos\frac{11}{6}\pi = \frac{\sqrt{3}}{2} \quad →キ$$

また

$$\begin{aligned}\cos 2\theta &= \cos^2\theta - \sin^2\theta \\ &= (\cos\theta + \sin\theta)(\cos\theta - \sin\theta) \\ &= -\frac{\sqrt{2}}{2}(\cos\theta - \sin\theta) = \frac{\sqrt{3}}{2}\end{aligned}$$

より　$\cos\theta - \sin\theta = -\dfrac{\sqrt{3}}{\sqrt{2}} = -\dfrac{\sqrt{6}}{2}$　→ケ

次に

$$\begin{aligned}\cos^3\theta - \sin^3\theta &= (\cos\theta - \sin\theta)(\cos^2\theta + \cos\theta\sin\theta + \sin^2\theta) \\ &= (\cos\theta - \sin\theta)\left(1 + \frac{1}{2}\sin 2\theta\right) \\ &= -\frac{\sqrt{6}}{2}\cdot\left(1 - \frac{1}{4}\right) = -\frac{3\sqrt{6}}{8} \quad →コ\end{aligned}$$

別解　コ．$\cos^3\theta - \sin^3\theta = (\cos\theta - \sin\theta)^3 + 3\cos\theta\sin\theta(\cos\theta - \sin\theta)$

$$\begin{aligned}&= \left(-\frac{\sqrt{6}}{2}\right)^3 + 3\cdot\left(-\frac{1}{4}\right)\cdot\left(-\frac{\sqrt{6}}{2}\right) \\ &= -\frac{6\sqrt{6}}{8} + \frac{3\sqrt{6}}{8} = -\frac{3\sqrt{6}}{8}\end{aligned}$$

最後に

$$\begin{aligned}&\cos^5\theta - \sin^5\theta \\ &= (\cos^3\theta - \sin^3\theta)(\cos^2\theta + \sin^2\theta) + \sin^3\theta\cos^2\theta - \cos^3\theta\sin^2\theta \\ &= (\cos^3\theta - \sin^3\theta)(\cos^2\theta + \sin^2\theta) - \sin^2\theta\cos^2\theta(\cos\theta - \sin\theta) \\ &= -\frac{3\sqrt{6}}{8}\cdot 1 - \left(-\frac{1}{4}\right)^2\cdot\left(-\frac{\sqrt{6}}{2}\right) \\ &= -\frac{3\sqrt{6}}{8} + \frac{\sqrt{6}}{32} = -\frac{11\sqrt{6}}{32} \quad →サ\end{aligned}$$

別解　サ．$\cos^5\theta-\sin^5\theta$

$$=(\cos^4\theta-\sin^4\theta)(\cos\theta+\sin\theta)+\sin^4\theta\cos\theta-\cos^4\theta\sin\theta$$

$$=(\cos^2\theta+\sin^2\theta)(\cos^2\theta-\sin^2\theta)(\cos\theta+\sin\theta)-\sin\theta\cos\theta(\cos^3\theta-\sin^3\theta)$$

$$=1\cdot\frac{\sqrt{3}}{2}\cdot\left(-\frac{\sqrt{2}}{2}\right)-\left(-\frac{1}{4}\right)\cdot\left(-\frac{3\sqrt{6}}{8}\right)$$

$$=-\frac{\sqrt{6}}{4}-\frac{3\sqrt{6}}{32}=-\frac{11\sqrt{6}}{32}$$

〔３〕 (1)　x の平均値は

$$\bar{x}=\frac{1}{5}\sum_{k=1}^{5}x_k$$

$$=\frac{1}{5}(50+70+90+80+60)=\frac{350}{5}=70\quad\to シ$$

x の分散 $s_x{}^2$ は

$$s_x{}^2=\frac{1}{5}\sum_{k=1}^{5}(x_k-\bar{x})^2$$

$$=\frac{1}{5}\{(-20)^2+0^2+20^2+10^2+(-10)^2\}$$

$$=\frac{1}{5}(400+0+400+100+100)=\frac{1000}{5}=200\quad\to ス$$

(2)　y の平均値は

$$\bar{y}=\frac{1}{5}\sum_{k=1}^{5}y_k$$

$$=\frac{1}{5}(40+60+100+70+50)$$

$$=\frac{320}{5}=64$$

よって，x と y の共分散 s_{xy} は

$$s_{xy}=\frac{1}{5}\sum_{k=1}^{5}(x_k-\bar{x})(y_k-\bar{y})$$

$$=\frac{1}{5}\{(-20)\cdot(-24)+0\cdot(-4)+20\cdot36+10\cdot6+(-10)\cdot(-14)\}$$

$$=\frac{1}{5}(480+0+720+60+140)=\frac{1400}{5}=280\quad\to セ$$

(3)　定義および問題文中の計算より

$$L=\sum_{k=1}^{5}\mathrm{P}_k\mathrm{Q}_k{}^2$$
$$=\sum_{k=1}^{5}\{(y_k-\overline{y})^2-2a(x_k-\overline{x})(y_k-\overline{y})+a^2(x_k-\overline{x})^2\}$$
$$=\sum_{k=1}^{5}(y_k-\overline{y})^2-2a\sum_{k=1}^{5}(x_k-\overline{x})(y_k-\overline{y})+a^2\sum_{k=1}^{5}(x_k-\overline{x})^2$$
$$=5s_y{}^2-2a\cdot 5s_{xy}+a^2\cdot 5s_x{}^2$$
$$=5(s_y{}^2-2as_{xy}+a^2s_x{}^2)$$
$$=5(s_x{}^2a^2-2s_{xy}a+s_y{}^2)$$ →ソ，タ

(4)　(1)，(2)，(3)の結果より

$$L=5(s_x{}^2a^2-2s_{xy}a+s_y{}^2)$$
$$=5(200a^2-2\cdot 280a+s_y{}^2)$$
$$=5\left\{200\left(a-\frac{7}{5}\right)^2-200\left(\frac{7}{5}\right)^2+s_y{}^2\right\}$$

よって，Lが最小となるaの値は

$$a=\frac{7}{5}$$ →チ

このとき，bの値は

$$b=-a\overline{x}+\overline{y}=-\frac{7}{5}\cdot 70+64=-34$$ →ツ

II　解答

ア．900　イ．1　ウ．1　エ．900　オ．1　カ．2　キ．400　ク．870　ケ．1　コ．2　サ．310　シ．280　ス．360　セ．180

◀解　説▶

≪2つの店が互いに相手の販売量を予想して自分の販売量を考える問題≫

〔1〕　店Aの利益P_Aは

$$P_A=(1000-x-y)\times x-100x$$
$$=(900-x-y)x$$ →ア～ウ
$$=-x^2+(900-y)x$$
$$=-\left(x-\frac{900-y}{2}\right)^2+\left(\frac{900-y}{2}\right)^2$$

よって，店Aの利益が最大となる x は

$$x=\frac{900-y}{2} \quad \cdots\cdots ① \quad \to エ\sim カ$$

$y=100$ のときは　$x=\frac{900-100}{2}=400$　→キ

次に，$z=30$ より，店Bの利益 P_B は

$$\begin{aligned} P_B &= (1000-x-y)\times y-130y \\ &= (870-x-y)y \\ &= -y^2+(870-x)y \\ &= -\left(y-\frac{870-x}{2}\right)^2+\left(\frac{870-x}{2}\right)^2 \end{aligned}$$

よって，店Bの利益が最大となる y は

$$y=\frac{870-x}{2} \quad \cdots\cdots ② \quad \to ク\sim コ$$

①より　$2x+y=900$

②より　$x+2y=870$

これを解いて

$x=310$　→サ　　$y=280$　→シ

〔2〕　$z=180$ のとき，店Bの利益を $P_B{}'$ とおくと

$$\begin{aligned} P_B{}' &= (1000-x-y)\times y-280y \\ &= (720-x-y)y \\ &= -y^2+(720-x)y \\ &= -\left(y-\frac{720-x}{2}\right)^2+\left(\frac{720-x}{2}\right)^2 \end{aligned}$$

よって，店Bの利益が最大となる y は

$$y=\frac{720-x}{2} \quad \cdots\cdots ③$$

①より　$2x+y=900$

③より　$x+2y=720$

これを解いて

$x=360$　→ス　　$y=180$　→セ

III **解答** 〔1〕 余弦定理より

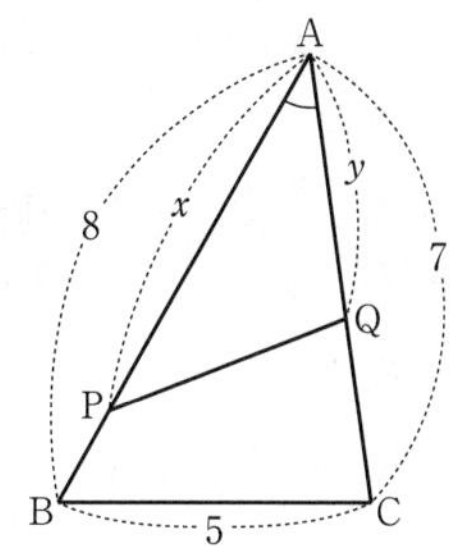

$$\cos\angle\mathrm{BAC}=\frac{8^2+7^2-5^2}{2\cdot8\cdot7}$$

$$=\frac{88}{2\cdot8\cdot7}=\frac{11}{14}\quad\cdots\cdots(\text{答})$$

△ABC の面積 S は

$$S=\frac{1}{2}\cdot8\cdot7\sin\angle\mathrm{BAC}$$

$$=\frac{1}{2}\cdot8\cdot7\sqrt{1-\left(\frac{11}{14}\right)^2}$$

$$=\frac{1}{2}\cdot8\cdot7\cdot\frac{5\sqrt{3}}{14}=10\sqrt{3}\quad\cdots\cdots(\text{答})$$

〔2〕 △APQ の面積を T とすると

$$T=\frac{1}{2}xy\sin\angle\mathrm{BAC}\qquad(\because\quad\angle\mathrm{PAQ}=\angle\mathrm{BAC})$$

$T=\frac{1}{2}S$ より

$$\frac{1}{2}xy\sin\angle\mathrm{BAC}=\frac{1}{2}\times\frac{1}{2}\cdot8\cdot7\sin\angle\mathrm{BAC}$$

$$xy=28\quad\cdots\cdots(\text{答})$$

〔3〕 正弦定理より

$$\frac{\mathrm{PQ}}{\sin\angle\mathrm{PAQ}}=2R$$

であるから

$$R=\frac{\mathrm{PQ}}{2\sin\angle\mathrm{PAQ}}=\frac{\mathrm{PQ}}{2\cdot\frac{5\sqrt{3}}{14}}=\frac{7}{5\sqrt{3}}\mathrm{PQ}$$

ここで，余弦定理より

$$\mathrm{PQ}^2=x^2+y^2-2xy\cos\angle\mathrm{PAQ}$$

$$=x^2+y^2-\frac{11}{7}xy$$

$$=x^2+y^2-44\quad(\because\quad xy=28)$$

であり，さらに相加平均・相乗平均の関係より

$$x^2+y^2 \geqq 2xy=2\cdot 28=56$$

等号成立の条件は

$$x=y=\sqrt{28}=2\sqrt{7}<7$$

である。

よって，PQ の最小値は

$$\sqrt{56-44}=\sqrt{12}=2\sqrt{3}$$

したがって，△APQ の外接円の半径 R の最小値は

$$\frac{7}{5\sqrt{3}}\cdot 2\sqrt{3}=\frac{14}{5}\quad \cdots\cdots(答)$$

〔4〕 $x=y=2\sqrt{7}$ のとき，△APQ の面積に着目すると

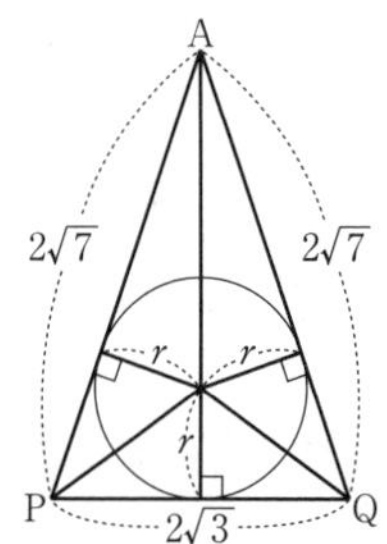

$$\frac{1}{2}r(2\sqrt{7}+2\sqrt{7}+2\sqrt{3})=5\sqrt{3}$$

よって

$$r=\frac{5\sqrt{3}}{2\sqrt{7}+\sqrt{3}}$$

$$=\frac{5\sqrt{3}(2\sqrt{7}-\sqrt{3})}{28-3}$$

$$=\frac{2\sqrt{21}-3}{5}\quad \cdots\cdots(答)$$

◀解　説▶

≪三角形の面積公式および外接円と内接円≫

三角比の基本問題である。〔1〕,〔2〕は余弦定理と面積公式の公式確認問題。〔3〕で相加平均・相乗平均の関係を使うが，典型的な用い方で難しいところはない。〔4〕も三角形の内接円の半径を面積を利用して求める基本問題である。

❖講　評

Ⅰは小問3問の形式である。〔1〕は指数の計算，常用対数と桁数の問題，対数関数の最大・最小問題といった典型的な基本問題である。〔2〕は三角関数の基本的な計算問題であるが，基本的な計算力が不足していると苦労するだろう。〔3〕はデータの分析の基本問題である。(3)・(4)は

データの組の関係を最小二乗法と呼ばれる手法で１次関数に近似する問題だが，誘導に従って解けば難しいところはない。

Ⅱは２つの店が互いに相手の販売量を数学的に予想して自分の販売量を決めるという実生活に関係するような問題である。例年このような形で出題されるが，たいてい誘導に従っていけば難しくなく，数学の内容としては易しい２次関数の最大・最小の初歩的な問題である。

Ⅲのみ記述式の問題で，三角比の基本問題である。余弦定理，正弦定理，面積公式と三角形の外接円・内接円の半径の求め方を知っていれば問題はない。途中，相加平均・相乗平均の関係を使うが，典型的な用い方であるから困るところはないだろう。

外は、本文にない記述が含まれる。標準的。問7の文学史の設問はやや難。全体として標準レベル。

四の漢文は、性悪説を唱えた荀子による『荀子』が出典。冒頭の一文の理解がカギ。問1の書き下し文は、「行」と「喪」が置き字「而」を挟んで対応していることをつかむ。やや難。問2の「不若」「自」の読みは頻出。問3の空所補充は「自」「己」と「人」について、AとBが対になっていることをつかんで、文脈から判断する。標準的。問4の内容真偽は、順序を追って文脈をたどれば正解できる。標準的。全体として標準レベル。

ない内容。4は後半の「人間も幼い頃は」以下の記述が本文にない。5については、本文と合致する点がない。

❖講　評

一の現代文は、鶴ヶ谷真一『記憶の箱舟』が出典。伊藤仁斎と荻生徂徠が朱子学を読み解き、後世に影響を与えたことを記した文章。論旨が明瞭で読みやすい。問3の指示内容は平易。問4の語意は、「厳格主義」と相まって文脈から類推可能。標準的。問5の空所補充は、Aがやや難。直前の「善・悪によって切り捨てる」との関連に気づけるかがカギ。問6の箇所指摘は十字の制限字数がヒント。標準的。問7の内容説明は文脈の正しい把握が必要。標準的。問8の空所補充の設問は、消去法で選べばよい。やや難。問9の徂徠の教えの箇所指摘は標準的。問10の主旨の設問は文章全体の把握がカギで標準的。問11の文学史はやや難。全体として標準レベル。

二の現代文は、古田徹也『いつもの言葉を哲学する』が出典。新語の導入における慎重さと手厚い意味の説明の必要性を説く。具体例が多く示されたわかりやすい文章。問1の内容説明は、直前の具体例をもとに抽象化を図った選択肢を選ぶ。文脈の正確な把握が必要。標準的。問2は挿入箇所の直前の内容と挿入文が文脈上破綻していないものを選ぶ。標準的。問3の内容説明は、本文中に記述のないものを省く。標準的。問4の空所補充も5「行動変容」以外には文脈が破綻する。標準的。問5の内容真偽の設問は、一つ一つ細部まで不適切な記述がないか丁寧な検討が必要。やや難。全体を通しては、標準的。

三の古文の出典は、軍記物語の『保元物語』。リード文から情報をしっかりと把握する。文章量が多いが、丁寧に文脈を追うことで正解にたどり着く。問1の人物指摘は3と4に絞って、④で「八幡大菩薩」か「母」かを見分ける。「始め」と敬語が使われていない点からも④が選べる。標準的。問3の内容説明は、文脈を追うことで正解できる。標準的。問4の口語訳は、接続助詞の「ば」が順接仮定条件である点を理解して訳す。標準的。問5の内容説明は、第三・四段落を精読して正解につなげる。標準的。問6の内容真偽は、文章全体の把握を確認する設問。正解の1と6以

の軀を喪ふ。然るに且つ之を為さば是れ其の身を忘るるなり。家室立ちどころに残はれ、親戚刑戮より免れず。然るに且つ之を為さば是れ其の親を忘るるなり。君上の悪む所にして、刑法の大いに禁ずる所なり。然るに且つ之を為さば是れ其の君を忘るるなり。下其の身を忘れ、内其の親を忘れ、上其の君を忘るるは、是れ刑法の舎さざる所にして、聖王の畜はざる所なり。乳彘虎に触れず、乳狗遠遊せざるは、其の親を忘れざればなり。人や、下其の身を忘れ、内其の親を忘れ、上其の君を忘るれば、則ち是の人や曽ち狗彘に之れ若かざるなり。凡そ闘ふ者は、必ず自ら以て是と為し人を以て非と為すなり。己は誠に是にして、人は誠に非なれば、則ち是れ己は君子にして人は小人なり。君子を以て小人と相賊害するなり。下以て其の身を忘れ、内以て其の親を忘れ、上以て其の君を忘るるは、豈に過ちの甚しきものならずや。

◀解　説▶

『荀子』は中国戦国時代の思想家である荀子による思想書。「性悪説」が説かれている。

問1　「行」と「喪」が、助字である「而」で対比の関係となっていることをつかめるかどうかがポイント。「行」と「喪」はいずれも動詞で、本文では「行ふ」「喪ふ」と読めることから書き下し文としては1が正解とわかる。

問2　頻出語の「読み」を問うもの。②「不若」は頻出で「しかず」と読む。〝～には及ばない〟意である。「若」は「し」を送り仮名にして「もし」と読む場合や、二人称代名詞で「なんぢ」と読む用法もある。③「自」も「みづから」「おのづから」「～より」など多数の読みがあるが、ここでは〝その人自身〟を意味する「みづから」と読むことがわかる。「自」と「人」、「己」と「人」という対も読みの根拠になる。

問3　一読してAとBが対をなしていることがわかるだろう。問2と同様「自」がA、「人」がB、ということで、直後の「己」－「君子」、「人」－「小人」の対比から判断して、「君子」である「己」が「是」で、「小人」である「人」が「非」であると類推できる。正解は5である。

問4　3が、冒頭の「闘者、……忘其君者也」と合致し、最後から二文目の「以君子……相賊害也」とも符合することから、正解とわかる。各選択肢を見ると、1は「誰でも避けたい」以下の記述が本文には見当たらない。2は本文には

四

出典　荀子『荀子』〈巻第二　栄辱編第四〉

解答

問1　1

問2　②しかざる　③みづから

問3　5

問4　3

◆全　訳◆

闘争する者は、我が身を忘れた者であり、我が親を忘れた者であり、我が主君を忘れた者である。（闘争すると）少しの間の怒りを爆発させて一生を台無しにしてしまうことになる。それなのになおかつこれを行うのは我が身を忘れているのである。（また、）家族がたちまち損なわれ、親戚も刑罰や殺戮を免れない。それでもなおかつこれを行うのは、我が親を忘れているのである。（さらに、）主君の憎むことで、刑法の厳禁していることである。それでもなおかつこれを行うのは、我が主君を忘れているのである。下は我が身を忘れ、内は我が親を忘れ、上は我が主君を忘れるのは、国の刑法が許さないことであって、聖王でも（国民として）養うものではない。幼いブタが虎に近寄らず、幼いイヌが遠くへは遊びに行かないのは、その親のことを忘れないからである。（しかし、）人間でありながら下には一身を忘れ、内にはその親のことを忘れ、上にはその主君のことを忘れるようなことでは、（人であっても）イヌやブタにも及ばないのである。およそ闘争する者は、必ず自分は正しく他人が間違っていると考えるのである。（しかし、）自分が本当に正当で、他人が本当に間違っているのならば、自分は君子で他人は小人であることになる。（すると、その争いは、）君子でありながら小人と互いに危害を加え合うことになる。下に我が身を忘れ、内はその親を忘れ、上はその主君を忘れるというようなことは、どうしてひどい間違いではなかろうか、いやひどい間違いである。

読み　闘ふ者は、其の身を忘るる者なり、其の親を忘るる者なり、其の君を忘るる者なり。其の少頃（けい）の怒りを行ひて終身

問4　ポイントになる語は、㋑では「つれなし」「ながらふ」の二語と順接仮定条件を表す「ば」、㋒は反実仮想の「ましかば」である。㋑「つれなし」は〝平気だ〟、「ながらふ」は〝生きながらえる・長生きする〟意。ここでは〝平気で生きながらえたならば〟と訳す。㋒については、「あら」の主語が自分の子供であることを確認。直訳すると〝もし子供がいたならば〟の意だが、この場合の「あり」は〝生きている〟がふさわしい。そこで〝もし生きていたならば〟と訳す。㋑・㋒とも「ば」が順接の仮定条件であることに注意すること。

問5　傍線㋓のある第四段落の直前の第三段落には、母の思いが記されている。母は、夫や子供たちが斬られたことで「一時も、世にあるべしとも思えず」や「水の底へも入りなばや」など悲観的な心情を吐露している。これを受けて第四段落には「乳母の女房」をはじめとして、母をなだめる者たちの様子が描かれている。その思いは母の入水を止めることとである。この思いに沿う選択肢は4である。最終段落で母が「輿に乗らむと立ち寄らせたまへば、皆心安くて立ち退き」という表現からも、周りの人たちが母が入水するのではと思っていたことがわかる。

問6　1の内容が第一段落の「せめては一人なりとも……なりなまし」と合致している。また、6は、最終段落の「輿に乗らむと……水の底に沈みたまひける」と合致している。正解は1と6である。他の選択肢の間違い部分について、2は後半の「失礼で強く非難されるべき」といった記述が本文にはない。3は「寺を訪れた母は……容姿にも気を遣い」が外れる。第二段落に「為義が妻の見目の良くて悪しくてなど、法師ばらの沙汰せむ事も心憂し」とある。4は、最後の「輿に乗らず歩いて帰ることにした」が間違い。5は、「宿所に戻り家族を供養」するように皆が申し上げたのであって、母は帰るふりをして川へ入水している。

問7　『保元物語』は鎌倉初期の軍記物語。1『義経記』は室町初期成立、2『将門記』は平将門の反乱の顛末を記した軍記物で乱の直後に成立といわれており、これが正解。3『曾我物語』は鎌倉中期以降に成立。4『太平記』は室町初期に成立。5『武家義理物語』は江戸時代の浮世草子で井原西鶴の作。ジャンルごとの著名な作品については、時代を確認しておきたい。

で、夫に先立たれ、子供に先立たれた例は、まことに多いが、すぐさま命を捨てることは、だいたい、稀なことですよ。それよりもひたすら早くお家にお帰りになって、皆様のご供養をお営みください。入水などなさろうものなら、御自身の罪障が深くおなりになるだけではなく、判官殿や幼い子供たちの菩提を、誰が弔い申し上げることができるのですか」など、あれこれ慰め申して、おそばの者たちはそれぞれ、川辺に立ち並んで、(母が入水しないように)目も放さず見張り申し上げる。

母は、うなずいて、「確かに自分が死んだとしても、後世で(夫や子供たちに)行き会うことがないようなら、どうしようもない。それでは、京に帰るのがよかろう」と言いながら、輿に乗ろうと立ち寄りなさったので、皆安心して退き、川を渡ろうとするどさくさに紛れて、(母は)入れ違いに走って、岸から川へ飛び込みなさる。乳母の女房も「ああ、つらいこと」と言って、続け様に川へ入ったのだった。(母は)石を袂に入れなさっていた。二度と見えないで、水の底に沈みなさったのは悲しいことだ。

▲解　説▼

『保元物語』は鎌倉前期に成立した軍記物語。『平家物語』より早く成立したものと考えられている。

問1　①は冒頭にある主語の「母」、②は直前文の「八幡へ参りつる」とも呼応しており、「母」が主語。③は直前の「いかに恨めし」から「子供たち」が主語とわかる。そこで3と4に絞れるが、④の「精進」を始める主語になれるのは、「母」であり、「八幡大菩薩」だとつじつまが合わない。正解は4である。

問2　助動詞の文法的意味を問う問題。いずれも迷う選択肢がなく、平易。

問3　㋐「愚かなれ」とは、母の自分への思いである。それは仏の説いた「人一日一夜を経るにだに、八億四千の思ひあり」について、「何事にかはさまで」(＝どうしてそれほどまで)〝思い悩むことがあろうか〟と思っていたことに対して、母は自分が愚かで思い至らなかったのだと気づいたのである。夫と子供が「処刑された」ことについては、リード文にも記されている。選択肢でこの心情に近いものは、3である。

してのことだ。よりによって今朝八幡へ詣でなかったならば、子供との最後の名残を、今一度惜しむことができたのに。悔しいことになった物詣でであることよ」などとおっしゃるのは本当に切実だ。

また、泣く泣くおっしゃるには「船岡山へ行ってみよう、空しい死骸であっても見たいと思うが、今頃は、きっと、犬やからすが引き散らしていることだろう。あちこちから、見るに堪えない屍体を探し出して、これは乙若だよ、あれは天王だよ、などと見るのも、目も当てられないだろうから、泣く泣く行かないでおこうと思うのだ。はかないことのたとえと、他人事の悲哀として聞いていたのは、（我が身にとっては）まさに船岡山のことだったのだ。嵯峨や太秦に詣でて、出家しようと思うが、為義の妻の見た目の良いの悪いのと、法師たちの話題になるのもつらい」と言って、輿を担ぐ人の刀を求めて、自分で髪を切り落とし、たくさんに結い分けて、仏神に手向け申し上げ、石を包み込んで、川の中へ投げ入れた。

「『人が一日一夜過ごすのでさえも、八億四千の物思いがある』と、仏様が説いておられたのを、どうしてそこまで（たくさん）あろうかと、思っていたのはおろかだった。我が身の嘆きを数えてみると、川原の石を数えきっても、まだいったいどれほど積もるだろうか（まだ足りない）。判官殿は六十三歳、七、八十まで生きる人もいるのだと思えば惜しい年齢だ。ましてや、子供たちの将来は、まだまだはるか先まであることだ。つらいこの世で何もなかったかのように長生きしたら、（亡き）子の年を数えては、（生きていれば）今年はあの子はいくつこの子はいくつ、我が子に似ている子供を見つけては、あの子が生きていればと恋しくては、（子を）斬ったとかいう者が恨めしいことよ。斬られた子が不憫なことよ。こんな辛い思いを続けて一時たりとも、この世に生きていようなどとは思えない。思い通りにならないのが世の常なので、一日やほんの少しの間でも平気で生きながらえて、積もるであろう罪がおそろしい。だから、ただ、入水して果てたいと思うのだよ。『今の世の生に執着せず、ただ仏道に生きることを願うべきだ』などと、仏様も説いておられる」と、くどくどと、泣く泣くおっしゃって、すぐには輿にお乗りにならない。

乳母の女房をはじめ、口々に申したのは、「大変なお嘆きようで、そのように思し召すでしょうが、昔から今に至るま

三

出典　『保元物語』〈下　為義の北の方身を投げたまふ事〉

解答

問1　4

問2　⑤―3　⑥―5　⑦―6　⑧―2

問3　3

問4　㋑平気で生きながらえたならば（十五字以内）　㋒もし生きていたならば（十二字以内）

問5　4

問6　1・6

問7　2

◆全　訳◆

母は、桂川の河原に輿を下ろし、川を渡ろうとした準備に紛れて、輿の中から這い出て、誰にも知られず、石を拾って懐の中に入れて、泣く泣くおっしゃったことには、「今朝、石清水八幡宮に参ったときに、この子供たちが（一緒に連れて行ってと）後を追ったけれども、皆を連れて行けば、伴の者もいない（＝四人全員は連れて行けない）。（かといって）一人二人（を連れて行くの）は（残された子が）かえってうらやましがると思って、振り切って出てきたのを、（子供たちは）どんなに恨めしく思っただろう。こんなことになるだろうと知ってさえいたなら、皆を連れて参詣しただろうに。せめて一人でも連れて出ていたならば、たとえ逃げおおせずとも、手を取ってどうにでもなった（＝一緒に死ぬこともできた）のに。今朝が最後の別れであったなんて。『幼い者の寝姿を見ては外出しない』とよく言うことわざは、本当のことだったのだ。まことに、八幡大菩薩は、源氏の家に生まれた者を、末代まで守ろうと約束なさっていると聞く。この子たちは由緒正しい本家の跡継ぎだ。たとえ幼い者たちだとは言っても、お見捨てになるのは恨めしいことよ。こんなことになろうと知っていたら、どうして八幡へ参詣しただろうか。この度、精進を始めたのも、判官殿や、子供の無事を祈念

とができる。今回は挿入文冒頭の「そうでなければ」が表す内容を前文から確認し、文意がつながる箇所を判断する。〈　3　〉に入れると、「そうでなければ」の指示内容が〈新奇の言葉を用いる際に（言葉の意味を）丁寧に説明しなければ〉となり、それでは「新奇な言葉（＝「ロックダウン」）を人々に押しつけているだけ」ということで文意が通じるので、〈　3　〉が正解と判断できる。

問3　1の「濃厚接触」には、第六段落から「親密な内容の会話」は含まれていない。2の「社会的距離」については第十二段落で「社会において人々の間に存在する精神的な距離感……を容易に連想させる」とあり適切と言える。3は第七段落から、「外国人に対し全面的に出入国を禁止する」が外れる。4は「破壊をともなう危険な状態」が外れる。5は第九段落に合わない。

問4　「オーバーシュート」という言葉の使用が、促したものを探る。それは「落ち着いた」に修飾されるもので、1の「精神構造」、2の「言語活動」、3の「認知活動」では文意が通らない。4「社会活動」ならば文意は通るが、どのようなものなのかイメージできない。5の「行動変容」のみが、適切な言葉の使用で人々が冷静になって行動を起こしたと文意も通り、イメージもはっきり持てる言葉である。

問5　1の〈従前のメディアのカタカナ語多用の傾向〉についての記述はない。2の「漢字表記に言い換えるべき」は、「濃厚接触」などの例から「問題のある訳語」とされているので、不適切。3は、最後から三つ目の段落と、まとめになる最終段落の記述に符合しており、これを正解とする。4は、「訳出に関する問題」が誤り。もともとの「social distance ないし……連想させること」（第十三段落）という言葉の「特定のイメージ」が問題視されているのである。5は「オーバーシュート」がパニックを「完全に回避することができた」とあるのが、空欄Aの次の文の「そういう効果があったかどうかはともかくとして」に合わないので不適切。

二

出典 古田徹也『いつもの言葉を哲学する』〈第三章　新しい言葉の奔流のなかで〉(朝日新書)

解答

問1　4
問2　3
問3　2
問4　5
問5　3

◆要　旨◆

耳慣れない言葉を馴染みの言葉の組み合わせに安易に置き換えるのは危険だ。なぜなら馴染みの言葉は、私たちに特定のイメージを自ずと喚起するものだからだ。そうかといって、カタカナ語を無闇に生み出して、丁寧な説明もなく濫用するのも問題だ。どんな言葉でも新語の導入には理解の偏りや誤解といった副作用があるので、公共性の高い領域における新語の導入については、はじめのうちにその適切さを皆で慎重に検討すべきだ。そして、導入後も意味の手厚い説明を心がけるべきだ。

▲解　説▼

問1　傍線㋐の「この指摘」とは前段落二文目「なにもわざわざ……カタカナ語……など使わずとも、たんに……などと言えばよかったではないか」である。これを一般化したものが傍線㋐の直後の表現「新しいカタカナ語はすべて旧来の漢字や平仮名を用いた表記に言い換えればよい」である。これをさらに抽象・一般化した説明を選択肢から探せばよい。これは、要するに〈新しい言葉〉を〈旧来の言葉〉に言い換えることを主張しているわけで、4が該当する。

慌てて「平仮名表記」の3を選ばないようにしたい。

問2　欠文挿入箇所を問う設問では、挿入文のキーワードに着目して、挿入時に文意が通じるか否かで正解を見極めるこ

問8　問7でも明らかなように南郭の詩は、「中国の古典詩にみえる詩句をもちきたって、美しいイメージ」をつくり出す「偽唐詩」である。王建の詩に見える「流蛍」「玉階」「涼」の語を用いて、王建の詩とは別の「現実にはない場景」を描写したというのだから、これをカタカナ語でたとえるとすれば、さまざまな布片を継ぎ合わせる意の5「パッチワーク」が適切。

問9　荻生徂徠の教えを指摘する箇所指摘の設問。「資質にかなった道を選んで、詩人としての生涯をまっとうした」という傍線㋔そのものがヒントになっている。本文では徂徠の教えは「学問の要旨」「読書」について記されているが、「資質」に触れた箇所は第四段落の「学問の要旨」を述べた『答問書』の記述である。その中でも最後の文「ただその生まれついての気質をうまく養い育てて、そのものの持つ特性を十分に発揮できるようにするのが学問」は傍線㋔の生き方に合致するものである。始めと終わりの五字を抜き出すと、「ただその生～ものです。」が正解となる。

問10　第一段落の、二人が「朱子学……を、……日本の現実において読み解く試みにいどんだ」こと、第二段落末の伊藤仁斎が「朱子学の規定から文学を解放し、人情の表出と情の真実を伝えるのがすぐれた文学」だとみなしたという記述、傍線㋒の次文「伊藤仁斎の多大な影響……それが西鶴、近松、芭蕉に代表される元禄期……その影響の大きさと深さが改めて思われる」、また、傍線③を含む日野龍夫の引用文「（徂徠によって）……漢学書生たちは……詩文に赴いた」といった記述に着目する。二人はいずれも「朱子学批判」が念頭にあったことを考え合わせて、4を正解とする。

問11　設問文がヒントになるが、正確な知識を必要とする設問。「日常の卑俗や人情の真実を伝えること、世態風俗を描くのが文学の使命である」とは、坪内逍遙の『小説神髄』にある「小説の主脳は人情なり、世態風俗これに次ぐ」を受けた文言である。正解は3「坪内逍遙」である。

の徂徠は、仁斎の朱子学批判を継承し、さらに敷衍して世に広めた。それは、古文辞の学習により先王の道に同化しようとしたもので、規範に縛られたような気持ちをゆるめるものだった。徂徠の後継者の服部南郭は、盛唐の詩風を模倣した。その模倣には矛盾が含まれていたが、芸術に流れた知識人たちの共感を得て、詩人としての生涯をまっとうした。

▲解　説▼

問3　指示内容の設問。傍線㋐の直前の「いずれも」が指すのが仁斎と徂徠とわかれば、選択肢は4・5・6に絞れる。「五十歳前後」に仁斎が「朱子学から脱皮」、徂徠が「独自の解釈に至った」という文脈である。「五十歳前後」という年齢が表している内容として適当な選択肢は、「長い歳月」であろう。正解は5である。

問4　「教条主義」という語の意味を説明する設問。直後に「厳格主義」があり、「人間には『理』によっては割り切れない面があり、……カンヨウさこそが孔子の教え」とある記述に「反する」内容を選べばよい。この観点から選択肢を見ると、2が該当するとわかる。

問5　空欄Aは朱子学の規定で、問4にある「教条主義」や「厳格主義」「善・悪によって切り捨てる」と関連する内容であるはず。すると、3「勧善懲悪」が符合することがわかる。伊藤仁斎の「全国に門弟三千」が下地になって元禄期に「西鶴、近松、芭蕉」が生まれたのである。三人をまとめると、空欄Bには7「文芸復興」が入る。直接的ではないにしろ、伊藤仁斎が元禄文芸復興に一役買ったという文脈である。

問6　伊藤仁斎の「ものの見方や考え方」の箇所を指摘する設問。仁斎の考え方は第二・三段落にいくつも記されているが、十字の条件を満たすものは、第三段落の最後の文にある「ありのままこそが貴い」だけである。「表現分野に活かされた」と設問文にあるので、「表現を……とするその教え」がヒントになる。

問7　南郭の「流蛍篇」についての筆者の解釈は傍線㋓の段落に書かれている。「帝の寵愛を趙飛燕に奪われた班婕妤の立場から詠じている」ものとあること、「高樹を追って昭陽に入る」が「成帝のいます宮殿へと飛んでゆく」に相当することから、2が適切。

国語

一

出典　鶴ヶ谷真一『記憶の箱舟』〈3　読書の変容――素読から草双紙を経て近代読者の成立まで　仁斎と徂徠による朱子学批判〉（白水社）

解答

問1　①はんもん　③おもむ

問2　②寛容　④手腕

問3　5

問4　2

問5　A－3　B－7

問6　ありのままこそが貴い

問7　2

問8　5

問9　ただその生～ものです。

問10　4

問11　3

◆要　旨◆

伊藤仁斎と荻生徂徠は、朱子学を十八世紀日本の現実において読み解く試みに挑んだ。仁斎は朱子学の「理念」「抽象主義」「教条主義と厳格主義」を批判し、人情の表出と情の真実を伝えるのがすぐれた文学との見解を示した。一世代後

2022年度

問題と解答

■全学統一方式(文系)　※APUは前期方式(スタンダード3教科型)

問題編

▶試験科目

教　科	科　　目
外国語	コミュニケーション英語Ⅰ・Ⅱ・Ⅲ，英語表現Ⅰ・Ⅱ
選　択	日本史B，世界史B，地理B，政治・経済，「数学Ⅰ・Ⅱ・A・B」から1科目選択
国　語	〔文学部以外，APU〕　国語総合，現代文B，古典B（漢文の独立問題なし） 〔文学部〕　国語総合，現代文B，古典B（漢文の独立問題あり。ただし現代文1題との選択）

▶配　点

学　部		外国語	選　択	国　語	合　計
法・産業社会・映像・経営・政策科・総合心理・経済・スポーツ健康科・食マネジメント・APU		120	100	100	320
国際関係(国際関係学専攻)		150	100	100	350
文	国際文化学域・国際コミュニケーション学域	150	100	100	350
	その他の学域	120	100	100	320

▶備　考

- 2月2日実施分を掲載。
- 「数学B」は「数列，ベクトル」から出題。
- 文学部の国語において，選択の現代文と漢文の両方を解答した場合は高得点の方を採用する。

英語

(80分)

I 次の文を読んで，問いに答えなさい。

In 16th-century Europe, Sofonisba Anguissola and Lavinia Fontana learned to paint and earned widespread praise for their work. Their names and reputations were known around the world. Then they were forgotten. For over a century, these female Renaissance[1] painters remained in obscurity[2], ignored by many historians and unknown to the general public. Anguissola's works were even incorrectly credited to famous male artists.

Born around 1535 in northern Italy, Anguissola came from a wealthy family. Then, as now, wealth opened doors. "Women who were lucky enough to be born into families with a certain amount of money would at least get some education. There was no free education back then," says Ann Harris, an art historian.

The oldest of seven, Anguissola had five sisters, and her father had certain ideas about how to raise a young woman. Ideally, aristocratic[3] women should be educated and able to do practically everything — paint, compose poetry, sing, play instruments and engage in clever, entertaining discussion. As with many other aristocratic families, the defining social beliefs of that era governed Anguissola's parents' decision to educate their many daughters in keeping with the changing trends. Around age 10, however, Anguissola's father and mother sent her and one of her sisters off to study under a local painter for a few years. This decision to let them apprentice[4] with a painter was almost revolutionary[5]. Later, Anguissola's training continued under a different artist; at one point, even the famous Italian artist Michelangelo judged and praised her work.

The daughter of an aristocrat, Anguissola could not sell her paintings as that would have been unacceptable, given her social status. Instead, she produced portraits, "a whole series of self-portraits — which are very interesting because they're so diverse in the way that she presents herself — which her father would then give to people who would then perhaps give him something back," Harris adds.

Soon enough, Anguissola was rubbing shoulders with[6] a royal family. In 1559, she was invited to work at the royal household of Philip II in Spain. "She wasn't hired as an in-house artist, as a man would have been," Harris says, "but she gave drawing lessons to the queen." Her position paid well. While she continued to produce paintings, her artistic work was hampered[7] by her duty to serve the queen. Anguissola didn't sign the works she produced during that period, and she never received payment specifically for her art; the unsigned pieces and lack of receipts made her Spanish paintings extremely difficult for historians to track. She left the Spanish royal household in the early 1570s and went on to live a very remarkable life. And it seems her success motivated others, noted Harris. "The incredible wealth her talents gained for her must have inspired other fathers with talented daughters to think of training them in hopes of similar success."

Another aristocrat artist, Lavinia Fontana, appeared on the artistic scene in the 1570s. Born in Bologna, Italy in 1552, she was the child of a painter, who taught his daughter the art form. Like Anguissola, she was highly educated. Unlike Anguissola, Fontana made a substantial income that wasn't tied to a royal. "She was the first woman artist to have a relatively normal career," Harris says, in that she was paid to paint a wide range of works, which was unusual, and she operated out of her own studio.

She didn't limit herself to painting objects or portraits, though she did gain fame for her portraits of influential people. She also painted landscapes, sacred scenes, and religious pieces. What's even more remarkable were the dynamics[8] of her household. "Lavinia Fontana was professionally active before her marriage to a minor painter," writes Harris. Her husband, with whom she had 11 children, "is said to have agreed to assist his wife's career after their marriage. Since his career never developed at all, he apparently did just that. His wife did not simply contribute to the family income; she became its chief source."

As it was rare at that time for women to be professional painters, Fontana and Anguissola inspired many. But they had detractors[9], too. For example, one historian wrote that Fontana could not handle painting very large images. And in a review of an exhibition of Anguissola's works an art critic wrote, "What's especially annoying is the way this show aims to represent her as more impressive than she is. Anguissola was a painter of the second rank." Harris acknowledges that some of Anguissola's work may not make "the best case," but she points to a few ambitious pieces the artist created before she was met with the limitations of court life. If she had been practicing, rather than giving drawing lessons to royals, Harris says, "who knows how else Anguissola would have matured?"

We may overstate[10] the level of the works of the pioneers, Harris notes, but early women painters made others consider the possibility of pursuing their own careers, eventually leading to female artists whose work "absolutely can compete with anybody's." "So, it's a complicated business," she adds, "but you've got to begin somewhere."

(Adapted from a work by Nneka McGuire)

(注)

1. Renaissance　ルネサンス，学問・芸術の革新運動
2. in obscurity　世に知られずに
3. aristocratic　貴族の
4. apprentice　弟子入りする

出典追記：These female artists were forgotten－and one woman's work was even credited to men. Now, an exhibit is making amends., The Lily on December 4, 2019 by Nneka McGuire, The Washington Post

5．revolutionary　画期的な
6．rub shoulders with　～と付き合う
7．hamper　じゃまする，妨げる
8．dynamics　関係性
9．detractor　中傷する人
10．overstate　大げさに言う，誇張する

〔1〕本文の意味，内容にかかわる問い(A)～(D)それぞれの答えとして，本文にしたがってもっとも適当なものを(1)～(4)から一つ選び，その番号を解答欄にマークしなさい。

(A) Why were both artists ignored by historians until recently?
(1) The text does not state the reasons.
(2) Historians were unwilling to track their paintings.
(3) It was only acceptable for men to be professional artists in the 16th century.
(4) Historians discovered that famous male painters had actually created their works.

(B) How was Sofonisba Anguissola's education different from that of most other aristocratic women?
(1) It was possible because of her social skills.
(2) She was highly educated in a variety of subjects.
(3) Her parents decided to follow the trends of the day.
(4) Her parents allowed her to study and work with professional painters.

(C) Why was it difficult for Anguissola to further her painting skills during her time in Spain?
(1) She was not inspired to paint.

(2) She had teaching responsibilities.

(3) She was too busy working as an in-house artist.

(4) She was not able to apprentice with another painter.

(D) In response to the art critic's opinion, what does Ann Harris emphasize?

(1) That Anguissola should have practiced painting more.

(2) That early women artists were as good as the male masters.

(3) That early women artists were role models for other women.

(4) That Anguissola's choice to work with the royal family was not a mature decision.

〔2〕次の(1)～(5)の文の中で，本文の内容と一致するものには1の番号を，一致しないものには2の番号を，また本文の内容からだけではどちらとも判断しかねるものには3の番号を解答欄にマークしなさい。

(1) Both artists had fathers who were painters.

(2) Both women were able to generate wealth because of being artists.

(3) Unlike women artists before her, Lavinia Fontana was able to have more independence in her career.

(4) Fontana's family life was typical of that era.

(5) Fontana's husband was not pleased about his wife earning more money than he did.

〔3〕本文の内容をもっともよく表しているものを(1)～(5)から一つ選び，その番号を解答欄にマークしなさい。

(1) How two Renaissance artists became forgotten

(2) Family challenges of two forgotten Renaissance artists

(3) Acknowledging the careers of two pioneer Renaissance artists

(4) The influence of royal families on the success of Renaissance artists

(5) The importance of education and wealth for the success of early Renaissance artists

Ⅱ　次の文を読んで，問いに答えなさい。

Nobody likes being on hold listening to an annoying tune interrupted every 20 seconds by a robotic voice saying, "Your call is important to us. Please stay on hold and a customer service representative will be with you shortly." Absolutely not!

As hard as companies make it to speak to a live telephone operator, they do actually care about customer service. Angry customers who hang up after 27 minutes on hold are more likely to say bad things about that company online or switch to [(A)] . It's called the "economic cost of waiting." Recently, there's been some surprising research into the psychology of waiting and what types of music and messaging make the on-hold experience more or less painful. [(B)] , the biggest innovations[1] in the design of telephone hold systems have been the "estimated time" and "place in line" messages, techniques perfected by theme parks, places so famous for everyone having to wait in line.

According to a 2007 study comparing different types of [(C)] , the most useful trick for keeping people calm while on hold was to tell them their place in line. In the experiment, 123 callers were put on hold for two minutes. One third of them listened to hold music, a third got music interrupted by messages apologizing for the wait, and the last group heard music with occasional status updates[2]: "You are the 4th caller in line... You are the 3rd caller in line..., etc." Asked afterward about their experience, the people who received the status updates were the most satisfied. It wasn't necessarily that they(あ) perceived[3] the wait to be shorter than the other groups, but that the sense of progress was comforting. "It is not an issue of time but an issue of sensing a hindrance[4]," study author Anat Rafaeli told the American Psychological Association. "What makes me happy is when I realize that I am getting closer to [(D)] and getting what I wanted."

But what about the hold music itself? Do different types of hold music affect callers differently? A 2014 study asked if pop songs with positive messages could improve the moods of callers waiting on a customer service hotline[5]. It turned out that they(い) don't. Hearing "pro-social"[6] music like Michael Jackson's "Heal the World" just made frustrated callers even more frustrated. Then there's the question of whether popular songs are a better distraction than elevator music[7]. Another study found that people subconsciously use background music as a [(E)], sensing the length of each song and adding them up to perceive total wait time. Since familiar pop songs are more "accessible to memory," the authors wrote, they're more closely tied to a time interval, and wait times are perceived as longer than with unfamiliar songs.

All of this research makes you wonder, though, why the on-hold experience delivered by so many companies is still so awful. For answers, we contacted a company that creates custom hold music and messaging for businesses. Rich Moncure, the president, calculates average wait times to determine the right mix of music and messaging. "The goal of our industry is to make hold time seem shorter than it is," says Moncure, adding that variety is the key(う). "If it's music only, we change it every two minutes. If you let that music keep playing, whatever the music is, that makes the whole time seem longer. At a call center, if your average wait time is 10 minutes, then you never want any piece of music to repeat itself," says Moncure, "because once callers start hearing a loop[8], their sense that they're [(F)] increases."

It's easy to understand why companies would want to aim for this(え). So what explains the low-quality, constantly looping music and dull messages that are on almost every company phone system? For Moncure, it comes down to laziness and one particular technological problem. [(G)], too many companies simply use the default[9] hold music that comes with their phone system. Moncure calls it "canned" music, and while some people strangely love it, much of it is annoying and repeats forever.

But even if a company creates a reasonably inoffensive modern jazz playlist for their hold music, their phone system technology can still make it [(H)]. Most call centers, for example, rely on Voice over Internet Protocol (VoIP) phone systems. These internet-based systems are designed to send the human voice across digital networks in little packets of data. That works well for the sound of the operator's voice but is a poor channel for music. Moncure says that the audio range on VoIP calls is very narrow and strong in the mid-range, which explains why high and low tones come through as unclear. "It's absolutely an artistic decision that we(お) have to make, but there's also a technical element," says Moncure. "My industry needs to make sure from a technical viewpoint that the hold music will actually work within the small amount of data that VoIP allows for."

No doubt the hold experience will continue to improve with time. Until then, customers should consider the limitations many companies face, and, in turn, companies must respect their customers' limited time and patience.

(Adapted from a work by Dave Roos)

(注)

1. innovation　　革新
2. status update　　状況の最新情報
3. perceive　　～であると気づく

出典追記：Why Do We Find Waiting on Hold So Irritating?, HowStuffWorks by Dave Roos

4．hindrance　障害物

5．hotline　ホットライン，直通電話

6．pro-social　向社会的な，他者に恩恵を与えるような

7．elevator music　(エレベーターの中で流すような) 耳に心地よい音楽

8．loop　反復，繰り返し

9．default　初期設定の

〔1〕本文の (A) ～ (H) それぞれに入れるのにもっとも適当なものを(1)～(4)から一つ選び，その番号を解答欄にマークしなさい。

(A) (1) a competitor　(2) a different live telephone operator
(3) an e-mail message　(4) the chat support option

(B) (1) Besides hold music　(2) In contrast
(3) Once again　(4) Regarding telephone operators

(C) (1) leisure activities　(2) on-hold messages
(3) product satisfaction　(4) sales techniques

(D) (1) hearing my favorite song　(2) knowing my status
(3) passing this barrier　(4) switching companies

(E) (1) kind of internal clock　(2) means to feel better
(3) source of inspiration　(4) way to forget the time

(F) (1) advancing in line　(2) being redirected
(3) being taken care of　(4) still waiting

(G) (1) Basically　(2) In addition
(3) On the contrary　(4) Similarly

(H) (1) a slightly more acceptable experience
(2) full of strange song choices
(3) hard to listen to
(4) repeat songs too often

〔2〕下線部㋐～㋔それぞれの意味または内容として，もっとも適当なものを(1)～(4)から一つ選び，その番号を解答欄にマークしなさい。

㋐ they
(1) callers who heard an apology
(2) callers who only listened to hold music
(3) callers who knew their place in the queue
(4) callers who were frustrated by the experience

㋑ they
(1) songs
(2) callers
(3) listeners
(4) musicians

㋒ the key
(1) the way to get higher profits
(2) the way to become an industry leader
(3) the way to choose the best kind of music to play
(4) the way to keep customers from becoming impatient

㋓ this
(1) creating original hold music
(2) increasing the amount of hold music
(3) adjusting people's feelings toward being on hold
(4) doing more research on why on-hold waiting remains unpleasant

㋔ we

(1) the operators who answer calls

(2) the companies that purchase telephone systems

(3) the companies that design the hold messaging systems

(4) the technicians who install the internet and phone lines

Ⅲ

〔1〕次の会話の㋐～㋓それぞれの空所に入れるのにもっとも適当な表現を(1)～(10)から一つ選び，その番号を解答欄にマークしなさい。

At a coffee shop

A: What's the matter? You seem awfully quiet today.

B: So it shows, huh? Actually, there's something I want to ask you about.

A: Sure, you know you can count on me. What is it?

B: Actually it's about Ken. (㋐)

A: That's right.... I remember him. Wait a minute, you're turning red? (㋑) I think that's great.

B: I guess it's pretty obvious, huh? I want to ask him out on a date, but I'm not sure how to do it.

A: I know it's scary, but why don't you just ask him?

B: The thing is that I haven't seen him since the end of last semester. He's not in any of my classes right now.

A: (㋒)

B: I think I would be more comfortable asking him in person. And I don't know his number anyway.

A: Hmm... that's tough. Wait a minute! He always studies on the third floor of the library. Why don't you see if you can find him there?

B: Oh, goodness! (㋓) But I guess I had better go do it.

(1) Why are you so angry?

(2) How about calling him?

(3) Here's his phone number.

(4) Suddenly I don't feel so sure.

(5) Thanks for that information!

(6) Now I feel eager to talk to him.

(7) He's my research partner in our history class.

(8) OK, now I think I understand how you're feeling.

(9) You know, the guy from our math class last semester.

(10) Yesterday we got into a huge fight about the money he owes me.

〔2〕次の会話の㋕～㋘それぞれの空所に入れるのにもっとも適当な表現を(1)～(10)から一つ選び，その番号を解答欄にマークしなさい。

At a national park

A：Good morning, madam. Welcome to Glacier National Park.

B：Thank you. I have a reservation for tonight at the Mountain Lodge. (㋕)

A：Well, madam, the area for parking your car is right over there. That's also where you can get a free, open-air shuttle bus directly to your lodge. You'll have a fantastic view.

B：(㋖) I have two young children, and I have quite a lot of luggage.

A：Yes, I understand, but we're trying to reduce traffic and noise in the park so we don't frighten the wildlife. (㋗)

B：Well, that's all very good. But it'll be very difficult to unload everything and take care of the kids at the same time.

A：Don't worry, madam. There are several members of the staff who will meet you when you park. They will give you all the help you need.

B：I see. Will we have to wait very long for the next shuttle?

A：No, madam. (㋘)

B：That's great! Now I understand. I'm very excited about staying in this beautiful park. Thank you very much for your help.

A：You're welcome. Have a great stay with your family. I'm sure it will be an experience you'll never forget!

(1) They depart every ten minutes.

(2) I would really love to walk there.

(3) Can you tell me how to get there?

(4) Shuttle busses only run once a day.

(5) Do you mean I can't drive there myself?

(6) I'm sure my luggage will fit in the bus.

(7) You can buy your ticket when you get on.

(8) The electric bus is very comfortable and quiet.

(9) I'm sure you will love walking and won't get lost.

(10) Since the weather is so bad, they have been cancelled.

Ⅳ　次の(A)～(H)それぞれの文を完成させるのに，下線部の語法としてもっとも適当なものを(1)～(4)から一つ選び，その番号を解答欄にマークしなさい。

(A) What is this long list of words ______?

(1) for　　(2) necessary
(3) says　　(4) writing

(B) If you have any questions, please feel free to ______ the office.

(1) contact　　(2) contact for
(3) contact in　　(4) contact to

(C) His suitcase had a tag with his name ______ on it.

(1) been printed　　(2) prints
(3) printed　　(4) printing

(D) ______ a little more care, I could have avoided the mistake.

(1) Because of　　(2) In spite of
(3) Thanks to　　(4) With

(E) How dare ______ that to me?

(1) can you say　　(2) do you say
(3) will you say　　(4) you say

(F) I am tired because I have been reading ______ a thousand pages a week.

(1) all the more　　(2) as many as
(3) many more　　(4) more and more

(G) ______ did she dream that she was to become an astronaut.

(1) Enough　　(2) Even
(3) Little　　(4) Though

(H) The task ________ they are responsible is still left undone.

(1) at which (2) for which

(3) of which (4) which

V

〔1〕次の(A)～(E)それぞれの文を完成させるのに，下線部に入れる語としてもっとも適当なものを(1)～(4)から一つ選び，その番号を解答欄にマークしなさい。

(A) This animal rescue center relies on ________ from local citizens to survive.

(1) ancestors (2) donations

(3) manners (4) politics

(B) The deadline is tomorrow, so let's put away our phones to avoid further ________.

(1) possession (2) preservation

(3) procrastination (4) proportion

(C) ________ the powder in a glass of water.

(1) Accuse (2) Deprive

(3) Dissolve (4) Mount

(D) They proved that the antique was ________.

(1) deliberate (2) genuine

(3) mature (4) tame

(E) The unhappy situation I found myself in could only be described as a serious ________.

(1) prance (2) predicament

(3) preposition (4) prom

〔2〕次の(A)～(E)の文において，下線部の語にもっとも近い意味になる語を(1)～(4)から一つ選び，その番号を解答欄にマークしなさい。

(A) The arctic environment created problems for the team.

(1) artificial　(2) desert
(3) polar　(4) training

(B) It was an adorable performance by the children.

(1) a delightful　(2) a diligent
(3) a peculiar　(4) a persuasive

(C) We need to modify the materials.

(1) adapt　(2) distribute
(3) guarantee　(4) minimize

(D) The apartment buildings surround and dwarf the nearby houses.

(1) dignify　(2) disguise
(3) displace　(4) dominate

(E) The latest developments were jeopardizing our plans.

(1) assuring　(2) magnifying
(3) popularizing　(4) threatening

日本史

(80分)

Ⅰ　次の文章を読み，空欄 A ～ J にもっとも適切な語句を記入し，かつ(a)～(e)の問いに答えよ。

旧石器時代，新石器時代という時代名称は一つの時代名称を二つに分けたものであり，世界の多くの地域で使用されている。日本列島においては，旧石器時代に続く時代名称は縄文時代である。世界的にみて，新石器時代は地質学上の完新世以降に相当するが，縄文時代は地質学上の A 世から完新世にかけて存続する点，新石器時代とは異なっている。一般に，新石器時代は磨製石器①や土器②の使用，動物の飼育や農耕の開始が重要な要素となるが，縄文時代は，農耕が十分に普及していないとみなされている。その一方で，土器の使用は，日本列島においては地質学上の A 世にさかのぼることが確実である。

日本列島における旧石器時代の存在は， B 県にある岩宿遺跡の発見③によって明らかになる。日本の旧石器時代の遺跡からは，石器の一部を磨いている C 石斧が出土する。これを旧石器時代のものとはみなさない意見もあったが，現在ではこのような石器も旧石器時代に存在することが確定している。

縄文時代に関しては， D 石斧と呼ばれる土掘具とみなされる石器④が数多く存在することから，これを使用した原始的農耕が存在したという説は戦前から強く主張されてきた。戦後，縄文時代の原始的農耕の解明が進められ，植物の栽培⑤が進んでいたことは確実になっている。

2021年，縄文時代の遺跡群が世界遺産に登録されたが，これは17の遺跡から構成される。このなかには， E 県にある大湯環状列石や，巨大なクリの木の柱で知られる F 県にある三内丸山遺跡なども含まれている。また，津軽半島の西南部に位置する G 遺跡で出土した土器は，形象性に富んだ縄文晩期のもので， G 式土器と呼ばれている。この遺跡からは，人間を象ったような土製品である H も出土している。このように，世界遺産に登録された地域の縄文時代の遺跡群には，多くの時間と労力を必要とする創作物や構築物が含まれており，安定した社会組織と技術力に裏付けられた精神性に富んだ社会の実態をうかがうことができる。

一方，この時代には広範囲におよぶ交易も行われていた。ガラス質で加工に適した黒曜石は，長野県の［ I ］峠や大分県の姫島など，特定の地点で産出し，出土する遺跡の分布から交易の範囲が想定される。同様に，新潟県の姫川流域で産出する緑色の［ J ］も，東日本をはじめ広範な地域に分布している。

（a） 下線部①に関連して，磨製石器はどれか。もっとも適切なものを下から一つ選び，記号で答えよ。

㋐ 石匙　　㋑ 石鍬　　㋒ 石皿　　㋓ ナイフ形石器

（b） 下線部②に関連して，縄文時代にもっとも一般的に存在する土器の種類はどれか。もっとも適切なものを下から一つ選び，記号で答えよ。

㋐ 注口土器　　㋑ 甕形土器　　㋒ 高坏形土器　　㋓ 深鉢形土器

（c） 下線部③に関する説明として，もっとも適切なものを下から一つ選び，記号で答えよ。

㋐ 岩宿遺跡は相沢忠洋が発見した。

㋑ 岩宿遺跡では，関東ローム層よりも古い地層から石器が発見されたことから，旧石器時代の遺跡であることが判明した。

㋒ 岩宿遺跡では約3万6千年前よりも古い石器が発見されたことから，旧石器時代の遺跡であることが判明した。

㋓ 岩宿遺跡からは，のちに旧石器時代の人骨も発見された。

（d） 下線部④に関連して，土掘具と考えられる石器はどれか。もっとも適切なものを下から一つ選び，記号で答えよ。

㋐

㋑

㋒

㋓

写真㋐〜㋓：新潟県長岡市教育委員会

（e）　下線部⑤に関連して，縄文時代晩期とされる水田跡が発見された遺跡はどれか。もっとも適切なものを下から一つ選び，記号で答えよ。

ⓐ　登呂遺跡　　ⓘ　唐古・鍵遺跡

ⓤ　菜畑遺跡　　ⓔ　池上曽根遺跡

Ⅱ　次の文章〔1〕・〔2〕を読み，空欄 A ～ J にもっとも適切な語句・人名・数字などを記入し，かつ(a)～(e)の問いに答えよ。

〔1〕 1429年に中山王 A の統一によって成立した琉球王国は，16世紀初頭に最盛期を迎え，薩摩の大名 B 氏ら南九州の諸勢力は，対琉球貿易での優位を得るため，琉球王国への臣従化を表明した。同じ頃，朝鮮王朝にも，対馬をはじめとする九州，西国の地域権力からひっきりなしに通交使節が訪れたが，その多くが「偽使」であった。

こうした「偽使」を排すべく，すでに15世紀には「日本国王」とされた8代将軍 C の要請により，朝鮮王朝から発給された通交証明である牙符（通信符）の制度が導入されていたが，<u>1493年の D の政変を機とする「2人の将軍」の分立状況</u>①を経て，幕府将軍家の保有した国家的な外交権は，地域権力のもとに分有されていくこととなった。

1510年，朝鮮半島での日本人居留港であった E の「恒居倭」が対馬島主 F 氏の支援を得て蜂起するが， F 氏が朝鮮王朝との通交権を集中独占できた背景には，周防の<u>大内氏</u>②や豊後の G 氏といった西国の地域権力が牙符を融通したためと考えられる。

E の乱後， F 氏は大内氏の助力を得て日本国王使派遣を実現するが，壬申約条によって通交権は縮減され，その後，大内氏や G 氏と偽日本国王使を仕立てて約条撤回交渉を繰り返した。

（a）　下線部①に関連して，11代将軍として，足利義澄を擁立したのは誰か。もっとも適切な人名を下から一つ選び，記号で答えよ。

ⓐ　細川政元　　ⓘ　山名持豊　　ⓤ　畠山満家　　ⓔ　斯波義廉

（b） 下線部②に関連して，［D］の政変で追われたが，1508年，大内義興の助力で上洛して将軍に復し，遣明船派遣に際しても大内氏を優遇した人物は誰か。もっとも適切な人名を下から一つ選び，記号で答えよ。

㋐ 足利義視　㋑ 足利義満　㋒ 足利義稙　㋓ 足利義維

〔2〕 中国では半世紀におよぶ明清交替の激動期③を経て，17世紀後半に清による中国支配が確立した。わが国では17世紀後半は江戸幕府4代将軍家綱の時代で，その治世はまさにこの中国の激動期と重なっている。

この時代は，積極的な外交は避けられ，1653年にはかつて山田長政が活躍したことのある［H］の国王からの書簡も，公式には受取りを謝絶している。しかし，［H］からの交易船は「唐船」として受け入れるなど，通商関係は維持された。一方，対ヨーロッパ関係では，イギリス，デンマーク，フランスなどが通商を求め，幕府内で議論はあったものの，④［I］以外とは関わらないという消極路線が堅持された。

家綱治世下の最大の外交問題は，明清交替にともなう対琉球問題であった。中国皇帝からの冊封を受けつつ，［J］年の薩摩藩の侵攻によって幕府支配下にもおかれるという，二重支配下にあった琉球との関係は，じつに微妙な問題を含むこととなった。それまで明を宗主国としていた琉球は，やがて正式に清に帰順した。これに先だって，薩摩藩は琉球から日本へ送られる使節⑤が，辮髪や服制の強要を受けないかとの危惧を幕府に伝え，その指示を仰いだが，現実にはこうした事態は起こらなかった。

（c） 下線部③に関連して，この時期に明の遺臣として台湾を拠点に活動した軍人を題材とした，近松門左衛門の作品は何か。もっとも適切なものを下から一つ選び，記号で答えよ。

㋐ 『国性爺合戦』　㋑ 『冥途の飛脚』

㋒ 『武道伝来記』　㋓ 『武家義理物語』

（d） 下線部④に関連して，平戸におかれていた［I］商館が長崎出島に移されたのは何年か。もっとも適切なものを下から一つ選び，記号で答えよ。

㋐ 1613年　㋑ 1616年　㋒ 1635年　㋓ 1641年

(e)　下線部⑤に関連して，徳川将軍の代替わりごとに，琉球国王が江戸に送った使節を何というか。もっとも適切なものを下から一つ選び，記号で答えよ。

Ⓐ 通信使　　Ⓘ 朝貢使　　Ⓤ 謝恩使　　Ⓔ 慶賀使

Ⅲ　次の文章〔1〕・〔2〕を読み，空欄 A ～ G にもっとも適切な語句・人名・数字などを記入し，かつ(a)～(m)の問いに答えよ。

〔1〕 江戸時代の身分といえば，一般的には「士農工商」といわれることが多いが，この言葉は中国の古典・歴史書①などに由来する「民全体」を意味するもので，日本では，17世紀前半頃に身分全体を表す言葉としても用いられるようになったと考えられている。

たとえば，1603～04年に長崎でイエズス会宣教師によって編纂・刊行された『 A 辞書』には「士農工商」という言葉も収録されており，「サブライ・ノウニン・ダイク②・アキビト」とされている。ここでは「サブライ」と「ノウニン」の区分も明確になっているが，豊臣秀吉が1588年に発した「百姓は農具さへもち，耕作専に仕り候へハ，子々孫々まで長久に候」という文言で知られる B 令などの一連の「兵農分離」政策③の影響が早くも反映されていることが分かる。近江聖人として名高い C も，『翁問答』のなかで「士は卿大夫につきそひて政の諸役をつとむる，さぶらひのくらゐ也。物作を農といひ，しょくにんを工と云，あき人を商と云」と述べていて，「士農工商」の「四民」で身分全体を捉える見方が，この書の成立した1640年頃にはある程度普及していたことが見てとれる。

ただし，江戸時代の身分は「士農工商」といわれたとしても，実際は支配階級の「士」と被支配階級の「農工商」の間にある身分差こそが絶対的なもので，「農工商」は必ずしも序列を表したものではなかった。『翁問答』も「農工商の三はおしなべて庶人のくらゐ」としている。また，「士」「農」「工」「商」のなかにもそれぞれ細かい序列・身分差が存在しており，これらに収まらない多様な職能集団④や，「士農工商」のさらに下位におかれた被差別身分⑤も存在していた。このほか，支配階級の身分としては，「士」以外にも朝廷⑥や寺社がそれぞれ独自の身分秩序を有していた。

18世紀後半になってくると，「士」身分が売買され，「農工商」から「苗字帯刀」を許されるものが出てくるなど，身分の流動化が激しくなっていく。こうした流動化に危機感を抱き，あるべき身分秩序の厳格化を唱える学者も登場してくる⑦。「士農工商」という言葉が江戸時代の身分秩序であるとする見方は，むしろこの過程でしだいに定着していったと考えられる。

(a) 下線部①に関連して，「夫れ楽浪海中に倭人有り，分かれて百余国と為る」という一節を含む1世紀に成立した中国の歴史書のなかにも，「士農工商」の言葉が見られる。その書物名を答えよ。

(b) 下線部②に関連して，「工」の代表として「ダイク」が登場しているのは，16～17世紀が城郭建築の大変盛んな時期であったからと考えられている。織田信長が1576年に近江に築いた城郭はどれか。もっとも適切なものを下から一つ選び，記号で答えよ。

㋐ 清洲城　㋑ 長浜城　㋒ 安土城　㋓ 坂本城

(c) 下線部③に関連して，武家奉公人が町人・百姓になることや，百姓が商人・職人になることを禁じた法令が出されている。結果的に「兵農分離」を促進することになった，この法令を何というか。漢字3文字で答えよ。

(d) 下線部④に関連して，こうした「多様な職能集団」の一つとして，神職などの宗教者をあげることができる。地方神職の多くは，ある宗家の配下に組織され，独自の身分秩序を有していた。その宗家として，もっとも適切なものを下から一つ選び，記号で答えよ。

㋐ 土御門家　㋑ 賀茂家　㋒ 真継家　㋓ 吉田家

(e) 下線部⑤に関連して，死牛馬の処理などとともに，被差別身分の人々に強いられた役は何か。もっとも適切なものを下から一つ選び，記号で答えよ。

㋐ 助郷　㋑ 普請　㋒ 行刑　㋓ 運脚

(f) 下線部⑥に関連して，幕府が朝廷を監視・統制するためにおかれ，公家から2名が任用された役職を何というか。

(g) 下線部⑦に関連して，こうした学者の1人として，『勧農或問』『正名論』などを著し，君臣上下の名分を正すことの重要性を説いた，後期水戸学の創始者と目される人物がいる。その人物は誰か。

〔2〕 政治的統一をめざす明治政府は，1869年の版籍奉還⑧によって藩主と藩士の主従関係を解消し，藩主を公卿らとともに［ D ］族，藩士・旧幕臣らを士族とした。同時に「農工商」は平民とされ，苗字や身分を超えた通婚・職業選択の自由も認められて，いわゆる「四民平等」といわれる世になった。また，［ E ］年には身分解放令（賤称廃止令）が出され，それまで被差別民に与えられてきた「えた・非人」の称を廃止し，身分・職業ともに制度の上では平民同様とすることとされた。

ついで出された徴兵告諭⑨は「世襲坐食ノ士ハ其禄ヲ減ジ，刀剣ヲ脱スルヲ許シ，四民漸ク自由ノ権ヲ得セシメントス。是レ上下ヲ平均シ人権ヲ斉一ニスル道ニシテ，則チ兵農ヲ合一ニスル基ナリ。⑩是ニ於テ，（　X　）ハ従前ノ（　X　）ニ非ズ，（　Y　）ハ従前ノ（　Y　）ニアラズ，均シク皇国一般ノ民ニシテ国ニ報ズルノ道モ固ヨリ其別ナカルベシ」とのべ，徴兵制実施のためにも身分の撤廃が重要であることが強調されている。

こうして江戸時代までの身分制度はしだいに解体されていくこととなるが，とりわけ大きな変容を迫られたのが士族であった。明治維新ののちも，士族は大幅に収入が減ぜられたとはいえ，［ D ］族とともに［ F ］を与えられ，依然として経済的特権は維持された。しかしながら，その支出が政府の財政を大きく圧迫したため，政府は1876年には強制的に［ F ］制度を廃止して，かわりに⑪年間支給額の数年分を一度に支払う制度に切り替えた。こうして同年に出された廃刀令とともに，士族は特権をほとんど奪われることとなった。

このような状況に不満を覚えた士族のなかには，反政府暴動を起こすものもあった。1876年には熊本で［ G ］党が組織され，廃刀令発布に憤慨して熊本鎮台を襲った事件が勃発，これに呼応して⑫秋月の乱や萩の乱が起こったが，いずれも鎮圧された。士族の多くは没落していったものの，一方では⑬［ D ］族・士族・平民の族籍が戸籍に記載されるなど，族籍による差別はその後も根深く残り続けた。

（h） 下線部⑧に関連して，この結果，藩主が新たに任ぜられた職名を何というか。

（i） 下線部⑨に関連して，「徴兵告諭」に基づき，翌年には徴兵令が公布されたが，徴兵令を発案するなど近代的軍制の創設に尽力し，1869年に反対派士族に襲われた人物は誰か。

(j) 下線部⑩に関連して，(X)(Y)にあてはまる語句の組み合わせとして，もっとも適切なものを下から一つ選び，記号で答えよ。

㋐ X 兵　Y 農　　㋑ X 上　Y 下

㋒ X 士　Y 民　　㋓ X 士　Y 農

(k) 下線部⑪に関連して，この制度によって，金禄公債証書が発行された。この証書を元手に D 族が中心になって1877年に設立した国立銀行を何というか。

(l) 下線部⑫に関連して，秋月の乱と萩の乱それぞれの指導者の組み合わせとして，もっとも適切なものを下から一つ選び，記号で答えよ。

㋐ 江藤新平・板垣退助　　㋑ 宮崎車之助・前原一誠

㋒ 大井憲太郎・河野広中　　㋓ 副島種臣・榎本武揚

(m) 下線部⑬に関連して，前年に制定された戸籍法に基づいて，1872年には最初の全国的な戸籍が作成された。地域別に国民一人ひとりを記載した最初の近代的戸籍ではあるが，身分差別を残すことになったといわれるこの戸籍は，何と呼ばれるか。

世界史

(80 分)

I　次の文章を読んで空欄に最も適切な語句を記入し，下線部についてあとの問いに答えよ。

古代東南アジアの歴史は，多少の考古資料が存在するものの，現地の文献史料が少なく，同時代の他の文化圏の記録によって解明されることが多い。それらのなかで，歴代王朝の正史を始めとする中国史料は有力な根拠とされる。

前2世紀末に前漢の武帝がベトナム中部に侵攻して［A］郡を設置すると，次第に東南アジア諸国を経由してインドまで通ずる径路が開拓され，3世紀ごろになると，いわゆる「海のシルクロード」が形成される。それは［A］郡から，インドシナ半島のメコン川下流域において1世紀頃に建国された［B］を経由し，インドへ到達するルートであった。

その後，7世紀に中国で隋唐の統一帝国が成立し国際交易が盛んになると，ペルシアやアラブの貿易船が中国に来航するようになった。それによって海上交通がより重視され，貿易ルートの主流はマラッカ海峡へと移動し，その影響を受けて寄港地であった［B］は衰退していく。

この時代の海上交易路を利用して，インドへ向かった中国の仏教僧侶が義浄三蔵である。彼は先達である玄奘三蔵よりも30歳あまり年少で，玄奘が陸路でインドとの間を往復したのに対し，〔1〕海路で中国 — インド間を往復した。

彼は玄奘のインドへの旅立ちから四十数年後の671年に，広州からペルシア船に乗って南下し，当時スマトラ島南部で台頭していたシュリーヴィジャヤ王国に滞在した。ここで［C］語（梵語）を学習しインド訪問の準備をすると，シュリーヴィジャヤ王国の王の援助を得て，〔2〕マラユ国を経由し，673年にインドに上陸する。その後，玄奘が学んだナーランダー僧院で勉学し，山賊に襲われるなどの災難にも見舞われるが，多くの経典を得て，685年に帰国の途についた。

しかし，義浄はすぐには中国へ帰国せず，シュリーヴィジャヤ王国に7年も滞在し，その間に『 D 』・『大唐西域求法高僧伝』などの著作を執筆している。この間，689年に広州に一時帰国し，翻訳助手を募集して引き返しているが，そもそも彼が長期にわたり同国に滞在した理由は明らかではない。義浄は最終的に694年に帰国し，翌年，洛陽に向かうと，大周帝国皇帝である E が都の城門で直々に彼を出迎えた。これらのいきさつから，彼は海外滞在中に母国との連絡を保ち，帰国の準備を慎重に行っていたことが推測される。

義浄の著作『 D 』は，玄奘の『大唐西域記』が旅路の諸国・地域の情報を詳細に集めた地理書の性格を有するのに対して，インド・東南アジアの仏教教団〔3〕の実際の生活様式を細かに叙述した点に特徴がある。同書には，ナーランダー僧院などのインドのしきたりを中国の仏教教団のそれと対比して，後者が誤りであると非難する記述が多い。

例えば食事の作法について，インドの僧院では，各自が事前に手を洗って椅子に座り，一定の適切な距離を保って食事をするのに対し，中国では，大勢が膝をつき合わさんばかりに並んで座って食事をする。これは不浄の伝染に注意を払わず，仏典の所説に背く，といった類いである。

それ故，同書は社会史の分野に寄与する有益な著作とされるが，『大唐西域記』のような旅行記〔4〕を期待すると，いささか異なる印象を読者に与えるのである。ちなみに現在の陝西省西安市に残る唐代の建造物，大雁塔と小雁塔は，前者が玄奘，後者が義浄にゆかりの建物である。

〔1〕 こうした交易ルート上には， B や後述するシュリーヴィジャヤなど，港を拠点に成立・発展した国家やその連合体が形成された。こうした国家を総称して何というか，漢字4文字で記せ。

〔2〕 マラユ国は，義浄がインドから帰国する途中に立ち寄った時には，独立を失ってシュリーヴィジャヤ王国の都になっていた。この都がおかれていたスマトラ島東南部に位置する港町の名を記せ。

〔3〕 (a) 東南アジアに広がったのは主に上座部仏教であるが，義浄はシュリーヴィジャヤ王国は大乗仏教であると記述している。同じく大乗仏教を信仰する王国で，ジャワ島から起こり，9世紀にシュリーヴィジャヤ王国を支配した王朝を記せ。

(b) (a)の王朝がジャワ島中部に建造した仏教寺院ボロブドゥールの回廊の浮彫には，古代インドの詩人ヴァールミーキの作品と伝承される叙事詩が描かれている。この作品は何か。

〔4〕『大唐西域記』の旅を題材にして，明の呉承恩が編纂した口語長編小説は何か。

Ⅱ 次の文章を読んで空欄に最も適切な語句を記入し，下線部についてあとの問いに答えよ。

2022年2月に冬季五輪の開催を予定している北京は，すでに〔1〕2008年8月に夏季五輪を開催した実績を持つ。北京はこれにより近代五輪史上初めて夏季と冬季の両大会を開催する都市となる。五輪という大型イベントの開催にあたっては，様々なシステムやインフラの整備が不可欠である。以下，北京の首都機能を支える様々な要素の中から，立地条件と物流に着目し，その都市としての特徴を歴史的に概観する。

宋以前の歴代中国王朝が都を置いた長安や洛陽などが中国の中央部に位置しているのに比べると，華北平原の東北端に位置する北京は中国の辺境に近い場所に偏っているように見える。ところが視点を東部ユーラシア全域にまで広げてみると，〔2〕遼河平原とその先に広がる東北アジア地域，モンゴル高原とその先に広がる西北内陸地域，そして華北平原とその先に広がる中国本土地域という3つの地域がこの場所で境を接しており，北京はまさしくその要衝に位置していることが分かる。そのため，近世以降ここに都をおいたのは，いずれも遊牧地域と農耕地域の両方にまたがる版図を領有し，従来の中国王朝の枠組みを超える規模を持つ国家であった。

その最初は契丹（遼）であり，936年に獲得した［A］州の支配拠点とするため，10世紀半ばにここを五京の一つである燕京とした。次いで華北全域を領有した金は，1153年にここを中都と名付けて王朝の国都と定めた。そして中国全土の統一を間近に控えた元の世祖［B］が，1264年にここに新たな都城を建設して［C］と名付け，ユーラシアの東西にまたがる広大な帝国の中心として位置づけた。続く明の建国当初には，太祖洪武帝によって南京に都が置かれたものの，成祖永楽帝がモンゴル遠征の拠点とするため，1421年，当時北平と呼ばれていたかつての［C］に遷都し，ここを北京と改称した。1644年に明のあとを継いだ清も引き続き北京を首都としたため，北京は契丹（遼）以来の五朝にわたる都として，また遊牧文化と農耕文化が交錯する国際都市として繁栄し続けた。

歴代の中国の首都には巨大な官僚機構と常備軍が置かれたため，首都とその周辺に居住する人口が100万人を超えることもしばしばであった。ところが14世紀以降の長期的な気候の変動〔3〕などのさまざまな要因によって，北京周辺地域は中国中南部と比べて相対的に農業生産力が低下していた。そのため，膨大な人口を養うための食糧や，都市のシステムを支えるインフラ整備に必要な物資を，水運によって供給する体制を構築することは不可欠であった。例えば，元の［ B ］の時代には，暦法の改訂などに活躍した［ D ］によって，城内の人工湖と大運河を直結する新たな運河が建設され，［ E ］半島の沿岸を航行する海運をも併用して，江南の物資を直接［ C ］に輸送するシステムが構築された。それゆえに，元末に白蓮教などの宗教結社が起こした［ F ］の乱など華北や江南の各地で相次いだ反乱によって水運が途絶すると，首都機能はたちまち麻痺してしまったのである。

20世紀に入り，近代国家として発足した中華民国，そしてそれに続く中華人民共和国の時代になっても，北京は引き続き首都あるいはそれに準ずる重要な役割を担い，政治・外交・文化のかなめとなってきた。地理的に見て北京はやや内陸に位置しているが，すでに前近代から運河によって天津〔4〕（直沽（ちょくこ））に直結しており，外洋に面した天津が北京の外港として機能することによって，近代都市の発展に不可欠な港湾機能を北京が備えるに至った。

北京の繁栄は，水を介して外部とつながることによってもたらされ，その意味において，北京は「水の都」でもあったのである。

〔1〕 この年，夏季五輪を控えて世界中の注目が集まる中，中国からの分離独立を求めるチベット人の大規模な運動が起こった。この運動の鎮圧を命じた中国国家主席は，後に習近平を後継者として引退したが，この人物は誰か。

〔2〕 この地域において，1616年に女真族の国を建てたヌルハチが，1625年に都をおいた都市を何というか。ホンタイジによって改められた後の都市名で答えよ。

〔3〕 近年，グローバルな気候変動に対する危機感が高まっている。2015年に開催されたＣＯＰ21において採択された温暖化防止のための枠組みを何というか。

〔4〕 1885年，天津において清仏戦争の講和条約が締結された。この時にフランスとの交渉に臨んだ清側の担当者は誰か。

Ⅲ　次の文章を読んで空欄に最も適切な語句を記入し，下線部についてあとの問いに答えよ。

シチリア島の西部，サン・ヴィート・ロ・カーポというリゾート地では毎年，クスクス・フェスティバルが開催される。クスクスとは，硬質小麦を小さな粒状に丸めた，パスタの一種とされる。クスクスはシチリア島だけでなく，モロッコ〔1〕やアルジェリア，チュニジアなどの北アフリカ西部（アラビア語で「日の没する土地」を意味する「 A 」という地域名で呼ばれる）でもよく食べられている。またサルデーニャ島〔2〕で食べられるフレグラというパスタも，クスクスと同様小さな粒状である。

このように，現在のクスクスは地中海西部沿岸部で広く食べられるが，その起源は A 地域と考えられている。イタリアのパスタとクスクスはどんな関係があるのだろうか。どちらも小麦（特に硬質小麦）を材料とし，食べられる地域も近い(部分的には重なる)。ファーティマ朝の初代カリフの侍医が書いた書物によると，アラビア語でイトリヤと呼ばれたパスタは，イーストを入れないパンと同じ生地で作り，水・湯で調理するものであるという。イトリヤの語源はギリシア語〔3〕で，香辛料などを入れたパンケーキを意味する。パレスティナ地域のアラム語では，イスラーム時代以前からイトリヤが細長いパスタを意味した。

13世紀，マリーン朝やムワッヒド朝時代に書かれた料理書は，パスタの一種としてクスクスに触れている。この中でクスクスの調理法がいくつも挙げられており，人気料理だったことがわかる。一方，同じく13世紀にアイユーブ朝〔4〕時代のエジプトで書かれた料理書には， A 地域の文献に出てこないシャイーリーヤというパスタがクスクスの一種として登場する。エジプト以東には A 地域の食文化はあまり浸透しなかったが，クスクスは別だった。これは，東方に移住した A 地域出身者が故郷の味を懐かしんで作るようになったからという。1489年にエジプトで没した〔5〕あるアンダルス〔6〕出身者は，故郷の食べ物を懐かしむ詩でクスクスを挙げている。

一方，イタリアでも小麦は古代から食され，南イタリア〔7〕やシチリア島に植民したギリシア人を通じ，パンの製法を取り入れており，現在のラザーニャに近い調理法も知っていたらしい。4世紀以降にローマ帝国へゲルマン民族〔8〕が侵入すると，パン以外の調理法はすたれた。しかし11～12世紀以降にはイタリア各地でパスタが食べられるようになる。12世紀の地理学者イドリーシー〔9〕は，当時のシチリア島でパスタが盛んに生産され，南イタリアなどのキリスト教徒居住地域，さらにイスラーム世界へと輸出されたと述べている。つまり，シチリア島や南イタリアでパスタ（乾燥パスタと思われる）が生産され，食べられた。またシチリア島の乾燥パスタは，イタリア北部の港町ジェノヴァ〔10〕にも輸出された。これはやがて，ジェノヴァの特産品にもなっていく。

イタリアの乾燥パスタはイスラーム世界で食べられるクスクスなどと密接な関係があった。ただし乾燥パスタが南イタリアで普及したのと異なり，ジェノヴァ以外のイタリア北中部ではあまり普及しなかった。これは，イタリア北中部で乾燥パスタの材料となる硬質小麦が入手困難だったからである。そこではポー川流域の平野部〔11〕を中心に軟質小麦が生産されていた。そのため家庭や店で小麦粉を練って作る生パスタが，11～12世紀から食べられるようになったと考えられる。

中世後期のイタリアでは，パスタは湯やスープで茹でられ，バターやチーズをかけて食べられた。この食べ方は，同時代のイスラーム世界とほぼ共通している。例えばアンダルスでは，ヒヨコ豆より少し大きなクスクスをスープで煮込み，粉チーズをかけて食べた。中世イタリアでは，現代のパスタの調理に使用されるいくつかの食材が知られていなかったため，調理法が異なった。

こうした食材の第一は砂糖である。既に中世のシチリア島やキプロス島でもサトウキビは生産されたが，より多く入手できるようになるのは16世紀以降，スペイン支配下のカリブ海の島々やポルトガル支配下のブラジルでプランテーションが始まってからである。第二の食材には唐辛子が挙げられ，南イタリアがその生産地となっていく。第三の食材はトマトである。トマトは16世紀前半に中南米からスペイン〔12〕経由でヨーロッパにもたらされた。当初は観賞用だったが，17世紀末にトマトソースが発明され，18世紀後半までにはパスタと不可分のものとなった。

現在，パスタは世界中で愛されており，クスクスも徐々に知名度が上がっている。冒頭で紹介したサン・ヴィート・ロ・カーポのクスクス・フェスティバルは，知名度向上のための努力の一環といえる。一方で，［　B　］は19世紀以降に［　A　］地域の多くを植民地として支配したため，［　A　］地域からの移民によりクスクスが知られるようになった。このため2006年の調査では，［　B　］人が食堂に入って食べたい料理の第2位がクスクスだったという。

〔1〕 モロッコの国名の由来とされる，ムラービト朝の都の名は何か。

〔2〕 1720年にサルデーニャ島とイタリア半島の一部を領土に成立したのがサルデーニャ王国である。そのイタリア半島の領土のうち，サルデーニャ王家の発祥地にもかかわらず，1860年，他国に割譲された地域はどこか。

〔3〕 線文字Bがギリシア語を表記していることを明らかにした人物は誰か。

〔4〕 アイユーブ朝の創始者サラディン（サラーフ=アッディーン）は1187年にイェルサレムを征服した。これに対応して実施された十字軍は，一般に第何回の十字軍とされるか。

〔5〕 1489年当時にエジプトを支配していた王朝は何か。

〔6〕 アンダルスは，イベリア半島のイスラーム支配地域を指す。イベリア半島のイスラーム支配地域を奪回するため，8世紀から続いたキリスト教徒の戦いを何というか。

〔7〕 南イタリアの中心都市ナポリは，古代ギリシア人が建設した植民市を起源とする。ギリシア植民市時代のナポリは何という名称であったか。

〔8〕 ローマ帝国に侵入してきたゲルマン民族について，以下の問いに答えよ。

（a） 北アフリカを征服した人びとは何人と呼ばれるか。

（b） 410年のローマ略奪後，ガリア南西部に移動した人びとは何人か。

〔9〕 ノルマン=シチリア王のルッジェーロ2世は，イドリーシーに対し，2世紀頃のギリシア人天文学者・地理学者だった人物が作成したものを凌駕する世界地図の作成を命じた。このギリシア人天文学者・地理学者とは誰か。

〔10〕 ジェノヴァとともに地中海交易で繁栄し，1284年の海戦でジェノヴァに敗北したイタリア中西部の港町はどこか。

〔11〕 ポー川流域の平野部の諸都市は，12～13世紀にロンバルディア同盟を結成した。ロンバルディア同盟の中心都市の一つで，後にヴィスコンティ家・スフォルツァ家の支配下で公国を形成した都市はどこか。

〔12〕 1521年にスペイン人コルテスによって滅ぼされた国の首都はどこか。

Ⅳ　次の文章を読んで空欄に最も適切な語句を記入し，下線部についてあとの問いに答えよ。

2021年7月，アメリカ南部の街シャーロットビルにおいて，南北戦争〔1〕で合衆国を脱退した南部連合を率いたロバート＝E＝リー将軍の銅像が公園から撤去された。これはリー将軍が奴隷制度を擁護していたという理由で，その銅像を撤去するよう求めてきた市民の要求に対応したものである。またこの出来事は，2020年，アメリカ中西部のミネアポリスで，黒人男性が白人警察官に首を押さえつけられて死亡した事件をきっかけとして拡大した反差別運動，「ブラック・ライヴズ・マター（ＢＬＭ）」運動と連動している。

これまで，のちにノーベル平和賞を受賞した［ A ］牧師らが人種差別撤廃を含めた広い運動〔2〕を展開した。一方でＢＬＭ運動は，本来人の命を守るべき警察官が黒人の命を奪ったという不公正について社会正義を問う運動として，アメリカ各地への広がりを見せている。とりわけ，これまで歴史上の英雄と見なされてきた人物を再評価し，差別や奴隷制度を象徴する像を撤去したり破壊したりする行動が広まっている。1492年に現在のバハマ諸島に属する［ B ］島に上陸し，当時未知であったアメリカの存在を広くヨーロッパに知らしめた［ C ］の像がアメリカ各地に設置されていたが，それらの破壊が相次いだ。また合衆国初代大統領であるジョージ＝ワシントン〔3〕の像も抗議者によって破壊された。ワシントンは大農園を所有し，多くの奴隷を使役していた人物でもある。さらにアメリカ自然史博物館の入り口に立っていたセオドア＝ローズヴェルト大統領〔4〕の像も問題視された。これは馬に乗るセオドア＝ローズヴェルト大統領が両脇に先住民男性と黒人男性を従えたもので，先住民と黒人が劣っているという考え方を示しているとして撤去された。またプリンストン大学では，ウッドロー＝ウィルソン大統領〔5〕の名前を冠した研究所の名称から彼の名前を外した。大統領に就任する前にプリンストン大学の学長であったウィルソンが，人種差別的な考え方の持ち主であったためである。

セオドア=ローズヴェルト大統領像

編集部注：著作権の都合により，類似の写真と差し替えています。
ユニフォトプレス提供

このような動きは世界中に広がっている。イギリスのブリストルでは，奴隷商人の銅像が抗議者によって台座から引きずりおろされ，海に投げ込まれた。またベルギーでは，アフリカ大陸中央にあった［ D ］自由国を私有地とし，住民の虐殺など過酷な統治を行ったレオポルド2世像が撤去された。さらにイギリスではチャーチル首相〔6〕の銅像に「人種差別主義者」という落書きがされ，イギリス人企業家でありケープ植民地首相としてイギリス帝国主義政策を推進した［ E ］の銅像が撤去された。そして西アフリカのある大学のキャンパスでは，［ F ］の理念をかかげてインド独立運動を率いたガンディーの像が撤去された。ガンディーが南アフリカ〔7〕に住んでいた時，アフリカの黒人に対して侮蔑的な言葉を用いていたことが問題視されたためである。イギリスの植民地支配と闘い，インドの独立を勝ち取った偉人のイメージが強いガンディーであるが，アフリカでの評判は異なる。

像の破壊や落書きなどを伴うこのような運動に対して反感を抱く人もいる。また，人種差別的な側面があれば過去の功績をすべて否定するような態度に対する批判もある。一方，人権問題を重視する人々にとって，これらの運動は，これまで無視されてきた黒人や先住民などのマイノリティ（少数派）の声を取り入れ，多様な文化的背景を持つ人々が互いの存在と文化を承認しあう［ G ］主義の考え方を反映するものと受け止められている。この考え方は，元イギリス植民地であった［ H ］では国是とされているが，その隣国アメリカでは社会の分断をもたらすものと捉えられることも多い。しかしその一方，実質的な人種差別が社会に根強く残っていると多くの人が感じているのもまた事実である。

マイノリティへの差別問題はアメリカのみならず，世界各地それぞれの歴史的文脈の中で取り組むべき問題という意識が広がっている。日本もその流れと無縁ではいられない。

〔1〕 この戦争に先立ち，『アンクル=トムの小屋』を発表して奴隷制度の悲惨さを世に広めた人物の名前を答えよ。

〔2〕 この運動が盛んだったころ，貧困の解消や人種差別の廃止などを目指したジョンソン大統領の政策を何計画と呼ぶか，答えよ。

〔3〕 この人物が活躍した独立戦争において，1781年にアメリカ・フランス連合軍がイギリス軍を包囲し，降伏させた戦いの名前を答えよ。

〔4〕 この人物が推進した政策を次の中から一つ選び，記号で答えよ。

ア．アメリカ=スペイン（米西）戦争を主導した。

イ．善隣外交を主導し，中南米諸国との関係改善に努めた。

ウ．中国や中南米などへの経済進出を進めるドル外交を展開した。

エ．パナマ運河の工事を開始するなどカリブ海政策を推進した。

〔5〕 この人物とともに第一次世界大戦後のパリ講和会議を主導したイギリス首相の名前を答えよ。

〔6〕 1943年11月に，この人物がフランクリン=ローズヴェルト大統領，蔣介石とともに参加し，第二次世界大戦における日本の無条件降伏などについて話し合った首脳会談の名前を答えよ。

〔7〕 南アフリカ共和国で，1991年に廃止された非白人に対する人種差別的隔離政策の名前を答えよ。

地理

(80分)

I　富士山に関する次の文と地図①～④をよく読んで，〔1〕～〔11〕の問いに答えよ。

日本列島は，環太平洋造山帯に属する［A］列島で，海洋プレートである太平洋プレートと［B］海プレートが，大陸プレートである北アメリカプレートとユーラシアプレートの下に沈み込む「［甲］境界」付近に位置する。海洋プレートが大陸プレートに沈み込む境界では，(a)トラフや海溝が形成されている。北アメリカプレートとユーラシアプレートの境界は，(b)日本列島の地質を東西に分断する大地溝帯の西縁にあたる［C］－静岡構造線であるとされている。これらの境界域では，地殻変動もはげしく，［D］が地表に噴出して形成された地形である，火山もみられる。

日本一の高さを誇る円錐形の［E］火山である富士山は，1707年を最後に，約300年間噴火していない。この間，富士山周辺ではさまざまな開発が行われており，(c)東西を結ぶ重要な道路や鉄道の幹線もある。

古来，富士山はその雄大な姿などから日本の象徴的存在として親しまれ，多くの観光客や登山者が訪れてきた。2013年に富士山は，［F］の世界遺産委員会によって(d)「富士山－信仰の対象と芸術の源泉」として，世界遺産への登録が決定された。その中には，歌川広重の浮世絵にも描かれた(e)三保松原（地図①のX）が含まれている。

富士山周辺の地形を観察するために，(f)国土地理院が提供する『地理院地図』の代表的な地図である標準地図を表示し（地図①），標高500 mごとの色別標高図（地図②）をグレースケールで作成した。地表面の傾きを示した陰影起伏図（地図③）は，［イ］の方向から地表面に向かって光を当てた状態を想定し，凹凸のある地表面が白黒の濃淡で表現されている。地図①～③を含む範囲を3次元で示したのが，地図④である（高さを4倍に表現した）。

地図①

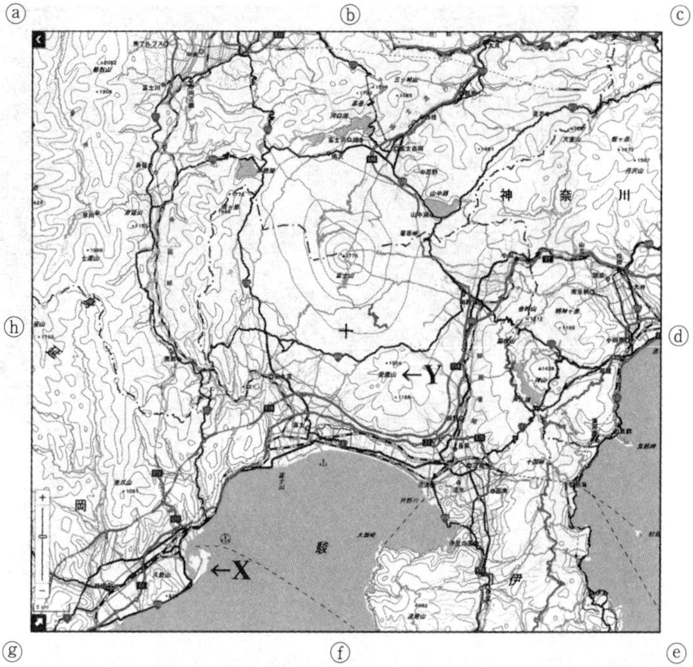

ⓐ　ⓑ　ⓒ

ⓗ　ⓓ

←Y

←X

神　奈　川

岡

駿

伊

ⓖ　ⓕ　ⓔ

地図②

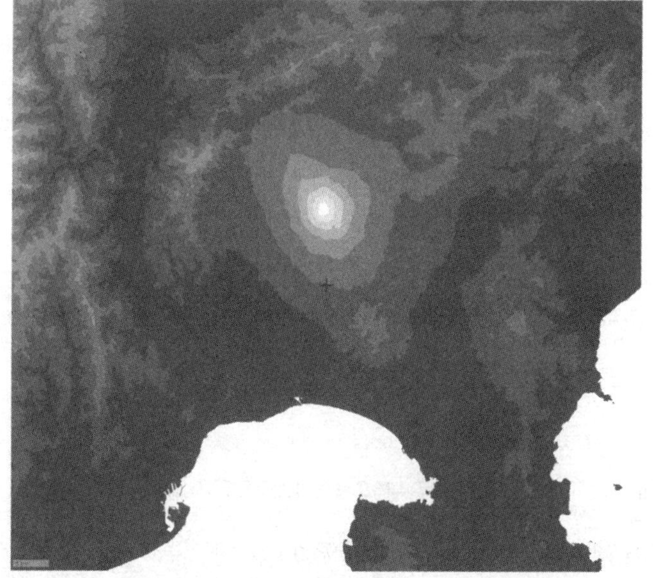

地図③

地図④

編集部注：前ページ地図①の実際の問題はカラー印刷。カラー図版は以下に掲載。

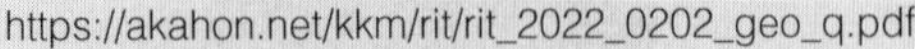

https://akahon.net/kkm/rit/rit_2022_0202_geo_q.pdf

〔1〕 文中の[A]〜[F]に当てはまる最も適切な語句または地名を答えよ。

〔解答欄：A. ____状　E. ____層〕

〔2〕 文中の[甲]に当てはまる最も適切な語句を，次の選択肢の中から1つ選び，符号で答えよ。

㋐ 狭まる　㋑ 広がる　㋒ ずれる

〔3〕 文中の[イ]に当てはまる方位を，八方位で答えよ。

〔4〕 下線部(a)に関して，[B]海プレートとユーラシアプレートの境界付近に位置するトラフと海溝の名称を，それぞれ答えよ。

〔5〕 下線部(b)に関して，この大地溝帯は何と呼ばれているか，その名称をカタカナで答えよ。

〔6〕 下線部(c)に関して，地図①をよく読んで，愛鷹(あしたか)山（地図①のY）の南に描かれている5つの主要な鉄道と道路を北から南に並べた場合，最も北に位置するものと，最も南に位置するものはどれか。次の選択肢の中から1つずつ選び，符号で答えよ。

㋐ 国道1号　㋑ 新東名高速道路　㋒ 東海道新幹線

㋓ 東海道本線　㋔ 東名高速道路

〔7〕 下線部(d)に関して，この世界遺産は，自然遺産，文化遺産，複合遺産のいずれであるか，次の選択肢の中から1つ選び，符号で答えよ。

㋐ 自然遺産　㋑ 文化遺産　㋒ 複合遺産

〔8〕 下線部(e)に関して，次の(1)・(2)に答えよ。

(1) 三保松原の地形は何か，最も適切な名称を答えよ。

(2) 三保松原と同じ形態の地形に分類されるものを，次の選択肢の中から1つ選び，符号で答えよ。

㋐ 江の島　㋑ 御前崎

㋒ 佐田岬半島　㋓ 野付崎（野付半島）

〔9〕 下線部(f)に関して，国土地理院はどの省の機関か，省名を答えよ。

〔10〕 地図①の範囲で，始点と終点を，それぞれ図幅の南西角（ⓖ）－北東角（ⓒ），西端（ⓗ）－東端（ⓓ），北西角（ⓐ）－南東角（ⓔ），北端（ⓑ）－南端（ⓕ）とし，いずれも地図の中心十字線を通る，4枚の地形断面図を作成した。横軸は水平方向を表わす。西－東（ⓗ－ⓓ）の断面図と，北－南

(ⓑ－ⓕ) の断面図はどれか，最も適切なものを1つずつ選び，符号で答えよ。なお，縦横比は断面図ごとに異なる。

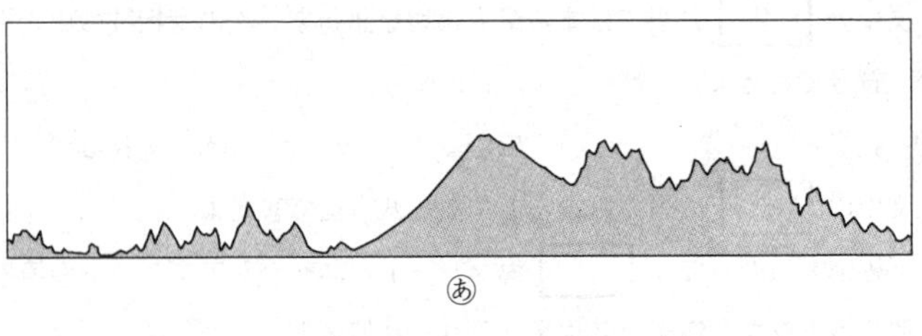

㋐

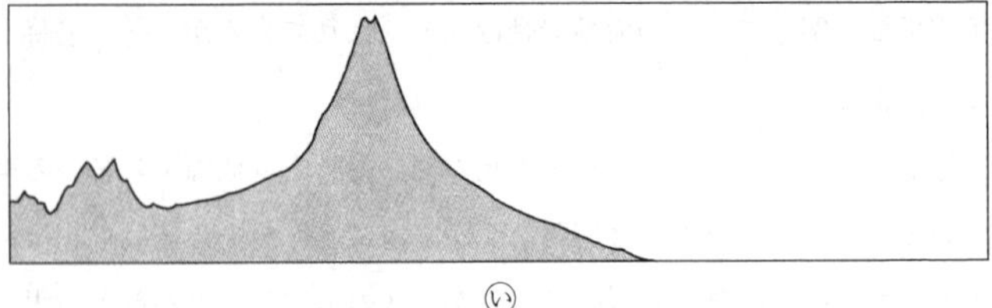

㋑

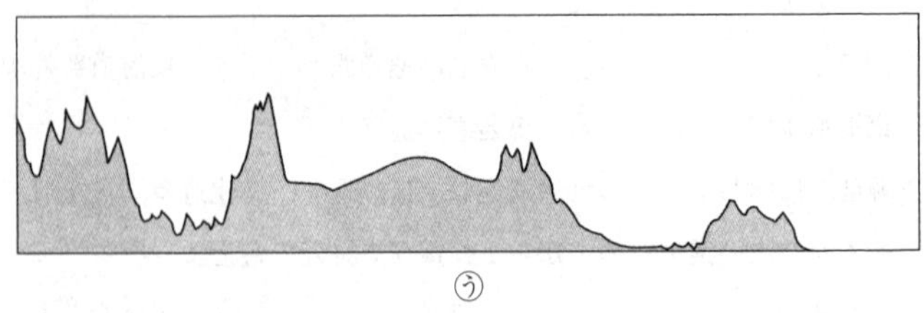

㋒

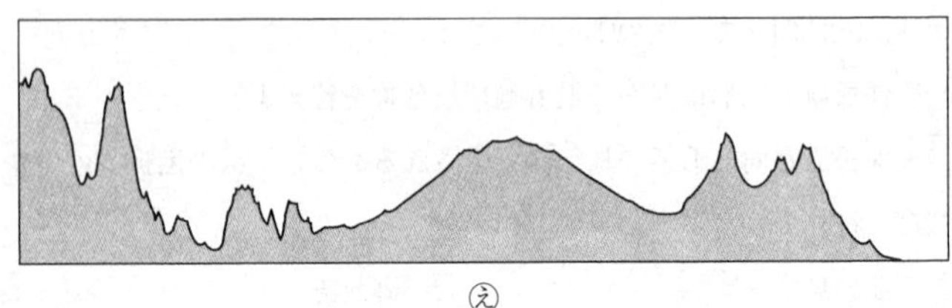

㋓

〔11〕 3次元で表現した地図④をもとに，東西南北4方位から次の側面図ⓐ～ⓔを作成した。真東からみた3次元地図の側面図はどれか，符号で答えよ。

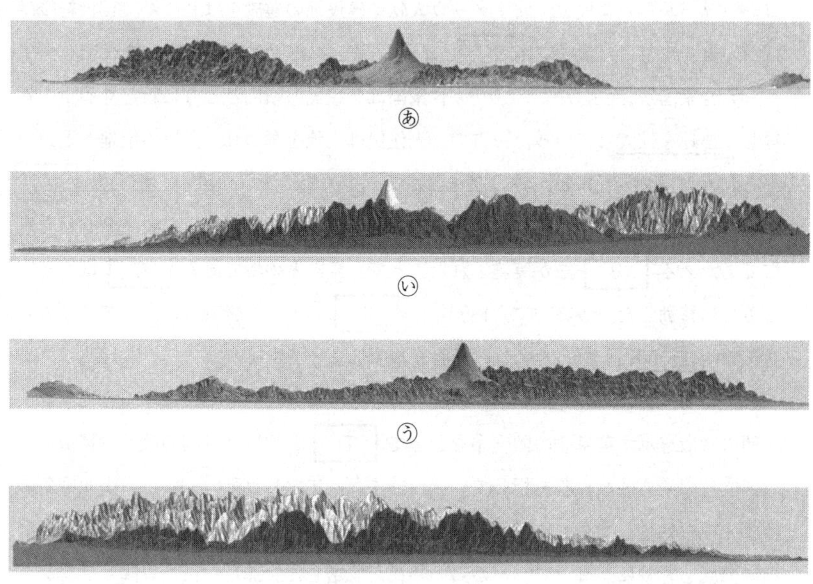

Ⅱ アメリカ合衆国に関する次の文をよく読んで，〔1〕～〔9〕の問いに答えよ。

はじめに，移民による建国と多民族社会の形成について概観したい。17世紀のヨーロッパからの移民は，北アメリカ大陸に植民地の建設をはじめた。18世紀後半になると，東部に位置する [イ] の州がイギリス植民地からの独立をはたし，アメリカ合衆国が誕生した。アメリカ合衆国は，移民の増加とともに新しく領土を獲得し，農地を拡大(a)していった一方で，先住民は土地を奪われ，辺境の土地へと追いやられた。1840年代には，カリフォルニアへの大規模な人口流入を招いた [A] がおこったことや，1860年代以降，一定期間の定住と農業を行った者に公有地を無償であたえる [B] 法が実施されたことで，荒野との境である [C] は西部へとさらに移動した。最終的に，1890年に [C] の消滅が発表された。アメリカ合衆国が現在の50州(b)となったのは，20世紀後半のことである。

独立当初，移民の多くはイギリス出身の白人であった。その流れをくむ人々は，集団の特徴を示す英単語の頭文字をとって [D] と呼ばれ，国の政治や経済，そして文化の中心的な役割を担っていった。また，アフリカ系の人々は，南北戦争の頃まで，奴隷としておもに農業に従事していた。19世紀後半には，国土の拡大や経済の発展を背景に，ヨーロッパからの移民が急増した。20世紀後半以降は，ラテンアメリカやアジアからの移民の流入が顕著である。なお，2015年現在，ヒスパニックの人口は，総人口の約 [ロ] 割を占めている。このように時代ごとに出身地の異なる移民が流入したことで，アメリカ合衆国の人種・民族構成は多様化してきた。

次に，アメリカ合衆国における多民族社会について考えてみる。従来は，移民の融合した社会が理想として描かれてきた。しかし，現在は，人々の個々の文化や慣習を尊重し共生する社会が目指され，そうした社会の状態は [E] にたとえられることもある。アメリカ社会は移民の受け入れに対して寛容である一方で，少数派への偏見・差別は根深く，依然として解消されていない。アフリカ系の人々への差別に関しては，1950年代から1960年代にさかんになった [F] 運動によって，雇用や教育，選挙での法的な平等が保障されるようになったものの，最近でも，人種差別に対して「Black Lives Matter」と訴える抗議活動が，全米各地に広がりをみせた。

アメリカ合衆国における人々の人種・民族的な状況(c)を分布図にすると，そこに，さまざまな空間スケールでの地域的偏在があることに気づく。とくに，大都市でみられる少数派の人々の集住は，都市の内部構造とも関係する。たとえば，都市社会学者のバージェスは，1920年代にシカゴを事例として［ G ］構造モデルを提唱した。それによると，都市中心部のすぐ外側には，工場や住宅の混在する地区が広がる。当時，そうした地区には，国内外から流入した人々が，人種や民族ごとに集まって暮らしていた。戦後，郊外化が進展する(d)につれて，地区内で人口減少が生じ，建物の老朽化や治安の悪化といった問題(e)が表面化するようになった。しかし，さまざまな理由で，そこに少数派の人々が取り残されるか，あるいは新たに流入することで，集住が維持されてきたと考えられる。くわえて，白人の占める割合の高かった郊外で，近年，少数派の人々の進出や集住の傾向もみられる。

最後に，アメリカ合衆国の経済と移民との関係についてふれておきたい。グローバル化の進展する現代において，アメリカ合衆国では，多くの企業が研究開発に力を入れて高度な独自技術や付加価値の高い製品を生み出しており，［ H ］集約型産業の発展が著しい。そのため，先端技術産業の集積する都市(f)には，世界中から高い専門性を有した移民の技術者が集まっている。他方で，国内の農業や製造業，サービス業についても，多くの移民の労働者によって支えられている側面がある。アメリカ合衆国の経済発展において，多様な人々の受け入れが，その原動力となっている現実があるといえよう。

〔1〕 文中の［ イ ］に当てはまる州の数を，次の選択肢の中から1つ選び，符号で答えよ。

㋐ 10　　㋑ 13　　㋒ 19　　㋓ 24

〔2〕 文中の［ ロ ］に当てはまる数値を，次の選択肢の中から1つ選び，符号で答えよ。

㋐ 2　　㋑ 4　　㋒ 6　　㋓ 8

〔3〕 文中の［ A ］～［ H ］に当てはまる最も適切な語句を答えよ。

〔4〕 下線部(a)に関して，18世紀後半から19世紀前半にかけて実施された公有地の分割によって，どのような形態の村落が形成されたか，最も適切なものを次の選択肢の中から1つ選び，符号で答えよ。

㋐ 円村　　㋑ 塊村　　㋒ 散村　　㋓ 路村

〔5〕 下線部(b)に関して，次の(1)・(2)に答えよ。

(1) 次の表は，その右の図に示された5つの州を対象として，標高の平均値と最高値をまとめたものである。カリフォルニア州はどれか，表中の㋐～㋔の中から１つ選び，符号で答えよ。

州	平均値（m）	最高値（m）
㋐	885	4,419
㋑	580	6,190
㋒	336	509
㋓	2,044	4,210
㋔	275	2,026

*Statistical Abstract of the United States 2021*により作成

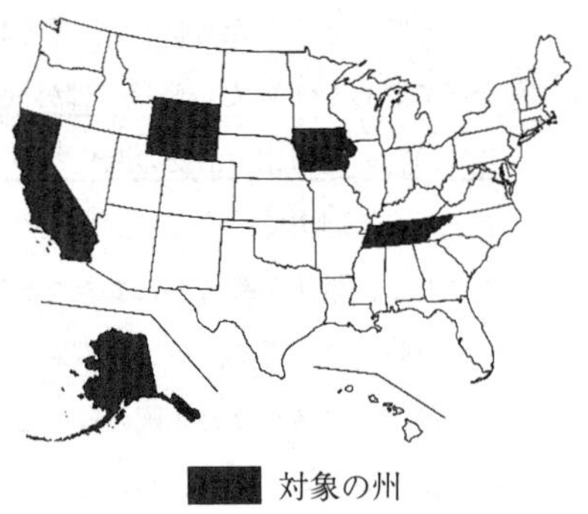

(2) 次の表は，その右の図に示された４つの地区（北東部，中西部，南部，西部）を対象として，総人口に占める各地区の人口割合を年別にまとめたものである。南部はどれか，表中の㋐～㋓の中から１つ選び，符号で答えよ。

（単位：％）

年	㋐	㋑	㋒	㋓
1920	32	31	28	9
1940	30	32	27	11
1960	29	31	25	16
1980	26	33	22	19
2000	23	36	19	22
2020	21	38	17	24

注）合計が100％にならない年がある。
*U.S. Census*により作成

〔6〕 下線部(c)に関して，次の主題図は，各州のアフリカ系，中国系，ドイツ系，日系，ヒスパニック，フランス系の人口比率について，それぞれ比率の高い上位10州までを示している。アフリカ系，日系，フランス系の主題図はどれか，㋐～㋕の中から1つずつ選び，符号で答えよ。

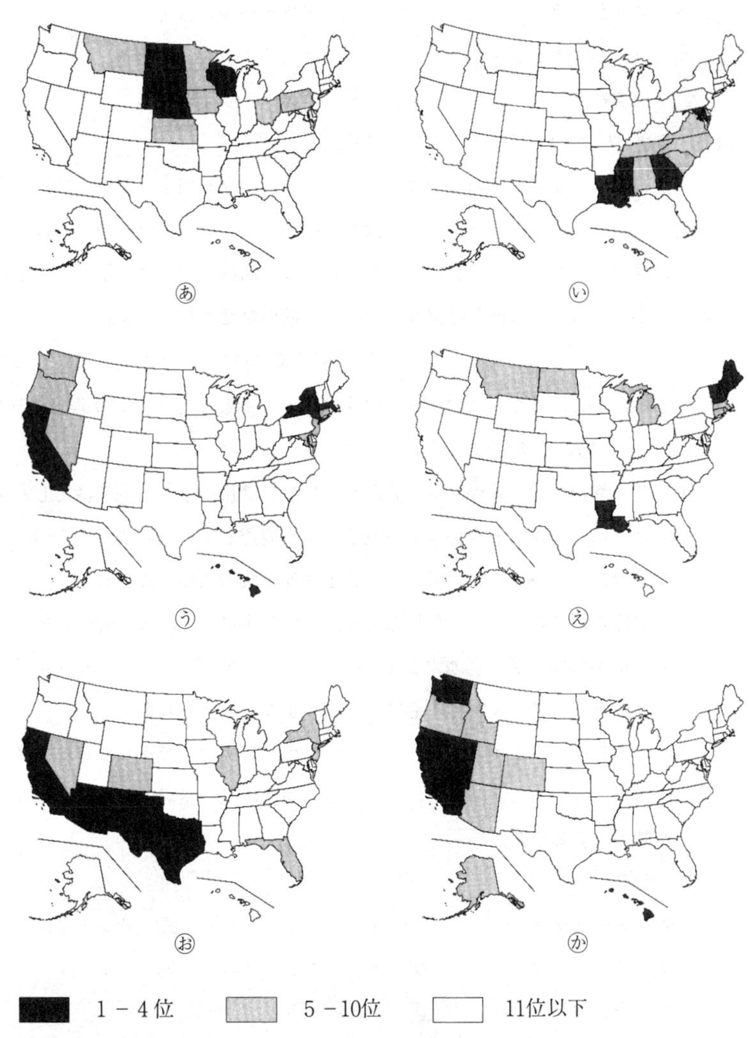

コロンビア特別区は除く。U.S. Census Bureau, *ACS 2015*により作成

〔7〕 下線部(d)について，1980年代以降に大都市の郊外において商業施設やオフィスの集積する地区が新しく形成されてきたことが，新聞記者ガローによって示された。このような地区は何と呼ばれるか，最も適切な語句を，次の選択肢の中から１つ選び，符号で答えよ。

㋐ エッジシティ　　㋑ グローバルシティ
㋒ コンパクトシティ　　㋓ サスティナブルシティ
㋔ 田園都市　　㋕ ニュータウン

〔8〕 下線部(e)について，次の(1)・(2)に答えよ。

(1) このような問題は何と呼ばれるか，最も適切な語句をカタカナで答えよ。

(2) ニューヨークのマンハッタン南西部に位置する地区では，かつての工場や倉庫が芸術家に活用されてきたが，近年は，高級な住宅や店舗に転用されている。この地区は何と呼ばれるか，最も適切な地名を答えよ。

〔解答欄：(1)＿＿問題　(2)＿＿地区〕

〔9〕 下線部(f)に関して，次の(1)～(3)の文に当てはまる都市を，下の選択肢の中から１つずつ選び，符号で答えよ。

(1) この都市では，豊かな森林資源やコロンビア川の水力資源を活用した工業とともに，戦後，航空機産業や電子工業が発達してきた。現在，この一帯はシリコンフォレストと呼ばれ，ＩＣＴ関連企業の集積がみられる。

(2) 農作物の集積地として発展してきたこの都市には，戦後，郊外に航空宇宙産業や半導体工場が立地するようになった。この都市は，フロリダ半島のエレクトロニクスベルトの中心的な都市の１つに数えられる。

(3) この都市は，湾奥に位置し，シリコンヴァレーの中でも，半導体生産の一大拠点として知られる。この都市とその周辺には，世界的なＩＣＴ関連企業が数多く立地する。

[選択肢]

㋐ オースティン　　㋑ オーランド　　㋒ サンディエゴ
㋓ サンノゼ　　㋔ サンフランシスコ　　㋕ シアトル
㋖ デンヴァー　　㋗ ヒューストン

Ⅲ　カカオ豆の産地に関する次の文と地図をよく読んで，〔1〕～〔10〕の問いに答えよ。なお，地図中と文中の番号（①～⑫）は対応している。

近年，チョコレート商品の多様化は著しく，カカオ豆への注目が高まりをみせている。(a)チョコレートや飲料の原料となるカカオ豆はどこで生産されているのだろうか。

カカオ栽培の広がりは，ヨーロッパ諸国の植民地支配によるところが大きかった。嗜好(しこう)品であるカカオを自国の植民地に持ち込み，商品作物として栽培させたのである。カカオ生育の最適な条件は高温多湿であるが，直射日光をきらうため，バナナとともに栽培されたり，高木の育つ熱帯雨林とその周辺を農場とすることが多い。

(b)次の3枚の地図は，アフリカ・アジア・ラテンアメリカでカカオ豆を生産している主要な国を示したものである。なお，各地図中央の横線は赤道を示している。

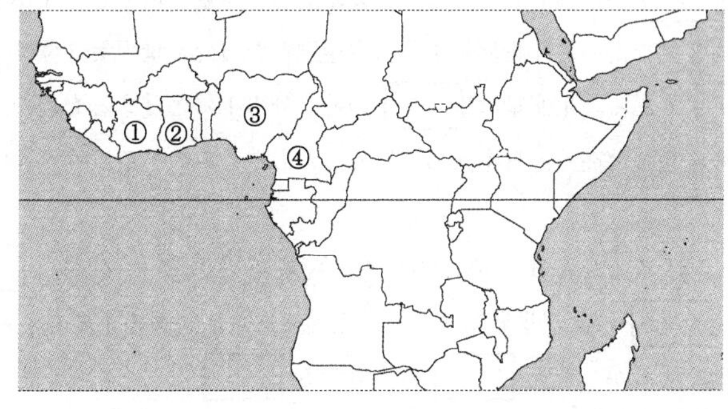

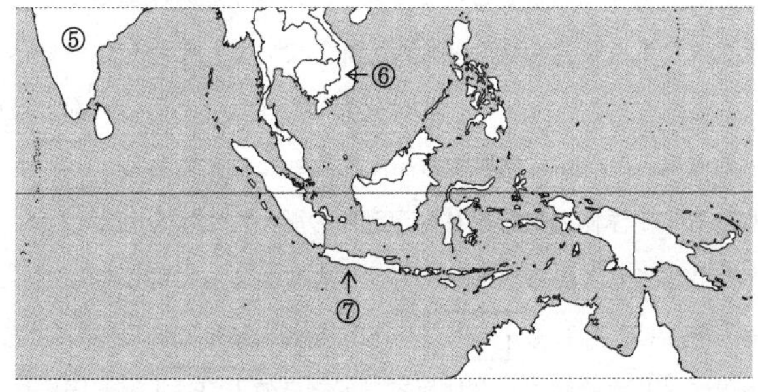

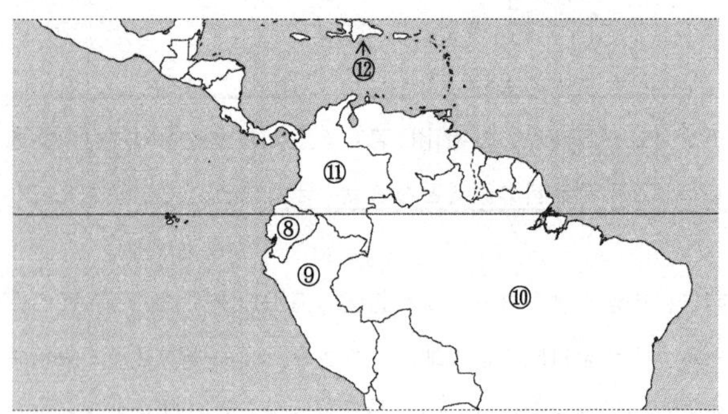

1つ目の地図から順にみていこう。アフリカで目につくのは，［A］湾岸の諸国である。①・②・③・④の生産量は，世界的にみてもとくに多い。［イ］は，1960年に［甲］から独立して以来，カカオ豆の生産量を増やし，2018年現在では全世界の約3割を占める，世界第1位の生産国となった。世界第2位は［イ］の隣国［ロ］である。生産量は［イ］の約2分の1にとどまるものの，日本の輸入量に占める割合は高く，日本人の口にもっともなじみのあるカカオといってよいだろう。

次いでアジアでは，⑤・⑥・⑦などでも栽培されているが，［ハ］は，［イ］・［ロ］に次ぐ世界第3位の生産国である。同国の主要な栽培地域はスラウェシ島であるが，首都［B］の位置する［C］島にも農場がある。

最後にラテンアメリカに目をむけてみよう。カカオ豆の原産地ともいわれる南アメリカ大陸北部にも，世界有数の産地が分布している。世界全体からみると，生産量は必ずしも多くないが，⑧・⑨・⑩は代表的な産地である。首都［D］がアンデス山脈中の標高2,800mに位置する高山都市として知られる［ニ］では，国土の西部にあたる太平洋側の熱帯雨林や氾濫原の肥えた土壌を利用して，バナナとともにカカオが栽培されている。同国のバナナとカカオ豆の輸出量は世界上位である。南アメリカ大陸では，他にも［ホ］（⑪）などに産地がある。

他方，中央アメリカ諸国ならびに西インド諸島の［E］海諸国にも，産地が分布している。なかでも，イスパニョーラ島の東部に位置する［ヘ］共和国（⑫）の生産量は群を抜いており，周辺島嶼（とうしょ）国の追随を許さない。ただし，(c)<u>夏季を中心に発達する熱帯低気圧</u>の影響で，甚大な農作被害を受けることもある。

各地で生産されたカカオ豆の国際的な取引では，生産者から製造会社にいたるまでのあいだに，多くの業者が介在する。産地と品質にこだわる製造会社の中には，$_{(d)}$カカオ豆の生産された農場を特定することができる利点を求めて，生産者や現地の組合などと直接契約を結ぶケースも増加している。生産地の多くは開発途上国に分布しており，$_{(e)}$国際的な流通の過程で損なわれる生産者の利益を保護するべく，公正な取引をめざす取り組みも進められるようになった。また，$_{(f)}$生産地の農家やその周辺の施設に宿泊して，収穫作業やチョコレートづくりを体験するなど，観光事業との連携も広がりをみせており，産地への注目はますます高まっている。

〔1〕文中の［ A ］～［ E ］に当てはまる最も適切な地名を答えよ。

〔2〕文中の［ イ ］～［ ニ ］に当てはまる国について，その位置（地図中の番号）と国名を答えよ。

〔3〕文中の［ ホ ］・［ ヘ ］に当てはまる国名を答えよ。

〔4〕文中の［ 甲 ］に当てはまる国名を答えよ。

〔5〕下線部(a)に関して，チョコレート飲料のほかに，カカオ豆を原料とする飲料は日本で一般に何と呼ばれているか，最も適切な名称を答えよ。

〔6〕下線部(b)に関して，この3枚の地図の上辺と下辺の破線は，南北ともに同じ緯度を示している。この緯度はおおよそ何度か，5の倍数で答えよ。

〔7〕下線部(c)に関して，この地域で発生し，一定以上の風速に発達した熱帯低気圧は何と呼ばれているか，最も適切な名称を答えよ。

〔8〕下線部(d)に関して，カカオ豆のような原料や食品の流通経路を追跡できる状態は一般に何と呼ばれているか，最も適切な名称をカタカナで答えよ。

〔9〕下線部(e)に関して，公正な価格にもとづく取引によって，生産者に適正な利益を還元することを目的とした貿易は一般に何と呼ばれているか，最も適切な名称をカタカナで答えよ。

〔10〕下線部(f)に関して，このような農村地域における体験型観光は一般に何と呼ばれているか，最も適切な名称を答えよ。　　〔解答欄：＿＿＿ツーリズム〕

政治・経済

(80分)

I 次の文章を読んで、あとの問いに答えよ。

第二次世界大戦後に生じたアメリカとソ連の対立関係は，やがて「冷戦」と呼ばれるようになった。この対立は，①米ソ両国の熾烈(しれつ)な核軍拡競争を中心として，両者の同盟国や友好国も加わる巨大な軍事的緊張関係へと組織化されるとともに，米ソそれぞれが掲げる政治的・経済的なイデオロギーの優劣をめぐる争いとしても展開された。

冷戦対立はまず，ドイツを最前線としてヨーロッパを東西に分断した。敗戦国ドイツは1949年までに西ドイツと東ドイツという形で分断国家を形成するにいたった。そして，東ヨーロッパの大半はソ連の軍事的な支配下に置かれ，ソ連の後押しを受けた現地勢力が支配体制を構築し，ソ連型の社会主義国家の建設を進めていった。西ヨーロッパ諸国は②アメリカが提案した大規模な援助計画に参加しつつ，資本主義経済体制のもとで戦後の経済復興を進めた。こうしてヨーロッパは，東西二つの陣営に分断されたのである。ヨーロッパの戦後処理と復興のあり方をめぐって生じた米ソの対立は，まもなくヨーロッパの外部にも拡散していった。それとともにヨーロッパ諸国のほとんどは1940年代末から1950年代半ばにかけて，③東西二つの軍事同盟へと組織化されていった。

第二次世界大戦後，新たに誕生した国々もまた，冷戦に大きな影響を受けた。内戦を経て［ A ］が支配を確立した中国は当初，ソ連と緊密な同盟関係を形成したが，やがて1960年代に両国の関係は悪化し，中ソ対立へと陥った。日本の支配から解放された朝鮮半島は南北の分断国家となり，東西両陣営による代理戦争の舞台となった。イギリス，フランス，オランダといったヨーロッパ諸国による植民地支配から解放されたアジアの国々の中には，冷戦に翻弄(ほんろう)されつつも，米ソによる二極的な国際システムに対して積極的に異議を唱える国もあった。④このような動きの一環として1955年に開催された会議は，その開催地名から［ B ］会議とも呼ばれている。

冷戦対立はときに緩和，ときに激化しつつ継続した。1953年にスターリンが死去したあと，後継者の地位についたフルシチョフは冷戦対立にかかわって，「［C］」を掲げたが，1961年，米ソは分断されたドイツの都市［D］をめぐって激しく対立し，翌1962年にはソ連によるミサイル基地の建設をめぐって，［E］危機が生じた。

その後，1960年代の半ばから1970年代前半には，東西間での［F］が進展した。米ソ間の［F］は軍備管理面で成果をもたらした。さらに，東西ヨーロッパ間での安全保障のための対話の場として，⑤ヨーロッパ安全保障協力会議（欧州安全保障協力会議もしくは全欧安全保障協力会議とも呼ぶ）も開催された。大きな成果を上げたかにみえた［F］であったが，⑥1979年12月のソ連によるアフガニスタン侵攻を境として，米ソ関係は再び厳しい対立状態に陥った。しかし，1980年代の半ば，ソ連ではゴルバチョフ政権が成立し，以後，冷戦は急速に終結へと向かった。⑦1989年，東欧諸国の体制変化とソ連支配からの離脱を経て米ソ対立は急速に解消していき，米ソ首脳は同年12月，公式に冷戦終焉を宣言した。1990年にはヨーロッパ分断の象徴であった東西ドイツが統一され，1991年末にはソ連そのものが解体されたことで，米ソという二つの超大国が世界規模で対立を繰り広げた時代は，完全に終焉したのである。

〔1〕［A］～［F］にあてはまる語句を記入せよ。なお，**Aは漢字5字**，**Cは漢字4字**，**BとDとFはカタカナ**，**Eはカタカナ4字**で答えよ。

〔2〕下線部①に関して，米ソ両国は，それぞれが保有する膨大な核兵器の管理や削減のために交渉を行った。冷戦中に米ソ二国間で締結された核兵器削減のための条約としては［　　］全廃条約がある。空欄にあてはまる語句（英語略称）を**アルファベット（大文字）3字**で答えよ。

〔3〕下線部②に関して，この大規模な援助計画は一般に，［　　］と呼ばれている。空欄にあてはまる語句を**カタカナ8字（「・」「＝」「-」を用いる場合，それらは字数には含めない）**で答えよ。

〔4〕下線部③に関して，この二つの軍事同盟のうち一方はすでに解散した。しかし，もう一方の［　　］機構は現在も存続している。空欄にあてはまる語句を**漢字**で答えよ。

〔5〕下線部④に関して，この会議に参加した国々の多くは，対立する米・ソいずれの勢力にも属さないという立場をとり，1961年にはベオグラードで開催され

た第1回 [　　] 会議にも参加した。空欄にあてはまる語句を**漢字7字**で答えよ。

〔6〕 下線部⑤に関して，冷戦終結後にこの会議が発展して形成された組織を何というか。英語略称を**アルファベット（大文字）4字**で答えよ。

〔7〕 下線部⑥に関して，このような状態は [　　] と呼ばれた。空欄にあてはまる語句を**漢字3字**で答えよ。

〔8〕 下線部⑦に関する下の文章のうち，適切なものを一つ選び，記号で答えよ。

㋐ 1989年，ポーランド，ウクライナ，チェコスロバキアなどの東ヨーロッパ諸国では社会主義体制が崩壊し，複数政党制や市場経済の導入などが行われた。このできごとは「東欧革命」とも呼ばれる。東欧革命はおおむね平和的な体制変革をもたらしたが，ルーマニアのように流血の事態が生じた国もあった。

㋑ 1989年12月，アメリカのブッシュ大統領とソ連のゴルバチョフ書記長はヤルタ会談で冷戦の終結を公式に宣言した。ゴルバチョフはその後も国内改革を進めたが，これに抵抗する保守派は1991年夏にクーデターを起こした。このクーデターは失敗したが，その過程でゴルバチョフも実権を失った。

㋒ 東西に分断されていたドイツでは，1990年に東ドイツが西ドイツに編入される形で国家統一が実現した。統一ドイツを含むＥＣ（ヨーロッパ共同体）加盟国は，1993年にはＥＵ（ヨーロッパ連合）を発足させ，その後は冷戦時代にソ連陣営に属していた東ヨーロッパ諸国も含む形で，地域の統合を推し進めていった。

Ⅱ　次の文章を読んで，あとの問いに答えよ。

図 1

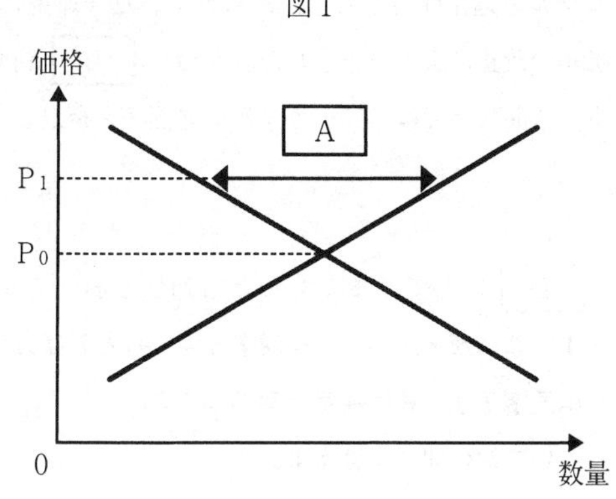

図 1 は，完全競争市場におけるある商品の需要曲線と供給曲線①を表している。

価格が上がれば買い手が減って需要量は減少し，売り手が増えて供給量は増加する。逆に価格が下がれば需要量は増加し，供給量は減少する。また，価格は市場での需給関係で変動し，価格 P_1 のとき，図の ⟷ で示される量の [A] が生じ，価格は需要量と供給量が等しくなる P_0 に落ち着く。この価格 P_0 を [B] という。市場における需要と供給を調整するこのような価格のはたらきを，価格の [C] といい，市場機構（市場メカニズム）ともいう。

実際には，この市場機構では解決できない限界がある。これを市場の失敗②といい，その原因の一つとして，少数の大企業によって市場が支配される寡占（かせん）化をあげることができる。

寡占市場では，次のような企業同士の結合がみられる。同一産業の企業間で，価格や生産量などの協定が結ばれるカルテル，同一産業の大企業が合併により市場支配をめざす [D] ，異業種にまたがる多数の企業を子会社化し，傘下におさめるコンツェルンなどである。

寡占市場では，業界でもっとも有力な企業が [E] となって価格を決定し，他の企業がそれに追随することがある。このようにして決まる価格を [F] といい，価格が下がりにくいという性質③がある。また [F] のもとでは，広告・宣伝などの [G] 競争が行われる傾向がある。

寡占市場のさまざまな弊害を取り除くために1947年に独占禁止法が制定され，独立行政委員会の [H] がその運用を行っている。1997年の改正では，戦後，ＧＨ

Qによる占領政策である［ I ］以来禁止されていた［ J ］の創設が可能となった。一方で，カルテルの適用除外として認められていた合理化カルテル・［ K ］カルテルは，1999年の改正により廃止された。なお，［ L ］制度によって，書籍雑誌，音楽ソフト，新聞などでは，メーカーが小売価格を指定して商品を販売することができる。

〔1〕［ A ］～［ L ］にあてはまるもっとも適切な語句を記入せよ。なお，**A・B・F・I・Jは漢字4字，Cは漢字6字，DとEはカタカナ，Gは漢字3字，HとLは漢字7字，Kは漢字2字**で答えよ。

〔2〕 下線部①について次の問いに答えよ。

図2

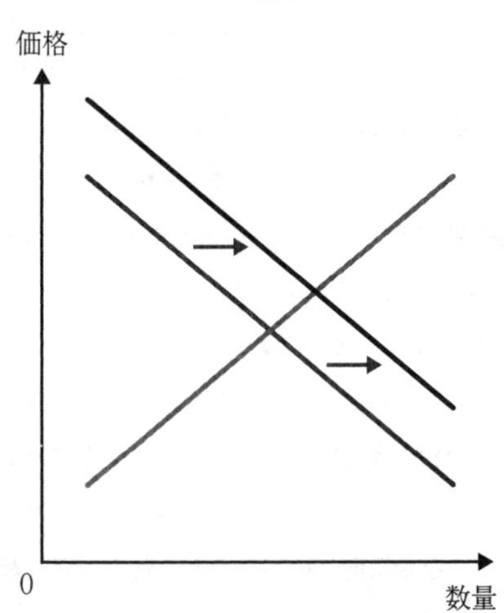

（a） 図2は価格が同じでも需要が変化する状況を表している。このような変化の要因として，**適切でないもの**を下から一つ選び，記号で答えよ。

㋐ 国民の所得が増加した。

㋑ この商品の原材料費が上昇した。

㋒ この商品の代替品が値上りした。

㋓ この商品が健康増進に効果があることが分かって，人気が出た。

（b） 価格の変動によって商品の需要や供給がどれほど変化したかを示す数値

を価格弾力性といい，これを式で表すと次のようになる。

価格弾力性＝｜需要（供給）の変化率／価格の変化率｜

この値が1より小さいと「弾力性が小さい」といい，1より大きいと「弾力性が大きい」という。価格弾力性の説明として，**適切でないもの**を下から一つ選び，記号で答えよ。

ⓐ　一般に，米のような生活必需品は，需要の価格弾力性が小さい。

ⓘ　需要の価格弾力性が大きい商品は，需要曲線の傾きはゆるやかになる。

ⓤ　一般に，代替品が存在する商品は，需要の価格弾力性が小さくなる。

ⓔ　嗜好品は価格の変動が需要に大きな影響を与えやすい。そのため，嗜好品は需要の価格弾力性が大きいといえる。

〔3〕　下線部②に関して，これは（a）外部経済，（b）外部不経済により生じる場合がある。（a）（b）それぞれの例示として，もっとも適切なものを下から一つずつ選び，記号で答えよ。

ⓐ　化学工場から排出される煙に含まれる有害物質が原因で，多数の周辺住民に健康被害が生じた。

ⓘ　安い輸入品が流入してきたため，国産の商品の売り上げが減少した。

ⓤ　ある会社の技術やノウハウが，産業集積地域内に広がり，それをもとに低コストで新たな発明が行われた。

ⓔ　地震災害に備えて地震保険に加入する世帯の割合が増えた。

〔4〕　下線部③に関して，このような価格の性質を，価格の［　　　］という。空欄にあてはまる語句を**漢字5字**で答えよ。

Ⅲ　次の文章を読んで，あとの問いに答えよ。

多様な価値観や利害関係をもつ人々が共生する民主的な社会が営まれるためには，人々が幅広く意見を出し，それが実際の政治に反映されることが望ましい。選挙は政治参加の代表例の一つだが，①特定の利益を代表する団体が政党や政府機関に働きかけることも一種の政治参加であり，②アメリカではロビイストと呼ばれる代理人が政治家に働きかけることも多い。さらに近年では，人権や福祉，文化などのさまざまな分野で③ＮＰＯと呼ばれる団体が世界各地で活動しており，政治や行政に直接・間接に関与している。

④人々の意見は，マスメディアが行う世論調査によって内閣や政党の支持率，あるいは政策への賛否などとして数値化され，政府や行政組織に影響を与えてきた。しかし，近年は新聞の発行部数やテレビの視聴率が低迷する一方で，ブログやＳＮＳ（ソーシャルネットワーキングサービス）など，インターネット上での意見表明や議論が政治に大きな影響を与えることも少なくない。そうした状況を背景に，日本でも2013年からは⑤インターネットを利用した選挙運動が解禁された。

⑥ＳＮＳ上での書き込みやネットショッピングの購入履歴などの大量の情報が集約され，瞬時に双方向的な情報のやりとりができる点で，インターネットは従来のマスメディアと異なる利便性をもつが，個人情報の漏洩（ろうえい）や⑦デジタルコピーによる権利の侵害など，新たな社会問題も起きている。その意味で，マスメディア時代のメディアリテラシーや関連諸制度の更新が必要となっているといえよう。

〔1〕　下線部①に関して，このような団体に**あてはまらないもの**を一つ選び，記号で答えよ。

Ⓐ　日本消費者連盟　　Ⓘ　日本道路公団

Ⓤ　日本商工会議所　　Ⓔ　全国農業協同組合連合会

Ⓞ　日本医師会

〔2〕　下線部②に関して，アメリカの政治制度についての以下の説明の［イ］～［ホ］にあてはまる適切な語句を下の語群から一つずつ選び，記号で答えよ。

アメリカ大統領は，連邦議会の上下両院が可決した法案に［イ］を発動したり，法案や予算の審議を要請する［ロ］を連邦議会に送付したりするほか，連邦最高裁判所の判事を任命するなどの権限をもっている。それに対して連邦議会の［ハ］は大統領が締結した条約の［ニ］のほか，政府高官や連邦最高裁判所判事の人事への同意権を持ち，連邦最高裁判所は［ホ］によって大統領の行政や連邦議会の立法をチェックすることで，三権の抑制と均衡が保たれている。

㋐ 枢密院	㋑ 教書	㋒ 下院
㋓ 指名権	㋔ 拒否権	㋕ 親書
㋖ 刑事補償請求権	㋗ 解散権	㋘ 上院
㋙ 詔書	㋚ 違憲審査権	㋛ 弾劾裁判権
㋜ 勧告権	㋝ 承認権	

〔3〕 下線部③に関して，日本ではこうした団体に法人格を与えて社会貢献活動を促し，公益の増進に寄与することを目的として1998年に［　　］法が制定された。空欄にあてはまる語句を**漢字9字**で答えよ。

〔4〕 下線部④に関して，情緒や感情によって人々を動かして多数の支持を得ようとする大衆迎合的な政治手法を何というか。もっとも適切なものを下から一つ選び，記号で答えよ。

㋐ コミュニズム	㋑ ポピュリズム
㋒ ナショナリズム	㋓ マネタリズム
㋔ キャピタリズム	㋕ エスノセントリズム

〔5〕 下線部⑤に関する説明として，適切なものを一つ選び，記号で答えよ。

㋐ 政党・候補者がインターネット上で自らへの投票を呼びかけることができるのは，選挙運動期間中に限られる。

㋑ 満18歳未満の人も，インターネット上であれば選挙運動をすることができる。

㋒ インターネット上での選挙運動を行うには，事前に選挙管理委員会にマイナンバーを届け出る必要がある。

㋓ インターネット上の選挙運動に限って，選挙違反での連座制は適用されない。

〔6〕 下線部⑥に関して，各種企業やサービス提供者などが，複雑化した現代社会の動向や特徴をとらえるために分析・活用している大量の情報を何というか。**カタカナ6字（「・」「＝」「-」を用いる場合，それらは字数には含めない）**で答えよ。

〔7〕 下線部⑦に関して，以下の文章の［A］～［D］にあてはまるもっとも適切な語句を記入せよ。なお，**Dは漢字6字**で答えよ。

現代社会では，インターネット上の著作物も含めて，デザインやアイデアなどの知的財産をどのように保護していくかが課題となっている。知的財産権には著作権のほか，産業にかかわる権利として，形や組み合わせなどを工夫した考案に関する［A］権や，商品やサービスに使用するマークに関する［B］権，モノの外観・デザインに関する［C］権などがあり，2005年には東京高等裁判所内に，高度な専門知識が必要な訴訟を迅速に処理するための［D］裁判所が設置された。

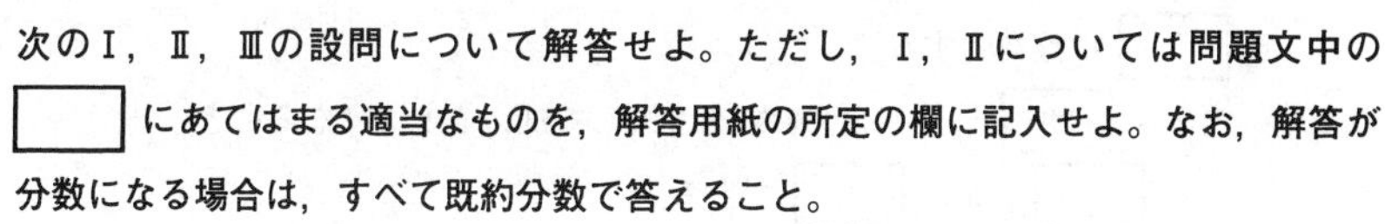

数学

(80 分)

次のⅠ，Ⅱ，Ⅲの設問について解答せよ。ただし，Ⅰ，Ⅱについては問題文中の［　　］にあてはまる適当なものを，解答用紙の所定の欄に記入せよ。なお，解答が分数になる場合は，すべて既約分数で答えること。

Ⅰ

〔1〕 50 以下の自然数を全体集合とし，その部分集合で以下の 8 つの集合を考える。

$$A = \{p \mid p\text{ は素数}\}$$

$$B_k = \{q \mid q = 7m + k,\ m\text{ は整数}\}$$

ただし，k は 0 以上 6 以下の整数とする。

なお，集合 C に対して，その要素の個数を $n(C)$ で表すものとする。

(a) $n(A) =$ ［ア］である。

(b) $n(B_k)$ が最大となる k は［イ］であり，$n\left(A \cup B_{［イ］}\right) =$ ［ウ］となる。

(c) $x \in B_3$, $y \in B_5$ のとき，これらの積 $x \times y$ は 7 で割って［エ］余る数となる。また，$a \in A$, $x \in B_3$ で，これらの積 $a \times x$ が 7 で割って 3 余るときの a の値は［オ］と［カ］である。

〔2〕 a, b を実数とする。3 次方程式 $x^3 + ax^2 + bx - 6 = 0$ ……① について，

(a) 3 次方程式①が，$1 + i$ を解にもつとき，$a =$ ［キ］，$b =$ ［ク］である。

(b) 3 次方程式①が，-1 と 2 を解にもつとき，$a =$ ［ケ］，$b =$ ［コ］

であり，残りの解は $x=$ [サ] である。

(c)　3次方程式①が，$x=$ [サ] を解にもつとき，a を用いて b を表し，①を整理すると，

$\left(x+\boxed{シ}\right)\left\{x^2+\left(\boxed{ス}\right)x-\boxed{セ}\right\}=0$ となる。ただし，[シ] は整数とする。

$x=$ [サ] 以外の2つの解を2乗して加えると4になるとき，$a=$ [ソ]，$b=$ [タ] である。

〔3〕　1辺の長さが4である正三角形ABCについて，辺BCを1：3に内分する点をP，3：1に内分する点をQとすると，線分APと線分AQの長さはともに [チ] で，ベクトル$\overrightarrow{AP}$とベクトル$\overrightarrow{AQ}$の内積$\overrightarrow{AP}\cdot\overrightarrow{AQ}$の値は [ツ] である。

したがって，$\sin\angle PAQ=$ [テ] となり，△APQの外接円の半径は [ト] である。

その外接円の中心をOとすれば，$\overrightarrow{AO}=$ [ナ] $(\overrightarrow{AB}+\overrightarrow{AC})$ となる。

Ⅱ　ある飲食店について，1日当たりの費用，売り上げ，価格，そしてこれらの変数で定まる利益を考える。ここでは，利益を除く変数はすべて正の値をとるとする。

費用は，固定費用と可変費用の和からなる。固定費用は，来店客数と関係のない設備・家賃・従業員の人件費などの費用である。可変費用は，1日当たりの来店客数に比例する食材などの費用である。

固定費用は 20000，可変費用は来店客単位当たり 500，1日当たりの来店客数を $x\ (x>0)$ とすると，費用 y は，

$$y = 20000 + 500x \quad \cdots\cdots ①$$

となる。

〔1〕　提供される料理は1種類で，その価格を z とすると，来店客数 x の式は，

$$x = 150 - \frac{1}{10}z \quad \cdots\cdots ②$$

と表される。費用 y の式①に，この来店客数 x の式②を代入すると，

$$y = \boxed{\text{ア}}$$

となる。売り上げ R は，(価格) × (来店客数) とすると，z を用いて，

$$\mathrm{R} = \boxed{\text{イ}}$$

と表される。利益 G は，(売り上げ) − (費用) とすると，z を用いて，

$$\mathrm{G} = \boxed{\text{ウ}}\,z^2 + \boxed{\text{エ}}\,z - \boxed{\text{オ}}$$

と表される。この式より，G が最大となるときの価格は $\boxed{\text{カ}}$ であり，このときの利益は $\boxed{\text{キ}}$ である。また，来店客数は $\boxed{\text{ク}}$ である。

〔2〕　次に来店客数が，$\alpha\ (\alpha \geqq 0)$ だけ減少するときを考える。α を価格に左右されない数とし，価格 z と来店客数 x の式は，

$$x = 150 - \alpha - \frac{1}{10}z$$

と表される。このときの利益 G_1 を〔1〕と同様に考えると，G_1 は z と α を用いて

$$\mathrm{G}_1 = \boxed{\text{ケ}}\,z^2 + \left(\boxed{\text{コ}}\right)z + \left(\boxed{\text{サ}}\right) \quad \cdots\cdots ③$$

となる。G_1 が最大となるときの価格 z_1 は，α を用いて，

$$z_1 = \boxed{\text{シ}} \quad \cdots\cdots ④$$

となる。［シ］より，a が 0 から 10 に変化するとき，G_1 が最大となるときの価格は［ス］下がる。

④のとき，最大の利益 H は，

$$H = \boxed{セ}\,a^2 - \boxed{ソ}\,a + \boxed{タ}$$

となる。この式を用いると，a が 0 から 10 に変化するとき，最大の利益は［チ］減少する。

Ⅲ　図のような東西 6 本，南北 6 本の道がある。A さんは X 地点を出発し最短経路を進み Y 地点に到着する。また，P 地点と Q 地点にはそれぞれ書店 P と書店 Q があり，その地点を通る場合は必ずその書店に立ち寄り，書店 P では確率 $\frac{1}{2}$ で，書店 Q では確率 $\frac{2}{3}$ で本を買うものとする。なお，X 地点から Y 地点への最短経路の選び方はすべて同様に確からしいとする。なお，A さんは X 地点を出発するとき，本を持っておらず，途中で買った本は Y 地点まで持っていくと考える。次の問いに答えよ。

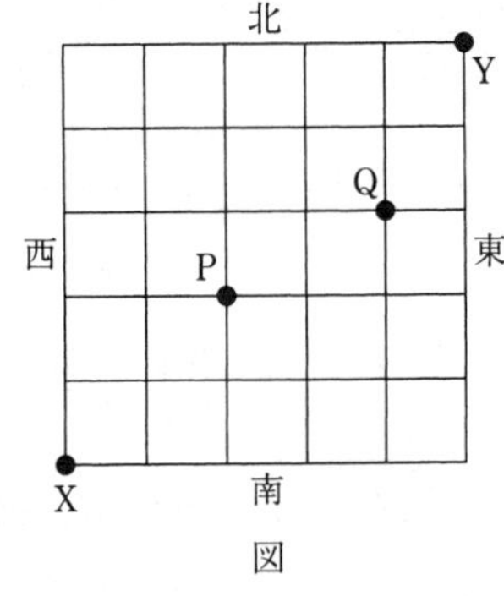

図

〔1〕 A さんが P 地点を通り Y 地点に到着する最短経路は何通りあるか。

〔2〕 A さんが Q 地点を通り書店 Q で本を買い，Y 地点に到着する確率を求めよ。

〔3〕 Y 地点に到着した A さんが書店 P，書店 Q の少なくともどちらかの書店に立ち寄っていた確率を求めよ。

〔4〕（a） Y 地点に到着した A さんが本を持っている確率を求めよ。

（b） Y 地点に到着した A さんが本を持っていなかったとき，書店 P に立ち寄っていた確率を求めよ。

5　梁君は、狩猟を妨げた行人に激怒したが、公孫襲に諭されて、民を大事にするのが君主のあるべき姿だと悟り、有益な話を聞けたことに心から感動した。

6　梁君は、公孫襲を試そうとして故意に行人に矢を向けたところ、公孫襲が斉の景公の故事を用いて真剣な態度で諫めたので、良い臣下を持ったことに大変喜んだ。

問1 傍線①の「所以」、③の「与」の読み方を、それぞれひらがなで書け。③は送りがなも含めること。

問2 傍線②の「今必使吾以人祠乃且雨」の書き下し文として、最も適当なものを、次のなかから選び、その番号をマークせよ。

1 今必ず吾を使ひて人を以て祠らしめて乃ち且(しばら)く雨ふれば
2 今必ず吾をして人を以て祠り乃ち且く雨ふらしむれば
3 今必ず吾を使はして人を以て祠り乃ち且(まさ)に雨ふらんとせしむれば
4 今必ず吾をして人を以て祠らしめて乃ち且に雨ふらんとせば
5 今必ず吾に使ひして人を以て祠り乃ち且(か)つ雨ふれば
6 今必ず吾をして人を以て祠り乃ち且つ雨ふらしむれば

問3 [A] に入れる語として、最も適当なものを、次のなかから選び、その番号をマークせよ。

1 虎狼　2 白雁　3 燕雀　4 亀鶴　5 竜鳳　6 狐狸

問4 本文の内容に合うものを、次のなかから一つ選び、その番号をマークせよ。

1 梁君は、狩猟で白雁を射ようとしたところ、行人の妨害に遭ったので、逆上して射殺そうとしたが、公孫襲の説得を受け入れ、行人を車に乗せて宮殿へ帰った。
2 斉の景公は、ひでりが三年も続いたため占ったところ、民を犠牲にして天を祠れば雨が降るというお告げを得たので、その通りにすると果たして大雨が降った。
3 梁君は、狩猟の邪魔をした行人を射殺そうとしたが、公孫襲に制止されて気勢をそがれたので、怒りの矛先を公孫襲に向け、車から降ろして処罰を下した。
4 公孫襲は、斉の景公が民を犠牲にするのを避け、自らを犠牲にして天を祠った結果、雨が降ったという故事を用いて、白雁のために行人を殺そうとした梁君を諫(いさ)めた。

対(こた)ヘテ曰ハク、「昔斉ノ景公之時、天大イニ旱(ひでり)スルコト三年。卜(うらな)ヒテレ之ヲ曰ハク、『必ズ以テレ人ヲ祠(まつ)ラバ乃チ雨フラント。』景公下リレ堂ヨリ頓首シテ曰ハク、『凡ソ吾ノ①所二以求ムレ雨ヲ者(は)、為(ため)二吾ガ民一ノ也。②今必使吾以人祠乃且雨、寡人将ニ二自ラ当タラントレ之ニ一。』言未ダレ卒(を)ハラ而天大イニ雨フルコト方千里ナル者(は)、何ゾ也(や)。為下有リテレ徳二於天一而恵ムガ中於民上ニ也。今主君以テ二白雁之故一ヲ而シテ欲スレ射ントレ人ヲ。襲謂(おもへ)ラク主君ハ無シトレ異ナル二於 A 一ニ矣。」梁君援(と)リ二其ノ手一ヲ③与ニ上リテレ車ニ帰リ、入リ二廟門一ニ、呼ビテ二万歳一ト曰ハク、「幸ヒナル哉(かな)。今日也(や)他人猟シテ皆得ルモ二禽獣一ヲ、吾猟シテ得テ二善言一ヲ而帰ルト。」

（『新序』による）

注　梁＝戦国時代の魏国の別名。　御＝車馬を操縦する者。　公孫襲＝人名。　撫矢＝矢を手でおさえる。
忿然＝激しく怒るようす。　斉景公＝春秋時代の斉国の君主。　頓首＝何度も頭を地面に打ちつける敬礼。
寡人＝諸侯の謙遜した自称。　廟＝祖先の霊を祭る建物。

2 親王の伝に「煩ひ多し」と記載があるように、幾多の困難を乗り越えて、親王は大陸各地で仏教の布教をしていた。

3 『閑居友』の作者は、志半ばで亡くなった親王の魂を供養するため伝から引用し、その最期を後世に伝えようとした。

4 既にある書物に収載されている伝の再録だという非難を避けるため、『閑居友』の作者は既知の伝からの引用を避けた。

5 作者は、自分の文章が拙いという欠点を補うため、『閑居友』を書く時に昔の人の名文からの引用を積極的に行った。

6 『発心集』は読み手が結縁するため伝から引用したが、世の人や『閑居友』の作者はそのやり方に疑念を持っている。

問8 E に入る『発心集』の作者の名前を、次のなかから選び、その番号をマークせよ。

1 紀貫之　2 信濃前司行長　3 鴨長明　4 世阿弥　5 吉田兼好

四 次の文章を読んで、問いに答えよ（設問の都合上、訓点を省略した部分がある）。

梁君出猟、見白雁群。梁君下車彀弓欲射之。道有行者、梁君謂行者止、行者不止、白雁群駭。梁君怒、欲射行者。其御公孫襲下車撫矢曰、「君止。」梁君忿然作色而怒曰、「襲不与其君而顧与他人、何也。」公孫襲

2　弘法大師の真言の教えは全く分からなかったから
3　あらゆる仏の教えを学んだが体得していないから
4　日本の仏教のあり方そのものに疑問を感じたから
5　道詮律師や弘法大師の教えに納得していないから

問4　傍線㋒の「涙かきやりがたし」、㋕の「そばむる言葉かな」を、それぞれ十字程度で現代語訳せよ。〔解答欄：各十二字〕

問5　傍線㋓の「あぢきなし」の説明として、最も適当なものを、次のなかから選び、その番号をマークせよ。

1　親王は、菩薩が姿を変えて自分の信仰心を試したことに少しも気づかなかったため、うかつだったと深く反省した。
2　親王は、必死に仏の教えを求める自分の信仰心をもてあそぶ菩薩に対して、理不尽さとともに激しい怒りを感じた。
3　親王は、自分では気づかなかった器量の小ささを菩薩に指摘されたことに対し、悔しくやるせない気持ちになった。
4　親王は、菩薩が自分の信仰心につけ込み鬼神に姿を変えて現れたことに対し、著しく道理に反していると憤慨した。
5　親王は、菩薩の難題に即座に答えられなかったため、修行がまだ不十分だったと気づき、苦々しく情けなく感じた。

問6　傍線㋔の「あはれに侍り」の説明として、最も適当なものを、次のなかから選び、その番号をマークせよ。

1　あと少しで真理にたどり着ける直前で虎に襲われ亡くなってしまった親王の運命に、命のはかなさを感じている。
2　日本を離れてまで仏の教えを学ぼうとした親王の信仰心が誰にも知られていないことに、虚しさを感じている。
3　天竺に渡った大唐や新羅の人々の伝は多くの書物に記載があるが、親王の伝は記載がないことに失望している。
4　日本では大勢の家臣に敬われていた親王が、異国の地で孤独のうちに最期を迎えたことに、無常を感じている。
5　仏の教えを学ぼうと各国を巡り僧に教えを乞うも満足な答えを得られなかった親王の生涯に、深く同情している。

問7　本文の内容に合うものを、次のなかから二つ選び、その番号をマークせよ。

1　円載和尚は、仏道修行のために唐土に渡ってきた親王の力になろうと帝に頼み込み、親王は法味和尚に師事できた。

(『閑居友』による)

注 玄奘・法顕＝ともに当時の中国からインドへ仏教を学びに行った僧。 新羅＝古代朝鮮半島にあった国の名。
儲けのすべらぎ＝皇太子のこと。 この書＝『閑居友』をさす。 書き記せる奥ども＝各説話の末尾。
天竺・震旦・日域＝それぞれ、インド、中国、日本を指す。 ひと筆＝説話を要約したダイジェスト。
結縁＝仏の道に縁を結ぶこと。 草隠れなき陰＝あの世。

問1 [A]、[B]、[C]、[D]に入れるのに、最も適当な組み合わせを、次のなかから選び、その番号をマークせよ。

1 A＝給は B＝侍り C＝給ひ D＝給へ
2 A＝侍ら B＝侍り C＝給ひ D＝給ひ
3 A＝給は B＝給ひ C＝給ひ D＝給ひ
4 A＝侍ら B＝給ひ C＝侍り D＝給ひ
5 A＝給は B＝侍り C＝侍り D＝給へ
6 A＝侍ら B＝給ひ C＝侍り D＝給へ

問2 傍線㋐の「飾りを落とし」の説明として、最も適当なものを、次のなかから選び、その番号をマークせよ。

1 派手な衣装を脱ぎ質素な生活をすること
2 髪を剃り世俗を捨てて出家をすること
3 親王から臣下に降り楽な身になること
4 虚飾を払いありのままの自分になること
5 冠の飾りを外して学業に専念すること

問3 傍線㋑の「唐土にぞ渡り給ひける」の理由として、最も適当なものを、次のなかから選び、その番号をマークせよ。

1 国内では世俗に囚(とら)われてしまい修行できないから

渡り給ひける道の用意に、大柑子(かんじ)を三つ持ち給ひたりけるを、飢(つか)れたる姿したる人、出で来て乞ひければ、取り出でて、中にも小さきを与へ給ひけり。この人、「同じくは、大きなるをあづからばや」と言ひければ、「我は、これにて末も限らぬ道を行くべし。汝は、ここの人なり。さしあたりたる飢ゑをふせぎては足りぬべし」とありければ、この人、「菩薩の行(ぎやう)は、さることなし。汝、心小さし。心小さき人の施す物をば受くべからず」とて、かき消ち失せにけり。親王、あやしくて、「化人(けにん)の出で来て、我が心をはかり給ひけるにこそ」と、悔しく、㋓あぢきなし。

さて、やうやう進み行くほどに、つひに虎に行き遇ひて、むなしく命終はりぬとなむ。

このことは、親王の伝にも見え侍らねば、記し入れぬるなるべし。

昔のかしこき人々の、天竺に渡り給へることを記せる書(ふみ)にも、大唐・新羅の人々は数あまた見え侍れど、この国の人は一人も見えざんめるに、この親王の思ひ立ち給ひけむ心のほど、いといとあはれにかしこく侍り。昔は、儲けのすべらぎにて、百の官に仰がれきといへども、今は、道のほとりの旅の魂として、一人いづくにか赴き給ひけむと、返す返す㋔あはれに侍り。

さても、『発心集』には、伝記の中にある人々あまた見え侍るめれど、この書には伝に載れることをば入るることなし。かつは、かたがたはばかりも侍り。また、世の中の人のならひは、わづかにおのれが狭く浅くものを見たるままに、「これはそれがしが記せるものの中にありしことぞかし」など、よにもたやすげに言ふ人もあるべし。また、もとより筆を執りてものを記せる者の心ざしは、「我、このことを記し留めずは、後の世の人、いかでかこれを知るべき」と思ふより始まれるわざなるべし。いはんやまた、古き人の心も巧みに言葉もととのほりて記せらむを、今あやしげに引きなしたらむもいかがと覚え侍り。

また、この書き記せる奥どもに、いささか天竺・震旦・日域の昔の跡を、ひと筆など引き合はせたることの侍るは、「これを端にて知り初むる縁ともやなり侍らむ」など、思ひ[D]て、つかうまつれるなり。[E]は、人の耳をも喜ばしめ、また結縁にもせむとてこそ、伝の中の人をも載せけむを、世の人のさやうには思はで侍るにならひて、かやうにも思ひ侍るなるべし。ゆめゆめ草隠れなき陰にも、「㋕我をそばむる言葉かな」とは、思ふまじきなり。

3　日本語の「水」には「熱くない（常温　冷温）」という意味が含まれているが、これは英語の「water」の意味とずれており、同じずれが「臣民」と「subject」の間にも起こっている。

4　「人民」であれば独立戦争や市民革命を戦って憲法を制定し国をつくることができるが、日本国の場合、「臣民」という役割を与えられたため自ら国をつくることができなかった。

5　戦後「臣民」を「国民」に置き換え、日本国憲法で「国民」を主権者としたが、「国民」は英語では「nation」や「national」と訳し分ける必要がある。

三

次の文章を読んで、問いに答えよ。

昔、真如親王といふ人いまそかりけり。平城（へいぜい）天皇の第三の親王なり。いまだ頭下ろし［A］ぬ前には、高岳の親王とぞ申しける。(ア)飾りを落とし給ひて後は、道詮律師に会ひて三論宗を極め、弘法大師に従ひて真言を習ひ給ひけり。「法門ともにおぼつかなきこと多し」とて、(イ)つひに唐土（もろこし）にぞ渡り給ひける。宗叡僧正とともなひ給ひけるが、宗叡は、「文殊の住み給ふ五台山、拝まむ」とて行き給ふ。親王は、もの習ふべき師を尋ね給ひけるほどに、昔、この日本の国の人にて円載和尚といひし人の、唐に留まりたりけるが、親王の渡り給ふよしを聞きて、帝に奏したりければ、帝あはれみて、法味和尚といふ人に仰せつけられて、学問ありけれど、心にもかなはざりければ、つひに天竺にぞ渡り給ひにける。

「錫杖（しゃくぢゃう）を突きて、脚にまかせて一人行く。理（ことはり）にも過ぎて煩ひ多し」など侍るを見るにも、悲しみの(ウ)涙かきやりがたし。玄奘・法顕などの昔の跡に思ひ合はするにも、さこそは険しく危うく［B］けめと、あはれなり。

さて、帰り給ふべきほども過ぎぬれば、「生き死にわきまへがたし」とて、細かにぞ尋ねありける。唐土の返事に、「天竺に渡り給ふほどに、道にて終はり給ふよし、ほのかに聞く」と［C］けるにぞ、初めて、魂をうつし給ふよしを知りにける。

5　日本語には江戸時代まで「臣民」という言葉がなく、急ぎ思いついて「subject」を誤って「臣民」と訳したため、英語に訳そうとするとあてはまる語がないということ

問4　傍線㋒に「言葉が表す概念や思考を相対化する」とあるが、その説明として、最も適当なものを、次のなかから選び、その番号をマークせよ。

1　母語を学ぶことにより自国の言語の思考の枠組みを知り、歴史に関しても客観的な観察が可能となり、歴史を相対化できるということ

2　母語の思考の枠組みとは相違する外国語の枠組みを頭の中に組み立てることにより、自らの言語である母語の思考の枠組みを見直すこと

3　外国語を学ぶことにより、言葉の表す概念や思考をより理解することができるようになり、そのことで言葉を大切にするようになること

4　母語の表す概念や思考を知ることにより、知らず知らずのうちに自らに組み込まれている考え方に気づくことができ、歴史の矛盾も知ること

5　言葉を大切にして考えることにより、自らの存在と他者を相対化することができ、様々な概念や思考をより理解することが可能となること

問5　本文の内容に合うものを、次のなかから一つ選び、その番号をマークせよ。

1　日本国憲法の「国民」は法律レヴェルではなくて憲法レヴェルの概念であるため、他国の人びとのように国際法などの法律によって、国籍を剝奪されたりすることがない。

2　日本語を観察すると他国には存在しない「国民」のようなおかしな言葉が見つかるが、これは近代以前の日本の人々が天皇に平伏し、従ってきた歴史を表すものである。

を真似たというのは問題があるということ

4 「国民」とは国家の存在により成立している語であり、さらにその「国民」が国家を造るという説明は、どちらが先かも分からず、論理的に問題があるということ

5 「国民」は集合名詞で一人一人を指す語ではなく、ある国家を構成する人びと全体であり、その「国民」が国家を構成するというのは論理的に問題があるということ

問2 [A] に入れるのに、最も適当なものを、次のなかから選び、その番号をマークせよ。

1 国民は国家の上位概念であるはずだ　2 国民は国家の下位概念であるはずだ

3 国民は法律レヴェルの概念であろう　4 国民は憲法レヴェルの概念であろう

5 国民は国籍保有者の枠に収まる　6 国民は国籍保有者の枠に収まらない

問3 傍線㋑に「あてはまる単語がない」とあるが、その説明として、最も適当なものを、次のなかから選び、その番号をマークせよ。

1 「臣民」に近い意味の言葉として「subject」が存在するが、「subject」は「主題」「対象」という意味も含んでいるため、「臣民」にぴったりあてはまる語ではないということ

2 「臣民」は統治される人々という意味があり「subject」の訳となるが、「臣民」には統治する側の役人も入っているので、英語にしようとするとあてはまる語がないということ

3 「臣民」は天皇に従って生きる民という意味をもっており、欧米においては天皇ではなく王侯による統治であったため、英語にするとちょうどあてはまる語がないということ

4 「臣」と「民」はそもそも意味的に相反する語がくっついたものであり、言葉として異質であるため、正確に英語に訳そうとするとちょうどあてはまる語がないということ

民」と訳すのだ、ということにしたのです。こういうわけで、「臣民」を逆に、英語に訳そうとすると、(イ)あてはまる単語がない。さっきの「水」と「water」みたいになっている。

戦後、「臣民」という言葉はなしにして、「国民」という言葉に置き換えた。「国民は主権者です」という文章も、書き加えた。でも日本国憲法をみると、第一条から第八条までは天皇の規定が書いてあり、「国民統合の象徴」ということになっている。天皇は、国民の一人なのか国民でないのか、あいまいです。それは、天皇は「臣民」ではなかったことが、尾をひいているのです。

このように、「臣民」という言葉のルーツをたどると、天皇をふつうの人間を超えた存在としてまつり上げようとした明治政府の意図に気づくことができる。すると、「臣民」→「国民」という日本語につきまとう、思考の枠組みから自由になれる。言葉を大事にし、言葉のことを考え、(ウ)言葉が表す概念や思考を相対化するとは、このように、自分が知らず知らずのうちに組み込まれている考え方のシステムに気づくきっかけとなるものなんです。

(橋爪大三郎『人間にとって教養とはなにか』による。なお一部を改めた)

問1 傍線(ア)に「非論理な循環論になってしまっている」とあるが、その説明として、最も適当なものを、次のなかから選び、その番号をマークせよ。

1 憲法においては、人民が国家を造ったとしなければならないところを、日本国では国民と記載しており、これでは国民が憲法より上か下かわからないということ

2 「国民」には主権者という意味まで含まないのに、日本国憲法に「われわれ国民は、主権者で、日本国を造りました」という説明があり矛盾しているということ

3 他の国の憲法には「国民」にあたる言葉はないのに、日本国は勝手に「国民」という言葉を作り出した上に外国の憲法

じゃあどうして、こんなおかしな言葉が憲法に記されることになったのか。それを明らかにするには、明治時代にまでさかのぼる必要があります。明治維新のあと日本は、近代国家にならねばと、大日本帝国憲法（帝国憲法）を制定した。この憲法には、「臣民」という言葉が頻出する。

「臣民」は、「臣」＋「民」。実は、明治政府による造語です。「民」はまあ、わかりやすい。人民、つまりふつうの人びとのことですね。英語だと、**people** である。「臣」は、王侯に仕える役人のこと。中国では、人民を統治する役割だった。

中国語では、「臣」と「民」は相反するもので、一緒にすることはないのですが、それをくっつけて「臣民」という言葉をつくった。なぜひとまとめにしたかというと、「天皇に従う」という関係をはっきりさせるため。帝国憲法は、天皇を主権者と定めている。そもそも憲法がある前から、天皇は日本を統治していた。人びと（臣民）は、それに従っていた。そういうストーリーが必要だったからです。人民は、国をつくる。王様なんかいなくても。国をつくると決め、必要なら独立戦争や市民革命を戦って、憲法を制定する。そこには、「われわれ人民は、これから国をつくります」と書いてある。その国にいる人間はすべて、人民。さきほどのべた通りだ。

臣民は、違う。臣民＋天皇、で国である。臣民だけでは、国をつくることができない。よって臣民は、国の主人公でも主権者でもない。天皇がいなければ、何もできない。きみたちはおとなしく、天皇に従っていなさい。そして、天皇のもとで働く政府の偉いさんに従っていなさい。きみたちは、人民と違うのだから。――これが、帝国憲法が言っていることです。天皇こそが無上の存在であり、その前に「臣民」が平伏している。「臣民」には、政府の役人（統治する側）も一般の人びと（統治される側）もいるわけだが、そのことに文句を言わない。こういう国の成り立ちを語っているのが、「臣民」という言葉なんです。

さて、この「臣民」という言葉は、江戸時代まで存在しなかった。それが急に思いつかれたのは、英語でいう「**subject**」から来ている。「**subject**」は辞書をみると、「主題」「対象」「臣下」などいろいろ意味がある。ここでは「臣下」、王様の命令を聞いて、統治される人びと、という意味ですね。日本語に、これにちょうどあたる言葉がなかった。そこで、「**subject**」を「臣

民」ではない。どの言語にも、そもそも「国民」という概念がない。これは、大事な点です。

「人民」と「国民」は違う。「人民」は、国家があろうとなかろうと、「人民」。だから、「われわれ人民は、国家を造りました」と言うことができる。これは、ロックやルソーなどの思想家が唱えた「人民主権」の思想の基本。近代国家を支える基本概念です。けれども「国民」は、国家がなければ、「国民」でない。国家に依存している存在です。

日本国憲法は、外国の憲法を真似して、外国の憲法と同じことを言おうとし、「われわれ国民は、主権者で、日本国を造りました」みたいな文章をつくった。でもこれは、「われわれタマゴは、主権者で、ニワトリを造りました」みたいな、㋐非論理な循環論になってしまっている。だから日本語で憲法を読んでも、憲法のことがよくわからないのです。

そんなことを言っても、英語の辞書をみると、「国民」＝「nation」と載っているではないか。でも、「nation」は、集合名詞で、一人ひとりの人間を指すことができないのです。ある国を構成する人びとをまとめて、「nation」という。

その一人ひとりを指したいときには、「national」といいます。これは、国籍保有者、という意味です。「Japanese national」なら、日本国籍の保有者。「American national」「French national」とは、「アメリカ国籍の保有者」「フランス国籍の保有者」という意味です。

「国籍保有者」なら、「国民」と大して変わらないじゃないか、と思わないで下さい。「国籍保有者」なら、国籍法などの法律によって、国籍を与えたり剥奪したりすることができます。でも、日本国憲法の国民というのは、（本来なら）法律レヴェルではなくて憲法レヴェルの概念（のはず）で、「国籍保有者」の枠に収まりません。じゃあ国民は、憲法より上なのか下なのか。いろいろに考えられますが、要するに、日本語でははっきりしないのです。

こう考えてみると、小学校や中学校で習った「国民主権」という言葉も、ほんとうに理解するのはむずかしいです。国民に主権があるのなら、［A］。でも、「国民」という言葉は、その成り立ちからして、「まず国があった」という考え方である。国が先か、国民が先か、わけがわからない。

二　次の文章を読んで、問いに答えよ。

言語はそれぞれ異なります。発音が違う。単語が違う。文法が違う。使っている文字だって違うかもしれない。英語など、多くのヨーロッパ諸国の言語は、ローマ字のアルファベットを用いる。日本語は、「ひらがな」「カタカナ」「漢字」を用いる。それ以外にもアラビア文字やキリル文字など、じつに多様です。だから外国語を学ぶには、まず、その言語の音の体系（日本語でいう「五十音」に当たるもの）から覚えなくてはいけない。

でも本当に大事なのは、こうした違いではありません。言葉の表す「概念」が言語によって異なる。この点こそが重要なのです。日本語と英語を比べてみます。たとえば、日本語の「水」を、英語で「water」というと習う。じゃあ「お湯」は英語で何というか。「hot water」だ。おや、と思いませんか？

日本語では、水を熱したものを「熱い水」とはいわない。「お湯」という。「お湯」でないものが、「水」。つまり、日本語の「水」の概念には、「熱くない（常温　冷温）」という意味が含まれている。これは、英語の「water」とずれている。「hot water」。「water」は冷たかろうと熱かろうと「water」なのだ。ということは、「水」＝「water」なのではないのです。熱い水は、「水」と「water」ならばまだ平和な話です。へえ、そうなんだ、ですむ。しかし、言語と言語の間には「概念の違い」があるという前提を意識して外国語に接してみると、これまで見過ごしていた重大なことがらに気づくことがあります。

その代表格は、私が思うに、「国民」という言葉です。じつは英語に、「国民」をさす単語がありません。フランス語にもドイツ語にもない。アメリカ合衆国憲法の前文を見てみます。

冒頭、日本国憲法でいう「前文　日本国民は」のところには、「We the People of the United States」とある。「People」だから「人びと」。いや、もっとはっきり「人民」を意味する。訳すると「われわれアメリカ合衆国の人民は」と書いてある。「国民は」ではないのです。アメリカ合衆国憲法にかぎらず、フランス共和国憲法は「Le peuple français（フランスの人民）」、ドイツ連邦共和国基本法では「das Deutsche Volk（ドイツの人びと）」と書いてある。主権者なのは「人民」であって、「国

3　ルソーのいう「一般意志」に相当し、人間社会の多様な文化や生き方、思想・信条の最大公約数を基準にして定められた民主主義の社会に普遍の価値基準

4　文化や生き方、思想・信条が異なっていても、人間が自由を求める存在であるという思想は民主主義社会において決して制限されるべきではないという価値基準

5　文化や生き方、思想・信条に左右されることなく、お互いの自由を尊重し、侵害しないためにルソーやヘーゲルが構想した時代や地域を超えた共通の価値基準

問10　本文の内容に合うものを、次のなかから一つ選び、その番号をマークせよ。

1　「存在の承認」はその人が価値のある行動をしたかどうかに関係なく与えられるもので、親が子に無条件の愛情をそそぐように親密な人に対する承認をいう。

2　一定のケアが必要な人々に「行為の承認」を与えることは必ずしも適当でないと考える人も、決して「存在の承認」を与えないという立場をとることはない。

3　ルソーのいう「一般意志」とはみんなの意志のことで、それはお互いの自由を尊重し、侵害しないために定められた、私たちすべての社会共通のルールである。

4　人助けをしたのに相手や周囲がその善意に気づかず評価されないことがあるが、親密な人にその行為の価値を理解してもらえれば自信を持って生きていくことができる。

5　民主主義社会では自分の価値観で自由に生きても、お互いの多様なあり方を認め合い、善悪の基準に従った道徳的な行為をすることで自由と承認が両立する。

6　価値観が多様化した現代でも、お互いの価値観を尊重し善悪の価値基準に沿った行動を心がければ、民主主義社会を発展させていくことは十分に可能である。

問7　傍線㋒に「『行為の承認』の可能性を広げてくれます」とあるが、その説明として、最も適当なものを、次のなかから選び、その番号をマークせよ。

1　認められるための行為の価値基準が明確になることで、困っている人を助けたりすることが偽善ではないかという危惧がなくなるということ

2　認められるための行為の価値基準が明確になることで、他人から受ける称賛が民主主義社会共通の価値観に基づくものだという確信がえられるということ

3　認められるための行為の価値基準が明確になることで、相手がこちらの善意に気づかなくても周りの人から行為の承認が得られるようになるということ

4　認められるための行為の価値基準が明確になることで、自分の行為が価値あるものであることを称賛の有無にかかわらず確信できるようになること

5　認められるための行為の価値基準が明確になることで、価値観の多様化や自由な生き方が否定されなくなり、普遍的自己承認が得られやすくなるということ

問8　［B］に入れるのに最も適当なものを、次のなかから選び、その番号をマークせよ。

1　親和的な　2　倫理的な　3　個人的な　4　社会的な　5　合法的な

問9　傍線㋓に「この価値基準」とあるが、その説明として、最も適当なものを、次のなかから選び、その番号をマークせよ。

1　他人の迷惑にならないかぎり人間が自由を求めることは妨げられないことなど、文化や生き方、思想・信条が異なっていても、ほとんどの人が認めることのできる価値基準

2　他人の迷惑にならないかぎり思想や宗教は尊重されるので、たとえ自らの思想、宗教では許されないものであっても批判してはならないという価値基準

し、自由に生きるための道が示されているのです。

（山竹伸二『ひとはなぜ「認められたい」のか――承認不安を生きる知恵』による。なお一部を改めた）

問1 傍線①、④の読み方をひらがなで書け。

問2 傍線②、③のカタカナを漢字に改めよ。楷書で正確に書くこと。

問3 傍線㋐に「存在の承認」とあるが、そのなかで「人権の承認」とは異なるものを、本文中から十六字でそのまま抜き出して、始めと終わりの五字を書け。

問4 次の一文は、本文中の〈 1 〉～〈 5 〉のどこに入れるのが最も適当か。その番号をマークせよ。

それは、「ありのままの存在」をお互いに認め合わなければ実現しないのです。

問5 傍線㋑に「その存在そのものを否定し、役に立たない、有害というレッテルを貼り、命さえも無残に奪おうとする」とあるが、このような行為に陥らないようにするには、社会にとって何が必要であると筆者は考えているか。最も適当な箇所を本文中から十八字でそのまま抜き出して、始めと終わりの五字を書け。

問6 [A] に入れるのに、最も適当なものを、次のなかから選び、その番号をマークせよ。

1 自由と存在の葛藤は、自由と「存在の承認」
2 自由と存在の葛藤は、思想と「行為の承認」
3 存在と承認の葛藤は、出自と「存在の承認」
4 存在と承認の葛藤は、出自と「行為の承認」
5 自由と承認の葛藤は、自由と「存在の承認」
6 自由と承認の葛藤は、自由と「行為の承認」

人を助けたり、苦しんでいる人を慰めれば、相手に感謝され、周囲の人たちにも称賛されるでしょう。これは、［B］行為の価値が認められたわけですから、「行為の承認」が充足された状態です。

また、陰ながら誰かを助けた場合、相手はこちらの善意に気づかないし、周囲も知らないので誰もほめてくれません。しかし、自分でその行為の価値を理解していれば、「自分はよいことをしている、役立っている」と信じることができます。「どんな人でも〝よい行為〟だと認めるはずだ」と確信できれば、普遍的自己承認が得られるのです。

以上のことから、現代社会における「自由と承認の葛藤」の意味が見えてきます。

私たちの社会は民主主義の社会であり、自分なりの価値観で自由に生きることが認められています。お互いの多様なあり方を認め合うことで、自由を確保し、「存在の承認」を得ているのです。そこには自由と「存在の承認」（人権の承認）を保証するためのルールが設けられており、それは誰もが納得するような善悪の価値基準に基づいています。当然ですが、(エ)この価値基準は、趣味や思想・宗教、生き方にまで口出しするようなものではなく、価値観の多様化や自由な生き方を否定しません。それは、自由を守るために最低限必要な善悪の価値基準なのです。

したがって、この共有された価値基準に沿った行動は必ず評価されますし、「行為の承認」を得ることができます。もちろん、ルールを守っただけではなかなか評価されませんが、積極的に困っている人を助ければ、たいていの人は称賛するでしょう。つまり、価値観が多様化し、承認の基準が不透明なこの時代にあっても、この善悪の基準に沿った道徳的な行為だけは、承認される可能性が高いのです。

価値観の多様化と自由への道は、一見すると、承認への欲望と矛盾し、自由と承認の葛藤、承認不安の増大は必然のように見えます。自由への欲望を満たせば承認への欲望が満たされず、承認を満たすには自由を犠牲にするしかない。そう思っている人も多いでしょう。しかし、ルソーやヘーゲルが構想した民主主義社会の原理には、自由と承認が両立する道が、承認不安を緩和

「存在の承認」が保証されれば、私たちは自由に生きることができます。あるがままの自分が否定されないのですから、それも当然のことでしょう。だから、「存在の承認」は自由の承認でもあるのです。そこに自由と承認の葛藤はありません。[A]の葛藤であり、自由な行為に対する価値評価が問題になるときにのみ、顕在化するのです。

相互に自由を認め合い、「存在の承認」を保証し合うためには、一定のルールが必要になります。それは、個人の自由を侵害しないためのルールであり、他人に迷惑をかけない、傷つけない、といったような、誰もが納得できるようなルールでなければなりません。〈 4 〉

このようなルールを④措定するには、一定の価値基準を共有している必要があります。これは多様な価値観を認め合うことと矛盾するように思えるかもしれません。しかし、生き方や思想、信条、ライフスタイルなどの価値観が異なっていても、善悪に関わる価値については、必ず一定の共通了解が可能です。〈 5 〉

たとえば、人間は自由を求める存在であり、他人の迷惑にならないかぎり、誰もそれを邪魔したり批判することはできない、困っている人、苦しんでいる人は助けるべきだ、といったような考え方、価値判断は、たとえ文化や生き方、思想・信条が異なっていても、ほとんどの人が納得するでしょう。こうした価値の共有に基づいたルールは、大勢の人が望んでいること、みんなの意志として共通了解されるはずなのです。

ルソーはこうしたみんなの意志のことを、「一般意志」と呼んでいます。民主主義社会の基本は、お互いの自由を尊重し侵害しないためのルールを決めるところにあります。自由を守るためのルールがなければ、それぞれが自分勝手な自由を主張し、他人の自由や迷惑など考えずに行動し、社会は混乱してしまうでしょう。そのルールの基準となるのが「一般意志」なのです。

このようなルールの基本にある価値観の共有は、ただ自由を擁護し、「存在の承認」を保証するだけでなく、認められるための行為の価値基準を明確にし、㋒「行為の承認」の可能性を広げてくれます。

他人に迷惑をかけないことは当然であり、ルールを守っただけなら、特に評価されることはありません。しかし、困っている

ても、あるいは高齢者、子ども、女性、障害者であっても、その存在をありのまま認める場合です。

これは、民主主義の根幹をなす人権の承認であり、親密な関係ではない見知らぬ人々に対する「存在の承認」と言えるでしょう。

私たちは親密な人たちに対しては甘いし、無条件に認めてしまうところがあります。これに対して、見知らぬ人々、特に価値観の異なる人々に対しては、無関心であったり、否定的であったり、厳しい態度をとる人も少なくありません。価値観が異なれば、「行為の承認」の基準も異なり、異なる価値観を認めれば、自分の行為や存在を否定することにもなりかねない、そんな危機感があるからで、これも承認不安が生み出す異質な存在への嫌悪なのです。〈　1　〉

また、価値観が異なるというより、一定のケアが必要な人々に対しても、同じ理由から差別をする人がいます。この感情が危険な水域に入ると、許しがたい②ボウキョさえ生じます。㋑その存在そのものを否定し、役に立たない、有害というレッテルを貼り、命さえも無残に奪おうとするのです。

ヒトラーは、ユダヤ人だけでなく、膨大な数の障害者を収容所に送っています。これは③ユウセイ思想に基づく政策ですが、まさにこれは「存在の承認」の完全な否定です。〈　2　〉

今日のように、多様な人々が集う共生社会においては、外国人や高齢者が激増し、異文化間、世代間における価値観のギャップはますます大きくなりつつあります。また、患者、障害者との共生も、私たちの社会の重要な課題となっています。そうした中で、お互いに「存在の承認」を与え合うことは、もはや避けることのできない問題と言えるでしょう。

本人の意志や行為では変えられないような、出自、年齢、性別、障害などは、決して否定されるべきではありません。どんな肌の色であろうと、どんな思想や信仰、趣味、感受性を持っていようと、それだけで存在そのものが否定されるなど、あってはならないことなのです。

他人に対して意図的に迷惑をかけないかぎり、誰もが「存在の承認」を保証される必要があります。〈　3　〉

呼んでおくことにします。

一方、誰かになぐさめてもらった経験は、自分が相手に受け入れられていると感じるので、やはり「認められた」感じがするものです。これは行為の価値が評価されているわけではありません。同じように、誰かと話があい、共感してもらった場合でも、やはり自分が認めてもらえたような気がして嬉しくなります。特に行為で評価されなくても、趣味や考え方が近かったり、気が合うだけでも、相手の承認を感じることはできるのです。

そこには飾らない①素の自分、「ありのままの自分」でいられる気楽さ、安心感があります。無理をしなくてもよい、相手に合わせなくてもよい、そういう自由の感覚があるのです。それは「行為の承認」とはちがって、特に価値のある行為は必要ないし、自分という存在そのものが受け入れられたように感じるため、「存在の承認」と呼ぶことができるでしょう。

このように、私たちが「認められたい」欲望を満たす場合、認められるのが自分の行為なのか、それとも自分の存在なのかによって、二つに分けることができます。それが「行為の承認」と「存在の承認」なのです。

ヘーゲルはお互いの自由を認め合うことを民主主義社会の基本原理に据えましたが、それは個人の生き方や考え方を認めあうということであり、価値観の多様化を肯定することを意味します。

また、個人の自由を認めるということは、その人がどのような価値観、ライフスタイルであっても受け入れるということ、あるがままの存在をそのまま承認するということです。これは㋐「存在の承認」を与えることに他なりません。「存在の承認」に、価値のある行為をしたかどうかは関係ありません。その人がどのような行為をしようと、どのような考え方をしようと、他人の迷惑にならないかぎりは認める、ということなのです。

「存在の承認」の原型は親和的承認です。私たちは家族、親友、恋人など、親密な関係における無条件の承認のことを親和的承認と呼び、きわめて重視してきました。その内実は、愛情に基づく存在そのものへの承認です。

しかし、「存在の承認」には親和的承認とは異なるものもあります。それは、人種や民族、生まれ、貧富、生き方が違ってい

国語

（八〇分）

解答に字数制限がある場合には、句読点・カッコも一マスとすること。

受験学部・受験方式によって、解答すべき問題を指定しているので注意すること。

全学統一方式（文系）	文学部以外	一　二　三
	文学部※	一　二　三　または　一　三　四
前期方式	APU	一　二　三

※文学部は二（現代文）と四（漢文）が選択問題。両方とも解答した場合は高得点の方を採用。

一　次の文章を読んで、問いに答えよ。

勉強やスポーツ、仕事の成績などで認めてくれる人たちは、その成績には価値がある、と思っています。だから成績がよいと称賛するわけです。困っている人を助けたり、みんなのために頑張った場合にも、感謝されて、その功績が称(たた)えられると思いますが、この場合も、そのような行為に価値がある、とみんなが思っているから、高く評価されるのです。

このように、ある行為の価値が評価されるような承認は、行為が承認の対象となっているので、とりあえず「行為の承認」と

解答編

英語

I

解答　〔1〕 (A)—(1)　(B)—(4)　(C)—(2)　(D)—(3)

〔2〕 (1)—3　(2)—1　(3)—1　(4)—2　(5)—3

〔3〕—(3)

◆全　訳◆

≪二人の先駆的ルネサンスの画家の業績≫

16世紀のヨーロッパで，ソフォニスバ=アンギッソラとラビニア=フォンタナは絵画を学び，その作品は広く好評を博した。二人の名声は世界中に知れ渡った。それから彼女らは忘れられた。100年以上も，このルネサンスの女流画家たちは無名のまま，多くの歴史家によって無視され，一般大衆に知られることはなかった。アンギッソラの作品は誤って有名男性画家の作とされさえした。

1535年頃，北イタリアに生まれたアンギッソラは，裕福な家庭の出であった。よって今の世と同様，富が門戸を開いたのだった。「運よく一定の資金を有する家庭に生まれた女性は，少なくともある程度の教育が受けられたのです。当時，無償の教育はなかったのですから」と，美術史家のアン=ハリス先生は語る。

子ども7人の一番の年長として，アンギッソラには5人の妹がいたが，父親には若い女性の育て方に定見があった。理想的には，貴族の婦人は教育を受けてほとんど何でもできるようになるのが望ましい。絵を描き，詩を詠み，歌を歌い，楽器を奏で，才知ある，楽しげな語らいができるようにというのである。他の貴族の家庭同様，その当時の截然たる社会通念が指し示すまま，アンギッソラの両親は，数多い娘たちに変わりゆく流行に遅れないよう教育を施す決心をした。しかし，10歳頃，アンギッソラの父と母はアンギッソラ本人と妹の一人を，数年間地元の画家の元で学ぶよう送り出した。娘たちを画家に弟子入りさせるこの決断は，画期的と言ってもよかった。後にも，アンギッソラの修業は別の画家の元で続き，あるとき，高名なイタリアの画家，ミケランジェロさえも，その作品を鑑定し賞賛したほどであった。

貴族の娘アンギッソラは，その絵画を売り出すことはできなかった。その社会的身分を考えれば，そんなことは許されるはずもなかったからである。そのかわり，アンギッソラは肖像画を描いた。「一連の自画像は，とても興味深いものがあります。自分自身を表現する方法がきわめて多様だからですが，それを父親がまず人に贈呈して，もらった人が次に何かをお返しにくれたのでしょうね」と，ハリス先生は付け加えた。

すぐさま，アンギッソラは王室と付き合うことになった。1559 年に，スペインのフェリペ 2 世の王室に仕えるよう招かれたのである。「アンギッソラは専属画家として雇われたのではありません。男性のようにはいかなかったのです」と，ハリス先生は語る。「アンギッソラは女王にデッサンの手ほどきをしたのです」 立場上，給料はよかった。絵画を制作し続けてはいたが，女王に仕えるという務めのために，作品の芸術性は妨げられた。アンギッソラはこの時期の作品に署名を入れることはなく，自分の芸術活動のためだけに向けられた報酬を受け取ることは一度もなかった。署名がなされず，受取証もないため，アンギッソラのスペイン時代の絵画は歴史家にはきわめて追跡が困難になった。1570 年代初めにアンギッソラはスペイン王室を離れ，実に驚くべき生活に乗り出した。その成功が他の人の励ましになったようだと，ハリス先生は指摘した。「アンギッソラの才能によって得られた信じがたい資産が，才能あふれる娘たちをもつ他の父親たちに，同じ成功を願って娘たちを教育しようと思うきっかけを与えたのです」

もう一人の貴族画家のラビニア=フォンタナは，1570 年代に美術界に登場した。1552 年にイタリアのボローニャに生まれたフォンタナは画家の娘であり，父から芸術形式の手ほどきを受けた。アンギッソラ同様，フォンタナも高い教養をもっていた。アンギッソラとは違い，フォンタナは王室とは無縁の，かなりの収入があった。「フォンタナは，女流画家として初めて，比較的普通の職業生活を営んだのです」と，ハリス先生は言う。フォンタナは，代金をもらって広範な作品を描いたからである。それはまれなことだったのであり，また，フォンタナは自分自身のアトリエを運営していた。

フォンタナは静物や肖像を描くだけにとどまらなかった。とはいっても，名声を得たのは重要人物の肖像画だったのだけれど。フォンタナは風景画や，聖書の場面，宗教画も描いた。さらに驚くべきは，その家庭の関係性であった。「ラビニア=フォンタナは，無名の画家と結婚した時点ではすでに職業画家として活動していました」と，ハリス先生は記す。夫との間に，フォンタナは11人の子をもうけたのだが，その夫は「結婚後，妻の仕事に協力することで合意していたと言われています。夫の名声は全く上がらなかったのだから，どうやらその通りにしたのでしょうね。妻が家庭の収入に貢献しただけではなかったのです。主な収入源になったのです」。

女性がプロの画家になることは当時まれだったので，フォンタナとアンギッソラは，多くの人を鼓舞することになった。しかし，中傷する人もいた。例えば，ある歴史家は，フォンタナは巨大画面を描くのは手に負えなかったと書いた。また，アンギッソラの作品の展覧会評で，ある美術評論家は，「とりわけ不快なのは，この展覧会がアンギッソラを実際以上に印象的だと表現しようとしていることである。アンギッソラは二流の画家だった」と書いた。ハリス先生は，アンギッソラの作品の一部には，「絶品」ではないものもあるかもしれないことは認めているけれども，アンギッソラがいくつかの野心的な作品を生み出したあとに，宮廷生活の制約を受けたと指摘している。もしもアンギッソラが修業を続け，王室にデッサンの手ほどきをしていなければと，ハリス先生は語る。「アンギッソラがどんな異なった成熟を見せたか誰にわかるというのでしょう」

先駆者たちの作品の水準を大げさに言いすぎているかもしれないけれどと，ハリス先生は言う。初期の女流画家のおかげで，他の人々が自分自身の仕事を追求する可能性を考慮するようになり，最終的に「誰にも一歩も引けを取らない」作品を生み出せる女流画家が出てきたのである。「だから，やっかいなことなのですが」と，先生は付け加える。「でも，どこかで始めないといけないのです」

◀解　説▶

〔1〕 (A) 「なぜ二人の画家は最近まで歴史家によって無視されたのか」
「歴史家による無視」に関しては，第1段第4文（For over a …）に「このルネサンスの女流画家は無名のまま，多くの歴史家によって無視さ

れ」とあるが，無視された理由は明記されていない。選択肢はそれぞれ，
(1)「本文に理由は述べられていない」
(2)「歴史家は二人の絵画を追跡する気がなかった」
(3)「16世紀には男性がプロの画家になることしか認められていなかった」
(4)「歴史家は有名な男性画家が実は二人の作品を作っていたことに気づいた」
の意味である。(2)は第5段第6文（Anguissola didn't sign …），(3)は第8段第1文（As it was …），(4)は第1段最終文（Anguissola's works were …）にそれぞれ一致せず，正解は(1)であるとわかる。

(B)「ソフォニスバ=アンギッソラの教育は，他の大半の貴族の婦人たちとはどのように違っていたのか」「教育の違い」に関しては，（注）4を含む第3段第5文（This decision to …）に「娘たちを画家に弟子入りさせるこの決断は，画期的と言ってもよかった」とある。選択肢はそれぞれ，
(1)「彼女の社交的技法のせいでそれが可能になった」
(2)「彼女はさまざまな科目で高い教養があった」
(3)「彼女の両親が当時の流行に倣うことに決めた」
(4)「彼女の両親が，彼女がプロの画家の元で勉強し仕事をすることを認めた」
の意味だから，正解は(4)であるとわかる。

(C)「なぜアンギッソラにとって，スペインにいたときに絵画技術を深めることが難しかったのか」「スペイン時代」に関しては，（注）7を含む第5段第5文（While she continued …）に「女王に仕えるという務めのために，作品の芸術性は妨げられた」とある。選択肢はそれぞれ，
(1)「アンギッソラは絵を描く気になれなかった」
(2)「アンギッソラは教育の責任があった」
(3)「アンギッソラは専属画家として務めを果たすのにあまりに忙しかった」
(4)「アンギッソラは別の画家に弟子入りすることができなかった」
の意味だから，正解は(2)だとわかる。第5段第3文（"She wasn't hired …）より，彼女は専属画家でなかったので，(3)は誤りである。

(D)「美術評論家の意見に答えて，アン=ハリス先生は何を強調しているか」「美術評論家への反論」に関しては，第8段および最終段に記述があ

り，最終段第1文（We may overstate …）に「初期の女流画家のおかげで，他の人々が自分自身の仕事を追求する可能性を考慮するようになった」と記述されている。これが(3)に一致する。選択肢はそれぞれ，

(1)「アンギッソラはもっと絵画の修業をすべきだったこと」

(2)「初期の女流画家が男性の巨匠と同じだけ優れていたこと」

(3)「初期の女流画家は他の女性のお手本であったこと」

(4)「アンギッソラの王室の元で働くという決断は，熟した判断ではなかったこと」

の意味である。(3)以外の選択肢に関する記述はない。

〔2〕 (1) 「二人の画家には，画家の父がいた」 アンギッソラの父については第4段第1文（The daughter of …）から貴族であることはわかる。そこで「画家ではない」と思うかもしれないが，第6段第1・2文（Another aristocrat artist, … the art form.）にあるように，フォンタナも貴族の娘で父は画家のため，貴族だから画家ではないとは限らない。よって，真偽不明。

(2) 「二人の女性は画家になることで財産を築くことができた」 アンギッソラについての第5段最終文（“The incredible wealth …），フォンタナについての第6段第4文（Unlike Anguissola, Fontana …）の記述より一致。

(3) 「以前の女流画家とは異なり，ラビニア=フォンタナは，仕事でより自立することができた」 第5段第6文（Anguissola didn't …）・同段最終文（“The incredible …）にあるように，アンギッソラはかなりの収入を得たがそれは作品に対する対価ではなかった。第6段第4・5文（Unlike Anguissola, … her own studio.）の「フォンタナは女流画家として初めて，比較的普通の職業生活を営んだ」「王室とは関係ない収入を得た」から，アンギッソラも含め過去の画家と異なり，自分の作品に対してお金が支払われた初めての女流画家がフォンタナだということがわかる。(3)にある independence というのは自分の作品に対して対価が支払われることを指すと考えると，本文に一致。

(4) 「フォンタナの家庭生活は，その当時の典型であった」 第6段最終文（“She was the …）および第7段第3～最終文（What's even more … its chief source.”）の内容に，不一致。

(5)「フォンタナの夫は妻が自分より稼ぐことが不快であった」 第7段第5・6文（Her husband, with … did just that.）にフォンタナの夫に関する記述があるが，妻が自分より稼ぐことが「不快だった」かどうかについての記述はない。よって，真偽不明。

〔3〕 選択肢はそれぞれ，

(1)「どうして二人のルネサンスの画家は忘れられたのか」

(2)「二人の忘れられたルネサンスの画家の家族問題」

(3)「二人の先駆的ルネサンスの画家の業績を認める」

(4)「ルネサンスの画家の収めた成功への王室の影響」

(5)「初期のルネサンスの画家の成功に教育と財産がもった重要性」

という意味。本文は，第1段第4文（For over a …）および最終段第1文（We may overstate …）にあるように，歴史に無視されてきた二人の先駆的ルネサンス画家は，その後世への影響においても重要で正しく評価されるべきであることを述べている。よって，正解は(3)だとわかる。

II 解答

〔1〕 (A)―(1)　(B)―(1)　(C)―(2)　(D)―(3)　(E)―(1)　(F)―(4)　(G)―(1)　(H)―(3)

〔2〕 ㋐―(3)　㋑―(1)　㋒―(4)　㋓―(3)　㋔―(3)

◆全　訳◆

≪なぜ電話で待たされるといらつくのか≫

誰だって，待たされている間に，20秒おきにロボットの声で「お電話ありがとうございます。まもなくカスタマーサービス担当者が対応しますので，それまでしばらくお待ちください」と言われて中断される煩わしい曲を聞くのが，好きではない。絶対そうだ！

人間のオペレーターと話すのを難しくしているのは企業なのだけれど，実はカスタマーサービスを大切にしている。27分の保留の後で怒って電話を切った顧客は，その企業の悪口をネット上で言いふらすか，競争相手に乗り換えるかする可能性が高い。それは「待機の経済的費用」と言われている。最近，待機の心理と，どんな音楽や伝言文が保留経験のつらさを，高めたり和らげたりするのかを調べた，ある驚くべき研究が出た。保留音楽に加え，電話の待機設定の最大の革新は，「推定時間」と「何番目」のお知らせであった。それは，誰もが列に並んで待たなければならないことであまりに有名な場所である，テーマパークで完成した技術である。

さまざまな種類の保留の際の伝言文を比較した 2007 年の研究によれば，保留中に平静を保ってもらうのに最も有効な方策は，順位が何番目かを知らせることだった。実験では，123 人が電話で 2 分保留にしておかれた。そのうち 3 分の 1 が保留用の音楽を聴き，3 分の 1 が音楽の間に，お待たせして申し訳ありませんという言葉を聞かされ，残りは音楽を聴きながら，折々の状況の最新情報が挟まれた。「4 番目におつなぎします… 3 番目におつなぎします」といった具合に。その経験について後に聞かれると，状況の最新情報をもらった人々が一番満足していた。必ずしも待ち時間が減るとわかるわけではないにしても，進んでいるという感覚で気が楽になるのである。「時間の問題ではなく，障害物に当たっている感覚の問題なわけです」と，研究の著者，アナト=ラファエリ先生は，米国心理学会に語っている。「満足感が得られるのは，自分がこの障壁を乗り越えて，欲しいものが手に入るのに近づいているとわかる場合です」

しかし，保留音それ自体はどうなのか。保留音楽が違えば，聞いている人に与える影響も違うのか。2014 年の研究は，前向きな言葉の流行歌がカスタマーサービスのホットラインで待ち受けている人の気分をよくするかどうかを調べた。結果は，しない，だった。「向社会的な」音楽，例えばマイケル=ジャクソンの「ヒール・ザ・ワールド」といった曲は，腹を立てている電話の相手を一層腹立たしくするだけだった。それから，流行歌は，耳に心地よい音楽よりも気晴らしとして優れているのかという問題がある。別の研究で，人々は無意識に BGM を体内時計に準じるものとして使い，それぞれの歌の長さを感じて，それらを合計し，待ち時間全体を知ることがわかった。著者の言うことには，なじみのある流行歌は「記憶を使いやすい」ので，それらは時間の長さとより密接に結びついていて，なじみのない曲より待ち時間を長く感じるそうだ。

とはいえ，こうした研究はすべて，きわめて多くの企業が与える待たされる経験が，なぜ依然としてとても忌み嫌われるのかという疑問を生む。答えを求め，私たちは，企業向けの専用保留音楽・伝言文を作成する会社に連絡した。リッチ=モンキュール氏が社長であるが，同氏は平均待ち時間を計算し，音楽と文言の適切な組み合わせを決める。「私たちの業界の目標は，実際より待ち時間を短く感じてもらうことです」と，モンキュール氏は語り，多様性が鍵を握ると，続けて語った。「音楽だけだと，2分ごとに切り替えます。音楽を流し続けておくと，どんな音楽だったとしても，全体の時間を長く感じるようになってしまいます。コールセンターで，平均待ち時間が10分だとすれば，どんな楽曲であれ，繰り返してはいけません」と，モンキュール氏は語る。「なぜなら，繰り返しを聞いた途端，電話の相手は自分が待たされているという感覚を強めてしまうのです」

なぜ企業がこうしたことを手にしたがっているのかは，たやすく理解できる。では，常に反復される質の悪い音楽とつまらない文言が，ほぼすべての企業の電話システムに採用されていることをどう説明するのだろう。モンキュール氏によると，それは怠慢と一つの特定の技術的な問題に帰着する。そもそも，あまりに多くの企業が初期設定のまま，電話機についている待ち時間用音楽を使っているだけである。モンキュール氏はそれを「缶詰（あらかじめ録音された）」音楽と呼んでいるのだが，一部の人々は奇妙にもそれが大好きである一方，その多くは神経を逆なでし，果てしなく繰り返される。

しかし，企業が保留音楽用に，適度に神経に障らないモダンジャズの曲目リストを作ったとしても，電話システムの技術のせいでそれがやはり聞き取りにくいということにもなりかねない。例えば，大半のコールセンターは，「ボイスオーバーインターネットプロトコル（VoIP）」電話システムに依存している。このインターネットに依拠するシステムは，人間の声を小さなデータパケットに入れてデジタルネットワーク上で送り出すように設計されている。オペレーターの声には，それはよく機能するのだが，音楽を不得手とする回路なのだ。モンキュール氏は，VoIP通話の音域はきわめて狭くて中音域に強いので，それで高音と低音は不明瞭になってしまうことが説明できると語る。「私たちが下さなくてはいけないのは，確かに芸術的な決断ではありますが，技術的な要因もあるわけです」と，モンキュール氏は語る。「私の業界は技術的な観点から，確実に保留音楽がVoIPに対処可能な少量のデータに収まるよう，実際に機能させる必要があるのです」

疑いなく，電話で待たされる経験は，時間とともに改善され続けるだろう。それまで，顧客は多くの企業が直面する制約に配慮しなくてはいけないし，また企業の側でも，顧客の限られた時間と堪忍袋とを尊重しなければならない。

◀解　説▶

〔1〕(A) 空所を含む部分は「27分の保留の後で怒って電話を切った顧客は，その企業の悪口をネット上で言いふらすか，（　　）に乗り換えるかする可能性が高い」の意。電話での怒りが相手の企業に向けられるというこの記述から，空所には「別の企業」の意味の語が入るとわかる。選択肢はそれぞれ，(1)「競争相手」，(2)「別の人間のオペレーター」，(3)「電子メールの通信」，(4)「チャットサポートのオプション」の意であるから，(1)がふさわしいとわかる。

(B) 空所を含む部分は「（　　），電話の待機設定の最大の革新は，『推定時間』と『何番目』のお知らせであった」の意。空所直前の文（Recently, there's …）の記述は「最近，待機の心理と，どんな音楽や応答メッセージが保留経験のつらさを，高めたり和らげたりするのかを調べた，ある驚くべき研究が出た」である。保留音と応答メッセージという研究対象のうち，空所後には応答メッセージに関する記述しかないので，「保留音」に関わる表現が入るとわかる。選択肢はそれぞれ，(1)「保留音楽に加え」，(2)「反対に」，(3)「再度」，(4)「オペレーターに関して」の意。上記の検討から，最もふさわしいのは，(1)だと判断できる。

(C) 空所を含む部分は「さまざまな種類の（　　）を比較した2007年の研究によれば，保留中に平静を保ってもらうのに最も有効な方策は，順位が何番目かを知らせることだった」の意。保留中「順位が何番目かを知らせること」は，応答メッセージの一つである。選択肢はそれぞれ，(1)「余暇活動」，(2)「保留の際の伝言文」，(3)「製品満足度」，(4)「販売手法」の意。したがって，(2)が正解となる。

(D) 空所を含む部分は「満足感が得られるのは，自分が（　　）して，欲しいものが手に入るのに近づいているとわかる場合です」の意。空所直前の文（"It is not …）に「時間の問題ではなく，障害物に当たっている感覚の問題なわけです」とあるのだから，空所には「障害物を乗り越える」といった意味の語句が入ると読み取れる。選択肢はそれぞれ，(1)「大好きな歌を聴くこと」，(2)「自分の状況を知ること」，(3)「この障壁を乗り越えること」，(4)「会社を乗り換えること」の意であるから，正解は(3)である。

(E)　空所を含む部分は「別の研究で，人々は無意識にBGMを（　　　）として使い，それぞれの歌の長さを感じて，それらを合計し，待ち時間全体を知ることがわかった」の意。よって，空所には「時間を計るもの」を表す語句が入るとわかる。選択肢はそれぞれ，(1)「一種の体内時計」，(2)「気分がよくなる手段」，(3)「ひらめきの元」，(4)「時間を忘れる方法」の意であるから，(1)がふさわしいとわかる。

(F)　空所を含む部分は「繰り返しを聞いた途端，電話の相手は自分が（　　　）という感覚を強めてしまう」の意。loopは保留音の繰り返しのことである。空所直前の文（If you let …）に，どんな音楽でもずっと流れていれば時間が長く感じる旨の内容があることから，「待たされている」感覚であるとわかる。選択肢はそれぞれ，(1)「順番が早くなること」，(2)「転送されること」，(3)「処理されていること」，(4)「まだ待たされていること」の意。よって，正解は(4)に決まる。

(G)　空所を含む部分は「(　　　)，あまりに多くの企業が初期設定のまま，電話機についている待ち時間用音楽を使っているだけである」の意。空所直前の文（For Moncure, …）の説明的内容で，それと明確な論理的結合は読み取れない。選択肢はそれぞれ，(1)「そもそも」，(2)「加えて」，(3)「それどころか」，(4)「同様に」の意。(1)以外は，明確な論理的関係を示すので，ふさわしくないとわかる。

(H)　空所を含む部分は「企業が待ち時間用音楽用に，適度に神経に障らないモダンジャズの曲目リストを作ったとしても，電話システムの技術のせいでそれがやはり（　　　）ということにもなりかねない」の意。ほぼすべての企業が質の悪い音楽を保留音として使っている理由として第6段第3文（For Moncure, …）でモンキュール氏が「一つの特定の技術的な問題」を挙げていることから，空所には「よく聞こえない」といった趣旨の表現が入れば，文意が通る。選択肢はそれぞれ，(1)「少しは受け入れやすい経験」，(2)「奇妙な選曲にあふれた」，(3)「聞き取りにくい」，(4)「あまりに頻繁に歌を繰り返す」の意であるから，正解は(3)になるとわかる。

〔2〕　㋐　該当部分は「必ずしも待ち時間が減ると，彼らがわかるわけではない」という意味。下線部は，直前の文（Asked afterward about …）のthe people who received the status updatesを受けていると読み取れる。選択肢はそれぞれ，

(1)「謝罪を聞いた電話のかけ手」
(2)「保留音だけを聞いた電話のかけ手」
(3)「列の順位を知った電話のかけ手」
(4)「その経験に腹を立てた電話のかけ手」
という意味。したがって，正解は(3)だとわかる。

㋑　下線部は直前の文（A 2014 study …）の pop songs with positive messages を指していて，that 節以降は they don't improve the moods of callers の省略になっている。選択肢はそれぞれ，
(1)「歌」
(2)「電話のかけ手」
(3)「聞き手」
(4)「音楽家」
という意味だから，正解は(1)に決まる。

㋒　the key とは「鍵，鍵となる重要な要素」の意。何の鍵となるのかが問われている。原則として直前部分の内容を指示する。下線部の直前部分（"The goal of our … than it is,"）には「私たちの業界の目的は，実際より待ち時間を短く感じてもらうことです」とあることから考える。選択肢はそれぞれ，
(1)「高い利潤を上げる方法」
(2)「業界の指導者となる方法」
(3)「かけるのに最適の音楽を選ぶ方法」
(4)「顧客の堪忍袋の緒が切れないようにする方法」
という意味。よって，正解は(4)だとわかる。

㋓　this は基本的に，直前の内容を受ける。ここでは「企業の目的」になる事態のことだから，直前からそれにふさわしい内容を探ればよい。直前の第 5 段（All of this …）には，企業向けの専用保留音と応答メッセージを作成する会社の，実際より待ち時間を短く感じてもらうための取り組みが書かれている。選択肢はそれぞれ，
(1)「独自の保留音楽を創作すること」
(2)「保留音楽の量を増やすこと」
(3)「待たされることに対する人々の感情を調節すること」
(4)「なぜ保留待機が不快のままであるのかに関する調査をもっと行うこ

と」

という意味。よって，ふさわしい内容は(3)だとわかる。

㊉　この発言の主体はモンキュール氏である。よって，ここでの「私たち」とは，モンキュール氏のような企業向けの専用保留音と応答メッセージを作成する会社の人々だとわかる。選択肢はそれぞれ，

(1)「電話に応答するオペレーター」

(2)「電話システムを購入する企業」

(3)「保留の応答メッセージシステムを設計する企業」

(4)「インターネットと電話回線を設置する技術者」

という意味。よって，上記の検討に合致しているのは(3)だと判断できる。

Ⅲ　解答

〔1〕　㋐—(9)　㋑—(8)　㋒—(2)　㋓—(4)

〔2〕　㋕—(3)　㋖—(5)　㋗—(8)　㋘—(1)

◆全　訳◆

〔1〕《喫茶店にて》

A：「どうしたの？　今日，えらくおとなしいようだけど」

B：「あ，わかっちゃったの？　実は，ちょっと聞きたいことがあるんだけど」

A：「どうぞ。力を貸してあげようじゃない。で，何？」

B：「実は，ケンのことなんだけど。あの，前の学期の数学のクラスの男子」

A：「確かにね…。覚えていますとも。あれ待って，赤くなってるの？　あそっか，もう気持ちわかったから。それって，いいじゃない」

B：「もう，バレバレよね？　ケンをデートに誘いたいんだけど，でもどうすればいいかわかんなくて」

A：「気後れするよねえ。でも，本人にちょっと聞いてみたらどう？」

B：「実はね，先学期の終わりからケンに会ってないの。今は，私の授業にはいないの」

A：「電話してみたらどう？」

B：「私，本人に直接聞くほうがいいかな。それに，どのみち私，番号知らなくて」

A：「ううん…ついてないなあ。待て待て！　ケンはいつも図書館の３階

で勉強してるんだよ。そこにいるかどうか，見てみたら」

B：「ええ，そうなんだ！　急に心配になってきた。でもやっぱり行ってみよう」

〔2〕 ≪国立公園にて≫

A：「どうも，おはようございます。グレイシャーナショナルパークへ，ようこそ」

B：「どうも。今夜，マウンテンロッジを予約しているのですが。そこまでどう行けばいいか，教えてください」

A：「ええっと。車は，すぐそこに駐車してください。で，そこから，無料の屋根なし型の往復バスで直接ロッジに行けます。眺めが素晴らしいですよ」

B：「自分の車でそこまでは行けないってことですか。小さい子どもが二人と，荷物が山ほどあるんです」

A：「あ，それはわかりますが，公園内の交通と騒音を減らして，野生動物を驚かすことがないよう努めておりまして。電動バスは，とても快適で静かですよ」

B：「それは，大変結構。でも，ちょっと無理な相談ね。何もかも全部荷を降ろして，同時に二人の子どもの面倒を見るのは」

A：「ご心配には及びません。職員が数名おりまして，駐車の際にお出迎えします。すべて必要なお世話を致しますので」

B：「わかりました。長いこと待たないといけませんか，次のバスまで」

A：「いえ，そんなことはありません。10 分おきに出ます」

B：「素晴らしい！　これで大丈夫。すごくわくわくしています。こんなきれいな公園に泊まれるんですからね。お世話かけました。ありがとう」

A：「どういたしまして。ご家族でごゆっくりお過ごしください。忘れられない経験になること請け合いです！」

◀解　説▶

〔1〕 ㋐　返答が「確かにね…。覚えていますとも」になるような情報が示されているのだから，そうした発言は Ken についての補足情報となる(9)「あの，前の学期の数学のクラスの男子」である。

㋑　Ken について話し始めたBに対するAの空所直前の「あれ待って，

赤くなってるの？」という発言から，「(Bは) Kenのことが好きになった」という趣旨の発言がくるとわかる。それは(8)「あそっか，もう気持ちわかったから」である。

㋒　Aの発言の次にBの「私，本人に直接聞くほうがいいかな」という発言が続くということは，「直接聞く」以外の行動を示す内容の発言がくるはず。そのような発言は，(2)「電話してみたらどう？」である。

㋓「でもやっぱり行ってみよう」と続くからには，「やめておこうかな」といった趣旨の発言がくるはず。それは，(4)「急に心配になってきた」である。

残りの選択肢は，(1)「どうしてそんなに腹を立てているのか？」，(3)「ほら，その人の電話番号」，(5)「知らせてくれてありがとう！」，(6)「これでその人と話したい気がする」，(7)「その人は，歴史の授業の私の共同研究者です」，(10)「昨日，私たちは私が彼に貸したお金の件で大げんかした」の意。

〔2〕 ㋕　直後のAの，車の駐車区域とロッジに直接行く往復バスについての発言(「車は，すぐそこに駐車してください」以下)から，Bは(3)「そこまでどう行けばいいか，教えてください」と，問うたことがわかる。

㋖　直前のAの発言から「バスで行ってくれ」と言われたことをつかむ。それに対してBは直後の発言で，小さな子どもがいて荷物も多いと言っていることから，(5)「自分の車でそこまでは行けないってことですか」とすれば，対話がうまくつながる。

㋗　往復バス利用をBにお願いしているAの発言で，直前の「公園内の交通と騒音を減らそうとしている」に続く内容としてふさわしいのは，(8)「電動バスは，とても快適で静かですよ」である。

㋘　直前にBから「長いこと待たないといけませんか」と問われたのだから，バスの発着頻度を示す情報がくるとわかる。また，直後にBは「素晴らしい」と言っているので，長いこと待つ必要がないことを知らせる内容である。Aのそのような発言としてふさわしいのは，(1)「10分おきに出ます」である。

残りの選択肢は，(2)「本当にそこを散歩したいです」，(4)「往復バスは1日に一本しか出ません」，(6)「間違いなく，私の荷物はバスにぴったり収まります」，(7)「乗るときに切符を買えます」，(9)「きっと散歩がお気に召すでしょうし，道に迷ったりなんかしませんよ」，⑽「天気がこんなに悪いので，キャンセルになってしまいました」の意。

Ⅳ　解答

(A)—(1)　(B)—(1)　(C)—(3)　(D)—(4)　(E)—(4)　(F)—(2)
(G)—(3)　(H)—(2)

◀解　説▶

(A)「この長い単語表は何に使うのか」 What for で「どんな目的で」の意味になる。(1) for が正解である。

(B)「疑問がありましたら，遠慮なく担当にお尋ねください」 contact は他動詞なので前置詞はつけずに目的語をとる。よって，正解は(1)である。

(C)「彼のスーツケースには，名前が印刷された札がついていた」 付帯状況の with で，his name とそのあとの動詞の関係が受動であるので過去分詞の(3) printed を選ぶ。his name was printed on the tag が with の後に埋め込まれていることがわかるかどうかが，正解の鍵。

(D)「もう少し注意していれば，間違いを避けられたのに」 could have *done* と仮定法過去完了になっていることから，実際には間違いを避けられなかったという文脈に合い，「～であるなら」という条件を示す意味がある(4) With が正解。

(E)「よくも私にそんなことが言えるものだ」 dare は助動詞で「あえて～する」の意だということを理解していれば，How dare S V となるので，正解は(4)に決まる。

(F)「うんざりです。1週間に1000ページも読んだのですから」 (2) as many as＋数字で，「～ものたくさんの」という意味になる。(1)「やはり」，(3)「さらにたくさんの」，(4)「ますます」の意。

(G)「自分が宇宙飛行士になるなど，彼女は夢にも思っていなかった」 did she という倒置形から，空所には強調のために前に出る否定語であり，「全く～しない」という意味の(3)が入ることをつかむ。

(H)「あの人たちが責任を負っている業務は，まだなされていない」 They are responsible for the task. を，関係詞によって主語である task に結びつければ，the task for which … となる。よって，正解は(2)である。

V 解答

〔1〕 (A)―(2)　(B)―(3)　(C)―(3)　(D)―(2)　(E)―(2)
〔2〕 (A)―(3)　(B)―(1)　(C)―(1)　(D)―(4)　(E)―(4)

◀解　説▶

〔1〕 (A) 「この動物救護センターは，切り盛りを地元の市民の方々からの（　　）に頼っている」 選択肢はそれぞれ，(1)「祖先」，(2)「寄付」，(3)「作法」，(4)「政治」という意味。これらの中で survive「何とかやっていく」のに必要なのは「運営資金」となる(2)である。

(B) 「締め切りは明日ですから電話を片付けましょう，これ以上の（　　）がないように」 選択肢はそれぞれ，(1)「所有」，(2)「保存」，(3)「遅れ」，(4)「比率」という意味。これらの中で「電話を片付けることで防止できる事態」にふさわしい行為を表しているのは，(3)である。

(C) 「一杯の水に粉末を（　　）なさい」 選択肢はそれぞれ，(1)「～を告発する」，(2)「～を奪う」，(3)「～を溶かす」，(4)「～を載せる」という意味。これらの中で意味が通るのは(3)だけである。

(D) 「その骨董が（　　）だとその人たちは証明した」 選択肢はそれぞれ，(1)「慎重な」，(2)「本物の」，(3)「成熟した」，(4)「人に慣れた」という意味。これらの中で「骨董」の記述と文の内容にふさわしいものは，(2)のみ。

(E) 「私が陥った不幸な状況とは，深刻な（　　）としか言えないものだった」 選択肢はそれぞれ，(1)「跳ね回り」，(2)「苦境」，(3)「前置詞」，(4)「舞踏会」という意味。これらの中で「不幸な状況」にふさわしいものは(2)だけである。

〔2〕 (A) 下線部は「北極の」の意。選択肢はそれぞれ，(1)「人工の」，(2)「砂漠」，(3)「極地の」，(4)「訓練」という意味だから，意味が最も近いのは(3)だとわかる。

(B) 下線部は「かわいらしい」の意。選択肢はそれぞれ，(1)「うれしい，魅力的な」，(2)「勤勉な」，(3)「奇妙な」，(4)「説得力のある」という意味だから，意味が近いのは(1)だけであろう。

(C) 下線部は「～を変更する」の意。選択肢はそれぞれ，(1)「～を合わせて変える」，(2)「～を配分する」，(3)「～を保証する」，(4)「～を最小にする」という意味だから，意味が最も近いのは(1)だとわかる。

(D) 下線部は「～を小さく見せる」の意。選択肢はそれぞれ，(1)「～に威厳をつける」,(2)「～を変装させる」,(3)「～を置き換える」,(4)「～を見下ろす」という意味である。アパートの周囲の家々に対する表現だから,意味が最も近いのは(4)だとわかる。

(E) 下線部は「危うくする」の意。選択肢はそれぞれ,(1)「保証する」,(2)「拡大する」,(3)「大衆化する」,(4)「脅かす,怯えさせる」という意味だから,意味が最も近いのは(4)だとわかる。

❖講　評

2022年度も,長文2題による「読解力」を中心に,「コミュニケーション」「文法」「語彙」の各分野が試された。一方,「英作文」分野に関しては出題されていない。

Ⅰの読解問題は,論説文による内容理解を試す出題。「ルネサンスの女流画家」が論じられ,歴史に埋もれた女性を発掘するという,ジェンダー視点を感じる内容で,先駆的な女性の業績の現代的意義が書かれていた。〔1〕の(A)は,「本文に書かれていない」という答えであり,従来にない選択肢だった。〔2〕の(1)は文脈からは読み取りにくい内容で,迷った受験生も多かっただろう。

Ⅱの読解問題は,やはり論説文が使われ,「電話の保留待機問題」を取り上げた,しゃれっ気たっぷりの文章が素材だった。〔1〕の空所補充問題では直前の部分からの推測が難しい(G)に手こずった受験生が多かっただろう。〔2〕㋔も,明瞭な指示対象を特定しにくく,正解に達するのに苦労した人が多かっただろう。

Ⅲは,特定の状況を設定した会話文が素材。〔1〕はなかなか微妙な「恋」の話題だったので,心情の揺れをつかむことが必要で,必ずしも平易とはいえない問題だった。〔2〕は「子連れでの旅先」の話題であり,日常で想定できる状況で,取り組みやすかっただろう。最初の㋕を入れられれば,後はすんなり埋められただろう。

Ⅳは,基本的な文法・語法の力を試す出題である。(A)は英文の意味がわかるには相当の学力を要する。(E)や(F)で盲点を突かれた受験生が多かったのではないだろうか。

Ⅴは,語彙力を試す問題であるが,とりわけ〔1〕(B)は,正解以外は旧センター試験の語彙だとはいえ,難問。(E)はさらに選択肢全部が難しい。

〔２〕⑴では「こびと」という言葉の意味を知っていても，文全体の意味を捉えにくいという意味で，難問。⑵も上級問題で，受験生には厳しかっただろう。

全体として，まず語学の基礎である文法・語彙の力をもとに，必要な情報を収集していく読解力，状況をつかめるコミュニケーション力を養成することが求められる出題であった。大学で学ぶための基礎になる総合的な英語力を身につけるように，という強いメッセージである。しっかり受け止めて，日々努力を重ねよう。

日本史

I 解答

A．更新　B．群馬　C．局部磨製　D．打製
E．秋田　F．青森　G．亀ヶ岡　H．土偶　I．和田
J．ひすい〔硬玉〕
(a)—㋒　(b)—㋓　(c)—㋐　(d)—㋑　(e)—㋒

◀解　説▶

≪旧石器～縄文時代の遺跡と遺物≫

A．更新世は完新世の前の地質学上の名称。約 260 万年前から 1 万年前までの時代。氷期と間氷期が繰り返された氷河時代にあたり，考古学上の旧石器時代に相当する。

B．岩宿遺跡は，群馬県新田郡笠懸町（現：みどり市）に所在する，日本で初めて旧石器時代の存在が確認された遺跡。

C．難問。「石器の一部を磨いている」がヒント。後期旧石器時代には刃先部分を研磨した局部磨製石斧などもあった。

D．「土掘具」がヒント。打製石斧（石鍬(いしぐわ)）はヤマイモなど根茎類の採取に使用されたと考えられる。

E．大湯環状列石は秋田県にある配石遺跡。多数の自然石を円形に配置した祭祀的な遺構と推定されている。環状列石は，縄文中期～晩期にかけて東北地方や北海道に分布する。

F．三内丸山遺跡は，青森県青森市に所在する，縄文時代前期から中期の大集落遺跡。大型掘立柱建物や大型竪穴住居，また 500 個以上の土偶などが発見された。クリの管理栽培のほか，ヒョウタン・マメなどの栽培も確認されている。

G．「津軽半島の西南部」から青森県を想起し，「形象性に富んだ縄文晩期」がヒントで亀ヶ岡式土器とわかる。青森県の亀ヶ岡遺跡は縄文晩期の集落遺跡。磨消(すりけし)縄文で装飾された精巧な亀ヶ岡式土器が出土する。

H．「人間を象ったような土製品」がヒント。土偶は女性像が多く，生殖・豊穣などを祈る呪術的用途で作られたと考えられている。東日本に多く分布し，ゴーグルをつけたような遮光器土偶が亀ヶ岡遺跡や恵比須田遺

跡（宮城県）などから出土している。

I．和田峠（長野県）は本州中央の八ヶ岳周辺の火山地帯に位置し，黒曜石の豊富な産地。なお，大分県姫島，佐賀県腰岳，熊本県阿蘇山，北海道十勝岳・白滝などの産地も覚えておこう。

J．「新潟県の姫川流域」がヒント。ひすい（硬玉）は日本では唯一糸魚川市周辺（姫川流域）を原産地とし，装身具の勾玉などの石材として利用された。北陸地方をはじめ東日本に広く分布し，青森県三内丸山遺跡や北海道南部でも発見されている。

(a)　(う)が正解。石皿はすり石とともに木の実などをすりつぶす磨製石器である。(あ)石匙(せきひ)(いしさじ)（石小刀(いしこがたな)の別称）は動物の皮はぎやナイフとして使用した打製石器。(い)石鍬は主に土掘りに利用する打製石器。(え)ナイフ形石器は旧石器時代に刃物や槍先などに用いられた打製石器。

(b)　(え)が正解。縄文時代にもっとも多いのは煮沸用に適した深鉢形土器である。尖底や丸底などがある。なお，(あ)注口土器は縄文後期～晩期にかけて東北を中心に東日本でつくられた。(い)甕形土器や(う)高坏形土器は弥生土器の特徴。

(c)　(あ)が正文。相沢忠洋は行商しながら考古学の研究を続けていた無名の青年であった。1946年群馬県岩宿の崖の断面から人為が施された黒曜石片を発見した。

(い)誤文。「関東ローム層よりも古い地層」が誤り。それまで人類生息以前と考えられていた関東ローム層（火山灰による赤土層）の中から石器が発見された。

(う)誤文。「約3万6千年前よりも古い石器」が誤り。岩宿遺跡の調査の結果，出土した石器は約2～3万年前の遺物と考えられている。旧石器時代の日本の遺跡は約3万6千年前以降の後期旧石器時代（更新世末期）のものが多い。

(え)誤文。岩宿遺跡からは人骨は発見されていない。

(d)　(い)が正解。空欄Dと合わせて打製石斧の写真を選べばよい。打ち欠いて剝離された部分などから判断できる。直接握ったり，柄を装着して使用したと考えられている。

(e)　(う)が正解。菜畑遺跡は佐賀県唐津市にある縄文晩期から弥生前期の遺跡。また，縄文水田の遺跡として福岡県板付遺跡も有名なので覚えてお こう。なお，㋐登呂遺跡（静岡県）は弥生後期の水田遺跡，㋑唐古・鍵遺跡（奈良県）と㋓池上曽根遺跡（大阪府）は弥生時代の代表的な環濠集落として覚えておこう。

Ⅱ　解答

A．尚巴志　B．島津　C．足利義政　D．明応
E．三浦　F．宗　G．大友
H．タイ〔シャム，アユタヤ朝〕　I．オランダ　J．1609
(a)—㋐　(b)—㋒　(c)—㋐　(d)—㋓　(e)—㋓

◀解　説▶

≪室町時代～江戸時代前半の外交関係≫

〔1〕A．尚巴志は沖縄県南部佐敷の領主（按司）から中山王となり，分立抗争していた北山・南山を滅ぼし，1429 年琉球で初めての統一王朝を建てた。明との朝貢貿易や東南アジアとの中継貿易を推進した。

B．島津氏は鎌倉時代に薩摩国島津荘の地頭となり，後に薩摩・大隅・日向国の守護となった。室町時代には坊津を拠点に琉球との交易を行った。

C．８代将軍足利義政は朝鮮王朝に通信符（通交証）を求め，象牙製の円筒形のものを造給された（現存していない）。

D．やや難問。明応の政変（1493 年）は管領細川政元が 10 代将軍足利義稙を廃位し，11 代将軍足利義澄を擁立した事件。

E．「1510 年」「日本人居留港」「蜂起」をヒントに三浦の乱を想起しよう。三浦は日朝貿易が行われた塩浦（蔚山）・富山浦（釜山）・乃而浦（薺浦）の３つの港湾。日本人使節のための倭館が置かれ活発に交易が行われた。1510 年に朝鮮側の貿易統制に対して宗氏も加担した「恒居倭」（居留日本人）が蜂起し，三浦の乱が起こった。

F．宗氏は中世以来の対馬の領主・守護。日朝貿易の仲介として文引（渡航許可証）を発給して貿易管理権を掌握し，文引発給手数料などで多大な利益を得た。

G．「豊後」（大分県）がヒント。大友氏は鎌倉時代以来の豊後国の守護。キリシタン大名となった大友義鎮（宗麟）の時代に全盛期を築いた。

(a)　やや難問。㋐が正解。細川政元は管領細川勝元の子。明応の政変で足利義稙を廃位した。

(b)　やや難問。㋒が正解。10 代将軍足利義稙は足利義視の子。明応の政

変で廃位されたが，細川政元が殺されると一時将軍に返り咲いた。しかし，地位は安定せず各地に流浪を重ね「流れ公方」と呼ばれた。

〔2〕H.「山田長政」がヒント。シャム（現在のタイ）には 17 世紀前半に朱印船が渡航し，首都アユタヤには山田長政ら日本人が居住する日本町が形成され栄えた。

I．鎖国体制を想起すれば判断できる。オランダは 1600 年リーフデ号の豊後漂着を契機に，1609 年平戸に商館を開設して交易が始まった。布教と貿易を一体化しない新教国（プロテスタント）であったことから幕末まで交易が続いた。

J．琉球王国は 1609 年の薩摩藩（島津家久）の侵攻以後，薩摩藩の支配下となり検地も実施された。なお，1609 年は，平戸にオランダ商館が設置され，朝鮮と対馬藩宗氏が己酉約条を結んだ外交上重要な年である。

(c)　㋐が正解。『国性爺(こくせんや)合戦』は近松門左衛門の時代物浄瑠璃の代表作。「明の遺臣として台湾を拠点に活動した軍人」は鄭成功(ていせいこう)である。明の遺臣の父と，日本人の母の間に生まれた鄭成功は，明の再興に尽力して明皇帝の姓（国姓）である朱を賜ったので「国性（姓）爺」と呼ばれ，現在でも中国・台湾では英雄視されている。なお，㋑『冥途の飛脚』は近松門左衛門の世話物浄瑠璃。㋒『武道伝来記』と㋓『武家義理物語』は井原西鶴の武家物の浮世草子。

(d)　㋓が正解。出島には 1636 年からポルトガル人を収容したが，1639 年のポルトガル人来航禁止後の 1641 年，平戸のオランダ商館が移され，バタビア（現在のジャカルタ）に本拠をもつオランダ東インド会社の日本支店となった。なお，鎖国政策に関連しては，㋐ 1613 年は禁教令が全国に出された年，㋑ 1616 年はヨーロッパ船の入港を平戸・長崎に限定した年，㋒ 1635 年は日本人の海外渡航と海外居住者の帰国を全面禁止した年である。

(e)　㋓が正解。「徳川将軍の代替わりごと」に派遣された琉球王国の使者は慶賀使である。琉球国王の代替わりごとに派遣された㋒謝恩使と混同しないように注意しよう。なお，㋐通信使は将軍の代替わりごとに朝鮮国王から派遣された慶賀の使者である。

III **解答**　A．日葡　B．刀狩　C．中江藤樹　D．華　E．1871
F．秩禄　G．敬神

(a)漢書　(b)―㋒　(c)人掃令　(d)―㋓　(e)―㋒　(f)武家伝奏　(g)藤田幽谷
(h)知藩事　(i)大村益次郎　(j)―㋒　(k)第十五国立銀行　(l)―㋑
(m)壬申戸籍

◀解　説▶

≪近世～近代の身分制≫

〔1〕A．『日葡（にっぽ）辞書』はキリシタン版の代表例で，日本語3万2800語をポルトガル語で説明した辞書。当時の標準語や九州の方言などがイエズス会式のローマ字で収録されており，中世から近世の日常口語を知る貴重な史料である。

B．「1588年」「兵農分離」と引用された史料文から刀狩令と判断できる。豊臣秀吉は兵農分離政策の一環として刀狩令を発令し，方広寺の大仏殿建立を口実に農民から武器を取り上げた。

C．「近江聖人」『翁問答』がヒント。中江藤樹は17世紀前半に活躍した陽明学者。はじめ朱子学に傾倒したが，後に陽明学に転じその開祖となった。郷里の近江に私塾の藤樹書院を創立，門弟に岡山藩主池田光政に仕えた熊沢蕃山がいる。

(a)　『漢書』は後漢の班固が撰集した前漢の正史。その「地理志」の中に，設問の史料文にある紀元前1世紀頃の日本列島の様子が記されている。「士農工商」の言葉は『漢書』の「食貨志」の中に見られる。

(b)　㋒が正解。安土城は琵琶湖の東岸に面した水陸交通の要衝に築造された。近世城郭建築の基本となった五層七重の天守閣をもつ最初の城郭。1582年本能寺の変に際して焼失した。

(c)　豊臣秀吉が1591年に出した人掃令は身分統制令とも呼ばれるが，「漢字3文字」なので注意しよう。翌年には関白豊臣秀次が朝鮮出兵の人員確保のために再び人掃令を発令した。

(d)　やや難問。㋓が正解。吉田家は室町後期に吉田兼倶が大成した唯一神道の宗家。本姓は卜部氏であったが，吉田神社（京都）の神主であったことから吉田氏を名乗った。江戸幕府は神職統制をはかるため，神道界を主導していた吉田家に神職への免状発行権を認め，全国の神社支配を担わせた。なお，㋐土御門家は平安中期の安倍晴明の子孫で陰陽道を家業とする公家。ⓘ賀茂家は安倍氏とともに平安中期に活躍した陰陽家。ⓤ真継(まつぎ)家は鋳物師を支配した下級公家。

(e)　ⓤが正解。江戸時代の被差別身分の人々はえた（穢多）・非人と呼ばれた。彼らは死牛馬の処理のほか，牢屋の番人や行刑（死刑執行）などに従事させられた。えたの身分は固定されたが，転落者の非人は旧身分への復帰が認められていた。なお，ⓐ助郷は宿場の人馬不足を補充する負担（助郷役），またはそれを課せられた村のこと。ⓘ普請は主に土木建築に従事すること。ⓔ運脚は古代律令制度において，農民が庸・調などを中央に運搬すること。

(f)　武家伝奏は朝幕間の連絡事務にあたった公家の役職。幕府が常時2名を選出して役料を負担し，京都所司代や老中と連携させて朝廷統制をはかった。

(g)　難問。藤田幽谷は後期水戸学の創始者で，彰考館の総裁となり『大日本史』の編纂に尽力し，列強が迫る対外的危機を背景に尊王攘夷を主張した。その子に藤田東湖（『弘道館記述義』）や，弟子に水戸学の波及に努めた会沢安（正志斎，『新論』）がいる。

〔2〕D．華族は1869年の版籍奉還の際に藩主や公卿らに与えた身分呼称。士族や平民の上に位置する階層で，1884年の華族令で特権的身分として確立された。戦後，日本国憲法で廃止された。

E．やや難問。1871年に身分解放令（賤称廃止令）が出され，被差別身分を廃止して平民同様としたが，具体的施策はなかったため，社会的差別は継続した。

F．「1876年」「廃止」をヒントに秩禄処分を想起して解答しよう。版籍奉還の際に華・士族に支給された禄米（家禄）と，維新の功労者に支給された賞典禄を合わせて秩禄といった。

G．敬神党（神風連）は，熊本の神道理念による復古的攘夷主義を掲げた不平士族の政治団体。廃刀令に反対して蜂起したが熊本鎮台兵によって鎮圧された。

(h)　版籍奉還を契機に置かれた知藩事は，明治政府の地方長官で，旧藩主がそのまま任命されて旧領地の藩政にあたった。家禄（給与）は年貢収入の10分の1を政府から支給され，藩財政とも切り離された。知藩事は1871年の廃藩置県で解任されて東京居住を命じられ，代わって中央政府から府知事・県令が派遣された。

(i)　大村益次郎（村田蔵六）は長州藩出身の兵学者で，大坂の適塾で学んだ。長州藩の兵制改革に尽力し，新政府の兵部大輔として近代的軍制を構想したが，反対派士族に襲撃されて亡くなった。その遺志は山県有朋によって引き継がれ実現した。

(j)　難問。㋒が正解。国民皆兵制の前提として士農工商の身分を四民平等とするので，「武士は従来の武士ではなく，平民（農工商）も従来の平民ではない」という意味。Xは「士」でYは「民」（平民＝農工商）となる。

(k)　やや難問。1876年国立銀行条例の改正により，金禄公債証書による出資が認められ，公債の給付を受けた華族（旧大名）や士族らを中心に銀行設立ブームが起こった。第十五国立銀行（後に十五銀行）は，1877年岩倉具視を中心に多数の華族の出資で創設された当時最大の国立銀行であった。その出資で西南戦争の戦費調達や日本鉄道会社の設立（1881年）・経営を担った。

(l)　㋑が正解。秋月の乱（福岡県）の指導者は宮崎車之助（しゃのすけ）である。西郷隆盛の征韓論に賛同，征韓論が敗れると熊本の敬神党や萩の前原一誠らと連携し，敬神党の挙兵に呼応して蜂起した。萩の乱の指導者は前原一誠で，明治政府の参議・兵部大輔を歴任したが上層部と合わず辞職，帰郷して不平士族を率い敬神党・秋月の乱に呼応して蜂起した。

(m)　1872（明治5）年の干支にちなんで壬申戸籍という。明治政府が作成した最初の全国的統一戸籍である。しかし，身分解放令が発布されているにもかかわらず，一部に社会的身分の差別事項が記載されたため現在は閲覧が禁止されている。

❖講　評

Ⅰ．立命館大学では頻出で定番の原始時代からの出題。過去問対策をしっかりやっていれば高得点も期待できる。記述法はほとんど基礎的知識で解答できるが，C「局部磨製」石斧は難問。Eの大湯環状列石の所在地として「秋田」県を正答できるかがポイントである。選択法では(b)深鉢形土器，(c)岩宿遺跡に関する正文選択問題を正答できるかが勝負どころである。

Ⅱ．外交中心の問題で，政治や文化の内容も問われている。全体的に基礎的知識で占められているので高得点を期待したい。記述法ではD「明応」の政変，H「タイ」，J「1609」年などをミスなく正答できるかがポイント。選択法では明応の政変の内容として(a)細川政元や(b)足利義稙を，また，文化史の内容である(c)『国性爺合戦』を正答できるかがポイント。

Ⅲ．近世から明治維新期までの時代区分で身分制とその解体をテーマにした問題。記述法ではA「日葡」辞書の漢字が正確に書けるか，C「中江藤樹」は陽明学者のヒントがないので，「近江聖人」や『翁問答』から判断できるかがポイントである。また，E「1871」年，(a)『漢書』，(c)人掃令，(k)「第十五国立銀行」などを正答できるかが勝負どころ。(g)「藤田幽谷」は難問である。選択法では(d)吉田家，(j)徴兵告諭の空欄に入る語句の組み合わせは難問である。

世界史

I

解答 A．日南　B．扶南　C．サンスクリット
D．南海寄帰内法伝　E．則天武后

〔1〕港市国家　〔2〕パレンバン　〔3〕(a)シャイレンドラ朝
(b)ラーマーヤナ　〔4〕西遊記

◀解　説▶

≪中国史料から見た古代の東南アジア≫

A．日南郡は武帝が前 111 年に南越を滅ぼして設置した南海 9 郡のうちの一つだが，リード文に「ベトナム中部」とあるので日南郡に限定される。

B．扶南は 5 世紀頃が全盛期だが，7 世紀にはクメール人の真臘（カンボジア）に滅ぼされている。

E．リード文中の空欄 E の前に「大周帝国皇帝」とあるので，唐を中断して周（武周）と国号を改め，自ら即位した則天武后を導ける。また，リード文から義浄の帰国は 694 年とわかるので，周の存続期間である 690～705 年とも重なる。

〔1〕港市国家として知られる扶南ではオケオが，シュリーヴィジャヤ王国では都でもあったパレンバンが，それぞれ中心的港市である。

〔2〕やや難問。「マラユ国」からパレンバンを導くのは困難だが，問題文中の「シュリーヴィジャヤ王国の都」「スマトラ島東南部に位置」からパレンバンを導ける。

〔3〕(a)　問題文の「大乗仏教を信仰する王国」「ジャワ島から起こり」から，シャイレンドラ朝を導きたい。また，(b)の問題文に「ボロブドゥール」と記されているので，これを建造したシャイレンドラ朝と結びつく。

(b)　難問。問題文の「詩人ヴァールミーキ」「叙事詩」から『ラーマーヤナ』を導けるが，細かい知識を必要とする。『マハーバーラタ』とともにサンスクリット文学の双璧をなす『ラーマーヤナ』は，東南アジア地域の影絵や舞踏などの題材となっている。

〔4〕呉承恩が編纂したことは細かいが，玄奘の旅と，明代に成立した口語長編小説から『西遊記』を連想できるだろう。『西遊記』は『三国志演

義』『水滸伝』『金瓶梅』とともに明代の四大奇書の一つ。

II 解答

A．燕雲十六　B．フビライ〔クビライ〕　C．大都
D．郭守敬　E．山東　F．紅巾
〔1〕胡錦濤　〔2〕盛京　〔3〕パリ協定　〔4〕李鴻章

◀解　説▶

≪北京に着目した契丹～現代の中国史≫

A．契丹は後晋の建国を助けた代償として燕雲十六州を獲得した。

E．山東半島はやや細かいが，江南から黄河河口域までの中国大陸沿岸を想起すると，該当しそうな半島は山東半島しかない。

F．紅巾の乱（1351～66年）の主な指導者は，白蓮教徒を率いた韓山童や子の韓林児。

〔1〕胡錦濤（こきんとう）は2003～13年まで国家主席を務め，国際社会における中国の存在感を高めた人物で，2010年には日本を抜いて世界第2位の経済大国へ中国を押し上げた。

〔2〕盛京は中国東北地方の都市で，現在名は瀋陽。なお，ヌルハチが1616年に建てた女真族の国は後金で，ホンタイジが1636年に清に改称，1644年には3代順治帝が北京に遷都している。

〔3〕やや難。COP21は国連気候変動枠組み条約第21回締約国会議。パリ協定では，温室効果ガスの排出量を21世紀後半には実質ゼロにする目標を掲げ，削減目標を5年ごとに更新することが決められた。

〔4〕李鴻章は日清戦争後の下関条約（1895年），義和団事件後の北京議定書（辛丑和約，1901年）でも全権を務めている。

III 解答

A．マグリブ　B．フランス
〔1〕マラケシュ　〔2〕サヴォイア
〔3〕ヴェントリス　〔4〕第3回　〔5〕マムルーク朝
〔6〕レコンキスタ〔国土回復運動〕　〔7〕ネアポリス
〔8〕(a)ヴァンダル人　(b)西ゴート人　〔9〕プトレマイオス　〔10〕ピサ
〔11〕ミラノ　〔12〕テノチティトラン

◀解　説▶

≪食材から考える古代～現代初頭の地中海世界≫

B．フランスはシャルル 10 世時代の 1830 年にアルジェリアに出兵し，1881 年にはチュニジアを保護国にしており，1904 年の英仏協商ではモロッコの支配的地位も獲得している。

〔2〕サルデーニャ王国が中部イタリア併合の代償として，1860 年にフランスに割譲した地域はサヴォイアとニースがあるが，問題文に「サルデーニャ王家の発祥地」とあるので，サヴォイアとわかる。

〔4〕第 3 回十字軍（1189～92 年）は計 7 回の十字軍のなかでも規模が大きく，イギリス王リチャード 1 世（獅子心王）をはじめ，フランス王フィリップ 2 世，神聖ローマ帝国皇帝フリードリヒ 1 世が参加している。

〔5〕オスマン帝国（1300 年頃～1922 年）のセリム 1 世（在位 1512～20 年）が，マムルーク朝を滅ぼしてエジプトを支配下に置いたのは 1517 年なので，1489 年当時のエジプトを支配していたのはマムルーク朝（1250～1517 年）と判断できる。

〔6〕レコンキスタを主導したのはカスティリャ王国やアラゴン王国である。両王国の統合（1479 年）により成立したスペイン王国がナスル朝の首都グラナダを攻略して，1492 年にレコンキスタは完結している。

〔8〕(a)　ヴァンダル人はカルタゴの故地にヴァンダル王国（429～534 年）を建国しているが，6 世紀には東ゴート王国とともにビザンツ帝国のユスティニアヌス 1 世に滅ぼされている。

(b)　問題文の「410 年のローマ略奪」から，西ゴート人と判断したい。ローマ略奪を指導していたのはアラリック王であり，西ゴート人はその後，ガリア南西部を含むイベリア半島の大半を支配して西ゴート王国（418～711 年）を建てている。

〔9〕イドリーシーはモロッコ出身の地理学者だが細かい人名。ここは，問題文中の「2 世紀頃のギリシア人天文学者・地理学者」から直接，アレクサンドリアで活躍したプトレマイオスを想起したい。

〔10〕ジェノヴァとともに地中海貿易や東方貿易で繁栄したイタリアの代表的港市としては，ピサとヴェネツィアがあるが，問題文の「イタリア中西部の港町」からピサを導きたい。

〔11〕問題文中の「ヴィスコンティ家・スフォルツァ家の支配下で公国を

形成」からミラノに限定されるが，知識としては細かい。北イタリアのポー川流域の平野部（ロンバルディア平原）に位置した内陸都市なので，金融業や毛織物業で繁栄したミラノを想起できる。

Ⅳ　解答

A．キング　B．サンサルバドル　C．コロンブス
D．コンゴ　E．セシル=ローズ〔ローズ〕
F．非暴力・不服従（サティヤーグラハも可）　G．多文化　H．カナダ
〔1〕ストウ　〔2〕偉大な社会計画　〔3〕ヨークタウンの戦い
〔4〕―エ　〔5〕ロイド=ジョージ　〔6〕カイロ会談
〔7〕アパルトヘイト政策

◀解　説▶

≪反差別運動の高揚から見たアメリカ近現代史≫

B・C．コロンブスはスペイン女王イサベルの援助を受けて1492年8月にパロス港を出港，同年10月にサンサルバドル島に上陸している。

D．コンゴ自由国は1885年に形式的な独立国として成立したが，1908年以降はベルギー領となり，1960年に独立している。

E．セシル=ローズはケープ植民地首相だった1895年に，トランスヴァール共和国北方の内陸部に自らの名にちなんだローデシアを建国している。

H．多文化主義を国是としている国にはカナダやオーストラリアなどがあるもののかなり細かい。ただ，リード文には空欄Hの前に「元イギリス植民地」，後に「その隣国アメリカ」とあるので，カナダを選べる。

〔2〕下線部の「人種差別撤廃を含めた広い運動」とは，公民権運動のこと。ジョンソン大統領（在任1963～69年）は偉大な社会計画をうたって貧困の解消や人種差別撤廃を目指したが，ベトナム戦争への本格的な参戦により目ぼしい成果とはならなかった。

〔3〕ヨークタウンはヴァージニア州にある港。アメリカ独立戦争（1775～83年）における主な戦いとしては，開戦時のボストン郊外におけるレキシントンの戦い，コンコードの戦い（いずれも1775年）もある。

〔4〕エ．正答。

ア．不適。アメリカ=スペイン（米西）戦争は1898年の出来事なので，当時の大統領はマッキンリー（在任1897～1901年）。

イ．不適。善隣外交を主導したのはフランクリン=ローズヴェルト大統領

（在任 1933〜45 年）。

ウ．不適。ドル外交を展開したのはタフト大統領（在任 1909〜13 年）。

〔7〕アパルトヘイト政策の撤廃運動を指導したのは黒人のマンデラである。アパルトヘイト政策の撤廃を実現した当時の白人大統領はデクラーク。

❖講　評

Ⅰ．中国の歴史史料を参考に古代の東南アジアが問われた。主に現在のベトナムやインドネシア地域から出題されているが，関連して古代中国やインドに関する設問も含まれている。交易に関する内容が多いこともあり，政治史以外に経済や文化に関する小問が目につく。シュリーヴィジャヤ王国の都パレンバンを問う〔2〕はやや細かく，〔3〕(b)の『ラーマーヤナ』自体は基本用語だが，問題文のヒントから導くのは難しい。

Ⅱ．2022 年に冬季五輪が開催された北京に着目しながら，契丹から現代までの中国史が問われている。現代史まで含まれていることもあり，政治史以外に経済史や国際史に関する設問も設定されている。現在の国家主席である習近平の前の国家主席だった胡錦濤を問う〔1〕は意外に盲点であり，漢字表記に注意が必要である。また，〔3〕のパリ協定は 2015 年の出来事なので時事的であり，差がつきやすい。

Ⅲ．パスタという食材をテーマに，古代から 19 世紀までの地中海世界に関する設問で大問が構成されている。政治史からの出題が多いが経済や文化に関する設問も含まれており，アメリカ大陸に関わる設問も 1 問みられる。また，地域名や都市名の位置などに関する設問が目立ち，地図こそ使用されていないが地理的知識の有無が差を生みやすい。難問と呼べるほどの設問は見受けられず，完答を目指したい。

Ⅳ．人種差別をテーマにアメリカの近代・現代史を問う大問。リード文には 2021 年に関する記述が含まれているが，設問としては主に 18〜20 世紀末までの内容が扱われており，うち 2 問は 15 世紀の内容である。政治・外交を中心に社会や文化に関するアメリカ史で構成されているが，インドやアフリカに関する設問もみられる。Hのカナダはかなり時事的だがリード文から国を特定することができる。全問中唯一の選択法である〔4〕に関しては，大統領とその外交政策を組み合わせて把握できているかがポイントとなる。

地理

I 解答

〔1〕A．弧（状）　B．フィリピン　C．糸魚川
D．マグマ　E．成（層）
F．ユネスコ〔UNESCO，国連教育科学文化機関〕
〔2〕―㋐　〔3〕北西
〔4〕トラフの名称：南海トラフ
海溝の名称：南西諸島海溝（琉球海溝も可）
〔5〕フォッサマグナ　〔6〕北：㋑　南：㋓　〔7〕―㋑
〔8〕(1)砂嘴　(2)―㋓　〔9〕国土交通省
〔10〕西―東：㋓　北―南：㋑　〔11〕―㋒

◀解　説▶

≪日本の地体構造と富士山周辺の地理院地図読図≫

〔1〕A．日本列島は，プレートの沈み込み帯に形成される海溝の大陸側に，並行して弓なりに連なる島列である弧状列島（島弧）にあたる。

D．マグマは地下深部で生じた溶融状態の造岩物質であり，地表に達することで火山活動が生じる。

E．成層火山は，中心火口から噴出した溶岩流や火山砕屑物が交互に堆積した円錐形の複成火山で，富士山はこの代表例である。

〔2〕日本付近はおおむね，海洋プレートの太平洋プレートとフィリピン海プレートが，大陸プレートの北アメリカプレートとユーラシアプレートに沈み込む，狭まる境界にあたる。

〔3〕地図③では，中央に位置する富士山の北西斜面が明るく，南東斜面が暗くなっているため，北西方向から光を当てた状態とわかる。

〔4〕紀伊半島の南東沖から四国の南沖にかけては南海トラフが，南西諸島の南東沖には南西諸島海溝が位置し，いずれもフィリピン海プレートとユーラシアプレート境界にあたる。

〔5〕フォッサマグナは，本州の中央部を南北に走る地溝帯である。東縁は火山噴火などで不明瞭であるが，西縁は糸魚川-静岡構造線とよばれる大断層線で，本州弧を東北日本弧と西南日本弧に分けている。

〔6〕新東名高速道路は東名高速道路のバイパス路線として建設されたことから，より内陸部や山間部を通り，最も北に位置する道路と考える。▬▭▬ はJR線（複線以上）を示す。在来線である東海道本線は，東海道新幹線と比べて海岸部や平野部の市街地を通り都市間を縫うように走っていると考えられ，最も南に位置するJR線にあたる。

〔7〕富士山は，日本人の自然観や文化に大きな影響を与えてきたとされ，ユネスコの世界遺産委員会によって，「富士山ー信仰の対象と芸術の源泉」として2013年に文化遺産に登録された。

〔8〕砂嘴は，沿岸流によって砂礫が細長く堆積した地形で，海に突出するようにのびたものをいう。日本では地図①Xの三保松原のほか，北海道の野付崎（野付半島）などが代表例である。

〔9〕国土地理院は，国土交通省に属する政府機関で，国土の測量や各種調査，地図製作などを行う。

〔10〕西ー東：西部は尾根と谷が交互に分布し，中央部は富士山の南面山腹，東部は箱根山付近の尾根と谷，東端は海洋となっており，㋛に該当する。

北ー南：北部は河口湖付近の尾根と谷，中央部は富士山の山頂付近，南部は海洋となっており，㋑に該当する。

〔11〕真東からみた側面図では，地図④の北部の比較的標高の高い関東山地が側面図の右側，富士山が側面図の中央，地図④の南部の比較的標高の低い伊豆半島や大島が側面図の左側にみられることから，㋒に該当する。

II 解答

〔1〕ー㋑　〔2〕ー㋐

〔3〕A．ゴールドラッシュ　B．ホームステッド

C．フロンティア〔開拓前線〕　D．WASP〔ワスプ〕

E．サラダボウル　F．公民権　G．同心円　H．知識

〔4〕ー㋒　〔5〕(1)ー㋐　(2)ー㋑

〔6〕アフリカ系：㋑　日系：㋕　フランス系：㋛

〔7〕ー㋐　〔8〕(1)インナーシティ（問題）　(2)ソーホー（地区）

〔9〕(1)ー㋕　(2)ー㋑　(3)ー㋛

◀解　説▶

≪アメリカ合衆国の地誌≫

〔2〕ヒスパニックは，ラテンアメリカのスペイン語圏からのアメリカ合衆国への移住者のことで，2015 年には総人口の 17％程度であったが，2020 年には総人口の 18.7％に達している。

〔3〕A．1848 年にカリフォルニアで金鉱が発見され，多くの人々が流入した。

B．ホームステッド法は，5 年間定住し開拓を行えば公有地の無償交付が受けられる自営農創設のための制度である。

C．フロンティアとよばれる開拓地と未開拓地の境界は，東から西へ移動し，19 世紀末に消滅した。

D．WASP は，アメリカ合衆国の政治・経済・文化の中核を占める，白人（White），アングロサクソン（Anglo-Saxon），プロテスタント（Protestant）の人々をさす。

E．多様な文化や慣習を尊重し共生する社会はサラダボウルにたとえられ，多文化主義社会の理想とされる。

F．1950 年代から 60 年代の公民権運動によって，アフリカ系黒人への差別を撤廃し，雇用や教育，選挙などでの平等が，法律のうえでは保障されるようになった。

G．バージェスはシカゴを事例に，都市の内部構造として，都心からの距離によって同心円状に機能分化が進む同心円構造モデルを提唱した。

H．航空宇宙，情報処理，ソフトウェア開発など，専門的知識や最先端の高度な技術を必要とする産業を知識集約型産業という。

〔4〕公有地の分割制度はタウンシップ制とよばれ，約 800m 四方の農地に 1 農家が入植したため，家屋が 1 戸ずつ分散する散村形態となった。

〔5〕(1)　カリフォルニア州は，新期造山帯のシエラネヴァダ山脈などが分布し最高地点は 4,000m を超えるが，セントラルヴァレーなどの低地もあるため，標高の平均値は 900m 弱となり，ⓐに該当する。なお，アメリカ合衆国最高峰のデナリ山が位置するアラスカ州がⓘ，中央平原のアイオワ州がⓤ，新期造山帯のロッキー山脈が通るワイオミング州がⓔ，古期造山帯のアパラチア山脈が通るテネシー州がⓞとなる。

(2)　比較的早い時期から移民がみられた南部は，1920 年時点から人口割合が比較的高く，近年はサンベルトとよばれ産業発展にともない人口増加率も高く，ⓘに該当する。なお，中西部があ，北東部がう，西部がえとなる。

〔6〕アフリカ系はかつて綿花などのプランテーション労働力として強制移住させられたため南部（南東部）で比率が高くい，日系はハワイ州や西部で比率が高くか，フランス系は北東部のセントローレンス川流域やミシシッピ川流域で比率が高くえに，それぞれ該当する。なお，中国系がう，ドイツ系があ，ヒスパニックがおとなる。

〔7〕エッジシティは，自動車交通網や通信網の発達を背景に郊外に新たに形成された，住宅，商業，業務など自立的機能をもつ都市のこと。

〔8〕(1)　インナーシティ問題は，早くから開発が進んだ都心周辺部において，高所得者層や若年層の郊外流出にともない，人口減少や高齢化，建物の老朽化，治安悪化などが生じることをいう。

〔9〕(1)　シアトルは，ワシントン州の中心都市で，航空機産業や紙・パルプ工業などが発達する。

(2)　オーランドは，フロリダ州に位置し，ウォルトディズニーワールドなどが立地する観光都市であるほか，先端技術産業が集積しタンパとともにエレクトロニクスベルトとよばれる。

(3)　サンノゼは，カリフォルニア州中部のサンフランシスコ湾奥に位置し，先端技術産業が集積するシリコンヴァレーの中心都市である。

III　解答

〔1〕A．ギニア　B．ジャカルタ　C．ジャワ　D．キト　E．カリブ

〔2〕(位置・国名の順に) イ．①・コートジボワール　ロ．②・ガーナ　ハ．⑦・インドネシア　ニ．⑧・エクアドル

〔3〕ホ．コロンビア　ヘ．ドミニカ　〔4〕フランス　〔5〕ココア

〔6〕20度　〔7〕ハリケーン　〔8〕トレーサビリティ

〔9〕フェアトレード　〔10〕グリーン（ツーリズム）

◀解　説▶

≪カカオ豆の生産地と国際流通≫

〔1〕～〔3〕A．ギニア湾岸諸国はカカオ豆の主産地で，生産量世界第1位のコートジボワール（イ．①），第2位のガーナ（ロ．②），第4位のナ

イジェリア（③），第5位のカメルーン（④）が位置する。

B・C．生産量世界第3位はインドネシア（ハ．⑦）で，首都ジャカルタはジャワ島に位置する。

D．生産量世界第7位はエクアドル（ニ．⑧）で，首都キトはアンデス山脈の高山都市として知られる。

E．カリブ海諸国ではドミニカ共和国（ヘ．⑫）での生産が多い。

（生産量はいずれも2018年）

〔4〕フランス語で「象牙海岸」を意味するコートジボワールは，1960年にフランスから独立した。

〔6〕3枚の地図ともに中央の緯線は赤道にあたるため，これと南北回帰線（23.5度）との位置関係から判断する。

〔7〕ハリケーンは，カリブ海やメキシコ湾付近で発生，発達する熱帯低気圧をいう。

〔8〕トレーサビリティは，食品流通の安全な管理を行うため，食品が生産，加工，販売され消費者に届くまでの流通経路の追跡が可能な状態をいう。

〔9〕フェアトレードとは，おもに発展途上国における産物の生産者に適正な利益を還元することを目的に，適正な価格で取引を行う貿易のこと。

〔10〕グリーンツーリズムは，農山漁村地域の生活や文化などの観光資源を活かした体験型の余暇活動をいう。

❖講　評

Ⅰ．日本の地体構造と地形についての標準的な知識だけでなく，富士山周辺の地理院地図（標準地図，色別標高図，陰影起伏図）を利用した地形断面図や3次元地図の側面図などの読図技能も幅広く試された。〔1〕・〔4〕・〔5〕・〔8〕・〔9〕の用語や地名は教科書レベルの知識で解答できる。〔7〕の富士山が自然遺産ではなく文化遺産であることはよく出題される。〔6〕・〔10〕・〔11〕は少し時間をかけてもよいので，慎重な読図を心がけたい。

Ⅱ．アメリカ合衆国に関するリード文が示され，開拓の歴史，人種・民族とその分布，地域別の地形的特徴や人口変化，都市問題，先端技術産業の集積する都市などについて出題された。統計表や分布図を使用した設問も複数みられた。多くの設問では標準的な知識の理解が試されているが，〔6〕の主題図の中国系と日系の区別は難しい。〔9〕は文章から都市を選択する設問で，地図は使用されていないが，地図上の位置も把握しておきたい。

Ⅲ．世界のカカオ豆の生産地と国際流通に関するリード文が示され，主要生産国とその地図上での位置や関連事項，トレーサビリティやフェアトレードといった流通に関する近年の動向などについて幅広く出題された。国名の判定は，リード文中と地図中の番号が対応しているため，取り組みやすいといえる。統計知識を必要とする設問もあり，日常の学習から統計集などを活用して，基礎的な統計知識の習得にも努めておきたい。

全体の問題分量や難易度ともに，例年どおりの出題内容といえる。大問別の難易度は，Ⅰが標準，Ⅱがやや難，Ⅲがやや易である。

政治・経済

I 解答

〔1〕A．中国共産党　B．バンドン　C．平和共存
D．ベルリン　E．キューバ　F．デタント

〔2〕INF　〔3〕マーシャル・プラン　〔4〕北大西洋条約
〔5〕非同盟諸国首脳　〔6〕OSCE　〔7〕新冷戦　〔8〕—㋒

◀解　説▶

≪米ソ冷戦の展開≫

〔1〕A．第二次世界大戦後，中国では毛沢東率いる中国共産党と蔣介石率いる国民党との間で内戦（国共内戦）が続いたが，中国共産党が1949年に勝利を収め，中華人民共和国の建国を宣言した。

B．1955年に開催された第1回アジア・アフリカ会議は，インドネシアのバンドンで開催されたことからバンドン会議と呼ばれている。この会議では「平和十原則」が宣言された。

C．平和共存とは，異なる社会体制をとる国が軍事的な対決に至らずに平和的に共存できるという考え方で，1956年，ソ連のフルシチョフが対米外交の基本政策として打ち出したもの。

D・E．1961年，ドイツの都市ベルリンをめぐって東西陣営の対立が強まり，ベルリンの壁が建設された。翌年生じたキューバ危機は，キューバにソ連がミサイル基地を建設中であることが発覚し，米ソの対決が核戦争寸前にまで至った危機のこと。

F．デタントとは緊張緩和のこと。1960年代半ばから70年代前半にかけて米ソ間ではデタントが進展したが，1979年のソ連のアフガニスタン侵攻によって米ソの対立が再び深まり，新冷戦と呼ばれる状態となった。

〔2〕1987年，米ソ両国間で締結されたINF（中距離核戦力）全廃条約は，冷戦期にあって米ソが配備済みの核兵器の破棄や将来的な保有の禁止を決めた条約であった。しかし，2019年，アメリカのトランプ政権は同条約の破棄をロシアに通告し，同年失効した。

〔3〕マーシャル・プランは，アメリカのマーシャル国務長官が発表したヨーロッパの戦後経済復興を支援するための援助計画。その背景には，ヨ

ーロッパにおける共産主義勢力の拡大を防ぐという狙いがあった。

〔4〕北大西洋条約機構の略称はNATO。冷戦終結後の1990年代になって，バルト三国や東欧諸国が次々加盟し，2022年2月現在30カ国で構成されている。また，NATOに対抗して結成されたワルシャワ条約機構は，1991年ソ連崩壊の直前に解体した。

〔5〕第1回非同盟諸国首脳会議は，1961年にユーゴスラビアの首都ベオグラードで開催された。非同盟主義を外交政策に掲げる，東西両陣営に属さない第三世界勢力の25カ国が参加し，平和共存や反植民地主義が宣言された。

〔6〕OSCEが適当。1995年発足のOSCE（欧州安全保障協力機構）は，欧州における地域的安全保障機構である。1975年にソ連を含むヨーロッパ諸国とアメリカなど35カ国によって開催されたCSCE（全欧安全保障協力会議）が前身となっている。

〔8〕㋒が適切。

㋐不適。「ウクライナ」は旧ソ連の一部だったので，東ヨーロッパの国であるという記述は誤り。

㋑不適。「ヤルタ会談」ではなくマルタ会談が正しい。

II 解答

〔1〕A．超過供給　B．均衡価格　C．自動調節機能（自動調整作用・自動調節作用なども可）　D．トラスト　E．プライスリーダー　F．管理価格　G．非価格　H．公正取引委員会　I．財閥解体　J．持株会社　K．不況　L．再販売価格維持

〔2〕(a)—㋑　(b)—㋒　〔3〕(a)—㋒　(b)—㋐　〔4〕下方硬直性

◀解　説▶

≪市場メカニズム，市場の失敗≫

〔1〕A．図1のうち右上がりが供給曲線，右下がりが需要曲線を示している。Aは価格P_1のときの供給量から需要量を差し引いた超過供給部分である。

E・F．寡占市場において市場占有率（シェア）が高く，他企業の価格設定に対して影響力を有する企業をプライスリーダー（価格先導者）という。プライスリーダーが価格を引き上げ，他企業がこれに追随して形成される価格のことを管理価格という。

H．公正取引委員会は独占禁止法を運用するため，内閣府の外局に設置されている行政委員会で，他の国家機関から独立性を保って活動している。

I・J．GHQ（連合国軍最高司令官総司令部）による財閥解体指令に基づき，独占禁止法および過度経済力集中排除法が制定（1947 年）された。制定当初の独占禁止法では持株会社の設立が禁止されていたが，1997 年の改正により持株会社の設立が解禁された。

L．独占禁止法では，例外的に新聞，書籍，音楽 CD の販売に関し，メーカーが小売価格を決め，それを販売店に強要することができる。これを再販売価格維持制度という。

〔2〕(a) ⓘ不適切。「原材料費が上昇」した場合，右上がりの供給曲線は左にシフト（平行移動）する。

(b) ⓤ不適切。需要の価格弾力性は，設問の式で表されるように，価格の変化が需要量をどれくらい変化させるかを示す指標である。一般に生活必需品は需要の価格弾力性が小さく，需要曲線の傾きは急である。反対に嗜好品（ぜいたく品）は需要の価格弾力性が大きく，需要曲線の傾きは緩やかである。ⓤの「代替品が存在する商品」（たとえばバターという商品はマーガリンという代替品が存在する）の場合，その商品（バター）は価格が高くなればいつでも代替品（マーガリン）に切り替えることができるので，需要の減少幅（変化率）が大きくなる。したがって，需要の価格弾力性は大きい。

〔3〕(a) ⓤが適切。外部経済は，ある経済主体の行動が市場を経由しないで他の経済主体に利益を与えること。

(b) ⓐが適切。外部不経済は，ある経済主体の行動が市場を経由しないで他の経済主体に不利益（損失）を与えること。外部不経済の典型例としては公害の発生がある。

ⓘ・ⓔは市場内で生じているので，(a)，(b)のどちらにも当てはまらない。

Ⅲ 解答

〔1〕―ⓘ

〔2〕イ―ⓞ ロ―ⓘ ハ―ⓚ ニ―ⓢ ホ―ⓢ

〔3〕特定非営利活動促進 〔4〕―ⓘ 〔5〕―ⓐ 〔6〕ビッグデータ

〔7〕A．実用新案 B．商標 C．意匠 D．知的財産高等

◀解　説▶

≪情報社会における政治参加≫

〔1〕下線部①の「特定の利益を代表する団体」は圧力団体（利益団体）を指している。圧力団体とは，自己の特殊利益を実現するために政府，議会，政党などに働きかけて影響力を行使する団体のことである。㋑日本道路公団は国の特殊法人であったが，2005 年に分離・民営化された。

〔2〕イ・ロ．アメリカ大統領は法案拒否権を有している。大統領が（過半数の賛成で）上下院を通過した法案に対して拒否権を発動した場合，両院の３分の２以上の多数で再可決しなければその法案は発効しない。また，大統領は教書送付権を有している。教書は連邦の状況についての報告や政策提案に関する文書であり，大統領が議会に対して法案提出権を有さない代わりに教書を議会に送付することができる。

ハ・ニ．アメリカでは，イギリスや日本のような下院優越の原則は採用されておらず，上院は大統領による高級官吏の任命や条約の締結に対する承認権をもっている。

〔5〕㋐が適切。2013 年の公職選挙法改正によってインターネットによる選挙運動が解禁され，政党や候補者は選挙運動期間中であれば，インターネットを通じて自らへの投票を依頼することができるようになった。

〔7〕A～C．知的財産権（知的所有権）は，創造活動によって生み出された成果物を創作者の財産として保護する権利のこと。GATT ウルグアイ・ラウンドでもこの権利に関する国際協定づくりが協議された。知的財産権には，特許権（発明）以外に，実用新案権，商標権，意匠権，著作権などがある。

D．知的財産高等裁判所は，情報化の進展とともに知的財産権をめぐる訴訟が急増したため，2005 年に東京高等裁判所の特別支部として設置された。この裁判所が扱う事件は，主として知的財産に関わる民事訴訟の控訴審である。

❖講　評

Ⅰ．第二次世界大戦後の米ソ冷戦構造の形成からその終焉までの過程を問う国際政治からの出題。教科書に準拠した内容の問題が中心であり，〔1〕Cのフルシチョフの「平和共存」を答える問題や〔8〕の短文選択問題など一部でやや詳細な知識を要する出題もみられる。なお，記述法では多くの問題で文字・字数指定がなされており，これがヒントになって解答できる場合があるので，じっくりと考えて解答したい。

Ⅱ．市場機構と市場の失敗に関連する出題。需要・供給曲線のグラフを用いた出題を含め，市場メカニズムについての基礎的な知識と理解力があれば容易に解ける問題が多かった。しかし，〔1〕Lの「再販売価格維持」制度を解答する問題はやや詳細な知識が必要であった。また，〔2〕(b)はやや難しい問題であったが，需要の価格弾力性についてある程度の知識があれば消去法で解答できる。

Ⅲ．情報社会における政治参加をテーマとする出題。インターネットの発達が社会や政治に与える影響など今日的な問題を取り上げており，やや難しい問題も多く出題された。〔3〕は漢字 9 字の指定があるので，「特定非営利活動促進」法を答えなければならず，NPO 法は正解とはならないので難しかった。〔5〕の 2013 年から解禁されたインターネットを利用した選挙運動についての内容や，〔7〕の知的財産権のうち，A.「実用新案」権，B.「商標」権，C.「意匠」権を問う問題は詳細な知識が必要で難しかった。

数学

I　解答

ア．15　イ．1　ウ．21　エ．1
オ．29　カ．43（オ・カは順不同）　キ．−5
ク．8　ケ．2　コ．−5　サ．−3　シ．3　ス．$a-3$　セ．2
ソ．3　タ．−2　チ．$\sqrt{13}$　ツ．11　テ．$\dfrac{4\sqrt{3}}{13}$　ト．$\dfrac{13\sqrt{3}}{12}$　ナ．$\dfrac{13}{48}$

◀解　説▶

≪小問3問≫

〔1〕 (a)　集合 A の要素（50 以下の素数）を書き出すと

$$2,\ 3,\ 5,\ 7,\ 11,\ 13,\ 17,\ 19,\ 23,\ 29,\ 31,\ 37,\ 41,\ 43,\ 47$$

の 15 個であるから　　$n(A)=15$　→ア

(b)　$B_0=\{7m\,|\,m=1,\ 2,\ \cdots,\ 7\}$ であるから　　$n(B_0)=7$

$B_1=\{7m+1\,|\,m=0,\ 1,\ 2,\ \cdots,\ 7\}$ であるから　　$n(B_1)=8$

$B_2=\{7m+2\,|\,m=0,\ 1,\ 2,\ \cdots,\ 6\}$ であるから　　$n(B_2)=7$

$B_3=\{7m+3\,|\,m=0,\ 1,\ 2,\ \cdots,\ 6\}$ であるから　　$n(B_3)=7$

$B_4=\{7m+4\,|\,m=0,\ 1,\ 2,\ \cdots,\ 6\}$ であるから　　$n(B_4)=7$

$B_5=\{7m+5\,|\,m=0,\ 1,\ 2,\ \cdots,\ 6\}$ であるから　　$n(B_5)=7$

$B_6=\{7m+6\,|\,m=0,\ 1,\ 2,\ \cdots,\ 6\}$ であるから　　$n(B_6)=7$

であるから，$n(B_k)$ が最大となる k は　　$k=1$　→イ

また，$A\cap B_1=\{29,\ 43\}$ であるから　　$n(A\cap B_1)=2$

よって

$$n(A\cup B_1)=n(A)+n(B_1)-n(A\cap B_1)=15+8-2=21\quad→ウ$$

(c)　$x\in B_3$，$y\in B_5$ のとき

$$x=7m+3,\ y=7n+5\quad(n\text{ は整数})$$

であるから

$$\begin{aligned}x\times y&=(7m+3)(7n+5)=49mn+35m+21n+15\\&=7(7mn+5m+3n+2)+1\end{aligned}$$

$7mn+5m+3n+2$ は整数なので，$x\times y$ を 7 で割った余りは　　1　→エ

次に

$$B_0 \cup B_1 \cup B_2 \cup B_3 \cup B_4 \cup B_5 \cup B_6 = \{1,\ 2,\ 3,\ \cdots,\ 50\}$$（全体集合）

であることに注意する。

$x \in B_3$, $z \in B_k$ のとき

$$x = 7m + 3,\quad z = 7l + k$$（l は整数）

であるから

$$x \times z = (7m+3)(7l+k) = 7(7ml + km + 3l) + 3k$$

よって，$x \times z$ を 7 で割った余りは $3k$ を 7 で割った余りに等しい。

$3k$ を 7 で割った余りは

$k=0$ のとき	$3k=0$	7 で割った余りは	0
$k=1$ のとき	$3k=3$	7 で割った余りは	3
$k=2$ のとき	$3k=6$	7 で割った余りは	6
$k=3$ のとき	$3k=9$	7 で割った余りは	2
$k=4$ のとき	$3k=12$	7 で割った余りは	5
$k=5$ のとき	$3k=15$	7 で割った余りは	1
$k=6$ のとき	$3k=18$	7 で割った余りは	4

以上より，$a \in A$, $x \in B_3$ のとき，$a \times x$ が 7 で割って 3 余るので

$a \in A \cap B_1 = \{29,\ 43\}$　→オ，カ（順不同）

別解　オ・カ．$a \in A$, $x \in B_3$ のとき

$$a \times x = a(7m+3) = 7am + 3a$$

であるから，$a \times x$ を 7 で割った余りは $3a$ を 7 で割った余りに等しい。

そこで，$3a$ の値をすべて書き出すと

6，9，15，21，33，39，51，57，69，87，93，111，123，129，141

このうち，7 で割って 3 余るのは

$$87 = 7 \times 12 + 3,\quad 129 = 7 \times 18 + 3$$

の 2 つであるから，求める a の値は

$$a = 29,\ 43$$

〔2〕　$x^3 + ax^2 + bx - 6 = 0$　……①　ただし，a, b は実数である。

(a)　3 次方程式①が，$1+i$ を解にもつとき

$$(1+i)^3 + a(1+i)^2 + b(1+i) - 6 = 0$$

$$(-2+2i) + a \cdot 2i + b(1+i) - 6 = 0$$

$$(b-8) + (2a+b+2)i = 0$$

$b-8$, $2a+b+2$ は実数だから

$$b-8=0 \quad かつ \quad 2a+b+2=0$$

よって　　$a=-5,\ b=8$　→キ，ク

(b)　3次方程式①が，-1と2を解にもつとき

$(-1)^3+a(-1)^2+b(-1)-6=0$ より　　$a-b-7=0$

$2^3+a\cdot 2^2+b\cdot 2-6=0$ より　　$2a+b+1=0$

連立方程式を解いて　　$a=2,\ b=-5$　→ケ，コ

このとき，3次方程式①は

$$x^3+2x^2-5x-6=0 \qquad (x+1)(x-2)(x+3)=0$$

よって，残りの解は　　$x=-3$　→サ

(c)　3次方程式①が，$x=-3$を解にもつとき

$$(-3)^3+a(-3)^2+b(-3)-6=0 \qquad \therefore \quad b=3a-11$$

よって，3次方程式①は

$$x^3+ax^2+(3a-11)x-6=0$$

$$(x+3)\{x^2+(a-3)x-2\}=0 \quad →シ〜セ$$

$x=-3$以外の2つの解をα，βとすると，α，βは2次方程式

$$x^2+(a-3)x-2=0$$

の解であるから，解と係数の関係より

$$\alpha+\beta=-a+3,\ \alpha\beta=-2$$

$\alpha^2+\beta^2=4$ とすると，$(\alpha+\beta)^2-2\alpha\beta=4$ より

$$(-a+3)^2-2\cdot(-2)=4 \qquad \therefore \quad a=3 \quad →ソ$$

よって　　$b=3a-11=-2$　→タ

〔3〕　右図のように，点Aから辺BCに下ろした垂線の足をMとすると，BP＝PM＝MQ＝QC＝1であるから

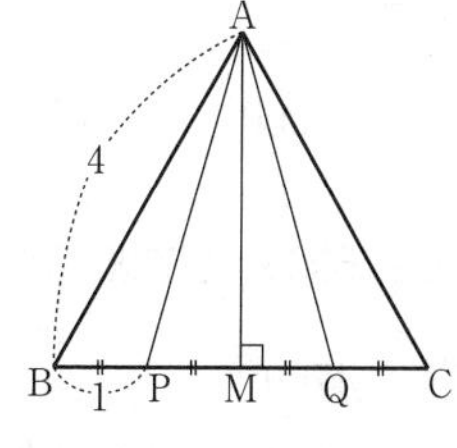

$$\mathrm{AM}=\sqrt{\mathrm{AB}^2-\mathrm{BM}^2}=\sqrt{4^2-2^2}=2\sqrt{3}$$

$$\mathrm{AP}=\mathrm{AQ}=\sqrt{\mathrm{PM}^2+\mathrm{AM}^2}$$

$$=\sqrt{1^2+(2\sqrt{3})^2}=\sqrt{13} \quad →チ$$

次に

$$|\overrightarrow{\mathrm{PQ}}|^2=|\overrightarrow{\mathrm{AQ}}-\overrightarrow{\mathrm{AP}}|^2$$

$$=|\overrightarrow{\mathrm{AQ}}|^2-2\overrightarrow{\mathrm{AP}}\cdot\overrightarrow{\mathrm{AQ}}+|\overrightarrow{\mathrm{AP}}|^2$$

より

$$2^2=(\sqrt{13})^2-2\overrightarrow{\mathrm{AP}}\cdot\overrightarrow{\mathrm{AQ}}+(\sqrt{13})^2 \qquad \therefore \quad \overrightarrow{\mathrm{AP}}\cdot\overrightarrow{\mathrm{AQ}}=11 \quad →ツ$$

したがって

$$\cos\angle\mathrm{PAQ}=\frac{\overrightarrow{\mathrm{AP}}\cdot\overrightarrow{\mathrm{AQ}}}{|\overrightarrow{\mathrm{AP}}||\overrightarrow{\mathrm{AQ}}|}=\frac{11}{\sqrt{13}\sqrt{13}}=\frac{11}{13}$$

であるから

$$\sin\angle\mathrm{PAQ}=\sqrt{1-\cos^2\angle\mathrm{PAQ}}=\sqrt{1-\left(\frac{11}{13}\right)^2}=\frac{\sqrt{48}}{13}$$

$$=\frac{4\sqrt{3}}{13}\quad\to テ$$

△APQ の外接円の半径を R とすると，正弦定理より

$$2R=\frac{\mathrm{PQ}}{\sin\angle\mathrm{PAQ}}=\frac{2}{\frac{4\sqrt{3}}{13}}=\frac{13}{2\sqrt{3}}$$

$$\therefore\quad R=\frac{13}{4\sqrt{3}}=\frac{13\sqrt{3}}{12}\quad\to ト$$

右図より

$$\overrightarrow{\mathrm{AO}}=\frac{R}{\mathrm{AM}}\cdot\frac{\overrightarrow{\mathrm{AB}}+\overrightarrow{\mathrm{AC}}}{2}=\frac{\frac{13\sqrt{3}}{12}}{2\sqrt{3}}\cdot\frac{\overrightarrow{\mathrm{AB}}+\overrightarrow{\mathrm{AC}}}{2}$$

$$=\frac{13}{48}(\overrightarrow{\mathrm{AB}}+\overrightarrow{\mathrm{AC}})\quad\to ナ$$

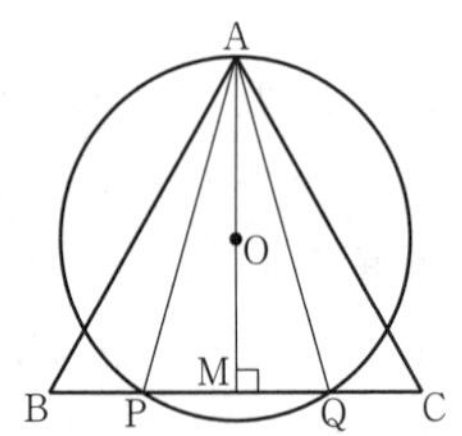

II　解答　ア．$95000-50z$　イ．$150z-\frac{1}{10}z^2$　ウ．$-\frac{1}{10}$　エ．200

オ．95000　カ．1000　キ．5000　ク．50　ケ．$-\frac{1}{10}$　コ．$200-\alpha$

サ．$500\alpha-95000$　シ．$1000-5\alpha$　ス．50　セ．$\frac{5}{2}$　ソ．500　タ．5000

チ．4750

◀解　説▶

≪ある飲食店の価格などの変数と利益との関係≫

〔1〕　費用 y は

$$y=20000+500x=20000+500\left(150-\frac{1}{10}z\right)$$

$=95000-50z$　→ア

売り上げ R は

$$R=z\times x=150z-\frac{1}{10}z^2 \quad \rightarrow イ$$

利益 G は

$$\begin{aligned} G&=R-y \\ &=\left(150z-\frac{1}{10}z^2\right)-(95000-50z) \\ &=-\frac{1}{10}z^2+200z-95000 \quad \rightarrow ウ〜オ \\ &=-\frac{1}{10}(z-1000)^2+5000 \end{aligned}$$

よって，利益 G が最大となるときの価格 z は

$z=1000$　→カ

このときの利益 G は　　$G=5000$　→キ

来店客数 x は　　$x=150-\frac{1}{10}\times 1000=50$　→ク

〔2〕　このときの費用を y_1 とすると

$$\begin{aligned} y_1&=20000+500x=20000+500\left(150-\alpha-\frac{1}{10}z\right) \\ &=95000-500\alpha-50z \end{aligned}$$

売り上げを R_1 とすると

$$R_1=z\times x=(150-\alpha)z-\frac{1}{10}z^2$$

利益 G_1 は

$$\begin{aligned} G_1&=R_1-y_1 \\ &=\left\{(150-\alpha)z-\frac{1}{10}z^2\right\}-(95000-500\alpha-50z) \\ &=-\frac{1}{10}z^2+(200-\alpha)z+500\alpha-95000 \quad \rightarrow ケ〜サ \\ &=-\frac{1}{10}\{z-(1000-5\alpha)\}^2+\frac{5}{2}\alpha^2-500\alpha+5000 \end{aligned}$$

よって，利益 G_1 が最大となるときの価格 z_1 は

$z_1=1000-5\alpha$　→シ

$\alpha=0$ のとき $z_1=1000$，$\alpha=10$ のとき $z_1=950$ であるから，価格 z_1 は

$$1000-950=50 \quad \to ス$$

下がる。

上の計算より，最大の利益 H は

$$H=\frac{5}{2}\alpha^2-500\alpha+5000 \quad \to セ〜タ$$

$\alpha=0$ のとき $H=5000$，$\alpha=10$ のとき $H=250$ であるから，最大の利益 H は

$$5000-250=4750 \quad \to チ$$

減少する。

III 解答

〔1〕　X地点からP地点への最短経路が

$$\frac{4!}{2!\cdot 2!}=6 \text{ 通り}$$

その各々に対して，P地点からY地点への最短経路が

$$\frac{6!}{3!\cdot 3!}=20 \text{ 通り}$$

であるから，P地点を通りY地点に到着する最短経路は

$$6\times 20=120 \text{ 通り} \quad \cdots\cdots(\text{答})$$

〔2〕　X地点からY地点に到着する最短経路の総数は

$$\frac{10!}{5!\cdot 5!}=\frac{10\cdot 9\cdot 8\cdot 7\cdot 6}{5\cdot 4\cdot 3\cdot 2\cdot 1}=252 \text{ 通り}$$

Q地点を通り，Y地点に到着する最短経路は

$$\frac{7!}{4!\cdot 3!}\times\frac{3!}{1!\cdot 2!}=35\times 3=105 \text{ 通り}$$

よって，Q地点を通り，Y地点に到着する確率は

$$\frac{105}{252}=\frac{5}{12}$$

したがって，Q地点を通り書店Qで本を買い，Y地点に到着する確率は

$$\frac{5}{12}\times\frac{2}{3}=\frac{5}{18} \quad \cdots\cdots(\text{答})$$

〔3〕　P地点を通り，Y地点に到着する最短経路は

$$\frac{4!}{2!\cdot 2!}\times\frac{6!}{3!\cdot 3!}=120 \text{ 通り}$$

Q地点を通り，Y地点に到着する最短経路は

$$\frac{7!}{4!\cdot 3!}\times\frac{3!}{1!\cdot 2!}=105 \text{ 通り}$$

P地点とQ地点の両方を通り，Y地点に到着する最短経路は

$$\frac{4!}{2!\cdot 2!}\times\frac{3!}{2!\cdot 1!}\times\frac{3!}{1!\cdot 2!}=6\times 3\times 3=54 \text{ 通り}$$

よって，P地点またはQ地点を通り，Y地点に到着する最短経路は

$$120+105-54=171 \text{ 通り}$$

したがって，書店P，書店Qの少なくともどちらかに立ち寄る確率は

$$\frac{171}{252}=\frac{19}{28}$$ ……(答)

〔4〕 (a) (i)書店Pで本を買う確率は

$$\frac{120}{252}\times\frac{1}{2}=\frac{60}{252}$$

(ii)書店Qで本を買う確率は

$$\frac{105}{252}\times\frac{2}{3}=\frac{70}{252}$$

(iii)書店P，Qの両方で本を買う確率は

$$\frac{54}{252}\times\frac{1}{2}\times\frac{2}{3}=\frac{18}{252}$$

(i)〜(iii)より，Y地点に到着したとき本を持っている確率は

$$\frac{60}{252}+\frac{70}{252}-\frac{18}{252}=\frac{112}{252}=\frac{4}{9}$$ ……(答)

(b) 2つの事象 E, F を次のように定める。

E：Y地点に到着したとき本を持っていない。

F：書店Pに立ち寄る。

求めたいものは，条件付き確率 $P_E(F)=\dfrac{P(E\cap F)}{P(E)}$ である。

(a)の結果より　　$P(E)=1-\dfrac{4}{9}=\dfrac{5}{9}$

次に，$P(E\cap F)$ を計算する。すなわち，書店Pに立ち寄って，かつ，Y地点に到着したとき本を持っていない確率を求める。

このとき，次の排反な2つの場合

(i)　書店P，Qの両方に立ち寄ったが，いずれでも本を買っていない。

(ii)　書店Pに立ち寄ったが本を買わず，書店Qには立ち寄っていない。

が考えられる。そこで，それぞれの確率を計算する。

(i)の場合の確率は　$\dfrac{54}{252}\times\dfrac{1}{2}\times\dfrac{1}{3}=\dfrac{9}{252}$

(ii)の場合の確率は　$\dfrac{120-54}{252}\times\dfrac{1}{2}=\dfrac{33}{252}$

よって　$P(E\cap F)=\dfrac{9}{252}+\dfrac{33}{252}=\dfrac{42}{252}=\dfrac{1}{6}$

以上より，求める条件付き確率は

$$P_E(F)=\frac{P(E\cap F)}{P(E)}=\frac{\frac{1}{6}}{\frac{5}{9}}=\frac{3}{10}\quad\cdots\cdots(答)$$

◀解　説▶

≪最短経路の問題，確率，条件付き確率≫

〔1〕の最短経路の場合の数の問題は頻出であるが，〔2〕以降は，確率や条件付き確率の問題なので注意が必要である。特に，本問の確率は，交差点に到達するごとに次の進路を確率的に選択するのではなく，「X地点からY地点への最短経路の選び方はすべて同様に確からしい」という設定に注意する必要がある。〔2〕,〔3〕は通常の確率の問題で，最短経路の場合の数を考えた上で，本を買う確率を考量すればよい。〔4〕は条件付き確率の問題である。(a)はあとの(b)で用いる確率を求めるだけであるが，(b)では，書店Pに立ち寄って，かつ，Y地点に到着したとき本を持っていない確率を求める際に，書店Qに立ち寄った場合と，立ち寄らなかった場合に分けて考える必要があるので要注意である。

❖講　評

Ⅰは小問3問で，〔1〕は集合と，整数で割った余りによる整数の分類の問題で，思考力を必要とするやや難しい問題である。〔2〕は3次方程式の典型的な問題である。〔3〕は三角比とベクトルの融合問題であるが，これも基本的な問題である。

Ⅱは費用，売り上げ，価格と利益の関係を考察するという経営学・経済学のような問題であるが，数学の内容としては簡単な2次関数の最大・最小の問題である。一見難しそうに見えるかもしれないが，指示に従って解答していけば困るところはない。

Ⅲは典型的な最短経路に関する問題であるが，確率と条件付き確率の問題も絡んでいる。特に，確率の設定で，交差点に到達するごとに次の進路を確率的に選択するのではなく，「X地点からY地点への最短経路の選び方はすべて同様に確からしい」という設定は要注意である。場合分けをする必要がある設問もあり，やや難しい問題と言える。

取り組みが必要。全体として標準的。

四の漢文は、前漢の劉向による説話『新序』。問1の③「与」は知識問題。漢文選択者では必須。問2の書き下し文はやや難。「祠」を使役で読めれば正解につながる。問3の空所補充は正確な論旨の把握が必要。選択肢の動物がもつ意味の理解も必要。標準的。問4の内容真偽も論旨の把握が必須だが、選択肢が見分けやすいため標準的。全体として標準的。

「怒りの矛先を公孫襲に向け」が間違い。4は「自らを犠牲にして天を祠った」が間違い。5は本文通りで正解。6は「公孫襲を試そうとして故意に行人に矢を向けた」が間違い。

❖講　評

一の現代文は、「存在の承認」の大切さと、自由と承認の両立を説いた文章。論旨は明瞭で把握しやすい文章である。問3・問5の箇所指摘は、制限字数がヒントとなり、容易。問4の欠文挿入箇所は冒頭の「それ」が指す主語の確定が大切。標準的。問6の空所補充は前後の論旨がしっかり読み取れていないと迷う。やや難。問7の内容説明は標準的。問8の空所補充は「行為」の意味を考える設問。直前にある具体例から決定する。やや難。問9の内容説明は、1と5で迷う。二つの選択肢を比べて、本文により沿っているものを選ぶことになる。やや難。問10の内容真偽は標準的。全体として標準的。

二の現代文は、言語による「概念」の違いを前提に外国語に接すると重大なことがらが見えてくるという文章。問1の内容説明は「非論理」「循環論」の確認で正解できる。標準的。問3の内容説明は、紛らわしい選択肢が多い。中国における「臣」「民」の語意が示す具体例の意味をしっかり把握すること。やや難。問4の内容説明も「相対化」を押さえることで選べる。標準的。問5の内容真偽は、選択肢を見比べ、筆者の主張を踏まえたものを選ぶ必要がある。標準的。全体として標準的。

三の古文は、鎌倉時代初期の仏教説話集『閑居友』が出典。本文が長く、本格的な読み取りが必要。問1の「給ふ」「侍り」を入れる敬語の問題は、行為の主体を押さえること。Cの理解が正誤の分かれ道。標準的。問2「飾りを落とし」は知識問題。必須。問3の理由説明は4と5で迷う。直前にある「おぼつかなき」の理解がポイント。標準的。問4の口語訳、問5・問6の内容説明も標準的。問7は丁寧な読みが必要。あらかじめ選択肢を頭に入れてから解答する方がよい。内容が詳細にわたるので、やや難。問8の『発心集』の作者を問う文学史は標準的。文学史は必須なので、

ち雨ふらん』と。景公堂より下り頓首して曰はく、『凡そ吾の雨を求むる所以は、吾が民の為なり。今必ず吾をして人を以て祠らしめて乃ち且に雨ふらんとせば、寡人将に自ら之に当たらんとす』と。言未だ卒はらずして天大いに雨ふること方千里なるは、何ぞや。天に徳有りて民に恵むが為なり。今主君白雁の故を以て、而して人を射んと欲す。襄謂らく主君は虎狼に異なる無し」と。梁君其の手を援り与に車に上りて帰り、廟門に入り、万歳と呼びて曰はく、「幸ひなるかな。今日や他人猟して皆禽獣を得るも、吾猟して善言を得て帰る」と。

◀解　説▶

問1　①「所以」は「ゆゑ（え）ん」と読む頻出語で、ここでは〝理由〟の意。

③「与」はここでは「ともに」と読む。ほかにも本文にある「与す（くみす）」や「与る（あずかる）」といった読みでも頻出する語。

問2　句法の知識が決め手になる。「使」は使役の意で、「使AB」で「AをしてB（せ）しむ」と読み、〝AにBさせる〟と訳す。「且」は再読文字で、「まさに～（せ）んとす」と読み、〝今にも雨が降りそうだ〟と訳せる。王である「吾」が、人に祠らしめる（＝〝人に祈願させる〟）ことで、雨が降るということを表している。ここでは「Bせしむ」の内容が問われている。〝人に祈願させる〟（4「祠らしめて」）のは王としてありうることだが、〝雨を降らせる〟（2・6「雨ふらしむれば」）は、「天」に行為をさせることになり、文脈に合わない。そこで正解は4と決まる。

問3　車馬を操縦する公孫襲の思いを読み取る。主君の梁君が、白雁を射るために、通りがかった人に止まるように指示した。その指示に従わなかったことに腹を立てて、梁君がその人を射ようとした。このことに対する公孫襲の思いは、梁君の今しようとしている行為は、自分の思いが通らなければ暴力的にことをなそうとしていることにほかならないというものである。これでは、1「虎狼」と変わらないではないですか、というのである。ここに挙げられた選択肢で、〈暴力的〉なイメージをもつ動物を選べばよい。

問4　1は「行人の妨害に遭った」が間違い。2は「民を犠牲にして天を祠れば雨が降る」というお告げが間違い。3は

問3　1
問4　5

◆全　訳◆

梁君は猟に出て、白雁の群れを見つけた。梁君は車から降りて弓を引いてこれを射ようとした。道行く人がいたので、梁君はその人に止まるように言ったが、その人は止まらず、白雁の群れは驚い（て逃げてしまっ）た。梁君は怒り、その人を射ようとした。車馬を操縦する公孫襲という者が車から降り矢を手で押さえて、「王様おやめください」と言った。梁君は激しく怒った様子で血相を変えて「襲は自分の君主の味方をせずに反対に他人の肩を持つというのは、どういうことだ」と怒って言った。公孫襲が答えて言うことには、「昔斉の景公という国王の時代に、世の中は大変な日照りが三年続きました。これを占ったことには、『人が祈願すればきっとそこで初めて雨が降るに違いない』ということでした。景公は堂（＝君主の座っているところ）から降りて何度も頭を地面に打ちつけて敬礼して、『そもそも私が雨を求める理由は、私の国の人民のためである。今必ず私が人に祈願させると雨が降るのなら、私は自らこの任に当たろうと思う』と言いました。（その）言葉が終わらないうちに大雨が千里四方に降った、（これは）どういうことでしょうか。天に徳があり（その徳を）人民に恵んだためです。今王様は白雁を逃がしたということで、人を射ようとなさいました。私襲が思うに（それでは）王様は虎や狼と変わりありません」。梁君はその（公孫襲の）手を取ってともに車に上がって帰り、先祖を祭る建物に入り、万歳を唱えて、「幸せだ。今日は他の人が猟をして皆鳥やけだものを得たが、私は猟をして素晴らしい言葉を得て帰ったのだ」と言った。

読み　梁君出猟して、白雁の群を見る。梁君車より下り弓を彀き之を射んと欲す。道に行く者有り、梁君行く者に止まれと謂ふも、行く者止まらず、白雁の群駭く。梁君怒り、行く者を射んと欲す。其の御公孫襲車より下り矢を撫して曰はく、「君止めよ」と。梁君忿然として色を作して怒りて曰はく、「襲其の君に与せずして顧つて他人に与するは、何ぞや」と。公孫襲対へて曰はく、「昔斉の景公の時、天大いに旱すること三年。之を卜ひて曰はく、『必ず人を以て祠らば乃

段落は、親王の持っていた「大柑子」を欲しがった人に、小さな柑子をあげようとした親王の心根を「汝、心小さし」と心を見すかした「飢れたる姿」の人への感情である。さらに本文を読み進めると、この「飢れたる姿」の人が「菩薩」であるとわかる。ここまで理解すると、正解は3とわかる。語意だけの解釈では5も適切に思えるが、内容にある「まだ不十分だった」は、修行についての感情なので外す。

問6　傍線㋔「あはれに侍り」とは、「親王」へ抱く作者の思いである。直前の「親王」の、かつては皇太子としてたくさんの役人に仰がれていた境遇が、現在は「道のほとりの旅の魂」になっていることへの思いである。客死した霊魂への作者の思いとして適切なものを探ると、4の「無常を感じている」が合致する。

問7　1は第二段落の三文目「昔、この日本の国の人……学問ありけれど」の内容に符合しており、正解。2は最後の「大陸各地で仏教の布教をしていた」が外れる。親王は唐土（中国）や天竺（インド）に渡ったが、それは「布教」のためではなく、自ら仏教を求めていた、つまり求道のためである。3は「親王の魂を供養するため伝から引用」が間違い。第七段落に「このことは、親王の伝にも見え侍らねば、記し入れぬる」とある。4は第九段落の「この書には伝に載れることをば入るることなし。かつは、かたがたはばかりも侍り……言ふ人もあるべし」の記述と合致しているので、正解。5に当たる記述は文中にはなく、6は作者が『発心集』の引用方法についての「疑念」は述べていないので外れる。

問8　『発心集』は鎌倉時代初期の仏教説話集で、作者は3「鴨長明」である。

四

出典　劉向『新序』

解答

問1　①ゆゑん〔ゆえん〕　③ともに

問2　4

はならない（＝思わないでほしい）。

◀解　説▶

出典は鎌倉時代初期の仏教説話集である『閑居友』。本文の前半は真如親王の仏教をきわめようという姿勢を、後半は作者が執筆に当たる基本姿勢を示したものである。

問1　空欄A～Dに尊敬・謙譲の二つの意味をもつ「給ふ」と、丁寧の「侍り」を入れる敬語の設問。主語と文脈から検討する。Aには、主語が「真如親王」であることから、尊敬語「給は」が入る。これで選択肢を1・3・5に絞る。Bには、「険しく危うく」に接続する語で、地の文であり、この感情を抱くのが作者であることから、「侍り」が入る。Cには、「唐土の返事に」という言葉から、「あり」が入る。ここではその丁寧語である「侍り」が入る。この三つが決まることで5が正解と決まる。ちなみにDには、主語が作者で、「思ひ」に接続する語であることから、下二段活用の謙譲の補助動詞である「給へ」が入る。

問2　「飾り」とは〝頭髪、髪〟の意。これを「落とし」というのであるから、2「髪を剃り……出家をする」が正解とわかる。文脈においても「親王」であった人が「道詮律師」「弘法大師」に師事するということが示されている。

問3　傍線㋑の直前に「法門ともにおぼつかなき」とある。その「法門」とは「道詮律師」の「三論宗」、「弘法大師」の「真言」を指すと考えられる。4と5が紛らわしいが、「法門」が「おぼつかなき」とは、〝よくわからない〟ということで、「教えに納得していない」の5が正解である。

問4　㋒「かきやる」とは〝手で払いのける〟意。払いのけるのは「涙」なので、〝涙をぬぐいきれない〟と訳すことができる。

㋕「そばむ」は〝非難する〟意。傍線全体で、〝非難する言葉だなあ〟の意。ここでは、鴨長明がそう思うことがあってはならない、つまり、そう思ってほしくないと言っている。

問5　傍線㋓「あぢきなし」という感情は、直前の「化人の出で来て……我が心をはかり給ひける」を受けている。第五

そのようなことではない。あなたは、心が小さい。心の小さな人がくれるものを受け取るつもりはない」と言って、一瞬のうちに消えてしまった。親王は、不思議に思って、「菩薩が出てきて、私の心の大きさをおはかりになったのだなあ」と、悔しく、情けない思いがする。

さて、どんどん進んでいくうちに、とうとう虎に行き会って、（親王は）むなしく命を終えたということだ。

このことは、親王の伝記にも見えませんので、記して入れておいたのだろう。

昔の立派な人々が、インドにお渡りになったことを記した文書にも、唐・新羅の人々は数多く見えますが、この国（＝日本）の人は一人も見えないようなのに、この親王の思い立ちなさった心の様子は、全くすばらしく恐れ多いものです。（親王は）昔は、皇太子で、多くの官職（の人々）に仰がれたと言っても、今は、道のほとりの客死した霊魂として、一人でどこに赴きなさったのだろうかと、返す返す無常でございます。

それにしても、『発心集』には、伝記の中に記されている人々がたくさん見えますようですが、この書物（＝『閑居友』）には伝に載っていることを入れることはない。一方では、方々に遠慮もございます。また、世間の人の常として、わずかに自分が狭く浅くものを見たままに、「これは誰々が記したものの中にあったことだよ」など、世にもたやすく言う人もいるようだ。また、もとから筆を執ってものを記している人の心持ちは、「私が、このことを記し留めねば、後世の人が、どうしてこのことを知ることができるだろうか」と思うところから始まったことだろう。ましてや、昔の人が心情を巧みに言葉も整えて記しているようなものを、今更怪しく引用し直すというのもどうかと思われるのです。

また、この書き記した（各説話の）末尾に、少しばかりインド・中国・日本の昔の事跡を、要約して引き合わせたものがありますのは、「これを端緒に（読者がこの本に載っている人々を）知り始めるご縁ともなるでしょうか」などと、思い申し上げて、お作り申し上げるのです。鴨長明は、人の耳をも喜ばせ、また縁を結ばせようと思って、伝の中の人を載せたようですが、世の中の人がそんなふうには思わないでいますことが常で、このようにも（＝既に誰々が記したものの中にあった、とも）思うようです。決してあの世でも（＝あの世の鴨長明も）、「私を非難する言葉だなあ」とは、思って

問8　3

◆全　訳◆

昔、真如親王という人がいらっしゃった。平城天皇の第三の皇子である。まだ出家していらっしゃらない前には、高岳の皇子と申し上げた。髪を剃り出家なさって後は、道詮律師に会って三論宗をきわめて、弘法大師に従って真言宗を習いなさった。

(親王は)「仏の教えが(三論・真言の)両宗とも納得できない点が多い」と思って、とうとう中国にお渡りになった。宗叡僧正と一緒に渡られたが、宗叡は、「文殊菩薩の住んでいらっしゃる五台山を、拝もう」と言ってお行きになる。親王は、物事を習うのに適当な師をお探しになっていたが、昔、この日本の国の人で円載和尚といった人が、唐にとどまっていたのだが、親王が渡っていらっしゃったことを聞いて、帝に申し上げたところ、帝が感心して、法味和尚という人にお命じになって、学問をしたけれど、満足できなかったので、ついにインドにお渡りになった。

「錫杖(＝僧侶の持つ杖)を突いて、脚にまかせて一人で行く。理屈以上に煩わしいことが多い」など(の言葉)がありますのを見るにつけて、悲しみの涙をぬぐいきれない。玄奘・法顕法師などの昔の跡に思いをいたすのにも、さぞ険しく危険でございましたでしょうと、感動する。

さて、(親王が)帰国なさるはずの期間も過ぎてしまったので、「(親王の)生き死には判別しがたい」と言って、事細かに照会した。中国の返事には、「(親王は)インドにお渡りになるときに、道中でお亡くなりになったことを、かすかに聞いている」とありましたことで、はじめて、お亡くなりになったことがわかったのである。

(親王が)お渡りになった道中の支度として、大きな蜜柑を三つ持っていらっしゃったのを、疲れた姿をした人が、出てきて欲しがったので、(親王は蜜柑を三つ)取り出して、中でも小さいものをお与えになった。この人は、「同じようなら、大きなものをいただきたい」と言ったので、「私は、これから終わりのわからない道中を行くことになるのだ。あなたは、この場所のかただ。さしあたっての飢えを防ぐことで事足りるだろう」と言ったところ、この人は、「菩薩の行は、

　相対化」とあるのが、「概念や思考」の「相対化」とずれている。

問5　筆者の主張に合致する選択肢を選ぶことになる。本文の筆者の主張は第五段落の〈言語間の概念の違いを意識することで、見えてくることがある〉ということ。また、それは最終段落で、「言葉が表す概念や思考を相対化する」ことにより、知らないうちに組み込まれている考え方のシステムに気づくきっかけになる、と記されている。この前提を踏まえて選択肢を丁寧に見ていく。第十二段落にあるように「国民は、憲法より上なのか下なのか……日本語でははっきりしない」ということで、1のように〈国籍の剝奪〉に焦点を当てたものは内容としては外れる。2は後半の「日本の人々が……歴史を表すもの」と「歴史」に焦点を当てている点が外れる。3は第五段落の「言語と言語の間には……重大なことがらに気づくことがあります」という筆者の主張を具体的に表した例として適切である。4は「『臣民』という……自ら国をつくることができなかった」ことに焦点は当てられていない。5も「国民」を英語で訳し分ける必要性について説いている点が本文の主張とはずれている。

三

出典　慶政上人『閑居友』〈一　真如親王、天竺にわたり給ふ事〉

解答

問1　5

問2　2

問3　5

問4　㋒涙をぬぐいきれない（十字程度）　㋕非難する言葉だなあ（十字程度）

問5　3

問6　4

問7　1・4

論」と筆者は指摘しているのである。この内容は第十二段落の最後に「国民は、憲法より上なのか下なのか……要するに、日本語でははっきりしない」と記されている。この内容に符合する選択肢は4である。

問2　空欄Aの直後には「でも」と逆接の文がつながっており、「国民」という言葉の前提として「まず国があった」という考え方が示されている。そうならばAには、「国」より「国民」が先だという内容が入るはずである。このことを表した選択肢は、1の「国民は国家の上位概念であるはずだ」である。

問3　英語では「臣民」にあたる言葉がないことの理由を説明する問題。第十七・十八段落を通して、英語に直そうにも直せない事情をくみ取る。英語の「subject」の意味には「臣下」(＝〝統治される人びと〟)という意味の語があるが、それを明治の帝国憲法下で、拡大解釈をして「臣民」と訳すことに決めた。日本における「臣民」という言葉は〈政府の役人(臣)も一般の人びと(民)も同時に示す〉言葉であるため、英語には直すことができないということになるのである。これを選択肢で言い表しているものは2である。1は「subject」という単語に意味が複数あるために、あてはまる語がないというわけではないので、不適。3は「天皇ではなく王侯による統治であったため」がずれている。「天皇」と「王侯」の性質の違いのせいで訳せないわけではない。4は「臣」と「民」は中国で言うところの相反する意味の語ではあるが、それを日本は意図的につくり上げたわけで、「言葉として異質であるため」という部分が理由の説明にはならないので、間違い。5は「誤って『臣民』と訳した」が間違い。最後から三つめの段落には「……と訳すのだ、ということにした」とある。

問4　傍線㋒のポイントは「概念や思考」の「相対化」とは、どのようなことなのかという点であり、その点を記している選択肢を選ぶ。傍線㋒の直前にある「思考の枠組みから自由になれる」が「相対化」の具体的な表現であると気づけば容易。1は「歴史」の相対化について述べており、ポイントがずれている。2は本文の流れに沿っており、言葉の「思考の枠組み」について焦点が絞られているので、正解となる。3は最後の「言葉を大切にするようになる」ことと、思考の相対化とは別次元の内容である。4も「歴史の矛盾も知る」が不要である。5は「自らの存在と他者を

って生きていくことができるとある。5は第二十七・二十九段落の内容に符合しており、これが正解。6は、本文が「民主主義社会を発展させていくこと」という話題に触れていないことから、不可。

二

出典　橋爪大三郎『人間にとって教養とはなにか』〈第4章　辞書・事典でしか学べないこと〉（SB新書）

解答

問1　4
問2　1
問3　2
問4　2
問5　3

◆要　旨◆

言葉の表す「概念」は言語によって異なる。この前提を意識して外国語に接すると、重大なことがらが見えてくる。代表例として、他国には概念がない「国民」という言葉が挙げられる。「国民」という言葉は、憲法より上なのか下なのか、日本語でははっきりしない。さかのぼると「国民」は、戦後になって「臣民」という言葉を置き換えたもので、その「臣民」という言葉は、明治政府による帝国憲法の下で「天皇に従う」という関係を持たされた言葉だとわかる。言葉が表す概念や思考を相対化すると、知らないうちに組み込まれた考え方のシステムに気づくきっかけになるのだ。

▲解　説▼

問1　「非論理」とは〝論理的でない〟様子。「循環論」とは〝堂々巡りの議論〟のこと。本文では、国民が先か、日本国が先かという堂々巡りの議論になってしまっていること。「人民」ではなく「国民」という語を使うことで、日本国憲法において「日本国」が先か、「国民」が先か、わからなくなっていることを指している。これを「非論理」「循環

6になる。「自由と承認の葛藤」とは、自由と「行為の承認」のどちらを優先すべきかということである。これは確かに「自由な行為に対する価値評価が問題になるときにのみ、顕在化する」ものであり、挿入して文意も通じる。

問7　傍線ⓤの「行為の承認」の可能性の広がりについては、次の第二十四・二十五段落に具体的に述べられている。「苦しんでいる人を慰め」て「相手に感謝され」ることや、「行為の価値を理解してい」ることで「陰ながら誰かを助け」ることにより「自分はよいことをしている」と信じることができるようなことである。これらを一般論として示している選択肢を選べばよく、4が当てはまる。

問8　空欄Bに入る語は、前文の「困っている人を助けたり……称賛される」から判断する。この具体例はいわゆる〈人助け〉に当たるものだから、2「倫理的な」が当てはまる。また、問9とも関連するが、この「行為の承認」は「善悪」と深く関係しており、その点もヒントになる。3が紛らわしいが、「困っている人を助けたり、苦しんでいる人を慰め」る主体は、「個人」に限らない（国家や組織・団体が主体ということもありうる）ので、不適と判断したい。

問9　傍線ⓔ「この価値基準」とは、直前の「誰もが納得するような善悪の価値基準」を指す。このことから1と5が正解の候補に挙がる。1が第二十七段落の内容をほぼくんだもので正解。5は「共通の価値基準」を「自由」だけに絞り、「存在の承認」について触れていない点が不可。なお、2は「思想」「宗教」について「自らの思想……批判してはならない」という文脈はないので外す。3は価値基準が、民主主義の社会に「普遍」としている点が不可。4は「制限されるべきではない」というものを「思想」に限定している点が不可。

問10　各選択肢のうち、本文に合致しない点を見ていくと、1は「存在の承認」の「親和的承認」の部分だけを見たものにとどまっており、不可。2は第十四段落におけるヒトラーの例に矛盾するので、不可。3の「一般意志」とは、第二十一段落に「価値の共有に基づいたルール」とあり、次段落に「自由を守るためのルール」とある。これは「私たちすべての社会共通のルール」とまでは言えないので、不可。4は「親密な人にその行為の価値を理解してもらえれば」という前提が不可。第二十五段落には「自分でその行為の価値を理解していれば」という前提の中で、自信を持

「存在の承認」の保証だけでなく、行為の価値基準を明確にする。ルソーやヘーゲルが構想した民主主義の原理には、自由と「存在の承認」を保証するルールがあり、それは誰もが納得する善悪の価値基準に基づいている。自由と承認とは両立するものなのだ。

◀解　説▶

問3　傍線㋐「存在の承認」の原型は、第八段落に「親和的承認」と示され、それと異なるものが第十段落に「人権の承認」と示されている。設問は「人権の承認」とは異なるものを指摘するものなので、「親和的承認」の具体的な記述を抜き出すことができればよい。これは第八段落の末尾に「愛情に基づく存在そのものへの承認」と記されている。字数制限もヒントにすることができる。

問4　挿入文の冒頭の「それ」が指す内容を明らかにすることがポイント。「それ」は、「ありのままの存在」をお互いに認め合わなければ実現しないものであり、逆に言うと「ありのままの存在」を互いに認め合うことで、「実現」するものである。それこそが「存在の承認」であることは明らか。「存在の承認」が話題になっている第十八段落の前に挿入するのがふさわしい。そこで挿入文は〈　3　〉に入ることがわかる。

問5　傍線㋑のような「差別」をしないために〈社会にとって必要なこと〉を問う設問。一般論として、第十五段落に「共生社会」では「価値観のギャップ」が大きくなるが、「患者、障害者との共生」も「社会の重要な課題」であると述べられている。その上で「お互いに『存在の承認』を与え合うこと」は「避けることのできない問題」だとしている。ここから、〈社会にとって必要なこと〉とは「お互いに『存在の承認』を与え合うこと」であるとわかる。

問6　空欄Aの後に「自由な行為に対する価値評価が問題になるときにのみ、顕在化する」とあるので、Aに入る「葛藤」(=〝いずれを取るべきか迷うこと〟)は、何かと「行為の承認」に関するものであることはわかる。そこで、選択肢は2・4・6の三つに絞れる。葛藤をおこすものが、2「思想」や4「出自」であってはいけないことは、第十六段落に記されているので、「行為の承認」と葛藤をおこすものは「自由」になるはずである。そうなると、正解は

国語

一

出典　山竹伸二『ひとはなぜ「認められたい」のか――承認不安を生きる知恵』〈第1章　なぜ「認められたい」のか？―承認欲望の現象学・第5章「認められたい」社会〉（ちくま新書）

解答

問1　①す　④そてい

問2　②暴挙　③優生

問3　愛情に基づ～のへの承認

問4　3

問5　お互いに「～え合うこと

問6　6

問7　4

問8　2

問9　1

問10　5

◆要　旨◆

「認められたい」欲望を満たす「承認」には、「行為の承認」と「存在の承認」がある。「存在の承認」のうち、「人権の承認」は民主主義の根幹をなすものであり、誰もが「存在の承認」を保証される必要がある。「存在の承認」は自由の承認でもあるが、これを保証するためには一定の価値基準の共有とルールが必要である。このルールの価値観の共有は、

■学部個別配点方式(文系型)　※APUは英語重視方式

問題編

▶試験科目

【法・産業社会・国際関係(国際関係学専攻)・文・映像(文系型)・経営・政策科・総合心理(文系型)・スポーツ健康科・食マネジメント学部，APU(英語重視方式)】

教　科	科　　目
外国語	コミュニケーション英語Ⅰ・Ⅱ・Ⅲ，英語表現Ⅰ・Ⅱ
選　択	日本史B，世界史B，地理B，政治・経済，「数学Ⅰ・Ⅱ・A・B」から1科目選択
国　語	〔文学部以外，APU〕　国語総合，現代文B，古典B（漢文の独立問題なし） 〔文学部〕　国語総合，現代文B，古典B（漢文の独立問題あり。ただし現代文1題との選択）

【経済(経済専攻)学部】

教　科	科　　目
外国語	コミュニケーション英語Ⅰ・Ⅱ・Ⅲ，英語表現Ⅰ・Ⅱ
数　学	数学Ⅰ・Ⅱ・A・B
国　語	国語総合，現代文B，古典B（漢文の独立問題なし）

▶配　点

学　部		外国語	選　択	数　学	国　語	合　計
法・総合心理（文系型）・スポーツ健康科		150	100		150	400
産業社会		100	200		100	400
国際関係（国際関係学専攻）		100	100		100	300
文	人間研究学域・日本文学研究学域・東アジア研究学域・言語コミュニケーション学域	100	100		200	400
	日本史研究学域・国際文化学域・地域研究学域	100	200		100	400
	国際コミュニケーション学域	200	100		100	400
映像(文系型)・政策科		100	150		100	350
経営	国際経営	200	100		100	400
	経　営	120	150		100	370
経済（経済専攻）		100		150	100	350
食マネジメント		150	150		100	400
APU（英語重視方式）		150	(100)		(100)	250

▶備　考

- 「数学B」は「数列，ベクトル」から出題。
- 文学部の国語において，選択の現代文と漢文の両方を解答した場合は高得点の方を採用する。
- APUの英語重視方式は，英語・国語・選択科目の3教科すべてを受験し，「英語得点」+「国語または選択科目の高得点」の2教科で合否判定を行う。

英語

(80分)

I　次の文を読んで，問いに答えなさい。

Most of us don't have many close friends at work: We consider most of the people we work with co-workers or strangers. On average, people have five friends at work, but we usually don't include them among our closest relationships. In fact, only 15% meet the definition of a "real friend" according to a Yale School of Management study. Put differently, most people only actually have one real friend at work. Why is it so hard to have friends at work? And if it's so difficult, is it even worth it?

Employees often don't have a lot of choice about whom they interact with at the office. Teammates, office neighbors, and bosses are frequently assigned. This feature of work relationships is one of the reasons making friends at work can be more difficult than making friends "in the wild." Another reason the workplace is unfavorable to friendship is its transactional[1] nature. In exchange for a salary, employees agree to work a certain number of hours or to produce a set quantity of a product. But in friendship, people help out their friends because they need it, not because they expect something in return.

Work life is primarily a pursuit of instrumental[2] goals, such as making money, while our friendships are about affect[3]—love, joy, and shared sorrow. Indeed, money and social connection are conflicting values, according to a study by Fred Grouzet, a psychologist at the University of Victoria, and his colleagues. The research asked 1,854 university students living in Australia, Egypt, China, the United States, and South Korea, among other places, to rate how important 57 different goals were to them. The goals covered multiple areas, including safety, popularity, self-acceptance, and community. Based on the answers, the researchers created a diagram. Goals that people rated similarly, such as physical health and safety, were close together. Values that were rated differently (if one was very important, the other tended to be less important) were farther apart in the diagram. Based on the findings, the research concluded that financial success and socializing[4] can be conflicting values across cultures.

Furthermore, dozens of psychology experiments have found that thinking about or physically touching money makes people less generous, less helpful, and less likely to socialize. People are happiest when they are socializing. But simply mentioning money can make people change their priorities, says Cassie Mogilner Holmes, a professor at UCLA. Holmes gave 318 adults three minutes to create as many three-word sentences as possible from a specific set of words. Some of the participants in the study were given words that had to do with money, such as "price." Others were given words that had to do with time, such as "clock." A third group was given neutral words. When interviewed after the task, the group that had words related to money reported being more likely to work and less likely to socialize than groups that used words about either time or random things, such as "socks."

In fact, the increasingly transactional nature of work may partly explain the decline in work friendships, says Wharton School professor Adam Grant. Historically, it was far more common for work and personal lives to overlap. In 1985, nearly half of Americans had a close friend at the office. By 2004, only 30% reported having a workplace friend. If we compare generations, 54% of people graduating from high school in 1976 placed value on finding a job where they could make friends. Among members of Generation X[5] who graduated between 1989 and 1993, it was 48%. Among millennials[6], it dropped to 41%. At the same time, the value placed on leisure time has consistently increased — almost doubling from 1976 to 2006. As Grant wrote, "When we see our jobs primarily as a means to leisure, it's easy to convince ourselves that efficiency should take priority at work so we have time for friendships outside work." Increasingly, people work to afford a holiday. The conflict between instrumentality and affect can lead people to avoid work friends altogether or to worry that a friendly hello in the hallway has hidden motives. It can also make it hard to manage and maintain office friendships.

Having said that, people need work friends. The evidence is clear: Having work friends has benefits. Employees who report having close friends at work are more efficient, more satisfied with their job, and less likely to get in accidents at work. Social support from co-workers reduces job stress, helps people cope with work and time pressures, reduces work-family conflict, and helps people guard against burnout[7]. Most of these benefits, though, come from having a few close friends at work. People don't need to be friends with everyone. They need one or two close friends. One way of overcoming many of the tensions that can arise between the instrumental nature of work and the emotional connection we need from work friends is to try to draw clear lines between what's work and what's not. But making sure you have conversations that are simply a friendly chat or sending an email to say hello with no agenda[8] can help make sure your work friends stay friends.

(Adapted from a work by Marissa King)

(注)

1. transactional　取引的な
2. instrumental　実利的な，道具的な
3. affect　感情
4. socializing　(多くの人との) 交流，ひとづきあい
5. Generation X　ジェネレーションX世代 (1960年代初期～1970年代半ばに生まれた人々)

出典追記：Social Chemistry : Decoding the Patterns of Human Connection by Marissa King, Dutton

6. millennials　ミレニアル世代（1980年代初期～2000年代初期に生まれた人々）

7. burnout　極度の疲労

8. with no agenda　議題抜きで，特に話しあうことがなくても

〔1〕本文の意味，内容にかかわる問い(A)～(D)それぞれの答えとして，本文にしたがってもっとも適当なものを(1)～(4)から一つ選び，その番号を解答欄にマークしなさい。

(A) In Professor Holmes' experiment, how did the people who used money-related words differ from the other two groups?

(1) They focused more on doing their work.

(2) They focused more on friendships at work.

(3) They focused more on the meanings of their words.

(4) They focused more on how much money they would receive.

(B) In what way do the generations mentioned in the article differ?

(1) Older generations had more friends at work.

(2) Younger generations are less efficient at work.

(3) Older generations valued free time more highly.

(4) Younger generations find it easier to make friends at work.

(C) What benefit that comes from having friends at work does the writer mention?

(1) Employees are less likely to suffer from overwork.

(2) Employees will appreciate their leisure time more.

(3) Employees are more likely to earn a higher salary.

(4) Employees can keep a clear line between work and private life.

(D) What is one reason NOT mentioned to explain why it is hard to be friends with people you work with?

(1) Workers do not decide who they work with.

(2) We do not know if people at work have secret intentions.

(3) The purpose of work and the nature of friendship can be in conflict.

(4) It can be difficult to make friends with people of different generations.

〔2〕次の(1)～(5)の文の中で，本文の内容と一致するものには1の番号を，一致しないものには2の番号を，また本文の内容からだけではどちらとも判断しかねるものには3の番号を解答欄にマークしなさい。

(1) People are willing to accept a lower salary if they can have friends at work.

(2) People from East Asian countries rated self-acceptance more highly than other people.

(3) Professor Holmes asked the participants to create three sentences each in three minutes.

(4) People from older generations earned more money when they were young than young people do today.

(5) According to the article, it is enough to have at least one good friend at work.

〔3〕本文の内容をもっともよく表しているものを(1)～(5)から一つ選び，その番号を解答欄にマークしなさい。

(1) Work life has varied and changing goals.

(2) Friendship is essential for mental health.

(3) Friendship at work is changing with generations.

(4) Making friends in the workplace can be difficult but it is worth it.

(5) Friends at work are important but we can also find them in our free time.

II 次の文を読んで，問いに答えなさい。

Hidden deep in robotics labs around the world, a new generation of intelligent machines is learning to breed and evolve. Just like humans, these robots are able to "give birth" to new versions of themselves, with each one better than <u>the last</u>(あ). They are precise, efficient and creative — and scientists say they could some day help save humanity. It might sound like something from a science fiction novel, but robot evolution is an area that has been explored in earnest ever since mathematician John von Neumann showed how a machine could replicate[1] itself in 1949.

Researchers at universities in the EU and the UK have spent the past four years, and a lot of money, working on the first fully autonomous[2] system to [(A)] robot colonies. They imagine such robots being sent into space to explore distant planets and to construct space habitats for humans to live in. The idea is that two robots known to be suited to a particular environment would combine their "genes" — or in this case, their computer code — to produce a 3D-printed "robot child" that has the best features of both "parents." "I think [(B)] what we're doing is actually 'breeding' robots," says Alan Winfield, professor of robot ethics[3] at the University of the West of England. "The system will basically mix the 'DNA' of two successful parent robots to create the design for a new child robot, then print out all the parts, and put it together completely by itself without any human participation at all," explains Professor Emma Hart, at Edinburgh Napier University.

As part of the Autonomous Robot Evolution (ARE) project, the team has created a fully autonomous system called RoboFab that does just that(い). Each of the robots it produces has a digital clone that undergoes rapid evolution in a simulated[4] world, while its physical counterpart[5] is tested in real-world environments. New generations of robots are then 3D-printed after combining the most successful features of a virtual "mother" and physical "father," as well as from two virtual parents or two physical parents. "You can imagine all of that taking place inside a box, like a factory," says Hart. "You could send this factory to space, and rather than having to predesign your robot and hope it works when it arrives, you get the factory to design robots, build them and test them out while there(う). It would recycle ones that don't work, and then create new robots that are better than the previous generation."

Cambridge University has (C) by creating a "mother" robot that can build its own "children," test which ones do best, then modify their design. Such techniques could help with everything from the exploration of Mars to asteroid mining[6] and the construction of space habitats without the need to involve humans. NASA already has a seat on the advisory board[7] of the ARE project in order to explore (D) . Its researchers are hoping self-replicating robots could help with search and rescue missions, as well as during deep sea dives to build offshore oil rigs[8].

(E) , there are still major issues with robot breeding. Right now, about six robots can be printed each day, featuring basic premade sensors wired into a solid "skeleton." The machine's arms sometimes struggle to connect some of the sensors to the batteries, with the wiring becoming mixed up and requiring human assistance. Rapid advances in 3D printing, automated assembly, and batteries could soon solve these issues(え) and help create machines far superior to any existing Mars rover[9]. For instance, 3D printers — once used to create low-quality plastic prototypes[10] — are increasingly able to print using a range of materials. This would allow robots to integrate the wiring into the printing process. Meanwhile, lighter sensors and batteries could allow for the creation of smaller robots able to [(F)] during search and rescue missions, which the current rovers are too large to manage.

One technological advance Winfield is cautious about is artificial intelligence (AI). "We've already passed the point where humans can actually understand how an AI works, and <u>that</u>(お) is a problem," he says. "As an engineer, you want to be able to understand what you've built.... It might be OK in the lab, but I think it would be very dangerous to do in the real world. You never quite know what's going to happen."

George Zarkadakis, an AI engineer, adds, "How much [(G)] the robots? It's an important question that should be answered. Let's say, for instance, we send robots to the asteroid belt to mine an asteroid. What if, in the course of their evolution, they find the best way to do their work is to throw an asteroid into the path of Earth's orbit. Could we stop it?" In the end, the world will have to decide whether the benefits of [(H)] outweigh the risks. If we are ever going to live on a planet other than Earth, we may just have to depend on robot colonies to survive.

(Adapted from a work by Ellie Zolfagharifard)

(注)

1. replicate 複製する
2. autonomous 自律的な，自動制御可能な
3. ethics 倫理
4. simulated 仮想の
5. counterpart 対応するもの
6. asteroid mining 小惑星で鉱物を採掘すること
7. advisory board 諮問委員会（助言を与える組織）
8. oil rig 油田掘削機
9. rover 探査車
10. prototype 試作品

出典追記：The British engineers creating robots that 'breed', The Telegraph on March 14, 2021 by Ellie Zolfagharifard

〔1〕本文の (A) ～ (H) それぞれに入れるのにもっとも適当なものを(1)～(4)から一つ選び，その番号を解答欄にマークしなさい。

(A)
(1) defend Earth by using　(2) design and build
(3) protect humans from　(4) research the history of

(B)
(1) a good description of　(2) a minor part of
(3) a moral problem with　(4) an unexpected result of

(C)
(1) opposed the idea of robot breeding
(2) perfected the breeding process
(3) taken the opposite approach
(4) used a similar method

(D)
(1) how to begin the project
(2) safety conditions for astronauts
(3) the potential of the technology
(4) the surface features of Mars

(E)
(1) Additionally　(2) Alternatively
(3) However　(4) Therefore

(F)
(1) carry more people
(2) communicate better with humans
(3) cope with extreme temperatures
(4) crawl into tight spaces

(G)
(1) ambition do we have for
(2) control do we have of
(3) desire do we have to build

(4) financial investment do we have in

(H) (1) building bigger robots

(2) creating self-replicating machines

(3) discovering new asteroids

(4) researching in low Earth orbit

〔2〕下線部㋐～㋔それぞれの意味または内容として，もっとも適当なものを(1)～(4)から一つ選び，その番号を解答欄にマークしなさい。

㋐ the last

(1) the final version of the robots

(2) the previous version of the robots

(3) the final step in the evolution process

(4) the previous step in the evolution process

㋑ does just that

(1) sends out digital codes

(2) constructs space habitats

(3) creates robots with no human help

(4) investigates the ethics of breeding robots

㋒ there

(1) in space

(2) on Earth

(3) in the box

(4) in the virtual world

㋓ these issues

(1) difficulties regarding wiring

(2) potential dangers to humans

(3) problems with the life of batteries

(4) issues with the speed of improvement in 3D printing

㋔ that

(1) the fact that too many people understand how AI works

(2) the fact that AI is going to confuse the lab and the real world

(3) the fact that advances in AI have gone past human understanding

(4) the fact that humans have not been cautious enough about developing AI

Ⅲ

〔1〕次の会話の㋐～㋓それぞれの空所に入れるのにもっとも適当な表現を(1)～(10)から一つ選び，その番号を解答欄にマークしなさい。

Hiking in the mountains

A: Shall we stop here for a while? It looks like a good place for a break.

B: Sure. Let's do that. (㋐) It'll take at least three more hours to get down again before sunset.

A: That's a good point. It'd be pretty scary trying to get back down this path in the dark.

B: It certainly would. (㋑)

A: Really? On this mountain?

B: No, not here. I was on a hiking holiday in Malaysia. I didn't realize how quickly it gets dark there compared to Japan.

A: That makes sense. It's closer to the equator, isn't it? Were you by yourself?

B: Thankfully not. (㋒) None of us were experienced hikers though, so it was still quite scary. After the sun went down, we got lost a couple of times. Our smartphones had no internet connection, and nobody had thought to bring a paper map.

A: It sounds like you hadn't really prepared very well. Did you have to sleep on the mountain?

B: No, we managed to find the right path in the end. That was really lucky, as we hadn't taken much food or water with us. We all felt so relieved when we finally saw the lights of the village.

A: I'm not surprised! (㋓)

B: Definitely not. Talking of which, we should probably get started again. Otherwise the same thing might happen to us!

(1) My brother was with me.
(2) Was your hotel in that village?
(3) Which path should we take here?
(4) I'm hungry enough for breakfast now.
(5) We should make it a quick one, though.
(6) I was on holiday with a group of friends.
(7) I heard there are bears on this mountain.
(8) I don't suppose you'll make that mistake again.
(9) Actually, that happened to me a few years ago.
(10) That's why you should always take lots of water.

〔2〕次の会話の ㋕ ～ ㋘ それぞれの空所に入れるのにもっとも適当な表現を (1)～(10) から一つ選び，その番号を解答欄にマークしなさい。

In the library

A: Hi! I just moved to this city, and I'd like to apply for a library card. (㋕)

B：Do you have two forms of identification on you? You also need something to show where you currently live.

A：Let me see. I have identification, but nothing with my new address on it.

B：In that case, you'll need to come back when you have something that can prove your current address.

A：Wait! How about my apartment contract? (㋖) Will that be alright?

B：If it has your name on it, I think that will be alright.

A：Here's my driver's license, student ID, and my new contract.

B：OK, those will do fine. (㋗)

A：Thanks. Is it alright to use one of the desks over there to do that?

B：Sure. Let me make copies of your documents while you are writing.

A：No problem.

[*a few minutes later*]

B：Here's a temporary library card till we issue an official one. It'll be mailed to your new address. (㋘)

A：So, I can borrow books using this card from today?

B：Absolutely. Would you like a map of the library?

A：That'd be great. Thank you so much for all your help.

(1) Do I need it now?

(2) My rent is 400 dollars.

(3) How much will it cost?

(4) Are you a student here?

(5) Please fill out this form.

(6) Please wait for 30 minutes.

(7) It has my new address on it.

(8) It usually takes about a week.

(9) Could you tell me what I need?

(10) You can pick it up in two weeks.

Ⅳ 次の(A)～(H)それぞれの文を完成させるのに，下線部の語法としてもっとも適当なものを(1)～(4)から一つ選び，その番号を解答欄にマークしなさい。

(A) According to the research, anyone deprived _______ sleep can become annoyed.

(1) from (2) of

(3) to (4) with

(B) The student _______ studied but got a good grade on the test.

(1) hard (2) hardly

(3) more (4) most

(C) _______ is the temperature outside today?

(1) How many (2) How much

(3) What (4) Which

(D) _______ the scientists' best efforts, the question remains unanswered.

(1) As far as (2) Despite

(3) Even though (4) In addition to

(E) I received a survey from the high school I went to, _______ how much I had enjoyed my school days.

(1) asked (2) asking

(3) being asked (4) had asked

(F) The new park has become a place _______ attracts a lot of young people.

(1) what (2) where

(3) which (4) whose

(G) This book is about ancient and modern philosophy and is difficult to ______.

(1) being understood　　(2) understand
(3) understanding　　(4) understand it

(H) This new school has courses for children and adults ______.

(1) alike　　(2) either
(3) neither　　(4) unlike

V

〔1〕次の(A)～(E)それぞれの文を完成させるのに，下線部に入れる語としてもっとも適当なものを(1)～(4)から一つ選び，その番号を解答欄にマークしなさい。

(A) Recently, many countries have introduced ______ on smoking in public places.

(1) a ban　　(2) a hook
(3) a knock　　(4) an enemy

(B) The doctor explained the most common ______ of the disease.

(1) beasts　　(2) hatches
(3) symptoms　　(4) vowels

(C) That was definitely a ______ book, but I enjoyed it all the same.

(1) hasty　　(2) naked
(3) spiral　　(4) weird

(D) I fell down the stairs and got a ______ on my leg.

(1) blade　　(2) blast
(3) blaze　　(4) bruise

(E) Every morning in fall, fog would ______ the valley.

(1) burglarize　(2) engulf

(3) hone　(4) stab

〔2〕次の(A)～(E)の文において，下線部の語にもっとも近い意味になる語を(1)～(4)から一つ選び，その番号を解答欄にマークしなさい。

(A) The company has discovered vast resources below the Earth's surface.

(1) economic　(2) enormous

(3) environmental　(4) essential

(B) She is one of the most famous warriors in the country's history.

(1) entertainers　(2) novelists

(3) scholars　(4) soldiers

(C) His speech at the meeting stirred the audience.

(1) stimulated　(2) strained

(3) strengthened　(4) stressed

(D) I wonder who smashed these plates.

(1) scratched　(2) shattered

(3) specified　(4) stacked

(E) There is no doubt that was a noble thing to do.

(1) a harmless　(2) a hazardous

(3) a humiliating　(4) an honorable

日本史

(80分)

Ⅰ　次の文章〔1〕〜〔5〕を読み，(a)〜(o)の問いに答えよ。

〔1〕 ①2度にわたる遷都を経て，二十数年ぶりに派遣されたこの遣唐使には，学問僧や留学生などが随行した。僧の一人は翌年に帰国して新たな宗の基盤を築き，やがて他の宗の僧と教学上の論争を展開した。②いま一人は，唐の都・長安で当時隆盛していた新たな仏教を受学し，2年後に帰国した。このとき同時に帰国した留学生は，③帰国から36年後に生じた政変に巻き込まれて流罪となり，伊豆に送られる途中病死した。

〔2〕 ④朝鮮半島の情勢が緊迫するなかで遣唐使が派遣され，翌年帰国したが，その帰国を待たずに，新たな遣唐使が送られた。2年連続しての派遣は，当時の朝廷における外交方針をめぐる意見の対立を反映したと見る向きもある。このとき，⑤遣唐使の代表を務めたのは，かつて遣隋使とともに留学生として大陸に渡り，帰国後国博士に任じられた人物で，今回は帰国することなく，唐で客死した。

〔3〕 前回の派遣より33年を経て派遣されたこの遣唐使は，⑥律・令ともに揃った法の完成を伝えることを目的としたとする意見もある。以後，⑦それまでと異なる新たな国号を用いることになる。ただ，このとき中国は，唐に代わった周という王朝の時代で，その皇帝は女性であった。帰国に際して，この遣唐使は，⑧かつての戦乱で捕虜となっていた日本人を連れ帰った。

〔4〕 このときの遣唐使にともない，約20年前に中国に渡っていた留学生や学問僧が帰国し，⑨翌年来日した婆羅門（インド）や林邑（ベトナム）の僧とともに，当時の文化の発展に大きな影響を及ぼした。しかし，ちょうどこの遣唐使が帰国した頃，大宰府で疫病が発生し，その災禍はしだいに広まり，⑩政権を担当し

ていた官人が相次いで死去して，政権が代わることになった。

〔5〕 このときの遣唐使派遣では，⑪かつて留学生として唐に渡った経験のある人物が副使に任ぜられ，⑫『後漢書』などの文献をもち帰ったと考えられる。また，35年程前の遣唐使に随行して唐に渡り，⑬唐の宮廷で重用されていた人物を連れ帰ることは，船の漂流により果たせなかったが，⑭それまで幾度か渡海を試みていた唐の僧を招聘することになった。

（a） 下線部①に関連して，この期間に生じた出来事として，もっとも適切なものを下から一つ選び，記号で答えよ。

㋐ 新しい都で，国分寺・国分尼寺の建立や盧舎那大仏の造立が命じられた。

㋑ 遷都に反対する勢力により，新都造営の責任者が暗殺され，天皇の弟が処罰された。

㋒ 和同開珎という新しい貨幣が鋳造され，遷都事業の費用に充てられた。

㋓ 初めて全国的な戸籍が作成され，班田事業の推進がめざされた。

（b） 下線部②に関連して，この僧の著書で，仏教が儒教や道教よりも優れていることを説いたものを何というか。その書名を答えよ。

（c） 下線部③の「政変」の名称を答えよ。

（d） 下線部④に関連して，この当時，唐と結んで隣国との関係を優位に進めようとしていた，朝鮮半島の王朝の名称として，もっとも適切なものを下から一つ選び，記号で答えよ。

㋐ 高句麗　　㋑ 渤海　　㋒ 新羅　　㋓ 百済

（e） 下線部⑤の人物は誰か。

（f） 下線部⑥の法典について述べた文として，もっとも適切なものを下から一つ選び，記号で答えよ。

㋐ この法典の編纂には，刑部親王や藤原不比等が従事した。

㋑ この法典は，律・令ともに10巻で構成された。

㋒ この法典は，完成後約40年を経て施行された。

㋓ この法典は伝存しないが，官撰の注釈書『令義解』により復元される。

（g） 下線部⑦に関連して，このとき初めて「日本」という国号を用いるが，それまではどのように表記されていたか。漢字1文字で答えよ。

(h)　下線部⑧の「戦乱」の名称を答えよ。

(i)　下線部⑨に関連して，このとき来日した婆羅門の僧は，のちに東大寺・盧舎那大仏開眼供養の開眼師を務めた。この大仏開眼会のとき皇位についていた天皇は誰か。

(j)　下線部⑩に関連して，このとき死去した官人の子が3年後に引き起こした反乱について述べた文として，**適切でないもの**を下から一つ選び，記号で答えよ。

㋐　この反乱を引き起こした人物は，大宰府の官人として左遷されていた。

㋑　この反乱を起こした人物は，当時の政権で重用されていた僧行基の排斥を要求した。

㋒　この反乱はまもなく鎮圧され，引き起こした人物は五島列島で捕えられ処罰された。

㋓　この反乱に際して，ときの天皇は平城京を離れ，それから数年の間，遷都を繰り返した。

(k)　下線部⑪に関連して，この人物は，やがて生じた争乱ののち，重祚した天皇の信任を得て右大臣の地位に昇った。この人物は誰か。

(l)　下線部⑫の『後漢書』の一節として，もっとも適切なものを下から一つ選び，記号で答えよ。

㋐　国王帥升ら，生口百六十人を献じ，請見を願ふ。

㋑　山島に依りて国邑を為す。旧百余国，漢の時朝見する者あり。

㋒　順帝の昇明二年，使を遣して上表して曰く，封国は偏遠にして，藩を外になす。

㋓　鬼道を事とし，能く衆を惑はす。年すでに長大なるも，夫壻無し。

(m)　下線部⑬の人物が詠んだ，「天の原　ふりさけ見れば」で始まる望郷の歌が収められた，最初の勅撰和歌集を何というか。

(n)　下線部⑭に関連して，この僧が創建し，平城宮の朝集殿を移建した講堂が現存することで知られる寺院を何というか。

(o)　〔1〕から〔5〕の番号の文章を時代順に並べたとき，第三番目にくる文章を番号で答えよ。

Ⅱ 次の文章〔1〕～〔3〕を読み，(a)～(o)の問いに答えよ。

〔1〕 室町時代には，芸能①や優れた技能で将軍に仕える［A］衆と呼ばれる者たちがいた。足利義政に見出された［B］阿弥は東山山荘の庭園を造った。こうした優れた作庭技術をもつ者たちは［C］河原者とも呼ばれた。

このほかにも，水墨画や連歌を得意とし，将軍所蔵の名品②を鑑定・管理した［D］阿弥や，池坊専慶とともに立花で知られる［E］阿弥などがいる。彼らのなかには賤民身分の者もいたが，剃髪し阿弥号を名乗ることで身分差を超え活躍した。

(a) 下線部①に関連して，室町時代以前から存在する芸能として**適切でないもの**を下から一つ選び，記号で答えよ。

㋐ 白拍子　　㋑ 傀儡　　㋒ 千秋万歳　　㋓ 義太夫節

(b) 空欄［A］にあてはまる，もっとも適切な語句を答えよ。

(c) 空欄［C］にあてはまる，もっとも適切な語句を答えよ。

(d) 下線部②に関連して，この品々には対外貿易で輸入された書画や陶磁器が多く含まれ，座敷飾りなどに用いられた。これらの舶来品を総称して何というか。漢字2文字で答えよ。

(e) 空欄［B］・［D］・［E］にあてはまる語句の組み合わせとして，もっとも適切なものを下から一つ選び，記号で答えよ。

㋐ B 善　D 能　E 立　　㋑ B 立　D 善　E 能

㋒ B 能　D 立　E 善　　㋓ B 善　D 立　E 能

〔2〕 喫茶・飲茶の習慣は古代に中国から茶とともに伝わり，中世に入ると寺院では茶を薬としても用いた。また，貴族や武士の間では茶寄合が行われ，茶の品種をあてる闘茶という遊興が流行した。

室町時代後半になると，茶会において簡素な趣向を特徴とする侘茶③が生まれ，これを千利休④が茶の湯として大成した。「茶湯ハ［F］宗ヨリ出タルニ依テ，僧ノ行ヲ専ニスルナリ，［G］・紹鷗⑤，皆［F］宗也」(『山上宗二記』)とあるように，茶の湯では仏教との関係が強調された。また，茶の湯は戦国大名や天下人の愛好するところとなり，とくに豊臣秀吉は大規模な茶会を何度も催したり⑥，「黄金茶室」をつくらせるなど，茶の湯を大いに保護した。

(f)　下線部③に関連して，空欄 [G] には，侘茶の祖とされる人物の名前が入る。その人名を答えよ。

(g)　下線部④に関連して，この人物の趣向で建てられたと伝わる，現存する茶室の所在地として，もっとも適切なものを下から一つ選び，記号で答えよ。

㋐　摂津国天王寺　　㋑　山城国山崎
㋒　大和国今井　　㋓　河内国富田林

(h)　空欄 [F] にあてはまる，もっとも適切な語句を漢字1文字で答えよ。

(i)　下線部⑤に関連して，この人物が拠点とした町では，豪商たち36人による自治的な都市運営が行われた。その自治組織の名称として，もっとも適切なものを下から一つ選び，記号で答えよ。

㋐　年行司　　㋑　会合衆　　㋒　年寄衆　　㋓　月行事

(j)　下線部⑥に関連して，1587年，身分に関係なく参加を認めた大茶会が開かれた場所として，もっとも適切なものを下から一つ選び，記号で答えよ。

㋐　醍醐寺　　㋑　伏見城　　㋒　北野天満宮　　㋓　聚楽第

〔3〕　室町時代に建立された建造物には，前代までの様式を踏襲すると同時に，それを重層的に組み合わせたものや，それぞれの要素を取り入れて新たな様式に発展させたものが見られた。

足利義満が建立した金閣は，初層から第三層まで様式が異なり，その初層は，⑦平安時代以来の流れをくむ様式をとるが，⑧第三層の様式は，足利義政の建てた銀閣の上層にも採り入れられている。

銀閣のある足利義政の山荘は，その死後に寺院とされ， [H] （通称　銀閣寺）と呼ばれた。この寺院には，⑨この時代に出現した建築様式で建てられた書斎をもつ持仏堂が遺され，書斎には， [I] と呼ばれるつくり付けの机が設けられている。

(k)　下線部⑦の様式を何というか。

(l)　下線部⑧の様式が見られる建造物としてもっとも適切なものを下から一つ選び，記号で答えよ。

㋐　蓮華王院本堂　　　㋑　円覚寺舎利殿

㋒　観心寺金堂　　　㋓　浄土寺浄土堂

(m)　空欄 [H] にあてはまる，もっとも適切な語句を答えよ。

(n)　下線部⑨の持仏堂を何というか。

(o)　空欄 [I] にあてはまる，もっとも適切な語句を答えよ。

Ⅲ　次の文章〔1〕・〔2〕を読み，空欄 [A] ～ [I] にもっとも適切な語句・人名・数字などを記入し，かつ(a)～(k)の問いに答えよ。

〔1〕　明治維新後に，それまで長く続いた封建制度を廃止し，中央集権化を推進したことが地方に与えた影響は大きかった。[A] 年に制定された政体書により，旧幕府の直轄領などが府と県に再編され，さらに版籍奉還にともない<u>府藩県三治制</u>①とされたのが，新政府の地方制度の始まりであると考えられる。そののち，廃藩置県が断行されて，全国は1使3府 [B] 県となったが，その後1使3府72県となり，1888年には1道3府43県となっている。

各府県の知事，県令の多くは中央政府から派遣され，大阪会議に参加した [C] の訴えにより設置された地方官会議において，地方自治に関する案件について審議を行った。1878年には<u>統一的地方制度としての三新法が成立</u>②したが，<u>1888年に内相 [D] により市制と町村制</u>③が，ついで1890年に府県制と [E] が制定されたことにより，地方自治は一定の完成を見ることとなった。

(a)　下線部①に関連して，府藩県三治下で存在した府県に**あてはまらないもの**を下から一つ選び，記号で答えよ。

㋐　大阪府　　㋑　京都府　　㋒　奈良県　　㋓　鹿児島県

(b)　下線部②に関連して，三新法に**あてはまらないもの**を下から一つ選び，記号で答えよ。

㋐　府県会規則　　　㋑　地方税規則

㋒　地方自治法　　　㋓　郡区町村編制法

(c)　下線部③に関連して，ヨーロッパに憲法調査に来た伊藤博文に講義を行ったのがきっかけとなって，1886年に政府顧問として招聘され，市制・

町村制の成立に大きく貢献したドイツ人法学者は誰か。

〔2〕 近代日本の都市には，やがて地方から多くの人々が移住流入し，しだいに巨大都市へと成長していったが，それは同時に都市における貧富の差の拡大や社会資本の整備の遅れによるさまざまな社会問題を招き，不満を抱いた民衆による社会的騒擾の舞台ともなっていった。

首都となった東京には近代的西洋建築が次々と現れ，世界に誇る近代都市としての外観が整えられた。西洋の建築技術を伝えたお雇い外国人 [F] は，丸の内オフィス街の建設④を指導する一方で，日本銀行本店を設計した [G] や，ネオバロック様式やルネサンス様式など多彩な建築技法を得意とした片山東熊⑤などの日本人建築家を育てた。

[H] 年の関東大震災は社会的にも大きな混乱をもたらし，無政府主義者⑥や社会主義者⑦が虐殺されるなど，凄惨な事件も起こった。さらに震災以降，東京の都市計画⑧全体が見直されるなかで，渋谷や新宿などのターミナル駅を起点として私鉄網が郊外へと延びた。やがてターミナル駅にはデパート⑨がつくられ，郊外に住む人々などで賑わうようになる。

一方で都会における貧富の差もしだいに拡大し，東京や大阪，神戸などの大都市では社会問題も発生した⑩。貧困にあえいでいた青年 [I] が摂政宮裕仁を狙撃した虎の門事件⑪も，こうした社会的背景のなかで発生した事件である。

(d) 下線部④に関連して，このオフィス街の建設を進めた資本はどれか。もっとも適切なものを下から一つ選び，記号で答えよ。

㋐ 三井　㋑ 三菱　㋒ 住友　㋓ 安田

(e) 下線部⑤に関連して，片山東熊の作品として，**適切でないもの**を下から一つ選び，記号で答えよ。

㋐ 迎賓館赤坂離宮　㋑ 築地本願寺
㋒ 京都国立博物館　㋓ 奈良国立博物館

(f) 下線部⑥に関連して，関東大震災に際して，無政府主義者である大杉栄とともに殺害された女性運動家は誰か。

(g) 下線部⑦に関連して，関東大震災の混乱下で，平沢計七ら労働運動家が軍隊と警察に殺害された事件を何というか。もっとも適切なものを下から一つ選び，記号で答えよ。

Ⓐ 相沢事件　Ⓘ 亀戸事件　Ⓤ 松川事件　Ⓔ 三鷹事件

(h) 下線部⑧に関連して，関東大震災後の復興を計画するために立ちあげられた帝都復興院を総裁として統括した，当時の内務大臣は誰か。

(i) 下線部⑨に関連して，デパートの草わけ的存在となる三越百貨店の前身である「越後屋呉服店」を1673年に開いた創業者は誰か。

(j) 下線部⑩に関連して，キリスト教徒で神戸の貧民街での伝道を通じて社会問題にも関心を向け，その伝道の体験を描いた『死線を越えて』を著した人物は誰か。もっとも適切な人物を下から一人選び，記号で答えよ。

Ⓐ 鈴木文治　Ⓘ 西尾末広　Ⓤ 小野梓　Ⓔ 賀川豊彦

(k) 下線部⑪に関連して，虎の門事件の責任を取って総辞職した内閣はどれか。もっとも適切なものを下から一つ選び，記号で答えよ。

Ⓐ 加藤友三郎内閣　Ⓘ 第2次山本権兵衛内閣

Ⓤ 清浦奎吾内閣　Ⓔ 第1次加藤高明内閣

世界史

(80分)

I　次の文章を読んで空欄に最も適切な語句を記入し，下線部についてあとの問いに答えよ。

後漢王朝末期，汝南郡（現在の河南省）の名士に許劭(きょしょう)という人物がいた。彼は人物を評価することが得意で，毎月一日(ついたち)に人物評価を発表して好評を博していた。ある日，彼のもとに曹操という人物が訪問した。彼らの会見の様子は，［A］著『三国志』の注に引用されている『異同雑語』という書物に次のように記されている。

> 曹操は許劭に質問した，「私はいかなる人物か」。許劭は答えなかった。強いて質問すると，許劭は言った，「君は治世の能臣，乱世の姦雄である」と。曹操は大いに笑った。

許劭が曹操を論じた評語「治世の能臣，乱世の姦雄」は，「平和な時代では有能な官僚，乱れた世では悪知恵に長じた英雄」という意味であり，誉めているのか貶(けな)しているのかわからないのであるが，曹操は笑って帰って行く。この曹操の「笑い」については，一見，細かいことにこだわらない人柄を示す「豪傑笑い」のようにもとれる。しかし，果たしてそうであろうか。

曹操は地方豪族の御曹司であるが，後に彼のライバルとなる袁紹(えんしょう)・袁術(えんじゅつ)らに比べると一族の勢力は劣り，しかもあまり評判が芳しくなかった。彼の祖父曹騰(そうとう)は皇帝を擁立した功績のある人物であるが，後宮で使役される去勢された召使いである［B］であった。跡継ぎの為に取った養子曹嵩(そうすう)は大金で宰相の位を買い，これもよい評判に結びつかない。その息子が曹操である。また，豪族としての曹一族も，郷里において敬意を示されることがあまりなかった。彼らの拠点は沛(はい)国譙(しょう)県（現在の安徽省亳州(はくしゅう)市）であるが，発掘された曹家の墳墓の壁のレンガには職人の落書き

が残されていた。いわく「こんなものを作ると，地下の天帝が怒るぞ」。〔1〕

漢代の官吏登用制度である郷挙里選では，文字通り郷里の評判を重視する。そこで若き曹操の才能を見抜いていた高級官僚の橋玄という人物は，彼に許劭と交際し評価をしてもらうように勧め，それで冒頭の会見となったのである。近年作られた曹操の年譜では，彼はこの翌年に郷挙里選をめでたく通過し，エリートコースに乗ったと考証されている。すなわち，曹操の笑いは「豪傑笑い」ではなく「しめしめ笑い」なのである。誉めているのか貶しているのかわからないような微妙な評言であっても，許劭の評価さえ貰えば知名度が上がるからである。

曹操は，その後，群雄として台頭し漢帝国の実権を握ると，漢の礼教体制に反発するかのように果断な政策を実施した。収賄や不倫をする人物でも優秀であれば登用すると公言した「求賢令」などはその最たるものである。また，漢の税制には，貨幣で納税する〔2〕ものもあったが，戦乱による社会経済の混乱に対応し，曹操は布や穀物などの現物で徴収することにした。このようにその政策は合理的であり，土地制度として実施した屯田制は，西晋の創始者 C （武帝）が発布した占田・課田法や，北魏の均田制など，後世の王朝の諸制度に連なるものであった。

彼の才能は文芸の方面でも発揮され，曹操とその後継者である D ，曹植の親子３人は，中国文学史上画期的とされる「建安文学」の中心であり，彼ら親子の作品は梁の昭明太子が編纂した『 E 』に収録されている。

戦略家としては，江南の孫権打倒に挫折した F の戦いでの敗戦がクローズアップされているが，袁紹を撃破した官渡の戦いでの勝利はその有能さを示すものである。また，春秋時代の呉の兵法家の著作である『 G 』の注釈を作り，理論家としても優れていた。

最後に，彼の戦争指導に関する考えとこの時代の指揮官のありかたを表すものとして次のような逸話がある。219年，曹操はのちに H を都に蜀を建国する劉備相手に漢中という要衝の地を争っていた。そこで，信頼する軍人の夏侯淵を都督（司令官）として派遣する。劉備軍が曹操軍の鹿角（ろくかく）（バリケード）を焼いたところ，夏侯淵は400人の兵を率いて鹿角の修復に出向き，そこを襲撃されて戦死してしまった。それを聞いた曹操は「司令官たるもの自ら武器をとって戦うことすら慎まなければならない。ましてや（自分で出向いて）鹿角を修理するとは」と嘆いたのである。将軍や都督は，本営で作戦指導にあたる司令官であって，そもそも前線で敵兵と命のやりとりをするものではないのである。

〔1〕 落書きには「蒼天すなわち死す」という言葉も記されていた。これは黄巾の乱の時に使われたスローガンに類似しているが，この乱の首領は誰か。

〔2〕 漢帝国の主要通貨である銅銭の名称を記せ。

Ⅱ 次の文章を読んで空欄に最も適切な語句を記入せよ。

16世紀の東アジアにおける交易ブームの中で急速に興起した女真人の勢力は，17世紀末には中国本土を支配するに至った。その過程で彼らは，自らの固有の伝統を根幹に保ちつつ，中国の制度や文化を巧みに融合させながら，長期にわたる安定政権を実現していった。以下，その様子を概観することとしたい。

女真の首長たちの一人であったヌルハチは，16世紀末から薬用人参や毛皮などの交易を支配して頭角を現すと，さまざまな部族を統合しながら勢力を拡大させていった。ヌルハチは，自らの部族を満州（マンジュ）と呼び，自らに従う諸集団を八旗に編成し，モンゴル文字を改良して満州文字を制定するなど，独自の制度を整備すると，1616年に [A] （アイシン）国を建国してハンの位についた。北方民族の伝統を色濃く受け継ぐ部族連合国家であった [A] 国では，重要事項は八旗の長である旗王の合議で決定された。

ヌルハチの後継者となった [B] は，有力な旗王の勢力を削減して集権化を図り，明の制度にならった中央官制を整備した。1636年，配下の満州人・モンゴル人・漢人からの推戴を受け， [B] は国号を大清（ダイチン）と定めて皇帝に即位した。こうして多民族国家としての基盤を整えた大清国は，内モンゴルと朝鮮を服属させ，中国本土侵入の体制を整えた。

1644年，李自成軍による北京陥落の知らせを受けた摂政ドルゴンは，山海関を守備していた武将 [C] の先導により北京に入城すると，幼い順治帝（フリン）を迎えて中国本土の支配に乗り出した。中国王朝としての清の成立である。清の統治政策は，基本的には明の政策を踏襲するものであった。満州人の人口は漢人の1割にも満たなかったため，清は政権を安定させるために漢人の支持を得ると同時に，権力の失墜を防がねばならなかった。そのために，科挙の早期再開や，明末の増税分の免除など，中国の伝統的な「善政」を実施する一方で，漢人男子に辮髪を強制する薙髪（ちはつ）令や，北京遷都に伴って移住してきた旗人に土地（旗地）を支給するため民間耕作地を強制収用する［ D ］政策など，仮借ない占領政策を実施したのである。

ここからは，満州人が明の制度を踏襲しつつ，その内実を巧みに改変して運用していた様子について，中央政府の機構を例にとって見てみよう。明の洪武帝は丞相を廃止したが，15世紀以降になると，本来皇帝の顧問として設置された内閣大学士が事実上の丞相となった。これを踏襲した清でも大学士が置かれたが，満人と漢人をそれぞれ同数ずつ任命する満漢［ E ］制が行われた。第5代皇帝の雍正帝は軍機処を設立して軍事や政治に関するすべての案件をここで自ら決裁したため，内閣は名目だけの存在となっていった。なお，中央にはほかに［ F ］院があった。［ F ］院はモンゴル・新疆・チベット・青海など藩部の事務を管理し，長官と次官には満州人とモンゴル人が任ぜられ，漢人には原則として関与させない方針が採られた。

次に軍事制度の発展と変遷について確認しておこう。満州の急激な勃興を支えたのは，彼らが独自に創設した満州八旗の強大な軍事力であった。そして，征服地が次第に拡大していくにつれ，さらに［ G ］八旗および漢軍八旗が編成された。中国本土への進出後，八旗は禁旅と駐防に分けられた。禁旅は首都防衛の任務を，駐防は地方を鎮撫する任務をそれぞれ負い，漢人とは異なる区域に分かれて居住した。そして，明の時代に［ H ］制に基づいて軍に配属されていた漢人を再編して，八旗を補完する役割を担わせた。その軍隊は，その旗の色から［ I ］と呼ばれ，主に治安維持など警察の機能を果たした。1673年，［ C ］ら漢人軍閥が三藩の乱を起こし，清が危機に見舞われた際，八旗に替わって活躍したのが，この［ I ］だったのである。

清は三藩の乱の鎮圧後，台湾に拠って抵抗を続ける［ J ］政権も降伏させ，17世紀末までに，中国本土全域を平定した。第4代皇帝の康熙帝による親政のもと，内政を安定させた清朝は，今度はその関心を西北内陸部に向けていくこととなる。

Ⅲ　次の文章を読んで空欄に最も適切な語句を記入し，下線部についてあとの問いに答えよ。

ヨーロッパの中世と近世の境目は15世紀末から16世紀初頭あたりと考えられる。スペイン・ポルトガルの海外進出，ルネサンス文化〔1〕の拡散，印刷メディアの登場，宗教改革などの新しい時代の到来を告げる出来事がこの時期に相次いで起きた。西ヨーロッパでは政治の中央集権化が始まり，ドイツでもハプスブルク家のマクシミリアン1世の下で神聖ローマ帝国の国制改革が行われた。1519年マクシミリアン1世が死去すると，その孫が皇帝位を継ぎ［ A ］世となった。彼は1521年に［ B ］で治世最初の帝国議会を開き，ここでは宗教改革を始めたために破門となっていたルターに追放刑が宣告された。1556年に［ A ］世が退位すると，弟のフェルディナントが皇帝位を継いだ。

その後，ドイツでは宗教対立が続き，17世紀には三十年戦争が勃発した。この戦争は連続する複数の戦争から構成され，4つの局面に分かれる。その第2局面に当たるデンマーク戦争では皇帝軍が傭兵隊長の［ C ］の力で勝利をおさめたが，スウェーデン軍が介入して第3局面へと移行し，その後フランスも参戦して，ついに宗教戦争というより列強間の戦争という様相が強まった。1648年のウェストファリア条約〔2〕によって長期間にわたった戦争は終了したが，戦場となったドイツ地域は甚大な被害をこうむった。

神聖ローマ帝国の西部では，フランスのルイ14世が領土拡大を狙って一連の侵略戦争を起こした。南ネーデルラント継承戦争（1667～68年），オランダ戦争（1672～78年），［ D ］戦争（1688～97年）などである。こうした領土拡張政策は当初帝国諸侯の一部がフランスに協力するなど成功裏にすすめられたが，ルイ14世がナントの王令を廃止して［ E ］と呼ばれたカルヴァン派を国外に追放すると，プロテスタントの帝国諸侯がフランスから離反するようになった。さらに，1688年の［ F ］革命によってイギリスが反フランスに転じるなど変化が生じ，フランスは国際的孤立状態に陥った。

北ドイツではホーエンツォレルン家の［ G ］選帝侯が勢力を拡大する一方，1525年には同家を君主とするプロイセン公国が成立し，1618年には［ G ］選帝侯国と合邦した。さらに1701年，スペイン継承戦争での軍事援助と引き換えにプロイセン公国は王国へと昇格した。1713年にプロイセン国王となった［ H ］世は財政改革を行って国力を増し，とくに軍隊を強化した。1740年にフリードリヒ2世が王位を継承したが，同年神聖ローマ皇帝カール6世の死去に伴い娘のマリア=テレジアがオーストリアを相続すると，フリードリヒ2世はこの相続をめぐる対立に乗じてシュレジエンを占領し，こうしてオーストリア継承戦争が始まった。1742年にオーストリアの継承権を主張したバイエルン公が皇帝に選出されたが，1745年に死亡し，結局マリア=テレジアの夫の［ I ］世が新しい皇帝に選出され，1748年のアーヘン条約でオーストリア継承戦争は終結した。その後，オーストリアが1756年に長年敵対してきたフランスと和解して同盟を結び〔3〕プロイセン包囲網を形成すると，プロイセンはそれに対してザクセンに侵攻し，七年戦争を引き起こした。プロイセンは首都をロシア軍に占領されるなど苦戦を強いられたが，1762年にロシア宮廷内の政変によって状況が変わり，1763年に戦争が終結した。こうしてプロイセンはオーストリアに次ぐドイツ第二の大国の地位を確立した。フリードリヒ2世は文化振興にも努め，［ J ］様式の代表的建築物のサンスーシ宮殿を建設した。やがて19世紀になるとプロイセンは1834年にドイツ［ K ］を発足させるなど経済面でドイツ統一への動きを先導し，1848～49年の革命〔4〕を経て，1866年に普墺戦争が起こった。その後，プロイセンは普仏戦争の結果オーストリアを排除したドイツ統一を実現した。

〔1〕 ルネサンスの影響を受け北方ヨーロッパでも多くの芸術作品が描かれた。16世紀にフランドルで活躍し，下図の「農民の踊り」を描いた画家の名前を答えよ。

図 「農民の踊り」

〔2〕 この条約でオランダと同じく正式に独立を承認された国はどこか，答えよ。

〔3〕 オーストリアのハプスブルク家とフランスのブルボン家の関係が，対立から同盟へと変化したこの出来事を歴史用語で何というか答えよ。

〔4〕 この革命運動の中で，ドイツの統一と憲法制定をめざして開かれた議会の名称を答えよ。

Ⅳ 次の文章を読んで空欄に最も適切な語句を記入し，下線部についてあとの問いに答えよ。

中東地域を中心に多くの信徒を持つイスラーム教は，創始時の姿をそのままとどめているわけではなく，時代とともにその性格を変化させてきた。現代のイスラーム教の直接の起源は，18世紀に開始されるイスラーム改革運動にある。

イスラーム改革運動の先駆けとなったのは，18世紀半ばにアラビア半島中部で開始された［ A ］派の運動である。イスラーム教の原点に立ち返ることを目指したこの運動は，現地の豪族サウード家の軍事力と結びつきながら展開し，1932年にサウジアラビア王国を成立させる原動力となった。

〔1〕中東地域に対する列強の進出が本格化すると，これをイスラーム教の危機と捉えて改革を目指す運動が19世紀後半以降に活発化した。この運動を主導したのがアフガーニーである。迫りくる列強の脅威に対抗するため，彼は世界中のイスラーム教徒が宗派や国家の違いをのりこえて団結することを主張した。この考え方を［ B ］主義という。また，当時のイスラーム世界の停滞が列強の進出を招いていると考えたアフガーニーは，旧来の知的伝統や慣習に固執してきたイスラーム知識人（ウラマー）の態度を批判した。彼はこの現状を打開する具体策として，伝統や慣習をいったん廃したうえで理性を働かせ，〔2〕イスラーム教の聖典『クルアーン（コーラン）』などを新しい時代に合わせて解釈しなおすことを提唱した。

アフガーニーはその活動の過程で，中東地域を中心に世界各地を巡った。1871年にエジプトを訪れた彼は，この地で弟子となったムハンマド＝［ C ］などの知識人に自身の改革思想を広めた。彼のこのような活動は，1881年に始まるエジプトの民族主義運動である［ D ］運動につながっていく。また，1891年にイランでタバコ＝ボイコット運動が発生すると，彼はイランの人々に大きな影響力を持つ〔3〕シーア派の高位ウラマーに対して，タバコ利権を外国に売り渡そうとするイラン政府への抵抗を呼びかける書簡を送り，運動を側面から支援した。

一方，オスマン帝国では1878年に当時の君主〔4〕が帝国憲法〔5〕を停止し，専制政治を行っていた。この君主はアフガーニーの国際的名声を利用するために彼をオスマン帝国に招いたが，そののち次第に両者の立場の違いが表面化し始めた。また，1896年にアフガーニーの弟子のひとりがイランの君主を暗殺すると，アフガーニーは危険視されるようになった。このためアフガーニーは軟禁状態に置かれ，そのまま1897年に死去した。

アフガーニーの死後，イスラーム改革運動は［C］に受け継がれた。彼は師の思想をさらに発展させつつ，イスラーム世界最古の研究・教育機関である［E］学院の改革を試みた。この機関は現在もカイロに存在し，イスラーム世界における学問の中心の一つとなっている。

1922年にオスマン帝国が滅亡した後，政治や社会の各分野からイスラーム教の影響を除こうとする世俗主義的な国家が中東地域に次々と成立すると，その潮流に対抗するように，イスラーム的価値観にのっとって国家や社会を運営すべきだと主張する人々が現れ始めた。彼らの考え方をイスラーム主義〔6〕と呼ぶ。エジプトでは，1928年にハサン＝バンナーがイスラーム主義的組織である［F］を創設した。この組織は，エジプトをイスラーム教に基づいた社会に作り替えることを目指し，社会・文化面での大衆運動を展開した。しかし，世俗主義を採用するエジプト政府はこの運動を警戒し，特に1956年にエジプト大統領となったナセル〔7〕は［F］を徹底的に弾圧した。

苦境におちいったイスラーム主義者たちのなかからは，テロ攻撃を含む軍事行動によって現状を打破しなければならないという急進的な意見を主張する人々すら現れた。そして1981年には，このような人々が組織した「ジハード団」が当時のエジプト大統領［G］を暗殺した。「ジハード団」の一部メンバーは冷戦終了後，世界唯一の超大国となったアメリカを「イスラーム教徒の抑圧者」とみなして敵意を強めていき，後には2001年に同時多発テロ事件を発生させる［H］にも参加した。

〔1〕 列強の進出が本格化するなか，ロシアとの戦争で敗北したイランが1828年に締結した条約を何というか。

〔2〕『クルアーン』や預言者の言行（スンナ）の解釈に基づいてウラマーが下し

た法的判断を集成したもので，理念のうえでは人間の社会生活のあらゆる側面を規定すると考えられているイスラーム教の法を何というか。カタカナ５文字で答えよ。

〔3〕 預言者ムハンマドの従弟アリーの子孫がその位を受け継ぐとされた，シーア派の最高指導者を何というか。カタカナで答えよ。

〔4〕 この君主は誰か。次の中から一つ選び，記号で答えよ。

ア．セリム３世

イ．アブデュルメジト１世

ウ．アブデュルアズィズ

エ．マフムト２世

オ．アブデュルハミト２世

〔5〕 オスマン帝国の憲法発布には外国の介入を阻止する目的もあった。それにもかかわらず，バルカン半島では1875年から帝国に対する反乱が起こり，1877年にロシアの軍事介入を招いた。この反乱が起こった地域を次の中から一つ選び，記号で答えよ。

ア．クロアチア

イ．モンテネグロ

ウ．ボスニア=ヘルツェゴヴィナ

エ．アルバニア

オ．セルビア

〔6〕 イスラーム主義的立場に立ち，パレスチナのイスラエルからの解放を目指す「パレスチナにおけるイスラーム抵抗運動」という組織の略称を何というか。カタカナで答えよ。

〔7〕 ナセルらが主導した1952年のエジプト革命において，その中核勢力となったエジプト軍内の改革派グループを何というか。

地理

(80 分)

Ⅰ　次の地形図をよく読んで，〔1〕〜〔13〕の問いに答えよ。なお，この地形図は等倍であり，平成21年発行（平成14年図式）のものである。

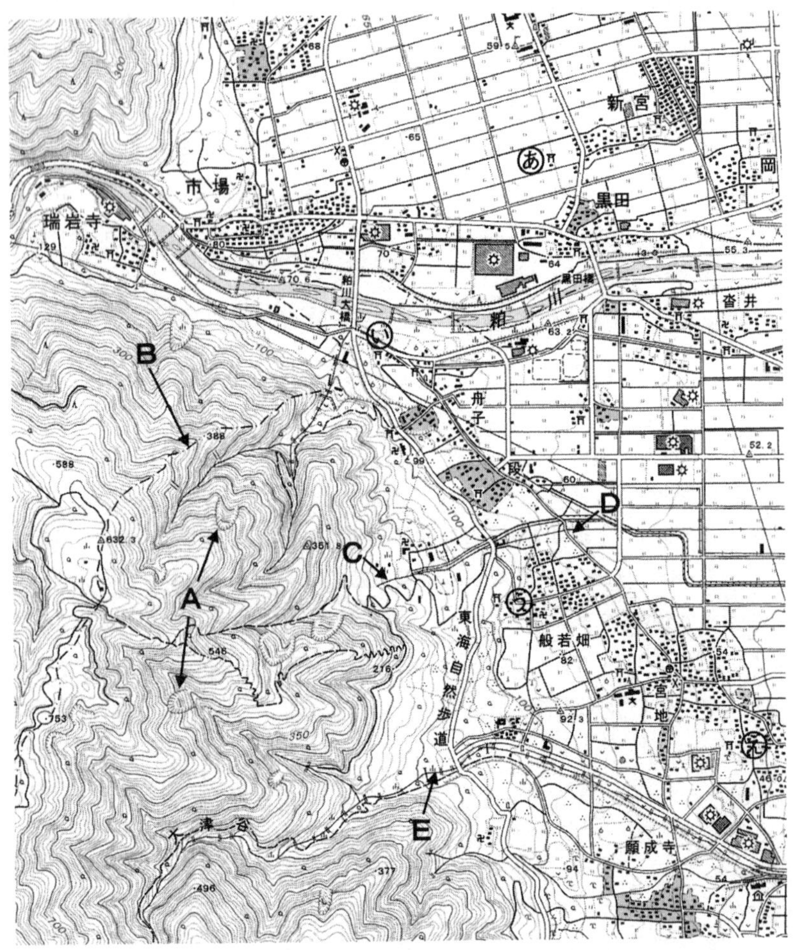

編集部注：編集の都合上，80％に縮小。実際の問題はカラー印刷。

〔1〕 この地形図の標高は，どこの平均海面を基準としているか，答えよ。

〔2〕 この地形図はＵＴＭ図法で描かれており，座標帯（経度帯）は第53帯である。この座標帯で日本標準時の基準となる中央子午線（経線）は東経何度か，答えよ。

〔3〕 この地形図の縮尺を答えよ。〔解答欄：____分の１〕

〔4〕 この地形図で，５本ごとに太い実線で描かれている等高線は何と呼ばれるか，最も適切な名称を答えよ。

〔5〕 **A**にみられる地図記号（ 　）の名称は何か，答えよ。

〔6〕 **B**で示された行政上の境界は，等高線から判断してどのような地形上に引かれているか，答えよ。

〔7〕 河川**C**の両岸付近にみられる農業的土地利用に関して，次の(1)・(2)に答えよ。

(1) **D**で示された道路よりも標高の低い一帯でみられる農業的土地利用は何か，答えよ。

(2) **D**で示された道路から標高120ｍ付近にかけてみられる農業的土地利用は何か，答えよ。

〔8〕 河川**E**が平野部に形成している半円錐状の地形は何か，地形名を答えよ。

〔9〕 ㋐～㋓で示される神社を標高の高い順にならべ，符号で答えよ。

〔10〕 神社㋑－㋓間を直線で結んだ長さは，この地形図上で９cm である。実際の距離は何ｍか，答えよ。ただし，起伏は考慮しないものとする。

〔11〕「市場」の集落は，その地名や特徴的な立地からみて何と呼ばれるか，最も適切な名称を答えよ〔解答欄：____集落〕。また，そこに集落が立地した理由を簡潔に答えよ。

〔12〕「黒田」の集落は，自然堤防の上に立地している。その地形からみて，集落が立地した理由を簡潔に述べよ。

〔13〕 この地形図に関する次の(1)～(4)の文で，正しいものには○印を，誤っているものには×印を記せ。

(1) 粕川は天井川である。

(2) この地形図中には高等学校がある。

(3) 河川**E**の左岸には，老人ホームがある。

(4)「東海自然歩道」は，標高100ｍより高いところも通っている。

Ⅱ　ヨーロッパの工業と地域に関する次の地図と文をよく読んで，〔1〕～〔10〕の問いに答えよ。なお，地図中の●は問いと関係する都市の位置を示しており，●に付された数字（1～7）は文中の数字と対応している。

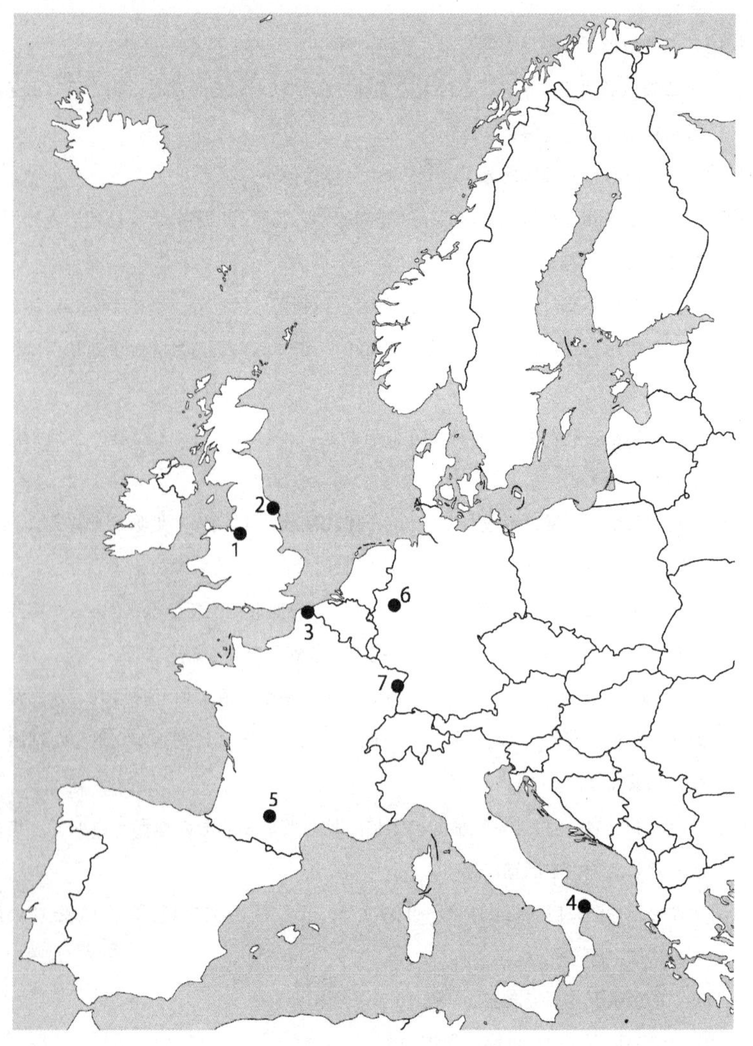

ヨーロッパでは，産業革命後に急速に発達した工業によって，各地に多くの工業地域が形成されてきた。先行したのが，(a)イギリスの［A］山脈東西麓における，

繊維工業の発達である。とりわけ，[A]山脈西麓の地方では技術革新が進み，産業革命発祥の地と称される工業都市[1]や，港湾都市リヴァプールなどの発展がみられた。

19世紀後半になると，製鉄業における技術革新が進んだ。イギリスの[A]山脈南麓の[B]地方，ドイツのルール地方，そしてドイツのザール炭田とフランスの[C]鉄山を結んだ地域などが重工業の拠点となり，西ヨーロッパの工業発展をけん引してきた。

第二次世界大戦後には，(b)石炭にくわえて石油も主要なエネルギー資源となり，各種機械工業の発達もみられた。冷戦の対立構造が深まる中で，東西ヨーロッパそれぞれの内部で経済連携も進められた。臨海部には大規模工業施設が配置されるようになり，とくにオランダの(ア)ロッテルダムには，石油専用埠頭(ふとう)や石油化学工業施設を備えた，中継貿易港としての機能をもつ[D]が1960年代に完成した。同時期にヨーロッパ最大の北海油田が開発され，イギリス東岸の[2]には石油化学工業が集積した。また，(c)製鉄業も輸入原料への依存度が高まる中で，臨海部を拠点とするようになった。その代表的な都市として，フランスの[3]やイタリアの[4]などをあげることができる。他方，東ヨーロッパでは，1949年にソ連との間に設立された経済相互援助会議にもとづいて，各国間の国際分業体制が整備された。

その後，重化学工業が停滞・衰退していく中で，ヨーロッパでは冷戦終結後の経済統合が進められ，人件費の削減を目的として東ヨーロッパ諸国への生産拠点の移転も行われた。また，(d)先端技術産業（ハイテク産業）も展開されるようになった。とくにドイツの(イ)ハンブルクやフランスの[5]などでは航空機産業が発達した。(e)繊維・皮革・家具などの伝統的な工業技術の集積がみられるイタリア中・北東部では，それらの工業にかかわる中小規模の生産者が既存のネットワークを活かし，先端技術とも結びつけながら，伝統産業の再活性化をはかってきた。

近年では，(f)世界的な観光産業の成長の中で，衰退した工業地区の再開発や歴史的資源としての活用が進められている。たとえば，イギリスの(ウ)ロンドンでは，造船所などの各施設が集中していた[E]が，商業地区や住宅地区として再開発され，観光地にもなっている。また，ドイツの[6]は，旧産業施設を文化遺産として保存・活用する政策を推進してきた結果，その施設群が世界遺産（文化遺産）にも登録された。 6 それ自体も2010年に「欧州文化首都」の指定をうけて，多くの観光客が訪れている。

さらに，環境政策も各都市で進められている。たとえば，フランスの 7 は，マルセイユ西方のフォス(エ)からのびるパイプラインによって石油化学工業が立地する一方，都心部への車の乗り入れを規制し，公共交通の利用を促す政策(g)をいち早く導入するなど，環境政策の先進都市としても知られている。

〔1〕 文中の A ～ E に当てはまる最も適切な地名を答えよ。

〔2〕 文中の 1 ～ 7 に当てはまる都市を，次の選択肢の中から1つずつ選び，符号で答えよ。

㋐ エッセン　　㋑ グラスゴー　　㋒ ジェノヴァ
㋓ ストラスブール　　㋔ タラント　　㋕ ダンケルク
㋖ トゥールーズ　　㋗ ドーヴァー　　㋘ ナンシー
㋙ バーミンガム　　㋚ フランクフルト　　㋛ マンチェスター
㋜ ミドルズブラ　　㋝ ライプツィヒ　　㋞ リヨン

〔3〕 下線部(a)に関して， A 山脈の東麓で盛んであった繊維工業の種類，およびこの地方の名称は何か，最も適切な語句と地名を答えよ。

〔4〕 下線部(b)に関して，次の表はドイツ，ノルウェー，ポーランドについての，国別の石炭の産出量・輸入量・輸出量（2018年）を示したものである。表中の①～③に当てはまる国の組み合わせとして適切なものを，下の表中の選択肢㋐～㋕の中から1つ選び，符号で答えよ。

（単位：千 t）

	産出量	輸入量	輸出量
①	63, 857	19, 244	4, 907
②	2, 761	44, 816	202
③	150	746	113

2018 United Nations Energy Statistics Yearbook により作成

	①	②	③
㋐	ドイツ	ノルウェー	ポーランド
㋑	ドイツ	ポーランド	ノルウェー
㋒	ノルウェー	ドイツ	ポーランド
㋓	ノルウェー	ポーランド	ドイツ
㋔	ポーランド	ドイツ	ノルウェー
㋕	ポーランド	ノルウェー	ドイツ

〔5〕 下線部(c)に関して，このような工業立地のありかたは，何と呼ばれるか，最も適切なものを次の選択肢の中から1つ選び，符号で答えよ。

㋐ 原料指向型工業　㋑ 交通指向型工業

㋒ 電力指向型工業　㋓ 労働力指向型工業

〔6〕 下線部(d)に関して，とくにイギリス（スコットランド）のサザン高地の北に位置する先端技術産業集積地域は何と呼ばれているか，最も適切なものを次の選択肢の中から1つ選び，符号で答えよ。

㋐ エレクトロニクスハイウェー　㋑ シリコングレン

㋒ シリコンデザート　㋓ シリコンプレーン

〔7〕 下線部(e)に関して，この地域は一般に何と呼ばれているか，最も適切な名称を答えよ。

〔8〕 下線部(f)に関して，次の表はヨーロッパにおける年間旅行収入・支出の上位5か国（2018年）を示したものである。表中の甲・乙に当てはまる国を，下の選択肢の中から1つずつ選び，符号で答えよ。

（単位：100万米ドル）

国	旅行収入	国	旅行支出
スペイン	81,250	乙	104,204
甲	73,125	イギリス	68,888
乙	60,260	甲	57,925
イタリア	51,602	ロシア	38,791
イギリス	48,515	イタリア	37,644

『世界の統計 2021年版』により作成

Ⓐ オランダ　Ⓘ ギリシャ　Ⓤ スイス
Ⓔ スウェーデン　Ⓞ チェコ　Ⓚ ドイツ
Ⓚ フランス　Ⓚ ポーランド

〔9〕 下線部(g)に関して，都市郊外の駐車場に自家用車を駐車し，公共交通機関に乗り換えて都心部に入る方式は何と呼ばれているか，最も適切な名称を答えよ。

〔10〕 二重下線部(ア)～(エ)の都市の内部あるいはその付近を流れる河川として最も適切なものを，次の選択肢の中から1つずつ選び，符号で答えよ。

㋐ エブロ川　㋑ エルベ川　㋒ ガロンヌ川　㋓ テムズ川
㋔ セーヌ川　㋕ ドナウ川　㋖ モーゼル川　㋗ ライン川
㋘ ロアール川　㋙ ローヌ川

Ⅲ　中国の自然環境に関する次の地図と文をよく読んで，〔1〕〜〔6〕の問いに答えよ。なお，地図中と文中の記号（A〜I，①〜④）は対応している。国境線は未確定部分をふくめて破線で表わしている。

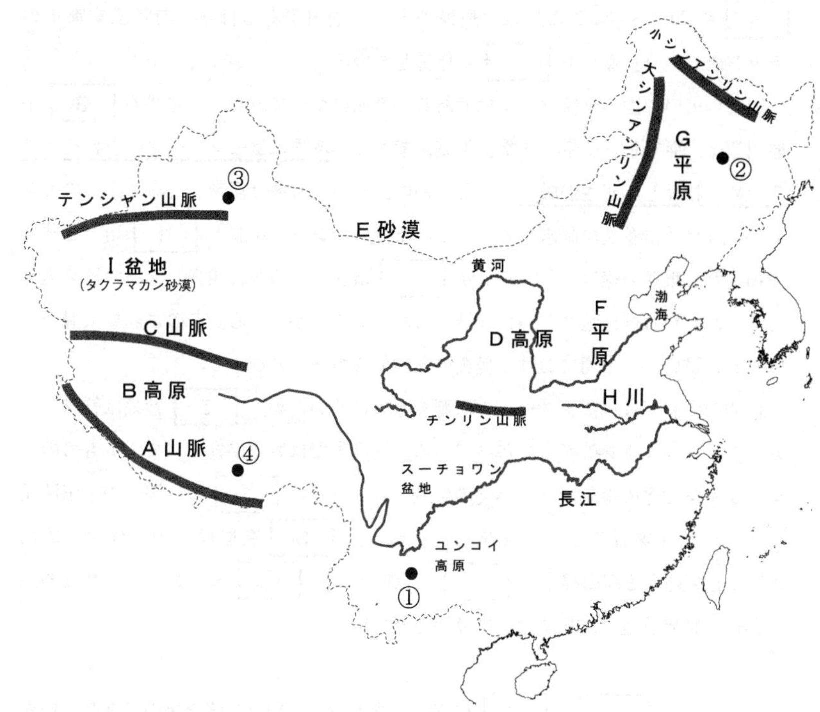

中国は日本の約［イ］倍の国土面積を有し，陸地において多くの国と接している(a)。中国をふくむ東アジアの地形は西高東低で，世界最高峰のエベレストを擁する［A］山脈の北には，［B］高原，そして［C］山脈が位置している。［B］高原に端を発する長江（チャンチヤン）は，中国国内では最長，そして世界第3位の約6,380 kmを誇る河川であり，その長さは鉄道による東京〜大阪間の距離の約［ロ］倍である。

中央部に目をむけると，長江の南に広がる起伏に富んだユンコイ高原には，経済技術開発区の設置された内陸都市［①］が位置している。長江の北には，鉱産資源の豊かなスーチョワン盆地があり，さらにチンリン山脈の北には，［D］高原が広がる。この高原には，［E］砂漠に由来するレスが堆積している。［D］

高原から渤海(ボーハイ)にそそぐ黄河(ホワンホー)の下流部には、[F]平原が位置する。

北東部の大シンアンリン山脈と小シンアンリン山脈にはさまれた一帯は、[G]平原である。ここには、規模の大きい油田があるほか、内陸工業都市のチャンチュン(長春)や[②]が位置している。

国土の広い中国の気候は、多様である。東側についてみると、北部の[G]平原周辺は、亜寒帯(冷帯)冬季少雨気候であり、(b)冬季にはモンスーンの影響をうけるため、乾燥して寒さが厳しい。長江の中流から下流域は温帯で、海洋からのモンスーンは夏季に多量の降水をもたらす。また、チンリン山脈と[H]川とを結んで描かれる東西の線は、年降水量が[ハ]mmとなる線に相当し、この線を境として、おおむね畑作地域と稲作地域とにわけることができる。このような気温や年降水量の違いは、中国における農業の地域的な特徴に結びつく。

西側の内陸部は、モンスーンの影響をうけにくいため、[I]盆地は乾燥しており、タクラマカン砂漠も広がっている。乾燥帯では牧畜が営まれているものの、テンシャン山脈の南北には、小麦の生産もみられる。[③]は、周辺の油田開発にともない工業都市として発展した。他方、[B]高原は高山気候で、標高3,500 mを超える高山都市の[④]が位置する。[④]のポタラ宮の歴史的遺跡群は、世界遺産(文化遺産)に登録されている。

〔1〕 文中の[イ]・[ロ]に当てはまる最も適切な数値を次の選択肢の中からそれぞれ1つ選び、符号で答えよ。

Ⓐ 8　Ⓘ 13　Ⓤ 20　Ⓔ 25　Ⓞ 32

〔2〕 文中の[ハ]に当てはまる最も適切な数値を次の選択肢の中から1つ選び、符号で答えよ。

Ⓐ 250　Ⓘ 500　Ⓤ 1,000　Ⓔ 1,500

〔3〕 文中の[A]～[I]に当てはまる最も適切な地名を答えよ。

〔4〕 文中の[①]～[④]に当てはまる最も適切な都市名を答えよ。

〔5〕 下線部(a)に関して、中国と接する国のうち、「草原の道」で知られる東西の交通路として重要な位置にある国はどこか、次の選択肢の中から最も適切なものを1つ選び、符号で答えよ。

Ⓐ インド　　Ⓘ カザフスタン

Ⓤ ミャンマー　　Ⓔ ラオス

〔6〕 下線部(b)に関して，冬季に，ユーラシア大陸北東部に影響をおよぼす大陸性の高気圧は何と呼ばれるか，最も適切な名称を答えよ。

政治・経済

(80分)

Ⅰ　次の文章を読んで，あとの問いに答えよ。

米ソ冷戦は，戦後日本の「平和主義」に大きな影響を与えた。1950年の朝鮮戦争勃発をきっかけとして［(a)］が創設され，日本再軍備が始まったのである。［A］が発効して日本が独立を回復した1952年に［(a)］は［B］に改められ，1954年には自衛隊①が誕生した。

他方で，1951年，米軍が日本に駐留し，米軍施設・区域（以下，米軍基地）を使用することを定めた［C］が締結された。米軍基地の使用のあり方や米軍との裁判管轄関係などについては，日米行政協定で定められた。しかし，［C］については，米軍の日本防衛義務が明示されていないなどの問題点が指摘された。そこで，［C］は［イ］年に改定された。また，日米行政協定も，［(b)］へと改められた。その後，1978年には，日本有事における自衛隊と米軍の協力について定めた［D］が策定された。

冷戦終結後，自衛隊の活動に変化が生じた。1991年の［E］をきっかけとして，自衛隊による国際貢献②が日本国内で議論になったのである。そして1992年，［(c)］協力法が成立し，自衛隊が［X］に派遣されたのであった。

冷戦の終結は，日米関係にも影響を与えた。1996年の日米安全保障共同宣言③と，翌年の［D］の見直しにより，冷戦後における日米安保体制の新たな方向が示されたのであった。

冷戦後の日米関係には大きな課題もあった。［ロ］年に沖縄返還④が実現したあとも，沖縄では米軍基地問題の深刻な状況が続いていたが，1995年に米兵による少女暴行事件が発生し，沖縄県民の怒りが爆発したのである。そこで，日米両政府は，［(b)］の運用改善やアメリカ海兵隊普天間飛行場の返還⑤などを行うことで合意したのであった。

〔1〕 A ～ E にあてはまる語句を，下から一つずつ選び，記号で答えよ。

ⓐ サンフランシスコ平和条約　ⓘ 太平洋協定　ⓤ 機動隊
ⓔ インドシナ戦争　ⓞ 保安隊　ⓚ 日米安全保障条約
ⓚ ベルサイユ条約　ⓚ 海上保安庁　ⓚ ベトナム戦争
ⓚ ＭＳＡ協定　ⓢ 湾岸戦争
ⓢ 日米防衛協力のための指針（ガイドライン）
ⓢ ポツダム宣言　ⓢ ヤルタ協定　ⓢ 第一次防衛力整備計画

〔2〕 （a） から （c） にあてはまる語句を記入せよ。なお，**（a）は漢字5字**，**（b）は漢字6字**，**（c）はアルファベット（大文字）3字**で答えよ。

〔3〕 イ と ロ にあてはまる数字の組み合わせとして正しいものを，下から一つ選び，記号で答えよ。

ⓐ イ：1955　ロ：1960　ⓘ イ：1952　ロ：1972
ⓤ イ：1960　ロ：1972　ⓔ イ：1952　ロ：1960
ⓞ イ：1960　ロ：1970

〔4〕 X にあてはまる国名を，下から一つ選び，記号で答えよ。

ⓐ ミャンマー　ⓘ ラオス　ⓤ カンボジア
ⓔ ベトナム　ⓞ マレーシア

〔5〕 下線部①に関する説明として，適切なものを下から一つ選び，記号で答えよ。

ⓐ 自衛隊に関する基本的な方針の一つに，自衛隊は敵国を攻撃することはなく，専ら相手の攻撃から日本を防衛することに徹するという，「専守防衛」がある。

ⓘ 日本では，自衛隊の最高指揮監督権を防衛大臣がもつことによって，自衛隊の独走を防ごうとしている。このように，文民が軍隊の指揮権，統制権をもつことを，シビリアン・コントロールと呼ぶ。

ⓤ 1976年，福田赳夫内閣は，防衛費をＧＮＰの１％相当額を超えないとする方針を定めた。しかし，竹下登内閣期の1987年，防衛費はＧＮＰの１％を突破した。

〔6〕 下線部②に関する説明として，適切なものを下から一つ選び，記号で答えよ。

ⓐ 2001年にアメリカで同時多発テロが発生すると，日本は，テロ対策特

別措置法を制定し，自衛隊をニューヨークに派遣して復興を支援した。

ⓘ　2003年にイラク戦争が勃発すると，日本は，イラク復興支援特別措置法を制定した。この法律にもとづいて，自衛隊がイラクに派遣された。

ⓤ　地中海などを拠点とする海賊に対処するために，1989年に海賊対処法が制定され，海上自衛隊が公海上で取り締まりを行えるようになった。

ⓔ　かつては，自衛隊の平和維持軍への参加は凍結されていた。しかし，2018年からは，自衛隊は平和維持軍に参加できるようになった。

〔7〕　下線部③の共同宣言が出されたときの日米の首脳の組み合わせとして，正しいものを下から一つ選び，記号で答えよ。

ⓐ　橋本龍太郎－ウィリアム・J・クリントン

ⓘ　池田勇人－ジョン・F・ケネディ

ⓤ　吉田茂－ハリー・S・トルーマン

ⓔ　安倍晋三－ドナルド・トランプ

〔8〕　下線部④のときの首相であり，「非核三原則」を表明し，かつノーベル平和賞を受賞した人物の**氏名を漢字**で記入せよ。

〔9〕　下線部⑤に関して，この返還を発表したあと，日米両政府は，沖縄県名護市［　　］に普天間飛行場の代替施設を建設することで合意した。空欄にあてはまる語句を，下から一つ選び，記号で答えよ。

ⓐ　宜野湾　　ⓘ　嘉手納　　ⓤ　北谷

ⓔ　瑞慶覧　　ⓞ　辺野古

Ⅱ　次の文章を読んで，あとの問いに答えよ。

第二次世界大戦後の1946年に，日本では経済復興のために，石炭や鉄鋼などの基幹産業に対し重点的に資金，資材，労働力を投入する傾斜生産方式が閣議決定された。その実施に際して，1947年に設立された[A]がおもに基幹産業に融資を行い，資金供給をした。1948年には，ＧＨＱにより，経済の自立・安定化を目的とした[B]が示された。翌年の1949年には<u>ドッジ・ライン</u>①が実施された。急激な財政や<u>金融</u>②の引締めなどによって，ドッジ・ライン実施後にインフレーションは収束したが，一転してデフレーションの局面を迎え，不況が深刻化する[C]という状態に陥った。1950年代に入ると，特需の影響で<u>生産</u>③の成長が生じた。

国際経済の変化については，1930年代に世界的な不況が起こり，主要国は複数の国や地域による閉鎖的で排他的な一つの経済圏の形成を進めた。このような経済体制を[D]という。それにともない，第一次世界大戦以前の国際通貨体制や自由貿易の経済体制の維持が難しくなった。1940年代には，<u>ブレトン・ウッズ協定</u>④が締結された。その後も国際通貨体制の維持が困難になる状況がたびたび生じた。1971年にアメリカは，金とドルの交換停止を含む新経済政策を発表した。これは，当時の大統領の名前にちなんで[E]＝ショックと呼ばれ，世界経済に混乱をもたらし，固定相場制の維持が難しくなった。1976年の<u>キングストン合意</u>⑤では，変動相場制移行への追認と金の公定価格を廃止することなどが決まった。

第二次世界大戦後にはＧＡＴＴ加盟国間で自由貿易が推進された。自由貿易論にもとづくと，リカードの<u>比較生産費説</u>⑥で示されるように，自由貿易を行えば貿易に参加する国々の利益が大きくなる。他方で，1950年代には，<u>国際間の経済取引</u>⑦が増加する中で，先進国とモノカルチャー経済の構造をもつ発展途上国との間の経済格差の拡大が顕在化した。国連は1961年に「国連開発のための10年」を宣言して，南北問題の是正に取り組んだ。1970年代には，資源ナショナリズムの勢いが増し，<u>発展途上国側から先進国に対して格差是正の要求</u>⑧が高まった。

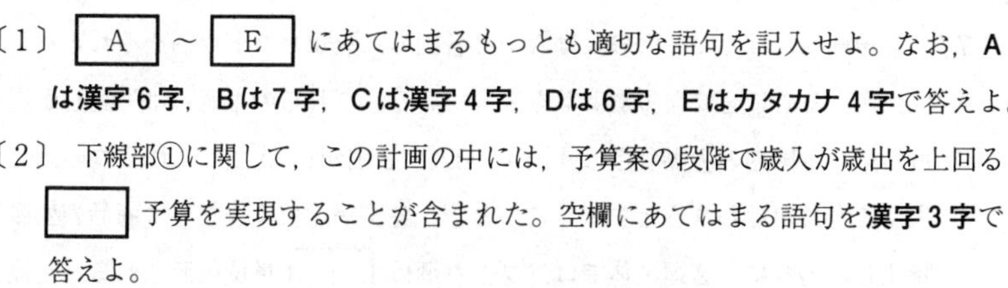

〔1〕[A]～[E]にあてはまるもっとも適切な語句を記入せよ。なお，**Aは漢字6字，Bは7字，Cは漢字4字，Dは6字，Eはカタカナ4字**で答えよ。

〔2〕下線部①に関して，この計画の中には，予算案の段階で歳入が歳出を上回る[　　]予算を実現することが含まれた。空欄にあてはまる語句を**漢字3字**で答えよ。

〔3〕 下線部②に関して，金融政策や金融の仕組みについての下の記述のうち，適切なものを下から一つ選び，記号で答えよ。

㋐ 売りオペレーションを行うと，貨幣量が増加する。

㋑ 金利の自由化によって，政策金利の目標が無担保コールレートから公定歩合へと移った。

㋒ 日本銀行は民間金融機関に対して，資金の貸し出しや預金の受け入れを行わない。

㋓ 小泉内閣の時期に，年率２％のインフレ目標が定められた。

㋔ 信用創造で創出される預金額は，支払準備率（預金準備率）が大きいほど小さくなる。

〔4〕 下線部③に関して，一国の経済活動をはかる国民経済計算について，**適切でないもの**を下から一つ選び，記号で答えよ。

㋐ 国内総支出は，国民総所得と一致しない。

㋑ 分配国民所得は，企業所得と雇用者報酬の合計となる。

㋒ 支出国民所得には，政府消費が含まれる。

㋓ 国内の生産総額から中間生産物の額を差し引くと，国内総生産となる。

〔5〕 下線部④に関して，この協定で合意された内容として，適切なものを下から一つ選び，記号で答えよ。

㋐ 特定国に対して低い関税率や関税免除を行う税制上の優遇措置を行う。

㋑ 金１オンスで交換できるドルを35ドルから38ドルへと変更して，ドルの価値を切り下げる。

㋒ 国際復興開発銀行（ＩＢＲＤ）を設立する。

㋓ １ドル＝360円の単一の為替レートを設定する。

〔6〕 下線部⑤に関して，この合意では，金の代わりにＩＭＦ加盟国が出資金に応じて配分される［　　］を基礎とすることが決まった。空欄にあてはまる語句（英語略称）を**アルファベット（大文字）３字**で答えよ。

〔7〕 下線部⑥に関して，下の表はＡ，Ｂ各国で，衣類とブドウ酒をそれぞれ１単位生産するのに必要な労働者数を表している。これらの生産には労働しか用いられず，各国内の労働者数はＡ国が500人，Ｂ国が150人で，この２つの商品の生産で全員が雇われるとする。このとき，各国が比較優位をもつ商品の生産に特化した場合に，２国全体では，ブドウ酒は［　　］単位生産される。空欄に

あてはまる数を**算用数字**で答えよ。

	1単位の生産に必要な労働者数	
	衣類	ブドウ酒
A国	200	300
B国	100	50

〔8〕 下線部⑦に関して，国際間の経済取引を貨幣額で示したものが国際収支である。国際収支について，金融収支に含まれる項目として，**適切でないもの**を下から一つ選び，記号で答えよ。

ⓐ 証券投資　　ⓘ 金融派生商品

ⓤ 外貨準備　　ⓔ 投資収益

〔9〕 下線部⑧に関して，発展途上国側の主張を取り入れて，1974年に国連の資源特別総会で，天然資源に対する保有国の恒久主権の確立や発展途上国支援などを盛り込んだ［　　］樹立宣言が採択された。空欄にあてはまる語句を**漢字7字**で答えよ。

Ⅲ　次の文章を読んで，あとの問いに答えよ。

日本で少子高齢化が指摘されて久しいが，2000年代には死亡数が出生数を上回る人口減少社会①に突入した。少子高齢化にともなって懸念されているのが，世代間扶養の拡大である。とりわけ日本の公的年金制度②では，現役世代の支払う保険料によって同時点の高齢世代の給付がまかなわれる［ A ］方式を中心とした財政方式が採用されており，世代間扶養の性格が強くなっている。こうした年金の財政負担軽減のために，給付年齢の段階的な引き上げと人口減少や平均余命の伸びを勘案して給付水準を減額する［ B ］が導入された。

医療の分野では，1983年に高齢者の医療費の増大に対処するために，財源を国・地方公共団体の公費と各医療保険制度からの拠出金で折半する老人保健制度が導入された。この制度は，2008年に後期高齢者医療制度に改められ，［ C ］歳以上を被保険者とする独立した制度となった。

年金保険（公的年金），医療保険③のほか，介護保険，雇用保険，労災保険④の5つからなる日本の社会保険は，人々が事前に保険料を拠出し，疾病や老齢，障害⑤，失業などの保険事故が発生したときに給付を受け取る仕組みである。歴史をさかのぼると，世界で初めて社会保険を創設したドイツのビスマルクによる政策は，「アメとムチの政策」と呼ばれ，労働運動対策としての含意があった。一方で，純粋な労働者保護の観点から実施されたものとしては，世界恐慌時にアメリカのローズベルト大統領がニューディール政策⑥の一環として1935年に成立させた社会保障法があげられる。しかし，「労働者」ではなく労働市場に包摂されない人々も含めた「国民」の生存権を保障するという意味での近代的な社会保障制度⑦の確立は，ベバリッジ報告にもとづいて制度化された［ D ］の社会保障制度を待たねばならなかった。ベバリッジ報告では，均一拠出・均一給付，ナショナル・ミニマムの保障，全国民を対象とする包括給付の三原則がうたわれ，第二次世界大戦後の先進資本主義諸国における福祉国家⑧体制確立の理論的支柱となった。

〔1〕［ A ］～［ D ］にあてはまる適切な語句を記入せよ。なお，**Aは漢字**，**Cは算用数字**，**Dは国名をカタカナ**で答えよ。

〔2〕下線部①に関して，一人の女性が一生の間に出産する平均的な子どもの数である［　　］が2.07を下回り続けると人口が減少に向かうとされる。空欄にあ

てはまる語句を**漢字7字**で答えよ。

〔3〕 下線部②に関して，1986年にこの制度の見直しが行われ，全国民共通の[　　]制度が導入された。空欄に当てはまる語句を**漢字4字**で答えよ。

〔4〕 下線部③に関して，[　　]年に全国民をいずれかの医療保険制度，年金保険制度に加入させる国民皆保険・皆年金体制が確立した。空欄にあてはまる**西暦を算用数字**で答えよ。

〔5〕 下線部④に関する説明として，**適切でないもの**を下から一つ選び，記号で答えよ。

㋐ 業務上での災害に対して給付される。

㋑ 通勤時での災害に対して給付される。

㋒ 長時間労働や過重業務に起因する過労死やメンタルヘルスの障害に対して給付される。

㋓ 保険料は，事業主のみが負担する。

㋔ 失業・雇用対策として求職者給付などがある。

〔6〕 下線部⑤に関して，日本では，法律によって，国や一定規模以上の企業などに障害者を一定の割合で雇用することを義務づけている。この法律名を**漢字8字**で答えよ。

〔7〕 下線部⑥に関して，この政策は，景気振興のための公共事業の拡充などの一連の施策を通して，自由競争や市場原理の利点を活かしながらも政府が積極的に市場に介入する[　　]主義と呼ばれる新しい経済体制を定着させた。空欄にあてはまる語句を**漢字4字**で答えよ。

〔8〕 下線部⑦に関して，下の文章の[イ]，[ロ]にあてはまる語句を記入せよ。なお，**イは10字**，**ロは漢字6字**で答えよ。

1944年に採択された[イ]は，社会保障に関する共通理念の基盤となっている。そこでは，保護を必要とするすべての人に対して必要最低限の所得と広範な医療を与え，社会保障を充実させるよう各国に勧告している。また，1948年に国連総会で採択された[ロ]では，第25条で社会保障は人間の権利である旨が述べられている。

〔9〕 下線部⑧に関して，北欧型の福祉国家の特徴として適切なものを下から一つ選び，記号で答えよ。

㋐ 民間保険などの市場システムを通じた福祉供給を中心とする。

Ⓘ 職業別に組織された社会保険と国による最低所得保障を組み合わせる。

ⓤ 国がすべての市民を対象として高水準の公的福祉を提供する。

ⓔ 家族による私的なケアを中心として国家が福祉供給に極力関与しない。

数学

(80 分)

次のⅠ，Ⅱ，Ⅲの設問について解答せよ。ただし，Ⅰ，Ⅱについては問題文中の ☐ にあてはまる適当なものを，解答用紙の所定の欄に記入せよ。なお，解答が分数になる場合は，すべて既約分数で答えること。

Ⅰ

〔1〕 $0<s<1$，$0<t<1$ とする。△ABC について，辺 AB を $s:(1-s)$ に内分する点を L，辺 AC を $t:(1-t)$ に内分する点を M，BM と CL の交点を P とする。

LP : PC = 2 : 1，MP : PB = 1 : 3 であるとき，s と t を求める。点 P は LC を 2 : 1 に内分する点であるから，これを s を用いて示すと，

$\overrightarrow{AP} =$ [ア] $s\overrightarrow{AB} +$ [イ] $\overrightarrow{AC}$ となる。また，点 P は BM を 3 : 1 に内分する点でもあるので，これを t を用いて示すと，

$\overrightarrow{AP} =$ [ウ] $\overrightarrow{AB} +$ [エ] $t\overrightarrow{AC}$ となる。したがって，$\overrightarrow{AB} \neq \vec{0}$，$\overrightarrow{AC} \neq \vec{0}$ で，$\overrightarrow{AB}$ と $\overrightarrow{AC}$ は平行でないから，$s =$ [オ]，$t =$ [カ] となる。

次に AP の延長線と辺 BC との交点を N とする。

BN : NC = $u:(1-u)$ であるとき，u を求める。このとき，

$\overrightarrow{AN} = (1-u)\overrightarrow{AB} + u\overrightarrow{AC}$ となる。また，$\overrightarrow{AN}$ は $\overrightarrow{AP}$ の定数倍であり，点 N は BC 上にあることより，$\overrightarrow{AN} =$ [キ] $\overrightarrow{AP}$ となる。したがって，

$u =$ [ク] となる。

〔2〕 3 次関数 $y = x^3 + 6x - 2$ について，その導関数は $y' =$ [ケ] である。

常に $y' > 0$ であるから，関数 y は実数全体で単調に増加する。

したがって，3 次方程式 $x^3 + 6x - 2 = 0$ …… ①

の実数解は 1 つである。この実数解を次の方法で求めることを考える。

①の解を $x = \alpha + \beta$ とおくと，

①は $\alpha^3+\beta^3-$ [コ] $+3(\alpha+\beta)\left(\alpha\beta+\right.$ [サ] $\left.\right)=0$ …… ② となる。

ただし，[コ]，[サ] は数値を入れよ。

ここで，連立方程式

$$\begin{cases} \alpha^3+\beta^3- \boxed{コ} =0 & \cdots\cdots ③ \\ \alpha\beta+ \boxed{サ} =0 & \cdots\cdots ④ \end{cases}$$

を満たす α，β は②を満たすので，③，④を解けばよい。

③，④を解いて，$\alpha^3=$ [シ]，$\beta^3=$ [ス]（ただし，$\alpha^3>\beta^3$）を得る。

ここで，$\alpha+\beta$ が実数となるものを考えると，$\alpha=$ [セ]，$\beta=-$ [ソ] である。よって，3次方程式①の実数解は $x=$ [セ] $-$ [ソ] である。

〔3〕 自然数 n に対して，n の正の約数の個数を記号 $A(n)$ と表す。

例えば，$A(6)=4$ である。

このとき，$A(39)=$ [タ]，$A(50)=$ [チ] である。また，k を自然数，p，q を異なる素数とするとき，

$A(pq)=$ [ツ]，$A(p^k)=$ [テ] である。

次に，m を $1\leqq m\leqq 200$ を満たす整数とするとき，$A(m)=5$ である m は [ト] 個，$A(m)=8$ である m は [ナ] 個ある。

Ⅱ　アパートやワンルームマンションなど賃貸住宅物件の月額家賃は，条件となる数値を使って対数などを用いて表せることが知られている。ある調査によると，ある都市の賃貸住宅物件の月額家賃 y（単位：円）は次の 3 つの条件，すなわち物件の住宅面積 x_1（単位：m^2），建物が完成した後の経過年数としての築後年数 x_2（単位：年），および都心までの距離 x_3（単位：km）で決まることがわかった。これによると，y は x_1，x_2，x_3 を用いて式①で表される。ただし，y，x_1，x_2，x_3 はすべて正の実数とする。

$$\log_3 y = \frac{1}{2}\log_3 x_1 - \frac{1}{100}\log_3 x_2 - \frac{x_3}{10} + 10 \quad \cdots\cdots ①$$

y ：月額家賃（円）

x_1：住宅面積（m^2）

x_2：築後年数（年）

x_3：都心までの距離（km）

$-\dfrac{x_3}{10}$ と 10 を 3 を底とする対数で表すと，

$-\dfrac{x_3}{10} = \log_3 3^{\boxed{ア}}$，$10 = \log_3 3^{\boxed{イ}}$ であるので，式①から，

$$y = \frac{x_1^{\boxed{ウ}} \cdot 3^{\boxed{エ}}}{x_2^{\boxed{オ}}} \quad \cdots\cdots ②$$

となる。

以下，必要であれば，$10^{\frac{1}{100}} = 1.023$，$20^{\frac{1}{100}} = 1.030$，$25^{\frac{1}{100}} = 1.033$ として計算せよ。

〔1〕 住宅面積 25 m^2，都心までの距離 10 km にある物件が，築後年数 1 年である場合，月額家賃は $\boxed{\quad カ \quad}$ 円である。

〔2〕 住宅面積 25 m^2，都心までの距離 10 km のように〔1〕と同じ条件だが，築後年数が 20 年の物件の場合の月額家賃は，小数点以下を切り捨てると $\boxed{\quad キ \quad}$ 円となる。

〔3〕 次に，同じ年に建設された異なる２つの物件を比較する。２つの物件の都心までの距離と築後年数はそれぞれ等しい。この場合，住宅面積の比が１：２であれば，家賃の比は１：［ク］になる。

〔4〕 異なる場所にある２つの物件 P，Q を比較する。２つの物件の築後年数は等しいが，都心までの距離は，P が a km，Q が a^2 km であり ($a>1$)，P と Q の住宅面積の比が１：２のとき，これら２つの物件の月額家賃が等しくなった。このとき，

$$a=\frac{\boxed{\text{ケ}}+\sqrt{\boxed{\text{コ}}+\boxed{\text{サ}}\log_3 2}}{2}$$

となる。

Ⅲ　座標平面上に原点 O を中心とする半径１の円と点 A (1，0) がある。$0<\theta<\frac{\pi}{4}$ の範囲で，この円周上に $\angle\mathrm{AOP}=\theta$ となる点 P $(\cos\theta,\ \sin\theta)$ をとり，さらに，点 Q $(-\sin\theta,\ \cos\theta)$ をとる。このとき，２点 R，S を R $(\cos\theta-\sin\theta,\ \cos\theta+\sin\theta)$，S $(\cos\theta-\sin\theta,\ 0)$ とし，△RQS の面積を T とおく。次の問いに答えよ。

〔1〕 ∠POQ を求めよ。

〔2〕 面積 T の最大値と，そのときの θ の値を求めよ。

〔3〕 面積 T が最大になるとき，直線 PQ の傾きを求めよ。

問1　傍線①の「苟」、②の「高於人」の読み方を、送りがなも含めて、それぞれひらがなで書け。

問2　傍線③の「自非聖人安知麟之為麟乎哉」の書き下し文として、最も適当なものを、次のなかから選び、その番号をマークせよ。

1　聖人に非ざるよりは、安くんぞ麟の麟たるを知らんや
2　自ら聖人に非ざれば、安くに麟の麟たるを知るか
3　聖人に非ざるよりは、安くに麟の麟たるを知るか
4　自ら聖人に非ずして、安くんぞ麟の麟たるを知らんや
5　聖人の安んじて麟の麟たるを知るに非ざるによらんや
6　自ら聖人の安んじて麟の麟たるを知るに非ざらんや

問3　A に入れるのに、最も適当なものを、次のなかから選び、その番号をマークせよ。

1　食　2　敬　3　制　4　毒　5　魅　6　賞

問4　本文の内容に合うものを、次のなかから一つ選び、その番号をマークせよ。

1　西洋の学説を採り入れて「之猟猢」を霊獣の麒麟と翻訳したのは、この獣に神秘性を付与する絶妙の訳語といえる。
2　「之猟猢」を知らずに「之猟猢」を麒麟と訳したのを、日本人の無知だと嘲笑する西洋人の態度は全く不当である。
3　麒麟と「之猟猢」は形状が似ているけれども、伝説上のものか実在のものか明確な知識を大衆に与える必要がある。
4　麒麟ではない「之猟猢」が麒麟と通称されるように、偽物がはびこり本当のものが隠れてしまったのは嘆かわしい。
5　「之猟猢」が偽の麒麟であることは、麒麟たるものを知って真偽を見通した中国の聖人が経典の中で解説している。
6　麒麟は実在の動物ではないのに、その有無を「之猟猢」に関係づけて議論するのはそもそも意味がないことである。

之猟猢、而標以為麟、是欺衆也。洋人窃笑曰、「渠不知無曰麟者、又不知有曰之猟猢者、可不嘆乎。」余謂麟之有無、姑舎不論焉。③自非聖人安知麟之為麟乎哉。若以其形似為麟、則深山大沢、似類者亦多。皆謂之麟乎。嗚呼、真麟伏竄、而偽麟跋扈。鳳兮龍兮、将［A］於鴟獺、哀哉。

（『恕軒遺稿』より）

注　麟＝聖人が世に出て、王道が行われる時に出現すると伝えられた霊獣。麒麟。　経史＝儒家の経典と歴史書。
韓愈解之＝唐の韓愈は「獲麟解」を書き著して麟について解説した。　聖人祥瑞＝聖人の出現を示すめでたい前兆。
毛虫三百＝多くの種類の獣。
所謂西狩而獲＝儒家の経典の『春秋』に「西に狩りして麟を獲たり」とあることを指す。
之猟猢＝哺乳動物のキリンの英語名「giraffe」の音訳。　麋＝大型の鹿の一種。　驢＝ロバ。
八尺＝約二・四メートル。　縦観＝思う存分見る。　余＝筆者を指す。　跋扈＝のさばる。
鴟獺＝フクロウとカワウソ。

断ったため、天狗の怒りをかって追い出され、元の本房に戻されてしまった。

6　二人の童子が現れたあと、屋敷の中も静かになったので、唯蓮房が奥を探してみると誰もいなくなっているように見えたが、法師が小鼠ほどに小さくなって、束柱や長押などの陰に身をひそめていた。

問8　『古今著聞集』とは異なる文学ジャンルの作品を、次のなかから一つ選び、その番号をマークせよ。

1　十訓抄　2　山家集　3　今昔物語集　4　宝物集　5　日本霊異記　6　発心集

四　次の文章を読んで、問いに答えよ（設問の都合上、訓点を省略した部分がある）。

麟之為物、経史載之、韓愈解之。①苟読書者、知為聖人之祥瑞也。而西洋学説曰、「毛虫三百、無曰麟者。所謂西狩而獲者、之猟猢也。」西洋有麇、曰之猟猢。豹文驢足、身②高於人、項長八尺。上野動物園使人縦観者是也。夫不知其為之猟猢以為麟、是表我不明也。知其為

5　童子が天狗に気づかれ急いで逃げたから
6　天狗の術が童子のおかげで解け始めたから

問6　傍線㋗の「さらにうきたる事にあらず」の意味として、最も適当なものを、次のなかから選び、その番号をマークせよ。

1　いっそう煩わしいことではない。
2　それほど気まぐれな話ではない。
3　まったく架空の出来事ではない。
4　いまさら心苦しく思うことではない。
5　ことさら恨めしく思うことではない。
6　絶対に浮き立つようなことではない。

問7　本文の内容に合うものを、次のなかから二つ選び、その番号をマークせよ。

1　天狗のような恐ろしい姿をした山伏が、敬慕する唯蓮房のもとに訪れるようになったが、唯蓮房はその正体を天狗であろうと思い込んで避け続けており、後には本当の天狗に度々襲われるようになった。
2　唯蓮房のもとに、僧正が多くの僧を率いて訪問したので、唯蓮房は拝謁しようとしたが、僧たちが邪魔をして寄っていけず、葛縄を身体に巻き剣を抜いて立ち向かったところ、僧たちは消え失せてしまった。
3　山伏に化けた天狗が唯蓮房に襲いかかってきたが、唯蓮房は写経に熱心でまったく相手にせず、天狗を馬鹿にして外に出ようとしなかったので、天狗は硯の脇にあった小刀を唯蓮房の腕に突き立てた。
4　唯蓮房が連れられて来たのは、山中の竹門がある家で、断っても聞いてもらえないだろうと観念し天狗に従って中に入ると、奥ではたくさんの人が働いており、見たこともない豪華な料理を勧められた。
5　唯蓮房は、十羅刹を念じていた褒美として天狗の住家に連れて行かれ、豪華な料理と酒で接待されたが、それをすべて

三宝＝仏の加護。　持斎＝仏門に入った人が午後食事をしないこと。　ずはゑ＝むち。
須臾＝ほんのわずかな間。

問1　傍線①の「ぬ」、②の「に」、③の「に」、④の「ぬ」の文法的意味として、最も適当なものを、それぞれ次のなかから選び、その番号をマークせよ。

1　断定の助動詞　2　接続助詞　3　格助詞　4　完了の助動詞　5　動詞の一部　6　打消の助動詞

問2　［A］、［B］に入れるのに、最も適当なものを、それぞれ次のなかから選び、その番号をマークせよ。

1　行　2　十羅刹　3　命　4　見参　5　空　6　山伏　7　奥　8　本房

問3　傍線㋐の「すまひていでず」を八字程度で、㋑の「まうけいとなむ」を十字程度で、それぞれ現代語訳せよ。

〔解答欄：㋐十字　㋑十二字〕

問4　傍線㋒の「すすむ」、㋓の「参らせよ」、㋔の「とりいだしたり」、㋕の「参り」の主体として、最も適当なものを、それぞれ次のなかから選び、その番号をマークせよ。

1　天狗　2　童子　3　奥のかた　4　酌とりの法師　5　唯蓮房　6　小法師

問5　傍線㋖の「心神やすくなりて恐るる事なし」となった理由として、最も適当なものを、次のなかから選び、その番号をマークせよ。

1　天狗が仏のつかいだと気づいたから
2　唯蓮房が酒も飲まず美膳も我慢したから
3　小鼠の大きさになった法師が隠れたから
4　奥のかたで騒いでいた人々が帰ったから

うけいとなむとおぼしくて、人あまたがおとなひして、ひしめきいとなむ。「まら人(うど)いらせ給ひたり」といふほどに、法師一人、高坏(たかつき)に肴物すゑて持てきたりてすゑたり。また銚子に酒入れてきたれり。「これ参り候へ」とすすむるを見れば、このさかなに盛れるものども、すべて見も知らぬ物なり。ともかくも物もいはず、ただ三宝に身をまかせて、かいつくなひてゐたれば、しきりにこれを㋒すすむ。断酒のよしをいひて飲まねば、この酌とりの法師、いかにも御酒参らぬよしを奥のかたへいひければ、「さらばこれを㋓参らせよ」とて、すなはちゆゆしき美膳を㋔とりいだしたり。これもまたつやつや見も知らぬ物どもを盛りそなへたり。「御酒をこそ㋕参り候はざらめ、これをば参り候ふべきなり」とすすむれば、持斎のよしをいひてくはず。しひてなほ進むれども、いまだくはずして、いよいよ深く祈念をいたす処に、竹の戸のかたに人の音するを見遣りたれば、しら装束なる童子二人、ずはゑを持ちておはします。これをこの天狗法師うち見るより、やがて失せにけり。

さしも奥のかたにひしめきののしりつるおとなひども、すべて息音もせずなりぬ。木の葉を風のさそひていぬるがごとし。その時、唯蓮房、㋖心神やすくなりて恐るる事なし。あまりのふしぎさに、家の奥ざまに行きて見めぐるに、すべて人なし。「十羅刹のたすけ給ふにこそ」と、たふとくかたじけなきこと限りなし。「さるにても、そこらの物どもいづちへ失せぬらん」と思ふに、或は縁の束柱のかくれ、或は長押・たるきの間なむどに、わづかに小鼠(ねずみ)ばかりの身になりて、小法師ばら身をそばめ、世を恐れてかくれまどひをりけり。唯蓮房を見て恐れたる事あさましげなり。その童子、聖を呼びて、「恐れ思ふことなかれ」とて、一人はさきにたち、一人はうしろにたちておはします。始めきたりつる時は、はるばると野山を越え、ややひさしかりつるに、この童子の御うしろにしたがひて、ただ須臾(しゅゆ)の間に本房に行きつきにけりとなむ。㋗これさらにうきたる事にあらず。末代といひながら、信力にこたへて法験のむなしからざる事かくのごとし。

(『古今著聞集』による)

注　五種行＝『法華経』「法師品」に説く五つの行。ここでは、仏典の書写。　十羅刹＝法華経行者を護る十人の神女。

三　次の文章を読んで、問いに答えよ。

大原の唯蓮房、五種行をはじめおこなはれけるに、天狗たびたびさまたげをなしけり。唯蓮房は、書写法師にて侍りけるに、ある昼つかた、明障子の外にて聞きも知ら①ぬ声にて「唯蓮房」と呼ぶ人あり。「たそ」とばかりこたへて、いではあはず。さるほどに後戸のかたよりこの人いりくるを見れば、いとおそろしげなる山伏なり。「天狗にこそ」と思ふより、おそろしき事かぎりなし。ただ十羅刹を念じたてまつりて、また目もあはせず書写するに、この山伏、「ああたふとげにおはするものかな」といひて、その日は帰りぬ。

その後また見も知らぬ中間法師一人きたりていふやう、「ただいま僧正の御房御入堂候。見参せんと候ふなり」といへば、その時は天狗とも思ひもよらで、いそぎいでて見るに、げにも僧正、あまたの僧を具しておはしたり。「ここへ」と呼ばれければ、その命にしたがひてよりゆくに、「ここもと」とおもふに、次第に遠くなりけり。「こはいかに」とあやしくおもふほど②に、この僧ども立ちかこめて、その中に一人葛縄を持ちて、唯蓮房にうちかけけり。「はやくしばらんとするにこそ」と思ひて、剣をぬきてこれをあばくに、葛みなきられてのき③にけり。かくする事たびたびになりけれども、知らずして法師どもも失せぬ。それより唯蓮房はかへりて、なほこの［A］をいたす。

また次の日、山伏、明障子をあけてきたれり。さきのごとく他念なく十羅刹を念じたてまつりてゐたるに、天狗、手をさし遣りて唯蓮房のかひなをとりて、「いざ給へ」といひて、引きいださんとしけり。唯蓮房、㋐すまひていでず。かくからかふほどに、硯に小刀のありけるをとりて持たりけるほどに、その小刀を天狗のかひなにいささか突きたててけり。その時、天狗、「この義ならんにとりては」といひて、あらくひき出してい④ぬ。［B］をかけるかとおぼしくて、行く心もこころならず、ただ夢のごとし。よもの木ずゑなどのしたに見くだされけるにぞ、［B］を行くとは知られける。

さてある山の中に置きつ。いささか竹門ある家のふるびたるに置きて、明障子のありけるをひきあけて、「これへ」と請じ入れければ、「これほどの義になつては、いなむともかなはじ」と思ひて、いふにしたがひていりぬ。内のかたを聞けば、この㋑ま

ある。

5　「異人」とは明治くらいまでは村や山中で出会ったが、「他者」とはＳＮＳや都市空間のような新しい場所でしか出会わない。

問4　傍線㋒に「『ムラ』とは違う『まとまり』をつくろうとしていきます」とあるが、その内容の説明として、最も適当なものを、次のなかから選び、その番号をマークせよ。

1　明治になり、異質な存在である「異人」の排除を行ってきた人々は、今度は潜在的な「他者」との関係をつくろうとした。

2　都市化が進み、急激に人口が増加していく中で、互いを知らないことを前提とした関係が自然と出来上がっていった。

3　近代になり、互いが知らないことを前提にした人々は、互いに加害しない約束をもとにした関係をつくりはじめた。

4　社会化が進み、もはやわかり合えないことを嘆いた人々は、互いに快楽を与え合うような関係をめざすようになった。

5　現代になり、自意識の衝突を経験してうんざりした人々は、互いにわかり合い信頼できる関係をつくろうとした。

問5　本文の内容に合うものを、次のなかから一つ選び、その番号をマークせよ。

1　神隠しという現象は、何か事情があって山中に生きるようになった人を誤解したことで伝承されるようになった。

2　かつて村の一員だった「サムトの婆」も、ひとたび共同体の枠組みから外れると、「他者」として排除されるようになった。

3　漱石は「自覚心」(自意識)同士の衝突を避けて孤独になり、やがて探偵妄想に苛まれるようになっていった。

4　高浜虚子が「社会」に感じていたのは、単に「他者」への快不快の問題だけではなく、「他者」との共生の感触である。

5　近代小説の基調にある探偵小説に「私」が登場するのは、近代社会における「他者」への恐怖のあらわれである。

です。

注　マウントをとる＝相手より優位な立場に立とうとすること。

（大塚英志『文学国語入門』による。なお一部を改めた）

問1　傍線㋐に「そこに『私』が入っている保証さえありません」とあるが、その説明として、最も適当なものを、次のなかから選び、その番号をマークせよ。

1　心の内は他人にはわからないため、そもそも本当に相手が自分の知らない人なのか確認できない、ということ
2　心の内は他人にはわからないため、そもそも本当にこちらのことに気付いているのか確認できない、ということ
3　心の内は他人にはわからないため、そもそも本当に相手も疑心暗鬼になっているか確認できない、ということ
4　心の内は他人にはわからないため、そもそも本当にこちらのことを考えているか確認できない、ということ
5　心の内は他人にはわからないため、そもそも本当に相手も自分という意識があるのか確認できない、ということ

問2　［A］に入れるのに、最も適当なものを、次のなかから選び、その番号をマークせよ。

1　マウント　2　保証　3　探偵　4　排除　5　理解　6　哲学

問3　傍線㋑に「『他者』はどう違うのでしょうか」とあるが、「異人」と「他者」の違いの説明として、最も適当なものを、次のなかから選び、その番号をマークせよ。

1　「異人」とは辞書的な意味では外国人のことであり、「他者」とは同国の都市空間のなかで出会う存在のことである。
2　「異人」は互いにわかり合えている村に訪ねてくるが、「他者」はみんながわかり合えていない都市に定着している。
3　「異人」とは山中で生きる人を見間違えたものだが、「他者」とは都市に住む人をよく知らないため誤解したものである。
4　「異人」は互いにわかり合っている共同体での異質な存在であり、「他者」とはわかり合っていないなかで出会う存在で

（中略）

人は到底単独では寂寥に堪へぬ者である。社会を形作つて互に交際し嬉遊してゐるのは其の天性であらう。従て其社会の一員としての人間の義務は、積極的にいへば他人に快楽を与へてやるので、消極的にいへば他人に不愉快を与へてはならぬといふことになる。

（高浜虚子「回礼雑記」『ホトトギス』、一九〇〇年）

虚子は「社会」というものが実感としてわかり始めた、と言います。そしてその「社会」は「他人に快楽を与へ」「不愉快を与へてはならぬ」という約束ごとによって成り立っている、とも言います。ここで「快楽」ということばを文字通り、快不快としてのみ受け止めてしまうとかえって意味が狭くなります。互いに加害しない約束からなるのが社会だと考えていいでしょう。何故なら近代文学の基調にある探偵小説では「他者」は大抵殺人犯として登場します。つまり大袈裟に聞こえますが、他者への恐怖とは隣人やたった今、目の前にいる人物が突然自分を殺す殺人犯かもしれないという恐怖です。

それに対して互いに「他者」同士で加害しないという約束ごとの上で話し合って利害を調整していこうというのが「社会」です。

江藤淳は、虚子が感じた「社会」とは「他者」の感触のことだろうと言っています。「他者」との共生を意識することで「社会」は生まれるわけです。漱石のようにややナーバスになるのか、虚子のように「感触」で済むのかは個人差です。

このように、とにかくも「社会」を「他者」とつくっていかなくてはならないと明治三〇年代、西暦でいえば一九〇〇年前後、つまり一九世紀と二〇世紀の境目のあたりでこの国の文学者たちは一斉に考え始めた、ということです。

このようにして「近代小説」は「私」という「観察」する主体をつくり出しました。つまり「私」とただ語り出すのでなく、「私」が「他者」を観察するという形式を産みます。日本の近代小説はしかしこの「観察」の対象が「他者」からなる社会総体へと広がらず、「私」の周辺の「私」が煩悶する「私」の「内面」の観察に向かう傾向があると言われます。それが「私小説」

神隠しとは「異人」にさらわれることです。さらわれて長い年月の後、老人になって戻ってきた女性は再び去っていきます。実際にはこれはもう少し詳細な話が伝わっていて、サムトの婆は毎年戻ってきたのですが、その度に台風が来るので村の入口に結界を張って入ってこれないようにしたというのです。つまり排除されるわけです。

山中に住む「異人」について柳田國男は何か事情があって山中に生きる人を妖怪と見間違えたのだと考えていました。つまり「異人」とはこのような説話を伝承する村に属さず、その外側に存在する異質な「誰か」です。だから時に恐怖や排除の対象にもなります。「異人」とは、まず互いにわかり合えている共同体があり、その上でそこに属さない人々をいうわけです。それは「差別」を生み出す仕組みにもしばしば作用します。

㋑対して「他者」はどう違うのでしょうか。

相手がブラックボックスの「私」を抱えていて、それ故相手から見れば「私」も「他者」です。そして近代に入って互いに互いを知らない都市空間に「他者」同士で集まります。みんながわかり合っていることが前提であるのが「ムラ」で、わかり合っていないことだけはわかっているのが「近代」です。そして、この「他者」同士が互いに疑いつつ相手を「観察」し、「私」を告白し、どうやら怪しい奴ではないと思い理解しようとするわけです。そこで漱石でいうところの「自覚心」(自意識)の軋轢(あつれき)、衝突も当然、生じます。目でマウントをとることもあるでしょう。それらを含め、それぞれ「私」を互いに調整し合ってかつて彼らが住んでいた㋒「ムラ」とは違う「まとまり」をつくろうとしていきます。

それを「社会」と呼びます。つまり「社会」とは人が努力でつくる人工的な関係なわけです。

漱石が探偵妄想に苛(さいな)まれるより少し前、俳人の高浜虚子がこんなことを書き残しているのは注意していいでしょう。

> 昨年の後半に成つていろんな原因から社会といふ感じが強くなつて、斯(こ)ういふことを堅く信ずるやうになつた。其は、自分は人に愉快を与へて貰(もら)ふ権理があると同時に、自分は又人に愉快を与へてやらねばならぬ義務がある、といふことである。

「私」は目の前にいる誰かから「他者」として「 A 」されることで成り立っているということです。目でマウントをとることに始まり、「立聴(たちぎき)」や「探偵」は全てつまり「私」に向けられた「他者」という視線だということがわかります。このように近代都市空間において「私」もまた誰かの「他者」であり、そこでの「他者」同士が出会い続けるわけです。「他者」同士が相手の心を疑いあうのが近代であり、同じ「文学」の手法にもなるわけです。

ここで少し注意して比べておくべきなのは「異人」という概念です。辞書的な意味では外国人の意味もありますが、民俗学ではこういう意味として使います。

遠野郷の民家の子女にして、異人にさらわれて行く者年々多くあり。ことに女に多しとなり。

（柳田國男『遠野物語』）

「異人」とはこの場合、山中に住む、今でいう妖怪の類です。しかし「異人」の意味するものは「妖怪」そのものではありません。

異人にさらわれて戻ってきた人間も以下のような異人です。

黄昏(たそがれ)に女や子供の家の外に出ている者はよく神隠しにあうことは他(よそ)の国々と同じ。松崎村の寒戸(さむと)というところの民家にて、若き娘梨の樹の下に草履を脱ぎ置きたるまま行方を知らずなり、三十年あまり過ぎたりしに、或る日親類知音(ちいん)の人々その家に集まりてありしところへ、きわめて老いさらぼいてその女帰り来たれり。いかにして帰って来たかと問えば人々に逢いたかりし故帰りしなり。さらばまた行かんとて、再び跡を留めず行き失せたり。その日は風の烈(はげ)しく吹く日なりき。されば遠野郷の人は、今でも風の騒がしき日には、きょうはサムトの婆(ばば)が帰って来そうな日なりという。

（同）

法による調伏を用いた。三条天皇の眼病平癒も阿弥陀護摩懺法の効験であった。

5　六条御息所は気位の高い女性であったが、生霊や死霊として葵の上や紫の上を苦しめたためにその自尊心を破砕された。六条御息所の娘である秋好中宮と光源氏はこのことを大変に悔やんだ。

6　一〇世紀の貴族社会では、病気の治療者として、医師、僧、陰陽師がおり、原因がモノノケの場合には僧が主な治療者となった。その場合、加持や修法、読経などによる調伏、供養を行った。

問10　『源氏物語』を現代語訳した作家、谷崎潤一郎の作品を、次のなかから一つ選び、その番号をマークせよ。

1　千羽鶴　2　春琴抄　3　舞踏会　4　金閣寺　5　高野聖　6　十三夜

二

次の文章を読んで、問いに答えよ。

自分という意識、つまり「私」を互いに持った人間同士がすれ違う。そこで互いに疑心暗鬼になって、相手の心の内を「見つけよう」と必死になる。つまり互いに相手の「心」を探り合う探偵たちの関係が出来上がるというわけです。「目」でマウントをとり合ったり、相手の「心」を互いに探り合って消耗したり、知らない誰かと出会わずにはおれない「近代」とはかくも厄介なわけです。

このように「私」はその相手の考えていることを探らずにはおれない得体の知れない誰かと出会い続けます。現在のSNSでも相手に次々とマウントをとるほど攻撃的になるのは、相手が「恐い」からです。このように近代の都市空間を生きることになった「私」が、そこで出会う「私」というブラックボックス（もちろん、(ア)そこに「私」が入っている保証さえありません）を持つ「誰か」の存在のことを難しく言うと「他者」と表現します。

サルトルという哲学者は人間の存在は「他者」のまなざしによって見られる客体として現われる、と言っています。つまり

1　正妻である葵の上に対しても妻である紫の上に対しても悪さをなすものは光源氏の最大の敵である、ということを表現するため

2　正妻葵の上の死と妻紫の上の病という不遇に、さらに女三の宮をもひきこむのではないかという、光源氏の恐怖を表現するため

3　光源氏が、六条御息所の娘である秋好中宮への伝言があまりにも痛ましいと考え、御息所と同一視しないという配慮を表現するため

4　六条御息所の霊であるのかどうか、光源氏においてさえ、本当のところはよくわからなかったのだ、ということを表現するため

5　光源氏において、妻である紫の上の苦痛の原因が元の恋人の霊だと知られることは具合がよくなかった、ということを表現するため

問8　［E］に入れるのに、最も適当な箇所を、本文中からそのまま抜き出して、四字で書け。

問9　本文の内容に合うものを、次のなかから二つ選び、その番号をマークせよ。

1　一〇世紀の貴族社会では、病気を治療するのに原因がモノノケの場合には僧侶が力を発揮した。藤原道長の場合には藤原顕光などがモノノケの正体であるとわかるまでは加持を行った。

2　六条御息所の教養や美貌に魅了された光源氏であったが、安息を得られないために距離を置くようになった。さらに光源氏は、愛執の念により霊となった御息所をおそれ、我が身本位から強く憎み続けた。

3　六条御息所は気位の高い女性であったが、紫の上を苦しめるモノノケであることが明らかになると、紫の上の成仏とともに自らがモノノケの正体であることを誰にも察知されないよう懇願した。

4　一〇世紀の貴族社会では、病気の治療における僧の威力は絶大なものであり、加持による供養で退散しない場合には修

問1　傍線①、③の読みをひらがなで書け。

問2　傍線②、④のカタカナを漢字に改めよ。楷書で正確に書くこと。

問3　[A]、[B]、[D]に入る語として、最も適当な組み合わせを、次のなかから選び、その番号をマークせよ。

1　A=調伏　B=供養　D=供養　　2　A=供養　B=調伏　D=供養
3　A=調伏　B=供養　D=調伏　　4　A=供養　B=調伏　D=調伏
5　A=加持　B=供養　D=供養　　6　A=加持　B=調伏　D=調伏

問4　次の一文は、本文中の〈 1 〉～〈 5 〉のどこに入れるのが最も適当か。その番号をマークせよ。

もし成仏させられれば、再び紫の上を苦しめることなどないはずである。

問5　傍線㋐に「霊となって源氏の妻紫の上を苦しめた」とあるが、それへの光源氏の対応として最も適当なものを、次のなかから選び、その番号をマークせよ。

1　六条御息所の死霊の願いにもかかわらず、その霊を去らせるべく、大がかりな修法を行った。
2　六条御息所の死霊だとわかったので、その愛執の念を思い、悲嘆にくれて成仏させた。
3　六条御息所の生霊の願いに怯えながらも、その霊を遠ざけるべく、意に介さないふりをした。
4　六条御息所の死霊のことばを、その願いのとおりに、娘である秋好中宮に伝えた。
5　六条御息所の生霊のことばにあわれを感じ、その愛執をおもんぱかり、寄り添った。

問6　[C]に入れるのに、最も適当なものを、次のなかから選び、その番号をマークせよ。

1　やんわりと　2　弱々しく　3　遠回しに　4　恭しく　5　切々と

問7　傍線㋑に「モノノケという語が使い続けられている」とあるが、その理由として、最も適当なものを、次のなかから選び、その番号をマークせよ。

紫の上を苦しめる正体が、かつて粗略に扱い恨みを買った元恋人だというのはどうにも都合が悪かったのである。結局、御息所の霊は、噂を耳にして心を痛めた秋好中宮の熱心な追善供養によって成仏できた（藤本勝義『源氏物語の〈物の怪〉』）。それにもかかわらず、源氏は、御息所の霊の成仏後も、紫の上の死の直前に至るまで、日常的に調伏のための修法を行わせ続けた。源氏は、供養を懇願されたにもかかわらず、その成仏を願わず、御息所の霊を憎悪し続けていたのである。『源氏物語』では、光源氏の自己本位な冷徹さを、御息所の霊への［E］対応を語ることによって巧みに描きだしている。

モノノケによる病を患った場合の対処として、調伏か供養かは、その正体によって対処が決められた。ただし、賀静や六条御息所の霊の事例のように、どちらかに重きを置いたうえで両方が行われることもあった。両方が行われた理由は、それが病気を治す上で最も有効だと判断されたからに他ならない。病人（及びその周囲の人間）と霊との関係性によって、治病のために最良だと考えられる方法が採られていた。

（小山聡子『もののけの日本史』による。なお一部を改めた）

注　印契＝両手の指をさまざまに組み合わせて宗教的理念を象徴的に表現すること。
真言＝密教で、真理を表す秘密のことば。　律師＝僧正、僧都に次ぐ僧の位。
中宮＝天皇の后（きさき）。　忿気＝怒り。いきどおり。
阿弥陀護摩懺法＝阿弥陀如来を本尊として、護摩木を燃やし、火中に五穀などを投じて行う懺悔（ざんげ）の方法。
聖天＝仏教を守護する善神。　北の方＝公卿などの妻の敬称。　ヨリマシ＝神霊が取りつく人間。
斎宮＝伊勢神宮に奉仕した未婚の皇女または女王。

て自分を苦しめるだけです、と C 訴えたにもかかわらず、である。

『源氏物語』が書かれた摂関期では、モノノケが去らないと根本的な解決に至ったとは考えられなかった。六条御息所の霊は、 D され正体を露わにしたものの、去りはしなかった。それによって源氏は、その後も御息所の霊に怯(おび)え続けなくてはいけなくなったのである。

光源氏には、成仏できず苦しむ御息所の霊への同情はない。せめてもの罪滅ぼしにと面倒を見続けていた秋好中宮の世話も④ウトましくなってしまったほどであった。

しかし、光源氏は死霊の懇願を完全に無視したわけではなく、供養もしている。

源氏は、紫の上の容体が小康状態となったので、御息所の霊の供養に踏み切ったことになる。容体が落ち着いてきたので、霊に対する態度を軟化させたということになるだろう。ただし、態度を軟化させて供養をしつつも、調伏をやめはしなかった。〈 4 〉

ちなみに源氏は、御息所が成仏できずに苦しんでいることを、中宮に告げなかった。当然のことながら、御息所の霊から依頼された中宮への伝言もしていない。伝言をすれば、源氏のせいで成仏できていないとばれてしまうからである。『源氏物語』「鈴虫(すずむし)」で、「かの院にはいみじう隠したまひけるを、おのづから人の口さがなくて伝へ聞こしめしける」（六条御息所の霊が現れたことを）光源氏はたいそう隠していらっしゃったけれども、自然と世間の口はやかましくて人づてにお聞きになられました）と語られているように、源氏はモノノケの正体について、誰にも察知されないよう努めていたのであった。〈 5 〉

『源氏物語』では、モノノケの正体が六条御息所の霊だと判明した後も、「もののけの罪救ふべきわざ、日ごとに法華経一部づつ供養せさせたまふ」（モノノケの罪を救うための営みとして、毎日『法華経』一部ずつの供養をおさせになった）などのように、㋑モノノケという語が使い続けられている。『源氏物語』が書かれた時代には、モノノケは、あくまで霊の正体が明らかではない段階で用いる語であった。あえて六条御息所の霊を、モノノケと表現することによって、光源氏がその正体について他言しなかったこと、さらには源氏以外の人間はモノノケの正体をはっきりと知らなかったことを示したのだろう。源氏にとっては、

嫉妬心により、はからずも御息所の体から抜け出て葵の上を殺してしまう。

さらに御息所は、死後、光源氏への愛執によって成仏できず、(ア)霊となって源氏の妻紫の上を苦しめた。〈　1　〉『源氏物語』「若菜下」では、紫の上が御息所の霊の仕業によって息を引き取ったと語られている。この時、光源氏は、北の方である女三の宮のもとにおり、紫の上の居所である二条院を留守にしていた。光源氏は紫の上の(3)訃報を聞き、すぐに二条院へと向かった。そして、御修法の壇を片付けている僧侶たちを止め、モノノケの仕業である可能性があるとして、加持を行わせたのである。すると、数か月の間全く正体を現さなかったモノノケが調伏されてヨリマシの童に憑依し、紫の上は息を吹き返した。

紫の上を苦しめていたモノノケの正体は、六条御息所の死霊であった。六条御息所の霊は、「人はみな去りね。院一ところの御耳に聞こえむ」(ほかの人は皆去ってください。院お一人のお耳に申し上げたいのです)と告げて源氏以外の者を退出させ、源氏のみとの対話を要求した。〈　2　〉そして霊は、源氏への愛執のあまりの強さにより成仏できなかったことを告白し、源氏が紫の上のために骨身を削るようにして悲嘆にくれている様を目にして、つい正体を露わにしてしまった、と語ったのである。この時、御息所は光源氏に次のように懇願している。

今となっては、私の罪が軽くなるようなことをなさって下さい。修法や読経と騒ぎ立てることは、私の身には苦しくつらい炎となってまつわりつくばかりで、全く尊い声も耳に入らないので、本当に悲しい限りです。中宮にもこのことをお伝え下さいませ。決して御宮仕えの間に、他人と競ったり嫉妬心を起こしたりしてはなりません。中宮が斎宮でいらっしゃった時の御罪が軽くなるような功徳を必ずなさいますよう。本当に悔やまれることでした。

御息所の霊は、自分を責め苦しめる修法や読経による調伏ではなく、成仏のための供養をしてくれるよう源氏に哀願し、自身の娘秋好中宮への伝言も源氏に託している。かつては熱心に通った元恋人からの懇願である。〈　3　〉ところがなんとしたことか、光源氏は自分への愛執により成仏できていない霊に同情して供養に専念するどころか、痛めつけて退却させるために以前よりもさらに大がかりな修法を行った。御息所の霊が光源氏による修法や読経が苦しくつらい炎となっ

賀静の霊はこう語った。

先日、座主に任じられるように申請しました。しかし、その要求を聴いた現在の座主慶円の忿気は極まりありません。主上（三条天皇）の御為に必ず怨霊となるでしょう。私よりも勝るでしょうか。今となっては、私も悪心がだんだんなくなり、仏道に帰しています。延暦寺の私の旧房で阿弥陀護摩懺法を修してください。天台座主に任じられることは②アキラめます。ただ、僧正の位を賜りたいです。

このように、賀静の霊は供養を要求した。

その後も、天皇の眼病は一進一退を繰り返し、二七日に心誉が招かれて加持をしたところ、今度は聖天が現れ、「御邪気」はよく調伏されたけれども、最近 [A] を怠っていたので祟ったのだ、と述べたという。「御邪気」とは賀静の霊を指す。つまり、賀静の霊が次第に「悪心」がなくなり仏道に帰していると告白し、供養の要求がなされたのちも、 [B] は続けられていたことになる。

賀静の霊が要求した阿弥陀護摩懺法が行われたかどうかは不明である。しかし、賀静から要求のあった僧正の位は、六月一九日に追贈されている。要するに、僧正の位を与えて霊を慰撫しつつも、調伏し続けるという矛盾した行いがなされていたことになるだろう。

文学作品にも、悪さをなす霊への対処に関して、詳しく語られている。たとえば『源氏物語』の、光源氏の若かりし日の恋人、六条御息所の生霊や死霊に関する語りに注目してみたい。六条御息所は、亡き東宮の妃で非常に気位の高い女性であった。光源氏は、六条御息所の教養の深さや美貌に強く魅了されたものの、安らぎを得ることができず、次第に距離を置くようになる。光源氏が他の女性のもとに通うようになり、御息所の自尊心は打ち砕かれ、源氏を恨むようになっていく。その後、御息所は、かねてより源氏から不仲であると聞かされていた源氏の正妻葵の上の懐妊を知る。葵の上の出産の折、御息所の魂は、強い愛執と

そもそも加持とは、仏典では仏菩薩や優れた人物が超自然的な力によって強烈な影響を与えて変化を引き起こすことである。相手の至福を目的とすることが多く、時には屈伏を目的とすることもある。修法は、行者が仏と一体となり、仏の力を様々な目的のために①回向する儀式を指す。加持の理論を実践したものが修法であるから、本来、加持と修法は一体のものである。ところが古記録をはじめとする史料では、加持と修法は区別して用いられている。そこでは、病人の近くで印契や真言などを用いて仏の力を与えることを加持、一方、壇をもうけて本尊を安置し招福や調伏のために行われる祈禱を修法と呼ぶ。

　モノノケが病気の原因だと判断された場合、僧侶の加持などによって調伏がなされていた。では、モノノケの正体が明らかになった後についてはどうだろうか。藤原道長は、中関白家に関わる霊や藤原顕光、延子をはじめとする霊に悩まされ、彼らがモノノケの正体であると判明した後も、調伏し続けていた。

　ところが、そのような事例ばかりではない。モノノケの正体によっては、調伏ではなく、供養された事例も多くある。つまり、供養し成仏させることにより、悪さを防ごうとしたのである。病気治療の手段としては、悪さをなした霊の供養も有効だと考えられた。

　たとえば、三条天皇（九七六～一〇一七）がモノノケの仕業によって眼病を患った時の対応について見ていこう。

三条天皇は、自身の病の原因について、「邪気」の仕業だと考えていた。五月七日、藤原実資は、養子の資平から密かに、天台僧の心誉が三条天皇を悩ませるモノノケに憑依された女房に加持をした際、賀静（八八七～九六七）と藤原元方（八八八～九五三）の霊が現れたという話を聞いている。賀静は、のちに天台宗の中興の祖とされた良源との争いに負け、天台座主（比叡山延暦寺の住持で、天台宗一門を総監する僧職）の座を逃し、律師の位のままで亡くなった僧である。一方、藤原元方は、娘が村上天皇の更衣となり第一皇子広平親王を産んだものの、藤原師輔の娘で中宮の安子が憲平親王（のちの冷泉天皇）を産んだために、広平親王を皇太子にすることができなかった。その後、元方は亡くなり、安子や冷泉院らに祟り、苦しめたと恐れられていた。冷泉の息である三条の眼病の原因が、賀静や元方の霊であるのは、説得力があったのだろう。

国語

（八〇分）

解答に字数制限がある場合には、句読点・カッコも一マスとすること。
受験学部・受験方式によって、解答すべき問題を指定しているので注意すること。

方式		
学部個別配点	文学部以外	一　二　三
	文学部※	一　二　三　または　一　三　四
英語重視方式	APU	一　二　三

※文学部は二（現代文）と四（漢文）が選択問題。両方とも解答した場合は高得点の方を採用。

一　次の文章を読んで、問いに答えよ。

古代、病気は、身体の陰陽不調によるとされ、その要因として一〇世紀の貴族社会では、病気を治療するときに、医師、僧、陰陽師の三者を治療者とすることが一般的であった。

中心となる治療者は、病気の原因によって決められていた。たとえば、原因がモノノケの場合には僧が主な治療者となり加持（かじ）や修法（しゅほう）、読経（どきょう）などによって調伏（ちょうぶく）する役割を担っていた。調伏とは、屈伏させて正体などを、白状させることをいう。

解答編

英語

I **解答** 〔1〕 (A)―(1)　(B)―(1)　(C)―(1)　(D)―(4)
〔2〕 (1)―3　(2)―3　(3)―2　(4)―3　(5)―1
〔3〕―(4)

◆全　訳◆

≪職場で仲良くなるのは難しいが，それだけの価値はある≫

私たちの大半は，職場に親友はあまりいない。私たちは，一緒に働く人々の大半を，同僚，あるいは知らない人と考えている。平均すると，職場には5人，友人がいるが，たいていは彼らを一番近しい関係の輪に含めることはしない。事実，イェール・スクール・オブ・マネジメントの研究によれば，たった15％しか「真の友」の定義を満たしていない。別の言い方をすれば，大半の人々は，実際は職場には本当の友人が一人いるにすぎない。どうして職場で友人をもつのがこれほど難しいのだろうか。そして，そんなに難しいのなら，そこまでの価値があるのだろうか。

被用者は，職場で誰と付き合うかの選択肢があまりないことがよくある。チームメイトや職場の隣どうし，上司はしばしばあてがわれる。職場関係のこの特徴が，職場で仲良くなる方が「自然の状態で」仲良くなるのより難しい理由の一つである。職場が友情に好ましくないもう一つの理由は，そこに取引的な性質があるからである。給料と引き換えに，被用者は一定時間働くことや一定の品質の製品を作ることに同意する。しかし，友達の間では，友人に手を貸すのは必要があるからであって，何か見返りを期待しているからではない。

仕事生活は，第一義的には，お金を稼ぐといった実利的な目標の追求であるが，一方友情は，愛，喜び，悲しみの分かち合いといった感情が中心である。実際，お金と社会的な関係とは，ビクトリア大学の心理学者，フレッド=グラウゼット先生たちによれば，相反する価値なのである。研究では，中でもオーストラリアやエジプト，中国，米国，韓国の大学生1,854名に，57の異なる目標が自分にとってどれだけ重要かをランク付けしてもらった。目標は多岐にわたっており，安全，人気，自己受容，地域社会といったものが含まれていた。回答に基づき，研究者は図表を作成した。同じようにランク付けされた目標，例えば健康や安全といった目標は，まとめて置かれた。異なるランク付けの価値（一方が大切でも，他方はそれほど大切でない）は，図表上で離れるように置かれた。調査結果を基に，研究では財産的な成功と人的交流は，文化を問わず対立する価値となりうるという結論が得られた。

さらに，数十の心理学の実験によって，お金のことを考えたり，実際に触れたりすることで，寛容でなくなったり，援助を惜しんだり，付き合いを避けがちになったりするということがわかった。幸福感が最も強くなるのは，人と交流しているときである。しかし，単にお金のことを話すだけで，優先順位が変わりかねないと，UCLAのキャシー=モジルナー=ホームズ教授は語る。ホームズ教授は成人318人に3分間で，特定の一連の単語からできるだけ多くの3語文を作ってもらった。研究の被験者の一部は，「価格」といったお金に関係する単語を与えられた。一部は「時計」といった時間に関係する単語を与えられた。3つ目の集団は中立の単語を与えられた。作業後，面接を受けたとき，お金に関係する単語を使った集団は，時間とか,「靴下」といった無作為のものに関する単語を使った集団に比べ，人付き合いより仕事をする可能性の方が高いと答えた。

実は，職場の友情が減っていることは，一つには仕事のもつ取引的な性質がどんどん高まっていることで説明できると，ウォートン・スクールのアダム=グラント教授は語る。歴史的には，仕事と個人的な生活が重なり合うのは，はるかにありふれたことだった。1985年には，米国人のほぼ半数は職場に親友がいた。2004年までには，職場に友人がいると報告した人は，30％だけだった。世代を比べるなら，1976年に高校を卒業した人の54％は，友人のできる仕事を見つけることに，価値を置いていた。1989年から1993年の間に卒業したジェネレーションX世代の人たちの間では，48％であった。ミレニアル世代の人たちの間では，41％まで落ちてしまう。同時に，余暇に置かれる価値は一貫して増した。1976年から2006年までにほぼ2倍になっている。グラント教授が書いたとおり，「仕事を主に余暇のための手段とみなすと，職場外での友情を育む時間をもつには，効率を優先すべきと，自分に言い聞かせるのはやさしい」。ますます，人々は休暇が取れるように働くようになる。実利性と感情の間の対立のせいで，人々は職場で友人をつくることをすっかり避けてしまったり，廊下で親しげにこんにちはと言われることに，秘めた動機があるのではないかと勘ぐってしまったりするようになりかねない。またそのせいで，仕事の友人関係を調整したり維持したりするのが難しくなりかねない。

そうは言っても，職場に友人は不可欠である。調べはついている。職場に友人がいると，いいことがある。職場に親友がいると報告する被用者は，効率が上がり，仕事の満足度も上がり，職場で事故を起こす可能性は低くなる。仕事仲間どうしの社会的支援が仕事のストレスを軽減し，仕事と時間の圧力に対処するのに役立ち，仕事と家庭の対立を軽減し，極度の疲労を防ぐのに役立つ。とはいえ，こうした恩恵の大半は，親友が職場に数人いることから生じるのである。あらゆる人々と友人になる必要はない。一人か二人の親友でいい。仕事の実利的な性質と，職場の友人から必要としている感情的な結びつきとの間に生じる緊張の多くを克服する一つの方法は，仕事とそうでないものとを，はっきりと区別しておくことである。しかし，単なる親しげなおしゃべりである会話をするようにしたり，議題抜きで挨拶を交わす電子メールを送ったりすれば，それが確実に職場の友人を友人のままにとどめるのに役立ってくれるのである。

◀解　説▶

〔1〕(A)「ホームズ教授の実験では，お金に関連した単語を使った人々は他の二つの集団とどう違っていたか」ホームズ教授の実験結果に関しては，第4段最終文（When interviewed after …）に「お金に関係する単語を使った集団は，…人付き合いより仕事をする可能性の方が高いと答えた」とある。選択肢はそれぞれ，

(1)「彼らは，自分の仕事をする方に集中した」

(2)「彼らは，職場の友情の方に集中した」

(3)「彼らは，自分の単語の意味の方に集中した」

(4)「彼らは，どれだけのお金を受け取れるかの方に集中した」

の意味だから，正解は(1)に決まる。

(B)「本文で言及された世代はどのように異なるのか」「世代」に関して

は，（注）5・6 を含む第 5 段第 5 ～ 7 文（If we compare … 1976 to 2006.）に「若い世代になると，職場の友人関係を尊重しなくなり，余暇を大事にするようになる」という趣旨の記述がある。選択肢はそれぞれ，

⑴「年長世代の方が，職場に友人がいる」

⑵「若年世代の方が，職場での効率は悪い」

⑶「年長世代の方が，自由時間を尊重する」

⑷「若年世代の方が，職場で友人を見つけやすいことに気づく」

の意味だから，正解は⑴であるとわかる。

(C) 「職場で友人をもつことから生じるどんな恩恵に筆者は言及しているか」「職場の友人の恩恵」に関しては，最終段第 3・4 文（Employees who report … guard against burnout.）に記述されている。選択肢はそれぞれ，

⑴「被用者は過労で苦しむことにはなりにくい」

⑵「被用者は余暇の方を高く評価するだろう」

⑶「被用者は給料がより高くなりそうである」

⑷「被用者は仕事と私生活とをはっきり区別できるだろう」

の意味である。⑴以外は，利益として本文に挙げられていない。

(D) 「ともに働く人々と仲良く友達になるのが難しい理由を説明するのに，言及されていない一つの理由は何か」「同僚が友人になりにくい理由」に関しては，第 3 段以降に研究結果が述べられているが，それより前の記述も参照する必要がある。選択肢はそれぞれ，

⑴「労働者は，ともに働く人を選べない」

⑵「職場の人間が秘めた動機をもっているかどうかわからない」

⑶「仕事の目的と友情の本質とは，対立しうる」

⑷「異なる世代の人々と仲良くなるのは難しいかもしれない」

の意味である。⑴は第 2 段第 1 文（Employees often don't …），⑵は第 5 段最後から 2 文目（The conflict between …），⑶は第 3 段第 1・2 文（Work life is … and his colleagues.）に言及されているため，正解は⑷だとわかる。

〔2〕 ⑴ 「人々は，職場に友人がいれば安い給料を喜んで受け入れる」本文には「安い給料」に関する記述はないから，どちらとも判断しかねるというしかない。

(2) 「東アジア諸国出身の人々は，他の人より自己受容を高くランク付けした」 第3段第3・4文（The research asked … acceptance, and community.）に自己受容を含む調査に関連する記述があるが，その結果についての記述はないので，どちらとも判断しかねる。

(3) 「ホームズ教授は被験者に3分間で3つの文章を作るように依頼した」 第4段第4文（Holmes gave 318 adults …）の，3分間でできるだけ多くの3語文を作るように依頼したという内容に不一致。

(4) 「年長の世代の人々は，若いときに今日の若者よりもお金を多く稼いだ」 第5段第3～7文（In 1985, … to 41%.）に，世代の変化の記述があるが，賃金の変化の記述はない。よって，どちらとも判断しかねる。

(5) 「本文によれば，職場に親友は一人いれば十分である」 最終段第5～7文（Most of these … two close friends.）の記述に一致する。

〔3〕 選択肢はそれぞれ，

(1)「仕事生活にはさまざまな，変わりゆく目標がある」

(2)「友情は心の健康に不可欠である」

(3)「職場の友情は世代によって変わっていく」

(4)「職場で仲良くなるのは難しいが，それだけの価値はある」

(5)「職場の友人は重要だけれど，自由時間でも見つけられる」

という意味。第1段最後の2文（Why is it … even worth it?）で，どうして職場で友人をつくることが難しいのか，その価値があるのかが問題提起され，第2～5段（Employees often don't … maintain office friendships.）で職場で友人をつくる難しさについての理由や考察が述べられ，最終段では第1・2文（Having said that, … friends has benefits.）にあるように，職場で友人をつくることによる恩恵が述べられている。したがって，本文の内容に最も近いのは，(4)だと判断できる。

II 解答

〔1〕 (A)―(2)　(B)―(1)　(C)―(4)　(D)―(3)　(E)―(3)　(F)―(4)　(G)―(2)　(H)―(2)

〔2〕 ㋐―(2)　㋑―(3)　㋒―(1)　㋓―(1)　㋔―(3)

◆全　訳◆

≪ロボット繁殖技術で人間は別世界に行けるか≫

世界中のロボット工学研究室の奥深くに隠れて，新世代の高知能マシンが繁殖，進化するようになりつつある。人間とちょうど同じように，こうしたロボットは新形式の自分自身を「生み出」し，それぞれが前世代より優れたものになれるのである。それらは正確で，効率的で独創的である。そして，科学者が言うには，いつの日か人類を救うのに役に立つだろうというのである。何かSF小説から出てきたもののように聞こえるかもしれないが，ロボットの進化は，数学者のジョン=フォン=ノイマンが1949年にどうやって機械が自己を複製できるのかを示して以来，真剣に探査されてきた分野なのだ。

EUとイギリスの大学の研究者は，これまでの4年間と多額の資金を，ロボットのコロニーを設計，建造するための完全に自律的な最初のシステムに取り組むのに費やしてきた。彼らはそうしたロボットを宇宙に派遣して，遠くの惑星を探索し，宇宙に人間が暮らす生息地を建造するのを想定してきた。特定の環境にふさわしいとわかっている2台のロボットがその「遺伝子」，すなわち，この場合であれば，そのコンピュータコードを結合して，両「親」の最も優れた特徴をもつ3Dプリントされた「子ロボット」を生み出そうという考えなのである。「私たちがしていることを，一番よく説明するのは，実際にロボットを『繁殖させ』ようとしているということだと思います」と，アラン=ウィンフィールド先生は語る。先生は，西イングランド大学のロボット倫理学教授である。「そのシステムは基本的に二つの成功した親ロボットの『DNA』を混合して，新たな子ロボットの設計を生み出し，次に部品をすべてプリントし，人間は全く参加せずに自分で完全に組み立てることになるでしょう」と，エジンバラ・ネピア大学のエマ=ハート教授は説明する。

オートノマス・ロボット・エボルーション計画（ARE）の一部として，研究チームはロボファブという名の完全に自律的なシステムを作成したが，それはまさしくそのように作動するのである。生み出されたそれぞれのロボットには，仮想世界の中で急速に進化するデジタルのクローンがあり，その一方，それと対応する実物の方は，現実の世界の環境で検査を受ける。新世代のロボットは次に，仮想世界の「母」と現実世界の「父」の最も成功した特徴を，仮想世界の両親，現実世界の両親からのものも加えて，結合した後に，3Dプリントされる。「そうしたことすべてが一つの箱の中で，工場みたいに起こるのが思い浮かべられるでしょう」と，ハート教授は語る。「この工場を宇宙に送り出すことができるのです。ロボットを事前に設計し，到着したら作動してくれるように願うほかないというのではなく，工場にロボットを設計させ，それを作らせ，実際に検査するようにさせるのです。そこにいるうちにね。動かないロボットはリサイクルして，それから前世代より優秀な新たなロボットを作ることになるでしょう」

ケンブリッジ大学は，自分の「子ども」を作って，どれが一番出来がよいかを検査し，それからその設計を修正することができる「母」ロボットを作り出すことで，同じような手法を用いてきた。そうした技術は，火星探査から小惑星で鉱物を採掘することや，人間を伴う必要なしに宇宙に人間の暮らす生息地を建造することまで，ありとあらゆることに役立ちうる。NASA はすでに ARE 計画の諮問委員会の席に着いて，その技術の可能性を探ろうとしている。その研究者は，自己複製ロボットが深海に潜って沖合の油田掘削機を建造している間だけでなく，探索救助任務を果たす場合にも役立ってくれたらよいと願っている。

しかし，ロボットの繁殖に関してはまだ大きな問題がある。今のところ，約 6 台のロボットが日々プリントできるが，基本的な既製のセンサーが堅牢な「骨格」に配線されるのが特徴である。ロボットのアームは，ときにセンサーのいくつかを電池につなぐのに苦労し，配線が絡み合い，人間の助力が必要になる。3D プリント技術や，自動組み立て，電池の急速な進歩によって，こうした問題はすぐに解決され，既存のどの火星探査車をもはるかにしのぐ機械が作りやすくなるだろう。例えば，3D プリンターは，かつては低品質のプラスチックの試作品を作るのに使われていたが，さまざまな素材を使いながらプリントすることがどんどんできるようになっている。こうしたことでロボットはプリント過程に配線を組み込むことができるようになるだろう。そのうちに，センサーと電池がもっと軽くなれば，探査救助活動の間に，狭い場所に這うように入ることができる小型化したロボットの製作が可能になるだろう。そこには，今の探査車は大きすぎて入れないのである。

ウィンフィールド先生が警戒している一つの技術的な進歩は，人工知能（AI）である。「私たちはすでに，どのように AI が作動しているのかを人間が本当に理解できる地点を過ぎてしまいましたが，それは問題です」と，先生は語る。「技術者として，自分が何を作ったのか，理解できていないといけない…。研究室ではそれでいいのかもしれませんが，現実の世界では大変危険だろうと思います。何が起きるのか，全然わからないわけですから」

AI技術者のジョージ=ザルカダキス氏は，さらに「ロボットをどれだけ制御するのでしょうか。これは，答えを出しておかなければいけない重要な問題です。たとえば，ロボットを小惑星帯に派遣して，小惑星を採掘させるとしましょう。ロボットが進化していくうち，自分の仕事を実行する最善の方法は地球軌道上に小惑星を放り込むことだとわかったらどうでしょう。それを私たちに防げますか」と語る。最終的に，自己複製マシンを創出する利益が，危険を補ってなお余りあるのかどうか，世界は決断しなければならなくなるだろう。もし私たちがいつか地球以外の惑星に住むことになるのなら，生き延びるにはロボットコロニーに頼るしかないのかもしれない。

◀解　説▶

〔1〕 (A) 空所を含む部分は「これまでの4年間と多額の資金を，ロボットのコロニーを（　　）するための完全に自律的な最初のシステムに取り組むのに費やしてきた」の意。直後の「そうしたロボットを宇宙に派遣して，遠くの惑星を探索し，宇宙に人間が暮らす生息地を建造する」という記述から，「ロボットに人間の居住地を作らせようとしている」ことがわかる。選択肢はそれぞれ，(1)「～を使うことで地球を防衛する」，(2)「～を設計し，建造する」，(3)「～から人間を守る」，(4)「～の歴史を研究する」の意であるから，(2)が内容に最も適しているとわかる。

(B) 空所を含む部分は「私たちがしていること（　　）は，実際にロボットを『繁殖させ』ようとしているということだ」の意。よって，「私たちがしていること」とは，「ロボットの繁殖である」という意味になるような語句がふさわしいとわかる。選択肢はそれぞれ，(1)「～の一番よい説明」，(2)「～の小部分」，(3)「～の道徳的な問題」，(4)「～の予期しない結果」の意。上記の検討から，正解は(1)に決まる。

(C) 空所を含む部分の直後に「自分の『子ども』を作って，どれが一番出来がよいかを検査し，それからその設計を修正することができる『母』ロボットを作り出す」とあり，それは，第3段第2～4文（Each of the … says Hart.）に述べられているARE計画のチームの，最も優れた性質を

選んで自律的に繁殖を行うようにするのと同様の方法である。選択肢はそれぞれ,

(1)「ロボットの繁殖という考えに反対してきた」

(2)「繁殖過程を完成した」

(3)「正反対の取り組み方をした」

(4)「同様の方法を使った」

の意。よって,正解は(4)である。

(D)　空所を含む部分は「NASAはすでにARE計画の諮問委員会の席に着いて,(　　　)を探ろうとしている」の意。空所直前の文(Such techniques could …)に「そうした技術は,…ありとあらゆることに役立ちうる」とあるのだから,「その技術がどう役立つのか(を探ろうとしている)」と補えるとわかる。選択肢はそれぞれ,

(1)「その計画を始める方法」

(2)「宇宙飛行士の安全性の条件」

(3)「その技術の可能性」

(4)「火星の地表の特徴」

の意であるから,上記の検討に合致するのは(3)である。

(E)　空所直前の第4段(Cambridge University …)には,ロボット繁殖技術の可能性とそれへの取り組みが述べられているが,空所に続く部分は「ロボットの繁殖に関してはまだ大きな問題がある」であるから,「だが」で始まるのがふさわしい。選択肢はそれぞれ,(1)「加えて」,(2)「代わりに」,(3)「しかしながら」,(4)「それゆえに」の意であるから,(3)が正解である。

(F)　空所を含む部分は「探査救助活動の間に,(　　　)ことができる小型化したロボットの製作が可能になるだろう」の意。小型化したロボットに何ができるのかを考える。選択肢はそれぞれ,

(1)「たくさんの人々を運ぶ」

(2)「人間とよりうまく意思疎通する」

(3)「極端な気温に対処する」

(4)「狭い場所に這うように入る」

の意。よって,正解は(4)になる。

(G)　空所を含む部分は「ロボットをどれだけ(　　　)でしょうか」の意。

この引用文の中の具体的な例（Let's say, for … of Earth's orbit.）と末尾に「それを私たちは防げますか」とあることから考える。選択肢はそれぞれ,

(1)「～に大望をもっている」

(2)「～を制御する」

(3)「～を建造する意欲をもっている」

(4)「～に財政上の投資をしている」

の意であるから，具体例にあるような口ボットの暴走を「防ぐ」ためにふさわしい内容の解答は(2)だとわかる。

(H)　空所を含む部分は「（　　　）する利益が，危険を補ってなお余りあるのかどうか，世界は決断しなければならなくなるだろう」の意。第5段（ (E) , there are …）までの，自己繁殖機械に対する期待と，第6段（One technological …）および第7段第1文（George Zarkadakis, an …）のAIについて何が起こるか人間はもはや十分にわからず，暴走する危険があるという内容から，「自己繁殖するマシンの利益と危険を天秤にかける」という趣旨だと読み取れる。選択肢はそれぞれ,

(1)「より大きなロボットを作ること」

(2)「自己複製マシンを創出すること」

(3)「新たな小惑星を発見すること」

(4)「低い地球軌道を研究すること」

の意であるから，正解は(2)だとわかる。

〔2〕　㋐　下線部㋐ the last の具体的な内容はその直前の new versions of themselves に対応した the last version of robots「前世代のロボット」である。選択肢はそれぞれ,

(1)「最終形式のロボット」

(2)「前の形式のロボット」

(3)「進化過程の最終段階」

(4)「進化過程の前段階」

という意味。ここでの last の意味は「直前の」であり，正解は(2)である。

㋑　該当部分は「それはまさしくそのように作動するのである」という意味。do that は直前の内容（has created a fully autonomous system）を受けるから下線部㋑の具体的な意味は,「完全に自律的なシステムを生む」

であり，それはつまり「ロボットが人間なしにロボットを作る」ことを意味している。選択肢はそれぞれ，

(1)「デジタル信号を送出する」

(2)「宇宙居住地を建造する」

(3)「人間の手を借りずにロボットを作る」

(4)「ロボットを繁殖させることの倫理を調査する」

という意味だから，上記の検討に合致するのは(3)だとわかる。

㋒　該当部分の while there は，先行する You could send this factory to space と it works when it arrives (in space) を受けて，… test them out while there（＝in space）となっていることをつかめるかどうか。選択肢はそれぞれ，(1)「宇宙で」，(2)「地球で」，(3)「その箱の中で」，(4)「仮想世界で」という意味だから，正解は(1)ということになる。

㋓　these の指示対象を答えればよい。直前の文（The machine's arms …）には「センサーのいくつかを電池につなぐのに苦労し，配線が絡み合い，人間の助力が必要になる」とあることから考える。選択肢はそれぞれ，

(1)「配線に関する困難」

(2)「人間に対する潜在的な危険」

(3)「電池の寿命に関わる問題」

(4)「3D プリンターの改良の速度に関する問題」

という意味。よって，上記の内容に一致しているのは(1)だとわかる。

㋔　この問題も that の指示対象を答えればよい。直前部分（"We've already passed …）には「どのように AI が作動しているのかを人間が本当に理解できる地点を過ぎてしまった」とあることから考える。選択肢はそれぞれ，

(1)「あまりに多くの人々がどのように AI が作動しているのかを知っているということ」

(2)「AI は研究室と現実世界とを混同することになるということ」

(3)「AI の進歩は人間の理解を超えてしまったということ」

(4)「AI を開発することに関して人間は十分警戒してこなかったということ」

という意味。よって，上記の検討に合致している(3)が正解である。

Ⅲ 解答

〔1〕 ㋐―(5)　㋑―(9)　㋒―(6)　㋓―(8)

〔2〕 ㋕―(9)　㋖―(7)　㋗―(5)　㋘―(8)

◆全　訳◆

〔1〕 ≪山でハイキング≫

A：「ここでちょっと休もうよ。休憩にはいいところみたい」

B：「そうね。休もう。でも，早くしないとね。少なくとももう3時間かかるよ。日没までにまた下りるには」

A：「そこ，大事大事。この道を暗くなってから引き返すのは，とても怖いだろうから」

B：「絶対そう。実は，数年前そうなっちゃってね」

A：「ほんとに？　この山で？」

B：「いや，この山じゃない。マレーシアで休みにハイキングしたんだよね。日本に比べて，そこがどれだけ早く暗くなるのかわかってなくてね」

A：「そりゃそうだよね。赤道に近いんだよね？　1人で行ったの？」

B：「ありがたいことに，違ったね。友人連中と休みを取ってたわけね。でも，誰一人，ハイキングに詳しい人がいなくて，だからやっぱりめちゃくちゃ怖かった。日が沈んじゃったあと，何回か道に迷って。スマホ，どれもネットにつながってなくって。誰も紙の地図を持ってこようなんて思ってなくてね」

A：「それってもう，ちゃんと準備してないってことじゃない。山で寝なきゃいけなくなったの？」

B：「そんなことはない。最後にうまく本道が見つかったわけ。十分な食べ物も水も持ってなかったから，ほんとついてた。皆もう，ほっとしたんだよ，とうとう村の光が見えたときはね」

A：「そうでしょうとも！　その誤りをまた，しでかしたりはしないでしょうね」

B：「絶対ないです。ん，そういや，そろそろ出発した方がよくないかい。さもないと，また例の二の舞いになるかもよ！」

〔2〕 ≪図書館内にて≫

A：「どうも。この町に引っ越してきたところです。図書館カードを申し込みたいのですが。何が必要か，教えてください」

B：「２種類の身分証明書をお持ちですか。現住所がわかるものも必要です」

A：「待って。身分証明書はあるけれど，現住所が載っているものはないんですが」

B：「では，現住所を証明できるものを持って，もう一度来ていただかないといけません」

A：「ちょっと待って！　アパートの契約書はどうでしょう。新しい住所，書いてありますし。それならいいですか」

B：「名前が書いてあれば，大丈夫ですよ」

A：「はい，免許証，学生証，それから，新しい契約書も」

B：「はい，結構です。この書類に記入してください」

A：「ありがとう。あそこの空いている机を一つ，書くのに使ってもいいですか」

B：「はい。ご記入の間に書類のコピーを取らせてくださいね」

A：「かまいません」

〔数分後〕

B：「こちらが，仮の図書館カードです。正式なカードの発行まで，これでどうぞ。新しい住所に郵送でカードはお届けします。たいてい，１週間程度かかります」

A：「じゃあ，本を借りられるんですね。このカードで，今日からでも」

B：「もちろんです。図書館の地図はご入り用ですか」

A：「それはありがたい。いやあ，いろいろと本当に助かりました。ありがとうございます」

◀解　説▶

〔1〕 ㋐　Aの休息しようという提案に対する，Bの，いったん肯定してからの発言であり，直後の「少なくとももう３時間かかる…」という発言から，「(しかし) ゆっくりしては，いられない」という趣旨の発言でないといけないとわかる。それは(5)「でも，早くしないとね」である。

㋑　直後のAの「ほんとに？　この山で？」という問いかけを挟んで，Bが３つの発言で遭難しかかった体験を述べていることから，直前のAの発言にある，暗い中で山を下りることに近い体験をしたという情報がくるとわかる。それは(9)「実は，数年前そうなっちゃってね」である。

㋒　マレーシアでのハイキングについてのBの発言で，直前のAの１人で行ったのかという質問に対する答えの部分。直後に None（２人なら Neither を用いる）of us とあるので，３人以上の集団であるとわかる。よって，(6)「友人連中と休みを取っていたわけね」がふさわしい。

㋓　直前のBの発言の遭難経験を受けての発言で，Bの答えが「絶対ないです」になるのは，(8)「その誤りをまた，しでかしたりはしないでしょうね」である。

残りの選択肢は，(1)「弟と一緒だった」，(2)「ホテルはその村にあったのかな」，(3)「ここからどっちの道を行けばいいのかな」，(4)「腹ぺこだから，今，朝ご飯にしよう」，(7)「この山には熊が出るんだって」，(10)「だからいつも，たくさん水を取るんだね」の意。

〔２〕 ㋕　直後にBが，身分証や住所確認のための書類を挙げているので，図書カードの申し込みに必要なものを聞く表現になるはず。それは，(9)「何が必要になるか，教えてください」である。

㋖　直前の「現住所を証明するもの」が必要だというBの発言に対して，Aがアパートの契約書を示す場面だから，(7)「新しい住所，書いてありますし」が適切。

㋗　返答としてAは「空いている机，使ってもいいですか」と言うのだから，「机が必要なこと」を依頼されたとわかる。よって，(5)「この書類に記入してください」がふさわしい。

㋘　「郵送でカードはお届けします」に続く発言としてふさわしいのは，(8)「たいてい，１週間程度かかります」である。

残りの選択肢は，(1)「それは今いるんですか」，(2)「家賃は 400 ドルです」，(3)「お金はどれくらいかかりますか」，(4)「ここの学生さんですか」，(6)「30 分ほどお待ちください」，(10)「２週間後に取りに来ていただけます」の意。

Ⅳ　解答

(A)―(2)　(B)―(2)　(C)―(3)　(D)―(2)　(E)―(2)　(F)―(3)　(G)―(2)　(H)―(1)

◀解　説▶

(A)「研究によれば，睡眠不足の人は誰でも，イライラしかねない」deprive *A* of *B*「*A* から *B* を奪う」が受け身になった形。よって，正解は(2)である。

(B)「その学生はほとんど勉強しなかったのに，テストでよい点を取った」but に続く「テストでよい点を取った」という内容から，空所は否定の意味をもった語でないと，文意が通らない。よって，正解は(2)「ほとんど〜ない」である。

(C)「外の気温は，今日どれくらいですか」 気温や体温，温度を聞くときは(3) What を使うのであって，how many / much は使わない。

(D)「科学者たちが全力で頑張ったにもかかわらず，その問題は未解決のままである」「全力投入」と「未解決」は，逆接の関係。よって，正解は〈譲歩〉の内容になる。空所後に節がこないので(3)は使えない。よって，(2)が正解。

(E)「通っていた高校からアンケートが届いた。学校生活はどれくらい楽しかったかとあった」 カンマ以下は分詞構文ではなく，survey を非限定的に後置修飾する形容詞節に相当する。ask の意味上の主語は survey だから，現在分詞にすればよい。よって，正解は(2)である。

(F)「新しい公園は，多くの若者たちを引きつける場所になった」 place は，attracts の意味上の主語であるから，主格の関係代名詞でなければいけない。よって，正解は(3)である。

(G)「この本は古代と近代の哲学が話題であり，理解しにくい」 主語は This book だが，同時に不定詞の意味上の目的語になっている。こうした形のときは，不定詞の目的語は空欄にしておかなければならない。よって，正解は(2)である。

(H)「この新たな学校には，子どもと大人のどちらもとれる課程がある」*A* and *B* の後ろに置いて，「どちらも」という意味を表すのは，(1) alike しかない。

V 解答

〔1〕 (A)―(1)　(B)―(3)　(C)―(4)　(D)―(4)　(E)―(2)
〔2〕 (A)―(2)　(B)―(4)　(C)―(1)　(D)―(2)　(E)―(4)

◀解　説▶

〔1〕 (A)「最近，多くの国が公共の場所での喫煙の（　　）を導入した」 選択肢はそれぞれ，(1)「禁止（令）」，(2)「かぎ」，(3)「打撃」，(4)「敵」という意味。これらの中で「最近導入されたもの」にふさわしいの

は，(1)である。

(B) 「医師はその病気の最もありふれた（　　）について説明した」 選択肢はそれぞれ，(1)「野獣」，(2)「出入り口」，(3)「症状」，(4)「母音」という意味。これらの中で「病気」に関わる事態を表しているのは，(3)だけである。

(C) 「それは確かに（　　）な本だが，にもかかわらず私は楽しんだ」 選択肢はそれぞれ，(1)「急ぎの」，(2)「裸の」，(3)「らせんの」，(4)「風変わりな，異様な」という意味。これらの中で意味が通るのは，(4)しかない。

(D) 「階段から落ちて，足に（　　）を負った」 選択肢はそれぞれ，(1)「刃」，(2)「突風」，(3)「炎」，(4)「打ち身」という意味。これらの中で「階段転落」で生じる事態にふさわしいのは，(4)である。

(E) 「秋には毎朝，霧が谷を（　　）したものだ」 選択肢はそれぞれ，(1)「押し込み強盗をする」，(2)「～を飲み込む」，(3)「～を研ぐ」，(4)「～を突き刺す」という意味。これらの中で「霧」にふさわしいものは，(2)しかない。

〔2〕 (A) 下線部は「巨大な，莫大な」の意。選択肢はそれぞれ，(1)「経済的な」，(2)「非常に大きい，法外な」，(3)「環境の」，(4)「不可欠な」という意味だから，最も近い意味になるのは，(2)だとわかる。

(B) 下線部は「戦士」の意。選択肢はそれぞれ，(1)「芸人」，(2)「小説家」，(3)「学者」，(4)「兵士」という意味だから，意味が最も近いのは，(4)だとわかる。

(C) 下線部は「感動を呼んだ」の意。選択肢はそれぞれ，(1)「刺激した」，(2)「痛めつけた」，(3)「強化した」，(4)「圧迫した」という意味だから，意味が最も近いのは，(1)だとわかる。

(D) 下線部は「～をたたき割った」の意。選択肢はそれぞれ，(1)「～をひっかいた」，(2)「～を粉々にした」，(3)「～を指定した」，(4)「～を積み重ねた」という意味だから，意味が最も近いのは，(2)だとわかる。

(E) 下線部は「高貴な」の意。選択肢はそれぞれ，(1)「無害な」，(2)「危険な」，(3)「屈辱的な」，(4)「名誉ある」という意味だから，意味が最も近いのは(4)だとわかる。

❖講　評

2022年度も，長文2題による「読解力」を中心に，「コミュニケーション」「文法」「語彙」の各分野が試された。一方，英作文能力を問う出題はない。

Ⅰの読解問題は，「職場の友人」をめぐる論説文の内容理解を試す出題。職場の人間関係を，歴史的な労働観の変化や心理学と絡めて論じた，いかにもアメリカ的な文章であった。設問では〔1〕(D)が，確認すべき内容が本文全体に散らばっていて，時間を取られたかもしれない。〔2〕では，本文の内容からだけでは判断しかねる「真偽不明」が5問中3問という，迷いやすい出題だった。

Ⅱの読解問題は，「ロボット」が話題だったが，最新の話題で興味深い議論が展開されており，それだけに受験生は論旨の展開に振り回されやすかったかもしれない。〔1〕の空所補充の設問では，直前の内容や文の流れから明らかに誤りのものを外していって確認することも有効である。〔2〕は指示語の内容や文脈の理解を問う出題で，読解力が問われている。

Ⅲは，コミュニケーションの基礎力をみる出題である。〔1〕は「山歩き」の話題で，対話に否定表現が頻出していて，発言の真意がつかめないと，「ちんぷんかんぷん」という状態に陥りかねない問題だった。ありふれた話題ではあるが，日本語の言い方とのずれを，しっかりつかめているかが大きなポイントであった。〔2〕は「図書館」の話題で，こちらは取り組みやすかったであろう。案外，(9)の，疑問文中の一人称につまずいた受験生がいたかもしれない。

Ⅳは，基本的な文法・語法の力を試す出題である。準動詞や関係詞，品詞の識別など，基本中の基本が並んでいて，受験生に文法学習の重要性を再確認するよう促していると思われる出題だった。

Ⅴは，語彙力をみる問題であるが，読解問題の語彙レベルをはるかに超える出題であることに注意しよう。〔1〕(B)の symptom，vowel，(C)の weird，(E)の burglarize，hone も，高いレベルの厳しい問題。〔2〕(D)の smash はスポーツで使う「スマッシュ」からは，つかみにくい意味だった。(E)の humiliating も，相当なレベルである。

全体として，英文の内容をしっかりと読み取り，設問の内容までしっかり丁寧に読み解いて処理する力が求められる出題であった。英作文以外の高校の履修範囲全般にわたって，十分な実力をつけることが求められていると言えるだろう。日々努力を重ねよう。

日本史

I　解答

(a)—㋑　(b)三教指帰　(c)承和の変　(d)—㋒　(e)高向玄理　(f)—㋐　(g)倭　(h)白村江の戦い　(i)孝謙天皇　(j)—㋑　(k)吉備真備　(l)—㋐　(m)古今和歌集〔古今集〕　(n)唐招提寺　(o)—〔4〕

◀解　説▶

≪遣唐使≫

(a)　リード文の内容から二人の僧は最澄と空海と判断できる。よって，「2度にわたる遷都」は長岡京と平安京遷都である。

㋑が正文。長岡京の造宮使藤原種継暗殺とその容疑者早良親王の説明である。

㋐誤文。国分寺・国分尼寺の建立や盧舎那大仏の造立が命じられた都は恭仁京である。盧舎那大仏の造立の詔が発せられた場所は離宮の紫香楽宮なので注意しよう。

㋒誤文。平城京遷都の内容。

㋓誤文。初めての全国的な戸籍として庚午年籍（670年，天智天皇）が作られたのは近江大津宮である。

(b)　この僧は空海で，「新たな仏教」は真言宗である。『三教指帰』は，仏教・儒教・道教の三教の中で仏教が優越していることを論じた宗教書で，空海24歳（18歳とも）の出家宣言書である。空海には『十住心論』（真言密教の仏教書）のほか，『文鏡秘府論』（詩論）や『性霊集』（詩文集）などもあるので注意しよう。

(c)　この留学生は橘逸勢で，最澄・空海らとともに804年の遣唐使となって入唐した。承和の変（842年）で藤原良房の陰謀により，橘逸勢は伴健岑とともに謀反を企てたとして流罪となった。

(d)　㋒が正解。リード文から7世紀半ばの東アジア情勢を想起しよう。新羅は唐と結んで百済（660年）と高句麗（668年）を滅ぼし，676年に朝鮮半島を統一した。

(e)　高向玄理は608年，遣隋使小野妹子の再派遣に際して隋に渡り，唐の建国やその制度を学んで640年帰国し，大化改新で僧旻とともに国博士に登用された。654 年に遣唐使として渡海し，唐の地で客死した。

(f)　ⓐが正文。初めて律と令を完備した大宝律令を想起して解答しよう。その披露を兼ねたのは 702 年の遣唐使（粟田真人ら）である。

ⓘ誤文。律・令ともに 10 巻なのは養老律令である。大宝律令は律が 6 巻，令は 11 巻で，唐の模倣をしつつ日本の実情に適合するように修正されている。

ⓤ誤文。養老律令の説明である。718 年藤原不比等が編纂し，孫の藤原仲麻呂が 757 年に施行した。

ⓔ誤文。「官撰の注釈書『令義解』」が誤り。養老令の私撰注釈書『令集解』（惟宗直本）に大宝令の一部が引用されている。

(g)　中国の『漢書』地理志から『隋書』倭国伝までの史料を想起して解答しよう。日本のことは「倭人」「倭」「倭国」と表記されている。702 年の遣唐使が「日本国使」と名乗り，対外的に初めて「日本」の国号が使用された。

(h)　時代背景と，中国から「捕虜となっていた日本人を連れ帰」るわけだから，7 世紀半ばに中国と戦った戦争を想起すればよい。663 年倭国軍は朝鮮半島南部に流れる錦江（きんこう）河口の白村江で戦い，唐・新羅の連合軍に大敗した。

(i)　盧舎那大仏開眼供養は 752 年に行われた。このときの天皇は女帝の孝謙天皇で，聖武太上天皇・光明皇太后とともに参列した。

(j)　ⓘが誤文。「行基」が誤り。藤原広嗣の乱を想起して解答しよう。藤原広嗣は 737 年天然痘の流行で死去した藤原四子のうち式家・宇合の子で，橘諸兄政権で左遷され大宰少弐（しょうに）の地位にあった。玄昉や吉備真備の排斥を求めて 740 年に挙兵したが，敗死した。

(k)　やや難問。吉備真備は岡山県吉備地方の豪族下道（しもつみち）氏の出身。717 年の遣唐使に加わり玄昉や阿倍仲麻呂らとともに中国に渡った。帰国後，橘諸兄政権に参画したが，藤原仲麻呂の台頭によって疎外され，752 年再び遣唐使となった。帰国後，764 年恵美押勝（藤原仲麻呂）の追討に活躍して政界復帰を果たし，称徳天皇の下で右大臣となった。

(l)　ⓐが正文。安帝の永初元（107）年に帥升らが貢物の生口（奴隷）を献上した部分。ⓘ・ⓔは『魏志』倭人伝，ⓤは『宋書』倭国伝の一節である。

(m) 「最初の勅撰和歌集」は『古今和歌集』である。905年醍醐天皇の命により編纂された八代集の最初。この望郷の歌の作者は，唐名「朝衡」として玄宗皇帝に仕えた阿倍仲麻呂である。753年帰国を試みたが難破したため断念した。望郷の歌は帰国に際して詠まれたものといわれている。

(n) 「この僧」は鑑真。唐招提寺は平城京内に鑑真によって創建された寺で，講堂は平城宮の朝集殿を移建した平城宮唯一の遺構である。なお，唐招提寺の金堂は天平期の金堂建築唯一の遺構である。

(o) 〔1〕804年の遣唐使（最澄・空海・橘逸勢ら)，〔2〕653年の遣唐使と654年の遣唐使（高向玄理ら)，〔3〕702年の遣唐使（粟田真人・山上憶良ら)，〔4〕733年の遣唐使。735年玄昉・吉備真備（717年入唐）ら帰国，〔5〕752年の遣唐使（吉備真備，鑑真来日）の内容である。よって，古い順に並べると〔2〕→〔3〕→〔4〕→〔5〕→〔1〕となり，第三番目は〔4〕となる。

II　解答

(a)—㋓　(b)同朋　(c)山水　(d)唐物　(e)—㋐
(f)（村田）珠光　(g)—㋑　(h)禅　(i)—㋑　(j)—㋒
(k)寝殿造　(l)—㋑　(m)慈照寺　(n)東求堂　(o)付書院

◀解　説▶

≪室町文化≫

〔1〕(a)　㋓が正解。義太夫節は元禄文化の時期に竹本義太夫が始めた浄瑠璃節の一派である。近松門左衛門の脚本を巧妙な曲節で口演し民衆の心をつかんだ。㋐白拍子は平安末期に登場する歌舞。㋑傀儡は平安時代の操り人形。㋒千秋万歳（せんずまんざい）は平安末期に登場する正月の大道芸。

(b)　同朋衆は芸能などで将軍などに仕えた僧体の側近。時宗の僧籍に入り阿弥号を称した。足利義満に仕えた能の観阿弥・世阿弥，足利義政に仕えた作庭の善阿弥などが有名である。

(c)　河原者は中世後期に激増した隷属民で，さまざまな雑用に従事した。室町時代に禅宗寺院で庭園がさかんになると，造園技術に長じた「山水（さんずい）河原者」が同朋衆として活躍した。

(d)　中国からの輸入品を一括して唐物（からもの）と呼んだ。日明貿易の輸入品である生糸や高級織物は高価格で取引され，茶の湯や水墨画の流行から陶磁器・書画も「唐物」と呼ばれて珍重された。

(e)　やや難問であるが，作庭の「善阿弥」を覚えていれば消去法でⓐとⓔに絞り込んで解答できる。B．善阿弥は足利義政に仕えて「天下第一」と称された作庭師。慈照寺銀閣の庭をつくった。D．能阿弥は足利義教・義政に仕えた同朋衆で唐物奉行として書画や工芸品などの管理・鑑定にたずさわった。なお，子の芸阿弥や孫の相阿弥も美術鑑定に活躍した。E．難問。立阿弥(りゅうあみ)は足利義政などに仕えた立花や座敷飾の同朋衆。

〔2〕(f)「侘茶の祖」なので珠光（村田珠光）とわかる。奈良の称名寺の僧侶で，一休宗純に参禅し，禅の精神を加味した侘茶を創始した。

(g)　ⓘが正解。千利休が作った妙喜庵待庵は，山城国山崎（京都府大山崎町）に所在する茶室で，侘茶の精神を凝集した2畳の茶室である。

(h)　茶は，臨済宗を伝えた栄西が中国からもたらしたものであることや，侘茶は村田珠光が禅の精神を取り入れて創始したことを考えれば，禅宗と正解できよう。

(i)　ⓘが正解。紹鷗（武野紹鷗）は堺の商人。堺の町政を担った豪商は会合衆である。なお，ⓐ「年行司」は博多で自治を指揮する12人の豪商，ⓔ「月行事」は主に京都の有力商工業者の町衆の代表として覚えておこう。

(j)　ⓤが正解。豊臣秀吉が1587年に「北野大茶湯」を開いたのは，京都の北野天満宮である。千利休が茶頭(さどう)をつとめ，身分や貧富の差なく広く参加を求めたもので参加者は1千人以上といわれ，前例のない大規模な茶会となった。

〔3〕(k)　鹿苑寺金閣の初層は寝殿造，第二層は和様の観音堂，第三層は禅宗様の仏堂となっている。

(l)　ⓘが正解。円覚寺は8代執権北条時宗が招いた無学祖元を開山とする臨済宗寺院。その舎利殿は宋で流行した禅宗様建築の代表的遺構で，細かい木割や強い軒反などの特徴をもつ装飾性豊かな建築様式である。なお，ⓐ蓮華王院本堂（京都府，鎌倉時代）は和様建築の代表例，ⓤ観心寺金堂（大阪府，鎌倉時代）は折衷様の代表例，ⓔ浄土寺浄土堂（兵庫県，鎌倉時代）は東大寺南大門と同じく大仏様の代表例である。

(m)　足利義政の東山山荘が寺院となって慈照寺となった。寺内の2層の観音殿が銀閣で，第一層は書院造，第二層は禅宗様となっている。

(n)　東求堂は足利義政の4室からなる持仏堂で，その東北隅にある四畳半は「同仁斎」と称され，書院造の書斎である。

(o)　付書院は床の間の脇に設けられた机。板張りで前に明障子を立てたもの。畳・襖・違い棚などとともに書院造の特徴の一つである。

III 解答

A．1868　B．302　C．木戸孝允　D．山県有朋
E．郡制　F．コンドル　G．辰野金吾　H．1923
I．難波大助
(a)―㋓　(b)―㋒　(c)モッセ　(d)―㋑　(e)―㋑　(f)伊藤野枝　(g)―㋑
(h)後藤新平　(i)三井高利　(j)―㋓　(k)―㋑

◀解　説▶

≪近代の地方制度と近代都市東京の発展≫

〔1〕A．政体書は，1868年3月の五箇条の(御)誓文，五榜の掲示に続き，閏4月に制定された。太政官制や三権分立制の方針が打ち出され，地方制度として府藩県三治制が規定された。

B．難問。1871年の廃藩置県により，1使（開拓使）3府（東京・大阪・京都）302県となった。

C．やや難問。木戸孝允は台湾出兵に反対し下野していたが，招かれた大阪会議では漸進的に立憲体制を築くことや地方官会議の開催を大久保利通に提案し，一時参議に復帰した。

D・E．山県有朋は国民皆兵制の徴兵制を実現した長州藩出身の軍人・政治家。第1次伊藤博文内閣の内相（内務大臣）として市制・町村制（1888年），第1次山県有朋内閣時に府県制・郡制（1890年）を制定し，中央集権的自治制度を確立した。

(a)　やや難問。㋓が正解。鹿児島県が置かれるのは1871年の廃藩置県からである。府藩県三治制下は戊辰戦争の結果，没収した旧幕府領の江戸・大坂（大阪）・京都を府，その他を県とした。敵対しない大名にはそのまま藩の統治を認めたので，新政府の中核にある薩摩藩はこの時点では存続している。なお，天領・寺社領・小藩が入り組んでいた大和国には，北部に㋒奈良県（南部は五条県）が置かれた。

(b)　㋒が正解。地方三新法は，1878年の郡区町村編制法・府県会規則・地方税規則を総称していう。地方自治法は戦後の1947年に制定され，都道府県知事・市町村長など地方首長の公選制やリコール権など民主主義的な運営が保障されるようになった。

(c)　モッセは1886年内閣・内務省顧問として来日し，伊藤博文の憲法制定に協力するとともに，市制・町村制の原案を起草するなど中央集権的な地方自治制度の確立に貢献した。

〔2〕F．Gの「辰野金吾」や「片山東熊などの日本人建築家を育てた」がヒント。コンドルは1877年明治政府に招かれたイギリス人の建築家。欧化政策の代名詞となった鹿鳴館やビザンチン様式のニコライ堂などを設計した。

G．辰野金吾は工部大学校でコンドルに学び，後に東大工学部教授となる。日本銀行本店のほか東京駅などを設計した。

H．関東大震災は1923年9月1日におこった。死者10万人以上など，家屋倒壊とともに火災が甚大な被害をもたらした。

I．やや難問。虎の門事件は1923年，無政府主義者の難波大助が摂政であった裕仁親王（後の昭和天皇）を虎の門で狙撃し，翌年大逆罪で死刑となった事件。

(d)　難問。ⓘが正解。東京都千代田区東部にある「丸の内オフィス街」は，もともと陸軍の練兵所であったが「三菱」が払い下げを受け，その資本のもとでレンガ造りのビル建設が進められた。ロンドンの市街地を模倣したので「一丁ロンドン」と呼ばれた。

(e)　難問。ⓘが正解。築地本願寺は関東大震災で罹災し，その後再建された。鉄筋コンクリート造りでインドの仏教寺院を模倣した作品である。

(f)「大杉栄とともに殺害された」がヒント。伊藤野枝は青鞜社に参加，1921年山川菊栄らと女性社会主義団体の赤瀾会を結成した。1923年関東大震災の混乱下で内縁の夫，大杉栄とともに憲兵大尉甘粕正彦によって殺された（甘粕事件）。

(g)　ⓘが正解。「労働運動家が軍隊と警察に殺害された」がヒント。亀戸事件は，関東大震災の混乱時に，平沢計七や川合義虎らの労働運動家10名が東京亀戸警察署内で殺害された事件。なお，ⓐ相沢事件は1935年皇道派相沢三郎中佐が統制派永田鉄山少佐を斬殺した事件，ⓤ松川事件（福島県）とⓔ三鷹事件は1949年の国鉄の怪事件である。

(h)　やや難問。後藤新平は，第2次山本権兵衛内閣の内務大臣兼帝都復興院総裁として関東大震災後の東京復興に尽力した。なお，後藤新平は台湾総督府の民政局長として台湾の製糖業や鉄道建設などを推進し，南満州鉄道株式会社の初代総裁，第2次桂太郎内閣の鉄道院総裁となるなど鉄道事業に大きく関わった。

(i) やや難問。三井高利（八郎右衛門）は三井家の始祖。1673年に江戸に呉服店の越後屋を開業，「現金かけ値なし」の新商法で安く商品を提供して大成功を収めた。また両替商も営み，幕府御用商人として活躍した。

(j) ㋓が正解。賀川豊彦はキリスト教の社会運動家で，日本農民組合を結成（1922年）して小作争議を指導した。自叙伝の『死線を越えて』はベストセラーとなった。なお，㋐鈴木文治はキリスト教の労働運動家で労働組合組織の友愛会を創設（1912年）した人物。

(k) ㋑が正解。第2次山本権兵衛内閣は㋐の加藤友三郎首相死去のあと組閣し，関東大震災発生後の東京復興に尽力したが虎の門事件（1923年）で退陣し，㋒清浦奎吾内閣に代わった。なお，山本権兵衛は大正政変後に第1次内閣を組織し，軍部大臣現役武官制・文官任用令の改正を行ったことやジーメンス事件（1914年）で退陣したことも覚えておこう。

❖講　評

Ⅰ．有名な5つの遣唐使派遣をランダムに並べたリード文で構成した問題。ほとんどの問題がリード文の内容から人物や事件を連想して解答するもので，難解な歴史用語や人物はないものの苦戦するかもしれない。記述法では，(b)『三教指帰』，(c)「承和の変」，(e)「高向玄理」，(k)「吉備真備」などを正答できるかがポイント。選択法では，(a)長岡京・平安京遷都の判断を誤ると誤答を招く。(f)㋑大宝律令の巻数の判断は難しい。(j)藤原広嗣の乱を想起できるかがポイント。(o)遣唐使の順番はリード文や設問を通して判断すれば正答できる。

Ⅱ．〔1〕同朋衆，〔2〕茶の湯，〔3〕金閣と銀閣などをテーマにした問題。苦手な受験生が多い文化史の内容だが，基礎的な問題が多いので，ここで点差をつけておきたい。記述法もほとんど難問はないが，(b)「同朋」衆，(c)「山水」河原者，(d)「唐物」，(n)「東求堂」，(o)「付書院」などを正答できるかがポイント。選択法の(e)能阿弥や立阿弥は難問。善阿弥を覚えていれば解答を絞り込める。(g)妙喜庵待庵の場所（山城国山崎）も正答したいところである。

Ⅲ．〔1〕近代の地方制度，〔2〕近代都市東京の発展をテーマにした問題。大学受験で盲点になりがちな地方制度や社会運動，文化史の建築史などが問われた。記述法はB「302」県は難問，(i)「三井高利」もやや難問であろう。C「木戸孝允」，I「難波大助」，(h)「後藤新平」などを正答できるかがポイント。G「辰野金吾」や(f)「伊藤野枝」などの漢字を正確に書けるかも勝負どころである。選択法では(a)鹿児島県，(d)三菱，(e)築地本願寺などは難問～やや難問。絞り込んで正答できるかがポイントである。

世界史

Ⅰ 解答

A．陳寿　B．宦官　C．司馬炎　D．曹丕　E．文選
F．赤壁　G．孫子　H．成都
〔1〕張角　〔2〕五銖銭

◀解　説▶

≪曹操の逸話から見た魏晋南北朝時代の中国≫

A．やや難。陳寿は西晋の歴史家。なお，日本史では『三国志』の著者として知られる。

D．曹丕は後漢の献帝の禅譲により魏の初代皇帝となった人物。

F．長江中流の赤壁の戦い（208年）では，孫権（呉の建国者）と劉備（蜀の建国者）の連合軍に曹操軍が敗北している。

G．兵家としては孫子と呉子が有名だが，リード文には「春秋時代の呉の兵法家」とあるので，著者名と同名の孫子が該当する。呉子は戦国時代の兵法家。

H．成都は四川盆地の中心都市。魏の都は洛陽，呉の都は建業（東晋の建康，現在の南京）。

〔1〕黄巾の乱（184年）を指導した張角は太平道の創始者で，そのスローガンとは「蒼天(そうてん)すでに死す，黄天まさにたつべし」。

〔2〕五銖銭は前漢の武帝が鋳造させた青銅銭で，唐代に開元通宝が鋳造されるまで一般的な銭貨として流通している。

Ⅱ 解答

A．後金　B．ホンタイジ　C．呉三桂　D．圏地
E．併用　F．理藩　G．モンゴル〔蒙古〕　H．衛所
I．緑営　J．鄭氏

◀解　説▶

≪満州人の中国支配と清の中央機構・軍事制度≫

B．ホンタイジはヌルハチが定めた都を盛京と改称している。盛京は中国東北地方の都市で，現在の瀋陽。

C．呉三桂は清の中国征服に貢献し，雲南の藩王に封じられている。

D．難問。占領政策として知られる圏地は辮髪とともに漢人の強い反発を受けており，「華夷の別」の思想弾圧を目的とした文字の獄や，乾隆帝時代の『四庫全書』の編纂に象徴される禁書も占領政策の一環。

F．理藩院が統括した藩部のうち，新疆は乾隆帝時代に統治下に置かれた東トルキスタン一帯，青海は雍正帝時代に併合されたチベット高原北東部を指す。

G．リード文中には空欄Gの前に「満州八旗」が，後に「漢軍八旗」が記されている。また，リード文の第3段落に登場する「配下の満州人・モンゴル人・漢人」という表現からもモンゴルを類推できる。

H．衛所制は唐の府兵制を範として明の洪武帝が組織した制度。

J．台湾に拠った鄭氏政権で著名なのは鄭成功（異名は国姓爺)。鄭成功は 1661 年にオランダ勢力を駆逐して台湾を占領し清への抵抗を続けたが翌年に病死しており，その後の政権は 1683 年には康熙帝に攻撃され服属した。

Ⅲ　解答

A．カール５　B．ヴォルムス

C．ヴァレンシュタイン

D．ファルツ〔アウクスブルク同盟〕　E．ユグノー　F．名誉

G．ブランデンブルク　H．フリードリヒ=ヴィルヘルム１

I．フランツ１　J．ロココ　K．関税同盟

〔1〕ブリューゲル　〔2〕スイス　〔3〕外交革命

〔4〕フランクフルト国民議会

◀解　説▶

≪ドイツを中心とした 16～19 世紀前半のヨーロッパ≫

A．リード文の内容から「1519 年」に即位した神聖ローマ皇帝なので，すでにスペイン王カルロス１世として即位していたカール５世を導ける。カール５世はハプスブルク家出身なので，フランスのフランソワ１世（ヴァロワ朝）と激しく対立した。

B．ヴォルムス帝国議会で帝国追放となったルターは，ザクセン選帝侯フリードリヒの庇護のもと，『新約聖書』のドイツ語訳を完成させている。

D．ファルツ（アウクスブルク同盟）戦争はルイ 14 世と神聖ローマ皇帝間の戦争で，イギリス・スペイン・オランダなどが神聖ローマ皇帝側を支

援したため，フランスにはほぼ成果なしで終わった。

E．カルヴァン派はネーデルラントではゴイセン，スコットランドではプレスビテリアン（長老派）と呼ばれた。

F．名誉革命（1688～89年）前のジェームズ2世はカトリックを擁護したので親フランスだったが，革命で即位したメアリ2世とウィリアム3世は新教徒だったので反フランスに転じた。

H．リード文中に「軍隊を強化した」とあるように，フリードリヒ=ヴィルヘルム1世は兵員を倍増させたことから「兵隊王」と呼ばれている。

I．やや難。フランツ1世は細かい王名。マリア=テレジアはオーストリアを相続した当初から夫であるフランツ1世と共同統治したが，彼が亡くなると息子のヨーゼフ2世と共同統治している。

J．ロココ様式は18世紀のフランスを中心に展開した様式で，繊細優美な特徴をもつ。その前に流行したのは豪壮で華麗なバロック様式（17世紀～18世紀初め）で，ヴェルサイユ宮殿がその代表例。

〔1〕ブリューゲルは「農民画家」と呼ばれるフランドル派の画家。フランドル派の画家としては，「ヘント（ガン）の祭壇画」で知られるファン=アイク兄弟も有名。

〔2〕オランダはオランダ独立戦争（1568～1609年）でスペインに勝利した1609年に，事実上独立を達成していた。

〔3〕外交革命という言葉は，イタリア戦争（1494～1559年）以降長く続いたオーストリアとフランスとの対立が同盟関係に至るという激変を表現したもの。

〔4〕1848～49年の革命を総称して1848年革命と呼ぶ。具体的には1848年にパリで起こった二月革命に端を発し，ベルリンやウィーンでの三月革命や，ベーメン（ボヘミア）・ハンガリー・イタリアなどでの民族運動を含む。

Ⅳ　解答

A．ワッハーブ　B．パン=イスラーム
C．アブドゥフ　D．ウラービー〔オラービー〕
E．アズハル　F．ムスリム同胞団　G．サダト　H．アル=カーイダ
〔1〕トルコマンチャーイ条約　〔2〕シャリーア　〔3〕イマーム
〔4〕―オ　〔5〕―ウ　〔6〕ハマース　〔7〕自由将校団

◀解　説▶

≪イスラーム改革運動から見た18～20世紀の中東≫

A．ワッハーブ派の運動の指導者はイブン=アブドゥル=ワッハーブ。

C．やや難。ムハンマド=アブドゥフは細かい人名。アフガーニーとともに発行した『固き絆』という雑誌は，イスラーム世界に大きな影響を与えた。

D．ウラービー（オラービー）運動は指導者の名前に由来しており，そのスローガンは「エジプト人のためのエジプト」。

E．アズハル学院をカイロに開設したのはファーティマ朝（909～1171年）。

F．難問。リード文中の「1928年」に創設や「ナセル」が弾圧などからムスリム同胞団を導けるが細かい用語。ムスリム同胞団は2010年のアラブの民主化運動（アラブの春）で中心的役割を果たしており，2011年には独裁政権であったムバラク政権を倒している。

H．アル=カーイダの指導者はビン=ラーディン。アメリカはビン=ラーディンをかくまっていたアフガニスタンのターリバーン政権を崩壊させるため，2001年にアフガニスタンを攻撃している。

〔1〕トルコマンチャーイ条約は第2次イラン=ロシア戦争の講和条約。当時のイランはカージャール朝（1796～1925年）。この条約は不平等条約で，カージャール朝はロシアにアルメニアを割譲している。

〔2〕シャリーアはイスラーム法と訳される法的判断の集成のアラビア語名。この中に含まれているムハンマドの言行（スンナ）や伝承の記録はハディースと呼ばれる。

〔3〕やや難。イマームは一般的に宗教指導者を指す言葉だが，シーア派に関しては最高指導者の称号として用いられている。

〔4〕·〔5〕下線部〔5〕の「帝国憲法」とは，ミドハト憲法（1876年制定）のこと。よって「1878年」に，ロシア=トルコ（露土）戦争（1877～78年）を口実にこの憲法を停止したのは，アブデュルハミト2世。また，ロシア=トルコ戦争は，スラヴ系住民が多かったボスニア=ヘルツェゴヴィナでのオスマン帝国による弾圧に対し，ロシアがスラヴ民族の保護を口実に始めた戦争。

〔6〕やや難。パレスチナのイスラエルからの解放を目指し設立された組

織としてはPLO（パレスチナ解放機構）が有名だが，問題文の「イスラーム主義的立場」「パレスチナにおけるイスラーム抵抗運動」からハマースを導きたい。ハマースはパレスチナのムスリム同胞団が設立した急進派勢力で，PLOとイスラエルが1993年に結んだパレスチナ暫定自治協定（オスロ合意）には同意していない。

〔7〕やや難。自由将校団は細かい。このグループは1948年にナセルが組織したもので，その指導者にはエジプト共和国初代大統領のナギブもいる。

❖講　評

Ⅰ．曹操の逸話をテーマとしたリード文から，後漢末～魏晋南北朝時代の中国史を問う大問。政治史以外に文化史に関する出題が目立つが，大半は基本的用語を記述させる内容で，正確な漢字の記述に注意しながら完答を目指したい。ただ，『三国志』の著者，陳寿を解答させるAは世界史としてはやや細かい。

Ⅱ．満州人の中国支配と清成立後の中央機構・軍事制度をテーマとした問題。一部社会史的な用語もあるがほぼ政治史で占められており，空所補充の記述法のみで構成されている。圏地を求めるDが細かい用語だが，他は教科書レベルの基本用語であり，リード文中から正答を推測できる空欄もあるので，しっかりとリード文を読み込みたい。

Ⅲ．ドイツ（神聖ローマ帝国）を中心に記述されたリード文から関連するヨーロッパの近代史を問う大問で，後半はプロイセン・オーストリアからの出題が目立つ。政治・外交史が中心だが，文化史からも出題されている。教科書レベルの知識で解答可能な内容だが，マリア=テレジアの夫であるフランツ1世を問うIのみやや細かい。空欄の前後に正答となる語句の一部が記されている箇所も多いので大いにヒントとしたい。

Ⅳ．中東地域におけるイスラーム改革運動をテーマに，18世紀半ばから20世紀の中東の政治・外交が問われている。また，テーマから宗教に関する内容も目立つ。記述法を中心に選択法も加えて構成されているが，記述法にFのムスリム同胞団，〔6〕のハマース，〔7〕の自由将校団など細かい用語が目立つ。対策が手薄となりがちな中東の戦後史まで含まれていることと相まってレベルの高い内容となっており，点差が開きやすい。

地理

I 解答

〔1〕東京湾　〔2〕東経135度
〔3〕2万5000（分の1）　〔4〕計曲線
〔5〕がけ（土がけも可）　〔6〕尾根
〔7〕(1)田　(2)茶畑　〔8〕扇状地　〔9〕㋒・㋑・㋐・㋓　〔10〕2250m
〔11〕名称：谷口〔渓口〕（集落）
理由：山地と平地の産物を交換する市が立ち，人が集まる場所であったため。
〔12〕砂礫が堆積する微高地で水はけがよく，水害時に浸水被害を最小限に抑えられるため。
〔13〕(1)—×　(2)—×　(3)—×　(4)—○

◀解　説▶

≪岐阜県揖斐郡付近の地形図読図≫

〔1〕日本の地形図の標高は，東京湾の平均海面を基準としている。

〔2〕UTM図法の経度は，西経180度より東回りに6度ごとの経度帯（座標帯）グリッドに分割されている。第53帯の中央経線は，日本の標準時子午線の東経135度線にあたる。

〔3〕主曲線が10m間隔，計曲線が50m間隔で描かれているため，縮尺2万5000分の1地形図と判別できる。

〔6〕尾根は，山地で標高の高い部分が連なるところで，等高線が標高の高いほうから低いほうへ張り出した部分にあたる。

〔7〕(1)　田（ⅱ）が分布している。
(2)　茶畑（∴）が分布している。

〔8〕扇状地は，河川が山地から平地へ出る場所に砂礫が半円錐状に堆積した沖積平野で，緩やかに傾斜しているため等高線の間隔は比較的広く，高燥地であるため畑をはじめ果樹園や茶畑などに利用されることが多い。

〔9〕各神社は周辺の等高線や標高点から，㋒は90〜100m程度，㋑は70m程度，㋐は60m程度，㋓は55m程度と読み取れる。

〔10〕地形図上で9cmの長さの実際の距離は，〔3〕より縮尺が2万5000

分の1であるため，9〔cm〕×25000＝225000〔cm〕＝2250〔m〕となる。

〔11〕谷口集落は，山地から平野に河川が流れ出す地点に形成された集落で，「市場」の地名からもわかるように，山間部と平野部の産物を交換する市が立つことで人が集まり集落が形成された。

〔12〕微高地で水はけがよいこと，水害時の浸水被害が小さいことを明示すればよい。

〔13〕(1)　誤文。標高や等高線の形状からも，河床が周辺の平野面よりも高い天井川であることは読み取れない。

(2)　誤文。高等学校（⊗）はみられない。

(3)　誤文。河川Eは，西の山地から東の平野へ流れ出しており，老人ホーム（⌂）は河川の流水方向に向かって右側，すなわち河川Eの右岸に位置している。

(4)　正文。「東海自然歩道」は，河川Cより南側では100mの計曲線の西側の山地にあり，標高100mより高いところも通っている。

Ⅱ　解答

〔1〕A．ペニン　B．ミッドランド　C．ロレーヌ　D．ユーロポート　E．ドックランズ

〔2〕1―㋛　2―㋜　3―㋕　4―㋔　5―㋖　6―㋐　7―㋓

〔3〕種類：毛織物工業　地方：ヨークシャー

〔4〕―㋔　〔5〕―㋑　〔6〕―㋑

〔7〕サードイタリー〔第3のイタリア〕〔8〕甲―㋖　乙―㋕

〔9〕パークアンドライド方式

〔10〕(ア)―㋗　(イ)―㋑　(ウ)―㋓　(エ)―㋙

◀解　説▶

≪ヨーロッパの工業とその変遷≫

〔1〕A・B．古期造山帯のペニン山脈は，イギリスのグレートブリテン島中央部を南北に走り，その西側がランカシャー地方，東側がヨークシャー地方，南側がミッドランド地方にあたる。

C．フランスのロレーヌ鉄山とドイツのザール炭田を背景に，フランスのメス，ナンシー，ドイツのザールブリュッケンなどに鉄鋼業が発展した。

D．ユーロポートは，オランダのロッテルダムに建設された中継貿易港である。

E．ドックランズは，ロンドンのテムズ川沿いの荒廃した造船所や港湾施設などを，1980 年代より業務用・商業用・住宅用などに再開発した地区で，ウォーターフロント開発の事例として知られる。

〔2〕1．マンチェスターは，ランカシャー地方の中心都市で産業革命発祥の地といわれる。

2．ミドルズブラは，エコフィスク油田からのパイプラインが通じ石油化学工業などが発達する。

3．ダンケルクは，輸入原料を利用した臨海立地型の鉄鋼業などが発達する。

4．タラントは，イタリア南部開発の拠点として臨海立地型の鉄鋼業などが発達する。

5．トゥールーズは，EU の国際分業による航空機産業などが発達する。

6．エッセンは，ルール炭田を背景にルール工業地域の中心都市として鉄鋼業などが発達したが，近年は衰退したこれらの産業遺産の観光資源としての活用も進められている。

7．ストラスブールでは，主要な都市内交通を自動車から路面電車に転換するなど，環境を重視したまちづくりが行われている。

〔3〕偏西風に対してペニン山脈の風上側にあたり湿潤なランカシャー地方では綿織物工業が発達したのに対し，風下側にあたり乾燥するヨークシャー地方では毛織物工業が発達した。

〔4〕①石炭の産出量が多いため，シロンスク炭田などがあるポーランドと判定できる。

②供給量（産出量＋輸入量－輸出量）が大きいため，人口約 8400 万人と経済規模が大きいドイツと判定できる。

③供給量が小さいため，人口約 540 万人と経済規模が小さいノルウェーと判定できる。

〔5〕輸入原料への依存度が高い鉄鋼業が，輸入に便利な臨海部に立地する場合，交通指向型工業の代表例といえる。

〔6〕イギリス北部スコットランドのグラスゴー，エディンバラなどの先端技術産業集積地域を，シリコングレンとよぶ。

〔7〕伝統的職人技術と先端技術を結びつけ，中小企業の密接なネットワークを活かした製造業が発達する，ヴェネツィア，ボローニャ，フィレン

ツェなどイタリア中・北東部をサードイタリー（第3のイタリア）とよぶ。
〔8〕EU の中心部に位置し，面積・人口ともに規模の大きいフランス，ドイツでは，年間旅行収入・支出はともに大きくなる。比較的高緯度に位置するヨーロッパでは，北部から南部の地中海沿岸地域への余暇移動がみられるため，収入>支出の甲がより南部に位置するフランス，収入<支出の乙がより北部に位置するドイツと判定できる。
〔9〕都市内の交通渋滞や排気ガスによる大気汚染の緩和対策として，郊外の駐車場に自家用車を駐車し，公共交通機関に乗り換えて都心部に入ることを，パークアンドライド方式という。
〔10〕4つの都市，河川ともにヨーロッパにおいて主要なものであるため，地図帳などで地図上での位置を確認しておきたい。

III　解答

〔1〕イ―㋎　ロ―㋑　〔2〕―㋒
〔3〕A．ヒマラヤ　B．チベット〔西蔵〕
C．クンルン〔崑崙〕　D．ホワンツー〔黄土〕　E．ゴビ
F．ホワペイ〔華北〕　G．トンペイ〔東北〕　H．ホワイ　I．タリム
〔4〕①クンミン〔昆明〕　②ハルビン　③ウルムチ　④ラサ
〔5〕―㋑　〔6〕シベリア高気圧

◀解　説▶

≪中国の自然環境を中心とした地誌≫

〔1〕イ．中国の面積は約 960 万 km^2 で，日本（約 38 万 km^2）の約 25 倍である。
ロ．長江の河川長は約 6,380km で，鉄道による東京～大阪間の距離（約 500km 強）の約 13 倍である。
〔2〕チンリン=ホワイ川線は，北側の畑作地域と南側の稲作地域のおおよその境界とされ，年降水量 1,000mm の等降水量線とほぼ一致する。
〔3〕A・B・C・I．中国西部には，ヒマラヤ山脈，チベット高原など高峻な地形が分布するが，テンシャン山脈とクンルン山脈の間にはタリム盆地もあり，隔海度が大きく内陸砂漠のタクラマカン砂漠がみられる。
D・E．北部には，モンゴル高原やホワンツー高原が広がり，内陸砂漠のゴビ砂漠もみられる。
F・G．東部には，ホワペイ平原やトンペイ平原などの平野が広がる。

〔4〕①クンミンは，ユンコイ（雲貴）高原に位置するユンナン（雲南）省の都市で，2000年に経済技術開発区となった。

②ハルビンは，ヘイロンチヤン（黒竜江）省の都市で，電気機械，製紙などの工業が発達する。

③ウルムチは，シンチヤンウイグル（新疆維吾爾）自治区の都市で，油田を背景に石油化学などの工業が発達する。

④ラサは，チベット高原に位置するチベット（西蔵）自治区の都市で，チベット仏教（ラマ教）の聖地としても知られる。

〔5〕「草原の道」は，ユーラシア大陸中央部に位置するステップの草原を東西に貫く古代からの交易路で，モンゴル高原からカザフスタンなどを経由して，カスピ海北方から黒海北岸へ至る経路をいう。

〔6〕シベリア高気圧は，冬季を中心にシベリア東部に発達し，ユーラシア大陸北東部に低温乾燥の気候をもたらす。

❖講　評

Ⅰ．伊吹山地南東麓にあたる岐阜県揖斐郡付近の地形図の読図問題である。地形図製作に関する知識，縮尺判定，等高線，標高，記号，実際の距離の計算，地形・土地利用の読み取り，集落立地など，繰り返し出題されている定番の形式のものが多く，過去問演習が入試対策として効果的である。〔11〕・〔12〕で出題された論述問題も，教科書に記載のある知識で対応でき，全体として比較的取り組みやすい出題といえる。

Ⅱ．ヨーロッパの工業とその変遷に関するリード文と地図が示され，工業都市や地方名，地名，関連する地理用語，石炭および旅行収支に関する統計からの国名判定などについて出題された。全体を通じ，高校で学習する標準的な知識が試されている。〔2〕の都市名の判定は，リード文中と地図中の番号が対応しており比較的取り組みやすいが，逆に〔1〕や〔10〕の地名は地図中に示されず，地図上での位置を思い浮かべて解答する必要がある。いずれも普段から地図帳を使った学習が必須といえる設問である。

Ⅲ．中国の自然環境に関するリード文と地図が示され，国土面積や国内最長河川の日本との規模比較，自然地形名，都市名，気候に影響する高気圧などについて出題された。地誌的ではあるが，地形や気候といった自然環境分野の内容が中心である。〔1〕のロは鉄道による東京～大阪間の距離の知識を要するため難解といえる。〔3〕の自然地形名，〔4〕の都市名の判定はリード文中と地図中の記号・番号が対応するが，やや詳細な地名も問われている。

全体の問題分量，全体の難易度ともに，例年どおりの出題内容であった。大問別の難易度は，Ⅰがやや易，Ⅱが標準，Ⅲが標準である。

政治・経済

I　解答

〔1〕A―㋐　B―㋔　C―㋕　D―㋛　E―㋚
〔2〕(a)警察予備隊　(b)日米地位協定　(c)PKO
〔3〕―㋒　〔4〕―㋒　〔5〕―㋐　〔6〕―㋑　〔7〕―㋐　〔8〕佐藤栄作
〔9〕―㋔

◀解　説▶

≪日本の安全保障と日米外交≫

〔1〕A・C．日本はサンフランシスコ平和条約締結と同日に日米安全保障条約を締結し，占領米軍が引き続き日本に駐留することになった。

D．日米安全保障条約（1960年改定）では共同軍事行動の規定があいまいであったため，1978年に「日米ガイドライン（日米防衛協力のための指針）」が策定された。そして，冷戦後の国際情勢の変化（ソ連の脅威の消滅）に対応して1996年，日米安全保障共同宣言による安保再定義が行われ，翌年，「新ガイドライン」が策定された。これにより，「周辺事態」における日米協力の強化が図られた。さらに，2015年に「日米ガイドライン」は再改定され，日本の集団的自衛権行使の事例が盛り込まれた。

E．湾岸戦争は1991年，クウェートに侵攻して占領したイラクとアメリカを中心とする多国籍軍との間で展開された戦争。これをきっかけに自衛隊派遣による国際貢献が国内議論となり，翌1992年にPKO（国連平和維持活動）協力法が制定された。

〔4〕内戦後のカンボジアの復興に向けて組織されたPKOに対し，1992年にPKO協力法に基づく戦後初の本格的な自衛隊海外派遣が実施された。

〔5〕㋐が適切。

㋑不適切。自衛隊の最高指揮監督権をもつのは「防衛大臣」ではなく，総理大臣である。

㋒不適切。「福田赳夫」ではなく三木武夫。また，「竹下登」は中曽根康弘の誤り。

〔6〕㋑が適切。

㋐不適切。「ニューヨーク」はインド洋の誤り。

㋒不適切。「地中海」ではなくソマリア沖，また，「1989 年」ではなく 2009 年。

〔8〕核兵器を「持たず，作らず，持ち込ませず」という非核三原則は，佐藤栄作内閣時の 1971 年に国会で採択された。

Ⅱ　解答

〔1〕A．復興金融金庫　B．経済安定 9 原則
C．安定恐慌　D．ブロック経済　E．ニクソン

〔2〕超均衡　〔3〕―㋔　〔4〕―㋑　〔5〕―㋒　〔6〕SDR　〔7〕3
〔8〕―㋓　〔9〕新国際経済秩序

◀解　説▶

≪日本の戦後復興と国際経済≫

〔1〕A．復興金融金庫は，第二次世界大戦後の日本経済の復興を目ざして長期の産業資金を融資するため，1947 年に設置された政府の金融機関。

B・C．経済安定 9 原則は，1948 年に GHQ が日本経済の自立と安定を図り，インフレを収束させるために発した指令。この実現のために 1949 年，超均衡予算の確立と単一為替レート（1 ドル＝360 円）の設定を内容とするドッジ・ラインが実施された。これによりインフレは収束したが，日本経済は安定恐慌と呼ばれる急激な不況に見舞われた。

〔3〕㋔が適切。本源的預金＝C，支払準備率＝r とすると，信用創造で創出される預金額は「$\frac{C}{r}-C$」という式で表せる。したがって，支払準備率が大きいほどこの値は小さくなる。

㋐不適切。売りオペレーションを行うと，市場に供給される貨幣量は減少する。

㋑不適切。「無担保コールレート」と「公定歩合」が逆になっている。

㋒不適切。日本銀行は「銀行の銀行」の役割を負っているので，「行わない」は誤りとわかる。

㋓不適切。「小泉内閣」ではなく「安倍内閣」が正しい。

〔4〕㋑が不適切。分配国民所得は，企業所得と雇用者報酬，財産所得の合計である。

〔5〕㋒が適切。ブレトン・ウッズ協定では国際復興開発銀行（IBRD）と IMF（国際通貨基金）の設立が決まった。

ⓐ不適切。発展途上国に対する特恵関税制度は1964年の国連貿易開発会議（UNCTAD）で提案された。

ⓘ不適切。1971年のスミソニアン協定によりドルの切り下げが行われた。

〔6〕SDR（特別引き出し権）は，IMF加盟国の国際収支が赤字のとき必要な外貨を受け取る権利のことで，IMFへの出資金に応じて配分される。キングストン合意では金の代わりに通貨基準としてSDRを採用することが決定された。

〔7〕A国は衣類に比較優位をもち，B国はブドウ酒に比較優位をもっているので，A国は衣類，B国はブドウ酒に特化する。B国はブドウ酒1単位の生産に50人の労働者数を要するので，ブドウ酒生産をB国の労働者全員にあたる150人で行うと，$\frac{50人+100人}{50人}=3単位$ のブドウ酒が生産されるとわかる。

〔8〕ⓔが不適切。投資収益は第一次所得収支に含まれる項目である。

〔9〕新国際経済秩序樹立宣言は通称NIEO樹立宣言と呼ばれている。

III 解答

〔1〕A．賦課　B．マクロ（経済）スライド　C．75
D．イギリス

〔2〕合計特殊出生率　〔3〕基礎年金　〔4〕1961　〔5〕－ⓞ

〔6〕障害者雇用促進法　〔7〕修正資本

〔8〕イ．フィラデルフィア宣言　ロ．世界人権宣言　〔9〕－ⓤ

◀解　説▶

≪日本の社会保障制度とその歴史≫

〔1〕A．現行の日本における公的年金の財政方式は，事実上，修正積立方式から賦課方式に移行している。賦課方式とは，年金給付の原資を現役世代の保険料から賄う方式。

B．マクロ経済スライドは2004年に導入を決定，2015年度に初めて適用された方式で，現役人口の減少や平均余命の伸びなど社会情勢を反映して年金給付水準を減額する方法である。

C．2008年に老人保健制度が後期高齢者医療制度に改められ，75歳以上の国民全員がこの制度に加入し，対象者全員から保険料を徴収することになった。

D．イギリスでは第二次世界大戦後，ナショナル・ミニマム（国民生活の最低基準）の保障を掲げたベバリッジ報告（1942年）に基づき，「ゆりかごから墓場まで」をスローガンとする社会保障制度が整備された。

〔4〕国民皆保険・皆年金体制は，全国民をいずれかの医療保険制度・年金保険制度に加入させる体制のことで，前年までの法制定を経て，1961年に国民健康保険および国民年金の事業が始まったことにより実現した。

〔5〕㋔が不適切。求職者給付は雇用保険の内容であり，労災保険（労働者災害補償保険）の内容ではない。

〔6〕障害者雇用促進法は，障害者の安定した就労を実現するための方策を定めた法律。同法では，国，地方公共団体，民間企業に対して障害者雇用率を守る義務を課している。

〔8〕イ．フィラデルフィア宣言は，1944年にILO（国際労働機関）総会で採択されたもので，社会保障や医療の充実を各国に勧告している。

〔9〕㋒が適切。北欧諸国は社会保障が充実しているが国民負担率も高く，「高福祉・高負担」と呼ばれている。

❖講　評

Ⅰ．日本の再軍備や日米安全保障条約の変遷とその運用など，日本の安全保障や外交政策についての内容を問う出題。教科書レベルの基礎知識を確認する問題が多い。しかし，中には詳細な知識を問う問題もみられた。〔3〕の日米安全保障条約の改定年，沖縄返還年は覚えておかなければならない年号。とくに2022年は沖縄返還50周年に当たり，ニュースにもなった。〔7〕はやや詳細な知識が必要であった。

Ⅱ．第二次世界大戦後の日本経済の復興過程を中心のテーマとして，金融，国民所得，国際経済分野など経済分野から網羅的に出題された。大半は教科書の知識で解ける問題であった。〔2〕の「超均衡」予算を解答する問題はやや難しかった。〔7〕の比較生産費説に関する計算問題は頻出。必ず正解したい。〔9〕の「新国際経済秩序」を解答する問題は漢字指定があるので，「NIEO」は不正解となる。組織名などで日本語名称とアルファベット略称がある場合，どちらも覚えるようにしたい。

Ⅲ．少子高齢化にともなう日本の社会保障制度改革とその歴史を柱とする出題となっている。教科書に準拠した内容の問題が大半であったが，やや細かな知識を要する出題もみられた。〔1〕Bの「マクロ（経済）スライド」や〔4〕の国民皆保険・皆年金導入年の「1961」年は，やや詳細な知識が必要であったが，出題頻度が高い内容である。〔5〕の労災保険に関する選択問題は，労災保険と雇用保険の違いを明確に理解していないと解けない問題であった。

数学

I

解答　ア．$\frac{1}{3}$　イ．$\frac{2}{3}$　ウ．$\frac{1}{4}$　エ．$\frac{3}{4}$　オ．$\frac{3}{4}$　カ．$\frac{8}{9}$

キ．$\frac{12}{11}$　ク．$\frac{8}{11}$　ケ．$3x^2+6$　コ．2　サ．2　シ．4　ス．-2

セ．$\sqrt[3]{4}$　ソ．$\sqrt[3]{2}$　タ．4　チ．6　ツ．4　テ．$k+1$　ト．2　ナ．31

◀解　説▶

≪小問3問≫

〔1〕　LP：PC＝2：1より

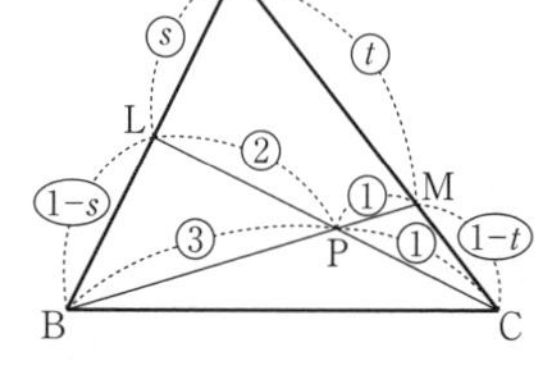

$$\overrightarrow{AP}=\frac{\overrightarrow{AL}+2\overrightarrow{AC}}{3}$$

$$=\frac{1}{3}s\overrightarrow{AB}+\frac{2}{3}\overrightarrow{AC}\quad\to ア，イ$$

BP：PM＝3：1より

$$\overrightarrow{AP}=\frac{\overrightarrow{AB}+3\overrightarrow{AM}}{4}=\frac{1}{4}\overrightarrow{AB}+\frac{3}{4}t\overrightarrow{AC}\quad\to ウ，エ$$

$\overrightarrow{AB}\neq\vec{0}$，$\overrightarrow{AC}\neq\vec{0}$ で $\overrightarrow{AB}$ と $\overrightarrow{AC}$ は平行でないから

$\frac{1}{3}s=\frac{1}{4}$ より　　$s=\frac{3}{4}$　→オ

$\frac{3}{4}t=\frac{2}{3}$ より　　$t=\frac{8}{9}$　→カ

$\overrightarrow{AN}=k\overrightarrow{AP}$ とおくと

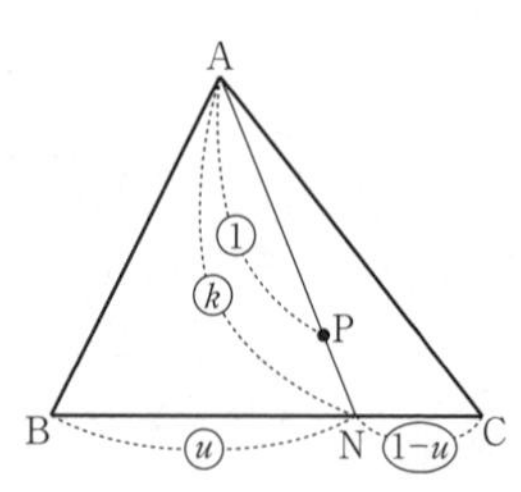

$$\overrightarrow{AN}=\frac{k}{4}\overrightarrow{AB}+\frac{2k}{3}\overrightarrow{AC}$$

一方　　$\overrightarrow{AN}=(1-u)\overrightarrow{AB}+u\overrightarrow{AC}$

$\overrightarrow{AB}\neq\vec{0}$，$\overrightarrow{AC}\neq\vec{0}$ で $\overrightarrow{AB}$ と $\overrightarrow{AC}$ は平行でないから

$$\frac{k}{4}=1-u\quad かつ\quad \frac{2k}{3}=u$$

よって　$\dfrac{k}{4}+\dfrac{2k}{3}=1$　　∴　$k=\dfrac{12}{11}$

すなわち　$\overrightarrow{AN}=\dfrac{12}{11}\overrightarrow{AP}$　→キ

また　$u=\dfrac{2}{3}\times\dfrac{12}{11}=\dfrac{8}{11}$　→ク

〔2〕 $y=x^3+6x-2$ より　$y'=3x^2+6$　→ケ

$x=\alpha+\beta$ を $x^3+6x-2=0$　……① に代入すると

$$(\alpha+\beta)^3+6(\alpha+\beta)-2=0$$

$$\alpha^3+\beta^3+3\alpha\beta(\alpha+\beta)+6(\alpha+\beta)-2=0$$

$$\alpha^3+\beta^3-2+3(\alpha+\beta)(\alpha\beta+2)=0 \quad \cdots\cdots②$$ →コ，サ

$\alpha^3+\beta^3-2=0$　……③ より　$\alpha^3+\beta^3=2$

$\alpha\beta+2=0$　……④ より　$\alpha^3\beta^3=(-2)^3=-8$

よって，解と係数の関係より，α^3，β^3 は2次方程式

$$t^2-2t-8=0$$

の解である。

$(t-4)(t+2)=0$ より　$t=4,\ -2$

$\alpha^3>\beta^3$ より　$\alpha^3=4,\ \beta^3=-2$　→シ，ス

したがって　$\alpha=\sqrt[3]{4},\ \beta=-\sqrt[3]{2}$　→セ，ソ

〔3〕 自然数 n の正の約数の個数 $A(n)$ は，n を素因数分解して，各素因数の個数が何通りあるかを考えればよい。

$39=3\cdot13$ より　$A(39)=(1+1)\times(1+1)=4$　→タ

$50=2\cdot5^2$ より　$A(50)=(1+1)\times(2+1)=6$　→チ

同様に考えて，異なる素数 p，q に対して

$$A(pq)=(1+1)\times(1+1)=4$$ →ツ

$$A(p^k)=k+1$$ →テ

$A(m)=5$ である m（$m=1,\ 2,\ \cdots,\ 200$）の個数について

(i)素因数が1種類のとき

$m=p^k$（$k\geqq1$）とすると

$A(m)=k+1=5$ より　$k=4$

$2^4=16,\ 3^4=81,\ 5^4=625,\ \cdots$ より　$m=16,\ 81$ の2個

(ii)素因数が2種類のとき

$m=p^kq^l$ $(k\geqq l\geqq 1)$ とすると

$$A(m)=(k+1)(l+1)$$

$(k+1)(l+1)=5$ となる1以上の整数は存在しないから不適。

(iii)素因数が3種類のとき

明らかに不適。

(i)〜(iii)より，$A(m)=5$ である m の個数は　　2個　→ト

$A(m)=8$ である m $(m=1,\ 2,\ \cdots,\ 200)$ の個数について

(i)素因数が1種類のとき

$m=p^k$ $(k\geqq 1)$ とすると

$A(m)=k+1=8$ より　　$k=7$

$2^7=128$，$3^7=2187$，… より　　$m=128$ の1個

(ii)素因数が2種類のとき

$m=p^kq^l$ $(k\geqq l\geqq 1)$ とすると

$$A(m)=(k+1)(l+1)$$

であるから，$A(m)=8$ を満たす k，l は

$$k+1=4,\ l+1=2 \qquad \therefore\quad k=3,\ l=1$$

そこで，$A(m)=A(p^3q)=8$ を満たすものをすべて書き出すと

$p=2$ のとき

$2^3\cdot 3=24$，$2^3\cdot 5=40$，$2^3\cdot 7=56$，$2^3\cdot 11=88$，$2^3\cdot 13=104$，

$2^3\cdot 17=136$，$2^3\cdot 19=152$，$2^3\cdot 23=184$ の8個

$p=3$ のとき

$3^3\cdot 2=54$，$3^3\cdot 5=135$，$3^3\cdot 7=189$ の3個

$p\geqq 5$ のとき

$$p^3q\geqq 5^3\times 2=250>200$$

となり不適。

よって　　$8+3=11$ 個

(iii)素因数が3種類のとき

このとき明らかに　　$m=pqr$　(p，q，r は異なる3つの素数)

そこで，$A(m)=A(pqr)=8$ $(p<q<r)$ を満たすものをすべて書き出すと

$p=2$ のとき

$2\cdot 3\cdot 5=30$，$2\cdot 3\cdot 7=42$，$2\cdot 3\cdot 11=66$，$2\cdot 3\cdot 13=78$，$2\cdot 3\cdot 17=102$，

$2\cdot3\cdot19=114$, $2\cdot3\cdot23=138$, $2\cdot3\cdot29=174$, $2\cdot3\cdot31=186$,
$2\cdot5\cdot7=70$, $2\cdot5\cdot11=110$, $2\cdot5\cdot13=130$, $2\cdot5\cdot17=170$,
$2\cdot5\cdot19=190$,
$2\cdot7\cdot11=154$, $2\cdot7\cdot13=182$ の $9+5+2=16$ 個

$p=3$ のとき

$3\cdot5\cdot7=105$, $3\cdot5\cdot11=165$, $3\cdot5\cdot13=195$ の 3 個

$p\geqq5$ のとき

$pqr\geqq5\times7\times11=385>200$

となり不適。

よって　$16+3=19$ 個

(iv)素因数が 4 種類のとき

明らかに不適。

(i)〜(iv)より，$A(m)=8$ である m の個数は　$1+11+19=31$ 個　→ナ

II　解答

ア．$-\dfrac{x_3}{10}$　イ．10　ウ．$\dfrac{1}{2}$　エ．$-\dfrac{x_3}{10}+10$　オ．$\dfrac{1}{100}$

カ．98415　キ．95548　ク．$\sqrt{2}$　ケ．1　コ．1　サ．20

◀解　説▶

≪賃貸住宅物件の月額家賃を題材にした計算≫

$$-\frac{x_3}{10}=\log_3 3^{-\frac{x_3}{10}}\quad \rightarrow ア,\quad 10=\log_3 3^{10}\quad \rightarrow イ$$

より

$$\log_3 y=\frac{1}{2}\log_3 x_1-\frac{1}{100}\log_3 x_2+\log_3 3^{-\frac{x_3}{10}}+\log_3 3^{10}$$

$$=\log_3\frac{x_1^{\frac{1}{2}}\cdot3^{-\frac{x_3}{10}+10}}{x_2^{\frac{1}{100}}}$$

であるから

$$y=\frac{x_1^{\frac{1}{2}}\cdot3^{-\frac{x_3}{10}+10}}{x_2^{\frac{1}{100}}}\quad \rightarrow ウ〜オ$$

〔1〕　$x_1=25$, $x_3=10$, $x_2=1$ より

$$y=\frac{25^{\frac{1}{2}}\cdot3^9}{1^{\frac{1}{100}}}=5\times19683=98415\quad \rightarrow カ$$

〔2〕 $x_1=25,\ x_3=10,\ x_2=20$ より

$$y=\frac{25^{\frac{1}{2}}\cdot 3^9}{20^{\frac{1}{100}}}=\frac{5\times 19683}{1.030}=95548.5\cdots$$

小数点以下を切り捨てると　$y=95548$　→キ

〔3〕 住宅面積 x_1 だけが異なり，その比が1：2であるから，家賃の比は

$1^{\frac{1}{2}}:2^{\frac{1}{2}}=1:\sqrt{2}$　→ク

〔4〕 物件P，Qの月額家賃をそれぞれ $y_{\mathrm{P}},\ y_{\mathrm{Q}}$ とすると

$$y_{\mathrm{P}}=\frac{x_1{}^{\frac{1}{2}}\cdot 3^{-\frac{a}{10}+10}}{x_2{}^{\frac{1}{100}}}=\frac{x_1{}^{\frac{1}{2}}\cdot 3^{-\frac{a}{10}}\cdot 3^{10}}{x_2{}^{\frac{1}{100}}}$$

$$y_{\mathrm{Q}}=\frac{(2x_1)^{\frac{1}{2}}\cdot 3^{-\frac{a^2}{10}+10}}{x_2{}^{\frac{1}{100}}}=\frac{2^{\frac{1}{2}}x_1{}^{\frac{1}{2}}\cdot 3^{-\frac{a^2}{10}}\cdot 3^{10}}{x_2{}^{\frac{1}{100}}}$$

と表せるから，$y_{\mathrm{P}}=y_{\mathrm{Q}}$ のとき

$$3^{-\frac{a}{10}}=2^{\frac{1}{2}}\cdot 3^{-\frac{a^2}{10}}\qquad \log_3 3^{-\frac{a}{10}}=\log_3(2^{\frac{1}{2}}\cdot 3^{-\frac{a^2}{10}})\qquad -\frac{a}{10}=\frac{1}{2}\log_3 2-\frac{a^2}{10}$$

$$a^2-a-5\log_3 2=0\qquad \therefore\quad a=\frac{1\pm\sqrt{1+20\log_3 2}}{2}$$

$a>1$ より　$a=\dfrac{1+\sqrt{1+20\log_3 2}}{2}$　→ケ～サ

III　解答

〔1〕 $\cos\left(\theta+\dfrac{\pi}{2}\right)=-\sin\theta,\ \sin\left(\theta+\dfrac{\pi}{2}\right)=\cos\theta$ より

$\mathrm{Q}\left(\cos\left(\theta+\dfrac{\pi}{2}\right),\ \sin\left(\theta+\dfrac{\pi}{2}\right)\right)$

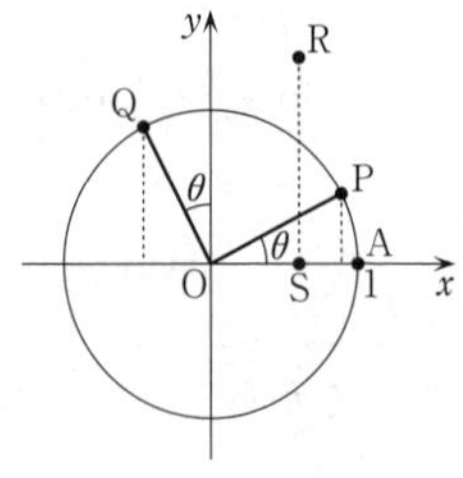

ゆえに　$\angle\mathrm{POQ}=\dfrac{\pi}{2}$　……(答)

〔2〕 右図より

$$T=\frac{1}{2}\times(\cos\theta+\sin\theta)\times\{(\cos\theta-\sin\theta)-(-\sin\theta)\}$$

$$=\frac{1}{2}(\cos\theta+\sin\theta)\cos\theta=\frac{1}{2}(\cos^2\theta+\sin\theta\cos\theta)$$

$$=\frac{1}{2}\left(\frac{1+\cos 2\theta}{2}+\frac{\sin 2\theta}{2}\right)=\frac{1}{4}\sin 2\theta+\frac{1}{4}\cos 2\theta+\frac{1}{4}$$

$$=\frac{\sqrt{2}}{4}\sin\left(2\theta+\frac{\pi}{4}\right)+\frac{1}{4}$$

ここで，$0<\theta<\frac{\pi}{4}$ より　$\frac{\pi}{4}<2\theta+\frac{\pi}{4}<\frac{3\pi}{4}$

であるから　$\frac{1}{\sqrt{2}}<\sin\left(2\theta+\frac{\pi}{4}\right)\leqq 1$

よって，面積 T の最大値は　$\frac{\sqrt{2}}{4}\times 1+\frac{1}{4}=\frac{\sqrt{2}+1}{4}$　……(答)

また，そのとき

$2\theta+\frac{\pi}{4}=\frac{\pi}{2}$　より　$\theta=\frac{\pi}{8}$　……(答)

〔3〕 $\theta=\frac{\pi}{8}$ のとき，直線 PQ の傾きは

$$\frac{\sin\theta-\cos\theta}{\cos\theta-(-\sin\theta)}=\frac{\sin\theta-\cos\theta}{\cos\theta+\sin\theta}=\frac{\sin^2\theta-\cos^2\theta}{(\cos\theta+\sin\theta)^2}$$

$$=-\frac{\cos^2\theta-\sin^2\theta}{1+2\sin\theta\cos\theta}=-\frac{\cos 2\theta}{1+\sin 2\theta}$$

$$=-\frac{\cos\frac{\pi}{4}}{1+\sin\frac{\pi}{4}}=-\frac{\frac{1}{\sqrt{2}}}{1+\frac{1}{\sqrt{2}}}=-\frac{1}{\sqrt{2}+1}$$

$$=-(\sqrt{2}-1)=1-\sqrt{2}$$ ……(答)

別解　〔1〕 $\overrightarrow{\mathrm{OP}}=(\cos\theta,\ \sin\theta)$，$\overrightarrow{\mathrm{OQ}}=(-\sin\theta,\ \cos\theta)$ より

$\overrightarrow{\mathrm{OP}}\cdot\overrightarrow{\mathrm{OQ}}=-\cos\theta\sin\theta+\sin\theta\cos\theta=0$

ゆえに　$\angle\mathrm{POQ}=\frac{\pi}{2}$

参考　〔2〕 $\overrightarrow{\mathrm{QR}}=(\cos\theta,\ \sin\theta)$，$\overrightarrow{\mathrm{QS}}=(\cos\theta,\ -\cos\theta)$ であるから

$$T=\frac{1}{2}|\sin\theta\cos\theta-\cos\theta(-\cos\theta)|$$

$$=\frac{1}{2}|\sin\theta\cos\theta+\cos^2\theta|$$

$0<\theta<\frac{\pi}{4}$ より

$$T=\frac{1}{2}(\sin\theta\cos\theta+\cos^2\theta)$$

◀解　説▶

≪三角関数と図形≫

三角関数と図形の基本問題である。〔2〕では直線 RS が y 軸に平行であることに着目して計算する。〔参考〕のように，2つのベクトルがつくる三角形の面積の公式を用いてもよい。面積の最大値を計算するためには，2倍角の公式や合成公式を活用する。〔3〕も2倍角の公式の活用がポイントである。

❖講　評

Ⅰは小問3問で，〔1〕は平面ベクトルの基本問題，〔2〕は3次方程式の解を求める問題であるが，あまり見かけないタイプの問題である。このような場合，慌てず指示（誘導）に従って解答していけばよい。〔3〕は素因数分解から正の約数の個数を求める問題で，前半は基本問題であるが，後半はややレベルの高い問題である。試験時間を考慮すれば，最後の設問は後回しにしてもよいであろう。

Ⅱは住宅面積，築後年数，都心までの距離と月額家賃の関係を考察するという現実的な問題であるが，数学の内容としては指数・対数関数の易しい計算問題である。

Ⅲは三角関数と図形の典型的な問題である。設問にある三角形の面積も簡単であるが，その最大値を求めるためには2倍角の公式や合成公式など，三角関数の公式を自由に使えることが必要となる。三角関数の計算ができさえすれば易しい問題である。

は内容真偽。各選択肢が長いが、本文との異同が明確で、取り組みやすい。標準的。問8の文学史は作品のジャンルが問われた。選択肢の数も多く、やや難。全体として標準的。

四の漢文は、明治時代に活躍した漢学者、信夫恕軒（しのぶじょけん）の『恕軒遺稿』を出典とする。問1の読みの①「苟」は頻出語。②「高於人」は文脈から答えることになる。「於」がもつ意味を理解していないと難しい。やや難。問2の書き下し文には「自」を「より」と読むこと、「安」は反語なので「いづくんぞ〜や」と読むことの知識が必要。やや難。問3の空所補充は使役の送り仮名「セラレン」をヒントに考える。鳳や龍といった立派な生物が、フクロウやカワウソにとって代わられたということで文意が通る。全体として、やや難。漢文については難読語や句法についての学習が欠かせない。

本文では「姑く舎きて焉を論ぜず」と記されており、外れる。3も後半の「伝説上の」以下が間違い。「若し其の形の似たるを以て……似て類する者亦た多し」とあり、選択肢とずれがある。5は本文冒頭の「麟の物たる、経史之を載せ……聖人の祥瑞たるを知るなり」とずれている。6は「その有無を……議論するのはそもそも意味がない」とあるが、このことに関して本文では記されていない。

❖講　評

一の現代文は、古代のモノノケの対処法について述べた文章。『源氏物語』などからの具体例を織り交ぜ、論旨はつかみやすい。問1の「回向」はやや読みにくい。問3の空所補充は、Dの選択がポイント。文脈の丁寧な読みが正解につながる。標準的。問4は欠文挿入箇所を問うもの。挿入文の主語は明確で、文意が通る箇所は絞りやすく、容易。問5・問7の内容説明も本文を丁寧に探れば正解できる。標準的。問8の空所補充は四字という字数制限のヒントがあるものの、やや難である。問9は内容真偽。選択肢と本文の正確な照会が必要だが、選択肢が本文に沿って記されており、わかりやすい。標準的。問10は谷崎潤一郎の作品を選ぶ文学史で、標準的。全体として標準的。

二の現代文は、日本の「近代小説」の成り立ちを説く文章。具体例が対比して示されており、論旨はとりやすい。問1の内容説明は、「私」が本人なのか、他者なのかわかりにくく、戸惑う。やや難。問2の空所補充は直後に選択肢の語があり、容易。問3・問4の内容説明もわかりやすい。標準的。問5は話題が多岐にわたり、一つずつ確認せねばならないため、やや煩雑。あらかじめ、選択肢を頭に入れてから本文を読む方が効率的。全体として標準的。

三の古文は『古今著聞集』が出典。内容はとりやすいが、分量がかなり多い。また、仏教の知識があると有利に働いた。問1の文法は平易。問2の空所補充はAがやや難。問3の口語訳は「すまふ」「まうけ」の知識が必須。口語訳としては標準的。問4の主語（行為の主体）を問う設問では、会話になっている㊁「参らせよ」がやや難。問5の理由説明は文脈が追えれば問題なく解ける。標準的。問6の口語訳は「さらに」「うく」の語意の把握がカギ。標準的。問7

るべけんや」と。余謂らく麟の有無は、姑く舎きて焉を論ぜず。聖人に非ざるよりは、安くんぞ麟の麟たるを知らんや。若し其の形の似たるを以て麟と為せば、則ち深山大沢、似て類する者亦た多し。皆之を麟と謂はんか。嗚呼、真麟伏し竄れて、偽麟跋扈す。鳳よ龍よ、将に鴟獺に制せられんとす、哀しいかな。

◀解　説▶

問1　①「苟」は「いやしくも」と読み、〝もしも〟〝仮に〟〝本当に〟と訳す。順接仮定条件を表す。

②「高於人」は「ひとよりたかく」と読む。「A於B」では「於」が、直後に比較の対象があることを表している。Aには形容詞が入る。〝BよりAである〟と訳すことができる。ここは「之猟猢」の説明で、身長は〝人より高い〟という意味を表している。次に「項長」(くびのながさ)に続くため、「高く」と連用中止の形の読みとなる。

問2　二カ所の句法の理解がポイント。「自非」は「～にあらざるよりは」と読み、〝～でない限りは〟〝もし～でないならば〟と訳す。仮定・限定の意を示す。また、「安～哉」は「いづくんぞ～や」と読み、〝どうして～であろうか〟と訳す反語の用法。ここでは、〝聖人でない限りは、どうして麒麟が麒麟であることがわかるだろうか、いやわからない〟と訳し、「麟」という動物が「麟」であると判断できるのは、聖人のみであるということを示している。「～にあらざるよりは」と読んでいる選択肢が1と3で、「安」を「いづくんぞ」と反語の読みをしているものは1である。ちなみに、「安」を「いづくに(か)」と読めば、場所を問う疑問の意となる。

問3　対比されている動物の意味を考える。鳳は鳳凰で、龍と合わせて、想像上のすばらしい動物を表す。一方、鴟獺とは現実にいる小動物で、それほどすばらしい動物というわけではない。想像上の縁起の良い動物が、普通の小動物に〈抑えられる〉ようになっているという文脈ととらえられる。すると3の「制」が正解となる。送り仮名の「せられん」が受身になっていることをヒントに、挿入して文意が通るものを選ぶ形になる。

問4　本文の最後の文「嗚呼……哀哉」が4と符合している。正解は4である。1は後半の「獣に神秘性を付与する……」が間違い。「是れ衆を欺くなり」と本文では記されている。2の最後「西洋人の態度は全く不当である」は、

問4　4

◆全　訳◆

麒麟がどんな動物か、儒家の経典と歴史書に取り上げられて、韓愈がこれを解説している。仮に書物を読む者であれば、聖人の出現を示すめでたい前兆であることを知っているのである。けれども西洋の学説には、「多くの種類の獣の中に、麒麟という動物はいない。いわゆる『西に狩りして麟を獲たり』というのは、之猟猢（＝キリン）である」とある。西洋に麋という大型の鹿がいて、（これを）之猟猢という。豹の文様でロバの足をしており、身長は人間より高く、首の長さは八尺（＝約二・四メートル）である。上野動物園で人に思う存分見せている動物がこれである。そもそもその之猟猢という動物を知らないのに（それが）麒麟だと考えるのは、自分が詳しく知らないことを表していることになる。之猟猢がどんな動物であるかを知っていて、しかも麒麟と標榜するということは、大衆を欺くことである。西洋人がひそかに笑って、「この人たちが麒麟という動物がいないことを知らず、また之猟猢という動物がいるのも知らないということは、嘆かないべきであろうか（、いや嘆くべきことだろう）」と言っている。私が思うに麒麟という動物の有無は、しばらくおいておきこのことを論じない。聖人でない限りは、どうして麒麟が麒麟であることがわかるだろうか（、いやわからない）。もしその形状が似ていることで麒麟とするのであれば、深い山大きな水があるところには、同類と考えられるものも多いのである。皆はこれを麒麟というだろうか。ああ、本物の麒麟は隠れてしまって、偽物の麒麟がのさばっている。鳳凰や竜が、今にもフクロウやカワウソ（といったつまらないもの）に制せられるようなもので、哀しいことだ。

読み　麟の物たる、経史之を載せ、韓愈之を解す。苟も書を読む者、聖人の祥瑞たるを知るなり。而れども西洋の学説に曰はく、「毛虫三百、麟と曰ふ者無し。所謂西に狩りして獲たる者は、之猟猢なり」と。西洋に麋有り、之猟猢と曰ふ。豹の文にして驢の足、身は人より高く、項の長さ八尺。上野動物園人をして縦観せしむる者是れなり。夫れ其の之猟猢たるを知らずして以て麟と為すは、是れ我が不明を表はすなり。其の之猟猢たるを知りて、而も標して以て麟と為すは、是れ衆を欺くなり。洋人窃かに笑ひて曰はく、「渠麟と曰ふ者無きを知らず、又之猟猢と曰ふ者有るを知らざるは、嘆かざ

ら装束なる童子……天狗法師うち見るより、やがて失せにけり」のことを指している。童子が来たことで、天狗が去って行ったのである。この内容と符合するのは6である。

問6　傍線㋗の「さらに」は呼応の副詞で、打消表現を伴い、〝全く〜ない〟〝決して〜ない〟と訳す。「うく」は〝根拠がない〟意。直訳すると〝全く根拠のない話ではない〟となる。選択肢で言えば、3「まったく架空の出来事ではない」と合致する。

問7　第四段落二文目「いささか竹門」から「このさかなに盛れるものども、すべて見も知らぬ物なり」までが、4と合致している。また、最終段落の冒頭「さしも……息音もせずなりぬ」から「或は縁の束柱のかくれ……世を恐れてかくれまどひをりけり」までが、6に合致している。1は、山伏が「唯蓮房」のことを「敬慕する」とあるのが間違い。2は「僧たちが邪魔をして寄っていけず」が本文と異なる。3は「天狗を馬鹿にして外に出ようとしなかった」「天狗は……突き立てた」が間違い。5は後半の「天狗の怒りをかって追い出され」が間違い。

問8　本文の出典である『古今著聞集』のジャンルは説話である。2『山家集』は西行の私家集でジャンルは歌集である。1『十訓抄』は『古今著聞集』と密接な関係のある説話集。3『今昔物語集』は日本最大の古代説話集。4『宝物集』は鎌倉時代初期の仏教説話集。5『日本霊異記』は平安時代初期の仏教説話集。6『発心集』は鴨長明の仏教説話集。

四

出典　信夫恕軒『恕軒遺稿』

解答

問1　①いやしくも　②ひとよりたかく

問2　1

問3　3

④「いぬ」の「ぬ」はナ変動詞「往ぬ」の終止形活用語尾。ここでは5「動詞の一部」。

問2　A、「いたす」に接続する語を入れる。1「行」を入れると、〝修行をする〟意となり、天狗がたびたび訪ねてきたが、修行のおかげで難を逃れるという文脈になる。

B、直前に、天狗の腕に少しだけ小刀を突き立てたために、天狗が怒って、手荒く引き出したことが記されている。そして、二つの B の間に「よもの木ずゑなどのしたに見くだされける」とあり、〝四方の木の枝などが眼下に見える〟ということなので、木々の景色を上空から下に見ているということがわかる。そこで、5「空」を入れる。

問3　㋐「すまひ」は「争ひ」で、〝争う、抵抗する〟意。ここでは、天狗が無理やり唯蓮房の腕をつかんで引き出そうとしたのに対して、「すまひて(＝〝抵抗して〟)いでず(＝〝出なかった〟)」のである。

㋑「まうけ」の理解がポイント。「まうけ」は〝ごちそうの用意〟の意。「いとなむ」は〝作る、用意する〟の意。

問4　㋒「法師一人、高坏に……とすすむる」まで主語の「法師」は変わらない。その法師の運んできた料理は唯蓮房には「すべて見も知らぬ物」であり、「ともかくも物もいはず……かいつくなひてゐ」る唯蓮房に、法師が「これ」(＝「このさかなに盛れるものども」)を「しきりに」「すすむ」のである。

㋓唯蓮房がお酒を召し上がらないことを「酌とりの法師」が伝えたときの奥の人の発言にある語である。「参らす」は〝差し上げる〟意。ここでは、㋒と同様に「酌とりの法師」が唯蓮房に料理を差し上げるということである。

㋔「ゆゆしき美膳」(＝〝見事に立派な食膳〟)を「とりいだ」すのは、3の「奥のかた」である。お酒を召し上がらないのなら〝これを召し上がってもらおう〟と、奥のかたが「ゆゆしき美膳」を用意したのである。

㋕「参る」(＝〝召し上がる〟)主体は5の「唯蓮房」である。話し手は「酌とりの法師」で、唯蓮房に〝お酒は召し上がらないようですが、こちらの食事をお召し上がりください〟と勧めているのである。

問5　傍線㋖は〝(唯蓮房は)気持ちが落ち着いてきて恐れる心がなくなった〟の意である。直前に「その時」とあり、これは直前の二文、つまり、騒々しかった音が全くなくなったことをいう。さらにこれは、その前の段落末尾の「し

りください」と勧めるので、持斎（＝一日一度の食しかとらないという戒律）の事情を言って食べない。強くさらに勧めるけれども、まだ食べないで、ますます深く十羅刹の加護を念じていると、竹の戸の方から人の音がするのを見やったところ、白装束の童子二人が、むちを持っていらっしゃる。これをこの天狗法師がちらりと見るとすぐに、（この天狗法師は）そのまま消えてしまった。

そうして奥の方でひしめき騒いでいた物音なども、すべて（なくなり）息の音もしなくなった。木の葉を風が誘って去ってしまったようである。そのときに、唯蓮房は、気持ちが落ち着いてきて恐れるものもない。あまりの不思議さに、家の奥の方まで行って見回すと、全く誰一人もいない。「十羅刹が助けてくださったのだ」と、尊く恐れ多いことこの上ない。「それにしても、大勢の者たちはどこへ消えてしまったのだろう」と思っていると、あるものは縁の束柱の隠れに、またあるものは長押やたるき（＝屋根を支える木材）の間などに、わずか子ネズミほどの大きさになって、小法師どもが身を寄せ、ただもう怖がって隠れ惑っていたのであった。唯蓮房を見て恐れたことはあきれるほどである。その童子は、聖（＝唯蓮房）を呼んで、「恐ろしいと思うな」と言って、一人は前に立ち、もう一人は後ろに立っていらっしゃる。はじめ来たときは、はるばると野山を越えて（空を駆け）、少し時間がかかったが、この童子の後ろに従って、ほんの少しの間に（元いた）本房に行き着いたとかいうことだ。これは決して根も葉もないことではない。末法の世と言いながらも、信仰の力に応じて仏法の効験が無駄ではないことはこのようなものである。

▲解　説▼

問1　①「知らぬ」の「知ら」は、四段活用「知る」の未然形。未然形接続の助動詞で活用形に「ぬ」をもつのは打消の助動詞「ず」で、正解は6となる。

②「ほど」という名詞に接続しており、時を表す3の「格助詞」。

③「のきにけり」で〝除いてしまった〟の意。連用形接続の過去の助動詞「けり」に接続していることから、「に」は連用形の助動詞である。よって完了の助動詞「ぬ」の連用形と決まり、正解は4となる。

このあたりか」と思うと、だんだん遠くなっていった。「これはどうしたことか」と不思議に思っているうちに、この僧たちが立ち上がって取り囲んで、その中に一人葛のつるで作った縄を持って、唯蓮房にかけようとした。「もう縛ろうというのだな」と思って、剣を抜いてこれを打ち払うと、葛は皆切られて体から離れてしまった。このようなことがたびたびになったけれど、いつの間にか法師たちも消えてしまった。それから唯蓮房は帰って、またこの修行をする。

また次の日、山伏が、明かり障子を開けてやってきた。前の通り他のことを考えず十羅刹を祈念申し上げて座っていたところ、天狗が、手を差し伸ばして唯蓮房の腕を取って、「さあ来られよ」と言って、引っ張り出そうとした。唯蓮房は、抵抗して出なかった。このように押し合っているうちに、硯の中に小刀があったのを取って持っていたので、その小刀を天狗の腕に少し突き立てる格好になった。そのときに、天狗は、「こんな方法を取るのであれば（こちらも手荒に扱おう）」と言って、（唯蓮房を）手荒く引き出して帰って行った。空を駆けるかのように思われて、行く心も無意識で、全く夢のようである。四方の木の枝先などが下に見えたことで、空中を行くというのがわかったのである。

そうして（唯蓮房を）ある山の中に置いた。少し竹の門のある家で古びた家に置いて、明かり障子があったのを引き開けて、「この中へ（入れ）」と言って（中に）入れたので、（唯蓮房は）「ここまで事が進んでは、拒むこともかなわないだろう」と思って、（天狗が）言うことに従って入った。奥の方の様子をうかがうと、この（人の）ごちそうの用意をしているように思われ、人がたくさんいる物音がして、ひしめいて用意をしている。「お客様がいらっしゃった」と言っているうちに、一人の法師が、食物を盛る器に酒の肴を据えて持ってきて据え置いた。またお銚子に酒を入れてきた。「これをお召し上がりください」と勧めるのを見ると、この肴として器に盛っているものは、すべて見たこともないものである。ひと言も口をきかず、ただ仏の加護に身をまかせて、きちんと姿勢を整えて座っていると、しきりにこれを（食べるように）勧めてくる。酒を断っていることを言って飲まないでいると、この酌取りの法師が、（唯蓮房が）全くお酒を召し上がらないことを奥の方に言ったところ、「それならこれを差し上げろ」と言って、すぐすばらしく立派な食膳を取り出してきた。これもまた全く見たことのないものを盛り備えている。「お酒は召し上がらないようですが、これをお召し上が

三

出典　橘成季『古今著聞集』〈巻第十七　変化　六〇四　建保の比、大原の唯蓮房法験に依りて天狗の難を遁るる事〉

解答

問1　①－6　②－3　③－4　④－5

問2　A－1　B－5

問3　㋐抵抗して出ない（八字程度）　㋑ごちそうの用意をしている（十字程度）

問4　㋒－4　㋓－4　㋔－3　㋕－5

問5　6

問6　3

問7　4・6

問8　2

◆全　訳◆

大原の唯蓮房は、五種法師の修行（＝仏典の書写）を最初行っておられたが、天狗がたびたび邪魔をした。唯蓮房が、書写法師でしたときに、ある日の昼頃、明かり障子の外で聞いたこともない声で「唯蓮房」と呼ぶ人がいる。「誰だ」とだけ答えて、出て行って会うことはしない。そうこうしているうちに部屋の後ろの出入り口の方からこの人が入ってくるのを見ると、（それは）たいそう恐ろしそうな山伏である。「（あれは）天狗だな」と思うと、恐ろしいことこの上ない。ただひたすら十羅刹を祈り申し上げて、また目も合わせずに書写していると、この山伏が、「ああ貴くいらっしゃるものだなあ」と言って、その日は帰った。

その後また見知らぬ中間法師が一人でやってきて言うことには、「ただ今僧正の御房がご入堂なさいます。お目にかかりたいとのことでございます」と言うので、そのときには天狗だとも思いもせずに、急いで出て見ると、本当に僧正が、たくさんの僧を連れていらっしゃった。「ここへ」とお呼びになったので、その命令に従って近寄っていくと、「（僧正は）

問3　第八～十段落で「異人」と「他者」が対比されている。第八段落で、「異人」は「互いにわかり合えている共同体があり、その上でそこに属さない人々」と定義されている。また、第十段落で、「他者」は、「わかり合っていないことだけはわかっている」「近代」において、互いに疑いつつ相手を「観察」し、「理解しようとする」人と記されている。この内容に符合する選択肢は4である。本文での筆者の論を丁寧に読んでいくこと。

問4　「社会」の内容を問うものである。傍線㋒の主語が「他者」であることをまず確認する。「社会」は「ムラ」とは違う「まとまり」で、「人が努力でつくる人工的な関係」であると第十一段落で述べられている。また、第十四段落には、「社会」を「『他者』同士で加害しないという約束ごとの上で話し合って利害を調整して」いくものと記されている。この文脈に合致する選択肢は3である。1は本文の内容と大きく外れている。2は「自然と出来上がっていった」が間違い。この関係は第十一段落にあるように「人が努力でつくる人工的な関係」である。4は「もはやわかり合えないことを嘆いた人々」が間違い。5は「自意識の衝突を経験してうんざりした人々」が間違い。

問5　1は「神隠し」を主眼としている点が間違い。第八段落に、「異人」とは「山中に生きる人」が「妖怪と見間違えられたものであると書かれている。2は「サムトの婆」を「『他者』として排除」が間違い。「他者」ではなく〈「異人」として排除〉である。3は漱石の「探偵妄想」の原因を「『自覚心』(自意識)同士の衝突を避けて孤独に」なったためとしているが、第十段落ではその原因を「『自覚心』(自意識)の軋轢、衝突」としている。4の高浜虚子の感覚は、第十三段落で、「社会」を「他人に快楽を与へ」「不愉快を与へてはならぬ」ものとしたこと、そして、第十五段落の冒頭、江藤淳によって「虚子が感じた『社会』とは『他者』の感触のこと」と記されたものに符合しており、正解。5は「恐怖のあらわれ」が間違い。

問4　3
問5　4

◆要　旨◆

近代は「他者」同士が相手の心を疑いあう時代であり、「文学」も同じ手法になる。似た言葉として「異人」を、「他者」と比べることがあるが、内容としてはかなり異なる。「他者」とは、わかり合っていないことだけがわかっている「近代」において、互いに疑いつつ相手を「観察」し、理解しようとする人と言える。その上で「他者」は努力をして、人工的な関係のまとまりである「社会」をつくろうとする。明治三〇年代前後に日本の文学者も「社会」を「他者」とつくらねばならないと考え、「私」が「他者」を観察する「近代小説」という形式を産んだ。ただし、日本の場合には「私」の「内面」の観察に向かう傾向があり、それが「私小説」になった。

▲解　説▼

問1　傍線㋐の「そこ」とは「『私』というブラックボックス」のこと。このブラックボックスを持つ「誰か」のことを「他者」と定義している。この設問は、〈「私」の目の前にいる「他者」である「私」に、「私」(他者自身)が入っている保証がない〉ということをわかりやすく言い換えた選択肢を選ぶことになる。「他者」を見ている「私」の意識を述べている選択肢は外れるので、1と4を外す。また、「私」と「相手」という関係性以前の「相手」の〈閉じた〉意識が問題になっているので、2と3が外れる。結局、「相手」の自分自身を見つめる内容になっている5が正解となる。

問2　前文と「つまり」で結ばれる「『他者』として『[A]』されること」とは、「『他者』のまなざしによって見られる」ことである。「見られる」ことと関連する選択肢は、3「探偵」である。空欄A直後の具体例として、「探偵」が、「目でマウントをとる」「立聴」と並べて挙げられていることもヒントになる。5「理解」がやや紛らわしいが、「見られる」こととの関連を考えると、「探偵」よりも離れる語であると判断できる。

氏にとっては……どうにも都合が悪かったのである」と、理由が説明されている。この内容と符合するのは5である。

問8　「光源氏」は「御息所の霊」に対しては、「供養」よりも「調伏」を行っていった。一方で、第十九・二十段落にあるように「供養もしている」わけである。『源氏物語』を通して示されたこのような例は、歴史的にも「賀静の霊」への対応として第八～十段落に示されている。これをまとめたのが、第十一段落末文の「僧正の位を与えて……矛盾した行いがなされていた」である。「対応」を修飾する語としてはこの「矛盾した」が正解である。

問9　1は二文目の最後「モノノケの正体であるとわかるまでは加持を行った」が間違い。第四段落の末尾に、「彼らがモノノケの正体であると判明した後も、調伏し続けていた」とある。2は第十二段落四文目「光源氏は、六条御息所の教養の深さ……距離を置くようになる」と、第二十三段落最終文「源氏は、供養を懇願……御息所の霊を憎悪し続けていた」に合致しており、正解。3は後半の「紫の上の成仏とともに……」の記述が第十四・十五段落の内容とずれている。4は「病気の治療における僧の威力は絶大なもの」とあるが、第一段落の「病気を治療するときに、医師、僧、陰陽師の三者を治療者とする」と矛盾する。5は第十四・二十三段落の記述と大きくずれている。6は第一・二段落に示されており、合致している。

問10　谷崎潤一郎の作品は2『春琴抄』である。1『千羽鶴』はノーベル文学賞作家の川端康成、3『舞踏会』は芥川龍之介、4『金閣寺』は三島由紀夫、5『高野聖』は泉鏡花、6『十三夜』は樋口一葉の作品。

二

出典　大塚英志『文学国語入門』＜第2章「他者」を疑う＞（星海社新書）

解答

問1　5

問2　3

問3　4

る。モノノケによる病を患った場合の対処として、調伏と供養のどちらを選ぶかは、その正体により決められていた。病人と霊との関係性によって、治病のために最良だと考えられる方法が採られていたのである。

◀解　説▶

問1　①「回向（えこう）」とは、〝自ら修めた功徳を自らの悟りや他者の利益のために振り向けること〟。

問3　空欄Aには、直前の「調伏」に対比するものとして「供養」が入る。空欄Bには「供養の要求」に対比する「調伏」が入る。第十一段落の「要するに」以下の文でもまとめられており、この二つの補充は確定し、選択肢は2と4に絞れる。空欄Dを考えるときには、第十三段落に戻る。その最後の文に「数か月……モノノケが調伏されて」とある。第十三段落の「モノノケ」は第十四段落で「六条御息所の死霊」とされていることから、空欄Dには「調伏」を入れるとわかる。正解は4。

問4　挿入文の主語は文脈から「六条御息所」とわかる。六条御息所にとっての「成仏」とは、第十五段落に「調伏ではなく、成仏のための供養」とあるように「供養」ということである。第十五段落末の〈　3　〉に挿入文を入れることで文意は通る。「供養」されれば、〝六条御息所はわるさをしないだろう〟という文脈である。正解は3である。ちなみに、直後の第十六段落冒頭では「ところが……大がかりな修法を行った」とあり、光源氏は六条御息所の意向を聞こうとしなかったことがわかる。

問5　第十六段落に「光源氏」の対応が「痛めつけて退却させるために以前よりもさらに大がかりな修法を行った」と記されている。これを根拠に1を選ぶ。

問6　空欄Cは、六条御息所の「訴え」を修飾する語を補充する設問。六条御息所が光源氏に話しかける場面は、第十四段落に「懇願」、第十五段落に「成仏のための供養をしてくれるよう源氏に哀願」とあり、この二つの「懇願」「哀願」に沿った語を選ぶことになる。選択肢の中では5「切々と」がその意をくんでいる。

問7　傍線㋑を含む第二十二段落に「あえて六条御息所の霊を、モノノケ……示した」とあり、その直後に直接的に「源

国語

一

出典　小山聡子『もののけの日本史――死霊、幽霊、妖怪の一〇〇〇年』〈第一章　震撼する貴族たち――古代〉（中公新書）

解答

問1　①えこう　③ふほう
問2　②諦　④疎
問3　4
問4　3
問5　1
問6　5
問7　5
問8　矛盾した
問9　2・6
問10　2

◆要　旨◆

一〇世紀の貴族社会では病気を治療するときに、医師、僧、陰陽師の三者を治療者とすることが一般的であった。原因がモノノケの場合、僧が主な治療者となり、加持や修法、読経により調伏した。モノノケの正体が明らかになった後には、調伏ばかりでなく、供養された例もある。『源氏物語』では、光源氏が六条御息所の死霊に対して、修法も供養もしてい

教学社 刊行一覧

2025年版 大学赤本シリーズ

国公立大学(都道府県順)

374大学556点
全都道府県を網羅

全国の書店で取り扱っています。店頭にない場合は，お取り寄せができます。

1 北海道大学(文系－前期日程)
2 北海道大学(理系－前期日程) 医
3 北海道大学(後期日程)
4 旭川医科大学(医学部〈医学科〉) 医
5 小樽商科大学
6 帯広畜産大学
7 北海道教育大学
8 室蘭工業大学／北見工業大学
9 釧路公立大学
10 公立千歳科学技術大学
11 公立はこだて未来大学 総推
12 札幌医科大学(医学部) 医
13 弘前大学 医
14 岩手大学
15 岩手県立大学・盛岡短期大学部・宮古短期大学部
16 東北大学(文系－前期日程)
17 東北大学(理系－前期日程) 医
18 東北大学(後期日程)
19 宮城教育大学
20 宮城大学
21 秋田大学 医
22 秋田県立大学
23 国際教養大学 総推
24 山形大学 医
25 福島大学
26 会津大学
27 福島県立医科大学(医・保健科学部) 医
28 茨城大学(文系)
29 茨城大学(理系)
30 筑波大学(推薦入試) 医 総推
31 筑波大学(文系－前期日程)
32 筑波大学(理系－前期日程) 医
33 筑波大学(後期日程)
34 宇都宮大学
35 群馬大学 医
36 群馬県立女子大学
37 高崎経済大学
38 前橋工科大学
39 埼玉大学(文系)
40 埼玉大学(理系)
41 千葉大学(文系－前期日程)
42 千葉大学(理系－前期日程) 医
43 千葉大学(後期日程) 医
44 東京大学(文科) DL
45 東京大学(理科) DL 医
46 お茶の水女子大学
47 電気通信大学
48 東京外国語大学 DL
49 東京海洋大学
50 東京科学大学(旧 東京工業大学)
51 東京科学大学(旧 東京医科歯科大学) 医
52 東京学芸大学
53 東京藝術大学
54 東京農工大学
55 一橋大学(前期日程)
56 一橋大学(後期日程)
57 東京都立大学(文系)
58 東京都立大学(理系)
59 横浜国立大学(文系)
60 横浜国立大学(理系)
61 横浜市立大学(国際教養・国際商・理・データサイエンス・医〈看護〉学部)
62 横浜市立大学(医学部〈医学科〉) 医
63 新潟大学(人文・教育〈文系〉・法・経済科・医〈看護〉・創生学部)
64 新潟大学(教育〈理系〉・理・医〈看護を除く〉・歯・工・農学部) 医
65 新潟県立大学
66 富山大学(文系)
67 富山大学(理系) 医
68 富山県立大学
69 金沢大学(文系)
70 金沢大学(理系) 医
71 福井大学(教育・医〈看護〉・工・国際地域学部)
72 福井大学(医学部〈医学科〉) 医
73 福井県立大学
74 山梨大学(教育・医〈看護〉・工・生命環境学部)
75 山梨大学(医学部〈医学科〉) 医
76 都留文科大学
77 信州大学(文系－前期日程)
78 信州大学(理系－前期日程) 医
79 信州大学(後期日程)
80 公立諏訪東京理科大学 総推
81 岐阜大学(前期日程) 医
82 岐阜大学(後期日程)
83 岐阜薬科大学
84 静岡大学(前期日程)
85 静岡大学(後期日程)
86 浜松医科大学(医学部〈医学科〉) 医
87 静岡県立大学
88 静岡文化芸術大学
89 名古屋大学(文系)
90 名古屋大学(理系) 医
91 愛知教育大学
92 名古屋工業大学
93 愛知県立大学
94 名古屋市立大学(経済・人文社会・芸術工・看護・総合生命理・データサイエンス学部)
95 名古屋市立大学(医学部〈医学科〉) 医
96 名古屋市立大学(薬学部)
97 三重大学(人文・教育・医〈看護〉学部)
98 三重大学(医〈医〉・工・生物資源学部) 医
99 滋賀大学
100 滋賀医科大学(医学部〈医学科〉) 医
101 滋賀県立大学
102 京都大学(文系)
103 京都大学(理系) 医
104 京都教育大学
105 京都工芸繊維大学
106 京都府立大学
107 京都府立医科大学(医学部〈医学科〉) 医
108 大阪大学(文系) DL
109 大阪大学(理系) 医
110 大阪教育大学
111 大阪公立大学(現代システム科学域〈文系〉・文・法・経済・商・看護・生活科〈居住環境・人間福祉〉学部－前期日程)
112 大阪公立大学(現代システム科学域〈理系〉・理・工・農・獣医・医・生活科〈食栄養〉学部－前期日程) 医
113 大阪公立大学(中期日程)
114 大阪公立大学(後期日程)
115 神戸大学(文系－前期日程)
116 神戸大学(理系－前期日程) 医
117 神戸大学(後期日程)
118 神戸市外国語大学 DL
119 兵庫県立大学(国際商経・社会情報科・看護学部)
120 兵庫県立大学(工・理・環境人間学部)
121 奈良教育大学／奈良県立大学
122 奈良女子大学
123 奈良県立医科大学(医学部〈医学科〉)
124 和歌山大学
125 和歌山県立医科大学(医・薬学部)
126 鳥取大学
127 公立鳥取環境大学
128 島根大学
129 岡山大学(文系)
130 岡山大学(理系)
131 岡山県立大学
132 広島大学(文系－前期日程)
133 広島大学(理系－前期日程)
134 広島大学(後期日程)
135 尾道市立大学 総
136 県立広島大学
137 広島市立大学
138 福山市立大学 総
139 山口大学(人文・教育〈文系〉・経済・医〈看護〉・国際総合科学部)
140 山口大学(教育〈理系〉・理・医〈看護を除く〉・工・農・共同獣医学部)
141 山陽小野田市立山口東京理科大学 総
142 下関市立大学／山口県立大学
143 周南公立大学 新 総
144 徳島大学
145 香川大学
146 愛媛大学
147 高知大学
148 高知工科大学
149 九州大学(文系－前期日程)
150 九州大学(理系－前期日程)
151 九州大学(後期日程)
152 九州工業大学
153 福岡教育大学
154 北九州市立大学
155 九州歯科大学
156 福岡県立大学／福岡女子大学
157 佐賀大学
158 長崎大学(多文化社会・教育〈文系〉・経済・医〈保健〉・環境科〈文系〉学部)
159 長崎大学(教育〈理系〉・医〈医〉・歯・薬・情報データ科・工・環境科〈理系〉・水産学部)
160 長崎県立大学 総
161 熊本大学(文・教育・法・医〈看護〉学部・情報融合学環〈文系型〉)
162 熊本大学(理・医〈看護を除く〉・薬・工学部・情報融合学環〈理系型〉)
163 熊本県立大学
164 大分大学(教育・経済・医〈看護〉・理工・福祉健康科学部)
165 大分大学(医学部〈医・先進医療科学科〉)
166 宮崎大学(教育・医〈看護〉・工・農・地域資源創成学部)
167 宮崎大学(医学部〈医学科〉)
168 鹿児島大学(文系)
169 鹿児島大学(理系)
170 琉球大学

2025年版　大学赤本シリーズ

国公立大学 その他

1 〔国公立大〕医学部医学科 総合型選抜・学校推薦型選抜※ 医 総推
2 看護・医療系大学〈国公立 東日本〉※
3 看護・医療系大学〈国公立 中日本〉※
174 看護・医療系大学〈国公立 西日本〉※
175 海上保安大学校／気象大学校
176 航空保安大学校
177 国立看護大学校
178 防衛大学校 総推
179 防衛医科大学校（医学科） 医
180 防衛医科大学校（看護学科）

No.171～174の収載大学は赤本ウェブサイト（http://akahon.net/）でご確認ください。

私立大学①

海道の大学（50音順）

1 札幌大学
2 札幌学院大学
3 北星学園大学
4 北海学園大学
5 北海道医療大学
6 北海道科学大学
7 北海道武蔵女子大学・短期大学
8 酪農学園大学（獣医学群〈獣医学類〉）

北の大学（50音順）

9 岩手医科大学（医・歯・薬学部） 医
0 仙台大学 総推
1 東北医科薬科大学（医・薬学部） 医
2 東北学院大学
3 東北工業大学
4 東北福祉大学
5 宮城学院女子大学 総推

東の大学（50音順）

行（関東の大学）

6 青山学院大学（法・国際政治経済学部ー個別学部日程）
7 青山学院大学（経済学部ー個別学部日程）
8 青山学院大学（経営学部ー個別学部日程）
9 青山学院大学（文・教育人間科学部ー個別学部日程）
0 青山学院大学（総合文化政策・社会情報・地球社会共生・コミュニティ人間科学部ー個別学部日程）
1 青山学院大学（理工学部ー個別学部日程）
2 青山学院大学（全学部日程）
3 麻布大学（獣医、生命・環境科学部）
4 亜細亜大学
6 桜美林大学
7 大妻女子大学・短期大学部

行（関東の大学）

8 学習院大学（法学部ーコア試験）
9 学習院大学（経済学部ーコア試験）
30 学習院大学（文学部ーコア試験）
31 学習院大学（国際社会科学部ーコア試験）
32 学習院大学（理学部ーコア試験）
33 学習院女子大学
34 神奈川大学（給費生試験）
35 神奈川大学（一般入試）
36 神奈川工科大学
37 鎌倉女子大学・短期大学部
38 川村学園女子大学
39 神田外語大学
40 関東学院大学
41 北里大学（理学部）
42 北里大学（医学部） 医
43 北里大学（薬学部）
44 北里大学（看護・医療衛生学部）
45 北里大学（未来工・獣医・海洋生命科学部）
46 共立女子大学・短期大学
47 杏林大学（医学部） 医
48 杏林大学（保健学部）
49 群馬医療福祉大学・短期大学部
50 群馬パース大学 総推

251 慶應義塾大学（法学部）
252 慶應義塾大学（経済学部）
253 慶應義塾大学（商学部）
254 慶應義塾大学（文学部） 総推
255 慶應義塾大学（総合政策学部）
256 慶應義塾大学（環境情報学部）
257 慶應義塾大学（理工学部）
258 慶應義塾大学（医学部） 医
259 慶應義塾大学（薬学部）
260 慶應義塾大学（看護医療学部）
261 工学院大学
262 國學院大學
263 国際医療福祉大学 医
264 国際基督教大学
265 国士舘大学
266 駒澤大学（一般選抜T方式・S方式）
267 駒澤大学（全学部統一日程選抜）

さ行（関東の大学）

268 埼玉医科大学（医学部） 医
269 相模女子大学・短期大学部
270 産業能率大学
271 自治医科大学（医学部） 医
272 自治医科大学（看護学部）／東京慈恵会医科大学（医学部〈看護学科〉）
273 実践女子大学 総推
274 芝浦工業大学（前期日程）
275 芝浦工業大学（全学統一日程・後期日程）
276 十文字学園女子大学
277 淑徳大学
278 順天堂大学（医学部） 医
279 順天堂大学（スポーツ健康科・医療看護・保健看護・国際教養・保健医療・医療科・健康データサイエンス・薬学部） 総推
280 上智大学（神・文・総合人間科学部）
281 上智大学（法・経済学部）
282 上智大学（外国語・総合グローバル学部）
283 上智大学（理工学部）
284 上智大学（TEAPスコア利用方式）
285 湘南工科大学
286 昭和大学（医学部） 医
287 昭和大学（歯・薬・保健医療学部）
288 昭和女子大学
289 昭和薬科大学
290 女子栄養大学・短期大学部 総推
291 白百合女子大学
292 成蹊大学（法学部ーA方式）
293 成蹊大学（経済・経営学部ーA方式）
294 成蹊大学（文学部ーA方式）
295 成蹊大学（理工学部ーA方式）
296 成蹊大学（E方式・G方式・P方式）
297 成城大学（経済・社会イノベーション学部ーA方式）
298 成城大学（文芸・法学部ーA方式）
299 成城大学（S方式〈全学部統一選抜〉）
300 聖心女子大学
301 清泉女子大学
303 聖マリアンナ医科大学 医

304 聖路加国際大学（看護学部）
305 専修大学（スカラシップ・全国入試）
306 専修大学（前期入試〈学部個別入試〉）
307 専修大学（前期入試〈全学部入試・スカラシップ入試〉）

た行（関東の大学）

308 大正大学
309 大東文化大学
310 高崎健康福祉大学
311 拓殖大学
312 玉川大学
313 多摩美術大学
314 千葉工業大学
315 中央大学（法学部ー学部別選抜）
316 中央大学（経済学部ー学部別選抜）
317 中央大学（商学部ー学部別選抜）
318 中央大学（文学部ー学部別選抜）
319 中央大学（総合政策学部ー学部別選抜）
320 中央大学（国際経営・国際情報学部ー学部別選抜）
321 中央大学（理工学部ー学部別選抜）
322 中央大学（5学部共通選抜）
323 中央学院大学
324 津田塾大学
325 帝京大学（薬・経済・法・文・外国語・教育・理工・医療技術・福岡医療技術学部）
326 帝京大学（医学部） 医
327 帝京科学大学 総推
328 帝京平成大学 総推
329 東海大学（医〈医〉学部を除くー一般選抜）
330 東海大学（文系・理系学部統一選抜）
331 東海大学（医学部〈医学科〉） 医
332 東京医科大学（医学部〈医学科〉） 医
333 東京家政大学・短期大学部 総推
334 東京経済大学
335 東京工科大学
336 東京工芸大学
337 東京国際大学
338 東京歯科大学
339 東京慈恵会医科大学（医学部〈医学科〉） 医
340 東京情報大学
341 東京女子大学
342 東京女子医科大学（医学部） 医
343 東京電機大学
344 東京都市大学
345 東京農業大学
346 東京薬科大学（薬学部） 総推
347 東京薬科大学（生命科学部） 総推
348 東京理科大学（理学部〈第一部〉ーB方式）
349 東京理科大学（創域理工学部ーB方式・S方式）
350 東京理科大学（工学部ーB方式）
351 東京理科大学（先進工学部ーB方式）
352 東京理科大学（薬学部ーB方式）
353 東京理科大学（経営学部ーB方式）
354 東京理科大学（C方式、グローバル方式、理学部〈第二部〉ーB方式）
355 東邦大学（医学部） 医
356 東邦大学（薬学部）

私立大学②

357 東邦大学(理・看護・健康科学部)
358 東洋大学(文・経済・経営・法・社会・国際・国際観光学部)
359 東洋大学(情報連携・福祉社会デザイン・健康スポーツ科・理工・総合情報・生命科・食環境科学部)
360 東洋大学(英語〈3日程×3カ年〉)
361 東洋大学(国語〈3日程×3カ年〉)
362 東洋大学(日本史・世界史〈2日程×3カ年〉)
363 東洋英和女学院大学
364 常磐大学・短期大学 総推
365 獨協大学
366 獨協医科大学(医学部) 医

な行(関東の大学)

367 二松学舎大学
368 日本大学(法学部)
369 日本大学(経済学部)
370 日本大学(商学部)
371 日本大学(文理学部〈文系〉)
372 日本大学(文理学部〈理系〉)
373 日本大学(芸術学部〈専門試験併用型〉)
374 日本大学(国際関係学部)
375 日本大学(危機管理・スポーツ科学部)
376 日本大学(理工学部)
377 日本大学(生産工・工学部)
378 日本大学(生物資源科学部)
379 日本大学(医学部) 医
380 日本大学(歯・松戸歯学部)
381 日本大学(薬学部)
382 日本大学(N全学統一方式−医・芸術〈専門試験併用型〉学部を除く)
383 日本医科大学 医
384 日本工業大学
385 日本歯科大学
386 日本社会事業大学 総推
387 日本獣医生命科学大学
388 日本女子大学
389 日本体育大学

は行(関東の大学)

390 白鷗大学(学業特待選抜・一般選抜)
391 フェリス女学院大学
392 文教大学
393 法政大学(法〈I日程〉・文〈II日程〉・経営〈II日程〉学部−A方式)
394 法政大学(法〈II日程〉・国際文化・キャリアデザイン学部−A方式)
395 法政大学(文〈I日程〉・経営〈I日程〉・人間環境・グローバル教養学部−A方式)
396 法政大学(経済〈I日程〉・社会〈I日程〉・現代福祉学部−A方式)
397 法政大学(経済〈II日程〉・社会〈II日程〉・スポーツ健康学部−A方式)
398 法政大学(情報科・デザイン工・理工・生命科学部−A方式)
399 法政大学(T日程〈統一日程〉・英語外部試験利用入試)
400 星薬科大学 総推

ま行(関東の大学)

401 武蔵大学
402 武蔵野大学
403 武蔵野美術大学
404 明海大学
405 明治大学(法学部−学部別入試)
406 明治大学(政治経済学部−学部別入試)
407 明治大学(商学部−学部別入試)
408 明治大学(経営学部−学部別入試)
409 明治大学(文学部−学部別入試)
410 明治大学(国際日本学部−学部別入試)
411 明治大学(情報コミュニケーション学部−学部別入試)
412 明治大学(理工学部−学部別入試)
413 明治大学(総合数理学部−学部別入試)
414 明治大学(農学部−学部別入試)
415 明治大学(全学部統一入試)
416 明治学院大学(A日程)
417 明治学院大学(全学部日程)
418 明治薬科大学 総推
419 明星大学
420 目白大学・短期大学部

ら・わ行(関東の大学)

421 立教大学(文系学部−一般入試〈大学独自の英語を課さない日程〉)
422 立教大学(国語〈3日程×3カ年〉)
423 立教大学(日本史・世界史〈2日程×3カ年〉)
424 立教大学(文学部−一般入試〈大学独自の英語を課す日程〉)
425 立教大学(理学部−一般入試)
426 立正大学
427 早稲田大学(法学部)
428 早稲田大学(政治経済学部)
429 早稲田大学(商学部)
430 早稲田大学(社会科学部)
431 早稲田大学(文学部)
432 早稲田大学(文化構想学部)
433 早稲田大学(教育学部〈文科系〉)
434 早稲田大学(教育学部〈理科系〉)
435 早稲田大学(人間科・スポーツ科学部)
436 早稲田大学(国際教養学部)
437 早稲田大学(基幹理工・創造理工・先進理工学部)
438 和洋女子大学 総推

中部の大学(50音順)

439 愛知大学
440 愛知医科大学(医学部) 医
441 愛知学院大学・短期大学部
442 愛知工業大学 総推
443 愛知淑徳大学
444 朝日大学 総推
445 金沢医科大学(医学部) 医
446 金沢工業大学
447 岐阜聖徳学園大学 総推
448 金城学院大学
449 至学館大学 総推
450 静岡理工科大学
451 椙山女学園大学
452 大同大学
453 中京大学
454 中部大学
455 名古屋外国語大学 総推
456 名古屋学院大学 総推
457 名古屋学芸大学 総推
458 名古屋女子大学 総推
459 南山大学(外国語〈英米〉・法・総合政策・国際教養学部)
460 南山大学(人文・外国語〈英米を除く〉・経済・経営・理工学部)
461 新潟国際情報大学
462 日本福祉大学
463 福井工業大学
464 藤田医科大学(医学部) 医
465 藤田医科大学(医療科・保健衛生学部)
466 名城大学(法・経営・経済・外国語・人間・都市情報学部)
467 名城大学(情報工・理工・農・薬学部)
468 山梨学院大学

近畿の大学(50音順)

469 追手門学院大学 総推
470 大阪医科薬科大学(医学部)
471 大阪医科薬科大学(薬学部)
472 大阪学院大学
473 大阪経済大学
474 大阪経済法科大学
475 大阪工業大学
476 大阪国際大学・短期大学部
477 大阪産業大学
478 大阪歯科大学(歯学部)
479 大阪商業大学
480 大阪成蹊大学・短期大学
481 大谷大学
482 大手前大学・短期大学
483 関西大学(文系)
484 関西大学(理系)
485 関西大学(英語〈3日程×3カ年〉)
486 関西大学(国語〈3日程×3カ年〉)
487 関西大学(日本史・世界史・文系数学〈日程×3カ年〉)
488 関西医科大学(医学部)
489 関西医療大学
490 関西外国語大学・短期大学部
491 関西学院大学(文・法・商・人間福祉・総合政策学部−学部個別日程)
492 関西学院大学(神・社会・経済・国際・教育学部−学部個別日程)
493 関西学院大学(全学部日程〈文系型〉)
494 関西学院大学(全学部日程〈理系型〉)
495 関西学院大学(共通テスト併用日程〈学〉・英数日程)
496 関西学院大学(英語〈3日程×3カ年〉)
497 関西学院大学(国語〈3日程×3カ年〉)
498 関西学院大学(日本史・世界史・文系数〈3日程×3カ年〉)
499 畿央大学
500 京都外国語大学・短期大学
502 京都産業大学(公募推薦入試)
503 京都産業大学(一般選抜入試〈前期日程
504 京都女子大学
505 京都先端科学大学
506 京都橘大学
507 京都ノートルダム女子大学
508 京都薬科大学
509 近畿大学・短期大学部(医学部を除く−推薦入試)
510 近畿大学・短期大学部(医学部を除く−一般入試前期)
511 近畿大学(英語〈医学部を除く3日程×3カ年
512 近畿大学(理系数学〈医学部を除く3日程×3カ年〉)
513 近畿大学(国語〈医学部を除く3日程×3カ年
514 近畿大学(医学部−推薦入試・一般入試前期) 医
515 近畿大学・短期大学部(一般入試後期)
516 皇學館大学
517 甲南大学
518 甲南女子大学(学校推薦型選抜) 新
519 神戸学院大学
520 神戸国際大学
521 神戸女学院大学
522 神戸女子大学・短期大学
523 神戸薬科大学
524 四天王寺大学・短期大学部
525 摂南大学(公募制推薦入試)
526 摂南大学(一般選抜前期日程)
527 帝塚山学院大学
528 同志社大学(法、グローバル・コミュニケーション学部−学部個別日程)

2025年版　大学赤本シリーズ　No. 546

立命館大学（文系－全学統一方式・学部個別配点方式）／立命館アジア太平洋大学（前期方式・英語重視方式）

2024年6月10日　第1刷発行
ISBN978-4-325-26604-4
定価は裏表紙に表示しています

編　集　教学社編集部
発行者　上原 寿明
発行所　教学社
〒606-0031
京都市左京区岩倉南桑原町56
電話　075-721-6500
振替　01020-1-15695
印　刷　太洋社

- 乱丁・落丁等につきましてはお取替えいたします。
- 本書に関する最新の情報（訂正を含む）は，赤本ウェブサイトhttp://akahon.net/の書籍の詳細ページでご確認いただけます。
- 本書は当社編集部の責任のもと独自に作成したものです。本書の内容についてのお問い合わせは，赤本ウェブサイトの「お問い合わせ」より，必要事項をご記入の上ご連絡ください。電話でのお問い合わせは受け付けておりません。なお，受験指導など，本書掲載内容以外の事柄に関しては，お答えしかねます。また，ご質問の内容によってはお時間をいただく場合がありますので，あらかじめご了承ください。

- 本シリーズ掲載の入試問題等について，万一，掲載許可手続等に遺漏や不備があると思われるものがございましたら，当社編集部までお知らせください。